„Amt und Ordination" und „Kirchenrecht"
im Grund und Gegenstand des Glaubens

Theologische Studien zur römisch-katholischen
und evangelisch-lutherischen Lehre

„Amt und Ordination" und „Kirchenrecht" im Grund und Gegenstand des Glaubens

Theologische Studien zur römisch-katholischen und evangelisch-lutherischen Lehre

herausgegeben von

Eilert Herms und Lubomir Žak

Mohr Siebeck

Eilert Herms, geboren 1940; Studium der Ev. Theologie, Philosophie und Germanistik in Berlin, Tübingen, Mainz und Göttingen; 1971 Promotion; 1975 Habilitation; 1979–1985 o. Professor für Systematische Theologie an der Ev.-Theol. Fakultät der Universität München; 1985–1995 o. Professor für Systematische Theologie an der Ev.-Theol. Fakultät der Universität Mainz; 1995–2008 o. Professor für Systematische Theologie und Direktor des Instituts für Ethik an der Ev.-Theol. Fakultät der Universität Tübingen; Prof. em. für Systematische Theologie an der Ev.-Theol. Fakultät der Universität Tübingen.

Lubomir Žak, geboren 1964; 1998–2022 Professor für Fundamentaltheologie und Geschichte der Theologie mit Schwerpunkt theologische Erkenntnislehre an der Päpstlichen Lateranuniversität, Rom; o. Professor für Dogmatische Theologie an der Theologischen Fakultät der Heiligen Kyrill und Method der Palacký-Universität, Olmütz.

Gedruckt mit Unterstützung der Fritz Thyssen Stiftung für Wissenschaftsförderung.

ISBN 978-3-16-162797-2 /eISBN 978-3-16-162798-9
DOI 10.1628/978-3-16-162798-9

Die Deutsche Nationalbibliothek verzeichnet diese Publikation in der Deutschen Nationalbibliographie; detaillierte bibliographische Daten sind im Internet über *https://dnb.dnb.de* abrufbar.

Das Buch wurde von Martin Fischer in Tübingen aus der Bembo Antiqua gesetzt und von Gulde Druck in Tübingen auf alterungsbeständiges Werkdruckpapier gedruckt und gebunden.

Printed in Germany.

Inhalt

Vorwort

Die internationale Forschungsgruppe „Ökumene in fundamentaltheologischer Perspektive", in der seit 2001 Theologen der Päpstlichen Lateranuniversität, Rom, und der evangelisch-theologischen Fakultäten Tübingen und Heidelberg zusammenarbeiteten, widmete ihre Arbeit in den Jahren 2014–2016 zunächst dem Thema „Amt und Ordination" (15.–16. Mai 2014 und 13.–14. November 2014) und dann dem Thema „Kirchenrecht" (13.–14. November 2015, 6.–7. Juni 2016 und 2.–3. Dezember 2016). Die dem vorangehenden Arbeitsschritte der Forschungsgruppe waren gewidmet: zunächst den Themen „Offenbarung, Kirche und Mensch (Person)",[1] dann dem Verhältnis von „Wort und Sakrament" im allgemeinen[2] und anschließend den einzelnen Sakramenten: „Taufe und Abendmahl",[3] sowie „Buße und Krankensalbung".[4]

Bei der Festlegung dieser Reihenfolge ihrer Arbeitsthemen ließ sich die Forschungsgruppe von den beiden Grundsätzen für den interkonfessionellen Lehrvergleich leiten, die das Ökumenismusdekret des Zweiten Vatikanums in seiner Ziffer 11 niedergelegt hat. Diese Grundsätze gelten nämlich in *formaler* Hinsicht in der Tat für alle beteiligten Lehrpositionen, auch die nicht-römisch-katholischen, hier die evangelisch-lutherische, uneingeschränkt. Erstens: Jede sachgemäße lehrmäßige Entfaltung des christlichen Glaubens ist wie dieser selbst eine sachliche Einheit, in der kein Teil ohne Rücksicht auf alle anderen angemessen verstanden werden kann. Zweitens: Über die Struktur des Ganzen entscheidet die jeweilige fundamentaltheo-

---

[1] E. Herms / L. Žak (Hgg.), Grund und Gegenstand des Glaubens nach römisch-katholischer und evangelisch-lutherischer Lehre. Theologische Studien, 2008.

[2] E. Herms / L. Žak (Hgg.), Sakrament und Wort im Grund und Gegenstand des Glaubens nach römisch-katholischer und evangelisch-lutherischer Lehre. Theologische Studien, 2011.

[3] E. Herms / L. Žak (Hgg.), Taufe und Abendmahl im Grund und Gegenstand des Glaubens. Theologische Studien zur römisch-katholischen und evangelisch-lutherischen Lehre, 2017.

[4] Mit diesen Themen beschäftigte sich die Gruppe in ihren Arbeitssitzungen im Juni / November 2012 und im Mai / November 2013. Ob die Veröffentlichung der dabei gehaltenen Darstellungen der Lehre beider Seiten und eine systematisch geordnete Zusammenfassung (Protokoll) des Mitschnitts der Diskussion noch geleistet werden kann, muß gegenwärtig offen bleiben.

logische Sicht auf das „fundamentum fidei", d.h. auf das Offenbarungsgeschehen, welches der Grund und der Gegenstand der Wahrheitsgewißheit des Glaubens im Ganzen ist, so daß jeder Teil dieses Lehrganzen, seine
jeweilige „intentio" und „res", nur aus der besonderen Beziehung dieses
Teils zu jenem Fundament angemessen verstanden werden kann. Es können also die einzelnen Inhalte des Glaubensbekenntnisses und der kirchlichen Lehre in ihrer römisch-katholischen und in ihren nicht-römisch-katholischen Gestalten nie im direkten Vergleich sondern immer nur unter
genauer Berücksichtigung ihres Geprägtseins durch die für die jeweilige Seite maßgebliche Sicht eben dieses dynamischen „fundamentum fidei" mit einander verglichen werden. Dieses dynamische Fundament ist in
jedem Fall das Offenbarungsgeschehen, welches die Wahrheitsgewißheit
des Glaubens schafft, indem es die Wahrheit des Evangeliums für dessen
Adressaten evident werden läßt und damit die Autorität (innere Bindekraft)
dieser evident gewordenen Wahrheit begründet. Die römisch-katholische
Sicht dieses Fundamentalgeschehens ist in der dogmatischen Konstitution
Dei Verbum des Zweiten Vatikanums vom 18. November 1965 beschrieben.

Damit ist jedoch de facto nicht ausgeschlossen – und darf darum auch
nicht von vornherein ausgeschlossen werden oder unbedacht bleiben –,
daß nicht-römisch-katholische Fassungen der christlichen Lehre nicht nur
in Einzelstücken von der römisch-katholischen abweichen, sondern schon
in ihrer Sicht dieses Fundaments des Glaubens und der Theologie, also
der *Offenbarung*. Tatsächlich ist ein solcher Dissens schon im Blick auf die
in der Wittenberger Reformation, also von Luther, gegen Rom vertretene
Sicht der Selbstvergegenwärtigung der Wahrheit des Evangeliums und ihrer Autorität für den Glauben durch die Sakramente (welche das „Wort"
und seine Auslegung in der Predigt einschließen) festzustellen.[5] Nun hat
sich einerseits der römisch-katholische, genau: tridentinische, Widerspruch
gegen eben diese reformatorische Sicht in der Substanz bisher nicht verändert, andererseits ist aber auch die auf lutherischer Seite kirchenamtlich
verbindliche Lehre, niedergelegt in den die lutherischen Kirchenordnungen fundierenden Bekenntnisschriften, in ihrer sachlichen Substanz unverändert geblieben. Folge: Es war und ist *zunächst* davon auszugehen, daß
dieser Gegensatz in der Auffassung des Fundamentalgeschehens, das Grund
und Gegenstand des Glaubens und der Theologie ist, weil sich durch es die

---

[5] Hierzu vgl. E. HERMS, Wort und Kirche im Verständnis der Reformation (Vortrag
auf dem Studienkonvent „La Parola di Dio nella vita e nella Missione della Chiesa" der
Päpstlichen Lateranuniversität am 4. und 5. Dezember 2007), in: DERS., Kirche – Geschöpf und Werkzeug des Evangeliums, 2010, 59–112 (Erstveröffentlichung: Lateranum
74 [2008] Heft 1, 167–223 [in italienischer Sprache]); sowie DERS., Sakrament und Wort
in der reformatorischen Theologie Luthers, l.c., 113–161.

absolute Autorität der Wahrheit des Evangeliums vergegenwärtigt, andauert und auch heute noch besteht.

Tatsache ist allerdings, daß eben dieser Lehrdissens bezüglich des *Glaubensfundaments*, also der *Offenbarung*, im römisch-katholisch/evangelisch-lutherischen Dialog *zunächst nicht thematisiert* wurde. Vielmehr wurde ungeprüft unterstellt, daß mit der in Dei Verbum dargelegten römisch-katholischen Lehre die evangelisch-lutherische völlig übereinstimme[6] – eine Annahme, an der Teile des römisch-katholisch/evangelisch-lutherischen Dialogs weiterhin festhalten, auch heute noch.[7] Aber schon in der Mitte der 80er Jahre wurden begründete Zweifel an der Richtigkeit dieser Annahme angemeldet.[8] Es wurde vorgeschlagen, den Vergleich der Sicht der einen und der anderen Seite auf das Offenbarungsgeschehen selber, das die bindende Autorität der Wahrheitsgewißheit des Glaubens schafft und erhält, also Grund und Gegenstand des Glaubens ist, – getreu der *formalen* Regel von Unitatis redintegratio 11 – an den Anfang zu stellen und dann erst daran anschließend, also im Lichte der Ergebnisse des Vergleichs der Lehren über das dynamische Fundamentalgeschehen der Offenbarung, fortzuschreiten zum Vergleich der Lehren über die Kirche, über die Sakramente, über das Amt in der Kirche und über die Rechtsgestalt ihrer Ordnung.

Dieser Vorschlag fand positiven Widerhall beim damaligen Präfekten der römischen Glaubenskongregation Joseph Kardinal Ratzinger, dem späteren Papst Benedikt XVI.[9] Auf dessen Anregung hin wurde[10] die oben ge-

---

[6] En détail nachgewiesen in: E. HERMS, Der Dialog zwischen Päpstlichem Einheitsrat und Lutherischem Weltbund 1965–1998, in: ThLZ 123 (1998) 657–714 (wiederabgedruckt in: E. HERMS, Von der Glaubenseinheit zur Kirchengemeinschaft, Bd. II, 2003, 331–398).

[7] Das gilt jedenfalls für das 1994 vorgelegte Dokument „Kirche und Rechtfertigung" der Gemeinsamen Kommission des Päpstlichen Rates für die Einheit und des Lutherischen Weltbundes.

[8] Aufmerksamkeit in Rom erregte zunächst: E. HERMS, Einheit der Christen in der Gemeinschaft der Kirchen. Die ökumenische Bewegung der römischen Kirche im Lichte der reformatorischen Theologie. Antwort auf den Rahnerplan, 1984. – Vgl. zur daran anschließenden Debatte dann: E. HERMS, Von der Glaubenseinheit zur Kirchengemeinschaft 1989 (²2003); sowie DERS., Von der Glaubenseinheit zur Kirchengemeinschaft. Plädoyer für eine realistische Ökumene, Bd. II, 2003.

[9] Das spezifische Herzstück des ökumenischen Engagements Joseph Ratzingers ist a) sein Insistieren auf dem Ganzen der kirchlichen Lehre, dessen sachliche Einheit im Fundamentalgeschehen der Offenbarung begründet ist, welches die Wahrheit des Lebenszeugnisses (des Evangeliums) Jesu Christi für seine Adressaten offenbar macht und dadurch dessen Autorität (innere Bindekraft) begründet, sowie b) die Fokussierung des Lehrvergleichs auf die jeweils das Lehrganze prägende Fundamentaltheologie (Sicht des die Wahrheitsgewißheit schaffenden Glaubensfundaments) unter der Leitfrage nach der Wahrheit eben dieser Lehre in ihrer römisch-katholischen gegenüber ihrer evangelisch-lutherischen Fassung (wie er sie zu sehen vermochte). Diese spezifische, auf die Verständigung über die Konstitutionsbedingungen des innerlich bindenden Wahrheitsbewußtseins konzentrierte Tiefe des ökumenischen Engagements Ratzingers ist es, die ihn einer-

nannte internationale Forschungsgruppe im Jahre 2001 konstituiert und begann auftragsgemäß, „Fundamentaltheologie in ökumenischer Absicht" zu betreiben, will sagen: die in den römisch-katholischen und in den evangelisch-lutherischen kirchenamtlichen Lehrtexten jeweils greifbare Sicht („intentio") auf die Realität („res") dieses Fundamentalgeschehens zu erheben, und zu vergleichen, um dann im Lichte der Ergebnisse dieses Vergleichs auch die in der jeweiligen Sicht des Fundaments schon enthaltene jeweilige Sicht auf die Kirche und auf die Sakramente im Einzelnen zu vergleichen und ihr Verhältnis zueinander zu bestimmen.

Das Spezifikum von Ansatz und Vorgehensweise dieser Forschungsgruppe besteht also von Anfang an darin, daß sie das interkonfessionelle Verständigtsein über das Glaubensfundament, d.h. über das gegenwartsbestimmende, Herz und Gewissen bindende Geschehen des Offenbarwerdens der Wahrheit der kirchlichen Evangeliumsverkündigung nicht einfach *voraussetzt*, sondern allererst *sucht*. Um dann im Lichte dieses Verständigtseins über die zwei Sichtweisen vom Grund und Gegenstand des Glaubens und ihres Verhältnisses zueinander auch zur Verständigung über die in ihm fundierten Sichtweisen von Kirche und Sakramenten vorzudringen. Auf das kontinuierliche Festhalten dieser thematischen Aufgabenstellung und auf die durchgehende Orientierung an ihr verweist die Forschungsgruppe durch die kontinuierlich wiederkehrende Formulierung der Titel ihrer Berichtsbände: zunächst „*Grund und Gegenstand des Glaubens* nach römisch-katholischer und evangelisch-lutherischer Lehre" (2008), diesen Gesichtspunkt fortsetzend dann „Sakrament und Wort *im Grund und Gegenstand des Glaubens*" (2011), „Taufe und Abendmahl *im Grund und Gegenstand des Glaubens*" (2017) und vorliegend „,Amt und Ordination' und ,Kirchenrecht' *im Grund und Gegenstand des Glaubens*" (2024).

Das Gelingen der Lösung dieser Aufgabenstellung setzt allerdings voraus, daß einer spezifischen, naheliegenden Gefahr ins Auge geblickt wird, um sie zu bannen: der Gefahr, daß die Vertreter jeder Seite alle einschlägi-

---

seits eng mit den fundamentaltheologischen Zentralanliegen Johannes Pauls II. verbindet und die andererseits seine Unzufriedenheit mit jeder Art von Verhandlungsökumene und deren Ergebnissen begründet. Vgl. hierzu: E. Herms, Die ökumenische Bedeutung der Enzykliken Benedikts XVI., in: W. Thiede (Hg.), Der Papst aus Bayern. Protestantische Wahrnehmungen, 2010, 151–176. – Eine Beschreibung von Ratzingers Engagement für die römisch-katholische/evangelisch-lutherische Ökumene, welche dieses nur in einem mainstreamkonformen entschlossenen Willen zur stärkeren Betonung der Segmente des „Gemeinsamen" gegenüber den Segmenten des „Trennenden" sieht, verkürzt dieses Engagement um die spezifische „Gründlichkeit" seiner Motive und Ziele. Exemplar solcher Verkürzung: Thorsten Maassen, Das Ökumeneverständnis Joseph Ratzingers, 2011 (thetisch wiederholt in: ders., Gegen konfessionellen Chauvinismus. Das Ökumeneverständnis von Joseph Ratzinger aus evangelischer Sicht, in: F.A.Z. 27. Januar 2023 S. 12).

[10] Im Anschluß an ein Gesprächstreffen des Kardinals mit Prof. Herms am Abend des 15. Novembers 2000 in Rom.

gen Texte immer nur im Lichte der ihnen schon vertrauten eigenen, konfessionsspezifischen Perspektive lesen und verstehen, also römisch-katholische Theologen die evangelisch-lutherischen Texte immer schon in römisch-katholischer Perspektive und evangelisch-lutherische Theologen die römisch-katholischen Texte immer schon in evangelisch-lutherischer Perspektive. Demgegenüber kommt es aber darauf an, daß römisch-katholische Theologen die evangelisch-lutherischen Texte aus deren erkennbarem Eigensinn heraus lesen und verstehen, also einmal versuchen, selbst lutherisch zu denken, und daß entsprechend evangelisch-lutherische Theologen auch die römisch-katholischen Texte aus deren Eigensinn heraus lesen und verstehen, also einmal versuchen, selbst römisch-katholisch zu denken.

Dieser Versuch unterstellt, daß, obwohl die Perspektivität einer Lektüre evangelisch-lutherischer Texte durch römisch-katholische Theologen und römisch-katholischer Texte durch evangelisch-lutherische Theologen nicht verschwindet und nicht dissimuliert wird, dennoch aus der Perspektive eines römisch-katholischen Katholiken durch methodisch diszipliniertes Fragen nach der *eigenen* „intentio" und „res" lutherischer Lehrtexte die *eigene* Sachintention dieser Texte aus ihnen selber erfaßt werden kann und umgekehrt auch aus der Perspektive eines evangelisch-lutherischen Christen die *eigene* Sachintention römisch-katholischer Lehrtexte. So bekommt jede Seite – und zwar im Horizont ihrer Perspektive und nicht jenseits seiner in einem vermeintlich aperspektivischen Horizont, der jedoch innergeschichtlich rein imaginär bleibt – die eigene Sachintention der anderen Seite *so* zu Gesicht, daß sie diese innerhalb ihres Horizonts auf die eigene Sachintention beziehen und beurteilen kann, ob und inwiefern jene Anregungen zur Präzisierung und Konkretisierung dieser enthält oder nicht – und damit zugleich auch Motive zur Konkretisierung der *praktischen* Anerkennung der jeweils anderen Seite.

Dementsprechend verabredete die Gruppe – und befolgte dann auch – für ihre Arbeit von Anfang an die methodische Regel, ihren Diskussionen jeweils *zwei* Nachzeichnungen von „intentio" und „res" der einschlägigen Lehrtexte zugrundezulegen, also nicht nur eine Nachzeichnung von „intentio" und „res" der römisch-katholischen Lehrtexte durch einen römisch-katholischen Autor, sondern stets auch eine durch einen evangelisch-lutherischen Autor und umgekehrt neben der Nachzeichnung von „intentio" und „res" der evangelisch-lutherischen Texte durch einen Lutheraner stets auch eine zweite durch einen römischen Katholiken.[11] Da-

---

[11] Für eine Darstellung des Forschungsgruppe, seiner Ziele und Arbeitsmethode, sei verwiesen auf: E. Herms, Der hermeneutisch-thematische Ansatz des Forschungsprojekts „Grund und Gegenstand des Glaubens", in: G. Frank/A. Käuflein (Hgg.), Öku-

mit wurde immer wieder und aufs Neue die Frage gestellt, ob und wieweit über Konfessionsgrenzen hinweg eine „wissenschaftliche", will sagen: methodisch disziplinierte, Verständigung über „intentio" und „res" der beiderseitigen Lehrtexte gelingen kann.

Wie schon bisher aufgrund der Bearbeitung der früheren Themen lautet die Antwort auch für die vorliegenden Themen wiederum positiv: Eine solche Verständigung ist, wenn die allgemeinen Regeln für die Erhebung des *Eigensinns* von Texten beachtet werden, einschränkungslos möglich. Dementsprechend konnten auch die aufgrund dieser Vorlagen geführten Diskussionen über „intentio" und „res" der Lehrtexte beider Seiten und über ihr sachliches Verhältnis zueinander nach Konsens nicht nur *streben*, sondern einen solchen Konsens auch *erreichen*: einen Konsens *über* „intentio" und „res" der untersuchten Lehrtexte beider Seiten. Der Inhalt dieses Konsenses wird jeweils in einem „Protokoll" systematisch geordnet und festgehalten. Vorliegender Band bietet somit – formal wie seine Vorgänger – in seiner ersten Hälfte die Darstellungen der römisch-katholischen und der evangelisch-lutherischen Lehre, die der Diskussion über das Thema „Amt und Ordination" zugrunde lagen und das Protokoll dieser Diskussion, in seiner zweiten Hälfte die Darstellungen des beiderseitigen Verständnisses von „Kirchenrecht" sowie im Protokoll das Ergebnis der Diskussion dieses Themas.

Aus dem Arbeitsauftrag und den methodischen Grundsätzen der Forschungsgruppe dürfte verständlich werden, was am vorliegenden Bande zunächst befremdlich erscheinen mag. Nämlich daß eine Forschungsgruppe zum Thema „*Fundamentaltheologie*" sich nicht nur überhaupt mit den Themen „*Amt und Ordination*" sowie „*Kirchenrecht*" beschäftigt, sondern beide auch noch als im Grund und Gegenstand des Glaubens *impliziert* betrachtet. Nun geht es in der Fundamentaltheologie aber wie gesagt um die genaue Erfassung und Beschreibung desjenigen Geschehens, durch welches der christliche Glaube und die christliche Theologie *überhaupt und im ganzen* zu ihrem Grund und Gegenstand kommen. Dieser Anspruch der Fundamentaltheologie, das für das *Ganze* des Gegenstandes von Glaube und Theologie Grundlegende zu erfassen, schließt der Sache nach unweigerlich ein, daß die Einsichten der Fundamentaltheologie auch auf *alle* Elemente des Zusammenhangs der Einsichten von Glaube und Theologie einen sachlich bestimmenden Einfluß ausüben und daß umgekehrt auch jedes dieser Elemente und sie alle die für sie und ihren Zusammenhang grund-

---

mene heute, 2010, 341–353; G. Lorizio, Per una teologia nella prospettiva del fundamentum dynamicum fidei. Questioni del metodo, in: A. Sabetta (Hg.), Fidei doctrinae fundamentum: veritas Evangelii per se ipsam praesens, Lateran University Press, Città del Vaticano 2013, 52–64; E. Herms, Über unsere Methode, ebd., 81–98.

legende fundamentaltheologische Einsicht inhaltlich widerspiegeln. Fundamentaltheologie bleibt abstrakt, wenn sie nicht diesen unlöslichen Zusammenhang zwischen Einsicht in die fundierenden und Einsicht in *alle* dadurch fundierten Sachverhalte im Blick behält, aufdeckt und zur Geltung bringt. Und tatsächlich ist das Geschehen, welches christlichen Glauben (und aufgrund dessen auch christliche Theologie) begründet und sich ihnen (dem Glauben und der Theologie) zum Gegenstand gibt, von der Art, daß es die Wahrheitsgewißheit *einzelner Personen* nur als deren Teilhabe an einer bestimmten *gemeinsamen, mit anderen Personen geteilten* Wahrheitsgewißheit schafft und erhält, also mit sachlogischer Unausweichlichkeit eben Glaubens*gemeinschaft*, also *Kirche*, schafft und erhält; und zwar Kirche mit allen Zügen, die für sie als auf geteilte Existenzgewißheit gestützte Ethosgemeinschaft wesentlich sind: fundamental also für sie als *Gemeinschaft des Kultus (Gottesdientes)*, durch den sich das die gemeinsame Gewißheit schaffende und erhaltende Grundgeschehen vergegenwärtigt und kommuniziert, d. h. für sie als *Gemeinschaft der Feier der Sakramente*, die als solche nur als auf Dauer *geordnete* Gemeinschaft existiert, also nicht ohne „*ordiniertes Amt*" und „*Recht*".

Auch unsere Beschäftigung mit den einzelnen Elementen des christlichen Gottesdienstes (Kultus), den Sakramenten, hatte bereits auf diesen Sachverhalt hingewiesen:

Für beide Seiten, für die evangelisch-lutherische ebenso wie für die römisch-katholische, entscheidet nämlich erst das jeweilige Verständnis der zur geordneten Feier der Sakramente wesentlich hinzugehörigen Leitungsposition, also des „Amtes" – d. h. die Bejahung oder Verneinung des Status der *Ordination* zu diesem Amt als eines *Sakramentes* (eben als *Sakrament der Weihe*) bzw. als lediglich einer *kirchlichen Ordnung ohne Sakramentscharakter* – über das konkrete Verständnis aller Sakramente selber, also sowohl der Sakramente der Initiation (Taufe und Abendmahl) als auch der Sakramente der Heilung (Buße und Krankensalbung), damit aber auch über das Verständnis von Kirche im ganzen; so daß die Behandlung aller dieser Themen erst mit der Behandlung des beiderseitigen Verständnisses von „Amt" und „Ordination" sachlich vollständig wird. Auch andere Zweige des römisch-katholisch/evangelisch-lutherischen Dialogs sind immer wieder auf die Unumgänglichkeit des Themas „Amt und Ordination" gestoßen.[12]

Vom Thema „Kirchenrecht" gilt sodann erstens, daß es de facto ein *Implikat* des Themas „Amt" ist, ein Implikat, dessen explizite Behandlung für das konkrete Verständnis dieses Themas unerläßlich ist; zweitens,

---

[12] Vgl. aus der ersten Phase dieses Dialogs die Studienergebnisse der Gemeinsamen Römisch-katholischen/Evangelisch-lutherischen Kommission „Das geistliche Amt in der Kirche" von 1981 und „Einheit vor uns" von 1984.

daß eine Vorstellung des angestrebten ökumenischen Ziels „sichtbare Einheit" nur im Horizont eines gemeinsamen Verständnis von Kirchenrecht konkrete Gestalt gewinnen kann; und drittens, daß das Thema trotz dieser seiner grundlegenden Bedeutung für jedes Verständnis einer noch ausstehenden „sichtbaren Einheit" in dem inzwischen knapp sechzigjährigen römisch-katholischen/lutherischen Dialog seit dem Zweiten Vatikanum bisher nur einmal gestreift,[13] aber noch nie ausführlich behandelt worden ist. Indem die Forschungsgruppe hier Neuland betreten hat, erinnert sie andere Zweige des römisch-katholisch/lutherischen Dialogs an eine dort verbliebene inhaltliche Lücke.

Die jeweils im Protokoll festgehaltenen und systematisch geordneten Diskussionsergebnisse wurden von der Gruppe im *Konsens* erreicht. Sie artikulieren freilich nicht einen Konsens *in* der Lehre, sondern einen rein wissenschaftlichen Konsens *über* die untersuchten römisch-katholischen Lehrtexte einer- und *über* die untersuchten evangelisch-lutherischen Lehrtexte andererseits, *über* ihre „intentio" und „res" und *über* das Verhältnis zwischen beiden. Dieser Konsens *über* die beiden untersuchten Lehrgestalten umfaßt zwei Hauptpunkte. Erstens: Die für beide Lehrgestalten oben schon angedeutete *formale* Parallele einer unlöslichen Einheit von Fundamentalaussagen über den Grund und Gegenstand des Glaubens und allen Einzelaussagen über Kirche, die Sakramente sowie über das ordinierte Amt und das kirchliche Recht gilt in der Tat (1). Zweitens aber: *Inhaltlich* und *der Sache nach* ist es nicht möglich die römisch-katholische Sichtweisen auf das gegenwartsbestimmende Offenbarungsgeschehen, also auf das Zustandekommen der Herz und Gewissen bindenden Wahrheitsgewißheit des Glaubens, wie sie in Dei Verbum bezeugt ist, mit der (in extremer Knappheit) in CA V bezeugten evangelisch-lutherischen Sicht dieses Geschehens einfach gleichzusetzen (2). Diese Konsense *über* die beiden Lehrgestalten – also sowohl der *über* die *formale* Parallele zwischen beiden Lehrgestalten, als auch der *über* die *materiale* Nichtübereinstimmung zwischen ihnen – sind beide für den Fortgang der ökumenischen Beziehungen wichtig.

ad 1: Der erstgenannte Konsens unterstreicht die – insbesondere, aber nicht nur auf evangelisch-lutherischer Seite – scharf zu berücksichtigende Einsicht, daß gerade auch die *Ordnung* der kirchlichen Gottesdienst- und Sakramentspraxis, zugespitzt in der Ordnung von Amt und Ordination, also die Manifestation der *Sichtbarkeit* der Gemeinschaft der Glaubenden, der Kirche, im Geschehen der Christusoffenbarung begründet ist, also vom Grund und Gegenstand des Glaubens umgriffen ist und in die-

---

[13] In: GEMEINSAME RÖMISCH-KATHOLISCHE/EVANGELISCH-LUTHERISCHE KOMMISSION, Kirche und Rechtfertigung. Das Verständnis der Kirche im Lichte der Rechtfertigungslehre, 1994, dort die Nummern 223–242.

sen hineingehört. Es gibt kein konkretes Verständnis vom Grund und Gegenstand des christlichen Glaubens, eben: des Geschehens des Offenbarwerdens des Lebens Jesu als des Lebens des Christus, des Sohnes Gottes, und d. h. als Inkarnation des Schöpferlogos, das in diesem nicht auch den Grund und das Kriterium der Angemessenheit der *leibhaft-sichtbaren* Gestalt der Gemeinschaft des Glaubens erkennt und anerkennt. Und es gibt keine angemessene Ordnung der leibhaft sichtbaren Gestalt der Gemeinschaft des Glaubens, keine angemessene Rechtsordnung der Kirche, die für die letztgenannte eine beliebige Äußerlichkeit wäre und nicht im Geschehen der *Konstitution der Gemeinschaft* durch die Christusoffenbarung als Gewißheitsgemeinschaft fundiert wäre und somit etwa nicht unter der Alternative stünde, diesem ihrem Fundament angemessen oder unangemessen zu sein. Beide Seiten, die römisch-katholische ebenso wie die evangelisch-lutherische, haben sich schon im Blick auf ihre Lehre von Amt und Ordination sowie auf die entsprechende Praxis zu fragen, ob diese in Wahrheit der jeweils eigenen Einsicht in das Geschehen des Geschaffen- und Erhaltenwerdens der Wahrheitsgewißheit des Glaubens und der Glaubensgemeinschaft hinreichend genau entspricht:

Nach *römisch-katholischer* Lehre ist im apostolischen Weitergabeamt und seinem Inhaber die Autorität der Wahrheit Christi und seines Lebenszeugnisses selber *in* der Gemeinde der Gemeinde *gegenüber* präsent (Lk 10,16), *weil* dies Amt in der Gabe des Geistes der Wahrheit (Joh 16,12) an die Apostel (Joh 20,22) begründet ist, und d. h. in der *Selbstvergegenwärtigung dieser Wahrheit für die Apostel.* Kraft ihres *so gearteten* Fundamentes ist aber nach Einsicht des Ersten und des Zweiten Vatikanums die Zeugnistätigkeit des apostolischen Amtes nichts anderes als das Instrument der *Selbstvergegenwärtigung der Wahrheit Christi und seines Lebenszeugnisses für jeden einzelnen Christen und das ganze Volk Gottes* (Dh 1 Abs. 3).[14] Die Selbstvergegenwärtigung der Wahrheit Christi und seines Lebenszeugnisses durch den Geist der Wahrheit schafft selber sich das apostolische Zeugnisamt als Instrument der Selbstvergegenwärtigung der bezeugten Wahrheit für alle Glaubenden und die Glaubensgemeinschaft als Ganze. Was nichts anderes heißt als: Die römisch-katholische Lehre setzt die drei „fundamentalen Komponenten" „Offenbarung, Schrift, Überlieferung" in der Weise in eine „kontinuierliche dynamische Beziehung zueinander", daß sie dabei die „*Vorrangstellung* [Kursivierung: Hgg.] der Offenbarung gegenüber ihrer Bezeugung in der Schrift und ihrer Vermittlung durch die Tradition" „reflektiert".[15] Dann

---

[14] Das Konzil schließt aus, „aliter veritatem sese imponere nisi vi ipsius veritatis, quae suaviter simul et fortiter mentibus illabitur." Das Zweite Vatikanum schreibt damit eine Einsicht fort, die faktisch schon das Erste aussprach; vgl. dazu: E. HERMS/L. ŽAK (Hgg.), Grund und Gegenstand (o. Anm. 1), S. 1–50 und 51–82.

[15] G. LORIZIO, in: E. HERMS/L. ŽAK (Hgg.), Grund und Gegenstand (o. Anm. 1), S. 51.

aber stellt sich die Frage: Sind aus dieser Einsicht des Ersten und Zweiten Vatikanums in die so geartete Verfassung des dynamischen Grundes und Gegenstandes des Glaubens als unlösliche, asymmetrisch-dynamische Einheit von Offenbarung, Schrift und Tradition unter uneinholbaren Vorrang der Offenbarung gegenüber Schrift und Tradition schon alle fälligen Konsequenzen gezogen für

– einerseits das angemessene Verständnis des ontologischen Status der Inhaber des apostolischen Weitergabeamtes als *Repräsentanten* Christi und der Wahrheit seines Lebenszeugnisses in der Gemeinde und für sie[16] sowie zugleich

– andererseits auch für die angemessene Bestimmung des Verhältnisses zwischen der Schaffung und Erhaltung der ganzen Gemeinde der Jünger Jesu durch die Selbstvergegenwärtigung der Wahrheit des Lebenszeugnisses Jesu *für alle Glaubenden* einerseits und der Schaffung und Erhaltung des apostolischen Weitergabeamtes innerhalb der Gesamtgemeinde und ihr gegenüber durch die Selbstvergegenwärtigung der Wahrheit Christi und seines Lebenszeugnisses *für die Apostel* andererseits?[17]

Dasselbe formale Verhältnis zwischen Offenbarungs- und Amtsverständnis, also die kriteriologische Funktion des erstgenannten gegenüber dem zweiten, gilt auch für die *evangelisch-lutherische* Seite: Die Schaffung und Erhaltung des Glaubens und der Glaubensgemeinschaft durch die Selbstvergegenwärtigung der Wahrheit Christi und seines Lebenszeugnisses schließt als ihre notwendige, absolut unabdingbare Bedingung ein, daß das geordnete Amt der Kirche nicht nur die überlieferte übersprachliche[18] Artikulationsgestalt des Selbstzeugnisses Christi wiederholt, sondern darüber hinaus *auch dessen durch Selbstvergegenwärtigung evident gewordene Wahrheit bezeugt.* Erfüllen Ordnung und Vollzug des kirchlichen Zeugnisamtes auf evangelisch-lutherischer Seite heute diese unabdingbare inhaltliche Bedingung?[19]

---

[16] Das heißt: Wird inzwischen angemessen unterschieden zwischen denjenigen Zügen des Status der geweihten Amtsträger (aller „Priester“) als *Repräsentanten*-Christi, welche für diesen Status *konstitutiv* und *wesentlich* sind (etwa 2 Kor 4,6; 2 Petr 1,16; Mt 19,17; Joh 10,12ff.) und welche mit Sicherheit nicht (so das Judesein Jesu, sein Aufwachsen in einer Handwerkerfamilie; in der Diskussion sind auch: sein Mannsein, seine Ehelosigkeit)?

[17] Zu beiden Fragebereichen vgl. im vorliegenden Band das Protokoll zum Thema „Amt und Ordination“.

[18] Also konkret: die gottesdienstliche, kultisch-sakramentale Artikulationsgestalt des Lebenszeugnisses Jesu von seinem sich-Taufen-Lassen bis zum abschließenden, vorgreifend-zusammenfassenden Abendmahl.

[19] Als letzte amtliche Verlautbarung zu diesem Thema vgl. Vereinigte Evangelisch-Lutherische Kirche Deutschlands (Hg.), „Ordnungsgemäß berufen“. Eine Empfehlung der Bischofskonferenz der VELKD zur Berufung zu Wortverkündigung und Sakramentsverwaltung nach evangelischem Verständnis, in: Texte aus der velkd 136/2006.

Wird über die tatsächliche Erfüllung dieser Bedingung kontinuierlich ge-
wacht? Und wie?

ad 2: Zum Konsens der Forschungsgruppe *über* die beiden Gestalten
kirchenamtlicher Lehre gehört auch die Einsicht, daß die Sichtweise auf
das Geschehen der Selbstvergegenwärtigung der Wahrheit Christi und seines Lebenszeugnisses, welches die innerlich bindende Autorität der Wahrheitsgewißheit des Glaubens schafft und erhält, auf der römisch-katholischen Seite und die in den Lehrtexten der evangelisch-lutherischen zum
Ausdruck kommende Sichtweise auf dasselbe Grundgeschehen *nicht einfach deckungsgleich* sind.

Vielmehr besagt der Konsens *über* die evangelisch-lutherischen Lehrtexte: In ihnen artikuliert sich eine Sicht nicht nur vom Geschehen, *daß*
das Zeugnis vom Offenbarsein Gottes (des Wollens und Wirkens des
Schöpfers) in Christus für seine Adressaten innerlich bindende Autorität,
ihr Leben orientierende und motivierende Kraft, gewinnt, sondern auch
von der Art und Weise, *wie* dabei einerseits die *in dem Zeugnis bezeugte
Wahrheit* und andererseits der *Autor der Bezeugung dieser Wahrheit*, der Zeuge selbst also, innerlich bindende Autorität für den Glauben gewinnt. Der
evangelisch-lutherischen Lehre zufolge geschieht keins von beidem ohne
das andere – aber in *unumkehrbarer Asymmetrie*: Die den Zeugnisadressaten innerlich bindende Autorität der im Zeugnis bezeugten Wahrheit,
die für den Zeugnisadressaten durch die Selbstvergegenwärtigung dieser
Wahrheit, ihr durch sie selber für ihn Evidentwerden, zustande kommt,
begründet *für ihn* zugleich auch die Autorität des Autors des Zeugnisses,
des Zeugen. *Keineswegs gilt das Umgekehrte.* – Dieses Verhältnis gilt schon
für das Lebenszeugnis Jesu selber: Auf das vollendete Lebenszeugnis Jesu
hin, also erst nach seinem Heimgang, wird die Wahrheit dieses Lebenszeugnisses für seine Adressaten abschließend[20] evident und zur innerlich
bindenden Autorität und damit zugleich auch der Autor dieses Lebenszeugnisses (eben Jesus). Die auf diese Weise geschaffene Gemeinschaft der
Zeugnisadressaten mit dem Zeugen ist also *Gemeinschaft „sub unica veritatis
testatae auctoritate“*, in welcher und kraft welcher als solcher, eben wahrer,
auch der Autor des Wahrheitszeugnisses als wahrhaftiger Zeuge samt der
ihm als solchem eignenden „auctoritas“ (eben des „Christus“, des „inkarnierten Schöpferlogos“) offenbar und anerkannt ist. – Erst recht gilt
das für die Kontinuierung dieser Gemeinschaft durch das von ihren Gliedern abgelegte Zeugnis für die Wahrheit des Lebenszeugnisses Jesu: auch
die durch dieses Zeugnis geschaffene und erhaltene Gemeinschaft ist Gemeinschaft „sub *unica veritatis testatae auctoritate*“, die als solche dann immer auch Gemeinschaft der Adressaten des wahren Zeugnisses mit den

---

[20] Mt 16,16 f. ist durch Mk 14,50 und Mt 26,69 als vorläufig bestimmt.

Autoren dieses Zeugnisses, den Zeugen als solchen, ist, die im Lichte der evidentgewordenen Wahrheit des Bezeugten für die Zeugnisadressaten zugleich als die *wahrhaftigen Zeugen der Wahrheit* offenbar und mit der ihnen als solchen eignenden Autorität anerkannt sind. In beiden Fällen gilt auch, daß die Autorität der bezeugten Wahrheit die Wahrheit des Zeugnisses und damit die Wahrhaftigkeit des Zeugen nur *offenbart*, also keineswegs *schafft*, sondern zu Kenntnis und Anerkenntnis bringt als schon *vor* ihrem gemeinschaftsstiftenden Offenbarwerden *reale*. – Dies aber mit einem bleibenden Unterschied: In der österlichen Gemeinschaft „sub unica veritatis testatae veritate" kommt *allein Jesus* die Autorität des wahrhaften Zeugen in *schlechthin ursprünglicher* Weise zu, allen späteren nur in *abgeleiteter*. – Konsequenz: In der Gemeinschaft, die geschaffen ist durch die Selbstvergegenwärtigung der durch das Lebenszeugnis *des* wahren Zeugen, Jesus, bezeugten Wahrheit und ihrer Autorität für die Adressaten seines ursprünglich wahren Lebenszeugnisses und die erhalten wird durch die Selbstvergegenwärtigung der Wahrheit des kirchlichen (gemeindlichen) Zeugnisses-von-der-Wahrheit-des-Lebenszeugnisses-Jesu, wird diese Differenz zwischen der vermöge offenbarer „auctoritas veritatis testatae" offenbaren „auctoritas veritatis testis unici et originaris Jesu Christi" und der zugleich offenbaren „auctoritas veritatis omnium christifidelium testium veritatis testimonii Jesu Christi" auf Dauer gestellt. Eben dadurch wird in solcher Gemeinschaft „sub unica auctoritate veritatis testimonio Jesu Christi originario testatae" die Differenz festgehalten zwischen eben dieser Autorität der „veritas *testimonio originario Jesu Christi* testata" als des schlechthin vorgängigen Grundes und Gegenstandes (und somit auch als des kriteriologischen Gegenübers) der Autorität der „veritas *testimonio omnium testium christifidelium* testata" ebenso wie der Autorität aller „christgläubigen Zeugen". Indem in der Gemeinschaft „sub unica *veritatis testatae* auctoritate" an dieser ursprünglichen und unüberholbaren Asymmetrie zwischen der in ihr offenbaren „auctoritas testis veritatis unici et originarii Jesu Christi" und der in ihr ebenfalls offenbaren „auctoritas omnium veritatis testium christifidelium" festgehalten wird, entfällt in ihr jedoch ipso facto *diese* Asymmetrie im Verhältnis zwischen den christgläubigen Wahrheitszeugen und deren Adressaten: In der realisierten Gemeinschaft „sub unica auctoritate veritatis testatae" stehen vielmehr stets beide, Zeugnisautoren und Zeugnisadressaten *unter derselben Autorität*: unter der *Autorität der bezeugten Wahrheit*. In der realisierten Gemeinschaft „sub unica veritatis testatae auctoritate" ist für die Zeugnisadressaten, kraft der für sie evident und zur Autorität gewordenen Wahrheit des Zeugnisses der Zeugen, die Autorität der Zeugen als wahrhafter Zeugen offenbar und anerkannt, zugleich aber sind auch für alle Zeugnisautoren ihre Adressaten präsent als durch die diesen evident gewordene bezeugte Wahrheit autorisierte:

also ebenfalls in den ontologischen Stand wahrer Zeugen befördert und somit auch mit deren Autorität ausgestattet.

Doppelte Konsequenz: In der Gemeinschaft „sub unica auctoritate veritatis unico et originario teste Jesu Christo testatae" ist *erstens ausgeschlossen*, irgendeiner Position von „testes christifideles" *diejenige* Asymmetrie gegenüber Zeugnisadressaten zuzuerkennen, die *ausschließlich* Jesus Christus, dem „testi veritatis unico et originario" im Verhältnis zu allen seinen – zu „testes christifideles" autorisierten – Zeugnisadressaten eignet; und ebenso ist *zweitens ausgeschlossen*, irgendeinen Kreis von „testes christifideles" zur einzigen Quelle kirchlicher Ordnung *unter Ausschluß* aller anderen zu machen. Grund: Die evangelisch-lutherischen Lehrtexte sehen und beschreiben das Geschehen, welches den Glauben und die Glaubensgemeinschaft als deren Grund und Gegenstand schafft und erhält, also die Selbstvergegenwärtigung der Wahrheit Christi und seines Lebenszeugnisses, als ein solches, welche die Gemeinschaft der Glaubenden als eine Gemeinschaft „sub unica auctoritate veritatis unico et originario teste Jesu Christo testatae" schafft und erhält. Die Ordnung für das „testimonium veritatis evangelii Jesu Christi", welches jedem Glied solcher Gemeinschaft und solcher Gemeinschaft als ganzer aufgetragen ist, muß und kann nur *von dieser Gemeinschaft als ganzer* bestimmt werden, und zwar so, daß diese Ordnung keiner Position von „testes christifideles" ihren Adressaten gegenüber diejenige Asymmetrie zuspricht, welche ausschließlich dem „testi unico et originario Jesu Christo" gegenüber *unterschiedslos allen* seinen Adressaten eigen ist.

Anders die römisch-katholischen Lehrtexte. Sie sehen ausdrücklich beides vor: Die Auszeichnung und Ausgrenzung einer besonderen Position von „testes christifideles" als einer solchen, mit der sich die Asymmetrie des Verhältnisses des „testis unici et originaris Jesu Christi" allen seinen Adressaten gegenüber *wiederholt*, sowie auch das *exklusive* Befugtsein dieser Position zur Setzung der Ordnung und des Rechts der Gemeinschaft. Die Texte des Ersten und Zweiten Vaticanums verankern diese herkömmliche und im Tridentinum gegen die Reformation bekräftigte Sicht nun auch ihrerseits (*formal* so, wie es die Reformation bereits von Anfang an getan hatte) in einer eigenen römisch-katholischen Sicht auf das Geschehen der Offenbarung selber, die vorläufig abschließend fixiert ist in der dogmatischen Konstitution des Zweiten Vatikanums Dei Verbum. Deren – insbesondere im Kontext aller Konzilsdokumente – unverkennbare Absicht ist, „Offenbarung, Schrift, Tradition" zu einem unlöslichen dynamischen Ganzen unter Vorrang der Offenbarung zu verbinden.[21] Sie schließt dabei aber nicht die Auszeichnung einer bestimmten Position des „testimonium veritatis Evangelii christifidelium" gegenüber allen anderen mit der Repräsentation des

---

[21] Oben Anm. 15.

asymmetrischen Verhältnisses Christi und seines Lebenszeugnisses zu allen seinen Adressaten aus und auch nicht die exklusive Beschränkung der Befugnis zur Setzung kirchlicher Ordnung und kirchlichen Rechts auf diesen Kreis. Das heißt: Sie skizziert das Offenbarungsgeschehen, das Grund und Gegenstand des Glaubens ist, als ein solches, welches nicht eine Gemeinschaft allein „sub unica *veritatis testatae* auctoritate" schafft und erhält, sondern als ein solches, welches eine Gemeinschaft „sub unica *veritatis testium* auctoritate" schafft. Das ist eine Gemeinschaft, für deren Glieder die *Evidenz der Wahrhaftigkeit bestimmter Wahrheitszeugen*, also die Evidenz von deren innerlich bindender Autorität, die *Evidenz der von diesen bezeugten Wahrheit* (also deren innerlich bindende Autorität) *vermittelt*.

Der von der Forschungsgruppe erreichte Konsens *über* die beiden untersuchten Gestalten kirchlicher Lehre besagt also, daß zwischen diesen eine klare *Nichtübereinkunft* in der Beschreibung von Grund und Gegenstand des Glaubens und der Glaubensgemeinschaft besteht, welche ihrerseits sehr handgreifliche praktische, nämlich die Kirchenordnung betreffende, Konsequenzen hat: Die auf römisch-katholischer Seite aus Gründen der römisch-katholischen Sicht des „fundamenum fidei" unverzichtbare Auszeichnung der Amtsträger durch das Weihesakrament mit a) der *Autorität der garantiert wahren Zeugen* der Wahrheit des Evangeliums und mit b) der *exklusiven Befugnis zur Setzung und Pflege von kirchlicher Ordnung und Recht* ist auf evangelisch-lutherischer Seite aus Gründen der evangelisch-lutherischen Sicht des „fundamentum fidei" nicht annehmbar.

Daß römisch-katholischerseits die beiden genannten Züge der Kirchenordnung verzichtbar und/oder daß sie evangelisch-lutherischerseits annehmbar wären, wird niemand erfolgreich behaupten können. Und daß die skizzierte Nichtübereinstimmung in der Sicht des „fundamentum fidei" auf der einen und auf der anderen Seite nicht bestünde und daß nicht sie der reale Grund für die *kirchenordnungsmäßige* Inkompatibilität beider Seiten wäre, würde den Nachweis voraussetzen, daß unsere Ergebnisse unzutreffend sind.

Erweist dieses Ergebnis die Unfruchtbarkeit unserer Arbeit für den Fortgang der römisch-katholisch/evangelisch-lutherischen Ökumene? In der Tat versieht es alle Versuche, „sichtbare Einheit" beider Seiten *vorbei* an der offenen Thematisierung, Be- und Verarbeitung dieser *Nichtübereinkunft* in der Sicht des „fundamentun fidei" zu erreichen,[22] mit einem großen Fragezeichen. Diese Versuche könnten ja nur eines der folgenden drei Ergebnisse erreichen: Die de facto Preisgabe der evangelisch-lutherischen Sicht

---

[22] Uns sind keine Ergebnisse des Versuchs, über einen „differenzierten Konsens" zur sichtbaren Einheit zu gelangen, bekannt geworden, die dieses Defizit nicht aufweisen würden.

auf das „fundamentum fidei" zugunsten der römisch-katholischen oder umgekehrt die de facto Preisgabe der römisch-katholischen zugunsten der evangelisch-lutherischen oder eine gegenüber beiden Seiten veränderte neue Mischposition,[23] die überhaupt nicht mehr an der Anerkennung der Autorität der Wahrheit als dem Fundament der Kircheneinheit festhält, sondern als das Fundament der Kircheneinheit nur noch die Anerkennung der Autorität des Führungspersonals beider Seiten kennt.[24] Ganz unabhängig von der Antwort auf die Frage, ob eines dieser drei Ergebnis akzeptabel ist, sind auf diesem Wege auch de facto keinerlei Annäherungen an die „sichtbare Einheit" erzielt worden. Inzwischen ist durchaus zweifelhaft, ob sie überhaupt auf diesem Weg erreicht werden kann.

Demgegenüber schließt der klare Blick auf die genau *bestimmte*, damit aber auch *umgrenzte* Nichtübereinstimmung beider Seiten in ihrer Sicht auf das „fundamentum fidei" samt ihrer kirchenordnungsmäßigen Konsequenzen keineswegs die *Weiterentwicklung* eines konstruktiven Miteinanders beider Seiten aus. Vielmehr ist die römisch-katholische Seite frei und dazu verpflichtet, der evangelisch-lutherischen durch Gewährung von Gemeinschaft all die praktische Anerkennung zu erweisen, die in Treue zur eigenen römisch-katholischen Lehre möglich und verlangt ist. Und dasselbe gilt ebenso für die evangelisch-lutherische Seite in ihrem Verhältnis zur römisch-katholischen. Schon und gerade durch solche wechselseitige Bezeugung von Verbundenheit *aus* unterschiedlichen Grundmotiven *hinweg über* deren Unterschiede geben die Kirchen der nichtchristlichen Öffentlichkeit ein wegweisendes gemeinsames Zeugnis.

---

[23] Jeder solchen galt das „Nein" des Kardinals Ratzinger und späteren Papstes Benedikt XVI.

[24] So exemplarisch Karl Rahners Empfehlung in seiner Schrift „Einigung der Kirchen – reale Möglichkeit" von 1983, dort S. 65 f.: Für Rahner haben die ordnungsmäßigen Unterschiede zwischen römisch-katholischer und evangelisch-lutherischer Kirche lediglich praktischen und nicht grundsätzlich-lehrmäßigen Charakter. Folglich käme es seiner Meinung nach darauf an, daß einerseits die römische Kirche innerhalb ihrer einen Platz schaffen müßte für die lutherischen Kirchen und daß andererseits die lutherischen Kirchen bereit wären, diesen ihr innerhalb der römischen Kirche angebotenen Platz auch einzunehmen. Wie wäre eine solche Union praktisch zu erreichen? Auf der römisch-katholischen Seite ist, wie Rahner sieht, der Papst dafür zuständig und fähig, auf lutherischer Seite die „amtlichen Führer" dieser Kirchen. Und im Blick auf diese letztgenannten käme Rahner zufolge es erstens darauf an, daß sie sich innerlich für einen solchen Weg entscheiden, und dann zweitens darauf, daß sie die Majorität der Kirchenmitglieder für diesen von ihnen gewollten Weg gewinnen. Die an dieser Stelle zu erwartenden Schwierigkeiten auf Seiten der evangelischen Basis sind in den Augen Rahners deshalb nicht nununüberwindlich, weil man unterstellen könne, daß „die Gemeinden im Durchschnitt [...] doch auch faktisch in den evangelischen Kirchen gewöhnlich [...] eine Fügsamkeit gegenüber den Kirchenleitungen praktizieren, wie sie in der römisch-katholischen Kirche üblich ist".

Dazu kommen die fruchtbaren Anregungen, die jeder Seite aus der Vertiefung in die Sichtweise der anderen zuteilwerden, und aus der Besinnung auf die Eigenart der Nichtübereinstimmung zwischen dieser und der jeweils eigenen Sicht: Ist diese Nichtübereinstimmung ein *konträrer* oder ein *kontradiktorischer* Gegensatz? Offenbar sowohl einerseits das eine und andererseits das andere – in je einer anderen Hinsicht. Denn beide Seiten haben den unlöslichen dynamischen Zusammenhang zwischen den beiden Seiten eines und deshalb Vorgangs im Blick, eben des Zustandekommens innerer Bindekraft und Autorität eines bestimmten Zeugnisses für dessen Adressaten, einen Vorgang also, der immer *beides zugleich* ist: das Evidentwerden der in diesem Zeugnis bezeugten Wahrheit und ihrer Autorität (ihrer inneren Bindekraft) für die Zeugnisadressaten sowie das für sie Evidentwerden der Wahrhaftigkeit und damit Autorität (der inneren Bindekraft) der dieses Zeugnis gebenden Zeugen. Als *kontradiktorisch* präsentiert sich der Gegensatz, achtet man auf die Auffassung der dynamischen Asymmetrie zwischen dem Zustandekommen der Autorität der bezeugten Wahrheit durch deren Evidentwerden für den Zeugnisadressaten und dem Zustandekommen der Autorität des Zeugen durch das Evidentwerden seines Status als eines wahrhaftigen Zeugen für den Zeugnisadressaten: entweder fundiert das Erstgenannte das Zweite oder umgekehrt, tertium non datur, wobei die erste Sicht die zweite ausschließt und die zweite die erste. Lediglich *konträr* ist der Gegensatz, sofern sich nur zwei Versionen desselben gegenüberstehen, nämlich zwei Sichtweisen des Zustandekommens innerer Bindekraft und Autorität eines bestimmten Zeugnisses für dessen Adressaten. So betrachtet haben beide Seiten Anlaß zu prüfen, ob ihre Sicht der dynamischen Priorität der einen Seite dieses Vorgangs die damit unlöslich verbundene andere gebührend berücksichtigt oder nicht. Bringt die römisch-katholische Sicht des unlöslichen dynamischen Zusammenhangs von „Offenbarung, Schrift, Tradition – unter Vorrang der Offenbarung" eben diesen Vorrang bereits angemessen, durchgehend und konsequent zur Geltung, dogmatisch und praktisch? Behält die evangelisch-lutherische Sicht der dynamischen Priorität der Autorität der bezeugten Wahrheit des Evangeliums die damit unlöslich verbundene Bedingung einer Bezeugung nicht nur des *Wortlauts*, sondern der *Wahrheit* des Evangeliums durch den Zeugen im Blick – in ihrer Lehre und in ihrer Praxis? Je konkreter, genauer und vollständiger, jede Seite ihre eigene Sicht reflektiert und praktisch umsetzt, desto umfassender vermag sie dann auch die der anderen Seite zu würdigen und praktisch anzuerkennen als eine differente Version *desselben*: des gegenwartsbestimmenden Wirksamwerdens der Autorität der Wahrheit des Evangeliums (des Lebenszeugnisses) Jesu Christi.

Die Zusammensetzung der Forschungsgruppe hat sich vor Beginn der in diesem Band dokumentierten Arbeitsschritte verändert. Ausgeschieden sind auf römisch-katholischer Seite Professor Giuseppe Lorizio, neu berufen wurden die Professoren Paolo Gherri (Fakultät für Kirchenrecht der Lateran-Universität) und Nicola Reali (Professor für Dogmatische Theologie und Sakramentenlehre, Theologische Fakultät der Lateran-Universität). An den Arbeiten zum Thema „Kirchenrecht" nahm auch der französische Kanonist Professor Patrick Valdrini (Emeritierter Rektor des Institut Catholique de Paris und Prorektor der Lateran-Universität) kontinuierlich und engagiert teil. Auf evangelisch-lutherischer Seite schied aus Professor Wilfried Härle, neu berufen wurde Professor Volker Leppin.

Der unerwartete Heimgang unseres Freundes und Kollegen Christoph Schwöbel (1955–2021) hat uns tief betroffen zurückgelassen. Seit dem Start der Forschungsgruppe hat Christoph Schwöbel mit Kompetenz und Entschiedenheit an der Lösung ihrer Aufgabe mitgearbeitet und einen unersetzlichen Beitrag zur Wissenschaftlichkeit, Stabilität und Kontinuität ihrer Arbeit geleistet. In eigenen Veröffentlichungen hat er seiner Überzeugung von der wegweisenden Bedeutung der von unserer Forschungsgruppe beschrittenen Methode theologischer Ökumene, ihrer theoretischen Annahmen, Verfahrensschritte und Ergebnisse Ausdruck gegeben.[25] Für all dies sind wir dankbar. Zugleich vermissen wir schmerzlich die Hellsichtigkeit, Scharfsinnigkeit und Argumentationskraft des heimgegangenen Kollegen.

Die Fritz-Thyssen-Stiftung, die unser Forschungsprojekt seit seinem Beginn förderte, hat auch das Erscheinen dieses Bandes durch einen großzügigen Druckkostenzuschuß ermöglicht. Für diese wie alle bisherige Förderung sagen wir ihr unseren großen Dank.

An den oben erwähnten Start der Forschungsgruppe im Jahre 2001 aufgrund der oben erwähnten Anregung des damaligen Präfekten der Glaubenskongregation, Josef Kardinal Ratzinger, des späteren Papstes Benedikt XVI., sowie an die damalige Festlegung von Arbeitsmethode und Arbeitsziel der Gruppe erinnert die Widmung aller bisher erschienen Berichtsbände der Gruppe:

> *Benedicto XVI.*
> *sub unica Veritatis auctoritate*
> *studiorum theologicorum promotori.*

Auch nach dem Heimgang des Papstes wiederholen wir diese Widmung in Dankbarkeit.

Tübingen und Rom, Ostern 2023   Eilert Herms/Lubomir Žak

---

[25] So etwa CHR. SCHWÖBEL, „Unterschiedliche Konstruktionsprinzipien" – Problem und Lösungsansatz im ökumenischen Dialog, in: M. HEIMBUCHER (Hg.), Reformation erinnern. Eine theologische Vertiefung im Horizont der Ökumene, 2013, 108–135, bes. 127–133.

Amt und Ordination nach römisch-katholischer Lehre

EILERT HERMS

1. Die Ordination (das Sakrament der Weihe) im Septenar

Die erstmalige vollständige Auflistung der Teile des Septenars im „Decretum pro Armeniis" wirft durch sich selbst die Frage nach deren sachlicher Zuordnung auf. Sie *können* – und müssen schließlich auch – zwei unterschiedlichen, aber aufeinander verweisenden Gesamtbetrachtungen unterworfen werden: einer Betrachtung hinsichtlich ihrer Bedeutung für das Glaubensleben jedes *einzelnen* Christen und einer Betrachtung hinsichtlich ihrer Bedeutung für das Leben der christlichen *Gemeinschaft*.

Der KKK (Katechismus der Katholischen Kirche[1]) folgt durchgehend der ersten Betrachtungsweise: Er gliedert die sieben Sakramente in drei Gruppen – die Sakramente der Initiation, der Heilung und der Sendung –, die in ihrer Aufeinanderfolge und Zuordnung einen einheitlichen Zusammenhang bilden, der „alle Stufen und wichtigen Zeitpunkte im Leben des Christen betrifft", indem er diesem in Analogie zum natürlichen Leben „Geburt", „Wachstum", „Heilung" und „Sendung" gibt (1210). In der Tat finden sich diese vier Aspekte am Leben eines *jeden* einzelnen Christen.

Gleichwohl besitzt auch *jedes* Sakrament eine Bedeutung für die christliche *Gemeinschaft*. Exemplarisch zeigte sich das bereits an der Eucharistie, in deren Feier sich die Gemeinschaft als solche manifestiert. In *indirekter* Weise tragen auch Taufe und Firmung sowie die Sakramente der Heilung diesen Gemeinschaftsbezug. Auch von ihnen gilt, was für alle Sakramente gilt, daß sie nämlich immer auch „für die Kirche" da sind (1118). In *direkter* Weise zeigen jedoch diesen Gemeinschaftsbezug, der bei ihnen unverkennbar in den Vordergrund tritt, die beiden Sakramente der Sendung: Ordination und Ehe. Sind die Sakramente der Initiation und der Heilung jeweils auf das eigene Heil des Empfängers hingeordnet, so sind die bei-

---

[1] Neuübersetzung aufgrund der Editio typica Latina, 2005. Die Editio typica Latina: Catechismus Catholicae Ecclesiae, 1997 (Sigel: CCC). – Ich zitiere den KKK in der Regel nur durch Nennung der Nummer seiner Artikel. Lediglich, wo Mißverständnisse zu vermeiden sind, füge ich ausnahmsweise das Sigel „KKK" hinzu.

den Sakramente der Sendung jeweils in spezifischer Weise „auf das Heil der anderen hingeordnet". Sie befähigen zu einem je besonderen „Dienst an anderen", der auch in beiden Fällen „eine besondere Sendung in der Kirche" einschließt und Dienst am „Aufbau des Volkes Gottes" ist; *durch* diesen Dienst an anderen tragen sie dann „auch zum eigenen Heil" ihrer Empfänger bei (1534). Der Dienst, zu dem das Ehesakrament befähigt, ist die „gegenseitige" Förderung der Ehegatten und die Annahme und Erziehung ihrer Nachkommen (LG 11), der Dienst, zu dem das Weihesakrament befähigt, ist „die Kirche durch das Wort und die Gnade Gottes zu weiden" (1535; LG 11).

Dieser zuletzt genannte Dienst (der Empfänger des Weihesakraments) unterscheidet sich von dem zuerst genannten (der Empfänger des Ehesakraments) dadurch, daß er *für das Kirchesein der Kirche selbst konstitutiv* ist. Erst er ermöglicht es allen Sakramenten, Sakramente *der Kirche* zu sein, und erst er ermöglicht es den Sakramenten der Kirche, das zu sein, was sie ursprünglich und bleibend sind: nämlich Sakramente *Christi*.

Das hält der Katechismus ausdrücklich fest: Mit dem Offenbarwerden der Kirche für die Welt durch das Pfingstereignis beginnt eine neue Phase des Heilswirkens Gottes in Christus durch den Heiligen Geist: „die Zeit der Kirche, in der Christus durch die Liturgie seiner Kirche sein Heilswerk kundtut, vergegenwärtigt und mitteilt"; fortan handelt Christus „in und mit seiner Kirche" auf eine neue Weise: „durch die Sakramente" (1076). Was aber Christus in dieser Weise „in den Sakramenten spendet", das spendet er „*durch die Amtsträger seiner Kirche*" (1115). Denn: Nach seiner Auferstehung hat Christus selbst den Aposteln eine *besondere* Geistgabe gespendet und ihnen durch diese „*seine* Heiligungsgewalt [Hervorhebung E. H.]" „anvertraut", so daß sie *selber* in eigener Person dadurch „sakramentale Zeichen Christi" werden (1087). Sodann haben die Apostel „durch die Kraft desselben Heiligen Geistes" (verstehe: eben kraft derjenigen besonderen Geistgabe, die ihnen schon vor Pfingsten verliehen wurde (Jo 20,22) und sie zu sakramentalen Zeichen Christi machte, also in Ausübung ihrer ihnen dadurch verliehenen Vollmacht) eben diese ihre, ihnen von Christus selbst verliehene, „Heiligungsvollmacht ihren Nachfolgern" „anvertraut". „Diese ‚apostolische Sukzession' durchformt das ganze liturgische Leben der Kirche" (1087). Sie und nichts anderes

„gewährleistet, daß in den Sakramenten wirklich Christus durch den Heiligen Geist für die Kirche am Werk ist. Die Heilssendung, die der Vater seinem Mensch-gewordenen Sohn anvertraut hat, wird von ihm den Aposteln und durch sie ihren Nachfolgern anvertraut; sie erhalten den Geist Jesu, um *in seinem Namen* und *in seiner Person* (Hervorhebungen E. H.) zu handeln. So bildet das *geweihte Amt* (Hervorhebung E. H.) das sakramentale Band, das die liturgische Handlung mit dem verbindet, was die Apostel gesagt und getan haben. Und durch die Apostel wird die

Verbindung mit dem hergestellt, was Christus, der Ursprung und Urgrund der Sakramente, gesagt und getan hat" (1120).

Der „Dienst", zu dem der Empfang des Weihesakramentes befähigt, trägt also *dieselbe* formale Struktur, die auch den „Dienst" Christi an der Menschheit kennzeichnet. Und dieser Dienst hat *konstitutiven* Charakter. Er ist derjenige „Dienst", durch den das Heil der Erlösung aus dem Leben unter der Sünde allererst *geschaffen* wird.

Somit ist denn auch dieser Dienst des „geweihten Amtes" bezogen auf alle anderen Sakramente, sei es in einer explikativen, sei es in einer konstitutiven Weise: In explikativer Weise gilt dies für die Taufe. Auf die Taufe[2] ist der Dienst des ordinierten Amtes so bezogen, daß er deren Gabe „zur *Entfaltung* bringt", und zwar durch die übrigen Sakramente. Für deren Charakter als wirklicher Sakramente der Kirche und Christi selber ist dann der Dienst des ordinierten Amtes nicht nur explikativ, sondern *konstitutiv*.

Das aber heißt:

> „Das *geweihte Amt* (Hervorhebung E.H.) oder ‚das amtliche oder hierarchische Priestertum' (LG 10) steht im Dienst jenes Priestertums, das durch die Taufe verliehen wird" (1120; so auch 1547)). „Es bezieht sich auf die Entfaltung der Taufgnade aller Christen. Es ist *eines* (Hervorhebung E.H.) der Mittel, durch die Christus seine Kirche unablässig aufbaut und leitet" (1547).

Zwar ist es so, daß – wie wir noch genauer sehen werden – nur Getauften und Gefirmten das amtliche/hierarchische Priestertum durch Spendung und Empfang des Weihesakraments übertragen werden kann. Aber das heißt nicht, daß die durch die (in der Firmung bestätigte und bekräftigte) Taufe kraft Eingliederung in den Leib Christi verliehene Teilhabe *jedes* Getauften am Priestertum Christi schlechthin konstitutiv (also nicht nur die notwendige, sondern auch die hinreichende Bedingung) wäre für die durch das Weihesakrament übertragene *besondere* Anteilhabe des geweihten Amtes am Priestertum Christi. Vielmehr ist umgekehrt das kirchliche Wirken Christi durch die Inhaber des geweihten Amtes (also das kirchliche Wirken Christi durch das Amtspriestertum) konstitutiv für die Entfaltung des durch die Taufe verliehenen allgemeinen Priestertums durch Christi kirchliches Wirken in den Sakramenten der Initiation und der Heilung. Der „Dienst" des Amtspriestertums am Priestertum aller Christen ist also wiederum der einer unauflöslichen realen Abhängigkeit der *Empfänger* dieses Dienstes von der *Ausübung* dieses Dienstes: Ohne diesen Dienst bleibt die Taufgnade unentfaltet.

---

[2] Vgl. E. HERMS/L. ŽAK (Hgg.), Sakrament und Wort im Grund und Gegenstand des Glaubens. Theologische Studien zur römisch-katholischen und evangelisch-lutherischen Lehre, 2011.

Einige Spitzen dieser Aussagen, die leicht übersehen werden können, seien schon hier festgehalten:

a) Dasjenige kirchliche Wirken Christi, das er nur durch seine Amtsträger vollzieht, bezieht sich auf das Ganze der *Entfaltung* der Taufgnade (und der in ihr eingeschlossenen Teilhabe aller Getauften am Priestertum Christi), nicht jedoch auf deren *Gewährung*. Christus, der Mensch gewordene Schöpferlogos, gewährt die Taufgnade durch das Wirken nicht nur jedes Christen, sondern auch durch das Wirken jedes Menschen, der in der Spendung der Taufe *tut*, was die Kirche in der Taufe *tut*. Er gewährt die Taufgnade also einfach vermittelst der Souveränität seines göttlichen, schöpferischen Erwählungshandelns – also in derselben souveränen Freiheit, in der er auch das Dasein der Kirche schafft.

b) Die Tätigkeit des geweihten Amtes ist *eines* „der Mittel, durch die Christus seine Kirche unablässig aufbaut und leitet" (1547). Nicht minder geschieht Auferbauung der Kirche durch Christus durch die Tätigkeit der Laien. Und Christus leitet seine Kirche nicht allein durch die Tätigkeit des geweihten Amtes, sondern ebenso auch durch die Erhaltung des Glaubenssinnes in allen Gliedern des Volkes Gottes – dies freilich, wie man im Blick auf die Aussagen über die „Entfaltung" der Taufgnade festhalten muß, wiederum nur durch den Dienst des geweihten Amtes. Somit ist das geweihte Amt das schlechterdings *unverzichtbare* Mittel für das Geleitetwerden der Kirche durch Christus selbst.

c) Dies „geweihte Amt" und seine Ausübung ist es, durch das Christus alles wirkt, was er in der Kirche durch die Sakramente wirkt. Zwar kann das geweihte Amt nur ausgeübt werden vermöge Spendung und Empfang des Sakramentes der Weihe durch Einzelne. Aber Spendung und Empfang dieses Sakramentes, ja sogar ihre rituelle Ausgestaltung, sind als das Befähigtwerden von Einzelnen zur Ausübung des geweihten (durch Weihe übertragenen) Amtes sehr wohl von letzterem (dem durch Weihe übertragenen Amt) zu unterscheiden. Der *direkten* Einsetzung durch Christus verdankt sich nämlich nur dies letztere: das durch Weihe zu übertragende *Amt*. Seine *Weitergabe* durch die Ordination ist eine Implikation dieser Gabe Christi.

Das hält der Katechismus ausdrücklich fest in einem Klammerzusatz zur Einleitung in seine Darstellung des Sakraments der Weihe:

„(Zur Einsetzung und Sendung des *apostolischen Amtes* siehe erster Teil. Hier befassen wir uns nur mit dem *Sakrament, in dem dieses Amt weitergegeben wird.* [Kursivierungen E. H.])" (1536 Zusatz).

Entsprechend dieser – sachlich unwidersprechlichen – *Unterscheidung* zwischen dem durch sakramentale Weihe *übertragenen Amt* und der dieses Amt *übertragenden sakramentalen Weihe* hätte dann auch die Überschrift der Textpassage über den Ort von beidem in der Heilsökonomie (1539–1553) nicht nur zu lauten „Das Sakrament der Weihe in der Heilsökonomie", sondern vollständig „Der von Christus eingesetzte apostolische Dienst (so die Formulierung in 1536) und seine Übertragung durch sakramentale Weihe in der Heilsökonomie". Erst diese vollständigere Überschrift wird auch den in 1539–1553 vorgetragenen materialen Feststellungen gerecht. 1539–1543 halten fest: Daß Gott das alte Gottesvolk zu einem Volk von Priestern machte, *schloß ein*, daß es in ihm ein diesem Volk von Priestern dienendes *Amt* des Priestertums gab, zu dessen Ausübung einzelne „in einem eigenen Ritus geweiht" (1539) wurden. 1544–1553 besagen: Das durch Gottes Wirken in Christus durch den Heiligen Geist geschaffene neue Gottesvolk ist durch das priesterliche Wirken Christi, welches das priesterliche Wirken im alten Gottesvolk vollendend überbietet (1544), ebenfalls zu einem Volk von Priestern gemacht worden, in welchem es ebenfalls eine diesem Volk von Priestern dienende *besondere* amtliche Teilhabe an diesem neuen Priestertum gibt, die in einem besonderen Ritus übertragen wird.

Wie in allen vorangegangenen Traktaten über die Sakramente der Initiation und der Heilung ist auch hier diese heilsökonomische Verortung des kirchlichen Handelns von grundlegender Bedeutung. In ihr wird nämlich die im Tridentinum gegen die Reformation festgehaltene Behauptung vom „Eingesetztsein" *aller sieben* Sakramente, die der KKK wiederholt (1114, 1210), in der Weise erläutert und bewährt, daß jeweils dieser Ort des Eingesetztseins des betreffenden Sakraments in der Realisierung des göttlichen Heilsplans von der Schöpfung bis zum Eschaton beschrieben wird. *Damit* wird sein Charakter als der einer Setzung aufgewiesen, die ihren *Grund hat in dem die Kirche schaffenden Wirken Christi und in seinem Wirken durch die Kirche*.

Nun ist nach römisch-katholischer Lehre diese Heilsökonomie Gottes im ganzen die Ökonomie der Selbst*offenbarung* Gottes, durch die die Befreiung aus einem Leben in Verkennung Gottes und des Menschen zu einem Leben im Innesein (Gewißheit) der Wahrheit über Gott und den Menschen geschaffen wird und damit ein heiliges Leben ermöglicht und verlangt wird, dessen Ziel die ewige Seligkeit in der Teilhabe an Gottes eigenem Leben ist. Die Verortungen der Kirche und ihres Handelns in dieser Heilsökonomie laufen somit auf nichts anderes hinaus als darauf, ihren genuinen Platz im Ganzen des *Offenbarungsgeschehens* zu beschreiben. Und das heißt: In ihnen kommt die *fundamentaltheologische* Dimension, der fundamentaltheologische Charakter, dieses Handelns der Kirche heraus.

Eben dies gilt auch für das „Sakrament des apostolischen Dienstes" (1539): In der heilsgeschichtlichen Verortung seines Eingesetztseins kommt sein fundamentaltheologischer Sinn heraus: seine wesentliche Stellung im

*Offenbarungs*geschehen als ganzem, also im „Grund und Gegenstand des Glaubens".

Weil das so ist, wird der zitierte Klammerzusatz zu 1539 zur Aufforderung, über die Darlegungen von 1539–1553 hinaus – unter Rückgriff auf die einschlägigen Passagen in Teil I des Katechismus – zunächst nach dem konkreten *Ursprung* des „*apostolischen Dienstes*", seines eigenartigen *Wesens* und seiner *Funktion* (Wirkkraft), und dann nach seiner *Übertragung* durch das Sakrament der Weihe im Ganzen des Geschehens der Selbstoffenbarung Gottes zu fragen, die ihr innergeschichtliches Ziel im Kirche-schaffenden Wirken Christi und seinem Wirken-durch-die-Kirche findet (2). Dabei wird sich zeigen, daß die Einsetzung des *apostolischen Dienstes* für das die Kirche schaffende Wirken Christi und sein Wirken durch die Kirche deshalb wesentlich ist, weil nur durch diese Setzung der *Grundsachverhalt* des Kirche-schaffenden Wirkens Christi und seines Wirkens-durch-die-Kirche *in innergeschichtlicher Permanenz* realisiert ist – dieser Grundsachverhalt, welcher in nichts anderem besteht als in der innergeschichtlichen *Gegenwart* des geistlich-schöpferischen *Grundes* der Gemeinschaft *in* der Gemeinschaft und ihr *gegenüber* (3). Daraus ergibt sich auch, daß das *einheitlich-dreifache Wirken des Mensch gewordenen Logos* – also sein Wirken als Gewißheit schaffendes Offenbarmachen (also als „prophetisches Amt" Christi) des Versöhnungscharakters der im Kommen begriffenen Gottesherrschaft (des „hohepriesterlichen Amtes" Christi), das diese Versöhnung realisiert, indem es seine Adressaten, die Versöhnten, in die Gottesherrschaft eingliedert (also im Vollzug des „königlichen Amtes" Christi) – sich in innergeschichtlicher *Permanenz* nur vollziehen kann, indem es selbst sich durch das *einheitlich-dreifache Amt des petrinisch-bischöflichen Aposteldienstes* als Lehramt, Heiligungsamt und Leitungsamt vollzieht (4). Ebenso wird sich zeigen, daß der *apostolische Dienst in der Einheit dieser seiner dreifachen Gestalt* nichts anderes ist als das *Werkzeug* der Selbstvergegenwärtigung der erlösenden und Heil – weil Gewißheit über das Wesen Gottes und das Heil des Menschen – schaffenden Wahrheit Gottes in Christus durch den Heiligen Geist (5). Dann wird eingesehen werden können, daß und warum dieser Dienst *selber* ein *Sakrament* ist, der seinerseits auch *durch* ein Sakrament (eben das der Weihe) übertragen werden muß (875, 1547); womit zugleich der Charakter auch dieses letztgenannten Sakramentes (der Weihe) als eines *Sakramentes Christi und der Kirche* – und zwar im eminenten Sinne – erwiesen ist (6). Damit werden wir zu der von der Sache selbst verlangten konkreten heilsökonomischen Verortung des „apostolischen Dienstes" und seiner Übertragung gelangt sein, die die faktische – offenbar traditionsbedingte – Engführung der einschlägigen Skizze in 1539 ff. auf Priestertum und Heiligungsamt hinter sich läßt. Aus all dem ergibt sich dann auch die *Vollzugsform* dieses Sakraments der Weihe (7) und sein *Effekt*: die Befähi-

gung zum „Weiden" der Herde Christi durch ein Handeln „im Namen"
und „in der Person" Christi im Vollzug des apostolischen Dienstes in jeder
seiner einheitlich-dreifachen Gestalten als „repräsentatio Christi" und „repräsentatio ecclesiae" (1553) (8). Sind diese Effekte des Weihesakramentes
durchschaut, wird auch erkennbar, daß und inwiefern auch es, das Weihesakrament, ein *Sakrament des Glaubens, des Heils und des ewigen Lebens* ist (9).

2. Das innergeschichtliche Ziel des Geschehens der Selbstoffenbarung Gottes: das Christusgeschehen, welches sich das neue Volk Gottes als sein „Werkzeug" (Instrument) schafft und durch dieses heilsgeschichtlich wirkt

2.1. Das Zweite Vatikanum stellt fest: Der im ewigen Willen Gottes gründende ewige *Heilsplan* Gottes ist der ewige Plan der *Selbstoffenbarung* seines Willens.

„Gott hat es in seiner Güte und Weisheit gefallen (placuit), sich selbst zu offenbaren und das Geheimnis seines Willens kundzutun." (DV 2)

Dieser Wille zur *Selbstoffenbarung* des Wollens Gottes ist insofern *Heils*wille, als er darauf zielt, daß die Menschen Zugang („accessum") zu Gott haben und Mitgenießer („consortes") seiner, der göttlichen, Natur werden
(ebd.). So auch KKK 1:

„Gott ist in sich unendlich vollkommen und selig. In einem aus reiner Güte gefaßten Ratschluß hat er den Menschen aus freiem Willen erschaffen, damit dieser an
seinem glückseligen Leben teilhabe".

Sachlich wird eben dieses Ziel dadurch erreicht, daß den Menschen die
„*Wahrheit* über Gott und ihr eigenes Heil" „aufleuchtet". Das Aufleuchten dieser Wahrheit ist deshalb die Realisierung des Zugangs zu Gott und
des Mitgenusses („consortium") seiner göttlichen Natur und Seligkeit, weil
Gott ebenso wie der Mensch *Person* ist, das Verhältnis zwischen beiden also
das – radikal asymmetrische – *interpersonale* Verhältnis zwischen schaffen-
dem und geschaffenem Personsein, und weil es für das Personsein konstitutiv und wesentlich ist, Sein-in-der-Wahrheit zu sein: Gott, das absolute, unbedingte Personsein, ist die absolute Wahrheit und will nichts als die
Wahrheit; der Mensch, geschaffenes, bedingtes Personsein, ist ausgerichtet auf die Wahrheit über sich selbst und sucht nichts als die Wahrheit über
sich selbst; ist aber eben als *geschaffenes* Personsein nicht von sich aus dieser Wahrheit mächtig, sondern darauf angewiesen, daß sie ihm „aufleuchtet", offenbar wird.[3]

---

[3] Zu diesem Komplex römisch-katholischer Lehre vgl. schon in Bd. I unserer Gruppe:
E. HERMS, Glaubensgewißheit nach römisch-katholischer Lehre, in: E. HERMS/L. ŽAK

Diesen seinen Willen, die Wahrheit über sich, sein Wesen, Wollen und Wirken, und über das Heil des Menschen für die Menschen offenbar zu machen, realisiert Gott durch das Ganze seines die Welt des Menschen schaffenden Handelns von der Schöpfung bis zum Eschaton. Dieser Gesamtprozeß macht dem Menschen die Wahrheit über Gott und über sein (des Menschen) Heil präsent, indem er sich als die übersprachliche *Einheit des Tuns und Redens* Gottes vollzieht, und zwar so, daß das Reden Gottes sein Tun erklärt und sein Tun sein Reden bestätigt und bewährt (DV 2). Ausdrücklich wird in den römisch-katholischen Lehrtexten festgehalten, daß zu diesem Reden Gottes das inspirierte Reden (und Schreiben) inspirierter Menschen gehört, also *Gottes Reden durch Menschenmund*. Das aber impliziert der Sache nach, daß es auch schon ein diesem Reden Gottes durch Menschenmund vorausgehendes Reden Gottes gibt, eben das *zum inspirierten Reden inspirierende Reden Gottes*, gewissermaßen ein schweigendes Reden durch sein Tun.[4] In jedem Fall geschieht also diese Offenbarung der Wahrheit über Gottes Wesen, Wollen und Wirken und über das Heil des Menschen dadurch, daß das Reden, das Wort, des Vaters im Schöpfergeist die Menschen erreicht – also als trinitarisches Geschehen. Was umgekehrt heißt: Die trinitarische Selbstoffenbarung Gottes vollzieht sich als Gewißheit schaffendes Aufleuchten des Wahrseins von Gottes Tun und Reden, seines Wirkens und Werks, im Heiligen Geist, also als Ausdruck (Äußerung) seines wahren (zuverlässigen) Wesens und Wollens, in dem das Wesen seines Geschöpfes (der Welt-des-Menschen) und dessen Bestimmtsein zum Heil der vollkommenen Gemeinschaft mit ihrem Schöpfer gründen und umgriffen sind.

2.2. Das Ziel dieses Offenbarwerdens der Wahrheit über Gott und die Bestimmung des Menschen zum Heil, das den Menschen Zugang zu Gott und den Mitgenuß seines Wesens (seiner absoluten Wahrheit) verschafft, wird durch das Christusgeschehen erreicht, durch die Wirksamkeit des Mensch-gewordenen Wortes Gottes und seines Geistes. Es gefiel Gott, das Geheimnis seines Wollens zu offenbaren,

„auf daß [quo: ut eo; Hinzufügung E.H.] die Menschen durch Christus, das Fleisch gewordene Schöpferwort, im Heiligen Geist Zugang zum Vater haben und zu Mitgenießern der göttlichen Natur würden" (DV 2).

(Hgg.), Grund und Gegenstand des Glaubens nach römisch-katholischer und evangelisch-lutherischer Lehre. Theologische Studien, 2008, 3–50.

[4] Vgl. Ps. 19,3–5: „Ein Tag sagt's dem andern, und eine Nacht tut's kund der andern. Es ist keine Sprache noch Rede, da man nicht ihre Stimme [die Stimme der Werke: Tag und Nacht] höre". Zum Ganzen vgl. E. HERMS/L. ŽAK (Hgg.), Sakrament und Wort (o. Anm. 2), 140–212, 234–254.

Erst durch dieses Wirken des Mensch-gewordenen Schöpferwortes im Heiligen Geist leuchtet die ganze Tiefe und der Vollgehalt dieser Wahrheit auf:

„Die Tiefe der durch diese Offenbarung [verstehe: durch das schon mit der Schöpfung anhebende an die Menschen adressierte Reden und Tun Gottes: E.H.] über Gott und über das Heil der Menschen erschlossenen Wahrheit leuchtet uns auf in Christus, der zugleich der Mittler und die Fülle der ganzen Offenbarung ist." (DV 2)

Denn:

„Nachdem Gott viele Male und auf viele Weisen durch die Propheten gesprochen hatte, ‚hat er zuletzt in diesen Tagen zu uns gesprochen im Sohn' (Hebr 1,1–2). Er hat seinen Sohn, das ewige Wort, das Licht aller Menschen, gesandt, damit er unter den Menschen wohne und ihnen vom *Innern Gottes* [Hervorhebung E.H.] Kunde bringe (vgl. Joh 1,1–18)" (DV 4).

Nachdem Gott dem „Evangelium" schon durch alle Zeiten den Weg bereitet hat (DV 3), wird es durch das Wirken Christi im Geist „durch göttliches Zeugnis" „bekräftigt", nämlich das Evangelium (die gute Botschaft),

„daß Gott mit uns ist, um uns aus der Finsternis von Sünde und Tod zu befreien und zu ewigem Leben zu erwecken." (DV 4)

Erst durch dieses Wirken Christi im Heiligen Geist, das den Adressaten Christi die ganze Tiefe und den ganzen Umfang der Wahrheit über Gott und über das Heil des Menschen erschließt, wird der Zugang zum Vater („accessus ad patrem") und der Mitgenuß seiner göttlichen Natur erreicht (DV 2).

2.3. *Wie* vollzieht sich dieses die ganze Wahrheit über die Intima Gottes offenbarende Wirken des Mensch-gewordenen Sohnes? Auch es vollzieht sich in der formalen Grundstruktur von allem Offenbarungshandeln Gottes. Es wirkt, indem es seinen Adressaten Gottes *Worte* und Gottes *Taten* im Geist zu perzipieren gibt:

„Jesus Christus, das fleischgewordene Wort, als ‚Mensch zu den Menschen' gesandt, redet die *Worte Gottes* (Jo 3,34) [Hervorhebung E.H.] und vollendet das Heilswerk, dessen Durchführung der Vater ihm aufgetragen hat (vgl. Jo 5,36; 17,4). Wer ihn sieht, sieht auch den Vater (vgl. Jo 14,9). Er ist es, der durch sein ganzes Dasein und seine ganze Erscheinung, durch *Worte und Werke* [Hervorhebung E.H.], durch Zeichen und Wunder, vor allem aber durch seinen Tod und seine herrliche Auferstehung von den Toten, schließlich durch die Sendung des Geistes der Wahrheit die Offenbarung erfüllt und abschließt." (DV 4)

Diese tathafte und leibhafte Weise der Verkündigung des Evangeliums durch Jesu ganzes Leben schließt nun aber ein Dreifaches ein:

a) Daß Jesus „durch *sein ganzes Dasein*" (Hervorhebung E H.) geistlich wirkte, heißt: Er wirkt, indem er leibhaft zu Menschen Gemeinschaft aufnahm, sie in seine leibhafte Gemeinschaft zog.

Das wird im KKK ausdrücklich festgehalten: In den Passagen über das „Mysterium" Christi, seines Lebens und seines Wirkens im Geist, insbesondere seines öffentlichen Wirkens (535–559) wird (unter Rückgriff auf LG 5) das in DV in der zitierten Formel paraphrasierte „Evangelium", das Jesus durch sein Leben und Wirken im Geist offenbart, unter Rückgriff auf Mk 1,14 f. genauer angesprochen als Evangelium von der „Ankunft des Reiches Gottes":

„,Nachdem man Johannes ins Gefängnis geworfen hatte, ging Jesus wieder nach Galiläa; er verkündete das Evangelium und sprach: Die Zeit ist erfüllt, das Reich Gottes ist nahe. Kehrt um und glaubt an das Evangelium' (Mk 1,14–15)". (KKK 541)

Und dieses Evangelium wird nicht allein durch Jesu Reden offenbart, sondern durch sein Tun, das durch sein Reden erläutert wird und dann wiederum sein Reden bekräftigt. Der elementare Modus des Wirkens Jesu im Geist ist, daß er (Jesus) Menschen dazu beruft und anzieht, in Gemeinschaft mit ihm als dem Mittler des Reiches zu leben. Jesus wirkt im Geist, indem er Gemeinschaft mit ihm (Jesus) als dem Mittler des Reiches Gottes stiftet:

„Jesus hat von Anfang an die Jünger *an seinem Leben teilnehmen* [Hervorhebung E.H.] lassen. Er enthüllt ihnen das Mysterium des Gottesreiches, und gibt ihnen Anteil an seiner Sendung, seiner Freude und an seinem Leiden." (787)

Die *Verkündigung* der Ankunft des Reiches Gottes durch Jesus im Geist vollzieht sich also in der Weise der *realen Vermittlung* dieses Reiches, des realen *Anfangs der Gemeinschaft des Lebens in diesem im Kommen begriffenen Reich*:

„Indem er die frohe Botschaft verkündete, nämlich die Ankunft des Reiches Gottes, das von alters her in den Schriften verheißen war", machte der Herr Jesus „den Anfang seiner Kirche" (LG5)

„Christus ist die Mitte, um die die Menschen zur ‚Familie Gottes' gesammelt werden. Er ruft sie zu sich durch sein Wort, durch seine Zeichen, die das Reich Gottes bekunden." (542)

„Die das Wort Jesu annehmen, ‚haben das Reich selbst angenommen' (LG 5). Der Keim und Beginn dieses Reiches ist die ‚kleine Herde' (Lk 12,32) derer, die Jesus um sich versammelt hat und deren Hirt er selbst ist. Sie bilden die wahre Familie Jesu. Die er so um sich schart, lehrt er seine neue Handlungsweise und sein eigenes Gebet." (764)

Nota bene: Zu dieser „kleinen Herde", der „Familie" Jesu, gehören nicht nur die Zwölf, sondern auch die „weiteren Jünger" (765); eben *alle*, die Jesus durch die Bezeugung des im Kommen begriffenen Reiches in seinem Reden und Tun in seine Gemeinschaft (und eben damit schon in das im Kommen begriffene Reich) zog.

b) Die Gemeinschaft mit ihm, in die Jesu Bezeugung des Evangeliums vom im Kommen begriffenen Reich seine Adressaten versetzt, ist nicht nur die *Frucht* seines Wirkens, sondern sie ist auch das *Mittel* seines Wirkens: *Durch* diese Gemeinschaft, die *Jesus von sich aus* seinen Adressaten gewährt, und *in* dieser Gemeinschaft werden sie selbst vom im Kommen begriffenen Reich Gottes ergriffen, wird ihnen selbst Anteil am ankommenden Reich gegeben. Und dies, indem Jesus seine Adressaten an seinem Leben teilnehmen läßt, also in der ihnen gewährten Gemeinschaft mit ihm ihnen das Mysterium des Gottesreiches enthüllt und dadurch „ihnen Anteil an ihm selbst: an seiner [...] Freude und an seinem Leiden" „gibt" (787).

So ist die Gemeinschaft, die das Mensch gewordene Wort im Geist zu seinen Adressaten aufnimmt, und die Gemeinschaft seiner Adressaten mit ihm, die durch dieses im-Geist-Gemeinschaft-stiftende Wirken des inkarnierten Logos geschaffen wird, nicht nur das *Werk* des Wirkens des Mensch-gewordenen Wortes, sondern zugleich auch das *Mittel* seines Wirkens. Diese durch sein Wirken im Geist geschaffene Gemeinschaft schafft sich das Mensch-gewordene Wort zugleich als das Mittel seines Wirkens im Geist. Weil das Wirken des Mensch-gewordenen Logos im Geist ipso facto Gemeinschaft mit ihm stiftet und dann wiederum *durch* diese gestiftete Gemeinschaft wirkt, *gehören also das Wirken des Mensch-gewordenen Logos und die dadurch gestiftete Gemeinschaft ursprünglich und unlöslich zusammen.*

Die Kirche ist „*in den Händen Christi*" sein „*Werkzeug*" (776, mit LG 1) „der Erlösung aller" (776, mit LG 9); „durch sie" „gießt er" „Wahrheit und Gnade auf alle aus (771, mit LG 8), so daß er durch sie „die Liebe Gottes zum Menschen zugleich offenbart und verwirklicht" (776, mit LG 45,1; Kursivierung E.H.).

c) Das wiederum schließt ein: Die *Sendung* des Mensch-gewordenen Logos begründet ipso facto auch die *Sendung* dieser Gemeinschaft-mit-ihm (die er *selbst* sich selber als sein Werkzeug schafft, *selbst* in seinen Händen hält und durch die er selber wirkt).

Diese Sendung ist sowohl eine vorösterliche als auch eine nachösterliche. Letztere, die „Sendung" der Jünger durch den Auferstandenen (1507), „wiederholt" nur ihre bereits vorösterliche Sendung:

„Christus fordert [vom Anfang seines öffentlichen Wirkens an: E.H.] seine Jünger auf, ihm nachzufolgen und ihr Kreuz auf sich zu nehmen. [...] Jesus nimmt sie in sein eigenes armes, dienendes Leben hinein. Er läßt sie an seinem Dienst des Mitleidens und Heilens teilhaben. ‚Die Zwölf machten sich auf den Weg und riefen die Menschen zur Umkehr auf. Sie trieben viele Dämonen aus und salbten viele Kranke mit Öl und heilten sie' (Mk 6,12–13)."

In Übereinstimmung mit dem Bericht der Evangelien (Lk 10,1 ff.) hält der Katechismus fest, daß diese von Anfang an geschehene Sendung nicht auf die Zwölf beschränkt ist; *alle*, auch „die weiteren Jünger", haben an ihr teil (765). Daß Jesus „von Anfang an die Jünger an seinem Leben teilnehmen läßt", schließt eben ein, daß er ihnen auch Anteil gibt „an seiner Sendung" (787; von der „Sendung" der Jünger spricht auch 542).

Soviel zur näheren Charakterisierung des *Modus*, des *Wie*, in welchem das den ewigen Heilswillen des Vaters offenbarende und ihn verwirklichende Wirken des Mensch-gewordenen Logos im Geist (DV 2) sich vollzieht. Dieses Wirken des Mensch-gewordenen Logos ist in sich selbst: Gemeinschaft-mit-ihm *schaffend*, durch diese Gemeinschaft *wirkend* und diese Gemeinschaft *sendend*.

2.4. *Was* wird durch dieses leibhaft-ganzheitliche, tathafte, Offenbarungswirken des Mensch gewordenen Logos im Geist durch Aufnahme von Gemeinschaft und vermittelst ihrer auf Seiten der Adressaten dieses Wirkens bewirkt?

Die Antwort, die in DV 5 und KKK 142–144 gegeben wird, besagt: Sie werden zum *Glauben* gebracht.

„Durch seine Offenbarung [verstehe: durch das eben näher beschriebene Wirken des Mensch gewordenen Logos im Geist durch Aufnahme von Gemeinschaft und vermittelst dieser: E.H.] ,redet […] der unsichtbare Gott aus dem Übermaß seiner Liebe die Menschen wie Freunde an und verkehrt mit ihnen, um sie in die Gemeinschaft mit sich einzuladen und sie in sie aufzunehmen‘ [DV 2; dazu vgl. die eben gegebene Schilderung des geschichtlichen Wirkens des inkarnierten Logos: E.H.]. Die dieser Einladung angemessene Antwort ist der Glaube". (142)

Dieser Glaube ist jedenfalls ein *Akt freien Gehorsams* (DV 5; KKK 143, 144). Die Texte sprechen seine beiden Wesensaspekte ausdrücklich an – seinen Charakter als freiwillentlicher Akt (a) und dessen vorwillentliche Möglichkeitsbedingung (b).

ad a: Freiwillentlicher Akt ist der Glaube als Akt der restlosen Selbstüberantwortung des Menschen an den sich (verstehe: im beschriebenen Wirken des menschgewordenen Logos durch den Geist) offenbarenden Gott.

Im Glauben „überantwortet sich der Mensch Gott als ganzer in Freiheit, indem er sich ,dem offenbarenden Gott mit Verstand und Willen voll unterwirft' und seiner Offenbarung willig zustimmt." (DV 5) – „Durch den Glauben ordnet der Mensch seinen Verstand und seinen Willen völlig Gott unter. Er gibt Gott, der sich offenbart, mit seinem ganzen Wesen seine Zustimmung" (KKK 143). – „Im Glauben gehorchen (ob-audire) heißt, sich dem göttlichen Wort in Freiheit unterwerfen, weil dessen Wahrheit von Gott, der Wahrheit selbst, verbürgt ist." (144)

ad b: In dieser Wendung ist bereits der vorwillentliche Möglichkeitsgrund des Glaubens als freier Ganzhingabe der Adressaten des Wirkens Jesu, des Mensch gewordenen Wortes, im Geist angesprochen. Dieser Möglichkeitsgrund ist ein unverfügbares Werk des Geistes: nämlich das Geöffnetsein der Augen des Herzens für das Gewißheit[5] schaffende Wahrsein des ganzheitlich-leibhaften, tathaften Lebenszeugnisses Jesu für sich als den

---

[5] Die im Ersten Vatikanum beschriebene Struktur der Glaubenskonstitution und ihre Interpretation durch die Enzyklika „Fides et ratio" Johannes Pauls II. hat die Projektgrup-

vollmächtigen, nämlich vom Vater selbst gesandten, Offenbarer der Intima Gottes, seines Wesens, Wollens und Wirkens, und somit der menschlichen Lebensgegenwart als der Realisierung dieses Wollens, und d.h. als die Realisierung, das Realwerden, das Ankommen des Reiches Gottes, das Ankommen der Herrschaft des Schöpfers über das Geschaffene. Das wird unter Rückgriff auf das Erste Vatikanum festgehalten (DV 5[6]). Im Zusammenhang dieser Studie wird darauf später noch einmal zurückzukommen sein.

Jedenfalls impliziert diese formale Struktur des Glaubens bereits, daß er wesentlich ein Akt ist, der auf seine ihm real vorgegebene Sache („res"), seinen ihm real vorgegebenen „Gegenstand"[7] bezogen, ja durch ihn ermöglicht ist. Er ist bezogen auf, hat zu seinem Gegenstand, die Selbstoffenbarung des Vaters, des Schöpfers, durch das geschichtliche Wirken des menschgewordenen Sohnes, des menschgewordenen Logos, im Geist. Dieses reale Geschehen, das der *Grund* der Möglichkeit und des Zugemutetseins des freien Glaubensaktes ist, ist ipso facto in sich selbst auch der *Gegenstand* dieses Aktes: eben das (oben beschriebene) geschichtliche Wirken des menschgewordenen Sohnes Gottes im Geist als Ziel der Heil schaffenden Selbstoffenbarung Gottes hinsichtlich seines innersten *Wesens*, hinsichtlich des *Ziels seines Wollens* und hinsichtlich der *Weise seines Wirkens*.

Das heißt nach dem vorstehend Gesagten: Seinem Gegenstande nach ist dieser – durch das geschichtliche Wirken des menschgewordenen Logos im Geist – ermöglichte und verlangte Glaube somit:

– Erstens Glaube *an* Jesus; und zwar an ihn als den, als der er im Geist an seinen Adressaten wirksam wurde (Gemeinschaft-mit-ihm stiftend und durch sie wirkend). Wirksam wurde Jesus an seinen Adressaten, wie gezeigt, als der, durch dessen Leben das in der Gegenwart schon in Realisierung begriffene Reich Gottes in seinem die Menschen mit Gott versöhnenden Charakter *offenbar* und *damit* auch *realisiert* wurde, nämlich realisiert als die Gemeinschaft der Menschen, die, weil durch diese Offenbarung ergriffen, sich ihr ganz hingeben, mit Gott und untereinander.

– Er ist somit zweitens ipso facto zugleich Glaube, der – eben weil Glaube an Jesus als den Vermittler des Lebens in der im Kommen begriffenen Gottesherrschaft – auch in die Gemeinschaft dieses Lebens in der Gottesherrschaft eingliedert; und zwar in diese Gemeinschaft, die durch das geistliche Wirken des Mensch-gewordenen Logos in der Geschichte als diejenige geschaffen wird, durch die und in der der inkarnierte Logos im Geist wirksam ist, die er also als das Werkzeug seiner Sendung schafft.

---

pe bereits in ihrer ersten Arbeitsphase analysiert und diskutiert. Vgl. E. HERMS/L. ŽAK (Hgg.), Grund und Gegenstand (o. Anm. 3), bes. Teil I (1–185).

[6] Ad vocem „Gewißheit" vgl. l.c. 3 ff.

[7] „Gegenstand" im Sinne von A. MEINONG (DERS., Abhandlungen zur Erkenntnistheorie und Gegenstandstheorie, 1913, 377 ff.), also nicht = „Ding".

– Somit ist der Glaube an Jesus als den Christus zugleich drittens der Glaube, der an der – in der Sendung Jesu begründeten – Sendung der von ihm geschaffenen Gemeinschaft Anteil gibt.

Nichts anderes als dieser Glaube an Jesus als „Christus, Sohn des lebendigen Gottes", der in die durch Christus als Instrument seiner Sendung geschaffene Gemeinschaft eingliedert und an deren Sendung Anteil gibt, und den somit ausnahmslos *alle* von der Christusoffenbarung ergriffenen Menschen „glauben und bekennen", ist nach ausdrücklicher römisch-katholischer Lehre der „Fels" auf den Christus die von ihm als Instrument seiner Sendung geschaffene Gemeinschaft, die Kirche, erbaut:

„Durch die Gnade des Heiligen Geistes bewegt und vom Vater angezogen glauben und bekennen wir [verstehe: alle Christgläubige als solche: E.H.] von Jesus: ‚Du bist der Messias, der Sohn des lebendigen Gottes' (Mt 16,16). Auf den Felsen dieses Glaubens [verstehe: allgemeinen Christenglaubens: E.H.], den der hl. Petrus bekannte, hat Christus seine Kirche gebaut." (424)[8]

Nun ist aber – wie soeben gezeigt – nach römisch-katholischer Lehre dieser Glaube nicht autosuffizient. Vielmehr hat er in seinem Gegenstand selbst seinen ihm unverfügbaren Grund. Somit ist auch dieser „Fels" keineswegs etwas, was dem *Wirken Christi* als Baugrund für die durch es geschaffene Gemeinschaft *vorgegeben* wäre. Vielmehr ist es die Selbstoffenbarung Gottes in ihrer Zielgestalt, also in Gestalt des geschichtlichen Wirkens des inkarnierten Logos im Geist, selbst, welche selbst sich selber diesen Baugrund der Kirche, den Glauben an Jesus als „Christus", „Sohn des lebendigen Gottes", allererst schafft und erhält.

Soviel zur Zielgestalt der Selbstoffenbarung Gottes: im geistlichen Wirken des inkarnierten Logos in der Geschichte, für die es wesentlich ist, daß sie (diese Zielgestalt der Geschehensweise der Selbstoffenbarung Gottes) sich die Gemeinschaft der an diese Zielgestalt der Selbstoffenbarung Gottes (eben an das Wirken des Sohnes im Geist als an die Fülle der Selbstoffenbarung Gottes) Glaubenden als das Werkzeug der Sendung des Sohnes schafft und erhält.

3. Der apostolische Dienst als das „Mittel" (1547) für die Permanenz der innergeschichtlichen Gegenwart des inkarnierten Logos in der durch ihn geschaffenen Gemeinschaft und ihr gegenüber

3.1. Diese Gemeinschaft, deren Schaffung und Erhaltung durch das geistliche Wirken des inkarnierten Schöpferlogos in der Geschichte als Instrument seiner Sendung für dieses innergeschichtliche geistliche Wirken des

---

[8] S. u. S. 21 f.

inkarnierten Schöpferlogos selbst wesentlich ist, diese Gemeinschaft ist nun durch ihre innere Verfassung von jeder sonstigen Gemeinschaft unter Menschen unterschieden:

Zwar hat nach römisch-katholischer Lehre *jede* überhaupt mögliche und reale Gemeinschaft von Menschen ihren Grund nicht in sich selbst, sondern außerhalb ihrer: nämlich in Gottes Schöpferhandeln, welches die Menschen als innerweltlich-leibhafte Personen – also als das geschaffene Ebenbild des schaffenden Personseins Gottes – leben läßt, und d.h. als die Gemeinschaft aller Menschen unter den einheitlichen gemeinsamen Bedingungen ihrer geschaffenen Welt. Das hält der Katechismus ausdrücklich fest (372; 1877–1885). Alle Formen des Zusammenlebens von Menschen sind Formen des Zusammenlebens nicht in einer *Herde*, wie bei Tieren, sondern unterschiedliche Formen des Zusammenlebens in einer *Gemeinschaft von Personen* (372). Aber für alle diese Gemeinschaften gilt: Ihr Grund, der die Menschen als Personen schaffende und erhaltende Gott, ist *innerhalb* dieser Gemeinschaften sonst nirgends und niemals für ihre Glieder präsent.

Eben dies ist anders in der Gemeinschaft, die durch das geschichtliche Wirken des menschgewordenen Schöpferlogos im Schöpfergeist auf den von ihm selbst real ermöglichten Glauben an sein geschichtliches Wirken gebaut ist. Für diese Gemeinschaft – und in der Welt *ausschließlich* für sie – gilt, daß ihr sie schaffender und erhaltender Grund (und zwar sowohl ihr sie als Gemeinschaft von *Personen überhaupt* schaffender, wie ihr sie als Gemeinschaft von *erlösten Personen* [nämlich durch die Gewißheit schaffende Selbstpräsenz der Wahrheit über die Intima Gottes und ihr Heil von der Verkennung Gottes und ihrer selbst erlösten Personen] schaffender Grund) *innerhalb* ihrer für alle ihre Glieder und ihnen allen *gegenüber* präsent ist, und zwar innerweltlich-innergeschichtlich, also: leibhaft.

Das *kann* nicht anders sein, weil der diese Gemeinschaft als Instrument seiner Sendung schaffende und erhaltende Grund kein anderer ist als eben das geistliche Wirken des *Mensch-gewordenen* Schöpferwortes in der Geschichte. Dieser Grund bleibt der Gemeinschaft, die durch ihn als Instrument seiner Sendung geschaffen ist und erhalten wird, nicht äußerlich, sondern er ist *in* dieser Gemeinschaft als der *inkarnierte* Logos ipso facto leibhaft, also innerweltlich-innergeschichtlich, präsent als Mensch unter Menschen. Alle Berichte über sein geistliches Wirken in der Geschichte bezeugen das ausnahmslos und durchgehend: Jesus steht nicht außerhalb der durch ihn zu seinen Adressaten aufgenommenen Gemeinschaft, sondern er ist in *leibhafter Präsenz ihre Mitte*.

Gleichzeitig kann es auch nicht anders sein als so, daß Jesus (der im Geist in der Geschichte wirkende Mensch-gewordene Logos) auf eine schlechthin *einzigartige Weise* in dieser Gemeinschaft als ihr leibhafter Mittelpunkt präsent ist, nämlich in der Weise des schaffend-bestimmenden *Gegenübers* zu allen anderen Gliedern der Gemeinschaft. Er selbst ist es, der in der Einheit seines vollmächtigen Redens und Tuns im Geist sie alle auf sich als den Wirker ihres Glaubens an ihn, also auf sich als auf den Grund und Gegenstand ihres Glaubens, bezieht und der als eben dieser geistlich wirkende Grund und Gegenstand auch die diese Gemeinschaft begründende Gewißheit (über das im Kommen begriffene Reich Gottes, also über den Willen Gottes und über das Heil der Menschen) und die von dieser Gewißheit inspirierte Weise des Zusammenlebens der Glaubenden untereinander und mit den Nichtglaubenden unwiderstehlich vorgibt: Inmitten der von ihm geschaffenen Gemeinschaft geistlich wirksam lebend (redend und handelnd) nimmt er alle ihre Glieder in *seine* Gewißheit und in *seine* Lebensweise, die dieser Gewißheit entspricht, hinein.

Dieses geistlich wirkende, unwiderstehlich prägende Gegenüber kennzeichnet schon das vorösterliche Verhältnis des im Geist wirkenden inkarnierten Logos zur Gemeinschaft der Seinen. Allerdings ist in all diesen vorösterlichen Situationen die Sendung des inkarnierten Logos noch nicht ans Ziel gekommen. Dieses Ziel ist das Ertragen des Todes zum österlichen Erweis von dessen wahrem Charakter als Eingang ins ewige Leben des Schöpfers. Der geistlich wirkende menschgewordene Logos, der die Gemeinschaft der an ihn Glaubenden schafft und als der schöpferische Grund dieser Gemeinschaft *in* ihr innerweltlich-innergeschichtlich, also leibhaft, allen ihren Gliedern *gegenüber* präsent ist, erreicht somit das Ziel und die Vollgestalt seines Gesandtseins erst, indem er als der zum Vater heimgekehrte nun in der vollendeten Ganzheit, also in der Auferstehungsgestalt seines geistlich wirksamen Menschenlebens vom Himmel, also der Rechten des Vaters, her innerhalb der von ihm geschaffenen Gemeinschaft und ihr gegenüber innerweltlich-innergeschichtlich, also auch leibhaft, präsent wird. Erst in dieser österlichen Situation, in der der inkarnierte Logos in seiner Auferstehungsgestalt in der Gemeinschaft der Seinen und allen ihren Gliedern gegenüber wiederum innerweltlich-innergeschichtlich (also auch wiederum leibhaft) präsent wird, kommt a) der Charakter des Gesandtseins des Sohnes in seiner ganzen und wahren Reichweite ans Licht und zeigt sich somit b) auch erst der wahre Charakter der Gemeinschaft, die durch ihn als Instrument dieses seines Gesandtseins geschaffen ist, und somit auch erst der wahre Charakter und die ganze Reichweite *ihres* Gesandtseins, wie es in seinem Gesandtsein begründet ist: Dies Gesandtsein des Sohnes in die Welt ist nicht nur ein synchrones, sondern ein diachrones. Und zwar – weil es Gesandtsein zur Offenbarung und Realisierung des Lebens in der im Kommen begriffenen Gottesherrschaft ist, deren im-Kommen-begriffen-Sein bis ans Ende der Geschichte währt – ein Gesandtsein, das nicht mit dem Tod des Gesandten endet, sondern über diesen seinen Tod hinaus, ja gerade *unter Einschluß seines Todes* permanent ist, bis ans Ende der Geschichte reichend. Und eben *dasselbe* gilt damit auch für die Gemeinschaft, die er sich als das Instrument seines Gesandtseins geschaffen hat, und für *deren* Gesandtsein, das in *seinem* (Jesu) Gesandtsein begründet ist.

3.2. Das hat nun Konsequenzen auch für die *definitive* (eben allererst Ostern erreichte) *Gestalt* der vom menschgewordenen Logos als Instrument für die Permanenz seiner Sendung geschaffenen Gemeinschaft:

Erst im geistlichen Wirken des Todes des menschgewordenen Logos vollendet sich sein geistliches Wirken als *Mensch*-gewordener Logos. Ostern wird der menschgewordene Logos in der durch dieses sein vollendetes, nämlich seinen Tod einschließendes, geistliches Wirken geschaffenen Gemeinschaft in der Gestalt des durch den Tod hindurch gegangenen Mensch-gewordenen *Logos* (zweite Person der Trinität) präsent. Erst das realisiert die gesamt- und das heißt heilsgeschichtliche Sendung des inkarnierten Logos *zur Gänze*. Und zwar als eine solche, die ipso facto – eben als Geist des inkarnierten *Schöpfer*logos – eine *permanente, bis ans Ende der Geschichte reichende* ist. Erst das schafft somit auch die *definitive Gestalt* der Gemeinschaft, die der Mensch-gewordene Logos als das permanente Instrument seiner permanenten Sendung geschaffen hat und erhält.

Was gehört zu dieser an Ostern definitiv offenbar gewordenen Permanenz der Sendung des Mensch-gewordenen Logos (3.2.1.)? Und was ergibt sich daraus für die permanente interne Verfassung der Gemeinschaft, die der Mensch-gewordene Logos als permanentes Instrument seiner permanenten Sendung geschaffen hat (3.2.2.)?

3.2.1. Permanent, sich auf die ganze ausstehende Geschichte erstreckend, ist die Sendung des inkarnierten Logos, weil sie die Sendung des *Logos Gottes* selbst in seiner Mensch-gewordenen Gestalt ist, also die Sendung, durch die der Schöpfer seinen das gesamte Weltgeschehen umfassenden Schöpfungsplan realisiert. *Autor* dieser Realisierung des göttlichen Schöpfungsplanes ist der dreieinige Gott, also der Vater durch den Sohn im Heiligen Geist; und sie geschieht *innerhalb* des trinitarischen Lebens des dreieinigen Gottes selbst. In der *Permanenz* dieses göttlichen Handelns, das den göttlichen Heilsplan realisiert, ist die *Permanenz* der heilsgeschichtlichen Sendung der Menschwerdung des Logos eingeschlossen. Die Permanenz dieser Sendung hat also ihren *Grund* in der Permanenz des Wirkens des Logos *innerhalb* des ewigen Lebens Gottes, also *innerhalb* des „Himmels", *innerhalb* der Ewigkeit.

Nun handelt es sich bei der Permanenz dieser Sendung allerdings genau um die Permanenz der Sendung des *Mensch-g*ewordenen Logos. Sie, diese im ewigen Leben des Logos begründete Permanenz, kann also nur eine solche sein und ist auch nur eine solche, welche das menschliche

Leben, Reden, Tun, Leiden und Sterben des Mensch-gewordenen Logos
nicht hinter sich läßt, nicht abstößt oder auch nur vergleichgültigt. Sondern diese Permanenz schließt das menschliche Leben, Reden, Tun, Leiden und Sterben des Mensch-gewordenen Logos ein. Daß die Sendung des
Mensch-gewordenen Logos *permanent* ist, heißt also: Durch das ewige Leben des Logos *innerhalb* des ewigen Lebens der Trinität wird das geistliche
Wirken im Leben, Reden, Tun, Leiden und Sterben des *Mensch*-geworde-
nen Logos zur Permanenz befördert, und zwar, das ist nun entscheidend,
zu einer Permanenz, die aufgrund dessen, *was* hier permanent wird – eben
das *innergeschichtlich-leibhafte* Leben, Tun, Reden, Leiden und Sterben des
Mensch gewordenen Logos –, auch ihrerseits selbst eine *innergeschichtlich-
leibhafte* Permanenz dieses *menschlichen* Lebens und Sterbens des inkarnierten Logos sein muß und (weil begründet in dem *ewigen* Leben der Trinität, welches alle Geschichte *umfaßt*) auch *ist*.

Es zeigt sich also: Erst dadurch, daß Ostern die angesichts der Karfrei-
tagsereignisse in die Flucht geschlagene (Mk 14,50) Jüngerschar durch das
Präsentwerden des Mensch-gewordenen Logos in seiner *Auferstehungsgestalt* unter die geistliche Wirkung der vollendeten Sendung des Mensch-
gewordenen Logos gerät, konstituiert das geistliche Wirken dieser vollendeten Auferstehungsgestalt des Mensch-gewordenen Logos diese Schar
eben *dadurch*, will sagen: durch ihr Präsentwerden in ihr und gegenüber allen ihren Gliedern, ganz und endgültig als die Gemeinschaft, von der gilt:
Sie ist durch das *innergeschichtliche* geistliche Wirken des Mensch-gewordenen Logos geschaffen als die einzigartige Gemeinschaft, *in* welcher ihr sie
schaffender Grund allen ihren Gliedern *gegenüber* innergeschichtlich da ist,
und zwar *da* in seinem menschlichen, innergeschichtlich-leibhaften, Leben,
Leiden und Sterben *kraft* seines eigenen ewigen Seins als Logos des Schöpfers, der im Geist *alle Geschichte* und *in aller Geschichte* wirkt. Der Mensch
gewordene Logos, der geistlich in der Geschichte wirkt, *vollendet* das (zu
seiner Sendung ursprünglich und wesentlich hinzugehörende!) Schaffen
der Gemeinschaft, *in* der er als der schaffende Grund dieser Gemeinschaft
allen ihren Gliedern *gegenüber* da ist, erst dadurch, daß er für die in die
Flucht geschlagenen Glieder der *durch* sein Erdenleben geschaffenen Gemeinschaft durch das Präsentwerden der Auferstehungsgestalt seines *ganzen*,
den Tod einschließenden, irdischen Lebens *in* dieser Gemeinschaft ihren
Gliedern *gegenüber* präsent wird. Dieses Ereignis – das für die Jünger *in* der
Geschichte Präsentwerden des im Tod ganzgewordenen irdischen Lebens
des Mensch-gewordenen Logos als desjenigen, welches aus dem ewigen
Leben Gottes stammt, nun in dieses ewige Leben aufgehoben ist und jetzt
innerhalb der alle Geschichte umfassenden Ewigkeit und aus ihr heraus in
der Geschichte präsent wird – schließt ipso facto die Permanenz des ganzgewordenen geschichtlichen Lebens des Mensch gewordenen Logos ein;

es begründet dessen Permanenz. Und zwar schließt sie ein und begründet sie die innergeschichtliche Permanenz eben dieses ganzgewordenen, verewigten menschlichen, innergeschichtlich-leibhaften Lebens des inkarnierten Logos. Keineswegs der Vergangenheit überantwortet, sondern aufgenommen in die geschichtliche – in der alle Geschichte umfassenden und aller Geschichte gegenwärtigen Ewigkeit begründeten – Permanenz des Lebens des Mensch-gewordenen Logos wird alles, was schon durch dieses menschliche, innergeschichtlich-leibhafte Leben des inkarnierten Logos in der Geschichte gewirkt worden ist. Und das ist „in summa": eben die durch den inkarnierten Logos, durch das Ganze seines Lebens, also sein Tun und Reden, sein Leiden und Sterben, *geschaffene Gemeinschaft, in* der er allen ihren Gliedern *gegenüber* gegenwärtig ist – die Gemeinschaft, in der sein durch den Tod ganzgewordenes Leben zunächst in der verstörenden Weise des Weggenommen- bzw. Weggegangenseins präsent ist, bis dieses ganzgewordene, durch den Tod am Kreuz ganzgewordene, Leben eben durch seine Auferstehungsgestalt in jener Gemeinschaft in derjenigen Weise präsent wird, welche die *Permanenz* von a) diesem in der Geschichte geistlich wirkenden leibhaften Leben *und* b) die Permanenz der Gemeinschaft begründet, die der Mensch-gewordene Logos sich durch das Ganze der schöpferischen Wirksamkeit seines Lebens als das Instrument seiner Permanenz geschaffen hat.

3.2.2. In der innergeschichtlichen Permanenz des in seinem Tod ganz gewordenen irdischen Lebens des inkarnierten Logos, die im ewigen Leben des Logos begründet ist und *durch* dieses *aus* diesem *heraus* präsent wird, ist eingeschlossen (und zwar eingeschlossen als in ihrem Grund): die innergeschichtliche Permanenz der innergeschichtlichen Gemeinschaft, die sich der Mensch gewordene Logos als das Instrument seiner innergeschichtlichen Permanenz geschaffen hat.

Dadurch sind alle Wesenszüge gegeben, die für die innergeschichtliche Permanenz dieser Gemeinschaft konstitutiv und wesentlich sind. Ihr Grundzug ist die *permanente* leibhafte Präsenz des die Gemeinschaft begründenden inkarnierten Logos *in* der Gemeinschaft und ihren Gliedern *gegenüber*; und zwar in der für diese *permanente* Präsenz konstitutiven und wesentlichen Weise ihres Vermitteltseins durch *die Apostel und ihren Dienst* (a), wobei dieser Dienst und seine Permanenz ermöglicht, begründet und getragen ist durch nichts anderes als durch die Permanenz der Präsenz des Erhöhten selbst vom Himmel her (b). Indem auf diese Weise der Erhöhte selbst vom Himmel her die Permanenz des Dienstes der Apostel begründet, ermöglicht und trägt, verleiht und erhält er selbst seiner Gemeinschaft die permanente *Gestalt*, in der diese Gemeinschaft als ganze das permanente Instrument der Permanenz seiner Sendung ist (c).

ad a: Grundlegend ist, wie gesagt, die *permanente* leibhafte Präsenz des die Gemeinschaft begründenden inkarnierten Logos in der Gemeinschaft und ihr gegenüber.

Dabei ist nun scharf ins Auge zu fassen, daß diese *permanente* Präsenz des inkarnierten Logos in der Gemeinschaft, *die* er sich als Instrument seiner innergeschichtlichen Permanenz geschaffen hat, *nicht einfach dieselbe* innergeschichtlich-leibhafte Präsenz sein kann und ist, *in der* sich der Mensch-gewordene Logos diese Gemeinschaft geschaffen und *in der* er in ihr allen Gliedern dieser Gemeinschaft gegenüber wirkte, *bevor* sein menschliches Leben in seinem Tode ganz geworden war. *Vor* diesem Ganzgewordensein seines irdischen Lebens in seinem Tode war diese Präsenz die Präsenz des *eigenen* menschlichen Lebens des inkarnierten Logos, durch das er in der persönlichen Einheit seines Gottseins und Menschseins in direkter Unmittelbarkeit geistlich in der Geschichte wirkte. *Nach* dem Ganzgewordensein seines menschlichen Lebens in seinem Tode kann seine Präsenz in der durch ihn als Instrument der geschichtlichen Permanenz seiner Sendung geschaffenen Gemeinschaft nicht mehr diese Präsenz der eigenen Person des Mensch-gewordenen Logos sein, und sie ist es auch nicht mehr. Diese erste und grundlegende Präsenz des inkarnierten Logos in seiner Gemeinschaft und allen ihren Gliedern gegenüber *konnte* nicht permanent sein – eben weil sie die Präsenz des *inkarnierten* Logos, also die Präsenz des Logos in einem *einzelnen* leibhaft-irdischen und als solchen vergänglichen Leben war. Und sie *ist* auch nicht permanent. Die permanente Präsenz *kann* nur sein und *ist* nur die, in der er *nach* dem Ganzgewordensein seines irdischen Lebens in seinem Tode, und diesen einschließend, *in* Ewigkeit *aus* der Ewigkeit heraus präsent wird.

Allerdings ist auch diese *permanente* Präsenz die Präsenz des *Mensch-gewordenen, inkarnierten* Logos. Auch sie hat also sachlogisch notwendig *innerweltlich-leibhafte* Gestalt. Aber *diese* innerweltlich-leibhafte Weise der Präsenz des inkarnierten Logos *nach* dem Ganzgewordensein seines irdischen Lebens am Kreuz kann nun nicht mehr sein die Präsenz seiner Person in ihrer *vorösterlichen,* irdisch-leibhaften – zum Tode bestimmten und nun gestorbenen – Gestalt, sondern nur noch die Weise seiner Selbstpräsentierung vom Himmel her (aus der Ewigkeit heraus) *durch Menschen,* die Glieder der von ihm geschaffenen Gemeinschaft sind und in dieser nach dem Ganzgewordensein seines Lebens am Kreuz diejenige Stellung *in der* Gemeinschaft *gegenüber* von allen deren Gliedern einnehmen, welche er in seinen Erdentagen in eigener Person *in* der Gemeinschaft und *gegenüber* allen ihren Gliedern innehatte. Die permanente Gegenwart des Grundes der Gemeinschaft *in* dieser allen ihren Gliedern *gegenüber* ist nun seine Selbstvergegenwärtigung *vermittelst* derjenigen Glieder seiner innergeschichtlichen Gemeinschaft, die *in* seiner innergeschichtlichen Gemeinschaft deren

Gliedern *gegenüber* seinen *Platz*, seine *Rolle*, seinen *Part* ausfüllen. Indem der Erhöhte diese Glieder seiner geschichtlichen Gemeinschaft als sein „Mittel" benutzt, vergegenwärtigt er selbst sich *permanent* als Grund der Gemeinschaft *in* dieser ihren Gliedern *gegenüber*, setzt er also selbst im Himmel (in seiner Ewigkeit) vom Himmel her (aus seiner Ewigkeit heraus) sein geistliches Wirken in der Welt und in der Geschichte fort: Das *Offenbaren* der im Kommen begriffenen Gottesherrschaft und ihres eigenen Versöhnungscharakters, welches die im Kommen begriffene Gottesherrschaft zugleich *realisiert*, indem es die von ihrer geistlich gewirkten Offenbarung Ergriffenen in die Gemeinschaft des Lebens-im-Glauben an die im Kommen begriffene Gottesherrschaft versetzt.

Dann fragt sich nun: *Welche* Glieder der Gemeinschaft sind es, die, eintretend in den *Part*, in die *Stellung* in der Gemeinschaft, die der inkarnierte Logos vor seinem Tode selbst allen Gliedern der Gemeinschaft gegenüber innehatte, für ihn nun nach seinem Erdenleben „Mittel" seiner permanenten innerweltlich-innergeschichtlichen Selbstvergegenwärtigung vom Himmel her sind?

Antwort der Lehrtexte: Diese Menschen hat der Mensch gewordene Logos schon selbst während seiner Erdentage bestimmt. Innerhalb des Ganzen seiner „Familie" sammelte er schon zu Beginn zwölf ihrer Glieder in einen engeren Kreis (551, 858, 877): Diese Zwölf berief er schon vor seinem Tod als „Repräsentanten der zwölf Stämme Israels" (765) und „Keime des neuen Israel" (877 mit AG 5) und übertrug ihnen seine Autorität und Sendung (551).

Des weiteren hat der inkarnierte Logos schon vor seinem Tod dem *Petrus* innerhalb dieses Kreises die *erste Stelle* eingeräumt. Und zwar aufgrund der Tatsache, daß Petrus als erster den Glauben aller Glieder der vom inkarnierten Logos geschaffenen innergeschichtlichen Gemeinschaft, auf den dieser seine Kirche baut (424), „bekannte", d.h. in Worten aussprach: „Du bist Christus, der Sohn des lebendigen Gottes" (Mt 16,16). Daraufhin sagt Jesus zu ihm:

„„Du bist Petrus, und auf diesen Felsen werde ich meine Kirche bauen, und die Mächte der Unterwelt werden sie nicht überwältigen' (Mt 16,17–18). Christus, ‚der lebendige Stein', sichert seiner auf Petrus gebauten Kirche den Sieg über die Mächte des Todes zu. *Auf dem Grund des Glaubens, den er bekannt hat*, bleibt *Petrus der unerschütterliche Fels* der Kirche [Hervorhebungen E.H.]. Er hat die Sendung, diesen Glauben vor allem Schwanken zu bewahren und seine Brüder darin zu bestärken." (552)

Beachte: Von Petrus wird gelehrt, daß er der „unerschütterliche Fels" der auf ihn „gebauten Kirche" ist, *weil und sofern* er selbst „auf dem Grund des Glaubens" steht, den er bekannte – also auf dem Grund des Glaubens *aller*

Christgläubigen, auf den Christus seine Gemeinschaft, seine Kirche, baut
(424[9]).

Gestützt auf den Fortgang des Berichts in Mt 16 wird gelehrt, daß Petrus schon damit auch die Verleihung einer „besonderen Autorität" in Aussicht gestellt wird:

> „„Ich werde dir die Schlüssel des Himmelreichs geben: was du auf Erden binden
> wirst, das wird auch im Himmel gebunden sein, und was du auf Erden lösen wirst,
> das wird auch im Himmel gelöst sein" (Mt 16,19). Die ‚Schlüsselgewalt' bedeu-
> tet die Vollmacht, das Haus Gottes, die Kirche zu leiten [nämlich zu ‚weiden': Zu-
> satz E.H.]." (553)

Beachte: Die hier als Leitungsgewalt ausgesagte Schlüsselgewalt wird später
als die Gewalt beschrieben, von der Gemeinschaft mit Christus und Gott
und damit auch von der kirchlichen Gemeinschaft *auszuschließen* und wieder in dieser Gemeinschaft *aufzunehmen* (1493), und insofern als die Vollmacht der Sündenvergebung und Versöhnung (981). Die Frage, wie diese
Aspekte der Schlüsselgewalt sich zueinander verhalten, kann hier nur gestellt, aber nicht weiterverfolgt werden.

Schon vorösterlich ist nach römisch-katholischer Lehre also die Ausson-
derung der Zwölf unter Petrus als der Kreis, dem eine *besondere* Teilhabe
an der Autorität und Sendung Jesu gewährt wird (LG 19, KKK 765, 858).

Diese vorösterlichen Maßnahmen Jesu werden freilich erst dadurch endgültig, daß sie vom Auferstandenen endgültig bestätigt und bekräftigt werden. Dies geschieht dadurch, daß der Auferstandene den Zwölfen, gleichgesetzt mit den Aposteln (LG 19), eine besondere Geistgabe gewährt; und
zwar schon vor dem Pfingsttag, an dem erst – einigen Lehrtexten zufolge (LG 4, UR 2) – alle Christen mit dem Geist erfüllt und die Kirche als
ganze vor der Welt offenbar wird (731, 732, 767). Für diese Lehre greifen
die Texte durchgehend zurück auf Jo 20,21–23 und Jo 21,15–17.[10] Für die
besondere vorpfingstliche Geistgabe an die Zwölf/Apostel wird der erste
Text in Anspruch genommen, der davon spricht, daß Jesus „*den Jüngern*" erscheint, *sie* sendet, wie der Vater ihn gesandt hat, und *ihnen* den Geist und
damit die Vollmacht der Sündenvergebung mitteilt. Dieser Text wird als
Bericht über die die *Zwölf/Apostel* auszeichnende Sendung und über die
sie auszeichnende besondere vorpfingstliche Geistgabe gelesen:

---

[9] „Auf den Felsen dieses Glaubens, den der hl. Petrus bekannte, hat Christus seine
Kirche gebaut"/„Super huius fidei petram, quam Petrus confessus est, Christus Suam
fundavit Ecclesiam.": l.c. Beachte die Polyreferenz von „Fels": referierend zunächst auf
den von Petrus bekannten „Glauben", *dann* auch auf den diesen Glauben bekennen-
den „Petrus".

[10] Dazu vgl. schon E. HERMS/L. ŽAK (Hgg.), Grund und Gegenstand (o. Anm.3),
159–161.

„Die Heilige Synode setzt den Weg des ersten vatikanischen Konzils fort und lehrt und erklärt feierlich mit ihm [DS 3051: E.H.], daß der ewige Hirte Jesus Christus die heilige Kirche gebaut hat, indem er die Apostel sandte wie er selbst gesandt war vom Vater (vgl. Jo 20,21)." (LG 18) – „Indem der auferstandene Christus den Aposteln den Heiligen Geist spendet, vertraut er ihnen seine Heiligungsgewalt an [Fußnotenverweis auf Jo 20,21–23: E.H.]. Die Apostel werden sakramentale Zeichen Christi" (1087) – „Die Heilssendung, die der Vater seinem Mensch-gewordenen Sohn anvertraut hat, wird von ihm den Aposteln […] anvertraut; sie erhalten den Geist Jesu, um in seinem Namen und in seiner Person zu handeln [Fußnotenverweis auf Jo 20,21–23: E.H.]." (1120) – „Jesus bezieht die Apostel in die vom Vater erhaltene Sendung ein." (859) – „Jesus ist der vom Vater Gesandte. Gleich zu Beginn seines Wirkens ,rief er die zu sich, die er erwählt hatte […], und er setzte zwölf ein, die er bei sich haben und die er dann aussenden wollte, damit sie predigten' (Mk 3,1–14). Folglich sind sie seine ,Gesandten' [griechisch ,apostoloi']. In ihnen setzt er seine eigene Sendung fort: ,Wie mich der Vater gesandt hat, so sende ich euch' (Jo 20,21). Der Dienst der Apostel führt die Sendung Christi weiter: ,Wer euch aufnimmt, der nimmt mich auf', sagt er zu den Zwölfen (Mt 10,40)." (858)

Ebenso wird auch die schon von Jesus festgestellte Position Petri durch den Auferstandenen bestätigt und sanktioniert, wie der zweite Text (Jo 21,15–17) belegt:

„Jesus, ,der gute Hirte' (Jo 10,11), hat diesen Auftrag [sc. an Petrus, als Inhaber der Schlüssel des Reiches die Kirche zu leiten] nach seiner Auferstehung bestätigt: ,Weide meine Schafe' (Jo 21, 15–17)." (553) – „Der Herr hat einzig Simon, dem er den Namen Petrus gab, zum Felsen seiner Kirche gemacht. Er hat Petrus die Schlüssel der Kirche übergeben [Fußnotenhinweis auf Mt 16, 18–19] und ihn zum Hirten der ganzen Herde bestellt [Fußnotenhinweis auf Jo 21, 15–17]." (881)

Unbeschadet der hervorgehobenen Stellung des Petrus nimmt an dieser ihm übertragenen Leitungsvollmacht gleichwohl die ganze Gruppe der Zwölf/Apostel teil:

„,Es steht […] fest, daß jenes Amt des Bindens und Lösens, das Petrus gegeben wurde, auch dem mit seinem Haupt verbundenen Apostelkollegium zugeteilt worden ist' (LG 22)." (881)

Soweit die erste Bedingung dafür, daß die Permanenz der Sendung des inkarnierten Logos und die in dieser Sendung begründete Sendung der innergeschichtlichen Gemeinschaft, die der inkarnierte Logos vor seinem Tod als Instrument der Permanenz seiner Sendung geschaffen hatte, durch das Ganzgewordensein seines irdischen Lebens im Tod am Kreuz nicht hinfällig, sondern gerade nach diesem Ganzgewordensein seines Menschenlebens und *einschließlich* seines Todes realisiert wird: Die *Einbeziehung* bestimmter Glieder seiner Gemeinschaft – nämlich der Zwölf/Apostel, die in die bis zu seinem Tod von ihm selbst innegehabte Stellung innerhalb der von ihm geschaffenen Gemeinschaft eintreten – durch den Auferstandenen selber in den *perennen* (in Ewigkeit alle Geschichte umgreifenden) Charakter *seiner* Sendung als deren Werkzeug.

ad b: Nun wird jedoch gesehen, daß diese Bedingung zwar notwendig, aber in sich selbst nicht hinreichend ist für die Permanenz der Sendung des ganzgewordenen Lebens Jesu und für die Permanenz der von ihm schon vor seinem Tod als Instrument seiner Sendung geschaffenen Gemeinschaft und deren Sendung (die in der seinen begründet ist). Hinreichend für diese Permanenz ist das Einbezogenwerden der Zwölf/Apostel in die Sendung des Mensch gewordenen Logos durch dessen Auferstehungsgestalt nur und erst dann, wenn auch die Situation der Zwölf/Apostel, die durch ihr Einbezogenwerden in die permanente Sendung des Mensch gewordenen Logos geschaffen wurde, *selber* einen *permanenten* Zug aufweist.

Eben dies aber ist, wie der Katechismus scharf sieht, in bestimmter Hinsicht gerade *nicht* der Fall; nämlich insofern nicht, als die Einbeziehung in die Sendung des Mensch gewordenen Logos durch seine Auferstehunggestalt *bestimmte Menschen* betrifft – bestimmte Menschen in der *Einmaligkeit und Nichtpermanenz ihres Menschseins* und Lebens: Die Einbeziehung in die Sendung des ganzgewordenen Lebens des Mensch gewordenen Logos, einschließlich seines Todes am Kreuz, durch seine Auferstehungsgestalt betrifft und qualifiziert bestimmte Menschen in der Einmaligkeit und Nichtpermanenz ihrer individuellen geschichtlichen Existenz. *Dieser* Effekt ist zwar real, aber eben vermöge seines Charakters als Qualifizierung *bestimmter Menschen* in der *Einmaligkeit* ihres menschlichen nichtpermanenten Personseins selbst *nicht* permanent und daher auch *nicht* übertragbar;

„Im Auftrag der Apostel liegt eine *unübertragbare Aufgabe* [Hervorhebung E.H.]: erwählte Zeugen der Auferstehung des Herrn und Fundamente der Kirche zu sein." (860)

Die durch das Einbezogensein der Auferstehungszeugen in die Sendung des Mensch-gewordenen Logos durch den Auferstandenen geschaffene Situation stellt ausschließlich dann, wenn und insofern als *ihr selbst ein permanter Zug eignet*, die hinreichende Bedingung dafür dar, daß die innerweltlichinnergeschichtliche Permanenz der Gemeinschaft, die in der Sendung des Mensch-gewordenen Logos begründet ist, und damit in dieser Sendung selbst realisiert ist, tatsächlich gegeben ist: die Permanenz dieser innergeschichtlichen Gemeinschaft, ihrer Sendung und damit auch der sie begründenden Sendung des inkarnierten Logos selbst. Und diesen entscheidenden, permanenten Zug der österlichen Situation der Apostel/Zwölf benennt der Katechismus auch präzise: Er liegt nicht im – eben unübertragbaren, einmaligen – *Qualifiziertsein der menschlichen Auferstehungszeugen*, wohl aber in der *Permanenz der Gegenwart des Erhöhten selbst*, die dieser schon den ersten Auferstehungszeugen verheißt:

„Christus hat ihnen versprochen, bis zum Ende der Zeiten bei ihnen zu bleiben [Fußnotenbezugnahme auf Mt 28,20: E.H.]." (860)

Erst und nur das also ist nach römisch-katholischer Lehre die hinreichende Bedingung dafür, daß die Sendung der vom inkarnierten Logos als Instrument seiner Sendung gegründeten Gemeinschaft und damit die Sendung des inkarnierten Logos selbst permanent ist: die – den Wechsel der wesentlich nichtpermanenten Menschenleben übergreifende – *Permanenz der Gegenwart des Erhöhten*, die dieser selbst den Auferstehungszeugen verheißen hat.[11] Anders gesagt: Im Gegenwärtigwerden des Erhöhten für die Apostel/die Zwölf vom Himmel her, durch das er sie in seine Sendung einbezieht, liegt zugleich die Verheißung der Permanenz dieses seines Gegenwärtigbleibens vom Himmel her, das als solches nicht auf das einmalige, nichtpermanente Leben der Apostel/der Zwölf begrenzt ist, sondern das als solches bis ans Ende der Tage reicht und das also auch der gesamten innergeschichtlichen Gemeinschaft, die vom inkarnierten Logos als Instrument seines innerweltlich-innergeschichtlichen geistlichen Wirkens geschaffen ist, *über alle Generationen hin* gilt.

So absolut permanent wie die österliche Gegenwart des Erhöhten ist aber auch alles, was in dieser selbst *eingeschlossen* ist; und das ist zweierlei:

Zunächst ist es die – eben kraft und vermöge der Gegenwart des Erhöhten selbst – evidente Wahrheit des am Kreuz vollendeten Lebenszeugnisses Jesu für die Gegenwart von Welt und Leben als im Kommen begriffener Gottesherrschaft, für den eigenen Versöhnungscharakter dieser Gottesherrschaft und für Jesus selbst als ihren Offenbarer und Vermittler. Diese in der Gegenwart des Erhöhten selbst begründete Evidenz der Wahrheit des Evangeliums Christi (gen. auctoris *und* objectivus) ist in sich selbst genau so absolut bleibend, permanent, wie die verheißene Gegenwart des Erhöhten selbst, in der sie gründet.

In dieser Evidenz der Wahrheit des Evangeliums Christi, die durch die – sich selbst als permanent verheißende – Gegenwart des Erhöhten vom Himmel her begründet ist, ist dann aber weiterhin auch unmittelbar eingeschlossen der *Auftrag* des *Bekennens*, des *Aussprechens*, des *Bezeugens* und des *Weitergebens* des Evangeliums, dessen Wahrheit im Licht der Gegenwart des Erhöhten evident ist. Dieses Bekennen, Aussprechen, Bezeugen und Weitergeben des kraft der eigenen Gegenwart seines Autors und Gegenstandes offenbar wahren Evangeliums, das schon vor der Vollendung von Jesu Lebenszeugnis am Kreuz zuerst Petrus vollzog, wird durch das österliche Einbezogenwerden der Zwölf/der Apostel in die Sendung des inkarnierten Logos durch den Erhöhten selbst zu dem *darin* gründenden Auftrag des apostolischen Dienstes überhaupt, der – weil eben in der Permanenz des Erhöhten selbst gründend – selbst permanent ist, nicht begrenzt auf die

---

[11] Dazu schon E. HERMS/L. ŽAK (Hgg.), Grund und Gegenstand (o. Anm. 3), 159, 160, 200, 209.

Einmaligkeit und Nichtpermanenz des menschlichen Lebens der Apostel, und der daher als derart permanenter Dienst des Weiterbekennens, Weiterbezeugens und Weitergebens des kraft der Permanenz der Gegenwart des Erhöhten selbst offenbar wahren Evangeliums *selbst weiterzugeben* ist.

In Verdeutlichung der Schlüsselpassagen von LG 19 und 20 sowie von DV 7 hebt also KKK 860 hervor, daß es genau, gerade und ausschließlich die in Mt 28,16–20 verheißene Permanenz der Selbstgegenwart des Erhöhten ist, in welcher die Permanenz des Auftrags gründet, a) das kraft dieser Selbstgegenwart des Erhöhten offenbar wahre Evangelium weiterzugeben, es weiter als offenbar wahr zu bezeugen und zu bekennen, und b) auch diesen Auftrag des Tradierens, des Weitergebens, des offenbar wahren Evangeliums weiterzugeben:

> „Was Gott zum Heil aller Völker geoffenbart hatte [sc. die Wahrheit des Evangeliums Christi: E.H.], das sollte für alle Zeiten unversehrt erhalten bleiben und allen Geschlechtern weitergegeben werden. Darum hat Christus der Herr, in dem die ganze Offenbarung des höchsten Gottes sich vollendet (vgl. 2 Kor 1,20, 3,16–4,6), den Aposteln geboten, das Evangelium, das er als die Erfüllung der früher ergangenen prophetischen Verheißung selbst gebracht und persönlich öffentlich verkündet hat, allen zu predigen als die Quelle jeglicher Heilswahrheit und Sittenlehre und ihnen so göttliche Gaben mitzuteilen." – „Das ist treu ausgeführt worden, und zwar sowohl durch die Apostel, die durch mündliche Predigt, durch Beispiel und Einrichtungen weitergaben, was sie aus Christi Mund, im Umgang mit ihm und durch seine Werke empfangen oder was sie unter Eingebung des Heiligen Geistes gelernt hatten, als auch durch jene Apostel und apostolischen Männer, die unter der Inspiration des gleichen Heiligen Geistes die Botschaft vom Heil niederschrieben." – „Damit das Evangelium in der Kirche für immer unversehrt und lebendig bewahrt werde, haben die Apostel Bischöfe als ihre Nachfolger zurückgelassen und ihnen ‚ihr eigenes Lehramt überliefert'. Diese heilige Überlieferung [verstehe: als „tradendum" umfassend a) das von Christus Empfangene und durch den Geist Gelernte sowie b) das Amt des dies-alles-Tradierens: E.H.] und die Schrift beider Testamente sind gleichsam ein Spiegel, in dem die Kirche Gott, von dem sie alles empfängt, auf ihrer irdischen Pilgerschaft anschaut, bis sie hingeführt wird, ihn von Angesicht zu Angesicht zu sehen, so wie Er ist (vgl. 1 Jo 3,2)." (DV 7; sachlich dasselbe besagen die einschlägigen Passagen in LG 19 und 20)

Das Einbezogensein der Apostel in die Sendung des inkarnierten Logos ist also ein permanentes nicht in der Weise, daß es ihre innerweltlich-innergeschichtliche Existenz als Auferstehungszeugen und damit erwählte Tradenten des vom Auferweckten Gekreuzigten Empfangenen über ihren menschlichen Charakter, ihre Einmaligkeit und Nichtpermanenz, hinausheben und dieses ihr persönliches Erwähltsein übertragbar machen würde, sondern es ist *permanent ausschließlich kraft der Permanenz der Präsenz des sie in seine Sendung einbeziehenden Erhöhten.* Es ist allein diese dauernde Gegenwart des Erhöhten, welche schon der Position der Apostel, der Auferstehungszeugen, ihren bleibenden Charakter verleiht, der weiterzugeben ist (weitergegeben werden *kann* und weitergegeben werden *muß*): den Charakter des Beauftragtseins, des Bevollmächtigt- und des Verpflichtetseins, weiterzugeben (weiterzubezeugen und weiterzubekennen) die in der bleibenden Gegenwart des Erhöhten evidente Wahrheit des Evangeliums Christi. Das – allein in der durch den Erhöhten verheißenen Permanenz seiner Gegenwart und allen ihren Implikaten begründete – Befähigtsein zum apostolischen Bezeugen des vom erhöhten Herrn Empfangenen (der offenbaren Wahrheit des Evangeliums), das Bevollmächtigt- und Verpflichtetsein zu diesem apostolischen Dienst (Zeugnis- und Traditionsdienst), ist es, was weiterzugeben ist (weitergegeben werden kann und muß). Beachte: Es ist allein die in sich selbst gründende Permanenz der Gegenwart des inkarnierten Logos kraft seines Erhöhtseins vom Himmel her mit allen ihren Implikaten, insbesondere mit der im Licht der Selbstgegenwart des Erhöhten offenbaren Wahrheit des Evangeliums Christi (gen. auctoris und objectivus), welche das Befähigtsein der Auferstehungszeugen zum apostolischen Dienst des Weitergebens der offenbaren Wahrheit begründet, und *nicht irgendeine Qualität ihres Menschseins*, die als solche – nämlich wie ihr innergeschichtlich-leibhaftes Menschsein selbst – gerade nicht innergeschichtlich permanent ist.

ad c: Durch das Bleiben dieses apostolischen Dienstes, zu dem allein die verheißene permanente Präsenz des Erhöhten mit ihren Implikaten befähigt, bevollmächtigt und verpflichtet, bleibt auch die durch das geistliche Wirken des inkarnierten Logos in der Geschichte geschaffene Gemeinschaft das, als was sie von ihm geschaffen ist: das permanente Instrument der Permanenz seines geistlichen Wirkens in der Geschichte. Sie bleibt dies permanente Instrument der Permanenz des geistlichen Wirkens des inkarnierten Logos in der Geschichte, weil sie die einzigartige Gemeinschaft bleibt, *in* der ihr schöpferischer Grund innerweltlich-innergeschichtlich präsent und wirksam ist *gegenüber* allen ihren Gliedern, nämlich innergeschichtlich präsent durch die Ausübung des apostolischen Dienstes als des in der permanenten Präsenz des Erhöhten begründeten Mittels des Erhöhten, sein eigenes geistliches Wirken in der Geschichte in der von ihm geschaffenen Gemeinschaft und durch sie innerweltlich-innergeschichtlich präsent zu erhalten.

Diese einzigartige Gemeinschaft bleibt die Kirche, indem der apostolische Dienst – in der Kraft der permanenten Präsenz des Erhöhten – *in* dieser Gemeinschaft allen ihren Gliedern *gegenüber* „im Namen Jesu und in seiner Person" (1120) ausgeübt wird. *Innerhalb* der durch das Gesandtsein seines Menschenlebens geschaffenen innerweltlich-innergeschichtlichen leibhaften Gemeinschaft bleibt damit der Auferstandene Logos selbst durch seine Gesandten in menschlicher Gestalt allen anderen Gliedern *gegenüber* leibhaft präsent und wirksam; und sichert eben damit den Charakter der Gemeinschaft, die von ihm als dem inkarniertem geschaffen ist, das Instrument der innergeschichtlichen Permanenz seines Gesandtseins und dessen geistlicher Wirksamkeit zu sein.

Das aber heißt: Das Einbezogenwerden der Zwölf/Apostel durch die Auferstehungsgestalt des Mensch-gewordenen Logos in die Sendung seiner Inkarnation geht somit keineswegs auf Kosten der Teilhabe der innergeschichtlichen Gemeinschaft und aller ihrer Glieder an der Sendung des Inkarnierten. Vielmehr sichert dieses Einbezogenwerden gerade den Charakter der innergeschichtlichen Gemeinschaft als Instrument der geschichtlichen Permanenz der Sendung des Inkarnierten, an der somit auch alle Glieder dieser Gemeinschaft Anteil haben. Das wird ausdrücklich festgehalten – schon für die Zeit vor Ostern:

„Die Zwölf *und die weiteren Jünger* [Kursivierung E.H.] haben an der Sendung Christi, an seiner Gewalt, aber auch an seinem Schicksal teil." (765)

und erst recht für die Zeit danach:

„Die ganze Kirche ist apostolisch [...] in dem Sinne, daß sie in die ganze Welt ‚gesandt' ist. Alle Glieder der Kirche haben [...] an dieser Sendung teil." (863) – Die Gläubigen sind als solche „zur Ausübung der Sendung berufen, die Gott der Kirche zur Erfüllung in der Welt anvertraut hat." (871, Zitat von CIC can. 204 § 1)

Summa: Dadurch, daß der Mensch-gewordene Logos *in seiner Auferstehungsgestalt* selbst die Zwölf/die Apostel, die er schon in seinem Erdenleben vor dessen Ganzgewordensein ausgesondert hatte, aus der Höhe der Ewigkeit in die Permanenz seiner Sendung einbezieht, überträgt er ihnen das apostolische Amt (den apostolischen Dienst, oder eben das apostolische Dienstamt), die von ihm als Instrument der Permanenz seiner Sendung geschaffene Gemeinschaft, die Kirche, zu leiten:

„Den Aposteln und ihren Nachfolgern wurde von Christus das Amt übertragen, in seinem Namen und in seiner Vollmacht zu lehren, zu heiligen und zu leiten." (873)

Aber: Weil den Aposteln dieses Amt durch das Einbezogensein der Apostel in die Sendung des Mensch-gewordenen Logos durch diesen selbst gegeben ist, verbleiben sie in völliger Abhängigkeit von diesem, der sie sendet:

„Wie der Sohn ‚nichts von sich aus tun' kann (Jo 5,19.30), sondern alles vom Vater erhält, der ihn gesandt hat, so können die von Jesus Gesandten nichts tun ohne ihn, von dem sie den Missionsauftrag erhalten und die Kraft, ihn zu erfüllen. Die Apostel Christi wissen somit, daß sie von Gott bevollmächtigt sind als ‚Diener des neuen Bundes' (2 Kor 3, 6), ‚Gottes Diener' (2 Kor 6,4), ‚Gesandte an Christi Statt' (2 Kor 5,20), ‚Diener Christi [...] und Verwalter von Geheimnissen Gottes' (1 Kor 4,1)". (859)

Das durch den Mensch-gewordenen Logos in seiner Auferstehungsgestalt begründete Amt der Apostel *bleibt* in der Hand des Auferstandenen. Er *selbst* ist es, der die Kirche durch dies Amt permanent leitet und sie damit als das erhält, als was er sie geschaffen hat: als Instrument der geschichtlichen Permanenz seiner eigenen heilsgeschichtlichen Sendung:

Das Amt „ist eines der Mittel durch die Christus [selbst: E.H.] seine Kirche unablässig aufbaut und leitet." (1547)

Soweit der erste und grundlegende Zug in der permanenten Verfassung der vom inkarnierten Logos geschaffenen Gemeinschaft, der ihr vom Auferstandenen verliehen wird, um den Charakter dieser Gemeinschaft als Instrument der Permanenz der Sendung des inkarnierten Logos zu sichern: Der Auferstandene setzt die Apostel ein durch deren Einbeziehung in seine Sendung und macht sie damit zu einem Mittel der geschichtlichen Permanenz *seiner* Sendung.

Zugespitzt: Nach dem Ganzgewordensein des Lebens des inkarnierten Logos im Tod am Kreuz ist sein geistliches Wirken in der Geschichte bleibend präsent durch die Gemeinschaf, *in* der er *gegenüber* allen ihren Gliedern *vermittelst* der Ausübung des apostolischen Dienstes „in seinem Namen und in seiner Person" geistlich wirkt. Diese dauernde *Präsenz des geistlichen Wirkens des Erhöhten in der Geschichte* vermittelst der Gemeinschaft, in der er vermittelst der Ausübung des apostolischen Dienstes „in seinem Namen und in seiner Position" wirksam ist, ist begründet in der bis ans Ende der Tage dauernden *Präsenz des Erhöhten vom Himmel her.* Der „Christus präsens" wirkt in der Geschichte nur durch die innergeschichtliche Präsenz der Kirche. Die Permanenz des innergeschichtlichen Präsenz der Kirche aber gründet in nichts anderem als im „Christus präsens" vom Himmel her.

4. Die innergeschichtliche Permanenz des Wirkens des inkarnierten Logos als Prophet, Priester *und* Messias *durch Indienstnahme des petrinisch-bischöflichen Aposteldienstes als* Lehr-, Heiligungs- *und* Leitungsamt

Die in der römisch-katholischen Lehre festgehaltene Einsicht, daß der „Christus präsens" nur durch die permanente Präsenz seiner innergeschichtlichen Gemeinschaft in der Geschichte wirkt, daß aber diese Präsenz der Kirche in der Geschichte in der Präsens des Erhöhten vom Himmel her gründet, diese Einsicht wird näher bestimmt durch die Einsicht, daß die *Art und Weise* des geistlichen Wirkens des inkarnierten Logos in der Geschichte, zu dem er gesendet ist und durch das er seine Gemeinschaft als Instrument der Permanenz seiner Sendung schafft, auch in seiner Präsenz als Erhöhter vom Himmel her in Permanenz fortbesteht – mit der Folge, daß an dieser

Art und Weise des geistlichen Wirkens des inkarnierten Logos in der Geschichte auch das dadurch begründete geistliche Wirken des apostolischen Dienstes Teil hat und natürlich ebenso das geistliche Wirken der Kirche als ganzer und aller ihrer Glieder.

4.1. Die besondere *Art und Weise*, in der der Mensch gewordene Logos in der Geschichte geistlich wirkt – und durch dieses sein Wirken das neue Gottesvolk schafft – wird zusammenfassend durch seinen *Titel „Christus"* bezeichnet. Diese Bezeichnung wird im Bekenntnis des Glaubens an sein Gesandtsein zum Eigennamen: „Du bist Christus, der Sohn des lebendigen Gottes" (Mt 16,16). Damit ist gesagt: In Jesus ist die alte Verheißung des Messias, des Gesalbten, erfüllt; er erfüllt, was seit alters vom Messias in seiner Rolle als König, als Priester und als Prophet verheißen war und erwartet wurde. Daß Jesus, der Mensch-gewordene Logos, der „Christus" ist, heißt also: sein innergeschichtliches geistliches Wirken, durch das das neue Gottesvolk geschaffen und erhalten wird, ist sein geistliches Wirken in seinem *dreifachen Amt als Priester, Prophet und König*:

„Zum Eigennamen Jesu wird es [das griechische Wort „Christus" als Äquivalent für das hebräische „Messias": E.H.] deshalb, weil Jesus die göttliche Sendung, die „Christus" bedeutet, vollkommen erfüllt. In Israel wurden nämlich im Namen Gottes die Menschen gesalbt, die vom Herrn für eine erhaltene Sendung geweiht wurden. Das war bei den Königen der Fall [Fußnotenhinweis auf 1 Sam 9,16; 10,1; 16,1,12–13; 1 Kön 1.39: E.H.], bei den Priestern [Fußnotenhinweis auf Ex 29,7; Lev 8,12: E.H.] und in seltenen Fällen bei den Propheten [Fußnotenhinweis 1 Kön 19,16: E.H.]. Vor allem sollte dies der Fall sein beim Messias, den Gott senden würde, um sein Reich endgültig zu errichten [Fußnotenhinweis auf Ps 2,2; Apg 4,26–27: E.H.]. Der Messias sollte durch den Geist des Herrn [Fußnotenhinweis auf Jes 11,2: E.H.] zugleich zum Priester [Fußnotenhinweis auf Sach 4,14; 6,13: E.H.], aber auch zum Propheten [Fußnotenhinweis auf Jes 61,1; Lk 4,16–21: E.H.] gesalbt werden. Jesus hat in seinem dreifachen Amt als Priester, Prophet und König die messianische Hoffnung Israels erfüllt." (436)

Es ist also genau und gerade das auf die Gründung des neuen Gottesvolkes gerichtete geistliche Wirken des Mensch-gewordenen Logos in der Geschichte, das durch seine Benennung als „*Christus*" und die darin eingeschlossene Funktionentrias angesprochen wird. Die biblischen Grundlagen dafür waren der römisch-katholischen Theologie stets präsent. Zu systematisch ausgearbeiteter Form gelangte die Lehre vom dreifachen Amt Christi jedoch erst im frühen 19. Jahrhundert.[12]

Damit ist die *Frage nach dem sachlichen Verhältnis zwischen den drei Ämtern* gestellt. Sicher ist, daß die drei Funktionen gleichursprünglich in der einen

---

[12] Und zwar durch M.J. Scheeben – unter Rückgriff auf Anregungen der protestantischen Hochorthodoxie; vgl. KARIN BORNKAMM, Art.: Amt Christi, in: RGG[4] I 439f.

Sendung des Sohnes als Messias, Gründer des neuen Gottesvolkes, begründet sind. Sie schließen sich gegenseitig ein: Christus ist *in der Weise* Vermittler, Begründer und Herrscher des neuen Gottesvolkes, daß er Priester und Prophet ist; er ist *in der Weise* Priester, daß er zugleich Herrscher und Prophet ist; und er ist *in der Weise* Prophet, daß er zugleich Priester und Herrscher im neuen Gottesvolk ist. Diese Einsicht, daß jede Funktion die beiden anderen einschließt, erledigt die Frage nach dem sachlichen Verhältnis zwischen ihnen jedoch nicht, sondern läßt sie als Frage nach dem sachlichen *Verhältnis zwischen diesen drei Einschlußweisen* wiederkehren.

Der KKK gibt keine explizite Antwort auf diese Frage. Hält man sich an den Kontext der gesamten Lehrposition des Zweiten Vatikanums, so wird man m. E. zweierlei konstatieren dürfen und müssen:

Erstens, daß die Sendung Christi als ganze konsequent in eine Sicht der Heilsgeschichte eingezeichnet wird, die von der Schöpfung bis zum Eschaton reicht und als ganze als *Offenbarungs*geschichte beschrieben wird, als die Geschichte des Offenbarwerdens des *versöhnenden Charakters* der Gottesherrschaft (der Herrschaft des Schöpfers über das Geschaffene), die genau deshalb, weil sie die Geschichte des *Offenbarwerdens* dieses versöhnenden Charakters der Gottesherrschaft ist, auch die Geschichte des Geschaffenwerdens desjenigen *Glaubens* ist, der der Fels ist, auf den das neue *Gottesvolk, das Reich Christi*, gebaut ist und durch den die Eingliederung in das neue Gottesvolk erfolgt:

„Gott gefiel es in seiner Güte und Weisheit, sich selbst zu offenbaren und das Geheimnis seines Willens kundzutun (vgl. Eph 1.9): auf daß die Menschen durch Christus, das fleischgewordene Wort, im Heiligen Geist Zugang zum Vater haben und teilhaft werden seiner göttlichen Natur (vgl. Eph 2,18; 2 Petr 1,4). […] Die Tiefe der durch diese Offenbarung über Gott und über das Heil der Menschen erschlossenen Wahrheit leuchtet uns auf in Christus, der zugleich der Mittler und die Fülle der ganzen Offenbarung ist." (DV 2) – „Gott, der durch sein Wort alles erschafft (vgl. Jo 1,3) und erhält, gibt den Menschen jederzeit in den geschaffenen Dingen Zeugnis von sich (vgl. Röm 1,19–20). Da er aber den Weg übernatürlichen Heiles eröffnen wollte, hat er darüber hinaus sich selbst schon am Anfang den Stammeltern kundgetan. Nach ihrem Fall hat er sie wiederaufgerichtet in Hoffnung auf das Heil, indem er die Erlösung versprach (vgl. Gen 3,15). Ohne Unterlaß hat er für das Menschengeschlecht gesorgt, um allen das ewige Leben zu geben, die das Heil suchen durch Ausdauer im guten Handeln (vgl. Röm 2,6–7). Später berief er Abraham, um ihn zu einem großen Volk zu machen (vgl. Gen 12,2–3), das er dann nach den Patriarchen durch Moses und die Propheten erzog, ihn allein als lebendigen und wahren Gott, als fürsorgenden Vater und gerechten Richter anzuerkennen und auf den versprochenen Erlöser zu harren. So hat er dem Evangelium den Weg durch die Zeiten bereitet." (DV 3) – „Nachdem Gott viele Male und auf viele Weisen durch die Propheten gesprochen hatte, ,hat er zuletzt in diesen Tagen zu uns gesprochen im Sohn' (Hebr 1,1–2). Er hat seinen Sohn, das ewige Wort, das Licht aller Menschen, gesandt, damit er unter den Menschen wohne und ihnen vom Innern Gottes Kunde bringe (vgl. Jo 1,1–18). Jesus Christus, das fleisch-

gewordene Wort, als ‚Mensch zu den Menschen' gesandt, redet die Worte Gottes'
(Jo 3,34) und vollendet das Heilswerk, dessen Durchführung der Vater ihm auf-
getragen hat (vgl. Jo 5,36; 17,4). Wer ihn sieht, sieht auch den Vater (vgl. Jo 14,9).
Er ist es, der durch sein ganzes Dasein und seine ganze Erscheinung, durch Wor-
te und Werke, durch Zeichen und Wunder, vor allem aber durch seinen Tod und
seine herrliche Auferstehung von den Toten, schließlich durch die Sendung des
Geistes der Wahrheit die Offenbarung erfüllt und abschließt und durch göttliches
Zeugnis bekräftigt, daß Gott mit uns ist, um uns aus der Finsternis von Sünde und
Tod zu befreien und zu ewigem Leben zu erwecken" (DV 4) – Der dadurch geschaffene „neue und endgültige Bund" ist „unüberholbar" bis zur Wiederkunft
Christi. „Dem offenbarenden Gott ist der ‚Gehorsam des Glaubens' (Röm 16,26;
vgl. Röm 1,5; 2 Kor 19,5–6) zu leisten. Darin überantwortet sich der Mensch Gott
als ganzer in Freiheit, indem er sich ‚dem offenbarenden Gott mit Verstand und
Willen voll unterwirft' und seiner Offenbarung willig zustimmt.[13] Dieser Glaube
kann nicht vollzogen werden ohne die zuvorkommende und helfende Gnade Gottes und ohne den inneren Beistand des Heiligen Geistes, der das Herz bewegen und
Gott zuwenden, die Augen des Verstandes öffnen und es jedem leicht machen muß,
der Wahrheit zuzustimmen und zu glauben' [Fußnotenhinweis auf DH 377, 3010:
E. H.]. Dieser Geist vervollkommnet den Glauben ständig durch seine Gaben, um
das Verständnis der Offenbarung mehr und mehr zu vertiefen." (DV 5)

Durch sein Leben, Sterben und Auferstehen macht Christus Gott in seinem
innersten Wesen (DV 4) als uns zugewandte Wahrheit (KKK 144) und damit auch als Versöhner offenbar, und eben durch dieses Offenbarmachen
der Wahrheit Gottes ermöglicht er den Glauben an Gott, der in das Reich
Gottes integriert. Es ist grundlegend gerade dieses *offenbarende*, also *prophetische*, Wirken Christi an den Herzen der Menschen, das sein versöh-
nendes, also hohepriesterliches, Wirken an den menschlichen Herzen einschließt und damit auch seine das Reich Gottes gründende Herrschaft über
die Herzen der Menschen, also sein königliches Wirken. Und es ist damit
auch das prophetische Wirken Christi, das seinem hohepriesterlichen und
königlichen Wirken seinen völlig neuen und einzigartigen Charakter verleiht: nämlich als *Versöhnung nicht Gottes mit den Menschen* durch priesterliches Handeln von Menschen, sondern als *Versöhnung der Menschen mit
Gott* durch Gottes eigenes Handeln (nämlich durch das Offenbarmachen
des Wollens und Wirkens Gottes als Wollen und Wirken von Versöhnung)
und ebenso seinem königlichen Handeln als *Herrschaft* nicht durch Androhung und Ausübung von *Gewalt*, sondern als völlig gewaltlose Herrschaft
der durch Augenöffnung zur Evidenz gebrachten Wahrheit über die Herzen der Menschen.

---

[13] Beachte: Diese Unterwerfung gilt der durch sich selbst offenbaren Wahrheit des
Evangeliums (vgl. DH 1 Satz 8: „[…] nec aliter veritatem sese imponere nisi vi ipsius
veritatis, quae suaviter simul et fortiter mentibus illabitur."). Genaueres schon in unserem Bd. I (o. Anm. 3); auch in dieser Studie unten unter Ziffer 4.2.1. und Ziffer 5.; sowie u. S. 356–372.

Dieser offenbarungstheologische Grundcharakter der Lehre des Ersten und des Zweiten Vatikanums spricht deutlich dafür, daß das *prophetische Amt Christi den Horizont* auch für sein *priesterliches* und sein *königliches* Amt abgibt, und dafür, daß das priesterliche und das königliche Amt Christi gerade und nur durch diesen Horizont ihren einzigartigen Charakter erhalten.

4.2. Das oben beschriebene Verhältnis des Gesandtseins des Inkarnierten, des Mensch-gewordenen Logos, und seines geistlichen Wirkens in der Geschichte

– zu der Gemeinschaft, die er selbst als das Instrument der *Permanenz* seines Gesandtseins und seines geistlichen Wirkens in der Geschichte geschaffen hat und erhält, sowie

– zum Dienst der Apostel, den er eingesetzt hat, um durch ihn die Gemeinschaft als Instrument der Permanenz *seines* geistlichen Wirkens in der Geschichte zu erhalten,

schließt ein, daß diese *dreifach-eine Weise des geistlichen Wirkens Christi* in der Geschichte auch das *Wirken der Gemeinschaft* und *aller* ihrer Glieder in der Menschheit sowie auch das *Wirken des apostolischen Dienstes* in der Gemeinschaft prägt. Das wird in den Lehrtexten klar ausgesprochen.

Und zwar zunächst im Blick auf den *apostolischen Dienst*. Diesem gibt Christus selbst Anteil am dreifachen Charakter seines eigenen geistlichen Wirkens in seinem prophetischen, priesterlichen und königlichen Amt, indem er ihm das prophetische Amt des Lehrens, (Teilhabe am prophetischen Amt Christi), das priesterliche Amt des Heiligens (Versöhnens) und das königliche Amt der Leitung überträgt.

„Den Aposteln und ihren Nachfolgern wurde von Christus das Amt übertragen, in seinem Namen und in seiner Vollmacht zu lehren, zu heiligen und zu leiten". (KKK 873)

Machen wir uns klar, was das im Einzelnen heißt.

4.2.1. *Das apostolische Lehramt.* – Zur Übertragung des Lehramtes heißt es:

„Christus der Herr, in dem die ganze Offenbarung des höchsten Gottes sich vollendet (vgl. 2 Kor 1,20; 3,16–4,6), hat den Aposteln geboten, das Evangelium, das er als die Erfüllung der früher ergangenen prophetischen Verheißung selbst gebracht und persönlich öffentlich verkündet hat, allen zu predigen als die Quelle jeglicher Heilswahrheit und Sittenlehre [Fußnotenhinweis auf Mt 28, 19–20 und Mk 16,15: E.H.] und ihnen so göttlichen Gaben mitzuteilen." (DV 7)

Aus dem weiteren Verlauf des Textes von DV 7 geht hervor, daß nach römisch-katholischer Lehre den Aposteln mit diesem Verkündigungsgebot Christi ihr „Lehramt" („suum ipsorum locum magisterii") übertra-

gen wurde. Nach römisch-katholischer Lehre schließt dessen „treue" Ausübung ein:

a) die von den Aposteln „durch mündliche Predigt, durch Beispiel und
Einrichtungen" vollzogene Weitergabe („traditio") dessen, was sie „aus
Christi Mund, im Umgang mit ihm und durch seine Werke empfangen
haben" (DV 7), aber auch

b) die Weitergabe dessen, „was sie unter der Eingebung des Heiligen
Geistes gelernt hatten" (ebd.) und schließlich auch

c) die Weitergabe der von einigen Aposteln und anderen „apostolischen
Männern" „unter der Inspiration des gleichen Heiligen Geistes" „nieder-
geschriebenen" „Botschaft vom Heil" (ebd.).

Das den Aposteln von Christus gebotene Lehramt besteht also diesem
Grundtext zufolge in nichts anderem als in dem Amt, *weiterzugeben,* was sie
von Christus empfangen haben. Der *Charakter* dieses Lehramtes als eines
Amtes rein des *Weitergebens* (eines Weitergabeamtes) ergibt sich also ganz
und gar aus dem *Charakter des Empfangenen.*

Dies letztere, das Empfangene, ist nun freilich von komplexer Art. Es
ist das aus dem geistlichen Wirken des Mensch-gewordenen Logos Empfangene, also das, was die Apostel von seinem Wirken in der Geschichte durch den Heiligen Geist empfangen haben. Nun ist dieser Geist von
Christus selbst als der Geist verheißen worden, der „in alle Wahrheit" leitet. Somit umfaßt das von den Aposteln Empfangene auch alles, was sie
nach dem Ganzgewordensein des Lebens des Mensch-gewordenen Logos
im Rückblick auf dieses Leben durch den Heiligen Geist „gelernt" haben.
Zu dem, was auf diese Weise rückblickend erfaßt und verstanden wurde,
gehört aber auch die von „demselben Heiligen Geist" inspirierte Nieder-
schrift des Evangeliums (der „Botschaft vom Heil"), welches Jesus Christus
verkündet und gelebt hat. Was Christus den Aposteln durch sein eigenes
geistliches Wirken weiterzugeben gebietet, ist also das, was sie teils schon
vor dem Ganzgewordensein seines Lebens (Mt 16,16), teils – und vor allem – nach dem Ganzgewordensein seines Lebens durch sein, Christi, eigenes *Wirken durch den Geist* empfangen haben.

Worin besteht dies Empfangene? Jedenfalls in mehr und etwas anderem
als nur in dem von außen beschreibbaren, protokollierbaren, Verlauf des
Redens und Tuns des Inkarnierten. Das Empfangene besteht vielmehr in
dem vom *Geist der Wahrheit* gewirkten Offenbarwerden des *Wahrseins* der
Lebensbotschaft Jesu. Die Beschreibung dessen, was den Aposteln von Jesus selbst weiterzugeben geboten wurde, hat also ein komplexes Ganzes im
Blick, das dennoch in seinem Wesen einfach ist: Es besteht in nichts anderem als in der vom Geist der Wahrheit, in dem Jesus selbst schon wirkte und den er verheißen hat, erschlossenen *Wahrheit* seiner Lebensbotschaft vom innersten Wollen Gottes und dem darin begründeten Heil der

Menschen. Weil das den Aposteln vom Erhöhten selbst gebotene Lehramt nichts anderes ist als das Amt der Weitergabe *dieser* ihnen durch das geistliche Wirken des Mensch-gewordenen Logos sichtbar gewordenen *Wahrheit* des Evangeliums, ist es nichts anderes als die Weitergabe dieser *Wahrheit*, die die Quelle „aller heilsamen Wahrheit" („omnis et salutaris veritatis") ist und darum auch die Quelle aller „Disziplin der Sitten" („disciplinae morum").

Durch diesen Gegenstand des Weitergabeauftrags, den Christus den Aposteln gegeben hat, ist auch klar, warum das Amt des *Weitergebens* dieses Empfangenen – eben der evident gewordenen Wahrheit des Evangeliums – in sich selbst ein Amt des „*Lehrens*" ist: *Offenbare* Wahrheit kann nicht *allein* durch Zitieren vorgegebener Worte und nicht *allein* durch das imitierende Festhalten vorgegebener Institutionen weitergegeben werden, sondern sie muß als das verkündigt, gepredigt und erklärt, eben *bezeugt* werden, was den Empfängern des Offenbarseins der Botschaft im Blick auf deren Sinn und hinsichtlich der Stichhaltigkeit dieses Sinnes evident geworden ist; die *offenbare* Wahrheit des Evangeliums kann nur bezeugt werden, indem die Apostel das ihnen vom Geist der Wahrheit erschlossene (evident gemachte) Wahrsein des überlieferten Zeugnisses[14] zur Sprache bringen, was wiederum nicht allein im Modus des Zitats des überlieferten Zeugnisses möglich ist, sondern nur in einer Rede *über* es und *über* die evidenzgestützte Einsicht in sein Wahrsein. Und solche Rede ist ipso facto *lehrende* Rede.

In der verheißenen Permanenz der Gegenwart des Erhöhten bis an der Welt Ende liegt – wie oben gezeigt – nicht nur die Möglichkeit, sondern auch die Aufforderung, daß die Apostel diesen apostolischen Dienst, der ihnen von Christus geboten ist, diesen Dienst des Weitergebens des empfangenen *Offenbarseins* der Wahrheit, der nicht anders vollzogen werden kann denn als *lehrendes Bezeugen* der offenbaren Wahrheit, nun *ihrerseits weitergeben an Nachfolger*. Das wird ebenfalls in DV 7 festgehalten:

> „Damit das Evangelium in der Kirche für immer unversehrt und lebendig bewahrt werde, haben die Apostel Bischöfe als ihre Nachfolger zurückgelassen und ihnen ‚ihr eigenes Lehramt überliefert' (ipsis [sc. successoribus episcopis] ‚suum ipsorum locum magisterii tradentes'). Diese heilige Überlieferung (Haec igitur Sacra Traditio et Sacra utriusque Testamenti Scriptura) sind gleichsam ein Spiegel, in dem die Kirche Gott, von dem sie alles empfängt, auf ihrer irdischen Pilgerschaft anschaut, bis sie hingeführt wird, ihn von Angesicht zu Angesicht zu sehen, so wie Er ist (vgl. 1 Jo 3,2)." (DV 7)

Was die Apostel ihren Nachfolgern weitergeben, beschränkt sich also strikt auf den Bereich dessen, was von ihnen überhaupt übertragen wer-

---

[14] Vgl. 2 Petr 1,16.19.

den *kann*:[15] auf den vom Erhöhten empfangenen apostolischen Dienst des lehrenden Weitergebens dessen, was sie Empfangen haben.

Und was haben sie empfangen? Keineswegs nur das, was ihnen der Mensch-gewordene Logos selbst, vor Ostern, durch sein geistliches Wirken vermittelt hat und was sie nach dem Ganzgewordensein von dessen Menschenleben im Rückblick auf dieses durch den Geist der Wahrheit gelernt haben, einschließlich der vom selben Geist inspirierten schriftlichen Fixierung der Heilsbotschaft, sondern empfangen haben sie den „*locus magisterii*", also die Stellung, den Dienst, dies alles weiterzugeben, und zwar lehrend (erklärend) weiterzugeben. Genau das kommt in der aussagekräftigen Aufeinanderfolge des ersten und des zweiten Satzes im zweiten Absatz von DV 7 zum Ausdruck: Der Ausdruck „Haec igitur Sacra Traditio" kann sprachlich und sachlich nichts anderes bezeichnen als das konkrete Ganze dessen, was die Apostel vom Erhöhten empfangen haben: also nicht nur einen zu tradierenden *Gehalt*, die Wahrheit des Evangeliums, sondern auch die *Aufgabe*, eben ihn – diesen Gehalt, die Wahrheit des Evangeliums – zu *tradieren*, weiterzugeben, weiterzubezeugen, was nicht anders möglich ist als durch lehrende Bezeugung des ihnen erschlossenen Wahrseins des Evangeliums.

Weil das, was die Apostel von Christus empfangen haben und ihrerseits an ihre Nachfolger weitergegeben haben, das *Amt* (die *Institution*) des lehrenden Weiterbezeugens der empfangenen Wahrheit des Evangeliums ist, hat das, was den späteren Geschlechtern von den Aposteln tradiert ist – diese „quae est ab Apostolis Traditio" – einen lebendigen, *übersprachlichen* Charakter. Es umfaßt zwar auch Texte – etwa die „inspirierten Bücher" der „Heiligen Schrift beider Testamente", in denen „die apostolische Predigt" „besonders deutlichen Ausdruck gefunden hat" (DV 8), – aber nicht nur sie, sondern auch „Beispiele und Einrichtungen" (DV 7), eben *Institutionen*. In summa:

„Was von den Aposteln überliefert wurde, umfaßt alles, was dem Volk Gottes hilft, ein heiliges Leben zu führen und den Glauben zu mehren. So führt die Kirche in Lehre, Leben und Kult durch die Zeiten weiter und übermittelt allen Geschlechtern alles, was sie selbst ist, alles, was sie glaubt." (DV 8).

Das wiederum schließt dann ein, daß diesem von den Aposteln Überlieferten – weil es sich eben nicht nur in Bezeugtem und Gelehrtem erschöpft, sondern die *Institution des lehrenden Weiterbezeugens* selbst umfaßt – auch ein kontinuierliches Fortschreiten und Wachsen eignet:

„Diese apostolische Überlieferung kennt in der Kirche unter dem Beistand des Heiligen Geistes einen Fortschritt. Es wächst das Verständnis der überlieferten Din-

---

[15] Vgl. oben Ziffer 3.

ge [sic! E.H.] und Worte durch das Nachsinnen und Studium der Gläubigen, die sie in ihrem Herzen erwägen (vgl. Lk 2,19 u. 51), durch innere Einsicht, die aus geistlicher Erfahrung stammt, durch die Verkündigung derer, die mit der Nachfolge im Bischofsamt das sichere Charisma veritatis empfangen haben. Denn die Kirche strebt im Gang der Jahrhunderte ständig der Fülle der göttlichen Wahrheit entgegen, bis an ihr sich Gottes Worte erfüllen." (DV 8)

In dieses institutionelle Ganze der „ab Apostolis Traditio" gehört die Heilige Schrift beider Testamente, die inspirierten Bücher, in denen die apostolische Predigt besonders deutlichen Ausdruck gefunden hat, *wesentlich* hinein. Sie sind von der Traditio umgriffen. Das wird in den Lehrtexten nachdrückliche unterstrichen, etwa, daß die Feststellung des Kanons der heiligen Schrift ein Werk der Tradition ist:

„Durch dieselbe Überlieferung wird der Kirche der vollständige Kanon der heiligen Bücher bekannt." (DV 8)

Oder daß erst innerhalb der Tradition die heiligen Schriften tiefer und tiefer verstanden werden:

„In ihr [sc. der Tradition] werden die heiligen Schriften selbst tiefer verstanden und unaufhörlich wirksam gemacht." (DV 8)

Und auch ihr Erhaltenwerden in der Geschichte verdanken die heiligen Schriften der Tradition, die freilich nicht nur sie, diese Schriften, sondern eben alles, was den Aposteln von Christus zur Weitergabe anvertraut wurde, bewahrt:

„Die heilige Schrift ist Gottes Rede, insofern sie unter dem Anhauch des Heiligen Geistes schriftlich aufgezeichnet wurde. Die heilige Überlieferung aber gibt das Wort Gottes, das von Christus dem Herrn und vom Heiligen Geist den Aposteln anvertraut wurde, unversehrt an deren Nachfolger weiter, damit sie es unter der erleuchtenden Führung des Geistes der Wahrheit in ihrer Verkündigung treu bewahren, erklären und ausbreiten. So ergibt sich, daß die Kirche ihre Gewißheit über alles Geoffenbarte nicht aus der heiligen Schrift allein schöpft. Daher wollen beide mit gleicher Liebe und Achtung angenommen und verehrt werden." (DV 9)

Weniger ausdrücklich wird die *Bedeutung*, die die Heiligen Schriften ihrerseits *für die Tradition* haben, beschrieben: De facto ist die Heilige Schrift unverzichtbarer Teil der Tradition, und zwar derjenige, in welchem „die apostolische Predigt ihren besonders deutlichen Ausdruck gefunden hat". Das schließt ein, daß die Tradition nicht unter Außerachtlassung der Schrift und auch nicht gegen sie voranschreiten kann. Über DV hinausgehend deutet der Katechismus an, warum und inwiefern die Heiligen Schriften wesentliches Element der Tradition sind: In ihnen ist wie im Mensch-gewordenen Logos Gottes Wort menschliches Wort geworden, sie sind eine Gestalt der Inkarnation des Wortes (KKK 103): „Unkenntnis der Schriften ist Unkenntnis Christi' (hl. Hieronymus Is. Prol.)." Dies gilt freilich nicht ausschließlich für die Heilige Schrift, sondern eben für das ganze in Schrift und Tradition begegnende „Wort Gottes". Der Gedanke, daß die Heilige Schrift *„Kanon", also Maßstab, für die Tradition*, wäre, findet sich in den Texten, soweit ich sehe, nicht;[16] nicht die Heilige Schrift wird als „Kanon" angesprochen, sondern nur die verbindliche Liste der Bücher, die zur Heiligen Schrift gehören (KKK 120). Es bleibt bei der Feststellung des Zusammenklangs von beidem – Schrift und Tradition –, der durch die Einheit ihres Ursprungs gesichert ist:

> „Die heilige Überlieferung und die heilige Schrift sind eng miteinander verbunden und haben aneinander Anteil. Demselben göttlichen Quell entspringend, fließen beide gewissermaßen in eins zusammen und streben demselben Ziele zu." (DV 9)

Dieser gemeinsame Ursprung ist deutlich in DV 7 bezeichnet: Der gemeinsame Ursprung ist das *Gebot des Erhöhten an die Apostel* (also der vom Erhöhten befohlene „apostolische Dienst"), die durch sein geistliches Wirken in der Geschichte (und nach dem Ganzgewordensein seines Menschenlebens durch seine Präsenz vom Himmel her) empfangene offenbare Wahrheit seines Lebenszeugnisses, des Evangeliums über Gott und das Heil der Menschen, lehrend weiterzugeben. Diese in der permanenten Präsenz des Erhöhten offenbare und von den Aposteln entsprechend dem Gebot des Erhöhten lehrend weiterzuverkündende Wahrheit der Botschaft Christi, die in den inspirierten heiligen Schriften bezeugt ist, ist das *eine* „Wort Gottes", das Christus der von ihm als Instrument der Permanenz seiner Sendung geschaffenen und erhaltenen Gemeinschaft, der Kirche, anvertraut hat:

> „Die heilige Überlieferung und die Heilige Schrift bilden den *einen* der Kirche überlassenen heiligen Schatz des *Wortes Gottes*. [Kursivierung: E. H.]" (DV 10)

Dieses eine Wort Gottes *in* seiner durch dessen Inkarnation geschaffenen Gemeinschaft *für* diese Gemeinschaft und *durch* sie für die Welt präsent zu halten, hat der Erhöhte den Aposteln geboten. Durch dieses Gebot des Erhöhten ist das Lehramt der Apostel konstituiert, das sie ihren Nachfolgern weitergeben können und sollen. Somit ist es denn auch dieses im Gebot des Erhöhten an die Apostel gründende und von ihnen ihren Nachfolgern weiterzugebende Lehramt, welches – durch seine lehrende Weitergabe der in der Präsenz des Erhöhten evidenten (offenbaren) Wahrheit des Evangeliums einerseits und durch seine Auslegung der Heiligen Schrift andererseits – sicherstellt, daß beide sich nicht widersprechen. *Durch den Vollzug*

---

[16] Das wird ausdrücklich als ein Mangel (als eine „verpaßte Chance") des Zweiten Vatikanums angesprochen in dem Kommentar zu DV, den Joseph Ratzinger, damals Dogmatikprofessor in Tübingen, 1967 in LThK² XIII 504–528, 571–581 veröffentlicht hat (bes. 520a).

dieses Lehramts – das seinerseits in dem Gebot des Erhöhten gründet – wird die Einheit des Wortes Gottes gewahrt.

„Die Aufgabe aber, das geschriebene oder überlieferte Wort Gottes verbindlich zu erklären, ist nur dem lebendigen Lehramt der Kirche anvertraut, dessen Autorität im Namen Jesu ausgeübt wird." (DV 10)

Diese Grundaussage über das Lehramt als Dienst am Wort („ministerium verbi") spricht also von der „autoritativen" Wahrnehmung und Lösung einer *Aufgabe*, und zwar von einer Aufgabe, die ausschließlich dem lebendigen Lehramt der Kirche anvertraut ist. Machen wir uns dies im Einzelnen klar:

a) Nicht von einer „potestas" ist hier die Rede, sondern von einem „*munus*", einer *Aufgabe*. Für jede Aufgabe ist wesentlich, daß sie *für jemanden* gestellt ist – entweder von ihm selbst oder von jemandem anderen; in diesem Fall durch jemanden anderen – und daß die Stellung der Aufgabe auch schon die Bedingungen ihrer angemessenen Lösung fixiert; und für die Lösung der Aufgabe ist wesentlich, daß diese Bedingungen auf Seiten dessen, dem die Aufgabe gestellt ist, auch erfüllt sind. Was also sind die Bedingungen der Lösung dieser Aufgabe (aa)? Und auf wessen Seite sind sie erfüllt (ab)?

aa) Die in der Stellung der Aufgabe implizierten Bedingungen für die Lösung der Aufgabe sind, da es sich um die Erklärung des überlieferten Wahrheitsanspruchs einer bestimmten Botschaft, eben des in den heiligen Schriften und in der Tradition fixierten Evangeliums, handelt, *hermeneutischer* Art. Das Zweite Vatikanum hat diese hermeneutischen Bedingungen explizit benannt für die Erklärung der heiligen Schriften (DV 11–13). Nun begegnet aber nicht nur dieses eine Element der Tradition, die Tradition in der Gestalt von Texten, sondern die Tradition insgesamt, also in allen Gestalten des in ihr Tradierbaren und Tradierten und in allen Gestalten ihres tradierenden Vollzugs. Verlangt sind also die Bedingungen der angemessenen Auslegung nicht nur der Heiligen Schrift, sondern der Tradition (des Tradierens) insgesamt. Im Folgenden behandele ich daher die Aussagen über den Status und die ihm entsprechende Auslegung der Heiligen Schrift (aaa) zugleich als Aussagen über den Status und die ihm entsprechende Auslegung der Traditionsinstitution insgesamt (aab), eben als Aussagen über den Status und die ihm entsprechende Auslegung des „Wortes Gottes".

aaa) Der *Status* der Heiligen Schriften ist: textliche Fixgestalt eines einzigartigen Realen, nämlich dessen, was Gott selber durch sein Tun und Reden im Heiligen Geist (dem Geist der Wahrheit), zusammengefaßt: durch das Tun und Reden seines Mensch-gewordenen Logos im Heiligen Geist (dem Geist der Wahrheit), offenbart hat, durch Menschen, denen dieses Offenbarte durch Inspiration, also durch den Geist der Wahrheit zugänglich gemacht ist.

„Zur Abfassung der heiligen Bücher hat Gott Menschen erwählt, die ihm durch den Gebrauch ihrer eigenen Fähigkeiten und Kräfte dazu dienen sollten, all das und nur das, was er – in ihnen und durch sie wirksam – geschrieben haben wollte, als echte Verfasser schriftlich zu überliefern." (DV 11) In den heiligen Büchern ist „unter dem Anhauch des Heiligen Geistes" das „von Gott Offenbarte" „aufgezeichnet worden." (DV 11)

Pointe dieser Aussagen: Das von Gott selbst durch sein Tun und Reden im Geist der Wahrheit (zusammengefaßt: durch das Tun und Reden des Mensch-gewordenen Logos im Geist der Wahrheit) Offenbarte ist den Autoren nicht nur als äußerer Sachverhalt präsent, sondern es ist *in* ihnen und *durch* sie selbst wirksam; nichts anderes als das sie bewegende *Offenbarungsgeschehen*, welches der *Grund* ihres Schreibens ist, ist auch der *Gegenstand* ihres Schreibens. Die inspirierten, also vom Offenbarten selbst ergriffenen, Verfasser dieser Texte sind in ihrer den normalen menschlichen Bedingungen unterliegenden Textproduktion vollkommen in Dienst genommen durch das sie bewegende Offenbarte: eben Gottes eigenes Tun und Reden durch seinen Mensch-gewordenen Logos im Geist der Wahrheit.

Das schließt sachlogisch zweierlei ein. Erstens: Eigentlicher Autor – *Sach*autor – dieser Texte ist Gott selbst.

Die biblischen Bücher sind „heilig und kanonisch", „weil sie, unter der Einwirkung des Heiligen Geistes geschrieben, Gott selbst zum Urheber haben". (DV 11) – In der „Heiligen Schrift" hat „Gott" selbst „durch Menschen nach Menschenart gesprochen". (DV 12) – „Gottes Worte, durch Menschenzunge formuliert, sind menschlicher Rede ähnlich geworden, wie einst des ewigen Vaters Wort durch die Annahme menschlichen-schwachen Fleisches den Menschen ähnlich geworden ist." (DV 13)

Das heißt nichts anderes, als – wie der Katechismus pointiert festhält – daß die *heiligen Texte eine Weise der Inkarnation des Logos* sind:

„Aus diesem Grund hat die Kirche die Heiligen Schriften immer verehrt wie den Leib des Herrn selbst. Sie reicht den Gläubigen ohne Unterlaß das Brot des Lebens, das sie vom Tisch des Wortes Gottes und des Leibes Christi empfängt." (103)

Zweitens: Weil Gott selbst der eigentliche Autor der Schriften ist, ist ihr Inhalt nichts als die durch Christus im Heiligen Geist offenbare Wahrheit, die Gott selbst in schriftlich fixierter Form bezeugt haben wollte:

„Da also alles, was die inspirierten Verfasser oder Hagiographen aussagen, als vom Heiligen Geist ausgesagt zu gelten hat, ist von den Büchern der Schrift zu bekennen, daß sie sicher, getreu und ohne Irrtum die Wahrheit lehren, die Gott um unseres Heiles willen in heiligen Schriften aufgezeichnet haben wollte." (DV 11; zitiert KKK 107)

Diese Wahrheit ist, nota bene, mehr als die Wahrheit über einen einzelnen historischen Vorgang; sie ist die ewige Wahrheit über die Intima Gottes und über das Heil der Menschen, in ihrem durch Gott – die Wahrheit selbst (144) – in Christus durch den Geist der Wahrheit Offenbargemacht-wordensein. Diese Wahrheit ist die Wahrheit des Zeugnisses des Mensch-gewordenen Logos über Gott als die ewige Wahrheit. Diese ist durch sich selbst, nämlich durch ihren eigenen Geist, für die Verfasser der Texte so präsent geworden ist, daß sie sie zu deren Bezeugung in schriftlich fixer Form bewegt hat.

Soviel zum Status des in textlicher Fixierung begegnenden „Wortes Gottes", das nach römisch-katholischer Lehre die Einheit von Heiliger Schrift und dem durch den apostolischen Dienst Überlieferten ist; so daß dieser Status auch vom Ganzen des so aufgefaßten „Wortes Gottes" gilt.

aab) Nun zu den diesem Status entsprechenden *Regeln der Auslegung und Erklärung* dieses Überlieferungsgutes.

Erste Regel: Die vorliegenden Texte, „dicta" bzw. „scripta", müssen zu-nächst als Ausdruck der Aussageabsicht ihrer menschlichen Verfasser be-handelt werden. Da zu unterstellen ist, daß sie die Aussageabsicht der Ver-fasser nach den zeitgenössichen Regeln des Sprachgebrauchs ausdrücken, ist aus den vorliegenden „dicta" bzw. „scripta" nach diesen Regeln die Aus-sageabsicht der menschlichen Verfasser zu erheben.

„Um die Aussageabsicht der Hagiographen zu ermitteln, ist neben anderem auf die literarischen Gattungen zu achten. Denn die Wahrheit wird je anders dargelegt und ausgedrückt in Texten von verschiedenem Sinn geschichtlicher, prophetischer oder dichterischer Art oder in anderen Redegattungen. Weiterhin hat der Erklärer nach dem Sinn zu forschen, wie ihn aus einer gegebenen Situation heraus der Hagio-graph den Bedingungen seiner Zeit und Kultur entsprechend – mit Hilfe der da-mals üblichen literarischen Gattungen – hat ausdrücken wollen und wirklich zum Ausdruck gebracht hat. Will man richtig verstehen, was der heilige Verfasser in sei-ner Schrift aussagen wollte, so muß man schließlich genau auf die vorgegebenen umweltbedingten Denk-, Sprach- und Erzählformen achten, die zur Zeit des Ver-fassers herrschten, wie auf die Formen, die damals im menschlichen Alltagsverkehr üblich waren." (DV 12)

Nun richtet sich aber die Aussageabsicht der heiligen Verfasser, wie gezeigt, auf das sie bewegende Geschehen des Offenbargewordenseins der Wahr-heit über Gott und das Heil der Menschen durch den Geist der Wahrheit. Dieses Reale bekommt nur zu Gesicht, wer die inspirierten Schriften in eben dem Geist liest, in dem sie auch geschrieben sind:

„Die Heilige Schrift" „muß" „in dem Geist gelesen und ausgelegt werden", „in dem sie geschrieben wurde [Fußnotenhinweis auf Benedikt XV. Enzyklika „Spiri-tus Paraclitus" und Hieronymus, In Gal. 5, 19–21: E.H.]." (DV 12)

Das Kriterium für eine solche Lektüre der Texte in dem Geist, in dem sie geschrieben sind, ist ein Dreifaches: a) „Sorgfältig ‚auf den Inhalt und die Einheit der ganzen Schrift'" zu „achten", b) die „Schrift ‚in der lebendigen Überlieferung der Gesamtkirche' zu lesen", c) „auf die ‚Analogie des Glaubens'" zu „achten" (DV 12; wiederholt in KKK 112–114).

Sachlogisch können damit nur drei *notwendige* Bedingungen für eine Lektüre der Schriften „in dem Geist, in dem sie auch geschrieben sind", gemeint sein. Die *hinreichende* Bedingung für eine solche Lektüre kann nur sein und ist auch, daß eben der Geist der Wahrheit, der die von Christus bezeugte Wahrheit über Gott und das Heil der Menschen erschließt und dessen Wirken Grund und Gegenstand der Textabfassung war, auch selbst die Leser und Ausleger der heiligen Texte ergreift:

> „Christus, das ewige Wort des lebendigen Gottes, muß durch den Heiligen Geist unseren Geist ‚für das Verständnis der Schrift' [Fußnotenhinweis auf Lk 24,45: E.H.] öffnen, damit sie nicht toter Buchstabe bleibt." (108)

Soweit die mit der Aufgabe („munus") der Auslegung des Wortes Gottes, der Offenbarung, selbst schon fixierten Bedingungen für ihre angemessene Lösung.

ab) *Wo* sind nun diese Bedingungen für die angemessene Lösung der Aufgabe der verbindlichen Erklärung des Wortes Gottes *erfüllt*? Nach der zitierten Grundaussage von DV 10

> „nur im lebendigen Lehramt der Kirche, dessen Autorität im Namen Jesu Christi ausgeübt wird."

Es darf m.E. nicht übergangen werden, daß der Text vom „vivum *Ecclesiae* Magisterium [Hervorhebung E.H.]" spricht und nicht einfach vom „Magisterium apostolorum et suorum successorum". Nur das entspricht nämlich der Lehre, daß der Mensch-gewordene Logos schon vor dem Ganzgewordensein seines irdischen Lebens und dann erst recht als der erhöhte seine *ganze* Familie als Instrument der geschichtlichen Permanenz seiner Sendung geschaffen hat[17] und erst mit dieser Erwählung der ganzen Gemeinschaft und ihr zugut (nämlich zugunsten der Permanenz ihrer Einzigartigkeit, die darin besteht daß ihr Grund *in* ihr allen ihren Gliedern *gegenüber* innerweltlich-leibhaft präsent und geistlich wirksam ist) auch den engeren Kreis der Zwölf/Apostel beruft und beauftragt. Dementsprechend wird auch ausdrücklich festgehalten, daß die *ganze* Gemeinschaft an dem prophetischen Amt Christi, seinem Gesandtsein zur Offenbarmachung der Wahrheit über Gott und das Heil der Menschen, Anteil hat:

> „Das heilige Gottesvolk nimmt auch teil an dem prophetischen Amt Christi." (LG 12). – „Alle Gläubigen sind an der Erfassung und Weitergabe der geoffenbarten Wahrheit beteiligt. Sie haben die Salbung des Heiligen Geistes empfangen [Fußnotenhinweis 1 Joh 2,20.27: E.H.], der sie unterrichtet und in die ganze Wahrheit führt [Fußnotenhinweis Joh 16,13: E.H.]." (91) – „Die Gesamtheit der

---

[17] Vgl. KKK 763–765.

Gläubigen […] kann im Glauben nicht fehlgehen." (92 mit LG 12). – „Christus, der ja die Wahrheit ist," wollte „seine Kirche an seiner eigenen Unfehlbarkeit teilhaben lassen." (889)

Hinzuweisen wäre hier auch auf den Effekt von Taufe und Firmung.[18]

Gegen eine Beziehung der Wendung aus DV 10 auf das Lehramt der *Kirche als ganzer* spricht auch nicht der Zusatz, daß seine Autorität im Namen Christi ausgeübt werde. Denn auch das Zeugnis der Gesamtkirche wird gerade mit *dieser* Autorität vollzogen: Die Gemeinschaft der Christgläubigen als *ganze* wird von Christus als das Instrument der geschichtlichen Permanenz seines geistlichen Wirkens und seiner Autorität geschaffen und in Gebrauch genommen.

Eben diese Teilhabe am Gesandtsein des Mensch-gewordenen Logos kommt freilich der ganzen Gemeinschaft nur zu kraft dessen, was ihre Einzigartigkeit ausmacht: Sie ist die Gemeinschaft, *in* der ihr Grund *gegenüber* allen ihren Gliedern innergeschichtlich-leibhaft präsent und geistlich wirksam ist. Und der Permanenz dieser strukturellen Einzigartigkeit der von Christus geschaffenen Gemeinschaft dient – wie gezeigt – die Berufung und Beauftragung der Zwölf/der Apostel. Daher stellt der Katechismus in seiner Interpretation von DV 10 sofort fest:

„,Die Aufgabe aber, das geschriebene oder überlieferte Wort Gottes *authentisch* [Hervorhebung: E. H.] auszulegen, ist allein dem lebendigen Lehramt der Kirche' – das heißt den Bischöfen in Gemeinschaft mit dem Nachfolger Petri, dem Bischof von Rom – ,anvertraut, dessen Vollmacht im Namen Jesu Christi ausgeübt wird' (DV 10)." (KKK 85)

Damit ist zwar zugleich im Blick, daß dieser apostolische Dienst zugunsten des ganzen Volkes Gottes geschieht. Ja, er kann überhaupt nur vermöge des im ganzen Volk lebendigen Glaubenssinnes wirksam sein:

„Durch den ,übernatürlichen Glaubenssinn' hält das Gottesvolk unter der Leitung des lebendigen Lehramtes der Kirche den Glauben unverlierbar fest [Fußnotenverweis auf LG 12, DV 10: E. H.]." (889)

Nur *in* der Kirche und *durch* sie gelangt der apostolische Dienst auch zu heilsgeschichtlicher Wirkung:

„Die Kirche […] bewahrt mit dem Beistand des Heiligen Geistes die Lehre, das Glaubensvermächtnis sowie die gesunden Grundsätze der Apostel und gibt sie weiter." (857)

---

[18] Vgl. E. Herms/L. Žak (Hgg.), Taufe und Abendmahl im Grund und Gegenstand des Glaubens. Theologische Studien zur römisch-katholischen und evangelisch-lutherischen Lehre, 2017, dort Teil I.

Es ist also die Kirche als ganze, durch die das Wort Gottes, d.h. die im Mensch-gewordenen Logos durch den Geist wirksame Wahrheit über Gott und das Heil der Menschen, in der Geschichte wirksam bleibt:

„Die heilige Überlieferung und die heilige Schrift bilden den einen der Kirche überlassenen Schatz (depositum) des Wortes Gottes. Voller Anhänglichkeit an ihn verharrt das ganze heilige Volk mit seinen Hirten vereint ständig in der Lehre und Gemeinschaft der Apostel bei Brotbrechen und Gebet (vgl. Apg 2,42 griech.), so daß im Festhalten am überlieferten Glauben, in seiner Verwirklichung und seinem Bekenntnis ein einzigartiger Einklang herrscht zwischen Vorsteher und Gläubigen." (DV 10) – „So führt die Kirche in Lehre, Leben und Kult durch die Zeiten weiter und übermittelt allen Geschlechtern alles, was *sie selber ist* [Hervorhebung E.H.], alles, was sie glaubt." (DV 8). – Die Kirche als ganze ist „Säule und Fundament der Wahrheit" (KKK 2035). – Ihr als ganzer gilt der Auftrag der Verkündigung und Mission. (849ff.)

Aber dies alles eignet der Kirche nur, weil in ihr der erhöhte Christus durch seinen „vicarius", also durch den apostolischen Dienst und dessen Amt der lehrenden, erklärenden Weitergabe der offenbaren Wahrheit, wirksam ist. Die ganze Kirche hat am Verkündigungsauftrag teil, *weil* sie ihn „von den Aposteln hat" (LG 17, KKK 2035). Sie ist als ganze unfehlbar, *weil* sie durch den apostolischen Dienst des Lehramtes vor Irrtum bewahrt wird:

„Das Lehramt muß das Volk vor Verirrungen und Glaubensschwäche schützen und ihm die Möglichkeit gewährleisten, den ursprünglichen Glauben irrtumsfrei zu bekennen. Der pastorale Auftrag des Lehramtes ist es, zu wachen, daß das Gottesvolk in der befreienden Wahrheit bleibt." (890)

So zeigt sich: *Alle* Bedingungen für die angemessene Erfüllung der Aufgabe einer verbindlichen Erklärung des geschriebenen und überlieferten Wortes Gottes, die notwendigen und die entscheidende hinreichende, sind also in der *Kirche* nur erfüllt, *weil* sie zunächst auf Seiten des *apostolischen Dienstes* erfüllt sind: *Er* vermag das Überlieferte in dem Geiste zu lesen bzw. zu hören und auszulegen, in welchem es auch geschrieben bzw. gesagt ist: im Geist der Wahrheit.

Warum? Weil ihm nach römisch-katholischer Lehre das „*Charisma veritatis*" bzw. „*infallibilitatis*" verliehen ist. Unter Berufung auf Lk 22,32 spricht das Erste Vatikanum dieses Charisma Petrus und seinen Nachfolgern zu. Das Zweite Vatikanum lehrt dann, daß das, was Petrus zukommt, allen Aposteln und ihren Nachfolgern zukommt, also auch allen das „charisma veritatis" (DV 8, KKK 94) bzw. „infallibilitatis" (890).

Schon aus dem Text des Ersten Vatikanums geht unmißverständlich hervor (DS 3070f.), was dieses Charisma beinhaltet: nichts anderes als die Unerschütterlichkeit, die Indefektibilität des Glaubens, den Petrus als erster bekannte: des Glaubens an die durch den Geist der Wahrheit offenbare Wahrheit des Lebenszeugnisses Jesu als des Lebenszeugnisses des „Christus", also des Evangeliums Jesu Christi (gen. auctoris und objectivus). Dies Charisma eignet also nicht den *Personen*, die den apostolischen Dienst ausüben, sondern dem *Amt*, das ihnen übertragen ist: das Bekenntnis des Glaubens zu der vom Geist der Wahrheit offenbar gemachten Wahrheit des Evangeliums Christi weiterzugeben. Und zwar eignet dies Charisma diesem Amt vermöge der *Struktur des Dienstes*, den es auszuüben hat. Dieser Dienst ist nichts anderes als Dienst der *lehrenden Weitergabe* des empfangenen Bekenntnisses zur Wahrheit des Evangeliums (des Lebenszeugnisses Jesu als des Lebenszeugnisses des Christus). Die Wahrheit dieses Dienstes gründet also in dem, *was* er weiterzugeben hat und durch ihn weitergegeben wird: in der vom Glauben bekannten Wahrheit und Unfehlbarkeit des Lebenszeugnisses Jesu als des Lebenszeugnisses Christi, des Sohnes Gottes und des inkarnierten Logos des Schöpfers. Was in der Ausübung dieses Dienstes – in der lehrenden Weitergabe des Bekenntnisses zu der durch den Geist der Wahrheit offenbaren Wahrheit des Wortes Gottes – gesagt und entschieden wird, hat ipso facto an der ewigen Wahrheit Jesu, also auch an der Wahrheit von Gottes eigenem fleischgewordenen Wort Teil, die der Glaube bekennt.

b) Nun sind aber mit dieser dem Amt gestellten *Aufgabe* auch schon die *Bedingungen ihrer Lösung* fixiert, also dem Amt vorgegeben. Somit ist also die verbindliche Auslegung des Wortes Gottes durch das lebendige Lehramt der Kirche keineswegs in das Belieben des Lehramtes gestellt. Vielmehr ist es das Wort Gottes – die Einheit von Schrift und Tradition – selbst, das durch sich selbst die Aufgabe seiner verbindlichen Erklärung stellt und eben dadurch auch schon die Bedingungen für die angemessene Lösung dieser Aufgabe vorweg fixiert. Diesen Vorgegebenheiten des Wortes Gottes ist das Lehramt im „*Hören*" auf das überlieferte und zu überliefernde Wort Gottes unterworfen:

> „Das Lehramt ist nicht über dem Wort Gottes, sondern dient ihm, indem es nichts lehrt, als was überliefert ist, weil es das Wort Gottes aus göttlichem Auftrag und mit dem Beistand des Heiligen Geistes voll Ehrfurcht *hört, heilig bewahrt und treu auslegt*, und weil es alles, was es als von Gott geoffenbart zu glauben vorlegt aus diesem einen Schatz des Glaubens schöpft [kursiv: E. H.]." (DV 10).

Damit aber zeigt sich: Das Auslegungsverfahren, das aus diesem Hören auf den göttlichen Auftrag, das empfangene Wort Gottes, in dem die Wahrheit Gottes durch sich selbst offenbar ist, lehrend weiterzugeben, selbst folgt, ist also auf jeden Fall eine *Bewegung zwischen bestimmten* „dicta"/„scripta", der in ihnen ausgedrückten „intentio" und der „res", dem Realen, auf das die „intentio" *zielt*. Dabei sind die „dicta"/„scripta" Werke von Menschen in menschlicher Sprache, die „intentio" ist die Aussageabsicht eben dieser Menschen. Wobei nun aber als Besonderheit gilt: Diese „intentio" aller Sprachgestalten, in denen das Wort Gottes begegnet, ist eine zwar in Freiheit gewählte

und festgehaltene, aber keineswegs eine, die, weil in *Freiheit* gewählt, auch
willkürlich gewählt wäre. Vielmehr ist ihre Wahl begründet in der bewegenden Selbstpräsenz der „res", des realen Geschehens, auf das die Aussageabsicht der Texte gerichtet ist, und das ist: das *Erschlossenwordensein* der Wahrheit des Lebenszeugnisses des Mensch-gewordenen Logos für die Wahrheit
Gottes und das Heil der Menschen durch den die Verfasser selbst ergrei-
fenden und bewegenden *Geist der Wahrheit*. Das aber schließt ein Dreifaches ein:

   ba) Der Auslegungsvorgang wird nicht nur *ausgelöst* durch dieses Geschehen der Selbstvergegenwärtigung der Wahrheit des Evangeliums durch
den Geist, in dem es geschrieben ist, den Geist der Wahrheit, sondern es
wird von ihm auch *in Bewegung* gehalten. Anders gesagt: Die sich selbst
durch den Geist der Wahrheit vergegenwärtigende Wahrheit des Evangeliums ist *Gottes eigenes Tun*, welches *menschliches Tun* – nämlich menschliches
Reden und menschliches Hören – für sich in Dienst nimmt: das menschliche *Reden* der inspirierten Verfasser der Texte, in denen das Wort Gottes in
menschlicher Sprache begegnet, und das menschliche *Hören* der Adressaten
derjenigen menschlichen Texte, welche Ausdruck des Inspiriertseins ihrer
Verfasser durch den Grund und Gegenstand ihres Redens/Schreibens, d.h.
durch die Selbstvergegenwärtigung der Wahrheit des Evangeliums durch
den Geist der Wahrheit, sind. Das schließt eine ursprüngliche und bleibende Differenz ein zwischen dem Handeln Gottes, welches Grund und Gegenstand des menschlichen Redens/Schreibens und Hörens ist, und dem
menschlichen Handeln dieses Redens/Schreibens und Hörens: Das Re-
den/Schreiben der inspirierten Verfasser richtet sich zwar immer auf die
offenbare Wahrheit selbst, hat also damit auch selbst Anteil an der Wahrheit
seines Grundes und Gegenstandes, aber es *erschöpft* diesen seinen Grund
und Gegenstand nie, es holt ihn nie restlos in sich ein. Somit bleibt dieses
menschliche Reden/Schreiben für seine Hörer/Leser auch solange „toter
Buchstabe", wie nicht der Grund und Gegenstand des inspirierten Redens
selbst sich selber vermittelst dieses Redens/Schreibens dessen Hörern/Lesern
vergegenwärtigt. Ich zitiere noch einmal KKK 108:

„Christus, das ewige Wort des lebendigen Gottes, muß durch den Heiligen Geist
unseren Geist ‚für das Verständnis der Schrift' (Fußnotenhinweis auf Lk 24,45:
E.H.) öffnen, damit sie nicht toter Buchstabe bleibt."

Das aber heißt: Auch das sachgemäße Hören ist nicht allein auf das „opus
hominum" des Wortlauts der gehörten/gelesenen Rede/Schrift bezogen,
sondern durch diese hindurch auf die sich selbst durch sie den Hörern/
Lesern frei vergegenwärtigende „res": also auf das göttliche Handeln der
Selbstvergegenwärtigung der Wahrheit Gottes in seinem Mensch-gewordenen Logos durch den Geist der Wahrheit:

„[…] homo credendo *veritati* quam alter ostendit committitur" (FR 32)

Und dies gilt offenbar für *jegliches* Hören/Lesen des Wortes Gottes in menschlicher Sprache: sowohl für das Hören/Lesen, das in Ausübung des in Christi Gebot gründenden Lehramts zu vollziehen ist (bb), als auch für das Hören/Lesen, das konstitutiv ist für den Glauben eines jeden Gliedes des Gottesvolkes (bc)

bb) Weil das sachgemäße Hören des Wortes Gottes durch die inspirierte Rede/Schrift inspirierter Menschen – und nota bene: *nur* durch diese – bezogen ist auf das inspirierende Handeln Gottes selbst, nämlich auf die Selbstvergegenwärtigung seiner Wahrheit in seinem Mensch-gewordenen Logos durch den Geist der Wahrheit, deshalb gibt es kein sachgemäßes Hören/Lesen dieser Rede/Schrift, das nicht der Differenz zwischen der das menschliche Reden/Schreiben inspirierenden „res" (des Realgeschehens der Selbstvergegenwärtigung seiner [Gottes] Wahrheit in seinem Mensch-gewordenen Logos durch den Geist der Wahrheit) und dieses menschlichen Redens/Schreibens inne würde und des Faktums, daß dieses menschliche Reden/Schreiben zwar wahr ist, weil und sofern es an der Wahrheit, die seine „res" ist, Anteil hat, daß es aber seine „res" nie ausschöpft. Somit kann das aus sachgemäßem, authentischem, Hören stammende Weitergeben der dem Hörer/Leser präsent gewordenen Wahrheit niemals im bloßen Zitat der gehörten/gelesenen menschlichen Rede/Schrift bestehen, sondern es muß stets auch den ihm explizit präsent gewordenen *Verhältnis* des Gehörten/Gelesenen zu seiner es inspirierenden Sache (das im Gehörten/Gelesenen stets impliziert ist, aber nicht explizit mit erfaßt sein muß und weithin auch nicht ist) miterfassen. Damit aber erfaßt es auch die bleibende Differenz zwischen der (durchaus sachgemäßen, also wahren) menschlichen Rede/Schrift und ihrem durch sie (unbeschadet ihrer Sachgemäßheit also Wahrheit) nie ausgeschöpften Grund und Gegenstand. Und das – für das sachgemäße (authentische) Hören wesentliche – Innesein dieser Differenz ist das unabweisbare Motiv dafür, daß das in dem sachgemäßen (authentischen) Gehörthaben eingeschlossene Motiv zum *Weitersagen* nur das Motiv zu einem – immer auch Zitate einschließenden! – *Neusagen* sein kann. Das zeigt sich exemplarisch an der Aussageabsicht der Texte des Zweiten Vatikanums:

„Gottes Wort voll Ehrfurcht hörend und voll Zuversicht verkündigend folgt die heilige Synode den Worten des heiligen Johannes: ‚Wir künden euch das ewige Leben, das beim Vater war und uns erschien. Was wir gesehen und gehört haben [„res"-Bezug: E.H.], künden wir euch, damit auch ihr Gemeinschaft habt mit uns und unsere Gemeinschaft Gemeinschaft sei mit dem Vater und mit seinem Sohn Jesus Christus' (1 Jo 1,2–3). Darum [wegen dieses eigenen „res"-Bezugs: E.H.] will die Synode in Nachfolge [„inhaerens vestigiis"; also besser „auf den Spuren"] des Trienter und des Ersten Vatikanischen Konzils die echte Lehre über die göttliche Offenbarung und deren Weitergabe vorlegen, damit die ganze Welt im Hören auf die Botschaft des Heiles glaubt, im Glauben hofft und in der Hoffnung liebt." (DV 1)

Das für das sachgemäße (authentische) Hören wesentliche Differenzbewußtsein ist also auch der Grund dafür, daß es im Laufe des kontinuierlichen Weitersagens, Hörens und aufgrund solchen Hörens wiederum Weitersagens der Wahrheit zu einem *Fortschritt* in der Erfassung und auch im Aussagen der Wahrheit kommt (vgl. die schon oben gegebenen Belege) – und dafür, daß dieser Fortschritt auch programmatisch bejaht und gewollt werden muß. Das Differenzbewußtsein ist der Grund dafür, daß die Aufgabe eines Weitersagens, das durch das sachgemäße (authentische), „res"-bezogene Hören überlieferter Rede/Schrift motiviert ist, in einem „Aggiornamento" bestehen muß, das in genauer Beachtung der Geschichtlichkeit und Nichtabsolutheit jedes „modus enuntiandi" (UR 6,1) mit einer „aucta fidelitas" die Übereinstimmung mit der „rerum veritas" zu größerer „Akkuratheit" bringt (UR 10,1) und die „fides catholica" – die „Gewißheit" (certitudo: DV 6,2; 9), die durch die sich selbst präsentierende Wahrheit des „Wort Gottes" geschaffen ist – „et profundius et rectius" „expliziert" (UR 11,2); und dies eben im Innesein des unterschiedlichen Verhältnisses aller Lehren (also aller Gestalten des Wortes Gottes in menschlichen Worten) zum „fundamentum fidei" (UR 11,3): d.h. zu der durch den Geist der Wahrheit gewirkten Erschlossenheit des Wahrseins des Lebenszeugnisses des Mensch-gewordenen Logos über Gott und das Heil der Menschen für seine Adressaten.

Scharf zu beachten ist: Dieser Impuls, die „rerum veritas" in menschlicher Sprache „et profundius et rectius" auszusagen, spricht dem menschlichen Sprechen/Schreiben der Apostel und ihrer Nachfolger nicht ab, daß auch es schon unter dem Antrieb der „rerum veritas" geschah und daher seine eigene Tiefe und Wahrheit besitzt, sondern anerkennt genau dies. Er anerkennt, daß überhaupt nur vermittelst dieses von der „rerum veritas" inspirierten Redens/Schreibens der Apostel und ihrer Nachfolger sich die darin bezeugte „rerum veritas" vergegenwärtigt hat. Und gleichzeitig schließt der Impuls, diese „rerum veritas" noch tiefer und richtiger auszusagen, ein, daß auch die durch ihn motivierten Versuche menschlichen Redens/Schreibens sich durch die Autorität dieser Wahrheit ermöglicht und verlangt wissen und daher auch für sich selbst die Autorität einer wahren Bezeugung dieser Wahrheit in Anspruch nehmen. Nun ist aber die bezeugte Wahrheit keine andere als die durch den Geist der Wahrheit offenbare Wahrheit des Lebenszeugnisses Jesu als des Lebenszeugnisses „Christi, des lebendigen Gottes Sohns" (Mt 16,16), des inkarnierten Schöpferlogos. Und somit ist auch die Autorität, die für die neue, d.h. für die durch die überlieferten Bezeugungen vermittelte Selbstpräsenz der Wahrheit Christi im Geist der Wahrheit ermöglichte und verlangte, Bezeugung dieser Wahrheit, in Anspruch genommen wird, keine andere als die Autorität Christi selbst. Der von Christus selbst den Aposteln gebotene apostolische Dienst, der aufgrund der Permanenz der Gegenwart des erhöhten Christus von den Aposteln an ihre Nachfolger weitergegeben ist, trägt also sein menschliches Reden/Schreiben als Bezeugung der Wahrheit des Lebenszeugnisses Christi vor und damit unter Inanspruchnahme der Autorität Christi selbst (vgl. DV 10; LG 25). Wegen der „*res*", der ihr Amt dient (das ist die sich durch den Geist der Wahrheit selbst vergegenwärtigende Wahrheit des Lebenszeugnisses Christi), sind die Inhaber und Ausüber dieses Amtes „mit der Autorität Christi versehene Lehrer" (DV 10, LG 25, KKK 888, 2034).

„Die Bischöfe, die in der Gemeinschaft mit dem römischen Bischof lehren, sind von allen als Zeugen der göttlichen und katholischen Wahrheit zu verehren" (LG 25)

Das gilt für *alles* Reden/Schreiben im Zuge der *ordentlichen Wahrnehmung* (892, 2034) des den Apostelnachfolgern von den Aposteln weitergegebenen Amtes, sei es durch die Apostelnachfolger, die Bischöfe, selbst, sei es durch deren Gehilfen, die Priester.

„Mit den Priestern, ihren Mitarbeitern, haben die Bischöfe als ,erste Aufgabe, […] allen die frohe Botschaft Gottes zu verkündigen' (PO 4), wie der Herr befohlen hat. Sie sind ,Herolde des Glaubens, die neue Jünger zu Christus führen [,] und authentische, das heißt mit der Autorität Christi versehene Lehrer'." (888) – „Der göttliche Beistand wird den Nachfolgern der Apostel, die in Gemeinschaft mit dem Nachfolger des Petrus lehren" schon „dann geschenkt, wenn sie […] bei der Ausübung des ordentlichen Lehramtes eine Lehre vorlegen, die zu einem besseren Verständnis der Offenbarung in Fragen des Glaubens und der Sitten führt." (892)

Das gilt, wie neuerdings das apostolische Schreiben Evangelii Gaudium von Papst Franziskus detailliert und eindrücklich hervorhebt (EG 135–159), bis hinunter zur Sonntagspredigt.

Das „*Charisma der Unfehlbarkeit*" eignet den Manifestationen der *außerordentlichen* Wahrnehmung des Lehramtes, die dazu dienen, die Gemeinschaft vor Irrtum zu schützen und in der „befreienden Wahrheit" zu erhalten:

„Das Lehramt muß das Volk vor Verirrungen und Glaubensschwäche schützen und ihm die objektive Möglichkeit gewährleisten, den ursprünglichen Glauben irrtumsfrei zu bekennen. Der pastorale Auftrag des Lehramtes ist es, zu wachen, daß das Gottesvolk in der befreienden Wahrheit bleibt. Zur Erfüllung dieses Dienstes hat Christus den Hirten das Charisma der Unfehlbarkeit in Fragen des Glaubens und der Sitten verliehen." (890)

Manifestationen dieser außerordentlichen Wahrnehmung des Lehramtes sind: Ex-Kathedra-Definitionen des Bischofs von Rom sowie Ausübungen des obersten Lehramts durch die Körperschaft der Bischöfe in Ge-

meinschaft mit dem Bischof von Rom, besonders in einem Ökumenischen Konzil:

„Die Einzelbischöfe besitzen zwar nicht den Vorzug der Unfehlbarkeit; wenn sie
aber, in der Welt räumlich getrennt, jedoch in Wahrung des Gemeinschaftsbandes
untereinander und mit dem Nachfolger Petri, authentisch in Glaubens- und Sittensachen lehren und eine bestimmte Lehre übereinstimmend als endgültig verpflichtend vortragen, so verkündigen sie auf unfehlbare Weise die Lehre Christi. Dies ist
noch offenkundiger der Fall, wenn sie auf einem ökumenischen Konzil vereint für
die ganze Kirche Lehrer und Richter des Glaubens und der Sitten sind. […] Dieser
Unfehlbarkeit erfreut sich der Bischof von Rom, das Haupt des Bischofskollegiums, kraft seines Amtes, wenn er als oberster Hirt und Lehrer aller Christgläubigen,
der seine Brüder im Glauben stärkt (vgl. Lk 22,32), eine Glaubens- und Sittenlehre
in einem endgültigen Akt verkündet [Fußnotenhinweis auf Vat I: DS 3074: E.H.].
Daher heißen seine Definitionen mit Recht aus sich und nicht erst aufgrund der
Zustimmung der Kirche unanfechtbar [besser: irreformabel: „irreformabiles"], da
sie ja unter dem Beistand des Heiligen Geistes vorgebracht sind, der ihm im heiligen Petrus verheißen wurde. Sie bedürfen daher keiner Bestätigung durch andere und dulden keine Berufung auf ein anderes Urteil. In diesem Fall trägt nämlich
der römische Bischof seine Entscheidung nicht als Privatperson vor, sondern legt
die katholische Glaubenslehre aus und schützt sie in seiner Eigenschaft als oberster
Lehrer der Gesamtkirche, in dem als einzelnem [verstehe: „Lehrer" bzw. „Amtsträger", nicht: „Menschen": E.H.] das Charisma der Unfehlbarkeit der Kirche selbst
gegeben ist [„inest": E.H.]." (LG 25, in Aufnahme und Interpretation von Vat I
[DS 3071–3074]; vgl. auch KKK 891)

Aus dem Gesamtzusammenhang der römisch-katholischen Lehre ergibt
sich klar die Sache, die mit dieser Rede von „Unfehlbarkeit" gemeint ist:
„Unfehlbarkeit" ist eine Eigenschaft, die unter bestimmten Umständen
den Manifestationen (also bestimmten „dicta"/„scripta") der Wahrnehmung des lehrenden Verkündigungsamtes zukommt, das Christus selbst
den Aposteln geboten hat und das diese ihren Nachfolgern weitergegeben haben. Dieses Amt ist ausschließlich das Amt des Weiterbezeugens der
durch den Geist der Wahrheit offenbaren Wahrheit der Lebensbotschaft
(des Lebenszeugnisses) Christi – eines Weiterbezeugens, dessen bewegender Grund und Gegenstand die von Christi eigenem Geist, dem Geist der
Wahrheit, gewirkte Selbstpräsenz dieser Wahrheit ist, das sich aber unbeschadet dessen in menschlichem Sprechen vollzieht. Es sind ausschließlich Ausübungen und Hervorbringungen dieses *Amtes*, denen unter bestimmten Umständen „Unfehlbarkeit" eignet. Zu ihm gehört nicht die
Verkündung neuer Lehren (die folglich ausdrücklich ausgeschlossen sind:
DS 3070). Nun vollzieht sich jedoch das Amt des Bezeugens dieser Sache –
der Wahrheit des Evangeliums, die durch den Geist der Wahrheit selbst
erschlossen und gegenwärtig ist –, indem sie von den dadurch bewegten
Menschen in menschlicher Sprache vorgetragen wird. Sprachliche Formulierungen in Rede/Schrift sind es, in denen sich die Ausübung des aposto-

lischen Lehramtes manifestiert. Somit sind *sie* es – also die vom Bischofs-kollegium in corpore gemeinsam mit dem Papst, in Sonderheit auf einem Konzil als definitiv vorgelegten *Formulierungen* („dicta"/„scripta"), oder die in einer ex-Kathedra-Entscheidung des Papstes vorgelegte Formulierung („dictum"/„scriptum") – denen „Unfehlbarkeit" eignet. Unfehlbarkeit ist eine Eigenschaft dieser *Formulierungen* („dicta"/„scripta"), die sich darin äußert, daß sie endgültig, „irreformabel" sind.

Aber nota bene: Die Irreformabilität dieser Formulierungen entzieht ihnen nicht den Charakter, der *allen* menschlichen Bezeugungen der durch den Geist der Wahrheit offenbaren Wahrheit des Evangeliums eignet: *menschliche* Bezeugung in menschlicher Sprache des Offenbarungs-handelns Gottes selbst zu sein. Jede derartige Bezeugung *muß* zwar die Au-torität dieses ihres Grundes und Gegenstandes auch für sich in Anspruch nehmen. Aber gleichzeitig *kann* sie diesen ihren Grund und Gegenstand *nicht erschöpfen*, ihn *nicht in sich einholen*, also auch *nicht an die Stelle* dieses ihres Grundes und Gegenstandes treten. Vielmehr verbleibt sie auf ewig in der Position des Mittels, durch das sich die Wahrheit des Evangeliums durch den Geist Christi, den „Geist der Wahrheit", *selbst* den Adressaten des Evangeliums präsent macht.[19]

Und das schließt ein: Die Irreformabilität dieser Formulierungen ändert nichts daran, daß auch diese Formulierungen in einem *Verhältnis* zu der in ihnen bezeugten „res" stehen, nichts daran, daß auch sie nur angemessen gehört werden können, wenn sie in diesem *Verhältnis* zu ihrer „res" ge-hört werden, und auch nichts an ihrem bleibenden *Unterschiedensein* von ihrer „res", damit auch nichts daran, daß auch sie *bleibend angewiesen sind auf Interpretation*, und schließlich nichts daran, daß gegebenenfalls auch sie durch eine „*tiefere und richtigere*" Bezeugung ihrer „rerum veritas" über-troffen werden (nota bene: unbeschadet derjenigen Wahrheit, welche auch den zu vertiefenden Darstellungen der „res" schon eignet). Anders gesagt: Die dank der Unfehlbarkeit des unter bestimmten Umständen ausgeüb-ten apostolischen Dienstes, die Wahrheit des Evangeliums auszusagen, be-stimmten Aussagen („dicta"/„scripta") des Amtes eignende Irreformabilität bringt den Fortschritt in der Glaubenseinsicht, der durch den Grund und Gegenstand des Glaubens – durch die Wahrheit des Evangeliums, die sich durch den Geist der Wahrheit selbst vergegenwärtigt – selber vorangetrie-ben wird, nicht zum Stillstand bis ans Ende der Tage. – Soviel zur Unfehl-barkeit des apostolischen Lehramtes

---

[19] Hierzu vgl. abermals den o. Anm. 3 genannten Band mit den Beiträgen zur ersten Runde unserer Arbeit.

bc) Unfehlbarkeit ist aber auch der Kirche als ganzer verliehen:

„Um die Kirche in der Reinheit des von den Aposteln überlieferten Glaubens zu erhalten, wollte Christus, der ja die Wahrheit ist, seine Kirche an seiner eigenen Unfehlbarkeit teilhaben lassen." (889; vgl. auch LG 25)

Wie verhält diese Unfehlbarkeit der *ganzen Kirche* sich zur Unfehlbarkeit des *apostolischen Lehramtes*? Erstere ist auf die letztere angewiesen; es gibt sie nur in der Gemeinschaft der Gläubigen mit den Inhabern des apostolischen Dienstamtes. Die Unfehlbarkeit des apostolischen Dienstamtes begründet die Unfehlbarkeit der Kirche im ganzen: Die eigene Unfehlbarkeit Christi ist seiner Gemeinschaft zu eigen, in ihr gegenwärtig und wirksam, nur vermittelst des „vicarius Christi", des apostolischen Lehramts (vgl. DV 10; KKK 890).

Unfehlbarkeit eignet aber der Kirche auch, weil der Glaube selbst unfehlbar ist: Er ist der Akt, durch den „der Mensch seinen Verstand und seinen Willen völlig Gott" unterordnet (143). Das geschieht dadurch, daß der Mensch „sich dem gehörten Wort in Freiheit unterwirft, weil dessen Wahrheit von Gott, der Wahrheit selbst, verbürgt ist" (144). Vor Irrtum geschützt ist somit der Glaube kraft seines Grundes. Dieser Grund und Gegenstand des Glaubens ist die Wahrheit Gottes, die sich – vermittelst des Evangeliums und seines Wahrheitsanspruchs – durch den Geist der Wahrheit selbst dem Innersten des Menschen vergegenwärtigt. Die Selbstvergegenwärtigung der Wahrheit des Schöpfers durch die Inkarnation seines Logos im Schöpfergeist, die den Glauben als einen „nicht blinden" Anerkennungsakt ermöglicht und verlangt (und in diesem Sinne: begründet), die allein ist es auch, die ihn als sein Gegenstand vor Irrtum schützt.

Ist auch diese wesentliche Unfehlbarkeit des Glaubens selbst durch die Unfehlbarkeit des Lehramts begründet? In gewisser Hinsicht: Ja, in anderer Hinsicht: Nein.

– Ja, sofern es den Glauben nicht anders gibt als im Gegenüber zum lehramtlichen Bezeugtwerden der Wahrheit der Lebensbotschaft Christi, dessen Grund und Gegenstand das Offenbarsein dieser Wahrheit selber ist.

– Nein, sofern nicht einfach dieses Bezeugtwerden der Wahrheit der Lebensbotschaft Christi in menschlicher Sprache Grund und Gegenstand des Glaubens ist, sondern eben die bezeugte Wahrheit selbst, die sich *selbst* – indem sie selbst ihr Bezeugtwerden als Mittel benutzt – dem Adressaten ihres Bezeugtwerdens präsentiert.

Nur weil – wenn und soweit – das so ist, begegnet dem Glauben im menschlichen Wort des Lehramtes nicht nur Menschenwort, sondern Gottes eigenes Reden. Die Unfehlbarkeit des apostolischen Lehramtes ist nur die notwendige, keineswegs aber auch die in sich selbst hinreichende Bedingung für dieses Präsentsein der Wahrheit selbst für den Glauben. Denn erst vermöge dieses Präsentseins der Wahrheit selbst für den Glauben hört dieser im Menschenwort des apostolischen Dienstamtes Gottes Wort:

„Die Gesamtheit der Gläubigen, welche die Salbung von dem Heiligen haben (vgl. 1 Jo 2,20 u. 27), kann im Glauben nicht irren. Und diese ihre besondere Eigenschaft macht sie durch den übernatürlichen Glaubenssinn des ganzen Volkes Gottes dann kund, wenn sie ‚von den Bischöfen bis zu den letzten gläubigen Laien‘[20] ihre allgemeine Übereinstimmung in Sachen des Glaubens und der Sitten äußert. Durch jenen Glaubenssinn nämlich, der vom Geist der Wahrheit geweckt und genährt wird, hält das Gottesvolk unter der Leitung des heiligen Lehramtes, in dessen treuer Gefolgschaft es nicht mehr das Wort von Menschen, sondern wirklich das Wort Gottes empfängt (vgl. 1 Thes 2,13), den einmal den Heiligen übergegeben Glauben (vgl. Jud 3) unverlierbar fest.“ (LG 12)

Diejenige Unfehlbarkeit des Lehramtes, welche diesem kraft der Definitivität (Irreformalilität) bestimmter Formulierungen der Wahrheit des Evangeliums zu eigen ist, kommt also nur als *notwendige*, jedoch keineswegs als *hinreichende* Bedingung dafür in Betracht, daß der allgemeine Glaube von seinem Grund und Gegenstand ergriffen wird: vom Bewegtwerden durch den Geist der Wahrheit, der die bezeugte Wahrheit dem Herzen der Glaubenden selbst erschließt und präsent macht.

Vom sachgemäßen (authentischen) Hören des Wortes Gottes auf Seiten jedes Christen gilt also dasselbe wie vom sachgemäßen Hören des Wortes Gottes auf Seiten der Inhaber des apostolischen Lehramtes: Sachgemäß (authentisch) ist das Hören des Wortes Gottes auf Seiten aller Christen nur, wenn durch die „dicta“ hindurch die intendierte Sache, die intendierte „res“, selbst sich selber vergegenwärtigt. Tatsächlich ist es genau dieses Geschehen, welches Glauben schafft: Das Zweite Vatikanum bekennt nämlich – unbeschadet seiner Überzeugung, „daß die einzige wahre Religion“ in der „katholischen, apostolischen Kirche“ verwirklicht ist und daß (aus seiner Sicht) „alle Menschen“ „verpflichtet“ sind, „die Wahrheit, besonderes in dem, was Gott und seine Kirche angeht, zu suchen und die erkannte Wahrheit aufzunehmen und zu bewahren“ –,

„daß diese Pflichten die Menschen in ihrem Gewissen berühren und binden“; im Gewissen aber „erhebt die Wahrheit nicht anders Anspruch als kraft der Wahrheit selbst, die sanft und zugleich stark den Geist durchringt.“ (DH 1,3)[21]

Das gilt auch für den christlichen Glauben. Dieser gibt sich nicht den „*dicta*“ des kirchlichen Lehramts als solchen hin (143, 144), sondern der in ih-

---

[20] Beachte: Hier werden die Bischöfe nur in ihrer Eigenschaft als Glieder des Neuen Gottesvolkes angesprochen.

[21] Dazu wiederum schon Bd. I (o. Anm. 3) unserer Gruppe. – Neuerdings auch E. HERMS, Gewissensbildung durch den Geist der Wahrheit. Die römisch-katholische Lehre von der Wahrheitsbindung des Gewissens: fundamentalanthropologische Basis und Pointe, pastorale Konsequenzen und offene Fragen, in: Materialdienst des Konfessionskundlichen Instituts Bensheim 2 (2016) 23–31.

nen bezeugten *Wahrheit*, die ihm der Geist der Wahrheit erschließt, indem
er sich dieser „dicta" als seiner Mittel bedient.

Kann nach römisch-katholischer Lehre etwas anderes als diese Selbstvergegenwärtigung der in der kirchlichen Verkündigung bezeugten Wahrheit des Evangeliums Grund und Gegenstand des Glaubens sein? Können
etwa „Wunder" an Stelle dieses Wahrheitsgeschehens bewegender Grund
des Glaubens und sein Gegenstand sein? Für ein Ja als Antwort auf diese
Frage scheint KKK 156 zu sprechen.

Wir glauben nicht aufgrund eines Urteils unserer natürlichen Vernunft, sondern:
„Wir glauben ‚wegen der Autorität des offenbarenden Gottes selbst, der weder sich
täuschen noch täuschen kann' (1. Vatikanisches K., Dogm. Konst. ‚Dei Filius', K. 3:
DS 3009). ‚Damit nichtsdestoweniger der Gehorsam unseres Glaubens mit der Vernunft übereinstimmend sei, wollte Gott, daß mit den inneren Hilfen des Heiligen
Geistes äußere Beweise seiner Offenbarung verbunden werden' (ebd.: DS 3009).
So sind die Wunder Christi und der Heiligen, die Weissagungen, die Ausbreitung
und die Heiligkeit der Kirche, ihre Fruchtbarkeit und ihr Fortbestehen ‚ganz sichere und dem Erkenntnisvermögen aller angepaßte Zeichen der göttlichen Offenbarung' (ebd.: DS 3009), Beweggründe der Glaubwürdigkeit, die zeigen, daß
‚die Zustimmung zum Glauben keineswegs eine blinde Regung des Herzens ist'
(ebd.: 3010)."

Genaue Lektüre zeigt aber: Die äußeren Beweggründe treten diesem Text
zufolge keineswegs an die Stelle des Wirkens des Geistes der Wahrheit am
Herzen jedes Gläubigen, sondern sie werden zu notwendigen Implikaten
dieses Grundes und Gegenstands nur kraft des Wirkens des Geistes Christi, also des Geistes der Wahrheit, der die Selbstvergegenwärtigung der in
Jesus Christus offenbaren Wahrheit Gottes, des Schöpfers, für den Glauben
als dessen Grund und Gegenstand schafft.

Freilich bleibt es dabei, daß der Geist der Wahrheit die Wahrheit des
Evangeliums dessen Adressaten nur als diejenige Wahrheit erschließt, die
in den „dicta" des Wortes Gottes (der Heiligen Schrift und der Tradition)
bezeugt ist; also auch nur vermittelst dieser „dicta". Somit kann die Selbstvergegenwärtigung der Wahrheit des Evangeliums vermittelst der „dicta",
in denen sie bezeugt wird, auch nicht anders wirken als so, daß sie den
Glauben zur Anerkennung der „dicta" als sachgemäßer, authentischer Bezeugungen der Wahrheit des Evangeliums bewegt, also zur Anerkennung
dieses Status aller Vorlagen des apostolischen Lehramts, die als Bezeugung
der offenbaren Wahrheit Gottes in Christus durch den Geist der Wahrheit
auch ihrerseits nicht anders können, als für sich selbst die Autorität dieser
Wahrheit, und d.h. die Autorität Christi, in Anspruch zu nehmen. Das wird
ausdrücklich festgehalten:

„Die Gläubigen [...] müssen mit einem im Namen Christi vorgetragenen Spruch
ihres Bischofs in Glaubens- und Sittensachen übereinkommen und ihm mit religi-

ös begründetem Gehorsam anhangen. Dieser religiöse Gehorsam des Willens und Verstandes ist in besonderer Weise dem authentischen Lehramt des Bischofs von Rom, auch wenn er nicht kraft höchster Lehrautorität spricht, zu leisten; nämlich so, daß sein oberstes Lehramt ehrfürchtig anerkannt und den von ihm vorgetragenen Urteilen aufrichtige Anhänglichkeit gezollt wird, entsprechend der von ihm kundgetanen Auffassung und Absicht." (LG 25; vgl. auch KKK 891, 892)

Die Autorität der in den „dicta" des Lehramtes bezeugten und daher auch für sie selbst in Anspruch genommenen Wahrheit ist es, die sich dem Innersten der Adressaten des Lehramts vergegenwärtigt und, die Gewißheit des Glaubens (157) schaffend, sich und ihrem Bezeugtwordensein Anerkennung verschafft. Prominente Aussagen, denen zufolge die Autorität der Kirche Glaubensgrund ist (Augustin) können in Übereinstimmung mit der römisch-katholischen Lehre nicht eine andere Autorität meinen als diejenige der von ihrem Lehramt bezeugten *Wahrheit*, die sich selbst dem Innersten ihrer Adressaten Gewißheit schaffend vergegenwärtigt und Anerkennung verschafft. Das heißt keineswegs, daß die Vorlagen des Lehramts ihre Autorität „ex consensu fidelium" hätten, sondern gerade umgekehrt, daß sie von der Autorität der Wahrheit leben, die sie bezeugen, also von der Autorität der Wahrheit, die – sich selbst dem Herzen ihrer Adressaten erschließend und vergegenwärtigend – den „consensus" der Gläubigen allererst *schafft* und dazu führt, daß die Autorität, die das Lehramt kraft der Wahrheit seiner lehrenden Verkündigung *hat*, auch ihren Adressaten *offenbar* und von diesen *anerkannt* wird.[22]

c) Damit zeigt sich: der eine „göttliche Quell", dessen Selbigkeit Schrift und Tradition zusammenfließen läßt (DV 9), ist die den Aposteln verheißene Permanenz der Gegenwart des erhöhten Christus, die durch sich selbst gleichursprünglich dreierlei bewirkt:

– das Evidentsein der Wahrheit des vom inkarnierten, Mensch gewordenen, Logos gelebten Evangeliums,

– die Unabweisbarkeit des Zeugenstatus der Apostel und

– das Möglich- und Gebotensein der Übertragbarkeit dieses Status an Nachfolger.

So wenig Schrift und Tradition gegeneinander selbständig sind, sowenig ist dies Ganze des Wortes Gottes selbständig gegenüber seinem Gehört und Weitergegebenwerden im von Christus selbst begründeten Amt der Apostel, das diese ihren Nachfolgern weitergegeben haben: dem apostolischen Lehramt als Amt des lehrenden Weitergebens der durch den Geist der Wahrheit offenbaren Wahrheit des Lebenszeugnisses des Mensch gewordenen Logos. Diesen Zusammenhang spricht DV aus:

---

[22] Diese Unterscheidungen sind schon manifest und ablesbar am vorösterlichen Beispiel Jesu Christi selbst.

„Es zeigt sich also, daß die heilige Überlieferung, die Heilige Schrift und das Lehramt der Kirche gemäß dem weisen Ratschluß Gottes so miteinander verknüpft und
einander zugesellt sind, daß keines ohne die anderen besteht und daß alle zusammen, jedes auf seine Art, durch das Tun des einen Heiligen Geistes wirksam dem
Heil der Seelen dienen." (DV 10)

Die göttliche Quelle dieses Zusammenhangs ist niemand anderes als der
erhöhte Christus selbst, der den Dienst der Apostel als Zeugen der Wahrheit seines Evangeliums begründet hat und dessen permanente Anwesenheit die Weitergabe dieses Dienstes ermöglicht und verlangt. Er, der erhöhte Herr selber ist es daher auch, der in den Apostelnachfolgern und ihrem
Dienst selbst anwesend ist und wirkt:

„In den Bischöfen, denen die Priester zur Seite stehen, ist also inmitten der Gläubigen der Herr Jesus Christus, der Hohepriester, anwesend. Zur Rechten des Vaters sitzend, ist er nicht fern von der Versammlung seiner Bischöfe, sondern vorzüglich durch ihren erhabenen Dienst verkündet er allen Völkern Gottes Wort und
spendet den Glaubenden immerfort die Sakramente des Glaubens. Durch ihr väter-
liches Amt (vgl. 1 Kor 4,15) fügt er seinem Leib kraft der Wiedergeburt von oben
neue Glieder ein. Durch ihre Weisheit und Umsicht endlich lenkt und ordnet er
das Volk des Neuen Bundes auf seiner Pilgerschaft zur ewigen Seligkeit." (LG 21)

d) Bleibt nur die Frage: Kann es einen *defectus* im *Vollzug* des apostolischen
Lehramts geben? Und kann er erkannt werden?

Der KKK antwortet darauf mit einem grundsätzlichen Ja (das sich auf
die Ausübung aller drei Ämter bezieht, also auch auf die Ausübung des
Lehramtes):

Die Amtsträger sind als solche nicht „gegen alle menschlichen Schwächen gefeit
[...]: gegen Herrschsucht, Irrtümer, ja gegen Sünde. Die Kraft des heiligen Geistes
bürgt nicht für alle Taten der Amtsträger in gleichem Maße. Während bei den Sakramenten die Gewähr gegeben ist, daß selbst die Sündhaftigkeit des Spenders die
Frucht der Gnade nicht verhindern kann, gibt es viele andere Handlungen [hier
muß man verstehen: im Amt und von Amts wegen: E. H.], bei denen das menschliche Gepräge des Amtsträgers Spuren hinterläßt, die nicht immer Zeichen der Treue
zum Evangelium sind und infolgedessen der apostolischen Fruchtbarkeit der Kirche schaden können." (KKK 1550)

Auch durch die Praxis der Kirche werden solche Mängelmöglichkeiten –
insbesondere in der Wahrnehmung des Lehramtes – anerkannt, etwa durch
die Unterhaltung einschlägiger Institutionen (Glaubenskongregation u. ä.),
deren Arbeit voraussetzt, *daß* es in der Kirche, und zwar auch in Ausübung
des Amtes, also bei Empfängern des Weihesakramentes, die somit auch die
Inhaber des apostolischen Lehramtes sind, also bei Priestern und Bischöfen, zu einer lehrenden Verkündigung kommen kann, die mehr oder weniger häretisch ist, also die weiterzubezeugende Wahrheit des Evangeliums
in irgendeinem Aspekt oder Maß verfehlt, und darauf zielt, solche Abweichungen zu erkennen, zu brandmarken und unwirksam zu machen.

Angesichts dessen kann man fragen: Verlangt diese Praxis nicht danach, auch in einer *Lehre von der Fehlbarkeit* der Ausübung des wirksam übertragenen apostolischen Dienstes erfaßt zu werden? Würde nicht erst eine solche Lehre die Lehre von der Unfehlbarkeit des apostolischen Lehramts zu ihrer sachlich vollständigen und konkreten Gestalt verhelfen? Und müßte eine solche Lehre nicht umfassen:

– erstens eine Lehre über die Bedingungen der Möglichkeit dafür, daß die ordnungsgemäße Übertragung des apostolischen Dienstes zwar dazu *befähigt*, im Namen Christi, in der Person Christi und mit der Autorität Christi die Wahrheit des Evangeliums lehrend weiterzubezeugen, daß sie aber die fehlerfreie Ausübung dieses Amtes nicht *garantiert*;

– zweitens eine Lehre darüber, wieweit sich die Möglichkeit solcher Fehler erstreckt (betrifft sie nur Priester, oder auch Bischöfe? Auch den römischen Bischof – oder sind in diesem letztgenannten Amt Fehler überhaupt unmöglich [das ist jedenfalls in den vom Zweiten Vatikanum wiederholten Feststellungen über die Unfehlbarkeit des Bischofs von Rom nicht schon sachlogisch enthalten]?);

– drittens eine Lehre darüber, ob diese Möglichkeit des Fehlermachens nur Lehrurteile betrifft oder auch die Praxis der Verkündigung; und

– schließlich, wer die Kompetenz besitzt, solche Fehler zu bemerken, festzustellen und wirksam zu korrigieren, und auch, wodurch und weshalb er diese Kompetenz besitzt?

Dies alles bleibt offen. Grund: Es genügt die explizite Feststellung, daß Defizite möglich sind. Alles nähere wird deren tatsächlichem Auftreten überlassen und ihrer tatsächlichen anlaßbedingten Korrektur.

4.2.2. *Das apostolische Heiligungsamt.* – Nun zur Lehre über das apostolische Heiligungsamt, also über die Teilhabe der Apostel am hohepriesterlichen Amt Christi. – Die dieses Thema betreffenden Aussagen des Zweiten Vatikanums (LG 19, 20, 21, 24, 26; dazu CD und PO 2, 5) und des KKK (893, 1545, 1548–1551) sind von Johannes-Paul II. in den einschlägigen Aussagen seiner Enzyklika „Ecclesia de Eucharistia" systematisch zusammengefaßt und präzisiert worden.

a) Die Anteilgabe am priesterlichen Amt Christi erfolgt durch „Einbezogenwerden" in es. – Die Konzilstexte und der KKK stellen fest, *daß* den Empfängern des Weihesakraments das Heiligungsamt als Anteilhabe am Priestertum Christi anvertraut ist. Es wird auch angedeutet, *wie* diese Anteilhabe begründet und vermittelt ist. Nämlich ebenso wie die das apostolische Lehramt begründende Anteilhabe am prophetischen Amt Christi: nämlich durch eine von Christus selbst vorgenommene „Einbeziehung" der Apostel in sein Amt, hier in das priesterliche:

„Die Eucharistie, die Jesus in dieser Stunde einsetzt, wird zum ‚Gedächtnis' seines Opfers. Er nimmt die Apostel in seine eigene Hingabe hinein und fordert sie auf, diese weiterzuführen. Damit setzt er seine Apostel zu Priestern des Neuen Bundes ein." (KKK 611)

Also so wie der Mt 28,16–20 berichtete Vorgang als Bericht darüber fungiert, daß und wie Christus das Lehramt der Apostel durch Anteilgabe an seinem prophetischen Amt begründet, so wird also der synoptische Bericht über das letzte Mahl Jesu als Bericht über die Begründung des Heiligungsamtes der Apostel und ihrer Nachfolger durch Anteilgabe an seinem priesterlichen Dienst in Anspruch genommen – auf der Linie des Tridentinums (vgl. DS 1739–1741; 1764).

b) Mit den Aposteln wird die *ganze* Kirche in das priesterliche Amt Christi hineingezogen. – Das bringt besonders deutlich die Enzyklika EdE zum Ausdruck. Und zwar dadurch, daß sie denjenigen Zug der synoptischen Berichte über das Letzte Mahl hervorhebt, der diesen von der Tradition in 1 Kor 11, 23 ff. unterscheidet: die ausdrückliche Erinnerung daran, daß dieses Mahl mit den Zwölfen/Aposteln gefeiert wurde:

„Die Evangelisten beschreiben genau, daß es die Zwölf, die Apostel, gewesen sind, die mit Jesus zum Letzten Abendmahls zusammenkamen (vgl. Mt 26,20; Mk 14,17; Lk 22,14). Dieses ist ein Detail von bemerkenswerter Bedeutung, denn die Apostel ‚bildeten die Keime des neuen Israel und zugleich den Ursprung der heiligen Hierarchie'. Indem er ihnen seinen Leib und sein Blut zur Speise reichte, bezog Christus sie auf geheimnisvolle Weise in das Opfer ein, das wenige Stunden später auf Kalvaria vollbracht werden sollte [Suum eis corpus sanguinemque in cibum offerens, Christus arcano quodam modo inducebat eos in sacrificium, quod paucis inde horis erat in Calvario peracturum]. In Analogie zum Bundesschluß des Sinai, der durch das Opfer und die Besprengung mit Blut besiegelt wurde, legen die Handlungen und Worte Jesu beim Letzten Abendmahl das Fundament für die neue messianische Gemeinschaft, das Volk des neuen Bundes." (EdE 21,2)

EdE nimmt also diesen Zug der synoptischen Berichte zum Anlaß, mit AG 5 die Zwölf/Apostel in ihrer Doppelfunktion als beides zugleich: „Keim des neuen Gottesvolkes" *und* „Ursprung der Hierarchie" anzusprechen. Damit ist gesagt, daß das Einbezogenwerden in den Opfervollzug des Hohepriesters Christus *beiden* Größen widerfährt. Es widerfährt den Aposteln als dem Ursprung der Hierarchie nur, indem es zugleich dem neuen Gottesvolk als ganzem widerfährt. Ausdrücklich wird das festgehalten, wenn es heißt:

„Indem Christus der Kirche sein Opfer geschenkt hat, wollte er sich auch das geistliche Opfer der Kirche zu eigen machen, die berufen ist, mit dem Opfer Christi auch sich selbst darzubringen. Das lehrt uns das Zweite Vatikanische Konzil mit Bezug auf alle Gläubigen: ‚In der Teilnahme am eucharistischen Opfer, der Quelle und dem Höhepunkt des ganzen christlichen Lebens, bringen *sie* das göttliche Opferlamm Gott dar und sich selbst mit ihm' [kursiv: E.H.]." (EdE 13,2)

Dieser Aspekt – die in der Einbeziehung der Zwölf als „Ursprung der Hierarchie" *und* „Keim des neuen Israel" begründete Einbeziehung der Gesamtkirche in das Opferhandeln Christi – kommt im KKK nicht zum Ausdruck. Vielmehr spricht der Katechismus nur davon, daß „die Apostel und ihre Nachfolger das Gedächtnis Christi, seines Lebens und seines Todes, seiner Auferstehung und seines Eintretens für uns beim Vater liturgisch begehen" (1341), und davon, daß durch das „Amtspriestertum" das „einzige Priestertum Christi" „gegenwärtig gemacht" wird (1545), also davon, daß das Amtspriestertum „eine besondere Weise" des Teilnehmens „am Priestertum Christi" ist, und gibt nur an einer Stelle einen Hinweis darauf, *wie* diese Teilhabe der Apostel am Priestertum Christi begründet ist, nämlich ebenfalls dadurch, daß die Apostel „*hineingenommen*" werden in die Hingabe Christi (611) – ein Widerfahrnis, das wieder nur den Aposteln zugesprochen wird, ohne daß sie in ihrer Doppelstellung als Ursprung der Hierarchie *und* Keim des neuen Gottesvolkes thematisiert werden.

Letzteres ist jedoch wesentlich für die Titelthese der Enzyklika, daß nämlich die *Kirche*, also *das neue Gottesvolk als ganzes, kraft* einsetzungsgemäßer Feier der Eucharistie universales Sakrament des Heils ist. Diese These wird von der Enzyklika in genau nachvollziehbarer Durchsichtigkeit vorgetragen:

Das innergeschichtliche Wirken des Mensch-gewordenen Logos durch den Heiligen Geist vollendet sich und faßt sich zusammen im Mysterium des dreitägigen Paschageschehens vom Gründonnerstagabend bis zum Ostermorgen. Es bewirkt die „Erlösung der Welt" (EdE 4):

Das „Vergießen" des „Blutes" Christi „auf Golgatha" ist das „Werkzeug unserer Erlösung" geworden: „,Christus […] ist gekommen als Hohepriester der künftigen Güter; […] er ist ein für allemal in das Heiligtum hineingegangen, nicht mit dem Blut von Böcken und jungen Stieren, sondern mit seinem eigenen Blut, und so hat er eine ewige Erlösung bewirkt' (Hebr 9,11–12)." (EdE 3) – „Der Sohn Gottes ist Mensch geworden, um dem, der alles aus Nichts geschaffen hat, alles Geschaffene in einem höchsten Akt des Lobes zurückzuerstatten. Und so erstattet er, der ewige Hohepriester, indem er mittels des Blutes seines Kreuzes in das ewige Heiligtum eintritt, dem Schöpfer und Vater die ganze erlöste Schöpfung zurück." (EdE 8).

Dieses Geschehen, in welchem sich die Sendung des Sohnes vollendet und zusammenfaßt, begründet zugleich auch die Gemeinschaft, die das Instrument für die Permanenz des innergeschichtlichen Wirkens des Mensch-gewordenen Logos durch den Heiligen Geist ist, die Kirche:

„Die Kirche ging […] vor allem aus der Ganzhingabe Christi für unser Heil hervor […] ,Der Anfang und das Wachstum [der Kirche] werden zeichenhaft angedeutet durch Blut und Wasser, die aus der geöffneten Seite des gekreuzigten Christus heraustreten' (LG 3). ,Denn aus der Seite des am Kreuz entschlafenen Christus ist das wunderbare Sakrament der ganzen Kirche hervorgegangen' (SC 5). Wie Eva aus der Seite des schlafenden Adam geformt wurde, so ist die Kirche aus dem durch-

bohrten Herzen des am Kreuz gestorbenen Christus geboren [Fußnotenhinweis
auf: Ambrosius, Luc. II , 85–89: E.H.]." (KKK 766) – „Aus dem Paschamysterium geht die Kirche hervor." (EdE 3) – „Ihr (sc. der Kirche) Fundament und ihre
Quelle ist das gesamte Triduum paschale." (EdE 5,2)

Der hier beschriebene konstitutive Zusammenhang zwischen Vollendung
und Zusammenfassung des Werkes Christi und Gründung der Kirche ergibt sich aus zwei Sachverhalten.

Erster Sachverhalt: In der Feier des Mahles am Abend vor „der Nacht, da
er verraten wurde," hat der Mensch gewordene Logos das Paschageschen-
hen vorweggenommen und zusammengefaßt:

„Dieses [sc. Triduum paschale: E.H.] ist in der eucharistischen Gabe gleichsam gesammelt, vorweggenommen und für immer ‚konzentriert'". (EdE 5,2)

Zweiter Sachverhalt: Die eucharistische Gabe, in der das einmalige Opfer Christi vorweggenommen und „konzentriert" ist, übereignet Christus
der Kirche zur immerwährenden gedenkenden Vergegenwärtigung seines
Kreuzesopfers:

„In dieser Gabe übereignete Christus der Kirche die immerwährende Vergegenwärtigung des Paschamysteriums." (EdE 5,2)

Indem nun die Kirche, dieser Einsetzung Christi gehorsam, das „Gedenken
des Todes und der Auferstehung ihres Herrn" (EdE 11,2) feiert und damit
das einmalige Paschageschen in ihrer Feier der Eucharistie kontinuierlich gegenwärtig setzt, ist sie – durch und kraft dieser Feier des Sakraments
der Eucharistie – selbst universales Sakrament des Heils:

„Durch die Vereinigung mit Christus [sc.: die in der Kommunion vollzogen wird:
E.H.] wird das Volk des Neuen Bundes […] zum ‚Sakrament' für die Menschheit,
zum Zeichen und Werkzeug des von Christus gewirkten Heils, zum Licht der Welt
und zum Salz der Erde (vgl. Mt 5,13–16) für die Erlösung aller [Fußnotenhinweis
auf LG 1: E.H.]." (EdE 22,2). Und auch die „notwendige geistliche Kraft, um ihre
Sendung zu erfüllen", gewinnt die Kirche „aus der immerwährenden Vergegenwärtigung des Kreuzesopfers in der Eucharistie und aus der Gemeinschaft mit dem
Leib und dem Blut Christi." (EdE 22,2).

Möglich ist diese immerwährende Vergegenwärtigung des einmaligen Gol-
gathageschehens wiederum[23] nur deshalb, weil dieses selbst als ein Handeln
der Trinität nicht auf die Vergangenheit beschränkt ist, sondern bleibend
das gesamte Weltgeschehen betrifft und diesem gegenwärtig ist:

Das Erlösungswerk (das Paschamysterium) „beschränkt sich nicht auf die Vergangenheit, denn ‚alles, was Christus ist, und alles, was er für alle Menschen getan und
gelitten hat, nimmt an der Ewigkeit Gottes teil, steht somit über allen Zeiten und
wird ihnen gegenwärtig'" (EdE 11,2; Zitat aus KKK 1085).

---

[23] Vgl. oben S. 24 ff.

Und *geboten* ist die ständige gedenkende Gegenwärtigsetzung des in den eucharistischen Gaben konzentrierten Selbstopfers Christi durch die Kirche deshalb, weil Christus sie durch die Feier am Gründonnerstagabend in sein Opfer, das in der Feier vorweggenommen und dann gleich danach real vollbracht wurde, „einbezogen" hat – eben insofern, als die Einbeziehung der Zwölf diesen nicht nur als Ursprung der *Hierarchie*, sondern auch als Keim des *neuen Israel* galt.

Spürbar genauer hebt die Enzyklika hervor, daß Christus durch sein Handeln am Gründonnerstag mit den Zwölfen das *ganze* neue Israel in sein priesterliches Opferhandeln einbezieht. Das ist grundlegend für die Titelthese der Enzyklika: „*Ecclesia* de Eucharistia" in ihrer Doppelpointe: erstens, daß das Letzte Abendmahl als Einsetzung der Eucharistie in die Gründungsgeschichte der Kirche hineingehört (EdE 21), und zweitens, daß die Kirche „vom Erlösungsopfer" „unaufhörlich" „lebt" (EdE 1, 6[24], 12), aus dem sie sich immerfort „nährt" (EdE 7), durch das sie wächst (EdE 34), in dem sie sich ausdrückt (EdE 34; 3: die das Mahl feiernde Kirche ist die ursprüngliche Manifestation der Kirche [Apg. 2.42]), ja, daß die Kirche in der Feier der Eucharistie immer tiefer zu ihrem Seinsgrund vorstoße, „,in Christus gleichsam das Sakrament, das heißt Zeichen und Werkzeug für die innigste Vereinigung mit Gott wie für die Einheit der ganzen Menschheit' zu sein" (EdE 24).

c) Jedoch: Einbezogen in das Opferhandeln Christi wurde am Gründonnerstag die *Gesamtkirche* in ihrer *Apostolizität*. – Die Spitze der These, daß in Christi Einsetzung der Eucharistie am Gründonnerstag ein wesentlicher Schritt zur Schaffung des *neuen Gottesvolkes als ganzen* geschah und daß diese Einsetzung das *ganze* neue Gottesvolk in das ewige Selbstopfer Christi einbezieht, wird erst in Kapitel III der Enzyklika sichtbar, welches „Die Apostolizität der Eucharistie und der Kirche" behandelt.

Hier wird die konstitutive Bedeutung der Eucharistie für die Existenz der Kirche und für ihren Charakter als universales Heilssakrament zum Anlaß genommen, alle Wesenseigenschaft der Kirche auch zu Wesenseigenschaften der Eucharistiefeier zu erklären:

„Wenn, wie ich oben erwähnt habe, die Eucharistie die Kirche auferbaut, und die Kirche die Eucharistie vollzieht, so folgt daraus, daß die Verbindung zwischen der einen und der anderen sehr eng ist. Diese Wahrheit erlaubt es uns, all das, was wir über die Kirche aussagen, wenn wir sie im nizäno-konstantinopolitanischen Glaubensbekenntnis als ‚die eine, heilige, katholische und apostolische' bekennen, auf das eucharistische Geheimnis anzuwenden. Eine und katholisch ist auch die Eucharistie. Sie ist ebenfalls heilig, ja sie ist sogar das Allerheiligste Sakrament. Aber vor allem auf ihre Apostolizität wollen wir nun unsere Aufmerksamkeit richten." (EdE 26)

---

[24] Hier heißt es genauer: „Die Kirche lebt vom eucharistischen Christus."

Mit dem KKK macht die Enzyklika drei Wesenszüge der Apostolizität der Kirche geltend.

Erstens: Wie die Kirche als Ganze auf dem Fundament der Apostel steht, so auch die Eucharistie.

„Die Apostel dienen auch als Fundament der Eucharistie, nicht weil das Sakrament nicht auf Christus selbst zurückginge, sondern, weil es von Jesus den Aposteln anvertraut worden ist und von ihnen und ihren Nachfolgern bis zu uns weitergegeben worden ist.[25]" (EdE 27)

Wie schon für das Lehramt gilt auch hier: Weil die Beauftragung der Apostel durch den Mensch gewordenen Logos schon *vor* dem Ganzgewordensein seines Menschenlebens eben Beauftragung durch den Mensch-gewordenen *Logos* ist, ist sie Handeln Gottes und insofern bleibend; mit der Auferstehung wird dieses Gotteshandeln allen Zeiten gegenwärtig; was einschließt, daß der Auftrag, den die Apostel selbst direkt von Christus empfangen haben, ihr Einbezogensein in das Opferhandeln Christi, von ihnen an Nachfolger weitergegeben werden kann, ja: *muß*. Somit hat nicht nur das Einbezogensein der Apostel in das Wirken (hier: das Opferhandeln) Christi diesen, Christus, selbst zum Urheber, sondern auch die Weitergabe dieser Einrichtung Christi durch die Apostel selbst an Nachfolger (und durch die von Aposteln berufenen Nachfolger wiederum an deren Nachfolger) ist „ex divina institutione" (LG 20,2, KKK 862), also im Gebot Christi selbst begründet, von ihm selbst geboten.

Zweitens: Die Kirche bewahrt das „Glaubensvermächtnis der Apostel sowie die gesunden Grundsätze der Apostel und gibt sie weiter." Das gilt auch für die Eucharistie: Sie wird im unverfälschten Glauben der Apostel gefeiert.

„Auch in diesem zweiten Sinne ist die Eucharistie apostolisch, weil sie gemäß dem Glauben der Apostel gefeiert wird. Das kirchliche Lehramt hat zu verschiedenen Anlässen in der zweitausendjährigen Geschichte des Volkes des neuen Bundes die eucharistische Lehre präzisiert; auch all das, was die genaue Terminologie betrifft, um eben den apostolischen Glauben an dieses erhabene Geheimnis zu schützen. Dieser Glaube bleibt unverändert, und es ist lebensnotwendig für die Kirche, daß dieser fortbesteht." (EdE 27,2)

Drittens: Die Weitergabe des von Christus selbst bewirkten Einbezogenseins der Apostel in sein Opferhandeln, also die Weitergabe ihres dadurch konstituierten Heiligungsamtes an die Nachfolger der Apostel, muß so erfolgen, daß sie zu jeder späteren Zeit mit Sicherheit auf die Apostel selbst zurückgeht. Das heißt: Sie muß durch das *Weihesakrament* erfolgen. Allein

---

[25] Ein deutliches Beispiel dafür, daß „Tradition" im römisch-katholischen Sinne das Weitergeben von Institutionen („Einrichtungen") einschließt (so DV 7).

dieses sichert die apostolische Sukzession, die – wie gezeigt – ebenfalls ex „divina institutione" (LG 20,2, KKK 862) ist:

„Das Zurückgehen auf die Apostel in der pastoralen Sendung schließt notwendigerweise das Weihesakrament, d. h. die ununterbrochene, auf die Anfänge zurückgehende, Reihe gültiger Bischofsweihen ein. Diese Sukzession ist wesentlich, weil auf ihr die Kirche im eigentlichen und vollen Sinne gründet." (EdE 28)

Auch hier wird man hinzufügen müssen: Der letzte Satz meint nicht, daß die Kirche nicht auf *Christus* gründet, sondern nur, daß ihre Gründung durch Christus, für die die Einsetzung der Eucharistie wesentlich ist, zugleich mit der Einsetzung des priesterlichen Heiligungsamtes der Apostel durch Christus kraft des göttlichen, also bleibenden Charakters der Einsetzung dieses Amtes, als einer Einrichtung „eis aei" („für immer") auch dessen Weitergabe an ihre Nachfolger vom Erhöhten durch seine bleibende Gegenwart bei den Seinen ermöglicht und verlangt – und zwar eine Weitergabe, die sicherstellt, daß in ihr das von Christus-selbst-den-Aposteln-übergebene Amt weitergegeben wird, weil diese *Weitergabe selber* durch die bleibende Gegenwart des Erhöhten ermöglicht und verlangt ist: Es geschah und geschieht „ex divina institutione", daß Bischöfe an die Stelle der Apostel getreten sind und treten.

Diese allgemeinen Aussagen zum apostolischen Charakter der Eucharistie spitzt der Papst in der direkt anschließenden Nr. 29 seiner Enzyklika in bemerkenswerter Weise zu: In Aufnahme und Unterstreichung eines Hinweises, den er schon 1980 gegeben hatte, wehrt der Papst einer Auffassung der konziliaren Rede vom Handeln des Priesters in der Eucharistie „im Namen" und „in persona Christi", der zufolge der Priester in der Feier der Eucharistie Christus „vertritt". Dem widerspricht der Papst: Christus kann durch niemanden „vertreten" werden. Vielmehr besagen diese Wendungen, daß der Priester in *Identität*, allerdings – nota bene: „*sakramentaler* Identität" – mit Christus handelt.

„Wie ich bereits bei anderer Gelegenheit zu klären Anlaß hatte, ‚bedeutet *in persona Christi* mehr als nur ‚im Namen' oder ‚in Stellvertretung' Jesu Christi. In persona heißt: in der spezifischen sakramentalen Identifizierung mit dem ewigen Hohepriester, der Urheber und hauptsächliches Subjekt dieses seines eigenen Opfers ist, bei dem er in Wahrheit von niemandem ersetzt werden kann' [Fußnotenhinweis auf Dominicae Cenae vom 24.2.1980, AAS 72 (1980) 128 f.: E. H.] [...] Das Weihepriestertum ist unersetzlich, um gültig die eucharistische Konsekration an das Kreuzesopfer und an das Letzte Abendmahl zu binden." (EdE 29)

Damit ist die Realpräsenz Christi in den Gaben des Mahles, Brot und Wein, gebunden an die Anwesenheit Christi im Zelebranten des Mahles, die ihrerseits an das Übertragensein des Amtspriestertums an den Zelebranten durch das *Weihesakrament* gebunden ist, welches sicherstellt, daß das Handeln des Zelebranten in der von Christus selbst eingesetzten apostolischen

Sukzession steht. M. a. W. Christus ist nicht da, wo nicht die konsekrierenden Worte von einem geweihten Amtspriester, in welchem Christus anwesend ist, – unter dem Schweigen der Gemeinde – gesprochen werden.[26]

Zugespitzt kann man also sagen: Nachdem die Enzyklika den synoptischen Berichten über das letzte Mahl zunächst entnommen hatte, daß
Christus die Zwölf als „*Keim des neuen Israel*" in sein priesterliches Opferhandeln einbezogen hatte, entnimmt sie ihnen nun andererseits, daß
Christus die Zwölf zugleich als „*Ursprung der Hierarchie*" in sein priesterliches Opferhandeln einbezieht – und zwar so, daß nur dasjenige Feiern
der Eucharistie durch die Gesamtkirche einbezogen ist in den bleibenden
Charakter des einmaligen Opfers auf Golgatha und in dessen bleibende
Selbstvergegenwärtigung durch das Feiern der Kirche, welches unter Leitung eines Inhabers des apostolischen Heiligungsamtes steht, dem dieses
durch das Weihesakrament, das die apostolische Sukzession wahrt, übertragen worden ist.

Das heißt erstens: Keine Eucharistie, weil keine gültig mit Golgatha und
dem Letzten Mahl verbundene Konsekration, ohne einen kraft Empfang
des Weihesakraments in apostolischer Sukzession stehenden Inhaber des
Heiligungsamtes.

„Die Gemeinde, die zur Feier der Eucharistie zusammenkommt, benötigt unbedingt einen geweihten Priester, der ihr vorsteht, um wirklich eucharistische Versammlung sein zu können." (EdE 29)

Zweitens: Keine Weihe eines Priesters auf andere Weise als durch einen
Bischof.

„Auf der anderen Seite ist die Gemeinde nicht in der Lage, sich selbst den geweihten Amtsträger zu geben. Dieser ist eine Gabe, die sie durch die auf die Apostel zurückgehende Sukzession der Bischöfe erhält." (EdE 29,2)

Das hat Rückwirkungen auf das Verhältnis zwischen Eucharistie und Gemeinde:

„Das Amt der Priester, die das Weihesakrament empfangen haben, macht in der von
Christus gewählten Heilsordnung deutlich, daß die von ihnen zelebrierte Eucharistie eine Gabe ist, die auf radikale Weise die Vollmacht der Gemeinde übersteigt.
Das Weihepriestertum ist unersetzlich, um gültig eucharistische Konsekration an
das Kreuzesopfer und an das Letzte Abendmahl zu binden." (EdE 29,1)

---

[26] Man beachte aber: Aus dieser Position zieht der Papst nicht den Schluß, daß es der
geweihte Priester ist, der durch die Konsekration Brot und Wein zu Leib und Blut Christi macht, sondern daß es der Auferstandene kraft dieses seines Status als der Erhöhte ist,
der sich selbst zum Brot des Lebens macht: „Insofern er der lebende und Auferstandene ist, kann Christus sich in der Eucharistie zum ‚Brot des Lebens' (Joh 6,35.48), zum
‚lebendigen Brot' (Joh 6,51) machen" (EdE 14) – Christus selbst, der im Priester sakramental anwesend und wirksam ist.

Damit ist scharf ausgesagt, daß das Heiligungsamt *in* der Gemeinschaft dennoch in einem klaren *Gegenüber* zu allen anderen Gliedern der Gemeinschaft steht. Ganz so, wie das Handeln Christi beim Letzten Abendmahl in der Mahlgemeinschaft allen anderen Gliedern *gegenüber* steht und diese Gemeinschaft mit dem Mahl und dessen Gaben, die Christi Selbsthingabe vorwegnehmen, beschenkt – beschenkt mit einer Gabe, die diese Gemeinschaft sich nur schenken lassen und nicht selbst nehmen konnte.

Dieses Gegenüber wird in der römisch-katholischen Lehre so konsequent ausgesagt, daß zwar keine Gemeinschaft wahre eucharistische Gemeinschaft sein kann ohne eine Konsekration, die kraft ihres Vollzogenseins durch einen geweihten Amtspriester „gültig [...] an das Kreuzesopfer und das Letzte Abendmahl" gebunden ist, daß aber sehr wohl eine „gültig [...] an das Kreuzesopfer und das Letzte Abendmahl" gebundene Konsekration durch einen geweihten Amtspriester möglich ist, wenn auch keine Gemeinde mitfeiert, ja daß solche Konsekrationen durchaus empfohlen werden (EE 31).

Damit wird freilich auch sichtbar, daß unbeschadet der Analogie zwischen dem Verhältnis *Christi* zur Gemeinschaft (Christus ist als *Grund* der Gemeinschaft *in* der Gemeinschaft allen ihren Gliedern *gegenüber* gegenwärtig und wirksam) und dem Verhältnis der *Inhaber des apostolischen Amtes* (hier des Heiligungsamtes) zur Gemeinschaft (durch die Ausübung ihres Amtes ist der Grund der Gemeinschaft in der Gemeinschaft und allen ihren Gliedern gegenüber da und wirksam) dennoch ein radikaler Unterschied nicht verschwindet: *Christus selbst* ist als schaffender Grund in der Gemeinschaft und allen ihren Gliedern gegenüber da und wirksam, *sein* Wirken *durch* die Ausübung des apostolischen Amtes in der Gemeinde und allen ihren Gliedern gegenüber *erhält* die Gemeinschaft, die er zuvor *ohne* Benutzung der Ausübung des apostolischen Amtes *geschaffen* hat. Die Wirksamkeit Christi *durch* die Ausübung des apostolischen Amtes setzt dasjenige Wirken Christi voraus, welches die Gemeinschaft allererst *geschaffen* hat, und zwar samt dem apostolischen Amt, und welches als solches – eben die Gemeinschaft samt dem apostolischen Amt *schaffendes* – auch nicht *vermittelst* des apostolischen Amtes geschah. Das Wirken des apostolischen Amtes im Namen, in der Person und mit der Autorität Christi setzt voraus, daß die Gemeinschaft durch Christus selbst schon *ohne Mitwirken* des apostolischen Amtes *geschaffen* ist – die Gemeinschaft, in der und gegenüber deren Mitgliedern Christus durch dieses Amt permanent wirken will.

d) Somit fragt sich, ob schon die ganze Botschaft der synoptischen Berichte über das Letzte Abendmahl erfaßt ist, wenn zwar zunächst gesehen wird, daß die Apostel in diesem Geschehen als „Keim des neuen Gottesvolkes *und* Ursprung der Hierarchie" zu stehen kommen, dann aber nur ihre Position, Ursprung der Hierarchie zu sein, als Bedingung ihrer Position als Keim des neuen Gottesvolkes bedacht wird, nicht hingegen auch erwogen wird, ob und in welchem Sinne nicht auch umgekehrt ihre Position als Keim des neuen Gottesvolkes Bedingung ihrer Position als Ursprung der Hierarchie ist.

Zwar ist EdE zu solchen Überlegungen nicht vorgestoßen – aber ich sehe nicht, daß sie durch die römisch-katholische Lehre ausgeschlossen wären und daß ihre Ergebnisse der römisch-katholischen Lehre widersprechen müßten. Ja, solche Überlegungen sind sogar sachlich unvermeidbar, wenn in Wahrheit mit der Gleichursprünglichkeit der beiden nicht sachidentischen Positionen der Zwölf im Letzten Mahl (als Keim des ganzen Gottesvolkes *und* – davon unterschieden – als Ursprung der Hierarchie) Ernst gemacht wird.

Offene Fragen hinterläßt ferner ein Problem, das in EdE ausdrücklich behandelt wird: Das ist die Lage von Gemeinden, die wegen des Fehlens eines geweihten Priesters, der sie führt, sich nicht als eucharistische Gemeinschaft konstituieren können (EdE 32 f.). Zunächst ist es vor dem Hintergrund der Grundthese der Enzyklika, daß Christus seine Gemeinschaft gerade als Gemeinschaft der eucharistischen Feier – nota bene: unter Leitung des für sie zuständigen geweihten Amtspriesters – geschaffen hat, haben will und erhält, paradox, daß es überhaupt eine christliche Gemeinschaft gibt, die sich nicht als eucharistische Gemeinschaft manifestieren kann und manifestiert, also auch keinen geweihten Amtspriester hat, der sie führt. In sachlogischer Konsequenz kann das vor dem Hintergrund der Grundthese der Enzyklika nur besagen, daß es sich dabei um Gemeinschaften handelt, die keinen geweihten Amtspriester *mehr* haben, der es ihnen erlaubt, sich als eucharistische Gemeinschaft zu konstituieren, ursprünglich aber sehr wohl einen hatten, der ihnen dies ermöglichte. Dann fragt sich, was der Grund für diesen – sekundären – Defekt ist. Jedenfalls wäre der Defekt sofort behoben, wenn der Bischof ihnen einen solchen Amtsträger geben würde. Dann ist also die Frage, warum eben das nicht geschieht. Was können die legitimen und zwingenden Sachgründe dafür sein, daß der zuständige Bischof eine Pfarre nicht mit einem geweihten Träger des apostolischen Dienstamtes versorgt? Obwohl diese Frage angesichts der heute offen diskutierten praktischen Probleme auf der Hand liegt, wird sie – soweit ich sehe – weder aufgeworfen noch beantwortet.

Eine weitere Frage betrifft schließlich die Vollmacht und das Gebot zur *sakramentalen Weitergabe* des apostolischen Dienstes: Die Lehre, daß nicht nur der Dienst der Apostel (hier ihr Einbezogensein in das priesterliche Opferhandeln Christi), sondern auch dessen *Weitergabe* an ihre Nachfolger, und zwar ihre sakramentale Weitergabe,[27] letztlich „ex institutione di-

---

[27] Dazu u. Ziffer 6 (S. 89 ff.).

vina", also durch Christus, nämlich den Erhöhten, selbst ermöglicht und verlangt sind, läßt sich aus der Sachlogik des von Christus eingesetzten, und zwar auf Dauer bis ans Ende der Zeit eingesetzten, apsotolischen Dienstes (Mt 28,16–20/synoptische Berichte über das Letzte Abendmahl) erkennen und nachvollziehen. Das gilt aber nicht mehr für die *Beschränkung der Weitergabemöglichkeit und -befugnis* auf Bischöfe unter Ausklammerung anderer Empfänger des die apostolische Sukzession sichernden Weihesakraments, etwa der Priester (die ja, im Unterschied zu den Diakonen, durch das Weihesakrament an *allen drei* apostolischen Diensten, die Christus durch Einbeziehung der Apostel in seine eigene Tätigkeit als Prophet, Priester und König schafft, Teil gewinnen). Die Beschränkung wird zwar ausdrücklich gelehrt. Aber ein Grund in der Natur der Sache ist so leicht nicht zu finden. Man kommt auf den Gedanken, daß diese Beschränkung durch die Tradition gestützt ist. Nach römisch-katholischer Lehre ist es für die Tradition jedoch wesentlich, daß in ihr Fortschritte in der Erkenntnis der Wahrheit möglich sind. Man könnte also fragen: Warum nicht auch hier?

Möglich ist freilich auch, daß Gründe für die Beschränkung in der dritten Manifestation des Heilswirkens Christi, seinem Amt als König, liegen und in der Weise, in der er die Apostel auch in dieses Amt „einbezieht" (KKK 859), dadurch daran Anteil gibt und somit das *Leitungsamt* der Apostel begründet, und zwar so, daß auch dieser apostolische Dienst von den Aposteln an ihre Nachfolger weitergegeben werden muß.

4.2.3. *Das apostolische Leitungsamt.* – Die generelle Aussage, daß Jesus „die Apostel in die vom Vater erhaltene Sendung" „einbezieht" (859), ihnen damit Anteil an seinem dreifachen Wirken als Prophet, Priester und König gibt und ihnen dadurch das „Amt" („munus") „überträgt", „in seinem Namen und in seiner Vollmacht („potestas") zu lehren, zu heiligen und zu leiten (besser wäre „regieren": „regere")" (873), schließt sachlogisch ein, daß ebenso wie der apostolische Dienst in der Gestalt des Lehramtes und des Heiligungsamtes auch der apostolische Dienst in der Gestalt des Leitungsamtes (Regieramtes) zurückgeht auf ein entsprechendes Einbezogenwerden der Apostel in das Wirken Christi durch Christus selbst. Den Bericht über diese – die Apostel in sein eigenes Wirken einbeziehende – Einsetzung des apostolischen Leitungsamtes findet der KKK einerseits in dem Bericht über die vom inkarnierten Logos schon vor dem Ganzgewordensein seines Menschenlebens erfolgte Berufung und Sendung der Zwölf (Mk 3,13–19; Lk 9,2) und speziell in der dem Petrus gegebenen Schlüsselgewalt (Mt 16,19) sowie andererseits in dem johanneischen Bericht über die schließliche Bestätigung dieser Entscheidung durch den Auferstandenen (Joh 21,15–17):

„Gleich am Anfang seines öffentlichen Lebens wählt Jesus Männer, zwölf an der Zahl; diese sollen bei ihm sein und an seiner Sendung teilnehmen [Fußnotenhinweis auf Mk 3, 13–19: E.H.]. Er läßt sie an seiner Autorität teilhaben und sendet sie aus ‚mit dem Auftrag, das Reich Gottes zu verkünden und zu heilen' (Lk 9,2)." (KKK 551) – „Jesus hat Petrus eine besondere Autorität anvertraut: „‚Ich wer- de dir die Schlüssel des Himmelreichs geben; was du auf Erden binden wirst, das wird auch im Himmel gebunden sein, und was du auf Erden lösen wirst, das wird auch im Himmel gelöst sein' (Mt 16,19). Die ‚Schlüsselgewalt' [„potestas clavium": E.H.] bedeutet die Vollmacht [„auctoritas": E.H.], das Haus Gottes, die Kirche, zu leiten [„gubernare": E.H.]. Jesus, ‚der gute Hirt' (Joh 10,11), hat diesen Auftrag nach seiner Auferstehung bestätigt: ‚Weide meine Schafe!' (Joh 21, 15–17)." (553)

Zwar ist diese Übergabe der Schlüssel in ausdrücklicher Weise nur gegen- über Petrus erfolgt (553), aber nach Lehre des zweiten Vatikanums über- trägt sich die Vollmacht des Petrus, als des Hauptes des Apostelkollegiums, auf das ganze Kollegium:

„Es steht aber fest, daß jenes Amt des Bindens und Lösens, das Petrus gegeben wur- de, auch dem mit seinem Haupt verbundenen Apostelkollegium zugeteilt worden ist." (LG 12; zitiert KKK 881)

Den Inhalt dieser „auctoritas gubernandi" beschreibt der Katechismus wie folgt:

„Die Gewalt („potestas": E.H.) zu ‚binden' und zu ‚lösen', besagt die Vollmacht [„auctoritas": E.H.], in der Kirche von Sünden loszusprechen, Lehrurteile zu fäl- len und disziplinarische Entscheidungen zu treffen." (553)

Der erste Punkt wird im Zusammenhang der Lehre über das Sakrament der Versöhnung entfaltet (981),[28] der zweite in den Aussagen über das Lehramt, der dritte in den Aussagen über das „Leitungsamt":

„Die Bischöfe leiten [„regunt": E.H.] Teilkirchen, die ihnen anvertraut worden sind, als Stellvertreter [„vicarii": E.H.] und Gesandte [„legati": E.H.] Christi durch Rat [„consiliis": E.H.], Zuspruch [„suasionibus": E.H.] und Beispiel [„exemplis": E.H.], aber auch mit Autorität [„auctoritate": E.H.] und heiliger Vollmacht [„sa- cra potestate": E.H.]". (LG 27; zitiert KKK 894)

LG expliziert die „potestas", von der im ersten Satz von LG 27 die Rede ist, als die „potestas" zur *Gesetzgebung* (diese Explikation wird im KKK über- gangen [weil für die Katechese unerheblich?]):

„Kraft dieser Gewalt haben die Bischöfe das heilige Recht und vor dem Herrn die Pflicht, Gesetze für ihre Untergebenen zu erlassen, Urteile zu fällen und alles, was zur Ordnung des Gottesdienstes und des Apostolats (verstehe: der ganzen Kirche [E.H.]) gehört, zu regeln [Vi huius potestatis Episcopi sacrum ius et coram Domi- no officium habent in suos subditos leges ferendi, iudicium faciendi, atque omnia, quae ad cultus apostolatusque ordinem pertinent, moderandi]." (LG 27).

---

[28] Dazu wäre unsere Behandlung des Bußsakramentes zu beachten (vgl. aber das Vor- wort dieses Bandes o. S. VII Anm. 4).

a) Wie bezüglich des Lehr- und des Heiligungsamtes wird auch bezüglich des Leitungsamtes (Regieramtes) festgehalten, daß es einerseits das eigene Amt jedes Bischofs ist, andererseits jedoch nur kollegial in Gemeinschaft mit dem Nachfolger Petri ausgeübt werden kann (dem das Leitungsamt nach neutestamentlichem Bericht ja auch allein in voller Ausdrücklichkeit zugesprochen wurde), nicht gegen dessen Entscheidungen und Urteile und nur in der von diesem festgesetzten Ordnung und Umgrenztheit:

„Diese Vollmacht, die sie [sc. die Bischöfe: E.H.] im Namen Christi persönlich ausüben, ist die eigene, ordentliche und unmittelbare, auch wenn ihr Vollzug letztlich, von der höchsten Autorität der Kirche geregelt wird (LG 27 [die Passage lautet dort lateinisch und vollständig: ‚Haec potestas, qua nomine Christi personaliter funguntur, est propria, ordinaria et immediata, licet a suprema Ecclesiae auctoritate exercitium eiusdem ultimatim regatur et certis limitibus, intuitu utilitatis Ecclesiae vel fidelium, circumscribi possit.‘]). Man darf jedoch die Bischöfe nicht als Vikare des Papstes ansehen, dessen ordentliche, unmittelbare Autorität über die ganze Kirche deren eigene Autorität nicht zunichte macht, sondern im Gegenteil bestärkt und schützt. Allerdings ist ihre Autorität in Gemeinschaft mit der ganzen Kirche unter der Leitung des Papstes auszuüben." (895)

Praktisch heißt das, daß die Gesetzgebung, die der Bischof von Rom vornimmt, der Rahmen ist, ausschließlich *innerhalb* dessen die Bischöfe ihr „sacrum ius leges ferendi" ausüben können.

b) Das letzte Resultat dieser Gesetzgebung des Bischofs von Rom für die Gesamtkirche liegt vor in dem Codex iuris Canonici, den Johannes Paul II. am 25. Januar 1983 promulgiert hat. Das Selbstverständnis dieser Gesetzgebung spricht sich aus in der Promulgationskonstitution „Sacrae disciplinae leges" vom gleichen Tag. Folgende Punkte sind m.E. entscheidend:

ba) Die Promulgation des Codex ist einerseits „primatialer Natur" („induere *naturam primatialem*"), spiegelt aber gleichzeitig die „kollegiale Sorge" aller Bischöfe um die Kirche wider, ja muß – „aufgrund einer gewissen Ähnlichkeit mit dem Konzil" – „als Frucht kollegialer Zusammenarbeit angesehen [sic! E.H.] werden" (lat.-dt. Ausgabe im Auftrag der Dt. Bischofskonferenz 1983, XVII).

bb) Um zu erfassen, *was* […] der Codex des kanonischen Rechts ist", muß man sich „auf jenes alte Rechtserbe" besinnen, „das in den Büchern des Alten und Neuen Testamentes enthalten ist, aus dem die gesamte rechtliche und gesetzgeberische Überlieferung der Kirche wie aus erster Quelle ihren Ursprung nimmt" (ebd. XVII). Als das „vorrangige gesetzgebende Dokument der Kirche" („primarium documentum legiferum Ecclesiae") „stützt" er „sich" „auf das rechtliche und gesetzgeberische Erbe der Offenbarung und der Tradition" und ist er als das „unerläßliche Instrument anzusehen, durch dessen Hilfe die erforderliche Ordnung sowohl im per-

sönlichen und gesellschaftlichen Leben als auch in der Tätigkeit der Kirche selbst gewahrt wird". Er muß somit ein Dreifaches enthalten: außer
– erstens „den grundlegenden Elementen der hierarchischen und organischen Struktur der Kirche, die von ihrem göttlichen Stifter festgesetzt wurden bzw. auf apostolischer oder sonstwie ältester Überlieferung beruhen", und außer
– zweitens den wichtigsten Normen, die sich auf die Ausübung des der Kirche anvertrauten dreifachen Dienstes beziehen", auch
– drittens „einige Regeln und Verhaltensnormen festlegen [quasdam etiam regulas atque agendi normas definiat oportet]". (ebd. XIX)

bc) Welche Bedeutung haben diese Regeln für das Heilsziel des christlichen Lebens? Die Promulgationskonstitution erklärt:

„Christus, der Herr, hat das überaus reiche Erbe des Gesetzes und der Propheten, das aus Geschichte und Erfahrung des Volkes Gottes im Alten Testament allmählich gewachsen war, keineswegs aufgehoben, sondern erfüllt (vgl. Mt 5,17), so daß es in neuer und vertiefter Weise zum Erbe des Neuen Testamentes gehört. Obwohl also der heilige Paulus bei der Auslegung des Ostergeheimnisses lehrt, daß die Rechtfertigung nicht aus den Werken des Gesetzes, sondern aus dem Glauben erfolgt (vgl. 3,28; vgl. Gal 2,18), schließt er dennoch weder die Verpflichtungskraft des Dekalogs aus (Röm 13,8–19; vgl. Gal 5,13–25; 6,2), noch leugnet er die Bedeutung der Disziplin in der Kirche Gottes (vgl. 1 Kor, Kap 5 und 6). So lassen uns die Schriften des Neuen Testamentes viel besser eben diese Bedeutung der Disziplin begreifen, und wir können um so besser die Bande erkennen, die jene aufs innigste mit dem Heilscharakter der Lehre des Evangeliums verknüpfen." (ebd. XVII)

bd) Auf dieser Linie wird zu der Frage, wie sich im Leben der Gläubigen zueinander verhalten einerseits die Gesetze der kirchlichen Obrigkeit und andererseits die Gnade, die Charismen und die Liebe, geantwortet:

Es ist „klar genug" [satis apparet], daß es keineswegs der „Zweck des Codex" sein kann, im Leben der Kirche oder Gläubigen die Gnade, die Charismen und vor allem die Liebe zu ersetzen. Im Gegenteil, der Codex zielt vielmehr darauf ab, der kirchlichen Gesellschaft [in „ecclesiali societate"] eine Ordnung zu geben, die der Liebe, der Gnade und den Charismen Vorrang einräumt und gleichzeitig deren geordneten Fortschritt im Leben der kirchlichen Gesellschaft wie auch der einzelnen Menschen, die ihr angehören, erleichtert". (ebd. XIX)

c) Ursprung des Leitungsamtes ist dessen Einsetzung durch Christus selbst. Christus selber hat das apostolische Leitungsamt einbezogen in seine Ausübung, also in das eigene Regiment (Hirtenamt) Christi *in* der von ihm geschaffenen Gemeinschaft und *über* sie. Auch das Leitungsamt wird somit ausgeübt in und mit der *Autorität Christi* und somit verpflichten seine Maßnahmen (soweit gesetzgeberischer Natur) auch alle Gläubigen (und zwar [zufolge CIC can, 11] in der katholischen Kirche getaufte, hinreichend vernünftige Personen ab dem 7. Lebensjahr) zu *religiös* motivierter Befolgung (zur Befolgung aus Glauben):

„Die Gläubigen [...] müssen dem Bischof anhängen wie die Kirche Jesus Christus und wie Jesus Christus dem Vater." (LG 27; zitiert KKK 896)

Auch für das Leitungsamt dürfte gelten, daß seine Übertragung zwar die notwendige Bedingung für seine sachgemäße (d.h. dem Wirken Christi als des guten Hirten seiner Herde gemäße) Ausübung ist, jedoch diese nicht garantiert.

d) Somit bleiben auch im Blick auf das Leitungsamt ähnliche Fragen offen wie im Blick auf das Lehramt: Worin gründet die Möglichkeit der unsachgemäßen Ausübung des gültig übertragenen Amtes? Wer kann sie bemerken, feststellen und beheben? Vor allem: An welchem Maßstab bemißt sich die Sachgemäßheit der Ausübung des Regieramtes, etwa: die Sachgemäßheit seiner gesetzgeberischen Aufgaben?

Zu dieser letzten Frage fällt auf, daß für den CIC zwar zufolge der Promulgationskonstitution in Aussicht gestellt wird, *rechtliche Normen* für die Ausübung der *drei* Ämter der Kirche zu bieten, daß er aber solche nur für das Lehr- (Liber III: can 747–833) und das Heiligungsamt (Liber IV: can 834–1253) bietet, jedoch *keine für die Ausübung des Leitungsamtes* und besonders *keine für die Ausübung seiner legislatorischen Aufgaben*. Wie ist das zu erklären? Wohl nur so, daß die faktische primatiale Legislation des Bischofs von Rom, die dieser durch Promulgation des jeweils gültigen CIC vollzieht, *in sich selbst* Norm aller innerkirchlichen Legislation ist.

Dann fragt sich: Ist die Wahrheit des Anspruchs auf Sachgemäßheit dieser Legislation selbstevident? Ist es zufällig, daß Christi eigene Hirtentätigkeit keine Gemeinschaftsverweigerungen aufweist, sondern nur Gemeinschaftszulassungen? Wenn das nicht zufällig ist, manifestiert sich dann hier nicht ein grundsätzlicher Unterschied zwischen der Hirtentätigkeit Christi, die er *seit* Ostern durch diejenige der Apostel und Bischöfe unter dem Primat des Bischofs von Rom ausübt, von derjenigen ursprünglichen, welche er *vor* dem Ganzgewordensein seines Menschenlebens unmittelbar ohne die Hirtentätigkeit der Apostel und Bischöfe ausübt? Und worin besteht dieser Unterschied? Warum verlangt die erstere – im Unterschied zur zweiten – Strafen („censurae, excommunicationes, suspensiones, interdicta")? Auf solche Fragen ist im übernächsten Abschnitt (4.4.) noch einmal zurückzukommen, wenn wir die Aussagen der Lehrtexte über die Teilhabe der Kirche als ganzer und aller Christen am Lehr-, Heiligungs- und Leitungsamt Christi betrachten.

4.3. Zunächst eine kurze Besinnung auf das *Verhältnis* zwischen der (von den Aposteln übertragenen) *Teilhabe* der Bischöfe am prophetischen, am priesterlichen und am königlichen Amt Christi (also ihrer Teilhabe am Lehren Christi, ihrer Teilhabe an seinem priesterlichen Heiligungswirken und ihrer Teilhabe an seinem Wirken als Hirt seiner Herde), also auf das

Verhältnis zwischen ihrem Lehr-, Heiligungs- und Leitungsamt. Insbesondere fragt sich, ob man erkennen kann und sagen muß, daß in Wahrheit die Ämtertrias in einem ihrer Elemente ihr integrierendes Zentrum hat?

Die theologische Diskussion dieser Frage hat Vertreter aller drei möglichen Antwortpositionen hervorgebracht: Vertreter der Ansicht, daß das Leitungsamt dies integrierende Zentrum sei (etwa W. Kasper), Vertreter der Ansicht, daß das Verkündigungsamt das integrierende Zentrum ist (etwa K. Rahner) und Vertreter der Ansicht, daß das integrierende Zentrum das Heiligungsamt ist (etwa H. Schlier).[29]

Diese Debatte ist nicht grundlos. Feststeht nämlich, daß das Erste Vatikanum seine Aussagen über das (päpstliche) Lehramt aus der traditionellen Lehre vom (päpstlichen) Leitungsamt (Primat) abgeleitet hat und daß *diese* Verhältnisbestimmung offenkundig in den Texten des Zweiten Vatikanums *nicht* wiederkehrt.

Das dürfte nicht zufällig, sondern absichtlich so sein. Das aber heißt dann: Nicht sind Lehramt und Heiligungsamt im Leitungsamt begründet, sondern umgekehrt: Das Leitungsamt ist ein Implikat des Lehr- und Heiligungsamtes. Für diese Interpretation spricht, daß in den Lehrtexten und im CIC die seelsorgerliche Zielsetzung des Leitungsamtes nachdrücklich betont wird.

Das aber schließt dann der Sache nach ein, daß auch die Autorität des Leitungsamtes keine andere ist als die des Lehr- und Heiligungsamtes: nämlich die Autorität der Wahrheit des Evangeliums, die sich selbst durch sich selbst Glauben schaffend gegenüber seinen Adressaten vergegenwärtigt. Das aber heißt: Aus der Art dieser Autorität ergibt sich auch die Art der ihr eigenen Verpflichtungskraft. Und daraus wiederum die Möglichkeit des Urteils über die Erfüllung dieser Pflichten und die möglichen Konsequenzen eines solchen Urteils. Daß die römisch-katholische Lehre das Leitungsamt als ein Implikat des Lehr- und Heiligungsamtes betrachtet, ist m. E. unübersehbar. Abzuwarten ist, welche Konsequenzen − für die Art und die Ausübung des Leitungsamtes − aus dieser Sicht gezogen werden.

4.4. Ebenso explizit wie von der von Christus selbst vollzogenen Teilgabe an seiner dreifachen geistlichen Wirkweise an die Apostel und ihre durch das Weihesakrament eingesetzten Nachfolger wird auch davon gesprochen daß Christus selbst die ganze Gemeinschaft, das neue Gottesvolk als ganzes, in seine Sendung einbezieht, also ihm und allen seinen Glieder an seinem dreifachen Amt Anteil gibt.

Dabei ist unübersehbar, daß diese Teilgabe dem Lehrtexten zufolge durch den Mensch-gewordenen Logos schon vor dem Ganzgewordensein

---

[29] Dazu vgl. Josef Freitag, Art.: Amt, systematisch-theologisch, in: LThK[2] I 549 f.

seines Menschenlebens beginnt und als solche dann durch den erhöhten *bestätigt und nicht alteriert* wird. Fassen wir also beides ins Auge:

4.4.1. Gott realisiert seinen ewigen Heilswillen, die Menschen „zur Teilhabe am göttlichen Leben zu erheben" (LG 2), indem er durch seinen Mensch-gewordenen Logos, und zwar schon *vor* dem Ganzgewordensein von dessen Menschenleben, die Ankunft des Reiches Gottes verkündet und realisiert:

„‚Der Herr Jesus machte den Anfang seiner Kirche, indem er die frohe Botschaft verkündete, nämlich die Ankunft des Reiches Gottes, das von alters her in den Schriften verheißen war' (LG 5). Um den Willen des Vaters zu erfüllen, gründete Christus auf Erden das Himmelreich. Die Kirche ist ‚das im Mysterium schon gegenwärtige Reich Christi' (LG 3)." (763)

Der Mensch gewordene Logos wird zur Mitte der neuen Menschheit, indem er sie durch sein Wirken um sich sammelt (541):

„Christus ist die Mitte, um die die Menschen zur ‚Familie Gottes' gesammelt werden. Er ruft sie zu sich durch sein Wort, durch seine Zeichen, die das Reich Gottes bekunden." (542) – „Der Keim und Beginn dieses Reiches ist die ‚kleine Herde' (Lk 12,32) derer, die Jesus um sich versammelt hat und deren Hirt er selbst ist. Sie bilden die wahre ‚Familie Jesu'." (764) – „Jesus hat von Anfang an die Jünger an seinem Leben teilnehmen lassen [Fußnotenhinweis auf Mk 1,16–20; 3,13–19]. Er enthüllt ihnen das Mysterium des Gottesreiches [Fußnotenhinweis auf Mt 13,10–12] und gibt ihnen Anteil an seiner Sendung, seiner Freude [Fußnotenhinweis auf Lk 10,17–20] und an seinem Leiden [Fußnotenhinweis auf Lk 22,28–30]." (787)

Dieser unmittelbar durch ihn selbst ohne Vermittlung der in die Gemeinschaft Berufenen geschaffenen und geleiteten („geweideten") Gemeinschaft als ganzer gibt der Mensch-gewordene Logos selbst eine dauerhafte Struktur:

„Der Herr Jesus gab seiner Gemeinschaft eine Struktur, die bis zur Vollendung des Reiches bleiben wird. An erster Stelle steht die Wahl der Zwölf mit Petrus als ihrem Haupt. Sie repräsentieren die zwölf Stämme Israels und sind somit die Grundsteine des neuen Jerusalem." (765)

Aussagen wie diese können als Zeichnung zweier verschiedener Bilder von der Schaffung der Kirche durch den Mensch-gewordenen Logos in seinem öffentlichen Wirken vor dem Ganzgewordensein seines Menschenlebens gelesen werden:

Erstes Bild: Jesus schafft die Gemeinschaft und gibt dieser durch ihn geschaffenen Gemeinschaft *dann* ihre bleibende Struktur, für die die Berufung der Zwölf der erste und grundlegende Schritt ist.

Zweites Bild: Jesus schafft seine Gemeinschaft, *indem* er die Zwölf beruft.

Dafür, daß die Aussagen das zweite Bild meinen, sprechen andere Wendungen, die davon sprechen, daß die Kirche von Jesus „in den Aposteln gegründet sei" (LG 19 Satz 5[30]) oder auch die schon zitierte Wendung von den Zwölfen als „Keim des neuen Israels und Ursprung der Hierarchie" (AG 5). Dieser Sicht zufolge hätte der Mensch-gewordene Logos vor dem Ganzgewordensein seines Menschenlebens seine Gemeinschaft (seine Familie) gewissermaßen aus den Zwölfen heraus entwickelt.

Dafür, daß die Aussagen das erste Bild meinen, sprechen die zitierten Aussagen über die Sammlung der Menschen durch Christus in seine Familie und der Bericht der Evangelien: Die Sammlung der ganzen Gemeinschaft, die mehr umfaßt als nur die Zwölf, geht in unmittelbarer Direktheit auf Jesus selbst zurück. Er, Jesus selbst, ist es, der durch sein Wirken den Glauben *aller* seiner Adressaten an ihn schafft, der von Petrus als erstem in Worte gefaßt wird (424). Dieser durch das geistliche Wirken Jesu selbst gewirkte Glaube bewirkt das Eintreten in die Gemeinschaft, die Jesus anbietet, die Teilhabe am Reich:

„Die das Wort Jesu annehmen, ‚haben das Reich selbst angenommen' (LG 5)." (764, vgl. auch 541)

Für beide Sichtweisen gilt jedoch zweierlei: Erstens, es ist Jesus selbst, der in unmittelbarer Direktheit seine Gemeinschaft gründet und strukturiert, *ohne* sich dabei schon des Mittels der Zwölf zu bedienen. Woraus zweifelsfrei folgt: Die Rede von den Zwölfen als den „Grundsteinen" des neuen Israel setzt nicht außer Kraft, daß der wahre Grund- und Eckstein der ganzen Gemeinschaft allein Christus selbst und der durch seinen Vater gewirkte Glaube an ihn (Mt 16,16.17) ist. Die Zwölf sind nur in – horribile dictu – „relativer" Weise Grundstein, nämlich nur „bezogen auf" den wahren und absoluten Grundstein, auf dem sie selber ruhen. Dasselbe gilt für die Rede von den Aposteln als Fundament der Kirche: „Die Kirche ist apostolisch, weil sie auf die Apostel gegründet ist" (857: „Ecclesia est apostolica, quia est super Apostolos fundata"), eben dies aber *nicht durch* die Apostel, sondern in direkter Unmittelbarkeit durch den einzigen wahren Gründer und Erhalter der Kirche: Christus und seinem Geist selbst.

Der ganzen Gemeinschaft, die – so oder so – von ihm in *direkter Unmittelbarkeit* geschaffen ist, gibt Christus dann an seiner eigenen Sendung Anteil:

„Die Zwölf *und die weiteren Jünger* [Fußnotenhinweis auf Lk 10,1–2; kursiv: E.H.] haben an der Sendung Christi, an seiner Gewalt, aber auch an seinem Schicksal teil." (KKK 765) – So auch zu verstehen KKK 542: „Er [Christus. E.H.] ruft sie

---

[30] „Apostoli [...] praedicando ubique Evangelium (cf. Marc 16,20), ab audientibus Spiritu Sancto operante acceptam, Ecclesiam congregant universalem, *quam Dominus in Apostolis condidit* [Kursivierung E.H.] et supra beatum Petrum aedificavit, ipso summo angulari lapide Christo Jesu (cr. A poc.21,14; Matth. 16,18; Eph. 2,20),"

[die Menschen. E.H.] durch seine Zeichen, die das Reich Gottes bekunden, und durch die Sendung seiner Jünger".

Das aber heißt nichts anderes als: Dadurch, daß der Mensch gewordene Logos schon vor dem Ganzgewordensein seines Menschenlebens selbst in direkter Unmittelbarkeit dem Ganzen der von ihm gegründeten Gemeinschaft Anteil an seiner Sendung, also an seinem dreifachen Amt, gibt, hat dieses *Ganze* an den drei Wesenszügen der Sendung des Mensch-gewordenen Logos in einer Weise Anteil, die in dieser direkten Unmittelbarkeit des Kirche-schaffenden Wirkens Christi gründet. Es ist eben das *Ganze* des neuen Gottesvolkes, das Christus sich als das Instrument der innergeschichtlichen Permanenz seiner göttlichen Sendung schafft.

Ebenso wird festgehalten, daß der Mensch gewordene Logos schon vor dem Ganzgewordensein seines Menschenlebens die Zwölf gesammelt, mit der Verkündigung des Evangeliums beauftragt, zur Leitung des neuen Gottesvolkes bestimmt,[31] sowie in das Priestertum des neuen Bundes eingesetzt hat:

„Gleich am Anfang seines öffentlichen Wirkens wählt Jesus Männer, zwölf an der Zahl; diese sollen bei ihm sein und an seiner Sendung teilnehmen. Er läßt sie an seiner Autorität teilhaben und sendet sie aus ‚mit dem Auftrag, das Reich Gottes zu verkünden und zu heilen' (Lk 9,2). Sie bleiben für immer mit dem Reiche Christi verbunden, denn Christus leitet durch sie die Kirche." (551)

Um „den Seinen" „ein Unterpfand dieser Liebe zu hinterlassen und sie an seinem Pascha teilnehmen zu lassen, stiftete er als Gedächtnis seines Todes und seiner Auferstehung die Eucharistie und beauftragte seine Apostel, ‚die er damals als die Priester des neuen Bundes einsetzte [K. v. Trient, Lehre über das heilige Meßopfer, K. 1: DS 1740], sie bis zu seiner Wiederkunft zu feiern." (1337)

Diese besondere Einbeziehung der Zwölf durch den Mensch-gewordenen Logos in seine Sendung schon vor dem Ganzgewordensein seines Menschenlebens kann somit *nicht eine Einschränkung* der Einbeziehung der *ganzen* Familie Jesu in seine Sendung und sein Schicksal sein, sondern lediglich deren *Näherbestimmung*. Das bringt der Katechismus deutlich zum Ausdruck, indem er die Stiftung des Gedächtnisses seines Kreuzesopfers – unbeschadet der Tatsache, daß sie in einer Feier mit den Zwölfen vollzogen wurde – als eine Gabe des Mensch gewordenen Logos an „die Seinen" in ihrer *Gesamtheit* (KKK 1337) und als einen Auftrag an die Gemeinschaft als *Ganze* beschreibt, den diese auch als *ganze* erfüllt (1341–1344) – womit also eine Auffassung ausgeschlossen ist, nach welcher das von Jesus gestiftete Gedächtnis eine Gabe wäre, die zunächst in direkter Unmittelbar-

---

[31] Beachte die Reihenfolge.

keit den *Zwölfen* gegeben und dann erst von diesen der Gesamtheit geschenkt wäre.[32]

4.4.2. Alle diese Maßnahmen, durch die der Mensch-gewordene Logos schon *vor* dem Ganzgewordensein seines Menschenlebens die „Kirche gründet" (so 765: „Durch alle diese Akte gründet Christus die Kirche und baut sie auf."), werden durch das Ganzwerden des Menschenlebens Christi am Kreuz *ratifiziert* und vom Erhöhten *bestätigt.*

> „Als seine sichtbare Gegenwart den Jüngern genommen wurde, ließ Jesus sie nicht als Waisen zurück. Er versprach, bei ihnen zu bleiben bis zum Ende der Zeiten, und sandte ihnen seinen Geist. In gewissem Sinne wurde die Gemeinschaft mit Jesus dadurch noch vertieft: ‚Indem er nämlich seinen Geist mitteilte, hat er seine Brüder, die er aus allen Völkern zusammenrief, in geheimnisvoller Weise gleichsam zu seinem Leib gemacht' (LG 7)." (788)

a) Diese Bestätigung der vorösterlichen Einrichtungen gilt sowohl für das Lehramt der Apostel (Mt 28,16–20)[33] als auch für ihr Heiligungsamt (EdE 14 und 18) wie schließlich auch für das Leitungsamt (Jo 21,15–17).[34] Und diese Bestätigung alteriert nicht, sondern bekräftigt die Situation, die durch den Mensch-gewordenen Logos schon vor dem Ganzgewordensein seines Menschenlebens geschaffen worden war. Das heißt zweierlei:

Einerseits ist das apostolische Amt insgesamt *Dienst* an der Gemeinschaft, sowohl das Lehramt, als auch das Heiligungsamt wie schließlich auch das Leitungsamt. So heißt es vom apostolischen Amt insgesamt:

> „Mit der sakramentalen Natur des kirchlichen Amtes hängt innerlich sein *Dienstcharakter* zusammen. Weil die Amtsträger ganz von Christus [der selbst der „Urheber des Amtes in der Kirche" ist [874]: E.H.] abhängig sind, der Sendung und Vollmacht gibt, sind sie wahrhaft ‚Knechte Christi' nach dem Vorbild Christi, der für uns freiwillig ‚Knechtsgestalt' angenommen hat (Phil 2,7). Weil das Wort und die Gnade, deren Diener sie sind, nicht von ihnen, sondern von Christus stammen, der sie ihnen für die anderen anvertraut hat, sollen sie sich freiwillig zu Sklaven aller machen." (876)

Der *Dienstcharakter* des *Lehramtes* wird so beschrieben:

> „Das Lehramt ist nicht über dem Wort Gottes, sondern dient ihm, indem es nichts lehrt, als was überliefert ist, weil es das Wort Gottes aus göttlichem Auftrag und mit dem Beistand des Heiligen Geistes voll Ehrfurcht hört." (DV 10) – „Das Lehramt muß das Volk vor Verirrungen und Glaubensschwäche schützen und ihm die objektive Möglichkeit gewährleisten, den ursprünglichen Glauben irrtumsfrei zu bekennen. Der pastorale Auftrag des Lehramtes ist es, zu wachen, daß das Gottesvolk in der befreienden Wahrheit bleibt." (KKK 890)

---

[32] Auch die oben zitierten Passagen aus EdE 29 sind also nicht in *diesem* Sinne zu verstehen.

[33] Vgl. oben S. 33 ff.

[34] Vgl. oben S. 57 ff., 67 ff.

Zum *Dienstcharakter* des *Heiligungsamtes* heißt es:

„Der Bischof und die Priester heiligen die Kirche durch ihr Gebet und ihre Arbeit, durch den Dienst am Wort und an den Sakramenten. Sie heiligen sie durch ihr Beispiel, nicht als ‚Beherrscher‘ der ‚Gemeinden‘, sondern als ‚Vorbilder für die Herde‘ (1 Petr 5,3)“. (893; vgl. auch LG 26,2) – „Das Amtspriestertum“ „steht“ „im Dienst“ des „gemeinsamen Priestertums.“ (1547)

Und zum *Dienstcharakter* des *Leitungsamtes* wird gesagt:

„„Die Bischöfe leiten Teilkirchen, die ihnen anvertraut worden sind, als Stellvertreter und Gesandte Christi durch Rat, Zuspruch und Beispiel, aber auch mit Autorität und heiliger Vollmacht‘ (LG 27). Diese Autorität müssen sie jedoch zum Aufbau der Gemeinde im Geist des Dienens ausüben, der der Geist ihres Meisters ist.“ (894).

Das dem apostolischen Dienst von Christus selbst gewährte Einbezogensein in seine Sendung, in sein prophetisches, sein priesterliches und sein königliches Wirken, kommt also der Teilhabe der Gemeinschaft und *aller* ihrer Glieder an der Sendung Christi zugute, *ihrer* Teilhabe an *seinem* Lehramt, *seinem* Priestertum und *seinem* Königtum.

b) Diese Aussagen sind stets begleitet und gefolgt von betonten Hinweisen auf die Teilhabe der Gemeinschaft als ganzer und aller ihrer Glieder an der *Sendung* Christi, an seinem prophetischen, priesterlichen und königlichen Amt. Die Grundaussage lautet:

„Jesus Christus wurde vom Vater mit dem Heiligen Geist gesalbt und zum ‚Priester, Propheten und König‘ bestellt. Das ganze Volk Gottes hat an diesen drei Ämtern Christi teil und ist verantwortlich für die Sendung und den Dienst, die sich daraus ergeben.“ (783) – „„Gläubige sind jene, die durch die Taufe Christus eingegliedert, zum Volke Gottes gemacht und dadurch auf ihre Weise des priesterliche, prophetischen und königlichen Amtes Christi teilhaft geworden sind; sie sind gemäß ihrer je eigenen Stellung zur Ausübung der Sendung berufen, die Gott der Kirche zur Erfüllung in der Welt anvertraut hat‘ (CIC can. 204 § 1)“ (871)

Und das heißt: An dieser für schlechthin jedes Glied des Volkes Gottes gegebenen Anteilhabe an der Sendung und an den Ämtern Christi haben auch die *gläubigen Laien* teil:

„Unter der Bezeichnung Laien werden hier alle Christgläubigen verstanden außer den Gliedern des Weihestandes und des in der Kirche anerkannten Ordensstandes, die Christgläubigen also, die, als durch die Taufe Christus Einverleibte, zum Volk Gottes gemacht und des priesterlichen, prophetischen und königlichen Amtes Christi auf ihre Weise teilhaftig geworden, entsprechend ihrem Anteil die Sendung [missionem] des ganzen christlichen Volkes in der Kirche und in der Welt ausüben [exercent].“ (897)

Zum *Priestertum* der Laien heißt es:

„Wer durch den Glauben und die Taufe in das Volk Gottes eintritt, erhält Anteil an der einzigartigen Berufung dieses Volkes: an seiner priesterlichen Berufung." (784) – „Die Laien sind ‚als Christus geweihte und mit dem heiligen Geist Gesalbte in wunderbarer Weise dazu berufen und ausgerüstet, daß immer reichere Früchte des Geistes in ihnen hervorgebracht werden. Denn all ihre Tätigkeit, Gebet und apostolische Unternehmungen, das Ehe- und Familienleben, die tägliche Arbeit, die Erholung von Geist und Leib, wenn sie im Geist vollzogen werden, ja sogar die Beschwernisse des Lebens, wenn sie geduldig ertragen werden, werden geistige Opfer, Gott wohlgefällig durch Jesus Christus, die bei der Feier der Eucharistie zusammen mit der Darbringung des Herrenleibes dem Vater in höchster Ehrfurcht dargebracht werden. so weihen auch die Laien, indem sie überall heilig handeln, die Welt selbst Gott' (LG 34)." (901) – „Christus, der Hohepriester und einzige Mittler hat eine Kirche zu einem Reich von ‚Priestern für seinen Gott und Vater' gemacht (Offb 1,6). Die ganze Gemeinschaft der Gläubigen ist als solche priesterlich. Die Gläubigen üben ihr Priestertum als Getaufte dadurch aus, daß sich jeder gemäß seiner eigenen Berufung an der Sendung Christi, des Priesters, Propheten und Königs, beteiligt. Durch die Sakramente der Taufe und der Firmung werden die Gläubigen ‚zu einem heiligen Priestertum geweiht' (LG 10)." (1546)

Das *prophetische Amt* der Laien, an dem sie wie alle Glieder des Gottesvolkes teilhaben (785), wird folgendermaßen beschrieben:

„‚Christus, der große Prophet, [...] erfüllt [...] sein prophetisches Amt nicht nur durch die Hierarchie [...], sondern auch durch die Laien, die er daher sowohl als Zeugen einsetzt als auch mit einem Sinn für den Glauben und mit der Gnade des Wortes ausrüstet' (LG 35)." (904) – „Die Laien erfüllen ihre prophetische Sendung auch durch die Evangelisation, ‚daß nämlich die Botschaft Christi durch das Zeugnis ihres Lebens und das Wort öffentlich bekanntgemacht wird'. Bei den Laien erhält diese Evangelisation ‚eine eigentümliche Prägung und besondere Wirksamkeit von daher, daß sie in den gewöhnlichen Verhältnissen der Welt erfüllt wird' (LG 35)." (905)

Ihren Anteil am *königlichen Amt* Christi üben die Laien, wie alle Getauften (Glieder des Leibes Christi) (KKK 786) in freier Herrschaft über die Sünde und dem Willen Gottes entsprechender Gestaltung der Welt aus.

„Durch seinen Gehorsam bis zum Tod hat Christus seinen Jüngern die Gabe der königlichen Freiheit geschenkt, damit sie ‚durch Selbstverleugnung und ein heiliges Leben das Reich der Sünde in sich selbst völlig überwinden' (LG 36)." – „Außerdem sollen die Laien, auch mit vereinten Kräften, die Einrichtungen und Verhältnisse der Welt, wenn irgendwo Gewohnheiten zur Sünde reizen, so heilen, daß dies alles nach den Richtlinien der Gerechtigkeit gestaltet wird und der Ausübung der Tugenden eher förderlich als schädlich ist. Durch solches Tun erfüllen sie die Kultur und die menschlichen Tätigkeiten mit sittlichem Wert' (LG 36)." (909) – „Laien können sich auch berufen fühlen oder berufen werden zur Mitarbeit mit ihren Hirten im Dienst der kirchlichen Gemeinschaft für ihr Wachstum und für ihr volles Leben." (910)

Wie verhält sich die hier behauptete Anteilhabe *aller*, auch der Laien, an den Ämtern Christi zum besonderen Dienst des Lehr-, Heiligungs- und Leitungsamtes der Apostel an der Gesamtheit? Ist sie von diesem abhängig, nur durch ihn vermittelt? *Abhängigkeit* scheint gegeben zu sein, wenn es zum Apostolat der Gesamtkirche heißt:

„Die ganze Kirche ist apostolisch in dem Sinne, daß sie *durch* [Kursivierung: E. H.] die Nachfolger des hl. Petrus und der Apostel in Lebens- und Glaubensgemeinschaft mit ihrem Ursprung bleibt." (863) – Die Laien haben, wie alle Gläubige, kraft der Taufe *und der Firmung* [Hervorhebung: E. H.][35] von Gott den Auftrag zum Apostolat erhalten." (900).

Aber diese Aussage wird umgehend in den Horizont der *Christusabhängigkeit* gestellt, die die Abhängigkeit vom apostolischen Dienst relativiert:

„‚Da Christus, vom Vater gesandt, Quell und Ursprung des gesamten Apostolates der Kirche ist, kann es nicht anders sein, als daß die Fruchtbarkeit des Apostolates – der geweihten Amtsträger wie der Laien – ‚von ihrer lebendigen Vereinigung mit Christus abhängt' (AA 4) […] Stets aber ist die Liebe, die vor allem aus der Eucharistie geschöpft wird, ‚sozusagen die Seele des gesamten Apostolates' (AA 3)." (864).

Von einer einseitigen Abhängigkeit kann also nach dem Vorigen nicht die Rede sein. Vielmehr ist die Gemeinschaft als Ganze („die Zwölf und die weiteren Jünger") schon *vor* dem Dienst der Apostel an der Gesamtheit in das Ganze der Sendung Christi einbezogen, erhält Anteil „an der Sendung Christi, an seiner Gewalt aber auch an seinem Schicksal" (KKK 765). Dies alles ist nicht erst *vermittelt* durch den apostolischen Dienst.

Das kommt eindrucksvoll dadurch zum Ausdruck, daß die Anteilhabe an den drei Ämtern Christi ursprünglich durch die Taufe gegeben wird, deren Effekt Christus selber wirkt in direkter Unmittelbarkeit durch dasjenige *Tun* – Untertauchen und Auferstehen im Namen des Vaters, des Sohnes und des Heiligen Geistes –, welches er der Kirche aufgetragen hat, durch das er aber auch dann wirkt, wenn es weder von der Kirche noch von einem ihrer geweihten Amtsträger vollzogen wird.

Diese Situation wird vom Erhöhten nicht alteriert, sondern *bestätigt*:

Der apostolische Dienst in der Ausübung der drei Ämter ist also *nicht grundlegend* für die Teilhabe aller an den drei Ämtern Christi, sondern dient eben dieser schon *zuvor durch den Erhöhten selbst* geschaffenen Anteilhabe der ganzen Kirche und aller ihrer Glieder an seinen drei Ämtern. Das aber heißt:

Der apostolische Dienst setzt die Anteilhabe aller an den drei Ämtern Christi auch schon *voraus. Von dieser Anteilhabe ist er selbst schon abhängig.* Nicht in der Weise, daß er der Position seines Gegenübers zu allen Gliedern der Gemeinschaft verlustig ginge, wohl aber in der Weise, daß er nicht durch sich selbst, sondern *durch Christus* in dieses Gegenüber gesetzt

---

[35] Beachte: Die Firmung gehört zu den Sakramenten, welche allererst die Taufgnade *entfalten*, und als solche nur durch eine geweihte Person (den Bischof oder seinen Stellvertreter) gültig gespendet werden können.

ist und in ihr erhalten wird – was einschließt, daß auch *ihm* die Gemeinde und alle ihre Glieder immer schon durch Christus selber *als sein Gegenüber* gesetzt *sind*. Es ist für den apostolischen Dienst konstitutiv, *durch Christus selbst immer schon auf dieses ihm durch Christus vorgegebene Gegenüber bezogen zu sein*. Nicht hat der apostolische Dienst die Glieder der Gemeinde sich zum Gegenüber gesetzt, sondern sie sind ihm durch Christus zum Gegenüber gesetzt.

Es herrscht also eine asymmetrische Wechselbedingung zwischen einerseits der durch das geistliche Wirken des inkarnierten Logos *vor* seinem Wirken durch den apostolischen Dienst geschaffenen Teilhabe der ganzen Kirche sowie aller ihrer Glieder an der Sendung des inkarnierten Logos (an seinem Verkündigungs-, Heiligungs- und Leitungsamt) und andererseits der Erhaltung dieser Teilhabe vermöge des Wirkens Christi *durch* seinen „vicarius", den apostolischen Dienst:

Einerseits ist und bleibt der vom inkarnierten Logos durch sein eigenes geistliches Wirken in der Geschichte geschaffene gemeinsame *Glaube* aller das Fundament der durch den Inkarnierten als Instrument seiner Sendung geschaffenen Glaubensgemeinschaft. Der Glaube *bleibt* dieses Fundament aber nur vermöge des Wirkens des Erhöhten durch seinen „vicarius", den apostolischen Dienst. Im Wirken des Erhöhten durch seinen „vicarius" geht es immer um dieses *Bleiben* des gemeinsamen Glaubens; es setzt also immer das Gebautsein der Gemeinschaft auf den Fels des Glaubens durch den inkarnierten Logos voraus. Keineswegs *errichtet* das apostolische Dienstamt die Gemeinschaft auf dem Boden des gemeinsamen Glaubens, sondern für das Wirken des Erhöhten durch das apostolische Dienstamt ist das Wirken des Erhöhten, welches den Felsgrund der Gemeinschaft, den Glauben, *schafft* (424), schon immer *vorausgesetzt*. Daher ist das apostolische Dienstamt zwar „*ein*", aber nicht das einzige Mittel der Leitung (Erhaltung) der Gemeinschaft.

c) Es herrscht also eine bleibende Asymmetrie im Verhältnis zwischen einerseits der Teilhabe an den drei Ämtern Christi auf Seiten des apostolischen Dienstes, durch den Christus die Teilhabe der ganzen Kirche und aller ihrer Glieder an seiner Sendung und an seinem dreifachen Amt *erhält*, und andererseits der Teilhabe an den drei Ämtern Christi auf Seiten der ganzen Kirche und aller Gläubigen, die durch das Wirken Christi in der direkten Unmittelbarkeit seines Kirche-*schaffenden* Wirkens seinem Wirken durch den Dienst des apostolischen Amtes *schon vorgegeben* ist. Die Asymmetrie gründet in der Differenz zwischen dem die Kirche *schaffenden* und seinem sie *erhaltenden* Wirken.

Aus dieser Asymmetrie müssen auch die unübersehbaren Unterschiede verstanden werden zwischen einerseits der Teilhabe der Kirche und aller ihrer Glieder an Sendung und dreifachem Amt Christi und andererseits der Teilhabe des apostolischen Dienstes hieran. Auf diesen Unterschied verweist die römisch-katholische Lehre mit Nachdruck: Daß alle Gläubigen durch die Taufe am prophetischen, priesterlichen und königlichen Amt Christi teilhaben, schließt nicht aus, daß es eine *besondere*, „nicht nur dem *Grade*, sondern dem *Wesen* nach [Kursivierung E.H.]" verschiedene Teilhabe" an den Ämtern Christi gibt (LG 9). Der KKK beschreibt diesen Unterschied so:

> „‚Das amtliche oder hierarchische Priestertum der Bischöfe und Priester und das gemeinsame Priestertum aller Gläubigen nehmen auf eine je besondere Weise am einen Priestertum Christi teil' und [...] unterscheiden sich [...] ‚dem Wesen nach' (LG 10). Während das gemeinsame Priestertum der Gläubigen sich in der Entfaltung der Taufgnade im Leben des Glaubens vollzieht, steht das Amtspriestertum im Dienst dieses gemeinsamen Priestertums. Es bezieht sich auf die Entfaltung der Taufgnade aller Christen. Es ist eines der Mittel, durch die Christus seine Kirche unablässig aufbaut und leitet [kursiv: E.H.]." (1547)

In dieser Darstellung wird die Aussage von LG nicht wiederholt, daß das Amtspriestertum sich *auch* dem „*Grade*" nach vom gemeinsamen Priestertum unterscheidet. Was meint diese Wendung? Etwa, daß das Amtspriestertum eine Steigerung der Taufgnade und des durch die Taufe verliehenen gemeinsamen Priestertums ist? Daß die Wendung im KKK stillschweigend übergangen wird, nehme ich zum Anlaß, diese Frage hier auf sich beruhen zu lassen. Festzuhalten ist nur, daß auch LG nicht von einer Begründung des gemeinsamen Priestertums durch das Amtspriestertum spricht, sondern nur davon, daß letzteres das erstere „formiert" und „regiert" (LG 9). Also auch in LG ist das Verhältnis zwischen beiden Seiten dasselbe, wie es auch KKK beschreibt: das Verhältnis einer wechselseitigen „Zuordnung" (1547).

Das erklärt, daß sich diejenige Teilhabe an Sendung und Ämtern Christi, welche dem apostolischen Dienst gewährt ist, durch solche Züge von der Teilhabe der Gesamtkirche und aller ihrer Glieder an der Sendung und an den Ämtern Christi unterscheidet, wie sie der *Erhaltungs*dienst des ersteren gegenüber dem letzteren verlangt.

Diese Besonderheiten der Anteilhabe an der Sendung und den Ämtern Christi auf Seiten des apostolischen Dienstes gegenüber der Anteilhabe der ganzen Kirche und aller ihrer Glieder an der Sendung und an den Ämtern Christi sind also jedenfalls insofern sachgemäß, wie sie der *Erhaltung* dieser Anteilhabe aller dienen, ihrer Formierung und Entfaltung, *ohne sie zu beeinträchtigen.*

Ein Versuch, detailliert nachzuweisen, daß mit der Beschreibung der Anteilhabe aller und der besonderen Anteilhabe des apostolischen Dienstes an der Sendung und den Ämtern Christi, die in den römisch-katholischen Lehrtexten gegeben wird, das Beschriebene auch schon realisiert sei, daß also der Formierungs- und Leitungsdienst der geweihten Amtsträger die gemeinsame Teilhabe aller am Propheten-, Priester- und Königsamt Christi nicht beschneiden kann, würde den Rahmen dieser Studie sprengen.

5. Der apostolische Dienst in der Einheit seiner dreifachen Gestalt als Instrument der Selbstvergegenwärtigung der Wahrheit Gottes in Christus durch den Heiligen Geist

Der Mensch-gewordene Logos selbst ist es, der durch sein geistliches Wirken Menschen in seine Gemeinschaft zieht, den Glauben an ihn schafft, das Reich auf Erden („in via") gründet und mehrt. Als Instrument für die Permanenz dieses seines Glauben schaffenden Wirkens schafft er sich und benutzt er die *Kirche als ganze*. Er benutzt zu diesem Zweck also *auch* den apostolischen Dienst des Amtes. Aber Christi Instrument für die Glaubenskonstitution zu sein, ist nicht die *spezifische* heilsgeschichtliche Funktion des Amtes und seines apostolischen Dienstes. Diese spezifische Funktion ist vielmehr, als Instrument Christi für die Permanenz seines eigenen innergeschichtlichen Daseins und Wirkens *in* der Gemeinschaft und allen ihren übrigen Mitgliedern *gegenüber* der *Erhaltung* und *Entfaltung* des Glaubens in der Gemeinschaft zu dienen.[36]

Freilich kann die *Erhaltung* und *Entfaltung* des Glaubens auf keine andere Weise als diejenige geschehen, welche schon durch dessen *Schaffung* gesetzt ist. *Also ausschließlich dadurch, daß die Wahrheit des Evangeliums (die Wahrheit der Selbstverkündigung des Mensch-gewordenen Logos) sich den Adressaten des Evangeliums durch den Geist der Wahrheit selbst präsentiert und deren Herzen durch sich selbst mit der Gewißheit erfüllt, welche die freie Ganzhingabe des Menschen an Gott ermöglicht und verlangt.*[37] Christus wirkt auch die Erhaltung und Entfaltung des Glaubens durch den apostolischen Dienst des Amtes in seinen drei gleichursprünglichen Gestalten nicht anders als *immer gleich auf eben diese Weise*: Er benutzt den apostolischen Dienst des Amtes zur Erhaltung und Entfaltung des Glaubens, indem er durch ihn die Wahrheit seines Evangeliums für die Glaubenden so präsent erhält, daß diese Wahrheit durch sich selbst den Glauben der Glieder seines Leibes erhält, wachsen läßt und entfaltet. Das aber ist nur möglich, weil Christus dem apostolischen

---

[36] Oben Ziffer 3.

[37] Diese römisch-katholische Lehre über die die Wahrheitsgewißheit schaffende Selbstpräsenz der Wahrheit des Evangeliums als Grund und Gegenstand des Glaubens (wie sie in der dogmatischen Konstitution Dei Filius des Ersten Vatikanums, in den Texten DV und Dh des Zweiten Vatikanums und in der Enzyklika FR greifbar ist, haben wir schon in der ersten Phase unserer Arbeit behandelt: E. HERMS/L. ZAK (Hgg.), Grund und Gegenstand (o. Anm. 3).

Dienst des Amtes Anteil gewährt an der Wahrheit seines Evangeliums, die sich dessen Adressaten durch den Geist der Wahrheit selbst vergegenwärtigt. Diese Glauben-erhaltende und -entfaltende Autorität verleiht Christus den drei Gestalten des vom Amt auszuübenden apostolischen Dienstes, dem Lehramt, dem Heiligungsamt und dem Leitungsamt. Das wird in der römisch-katholischen Lehre ausdrücklich festgehalten:

5.1. Exemplarisch und grundlegend ist an Petrus zu sehen, daß die Ausübung des apostolischen Dienstes das Bekenntnis der Wahrheit der Botschaft und der Wahrheit des Bekenntnisses ist.

Der allgemeine Christenglaube, den „wir" – „durch die Gnade des Heiligen Geistes bewegt und vom Vater angezogen" – „glauben und bekennen", lautet: „Du bist der Messias, der Sohn des lebendigen Gottes" (Mt 16,16) (423, 424). Die in diesem Bekenntnis ausgesprochene Realität ist offenbart, erschlossen und sichtbar gemacht, direkt vom Vater im Himmel (442).

„Dieses Bekenntnis war von Anfang an das Zentrum des apostolischen Glaubens, den als erster Petrus als Fundament der Kirche bekannt hat [hoc ab initio centrum erit (sic!; muß aber wohl heißen: erat) fidei apostolicae, quam imprimis confessus est Petrus tanquam fundamentum Ecclesiae]" (442).

Was hier „fundamentum" Ecclesiae genannt wird, wird 424 die „petra" genannt, über der Christus „fundavit suam Ecclesiam".

Das heißt genau: Fundament der Kirche, der Fels, auf den Christus die Kirche baut, ist dieses *sprachliche Bekenntnis des Glaubens*, von welchem gilt: sein Grund und Gegenstand ist eine – auf das Selbstzeugnis Jesu als des „Sohnes" bezogene (443) – Offenbarung vom Himmel her (442). *Sie*, dieses Offenbarungsgeschehen, ist die von diesem „dictum" intendierte „res"; und daher kann das „dictum" dieses Bekenntnisses auch nur als wahres „dictum" anerkannt und nachgesprochen werden „durch die Gnade des Heiligen Geistes bewegt und vom Vater angezogen", also nur unter der Bedingung, daß sich auch den Adressaten dieses Bekenntnisses die von diesem intendierte „res" – das Offenbarungshandeln der Trinität – selbst selber vergegenwärtigt.[38]

An anderer Stelle ist für den KKK Petrus selbst der „unerschütterliche Fels der Kirche", aber – dies ist er nur „auf dem Grund des Glaubens, den er bekannt hat" (552). Seine – ihm von Christus selbst gegebene – „Sendung" ist, „diesen Glauben vor allem Schwanken zu bewahren und seine Brüder darin zu bestärken" (552). Der KKK nimmt damit auf denselben neutestamentlichen Bericht Bezug, den auch schon das Erste Vatikanum als Beleg für die dem Petrus von Christus selbst verheißene Indefektibilität sei-

---

[38] Vgl. 2 Petr 1,16.19.

nes Glaubens in Anspruch nimmt, Lk 22,32: „ego rogavi pro te, ut non deficiat fides tua: et tu aliquando conversus confirma fratres tuos." (DS 3070).

Dies alles ist nach dem Zweiten Vatikanum mit dem KKK als von Petrus als dem Haupt der Zwölf gesagt zu verstehen und daher auch für das Apostelkollegium im ganzen gültig.

Damit ist in völliger Klarheit gesagt,

– was den Dienst des Petrus und damit der Apostel *ausmacht* (a) und

– was den Petrus und die Apostel zur Erfüllung dieses Dienstes *befähigt* (b):

ad a: Der Dienst des Petrus und aller Apostel ist: das von Christus selbst als wahr bestätigte *Bekenntnis* des Glaubens an die Selbstpräsenz des Vaters im Sohn durch den Geist unversehrt *weiterzugeben*. Weiterzugeben ist dies selbst durch die Offenbarsein des Vaters im Sohn durch den Geist inspirierte „*dictum*" des Bekenntnisses, das durch den offenbaren Sohn selbst als wahr bestätigt ist, und das unter der Verheißung steht, daß sich durch es der Grund und Gegenstand des Glaubens auch seinen Adressaten selbst vergegenwärtigen wird (daß es also als Wort Gottes auch die Kraft Gottes [Röm 1,16] ist) (DV 7). Dabei gilt – wie gezeigt –: Weiterzugeben sind auch diejenigen „dicta", die der sachgemäßen lehrenden Weitergabe dieses Urdictums dienen. Die ganze Masse dieser wahren „dicta" wird in den römisch-katholischen Lehrtexten als das „Glaubensgut" („depositum fidei") angesprochen (84; auch DV 10 Satz 3[39]). Der Glaube – als freier Akt der Selbstübergabe des Glaubenden an Gott („fides qua") – kann nicht weitergegeben werden. Ebensowenig kann das Offenbarungsgeschehen als solches weitergegeben werden. Sehr wohl aber kann weitergegeben werden, was – auf dem Fundament des *Dictums* des von Christus selbst als wahr anerkannten Bekenntnisses des Glaubens (Mt 16,16) – an „dicta" der unversehrten lehrenden Weitergabe des Urdictums („fides quae") vorliegt. Dies Insgesamt der „*dicta*" des wahren Bekenntnisses des Glaubens zu seinem Grund und Gegenstand: dem Offenbarsein des Vaters im Sohn durch den Geist, dies „Glaubensgut" kann in der Tat weitergegeben werden. Eben das ist die Aufgabe des Petrus und aller Apostel.

ad b: Und wodurch sind Petrus und die Apostel zu diesem Dienst befähigt? Die Antwort des KKK ist eindeutig: Petrus ist zu diesem Dienst be-

---

[39] Die Referenz dieser Rede schließt die Referenz der Rede vom „sacrum *verbi Dei* depositum [Kursivierung E.H.]" (DV 10 Satz 1) ein; denn: es gibt den Glauben nicht ohne seinen Grund und Gegenstand. Die Referenz des zuletzt genannten „dictum" dürfte identisch sein mit derjenigen der Rede vom „thesaurus revelationis" (DV 26 Satz 1), jedoch nicht einfach mit der Referenz der Rede vom „depositum fidei". Denn: die von den beiden zuletzt genannten „dicta" intendierte „res" ist der *Grund und Gegenstand* des Glaubens, der diesem vorgegeben und nicht einfach mit ihm identisch ist (der Glaube ist nicht sein eigener Grund und Gegenstand).

fähigt (und mit ihm die Apostel) durch den Grund, auf den er gestellt ist (und die Apostel mit ihm). Dieser Grund ist: „*der Glaube, den er bekannt hat*" (552) und der als dieser in einem bestimmten *unverwechselbaren* „*dictum*" bekannte Glaube von seinem Grund und Gegenstand, dem durch den Geist offenbaren Sohn des Vaters, selbst als sachgemäß, seiner „res" angemessen, adäquat, also „wahr" bestätigt ist.

Der Grund ist also nicht einfach die „fides qua" des Petrus, seine persönliche Gläubigkeit. Zwar, ohne diese „fides qua creditur" des Petrus gäbe es das wahre Bekenntnis nicht, aber diese „fides qua creditur" ist als die Intention des „dictums" des Bekenntnisses von diesem „dictum" selbst verschieden; mit der Intention ist nicht schon das „dictum" des Bekenntnisses gegeben. Der in einem bestimmten „dictum" *bekannte* Glaube ist aber auch nicht einfach das, *was* geglaubt wird, der Gegenstand und Grund des Glaubens (der in nichts anderem besteht als im Offenbarsein des Vaters im Sohn durch den Geist). Sondern der Grund, auf den Petrus und sein Dienst gestellt ist, ist das „dictum", das diesen Grund und Gegenstand des Glaubens in menschlicher Sprache bezeichnet, und zwar genau deshalb zweifelsfrei zutreffend bezeichnet, *weil es durch seinen Grund und Gegenstand, den durch den Geist offenbaren Sohn des Vaters, selbst als wahr bestätigt ist* (auf Petri Bekenntnis antwortet Jesus, der inkarnierte Schöpferlogos: „Selig bist du, Simon Jona's Sohn: denn Fleisch und Blut hat dir das nicht offenbart, sondern mein Vater im Himmel" [Mt 16,17]). Der Grund, auf den Petrus und die Apostel mit ihrem Dienst gestellt sind, ist: dasjenige wohlbestimmte und unverwechselbare „dictum" des Bekenntnisses des Glaubens zu seinem Grund und Gegenstand, welches von diesem Grund und Gegenstand des Glaubens – von Jesus, dem durch den Geist offenbaren Sohn des Vaters – selbst als wahr bestätigt ist; und d.h. bestätigt als diesem Grund und Gegenstand des Glaubens *angemessenes* „dictum". Als solches ist dieses „dictum" ipso facto inspiriert. Und es steht damit als solches auch ipso facto unter der Verheißung, daß es in dem Geist, in dem es gesprochen ist, auch gehört werden wird (also unter der Verheißung, daß die Wahrheit dieses Diktums [seine Angemessenheit gegenüber seinem Gegenstand, der Offenbarung] sich auch selbst durch den Geist der Wahrheit seinen Adressaten mitteilen wird). – Soweit der Grund, auf dem die Sendung der Apostel, ihr Dienst, nach dem KKK steht.

Das Erste Vatikanum sprach diesen Grund, auf dem der apostolische Dienst (des Petrus und aller Apostel) steht und der diesen Dienst ermöglicht und verlangt an als „charisma veritatis" (DS 3071[40]). Diese Bezeich-

---

[40] Zu Lk 22,32 wird ausgeführt: „Hoc igitur veritatis et fidei nunquam deficientis charisma Petro eiusque in hac cathedra successoribus divinitus collatum est, ut excelso suo munere in omnium salutem fungerentur, ut universus Christi grex per eos ab erro-

nung des Grundes des apostolischen Dienstes kehrt in den Texten des Zweiten Vatikanums und auch im KKK wieder (DV 8, KKK 94). Meint sie dasselbe wie die soeben hinsichtlich ihres Gegenstandsbezugs entfalte- te Bezeichnung des Grundes des apostolischen Dienstes als „Glaube, den er (Petrus) bekannte"?

Auf den ersten Blick scheint das nicht der Fall zu sein. Denn die Rede von einem „charisma" meint stets eine Geistgabe an eine Person, durch die diese Person zu je einem bestimmten Dienst an der Gemeinschaft befähigt wird. Daher könnte man denken, daß die Rede vom „charisma veritatis" das bestimmten Menschen *persönlich* verliehene „charisma" eines sicheren Zugangs zur Wahrheit bezeichnet. Diese Auffassung ist aber abzulehnen. Der einschlägige Kontext von „Pastor aeternus" stellt eindeutig klar, daß mit der Wendung die Auszeichnung eines *Amtes* und seiner auftragsgemä- ßen Ausübung gemeint ist und nicht die Auszeichnung einer individuellen Person als solcher. Die Bezugnahme auf Lk 22,32 macht ferner klar, daß schon hier genau diejenige Auszeichnung des Petrus gemeint ist, die wir soeben anhand der Aussagen von KKK nachgezeichnet haben.[41]

Kann (und muß man) also sagen: die Rede vom „charisma veritatis" bezeichne in der Tat dasselbe Fundament des apostolischen Dienstes, von dem auch der KKK in 424, 442, 443, 552 spricht: „den Glauben, den er (Petrus) *bekannte*"?

Das wäre in der Tat dann der Fall, wenn eben durch das Glaubensgut (will sagen: die Masse der „dicta", durch welche jenes Urdictum lehrend weitergegeben wird) tatsächlich eine Geistgabe weitergegeben wird. Und genau dies ist zu behaupten: Denn das Urdictum ist Ausdruck der Intenti- on, die durch ihren Grund und Gegenstand („res"), das Offenbarsein des Vaters im Sohn durch den Geist, inspiriert ist. Es ist also selbst von der Art, daß es verheißt, auch in dem Geist gehört bzw. gelesen zu werden, in dem es geschrieben ist. Also: *Indem* „der Glaube, den er (Petrus) *bekannte*" Fun- dament des petrinischen und allen apostolischen Dienstes ist, ist ipso facto auch das „charisma veritatis" Fundament dieses Dienstes. Und zwar des- halb, weil der Geist, in dem das petrinische Bekenntnis des Glaubens ge- sprochen ist, sich selbst durch das „dictum" dieses von ihm inspirierten Bekenntnisses seinen Empfängern mitteilen will und wird. Und der Geist, der bei der sakramentalen Übertragung des apostolischen Dienstes gegeben wird, kann kein anderer sein und ist auch kein anderer als eben der Geist, in dem das petrinische Bekenntnis gesprochen wurde.

---

ris venenosa esca aversus, caelestis doctrinae pabulo nutriretur, ut, sublata schismatis oc- casione, Ecclesia tota una conservaretur, atque suo fundamento innixa, firma adversus inferi portas consisteret."

[41] Vgl. o. S. 84.

Mit dieser Klärung des Fundamentes des apostolischen Dienstes ist dann auch die Autorität klar, in der dieser Dienst ausgeübt wird: Es ist die Autorität der sich selbst vermittelst der Ausübung des apostolischen Dienstes – das ist: der unversehrten Weitergabe des wahren Bekenntnis*wortlauts* (des „dictums" von Mt 16,16) – selbst vergegenwärtigenden Wahrheit eben dieses Bekenntnisses. Die Autorität des apostolischen Dienstes ist nicht die Autorität der zu seiner Ausübung berufenen Personen, sondern die Autorität dieser Person hängt vollständig ab von der Autorität des von ihr ausgeübten Dienstes und letztlich von der Autorität des Fundamentes dieses Dienstes: von der Autorität der Wahrheit der unversehrt weiterzugebenden „*dicta*": grundlegend des petrinischen Christus-Bekenntnisses und dann auch seiner *lehrmäßigen*, es explizierenden, Weitergabe.

Also: Die Autorität der von Christus selbst verbürgten Wahrheit des petrinischen Bekenntnisses zu ihm, Christus, ist das Fundament (der Fels), auf den Christus die Kirche gegründet hat. Weil und insofern die Ausübung des apostolischen Dienstes Bekenntnis und Bezeugung dieser Wahrheit des petrinischen Bekenntnisses ist, ist auch sie, die Ausübung dieses Dienstes, Fundament der Kirche. Dieses Fundament – die durch das eigene geistliche Wirken des inkarnierten Logos vor seinem Tod bzw. durch die dauernde Präsenz des Erhöhten vom Himmel her evidente Wahrheit seiner Selbstverkündigung, die mit der Wahrheit des petrinischen Bekenntnisses zu Jesus als dem Christus zusammenfällt – ist dem apostolischen Dienst und seiner Ausübung durch Christus selbst *vorgegeben*.

Dieses Fundament des apostolischen Dienstes macht diesen jedoch nicht nur möglich, sondern es bringt auch nichts anderes als sich selbst durch diesen Dienst zur Geltung – den Glauben erhaltend und wachsen lassend. Die den Glauben erhaltende und wachsen lassende Wirkung des apostolischen Dienstes kann in nichts anderem bestehen als darin, daß sich die Wahrheit dessen, was durch ihn unversehrt weitergegeben wird (also der „dicta Dei filii" sowie des „dictum"s des vom „filius" selbst als sachgemäß approbierten Christusbekenntnis des Petrus), für das Herz der Empfänger dieses Dienstes selbst vergegenwärtigt: ihren Glauben schaffend, erhaltend, ihn reifen lassend und zur Ausübung seiner eigenen Teilhabe an der Sendung Christi als Prophet, Priester und Hirte stärkend.

Dies gilt vom apostolischen Dienst im ganzen, also auch von *jeder seiner drei Wesensgestalten*.

5.2. Es gilt zunächst, wie soeben gezeigt, für das *Lehramt*: Keine wahre Verkündigung ist möglich ohne den apostolischen Dienst der Weitergabe des von Christus selbst bestätigten „dictum"s des wahren Bekenntnisses zu Jesus als dem Christus (Mt 16,16). Ihm, dem apostolischen Dienst, eignet das „charisma veritatis" – und zwar nicht wegen persönlicher Unfehlbar-

keit der Inhaber des apostolischen Dienstes, sondern wegen der Wahrheit
der ihm anvertrauten Botschaft (des ihm anvertrauten „dictum"s) und der
eigenen Wahrheit des apostolischen Lehr*amtes*, die sich aus diesem seinem
Grund und Gegenstand ergibt.

Vermittelst dieser Wahrheit des apostolischen Dienstes in Gestalt des
apostolischen Lehramtes vergegenwärtigt die von ihm weitergegebene
Wahrheit – die Wahrheit der Selbstverkündigung Jesu und die Wahrheit
des petrinischen Bekenntnisses zu Jesus als dem Christus – selbst sich selber allen seinen Adressaten des aspostolischen Dienstes so, daß diese alle zur
Gewißheit des Glaubens gelangen, in ihr erhalten werden, wachsen und zur
eigenen Teilnahme an der Verkündigung dieser Wahrheit gestärkt werden.

5.3. Dasselbe gilt für die Ausübung des *Heiligungsamtes*. Auch dieses vollzieht sich ausschließlich im Weitergeben des von Christus Empfangenen in
seiner von Christus empfangenen Gestalt. Das Empfangene ist die Feier des
Selbstopfers des Mensch-gewordenen Logos, durch die dieser als der Auferstandene sein einmaliges Selbstopfer in der Geschichte permanent präsent erhält. Durch den apostolischen Dienst des Weitergebens dieses Empfangenen, eben das Feiern des Selbstopfers des Mensch-gewordenen Logos,
macht das Gefeierte – eben das priesterliche Opferhandeln Christi – selbst
sich selber für alle Gläubigen so präsent, daß dadurch ihr persönliches Einbezogensein in das priesterliche Opferhandeln Christi, das schon in der
Taufe gründet, erhalten und vertieft wird.

5.4. Analog wird auch der apostolische Dienst als *Leitungsamt* als Weitergabe des Empfangenen ausgeübt. Das Empfangene ist hier die Struktur, die
Christus selbst seiner Gemeinschaft durch die Berufung der Zwölf gab. Wie
gezeigt ist der Sinn dieser Struktur, daß durch den apostolischen Dienst
Christus selbst *in* der Gemeinschaft allen ihren Gliedern *gegenüber* wirksam erhalten und dadurch die Gemeinschaft bleibend als das Instrument
der permanenten geistlichen Wirksamkeit des Mensch-gewordenen Logos
in der Geschichte qualifiziert wird. Dies Empfangene wird durch den apostolischen Leitungsdienst dann treu weitergegeben, wenn das Gegenüber
des apostolischen Dienstes zu allen anderen Gliedern der Gemeinschaft
das Gegenüber Christi als des bleibenden *Grundes* der Gemeinschaft *in* ihr
und allen ihren Gliedern *gegenüber* zur Geltung bringt, also allen Tendenzen
wehrt, *sich selbst* als Grund der Gemeinschaft zu verstehen (was mindestens
einschließt, nicht nur das Amt als Gegenüber zu allen anderen Gliedern zu
verstehen, sondern auch diese Gesamtheit aller anderen Glieder der Gemeinschaft als das ihm – dem apostolischen Dienst – durch Christus selber
*vor*gesetzte Gegenüber).

Eine konsequente Beschreibung des apostolischen Dienstes auch in seiner dritten Gestalt als Ausübung des Leitungsamtes müßte auch durchsichtig machen, daß tatsächlich *alle* Züge dieser Gestalt im Empfangenen begründet sind – auch die Sanktionsbewehrtheit der „leges", die der apostolische Dienst in Ausübung des Leitungsamtes erläßt.

Ansätze dazu habe ich nicht gefunden. Sie ließen sich aber vielleicht entdecken, wenn das Bedingtsein der Wahrnehmung von Lehr- und Heiligungsamt einer- und der Wahrnehmung des Leitungsamtes andererseits weiter bedacht wird:

> „Die Bischöfe leiten die ihnen zugewiesene Teilkirchen als Stellvertreter und Gesandte Christi durch Rat, Zuspruch, Beispiel, aber auch in Autorität und heiliger Vollmacht, die sie indes allein zum Aufbau ihrer Herde in Wahrheit und Heiligkeit gebrauchen." (LG 27)

Dann könnte sich vielleicht zeigen, daß das Leitungsamt auch wesenswidrige Züge in der Ausübung des Lehr- und Heiligungsamtes und im Zusammenspiel der verschiedenen Mittel Christi, seine Herde zu leiten, fernzuhalten hat, was im Extremfall nicht ohne (abwehrenden) Zwang möglich sein könnte. Im Blick auf die Ausübung des Lehr- und Heiligungsamtes etwa sind fernzuhalten jeder Zwang zum Glauben (Dh) aber auch jede Verachtung des Wahrheitsanspruchs der ordentlich als wahr bezeugten „dicta". Im Zusammenspiel der verschiedenen Weisen Christi, seine Herde zu leiten, ist zu verhindern, daß die Leitung der Kirche, die Christus durch den apostolischen Dienst ausübt, betrachtet wird unter Abblendung der Leitung der Kirche, die Christus selbst durch den Glaubenssinn aller vollzieht. Das erstere verlangt in der Tat, daß Leitung durch den apostolischen Dienst *nicht „ex* consenu populi" geschieht, das letztere aber auch, daß Leitung durch den apostolischen Dienst *nicht „sine* consenu populi" geschieht (denn der apostolische Dienst kann in Ausübung seines Leitungsamtes nichts anderes sein als Eintreten für das ursprüngliche wahre Bekenntnis des von Christus selbst gewirkten gemeinsamen Glaubens aller).

6. Der apostolische Dienst als Sakrament, das durch ein Sakrament zu übertragen ist

Gott hat verfügt, daß das innergeschichtlich unüberbietbare Offenbarsein des Vaters im Sohn durch den Geist *„für alle Zeiten unversehrt erhalten bleiben und allen weitergegeben [Kursivierung E.H.]"* (DV 7) wird. Darum setzt er das Amt des apostolischen Dienstes ein als das Instrument, durch das er sein eigenes geistliches Wirken auf Dauer stellt.

Christus, „in dem die ganze Offenbarung des höchsten Gottes sich vollendet (vgl. 2 Kor 1,20, 3, 16–4,6)", hat „den Aposteln geboten, das Evangelium [...] allen zu predigen als die Quelle jeglicher Heilswahrheit und Sittenlehre und ihnen so göttliche Gaben mitzuteilen." (DV 7) – „Der Herr Jesus rief [...] die zu sich, die er selbst wollte, und bestimmte zwölf, daß sie mit ihm seien und er sie sende, das Reich Gottes zu verkündigen (vgl. Mk 3,13–19; Mt 10,1–42). Diese Apostel setzte er nach Art eines Kollegiums oder eines festen Kreises ein, an dessen Spitze er den aus ihrer Mitte erwählten Petrus stellte (vgl. Joh 21,15–17). Er sandte sie zuerst zu den Kindern Israels und dann zu allen Völkern (vgl. Röm 1,16), damit sie in Teilhabe an seiner Gewalt alle Völker zu seinen Jüngern machten und sie heiligten und leiteten (vgl. Mt 28,16–20; Mk 16,15; Lk 24,45–48; Jo 20,21–23). So sollten sie die Kirche ausbreiten und unter der Leitung des Herrn durch ihren Dienst weiden alle Tage bis zum Ende der Welt (vgl. Mt 28,30)." (LG 19)

Diese Grundaussagen über die Einsetzung der Apostel und ihres Dienstes durch Christus selbst, greift der KKK auf:

„Den Aposteln [...] wurde von Jesus das *Amt* (Kursivierung: E.H.) übertragen, in seinem Namen und in seiner Vollmacht zu lehren, zu heiligen und zu leiten." (873) – „Christus selbst ist der Urheber des Amtes in der Kirche. Er hat es eingesetzt, ihm Vollmacht und Sendung, Ausrichtung und Zielsetzung gegeben." (874). – „In ihnen [sc. den Aposteln] setzt er [Jesus] seine Sendung fort: ‚Wie mich der Vater gesandt hat, so sende ich euch' (Joh 20,21). Der Dienst der Apostel führt die Sendung Christi weiter: ‚Wer euch aufnimmt, der nimmt mich auf', sagt er zu den Zwölfen (Mt 10, 40)." (858) – „Jesus bezieht die Apostel in die vom Vater erhaltene Sendung ein. Wie der Sohn ‚nichts von sich aus tun' kann (Joh 5,19.30), sondern alles vom Vater erhält, der ihn gesandt hat, so können die von Jesus Gesandten nichts tun ohne ihn, von dem sie den Missionsauftrag erhalten und die Kraft, ihn zu erfüllen. Die Apostel wissen somit, daß sie von Gott bevollmächtigt sind als ‚Diener des neuen Bundes' (2 Kor 3,6), ‚Gottes Diener' (2 Kor 6,4), ‚Gesandte an Christi Statt' (2 Kor 5,20), ‚Diener Christi [...] und Verwalter von Geheimnissen Gottes' (1 Kor 4,1)." (859)

Christus setzt also sein Heil schaffendes Wirken – sein Wirken als Prophet, Priester und Hirte – als das Wirken des *Ursakraments* durch den von ihm befohlenen Dienst der Apostel fort. Somit hat auch dieser Dienst, also das den Aposteln von Jesus übertragene Amt, selbst den Charakter eines *Sakramentes*.

„Niemand, keine Einzelperson und keine Gemeinschaft, kann sich selbst das Evangelium verkündigen. ‚Also kommt der Glaube aus dem Hören' (Röm 10,17). Niemand kann sich selbst den Auftrag und die Sendung geben, das Evangelium zu verkündigen. Der vom Herrn Gesandte spricht und handelt nicht in eigener Autorität, sondern kraft der Autorität Christi; er spricht zu der Gemeinde nicht als eines ihrer Glieder, sondern im Namen Christi. Niemand kann sich selbst die Gnade verleihen, sie muß geschenkt und angeboten werden. Das setzt Diener der Gnade voraus, die von Christus bevollmächtigt sind. Von ihm empfangen die Bischöfe und die Priester die Sendung und die Vollmacht (heilige Gewalt), ‚in der Person Christi des Hauptes' (in persona Christi Capitis) zu handeln, die Diakone die

Kraft, in Gemeinschaft mit dem Bischof und seinem Presbyterium dem Volk Gottes in der ‚Diakonie' der Liturgie, des Wortes und der Liebe zu dienen. *Dieses Amt, worin die von Christus Gesandten aus Gottes Gnade das tun und geben, was sie nicht von sich aus tun und geben können, nennt die Überlieferung der Kirche ,Sakrament'* [Kursivierung: E.H.]." (875)

Das ist – vor dem Hintergrund der bedeutungsweiten Rede von Sakrament in der römisch-katholischen Lehre[42] – sachlich konsequent.

Nun reicht aber der den Aposteln durch Christus übertragene und von der Kirche „Sakrament" genannte Weitergabedienst über ihre eigene Lebenszeit hinaus, nämlich „bis ans Ende der Zeiten."

„Jene göttliche Sendung, die Christus den Aposteln anvertraut hat, wird bis zum Ende der Welt dauern (vgl. Mt 28,20). Denn das Evangelium, das sie zu überliefern haben, ist für alle Zeiten der Ursprung jedweden Lebens für die Kirche." (LG 20)

Somit *schließt dieser* den Aposteln vom Herrn (vor und nach Ostern) übertragene *Weitergabedienst auch die Weitergabe eben dieses Weitergabedienstes* ein.

Diese – in ihrem vom Herrn selbst erhaltenen Weitergabedienst de facto enthaltene – Beauftragung zur Weitergabe ihres Weitergabedienstes haben die Apostel dann ihrerseits erfüllt. Sie haben das ihnen gegebene Amt, das Offenbarte (nota bene: nicht die unübertragbare Bestimmtheit ihres persönlichen Lebens durch das Widerfahrnis des Offenbarungsgeschehens – der Verklärung und Auferstehung – selbst [860], sondern nur das von Christus selbst gegebene *Amt* der Weitergabe) weiterzugeben, selbst weitergegeben an Nachfolger:

„Aus diesem Grunde trugen die Apostel in dieser hierarchisch geordneten Gesellschaft für die Bestellung von Nachfolgern Sorge." (LG 20) – „Damit das Evangelium in der Kirche für immer unversehrt und lebendig bewahrt werde, haben die Apostel Bischöfe als ihre Nachfolger zurückgelassen und ihnen ihr eigenes Lehramt [suum ipsorum locum magisterii] überliefert' [Fußnotenhinweis: Irenäus, gegen die Häresien III, 3,1: E.H.]." (DV 7) – „Die Apostel ‚übertrugen, damit die ihnen anvertraute Sendung nach ihrem Tod fortgesetzt werde, ihren unmittelbaren Mitarbeitern gleichsam nach Art eines Testamentes die Aufgabe, das von ihnen begonnene Werk zu vollenden und zu festigen, wobei sie ihnen ans Herz legten, auf die gesamte Herde achtzuhaben, in die sie der Heilige Geist hineinstellte, die Kirche Gottes zu weiden. Daher setzten sie derartige Männer ein und gaben dann die Anordnung, daß nach ihrem Hingang bewährte Männer ihren Dienst aufnähmen' (LG 20)" (861).

Weil diese Übertragung des Weitergabedienstes, der den Aposteln durch den Herrn gegeben ist, durch die Apostel selbst an ihre Nachfolger in jenem Amt, das sie vom Herrn, dem Ursakrament, zur Fortsetzung seines geistlichen Wirkens empfangen haben und das daher „Sakrament" genannt

---

[42] Vgl. E. HERMS/L. ŽAK (Hgg.), Sakrament und Wort (o. Anm. 2).

wird, de facto *mitenthalten* ist, deshalb wird nicht nur der apostolische Weitergabedienst, sondern auch die *Weitergabe* dieses Weitergabedienstes „*Sakrament*" genannt:

> „Das Dienstamt in der Kirche wird durch ein eigenes *Sakrament* übertragen."
> (KKK 875) – Das Dienstamt „ist eines der Mittel, durch die Christus seine Kirche
> unablässig aufbaut und leitet. Deshalb wird es durch ein eigenes *Sakrament* übertragen, durch das *Sakrament der Weihe* [Kursivierungen E.H.]." (1547)

Durch das Sakrament der Weihe wird also bewirkt, daß das *Amt* des Weitergebens, das den Aposteln vom Herrn als ein *perennes* übergeben worden ist, auch tatsächlich in der Kirche *perenn* ausgeübt wird.

> „Die Weihe ist das Sakrament, durch welches die Sendung, die Christus seinen
> Aposteln anvertraut hat, in der Kirche weiterhin ausgeübt wird. *Sie* ist somit das
> *Sakrament des apostolischen Dienstes*." (1536)[43]

Das Bemerkenswerte dieser letzten Aussage: Sie unterscheidet nicht die als Sakrament bezeichnete *Weitergabe des apostolischen Weitergabedienstes* vom ebenfalls als Sakrament bezeichneten *apostolischen Weitergabedienst* selber. Sie spricht also dieselbe Qualität und Dignität der Einsetzung des Weitergabedienstes durch Christus selber auch dem Weitergeben des Weitergabedienstes durch die Apostel zu. Ersteres ist jedoch als Handeln Christi ein göttliches Handeln, das zweite hingegen als Handeln der Apostel ein Handeln von Menschen.

Diese Frage auf sich beruhen lassend sprechen die Texte dem Weihesakrament einen doppelten Effekt zu: Es bewirkt a), daß genau dasjenige Amt, welches Christus selbst den Aposteln anvertraut hat, und das daher in seinem Namen und in seiner Vollmacht ausgeübt wird, in der Kirche weiterhin ausgeübt wird; und es bewirkt b), daß dieses in Christi Namen und in seiner Vollmacht auszuübende Amt, das er selbst genau den Zwölf/Aposteln und niemandem sonst, anvertraut hat, auch von niemandem sonst ausgeübt wird als von Personen, denen es – jeweils durch die Hand der jeweils geweihten Nachfolger – von den Aposteln selbst übertragen ist. Es garantiert also, daß dieses Weitergabeamt, das Christus selbst an die Apostel gegeben und gebunden hat, in der Kirche kontinuierlich ausgeübt wird, in der Weise, in der es von Christus begründet ist, nämlich gebunden an die Apostel:

> „,Wie aber das Amt fortdauert, das vom Herrn in einzigartiger Weise Petrus, dem
> ersten der Apostel gewährt wurde und seinen Nachfolgern übertragen werden sollte, so dauert auch das Amt der Apostel, die Kirche zu weiden, fort, das von der ge-

---

[43] Beachte: Diese Formulierung unterscheidet nicht die als Sakrament bezeichnete *Weitergabe des apostolischen Weitergabedienstes* vom ebenfalls als Sakrament bezeichneten *apostolischen Weitergabedienst* selber.

heiligten Ordnung der Bischöfe immerwährend ausgeübt werden muß'. Darum lehrt die Kirche ‚daß die Bischöfe aufgrund göttlicher Einsetzung an die Stelle der Apostel nachgerückt sind, gleichsam als Hirten der Kirche; wer sie hört, hört Christus, und wer sie verachtet, verachtet Christus und den, der Christus gesandt hat' (LG 20)." (862) – „Indem der auferstandene Christus den Aposteln den Heiligen Geist spendet, vertraut er ihnen seine Heiligungsgewalt an; die Apostel werden sakramentale Zeichen Christi. Durch die Kraft desselben Heiligen Geistes vertrauen sie diese Heiligungsvollmacht ihren Nachfolgern an. Diese ‚apostolische Sukzession' durchformt das ganze liturgische Leben der Kirche. Sie ist sakramental und wird durch das Weihesakrament weitergereicht." (1087) – Diese apostolische Sukzession hält „durch das Weihesakrament die brüderliche Eintracht der Familie Gottes aufrecht." (1120) – Denn: Das durch das Sakrament der Weihe übertragene, also in der apostolischen Sukzession stehende Amt „gewährleistet, daß in den Sakramenten wirklich Christus durch den heiligen Geist für die Kirche am Werk ist. Die Heilssendung, die der Vater seinem Mensch-gewordenen Sohn anvertraut hat, wird von ihm den Aposteln und durch sie ihren Nachfolgern anvertraut: sie erhalten den Geist Jesu, um in seinem Namen und in seiner Person zu handeln [Fußnotenhinweis auf Jo 20,21–23; Lk 24,47; Mt 28,18–20: E.H.]. So bildet das geweihte Amt das sakramentale Band, das die liturgische Handlung mit dem verbindet, was die Apostel gesagt und getan haben. Durch die Apostel wird die Verbindung mit dem hergestellt, was Christus, der Ursprung und Urgrund der Sakramente gesagt und getan hat." (1120)

Damit ist gesagt, daß die Kirche überhaupt nur vermöge des Weihesakramentes und des durch es weitergegebenen Amtes ihren geschichtlichen Charakter als *Kirche Jesu Christi* wahrt. Das kommt in einer Spitzenaussage Johannes Pauls II. zum Ausdruck:

„Successio haec omnino est essentialis, ut adsit proprio sensu plenoque Ecclesia." (EdE 28)

Er besagt, daß die durch die Weitergabe des apostolischen Dienstes durch das Weihesakrament gewahrte Sukzession wesentlich ist für das Realsein von Kirche im eigentlichen und vollen Sinne: eben als das neue Gottesvolk, *in* welchem sein Grund allen seinen Gliedern *gegenüber* anwesend und wirksam ist. Die Widergabe dieses Satzes in der offiziellen Übersetzung der deutschen Bischofskonferenz ist demgegenüber schlicht sinnentstellend:

„Diese Sukzession ist wesentlich, weil auf ihr die Kirche im eigentlichen und letzten Sinne gründet." (EdE 28).[44]

---

[44] Die Übersetzung insinuiert, daß der Papst hier einfach nur die Aussage von LG 19 variiert: „Apostoli […] praedicando ubique Evangelium (cf. Marc. 16,20), ab audientibus Spiritu Sancto operante acceptam, Ecclesiam congregant universalem, quam Dominus *in Apostolis condidit* [Kursivierung E.H.] et supra beatum Petrum, eorum principem, aedificavit, ipso summo angulari lapide Christo Iesu […]". In Wahrheit *interpretiert* der Papst hier jedoch diese Aussage so, daß er sie vor dem Mißverständnis bewahrt, die Kirche sei erst *durch* die nachösterliche Predigt der Apostel begründet worden, während sie tatsächlich schon von Jesus selbst vor Ostern gesammelt wurde. Vgl. hierzu o. S.76–82.

Denn sie besagt, daß die Sukzession selbst der Grund für die Kirche im eigentlichen und vollen Sinne sei. Das wäre strikt gegen die hier schon früher
nachgezeichnete Lehre des Zweiten Vatikanischen Konzils und des KKK,
daß eben nichts anderes als der allgemeine Glaube „den Petrus *bekannte*"
das Fundament (der Fels) ist, auf den Christus seine Kirche gründet; und
zwar deshalb, weil dieser von Petrus bekannte Glaube, also das Glaubensbekenntnis des Petrus, von Christus selbst als wahr anerkannt ist, und dies
wiederum genau deshalb, weil dieses Glaubensbekenntnis das Offenbarsein des Vaters im Sohn durch den Geist ausspricht und damit eben diese
Selbstvergegenwärtigung des dreieinigen Gottes, der Wahrheit selbst, auch
als den schaffenden Grund der Gemeinschaft (des neuen Volkes Gottes),
in dem Petrus sich vorfindet, anerkennt. Die ekklesiologische Bedeutung
der durch das Weihesakrament realisierten apostolischen Sukzession versteht sich nicht selbst als *Grund* der Kirche, sondern gerade umgekehrt als
die notwendige *Bedingung dafür, daß in der Kirche ihr wahrer Grund anwesend
und wirksam bleibt*: eben
   – erstens das von Christus selbst bestätigte wahre Bekenntnis zu ihm als
dem Christus, dem Sohn des lebendigen Gottes,
   – zweitens das von ihm selbst gestiftete Gedächtnis seines (die Menschen
mit Gott versöhnenden) Opfertodes und
   – drittens die von ihm selbst gegebene Struktur des neuen Gottesvolkes,
   und vermöge dieses den Aposteln zu tradieren gegebenen „depositum
revelationis seu fidei"[45] der Grund und Gegenstand des Glaubens und seines Bekenntnisses: die sich durch den Geist der Wahrheit selbst präsentie-
rende Wahrheit der Selbstverkündigung Jesu als des Sohnes des Vaters, in
dem das Innerste des Vaters offenbar ist.
   Was im Weihesakrament weitergegeben wird – also der Dienst der Weitergabe dessen, was durch Christus den Aposteln weiterzugeben gegeben
ist (das sind: erstens die „dicta" des wahren Christusbekenntnisses, zweitens die Gegenwärtighaltung seines Opfertodes in der von ihm selbst eingesetzten Feier des Gedächtnisses dieses Opfers und drittens die Struktur des neuen Gottesvolkes, in dem durch den apostolischen Dienst der
Grund der Gemeinschaft in ihr allen ihren Gliedern gegenüber anwesend
und wirksam ist) –, das dient gerade dazu, den Grund der Kirche, Christus, in ihr und allen ihren Gliedern gegenüber anwesend und wirksam zu
erhalten und damit auch der Wahrung der Differenz zwischen dieser Gemeinschaft und ihrem Grund. Indem Christus den apostolischen Dienst
in seiner dreifachen Ausprägung dafür gebraucht, selbst sich selber als der
schaffende Grund seiner Gemeinschaft in dieser allen ihren Gliedern gegenüber innergeschichtlich gegenwärtig zu halten, benutzt er ihn, um sich *in*

---

[45] Vgl. o. Anm. 39.

der Gemeinschaft und *allen* ihren Gliedern *gegenüber* (also auch gegenüber den Inhabern des apostolischen Dienstes) als denjenigen präsent zu *erhalten*, der die von ihm geschaffene innergeschichtliche Gemeinschaft – samt ihrer Ordnung, also in der Unterschiedenheit von allen Glaubenden und Inhabern des apostolischen Dienstamtes – *vor und ohne* Benutzung des apostolischen Dienstamtes geschaffen hat und erhält, *in der* er allen ihren Gliedern *gegenüber* sich und seinen Geist *durch* den apostolischen Weitergabedienst innergeschichtlich wirksam erhält.

Alle Aussagen römisch-katholischer Lehrtexte, die von den Aposteln, ihrem Dienst, seiner Weitergabe durch das Weihesakrament und seiner kontinuierlichen Ausübung durch die Bischöfe und den Papst sprechen als vom Fundament der Kirche und ihrer Einheit (etwa LG 19, KKK 857), sind der Sache nach nur recht verstanden, wenn das dort ausgesagte *Fundamentsein* des apostolischen Dienstes bezogen (also auf gut Lateinisch: relativiert) wird auf *sein eigenes Fundiertsein durch das eigene Kirche schaffende und erhaltende Wirken Christi* als Prophet, Priester und Hirte, das nicht in die Vergangenheit fällt, sondern das Wirken des auferstandenen „Christus *semper praesens*" ist.

Aufgrund dieses seines eigenen Fundamentes kann und muß der apostolische Dienst (als *Dienst* am Fundament) übertragen werden: im Weihesakrament. Im Weihesakrament wird weiteregegeben

– dieser *Dienst am Fundament*,

– *nicht* aber das Fundament selbst (die Selbstvergegenwärtigung der Wahrheit der Botschaft und des Glaubens); und auch

– *nicht* die durch die geistliche Selbstvergegenwärtigung der Wahrheit der Botschaft und des Glaubens begründete persönliche Teilhabe an diesem Fundament (860), die vielmehr allein durch Taufe, Firmung und Eucharistie schon zuvor gegeben ist.

7. *Die Vollzugsform des Weihesakraments*

Damit kommen wir zur Vollzugsform dieses Sakramentes. Was wird in ihm übertragen (1)? Wie wird es übertragen (2)? Wer kann das zu Übertragende übertragen (3)? Wer kann das zu Übertragende empfangen (4)? Muß das zu Übertragende immer zur Gänze und uneingeschränkt oder kann es auch zum Teil und in abgestufter Weise übertragen werden (5)? Gibt es einen Anspruch auf Empfang des zu Übertragenden und eine Pflicht zur Übertragung des zu Übertragenden (6)?

7.1. *Was* wird übertragen? – Antwort: Durch das Weihesakrament wird der es empfangenden Person eben derjenige Weitergabedienst übertragen, welchen Christus selbst den Aposteln gegeben hat und der unter der göttlichen Verheißung steht, daß Christus selbst in ihm, also *in diesem kirchlichen Dienst* der geweihten Person, in seiner Kirche gegenwärtig und wirksam sein wird.

„Christus selbst ist *im kirchlichen Dienst* [Kursivierung E.H.] des geweihten Priesters in seiner Kirche zugegen als Haupt seines Leibes, Hirt seiner Herde, Hoherpriester des Erlösungsopfers und Lehrer der Wahrheit. Die Kirche bringt dies zum Ausdruck, indem sie sagt, daß der Priester kraft des Weihesakramentes ‚in der Person Christi des Hauptes‘ [in persona Christi Capitis] handelt." (1548)

Aus dem ersten Satz dieser Passage ergibt sich klar, daß der zweite besagt: In Ausübung des ihm übertragenen Dienstes, und nur in ihr, handelt der Diener „in persona Christi Capitis."

Diese Ausübung des Dienstes kann keine andere sein als eine leibhaft-sichtbare. Somit ist es auch diese leibhaft-sichtbare Ausübung des Amtes, in der sichtbar wird, daß Christus in seiner Gemeinschaft gegenwärtig und wirksam ist.

„Durch das geweihte Amt, vor allem durch das der Bischöfe und Priester, wird sichtbar [visibilis fit],[46] daß Christus als Haupt der Kirche inmitten der Gemeinschaft der Glaubenden gegenwärtig ist. Nach einem schönen Wort des heiligen Ignatius von Antiochien ist der Bischof *typos tou patros*, ‚Abbild des Vaters‘ (Trall. 3, 1)." (1549).

Auch das ist von der *Amtsausübung* der geweihten Person gesagt. In dieser handelt der Amtsträger auch im Namen der Kirche, führt er das „Wir" der Glaubensgemeinschaft im Munde. Insbesondere in der Liturgie und ihrem Zentrum, der Feier der Eucharistie. Nun ist diese die Aktion Christi selbst, in die er eine Gemeinde einbezieht, das Opfer Christi, in das er das Opfer der ganzen Gemeinde einbezieht. Wenn also der Amtsträger im Vollzug der eucharistischen Feier auch die Gemeinde repräsentiert, so ist dies darin begründet, daß Christi eigenes Handeln in seinem Handeln sichtbar wird:

„Das Amtspriestertum hat nicht nur zur Aufgabe, Christus, das Haupt der Kirche, vor der Versammlung der Gläubigen zu repräsentieren, es handelt auch im Namen der ganzen Kirche, wenn es das Gebet der Kirche an Gott richtet, vor allem, wenn es das eucharistische Opfer darbringt". (1552) – „Das Gebet und das Opfer der Kirche lassen sich vom Gebet und Opfer Christi, ihres Hauptes, nicht trennen. Es handelt sich stets um den Kult, den Christus in seiner Kirche und durch sie darbringt. Die ganze Kirche, der Leib Christi, betet und bringt sich ‚durch ihn und mit ihm und in ihm‘ in der Einheit des Heiligen Geistes Gott dem Vater dar. […] Deshalb werden jene, die […] das Dienstamt innehaben, nicht nur Diener Christi, sondern auch Diener der Kirche genannt. Das Amtspriestertum kann die Kirche deshalb repräsentieren, weil es Christus repräsentiert." (1553)

---

[46] Die offizielle deutsche Version des KKK übersetzt falsch: „wird sichtbar gemacht".

7.2. *Wie* wird dieses „tradendum" übertragen? – Nach urkirchlichem Vorbild dadurch, daß die das Amt übertragende Person der es empfangenden die Hand auflegt unter und mit einem Weihegebet um Verleihung der für den zu übertragenden Dienst erforderlichen Gaben.

„Aufgrund der Überlieferung nämlich, die vorzüglich in den liturgischen Riten und in der Übung der Kirche des Ostens wie des Westens deutlich wird, ist es klar, daß durch die Handauflegung und die Worte der Weihe die Gnade des Heiligen Geistes übertragen und das heilige Prägemal so verliehen wird, daß die Bischöfe in hervorragender und sichtbarer Weise die Aufgabe Christi selbst, des Lehrers, Hirten und Priesters, innehaben und in seiner Person handeln:" (LG 21) – „Die Handauflegung durch den Bischof und das Weihegebet bilden das sichtbare Zeichen dieser Konsekration." (1538; vgl. auch 1572–1574)

Dies geschieht innerhalb der Eucharistiefeier der Gemeinde in der Kirche, die der Amtssitz des zukünftigen Amtsträgers ist. Der Kernritus wird gerahmt von Eröffnungsriten, die der Vorstellung des zu Weihenden, seiner Befragung und der Veröffentlichung seiner der Ordnung der Kirche entsprechenden Auswahl dienen, und durch Folgeriten, die das Vollzogensein des Sakraments symbolisieren: Bischof und Priester erhalten den Chrisam, der Bischof das Evangelienbuch, Ring, Mitra und Stab, dem Priester werden Patene und Kelch überreicht, dem Diakon das Evangelienbuch (1572–1574).

7.3. *Wer* kann das „tradendum" *übertragen*? – Antwort: Dieses „tradendum" kann nur eine Person übertragen, der es selbst zu übertragen gegeben ist, also nach katholischer Lehre nur ein Apostel oder eine Person, der der apostolische Dienst zur *Gänze* durch die in der apostolischen Sukzession stehende Weihe übertragen ist, also nach römisch-katholischer Lehre ein Bischof.

„Die gültig geweihten, das heißt in der apostolischen Sukzession stehenden Bischöfe, sind die gültigen Spender [...] des Weihesakramentes." (1576)

7.4. *Wer* kann das „tradendum" *empfangen*? – Antwort des CIC can. 1924:

„Die heilige Weihe empfängt gültig nur ein getaufter Mann [vir]"

Begründung: Das Vorbild Christi und der Apostel.

„Jesus, der Herr, hat Männer (viri) gewählt, um das Kollegium der zwölf Apostel zu bilden, und die Apostel taten das gleiche, als sie Mitarbeiter wählten, die ihnen in ihren Aufgaben nachfolgen sollten. [...] Die Kirche weiß sich durch diese Wahl, die der Herr selbst getroffen hat, gebunden. Darum ist es nicht möglich, Frauen zu weihen." (1577)

Als Ordnung der lateinischen Kirche gilt, daß – mit Ausnahme der Diakone – alle geweihten Amtsträger „normalerweise" aus den glaubenden Männern gewählt werden,

„die zölibatär leben und den Willen haben, den Zölibat ,um des Himmelreiches willen' (Mt 19,12) beizubehalten. Dazu berufen, sich ungeteilt dem Herrn und seiner ,Sache' zu widmen, geben sie sich ganz Gott und den Menschen hin. Der Zölibat ist ein Zeichen des neuen Lebens, zu dessen Dienst der Diener der Kirche geweiht wird: mit freudigem Herzen auf sich genommen, kündigt er strahlend das Reich Gottes an". (1579)

7.5. Muß das zu Übertragende immer zur *Gänze* und uneingeschränkt oder kann es auch *zum Teil* und in *abgestufter Weise* übertragen werden? – Ja, nach römisch-katholischer Lehre kann das „tradendum" des apostolischen Dienstes auch nur zum Teil und in abgestufter Weise durch das Weihesakrament weitergegeben werden.

Zur *Gänze und nicht abgestuft* wird es nur in der Weihe eines Bischofs übertragen. In dieser Weihe wird der empfangenden Person das apostolische Dienstamt in allen seinen drei Gestalten und in jeder seiner Gestalten uneingeschränkt übertragen:

„,Die Bischofsweihe [...] überträgt mit dem Amt der Heiligung auch die Ämter des Lehrens und des Leitens'. Es wird ,offensichtlich, daß durch das Auflegen der Hände und die Worte der Weihe die Gnade des Heiligen Geistes so übertragen und die heilige Prägung so aufgedrückt wird, daß die Bischöfe in hervorragender und sichtbarer Weise die Aufgaben Christi selbst, des Lehrers, Hirten und Priesters, übernehmen und in seiner Person handeln (in eius persona agant)' (LG 21). ,Daher sind die Bischöfe durch den Heiligen Geist, der ihnen mitgeteilt worden ist, wahre und authentische Lehrer des Glaubens, Priester und Hirten geworden' (CD 2)." (1558)

Zur *Gänze*, aber hinsichtlich des Lehr- und Leitungsamtes in einer dem Bischof *nach*- und *bei*-, also auch *unter*geordneten Weise wird der apostolische Dienst durch die Weihe dem *Priester* übertragen.

Den Priestern ist der bischöfliche Dienst „,in untergeordnetem Rang übertragen worden; als Glieder des Priesterstandes sollten sie, in der rechten Erfüllung der ihnen von Christus anvertrauten Sendung, Mitarbeiter des Bischofsstandes sein' (PO 2)." (1562) – In der Ausübung ihres Priester-, Lehr- und Leitungsamtes „hängen sie ab" vom Bischof (1564). – „,In den einzelnen örtlichen Gemeinden der Gläubigen machen sie den Bischof, mit dem sie in vertrauensvoller und hochherziger Gesinnung verbunden sind, gewissermaßen gegenwärtig, nehmen entsprechend ihrem Amt seine Aufgabe und seine Sorgen auf sich und stellen sich täglich in ihren Dienst' (LG 28). Die Priester dürfen ihren Dienst nur in Abhängigkeit vom Bischof und in Gemeinschaft mit ihm ausüben. Das Gehorsamsversprechen, das sie bei der Weihe dem Bischof geben, und der Friedenskuß des Bischofs am Schluß der Weiheliturgie sind ein Zeichen dafür, daß der Bischof sie als seine Mitarbeiter, seine Söhne, seine Brüder und seine Freunde ansieht, und daß sie ihm dafür Liebe und Gehorsam schulden." (1567)

Nicht übertragen wird ihnen die Vollmacht, das Weihesakrament zu spenden. Die der Handauflegung des Bischofs folgende Handauflegung durch andere Priester drückt nicht eine diesen eignende Weihevollmacht aus, sondern nur die Einheit des Priesterstandes (1568).

Den Diakonen wird durch die Weihe gar kein eigener Anteil am apostolischen Dienst, sondern nur ein *Dienst am apostolischen Dienst* übertragen:

„Aufgabe der Diakone ist es unter anderem, dem Bischof und den Priestern bei der Feier der göttlichen Geheimnisse, vor allem der Eucharistie, zu helfen, die heilige Kommunion zu spenden, der Eheschließung zu assistieren und das Brautpaar zu segnen, das Evangelium zu verkünden und zu predigen, den Begräbnissen vorzustehen und sich den verschiedenen karitativen Diensten zu widmen." (1570)

7.6. Gibt es einen *Anspruch* auf Empfang des zu Übertragenden? Und eine *Pflicht* zur Übertragung des zu Übertragenden? – Die erste Frage wird ausdrücklich – ein deutlicher Unterschied etwa zum Sakrament der Eucharistie oder der Versöhnung oder der Krankensalbung – mit „Nein" beantwortet. Vielmehr wird das Amt nur durch innere und äußere Berufung zuteil.

„Niemand hat ein Recht darauf, das Sakrament der Weihe zu empfangen. Keiner maßt sich dieses Amt selbst an. Man muß dazu von Gott berufen sein. Wer Anzeichen wahrzunehmen glaubt, daß Gott ihn zum geweihten Dienst beruft, muß seinen Wunsch demütig der Autorität der Kirche unterbreiten, der die Verantwortung und das Recht zukommt, jemanden zum Empfang der Weihen zuzulassen. Wie jede Gnade kann auch dieses Sakrament nur als ein unverdientes Geschenk *empfangen* werden." (1578)

Die zweite Frage wird weder aufgeworfen noch beantwortet. Das ist insofern überraschend, als ja den Aposteln die Weitergabe des Weitergabedienstes, den Christus bis ans Ende der Zeiten haben will, *aufgetragen*, also zur heiligen *Pflicht* gemacht ist. Soweit ich sehe, ist aber in den Lehrtexten nur von der „Verantwortung und dem Recht" die Rede, jemanden zum Empfang der Weihen zuzulassen". *Zum Thema Pflicht der Apostel und ihrer Nachfolger zur Weitergabe ihres Dienstes und zu den Fragen, wie diese Pflicht gegebenenfalls wahrzunehmen wäre, schweigen die Lehrtexte vollständig.*

8. Der Effekt des Weihesakraments

8.1. Eine unmißverständliche positive Bestimmung des Effekts des Weihesakraments auf Seiten seines Empfängers ist nur vor dem Hintergrund seiner negativen Bestimmung möglich, vor dem Hintergrund einer Klarstellung dessen, was mit Sicherheit *nicht* Effekt des Weihesakramentes ist:

Durch das Weihesakrament wird *nicht* die Einheit des Priestertums Christi und auch *nicht* die Einheit und Gleichheit der Anteilhabe aller Glieder des Gottesvolkes an ihm durch die Taufe und die übrigen Sakramente der Initiation und der Heilung angetastet. Nicht die Einheit des Priestertums Christi, weil das Priestertum Christi, an dem das Weihesakrament Anteil gibt, kein anderes ist als dasjenige, an dem Taufe, Firmung, Eucharistie, das Sakrament der Versöhnung und der Krankensalbung Anteil gibt. Und auch nicht die Einheit und Gleichheit der Anteilhabe aller Glieder des Gottesvolkes an diesem einen Priestertum Christi, einschließlich der Empfänger des Weihesakramentes, weil die durch die Sakramente der Initiation und der Heilung vermittelte Anteilhabe auch dieser Glieder des Gottesvolkes an dem einen Priestertum Christi die Möglichkeitsbedingung für den Empfang und die Ausübung des Weihesakramentes ist. Das Weihesakrament *überbietet nicht* die durch diese Sakramente vermittelte Anteilhabe am Priestertum Christi, kann sie *nicht ersetzen* und macht sie natürlich für seinen Empfänger auch *nicht überflüssig*.

Grund: Das eine Priestertum Christi ist das eine und einzige Mittel Gottes zur Versöhnung, Heiligung und Beseligung aller Glieder des Gottesvolkes und überhaupt aller Menschen, und die Sakramente der Initiation und Heilung sind für alle Glieder des Gottesvolkes das eine und einzige Mittel, an diesem heiligenden Selbstopfer Gottes Anteil zu gewinnen. Daran ändert der Empfang des Weihesakramentes nichts. Seine Empfänger bleiben wie alle Glieder des Gottesvolkes für ihre eigene Heiligung und ihre eigene Erlangung der Seligkeit angewiesen auf den Empfang der Sakramente der Initiation und Heilung. Der Empfang des Sakramentes der Weihe vermag den Empfang dieser Sakramente nicht zu ersetzen.

Denn: Der Effekt des Weihesakramentes ist überhaupt nicht von gleicher Art wie der Effekt dieser Sakramente. Er besteht nicht darin, persönlich einen besonderen, gesteigerten Anteil am versöhnenden und heiligenden Priestertum Christi zu erlangen. Vielmehr besteht er nur darin, daß sein Empfänger, wie schon das Florentinum sagte, ein solches „augmentum gratiae" empfängt, welches erforderlich ist, daß er als Diener Christi „geeignet" („idoneus") wird (DS 1326: „ut quis sit idoneus Christi minister"; wieder aufgegriffen: KKK 859 und in der deutschen Version durch „bevollmächtigt" widergegeben), also geeignet, Christus in der versöhnenden und heiligenden Anteilgabe an seinem Priestertum für alle Glieder des Gottesvolkes durch die Sakramente der Initiation und Heilung zu dienen, und zwar durch die Ausübung eben desjenigen Hilfsdienstes, den Christus selbst den Aposteln als einen immerwährenden und daher weiterzugebenden auferlegt hat. Dieser Hilfsdienst ist zufolge DV 7: die treue Weitergabe des von Christus *Offenbarten* („revelata"), das sie von ihm als „tradendum" empfangen haben und das er als das *Mittel für die Permanenz seines eigenen Offenbarungs- und Heiligungswirkens* haben will:

– der „dicta" des wahren Bekenntnisses,

– der Vergegenwärtigung des Opfers Christi in der Feier seines Gedächtnisses und

– des apostolischen Dienstes in der Gemeinde gegenüber allen ihren Gliedern.

Das „augmentum gratiae", das als Grund des Geeignetseins als „Christi minister" durch den Empfang des Weihesakramentes verliehen wird, stellt die Einheit der heiligenden Gnade, die durch die Sakramente er Initiation und der Heilung vermittelt wird, und die lebenslange Angewiesenheit *aller* Glieder des Gottesvolkes so wenig in Frage wie der Empfang irgendeines anderen besonderen, zu besonderem Dienst befähigenden, Charismas. So wenig wie der Empfang eines solchen Charismas ein Glied des Gottesvolkes von der dauernden Angewiesenheit auf die Gnadenwirkung der Sakramente der Initiation und Heilung emanzipiert, so wenig bewirkt dies dasjenige „augmentum gratiae", welches dem Empfänger des Weihesakramentes zuteilwird. Dies „augmentum gratiae" bewirkt *nicht einen gesteigerten Anteil* an der heiligenden Gnade, die durch die Sakramente der Initiation und Heilung vermittelt wird, sondern ein *besonderes Verhältnis* zu diesen Sakramenten und zu der durch sie vermittelten heiligenden Gnade: eben das Verhältnis, *sich Christus* als dem eigentlichen Akteur in diesen Sakramenten durch die Ausübung des apostolischen Dienstes *als Werkzeug zur Verfügung zu stellen. Das* halten LG 10 und KKK 1547 fest, wenn sie davon sprechen, das durch das Weihesakrament begründete Amtspriestertum sei von „*anderer Art*" als das „gemeinsame Priestertum", an welchem Christus durch die Sakramente der Initiation und der Heilung Anteil gibt.

8.2. Damit ist der Horizont abgesteckt, innerhalb dessen sich die Sachintention der Aussagen des zweiten Vatikanums und der ihm folgenden Lehrtexte, einschließlich der Aussagen des KKK, bewegt. Sie alle intendieren nichts als *Implikate des einen Grundeffektes dieses Sakramentes*: Übertragung des Dienstes, den Christus als das Instrument seines Selbsthandelns den Aposteln auferlegt und weiterzugeben gegeben hat, so, daß die Empfänger durch diese Übertragung „bestellt werden" („instituuntur"), also *ermächtigt und verpflichtet* werden, diesen Dienst auszuüben:

„Wer […] unter den Gläubigen die heilige Weihe empfängt, wird im Namen Christi dazu bestellt, die Kirche durch das Wort und die Gnade Gottes zu weiden" (LG 10; so auch KKK 1535).

Die Realität, die hier in der Wendung „die Kirche durch das Wort und die Gnade Gottes weiden" angesprochen wird, ist keine andere als diejenige, welche in DV 7[47] als „Mitteilung göttlicher Gaben" durch die Ausübung

---

[47] Zitiert oben Ziffer 4.2.1.

des von Christus den Aposteln auferlegten Weitergabeamtes angesprochen
und auch LG 26 (Absatz 3) beschrieben wird.

8.2.1. Weil das apostolische Dienstamt – einschließlich seines perennen
Charakters, der die Möglichkeit und Pflicht zur Weitergabe dieses Amtes
einschließt – von Christus selbst eingerichtet und gegeben ist, geht auch
seine Weitergabe an den Empfänger des Weihesakramentes auf Christus
selbst zurück. Auch die Spendung des Weihesakramentes ist Instrument
des eigenen Handelns Christi (geschieht „im Namen" und „in der Person Christi"). Der Empfänger wird *von Christus selbst* zu diesem Dienst ermächtigt und verpflichtet.

„Von ihm [Christus selbst] empfangen die Bischöfe und Priester die Sendung und
die Vollmacht [sacra potestas], ‚in der Person Christi des Hauptes' [in persona Christi Capitis] zu handeln." (875) – Das Wort „ordinatio" bezeichnet heute den „sakramentalen Akt", „der in die Körperschaft der Bischöfe, der Priester und der Diakone
eingliedert. Er geht über eine bloße Wahl, Bestimmung, Delegation oder Einsetzung
durch die Gemeinschaft hinaus, denn er verleiht eine Gabe des Heiligen Geistes, die
eine ‚heilige Gewalt' [sacra potestas] auszuüben gestattet, die nur *von Christus selbst*
[Kursivierung E.H.], durch seine Kirche, verliehen werden kann." (1538)

Nun sind die Beziehungen, in die Christus Menschen zu sich versetzt, kraft
der Natur ihres Autors, des inkarnierten Schöpferwortes, schlechthin bleibend. Sie sind – weil von Christus selbst gesetzte Bestimmtheiten seiner eigenen Lebensgegenwart – real als ein bleibender Charakter der Lebensgegenwart desjenigen Menschen, den Christus in eine bestimmte Beziehung
zu sich gesetzt hat, unverlierbar und unwiederholbar: so die Bestimmtheit
der Lebensgegenwart eines Menschen durch die Taufe, so die Bestimmtheit
durch die Firmung zum Zeugen der Christusoffenbarung und so auch die
Bestimmtheit zur Ausübung des apostolischen Hilfsdienstes, den Christus
als das Instrument seines eigenen hohepriesterlichen, prophetischen und
königlichen Handelns haben will.

„Wie bei der Taufe und der Firmung wird diese [verstehe: besonders geartete:
E.H.] Teilhabe am Amt Christi [nämlich „als Werkzeug Christi" der Kirche Christi zu „dienen" (vgl. 1581): E.H.] ein für allemal gewährt. Auch das Weihesakrament verleiht ein *unauslöschliches geistiges Zeichen* und kann weder wiederholt noch
auf Zeit gespendet werden." (1582)

So wenig wie Christus einen Menschen durch die Taufe auf Zeit in seine
Gemeinschaft aufnimmt, ihn durch die Firmung auf Zeit zu seinem Zeugen beruft, so wenig überträgt er ihm auf Zeit den apostolischen Hilfsdienst, den er haben will.

Was also das Leben des Empfängers des Weihesakramentes ein für allemal
bestimmt, ist sein *Inanspruchgenommensein durch Christus für den apostolischen
Hilfsdienst*. Dieses Inanspruchgenommensein ist bleibend – und zwar, weil
allein in Christus gründend, unabhängig von den persönlichen Fähigkei-

ten, Kräften und Schwächen des Empfängers des Weihesakramentes. Daß diese den Anforderungen des Dienstes, für den er in Anspruch genommen ist, immer entsprechen, ist durch den Empfang des Weihesakramentes also *nicht* garantiert (es bewirkt keinen Zustand höherer persönlicher Heiligkeit) – was ausdrücklich gesagt wird:

„Die Gegenwart Christi im Amtsträger ist nicht so zu verstehen, daß dieser gegen alle menschlichen Schwächen gefeit wäre: gegen Herrschsucht, Irrtümer, ja gegen Sünde. Die Kraft des Heiligen Geistes bürgt nicht für alle Taten des Amtsträgers in gleichem Maße. Während bei den Sakramenten die Gewähr gegeben ist, daß selbst die Sündhaftigkeit des Spenders die Frucht der Gnade nicht verhindern kann, gibt es viele andere Handlungen [und das sind eben alle weiteren Handlungen in Ausübung des apostolischen Dienstes: E.H.], bei denen das menschliche Gepräge des Amtsträgers Spuren hinterläßt, die nicht immer Zeichen der Treue zum Evangelium sind und infolgedessen der apostolischen Fruchtbarkeit der Kirche schaden können." (1550) – „Letztlich handelt Christus selbst durch den geweihten Diener und wirkt durch ihn das Heil. Dessen Unwürdigkeit kann Christus nicht am Handeln hindern." (1584)

8.2.2. Den Dienst, zu dem Christus selbst den Empfänger des Weihesakramentes ermächtigt und verpflichtet, diesen Dienst will Christus haben als das Instrument seiner eigenen innergeschichtlichen Gegenwart und geistlichen Wirksamkeit in der Gemeinde und allen ihren Gliedern gegenüber. Somit ist es der Amtsträger-*in-Ausübung-seines-ihm-von-Christus übertragenen-Dienstes*, welcher in der Gemeinschaft Christus vertritt, sein „vicarius" ist (894 [LG 27], 1560; 1581: „legatus").

8.2.3. Diese Rede von „Stellvertretung" meint aber, wie Johannes Paul II. eingeschärft hat, *nicht*, daß Christus *etwa nicht selbst* in der Ausübung des apostolischen Dienstes durch den Amtsträger anwesend wäre. Vielmehr, in der Ausübung des apostolischen Dienstes durch den Amtsträger, dem dieser Dienst von Christus selbst übertragen ist, ist Christus selbst anwesend:

„In den Bischöfen, denen die Priester zur Seite stehen, ist also inmitten der Gläubigen der Herr Jesus Christus, der Hohepriester, anwesend." (LG 21) – Christus ist „immer bei seiner Kirche, besonders in den liturgischen Handlungen. Gegenwärtig ist er im Opfer der Messe, sowohl in der Person des Dieners [...] als auch vor allem unter den eucharistischen Gestalten." (1088) – „Christus selbst ist im kirchlichen Dienst des geweihten Priesters in seiner Kirche zugegen als Haupt seines Leibes, Hirt seiner Herde, Hoherpriester des Erlösungsopfers und Lehrer der Wahrheit." (1548) – „Durch das geweihte Amt, vor allem durch das der Bischöfe und Priester, wird sichtbar, daß Christus als Haupt der Kirche inmitten der Gemeinschaft der Gläubigen gegenwärtig ist." (1549)

8.2.4. Somit ist auch der Amtsträger *in Ausübung seines Dienstes*, also vermöge der Anwesenheit Christi selbst in diesem Dienst, „Ikone" Christi, „sakramentales Zeichen Christi", mit ihm „sakramental identifiziert", „Typos des Vaters".

„Der geweihte Amtsträger ist gleichsam die ‚Ikone' Christi, des Priesters." (1142) –
In Ausübung seines Dienstes agiert der geweihte Amtsträger in „sakramentaler
Identifizierung mit dem ewigen Hohenpriester" (EdE 29) – Durch ihre Berufung
zu ihrem Dienst werden „die Apostel [...] sakramentale Zeichen Christi". (1549) –
Nach einem schönen Wort des heiligen Ignatius von Antiochien ist der Bischof ty-
pos tou patros, ‚Abbild des Vaters' (Trall. 3,1)." (1549)

8.2.5. Den Amtsträger-in-Ausübung-seines-Dienstes – also genau desjenigen Dienstes, zu dem der Empfänger des Weihesakramentes ermächtigt und verpflichtet ist, also diesen seinen „vicarius", in dem er selbst gegenwärtig ist – will Christus als das „Instrument seines *eigenen* Wirkens":

Vom „zur Rechten des Vaters" sitzenden „Herrn Jesus Christus" – „der Versammlung seiner Bischöfe nicht fern", sondern „in" ihnen „inmitten der Gläubigen"
„anwesend" – heißt es: „vorzüglich durch ihren erhabenen Dienst verkündet *er*
[der zur Rechten des Vaters erhöhte Herr Christus] allen Völkern Gottes Wort und
spendet den Glaubenden immerfort die Sakramente des Glaubens. Durch ihr vä-
terliches Amt (vgl. 1 Ko 4,15) fügt *er* seinem Leib kraft der Wiedergeburt von oben
neue Glieder ein. Durch ihre Weisheit und Umsicht endlich lenkt und ordnet *er*
das Volk des neuen Bundes auf seiner Pilgerschaft zur ewigen Seligkeit [Kursivie-
rungen: E.H.]." (LG 21) – Das Weihesakrament bewirkt, daß sein Empfänger „als
Werkzeug Christi seiner Kirche diene." (1581)

8.2.6. Weil die Ausübung des von Christus übertragenen Dienstes in der
Anwesenheit Christi erfolgt und weil dieser den Dienst als sein Werkzeug
gebraucht, deshalb wird der Dienst getan „im Namen und in der Person
Christi des Hauptes" selbst:

Durch das Weihesakrament vertraut Christus selbst seinen Empfängern den apostolischen Dienst an, „um in seinem Namen und in seiner Person zu handeln." (1120) –
Durch den Empfang des Weihesakramentes werden seine Empfänger „befähigt", „in
der Person Christi, des Hauptes, zu handeln, um allen Gliedern der Kirche zu dienen" (1142) – „Christus selbst ist im kirchlichen Dienst des geweihten Priesters zugegen. [...] Die Kirche bringt dies zum Ausdruck, indem sie sagt, daß der Priester
kraft des Weihesakramentes ‚in der Person Christi des Hauptes [in persona Christi
Capitis] [Fußnotenhinweis auf LG 10; 28; SC 33; CD 11; PO 2; 6: E.H.] handelt."
(1548; vgl. auch EdE 29)

8.2.7. Der apostolische Dienst, in dem Christus selbst anwesend ist und
durch den er selbst wirkt, „*gleicht*" ipso facto den Amtsträger „*Christus an*".
Christus tut eben *seinen* Dienst weiter durch diesen Dienst des Apostel-
nachfolgers. Die Übertragung dieses Dienstes schließt die Angleichung an
das Urbild dieses Dienstes, den eigenen Dienst Christi, ein.

„‚Es ist der gleiche Priester, Christus Jesus, dessen heilige Person sein berufener Diener vertritt. Durch die Priesterweihe dem Hohenpriester *angeglichen* [Kursivierung:
E.H.], besitzt er die Vollmacht [potestas], in der Kraft und an der Stelle [in virtute ac persona ipsius Christi] zu handeln' (Pius XII., Enz. Mediator Die)." (1548) –
Das Weihesakrament „*gleicht* [...] den Empfänger Christus *an* (Kursivierung: E.H.),

damit er als Werkzeug Christi seiner Kirche diene." (1581) – Der „Geweihte wird Christus dem Priester, Lehrer und Hirten, als dessen Diener er eingesetzt ist, *angeglichen* [Kursivierung: E.H.]." (1585)

8.2.8. Weil die Weihe zu dem apostolischen Dienst ermächtigt, in dem Christus selbst anwesend ist und wirkt, ermächtigt sie zu einem Dienst, der in Ausübung einer „sacra potestas" oder „auctoritas" vollzogen wird, eben in der „sacra potestas" bzw. „auctoritas", „in persona Christi Capitis" zu handeln.

Die geweihten Amtsträger sind mit „sacra potestate" ausgerüstet. (LG 18) – „Das Sakrament der Weihe vermittelt ‚eine heilige Gewalt' [sacram potestatem], die keine andere ist als diejenige Christi." (1551) – Der sakramentale Akt der Weihe „geht über eine bloße Wahl, Bestimmung, Delegation oder Einsetzung durch die Gemeinschaft hinaus, denn er verleiht eine Gabe des Heiligen Geistes, die eine ‚heilige Gewalt' [sacra potestas] auszuüben gestattet, die nur von Christus selbst, durch seine Kirche, verliehen werden kann." (1538) – Die Apostel Christi wissen somit, daß sie von Gott bevollmächtigt [factos esse idoneos ministros] sind als ‚Diener des neuen Bundes' (2 Kor 3,6)." (859)

8.2.9. Diese „sacra potestas" wird als begründet in der besonderen *Geistgabe* angesprochen, die durch das Weihesakrament verliehen wird:

Es ist aufgrund der Tradition klar, „daß durch die Handauflegung und die Worte der Weihe die Gnade des Heiligen Geistes so übertragen und das heilige Prägemal so verliehen wird, daß die Bischöfe in hervorragender und sichtbarer Weise die Aufgabe Christi selbst, des Lehrers, Hirten und Priesters, innehaben und in seiner Person handeln." (LG 21) – „Die Heilssendung, die der Vater seinem Menschgewordenen Sohn anvertraut hat, wird von ihm den Aposteln und durch sie ihren Nachfolgern anvertraut; sie erhalten den Geist Jesu, um in seinem Namen und in seiner Person zu handeln." (1120) – „Die Diener werden [...] durch das Weihesakrament geweiht. Dadurch befähigt sie der Heilige Geist, in der Person Christi, des Hauptes, zu handeln, um allen Gliedern der Kirche zu dienen." (1142) – Der sakramentale Akt der Weihe „verleiht eine Gabe des Heiligen Geistes, die eine ‚heilige Gewalt' [sacra potestas] auszuüben gestattet, die nur von Christus selbst durch seine Kirche verliehen werden kann." (1538) – „Um ihre hohe Sendung zu erfüllen, ‚wurden die Apostel mit einer besonderen Ausgießung des Heiligen Geistes, der über [sie] kam, von Christus beschenkt; und sie selbst übergaben ihren Helfern durch die Auflegung der Hände die geistliche Gabe, die in der Bischofsweihe bis auf uns gekommen ist' (LG 21)." (1556) – „Durch eine besondere Gnade des Heiligen Geistes, gleicht dieses Sakrament den Empfänger Christus an, damit er als Werkzeug Christi seiner Kirche diene. Die Weihe ermächtigt ihn, als Vertreter Christi, des Hauptes, in dessen dreifacher Funktion als Priester, Prophet und König zu handeln." (1581)

Diese hier – und ebenso in der lehrmäßigen Darstellung der anderen Sakramente – kontinuierlich wiederkehrende Rede vom „Gegebenwerden" des Geistes muß in jedem Fall in den Horizont der Fundamentalanthropologie der römisch-katholischen Lehre gestellt werden. Diese erfaßt die ursprüngliche und perenne Verfassung des Menschseins als geschaffenes innerweltlich-leibhaftes *Person*sein.[48] Solches Personsein hat sein Fundament und Zentrum im „Herzen" des Menschen, das die Realität eines Relationengefüges ist, nämlich des Gefüges des Selbst- und Weltverhältnisses des Menschen, das umgriffen ist von Gottesverhältnis des Menschen, welches seinerseits begründet und erhalten wird durch das auf vollendete Gemeinschaft zielende schaffende Verhältnis Gottes zum Menschen. Diese Sicht auf das Wesen des Menschseins schließt aus, daß die Rede vom Gegebenwerden des Geistes vorgestellt wird als die Gabe irgendeines Fluidums, das den als Gefäß vorgestellten Menschen oder den als Gefäß vorgestellten Geist des Menschen mehr oder weniger reichlich anfüllt. Vielmehr kann die Rede vom „Gegebenwerden des Heiligen Geistes für einen Menschen" und vom „Erfülltsein eines Menschen vom Heiligen Geist" als ihre „res" nichts anderes intendieren als das Ergriffenwerden und Ergriffensein eines menschlichen Herzens vom Offenbarsein der Wahrheit des Vaters in der Wahrheit des Lebenszeugnisses des Sohnes durch den Geist der Wahrheit und das durch das Licht dieses Offenbarseins geschaffene unverstellte Offenbarsein des Menschen in seiner jeweiligen eigenen innerweltlichen Lage und Stellung auch für sich selbst. Aus solcher – durch dieses Offenbarsein geschaffenen – Gewißheit heraus lebt und handelt der Mensch. Um ein solches Gewißsein-aus-Offenbarsein kann und muß gebetet werden. Gegeben werden kann es lediglich durch innerweltlich Reales, das als ein *personales* in sich selbst dieses Gewißsein-aus-Offenbarsein ausstrahlt, etwa das Gewißsein-aus-Offenbarsein der Person des Menschen Jesus. Dieses kann auch andere Menschen *inspirieren*, etwa die Zwölf/Apostel (wie es in Joh 20,21–23 berichtet wird). Nach römisch-katholischer Lehre erfolgt eine solche Inspiration auch von Seiten der Apostel bei der Weitergabe des vom Offenbarer empfangenen Weitergabeamtes an ihre Nachfolger und bei der Weitergabe dieses Weitergabeamtes der Apostelnachfolger wiederum an ihre Nachfolger. Von ersterem spricht DV 7.

Dann ist die Frage: Bezeichnet die Rede vom „Geist Christi" bzw. vom „Heiligen Geist", der im Weihesakrament gegeben wird, eine andere Realität als sie in DV 7 beschrieben wird: die Weitergabe des Weitergabeamtes, das den Aposteln von Christus selbst auferlegt wurde?

Beantwortet man diese Frage mit Ja, stellt sich die schwierige Aufgabe, diese durch das Weihesakrament vermittelte Geistgabe sachgemäß von derjenigen zu unterscheiden, die durch die Sakramente der Initiation und Heilung allen Christen als Ermöglichung ihres Weges zum Heil vermittelt wird. Zwar gibt es nach römisch-katholischer Lehre auch in diesem allge-

---

[48] Diese anthropologische Sicht ist schon in meiner Studie über die Buße (dazu vgl. o. Anm. 27) detailliert entfaltet worden.

meinen Heiligungswirken des Heiligen Geistes Stufen (es gibt Fortschritte in der realen Heiligkeit), aber anders als in jenen Fällen geht es beim Ordo-sakrament um eine Geistgabe, welche die Differenz zwischen Klerus und Laien begründen soll und die als solche, wie oben gezeigt (Ziffer 1 dieses Abschnitts) zu den Stufen im allgemeinen Heiligungswirken des Geistes nicht hinzukommt, sondern zu ihnen quersteht, eben von „anderer Art" ist. Folglich kann die Aufgabe, *diese* Eigenart der Geistgabe des Weihe-sakramentes zu bestimmen, jedenfalls nicht gelöst werden, ohne zumin-dest als konstitutiven Zug der Eigenart dieser Geistgabe ihre wesentliche Beziehung zu der durch sie bewirkten Ermächtigung und Verpflichtung zur Ausübung des apostolischen Dienstes nach DV 7 geltend zu machen.

Daher scheint es mir richtig zu sein, obige Frage mit Nein zu be-antworten und die Realität der durch das Weihesakrament vermittelten Geistgabe nicht als etwas zu betrachten, was dem durch das Weihesakra-ment *weitergegebenen* Weitergabedienst nach DV 7 äußerlich ist und als etwas Zusätzliches zu ihm hinzutritt: Folgt man der maßgeblichen Sicht des von Christus den Aposteln auferlegten Weitergabeamtes und dessen Weitergabe durch die Apostel an ihre Nachfolger, die in DV 7 zum Aus-druck kommt, so präsentiert sich vielmehr die Realität des von Christus den Aposteln auferlegten Weitergabedienstes, und damit auch die Wei-tergabe dieses apostolischen Weitergabedienstes, als eine Realität, die *in sich selbst Weitergabe des Geistes* ist – und zwar in der einzigen Form, *in der der Geist der Wahrheit, durch den im Sohn der Vater offenbar ist, überhaupt wei-tergegeben werden kann*, nämlich in der *Gestalt des artikulierten Ausdrucks der Gewißheit, die er bewirkt hat*. Die Gewißheit, die er bewirkt hat ist a) die schon vorösterliche petrinische und dann die österliche Gewißheit aller von Jesu Gottessohnschaft, b) die Gewißheit, daß es sich bei dem Gebot der Gegenwärtighaltung des Opfertodes Jesu in der kontinuierlichen Fei-er seines Gedächtnisses um ein göttliches Gebot handelt, und c) die Ge-wißheit, daß Erwählung und Beauftragung der Zwölf/Apostel mit dem apostolischen Weitergabedienst eine Einrichtung durch den Mensch-ge-wordenen Logos selbst ist. Der weitergebbare Ausdruck solcher Gewiß-heit sind also a) die inspirierten „dicta" des wahren, vor- und nachöster-lichen Chriustusbekenntnisses, b) der von der Gewißheit seines wahren Wesens inspirierte Gottesdienst als Ausdruck eben dieser Gewißheit und c) die von der Gewißheit, daß die wesentliche Binnenstruktur der Ge-meinschaft auf Christus selbst zurückgeht, inspirierte Einhaltung eben dieser Binnenstruktur der Gemeinschaft. Daß diese Ausdrucksgestalten des Wirkens des Geistes – als das durch ihn geschaffene, nämlich ermög-lichte und verlangte, „depositum fidei" bzw. „revelationis" weitergege-ben werden können, ist klar. Klar ist aber auch, daß sie nur in der Ge-wißheit weitergegeben werden *können*, und *müssen*, daß sie *dazu bestimmt* sind, in dem Geist auch gehört, gebraucht und gelebt zu werden, in dem sie geschaffen wurden: die „dicta" des wahren Bekenntnisses sind dazu bestimmt, in dem Geist der Wahrheit gehört und gelesen zu werden, in dem sie gesprochen/geschrieben sind, die Form des inspirierten Kultus ist dazu bestimmt, in dem Geist der Wahrheit erlebt zu werden, in dem sie eingerichtet ist, und die inspirierte Binnenstruktur der Gemeinschaft ist dazu bestimmt, in dem Geist der Wahrheit gelebt zu werden, in dem sie geschaffen wurde. Was einschließt: Sie können angemessen auch nur in einer Weise und Vollzugsform weitergegeben werden, welche dieser die Weitergabe inspirierenden Gewißheit genau entspricht. Das „tradendum", welches den Apostel weiterzugeben auferlegt wurde (und welches damit auch das „tradendum" des von ihnen weiterzugebenden Weitergabedienstes ist), sind diejenigen Ausdrucksgestalten der Gewißheit, daß Jesus der Christus ist, welche durch ihn selber vor und nach dem Ganzgewordensein seines Erdenlebens als die wahren bestätigt und mit der Verheißung versehen sind, sie perenn bis ans Ende der Tage zu gebrauchen als Mittel seines eigenen Gewißheit schaffenden Wirkens. Die „tradenda" sind diejenigen durch den Geist der Wahrheit geschaffenen „revelata", die als solche dazu bestimmt sind, von diesem Geist auch als notwendige Mittel seines kontinuierlichen Weiterwirkens als offenbarender Geist in Brauch genommen zu werden. Die „Gabe des Geistes" im Weihesakrament ist die durch den Geist der Wahrheit gegebene Gabe (gen. auctoris). Sie ist aber zugleich auch eine „Gabe des Geistes" in der Bedeutung dieser Wendung als gen. objectivus: Sie ist die Gabe dessen, was der Geist der Wahrheit, der den Vater im Leben des Sohnes offenbar sein läßt, sich als das Instrument seines kontinuierlichen Offenbarungswirkens in der Geschichte geschaffen hat: das übersprachliche Ganze des offenbar Wahren, eben a) des wahren Bekenntnisses, b) des wahren Kultus (Eucharistie) und c) der wahren Ordnung der Gemeinschaft.

So gesehen ist auch klar, daß die Realität dieser Gabe des Geistes – die Realität des vom Geist der Wahrheit gegebenen Tradendums seiner wahren Werke – *in sich selbst* die Gabe des „charisma veritatis" ist: nämlich die Gabe des Charismas der lehrenden Weitergabe dessen, was für den Glauben offenbar wahr – nämlich seinem Grund und Gegenstand angemessen – ist: das Bekenntnis zu Christus, die Vergegenwärtigung seines Opfertodes in der Feier seines Gedächtnisses und die Binnenstruktur der Gemeinschaft, in der sich der Grund der Gemeinschaft – die Wahrheit des Evangeliums – perenn in der Gemeinschaft und allen ihren Gliedern *gegenüber* präsent und wirksam erhält durch Ingebrauchnahme des Instrumentes, das der Geist der Wahrheit sich zu diesem Zweck geschaffen hat: des durch Weitergabe auf Dauer gestellten apostolischen Dienstes der Weitergabe des als wahr Offenbaren. Das durch die Weitergabe des offenbar Wahren, die dieser Eigenart des „tradendum" angemessen ist (eben durch das Weihesakrament), gegebene und empfangene „charisma veritatis" ist: das Charisma des Dienstes an der durch den Geist der Wahrheit gegebenen, durch sich selbst offenbaren Wahrheit des Evangeliums Christi über den ewigen Willen des Vaters und das Heil der Menschen.

Diese Sicht derjenigen Realität, welche in den Texten angesprochen wird als durch das Weihesakrament vermittelte „Geistgabe", schließt übrigens auch ein, daß die Vollmacht zum Dienst an der Wahrheit in der Autorität der Wahrheit nicht nur *in actu* gegeben ist, sondern perenn *ad actum*, ohne doch so etwas wie ein *persönlicher* Habitus derer zu sein, die das Weihesakrament empfangen haben.

Nach römisch-katholischer Lehre ist der Effekt des Weihesakramentes die Ermächtigung zum weitergebenden Dienst an der Wahrheit des Christusbekenntnisses, an der Wahrheit seiner Feier und an der wahren, nämlich diesen besonderen Dienst einschließenden, Binnenstruktur der Gemeinschaft. Diese Ermächtigung verlangt, daß der dazu ermächtigte glaubende Mensch alle seine menschlichen Kräfte einsetzt, um dieser Ermächtigung und Verpflichtung gerecht zu werden.

Sie – die Ermächtigung und Verpflichtung durch das Weihesakrament zum Dienst am Wahren (den drei „revelata tradenda") – garantiert aber nicht, daß der durch den Empfang des Sakramentes in Wahrheit ermächtigte und verpflichtete Amtsträger dieser Ermächtigung und Verpflichtung auch gerecht wird. Es kann durchaus zu Defiziten in der Erfüllung des Dienstes kommen, zu dem das Weihesakrament ermächtigt und verpflichtet – ohne daß dadurch Ermächtigung und Verpflichtung hinfällig würden oder die (u. U. auch defizitäre Erfüllung des Amtes) aufhören würde, Werkzeug der Gnade Gottes zu sein.

Soweit aber dem glaubenden Menschen, der durch den Empfang des Weihesakramentes ermächtigt und verpflichtet ist, den apostolischen Dienst auszuüben, eine angemessene Ausübung des Amtes gelingt, stammen die Kräfte dafür nicht aus dem Empfang des Weihesakramentes, sondern aus dem dafür schon vorausgesetzten Empfang der Sakramente der Initiation und der Heilung, also aus dem Gebildetsein seines Personzentrums durch die vermittelst dieser Sakramente wirksame allgemeine heiligende Gnade Gottes zu den „geistlichen" Tugenden des Glaubens, der Hoffnung und der Liebe, die ihrerseits das Fundament für die Tugenden der Besonnenheit, der Tapferkeit, der Mäßigung und der Gerechtigkeit schaffen.

Es gibt m. E. zwei fundamentale Verkennungen der römisch-katholischen Lehre von Amt (vom *weiterzugebenden Amt*) und Ordination (dem Vollzug der *Weitergabe dieses Amtes*):

– Erstens die Annahme, daß Ordination und Amtsausübung einen besonderen und besonders sicheren Weg zum Heil böten. Und

– zweitens die – sei es auch nur stillschweigende Annahme – daß durch die Ermächtigung zum Dienst an der Wahrheit Christi in der Autorität der Wahrheit Christi jeweils ein kleiner Christus, ein kleiner Apostel oder zumindest ein kleiner Heiliger geschaffen würde.

8.2.10. Zusammenfassung: Das Weihesakrament befähigt seine Empfänger zur Ausübung des apostolischen Dienstes „im Namen, in der Person des inkarnierten Logos", durch den der Erhöhte nach dem Ganzgewordensein seines Menschenlebens wirkt „an Stelle" (*nicht: statt*) seines eigenen geistlichen Wirkens in der Geschichte vor seinem Tod. Der *apostolische Dienst* ist vom inkarnierten Logos vom Himmel her zum „vicarius" seines eigenen geistlichen Wirkens in der Geschichte eingesetzt, und zwar schon vor dem Ganzgewordensein seines Menschenlebens, also schon vor Ostern, und von ihm nach dem Ganzgewordensein seines Menschenlebens vom Himmel her bestätigt worden. Das Weihesakrament befähigt zur Ausübung des apostolischen Dienstes. Dieser *Dienst* ist der Statthalter, „vicarius", Christi, *nicht* die zu seiner Ausübung befähigte und in seiner Ausübung begriffene *Person*. Nicht diese Person, sondern ihr apostolisches Dienen wird zur „Ikone Christi", zum Ort der Anwesenheit und des Wirkens Christi.

Auch das „charisma veritatis" eignet spezifischen *Ausübungen* des apostolischen Dienstes (auch hier antidonatistisch zu denken), nicht der Person seiner Inhaber. Und es bleibt das Charisma der sich selbst vergegenwärtigenden Wahrheit: Die Irreformabilität des Diktums schließt nicht die Selbstvergegenwärtigung der von ihm intendierten Sache und die Auslegung und Präzisierung der Intention des Diktums aufgrund des durch-sie-selbst-Vergegenwärtigtseins der Sache aus, sondern ein. Die irreformablen „dicta" verbleiben unter der Ausübung des apostolischen Dienstes, durch welche die Wahrheit selber sich vergegenwärtigt und Glauben und Gemeinschaft (mit Gott und allen Glaubenden) schaffend wirkt.

Und was den „character indelebilis" betrifft, so qualifiziert der Empfang des Weihesakramentes zwar die Existenz des Empfängers des Sakraments, aber nicht zu einer besonderen Heiligkeit (der Antidonatismus, der für die römisch-katholische Lehre wesentlich ist, schließt genau dies aus), sondern durch die Bevollmächtigung und Verpflichtung zur Ausübung des bleibenden apostolischen Dienstes, der in der permanenten Präsenz des Erhöhten vom Himmel her gründet. Die Berufung und Verpflichtung zur vollmächtigen Ausübung dieses Amtes ist eine unwiderrufliche, weil sie die Berufung durch den Erhöhten zur Ausübung des in der Permanenz seiner Präsenz gründenden apostolischen Dienstes ist; denn alles, was der Erhöhte selber tut, ist unwiderruflich.

8.3. Vorstehend wurde schon die Frage nach dem Grund der *Effektivität* des *Dienstes* angeschnitten, zu dessen Ausübung das Weihesakrament ermächtigt und verpflichtet. Davon zu unterscheiden ist jedoch die Frage nach dem Grund der *Effektivität* des *Weihesakramentes* selber.

Dieser Grund kann nicht sein: die persönliche Heiligkeit des Spenders (ebensowenig wie der Empfang des Sakramentes auf die Heiligkeit des Empfängers einwirkt).

Vielmehr gründet sie in dem, *was* dort in Wahrheit übertragen wird: der Vollmacht des apostolischen Dienstes.

Dieses „tradendum" schließt nun jedoch durch sich selbst aus (weil es eben das apostolische Dienstamt und seine Ordnung ist), daß es auf beliebige Weise übertragen, tradiert, wird. Vielmehr kann es nur durch sich selbst, d.h. entsprechend seiner eigenen Ordnung wahrhaft übertragen werden; also nur in seiner eigenen zu übertragenden Ordnung. Grund der Effektivität ist somit: die *Ordnungs*- bzw. *Dienstgemäßheit* der Übertragung (die Übertragung muß der durch die permanente Präsenz des Erhöhten begründeten Ordnung des apostolischen Dienstes entsprechen).

Bedingung ist also jedenfalls, daß sie von einem übertragen wird, dem die für den Dienst erforderliche Vollmacht selbst übertragen ist. Wer ist das? Jedenfalls nicht einfach jeder gläubige Laie als solcher. Auch nicht einfach die Gemeinschaft als solche. Denn die Gemeinschaft kann überhaupt nichts tun, wenn nicht Christus selbst in ihr durch seinen „vicarius", das apostolische Dienstamt, inmitten aller ihrer Glieder und ihnen allen gegenüber tätig ist. Also wirksam ist die Übertragung des apostolischen Weitergabeamtes nur, wenn sie von einer Person vollzogen wird, der es selbst zur Ausübung und Weitergabe wirksam übergeben ist, also von den Aposteln selbst bzw. einem, dem es selbst wirksam übergegen ist von einem, der es wirksam empfangen hat: einem Bischof zu apostolischer Sukzession.

Soweit ist die römisch-katholische Lehre klar.

Sie stellt jedoch, soweit ich sehe, nicht die Frage und beantwortet sie daher auch nicht, was in einem Fall zu tun ist, in dem in der Gemeinschaft ein bestimmter „defectus ordinis" auftritt. Ein solcher „defectus" kann aus der Natur der Sache heraus eine doppelte Gestalt besitzen:

– in einer Gemeinschaft ist der apostolische Dienst nicht ordnungsgemäß übertragen (darüber herrscht nach römisch-katholischer Lehre Klarheit: Wo der apostolische Dienst nicht entsprechend seiner Ordnung übertragen ist, da ist er gar nicht übertragen) („defectus"-Typ I); oder:

– in einer Gemeinschaft wird das ordnungsmäß übertragene Dienstamt nicht ordnungsgemäß ausgeübt (was wiederum auf allen Ebenen möglich ist: auf der Ebene des Parochus, des örtlichen Episkopos und auch auf der Ebene des römischen Episkopos („defectus"-Typ II).

Man kann m.E. nicht argumentieren, daß der letztgenannte Fall durch das „charisma veritatis" ausgeschlossen ist, denn dieses gründet ja in der Wahrheit der weiterzugebenden *Botschaft*, im „tradendum", nicht etwa in der persönlichen Unfehlbarkeit der *Amtsinhabers und einer Amtswaltung*. Somit ist es nicht ausgeschlossen, daß der apostolische Dienst als Zeugnis- und Traditionsdienst an der Wahrheit des Evangeliums in einzelnen Akten oder auch auf Dauer von Inhabern des Bischofsamtes und des Papstamtes in irgendeiner Hinsicht versäumt wird – daß dies nach römisch-katholischer Lehre nicht ausgeschlossen ist, belegen die innerrömisch-katholischen Debatten über die Häresie eines Papstes oder eines Bischofs und die Implikationen einer solchen Häresie.

Angenommen, ein „defectus ordinis" in der zweiten dieser beiden möglichen Bedeutungen tritt ein – was ist nach römisch-katholischer Lehre dann zu tun? Dann ist nach römisch-katholischer Lehre jedenfalls keineswegs ausgeschlossen, daß die davon betroffene *Gemeinschaft* – die ja von Christus selbst bis zu diesem „defectus" durch das ordnungsgemäß ausgeübte apostolische Dienstamt im gemeinsamen Glauben erhalten ist – diesen „defectus" erstens *bemerkt* und zweitens auch *zutreffend feststellt* (insbesondere dann, wenn sie sich bei dieser Feststellung der Mitwirkung von Inhabern des apostolischen Dienstamtes, die dieses in nicht defekter Weise ausüben, bedient – möglicherweis aber auch durchaus ohne solche Hilfe und Unterstützung).

Kann sie in diesem extremen Falle nach römisch-katholischer Lehre auch aus sich heraus das apostolische Dienstamt übertragen? Ich neige dazu diese Frage mit „Nein" zu beantworten.

Kann sie in diesem Falle ohne Widerspruch zur römisch-katholischen Lehre um Übertragung des apostolischen Dienstes durch Inhaber des apostolischen Dienstes auf Personen bitten, die diese defiziente Ausübung des ihnen übertragenen apostolischen Dienstes nicht erwarten lassen? Und verpflichtet diese Bitte den gebetenen Inhaber der Gewalt, das Weitergabeamt weitergeben zu können, dazu nach Wegen zu suchen, diese Bitte zu erfüllen? Diese Frage ist m. E. mit „Ja" zu beantworten.[49]

Muß der in einem solchen Fall von der Gemeinschaft in Anspruch genommene Inhaber des apostolischen Dienstamtes in jedem Fall ein Bischof sein? Diese Frage ist m. E. mit „Nein" zu beantworten.[50]

---

[49] Hier geht es um das oben (Ziffer 7.6.) schon angesprochene Problem einer *Pflicht*, das Weitergabeamt auszuüben.

[50] Weil, soweit ich sehe, eben kein *Sach*grund für die Verweigerung der Weitergabe des Weitergabedienstes an Priester absehbar ist. *Regionale* Begrenzungen des *Rechts* für die Ausübung der Weitergabe des Weitergabedienstes in der Kirchenordnung sind möglich, aber einen *Sachgrund* für die Bestreitung der *Fähigkeit* eines Inhabers des apostolischen Dienstamtes, der diesen Weitergabedienst rite empfangen hat, diesen Dienst auch seinerseits rite weitergeben zu können, finde ich in der römisch-katholischen Lehre nicht. Die diese Bestreitung aussprechenden Aussagen sind zwar klar, ihnen fehlt aber – soweit ich sehe – die nachvollziehbare offenbarungstheoretische (d. h. trinitätstheologische und christologische) Begründung, die die Lehre im Übrigen trägt.

Kann ohne Widerspruch zur römisch-katholischen Lehre die nicht von Bischöfen vorgenommene Übertragung des apostolischen Dienstes von Bischöfen rückblickend angesichts der Umstände des Falles beurteilt werden – und damit auch anerkannt werden – als der Ordnung des apostolischen Dienstes selbst entsprechend? Diese Frage ist m.E. mit „Ja" zu beantworten.

Und jedenfalls ist es nach römisch-katholischer Lehre möglich, daß durch Inhaber des apostolischen Dienstamtes aller Ebenen ein solcher „defectus ordinis" (in der zweiten der beiden oben erwähnten Bedeutungen) bemerkt, ausgesprochen und behoben – ggf. auch rückblickend festgestellt – wird mit allen sich daraus ergebenden Folgen.

M.E. ist das auch im Blick auf einen möglichen, keineswegs schlechthin ausgeschlossenen, „defectus ordinis" vom Typ II auf der Sedes Romana möglich. Offenkundig ist, daß ein solches rückblickendes Urteil über die Amts*wahrnehmung* eines Inhabers der Sedes Romana auch keinesfalls auf die Behauptung einer Unterbrechung der Kette der Sukzession im apostolischen Dienstamt hinauslaufen würde, denn die defekte Ausübung des apostolischen Amtes setzt voraus, daß es ordnungsgemäß übertragen (empfangen) wurde und schließt nicht aus, daß es – eben: das Dienst*amt* selbst – auch ordnungsgemäß weitergegeben wurde. Wohingegen ordnungsgemäßer Empfang und ordnungsgemäße Weitergabe des Dienstamtes nicht per se garantieren, daß es auch ordnungsgemäß – nämlich als Bekenntnis und Weitergabe der Wahrheit des Christusbekenntnisses und des Glaubens – ausgeübt wird (beide – ordnungsgemäßer Empfang und ordnungsgemäße Weitergabe – sind die notwendigen, aber eben nicht die hinreichenden Bedingungen für nicht defiziente Ausübung dieses Amtes).

Notwendiger und hinreichender Gültigkeitsgrund für die Übertragung des apostolischen Dienstes scheint mir also nach römisch-katholischer Lehre letztlich zu sein: daß sie als Übertragung des *apostolischen Dienstes*, und zwar *nach dessen eigener Ordnung*, in der von Christus mittels seines „vicarius", des apostolischen Dienstamtes, geleiteten Gemeinschaft von den ordnungsgemäßen Inhabern dieses Dienstes anerkannt wird.

9. *Das Weihesakrament als* Sakrament Christi, der Kirche, des Glaubens, des Heils *und des* ewigen Lebens

Es ist davon auszugehen, daß alle sieben Sakramente, also auch das Weihesakrament, die Wesenszüge eines Sakramentes, wie sie der KKK in seiner allgemeine Sakramentslehre (1066–1209) bietet, erfüllen. Das wird durchsichtig, wenn man die Aussagen über das Weihesakrament (1536–1588) in den übergeordneten Zusammenhang der Aussagen über die Apostolizität, und das heißt über die „hierarchische Verfassung der Kirche" (857–896), sowie in den Zusammenhang der allgemeinen Sakramentslehre (1113–1130) einordnet.

9.1. Bisher haben wir das Weihesakrament als *Sakrament Christi* und als *Sakrament der Kirche* betrachtet. Dabei hat sich im Fall des Weihesakraments mit besonderer Deutlichkeit gezeigt, daß der Charakter als Sakrament-Christi grundlegend ist für den Charakter als Sakrament-der-Kirche. Nur weil und nur in der Weise, wie ein Sakrament Sakrament-Christi ist, ist es auch Sakrament-der-Kirche.

Weiterhin hat sich gezeigt: Es ist der Charakter des Sakramentes als Sakrament-Christi, welcher das Sakrament direkt in das Geschehen der Selbstoffenbarung des Schöpfers, als das sich das gesamte Weltgeschehen von der Schöpfung bis zum Eschaton vollzieht, hineinstellt. Durch diesen Charakter wird durchsichtig, daß und in welcher Weise das Sakrament von demjenigen Geschehen geschaffen und erhalten wird, welches der Grund und Gegenstand des Glaubens ist; das ist: das Offenbarwerden und -sein der Wahrheit des Vaters in der Wahrheit des Lebenszeugnisses des Sohnes durch den Geist der Wahrheit für den Glauben, der durch seinen Grund geschaffen ist und auch von diesem seinem Grund auf ihn als seinen Gegenstand bezogen wird. Die römisch-katholische Lehre, daß *alle* Sakramente durch Christus eingesetzt sind, hat zu ihrem Kern die Lehre, daß sie alle durch das Ganze der Christusoffenbarung, das von der Inkarnation bis zur Erhöhung reicht, hervorgebracht, konstituiert sind.

Nun ist, wie gezeigt, das Weihesakrament nach römisch-katholischer Lehre insofern durch Christus selbst eingesetzt, als es das sachlogische Implikat des von Christus selbst eingesetzten apostolischen Dienstes (in seiner dreifachen Form als Weitergabe der „revelata dicta" des wahren Bekenntnisses, der offenbaren Form des wahren Kultus und der offenbaren Gestalt der Binnenstruktur der Kirche) ist, den Christus als einen Dienst *für alle kommende Zeit* eingesetzt hat, so daß seine Einsetzung seine Weitergabe an Apostelnachfolger und Nachfolger von Apostelnachfolgern sachlogisch einschließt. Als dieses Implikat des von Christus selbst „eis aei" eingesetzten apostolischen Dienstes ist also auch die Weitergabe dieses Dienstes von Christus selbst eingesetzt – und damit das, was die römisch-katholische Lehre ein Sakrament nennt: ein von Christus selbst eingesetztes Instrument für die geschichtliche Dauer *seines* Heilswirkens.

Dabei zeichnet sich, wie die Untersuchung ergeben hat, die Einsetzung des apostolischen Dienstes durch Christus (und darin eingeschlossen die Einsetzung von dessen Weitergabe) gegenüber der Einsetzung aller anderen Wirkmittel Christi (Sakramente) dadurch aus, daß letztere sämtlich von ersterer *umgriffen* sind.[51] Nach römisch-katholischer Lehre ist die Einsetzung jedes Sakramentes zugleich die Einsetzung eines (weiterzugebenden) Dienstes der Apostel. Alle für die Einsetzung eines Sakramentes in Anspruch genommenen biblischen Berichte sprechen zugleich von der Einsetzung eines sakramentsspezifischen Dienstes der Apostel (Mt 28; Apg 8,15–17; 19,5–6; Lk 22,14–21; Mt 16,19; Mk 6,12–13). Somit zeichnet sich das – in der Einsetzung des apostolischen Dienstes eingeschlossene – Sakrament der Weitergabe des apostolischen Dienstes, das Weihesakrament, gegenüber allen Sakramenten der Initiation und der Heilung dadurch aus, daß *es* die Einsetzung aller dieser Sakramente *umgreift. Es gibt – nach römisch-katholischer Lehre – diese anderen Sakramente nur innerhalb des Sakraments der Weitergabe des apostolischen Dienstes.*

„*Das geweihte Amt* […] *gewährleistet, daß in den Sakramenten wirklich Christus durch den Heiligen Geist für die Kirche am Werk ist.* Die Heilssendung, die der Vater seinem Mensch-gewordenen Sohn anvertraut hat, wird von ihm den Aposteln und durch sie ihren Nachfolgern anvertraut; sie erhalten den Geist Jesu, um in seinem Namen und in seiner Person zu handeln. *So bildet das geweihte Amt das sakramentale Band, das die liturgische Handlung mit dem verbindet, was die Apostel gesagt und getan haben. Durch die Apostel wird die Verbindung mit dem hergestellt, was Christus, der Ursprung und Urgrund der Sakramente, gesagt und getan hat.* (Kursivierung E. H.“ (1120)

Am Sakrament der Weihe wird deutlich: Nach römisch-katholischer Lehre sind die Sakramente Christi – und zwar samt und sonders – zunächst einmal und direkt *Sakramente der Apostel und ihrer Nachfolger.*

9.2. Schränkt das ihren Charakter als *Sakramente der Kirche* ein? Nein, denn die Einsetzung der Zwölf / Apostel dient von Anfang an nur dem Ziel, die von Jesus gesammelte Gemeinschaft als Instrument für sein perennes innergeschichtliches Wirken dadurch zu qualifizieren, daß er auch selbst – eben vermittelst des apostolischen Dienstes als seines Werkzeugs – auf Dauer als Grund der Gemeinschaft *in* dieser allen ihren Mitgliedern *gegenüber* präsent und wirksam ist. Insofern ist also der apostolische Dienst in apostolischer Sukzession, wie es in dem kommentierten Satz aus EdE 29 heißt, *wesentlich* dafür, daß die von Christus gegründete Gemeinschaft *seine* Gemeinschaft bleibt. Aber das heißt gerade *nicht* (wie es die inkriminierte deutsche Übersetzung) suggeriert, daß er (dieser Dienst) es wäre, der die Gemeinschaft als Gemeinschaft Christi *begründet*.[52] Vielmehr ist die Gemeinschaft, die Christus um sich gesammelt hat, *seine* Gemeinschaft, weil er selbst sie

---

[51] Das gilt auch für das Sakrament der Taufe und das der Ehe. Ersteres tendiert nämlich nach röm.-kath. Lehre *in sich selbst* hin auf Firmung, Eucharistie, Buße und Krankensalbung. Und das Zweite verlangt, von einem geweihten Amtsträger (mindestens einem Diakon) assistiert zu werden.

[52] Vgl. schon oben S. 93,

in unmittelbarer Direktheit *ohne* das Mittel des apostolischen Dienstes geschaffen hat – *samt* dem apostolischen Dienst in ihr. So wie die Kirche als ganze durch Christus direkt und unmittelbar ohne den apostolischen Dienst geschaffen ist, so ist auch der apostolische Dienst in ihr ohne ihn direkt und unmittelbar durch Christus geschaffen. Dieses direkte und unmittelbare Kircheschaffen Christi ist konstitutiv dafür, daß die Kirche absolut, rest- und bedingungslos, *seine* ist. Und nur dazu, daß sie *dies* – eben rest- und bedingslos *seine* – bleibt, nur *dazu* hat Christus den apostolischen Dienst eingesetzt. Er hat ihn eingesetzt als das Mittel, durch das er selbst innergeschichtlich *in* der durch ihn geschaffenen Gemeinschaft dieser und allen (!) ihren Gliedern *gegenüber* (auch *gegenüber* den *Inhabern* des apostolischen Dienstes) präsent und wirksam bleiben will und bleibt; und zwar präsent und wirksam als derjenige, welcher in der Souveränität des Schöpfers aller Welt sich durch seine im Triduum kulminierende Inkarnation die Kirche schafft und erhält als sein Werkzeug zur Erreichung des Ziels seiner Schöpfung als ganzer. Und das heißt: Christus gebraucht das durch ihn eingesetzte apostolische Weitergabeamt, um *sich selbst in* seiner Kirche dieser und allen ihren Gliedern *gegenüber* als der inkarnierte und erhöhte *Logos des Schöpfers aller Welt* präsent und wirksam zu erhalten, also als derjenige, der die Kirche als ganze – *einschließlich* des der Kirche von ihm eingestifteten apostolischen Dienstamtes – in der Weise „mit sich verbindet", daß er sie in *seiner* Hand behält als *sein* Werkzeug zur Erreichung desjenigen Zieles, in dessen Realisierung *sein* Welt schaffendes und erhaltendes Wollen und Wirken als ganzes von Anfang an begriffen ist. Die Einsicht in die *Sakramentalität* der Präsenz des Erhöhten Gekreuzigten in den durch Ordination bevollmächtigten Ausübern des apostolischen Dienstamtes[53] ist somit nichts anderes als die Einsicht in die Geschöpflichkeit dieses Dienstamtes und mit ihm der Kirche als ganzer, Einsicht in ihre Nichtidentität mit ihrem Schöpfer, Einsicht in ihr Geschaffenwordensein und ihr Erhaltenwerden durch die Realisierung des aller Welt geltenden Gemeinschafts- und Versöhnungswillens des Schöpfers, und somit Einsicht in das restlose Ausgeliefertsein ihres eigenen Wollens und Wirkens an die Zuverlässigkeit, die Treue, die Gnade und Wahrheit („chäsäd we ämät") des Welt schaffenden und erhaltenden Wollens und Wirkens des dreieinigen Gottes selber. Die Orientierung an dieser Einsicht ist daher für die ursprungs- und auftragsgemäße Ausübung des apostolischen Dienstamtes grundlegend und entscheidend: die Einsicht, daß Christus dieses Amt und seine ganze Kirche genau in der Weise bleibend mit sich vereinigt, daß er sie dauernd von sich *unterscheidet*, sich dauernd ihr *gegenüber* hält und sie dauernd sich *gegenüber*.

---

[53] Betont durch Johannes Paul II. in EdE 29. Vgl. oben Abschnitt 4.

Nach römisch-katholischer Lehre würde sich dann also die einsetzungs-
gemäße Wahrnehmung des apostolischen Dienstes dann und dort ereignen,
wenn und wo er geschehen würde
– in der Wahrnehmung der Bezogenheit dieses Dienstes auf Christus als
den schaffenden und erhaltenden Grund der gesamten Gemeinschaft (und
des apostolischen Dienstes selbst) und
– in der Wahrnehmung dessen, was dieser Grund, der immerwährend
in göttlicher Freiheit und Souveränität *selbst* handelt, auch *selbst* durch Ingebrauchnahme des Menschen übertragenen und von Menschen ausgeübten apostolischen Dienstes wirkt; wobei außer Frage steht, daß dieses eigene Wirken Christi durch den von Menschen ausgeübten apostolischen
Dienst „re vera" nicht auf das beschränkt ist, was die rechtmäßigen Inhaber des apostolischen Dienstes ihrerseits *meinen,* daß Christus es durch ihren Dienst wirke; also auch
– in der pflichtgemäßen Anerkennung und praktischen Beachtung dessen, was Christus *selber mit seinem ganzen Volk wirkt – nie ohne die Amtswal-*
tung der Bischöfe unter ihrem Haupt, aber dennoch „ubi et quando visum est
ei" über deren Wollen und Wirken *hinaus.* Und nicht manchmal auch *ge-*
gen ihr Wollen und Wirken?
So verstanden schränkt nicht ein, sondern sichert gerade der Charakter
des Weihesakramentes – und darin eingeschlossen aller Sakramente – als
Sakramente der Apostel und ihrer Nachfolger den Charakter dieses und aller Sakramente als Sakramente *der Kirche.* Diese werden nach römisch-katholischer Lehre alle *in* der Kirche, *durch* sie und *für* sie vollzogen. Dies alles gilt
auch für das Weihesakrament. Freilich mit der Besonderheit, daß nur für
dieses Sakrament gilt, daß es *primär für* die Kirche vollzogen wird.

9.3. Wird es nicht sogar in der Kirche durch die Kirche ausschließlich *für*
die Kirche vollzogen? Nein. Denn *für* die Kirche wird es vollzogen, indem
es den apostolischen Dienst kontinuiert, was wesentlich dafür ist, daß die
Kirche die Kirche Jesu Christi bleibt und als solche die Sakramente der
Initiation und Heilung feiern kann, die ihrerseits direkt Sakramente-des-
Glaubens, -des-Heils und -des-ewigen-Lebens sind.
Darüber hinaus wird sogar gesagt, daß die Ausübung des dem Empfänger
des Weihesakramentes übertragenen apostolischen Dienstes für den Amtsträger zur Verfolgung seines persönlichen Heilsweges und zur Erreichung
seines Zieles beitragen kann:

„Durch die treue Erfüllung des Heiligungsamtes werden die Amtsinhaber ‚zusammen mit der ihnen anvertrauten Herde zum ewigen Leben gelangen' (LG 26)."
(893)

Das heißt freilich nicht, wie schon gesagt, daß das Weihesakrament ihre Empfänger in eine Lage versetzt, in der sie der Sakramente der Initiation und der Versöhnung entraten könnten und dem Kampfcharakter, der jedes christliche Leben auf Erden bis zu seinem Ende prägt, enthoben wären. Die Erfüllung des ihnen übertragenen apostolischen Dienstes im Gehorsam des Glaubens trägt nicht in anderer Weise zum Fortschritt ihrer Heiligung bei wie bei jedem Christen die Erfüllung je seiner standesspezifischen Aufgaben im Gehorsam des Glaubens – unbeschadet der Einzigartigkeit *dieses* Dienstes.

Sacramentum ordinis

MASSIMO SERRETTI

„Wir haben einen Altar"
(Hebr 13, 10)

1. Der Name des Sakraments: „sacramentum ordinis" („Sakrament der Ordnung")

Wir wollen eine, wenn auch nur kurze, anfängliche Überlegung über den Namen, den das fünfte Sakrament in der katholischen Kirche geerbt hat, nicht auslassen, denn in diesem Namen verflechten sich und fließen eine Menge an Traditionen, an Bedeutungen und Bezügen zusammen, die für ein umfassenderes theologisches Verständnis hilfreich sein können. Die Sedimentierung verschiedener semantischer Schichten in einem Begriff ist ein bekanntes Phänomen. Die einzelnen Schichten verweisen auf eine Praxis, auf ein Verständnis oder auf eine Theologie, die sich im Laufe der Jahrhunderte und Jahrtausende weiter- oder zurückentwickelt haben, reicher oder ärmer geworden sind, verändert oder reformiert wurden. Dies gilt insbesondere für das, was das christliche Priestertum angeht, aufgrund seiner Anknüpfung an und seiner Loslösung von dem alttestamentlichen Priestertum. In diesem ersten einleitenden Schritt wollen wir uns jedoch dem Namen und dem, was mit diesem Namen geschehen ist, widmen.

Die durch den Autor des Hebräerbriefs vorgenommene Unterscheidung zwischen dem Priestertum des sinaiitischen Bundes, „nach der Ordnung Aarons", und dem des „neuen Bundes", „nach der Ordnung Melchisedeks", könnte uns zur anfänglichen Orientierung behilflich sein.[1] Die Schriftstellen, auf die sich der Hebräerbrief stützt, sind Genesis 14 und Psalm 110,4.

Der im Brief verwendete Ausdruck für „Ordnung" rührt aus der Übersetzung der Septuaginta: *„kata tēn taxin"* ist die Übersetzung des Hebräischen *„al dibrātî"*, was auch mit „auf die Weise von", „nach der Art von",

---

[1] Hebr 5,6.10; 7,1ff.11.15.17.

„nach dem Muster von" übersetzt werden kann.[2] Es handelt sich um ein Hapaxlegomenon, welches als Wort und Lemma keine Geschichte eines intratestamentarischen Gebrauchs aufweist. Auch das Wort („*dibrah*") mit derselben Wurzel taucht nur selten auf.

Deshalb kann die Bedeutung des Wortes nicht so sehr mit Hilfe der Etymologie und der Semantik verstanden werden, sondern vielmehr mit Hilfe der Kenntnis seiner Verwendung und der Praxis, auf die sich das Wort implizit bezieht. L. Koehler und W. Baumgartner behaupten in ihren Lexika, dass es sich um einen „Terminus technicus der kanaanäischen Amtssprache" handelt.[3] Wir wissen jedenfalls, daß eine Liste der Leviten existierte, die zum Priesterdienst zugelassen waren. Wir wissen auch, daß es in einer späteren Phase der Geschichte des Priestertums der Nachfahren Aarons und der Leviten geltender Brauch war, mittels eines Briefes ernannt zu werden, der ebenfalls protokolliert wurde.

Der in Genesis 14 erwähnte Melchisedek besitzt die priesterlichen Attribute, insofern er den Zehnten erhält und den Segen erteilt,[4] dem Priestertum der Nachfahren Aarons und dem levitischen vorangeht und deshalb „ohne Vater, ohne Mutter ist", d.h. sein Priestertum ist nicht gebunden an seinen Stammbaum und ist „ohne Anfang seiner Tage und ohne Ende seines Lebens" (Hebr 7,3). Sein Priestertum ist nicht innerhalb der Grenzen des Mandats zur Ausübung dessen einzuordnen, was die priesterlichen Funktionen im Jerusalemer Tempel sein würden.

Es ist offensichtlich, daß der Verfasser des Hebräerbriefes das Priestertum Christi nicht von der in Genesis 14 erwähnten Figur herleitet, sondern jene Stelle von Christus her neu interpretiert. Nichtsdestotrotz kann sie zum Zwecke eines Vergleichs mit der levitischen Form des Priestertums dienlich sein. Zwei sind dabei die entscheidenden Elemente: die Loslösung vom Stammbaum und der Auftraggeber des Mandats. In der neuen Ordnung („*entolē*", „*taxis*") ist das Priestertum nicht mehr an die Herkunft nach dem Fleisch gebunden und der erste Auftraggeber ist der Vater.

---

[2] S.A. VANHOYE, Sacerdoti antichi e nuovo sacerdote secondo il Nuovo Testamento, 1985, 128. Für Hebr 5–7 f. DERS., Situation et signification de Hébreux 5,1–10, in: New Testament Studies, 23 (1977) 445–456; J.L. KURIANAL, Jesus Our High Priest: Ps 110,4 as the Substructure of Heb 5,1–7,28, 2000; S.M. MOFFIT, ,If Another Priest Arise': Jesus' Resurrection and the High Priestly Cristology of Hebrews, in: ACOTT D. MACKIE (Hg.), The Letter to the Hebrews, 2018, 124–137; W.R. LOADER, Sohn und Hohepriester. Eine Traditionsgeschichtliche Untersuchung zur Christologie des Hebräerbriefes, 1981 (mit Literatur sowohl zu Psalm 110, als auch zu Hebräer 5–7). RAVASI hält in seinem Kommentar zum Psalter (Ps 110) fest, daß es noch andere Stellen gibt bei denen der Ausdruck vorkommt.

[3] L. KOEHLER/W. BAUMGARTNER, Lexikon in Veteris Testamenti libros, [2]1963; DERS., Hebräisches und Aramäisches Lexikon zum Alten Testamentes, [3]1967 ff., 203a.

[4] S. die Studie von W. HORBURY, The Aaronic Priesthood in the Epistle to the Hebrews, in: Journal of the Studies of the New Testament, 19 (1983) 43–71.

Mit Blick auf den Namen des Sakraments[5] erbt der in der abendländischen Kirche verwendete Begriff („*ordo*", „*ordinatio*") von der antiken Institution sowohl die Bedeutung des Eingefügt-Seins in eine Abfolge – auch wenn sich jetzt das Kriterium ändert, das diese Abfolge begründet – als auch die Bedeutung der hierarchischen Rangordnung gegenüber dem Vater, der beruft.

Im Alten Testament werden in Wahrheit andere Termini verwendet, um den priesterlichen Auftrag und das Amt zu beschreiben.[6] Allgemein ist es Brauch, die Verleihung des priesterlichen Amtes nach einem Element des Ritus oder der gängigen Praxis zu benennen. Es ist das Prinzip, das Jenson treffend „pars pro toto" nennt. Unter den verschiedenen Elementen sind die meist zitierten das Handauflegen („*shemika*"), die Berufung („*minnûi*") und das die Hände Füllen, was das dargebotene als auch das empfangene Opfer darstellt („*mille' yād*").

Dem hebräischen Wort „*seder*", welches dem lateinischen Wort „*ordo*" entspricht, wird von den Fachstudien keine wirkliche Beachtung geschenkt, weil es im Alten Testament kaum belegt ist. Es findet sich nur in Hi 10,22 und wird nicht in Kontexten, in denen es um priesterliche oder rabbinische Weihen geht, verwendet. Nichtsdestotrotz nimmt das Wort eine zentrale Stellung in liturgischen und euchologischen Kontexten ein. Es wird regelmäßig verwendet, wenn es um eine Bestimmung, eine Vorschrift, eine Gottesdienstordnung, eine Liturgie und auch um Gebete geht. Der Tempeldienst als ganzer wurde als „*seder avodah*" („Gottesdienstordnung") bezeichnet. Diese Bedeutung von „*seder*" ist de facto in der Bezeichnung und Verwendung der „editio typica" der „*ordines*" des Septenars in der katholischen Kirche gegenwärtig.

Wenn wir nun das Neue Testament betrachten, dann zeigt sich, daß die orientalische Kirche für den Begriff der Weihe v.a. nah an dem Gebrauch der hebräischen und griechischen Vokabel bleibt, die auf die Handauflegung verweist („*shemika*", „*cheirothesia*", „*cheirotonein*").[7] Dies bedeutet, daß es in der Tradition der ersten drei Jahrhunderte der orientalischen Kirche keinen Begriff gab, der den in der abendländischen Kirche verwendeten

---

[5] Für die Philologie und die Geschichte der lateinischen Terminologie siehe die analytische Studie von Pierre van Beneden, Aux origines d'une terminologie sacramentelle. *Ordo, ordinare, ordinatio* dans la littérature chrétienne avant 313, in: Spicilegium Sacrum Lovaniense 38, 1974. Der Autor stellt fest, daß „le sens sacramentel de *ordo, ordinare, ordinatio*, n'a jamais été étudié au fond" (S. XVII).

[6] Vgl. Philip P. Jenson, Ordination. I Altes Testament, in: Theologische Realenzyklopädie 25 (1995) 336; W. Dommershausen, Kōhēn, in: Grande Lessico dell'Antico Testamento, IV, 243; K. Ruprecht, DBAT Beih. I, 1975 (Sefer Rendtorff), 73–93.

[7] E.J. Killmartin, Ministère et ordination dans l'Église chrétienne primitive. Leur arrière-plan juif, in: „Maison de Dieu" 138 (1979) 49–92.

von „ordo", „ordinatio", „ordinare" entsprach.[8] Bei Tertullian[9] und Cyprian[10] haben wir deutliche Belege dafür, daß man unter „ordinationes" sowohl das in den „ordo ecclesiasticus" Eingeordnet-Werden verstand als auch die Verleihung der „munera sacerdotalia". Die erste Bedeutung bezieht sich auf die Tatsache, daß man mit der Weihe Teil eines „collegii" wird und daher in ein Beziehungsgefüge eintritt, das einen zu einem Stand gehören läßt, der eigene Charakteristiken und Prärogativen besitzt. Die zweite Bedeutung verweist auf das Beschenkt-Sein mit Gaben und Charismen mittels der Kirche, die von Gott stammen und die Wurzel ihrer objektiven Gültigkeit und Wirksamkeit im Himmel haben.[11] Alles in allem kann man sagen, daß im dritten Jahrhundert der Gebrauch dieser Terminologie bereits üblich geworden war.

Für die Folgezeit können wir beobachten, wie von Augustin an bis zum Ende des ersten und Anfang des zweiten Jahrtausends der Begriff „ordo" (a) in enger Verbindung zu den Sakramenten verwendet wurde bis hin zu dem Punkt, den Begriff des „Sakraments" selbst zu ersetzen, und wie er sich (b) auf alle Sakramente bezog, also nicht nur auf das, was später ausschließlich „Weihesakrament" genannt werden würde.[12] Die Tatsache, daß der Gebrauch sich auf alle Sakramente ausgedehnt hatte, weist darauf hin, daß diese mit einer ihnen eigenen genau bestimmten und also geordneten Form gedacht waren, sowohl im Sinne einer vorgeschriebenen (siehe den Gebrauch von „entolē" in sakramentalen Kontexten) als auch im Sinne einer strukturierten (siehe den Gebrauch von „taxis" als Übersetzung des hebräischen „seder") und festgelegten Form innerhalb einer klar definierten und im Wesentlichen unveränderlichen Ordnung.

Aufgrund dieser Bivalenz begegnet man sowohl dem Ausdruck „ordines sacramentorum", als auch *„sacramentum ordinis"*, den man allgemein auf St. Augustinus[13] zurückführt. Beide Bedeutungen existieren bis heute.

Es bleibt noch zu klären, wie der Begriff „ordo" derartig an Bedeutung gewinnen konnte, daß er ein einziges ganzes Sakrament bezeichnen kann

---

[8] Siehe P. VAN BENEDEN, op. cit. (o. Anm. 5) 13 f. Angesichts der Tatsache, daß in Rom in den ersten drei Jahrhunderten der Gebrauch der griechischen Sprache üblich war, stellt Van Beneden dar, wie ein Einfluß des Lateinischen auf das Griechische bei den zu untersuchenden Begriffen sehr wahrscheinlich ist. Ein anschauliches Beispiel dafür ist das bezeugte Verb „ορδίνευειν", ein „perfekter Latinismus". Es ist hingegen auszuschließen, daß die östliche Terminologie („cheirotonia", „taxis") den Ursprung für den lateinischen Gebrauch von „ordo", „ordinare" und „ordinatio" bildete. Auch der heidnische Gebrauch erklärt die christliche Resemantisierung dieser Begriffe nicht.

[9] De praescriptione haereticorum 41,6–8; De exortatione castitatis 7.

[10] Siehe unter anderem Epistolae 67, 5, 1; 49, 1; PSEUD. CLEM., Homiliae 3, 72, 1.

[11] AUGUSTINUS, Contra epistolam Parmeniani, II, 13, 28.

[12] S. DU CANGE, Glossarium mediae et infimae latinitatis, Bd. VI, 60, 3. Es wird der Ausdruck „Stand der Ehe" zitiert.

[13] AUGUSTINUS, De baptismo, I 1,2; De bono coniugali, 24,32.

und nicht nur einen Teil davon. Denn die „ordines" im Plural bezeichnen die typischen Vorschriften für die Riten der einzelnen Sakramente und nicht mehr die Sakramente selbst, d.h. den „ordo sacramenti" zu unterscheiden von dem Ausdruck „ordinis sacramentum".

2. „Das eine Priestertum Christi"

Wie die anderen Sakramente alle ihren Ursprung in Jesus Christus, seinem Leib, seiner Seele, seinem Leben, seinem Tod und seiner Auferstehung haben – wenn auch in der Aktion des Heiligen Geistes –, so hat auch das Sakrament der Weihe in ihm, in seinem einen und vollkommenen Priestertum seinen Ursprung und sein Bestehen.

Auch für dieses Sakrament, wie für die anderen, gilt das, was der Apostel Johannes schreibt: „Aus seiner Fülle haben wir alle empfangen, Gnade über Gnade." (Joh 1,16), und auch Paulus: „in ihm habt ihr teil an dieser Fülle" (Kol 2,10).

So gesehen scheinen zwei Punkte die zentralen zu sein: der erste und grundlegende bezieht sich auf das Mysterium und das Wesen des Priestertums Christi,[14] des einzigen Hohenpriesters; der zweite betrifft die Art und Weise der Teilhabe an diesem. Es gibt noch einen dritten Punkt, der den Zweck des Sakraments betrifft, d.h. auf welche Weise all dies der Person, der gesamten Kirche und durch sie der gesamten Menschheit dient.

2.1. Ordo mediationis. – Beginnen wir mit dem ersten Punkt. Für das Verständnis des Priestertums Christi ist das Ereignis seines Todes zentral. Die notwendige Prämisse für seinen Tod ist selbstverständlich die Annahme eines Leibes, der in gehorsamem Einverständnis mit dem Willen des Vaters übergeben und geopfert werden soll. Seine Menschlichkeit soll also definitiv und vollständig als Opfergabe dem Vater übergeben werden.

Während der Psalm (Ps 40) die „Opfergabe" dem „Willen Gottes" entgegenstellt, so daß allein der Wille Gottes und nicht das Opfer zu zählen scheint, führt der Hebräerbrief beides wieder unzertrennlich zusammen:

---

[14] Da wir diesen Punkt bereits in zwei vorhergehenden Schriften behandelt haben, halten wir uns hier nicht lange damit auf: M. Serretti, Sull 'ecclesiologia della Constitutio dogmatica Lumen gentium, in: E. Herms/L. Žak (Hgg.), Fondamento e dimensione oggettiva della fede, 2008, 679–714 (deutsche Ausgabe: Dies. (Hgg.) Grund und Gegenstand des Glaubens nach römisch-katholischer und evangelisch-lutherischer Lehre, 2008, 545–576); M. Serretti, Die Eucharistie, in: E. Herms/L. Žak (Hgg.), Taufe und Abendmahl im Grund und Gegenstand des Glaubens, 2017, 331–358 (italienische Ausgabe: M. Serretti, Sull' Eucaristia, in: E. Herms/L. Žak (edd.), Battesimo e Sacramento dell' Altare nel findamento e Oggetto della Fede. Stui teologici sulla dottrina cattolico-romana ed evangelico-luterana, Lateranum LXXXVI (2020) Hefte 1 und 2).

„Aufgrund dieses Willens sind wir durch die Hingabe des Leibes Jesu Christi geheiligt" (Hebr 10,10).[15] Es handelte sich nicht um eine rein innerlich geistliche Haltung als Antwort auf eine Aufforderung einzig des väterlichen Willens, sondern der Inhalt dieses Willens ist gerade die Hingabe des Leibes. Daher erfüllt sich bei dieser Hingabe der heiligende Wille des Vaters.

Das Priestertum Christi hat mit der Vermittlung zu tun, die sich mit seinem Tod und seiner Auferstehung vollzieht. Der Tod Jesu Christi ist für sein Priestertum zentral, denn dieser steht nicht unter dem Zeichen der bloßen Passivität, wie es für alle Kinder Adams vom Sündenfall an der Fall ist. Jesus sagt von seinem Leben: „Niemand entreißt es mir, sondern ich gebe es von mir aus hin" (Joh 10,18; vgl. Mk 10,15), er *opfert* es (Joh 10,15.17). Es handelt sich also um einen Akt der Hingabe, der freiwillig („sponte", „voluntarie") von ihm vollzogen wird.

Auf folgende Weise führt Christus die Vermittlung durch: Er gibt als Mensch das hin, was er von uns, dem Geschlecht Adams, genommen hat, und er tut dies als „Sohn Gottes".

Von einem Vermittler wird nämlich verlangt, an den beiden Extremen teilzuhaben, zwischen denen er vermittelt: Gott und Mensch. Da Christus der einzige „Mittler zwischen Gott und Menschen" (1 Tim 2,5) ist, ist er auch der vollkommene Hohepriester (vgl. Hebr 3,1; 4,14f.; 5,5.10; 6,20; 7,26; 8,1; 9,11).

Faßt man die christologische Vermittlung richtig auf, so wird man auch das Priestertum des Sohnes auf angemessene Weise verstehen. Verändert oder reduziert man hingegen die Vermittlung auf irgendeine Weise, so wird auch das Priestertum geschmälert sein.

Der zweite Punkt ist offensichtlich: Da das Priestertum Christi das einzige Priestertum ist, folgt daraus, daß eine veränderte Auffassung von seinem Priestertum auch eine entsprechend veränderte Auffassung sowohl des gemeinsamen als auch des amtlichen Priestertums mit sich bringt.

Die Kontroverse über die Sakramente zeigt wieder einmal, daß sie ihre Wurzeln in der Christologie hat und daß nur über die Christologie eine Lösung gefunden werden kann. Des Weiteren gilt, daß der zweite theologische Ursprung, der die Sakramentenlehre bestimmt, da die Aufgabe der Vermittlung dem Sohn vom Vater aufgetragen ist und sich im Geist vollzieht, mit Sicherheit die Trinitätslehre ist. Dies sind die beiden Fronten, an denen sich das Einverständnis oder das Zerwürfnis über die Sakramente entscheidet und daher auch über das amtliche und hierarchische Priestertum, über die Weihe also.

Wenn die Vermittlung des Sohnes, was die menschliche Seite betrifft, sich nicht darin vollzöge, daß er am Fleisch und Blut der Menschenkin-

[15] Vgl. A. Vanhoye, Gesù Cristo il mediatore nella Lettera agli Ebrei, 2007, 247.

der Anteil hat („Da nun die Kinder von Fleisch und Blut sind, hat auch er in gleicher Weise daran Anteil genommen", Hebr 2,14), dann könnte seine Vermittlung auch einfach rein geistlich sein und dann wäre der Geist nicht mehr derjenige, welcher aus dem herkommt, „was in ihr [in Maria] gezeugt" ist (Mt 1,20; Lk 1,35). Dementsprechend wäre der Geist nicht mehr derjenige, der die Präsenz Christi indem auf dem Altar dargebotenen Brot und Wein sichern würde, sondern er würde vielmehr selbst die Fülle der Vermittlung vollziehen, die im menschgewordenen Sohn unvollkommen und unvollendet geblieben wäre. So gesehen ist es bezeichnend, dass der Hebräerbrief damit beginnt, eine einzig und ausschließlich „geistliche" Vermittlung zu widerlegen.[16]

In dem neuen Kapitel, das sich mit Christus öffnet, ändert sich der Bund, das Opfer und das Priestertum und all dies geschieht „in Christus". In Ihm (vgl. Eph 2,15 f.) erfüllen sich jene Elemente und werden zu ihrer Vollkommenheit gebracht, die die ganze Neuheit der Beziehungen und des Austausches zwischen den Menschen und Gott in sich tragen und die durch die Annahme des Blutes und des Fleisches (Hebr 2,14) von Seiten des „Sohnes Gottes" möglich gemacht wurden.

Jesus selbst hatte gesagt: „Amen, amen, ich sage euch: Wenn ihr das Fleisch des Menschensohnes nicht esst und sein Blut nicht trinkt, habt ihr das Leben nicht in euch." (Joh 6, 53), „Wer mein Fleisch ißt und mein Blut trinkt, hat das ewige Leben" (Joh 6, 54).

An anderer Stelle hatten wir bereits angemerkt:[17] Wenn Jesus diese Bedingung zur Erlangung des „ewigen Lebens" gestellt hätte, ohne den Seinen, und somit seiner Kirche, den Akt der Übergabe anzuvertrauen, wie wäre es dann allen Menschen und allen nachfolgenden Generationen bis heute möglich gewesen, an seinem Fleisch und an seinem Blut teilzuhaben?

Auf diese unvermeidbar aufkommende Frage – will man diese Lehre Jesu nicht zu einer Metapher reduzieren – antwortet Jesus selbst im Passahmahl, welches seiner Übergabe an die Menschen vorangeht.

In diesem Mahl, nach der Gabe des Leibes und des Blutes, übergibt er ihnen auch den Akt der Gabe mit dem Imperativ: „Tut dies" (Lk 22,19; 1 Kor 11,24–25).

Die *Übergabe des Aktes* ist von großer Bedeutung, denn jene ist Teil der Wahrheit der Gabe, die Jesus mit seinem Leib und Blut vollzieht. Der Leib und das Blut Jesu werden den Seinen als *geopfert*[18] dargeboten, d.h. gekennzeichnet durch den Akt opfernder Hingabe. Somit kann man an Leib und

---

[16] Gegen jede auch nur ansatzweise Form von Doketismus sprechen die Ausdrücke: „das Blut Jesu" (10,19) „sein Fleisch" (10,20).

[17] Vgl. M. SERRETTI, Sull' ecclesiologia" (o. Anm. 14), dort Abschnitt 4 über das Amt.

[18] Im Italienischen bezeichnet der Begriff „Opfer" sowohl den Akt des Opferns in einem allgemeinen Sinne, als auch den Inhalt dessen, was geopfert wird, wie auch den

Blut Christi nicht als *Opfergabe* Anteil geben, wenn damit nicht zugleich am *Akt* der opfernden Selbsthingabe Anteil gegeben wird. Und genau dies vollzieht Jesus an jenem Abend mit den Zwölfen.

Hier kommt jedoch noch eine weitere Frage auf: Wie ist es möglich, an dem eigenen Akt teilhaben zu lassen, und wie ist es wiederum möglich, am Akt eines anderen teilzunehmen, ohne auf irgendeine Weise auch am agierenden Subjekt teilzuhaben?

Da das Priestertum nur eines ist und der Priester ein einziger, wie wäre eine Teilhabe am Ergebnis des priesterlichen Aktes möglich, ohne eine entsprechende Teilnahme an dem Akt selbst und wie wäre eine Teilhabe am priesterlichen Akt möglich, ohne eine entsprechende Teilnahme an der Subjektivität der handelnden Person, also am Priester selbst?

Damit alle („polloi")[19] im Verlauf der Jahrhunderte an seinem Leib und Blut teilhaben können (vgl. LG 18)[20], läßt er einige wenige (die Zwölf) nicht nur an seinem Leib und Blut teilhaben, sondern auch an seinem Priestertum, d.h. an dem Akt seiner Selbstopferung.

Diese Modalität des an-sich-selbst-Teilhabenlassens ist in Wahrheit *göttlich*. Es kann dazu bei den Menschen nur blasse Analogien des an-sich-selbst-Teilhabenlassens geben. Nicht nur die Gabe selbst ist göttlich und unvergleichlich, sondern auch die Art und Weise, wie sie gegeben wird. Ansonsten – im bloß natürlichen Zustand nach dem Sündenfall – sind die beiden Wirklichkeiten unterschieden und getrennt.

2.2. Ordo participationis. – Um sich mit dem Sakrament der Weihe[21] auseinandersetzen zu können, ist es nötig, auf die vielfachen Weisen der Gabe und der Teilhabe, die Jesus Christus eingesetzt hat, einzugehen, beginnend mit der Einmaligkeit und Unteilbarkeit seines vollkommenen Priestertums. „Jeder von uns empfing die Gnade nach dem Maß, wie Christus sie ihm geschenkt hat" (Eph 4,7; vgl. Kol 2,10; Joh 1,16).

Inhalt eines kultischen Aktes im spirituellen Sinne (Leiden als Opfer), im moralischen Sinne (Verzicht als Opfer) oder im materiellen Sinne (Opfer des eigenen Besitzes).

[19] Anm. d. Übers.: die Übersetzung mit „alle" trotz des griechischen „*polloi*" ist dem italienischen Text geschuldet, in dem „tutti" steht.

[20] „Diese Heilige Synode setzt den Weg des Ersten Vatikanischen Konzils fort und lehrt und erklärt feierlich mit ihm, daß der ewige Hirte Jesus Christus die heilige Kirche gebaut hat, indem er die Apostel sandte, wie er selbst gesandt war vom Vater (vgl. Joh 20,21). Er wollte, daß deren Nachfolger, das heißt die Bischöfe, in seiner Kirche bis zur Vollendung der Weltzeit Hirten sein sollten."; [dt. aufrufbar unter: http://www.vatican.va/archive/hist_councils/ii_vatican_council/documents/vat-ii_const_19641121_lumen-gentium_ge.html, abgerufen am: 15.09.2020]

[21] Für die lehramtlichen Dokumente über das Priesteramt von 1908 bis 1993 siehe: T. Stenico (Hg.), Il sacerdozio ministeriale nel magistero ecclesiastico, 1993.

Die Gnade folgt einer bestimmten Ordnung und diese Ordnung ist durch den Willen Gottes bestimmt. In einem zweiten Schritt kann und muß man auch die Logik der Gabe verstehen. Dabei bleibt aber ihre erste Quelle immer der souveräne Wille Gottes.

In dem Verständnis, das die katholische Kirche von jener Ordnung hat,[22] wird den „Zwölfen" ein besonderer Platz eingeräumt und unter ihnen hat Simon, der Sohn des Jona, der später Kephas, Petrus, genannt wird, eine hervorgehobene Stellung.

Die in den Evangelien verwendeten Verben drücken die Besonderheit der Teilhabe aus, die der Sohn ihnen gewährt. In dieser Teilhabe gibt es Elemente, die allen gemein sind und andere, die exklusiv sind, obgleich sie letztendlich *für* alle sind. Die Selbsthingabe Christi ist nämlich „für alle"[23] (Mk 14,24; Mt 26,28).

Die Berufung („klēsis") derer, die er „Apostel" (Lk 6,13) nennen wird, geschieht über die Namen: jeder Einzelne wird mit seinem Namen berufen und diese Namen werden wiedergegeben (Mt 10,2; Mk 3,13–19).

Auf die Berufung folgt die Erwählung („eklogē").[24] „Habe ich nicht euch, die Zwölf, erwählt?" (Joh 6,70; cf. Lk 6,13). „Nicht ihr habt mich erwählt, sondern ich habe euch erwählt" (Joh 15,16).

Und auf die Erwählung oder Auswahl folgt die Einsetzung („tithēmi").[25] „ich habe euch dazu bestimmt" (Joh 15,16). Auf diesen Akt der Bestimmung oder der Einsetzung bezieht sich Paulus im 1. Korintherbrief: „So hat Gott in der Kirche die einen erstens [„prōton"] als Apostel eingesetzt" (1 Kor 12,28; vgl. Eph 4,11).

Die Berufung, die zwischen der Prädestination und der Verherrlichung liegt (Röm 8,30), die Erwählung, die geschehen ist „vor der Grundlegung der Welt" (Eph 1,4) und die Einsetzung sind alle Aspekte des Handelns Gottes am Menschen, so daß jeder Christ nach seinem Stand daran teilhat. Aber „sind etwa alle Apostel?" (1 Kor 12,29). Ein jeder nimmt teil, „wie es Seiner Absicht entsprach" (1 Kor 12,18).

---

[22] Im Rahmen dieser Studie über das Weihesakrament in der katholischen Kirche werden wir weniger aus Gründen des Umfangs als vielmehr aus methodischen und inhaltlichen Gründen – soweit dies möglich ist – bei der ersten Stufe (Bischof) verweilen. Es geht um das Priestertum und nur im Bischof ist die „plenitudo sacerdotii" vorhanden (vgl. LG 21.26. Für die dortigen patristischen Bezüge siehe: G. Philips, La Chiesa e il suo ministero. Storia, testo e comment della *Lumen gentium*, ³1986, 224–225). Wir behandeln also nicht direkt das Band zwischen den verschiedenen Weihestufen.

[23] Vgl. o. Anm. 19.

[24] Nach den paulinischen Abfolgen (vgl. Röm 8; Eph 1) geht die „Erwählung" dem Ruf voran. Jedoch handelt es sich hier eher um eine „Auswahl", als um eine „Erwählung". Sowohl in Joh 6,70, als auch in 15,16, wird das Verb „eklegō" und nicht „kaleō" verwendet.

[25] In Mk 3,16 wird das Verb „epitithēmi" verwendet.

Neben der allen gemeinsamen Dimension der Berufung, der Erwählung und der Einsetzung, gibt es auch eine individuelle Dimension. Dies ändert nichts daran, daß das, was am meisten zählt, das ist, was allen gemein ist. Aber derjenige, der an einer bestimmten Stelle innerhalb der kirchlichen Ordnung eingesetzt ist, kann der göttlichen Gabe, Gnade und dem göttlichen Charisma nur gemäß der Modalität entsprechen, die ihm zugewiesen wurde.

Die paulinischen Auflistungen der Charismen[26] stellen die Apostel an die erste Stelle, weshalb das Apostelsein die erste der Gaben Gottes ist, das erste der Charismen, das erste nicht in chronologischer, sondern in hierarchischer Hinsicht. Dennoch gibt es noch ein anderes Primat, das Paulus nennt: die Liebe, die niemals aufhört (1 Kor 13,8) und die unter den Dingen, die bleiben, die größte von allen ist (1 Kor 13,13). Und genau nach ihr wird Petrus gefragt, als er die Aufgabe und die Gabe der Leitung erhält. Dreimal wird er nach der Liebe gefragt und dreimal wird ihm die göttliche Aufgabe des Hirten anvertraut (Joh 21,15–17).

Diese zwei transzendenten Punkte der paulinischen Listen der „Charismen" berühren sich und sind zweifellos ineinander verflochten.

Worin besteht die Besonderheit der Zwölf, des apostolischen Kollegiums, und des apostolischen Charismas?

Die Berufung, die Erwählung und die apostolische Einsetzung sind in der Gabe Gottes begründet und aufgrund dieser ihrer Genese stellen sie eine Einzigartigkeit innerhalb des kirchlichen und gemeinschaftlichen Gefüges dar sowohl in ihrem Ganzen als auch im Blick auf die unterschiedlichen Rollen und Aufgaben, die sich in ihm entfalten.

Das *Ziel*, das die göttliche Wahl verfolgt, ist eindeutig kirchlich („zum Nutzen aller" [1 Kor 12,7]). Aber der *Ursprung* und also das *Wesen* des apostolischen Kollegiums und des apostolischen Amtes stammen nicht aus der Kirche und befinden sich auch nicht innerhalb der Kirche, sondern nur in Christus, ihrem Haupt. „In ihm wird der ganze Bau zusammengehalten [...]. Durch ihn werdet auch ihr zu einer Wohnung Gottes im Geist miterbaut." (Eph 2,20–22).

---

[26] A. VANHOYE, L'interprétation de Ex 34 in II Cor.3,7–14, in: L. DE LORENZI (Hg.), Paolo ministro del Nuovo Testamento, , 1987, 159–180. Gegen die Gegenüberstellung Charismen/Ämter siehe P. GRELOT, Eglise et ministères, 1983, 185. Für eine gewisse Harmonisierung Charismen/Ämter sind unter anderem Schlier, Goppelt, Grau, Lauterburg, während eine Gegenüberstellung von Autoren wie Sohm, Harnack und anderen vertreten wird. Für eine Bibliographie (1984 aktualisiert) über Charisma und Amt, siehe N. BAUMERT, Charisma und Amt, in: A. VANHOYE (Hg.), L' Apotre Paul: personnalité, style et conception du ministère, 1986, 227–228. Auch von A. VANHOYE: Le problem biblique des charismes après Vatican II, in: R. LATOURELLE (Hg.), Vatican II. Bilan et perspectives 1962–1987, 1987, 441–467; DERS., I carismi nel Nuovo Testamento, 2011 (Bibliographie 189–194). In dieser Studie ist die kritische Auseinandersetzung mit der Position E. Käsemanns relevant.

Der Apostel ist „Knecht Christi Jesu" (Röm 1,1), „Mitarbeiter" (vgl. 1 Thess 3,2; 2 Kor 8,23; Kol 4,11), „Diener Christi Jesu" (Röm 15,16), „Gesandter des Evangeliums" (Eph 6,20; 2 Kor 5,20), „Diener des Neuen Bundes" (2 Kor 3,6). Es ist die Besonderheit des Bandes Christi mit den Aposteln,[27] welches die Besonderheit ihrer Aufgabe und ihrer innerkirchlichen Rolle (Amt, „officium") stiftet. Dieses Band ist sakramental, also von Gott, dem Vater, gewollt und der Kirche als fortdauernde Gabe übergeben, derer die Kirche für ihre Struktur bedarf, die ihr Herr und ihr Bräutigam entworfen und verwirklicht hat.[28] Die Gabe des apostolischen Amtes („diakonia", „apostolē", Apg 1,25) ist fortdauernd und wirksam, es bringt also eine tatsächliche Wirkung vor.[29]

Welche Gestalt nimmt dieses apostolische Amt an? Worin besteht die Besonderheit seines Wesens, das in und durch Christus begründet ist und worin besteht die Besonderheit seiner kirchlichen Wirksamkeit?

Wir folgen hier Vatikanum II.

Wenn wir die Ekklesiologie des Zweiten Vatikanums berücksichtigen,[30] in der die Abhandlung über das „Amt" der über das „Volk Gottes" folgt, dann sehen wir, daß die Stellung der Zwölf als „Fundament" definiert wird. „Die Apostel […] verkündigten die frohe Botschaft […] und versammelten so die universale Kirche, die der Herr in den Aposteln gegründet und auf den heiligen Petrus, ihren Vorsteher, gebaut hat, wobei Christus Jesus selbst der Eckstein ist".[31]

---

[27] In Gal 1,1 erwähnt Paulus auch den Vater: „Paulus, zum Apostel berufen […] durch Jesus Christus und durch Gott, den Vater". So auch in Eph 1,1; Kol 1,1; 2 Tim 1,1: „Paulus, durch den Willen Gottes [also des Vaters] Apostel Christi Jesu". Siehe auch 1 Tim, 1,1; Tit 1,3, in welchen er vom „Auftrag Gottes [des Vaters]" spricht.

[28] CYPRIAN, De ecclesiae catholicae unitate, 17; Ep. 55,8; 61,3; 63,3. Cyprian prägt den Begriff „ordinatio divina".

[29] Für die Unterscheidung und das Band zwischen dem sakramentalen „charactēr" und seiner Wirksamkeit siehe die hervorragende Zusammenfassung in B. TESTA, I sacramenti della Chiesa, 1995, 66–76 und für die Weihe, 227–230. [dt. Ausgabe: Die Sakramente der Kirche, 1997]. Für eine ausführlichere Darstellung zum „charactēr" siehe u. S. 148 ff.

[30] Zusammen mit der Konstitution „Lumen gentium" und dem Dekret „Christus Dominus" (28. Oktober 1965), nach dem Konzil, von besonderer Bedeutung für unser Thema siehe SACRA CONGREGATIO PRO EPISCOPIS, Directorium „'Ecclesiae imago'. De pastorali ministerio episcoporum" (22. Januar 1973). 1973; JOHANNES PAUL II., Pastores gregis, Esortazione Apostolica Postsinodale (16. Oktober 2003). Die gesamte Dokumentation und die Beiträge der X. ordentlichen Generalversammlung der Bischofsynode findet man in N. ETEROVIĆ (Hg.), Il Vescovo servitore del Vangelo di Gesù Cristo per la speranza del mondo, 2012. Siehe auch den Brief der Kongregation für die Glaubenslehre „'Communionis notio'. Su alcuni aspetti della Chiesa intesa come comunione", 28. Mai 1992.

[31] LG 19. Zu diesem Kapitel siehe G. PHILIPS, La Chiesa e il suo mistero (o. Anm. 22), 205–211; J. RATZINGER, Sull' ecclesiologia della Costituzione „Lumen gentium" al Convegno Internazionale sull'attuazione del Concilio Ecumenico Vaticano II, 27. Februar 2000, http://www.vatican.va/roman_curia/congregations/cfaith/documents/rc_con_

Die biblischen Bezüge des Konzilstextes verweisen auf Johannes (Apk 21,14) und auf Paulus (Eph 2,20). Christus selbst ist das Subjekt der Erbauung der Kirche (Mt 16,18) und er selbst setzt das Fundament für den gesamten Bau. „Die Mauer der Stadt hat zwölf Grundsteine; auf ihnen stehen die zwölf Namen der zwölf Apostel des Lammes." (Apk 21,14). Und gemäß dieser göttlichen Architektur sind wir „auf das Fundament der Apostel und Propheten gebaut" (Eph 2,20). Wir wissen, wie minuziös Paulus dieser Logik der Erbauung des gemeinschaftlichen und kirchlichen Gebäudes gefolgt ist. Seine Schriften bezeugen dies.

Als von Christus namentlich Berufene nehmen die Apostel einen einmaligen und unersetzbaren Platz im kirchlichen Gebäude ein.

Die Dogmatische Konstitution über die Kirche, Lumen gentium, weist darauf hin, wie die Berufung der Zwölf nach einem Gebet Jesu zum Vater erfolgt, und wie er „diese Apostel (vgl. Lk 6,13) [...] nach Art eines Kollegiums oder eines festen Kreises [einsetzte], an dessen Spitze er den aus ihrer Mitte erwählten Petrus stellte (vgl. Joh 21,15–17)."[32]

Die Berufung war also in erster Linie persönlich. Zum einen, weil sie vom Sohn in Gemeinschaft mit dem Vater im Geist ausging, zum anderen, weil sie an jeden Einzelnen gerichtet war und dabei die Integrität der Person forderte. Es ist zu bemerken, daß diese Faktoren ebenso für den einfachen Ruf in die Nachfolge Christi gelten, also auch dann wenn es sich nicht um eine Berufung in das apostolische Amt handelt. In Bezug auf die Objektivität der Berufung wird die Implikation des Rufes im Ruf aus der Sicht des Gerufenen zeitlich als nachfolgend erfahren, während dies für den Rufenden nicht so ist. Es handelt sich nicht um eine doppelte Berufung. Deshalb erfolgt die Berufung zum (apostolischen) Amt per Namen und ist also persönlich im vollen Sinne. Jene nimmt in der Tat die ganze Person in Anspruch, bis zur Hingabe des eigenen Lebens: „Das sagte Jesus, um anzudeuten, durch welchen Tod er [Petrus] Gott verherrlichen werde." (Joh 21,19).

Die Berufung zum Apostel war für die Zwölf weder ein Ruf zu bestimmten Leistungen für eine bestimmte Zeit noch einfach der Ruf zur Erfüllung einer Aufgabe innerhalb der sich bildenden Gefolgschaft Jesu. Die Erbringung und die Erfüllung von Aufgaben sind in der Tat auch ohne diese vollkommene Beteiligung der ganzen Person möglich. Das Amt hingegen nimmt die menschliche Person als ganze in Anspruch, obgleich das Amt eine eigene Objektivität besitzt, die auf der Gemeinschaft der gött-

---

cfaith_doc_20000227_ratzinger-lumen-gentium_it.html; P. HÜNERMANN/B.J. HILBERATH (Hgg.), Herders theologischer Kommentar zum Zweiten Vatikanischen Konzil, 2004, Bd. 2, 404–437, Bibliographie S. 565–580.

[32] LG 19: „Ad modum collegii seu coetus stabilis instituit".

lichen Hypostasen beruht und auf der Teilhabe, die diese an sich selbst gewähren.

In zweiter Linie geschah die Einsetzung des apostolischen Amtes, wie das Konzil besagt, „*ad modum collegii seu coetus stabilis*" (LG 19).[33]

In den apostolischen Dienst wurde nicht bloß *eine* Person gerufen, sondern gleich mehrere: Zwölf. Der einzelne Apostel hat niemals existiert und wird auch niemals existieren. Die Biographie des Paulus von Tarsus ist ein hervorragendes Beispiel dafür.

Ein jeder der Apostel, den Jesus erwählt und berufen hat, tritt, indem er persönlich auf diesen persönlichen Ruf geantwortet hat, in ein „Kollegium" ein, wird Teil einer Gemeinschaft von Personen, die ebenfalls berufen wurden. Sie wurden nicht nur in die Nachfolge Christi gerufen, sondern auch dazu berufen, Teil jenes „Standes", jener Gesellschaft, zu werden, die durch ein besonderes Band definiert ist, welches sich einer besonderen Verleihung sowie einer bestimmten und ebenso besonderen Form der Gabe verdankt.

Es gehört also zur Realität des Apostelseins dazu, daß man in Form eines „Kollegiums" konstituiert ist. Dies ist ein integraler und nicht extrinsischer oder kollateraler Teil der apostolischen Berufung.

Da es sich um eine Gabe handelt, bei der Jesus Christus sich selbst, sein einmaliges Priestertum und Hirtensein gibt, liegt die Objektivität der Gabe („charisma") der Apostel „in Christus" und ist deswegen von den einzelnen Personen letztlich unabhängig. Zugleich liegt die gemeinschaftliche Wurzel der Gabe „in ihm" und in den Aposteln selbst als Teilhabenden an Christus. Alle, die berufen worden sind, am apostolischen „charisma" teilzuhaben, werden durch das „charisma" in eine Beziehung zueinander gestellt, deren Merkmal („idioma") das Amt ist.

---

[33] Zur Kollegialität und „communio": Joahnnes Paul II., Apostolos suos, 21. Mai 1998; ders., Ecclesia de eucharistia, 17. April 2003; ders., Pastores gregis, 16. Oktober 2003; ders., Allocuzione ai collaboratori nel governo centrale, 28.Juni 1980; ders., Allocuzione alla Curia romana, 20. Dezember 1990; J. Ratzinger, Die bischöfliche Kollegialität. Theologische Entfaltung, in: G. Barauna (Hg.), De ecclesia. Beiträge zur Konstitution „Über die Kirche" des Zweiten Vatikanischen Konzils, 1966, Bd.II,44–70; Congregazione per la Dottrina della Fede, Communionis notio, 28.05.1992; Y.-M. Congar, J. Dupont u.a., La collégialité épiscopale, histoire et théologie, 1965; S. O. Horn, Das Verhältnis von Primat und Episkopat im ersten Jahrtausend. Eine geschichtlich-theologische Synthese, in: Il primato del successore di Pietro, 1998, 194–213; W. Henn, Historical-theological Syntesis of the Relation between Primacy and Episcopacy during the Second Millennium, in: Il Primato del successore di Pietro, op. cit., 222–273. Für eine ökumenische Problematisierung der Kollegialität siehe: E. Haible, Collegium und Ordo. Der katholische Amtsbegriff als ökumenisches Hindernis, in: Tübinger Theologische Quartalschrift 147 (1967) 315–342.

All dies entspricht der Prämisse, daß das göttliche Subjekt ein Subjekt in Beziehung ist: aus der Gemeinschaft der göttlichen Hypostasen heraus werden die Apostel zur Gemeinschaft gerufen.[34]

Nicht nur die Qualität der Gabe, an der sie teilhaben, ist von göttlicher Natur, sondern in ihr und mit ihr auch die Qualität der Gemeinschaft, in welche sie dank dieser Gabe eingeführt werden.

Dies ist der Grund, weshalb das „collegium" auch ein „coetus" ist, also qualitativ zu unterscheiden und unterscheidbar von anderen Realitäten, die sich ebenfalls innerhalb des Leibes Christi befinden, welcher die Kirche ist.

Das apostolische Amt existiert in der Kirche und für die Kirche, aber, wie wir bereits angemerkt haben, liegt sein Ursprung nicht in der Kirche selbst.

All das, was die Kirche im eigentümlichen Sinne ausmacht, kommt „von oben".

In dritter Linie erinnert die Konstitution Lumen gentium daran, daß *Petrus dem apostolischen Kollegium vorangestellt* wurde.[35]

Vor dem Hintergrund der hier dargelegten Beobachtungen verweist dies darauf, daß nicht nur innerhalb des Leibes, der die Kirche ist, eine Unterscheidung zwischen den „Rangordnungen" besteht („hierarchische Gemeinschaft"), sondern auch innerhalb des apostolischen Kollegiums selbst eine Ordnung und Einheit existiert, die auf einer bestimmten Person beruht und nicht einfach generisch ist: auf der Person Petri.

Das Ergebnis ist eine geordnete Einheit und eine vereinte Ordnung.

Auch hierbei gilt das trinitarische Paradigma. „In divinis" gibt es in der Tat eine geordnete Gemeinschaft der Hypostasen und in der substanziellen Einheit besteht auch eine personelle Einheit.[36] Die göttlichen Hypostasen sind einander gleich, gleich ewig und wesensgleich, aber der Vater ist „fons totius divinitatis".[37]

Im apostolischen Kollegium besteht Parität in der Berufung des Herrn zu Gliedern des Kollegiums, da die Berufenen zu Teilhabenden an der besonderen Gabe Gottes in Jesus Christus werden. Zugleich wird dabei eine

---

[34] Für eine theologische und anthropologische Abhandlung über das Thema ‚Person-Gemeinschaft' s. die Studie C. BERTERO, Persona e comunione. La prospettiva di Joseph Ratzinger, 2014.

[35] M. MACCARONE (Hg.), Il primato del Vescovo di Roma nel primo millennio. Ricerche e testimonianze, ²1997; DERS., Il primato del successore di Pietro, Atti del Simposio Teologico, 1998.

[36] MAXIMUS CONFESSOR, Epistolae, 15 (PG 91, 552 A); Ambigua ad Thomam, 1 (PG 91, 1036 B). Für eine Weiterführung s. H. U. v. BALTHASAR, Theologik. Wahrheit Gottes, Bd. 2, 1985, 119–155.

[37] AUGUSTINUS, De trinitate, IV, 20, 29. S. a. BONAVENTURA, In I Sent., d 27 p 1 a. un. (Q I, 464–480); ALBERTUS M., In I Sent., d 28 aa. 1–6; DERS., De resurrectione, tr. 4 q 3 a 7 arg 2 ad 2. – Für die gegenwärtige Debatte siehe: J.-M. LE GUILLOU, Le mystère du Père, 1973; J. ZIZIOULAS, Communion and Otherness, ⁴2009, vor allem das Kapitel „The Father as Cause: Personhood Generating Otherness", 113–154.

Ordnung eingesetzt, die nicht nur die Gleichheit nicht in Frage stellt, sondern sie auch bewahrt und garantiert. Indem jene Ordnung diese Gleichheit bewahrt, bewahrt sie auch die Einheit.

In Petrus wird die Einheit des Kollegiums zur Einheit der gesamten Kirche. Wie man von einer Gemeinschaft („communio") in eine andere Gemeinschaft tritt, so schreitet man von einer Einheit in eine andere Einheit. Aus einer existierenden Gemeinschaft („communio") entsteht eine ihr wesensgleiche Gemeinschaft. Aus einer existierenden Einheit entsteht eine weiterreichende Einheit, aber immer noch eine ihr wesensgleiche.

Auch im Falle des Simon Petrus ist das Amt der Einheit gebunden an die einzigartige Teilhabe, die Jesus Christus als Haupt und Hirte an sich selbst gewährt, da er der „Eckstein" und Besitzer der Schlüssel ist.[38]

3. Apostolische Sukzession („paradochē" – „diadochē")

Ist das Wesen, die Bedeutung und die Einzigartigkeit der Institution der Zwölf einmal verdeutlicht worden, ebenso wie ihre Stellung innerhalb des Volkes Gottes, stellt sich die Frage der Art und Weise der *Fortdauer* eines derartigen Dienstes wie Amtes.

Die göttliche Einsetzung der Zwölf suggeriert ihre Gebundenheit an das Wesen der Kirche. Eine Fortdauer der Kirche und eine Vorläufigkeit des apostolischen Amtes würden sich als widersprüchlich erweisen (das historische Argument außer Acht lassend). Wie könnte die Kirche so bestehen, wie Christus sie gewollt und geformt hat, ohne ein entscheidendes, sie konstituierendes Element? Christus hätte dem apostolischen Kollegium dann seine Eigenschaften als Hirte, Lehrer, Priester und Prophet nur für wenige Jahrzehnte überreicht.

Schon die Wahl und die Einsetzung des Matthias für Judas Iskariot geschieht nicht einfach aufgrund des Willens und der Einsetzungsmacht der Elf. Aber auch jede folgende, gut bezeugte apostolische Praxis verweist auf das Gegenteil.

Der KKK stellt die Übertragung in einer knappen, aber schlagkräftigen Art und Weise dar: „Indem der auferstandene Christus den Aposteln den Heiligen Geist spendet, vertraut er ihnen seine Heiligungsgewalt an:[39] die

---

[38] Siehe die exegetische Studie von Rudolf Pesch, Was an Petrus sichtbar war, ist in den Primat eingegangen, in: Il primato del successore di Pietro, 1998, 22–111, (dt. Ausgabe: R. Pesch, Was an Petrus sichtbar war, ist in den Primat eingegangen. Die biblischen Grundlagen des Primats und seiner Weitergabe, in: G. L. Müller [Hg.], Der Primat des Nachfolgers Petri im Geheimnis der Kirche. Studien der Kongregation für die Glaubenslehre, 2010, 29–49).

[39] Vgl. Joh 20,21–23.

Apostel werden sakramentale Zeichen Christi. Durch die Kraft desselben Heiligen Geistes vertrauen sie diese Heiligungsvollmacht ihren Nachfolgern an."[40] Die Lehre des Konzils besagt Folgendes: „Jene göttliche Sendung, die Christus den Aposteln anvertraut hat, wird bis zum Ende der Welt dauern (vgl. Mt 28,20). Denn das Evangelium, das sie zu überliefern haben, ist für alle Zeiten der Ursprung jedweden Lebens für die Kirche".[41] Die „Fortdauer" des Evangeliums in den Jahrhunderten wird im selben Paragraphen nicht nur an die Reinheit und Integrität der Lehre gebunden, sondern auch an die Leitung der Herde durch die Hirten, „als Priester im heiligen Kult, als Diener in der Leitung".[42] „Aus diesem Grunde", kraft des Heiligen Geistes, der ihnen übertragen wurde und kraft des Willens Christi, daß seine Kirche „bis zum Ende der Welt" (Mt 28,20) andauere, „trugen die Apostel in dieser hierarchisch geordneten Gesellschaft für die Bestellung von Nachfolgern Sorge".[43]

Die Lehre des Konzils macht auf unterschiedliche Weise an mehreren Stellen darauf aufmerksam, wie das Volk Gottes „in sich selbst aus verschiedenen Ordnungen gebildet wird"[44] und wie es eine von Anfang an geordnete und hierarchisch strukturierte Gesellschaft ist. Leugnet man die apostolische Sukzession, müßte man in der Folge auch leugnen, daß die anfängliche Gestalt der Kirche mit der von ihrem Haupt gewollten und geformten Wirklichkeit übereinstimmte. Man müßte dann eine methodologische Diskontinuität zum ursprünglichen Plan rechtfertigen und darüber hinaus negieren, daß die Apostel dasjenige, was Christus ihnen auch nach Pfingsten gelehrt und befohlen hatte, verstanden hätten.

Der Apostel Paulus, von den Konzilsvätern zitiert, drückt sich folgendermaßen in seinem geistlichen Vermächtnis aus, nachdem er die von ihm in Ephesus während seines längeren Aufenthaltes in dieser Stadt eingesetzten Presbyter einberufen hatte: „Und siehe, ich weiß, daß ihr mich nicht mehr von Angesicht sehen werdet […] Darum bezeuge ich euch am heutigen Tag […]: Gebt Acht auf euch und auf die ganze Herde, in der euch der Heilige Geist zu Vorstehern bestellt hat, damit ihr als Hirten für die Kirche des Herrn sorgt, die er sich durch sein eigenes Blut erworben hat!" (Apg 20,25–28).

Wir wissen aus den neutestamentlichen Schriften und aus denen der Kirchenväter der orientalischen und abendländischen Kirchen Folgendes:

---

[40] Katechismus der Katholischen Kirche. Vollständiger Text der Neuübersetzung aufgrund der Editio typica Latina, 2019, 310 (KKK 1087).

[41] LG 20. Leo Magnus, Sermones 3, 2 (PL 54, 45 f.): „Soliditas enim illius fidei, quae in apostolorum principe est laudata, perpetua est; et sicut permanet quod in Christo Petrus credidit, ita permanet quod Christus in Petro instituit."

[42] Ebd.; vgl. LG 18.

[43] Ebd.

[44] LG 13; vgl. LG 7.

„Unter den verschiedenen Dienstämtern, die so von den ersten Zeiten her in der Kirche ausgeübt werden, nimmt nach dem Zeugnis der Überlieferung das Amt derer einen hervorragenden Platz ein, die zum Bischofsamt bestellt sind und kraft der auf den Ursprung zurückreichenden Nachfolge Ableger apostolischer Pflanzung besitzen. So wird nach dem Zeugnis des heiligen Irenäus[45] durch die von den Aposteln eingesetzten Bischöfe und deren Nachfolger bis zu uns hin die apostolische Überlieferung in der ganzen Welt kundgemacht und bewahrt".[46]

Das Konzil läßt hier als Argument sowohl das schriftliche Zeugnis der orientalischen und abendländischen Väter als auch die dokumentierte lebendige historische Tradition gelten.

Zuvor hatte das Konzil die theologischen Gründe dieser bis heute andauernden Realität dargelegt. „Aus diesem Grunde lehrt die Heilige Synode, daß die Bischöfe aufgrund göttlicher Einsetzung an die Stelle der Apostel als Hirten der Kirche getreten sind. Wer sie hört, hört Christus, und wer sie verachtet, verachtet Christus und ihn, der Christus gesandt hat (vgl. Lk 10,16)".[47]

Die „Sukzession" („diadochē"), wie wir an anderer Stelle aufgezeigt haben,[48] ist direkt an die „Übergabe" („traditio") des Sohnes gebunden, sowohl an die innergöttliche („generatio aeterna") als auch an die ökonomische „Sendung" („missio"). Dies bedeutet, daß diejenigen, die sich in der Sukzession der Gesandten durch den Gesandten einreihen (Hebr 3,1), in das ursprüngliche Mysterium eingefügt werden, was sie in die Generation des Sohnes beim Vater, also in die Kindschaft, zurückführt: diejenigen, die „aus Gott geboren sind" (Joh 1,13). Denn darin besteht die Ökonomie: daß wir alle „die Sohnschaft erlangen" (Gal 4,5). Die Sukzession als vorletzter Übergang erlaubt diese perfekte „recirculatio". Der theolo-

---

[45] IRENÄUS, Adversus haereses, III, 3, 1.

[46] LG 20.

[47] Ebd. Siehe: P. ANCIAUX, L'épiscopat dans l'Église, 1963; J. COLSON, L'évêque dans les communautés primitives: tradition paulinienne et tradition johannique de l'épiscopat des origines à saint Irénée, 1951; DERS., Les fonctions ecclésiales aux deux premiers siècles, 1956; DERS., L'évêque, lien d'unité et de charité chez saint Cyprien de Carthage, 1961; Y. CONGAR/B. DUPUIS (Hg.), L'épiscopat et l'Église universelle, 1962; A. M. XAVIERRE, Le thème de la succession des apôtres dans la literature chrétienne primitive, in: L'épiscopat et l'Église universelle, op. cit. 71–121; C. SPICQ, Saint Paul: les Épitres pastorales, 1947, XVIII–L und 84–97; J. RATZINGER, Primat, Episkopat und Successio apostolica, in: DERS./K. RAHNER, Episkopat und Primat, 1961, 37–59; N. ETEROVIĆ (Hg.), Il vescovo servitore del Vangelo di Gesù Cristo per la speranza del mondo, 2012; A. MONTAN (Hg.), Vescovi servitori del Vangelo, 2005. Vgl. auch P. HÜNERMANN/B. HILBERATH (Hgg.), Herders theologischer Kommentar, Bd. II, Bibliographie.

[48] M. SERRETTI, Über die Ekklesiologie der Constitutio dogmatica „Lumen gentium", in: E. HERMS/L. ŽAK (Hgg.), Grund und Gegenstand des Glaubens nach römisch-katholischer und evangelisch-lutherischer Lehre, 2008, 545–576.

gische Charakter der Sendung („missio" der „Seinen", inbegriffen in der
„missio" des Sohnes), „wie mich der Vater gesandt hat, so sende ich euch"
(Joh 20,21),[49] ist die dauerhafte Basis für das theologische Wesen des Amtes (vom Vater zum Vater). Die Sukzession garantiert zugleich die Genealogie und Eschatologie.

Zwei Faktoren charakterisieren sie besonders in ihrem Konkretwerden:
zum einen das „factum", also das historische Ereignis, und zum anderen die
Personen, also die Namen und die Gesichter derer, die mit hinein verwik-
kelt wurden. Diese zwei Faktoren geben beide bis heute Grund zum Skan-
dal, da sie den tollkühnen Anspruch erheben, das Ewige in der Zeit und
das Göttliche im Menschlichen auszudrücken. Das ist das Skandalon der
Inkarnation, der der Ursprung der ganzen sakramentalen Wirklichkeit ist.

Das „factum" verweist auf ein historisches Ereignis, das durch seine Koordinaten von Raum und Zeit begrenzt ist und durch die Ewigkeit Gottes erfüllt ist. „Historisch" bedeutet hier nicht vergänglich oder vergangen,
sondern voll von einer Gegenwart, die den „großen Tag ohne Abend"[50] eröffnet. Das „factum", das das Fundament der Sukzession bildet, erträgt es
nicht, im innerweltlichen historischen Positivismus eingeschlossen zu werden, sondern überwindet ihn und überschreitet ihn nach allen Seiten: sowohl „a parte ante" als auch „a parte post". Timotheus, der „wahre Sohn"
und „der liebste Sohn" des Paulus, stützte sich bereits auf zwei „Sukzessionen": auf der „comprobatio" des Paulus seitens „Jakobus, Kephas und Johannes" (Gal 2,9) in Jerusalem und auf die „Handauflegung" (1 Tm 4,14;
2 Tm 1,6) durch Paulus und die Presbyter. Diese beiden „Sukzessionen"
waren fest im historischen „factum" der Einsetzung der Zwölf und der
Berufung des Paulus durch Jesus Christus verwurzelt. Das „factum" ist historisch, auch weil durch es auf eine noch nie da gewesene Art und Weise
eine radikal neue Geschichte einsetzt.

Der zweite unbestreitbare Faktor, der die „Sukzession" kennzeichnet,
sind die Namen und Gesichter, d.h. die Personen. Die Sukzession ist „Sukzession" im Amt, aber zugleich sind es die Personen, die sich nachfolgen.
Wie im Falle des „factum" das Skandalon aufgrund der Tatsache gegeben

---

[49] In erster Linie ist der Sohn „Apostel", „Gesandter" und „Beauftragter".

[50] Auf das Maß an Unmöglichkeit in diesem Gedanken, sofern er außerhalb der
„Kenntnis des Mysteriums" erfaßt wird, verweisen folgende Ausführungen von I. Kant
und G.E. Lessing: „Indessen daß ein bloß auf Facta gegründeter historischer Glaube seinen Einfluß nicht weiter ausbreiten kann, als so weit die Nachrichten, in Beziehung auf
das Vermögen, ihre Glaubwürdigkeit zu beurteilen, nach Zeit- und Ortsumständen hin-
gelangen können.", I. KANT, Die Religion innerhalb der Grenzen der bloßen Vernunft,
in: DERS., Werke in zwölf Bänden, Bd. 8, W. WEISCHEDEL (Hg.), 1977, 762; Lessing drückt
sich wie folgt aus: „Zufällige Geschichtswahrheiten können der Beweis von notwendigen
Vernunftwahrheiten nie werden", G.E. LESSING, „Über den Beweis des Geistes und der
Kraft", in: DERS., Sämtliche Schriften, Bd. 10, K. LACHMANN (Hg.), 1839, 36.

war, daß ein kontingentes Ereignis in der Zeit, mit der Zeit als archetypisch und entscheidend wahrgenommen wurde, so ist im Falle der Personen das Hindernis dadurch gegeben, daß es sich um Menschen handelt, die als Menschen von Unvollkommenheiten, Lastern und stets durch die Endlichkeit des postlapsarischen Wesens gekennzeichnet sind. Daß gerade in und durch diese Personen das göttliche Handeln in der Geschichte der Menschheit real präsent werden soll, ist menschlich weder verständlich noch erklärbar. Nach dieser Logik ist der Anfangsanspruch in keinerlei Weise hinzunehmen. Dies gilt für die menschliche Logik, aber nicht für die göttliche. Die Personen und das Miteinbezogenwerden dieser Personen ist entscheidend für das Ereignis des Christentums, für seinen Eingang und seinen Verbleib in der Geschichte. So entscheidend, daß diejenigen, die sich nicht mit denjenigen eingelassen haben, die ihnen den *logos* gebracht hatten, den „*logos*" verloren haben (Hebr 4,2).[51] Die Sukzession zeigt sich unbestreitbar in einer Abfolge von Personennamen.[52]

Die besondere Gabe Christi, mit der er sich selbst gibt, bewirkt eine besondere Art der Einheit unter denen, die er an ihr hat teilhaben lassen. Das letztendliche Ziel jeder Gabe Christi ist die Gemeinschaft mit ihm selbst und die neue Gemeinschaft unter den Personen, die die Gabe erhalten und aufnehmen. Deshalb ist die Gemeinschaft der Personen unumgänglich.

Die Gabe Christi erreicht die Person und verändert sie („neuer Mensch"). Bei der Verleihung des Amtes Petri ändert Jesus den Namen Simon, Sohn des Jona, in Kephas (Petrus). Der Name bezeichnet die Person und das Amt verändert die Person. Der Name ist nicht bloß ein Attribut oder ein Titel, der hinzugefügt wird und dabei die Person unberührt läßt („kainē ktisis"). Obgleich die persönliche Identität durch die Schöpfung gegeben ist, erreicht, verändert und reformiert die Gabe sie. Nur Gott kann ein derartiges Werk an seinem Geschöpf vollziehen. Es handelt sich dabei nicht nur um eine moralische oder existentielle Frage, sondern es handelt sich um eine Ebene des eigenen Seins, die nur dem Schöpfer und Erlöser zugänglich ist. „Denn deine Gnade ist besser als das Leben" (Ps 63, 4). Jede individuelle Ausstattung, mit welcher der Schöpfer den Menschen geschaffen hat, ist in Hinblick auf diese weitere Gabe geschaffen worden. Nach dieser Gabe trägt der Mensch „etwas" Wertvolleres als sich selbst in sich. Das eigene „Sein" kann so hingewendet werden, daß es die Gabe bejaht und ihr

---

[51] „Denn auch uns ist das Evangelium verkündet worden wie jenen; doch hat ihnen das Wort, das sie hörten, nichts genützt, weil es sich nicht durch den Glauben mit den Hörern verband".

[52] Deswegen führt Irenäus die gesamte Abfolge der Namen als Argument auf. Aber wie kann eine Abfolge von Personennamen ein gültiges Argument darstellen? Es ist äußerst bezeichnend, daß sich eine Skizze dieser Personenabfolge im eucharistischen Gebet befindet (Canon Romanus I): „Communicantes, et memoria venerantes …".

gehorcht, oder aber so, daß es sie verneint und verrät. Unter diesem Gesichtspunkt gilt die Unterscheidung zwischen der Person und dem Amt weiterhin. Diese Unterscheidung darf aber nicht verwendet werden, um die Einheit zu verkennen, die sich zwischen jenen beiden Entitäten bildet. Unterscheidung und Einheit koexistieren miteinander, ohne entgegengesetzt oder unvereinbar zu sein.

Bei der Teilnahme am Altarssakrament nimmt der Christ mittels der Abstammungslinie der Personen, die eine Gemeinschaft bilden („communicantes"), am Leib und Blut Christi teil: „sie machen Gemeinschaft", wie die Teilnahme am Altarssakrament auf Italienisch genannt wird.

Ohne die Gemeinschaft des Zelebrierenden mit den Personen und ohne die Gemeinschaft der das Sakrament des Leibes und Blutes Christi Empfangenden untereinander gibt es keine Gemeinschaft, keine Eucharistie und keine mögliche Teilnahme am eucharistischen Mahl.

Nicht nur das, sondern dieses eucharistische Mahl entsteht durch die anwesende und aktuelle Gemeinschaft und führt in die endgültige und vollkommene Gemeinschaft des Himmelreichs ein. Die Gemeinschaft der Personen am Anfang und am Ende ist Voraussetzung, Vorbedingung und Vollendung.

Es ist noch näher zu betrachten, wie die dem priesterlichen Amt innewohnende Gnade zum einen die einzelne Person betrifft und zum anderen eine spezifische Einverleibung schafft. Um der apostolischen Sukzession Rechnung zu tragen, sind diese beiden Erläuterungen notwendig. Der Mangel an Kategorien sowohl für den individuellen Aspekt als auch für den Aspekt der „communio personarum" ist der Grund für die bis heute andauernde Schwierigkeit bei der Erklärung.

Die Gnade des Sakraments erreicht den hypostatischen Kern, der seinem Wesen nach gemeinschaftlich ist.

Diese Handlung, welche das Innerste der Person angeht, ist es auch, die die Voraussetzung für eine neue Gemeinschaft schafft.

Darum geht es für diejenigen, die Teil der apostolischen Sukzession („Ordo") werden, und sicherlich nicht um einen „Korpsgeist", der dem Amt, mit dem man ausgezeichnet wird, innewohnt.

Die katholische Lehre und die katholische Praxis stellen die Person und die Gemeinschaft der Personen wieder in den Mittelpunkt. Läßt man die Person außer Acht, fällt man zwangsläufig in eine theologische Version des Idealismus zurück.

So ist es, daß die apostolische Sukzession den Fortbestand der Kirche in den aufeinanderfolgenden Generationen und Epochen garantiert, indem sie die Verbindung mit der „origo necessaria"[53] aufrecht erhält. Die-

---

[53] CYPRIAN, Ep. 46,1; 48,4; 55,8; 69,3.

ses christologische und pneumatologische Band, das auf den Willen des Vaters zurückgeht, verweist auf zweierlei: auf der einen Seite bedeutet, in der
apostolischen Sukzession zu bleiben, in der Kirche zu verbleiben und daher
in der Gemeinschaft mit demjenigen zu verbleiben, der ihr Haupt ist; auf
der anderen Seite bewirkt diese identitätsstiftende Funktion, daß die Kirche „Kirche Gottes" ist (1 Kor 1,2; 10,32; 11,22; 15,9; 2 Kor 1,1; Gal 1,13;
1 Tim 3,5; 3,15) und auf indirekte Weise als wahrheitsaufdeckender Faktor
wirkt, der diakritisch all das aufdeckt, was die Kirche nicht ist. Wenn in der
Kirche zu sein, bedeutet, in der Sukzession zu stehen, dann bedeutet eine
Verletzung der Sukzession, wie es der Bischof Cyprian von Karthago ausdrückte, „ecclesiam alteram institui".[54]

Indem die apostolische Sukzession die wahre und volle Zugehörigkeit
zum kirchlichen Gefüge garantiert, fördert sie auch ihre Unversehrtheit
und Einheit. Dies hat sowohl Auswirkungen nach innen (Einheit der Lehre, Einheit des Geistes, etc.) als auch die, daß sich das Gefüge „ad extra"
abgrenzt (gegen verkehrte Lehren, verdorbene Geister, etc.). Die kategorische Aussage des Johannes, „Wir sind aus [„ek"] Gott" (1 Joh 4,4–7), ist
die Grundlage der Möglichkeit, „nicht jedem Geist" zu trauen (1 Joh 4,1).
Dank ihres Bandes mit dem „notwendigen Ursprung" erlaubt die Sukzession, daß sich die Kirche nicht an die „Welt" anpaßt. Ebenso ist es die
Grundlage für das „Urteilen", also für die Fähigkeit, zu unterscheiden.

4. Die Sakramentalität des Bischofsamtes

Nun, da die Gegebenheit der Sukzession nachgewiesen worden ist, bleibt
uns noch, das Wesen des Episkopats näher zu bestimmen. Die bereits vorausgesetzten Prämissen erlauben uns, dies zu tun.

Der apostolische Dienst wurde von Christus eingesetzt, damit die Apostel und ihre Nachfolger die Herde des Herrn weiden, Spender der Geheimnisse Gottes sind (vgl. 1 Kor 4,1) und Zeugen des Evangeliums der
Gnade Gottes (vgl. Röm 15,16; Apg 20,24) und daher das gesamte Volk
Gottes und mittels dessen die gesamte Menschheit heiligen.[55]

„Um solche Aufgaben [„munera"] zu erfüllen, sind die Apostel mit einer besonderen
Ausgießung des herabkommenden Heiligen Geistes von Christus beschenkt worden (vgl. Apg 1,8; 2,4; Joh 20,22–23). Sie hinwiederum übertrugen [„tradiderunt"]
ihren Helfern durch die Auflegung der Hände die geistliche Gabe (vgl. 1 Tim 4,14;
2 Tim 1,6–7), die in der Bischofsweihe bis auf uns gekommen ist."[56]

---

[54] Ep. 46,1.
[55] Der Text LG 21 spricht auch von einer „ministratio Spiritus et iustitiae in gloria
(vgl. 2 Kor 3, 8–9)".
[56] LG 21.

Die Übertragung des Geistes mittels der Handauflegung läßt an Christus teilhaben und macht die Bischöfe ihm (Christus) gleichförmig. Deshalb befähigt der Akt, der die Sukzession bewirkt, zur Ausübung der großen „munera", die Christus der Kirche aufgetragen hat, indem er die Zwölf damit beauftragt hat. Dieser Akt hat nicht ein rein innerkirchliches Wesen und betrifft nicht bloß die innergemeindlichen Ämter („officia").

Auf diese Weise weist Vatikanum II implizit eine rein zweckmäßige oder strukturelle Auffassung des Amtes zurück. Die Aufgaben des Amtes sind ihrem Wesen nach durch eine rein menschliche Leistung undurchführbar.

Außerdem folgt auf eine juristisch und gesellschaftlich bestimmte Auffassung des Bischofsamtes unweigerlich ein Rückfall dieses Amtes in den Bereich der weltlichen Mächte. Es verfällt also den geschichtlichen, politischen und kulturhistorischen weltlichen Einflüssen. Entzieht man hingegen die Institution und die Genealogie des Bischofsamtes jeglicher weltlichen Macht, befreit man sie von den Einflüssen der Reiche und Staaten. Bereits in den ersten Jahrhunderten finden sich klare Belege für das Bewußtsein dieser Freiheit des Episkopats und der Kirche als ganzer von jeglichen weltlichen Machtzentren.[57]

Die feierliche Formel von LG 21 lautet: „Die Heilige Synode lehrt aber, daß durch die Bischofsweihe die Fülle des Weihesakramentes übertragen wird. Sie heißt ja auch im liturgischen Brauch der Kirche wie in den Worten der heiligen Väter das Hohepriestertum, die Ganzheit des heiligen Dienstamtes".[58]

---

[57] Siehe S. O. HORN, Das Verhältnis von Primat und Episkopat im ersten Jahrtausend. Eine geschichtlich-theologische Synthese, in: Il primato del successore di Pietro, op. cit.194–213.In letzter Zeit haben wir die Zunahme von sich gegen den Druck durch totalitäre Regimes widersetzenden Kräften von Seiten der Episkopate beobachten können, die die kollegiale Dimension sowohl als Element der Wahrheit als auch als Dimension der Universalität (Katholizität) des eigenen Amtes lebten. Hinzuweisen ist dabei auf den Bischof von Jaşi (Rumänien) Anton Durković, auf die sieben rumänischen griechisch-katholischen Bischöfe Vasile Aftenie, Valeriu Traian Frențiu, Ioan Suciu, Tit Liviu Chinezu, Ioan Bălan, Alexandru Rusu, Iuliu Hossu, auf den Bischof Teofilius Matulionis (Kaišiadorys, Litauen), József Mindszenty (Esztergom, Ungarn), auf den Bischof Vilmos Apor (Györ, Ungarn), Aloijz Victor Stepinac (Zagreb, Kroatien), Hryhorij Lakota (Przemysl, Ukraine); Josyf Slipyi (Lvyv, Ukraine), eine große Zahl an chinesischen Bischöfen (der zuletzt bekannte ist Li Side, Bischof von Tianijn), Raymond-Marie Tchidimbo (Conakry, Guinea), Óscar Arnulfo Romero (El Salvador), Isaias Duarte Cancino (Cali, Kolumbien), La Rioja Enrique Angel Angelelli (Argentinien), auf den Bischof Luigi Padovese (Türkei), Paulos Faraj Rahho (Mosul, Irak), Michael Courtney (Minago, Burundi) und Luigi Locati (Kenia), um nur ein paar aus der großen Zahl von Bischöfen der letzten Jahrzehnte zu erwähnen, die alle Bekenner und teils auch Märtyrer waren.

[58] LG 21. KKK 1087: „Diese ‚apostolische Sukzession' durchformt das ganze liturgische Leben der Kirche. Sie ist sakramental und wird durch das Weihesakrament weitergegeben.".

Auf diese Weise wird das sakramentale Wesen des Bandes der Sukzession deutlich definiert. Es handelt sich um das Weihesakrament und so, wie jedes andere Sakrament an Christus und an die Kirche bindet, bindet dieses auf besondere Weise an Christus und an die Kirche.

Das Weihesakrament ist für die Kirche gegeben, da es auf einzigartige Weise dem entsprechen läßt, was Christus für seine Kirche ist. Nicht nur der Nachfolger Petri, sondern die Bischöfe werden bereits in der Antike „Vicarius Christi" genannt.[59] Und dies nicht in dem Sinne, daß Christus aufhört, zu wirken, ja sogar beinahe zurücktritt, sondern so, daß er selbst durch sie sakramental wirkt. Es handelt sich dabei um eine sakramentale Logik und daher um eine Logik der Inkarnation. Das Skandalon, das dadurch hervorgerufen wird, ist von derselben Art, wie das im Angesicht des menschgewordenen Gottes.

Im Konzilstext folgt eine wichtige Unterscheidung, die eine im Mittelalter hervorgekommene Problematik löst, die mit der Unterscheidung zwischen „potestas ordinis" und „potestas iurisdictionis" aufgetreten war.

Diese Unterscheidung hatte in den Jahrhunderten die falsche Trennung zwischen dem sakramentalen Charakter des Episkopats, dem man die „potestas ordinis" zuordnete, und seinem hierarchischen Wesen zur Leitung und Verwaltung ermöglicht.[60] Nicht selten war diese Unterscheidung eben im Sinne der Trennung verwendet worden, so daß sie auf diese Weise die Weitergabe der Idee der Dualität innerhalb des Bischofsamtes zwischen „Gottesstaat und irdischem Staat", zwischen dem „Reich des Übernatürlichen und dem Reich des Natürlichen" und zwischen dem „Gnadenreich und dem Naturreich" förderte. In anderen Worten heißt das, daß in bestimmten historischen und geographischen Fällen die oben erwähnte Verwendung der Unterscheidung erfolgte, die dazu diente, eine gewisse Logik der Welt innerhalb der Grenzen der Kirche zu etablieren und wiederzugeben.

Das Zweite Vatikanum hebt die hilfreiche Unterscheidung nicht auf, sondern begründet sie auf eine neue Art und Weise. Wir wollen hier nicht auf die historische und philologische Diskussion eingehen, ob dies die ursprüngliche „intentio" der Kanonisten des Mittelalters war.

Das Konzil drückt sich folgendermaßen aus: „Die Bischofsweihe überträgt mit dem Amt [„munus"] der Heiligung auch die Ämter [„munera"] der Lehre und der Leitung, die jedoch ihrer Natur nach nur in der hier-

---

[59] Bezüge in G. Philips, La Chiesa e il suo mistero (o. Anm. 22), 203.
[60] Für die Geschichte siehe L. Ott, Das Weihesakrament, Herder, 1969, 80–87; A. M. Javierre Ortas, Successione apostolica e successione primaziale, in: Il primato di Pietro, ²1997, 53–138.

archischen Gemeinschaft mit Haupt und Gliedern des Kollegiums ausgeübt werden können."[61]

Auf der einen Seite erkennt das Konzil also, daß auch die Verleihung der Leitungsmacht an das Sakrament gebunden ist, und auf der anderen Seite behauptet es zugleich, daß die Ausübung des Amtes durch das Haupt und das Kollegium bedingt ist.

Auf diese Weise entgeht man der Zweideutigkeit, die Gefahr lief, sich in einen Dualismus zu verwandeln. Auch die *Leitungsmacht* wird so auf den *sakramentalen Bereich* zurückgeführt.[62]

Wenn es um den „Leib Christi" geht (und die Kirche *ist* dieser), kann und darf alles, was ihn betrifft, nicht Logiken überlassen werden, die nicht in Christus selbst ihren Anfang und ihr Ende haben. Es darf keine Zwischenräume oder Grauzonen von angeblicher Gleichgültigkeit geben.

Man könnte dem entgegensetzen, daß auf diese Weise die Gefahr besteht, die Macht und Regierung zu vergöttlichen, aber ein derartiger Einwand (der in jedem Fall nicht grundsätzlich auszuschließen ist, aufgrund von Mißverständnissen und der der Freiheit des Menschen immer möglichen Verkehrung der Dinge) ermangelt dennoch eines objektiven Grundes. Denn die Leitung in der Kirche hat immer die Bedeutung von „diakonia" und ist in Wahrheit eine Form von Dienst: „Bei euch aber soll es nicht so sein" (Lk 22, 26).

Deshalb bestätigt und stellt das Zweite Vatikanum den untrennbaren Zusammenhang zwischen Episkopat und Sakrament wieder her. Beim Bischofsamt zeigt sich die Tatsache ganz besonders, daß die (sakramentale) Gabe der Gnade bei demjenigen, dem die gesamte sakramentale Ökonomie anvertraut wird, nicht fehlen kann. Das Bischofsamt bildet dabei nicht den Ursprung dieser Ökonomie, aber da es sie zu verwalten hat, befindet es sich in einem einzigartig engen Verhältnis zu ihr. Dies zeigt sich noch deutlicher, bedenkt man, daß bereits zur Zeit der Apostel, die Einsetzung der Presbyter eine Aufgabe des *„episkopos"* war und auch die Verleihung der

---

[61] LG 21.

[62] Siehe diesbezüglich G. GHIRLANDA, Episcopato e presbiterato nella *Lumen gentium*, in: Strumento Internazionale per un Lavoro Teologico, Communio 59 (1981) 53–70: „Die sakramentalen ‚munera' stellen eine umfassendere Realität dar als die sakramentale ‚potestas' oder die der hierarchischen oder juristischen Ordnung. Die erste ‚potestas' ist die, sakramentale Handlungen durchzuführen; die zweite ist die, Rechtsakte zu vollziehen. Gemäß ihrem Zweck haben die beiden ‚potestates' unterschiedliche Ursprünge: die erste einen sakramentalen, die zweite einen hierarchischen. Aber die Quelle beider ist dennoch die gleiche, nämlich Christus, der in der Kirche sowohl mittels der Sakramente als auch mittels des hierarchischen Amtes wirkt. [...] Die Einheit des Amtes wird durch die Tatsache verstärkt und gewährleistet, daß das Amt und die hierarchische ‚potestas' ihr Fundament und ihre Möglichkeit der Übertragung in den ‚munera' und der sakramentalen ‚potestas' haben." (67–68).

„Befugnis zu weihen" von ihm abhing. Das Priesteramt wird durch den „*episkopos*" übertragen: der Presbyter setzt nicht den Presbyter ein.

Im Johannesevangelium (Joh 20,21–23) haucht der Auferstandene zunächst den Heiligen Geist über sie, bevor er ihnen die Macht verleiht, die Sünden zu vergeben. Dieselbe Logik ist auch beim Mahl mit den Zwölf zu finden: erst kommt das „Nehmet" und dann das „Tut dies". Die Gnadengabe geht dem Imperativ zur sakramentalen Ausübung voraus. Dies gilt *a fortiori* vom „*sacramentum ordinis*" und daher von der „*plenitudo ordinis*".[63]

Die Vorrangstellung der Weihe, die dem Bischofsamt gegeben ist, verweist auf die Realität der Vaterschaft und auf den Vater selbst, „von dem jede Vaterschaft [„patria"] im Himmel und auf der Erde seinen Namen hat" (Eph 3,15). Der Text von Lumen gentium 21 verwendet den Ausdruck des „*paterno munere*". Der Schriftbezug dafür ist 1 Kor 4,15 und so ist der Tenor der Aussage weniger emotional oder moralisch als vielmehr ontologisch und theologisch. Der Vater ist in erster Linie derjenige, der zeugt und mittels dessen man folglich am Sein und am Leben teilhat. Entsprechend ist gleich darauf von der „Wiedergeburt von oben" die Rede.

Ignatius von Antiochien hat für das Bischofsamt den Titel des „*typus Patris*"[64] erfunden und so einen entscheidenden Beitrag zum Verständnis des Weihesakramentes mit Hilfe trinitarischer Begriffe geleistet. Die Vaterschaft des Bischofs drückt sich in allen seinen Handlungen des Predigens, der Zeugenschaft, des Zurechtweisens und der Leitung aus. Besonders sichtbar ist sie aber in der sakramentalen Handlung der Weihe der Diakone, Presbyter und Bischöfe, da dabei noch deutlicher wird, wie von seinem Amt dasjenige ausgeht und sich verbreitet, was zum Wohl vieler gereicht wird. So wird auch in der feierlichen Liturgie der Chrisam-Messe am Gründonnerstag deutlich sichtbar, das die vielgestaltigen Handlungen der Heiligung des gesamten Presbyteriums ihren Ursprung im Bischofsamt haben.

Der theologische Charakter der eigentümlichen bischöflichen Vaterschaft dient auch dem rechten Verständnis der dem Bischofsamt eigenen „auctoritas". Jene ist an eine Macht des Lebens, des Heils, der Wahrheit und des Guten gebunden. Die nunmehr weit verbreitete zeitgenössische Sensibilität mißtraut ideologisch sowohl dem Konzept der „Vaterschaft" als auch dem der „Autorität", denn sie werden für einschränkend oder so-

---

[63] WILHELM VON AUXERRE behauptet in seiner „Summa aurea" (IV q. 1 de ordine) – unter einem Chor von Stimmen, die das Gegenteil behaupten – mit demselben Argument die Sakramentalität des Episkopats.

[64] IGNATIUS VON ANTIOCHIEN, Ad Trallianos, 3,1; weiterhin zu Bischof und Vaterschaft: DERS., Ad Magnesios, 3,1; 6,1; 3,2; DERS., Ad Smyrnaeos, 8,1. S. auch: Didascalia Apostolorum, II 33,1.

gar schädlich für die individuelle Freiheit erachtet. Aber gerade das Gegenteil ist der Fall: das Band zur wahren wie authentischen „Vaterschaft" und „Autorität" läßt die persönliche (eher als die individuelle) Identität wachsen („auctoritas" kommt von „augeo") und erhöht die Fähigkeit zur Freiheit, ja es begründet sie sogar. Hier gilt die Analogie mit der grundlegenden und fundamentalen anthropologischen Dimension.

Die Betonung der „väterlichen" Dimension fördert die Reflexion über die trinitarische Dimension des Weihesakramentes.[65]

5. Petrus

Da im Episkopat die „principalitas" und die „plenitudo sacerdotii"[66] besteht, wie das Konzil über den Bischof und das Bischofskollegium aussagt, können wir ein deutliches Bild des Weihesakramentes gewinnen.

Eine wichtige Präzisierung über die Gesinnung der Kollegialität und ihr Band zum Nachfolger Petri, der als Haupt des Bischofskollegiums gesetzt ist, hilft uns, den kirchlichen Rahmen des hierarchisch geordneten Amtes noch besser zu verstehen.

„Glied der Körperschaft der Bischöfe wird man durch die sakramentale Weihe und die hierarchische Gemeinschaft mit Haupt und Gliedern des Kollegiums".[67]

In den erläuternden Vorbemerkungen wird Folgendes spezifiziert:

„Kollegium wird nicht im streng juridischen Sinne verstanden, das heißt nicht von einem Kreis von Gleichrangigen, die etwa ihre Gewalt auf ihren Vorsitzenden übertrügen, sondern als fester Kreis, dessen Struktur und Autorität der Offenbarung entnommen werden müssen."[68]

Diese Präzisierung hebt jeglichen Zweifel bezüglich einer möglichen Anwendung weltlicher Paradigmen für die Einsetzung des Bischofsamtes, für das Wesen des Bischofskollegiums wie auch für das Wesen des Vorsitzes dieses Kollegiums auf.

---

[65] JOHANNES PAUL II., Pastores gregis, 7; DERS., Pastores dabo vobis, 12. Für die theologische Debatte zu diesem Thema: G. GRESHAKE, Priester sein in dieser Zeit, ³2005, 130–135; Y. CONGAR, Sainte Èglise. Ètudes et approches ecclésiologiques, 1963; DERS., Ministères et communion ecclésiale, 1971.

[66] Sich auf den Brief „Apostolicae curae" von Leo XIII beziehend spricht das Konzil auch von „summum sacerdotium" und von „sacri ministerii summa". Das Konzept geht auf HIPPOLYT, Traditio apostolica 3, zurück, wo vom „primatus sacerdotii" die Rede ist, und es taucht außer im leonianischen „Sacramentarium" auch im Text der Pontifikale auf (Ritual der Weihe).

[67] LG 22.

[68] Enchiridion vaticanum 1, 628.

Die Sakramentalität der Aufnahme bestimmt auch die Sakramentalität des kollegialen Bandes. Die neue Christus-Gleichförmigkeit in der Fülle des Weihesakramentes fördert eine neue Qualität der Gemeinschaft unter denen, die an dieser neuen Gleichförmigkeit teilnehmen. Analog zum Sakrament der Taufe entscheidet die Einverleibung in Christus ipso facto über die Eingliederung in die Kirche, d.h. über die (Beschaffenheit der) Beziehung zu allen Getauften. Diese erste „societas" ist außerdem das Ziel, zu dessen Zweck die bischöfliche „societas" eingesetzt wird. Die berühmte Formel Augustins lautet: „*Für* euch bin ich Bischof, *mit* euch bin ich Christ".[69]

Die Einheit des Kollegiums, die durch das Weihesakrament definiert wird, ist also eine Einheit „in Christus", die eine Gemeinschaft unter den Personen mit sich bringt, die das Kollegium bilden.

Es sind viele Bischöfe, aber das Kollegium ist eins.

Das kirchliche Paradigma unterscheidet sich hierbei von dem weltlichen, aufgrund der Tatsache, daß es nicht das Zusammenkommen von Vielen ist, das die Einheit bildet, sondern das Gegenteil ist der Fall. Es ist nämlich die sakramental bestimmte Teilhabe an der durch Christus gegründeten und eingesetzten Gemeinschaft, die die Dynamik der Einheit ermöglicht und realisiert. Das Sakrament wird zum Identitätsstifter des Subjekts, das zum Täter von Handlungen wird, die für seine neue Identität angemessen und geeignet sind.

In dieser sakramentalen Logik geht also der „eine" den „vielen" voraus und diese werden aufgrund dieses „einen" (Christus) eins. Auf diese Weise ist von Anfang an die Idee einer Genese und eines Wachstums mit Absicht, durch Addition, Zusammensetzung, Hinzufügung, Kooptation etc. ausgeschlossen.

„Das Kollegium oder die Körperschaft der Bischöfe hat aber nur Autorität, wenn das Kollegium verstanden wird in Gemeinschaft mit dem Bischof von Rom, dem Nachfolger Petri, als seinem Haupt, und unbeschadet dessen primatialer Gewalt über alle Hirten und Gläubigen. Der Bischof von Rom hat nämlich kraft seines Amtes als Stellvertreter Christi und Hirt der ganzen Kirche volle, höchste und universale Gewalt über die Kirche und kann sie immer frei ausüben."[70] „Der Herr hat allein Simon zum Fels und Schlüsselträger der Kirche bestellt (vgl. Mt 16,18–19) und ihn als Hirten seiner ganzen Herde eingesetzt (vgl. Joh 21,15 ff)."[71]

Die Einheit des Kollegiums ist also im Wesentlichen durch die Präsenz seines Hauptes in der Person des Nachfolgers Petri gekennzeichnet. Die Präsenz Petri ist ein „definiens" des Bischofskollegiums. Damit ist jeder mögliche Rest an Zweifel darüber ausgeräumt, daß es sich um eine Ver-

---

[69] Augustinus, Sermo, 340,1.
[70] LG 22.
[71] Ebd.

sammlung handelt, die sich selbst konstituiert und an deren Anfang eine Einberufung steht.

An Petrus überträgt Christus auf verwunderliche und verwirrende Art und Weise weitere eigene Attribute, die eindeutig die Einheit des gesamten kirchlichen Leibesbetreffen.

Petrus wird in seinen besonderen Dienst aufgrund seiner Teilhabe an Christus eingesetzt, in diesem Falle als „Haupt des Leibes".

Die Aussage, Petrus teilhaben zu lassen, geschieht zunächst nach einer „confessio fidei" und zu einem späteren Zeitpunkt nach einer Liebesbekundung. Gerade aufgrund des *Glaubens* Petri bittet Jesus im Gebet an den Vater unter Nennung von dessen Namen. Davon gibt es im NT kein weiteres Beispiel. Nur wegen des Glaubens Petri nennt Jesus dessen Namen im Gebet (Lk 22,32).

„Der Bischof von Rom ist als Nachfolger Petri das immerwährende, sichtbare Prinzip und Fundament für die Einheit der Vielheit von Bischöfen und Gläubigen".[72]

In Petrus und seinen Nachfolgern wird der *persönliche* Charakter der Einheit des Bischofskollegiums sichtbar und verwirklicht. Das Kollegium kann nicht existieren, wenn nicht „cum Petro et sub Petro". Deshalb wird die kollegiale Gemeinschaft der Bischöfe durch das Konzil als „hierarchische Gemeinschaft" definiert. Es ergäbe demgegenüber keinen Sinn, zu behaupten, daß die „communio" von theologischer Natur und die Hierarchie von sozio-administrativer Natur sei. Der Dienst Petri und seiner Nachfolger ist wesentlich christologisch und als solcher repräsentiert er nicht einen Angriff auf die Freiheit der Gläubigen („christi fideles laici"), sondern ganz im Gegenteil ihre Garantie und ihren Schutzwall, wie uns die jüngste (20. Jh.) und aktuelle Geschichte beweisen.

Die Tatsache, daß sich die Unterscheidung zwischen dem Haupt und den anderen Gliedern des Bischofskollegiums in den Konzilstexten (Vat. II) auf der Ebene der „potestas iurisdictionis" abspielt, kompromittiert in keinerlei Weise die heilige Natur des petrinischen Amtes. Denn auch die „hierarchischen Gaben" sind mit den „charismatischen" durch Christus selbst eingesetzt worden.[73] Eine weltliche Genealogie der Aufgaben und die entsprechenden hierarchischen Gewalten zur Leitung werden durch die Texte von Vatikanum II entschieden abgewiesen. Das Priesteramt selbst wird sowohl als „Priestertum des Dienstes", als auch als „Hierarchisches Priestertum" bezeichnet und der Nachfolger Petri wird „Pontifex Maximus" genannt.[74]

---

[72] LG 23.
[73] LG §§ 4. 7. 9.
[74] LG §§ 14. 28. 29. 41.

Die ganze sakramentale Logik der Einheit, der man in den verschiedenen Ausdrucksweisen des einen Sakramentes der Weihe begegnet, dient der Einheit des gesamten Leibes der Kirche. Das Ziel der Einheit der Kirche ist die Wiederherstellung der Einheit der menschlichen Familie. Darum haben weder das Bischofskollegium noch die Kirche an sich ihren Anfang oder ihr Ziel in sich selbst.

Daß die sakramentale Einheit wie die der Personen des bischöflichen Dienstes die universale Einheit weder verhindert noch auslöscht, sondern sie im Gegenteil sogar begründet und fördert, zeigt sich in der Lehre über jenen Dienst und seiner Praxis, nach welcher die Bischöfe „aufgrund von Christi Stiftung und Vorschrift zur Sorge für die Gesamtkirche gehalten [sind] […]. Alle Bischöfe müssen nämlich die Glaubenseinheit und die der ganzen Kirche gemeinsame Disziplin fördern und schützen".[75] Zahlreich sind die Dimensionen (Mission, Wohltätigkeit etc.), bei denen die Bischöfe in Dynamiken verwickelt sind, die auch andere Kirchen betreffen.

Die Einheit, die mit dem Weihesakrament gestiftet wird, drückt sich in einer Universalität aus, die tendenziell alles umfaßt. Die Wurzel dieser universalen Umarmung ist sakramental und das Zweite Vatikan definiert die Kirche als „Sakrament für die Einheit der ganzen Menschheit".[76]

6. Die drei Stufen der Weihe

Zu der wesentlichen Unterscheidung zwischen dem gemeinsamen Priestertum aller Gläubigen und dem geweihten Priestertum (oder, Priestertum des Dienstes, das heißt das hierarchische Priestertum)[77] kommt zu Letzterem noch eine Unterteilung in drei Stufen hinzu.[78]

Die Unterscheidung der Stufen innerhalb des Sakraments der Weihe ist ebenfalls genetisch zu begründen und daher in erster Linie nicht durch die unterschiedlichen Arbeitsaufgaben, Funktionen und Rollen, die es in der christlichen Gemeinschaft oder der Kirche gibt, sondern durch die unterschiedliche sakramentale Teilhabe an Christus („consecrantur").[79] Es ist

---

[75] LG 23.

[76] LG 1. „Cum autem Ecclesia sit in Christo veluti sacramentum vel signum et instrumentum intimae cum Deo unionis totiusque generis humani unitatis". Cf. LG §§ 9 und 48 „allumfassendes Heilssakrament".

[77] LG 10.

[78] Das Konzil von Trient betont noch einmal, daß, wenn es um das Priestertum geht, es sich um eine „divina res" handelt, und daß bereits die Heilige Schrift die Dreiteilung erwähnt (DH 1765). Des Weiteren betont es, daß die hierarchische Einteilung innerhalb des Amtes „divina ordinatione" eingesetzt ist (DH 1776). Für das Zweite Vatikanum siehe LG 28; KKK 1554–1571.

[79] LG 28. „Christus übergibt diese Mission den Aposteln – kommentiert PHILIPS –

diese unterschiedliche Teilhabe an dem einzigen Priestertum Christi, welche zu den verschiedenen Aufgaben und zu den verschiedenen Funktionen
in der Gemeinde und in der Kirche befähigt. Wir haben bereits feststellen
können, daß das Sakrament die Person betrifft und daher eine Verwandlung
des Subjekts der Handlung nach sich zieht. Daher ist die Besonderheit der
Handlung lediglich eine Folge davon. Die Tatsache, daß die Objektivität
der Verleihung des Sakraments und daher auch der ihr immanenten Handlungen nicht an die Heiligkeit des empfangenden Subjekts gebunden ist,
darf und kann nicht als eine Verdoppelung oder Entfremdung des kreatür-
lichen persönlichen Subjekts verstanden werden.

Die kleinstmögliche persönliche Beteiligung ist die, daß die Person be-
absichtigt, das zu tun, was die Kirche tut und dies auf die Art und Weise,
wie sie es tut. Das setzt die handelnde Person voraus.

Die Lehre des „Charakters" (des „untilgbaren Merkmals"), der durch die
Sakramente und auf einzigartige Weise durch Taufe, Firmung und Weihe
aufgedrückt wird, bringt die Objektivität der Verleihung und gleichzeitig
die Bindung an das menschliche Subjekt, welches das Sakrament empfängt,
zum Ausdruck. Daher ist diese Lehre für das Verständnis des Sakraments der
Weihe als Einheit trotz der Unterscheidung in drei Stufen sehr nützlich.

Ihre Grundlage und ihr Zentrum hat die Lehre vom sakramentalen
„Charakters" in Jesus Christus. Dieser wird vom Verfasser des Hebräerbriefes „Abglanz seiner [Gottes] Herrlichkeit und charactēr [Abbild] seines
Wesens" (Hebr 1,3) genannt und dies kann zu Recht sowohl vom „logos
asarkos" als auch vom „logos ensarkos" gesagt werden.[80] Folglich benennt
ihn Augustinus korrekterweise „character dominicus" und „signaculum
redemptoris"[81], weil er das Siegel Christi selbst ist, nicht nur in dem Sinne, daß er es als „auctor sacramentorum"[82] einprägt, sondern daß er dieses
schon zuvor selbst ist.

All dies ist aufgrund der hypostatischen Union möglich, in der sich die
Inkarnation des eingeborenen Sohnes Gottes ereignet. Maximus Confessor hat dieses Geheimnis der „antidosis" („admirabile commercium") kurz,
aber wirkungsvoll ausgedrückt, indem er schreibt: „Das Wort Gottes und

---

und durch sie, ihren Nachfolgern, den Bischöfen. Über die Apostel haben die Amtsträger der Kirche an der „Weihe" und an der „Sendung" des menschgewordenen Gottes-
sohnes Anteil [Joh 10,36]. Die „Institution" ist stetig von der „Heiligung" getragen" (op.
cit. [o. Anm. 22] 313). (Übers. aus dem Italienischen vom Übers.).

[80] Dem Kontext nach könnte der Hinweis von Hebr 1,3 auf den „logos ensarkos"
früher angeführt werden. Der *„logos ensarkos"* kann aber keinesfalls vom *„logos asarkos"*,
von welchem er die Offenbarung ist, getrennt werden.

[81] Ep. 185,6.23.

[82] AMBROSIUS, De sacramentis 4,13; THOMAS VON AQUIN, Scriptum Super Senten-
tiis, op. cit., IV, d. 5, q. 2, a. 3, qc. 2 co.; DERS., In Ioannem, c. 11 l. 6; DERS., S. th. III
q. 72 a. 1 ob. 4.

daher Gott will immer und in allen das Mysterium seiner Menschwerdung verwirklichen („energeisthai")".[83] Matthias Scheeben hat genau diesen Punkt, – wenn auch ohne Bezug auf Maximus Confessor – in seiner Abhandlung über die Sakramente wieder aufgenommen: „Die Signatur der Menschheit Christi, wodurch sie ihre göttliche Würde und Weihe erhält, ist aber nichts anderes als die hypostatische Union des Logos mit ihr; folglich muß in den Gliedern des mystischen Leibes Christi ihr Charakter in einem Siegel bestehen, das ihre Beziehung zum Logos als eine der hypostatische Union analoge und auf dieselbe gegründete in ihnen darstellt und verwirklicht".[84]

Die göttliche Logik des an-sich-Teilhabenlassens, welche in der Lehre des „charactēr" ausgedrückt wird, ist die der Gemeinschaft mit der „göttlichen Natur", die wir in 2 Petr 1,4 finden.[85]

Man kann zu Recht von einem „sakramentalen Charakter" sprechen, welcher alle Sakramente betrifft, sowohl in dem Sinne, daß diese seit der „ianua sacramentorum", die die Taufe ist, empfangen werden, als auch in dem Sinne, daß sie zusätzlich dazu, daß sie sich in eine Gnade einfügen, welche bereits fest verliehen ist, diese auch noch um ein Geschenk bereichern („ornatus animae") und verschönern, das gemäß der göttlichen Logik immer etwas Weiteres ist: „aus Gnade auf Gnade hin", „aus Glauben auf Glauben hin". Da die sich in der Ökonomie des Sakraments vollziehende Handlung eine göttliche Handlung ist, besitzt diese die Festigkeit, die Beständigkeit und die Dauerhaftigkeit, die dem in ihr handelnden göttlichen Subjekt eigen sind.

Diese dauerhafte Handlung, die einen bleibenden Effekt bewirkt („sacramentum permanens"), zeigt sich mit einer Vielfalt an Bedeutungen, die im empfangenden Subjekt eine genaue Entsprechung haben. Die erste Bedeutung ist die an die Erwählung gebundene Unterscheidung. Die Handlung Gottes hat aussondernden, unterscheidenden Charakter – nach dem biblisch-jüdischen Sinne des „Heiligens". „Unterscheiden" bedeutet auch

---

[83] MAXIMUS CONFESSOR, Ambigua 7, (PG 91, 1084 D). [Übers. d. Übers.].

[84] J. SCHEEBEN, Die Mysterien des Christentums. Wesen, Bedeutung und Zusammenhang derselben nach der in ihrem übernatürlichen Charakter gegebenen Perspektive dargestellt, Bd. 2, ³1958, 479f. Der „charactēr" wird von Scheeben der Teilhabe zugeschrieben, die sich zwischen der Hypostasierung der menschlichen Natur durch das Wort und „unserer menschlichen Hypostase" vollzieht. In seiner Überlegung, die er im § 84 aufführt, ist die Terminologie des Tausches zwischen den Personen deutlich und ausarbeitungsfähig dargestelllt. Zwei Punkte können hier unter den anderen erwähnt werden: Der erste ist die Tatsache, daß mit dem „charactēr" der Christ an den göttlichen Handlungen (Tätigkeiten) teilhat; der zweite, daß die Handlung des Sohnes schlechthin die priesterliche ist. Daraus folgt, daß wir mit dem „charactēr" in erster Linie an seinem Priestertum teilhaben.

[85] δι' ὧν τὰ τίμια ἡμῖν καὶ μέγιστα ἐπαγγέλματα δεδώρηται, ἵνα διὰτούτων γένησθε θείας κοινωνοὶ φύσεως.

„als Person identifizieren" gemäß der Aussage, daß die Person „in se indivisa et ab aliis distincta" ist. Heiligung und Identifikation als Person gehören zusammen.

Der Akt der Unterscheidung ist auch einer, der über die Zugehörigkeit entscheidet: „Du bist mein, ich bin dein" (die klassische Formel des Bundes). Diejenigen, die gekennzeichnet sind und die in sich den „charactēr" haben, sind Eigentum Gottes, sie sind „sein" (1 Kor 15,23; Gal 5,24; 2 Tim 2,19). Keine andere Zugehörigkeit ist zugelassen.

Hieraus folgt die Unwiederholbarkeit des Sakraments, das den Charakter einprägt. Diese Unwiederholbarkeit beruht auf der Tatsache, daß der Charakter unauslöschlich ist: Niemand kann das von Gott selbst aufgedrückte Siegel überschreiben. In dieser Realität des Charakters ist die Einseitigkeit der göttlichen Handlung erkennbar: Gott setzt seinerseits einen endgültigen Punkt, von dem aus es kein Zurück mehr gibt. Auf der festen und bleibenden Basis des „Du bist mein" kann die Antwort des Menschen immer mit der Hilfe der Gnade erfolgen. Hinsichtlich der Taufe, der Firmung und der Weihe ist deshalb an die Lehre des Charakters die der sakramentalen „Wiederbelebung" gebunden. Selbst, wenn der Mensch sich vom Werk, welches Gott in ihm mit dem Sakrament vollzogen hat, abwenden und entfernen würde, bleibt Gott treu und der Mensch kann immer zur Treue Gottes zurückkehren, welcher sich mittels der Kirche im Sakrament selbst den Menschen hingegeben (übergeben) hat.

Wie in der Taufe und der Firmung, also in den Sakramenten der christlichen Initiation, so wird auch in der Weihe die Gleichförmigkeit („symmorphia") zum Priestersein Christi als eine unanfechtbare Realität festgesetzt. Der Mensch kann nicht, nicht einmal durch die Sünde, auf irgendeine Weise das verändern, aufheben oder entfernen, was Gott in ihn gelegt hat und was sich nun auch ohne seine Beteiligung in ihm befindet. Wenn der Mensch dem nicht zustimmt, dann wird das, was das Zeichen seines und des anderen Heils sein sollte, zum Beweis seiner Rebellion und seiner Verdammnis.[86]

Diese an den Charakter gebundene Beständigkeit hat eine eindeutig kirchliche Bedeutung. In gewisser Weise ist die an den sakramentalen Charakter gebundene Beständigkeit diejenige, die der Herr seiner Kirche verliehen hat und ständig verleiht.

Der kirchliche Aspekt des sakramentalen Charakters ist auch anhand der Tatsache sichtbar und erkennbar, daß jedes Sakrament die Teilhabe an dem Körper Christi bewirkt und vermehrt, welche unmittelbar auch die Teilhabe an demjenigen, nämlich seinem Leib, wird, welcher die Kirche ist. Hier zeigt sich ein weiterer Aspekt der sakramentalen Handlung, nämlich der der Gemeinschaft („communio"). Indem das Sakrament den Menschen in die

---

[86] Siehe Augustinus, Contra epistulam Parmeniani, II, 13, 28.

trinitarische Gemeinschaft einfügt, gründet es eine neue Zusammengehörigkeit, eine neue Qualität des Verhältnisses unter denjenigen, die das Sakrament empfangen und in ihm und von ihm leben. Im Sakrament wurzelt die neue Gesellschaft, die „communio sanctorum", das himmlische Jerusalem.

Des Weiteren unterscheiden sich die drei Stufen der Weihe nicht gleichermaßen voneinander: Die bischöfliche und die presbyteriale Stufe sind priesterliche, die diakonische Stufe ist dagegen dahin ausgelegt, den ersten beiden zu dienen, vor allem der bischöflichen. Auch die Presbyter sind im Grunde Mitarbeiter des Bischofs,[87] aber der Grad der Entsprechung zu Christus als Priester ist nicht der gleiche.[88]

Das Zweite Vatikanische Konzil bestätigt sowohl die gemeinsame Teilhabe der Bischöfe und Presbyter an dem einen Priestertum Christi,[89] als auch die unterschiedlichen Stufen der beiden. Von den Konzilsvätern wird der Brief von Innozenz I. an Decenzio zitiert (416): „Presbyteri, licet secundi sint sacerdotes, pontificatus tamen apicem non habent".[90] Die Unterscheidung wohnt daher dem Sakrament inne und ist nicht einfach nur der Jurisdiktion geschuldet. Dies bedeutet allerdings nicht, daß es in der Ausübung der zwei grundlegenden priesterlichen Befugnisse der „potestas consecrandi" und der „potestas solvendi" (Buße) keinerlei Unterschied zwischen den zwei Stufen gibt. Aber die Ausübung des Priesteramtes durch den Presbyter ist vom Bischof abhängig und wird rechtmäßig nur in Einheit mit ihm vollzogen. In allen katholischen Abendmahlsgebeten werden der Bischof wie auch der Papst namentlich genannt.

Der diakonische Dienst, die dritte Stufe der Weihe, hat seit dem Zweiten Vatikanischen Konzil eine enorme Blüte erlebt.[91] Bereits Pius XII. hatte die dritte Stufe in der Konstitution Sacramentum ordinis[92] genauer umschrieben, es war jedoch das Zweite Vatikanische Konzil, welches den Weg für eine Aufwertung des Diakonats eröffnete. Diese Aufwertung trägt weiterhin in der gesamten Kirche überaus viele Früchte.[93]

Drei sind, wie schon beim Konzil von Trient, die wichtigsten Schriftbezüge: Philipper 1,1; 1 Timotheus 3,8–13 und Apostelgeschichte 6,1–6. Heute ist für alle klar, daß die Verwendung des Wortes „diakonos" und des

---

[87] PO 2.

[88] A.a.O. 1.

[89] A.a.O. 7.

[90] PL 20, 554 A. Es wird auch der Brief 61 von Cyprian zitiert. In einem anderen Brief (14, 4) nennt Cyprian die Priester „compresbyteri".

[91] LG 29.

[92] Pius XII., Sacramentum ordinis, 4–5 (DS 3859–3860).

[93] Für die Studien über das Diakonat in den 60er Jahren siehe G. Philips, La Chiesa e il suo mistero (o. Anm. 22), 326 f.; Für das Lehramt und die Bibliografie zum Diakonat siehe: E. Petrolino (Hg.), Nuovo Enchiridion sul diaconato: le fonti e i documenti ufficiali della Chiesa, 2016.

Verbes „diakoneō" auf eine Tätigkeit und eine Bereitschaft hinweist, welche nicht mit der Bedeutung verwechselt werden darf, welche das Diakonat bereits in apostolischer Zeit und dann in sub-apostolischer Zeit hatte.

Der Diakon wird, wie schon in der Antike,[94] mit dem Gebet und der Handauflegung durch den Bischof geweiht.[95] Das Gebet zur Weihe wendet sich ganz dem Vater zu, dem „Spender aller Gnade, Verteiler aller Dienste und Ämter" und im zentralen Teil bittet man, daß der zu weihende Diakon „dem Altar diene" und mit „der siebenfältigen Gnade" (dem Heilige Geist) „den Dienst des Amtes treu erfülle".[96]

Das Amt des Diakons ist sehr umfangreich und beginnt, wie schon im Gebet der Weihe ausgedrückt, mit dem Dienst am Altar und daher bei der eucharistischen Handlung, um sich dann von der Liturgie auf das gesamte Leben der christlichen Gemeinde auszudehnen.[97]

Betrachtet man näher die dem Diakon zugewiesenen Aufgaben im Zusammenhang mit seinem Dienst für den Bischof und das Presbyterium, so erkennt man leicht, wie diese letztlich im Sakrament wurzeln, das er erhalten hat. Jene Gabe der sakramentalen Gnade bleibt außerdem auch dann gegenwärtig und aktiv, wenn der Diakon für die nachfolgenden Stufen geweiht wird. Sowohl der Presbyter als auch der Bischof werden niemals aufhören, Diakone zu sein. Diese Tatsache hilft uns, zu verstehen, daß es sich nicht um eine Art Übergangsstufe handelt, die zu einer anderen Stufe führen soll, und ebenso, daß dieses Diakonenamt ein untilgbares Wesen innehat, das durch die Kongruenz mit den anderen beiden Stufen der Weihe bezeugt und hervorgehoben wird. Zusammenfassend kann man sagen, daß das Diakonat weder seinen Ursprung in der Notwendigkeit der beiden nachfolgenden Stufen der Weihe hat, noch seinen sakramentalen Zweck im Erhalt von diesen.[98]

---

[94] Didachē, 15.

[95] PAUL VI., Pontificalis romani recognitio, 18. Juni 1968.

[96] Ritus der Diakonenweihe: Gebet zur Weihe.

[97] Der Diakon darf über die feierliche Lesung des Evangeliums während der Heiligen Messe hinaus die Predigt halten, das Abendmahl sowohl an die Anwesenden als auch an die Kranken austeilen und die Taufe vollziehen. Er kümmert sich um die Vorbereitungen der Katechumenen auf die Sakramente der christlichen Einweihung (Taufe, Firmung, Eucharistie), er kümmert sich um die Verwaltung der Almosen und der Fürsorge, er segnet die Brautleute bei der Trauung, er hält die Trauerfeier ab, leitet das öffentliche Gebet der Gemeinde außerhalb der Heiligen Messe. LG fast all dies in drei Begriffen zusammen: Liturgie, Predigtdienst, Charitas (29). Siehe PAUL VI., Sacrum diaconatus ordinem, V, 22.

[98] Die Einführung des sogenannten „Ständigen Diakonats" (PAUL VI., Sacrum diaconatus ordinem, 18. Juni 1967), nach dem Zweiten Vatikanischen Konzil, welcher die Weihe von Familienvätern vorsieht, ist ein Beweis, wenn er überhaupt nötig gewesen wäre, für das Wesen dieser Weihestufe als solcher.

Wenn die Dreiteilung des Sakraments der Weihe seine „ratio" und seinen Ursprung in der geweihten Teilhabe an Christus hat, dann drückt sich diese Dreiteilung vollkommen in dem Dienst am Volk Gottes aus.

Die Einpflanzung (Verkündigung, Taufe), die Bekräftigung (Firmung, Versöhnung, Eucharistie), die Heiligung in den verschiedenen Lebensständen (Ehe, heilige Weihe) und die Hingabe aller Menschen an Gott (Krankensalbung, Sterbesakrament) bilden die Aufgabe und den Zweck der dreiteiligen Institution.

Es ist bezeichnend, daß in der Kirche „geschmückt mit dem Reichtum himmlischer Gnaden gestaltet in der Vielfalt ihrer Glieder"[99] die Unterscheidung der drei Stufen in der einen Weihe so verstanden wird, daß sie auf die Einheit derselben zielt. Da die Kirche ein Körper ist, trägt die Artikulation der verschiedenen Gelenke wie auch beim physischen Leib zur Harmonie und Einheit des Ganzen bei. Folglich trägt nicht nur die Weihe innerhalb des kirchlichen Gefüges, sondern auch die ihr innewohnende Dreiteilung zur Einheit der Gemeinde und der ganzen Kirche bei. Dies ist ein Beispiel dafür, wie die Unterscheidung der Einheit dient und wie die wahre Einheit die Unterscheidung verlangt. Die Tatsache, daß diese ganze Dynamik nichts anderes als sakramental ist, weist darauf hin, daß in der christlichen Gemeinde und in der ganzen Kirche die ganze Einheit selbst sakramental ist, d.h. Werk Gottes ist. Dank seiner Gnade ist die Einheit in ihrer Vollkommenheit von Anfang an gegeben und man kann sie in keiner Weise als ein Resultat eines menschlichen Konstruktes verstehen.

Dasselbe dreiteilige Model verdeutlicht die Darstellungen, die Sankt Paulus von der Dynamik der Erbauung („oikodomēsis") der Kirche bietet: „Von ihm her wird der ganze Leib zusammengefügt und gefestigt durch jedes Gelenk. Jedes versorgt ihn mit der Kraft, die ihm zugemessen ist. So wächst der Leib und baut sich selbst in Liebe auf." (Eph 4,16); „Der ganze Leib wird durch Gelenke und Bänder gestützt und zusammengehalten und wächst durch Gottes Wirken." (Kol 2,19).

Sowohl der Ursprung als auch der Zweck der gesamten Logik des Sakraments der Weihe sind „in Christus". Die Dynamik des Amtes ist deshalb eine Dynamik der Selbstentblößung und der radikalen Diakonie. Für diejenigen, die durch das Sakrament in das Amt der Weihe eingesetzt worden sind, gehört das „Gleichförmigkeit" mit Christus und die Identifizierung

---

[99] Der Ritus der Diakonenweihe, Gebet der Weihe: „Ecclesiam videlicet tuam, caelestium gratiarum varietate distinctam, suorumque connexam distinctione membrorum, per legem mirabilem totius compaginis unitam" (Pontificale Romanum, De ordinatione diaconorum).

mit der objektiven Form des Dienstes untrennbar zusammen: „Weh mir, wenn ich das Evangelium nicht verkünde!" (1 Kor 9,16).[100]

(Übersetzung: *Fanny Askenasi*)

---

[100] Wir wollen an dieser Stelle unsere Überlegungen nicht auf diese Dimension der persönlichen Erfahrung ausweiten.

Das kirchliche Amt bei Martin Luther

Volker Leppin

Historisch gesehen sind die Fragen nach Kirche und Amt für die Wittenberger Reformation sekundär hinzugewachsene Problemkreise. Zwar hat Luther sich schon in seinen frühen Vorlesungen gelegentlich zum Kirchenverständnis geäußert[1]. Eine solche Fragestellung stand aber nicht im Vordergrund jenes theologischen Nachdenkens, das ihn in Konflikt mit der mittelalterlichen Kirche brachte. Dieser war vielmehr durch seine intensivierte Bußfrömmigkeit und -theologie veranlasst[2]. Auf deren Grundlage formulierte er seinen Protest an einem sehr spezifischen Punkt des spätmittelalterlichen Kirchenverständnisses: dem Ablaß. Allein weil er in diesem Zusammenhang auch auf die päpstliche Kompetenz zur Sündenvergebung zu sprechen kommen mußte[3], trat auch die Frage nach dem Papstamt in den Vordergrund der Debatte. Sie wurde von Luthers Gegnern aufgegriffen und in aller Schärfe gegen ihn vorgebracht.[4] Erst in diesem Zusammenhang hat Luther dann seine eigene Lehre von Kirche und Amt geschärft.

Dabei ist es allerdings unverkennbar, daß die von ihm vorgebrachten Auffassungen und Argumente nicht ohne weiteres unter sich kongruent sind. Die innere Spannung seines Denkens hat in der protestantischen Theologie zu zwei unterschiedlichen Rekonstruktionsansätzen von

---

[1] S. Tarald Rasmussen, Inimici ecclesiae. Das ekklesiologische Feindbild in Luthers „Dictata super Psalterium" (1513–1515) im Horizont der theologischen Tradition, 1989.

[2] S. hierzu Volker Leppin, „omnem vitam fidelium penitentiam esse voluit". Zur Aufnahme mystischer Traditionen in Luthers erster Ablaßthese, in: ARG 93 (2002) 7–25.

[3] S. etwa These 26: „Optime facit papa, quod non potestate clavis (quam nullam habet) sed per modum suffragii dat animabus remissionem" (WA 1,234,27f); zu einer möglichen papstkritischen Deutung der Ablassthesen s. Berndt Hamm, Der frühe Luther. Etappen reformatorischer Neuorientierung, 2010, 90–114.

[4] S. insbesondere die sehr weitgehende Aussage von Silvester Prierias: „Quicumque non innititur doctrine Romane ecclesie, ac Romani pontificis, tanquam regule fidei infallibili, a qua etiam sacra scriptura robur trahit et auctoritatem, hereticus est." (Prierias, Dialogus, in: Peter Fabisch und Erwin Iserloh (Hgg.), Dokumente zur Causa Lutheri (1517–1521). 1.Teil: Das Gutachten des Prierias und weitere Schriften gegen Luthers Ablaßthesen (1517–1518), 1988, 33–107, dort [CC 41], 55).

Luthers Amtstheologie geführt[5]. Paradigmatisch steht hierfür die Debatte des 19. Jahrhunderts: Während Johann Wilhelm Friedrich Höfling für ein Amtsverständnis votierte, welches diese Institution ganz und gar aus dem allgemeinen Priestertum ableitete[6], vertrat Julius Stahl eine Auffassung, die die göttliche Stiftung des Amtes in den Vordergrund stellte[7] – lehrbuch-

---

[5] WOLF-DIETER HAUSCHILD, Amt, Gemeinde und „Episkopé" nach der Lehre der lutherischen Kirche, in: KuD 52 (2006) 76–93, 85, spricht davon, daß die amtstheologischen Aussagen bei Luther „in einer nicht völlig ausgeglichenen Spannung" stehen (HAUSCHILD, Amt 85). WILHELM BRUNOTTE, Das geistliche Amt bei Luther, Göttingen 1959, 112, hingegen konstatiert eine grundlegende „Einheit" in Luthers Auffassungen zum Verhältnis von Amt und allgemeinem Priestertum seit 1520, die lediglich damit verbunden sei, „daß Luther bestimmten Positionen in einzelnen Schriften mehr Aufmerksamkeit zuwendet als in anderen".

[6] Im Blick auf die Deutung Höflings ist wiederum präzise davon zu sprechen, daß der Grundansatz für seine Rekonstruktion des Kirchenverständnisses, von CA 7 ausgehend, zunächst besagt, daß „die Kirche nach richtiger protestantischer Anschauung zunächst und wesentlich eine innere und unsichtbare Gemeinschaft" ist (JOHANN WILHELM FRIEDRICH HÖFLING, Grundsätze evangelisch-lutherischer Kirchenverfassung, Erlangen ²1851, 9 [§ 5]). Hieraus folgert er dann, in betonter antikatholischer Attitüde (s. etwa ebd. 38 [§ 17]), „daß es schlechthin unmöglich ist, eine ‚lutherische' Lehre und Anschauung vom Kirchenamte und geistlichen Stande auf zeremonialgesetzlichem Grunde und nicht vielmehr lediglich und allein auf dem des allgemeinen Priesterthums der Gläubigen und des ursprünglich bei der ganzen Kirche seyenden Amtes auferbauen zu wollen." (ebd. 52 [§ 18]).

[7] [JULIUS] STAHL, Die Kirchenverfassung nach Lehre und Recht der Protestanten, Erlangen ²1862, 109: „Dieses Amt ist von Gott verordnet. Nicht blos ist von Gott verordnet, daß die Funktionen desselben geübt werden, daß gepredigt, getauft, absolviert, gebannt werde; sondern von Gott ist auch verordnet, daß diese Funktionen bestimmten Menschen als ihr Lebensberuf und zu regelmäßig alleiniger Ausübung zukommen." Stahl ist gleichwohl ausführlich auf das allgemeine Priestertum als evangelisches Spezifikum eingegangen (ebd. 94–107) und hat sich bemüht, dieses in ein Verhältnis zum Amt zu setzen: „Mit dieser Anerkennung des gottgestifteten und gottermächtigten Amtes bleibt dennoch die protestantische Grundlehre, daß die Vollmachten der ganzen Kirche ertheilt sind, unversehrt in ihren mächtigen Folgen bestehen, wie die Reformation sie bezeugt, beides ist in vollem Einklang" (ebd. 111); vgl. zur Debatte JAN FREIWALD, Das Verhältnis von allgemeinem Priestertum und besonderem Amt bei Luther, Diss. Heidelberg 1993, 13–19, sowie in umfassenderem Horizont NOTGER SLENCZKA, Die Diskussion um das kirchliche Amt in der lutherischen Theologie des 19. Jahrhunderts, in: REINHARD RITTNER (Hg.), In Christus berufen. Amt und allgemeines Priestertum in lutherischer Perspektive, 2001, 114–152. THOMAS JUNKER, Die lutherische Lehre vom Amt der Kirche, in: Lutherische Beiträge 19 (2014) 93–119, hier: 94, erinnert zurecht daran, daß die Linie einer starken Betonung der göttlichen Stiftung schon mit Martin Chemnitz einsetzt, in dessen Enchiridion die erste Frage lautet: „Was ist das Predigtampt für ein Ampt?" und die korrekte Antwort erhält: „[…] es ist ein Geistlich Ampt/ zum Dienst der Kirchen von Gott gestifftet und verordnet" (Enchiridion, D. MARTINI CHEMNITII. Darinnen die fürnembste Hauptstück der Christlichen Lehr durch Frag und Antwort auß Gottes Wort eynfältig vnd gründlich erkläret werden, 1593, 1). PENSSEL, Amtsverständnis (u. Anm. 21), 364, verweist auf den Umstand, daß die göttliche Stiftung des Amtes „in den Texten Melanchthons oft deutlicher als bei Luther selbst" ausgedrückt werde. Dies hat vor allem für die Bekenntnisschriften Folgen, die freilich nicht allein in Melanchthons individueller theologischer Option begründet liegen: In

mäßig wird beides als „Übertragungstheorie" einerseits, „Stiftungstheorie"
andererseits unterschieden[8]. Diese können auch als Akzentunterschiede zu-
sammengeführt[9] oder im Sinne einer genetischen Entwicklung aufeinander bezogen werden[10]. Tatsächlich läßt sich auch in historischer Perspektive erkennen, daß ein theologischer Zusammenhang zwischen den unterschiedlichen Akzentuierungen in Luthers Amtstheologie besteht. Weder

---

Augsburg 1530 wurde jedenfalls nach einem bei David Chytraeus überlieferten Ratschlag der Theologen vermieden, die Frage des allgemeinen Priestertums zu tangieren
(HISTORIA Der Augspurgischen Confession: Wie sie erstlich berathschlagt, verfasset vnd
Keiser Carolo V. vbergeben ist […]| durch | D. DAVIDEM CHYRTAEUM erstlich zusa-
men geordnet vnd newlich vermehret, 1576, 97r; vgl. hierzu SANDER, Ordination (u.
Anm. 178), 218). Gleichwohl enthalten auch die Bekenntnisschriften, was nicht immer
zureichend bedacht wird (s. etwa die diesbezüglichen Bemerkungen bei WENDEBOURG,
Amt (s. u. Anm. 80), 537 Anm. 14, die auf die Behauptung, die Lehre vom allgemeinen
Priestertum fehle in den Bekenntnisschriften, diffus mit Hinweisen auf den allgemeinen Kontext in den Lehren Luthers statt mit dem simplen Verweis auf die Tractatus-
Stelle reagiert), auch einen Hinweis auf das allgemeine Priestertum einschließlich der
daraus folgenden Kompetenz der Gemeinde zur Einsetzung ihrer Amtsträger: „Postre-
mo etiam hoc confirmat sententia Petri: Vos estis regale sacerdotium. Quae verba ad
veram Ecclesiam pertinent, quae, cum sola habeat sacerdotium, certe habet jus alegendi
et ordinandi ministros" (BSELK 491,36–40); vgl. hierzu NEEBE, Allgemeines Priestertum (u. Anm. 54), 7. Es ist also nicht ganz korrekt, wenn HAUSCHILD, Amt (o. Anm. 5),
78, nach einer berechtigten Unterscheidung zwischen Luthers Schriften und den Bekenntnisschriften konstatiert, die Lehre vom allgemeinen Priestertum sei zwar „insgesamt durchaus biblisch begründet", beruhe aber „hauptsächlich auf Martin Luther
als Gewährsmann" – diese Aussage ist nicht nur wegen der Geringschätzung des biblischen Zeugnisses problematisch, sondern auch wegen des fehlenden Verweises auf die
Bestätigung der Lehre vom allgemeinen Priestertum in den Bekenntnisschriften; entsprechend stellen auch die Folgerungen hinsichtlich einer mangelnden Episkopè durch
„Laien" (ebd, 81) eine erhebliche Vereinseitigung dar. Hermeneutisch ist zusätzlich der
Einwand von ERLING TEIGEN, Das Priestertum aller Gläubigen in den lutherischen
Bekenntnissen, in: JÜRGEN DIESTELMANN/WOLFGANG SCHILLHAHN (Hgg.), Einträch-
tig lehren, FS Jobst Schöne, 1997, 473–486, 473 f, zu bedenken, daß sich der Gedanke
vom allgemeinen Priestertum nicht allein an der genannten Stelle im Tractatus explizit
findet, sondern an anderen Stellen sachlich vorausgesetzt wird.

[8] S. etwa HONECKER, Verständnis (u. Anm. 10), 325. Wenn MARTIN SCHUCK, Ordnungsgemäß berufen. Ein Rückblick auf die Debatte zum Ordinationsverständnis, in:
DtPfBl 107 (2007) 190 f., hier: 190, erklärt, daß die Stiftungs-Theorien erst im 19. Jahrhundert entstanden seien, ist dies insofern und insoweit berechtigt, als man hierunter
tatsächlich eine umfassende Theoriebildung mit ihren weitreichenden ekklesiologischen
Konsequenzen meint. Die Anhaltspunkte hierfür, der Gedanke göttlicher Einsetzung und
Stiftung, war in Fortschreibung mittelalterlicher Vorstellungen aber durchaus im 16. Jahrhundert präsent, wie die folgenden Ausführungen zeigen sollten. Im Zuge der lutherischen Orthodoxie wurde er schon erheblich theoretisch ausgeweitet; s. hierzu die in-
struktiven Bemerkungen bei SANDER, Ordination (Anm. 178), 219.

[9] Vgl. MARK ELLINGSEN, Luthers katholische Amtsvorstellung, in: Una Sancta 39
[1984] 240–253, 245.

[10] MARTIN HONECKER, Luthers Verständnis des Amtes im ökumenischen Disput, in:
ATHINA LEXUTT (Hg.), Relationen. Studien zum Übergang vom Spätmittelalter zur Reformation. FS Karl-Heinz zur Mühlen, 2000, 321–334, 323 f.

ist hier von einem Bruch in seiner Entwicklung auszugehen[11] noch ist es
angemessen, die Gegensätze, die das neunzehnte Jahrhundert aufgrund einer gewissen Entfremdung gegenüber Luthers Voraussetzungen hinsichtlich des Wirkens Gottes durch den Menschen in den Reformator selbst
hineinprojiziert hat, einfach fortzuschreiben[12]. Vielmehr geht es darum,
die unterschiedlichen Akzentuierungen Luthers in ihrer genetischen Entwicklung wahrzunehmen und in ihrem inhaltlichen Zusammenhang nachzuzeichnen.

1. Das priesterliche Amt aller Christen

Die Entwicklung von Luthers Amtsverständnis ist zunächst einmal im Horizont der Auseinandersetzung mit der in seiner Zeit gegebenen Theologie und Praxis zu sehen. Die kritische Wendung gegen das Papstamt setzte
schon 1518 ein: In den Resolutiones, durch die Luther seine Ablassthesen
erläuterte, erwähnte er beiläufig, daß das Papsttum über Jahrhunderte hinweg unbekannt gewesen sei und die Existenz der Kirchen in Griechen-
land ohne Papsttum zeigte, daß ein solches theologisch nicht notwendig
sei.[13] Rasch entdeckte Johannes Eck, daß hier ein besonders heikler Punkt
in Luthers Argumentation war. Er hielt diesem in Vorbereitung der Leipziger Disputation als 12. einer Reihe von Thesen (die später dann wegen
eines nachträglichen Einschubs als dreizehnte gezählt wurde) entgegen:

> „Romanam ecclesiam non fuisse superiorem aliis ecclesiis ante tempora Sylvestri
> negamus, sed eum, qui sedem beatissimi Petri habuit et fidem, successorem Petri et
> vicarium Christi generalem semper agnovimus.“[14]

Die theologische Begründung der Superiorität des römischen Bischofs-
stuhls, deren faktische Geltung nach menschlichem Recht Luther gar nicht
bestritt,[15] war damit zu einem zentralen Thema der Kontroverse geworden.
Luther hielt Eck entgegen, daß weder die Bibel noch das Konzil von Ni-
zäa von der Oberhoheit des Papstes wisse, diese vielmehr ein Produkt der

---

[11] Wenn sich zeigen läßt, daß ein solcher Bruch schon zwischen Luthers spätmittel-
alterlicher Position und seiner reformatorischen nicht besteht (zur Kritik am üblichen
„Wende-Konstrukt" s. HAMM, Der frühe Luther (o. Anm. 2), 27; zusammenfassend VOL-
KER LEPPIN, Art. Reformatorische Entdeckung, in: DERS./GURY SCHNEIDER-LUDORFF
(Hg.), Das Luther-Lexikon, 2014, 589–592), so wird man erst recht Luthers weitere reformatorische Entwicklung eher im Sinne einer Transformation zu deuten haben als im
Sinne der Bruchmetapher.
[12] Hiergegen wendet sich im Grundsatz auch FÜHRER, Amt (u. Anm. 80), 100.
[13] WA 1,571,16–18.
[14] WA 9,209,41–210,2.
[15] WA 2,19,37–20,1 (auch noch nach der Leipziger Disputation: ebd. 397,3 f).

vergangenen vierhundert Jahre sei.[16] Entsprechend drehte sich die Leipziger Disputation im Frühsommer 1519 zu großen Teilen genau um die Frage der Grundlage des Papstamtes. Methodisch war bestimmend, ob dieses im Sinne einer Harmoniehermeneutik im Zusammenhang von Bibel und Kirchenvätern begründet werden könne, wie Eck unter Verweis auf Hieronymus meinte,[17] oder ob Luthers Differenzhermeneutik[18] leitend sein sollte, die zu dem Ergebnis einer mangelnden biblischen Fundierung der päpstlichen Ansprüche führte. Für Luther verband sich mit dieser Debatte die Überzeugung vom vollständigen Versagen der gegenwärtigen Kirche: Seit der Leipziger Disputation galt ihm das Papstamt als der Antichrist.[19]

Der Streit um diese Frage reichte zwar noch in das Jahr 1520 hinein, in welchem Luther gegen Hieronymus Emser noch einmal die Frage behandelte, „ob das Bapstum zu Rom, wie es in berugiger besytzung der gewalt ist uber die gantz Christenheit, wie sie sagen, herkoumen sey von gotlicher odder menschlicher ordnung".[20] Aber die Debatte weitete sich zugleich auf die Frage des kirchlichen Amtes insgesamt aus, indem Luther

---

[16] WA 2,161,35–37. Zum Hintergrund in der zuvor schon angestiegenen Papstkritik Luthers s. HELMAR JUNGHANS, Martin Luther und die Leipziger Disputation, in: HEIN/KOHNLE, Leipziger Disputation (u. Anm. 18), 87–94, 89.

[17] Disputatio inter I. Eccium et M. Lutherum (WA 59,441,259–264).

[18] S. zu Harmonie- und Differenzhermeneutik VOLKER LEPPIN, Papst, Konzil und Kirchenväter. Die Autoritätenfrage in der Leipziger Disputation, in: MARKUS HEIN/ARMIN KOHNLE (Hgg.), Die Leipziger Disputation 1519. 1. Leipziger Arbeitsgespräch zur Reformation, 2011 (HerChr. Sonderbd. 18), 117–124, 120.

[19] S. hierzu LUTHER an Spalatin am 13. März 1519 (WA.B 1,359 [Nr. 161,29–31]); vgl. den Brief an denselben vom 24. Februar 1520 (WA.B 2,48 f [Nr. 257,26–29]); vgl. auch, für die Öffentlichkeit bestimmt, LUTHER, An den christlichen Adel (WA 6,453,10 f); vgl. zu diesen Stellen HANS PREUSS, Die Vorstellungen vom Antichrist im späteren Mittelalter, bei Luther und in der konfessionellen Polemik. Ein Beitrag zur Theologie Luthers und zur Geschichte der christlichen Frömmigkeit, 1906 105. 116 f; zur Entstehung von Luthers Antichristverständnis VOLKER LEPPIN, Luthers Antichristverständnis vor dem Hintergrund der mittelalterlichen Konzeptionen, in: KuD 45 (1999) 48–63; zur weiteren Entwicklung DERS., Das Papstbild der Schmalkaldischen Artikel, in: JÜRGEN RÖMER (Hg.), Profil und Abgrenzung. Luthers (vergessenes?) Vermächtnis. 475 Jahre Schmalkaldische Artikel, 2013 (monographia hassiae 27), 57–78.

[20] WA 6,286,35–287,2. Die Debatte zwischen Luther und Emser um Amtsfragen hat BENEDIKT PETER, Der Streit um das kirchliche Amt. Die theologischen Positionen der Gegner Martin Luthers, 1997 (VIEG 170), 49–81, untersucht und zeichnet sie in den Gegensatz zwischen „veräußerlichter Frömmigkeit" und einer durch die Devotio moderna eingeleiteten Änderung des religiösen Wertesystems ein (a.a.O. 79). Dies entspricht der auch sonst zu machenden Beobachtung einer hochgradigen Polarität spätmittelalterlicher Frömmigkeit (s. hierzu VOLKER LEPPIN, Von der Polarität zur Vereindeutigung. Zu den Wandlungen in Kirche und Frömmigkeit zwischen spätem Mittelalter und Reformation, in: GUDRUN LITZ/HEIDRUN MUNZERT/ROLAND LIEBENBERG (Hgg.), Frömmigkeit – Theologie – Frömmigkeitstheologie. Contributions to European Church History, FS Berndt Hamm, 2005 [Studies in the History of Christian Traditions 124], 299–315).

grundsätzlich den Standesunterschied von Klerus und Laien bestritt.[21] Nach Christopher Voigt-Goys Analyse kann man den Brief an Spalatin vom 18. Dezember 1519 nicht mehr als entscheidendes Zeugnis für diesen Gedanken annehmen.[22] Daher wird man die Schrift „An den christlichen

---

[21] Das konfessionelle Gegenüber wird vorschnell in die frühen Jahre der Reformation projiziert, wenn RENATE PENSSEL, Lutherisches Amtsverständnis – in Reformation und Bekenntnisschriften, in: ZevKR 55 (2010) 360–373, 363, meint, diese Lehre richte sich „gegen das römisch-katholische Amtsverständnis". Gegenüber war die mittelalterliche, noch nicht konfessionell enggeführte Kirche.

[22] WA.B 1,595 (Nr. 231,28–32): „Deinde valde me urget petrus Apostolus 1. pe. 2. dicens nos omnes esse sacerdotes, idem Iohannes in apocalypsi, Ut hoc genus sacerdocii, in quo nos sumus, prorsus non differre videatur a laicis nisi ministerio, quo sacramenta & verbum ministratur. Cętera omnia sunt ęqualia, si ceremonias & humana statuta demas"; hierauf weist VOLKER GUMMELT, „Amt und Gemeinde" bei Luther und in der Lutherischen Orthodoxie, in: UDO KERN (Hg.), Kirche – Amt – Abendmahl. Beiträge aus heutiger lutherischer Sicht, 2004, 57–72, 58, hin. VOIGT-GOY, potestates (u. Anm. 34), 130, kommt aber in sorgsamer Abwägung dazu, daß hier noch nicht von einem allgemeinen Priestertum die Rede sei, sondern nur davon, „daß die *officia* sacerdotalia den Unterschied zwischen Priestern und Laien nicht konstituieren." AARTS, Lehre (u. Anm. 82), 80 f, meint, die Lehre vom „Priestertum der Gläubigen" schon in früheren Schriften festmachen zu können, „wenngleich Luther terminologisch kaum davon spricht", bzw. davon spricht, „ohne diesen Ausdruck zu verwenden" (ebd. 175). Dieser methodische Zugriff ist außerordentlich problematisch, da er aus allmählichen transformativen Entwicklungen feste Lehrpunkte destilliert und diesen eine statische Präsenz im Denken Luthers unterstellt. Konkret beruft Aarts sich auf LUTHER, Dictata super Psalterium (WA 3,170,11–29; 415,28–20; 640,35–39; 4,179,30; 224,20–23); LUTHER, Römerbrief (WA 56,251,22–252,4). All dies sind zwar Stellen, an die Luther transformierend anknüpfen konnte, die aber noch nicht im Sinne eines allgemeinen Priestertums zu verstehen sind: WA 3,170,11–29 erklärt Luther, daß die kirchlichen Aufgaben der Aufsicht, Lebenspendung und Bewahrung grundsätzlich durch jede Person ausgeübt werden können – was im Zusammenhang vor allem eine Ausziehung der verwendeten organologischen Metaphern ist. WA 3,415,28–20 und 640,35–39 verwendet Luther den Begriff des Opfers für die gesamte Kirche, was vor dem Hintergrund von Röm 12,1 kaum überraschend ist; WA 4,179,30 geht es nicht um alle Glaubenden, sondern um „quilibet sanctus", was noch nicht im Sinne der späteren Theologie Luthers mit dem Gläubigen gleichzusetzen ist (noch 1519 verwendet Luther „heilig" klar im Sinne einer besonderen, von den Glaubenden insgesamt abgehobenen Gruppe; s. Luther, Ein Sermon von der Bereitung zum Sterben [WA 2,690,37 f]). In WA 56,251,25 werden die „praelati" der Kirche, denen Gehorsam geschuldet wird, mit einem „bonus vel sanctus vir" parallelisiert – allein schon die Bestimmung der Adjektive zeigt, das es hier nicht um ein allgemeines Priestertum geht; dies wird, wie an der genannten Stelle in den Dictata durch den Begriff „sanctus" noch deutlicher als durch die von Aarts im Anschluss an Aland hierfür gewählte Übersetzung „fromm". Die spezifischste Stelle ist vielleicht die aus den Dictata zu Ps 108 (109): „Nam omnes fideles per Christum sacerdotem sunt sacerdotes et reges" (WA 4,224,21 f). Auch hier ist aber der Kontext zu bedenken: Zum einen geht es in Auslegung von Ps 108 (109),8 um den sehr spezifischen Fall, daß dem „detractor" sein Amt entzogen wird, und zum anderen handelt es sich ausdrücklich um ein Bibelzitat (Offb 5,10), also gerade nicht um eine eigenständige systematische Denkfigur. All dies sind Textstellen, die zeigen, daß Luther, wie schon mystische Autoren vor ihm, begann, den Begriff des „sacerdos" von der Fixierung auf ein Weihepriestertum zu lösen (vgl. insgesamt den Überblick zur Amtsfrage in den frühen Vorlesungen bei WOLFGANG

Adel deutscher Nation von des christlichen Standes Besserung" nicht nur
für die Veröffentlichung, sondern auch für die Entwicklung des Gedankens
als zentral ansehen dürfen. Darin heißt es:

> „Die weyl dan nu die weltlich gewalt ist gleych mit uns getaufft, hat den selben
> glauben unnd Evangely, mussen wir sie lassen priester und Bischoff sein, und yr
> ampt zelen als ein ampt, das da gehore und nutzlich sey der Christenlichen gemey-
> ne. Dan was ausz der tauff krochen ist, das mag sich rumen, das es schon priester,
> Bischoff und Bapst geweyhet sey, ob wol nit einem yglichen zympt, solch ampt zu
> uben. Dan weyl wir alle gleich priester sein, musz sich niemant selb erfur thun und
> sich unterwinden, an unszer bewilligen und erwelen das zuthun, des wir alle gley-
> chen gewalt haben, Den was gemeyne ist, mag niemandt on der gemeyne willen
> und befehle an sich nehmen. Und wo es geschehe, das yemandt erwelet zu solchem
> ampt und durch seinen miszprauch wurd abgesetzt, szo were ehr gleich wie vor-
> hyn. Drumb solt ein priester stand nit anders sein in der Christenheit, dan als ein
> amptman: weil er am ampt ist, geht er vohr, wo ehr abgesetzt, ist ehr ein bawr od-
> der burger wie die andern. Alszo warhafftig ist ein priester nymmer priester, wo er
> abgesetzt wirt. Aber nu haben sie ertichtet Caracteres indelebiles, und schwetzen,
> das ein abgesetzter priester dennoch etwas anders sey, dan ein schlechter leye, Ja
> sie trewmet, Es mug ein priester nymmer mehr anders den priester odder ein ley
> werden: das sein alles menschen ertichte rede und gesetz. Szo folget ausz dissem,
> das leye, priester, fursten, bischoff, und wie sie sagen geistlich und weltlich, keynen
> andern unterscheyd ym grund warlich haben, den des ampts odder wercks halben,
> unnd nit des stands halbenn."[23]

Diese Aussage hat in ihrem unmittelbaren Kontext einen klaren Fokus: Ziel
der Adelsschrift ist es, die Träger weltlicher Macht in Deutschland – sowohl
den Adel als auch, wie aus dem Duktus der Schrift hervorgeht, die Räte
der Städte – dazu zu bewegen, die Reform der Kirche in die eigene Hand
zu nehmen und sie innerhalb des Rahmens des römischen Reiches mit einem hohen Maß an Eigenständigkeit gegenüber dem Papst[24] zu gestalten.
Um dies aber zu legitimieren, müssen nach Luther „drey mauren" bestritten werden, mit welchen sich die „Romanisten" umgeben haben.[25] Deren
erste ist eben jene Unterscheidung von geistlichem und weltlichem Stand,
die Luther im oben angeführten Zitat grundsätzlich bestreitet.[26] Dessen

---

STEIN, Das kirchliche Amt bei Luther, 1974 [VIEG 73], 5–62). Dies transformierte er
dann zu dem programmatischen Gedanken des allgemeinen Priestertums, welchen er
aber erst 1520 formulierte; vgl. in diesem Sinne auch GUMMELT, Amt. 63. STEIN, Amt,
64, hebt dabei zu Recht hervor, daß das eigentlich Neue an Luthers Lehre von 1520 die
kritische Wendung gegen die Bezeichnung der Amtsträger als Kleriker o.ä. ist.

[23] LUTHER, An den christlichen Adel (WA 6,408,8–29). Zum inneren Zusammenhang dieser Lehre mit der Rechtfertigungslehre vgl. LIEBERG (u. Anm. 76), Amt, 40.

[24] S. GEORG SCHMIDT, Geschichte des Alten Reiches. Staat und Nation in der Frühen
Neuzeit 1495–1806, 1999, 56–62.

[25] LUTHER, An den christlichen Adel (WA 6,406,21 f).

[26] LUTHER, An den christlichen Adel (WA 6,407,10 f). Die weiteren Mauern sind:
der Anspruch auf alleinige Bestimmung Schriftauslegung durch den Papst (ebd. 411,8–

Pointe ist also von hier aus zu lesen: Es ist zunächst das weltliche Amt, dessen Nutzen für die christliche Gemeinde hervorgehoben wird.[27] Von hier aus schärft sich dann das Verständnis des Amtes für die Geistlichen. Sehr klar ist die negative Aussage, daß der im mittelaltelterlichen Kirchenrecht selbstverständlich vorausgesetzte Standesunterschied zweier „genera"[28] keine Gültigkeit besitzen soll. Die Begründung für diese Aufhebung des Unterschiedes liegt in der Taufe, welche Luther demnach hier als das grundlegende Sakrament bestimmt, das Christen in letztlich im Angesicht Gottes ununterschiedener Weise vor diesen stellt.

Der Schritt, den Luther hier tut, ist in mehrfacher Hinsicht bemerkenswert. Zum einen hat er innerhalb weniger Monate seine eigene Auffassung radikalisiert: Noch in dem am 9. November 1519 – also acht Monate vor Fertigstellung der Adelsschrift[29] – gedruckten „Sermon von dem heyligen hochwürdigen Sakrament der Taufe" war seine Lösung eine andere gewesen. Er entfaltete darin grundlegend sein Verständnis vom Sterben und Auferstehen des Menschen in der Taufe, in welchem er den paulinischen Gedanken aus Röm 6 mit den mystischen Vorstellungen vom Sterben und Auferstehen des Menschen aus der „Theologia deutsch"[30] verband: In großer Eindringlichkeit stellte er dem interessierten und begeisterten Publikum die Taufe als christliches Zentralsakrament vor Augen und kam von hier aus auch auf die Frage „ob die Tauff [...] mehr odder grösser seyn,

---

11) und die Behauptung, allein der Papst dürfe ein Konzil einberufen (ebd. 413,12–16). Betont hebt KARLFRIED FRÖHLICH, Luther on Vocation, in: LuQ 13 (1999) 195–207, 201, hervor, Luther habe nicht das Priestertum beseitigt, sondern den Stand der Laien – die Pointe verfehlt aber ihr Ziel, da Luther eben nicht die eine oder andere zweier komplementär aufeinander bezogener Größen aufhebt, sondern ihren Unterschied überhaupt.

[27] Den Historiker mutet es etwas merkwürdig an, wenn HARALD GOERTZ, Allgemeines Priestertum und ordiniertes Amt bei Luther, 1997 (Marburger Theologische Studien 46), 72 f, unter der Überschrift „Die illokutiven Funktionen der Rede Luthers vom ‚Allgemeinen Priestertum'" drei Arten von Sprechakten unterscheidet, die konkrete Funktion im Entstehungszusammenhang des Gedankens aber weitgehend aus dem Blick verliert. Umgekehrt stellt es eine Verwechslung der Aussageebenen dar, wenn HANS-MARTIN BARTH, Einander Priester sein. Allgemeines Priestertum in ökumenischer Perspektive, 1990 (Kirche und Konfession 29), 31, meint, aus der Ausrichtung auf die Tätigkeit des Adels folgern zu können, daß die „These vom allgemeinen Priestertum" insgesamt als „Notrecht" zu verstehen sei: Nicht die theologische Grundlage verdankt sich der aktuellen Konstellation Luthers, sondern ihre konkrete Anwendung.

[28] „Duo sunt genera Christianorum" (C. 12 q. 1 c. 7 [Corpus iuris canonici, Ed. FRIEDBERG, I, 678]).

[29] Hierfür gibt WA 6,392, den 23. Juni 1520 an.

[30] Vgl. den Text des Titelblatts von Luthers Erstausgabe der Theologia deutsch: „Eyn geystlich edles Buchleynn von rechter vnderscheyd vnd vorstand was der alt vnd new mensche sey. Was Adams vnd was gottis kind sey. vnd wie Adam ynn vns sterben vnnd Christus ersteen sall" (WA 1,153).

Dan die gelubd der keuscheit, priesterschafft, geystilicheit"[31]. Er beant-
wortete sie aber in dem Sinne, daß es zwar kein höheres Gelübde gebe als
die Taufe, aber jeder sehen müsse, „yn welchem standt" er am besten sein
christliches Leben führen könne.[32] Schon diese Überlegungen waren bemerkenswert, insofern Luther hier trotz normativ-asketischer Orientierung
an der Tötung der Sünde grundsätzlich ehelichen und priesterlichen Stand
der Wertigkeit nach gleichsetzte:[33] Beide waren der Taufe nachrangig, untereinander aber gleichrangig. Der Standesunterschied aber war nicht bestritten, sondern geradezu befestigt.

Die Adelsschrift aber zog aus der hervorgehobenen Rolle der Taufe eine
weiterreichende Konsequenz: Sie hob auch den Standesunterschied auf.[34]
Diese Grundauffassung vom allgemeinen Priestertum wurde dann für die
folgenden Jahre von Luthers Wirken bestimmend. Mit einem Höhepunkt
in den Schriften „Daß eine christliche Versammlung oder Gemeinde Recht
und Macht habe, alle Lehre zu urteilen und Lehrer zu berufen"[35] und
„De instituendis ministris"[36] des Jahres 1523 entstand hier ein Leitbild, das
Luther nie völlig aufgegeben, in seinen gemeindetheologischen Konsequenzen aber nur bis etwa zum Einsetzen der Visitationen 1525 besonders
hervorgehoben hat. Einen nächsten Entwicklungsschritt stellten dann die
besonderen Betonungen der *Stiftung* des Amtes dar, die gleichwohl in den
frühen Äußerungen nicht ohne Anhalt sind.

Angesichts der Aufhebung der Standesunterschiede blieben nach diesen
frühen Schriften die Ämter – neben dem schon genannten Amt der Obrigkeit das hier nicht näher bestimmte Amt der Geistlichen. Ganz auf der
Linie des Taufsermons konnte Luther in anderen Kontexten auch die Ehe
beziehungsweise die ihr durch die Schöpfung aufgetragene Fruchtbarkeit
als Amt bezeichnen.[37] Charakteristisch für Luthers Ringen um angemes-

---

[31] LUTHER, Sermon vom Sakrament der Taufe (WA 2,735,30 f).
[32] LUTHER, Sermon vom Sakrament der Taufe (WA 2,736,1 f).
[33] LUTHER, Sermon vom Sakrament der Taufe (WA 2,736,5–15).
[34] Die damit vollzogene Unterscheidung zwischen grundsätzlicher priesterlicher Befähigung und der durch das Amt vollzogene Befugnis zur Ausübung dieser Befähigung
stellt ihrerseits eine auf alle Getauften ausgedehnte Transformation der Unterscheidung
zwischen „potestas officii" und „executio potestatis" des Priesters dar. Dies führt Gratian post C. 16 q. 1 d. 19 aus (Corpus iuris canonici. Bd. 1, hg. v. EMIL FRIEDBERG, Leipzig
1879, 765 f); s. hierzu CHRISTOPHER VOIGT-GOY, Potestates und ministerium publicum.
Eine Studie zur Amtstheologie im Mittelalter und bei Martin Luther, 2014 (Spätmittelalter, Humanismus, Reformation 78), 17 f. Schon GEORG KRETSCHMAR, Das Gegenüber
von geistlichem Amt und Gemeinde, in: DERS., Das bischöfliche Amt. Kirchengeschichtliche und ökumenische Studien zur Frage des Amtes, hg. v. DOROTHEA WENDEBOURG,
1999, 80–190; hier: 91, hatte auf einen solchen kanonistischen Hintergrund hingewiesen.
[35] LUTHER, Dass eine Gemeinde (WA 11,408–416).
[36] LUTHER, De instituendis ministris (WA 12,169–196).
[37] LUTHER, Sermon von dem ehelichen Stand (WA 2,169,30 f).

sene Begriffe ist, daß diese Benennung sich bereits in dem vor dem Tauf-
sermon geschriebenen „Sermon von dem ehelichen Stand" findet, also in
einem textlichen Zusammenhang, der die tradierte Standesordnung keineswegs in Frage stellte, sondern bestätigte. Die gegenüberstellende *Unterscheidung* von Stand und Amt scheint eine besondere Entdeckung Luthers
im Zusammenhang der Adelsschrift gewesen zu sein. Der Stand wird hier
im Sinne des mittelalterlichen Rechts als ein dauerhafter, unaufhebbarer
Rechtsstatus verstanden,[38] das Amt hingegen als eine übertragene Befugnis,
in offenkundiger Analogie zu den Amtleuten eines weltlichen Herrschers,
die im Unterschied zu den durch Stand zur Herrschaft Berufenen ihre Gewalt allein der Beauftragung durch ihren Herrn verdanken. Ein Amt ist, so
hat Luther es in seiner 1535 gehaltenen Predigt über 1 Kor 12 gefasst, „ein
geordnet ding, so in einem jeden Regiment sein mus."[39] Eine stärker auf
bürgerliche Verhältnisse anwendbare Unterscheidung ist die daher heute
gerne gebrauchte von „Person und Amt", welche Luther in seiner Auslegung von Joh 20,21–23 brauchte.[40] Sprachlich ist allerdings zu bedenken,
daß Luther genau diese Art der Unterscheidung zunächst ablehnte, weil
er sie als „subtile rede" der Papstanhänger für die spezielle Auslegung des
Papstamtes kennengelernt hatte.[41] Erst 1527/28 hat er sie sich in seinen
Predigten über das dritte und vierte Buch Mose ausdrücklich zu eigen gemacht, als er erklärte: „Sed person und ampt sind duo"[42]. Der Sache nach
hat diese Unterscheidung aber ihren Grund in eben jener Differenz aus
Stand und Amt, die Luther in der Adelsschrift aufmachte.

In dieser Schrift hat Luther einen *breiten Amtsbegriff* eröffnet: Nicht nur
geistliches Amt, Ehe und Obrigkeit können hiernach als Amt gelten, sondern auch jegliches Handwerk:

> „Ein schuster, ein schmid, ein bawr, ein yglicher seyns handtwercks ampt unnd
> werck hat, unnd doch alle gleich geweyhet priester und bischoffe, unnd ein yglich
> sol mit seinem ampt odder werck denn andern nutzlich unnd dienstlich sein, das
> alszo viellerley werck alle in eine gemeyn gerichtet sein, leyp und sellen zufoddern,
> gleich wie die glidmasz des corpers alle eyns dem andern dienet."[43]

Das in diesen Zeilen anklingende organologische Modell zeigt, daß das
Amt für Luther in sozialer Hinsicht durch einen funktionalen Zusammen-

---

[38] Hierauf verweisen die oben zitierten Ausführungen zur Absetzung des Priesters.

[39] Crucigers Sommerpostille (WA 22,183,23).

[40] Luther, Wochenpredigten über Joh 16–20 (WA 28,467,29f).

[41] Luther, Von dem Papsttum zu Rom (WA 6,317,56).

[42] Luther, Predigten über das dritte und vierte Buch Mose (WA 25,458,7f).

[43] Luther, An den christlichen Adel (WA 6,409,5–10). Bemerkenswert ist in diesem
Zusammenhang auch die auf den Doktortitel und die damit verbundenen Aufgaben be-
zogene Reihung, daß Eck sich seines „handtwercks, ampts und tittels" schäme (Luther,
Von den neuen Eckischen Bullen [WA 6,586,13]).

hang gemeinsamen Nutzens ausgezeichnet ist. Theologisch aber ist es bestimmt durch die Beauftragung durch Gott, die Luther in der Adelsschrift ausdrücklich im Blick auf die weltliche Obrigkeit benennt.[44]

Die eigene Aufgabe des Amtes, das aufgrund der terminologischen Schwankungen in dieser Zeit[45] von Luthers Entwicklung zunächst noch als das der Geistlichen zu bezeichnen ist, wird weiter unten zu bestimmen sein. An dieser Stelle geht es noch darum, das Priestertum aller Getauften, wie es Luther in der Adelsschrift einführt, genauer zu bestimmen.[46] Was in diesem Traktat nur thetisch angesprochen wird, hat Luther nämlich im selben Jahr in der Freiheitsschrift umfassender entfaltet.[47] Ausdrücklich berief er sich darauf, daß die Heilige Schrift zwischen „gelereten odder geweyheten" allein hinsichtlich ihrer Aufgaben unterscheide.[48] Alle Christinnen und Christen aber sind, so lautet der Tenor auch in dieser Schrift, Priester:

„Ubir das seyn wir priester, das ist noch vil mehr, denn kuenig sein, darumb, das das priesterthum uns wirdig macht fur gott zu tretten und fur andere zu bitten, Denn

---

[44] LUTHER, An den christlichen Adel (WA 6,413,30–32).

[45] Luthers Schwierigkeit, seinen eigenen Gedankengang terminologisch klar zu fassen, zeigt sich etwa in der Formulierung: „So wirts klar, das nit allein der priester die meß opffert, ßondern eynis yglichen solcher eygener glaub, der ist das recht priesterlich ampt, durch wilchs Christus wirt fur gott geopfert, wilchs ampt der priester mit den euserlichen geperden der meß bedeuttet, und sein alßo alsampt gleych geystliche priester fur gott." (LUTHER, Sermon von dem Neuen Testament [WA 6,370,7–11]).

[46] Wenn darauf Wert gelegt wird, daß es sich hier um ein Priestertum aller Getauften, nicht aber um ein Priestertum aller Glaubenden handelt, so ist dies dann richtig, wenn man damit einen von der Taufe unterschiedenen eigenen Glaubensstatus im Blick hat – für Luther aber ist mit der Taufe auch der Glaube geschenkt (s. LUTHER, Sermo de triplci iustitia [WA 2,45,5f]), weswegen er als das „priesterlich ampt" geradezu den Glauben bezeichnen kann (LUTHER, Sermon von dem Neuen Testament [WA 6,370,8]). Eben in dieser an die Taufe gebundenen Voraussetzung, daß das Priestertum allen Christinnen und Christen zukommt, liegt auch die entscheidende Transformation gegenüber der mystischen Vorstellung eines vom Weihesakrament gelösten Priestertums, wie es sich etwa bei Tauler findet („Dieser gotdehtiger mensche das ist ein inwendiger mensche, der sol ein priester sin" [Die Predigten Taulers aus der Engelberger und der Freiburger Handschrift sowie aus Schmidts Abschriften der ehemaligen Straßburger Handschriften, hg. v. FERDINAND VETTER, 1910, 164,34–165,1]; vgl. hierzu VOLKER LEPPIN, Transformationen spätmittelalterlicher Mystik bei Luther, in: BERNDT HAMM/VOLKER LEPPIN [Hgg.], Gottes Nähe unmittelbar erfahren. Mystik im Mittelalter und bei Martin Luther, 2007 [Spätmittelalter und Reformation. Neue Reihe 36], 165–185, 183 f). Etwas eigenartig ist vor diesem Hintergrund, daß NORMAN NAGEL, Luther and the Priesthood of All Believers, in: Concordia Theological Quarterly 61 (1997) 277–298, seine Frage: „Was there a ,priesthood of all believers' before there was a Luther?" (277) lediglich unter Rekurs auf die biblischen Schriften, nicht aber die weiterreichenden theologischen Traditionen in der Christentumsgeschichte zu beantworten versucht.

[47] Vgl. hierzu GERT HAENDLER, Amt und Gemeinde bei Luther im Kontext der Kirchengeschichte, 1979 (Aufsätze und Vorträge zur Theologie und Religionswissenschaft 72), 26.

[48] LUTHER, Von der Freiheit eines Christenmenschen (WA 7,28,30–32).

fur gottis augen zu stehn und bitten, gepuert niemant denn den priestern. Alßo hatt uns Christus erworben, das wir muegen geystlich fur ein ander tretten und bitten, wie ein priester fur das volck leyplich tritt und bittet. Wer aber nit glaubt yn Christum, dem dienet keyn ding zu gut, ist ein knecht aller ding, muß sich aller ding ergern. Datzu ist sein gepett nit angenehm, kumpt auch nit fur gottis augen. Wer mag nu außdencken die ehre und hoehe eyniß Christen menschen? durch seyn kuenigreych ist er aller ding mechtig, durch sein priesterthum ist er gottis mechtig, denn gott thut was er bittet und will."[49]

Die sehr optimistische Hoffnung auf Gebetserfüllung in dieser Passage ist für den vorliegenden Zusammenhang von nachrangiger Bedeutung.[50] Wichtiger ist, daß Luther hier den Trägern und Trägerinnen des allgemeinen Priestertums Macht und Aufgabe zuordnet: die Macht, durch ihr Gebet Einfluss auf Gott zu nehmen, aber auch die Aufgabe, eben dieses Gebet zu sprechen und sich für die Nächsten und Mitglaubenden einzusetzen.[51] Das allgemeine Priestertum ist von vornherein in einen sozialen Zusammenhang – den der Gemeinschaft der Glaubenden, mithin der Kirche – integriert. Es ist zugleich nicht nur Gabe, sondern auch Aufgabe.

Daher kann Luther in einer eigenartigen Begriffsirritation auch von dem „priesterlich ampt" sprechen, das mit eben diesem allgemeinen Priestertum verbunden, also durch die Taufe und den Glauben begründet und konturiert ist. Hauptbestimmung dieses priesterlichen Amtes ist der Glaube.[52] Luther ging davon aus, daß die Taufe dem Menschen den Glauben vermittle[53] – entsprechend waren für ihn Priestertum aller Getauften und Priestertum aller Glaubenden ein und dasselbe[54] – und die Ausübung des Amtes lag eben in diesem von Gott geschenkten Glauben. Die christologische Grundlegung dieses Verständnisses des priesterlichen Amtes machte Luther 1521 in seiner Schrift „Vom Mißbrauch der Messe" deutlich, in

---

[49] LUTHER, Von der Freiheit eines Christenmenschen (WA 7,28,6–16).

[50] S. zum Problem umfassend MATTHIAS MIKOTEIT, Theologie und Gebet bei Luther. Untersuchungen zur Psalmenvorlesung 1532–1535, 2004.

[51] Vgl. ähnlich auch LUTHER, Predigt vom 7. September 1522: „das wir all zůmal in Christo priester seind und priesterlich ampt thün mögen" (WA 10/III, 309,11 f).

[52] LUTHER, Sermon von dem Neuen Testament (WA 6,370,8).

[53] WILFRIED HÄRLE, Allgemeines Priestertum und ordiniertes Amt als Thema und Perspektive der lutherisch-methodistischen Ökumene, in: Theologie für die Praxis 23 (197) 3–17, 7, spricht entsprechend von einer „sachliche[n] Einheit" von Glaube und Taufe.

[54] Dies betonen zu Recht auch LIEBERG, Amt (u. Anm. 76), 47–50; GUDRUN NEEBE, Allgemeines Priestertum bei Luther und in den lutherischen Bekenntnisschriften, in: REINHARD RITTNER (Hg.), In Christus berufen. Amt und allgemeines Priestertum in lutherischer Perspektive, 2001, 57–79, 63; FREIWALD, Verhältnis (o. Anm. 7), 40. Ebenda verweist er auch darauf, daß Luther sogar davon sprechen kann, daß man zum „sacerdos *nasci*", zum „presbyter" hingegen „*fieri*" (LUTHER, De instituendis ministris [WA 12,178,9 f]) – eine Formulierung Luthers, die, obwohl sie ähnlich wieder auftreten kann (LUTHER, Von der Wiedertaufe [WA 38,230,8]), wohl als Zuspitzung des Gedankens einer Unverdienbarkeit des „sacerdotium" zu interpretieren ist.

welcher er den spätmittelalterlichen Vorstellungskomplex von der Eucharistie als Opfer[55] unter Verweis auf die Rede vom christlichen Leben als
Opfer in Röm 12,1 kritisierte: Eben dieses vernünftige Opfer sei das „priesterlich ampt", mit welchem alle Christen betraut seien.[56] Grundlage dessen aber ist das Opfer des Hohepriesters Christus am Kreuz, der damit das
alttestamentliche Priestertum erfüllt und sich selbst „allen seynen kindern
und priestern" zum „exempel" gegeben habe.[57] Das Selbstopfer aber vollzieht sich dann, so Luther, in eben jenem asketischen Leben,[58] das er den
Christinnen und Christen schon in der Freiheitsschrift anempfohlen hatte.[59] Doch reicht das allen Getauften zukommende priesterliche Amt weiter – zu Mariä Lichtmess 1523 erklärte Luther in einer Predigt ausdrücklich, alle Christen seien durch den Glauben befähigt, als Priester zu „predigen, beten und die sacrament" zu reichen;[60] diese Konsequenz liegt nach
seinem eigenen Eindruck durchaus auf der Linie mittelalterlicher Rechts-
vorstellungen, denn diese sahen bereits für den Notfall für die Laien das
Recht vor, die Taufe zu spenden,[61] was, wie Luther klarsichtig folgerte,
auch die Befähigung hierzu implizierte.[62]

---

[55] S. hierzu FRANCIS CLARK, Eucharistic Sacrifice and the Reformation, 1967; WOLF-
GANG SIMON, Die Messopfertheologie Martin Luthers. Voraussetzungen, Genese, Ge-
stalt und Rezeption, 2003 (Spätmittelalter und Reformation. Neue Reihe 22); zu Luthers
Abendmahlslehre jetzt überblicksartig: VOLKER LEPPIN, Martin Luther, in: LEE PALMER
WANDEL (Hg.), A Companion to the Eucharist in the Reformation, 2014 (Brill's Com-
panions to the Christian Tradition 46), 39–56.

[56] LUTHER, Vom Mißbrauch der Messe (WA 8,492,16–18); ähnlich LUTHER, Der 117.
Psalm ausgelegt (WA 31/I, 251,9–12) – ein schöner Beleg dafür, daß Luther auch noch
1530 den Gedanken des allgemeinen Priestertums intensiv reflektierte.

[57] LUTHER, Vom Mißbrauch der Messe (WA 8,492,25–28).

[58] LUTHER, Vom Mißbrauch der Messe (WA 8,492,34 f).

[59] S. paradigmatisch LUTHER, Von der Freiheit eines Christenmenschen (WA 7,30,11–
30).

[60] LUTHER, Predigt vom 2.2.1523 (WA 12,423,28 f). Angesichts solcher Aussagen ist
es hoch fragwürdig, wenn ULRICH WILCKENS, Kirchliches Amt und gemeinsames Priestertum aller Getauften im Blick auf die Kirchenverfassungen der Lutherischen Kirchen, in: KuD 52 (2006) 25–57, 25 f., Ulrich Körtners Auffassung scharf ablehnt, die
Wilckens in den Worten zusammenfaßt, „daß zur Ausübung dieses Dienstes aufgrund
des in der Taufe begründeten ‚Priestertums aller Glaubenden' jeder getaufte Christ befähigt sei und diese Ausübung jedem Christen grundsätzlich zustehe. Nur um der Wahrung guter Ordnung willen berufe die Gemeinde geeignete und entsprechend vorgebil-
dete Christen dazu, als Pfarrer diesen Dienst öffentlich auszuüben." Diese Zusammenfassung gibt, wenn auch zugespitzt, wieder, was man aus den reformatorischen Schriften
Luthers erheben kann.

[61] Bulle „Exultate Deo": „In causa autem necessitatis non solum sacerdos vel diaconus, sed etiam laicus vel mulier, immo etiam paganus et haereticus baptizare potest,
dummodo formam servet Ecclesiae et facere intendat, quod facit Ecclesia." (DH 1315);
BARTH, Einander Priester sein (o. Anm. 28), 32 Anm. 12, weist zu Recht darauf hin, daß
dies „in (…) anderem Begründungszuammenhang als bei Luther (…)" steht. Tatsächlich ist einerseits Luthers Ansatz insofern weiter und grundsätzlicher, als er aus dem

Am 16. Oktober 1524 erklärte Luther überdies, daß diese Befähigung auch für Frauen gilt[63] – in theologischer Hinsicht kann im Blick auf das Priestertum nach Luthers Auffassung kein Geschlechtsunterschied leitend sein, auch wenn evangelische Kirchen erst unter geänderten gesellschaftlichen rechtlichen Bedingungen im 20. Jahrhundert hieraus die Konsequenz zogen, eine Frauenordination einzuführen.[64] Aus solchen Äußerungen ist offenkundig, daß die Taufe mit dem Glauben auch die theologische Befähigung zur Ausübung des Amtes der Wortverkündigung und Sakramentenverwaltung vermittelt. Das bedeutet aber nicht, daß ein solches besonderes Amt obsolet und eine weitere, die Sachkompetenz betreffende Ausbildung hierfür unnötig wäre.

Notfall eine Grundbefähigung macht, andererseits ist er auch enger, insofern in seiner Vorstellung vom Priestertum aller Glaubenden bzw. Getauften ein entsprechendes Handeln eines Heiden keinen Platz hat. VOIGT-GOY, Potestates (o. Anm. 34), 130, verweist auch auf LUTHER, Sermon von dem Sakrament der Buße: „Zum Neunden folget mehr, das ynn dem sacrament der puß und vorgebung der schult nichts mehr thut eyn Bapst, Bischoff, dann der geringiste priester, ja wo eyn priester nit ist, eben ßovil thut eyn iglich Christen mensch, ob es schon eyn weyb oder kind were, dann wilch Christen mensch zu dyr sagen kan ‚dyr vorgibt gott deyne sund, yn dem namen &c.' und du das wort kanst fahen mit eynem festen glauben, alß sprechs Got zu dyr, ßo bistu gewiß yn dem selben glauben absolvirt: ßo gantz und gar ligt alle dingk ym glauben auff gottis wort, dann der Bapst, Bischoff, priester muegen zu deynem glauben nichts thun" (WA 2,716,25–33) mit der berechtigten Einschätzung, dass hier zwar eine andere Konstellation als im mittelalterlichen Notrecht im Blick ist, aber kein prinzipieller Anspruch auf ein Priestertum der Glaubenden artikuliert wird.

[62] LUTHER, An den christlichen Adel (WA 6,408,1 f).

[63] LUTHER, Predigt am 16. Oktober 1524 (WA 15,720,32 f); vgl. auch LUTHER, Epistel St. Petri gepredigt (WA 12,309,11–34): „Nu haben yhene eyn eygen stand auff gericht, als der von Gott sey, haben solche freyheyt gewonnen, das schyr mitten ynn der Christenheytt groesser unterscheyd ist, widder unter uns und Tuercken. Wenn du willt die Christen ansehen, so mustu keyn unterscheyd ansehen, und nicht sagen: das ist eyn man odder eyn weyb, eyn knecht odder herre, alt odder jung, wie Paulus sagt Gal: 3. Es ist alles eyn ding, und eyttel geystlich volck. Darumb sind sie alle zů mal priester, muegen alle Gottis wort verkundigen, on das weyber nit ynn der gemeyn reden sollen, sondern die menner predigen lassen, umb des gepotts willen, das sie yhren mennern sollen unterthan seyn, wie S. Paulus leret 1. Cor: 14. Solch ordnung lesset Gott bleyben, macht aber nicht unterscheyd des gewallts. Wo aber nicht menner da weren, sondern eyttel weyber, als ynn nonnen kloestern, so moecht man auch eyn weyb unter yhn auff werffen, das da predigte.". Insofern weist GOERTZ, Allgemeines Priestertum (o. Anm. 27), 252, zu Recht darauf hin, daß es verkürzend wäre, zu behaupten, die Frage nach der Frauenordination sei eine „nur aus der heutigen Situation an Luther herangetragene" Frage. Daß diese Frage schon im sechzehnten Jahrhundert recht konkret erwogen wurde, zeigt der Umstand, daß zu den Punkten, auf deren Verhandlung man von evangelischer Seite in Augsburg verzichtete, auch die Frage gehörte, „ob die weiber auch consecriren können" (CHYTRAEUS, Historia, 96).

[64] S. das ausführliche Bemühen um eine Begründung bei VOLKER STOLLE, Luther, das „Amt" und die Frauen, in: Lutherische Theologie und Kirche 19 (1995) 2–22.

2. Das öffentliche Predigtamt

Es wäre ein Mißverständnis, Luthers Begründung des allgemeinen Priestertums gegen die Einrichtung eines geordneten Amtes auszuspielen. Selbst in der oben angeführten Lichtmesspredigt 1523 setzte Luther zu dem Gedanken der allgemeinen Befähigung aller Glaubenden hinzu, daß „eynem allein von der gemeyn das eußerlich ampt befolhen sol werden."[65] Es ist also nicht die theologische Befähigung, sondern die in der Gemeinde vollzogene Konzentration eben dieser Befähigung auf eine Person, die das besondere Amt über das allgemeine priesterlichen Amt hinaus begründet.[66] Schon im Zusammenhang seiner Grundlegung des allgemeinen Priestertums erklärte Luther ausdrücklich: „Denn ob wir wol alle gleych priester seyn, ßo kunden wir doch nit alle dienen odder schaffen und predigen."[67]

Einige also haben eine besondere Aufgabe, ein Amt. Als Bezeichnung für die Amtsträger, die mit Dienst, Schaffen und Predigt beauftragt sein sollten, nannte Luther neben der funktionalen Zuweisung als Gelehrte oder Geweihte die biblischen Bezeichnungen: „ministros, servos, oeconomos, das ist, diener, knecht, schaffner";[68] in seiner Antwort auf Emser bot er 1521 eine etwas andere Reihung: „ministerium, servitus, dispensatio, episcopatus, presbyterium, unnd an keynem ortt sacerdocium noch spiritualis".[69] Hauptaufgabe der Amtsträger ist die Predigt der christlichen Freiheit.[70] Es gibt also auch in der Zeit der Abgrenzung von der mittelalterlichen Lehre und Praxis für Luther ganz deutlich neben dem allen Christinnen und Christen zukommenden priesterlichen Amt ein besonderes Dienst- oder Predigtamt. Hauptaufgabe der weiteren Analyse ist es, die Zuordnung beider – allgemeines Priestertum und besonderes Amt – zu bestimmen.

Der Unterschied zwischen beiden hat sich im Horizont der Wittenberger Reformation immer klarer herausgestellt und wurde auch durch scheinbar gegenläufige Aussagen nicht in Frage gestellt: In der Weihnachtspostille von 1522 legte Luther die Verkündigung der frohen Nachricht von

---

[65] LUTHER, Predigt vom 2.2.1523 (WA 12,423,32 f).

[66] Der Zusammenhang zwischen allgemeinem Priestertum und konkretem Amt besteht mithin in mehr als der Befähigung allein (so PENSSEL, Amtsverständnis (o. Anm. 21), 366) – eine solche kann die bloße personelle Passfähigkeit für die Ausübung von Aufgaben ausdrücken. Luther geht es aber darum, daß einer an Stelle aller die Aufgaben ausführt.

[67] LUTHER, Von der Freiheit eines Christenmenschen (WA 7,28,33–35).

[68] LUTHER, Von der Freiheit eines Christenmenschen (WA 7,28,32–33).

[69] LUTHER, Auf das übergeistlich Buch Bock Emsers Antwort (WA 7,630,12–14).

[70] LUTHER, Von der Freiheit eines Christenmenschen (WA 7,28,33 f). Schon dieser Hintergrund macht deutlich, dass die Einordnung des Predigtamtes in die Drei-Stände-Lehre bei FREIWALD, Verhältnis (o. Anm. 7), 131–133, zu kurz greift. Zwar ist die „ecclesia" Teil dieser drei Stände, aber eine entsprechende Interpretation des Predigtamts verkürzt – trotz aller einschränkenden Formulierungen, die Freiwald a.a.O. selbst macht – dessen Dimension, insbesondere den zentralen Aspekt der Evangeliumsverkündigung.

der Geburt des Messias durch die Hirten in der Weihnachtsnacht in dem Sinne aus, daß dieses „offentlich predigen das wortt [...] das hohist werck ym Christlichen leben" sei,[71] mithin grundsätzlich einen Auftrag an alle Christinnen und Christen darstelle. Die Öffentlichkeit allerdings, um die es hier geht, hat ihren Gegensatz in der Heimlichkeit[72] und Verborgenheit. Der Reflexionshorizont ist, auch wenn hier der spätere Terminus technicus des öffentlichen Predigens bzw. „publice docere" erscheint, nicht durch das Predigtamt in der Kirche bestimmt. Vielmehr liegt der Fokus auf einem anderen Gedankengang: daß das Evangelium erst dann Frucht bringen kann, wenn es nicht nur im Herzen geglaubt, sondern auch mündlich verkündigt wird. Das macht Luther ebenfalls in der Weihnachtspostille deutlich, wenn er in ganz selbstverständlicher Allegorese[73] den Stern über Bethlehem als das „new liecht, die predigt und Euangelium, mundlich und offentlich predigt", deutet.[74] Diese Predigt ist für das Verständnis des Evangeliums unabdingbar.[75] Hier bildet sich also der Gedanke heraus, daß die öffentliche Verkündigung des Evangeliums theologisch notwendig ist:[76] So sehr das Amt eine Art geordnete Kristallisation der im allgemeinen Priestertum übertragenen Aufgaben bis hin zur Weitergabe des Evangeliums darstellt, so sehr ist doch zugleich auch nötig, daß sich diese Aufgabe nicht aus der Delegation einer Person für die öffentliche Verkündigung ableitet, sondern dieser sachlich vorausgeht: Die öffentliche Predigt ist für das Weiterleben der Christenheit notwendig – und zunehmend faßte Luther dies in Gestalt eines besonderen Amtes. Tatsächlich besteht für ihn schon im „Sermo de duplici iustitia" ein konstitutiver Zusammenhang zwischen Amt („officium"), Einsetzung durch Gott und Öffentlichkeitscharakter.[77] Treffend faßt Renate Penßel die Koordinaten zusammen: Während das in

[71] LUTHER, Kirchenpostille (WA 10/I/1,136,20–22).
[72] LUTHER, Kirchenpostille (WA 10/I/1,136,23).
[73] Zur Problematik der Allegorie bei Luther s. KENNETH HAGEN, Luther's Approach to Scripture as seen in his „Commentaries" on Galatians 1519–1538, 1993, 129 f; VOLKER LEPPIN, Verschmelzung der Zeiten. Zu Luthers hermeneutischem Ansatz in der Wartburgpostille, in: JBTh 28 (2013) 213–226, 217–221, hier insbesondere die Auseinandersetzung mit Hagens Deutung a.a.O. 218 f Anm. 28.
[74] LUTHER, Kirchenpostille (WA 10/I/1,625,12 f).
[75] LUTHER, Kirchenpostille (WA 10/I/1,625,17 f).
[76] Vgl. die ausführliche Rekonstruktion dieses Zusammenhanges bei HELLMUT LIEBERG, Amt und Ordination bei Luther und Melanchthon, 1962 (FKDG 11),19–24; zur Bedeutung der Öffentlichkeit s. BERNT T. OFTESTAD, Öffentliches Amt und kirchliche Gemeinschaft. Luthers theologische Auslegung des Begriffs „öffentlich", in: BENGT HÄGGLUND (Hg.), Kirche in der Schule Luthers. FS Joachim Heubach, 1995, 90–102, hier: 91; VOLKER LEPPIN, Zwischen Notfall und theologischem Prinzip. Apostolizität und Amtsfrage in der Wittenberger Reformation, in: GUNTHER WENZ/THEO SCHNEIDER (Hg.), Das kirchliche Amt in apostolischer Nachfolge. Bd. 1: Grundlagen und Grundfragen, 2004, 376–400, hier: 381.
[77] LUTHER, Sermo de duplici iustitia: „Sunt enim homines vel publici vel privati. (...)

der Taufe geschenkte priesterliche Amt das Verhältnis zu Gott wie zu den Menschen insgesamt betreffe, handele es sich beim besonderen Predigtamt um eine Aufgabe „der ‚Kirche' als Gemeinschaft der Glaubenden".[78] Allerdings handelt es sich um eine ekklesial-institutionelle Überakzentuierung, wenn Penßel das Amt demzufolge als „Lebensäußerung der Kirche" faßt.[79] Genuiner Ursprung des Amtes ist der Auftrag zur Wortverkündigung, die der Kirche stets vorgelagert ist. Das Amt ist, in moderierender Aufnahme von Penßels Formulierung, Äußerung des lebendigen Wortes Gottes.[80] Es erwächst aus der notwendigen Aufgabe, das Evangelium zu verkündigen. Insofern ist es Ausdruck von Grund und Gegenstand des Glaubens, disponibel hinsichtlich der Elemente seiner Ausgestaltung, nicht aber seines Kernauftrags: der Predigt.

Daß dieser durch bestimmte, von Christus berufene Personen auszuüben ist, blieb für Luther unumstößlich. In der Freiheitsschrift hatte er, gewiß noch in einem Kontext, in dem er nicht an den Aufbau einer neuen Kirche dachte, erklärt: „Und Christus umb keyns andern ampts willen, den zu predigen das wort gottis, kummen ist. Auch alle Apostell, Bischoff, priester und gantzer geystlicher stand alleyn umb des worts willen ist beruffen und eyngesetzt".[81] Die in dieser Schrift zu findenden weitreichenden Aussagen zum allgemeinen Priestertum stellten also ein besonderes, auf Berufung durch Christus beruhendes apostolisches Predigt-Amt nicht in Frage.[82] Diese Position war auch im zeitlichen Zusammenhang der oben

---

qui sunt publici, id est in officio dei constituti et in praesidentia" (WA 2,150,36–151,2); vgl. Oftestad, Öffentliches Amt (o. Anm. 76), 98.

[78] Penssel, Amtsverständnis (o. Anm. 21), 364; vgl. Härle, Allgemeines Priestertum (o. Anm. 23), 9, der auch die Schutzfunktion des Amtes zugunsten des allgemeinen Priestertums hervorhebt.

[79] Penssel, Amtsverständnis (o. Anm. 21), 365.

[80] S. die Betonung der lebendigen Stimme in Luther, Adventspostille (WA 10/I/2, 48,1–10). Zu Recht verweist Hauschild, Amt (o. Anm. 5), 79, daher auch auf den gedanklichen Zusammenhang von CA 5 in CA 4–6: Es geht hier zentral um die Vermittlung der Rechtfertigungslehre; vgl. zur Zuordnung des Amtes zur Verkündigung auch Gunther Wenz, Amt, Ämter und Ordination in lutherischer Perspektive, in: Arbeitsstelle Gottesdienst 34 (1999) 4–20, 4; Dorothea Wendebourg, Das bischöfliche Amt, in: ZevKR 51 (2006) 534–555, 534; vgl. auch Werner Führer, Das Amt der Kirche. Das reformatorische Verständnis des geistlichen Amtes im ökumenischen Kontext, 2001, 25–74.

[81] Luther, Von der Freiheit eines Christenmenschen (WA 7,22,18–21).

[82] Zur Begründung im Apostolat s. Jan Aarts, Die Lehre Martin Luthers über das Amt in der Kirche. Eine genetisch-systematische Untersuchung seiner Schriften von 1512 bis 1525, 1972 (Schriften der Luther-Agricola-Gesellschaft A 15), 57. Freilich ist die Stelle Luther, Römerbrief (WA 56,6,8), mit der Aarts, Lehre 58, an dieser Stelle unter anderem argumentiert, in ihrem Bezug fragwürdig. Zunächst einmal legt Luther hier mit dem Begriff „ministerium summum" das Apostolat des Paulus nach Röm 1,5 aus. Inwieweit dieses übertragbar ist auf das Predigtamt – und inwieweit in diese Stelle schon reformatorische Vorstellungen vom Predigtamt hineinprojiziert werden dürfen, ist demgegenüber eine ganz andere Frage. Zur „Abgrenzung zwischen dem Amt und all-

angeführten Deutung der Hirten unverändert: In der wie die Weihnachtspostille auf der Wartburg verfaßten und ebenfalls 1522 gedruckten Adventspostille[83] erklärt Luther in seiner Auslegung von Mt 21,1–9 zum ersten Adventssonntag:

„Datzu stymmet das worttle Bethphage, wilchs auff deutsch, alß ettlich sagen, heyst
eyn mundhawß denn Paulus Ro. 1. spricht, das Euangelium sey tzuvor ynn der heyligen schrifft vorsprochen, aber es ward nit mundlich und offentlich predigt, biß
das Christus kam und sandte die Apostelln auß. Darumb ist die kirch eyn mundhawß, nit eyn fedderhawß denn sint Christus tzukunfft ist das Euangelium mundlich predigt, das tzuvor schrifftlich ynn den buchern vorporgen lag. Auch ßo ist
des newen testaments und Euangeli artt, das es mundlich mit lebendiger stym soll
gepredigt und getrieben werden. Auch Christus selbs nichts geschrieben, auch nitt
befolhen hatt tzu schreyben, ßondern mundlich tzu predigen. Alßo sind die Apostelln nit gesand, biß das Christus komen ist gen mundhawß, das ist: biß das es tzeytt
was, mundlich tzu predigen, und das Euangelium auß der todte schrifft und fed-
dern ynn die lebendige stym unnd mund bracht worde. Vonn der tzeyt an heyst
die kirche billich Bethphage, darumb das sie die lebendige stym des Euangeli hatt
und horet."[84]

Die Bindung der Lebendigmachung des Schriftwortes durch die mündliche öffentliche Predigt an die Zeit des Aufkommens der Apostel läßt erkennen, daß Luther hier seine Reflexionen darüber intensivierte, wie vom
allgemeinen priesterlichen Amt der Getauften ein besonderes apostolisches
Amt zu unterscheiden ist.

Hiermit setzt dann auch eine Umakzentuierung ein, die mit dem eingangs angesprochenen Gegenüber von Stiftungstheorie und Übertragungstheorie aber sekundär in eine falsche Alternative gebracht wurde. Nachzeichnen lässt sich die Akzentverschiebung an der Neubewertung des Begriffes der Öffentlichkeit, der sich spätestens in den frühen dreißiger Jahren
beobachten läßt. Nun nämlich ist das Gegenüber zur öffentlichen Predigt
nicht etwa die Verborgenheit, sondern ein Bereich, der nahe an das kommt,
was heute als „privat" bezeichnet würde, hiermit allerdings nicht ganz
identisch ist, insofern dem hier anzusprechenden Hausvater nach Luther
durchaus auch ein eigenes Amt zukommt.[85] In seiner Auslegung des 82.
Psalms unterschied Luther 1530 die öffentliche Predigt, welche nach dem

---

gemeinen Priestertum [...] nach der öffentlichen Autorisierung und Ausübungsweise"
vgl. HECKEL, Reformation und Recht.

[83] S. hierzu CHRISTOPHER SPEHR, Art.: Postillen, in: VOLKER LEPPIN/GURY SCHNEI-
DER-LUDORFF (Hgg.), Das Luther-Lexikon, 2014, 551–556, 553.

[84] LUTHER, Adventspostille (WA 10/I/2,48,1–15).

[85] Dies kann sogar so weit gehen, dass Luther die Eltern in ihrer Stellung zu den
Kindern als „Apostel, Bisschoff, pfarrer" bezeichnet (LUTHER, Vom ehelichen Leben
[WA 10/2,30124]); vgl. hierzu HARM KLUETING, Der Hausvater als Pfarrer und Bischof,
in: CHRISTIAN PETERS/JÜRGEN KAMPMANN (Hg.), Fides et Pietas, FS Martin Brecht,
2003 (Historia profana et ecclesiastica 8), 33–42, 35–37.

Kontext ihren Ort auf der Kanzel hatte[86] von den „winckel predigten"[87] sowie der Lehre durch den Hausvater gegenüber dem Gesinde. Diese Unterscheidung ist bereits Ausdruck der Entwicklung, die Luthers Denken auch durch die innerreformatorischen Auseinandersetzungen durchgemacht hatte. Die Äußerungen knüpfen an die Forderung an, daß der Katechismus nicht allein durch die Pfarrer unterrichtet werde, sondern eben auch durch die Hausväter.[88] Mit den Winkelpredigern dachte Luther wohl an Phänomene, wie er sie im Jahr zuvor in Auseinandersetzung mit den Täufern benannt hatte, als er diesen vorgeworfen hatte, „das sie durch die heusser so schleichen und lauffen jm lande umb Und nicht öffentlich aufftretten, wie die Apostel gethan und teglich alle ordenliche prediger thun".[89] Die 1522 in der Adventspostille angedeutete Verbindung aus Apostolizität und öffentlicher Predigt war nun also Bestandteil des Selbstverständnisses der Wittenberger Reformation geworden und verband sich mit der Vorstellung von „ordentlichen Predigern".

Auch die Grundlagen hierfür hatte Luther noch in Abwehr altgläubiger Angriffe in der Frühphase der Reformation entwickelt: 1521 erklärte er gegenüber Hieronymus Emser:

„Ich hab ynn allen meynen schrifften nit mehr gewollt, denn nur so viel, das alle Christen priester seyen, aber doch nit alle von bischoffen geweyhet, auch nit alle predigen, meß halten und priesterlich ampt uben, sie wurden denn dazu vorordenet und beruffen. Hie ist das end meiner meynung bestanden."[90]

Versucht man die terminologisch nicht immer ganz klaren Differenzierungen Luthers aufzugreifen, so gilt also, daß zu unterscheiden ist zwischen einer grundsätzlichen Befähigung zum priesterlichen Amt und einer Beauftragung zu dessen Ausübung, die – so Luther noch 1521 – die „Weihe" durch einen Bischof, ordentliche Einweisung und Berufung, d.h. „ordinatio" und „vocatio", voraussetzte. Schon die Doppelung einer Weihe durch den Bischof und einer Verordnung macht deutlich, daß an dieser Stelle eine gewisse Unklarheit bestand. Für eine klare historische Einschätzung der Lage ist hinzuzufügen, daß Luther durchaus nicht immer nach diesem Grundsatz handelte, wonach er die Weihen in der bisherigen Kirche als einzigen legitimen Grund für die Ausübung des geistlichen Amtes sah: Als er im selben Jahr 1521 wegen seiner Flucht auf die Wartburg die

---

[86] LUTHER, Der 82. Psalms ausgelegt (WA 31/I, 210,9 f); zur Kanzel als Ort ebd. Z. 1.

[87] LUTHER, Der 82. Psalms ausgelegt (WA 31/I, 210,10).

[88] LUTHER, Deudsch Catechismus (WA 30/2,129,20–22).

[89] LUTHER, Vorrede zu Menius, Der Wiedertäufer Lehr (WA 30/II,212,35–37); vgl. auch die Polemik gegen Müntzer und Karlstadt bei LUTHER, Der 82. Psalm ausgelegt (WA 31/I,210,35–38); zu der Kritik an der heimlichen Predigt der Täufer s. OFTESTAD, Öffentliches Amt (o. Anm. 76), 91–93.

[90] LUTHER, Ein Widerspruch seines Irrtums (WA 8,250,31–35).

Predigerstelle an der Wittenberger Stadtkirche verwaist lassen mußte, empfahl er hierfür den nicht geweihten Philipp Melanchthon[91] – es war das für
die Besetzung der Stelle zuständige Allerheiligenstift, das sich dem wider-
setzte und auf der alten Ordnung beharrte.[92]

Wirksam im Rahmen des Neuaufbaus einer lutherischen Kirche blieb
aber die beschriebene Unterscheidung aus allgemeinem Priestertum und
besonderem, beauftragtem Amt, dem, gemäß den Aussagen zur Apostolizität, die Aufgabe der öffentlichen Wortverkündigung übertragen war. Die
ganze Bandbreite von Luthers Haltung zum bisherigen Amt zeigt sich
darin, daß er ebenfalls 1521 allen bisherigen Priestern die Legitimität absprach, weil sie unter der Voraussetzung einer Unterscheidung von Laien
und Klerikern geweiht worden waren und sich als bloß äußerliche Priester erwiesen.[93] In der Konsequenz hätte damit auch seine eigene Weihe
ungültig sein müssen. Aber er berief sich im Gegenteil für seine Legitimation eben hierauf:

> „Also bin ich alhier auch ein prediger, nicht wie ich von der mutter herkommen
> bin, sondern ich hab das Zeugniss, das ich darzu beruffen unnd eine geschickte per-
> son sei zu diesem gemeinen dienste, Jch bin darzu nicht geborn, sondern gemacht
> unnd ordiniret Zum prediger.“[94]

Die fortdauernde Gültigkeit der nach altem mittelalterlichen Recht vollzogenen Weihen wurde also im Grundsatz nicht in Frage gestellt. Die Bestreitung der Legitimität der Weihen aller Kleriker wird man demnach als
einen polemischen Spitzensatz einordnen dürfen, nach dem allein von Bedeutung war, daß Grundlage jeder wirksamen Amtsführung die „beruf-
funge gottis“ sein sollte.[95] Wie diese ausgestaltet wurde, wird im folgenden
Kapitel zu behandeln sein.

Trotz des Verweises auf Gott hat diese Berufung allerdings, so viel ist
deutlich, keine auf die Heilsfragen bezogene Bedeutung, sondern ledig-

---

[91] LUTHER an Spalatin am 9. September 1521 (WA.B 2,388 [Nr. 429, 43–49]).

[92] S. NIKOLAUS MÜLLER, Die Wittenberger Bewegung 1521 und 1522. Die Vorgänge in und um Wittenberg während Luthers Wartburgaufenthalt, ²1911, 63 f. Eine über-
zeugende umfassende Neuinterpretation der sogenannten Wittenberger Unruhen und
ihre Einzeichnung in die spätmittelalterlichen Konflikte zwischen städtischem Rat und
Bischof bietet jetzt NATALIE KRENTZ, Ritualwandel und Deutungshoheit. Die frühe Reformation in der Residenzstadt Wittenberg (1500–1533), 2014 (Spätmittelalter, Humanismus, Reformation 74).

[93] LUTHER, Vom Missbrauch der Messe (WA 8,491,5); vgl. auch LUTHER, De instituendis minsteriis (WA 12,174,10–14; 175,40–176,2).

[94] WA 33,551,35–42.

[95] LUTHER, Vom Missbrauch der Messe (WA 8,491,5). Auf die Spannungen zwischen
Luthers extrem kritischen Aussagen zur alten Weihe und ihrer de facto erfolgten Anerkennung weist auch STEIN, Amt 192 f, hin.

lich eine rechtliche. Sie gilt ausdrücklich nur „coram hominibus", nicht „coram Deo"*:*

„Das ist ia war, wir muegen alle tauffen, absolviren, predigen und alle andere ding thun, Das gebuert aber nit einem iczlichen. Also dan wir haben Pfarner und prister verordnet, daruemb das die selben soelchen dinst fuer uns und an unser statt thun soellen, und die soellen den gewalt von unsert wegen tragen, dan es gehoert nit einem iczlichen zu predigen. Wie soel ichs den machen? Also: die gewalt die ich hab die hat ein ander auch, wie der text laut, So soel ich nun nit herfuer tretten und sagen: Ich hab so wol gewalt zu predigen als du, Nein, die prister soellen den gewalt an aller unser statt volfueren und wir soellen sagen: Nach dem wir alle gewalt haben zu predigen, absolviren und zu tauffen, Aber wir gebieten dir an statt aller unser, Du woellest tauffen, uns das Euangelium predigen, die suende vergeben und das Sacramentt reichen und andere ding fuer uns verfueren, Dise person soel uns allen fuer sein. Also soel man das Euangelium teylen und ein unterscheide machen under den Cristen, machen vor den leutten, aber nit vor gott."[96]

Eben diese verschiedenen Akzentuierungen im Werk Luthers erfordern hermeneutisch eine angemessene Zuordnung: Der göttliche Grund des Amtes liegt in seiner Aufgabe, der lebendigen Verkündigung des Wortes Gottes, die das Amt erst konstituiert,[97] aber auch in der Berufung, auch wenn diese menschlich vermittelt ist:

„Cum autem Princeps seu alius magistratus me vocat, tum certo et cum fiducia gloriari possum contra diabolum et hostes Evangelii, quod mandante Deo per vocem hominis vocatus sim. Est enim ibi mandatum Dei per os Principis, Et hae sunt vocationes verae. Sumus igitur et nos divina auctoritate vocati, non quidem immediate a Christo, ut Apostoli, sed per hominem."[98]

Diese menschliche Berufung ihrerseits gibt einen Befehl zur öffentlichen Wortverkündigung weiter, der im apostolischen Auftrag Jesu Christi wurzelt.[99] So kann dasselbe Amt, das aus dem allgemeinen Priestertum begründet wird, auch zum konstitutiven Merkmal der Kirche werden und wird als solches von Luther 1530 in „Von den Konziliis und Kirchen" angeführt:

„Zum fuenfften kennet man die Kirche eusserlich da bey, das sie Kirchen diener weihet oder berufft oder empter hat, die sie bestellen sol, Denn man mus Bisschove, Pfarrher oder Prediger haben, die oeffentlich und sonderlich die obgenanten

---

[96] LUTHER, Predigt vom 26.10.1522 (WA 10/III,395,38–396,12).

[97] S. LUTHER, Von der Winkelmesse und Pfaffenweihe: „Unser ampt heisst und sol sein nicht machen noch Wandlen, sondern allein reichen odder geben, Als ein Pfarrher odder Prediger macht nicht das Euangelion, und durch sein predigen odder ampt wird sein wort nicht zum Euangelion, Sonst muss es alles Euangelion sein, was er reden kuendte, Sondern er reicht allein und gibt durch sein predigen das Euangelion, Denn das Euangelion ist zuvor da und mus zuvor da sein, das hat unser HERr Christus gemacht, her gebracht und hinder sich gelassen" (WA 38,239,1–7); vgl. zu diesem Gedankengang HAENDLER, Amt und Gemeinde (o. Anm. 47), 56.

[98] LUTHER, In epistolam Pauli ad Galatas *[1535]* (WA 40/I,60,22–26).

[99] LUTHER, Wochenpredigten über Joh 16–20 (WA 28,471,18–22).

vier stueck odder heilthum geben, reichen und uben, von wegen und im namen der Kirchen, viel mehr aber aus einsetzung Christi"[100]

Entsprechend rechnet Luther das Amt 1541 in „Wider Hans Worst" zu den Zeichen, an denen sich erkennen läßt, daß die reformatorischen Kirchen wahrhaft Kirchen im Sinne der Alten Kirche sind:

„Zum vierden, kan das niemand leugnen, das wir das predigtampt und Gottes wort rein und reichlich haben, vleissig leren und treiben on allen zusatz newr, eigener, menschlicher lere, gleich wie es Christus befolhen, die Apostel und gantze Christenheit gethan. Wir ertichten nichts newes, Sondern halten und bleiben bey dem alten Gottes wort, wie es die alte Kirche gehabt, Darumb sind wir mit der selben die rechte alte Kirche, als einerley Kirche, die einerley Gottes wort leret und gleubet. Darumb lestern die Papisten aber mal Christum selbs, die Apostel und gantze Christenheit, wenn sie uns Newe und Ketzer schelten. Denn sie finden nichts bey uns, denn allein das alte der alten Kirchen, das wir der selben gleich und mit jr einerley Kirchen sind."[101]

Die oben angesprochene Unterscheidung von Person und Amt, in welcher Luther den mittelalterlichen Gedanken des „character indelebilis" transformiert, führte gelegentlich zu Äußerungen, die die Objektivität und Vorgegebenheit des Amtes in starker Weise hervorheben:

„[…] da schaw auff, das er das Pfarrampt jnnen hat, welchs nicht sein, sondern Christi ampt ist. Las dich auch nicht jrren, ob er sey ordentlich beruffen odder habe sich hinein gekaufft odder gedrungen, wie er hinein komen ist, uber heubt odder uber fus, Er sey Judas odder Sanct Peter, da las dir nichts an ligen, Scheide du das ampt von der personen und das heilgthum vom grewel. Wolan, Er ist Pfarrher, und Christus hat also im Bapstum unter dem grewel sein heiliges, liebes Pfarrampt erhalten."[102]

---

[100] LUTHER, Von den Konziliis und Kirchen (WA 50,632,35–633,3); vgl. hierzu LIEBERG (o. Anm. 76), Amt 106. Zu Recht hebt JOACHIM HEUBACH, Amt und Volk Gottes nach Luther. Ein Beitrag zum ökumenischen Dialog, in: Lutherische Kirche in der Welt 35 (1988) 53–63, 58 f, hervor, dass die ganze Reihe in „Von den Konziliis und Kirchen" in hervorragender Weise von der Vorstellung des Amtes durchdrungen ist. Der Charakter des Amtes, durch Gott geboten zu sein, ist es, der Melanchthon dazu bewegt hat, die Bezeichnung der Ordination als Sakrament jedenfalls nicht schlichtweg abzuweisen, (APolCA 13 [BSLK 293a, 42–44; 293b 47–50]); vgl. hierzu LIEBERG, Amt (o. Anm. 76), 349. Wenn GOERTZ, Allgemeines Priestertum (o. Anm. 27), 192, konstatiert: „Wenn Luther von einer göttlichen ‚Stiftung' oder ‚Einsetzung' des ‚Amtes' spricht, dann meint er nicht eine bestimmte *Institution*, sondern den *Dienst*, zu dem alle Christen an Wort und Sakrament berufen sind" (Hervorhebungen von Goertz), so hält dies dem oben angeführten Zitat aus „Von den Konziliis und Kirchen" schlicht nicht stand. Da allerdings hieran der Grundgedanke, daß das „ordinierte Amt als notwendige Konsequenz des Allgemeinen Priestertums" zu verstehen sei, hängt (ebd.), wird man eben diese These von GOERTZ, die letztlich einen Rückfall in die falschen Vereindeutigungen der Höfling-Stahl-Kontroverse darstellt, schwerlich als haltbar ansehen können; kritisch hierzu auch PENSSEL, Amtsverständnis (o. Anm. 21), 366 Anm. 25.

[101] LUTHER, Wider Hans Worst (WA 51,481,24–34).

[102] LUTHER, Von der Winkelmesse und Pfaffenweihe (WA 38,243,22–29).

Der Maßstab für die Legitimität des Amtes liegt also nicht in der Person, auch nicht in der Weise der Einführung in das Amt, sondern ausschließlich in der Entsprechung zum Evangelium.[103] So wie der Ursprung des Amtes in Gott liegt, findet sich dort auch das Kriterium zu seiner rechten Überprüfung. Kirche kann ohne das Amt nicht sein: „Wenn das Euangelium gepredigt und die Sacrament gereichet werden, wie es der heilige Geist geordnet und gestifftet hat, So ist der heilige Geist da",[104] so erklärte Luther am 30. März 1529 in einer Predigt über Joh 20,21–23. Thema im Zusammenhang dieser Predigt war eben die Stiftung des Amtes.[105] Mit seinen zitierten Ausführungen über die Verbindung des Amtes mit dem Heiligen Geist aber leitet Luther direkt zu einer Formulierung über, die dann die Definition von Kirche in der Confessio Augustana bestimmen sollte.[106]

Die für moderne Debatten kennzeichnende Unterscheidung zwischen Begründung im allgemeinen Priestertum einerseits und göttlicher Stiftung andererseits hat also ihren Anhalt in unterschiedlichen Aussagen Luthers – diese können aber zusammengedacht werden, wenn man den Kern des Amtsauftrags in dem allen Christen gegebenen priesterlichen Amt sieht, der der Sache nach immer schon ein öffentlicher ist, wie die Auslegung der Hirten von Bethlehem zeigt. Dann ist die aus der Sozialität der Menschen bedingte Ordnungsnotwendigkeit, nach welcher es nur einzelne mit der öffentlichen Verkündigung Beauftragte gibt,[107] zwar den äußeren Notwendigkeiten geschuldet, dies aber in der Weise, daß der von Gott gegebene priesterliche Grundauftrag in diesen Personen seine Verdichtung erfährt: Die Amtsträger handeln dann zugleich im Auftrag Gottes wie auch „nostro nomine".[108] Entscheidend bleibt, daß sie innerhalb einer Gruppe von Christinnen und Christen nicht aus eigenem Recht oder eigener Macht handeln:

„Wenn er [der durch die Taufe zur Predigt befähigte Christ; V.L.] aber ist, da Christen an dem ortt sind, die mit yhm gleyche macht und recht haben, da soll er sich selb nicht erfur thun, sondern sich beruffen und erfurtzihen lassen, das er an stad und befelh der andern predige und lere"[109]

---

[103] Luther, Von der Winkelmesse und Pfaffenweihe (WA 38,243,29–31).

[104] Luther, Wochenpredigten über Joh 16–20 (WA 28,467,17–18).

[105] Luther, Wochenpredigten über Joh 16–20 (WA 28,466,35 f.).

[106] CA 7 (BSELK 102,7–9).

[107] Vgl. auch Crucigers Sommerpostille (WA 22,183,33–36): „Solche Empter koennen und sollen nicht alle, die da Christen sind, in gemein fueren und uben, sondern allein die, denen es befolhen wird, Darumb sind sie unterscheiden von den andern beiden stuecken, die er nennet kreffte und gaben."

[108] Luther, De captivitate Babylonica (WA 6,564,12).

[109] Luther, Dass eine Gemeinde (WA 11,412,30–33).

Die Berufung und Hervorziehung zum Amt durch Menschen ist dann eine Übertragung eines göttlichen Auftrags und macht so die Berufung zu einem auf Gott rückführbaren Geschehen – und gibt den im Amt gesprochenen Worten göttliche Autorität.[110] Ähnlich hat Luther es schon in der Adelsschrift beschrieben:

„Alszo lerenn wir ausz dem Apostel klerlich, das in der Christenheit solt alszo zugahenn, das einn ygliche stat ausz der gemeynn eynen geleretn frumenn burger erwellet, dem selbenn das pfar ampt befilhe, und yhn vonn der gemeyn erneret"[111]

Diese Äußerungen aber bedeuten nicht ein Gegen- oder Nebeneinander von menschlichem Wirken und göttlicher Einsetzung, sondern ein Ineinander.[112] Eine solche Annahme ist keineswegs erstaunlich innerhalb eines an frühneuzeitliche Bedingungen orientierten Amtsdenkens, welches auch den Fürsten als von Gott „verordnet" und mit seinem Amt beauftragt verstehen konnte[113] und die Wahl des Partners innerhalb des göttlichen Standes der Ehe bei allem Wissen um die menschliche Wahl als Folge göttlicher Leitung sah.[114] Erst unter neuzeitlichen Bedingungen, die ein solches Verständnis des weltlichen Amtes fraglich machten, wurde auch eine entsprechende Begründung des kirchlichen Amtes fraglich – unter diesen Bedingungen ist das, was für Luther Teil seiner gesamten, auch weltliche Aufgaben umfassenden Amtstheologie war, zur besonderen Bestimmung des kirchlichen Amtes geworden. Dies bildet letztlich den Hintergrund für die mißglückte Alternative von Stiftungs- und Übertragungstheorie: Nur wenn man göttliche Stiftung in einen Gegensatz zu jeglichem Handeln der Gemeinde stellt, steht beides in einem unauflöslichen Widerspruch. Bezieht man beides mit Luther aufeinander, so wird deutlich, daß die göttliche Stiftung durch menschliche Übertragung hindurch wirksam ist. Diese Beobachtung eines historischen Mißverständnisses verschärft allerdings die systematische Aufgabe für eine Theologie unter den Bedingungen der Neuzeit: Will man Luther folgen, so droht die kirchliche Amtstheologie zu einem Sonderbezirk der allgemeinen Soziallehre zu werden. Nimmt man Luthers Vorstellung vom Zusammenwirken Gottes mit den Men-

---

[110] Luther, Wochenpredigten über Joh 16–20 (WA 28,469,29–37).

[111] Luther, An den christlichen Adel (WA 6,440,30–33).

[112] Ähnlich sieht die Verhältnisse Teigen, Priestertum 482, mit einer klaren Abstufung zwischen primärem göttlichen und sekundärem menschlichen Handeln. Die Kritik von Junker, Lehre 97 Anm. 15, an einem Verständnis, das die Amtsübertragung als einen „iure humano" vollzogenen Akt versteht, ist daher bei aller unnötigen Polemik berechtigt, wenn man nicht in eine einfache Gegenüberstellung von göttlichem und menschlichem Handeln denkt: Gott handelt hier nach Luthers Verständnis durch Menschen.

[113] Luther, Auslegung des 118. Psalms (WA 31/I,11426f).

[114] Luther, Sermon von dem ehelichen Stande (WA 2,167,6f.): „eyn weyb wirt alleyn von got geben, nach dem eyn iglicher wirdig ist, gleych wie Eva alleyn von gott Adam geben ist".

schen zum Paradigma jeglicher Institutionenvorstellung, führt dies zu einer Sozialtheorie, die dem Wirken des Menschen nur noch sehr begrenzten Raum läßt. Löst man schließlich die kirchliche Amtstheologie aus dem beschriebenen Vorstellungsrahmen, so bleibt von der durch den Geist geleiteten Übertragung nur noch die durch den Menschen selbst gelenkte Amtsübertragung, und das Amt verliert seinen gottgegebenen Charakter. Die ersten beiden Alternativen sind Ausdrucksformen der Stiftungstheorie mit unterschiedlicher Extension, die letztgenannte führt auf die Übertragungstheorie. Dem systematischen Dilemma entspricht eine Schwierigkeit der historisch-genetischen Rekonstruktion von Luthers Denken. Die Verschiebung der Akzente von der Betonung des allgemeinen Priestertums zur Stiftung ist in der Entwicklung seines Denkens offenkundig, ohne daß hieraus ausschließende Widersprüche entstünden. Es liegt nahe, anzunehmen, daß diese Verschiebung mit einer anderen Veränderung in Luthers Denken zusammenhängt, nämlich einer Konzentration der aus dem allgemeinen Priestertum folgenden Vollmacht auf die Obrigkeit statt auf die Gemeinde. Hier geht es um die Gestaltung des Amtes.

3. Die Gestaltung des Amtes

Der kritische Aspekt in der Entfaltung von Luthers Amtstheologie gegenüber der alten Kirche zeigt sich in aller Deutlichkeit in der Ablehnung des sakramentalen Charakters der Weihe.[115] Diese ist zugleich eine konsequente Folge jener Auflösung des Unterschieds zwischen Klerikern und Laien wie auch des neuen Sakramentenverständnisses, das Luther in De captivitate Babylonica entfaltete. Hiernach ist ein Sakrament durch die Verbindung aus „promissio", Verheißung, und äußerem Zeichen konstituiert. Dem Sakrament der Weihe aber, das nicht von der Kirche Christi, sondern von der des Papstes erfunden sei, ermangle nicht allein das Wort der Verheißung, sondern überhaupt jedes Wort im Neuen Testament.[116] Diese Bestreitung eines sakramentalen Charakters bedeutete freilich keineswegs die generelle Bestreitung des Status als menschlich-kirchliche Ordnung. Vielmehr bestätigte Luther bereits in De captivitate Babylonica, daß der „ordo", also die Weihe/Ordination als „ritus ecclesiasticus" akzeptiert werden könne.[117]

Mit der Entwicklung einer vom Papst gelösten Kirchenorganisation mußte sich dann auch die Frage nach der Einführung einer Ordination

---

[115] Noch um vieles polemischer als in LUTHER, De captivitate Babylonica, in: LUTHER, De instituendis ministris, wo Luther vom „execramentum ordinis" spricht (WA 12,170,5f).

[116] LUTHER, De captivitate Babylonica (WA 6,560,20–22).

[117] LUTHER, De captivitate Babylonica (WA 6,562,26f).

stellen. In einer Predigt vom 16. Oktober 1524 reflektierte Luther diese Frage. Ihm lag dabei daran, daß die neu einzuführende Ordination sich von der mittelalterlich-bischöflichen unterschied[118]. Freilich machte er kaum klare Angaben über die Weise der Auswahl betreffender Personen und ihrer Amtseinführung:[119] Man solle, so Luther, einen „pius homo" aus der Menge der priesterlichen Christen ziehen und ihm die „auctoritas praedicandi verbum et dandi sacramenta" übertragen;[120] aufgrund der Ausführungen in „Daß eine christliche Gemeinde" wird man zum Kriterium der „pietas" auch das der Gelehrtheit hinzusetzen dürfen.[121] Anliegen war es, einen „ordo" – hier im Sinne der Ordnung – zu erhalten, damit nicht jeder sich anmaße zu predigen.[122] Dieses aufgrund einer Wahl übertragene[123] „ministerium" sollte – darin sah Luther wohl den entscheidenden Unterschied zur Weihe – auf Zeit übertragen werden,[124] da der Grund einer solchen

---

[118] LUTHER, Predigt am 16. Oktober 1524 (WA 15,721,1 f); zu dieser Predigt MARTIN KRARUP, Ordination in Wittenberg. Die Einsetzung in das kirchliche Amt in Kursachsen zur Zeit der Reformation, 2007 (BHTh 141), 85–88.

[119] Die Wahl allein dem Bischof zuzuschreiben (s. AARTS, Lehre [o. Anm. 82], 185), ist vereinseitigend und tendenziös: Luther kennt auch die Auswahl durch die Gemeinde oder die Obrigkeit (LUTHER, In epistolam Pauli ad Galatas [1535] [WA 40/I, 60,22]). Dies ist nicht allein Folge des Ausfalls der Bischöfe (betont bei LIEBERG, Amt, 159), sondern entspricht durchaus älterer Rechtspraxis: Die städtische Berufung von Predigern hatte sich im späten Mittelalter ebenso durchgesetzt (s. umfassend zur Problematik BERND MOELLER, Reichsstadt und Reformation, ²2011) wie die von Bischöfen durch Landesherren (s. hierzu ENNO BÜNZ/CHRISTOPH VOLKMAR, Das landesherrliche Kirchenregiment in Sachsen vor der Reformation, in: ENNO BÜNZ/STEFAN RHEIN/GÜNTHER WARTENBERG [Hgg.], Glaube und Macht. Theologie, Politik und Kunst im Jahrhundert der Reformation, 2005, 89–109, hier: 97–100); so konnte sich am 18. Januar 1541 Kurfürst Johann Friedrich bezüglich der Bischofseinsetzung von Nikolaus von Amsdorf darauf berufen „daß es gleichwohl mit der Erwählung eines Bischoffs im Stift Naumburg also herkommen, daß dieselbige mit Vorwissen und Bewilligung der Fursten zu Sachsen als der Landes- und Schutzfursten hat beschehen mussen, derer Gerechtikeit man sich in beiden beruhrten Punkten mocht zu gebrauchen uud dieselbige unbegeben haben." (WA.B 9,312).

[120] LUTHER, Predigt am 16. Oktober 1524 (WA 15,721,3–5).

[121] LUTHER, Dass eine christliche Gemeinde (WA 11,409,26 f). Hier von „theologischer Kompetenz" zu sprechen (NEEBE, Allgemeines Priestertum [o. Anm. 54], 71), ist anachronistisch.

[122] LUTHER, Predigt am 16. Oktober 1524 (WA 15,721,13).

[123] LUTHER, Predigt am 16. Oktober 1524 (WA 15,721,13). Angesichts solcher expliziten Aussagen geht es fehl, wenn JUNKER, Lehre (o. Anm. 7), 98, die Annahme gar für „gefährlich" erklärt, nach Luther „habe zuerst die Gemeinde, bzw. die Kirche kraft des allgemeinen Priestertums als solche das Amt, welches sie dann (erst) auf einen/einige unter sich übertrage (Delegation)". Genau so beschreibt LUTHER dies a.a.O. Schief wird der Gedanke erst, wenn man Handeln der Gemeinde und göttliches Handeln auseinanderreißt – an diesem neuzeitlichen Mißverständnis hat nun allerdings Junker Anteil.

[124] LUTHER, Predigt am 16. Oktober 1524 (WA 15,721,14 f). KRARUP, Ordination (o. Anm. 118), 87 Anm. 6, verweist zu Recht darauf, daß Luther diese zeitliche Begrenztheit in „dieser Deutlichkeit [...] nicht wieder ausgesprochen" habe. Die Aussage verweist aber auf die sich aus der sachlichen Konstruktion der Ordination ergebenden Mgölichkeiten.

Übertragung eben in dem allen Christinnen und Christen gemeinsamen „sacerdotium" liege, welches seinerseits wiederum durch Menschen unaufhebbar ist.[125] Terminologisch wird hier also klar, daß zwischen „sacerdotium" und „ministerium" zu unterscheiden ist. Das „sacerdotium" folgt aus der grundlegenden, in Christus geschenkten Gnade und konstituiert den christlichen Strand vor Gott. Das „ministerium" ist um der Ordnung Willen nötig und folgt einem menschlichen Einsetzungsakt, der seinerseits an dem Kriterium der Entsprechung zum Evangelium zu messen ist.[126] Diese theoretischen Reflexionen wurden bald auch faktisch umgesetzt: Am 14. Mai 1525 wurde Georg Rörer durch Luther, Bugenhagen, Melanchthon, einen Bürgermeister und einen Richter zum Diakon ordiniert.[127] Michael Krarup hat herausgearbeitet, daß die Beteiligung von Bürgermeister und Richter an der Ordination einerseits Ausdruck dessen ist, daß „nicht erneut eine Trennung zwischen Klerikern und Laien zementiert werden sollte",[128] andererseits auf eine mögliche Beteiligung des Rates an der Amtseinführung hingewiesen wird.[129] Damit wurde also die Ordination in den amtstheologischen Zusammenhang eingezeichnet und zugleich die weltliche Vermittlung jeder Amtseinsetzung deutlich gemacht.

Die Weise der weltlichen Vermittlung ist dann wiederum – eben weil sie weltlich ist – gestaltbar. Die weitestreichenden Vorstellungen hierzu finden sich in der Schrift „Daß eine christliche Versammlung oder Gemeinde Recht und Macht habe, alle Lehre zu urteilen und Lehrer zu berufen" von 1523. Die Schrift war, auf eine konkrete Anfrage der Gemeinde Leisnig zurückgehend, bewußt grundsätzlich angelegt.[130] Das menschliche Recht wurde hier insofern kritisiert, als es mit der Bindung der Berufung von Lehrern und der Aufsicht über die Lehre an Bischöfe und Konzilien die Gemeinden entmündigt habe, denen nach Joh 10,14.27 eigentlich das Recht zu solchem Urteil zukomme.[131] In Kritik an tradiertem menschli-

---

[125] LUTHER, Predigt am 16. Oktober 1524 (WA 15,721,15).

[126] Luthers wesentliche Kritik an der mittelalterlichen Weihe war, dass in ihr dem Evangelium eine Absage erteilt werde (LUTHER, Predigt am 16. Oktober 1524 [WA 15, 720,13]).

[127] Randbemerkung Rörers zu LUTHER, Predigt am 14. Mai 1525 (WA 16,226 Anm. zu Z. 6); vgl. auch STEFAN MICHEL, Sammler – Chronist – Korrektor – Editor. Zur Bedeutung des Sammlers Georg Rörer (1492–1557) und seiner Sammlung für die Wittenberger Reformation, in: DERS./CHRISTIAN SPEER (Hg.), Georg Rörer (1492–1557). Der Chronist der Wittenberger Reformation, 2012 (Leucorea-Studien 15), 9–58, 17.

[128] KRARUP, Ordination (o. Anm. 118), 94.

[129] KRARUP, l.c., 95.

[130] WA 11,401. Dennoch ist diese Schrift nicht einfach in einen systematischen Gesamtzusammenhang einzuordnen, wie es HECKEL, Reformation und Recht 304f, ohne Markierung möglicher Entwicklungen bei Luther tut. Luther bewegte sich 1523 in einem deutlich anderen Horizont als nach Bauernkrieg und Erstem Speyerer Reichstag – beide Ereignisse haben seine Neigung, feste Strukturen zu definieren, deutlich verstärkt.

[131] LUTHER, Daß eine christliche Gemeinde (WA 11,409,20–25).

chem Recht wird so neues, bibelgemäßes Recht konstituiert, und zwar in funktionaler Aufteilung: Voraussetzung für das Amt ist Gelehrtheit,[132] die Beurteilungskompetenz aber hängt am allen zukommenden priesterlichen Stand.[133] Dieses allerdings ist nicht demokratisch konstituiert,[134] sondern folgt allein dem klaren Wort Gottes.[135] Luther war von der vollen Einsichtigkeit des Wortsinns überzeugt – und eben deswegen der Meinung, daß dort, wo der Glaube diesem Wort begegnete, auch Einsicht in seinen Sinn entstehen würde. Das legitimiert, ja, verpflichtet die Gemeinde geradezu, sich gegen Falschlehrer einzusetzen.[136] Und es gibt der Gemeinde in einer Situation, in der die Bischöfe als eigentlich hierfür vorgesehene Instanzen ausfallen[137] – diese Kondition darf nicht übergangen werden! – das Recht, eigene Pfarrer zu bestellen:

„Weyl aber Christlich gemeyne on gottis wortt nicht seyn soll noch kan, folget aus vorigem starck gnug, das sie dennoch ja lerer und prediger haben mussen, die das wortt treyben. Und weyl ynn disser verdampter letzten tzeyt Bischoff und das falsch geystlich regiment solche lerer nicht sind noch seyn wollen, datzu auch nicht geben noch leyden wollen Und gott nicht tzuversuchen ist, das er vom hymel new prediger sende, mussen wyr uns nach der schrifft halten und unter uns selb beruf-

---

[132] LUTHER, Daß eine christliche Gemeinde (WA 11,409,26 f).

[133] LUTHER, Daß eine christliche Gemeinde (WA 11,409,27 f).

[134] Zu Recht wendet sich WENZ, Amt (o. Anm. 80), 5, gegen die Vorstellung, das Amt könne die Funktion der Repräsentation des Gemeindewillens haben, ohne freilich deutlich zu machen, wer eine solche Position vertritt. Das Mißverständnis, daß das allgemeines Priestertum eine demokratische Handlungskategorie darstelle, liegt den kritischen Einwänden von BARTH, Einander Priester sein (o. Anm. 28), 48–53, zugrunde.

[135] LUTHER, Daß eine christliche Gemeinde (WA 11,409,34–410,2).

[136] LUTHER, Daß eine christliche Gemeinde (WA 11,411,13–21); vgl. HAENDLER, Amt und Gemeinde (o. Anm. 47), 39.

[137] LUTHER, Daß eine christliche Gemeinde (WA 11,411,25 f); vgl. ähnlich auch LUTHER, De instituendis ministris: „Sed et necessitas ita cogit et communis sensus fidei suadet. Nam cum Ecclesia verbo dei nascatur, alatur, servetur et roboretur, palam est, eam sine verbo esse non posse, aut si sine verbo sit, Ecclesiam esse desinere. Deinde cum quilibet sit ad verbi ministerium natus e baptismo, et Episcopi papales nolint dare verbi ministros, nisi tales, qui verbum dei aboleant et Ecclesiam perdant, reliquum est aut permittere Ecclesiam dei perire sine verbo, aut oportere conventu facto communibus suffragiis ex suo gremio eligere unum vel quotquot opus fuerit idoneos, et orationibus ac manuum impositionibus universitati commendare et confirmare, atque eos tum pro legitimis Episcopis et ministris verbi agnoscere et colere, indubitata fide credendo, a deo gestum et factum esse, quod hac ratione gesserit et foecerit consensus communis fidelium, Euangelion agnoscentium ac profitentium" (WA 12,191,16–27). Allerdings ist nach Luther auch klar, daß die Bischöfe keine absolute Macht zur Amtseinsetzung haben: „Uber das, wenn sie nu gleych rechtschaffene Bischoffe weren, die das Euangelion haben wollten und rechtschaffene prediger setzen wollten, Dennoch kunden und sollen sie dasselb nicht thun on der gemeyne willen, erwelen und beruffen, ausgenomen, wo es die nott ertzwunge, das die seelen nicht verdorben aus mangel gottlichs worts." (LUTHER, Daß eine christliche Gemeinde [WA 11,414,1–5]). Ausdrücklich soll eine Pfarrereinsetzung nach dem hier vertretenen Modell durch den Bischof erfolgen und durch die Gemeinde bestätigt werden (ebd. Z. 11–15).

fen und setzen die ienigen, so man geschickt datzu findet und die gott mit verstand erleucht und mit gaben datzu getziert hatt."[138]

So sehr Luther in dieser Schrift das Recht der Gemeinde vertritt, so sehr verweist er doch auch darauf, daß sich der grundsätzliche Vorgang der Einsetzung durch Menschen auch in der tradierten Hierarchie mit der Wahl durch Domkapitel bzw. Kardinalskollegium findet,[139] ebenso wie in Strukturen, in welchen Adelige oder städtische Räte eine Amtseinsetzung vornehmen.[140]

Es war im Blick auf die Sozialgestalt und die historische Entwicklung der Kirche bedeutsam, daß Luther sich ab etwa 1525 auf eine Position begab, in der sein Vertrauen in das Agieren weltlicher Obrigkeiten entschieden gestärkt war – theologisch läßt es sich nicht einfach als Bruch interpretieren, wenn er 1535 als Normalfall der Amtseinsetzung die Berufung durch Fürst oder Rat vorsieht.[141] Hier handelt es sich um eine andere Form der Berufung nach Organisationsformen weltlichen Rechts auf Grundlage des göttlichen Rechts, das das allgemeine Priestertum begründet. In sozialer Hinsicht allerdings waren die Folgen dieser Veränderung enorm, und genau dies hat möglicherweise zu den eingangs skizzierten Überakzentuierungen der Spannungen in Luthers Lehre beigetragen. Zwar war schon in der Adelsschrift die Obrigkeit als eigentliche Adressatin der Lehre vom allgemeinen Priestertum angesprochen.[142] Aber die Schriften von 1523 zeigen hier doch eine deutliche Öffnung gegenüber einem Gemeindeprinzip, wie es dann etwa auch der Reformatio Ecclesiarum Hassiae von 1527 zugrundelag.[143] Damit wäre ein Aufbau der Kirche von den Gemeinden

---

[138] LUTHER, Daß eine christliche Gemeinde (WA 11,411,22–30).

[139] LUTHER, Daß eine christliche Gemeinde (WA 11,415,5–10).

[140] LUTHER, Daß eine christliche Gemeinde (WA 11,415,19–22). So sehr HAUSCHILD, Amt (o. Anm. 5), 78, beizupflichten ist, daß „Martin Luthers Schriften per se nicht als normativ" für lutherische Lehre gelten können, so überzogen ist es doch angesichts dieser Schrift Luthers zu erklären, eine Vorstellung, die „Laien" Mitsprache in der Aufsicht über die Lehre gibt, „kann nicht als Lehre der lutherischen Kirche gelten" (ebd. 81) – dies bedürfte doch weiterreichender Belege als dessen, dass ein solches Modell in CA nicht vorgesehen ist.

[141] LUTHER, In epistolam Petri Commentarius [1535] (WA 40/I, 60,22). Noch in den Wochenpredigten über Joh 6–8, die er in den Jahren 1530–1532 hielt, konnte Luther umgekehrt seine eigene Berufung zum Prediger mit der Berufung des Bürgermeisters durch die Gemeinde analogisieren (LUTHER, Wochenpredigten über Joh 6–8 [WA 33,551a,29–42]).

[142] VOIGT-GOY, Potestates (o. Anm. 34), 161–163, weist schon im Zusammenhang der Streitigkeiten um die Pfarrbesetzung in Altenburg 1522 auf eine „Diskrepanz zwischen Luthers legitimatorisch-theologischer Orientierung an der Gemeinde und seiner politisch-praktischen Orientierung an der Obrigkeit" hin.

[143] S. GURY SCHNEIDER-LUDORFF, Die Homberger Synode und die Reformatio ecclesiarum Hassiae. Beobachtungen zum Wandel Philipps von Hessen vom spätmittelalterlichen Landesherrn zum protestantischen Fürsten, in: JHKV 54 (2003) 89–101.

aus prinzipiell denkbar gewesen. Die Entscheidung für die obrigkeitliche Reformation und das Notbischofsamt der Fürsten brach mit den Grundlagen dieser Theologie nicht, zeichnete ihre Folgen aber nun in das Koordinatennetz territorialer Herrschaft ein. Über die Phase der Konfessionalisierung[144] wurde Kirche so zu einem Strukturelement des frühneuzeitlichen Staates. Dies war keine notwendige aber eine mögliche Folge aus dem Grundsatz des allgemeinen Priestertums. Die theologische Grundlage blieb hiervon untangiert.

Der sich auch darin zeigenden Variabilität der Gestaltungsformen des Amtes entsprechend, haben die Autoren der Confessio Augustana in Art. 14 auch ganz schlicht statuiert, daß zum öffentlichen Lehren – hier fällt der Begriff des „publice docere" – die rechte Berufung („rite vocatus") erforderlich ist.[145] Im Blick auf die in der Confutatio angemahnte Notwendigkeit einer kanonischen Weihe[146] erklärte Melanchthon dann in der Apologie die grundsätzliche Bereitschaft, eine solche zu akzeptieren – unter der Voraussetzung, dass die Bischöfe evangeliumskonform lehrten.[147] Aus evangelischer Sicht also ist eine solche Art der Weihe möglich, aber nicht notwendig – ihre Beibehaltung wie ihre Ersetzung durch andere Riten folgt allein dem aufgrund der Botschaft von Jesus Christus Notwendigen.

So wie die Art der Berufung Varianzen aufweist und aufweisen kann, ist nach lutherischem Verständnis auch in der Gestaltung des Amtes zwischen einem verbindlichen, aus dem Grund des Glaubens erwachsenden Kern, dem Predigtamt und vielfacher Gestaltung zu unterscheiden. So ist es zunächst nicht ganz deutlich, was in der oben angeführten ersten Wittenberger Ordinationshandlung die Amtsbezeichnung „Diakon" bedeutet. Krarup hält dies für eine neue Amtsbestimmung, da Rörer als Hilfsgeistlicher angestellt gewesen sei, wofür bislang die Bezeichnung „Kaplan" üb-

---

[144] Grundlegend zu diesem Konzept Wolfgang Reinhard, Gegenreformation als Modernisierung? Prolegomena zu einer Theorie des konfessionellen Zeitalters, in: ARG 68 (1977) 226–252; ders., Zwang zur Konfessionalisierung? Prolegomena zu einer Theorie des konfessionellen Zeitalters, in: Zeitschrift für historische Forschung 10 (1983) 257–277; Heinz Schilling, Die Konfessionalisierung im Reich. Religiöser und gesellschaftliche Wandel in Deutschland zwischen 1555 und 1620, in: HZ 246 (1988) 1–45; ders., „Konfessionsbildung" und „Konfessionalisierung", in: GWU 42 (1991) 447–463; wichtig auch die kritischen Bemerkungen von Thomas Kaufmann, Die Konfessionalisierung von Kirche und Gesellschaft. Sammelbericht über eine Forschungsdebatte, in: ThLZ 121(1996) 1008–1025. 1112–1121.

[145] CA 14 (BSELK 109,11 ff.).

[146] Confutatio 14: „intelligi debet eum rite vocatum, qui secundum formam iuris iuxta ecclesiasticas sanctiones atque decreta ubique in orbe christiano hactenus observata vocatur" (Die Confutatio der Confessio Augustana vom 3. August 1530. Bearb. v. Herbert Immenkötter, 1979 [CC 33], 111. 113).

[147] ApolCA 14 (BSELK 521,15–17).

lich gewesen sei.[148] Dies mißachtet den Umstand, daß es sich beim Diakon um einen Weihegrad handelte, beim Kaplan hingegen um eine Funktionsbezeichnung. Die Diakone waren in Wittenberg auch durchaus schon vor Rörers Weihe den Priestern zugeordnet.[149] Daß Rörer zum Diakon geweiht wurde, ist vielmehr Ausdruck der fortdauernden Unsicherheit bei der Neuregulierung: Man wies Rörer nach klassischem Muster den niederen Weihegrad zu, obgleich es eine Abstufung der Weihegrade nach Wittenberger Verständnis gar nicht mehr geben konnte.[150]

Bedenkt man die Konstitution des Amtes aus dem Auftrag zur öffentlichen Wortverkündigung, der allen Christinnen und Christen gilt, in seinem Öffentlichkeitscharakter aber auf ausgewählte Einzelpersonen konzentriert wird, so kann die Weihe zum Diakon nicht als spezifische Weiheform verstanden werden, sondern nur als Weihe zu eben diesem einen Grundamt. Entsprechend hat Rörer das Amt, in welches er berufen wurde, theologisch korrekter auch als das eines „minister verbi" bezeichnet.[151] Die Bezeichnung des Diakonates betrifft lediglich die konkrete Ausgestaltung des Amtes als ein dem Stadtpfarrer untergeordnetes, in welcher in der Folgezeit allerdings eine hohe Varianz in den Bezeichnungen vorlag.[152]

Von der Grundbestimmung des Amtes her entscheidend war auch gerade nicht die Differenzierung in unterschiedliche Ämter, sondern die Bestimmung des christlichen Amtes als das eine Predigtamt, das „hohist ampt […] ynn der Christenheyt".[153] Die konkrete Ausgestaltung der Ämter betraf dann deren Zuordnung auf Grundlage eben dieser einen aus

---

[148] KRARUP, Ordination (o. Anm. 118), 98. Für den bisherigen Gebrauch des Begriffs „Kaplan" bietet er leider keinen Beleg.

[149] Dies zeigt Luthers Widmung von De votis monasticis von 1521 „Episcopis et Diaconis Ecclesiae Vuittembergensis" (WA 8,323,3).

[150] In diese Richtung einer Orientierung an tradierten Mustern anstelle der Schaffung neuer Instanzen weist auch das von KRARUP, Ordination (o. Anm. 118), 99, selbst benannte Problem, daß Luther zuvor noch das Diakonenamt im biblischen Sinne der Armenfürsorge gedeutet hatte (LUTHER, Sermon am Stephanstag 1523 [WA 12,692,12–16]); vgl. auch LUTHER, Daß eine christliche Gemeinde (WA 11,414,25f). Angesichts der hiervon differierenden, an traditionelle Amtsstrukturen anknüpfenden Zuordnung des Diakonenamtes zum Predigtamt, wie es in der Ordination Rörers Ausdruck findet, ist es allerdings verkürzend bzw. aufgrund heutiger Terminologie vereindeutigend, wenn PENSSEL, Amtsverständnis, 370, recht plan erklärt: „Das Diakonenamt wird von der lutherischen Lehre nicht als ‚geistliches Amt' […] angesehen."

[151] Bemerkung Rörers zu Luthers Predigt vom 7. Mai 1525 (WA 17/I, 193 Anm. zu Z. 1). Zu der Datierungsdifferenz (hier 7. Mai, dort 14. Mai) nimmt KRARUP, Ordination (o. Anm. 118), 93, stillschweigend und zu Recht die Erklärung der WA auf, wonach Luther am 7. Mai die Vokation Rörers durch den Rat verkündete und am folgenden Tag die Ordination erfolgte (WA 17/I, 193 Anm. 1).

[152] S. KRARUP, Ordination (o. Anm. 118), 98. Das lateinische Ordinationsformular von 1535 kannte allerdings noch die eigene Amtsbezeichnung des „diaconus" (WA 38,432,15).

[153] LUTHER, Daß eine christliche Versammlung Recht und Macht habe (WA 11, 415,30f); vgl. ähnlich LUTHER, Fastenpostille (WA 17/2,43,3f). Zur Vorstellung vom

dem Evangelium selbst resultierenden Aufgabe und war hieran zu messen. Dementsprechend hat Luther einen grundsätzlichen Unterschied zwischen Pfarrer und Bischof nicht gesehen[154] – und konnte sich hierin auch einig mit Hieronymus und dem mittelalterlichen Kirchenrecht sehen.[155] Eine Aufgaben- und mit ihr verbunden auch Machtverteilung auf Basis dieses einen Amtes war hierdurch keineswegs ausgeschlossen.

Solche Reflexionen können dann an die rechtliche Kategorie der Jurisdiktion eines Bischofs anschließen. Dies erfolgt in sehr grundlegende Weise in der Argumentation von CA 28. Der Artikel erwägt die Bedingungen der Akzeptanz der bisherigen Bischöfe. Die Autoren der CA unterscheiden die „potestas civilis"[156] bzw. das „*imperium*"[157] von der „potestas"[158] bzw. „Ecclesiastica iurisdictio".[159] Klarsichtig wird benannt, daß in der mittelalterlichen Kirche beide Funktionen dem Bischof zugewachsen sind. Insbesondere im Ehe- und Zehntrecht übt der Bischof nach CA 28 traditionell weltliche Macht aus.[160] Aber auch Kirchenordnungen und die Regelungen von Zeremonien gehören in den Bereich menschlichen Rechts. Sie unterliegen insofern menschlicher Gestaltung,[161] sind freilich stets an der Bibel zu messen.[162] Die Legitimität der Machtausübung in diesem Bereich wird von der CA nicht grundlegend bestritten – sie ist aber eben nicht Folge einer Differenz in jenem einen Predigtamt, sondern es handelt sich um einen dem Bischofsamt in weltlicher Hinsicht zugewachsenen Bereich.[163]

Predigtamt als Grundamt vgl. CARL HEINZ RATSCHOW, Art. Amt/Ämter/Amtsverständnis. VIII. Systematisch-theologisch, in: TRE 2 (1978) 593–622, 617.

[154] LUTHER, An den christlichen Adel (WA 6,440,26–28); Disputatio inter Eccium et Lutherum (59, 439,217–440,218); LUTHER, Auf das übergeistlich Buch Bock Emsers Antwort (WA 7,631,11 f).

[155] LUTHER, Von der Winkelmesse (WA 38,237,21–23); vgl. schon LUTHER, Resolutiones super propositione XIII (WA 2,228,5); zu Hieronymus s. D. 95 c. 5 (Corpus Iuris Canonici [Ed. FRIEDBERG] I, 332 f): „Olim idem presbiter, qui et episcopus". Vgl. hierzu PETER WALTER, Das Verhältnis von Episkopat und Presbyterat von der Alten Kirche bis zum Reformationsjahrhundert, in: DOROTHEA SATTLER/GUNTHER WENZ [Hgg.], Das kirchliche Amt in apostolischer Nachfolge. II: Ursprünge und Wandlungen, 2006 [DialKir 13] 39–96, 53–55; HEINZ-MEINOLF STAMM, Luthers Berufung auf die Vorstellungen des Hieronymus vom Bischofsamt, in: MARTIN BRECHT (Hg.), Martin Luther und das Bischofsamt, 1990, 15–26; VOIGT-GOY, Potestates (o. Anm. 34), 139; HECKEL, Reformation und Recht.

[156] CA 28 (BSELK 191,20).

[157] CA 28 (BSELK 195,3).

[158] CA 28 (BSELK 151,20).

[159] CA 28 (BSELK 195,3 f.).

[160] LUTHER, Von Ehesachen: „Es kann ia niemand leucken, das die ehe ein eusserlich weltlich ding ist [...], weltlicher oberkeit unterworffen" (WA 30/3,205,12 f).

[161] CA 28 (BSELK 208,6–14; 209,8–22).

[162] CA 28 (BSELK 206,11–13; 207,25–28).

[163] Vgl. Aarts, Lehre, 191, der die Begründung des Bischofsamtes in menschlichkirchlicher Ordnung betont.

Hierzu gehört aber auch ein Bereich kirchlicher Jurisdiktion, welchen die CA besonders präzise in ihrem lateinischen Text fasst:

„remittere peccata, cognoscere doctrinam et doctrinam ab Evangelio dissentientem reiicere et impios, quorum nota est impietas, excludere a communione Ecclesiae sine vi humana, sed verbo."[164]

Die Besonderheit des Bischofsamtes ergibt sich also wiederum wie die des Predigtamtes überhaupt aus der Aufgabe der Wortverkündigung – insofern handelt es sich nicht um unterschiedliche Ämter, sondern um „Gliederungsformen" des einen Predigtamtes.[165] Wie im Predigtamt selbst aber gibt es eine um der Ordnung Willen notwendige Differenzierung: So wie alle durch die Taufe zu Priestern gewordenen Christinnen und Christen ihr von Gott gegebenes Amt öffentlich durch eine Person ausüben lassen und nach dem Gedankengang aus „Daß eine christliche Gemeinde" allen Christinnen und Christen auch die Aufgabe der Lehraufsicht zukommt, ist es theologisch möglich und denkbar, daß diese Aufgabe auch durch weltliche Instanzen übernommen wird, wie es in der Übertragung der bischöflichen Funktionen auf die Landesherren geschah, welche Luther letztlich aus der Zugehörigkeit aller zum Corpus christianum und damit aus dem allgemeinen Priestertum ableitet.[166] Im Zusammenhang der in Sachsen ab 1525 einsetzenden Visitationen[167] begründete er mit eben dieser Visitationsnotwendigkeit das Bischofsamt[168] und erklärte aufgrund des Mangels an Bischöfen im reformatorischen Lager,[169] daß unter den Glaubenden die Fürsten zur Übernahme dieser Aufgaben berufen seien.[170] Auch wenn sich diese Einrichtung im System des Landesherrlichen Kirchenregiments

---

[164] CA 28 (BSELK 195,10–15).

[165] Wenz, Amt (o. Anm. 80), 6. In der Tat sollte man die Terminologie des Predigtamtes hier zugrunde legen. Den Bischof als „Pfarrer mit spezifischen übergemeindlichen Aufgaben" (Wendebourg, Amt, 541) zu bezeichnen, ist angesichts der auf die „parochia" bezogenen Grundbedeutung des Pfarramtes unpräzise und im Blick auf das 16. Jahrhundert anachronistisch. Die Gemeinsamkeit liegt im Predigtauftrag, nicht in der Versorgung der Pfarrei.

[166] S. zu diesem Zusammenhang Andreas Aarflot, Das bischöfliche Amt. Unter besonderer Berücksichtigung der norwegischen lutherischen Kirche, in: ZEvKR 51 (2006) 505–533, 509.

[167] Christian Peters, Art. Visitation I. Kirchengeschichtlich, in: TRE 35, 2003, 151–163, 154.

[168] Luther, Vorrede zum Unterricht der Visitatoren (WA 26,196,1–5).

[169] Hier sei noch einmal darauf verwiesen, dass es sich bei der Wahl des Pfarrers durch die Gemeinde nach „Daß eine christliche Gemeinde" um einen Sonderfall in einer spezifischen Situation des Ausfalls der bischöflichen Aufsicht handelte.

[170] Luther, Vorrede zum Unterricht der Visitatoren (WA 26,197,16–198,1); zur Begründung des Notbischofsamtes im allgemeinen Priestertum vgl. Martin Heckel, Martin Luthers Reformation und das Recht. Die Entwicklung der Theologie Luthers und ihre Auswirkung auf das Recht unter den Rahmenbedingungen der Reichsreform und der Territorialstaatsbildung im Kampf mit Rom und den „Schwärmern", 2016, 163.

verdichtete,[171] wäre es verkürzend, in diesem die eigentliche Gestalt des lutherischen Amtes zu finden.

Vielmehr wurde schon im 16. Jahrhundert ein innerkirchliches Bischofsamt begründet, indem es konsequent aus der Notwendigkeit der regulierten Aufsicht über die rechte Ausübung des Amtes abgeleitet wurde – eben darin hat die Konstitution des Bischofsamtes ihren Sinn, ja, nach der Disputation De potestate concilii von 1536 kann Luther eben hierin auch die Apostolizität des Bischofsamtes erkennen.[172] Es ist verstehbar allein von der Aufgabe der Wortverkündigung her, dient ihr und ist darin auf den Grund des Glaubens bezogen. Wird diese Linie verfolgt, so liegt jener Weg innerkirchlicher Amtskonstitution nahe, der in der Visitationsordnung Johanns von Sachsen vom 16. Juni 1527 beschritten wurde, in welcher von „superintendenten und aufseher(n)" die Rede ist.[173] Dabei war man sich im Wittenberger Kontext dessen bewußt, daß der „superintendens" sprachlich nichts anders ist als eine lateinische Übersetzung des „ἐπίσκοπος":[174] Das Decretum Gratiani hatte Augustins entsprechende Übersetzung bewußt gehalten[175]. So entstand, mit begrifflicher Wirkung bis ins 21. Jahrhundert ein neues Koordinatennetz für die Ausübung eben jener besonderen bischöflichen Funktion der Lehraufsicht.[176] Diese konnte auch andere Formen annehmen – daß die mittelalterliche Gestalt des Bischofsamtes nicht schlechterdings verworfen wurde, zeigen die zeitweiligen Experimente in Naumburg und Merseburg,[177] ein solches Bischofsamt unter evangelischen

---

[171] S. nach wie vor grundlegend HANS-WALTER KRUMWIEDE, Zur Entstehung des landesherrlichen Kirchenregiments in Kursachsen und Braunschweig-Wolfenbüttel, 1967 (Studien zur Kirchengeschichte Niedersachsens 16).

[172] LUTHER, Disputation De postestate concilii (WA 59,712,2f).

[173] EKO I,146. Mit PENSSEL, Amtsverständnis (o. Anm. 21), 371, ist, vor allem angesichts der Schrift „Daß eine christliche Gemeinde" zu erwägen, daß auch die spezifischen bischöflichen Aufgaben Teil des „allgemeinen ‚geistlichen Amtes'" sind, die aber aus Ordnungsgründen auf eine Position konzentriert werden. Insofern wäre die Bestimmung des Bischofsamtes nicht nur in ihrer Identität mit dem Predigtamt, sondern auch in ihren darüber hinausgehenden Besonderheiten auf das allgemeine Priestertum bezogen.

[174] Vgl. hierzu WENDEBOURG, Amt (o. Anm. 80), 547.

[175] Decretum C. 8 q.1 c. 11: Corpus Iuris Canonici [Ed. FRIEDBERG] I,594); vgl. die 1538 mit einem Vorwort Luthers herausgegebene „Epistola Sancti hieronymi ad Evagrium" (WA 50,339,25–340,1).

[176] Zu Luthers Verständnis der Aufsichtsfunktionen des Bischofs s. FREIWALD, Verhältnis (o. Anm. 7), 130 Anm. 4, der präzise die Bedeutung des Bischofs als des regionalen Pfarrers einerseits von dem Bischof als Aufsichtsperson andererseits unterscheidet. Angesichts dieser Konzentration der Aufsichtsfunktion auf das Bischofsamt wird man kaum mit HÄRLE, Allgemeines Priestertum (o. Anm. 53), 10, davon ausgehen können, daß das Amt der Lehraufsicht für Luther Zeit seines Lebens bei der Gemeinde blieb.

[177] PETER BRUNNER, Nikolaus von Amsdorff als Bischof von Naumburg, 1961; HANS-ULRICH DELIUS, Das Naumburger Bischofsexperiment und Martin Luther, in: MARTIN BRECHT (Hg.), Martin Luther und das Bischofsamt, 1990, 131–140; AUGUSTINUS SAN-

Auspizien zu restituieren, ebenso wie die Anknüpfung an das mittelalterliche Bischofsamt in Schweden und Finnland.[178] Aus Sicht der lutherischen Amtstheologie gibt es keinen Grund, eine solche Amtsstruktur prinzipiell abzulehnen oder zu präferieren. Dies gilt grundsätzlich auch für die Sukzession, die, ganz konsequent im Rahmen der Bestimmung des Predigtamtes, nicht auf amtlich-personaler Ebene vermittelt wird, sondern durch den zugrunde liegenden Auftrag: „Evangelium sol dye successio sein".[179]

DER, Ordinatio Apostolica. Bd. 1: Georg III. von Anhalt (1507–1553), 2004 (Innsbrucker Theologische Studien 65).

[178] Sehr scharf legt den Finger in diese Wunde einer innerlutherischen Differenz AUGUSTINUS SANDER, Die Ordination im Luthertum. Bedenkenswertes und Bedenkliches, in: Lutherische Beiträge 13 (2008) 207–224, 214–216. S. zu der besonderen Situation in Dänemark und Norwegen AARFLOT (o. Anm. 166), Amt.

[179] LUTHER, Promotionsdisputation von Johannes Machabäus Scotus (WA 39/II, 177,2); vgl. FÜHRER, Amt (o. Anm. 80), 91, LEPPIN, Notfall (o. Anm. 76), 384 f. Dabei hat Luther die Sukzessionskette durchaus – im Unterschied zum heutigen kirchenhistorischen Befund (vgl., bei aller Vorsicht, ANDREAS MERKT, Das Problem der apostolischen Sukzession im Lichte der Patristik, in: THEODOR SCHNEIDER / GUNTHER WENZ [Hgg.], Das kirchliche Amt in apostolischer Nachfolge. I: Grundlagen und Grundfragen, 2004 [DialKir 12] 264–295, 266–268) – für gegeben gehalten (vgl. WOLFHART PANNENBERG, Defectus ordinis? Zum Verhältnis von Bischofsamt und Pfarramt aus lutherischer Sicht, in: KuD 55 [2009] 342–346, 342), allerdings unter die mittelbaren Berufungen „per hominem" subsumiert, wie sie auch durch die Verfahren der Wittenberger Reformation etabliert wurden; s. LUTHER, In epistolam pauli ad Galatas Commentarius [1535] (WA 40/I, 59,18–23). GEORG KRETSCHMAR, Die Wiederentdeckung des Konzeptes der „Apostolischen Sukzession" im Umkreis der Reformation, in: DERS., Das bischöfliche Amt. Kirchengeschichtliche und ökumenische Studien zur Frage des Amtes, hg. v. DOROTHEA WENDEBOURG, 1999, 300–344, hat darauf aufmerksam gemacht, daß bis zum Einsetzen der Reichsreligionsgespräche in den vierziger Jahren des 16. Jahrhunderts die Frage der Amtssukzession in der Wittenberger Reformation kein Thema von Gewicht war.

Priestertum und ordinationsgebundenes Amt bei Luther

Antonio Sabetta

Die gängige Wahrnehmung der lutherischen Tradition und der Kirchen, die aus dem reformatorischen Wirken Luthers hervorgegangen sind, ist die, daß, wenn es einen Aspekt gibt, der für die protestantische Welt bezeichnend ist und sie von der katholischen Kirche unterscheidet, dies die stark reduzierte Bedeutung des Sakramentalen gegenüber der Vorrangstellung des Wortes ist. Unter den Sakramenten und vor allem im Kirchenverständnis scheint das ordinationsgebundene Amt eine eher marginale Stellung einzunehmen. Nicht selten wird auf die lutherische Betonung des allgemeinen Priestertums aller Gläubigen hingewiesen: Und dies, obgleich dieser Ausdruck in den Werken Luthers zumindest wörtlich so nicht vorkommt. Jenes wird als Merkmal des reformatorischen Kirchenverständnisses im Gegensatz zu dem katholischen angeführt, welches auf der Idee beruht, daß die Kirche aus Laien und einer (kraft des Weihsakraments errichteten) Hierarchie bestehe. Und dies, obgleich die Sache vage bleibt und nicht einheitlich beantwortet wird.

Was ich mir für die folgenden Seiten vornehme – Seiten, die in Kontinuität mit einem anderen von mir kürzlich veröffentlichten Text stehen[1] –, ist eine Untersuchung der Thematik des Priesteramtes in den Schriften Luthers, in welchen er dieses auf direkte oder indirekte Weise behandelt.[2]

---

[1] Vgl. A. Sabetta, „Sacramento e parola in Lutero", in: Rassegna di Teologia 51 (2010) 583–606.

[2] Die für diese Studie herangezogenen und zitierten Schriften Luthers sind die Folgenden: M. Luther, Sermon vom Neuen Testament, das heißt: von der heiligen Messe (1520), in: J. Schilling u.a. (Hgg.), Martin Luther. Deutsch-Deutsche Studienausgabe (Sigel: DDStA), Bd. 2, 2015, 153–205; ders., Vom Abendmahl Christi, Bekenntnis (1528), in: WA 26 (1909), 241–509; ders., An den christlichen Adel deutscher Nation: Von der Reform der Christenheit (1520), in: DDStA 3 (2016), 1–135; ders., De captivitate Babylonica ecclesiae (1520), in: W. Härle u.a. (Hgg.), Martin Luther. Lateinisch-Deutsche Studienausgabe (Sigel: DLStA), Bd. 3, 2009, 173–375; ders., Epistola Lutheriana ad Leonem Decimum Summum Pontificem. Tractatus de libertate christiana (1520), in: DLStA 2, 2006, 101–185; ders., De abroganda missa privata Martini Lut-

Dadurch sollen Anregungen zur Vertiefung der Thematik auch aus ökumenischer Perspektive gegeben werden. Der Schwerpunkt dieser Arbeit liegt aber nicht darauf, einen Vergleich mit der katholischen Sicht aufzustellen, um möglicherweise unerwartete Übereinstimmungen oder weit auseinanderliegende Positionen aufzudecken.[3] Die Komplexität und der Reichtum der Gedanken Luthers sind mit Sicherheit imstande, Vorurteile und vorgefertigte Meinungen abzubauen. Zumal diese eher den im Laufe der Geschichte entstandenen Interpretationen als den eigentlichen Gedanken Luthers entsprungen sind.

---

heri sententia" (1522), in: WA 8 (1889), 398–476; DERS., De instituendis ministris ecclesiae, ad clarissimum senatum Pragensem Bohemiae (1523), in: DLStA 3 (2009), 575–647; DERS., Dass eine christliche Versammlung oder Gemeinde Recht und Vollmacht hat, alle Lehre zu beurteilen und Lehrer zu berufen, ein- und abzusetzen: Begründung und Rechtsanspruch aus der Schrift (1523), in: DDStA 2 (2015), 383–401; DERS., Epistel S. Petri gepredigt und ausgelegt. Erste Bearbeitung (1523), in: WA 12 (1891), 249–399; DERS., Von der Winkelmesse und Pfaffenweihe (1533), in: WA 38 (1912), 171–256.; DERS., Über die Konzilien und die Kirche (1539), in: DDStA 2 (2015), 527–799; DERS., Wider Hans Worst (1541), in: WA 51 (1914), 461–572. – Bei der Sekundärliteratur habe ich versucht, mich zu beschränken; ich habe mich „begleiten" lassen von: P. ALTHAUS, Die Theologie Martin Luthers, [2]1963, 279–287.; B. GHERARDINI, Creatura Verbi. La Chiesa nella teologia di Martin Lutero, 1994, 231–178; B. LOHSE, Luthers Theologie in ihrer historischen Entwicklung und in ihrem systematischen Zusammenhang, 1995, 304–316; A. MAFFEIS, Teologia della riforma, 2004, 61–86; O. H. PESCH / V. LEPPIN, Hinführung zu Luther. Mit einer Einleitung von Volker Leppin, [4]2017; T. J. WENGERT, Priesthood, pastors, bishops. Public ministry for the reformation today, (MS) 2008. So zahlreich auch die Literatur in deutscher Sprache ist, beschränke ich mich darauf, nur einige aktuelle und gewichtige Texte zu nennen: H. GOERTZ, Allgemeines Priestertum und ordiniertes Amt bei Luther, 1997; V. GÄCKLE, Allgemeines Priestertum. Zur Metaphorisierung des Priestertitels im Frühjudentum und Neuen Testament, 2014, 604–613; T. JUNKER, Die lutherische Lehre von Amt der Kirche, in: Lutherische Beiträge 19 (2014) 93–119; R. RITTNER (Hg.), In Christus berufen. Amt und allgemeines Priestertum in lutherischer Perspektive, 2001; C. VOIGT-GOY, Potestates und ministerium publicum. Eine Studie zur Amtstheologie im Mittelalter und bei Martin Luther, 2014.

[3] In diese Richtung des Austausches der Positionen, im Sinne der Betonung von Übereinstimmungen und Differenzen, nach dem Prinzip des „differenzierenden Konsensus" bewegen sich einige bilaterale Dokumente, unter denen ich zwei besonders wichtige für die hier zu behandelnde Thematik zitiere und auf die ich mich überdies beziehen werde. Das erste Dokument ist von der Lutheran-Roman Catholic Commission on Unity: The apostolicity of the Church, 2006 (dt. Titel: Studiendokument der Lutherisch/Römisch-katholischen Kommission für die Einheit, Die Apostolizität der Kirche, 2009); das zweite (das im Großen und Ganzen das erste wiederaufnimmt) ist ebenso von der Lutheran-Roman Catholic Commission on Unity: From Conflict to Communion: Lutheran-Catholic Common Commemoration of the Reformation in 2017 (dt. Titel: Vom Konflikt zur Gemeinschaft. Gemeinsames Lutherisch-Katholisches Reformationsgedenken im Jahr 2017; Bericht der Lutherisch/Römisch-katholischen Kommission für die Einheit, [5]2017), insbesondere die Abschnitte zum Amt.

1. Das ordinationsgebundene Amt im Kontext der notae ecclesiae und des allgemeinen Priestertums der Christen

Ich möchte diese Abhandlung mit einigen Aussagen Luthers aus einer Schrift beginnen, welche bezüglich ihrer Entstehungszeit – wir befinden uns im Jahr 1539 –, am Ende einer langen und ununterbrochenen Reflexion über das Priestertum und das Amt einzuordnen ist. Luther befaßte sich damit spätestens seit 1520. Diese Reflexion durchlief verschiedene Phasen mit unterschiedlichen Schwerpunkten im Zusammenhang mit den Ereignissen, die den Beginn der Reformation begleiteten.

Es handelt sich um die Schrift „Über die Konzilien und die Kirche", in welcher Luther über das Amt und die Ämter im Kontext der „notae ecclesiae" schreibt, genauso wie er das einige Jahre später in Wider Hans Worst (1541)[4] tun wird. Es ist die Rede von jenen Elementen, die es einem jeden erlauben, zu erkennen, wo sich das heilige christliche Volk (die Kirche) in der Welt befindet. Das fünfte wesentliche Merkmal dieses Volkes (nach dem heiligen Wort Gottes, dem Sakrament der Taufe, dem heiligen Sakrament des Altars und der Schlüsselgewalt) ist das Weihen oder Berufen von Amtsträgern, die spezifische Funktionen verwalten; man erkennt hier eine Erweiterung der „notae" gegenüber der Confessio Augustana (CA), in der die Kirche als „Versammlung aller Gläubigen, in welcher das Evangelium rein gepredigt und die heiligen Sakramente laut des Evangeliums gereicht werden"[5] beschrieben wird. „Denn die Kirche", so schreibt Luther ausdrücklich, „kann ohne Bischöfe, Pfarrer, Prediger, Priester nicht sein. Und entsprechend kann es jene nicht ohne die Kirche geben. Sie gehören notwendigerweise zusammen."[6]. Diese Figuren sind notwendig, damit die vier zitierten „Sakramente" oder Heilsmittel (Wort, Taufe, Abendmahl, Sündenvergebung) im öffentlichen und privaten Raum verwaltet und ausgeübt werden können, nicht nur als Auftrag und im Namen der Kirche, sondern – noch vielmehr – aufgrund ihrer Einsetzung durch Christus.[7] Die „notae ecclesiae" sind, sofern sie die Identität der Kirche definieren, keine

---

[4] In dieser Schrift beschreibt Luther diejenigen Merkmale, die uns nicht nur sagen, wo die Kirche ist, sondern auch, was die Kirche ausmacht. Als viertes Merkmal (nach der Taufe, dem Sakrament des Altars und den Schlüsseln) nennt er das Predigtamt und Gottes Wort, das wir „fleißig leren und treiben auf allen Zusatz neuer eigener menschlicher Lere, gleich wie es Christus befohlen, die Apostel und gantze Christenheit gethan" (Wider Hans Worst: WA 51,481,8–10).

[5] CA VII, in: I Dingel (Hg.), Die Bekenntnisschriften der Evangelisch-Lutherischen Kirche: Vollständige Neuedition, 2014 (im Folgenden: BSELK), 102 (BSLK 61).

[6] Über die Konzilien und die Kirche: DDStA 2, 777 (WA 50,641,18 f).

[7] Es sei an dieser Stelle daran erinnert, daß die Reformatoren bis 1535 warteten, um ihre eigenen Ordinationen, die zentral in Wittenberg stattfanden, zu vollziehen, und zwar nach einer langen Prüfung der Lehre und des Lebens der Kandidaten und unter der

„rein menschlichen Dinge" und können nicht aus etwas anderem als aus dem Wort und der Verheißung Christi stammen.

Die biblische Stelle, welche die Einsetzung des Amtes durch Christus begründet und bezeugt, ist Eph 4,8–11: „Er hat den Menschen Gaben gegeben" und so einige als Apostel, andere als Evangelisten, andere als Lehrer und wiederum andere als Vorsteher bestimmt.[8] Das Amt wird hier auf die gleiche Ebene mit den anderen „notae" gestellt, zumindest in der Hinsicht, daß es von Gott selbst „befohlen", eingesetzt und angeordnet wurde – ebenso wie Wort und Sakrament[9] – um ein Instrument und Mittel des Wirkens Gottes durch den Heiligen Geist zu sein. Das Heilshandeln Gottes geschieht nie unmittelbar (mit der blendenden Herrlichkeit seiner unverhüllten Majestät), sondern es bedarf dazu geeigneter Medien, äußerer Formen, die für uns schwache Menschen angemessen und mit der Sorgfalt eines Vaters ausgesucht sind; Medien eben, dank derer man ein Heil erhält, das nicht einmal die Engel geben können, und Zeichen, bezüglich derer gilt, daß „Gott selber dadurch handeln will und [sie] sein Wasser, Wort, Brot und Wein und seine Hand sein sollen, womit er dich heiligen und selig machen will in Christus, der uns das erworben, und den Heiligen Geist, der vom Vater ausgeht, zu solchem Werk gegeben hat".[10] Daher müssen wir solch Heilsmittel, wie immer es auch sei, annehmen, wie es gegeben ist.

Obgleich das Amt auf einer göttlichen Einsetzung beruht oder, besser noch, gerade weil es sich um eine göttliche Einsetzung handelt, ist die Gemeinde (die Kirche) Verwahrer dieses Amtes und hat die Aufgabe, zu verwalten und festzulegen, wer es ausüben soll, um Unordnung zu vermeiden; sie, die Gemeinde, behält sich das Recht vor, den Auftrag einer einzelnen Person (anderswo spricht Luther auch von mehreren Personen[11]) einvernehmlich und verbindlich anzuvertrauen:

> „Denn die Versammlung als ganze kann das nicht ausrichten, sondern sie muß es einem anbefehlen oder anbefohlen sein lassen. Wie sollte das sonst gehen, wenn ein jeder reden oder das Sakrament reichen und keiner dem anderen weichen will? Es muß einem allein aufgetragen werden, den man allein predigen, taufen, absolvieren, das Sakrament reichen läßt, während alle anderen damit zufrieden und einverstanden sind."[12]

Die einzigen, die vom Amt ausgeschlossen werden, sind Frauen, Kinder und untüchtige Personen, weshalb der Amtsträger in normalen Fällen (nicht im

---

Voraussetzung, daß sie von einer bestimmten Gemeinde zum Dienst berufen waren. Die Ordinationen wurden mit Gebeten und der Handauflegung durchgeführt.

[8] Vgl. Über die Konzilien und die Kirche: DDStA 2, 761 (WA 50,633).

[9] Vgl. a.a.O., 787 f. (WA 50,647); vgl. auch AC XIII, BSELK 514 (BSLK 293 f.).

[10] A.a.O., 789 (WA 50,648,18–21).

[11] So in De instituendis ministris Ecclesiae (1523).

[12] Über die Konzilien und die Kirche, DDStA 2, 761 (WA 50,633,6–10).

Notfall) ein tüchtiger Mann sein muß, um der Verantwortung der Leitung willen (vgl. 1 Tim 3,2; Tit 1,6; 1 Kor 14,34).[13] Mit großem Realismus lädt Luther dazu ein, „die Dinge laufen zu lassen", sich nicht zu sehr als Gemeindeglieder um die menschlichen Fähigkeiten derer zu kümmern, die diese Funktionen ausüben; denn „[s]eine Person macht dir Gottes Wort und Sakrament weder schlimmer noch besser. Denn es ist nicht sein eigen, was er redet oder tut, sondern Christus, dein Herr, und der Heilige Geist redet und tut alles durch ihn, sofern er nicht aufhört, in der rechten Weise zu lehren und zu handeln",[14] das heißt: sich nicht auf öffentlich-anstößige Weise verhält. Luther wiederholt hier das, was er bereits wenige Jahre zuvor in „Von der Winkelmesse und Pfaffenweihe" (1533)[15] gesagt hatte. Weil die Amtsträger kraft der Berufung, die sie durch die Kirche erhalten haben, die Person Christi repräsentieren, verlieren die durch unwürdige Amtsträger ausgeteilten Sakramente nicht an ihrer Wirksamkeit – so lesen wir in der Apologie der CA; denn, wenn sie das Wort Christi verkünden und die Sakramente austeilen, tun sie es stellvertretend für Christus.[16]

„Über die Konzilien und die Kirche" betont, daß das Amt göttlich eingesetzt ist.[17] Es entstand also nicht aus einem menschlichen Übereinkommen, das aus soziologischen Gründen zur Notwendigkeit wurde, nämlich der, daß es eine geregelte und geordnete Aufteilung der Aufgaben geben muß, um Anarchie zu vermeiden; stattdessen handelt es sich um eine Einsetzung Christi, um ein grundlegendes Mittel, ohne welches man den Glauben nicht empfangen kann, der um Christi willen rechtfertigt,[18] und

---

[13] Vgl. ebd.: „Denn dieser Unterschied, daß Frauen (erst recht Kinder oder Toren) keine Leitungsaufgabe übernehmen können und sollen, ist auch durch die Natur und Gottes Schöpfung gegeben, wie es auch die Erfahrung lehrt und Mose Gen 3 sagt: Du sollst dem Manne untertan sein. Das Evangelium aber hebt solch natürliches Recht nicht auf, sondern bestätigt es als Gottes Ordnung und Geschöpf."

[14] A.a.O., 763 (WA 50,634,27–30).

[15] Vgl. Von der Winkelmesse und Pfaffenweihe, WA 38,241,6–10: „Denn es mus unser glaube und Sacrament nicht auff der person stehen, sie sey from oder böse, geweyhet odder ungeweyhet, beruffen oder eingeschlichen, der teuffel oder seine mutter. Sondern auff Christo, auff seinem Wort, auff seinem ampt, auff seinem befehl und ordnung, wo die selben gehen, da mus es recht gehen und stehen, die person sei wer und wie sie wolle odder könne."

[16] Vgl. CA VII BSLK 240,42 f. (BSELK 398): Persönliche Mängel der Minister rauben dem Sakrament nicht seine Wirksamkeit, „quia repraesentant Christi personam propter vocationem ecclesiae [.,.]".

[17] In Vom Abendmahl Christi (1528) schrieb Luther: „Aber die heiligen Orden und rechte Stifte von Gott eingesetzt sind diese drei: das Priesteramt, der Ehestand [Hausstand, „Ökonomie": Zusatz d. Herausgebers], die weltliche Obrigkeit" (WA 26,504,30 f.).

[18] Vgl. CA V, BSELK 100 (BSLK 58): „Um solchen Glauben zu erlangen, hat Gott das Predigtamt eingesetzt, das Evangelium und die Sakramente gegeben"; WENGERT kommentiert: „wie der Glaube seinen Ursprung nicht außerhalb des Heiligen Geistes Gottes haben kann, der sich des Evangeliums und der Sakramente bedient, so stammt auch die Autorität des öffentlichen Amtes, das das (gesprochene und sichtbare) Wort dar-

ohne welches es keine Kirche gibt und kein christliches Volk. Und so wie
das Amt ohne das Wort Gottes keinen Sinn ergibt (das Amt ist „ministerium verbi"), so gilt dies auch für die Taufe, das Sakrament des Altars und die
Vergebung der Sünden, denn es ist das Evangelium, nicht die menschliche
Zweckmäßigkeit, das „denen, die den Kirchen vorstehen sollen, zuweist,
das Evangelium zu predigen, die Sünden zu vergeben und die Sakramente
darzureichen. Und darüber hinaus gibt es ihnen die Jurisdiktion, diejenigen
zu bannen, die in öffentlichen Lastern liegen und die sich bessern wollen,
zu entbinden und zu absolvieren".[19] Der Verwalter der Gnade kann nicht
größer als die Gnade selbst sein, aber, weil das Heil seinem Wesen nach
vermittelt werden muß, bedarf es der „äußeren Zeichen", die nicht um-
gangen werden können; diese Zeichen sind nicht unsere, sondern Christi:

> „Die Ämter und Sakramente sind nicht unsere, sondern Christi. Denn er hat sol-
> ches alles geordnet und in der Kirche zurückgelassen, daß es ausgeübt und ge-
> braucht wird bis an der Welt Ende; und er belügt und betrügt uns nicht. Darum
> können wir auch nichts anders tun, sondern müssen nach seinem Befehl tun und
> uns daran halten."[20]

Folgende Frage bleibt noch zu klären: Geschieht die wahre Vermittlung des
Amtes über das „allgemeine Priestertum aller Gläubigen", dessen Funktion an bestimmte Personen der Gemeinde delegiert wird oder ist das Amt
unabhängig vom allgemeinen Priestertum?[21] Wir wissen, daß die Positionen bezüglich dieser Frage seit dem 19. Jahrhundert auseinander gehen.
Auf der einen Seite behauptet die Übertragungstheorie, daß das Amt sich
vom allgemeinen Priestertum ableitet, auf der anderen Seite steht die Stiftungstheorie, nach der das Amt unabhängig vom allgemeinen Priestertum
eingesetzt ist.[22] Wahrscheinlich ergänzen sich beide Positionen gegenseitig und sind mit Hilfe einer diachronischen Einordnung der Texte Luthers
zu verstehen, indem man die verschiedenen Adressaten wie auch die Unterschiede der Kontexte und Situationen berücksichtigt. Diese stellen den

---

reicht, allein von Gott." (Priesthood, pastors, bishops, 39, übers. v. Übers,). Es ist gerade
der Artikel der Rechtfertigung durch Gnade, der nach einem solchen von Gott eingesetzten öffentlichen Amt verlangt, welches seine Autorität von dem Heiligen Geist empfängt und durch den Dienst definiert ist (vgl. a.a.O., 40).

[19] PH. MELANCHTHON, Von der Gewalt und Oberkeit des Papstes, BSELK 823
(BSLK 489).

[20] Von der Winkelmesse und Pfaffenweihe: WA 38,240,28–32.

[21] Vgl. P. ALTHAUS, Die Theologie Martin Luthers, 279 f. und B. LOHSE, Luthers
Theologie in ihrer historischen Entwicklung und in ihrem systematischen Zusammenhang, 304 f. (mit Hinweisen auf die Autoren, die die verschiedenen Positionen vertreten).

[22] Begründer der „Übertragungstheorie" waren J. W. F. Höfling und später G. Riet-
schel; für die „Stiftungstheorie" siehe T. Kliefoth, F. J. Stahl, A. F. C. Vilmar. Für eine ausführliche Darstellung siehe H. GOERTZ, Allgemeines Priestertum und ordiniertes Amt
bei Luther, 1–27.

Grund für die unterschiedlichen Schwerpunkte oder auch Textstellen dar, welche eher auf den einen als auf den anderen Aspekt eingehen, ohne daraus folgern zu können, daß das, was geschrieben steht, aber nicht weiterentwickelt wurde, später keine Gültigkeit mehr hatte. Meiner bescheidenen Meinung nach bleibt das priesterliche Amt für Luther eine göttliche Institution.[23] Es ist also nicht gänzlich auf das allgemeine Priestertum zurückzuführen, obgleich es ohne dieses keinen Sinn ergebe, weil das allgemeine Priestertum das einzige Priestertum und die einzige Würde ist und das Amt gegenüber diesem immer auf der Ebene der „Funktion" bleibt.[24]

Es scheint mir nicht abwegig bei der Lektüre Luthers auf die verschiedenen Phasen, in denen der Reformator über das Amt schreibt, zu achten und sie zu unterscheiden. B. Lohse unterscheidet vier Phasen der Reflexion Luthers über das Amt: 1) „Die Zeit von 1517 bis 1520, in welcher Luther an den kirchlichen Autoritäten irre wird und die Auffassung vom allgemeinen Priestertum aller Gläubigen entwickelt";[25] 2) die Zeit von Herbst 1520 (oder von den Anfängen des Jahres 1521) bis 1523, „in welcher Luther seine antirömische Auffassung aufs äußerste zuspitzt und andererseits gegen den radikalen Flügel der Reformation in neuer Weise die Notwendigkeit des geordneten Amtes herausstellt";[26] 3) die „Zeit von 1524 bis 1529, in welcher Luther im Gegensatz zu den ‚Schwärmern' die Zusammengehörigkeit von Wirken des Hl. Geistes und Verkündigung durch das geistliche Amt näher entfaltet";[27] 4) schlussendlich die „Zeit seit 1530, in welcher im Zuge der Neuordnung evangelischer Landeskirchen das geistliche Amt immer festere Konturen erhält".[28]

Nach diesen, wie ich meine nachvollziehbaren, Vorüberlegungen werde ich damit fortschreiten, die Texte Luthers, die explizit der Thematik des Amtes gewidmet sind, wie auch die, in denen sich wichtige Bemerkungen dazu finden, diachronisch zu untersuchen. Zum Schluß werde ich versuchen, die verschiedenen Aspekte der Thematik kurz zusammenzufassen, wie sie sich als Resultat einer aufmerksamen Lektüre der Texte (soweit sie mir möglich sein wird) ergeben, die mit der Intention der Texte (die „intentio" über das *dictum* hinaus) und der von Luther gemeinten Sachen („res") respektvoll umgehen will.

---

[23] Vgl. From Conflict to Communion, 166; sowie The Apostolicity of the Church, 201.
[24] Vgl. The apostolicity of the Church, 198.
[25] B. Lohse, Luthers Theologie, 307.
[26] Ebd.
[27] Ebd.
[28] Ebd.

2. Die Texte von 1520–1521

Die erste Gruppe von Texten, in denen Luther umfassend und ausführlich die Thematik des Amtes behandelt, entstand 1520, einem entscheidenden Jahr. Zunächst könnte es hilfreich sein, an eine Stelle aus einem Brief Luthers an Spalatin vom 18. Dezember 1519 zu erinnern, wo er sich die Frage stellt, ob wirklich ein Unterschied der Würde zwischen dem Priestertum der Laien und dem ordinationsgebundenen besteht, da es sich doch nur um einen Unterschied in der Funktion zu handeln scheint. Er zitiert zwei Bibelstellen – 1 Petr 2,9 und Apk 5,10 –, auf die er sich wiederholt beziehen wird. Der Zweifel, der sich in jener Frage ausdrückt, macht ersichtlich, daß Luther die gewichtigen Folgen seiner Gedanken bereits erahnte. Wir lesen in diesem Brief:

„Dann bewegt mich sehr der Apostel Petrus, welcher 1. Petr. 2,5.9 sagt, daß wir alle Priester seien; desgleichen Johannes in der Offenbarung (5,10), so daß diese Art von Priestertum, in dem wir stehen, ganz und gar nicht verschieden zu sein scheint von den Laien außer durch das Amt, durch das die Sakramente und das Wort verwaltet werden. Alles andere ist gleich, wenn man die Zeremonien und menschlichen Satzungen wegläßt. Und wir müssen uns sehr wundern, woher die Ordination den Namen eines Sakraments hat. [...] Demnach würde Deine Pflicht sich von den allgemeinen Pflichten der Laien in nichts unterscheiden."[29]

Nach diesen einleitenden Bemerkungen mit Hilfe des Briefs an Spalatin möchte ich mit dem beginnen, was Luther in der Schrift „An den christlichen Adel deutscher Nation" schreibt. Bei seinem Versuch, die drei Mauern der Romanisten umzuwerfen, ist die erste erbaute Mauer, die anzugreifen ist, die Unterscheidung zwischen dem „geistlichen Stand" und dem „weltlichen Stand". Diese Unterscheidung sei eine einfache und gekonnte Erfindung, die dazu diene, die Wahrheit zu verbergen, nämlich die Tatsache, daß es unter Christen keine Unterschiede des Standes gibt, sondern nur der Funktion, wie in 1 Kor 12,12 angedeutet. Als erstes gilt, daß alle als Glieder des christlichen Volkes ihrer Würde und ihrem Wesen nach gleich sind. Denn das eine christliche Volk ist begründet durch die eine Taufe, das eine Evangelium und den einen Glauben, die für alle gleich sind. Dies sind die entscheidenden Elemente, die die Christen in ihrer ursprünglichen Gleichheit begründen, als Volk von Priestern; in diesem Sinne ist das Priestertum nicht eine Frage der Konsekration oder Weihe, die durch einen Bischof oder den Papst erteilt wird. Luther bezieht sich von dieser Schrift an auf 1 Ptr 2,9 und Apk 5,10 (bereits erwähnt in dem oben zitierten Brief

---

[29] WABr 1, 595,28–37 (Übers.: M. LUTHER, „Die Briefe", in: K. ALAND [Hg.], Luther deutsch: die Werke Martin Luthers in neuer Auswahl für die Gegenwart, Bd. 10, ²1983, 69 f.).

an Spalatin), um mit einem unüberwindlichen Schriftfundament die Unmöglichkeit aufzuzeigen, die Glieder des Volkes Gottes nach ihrer geistlichen Würde zu unterscheiden.

Gerade weil das priesterliche Amt mit Aufgaben zu tun hat, die innerhalb der Gemeinde zu erledigen sind, ist es nötig, daß es eben von dieser Gemeinde in gewissem Sinne eingesetzt, übertragen und verwaltet wird. Denn – und hier begegnen wir einem weiteren zentralen Gedanken Luthers – das, was allen gehört, kann nicht von allen ausgeübt werden, sondern ganz im Gegenteil gilt, daß, weil es allen gehört, der Einzelne es nur mittels eines Mandats, Konsenses und einstimmiger Anordnung aller ausüben darf. Luther erläutert dazu, daß die Weihe durch den Bischof das äußere Zeichen ist, mit dem er nicht kraft seiner Autorität als Bischof, sondern im Namen und an Stelle der ganzen Gemeinde, jemanden unter den Gläubigen auswählt, die die gleiche Macht wie er besitzen, und er jenem befiehlt, diese Macht für die anderen auszuüben. Das bedeutet, daß einerseits alle kraft der Taufe, des Evangeliums und des Glaubens, die gleiche Macht besitzen und andererseits die Ausübung dieser Macht dennoch „geordnet" ist. Es bedarf eines Auftrages, dem das äußere Zeichen der Beauftragung (der Ordination) entspricht.

Luther verdeutlicht den entscheidenden Punkt des gemeinsamen Besitzes der Vollmacht, wie auch der notwendigen Einsetzung und der Erlaubnis zur Ausübung dieser Vollmacht am Beispiel von zehn Brüdern, die alle Söhne eines Königs sind, und insofern alle auf dieselbe Weise Erben.[30] Jene sind auf gleiche Weise Erben, weil sie auf gleiche Weise Söhne sind. Sie beschließen aber einen unter ihnen zu erwählen, der an ihrer Statt das Erbe verwalten soll. Man merke, wie in diesem Falle, wie auch im Falle der christlichen Gemeinde (wo alle auf gleiche Weise Erben sind), der Auftrag von allen einem übertragen wird. Das heißt, die Gemeinschaft (der Erben) ist die einzige, die jemanden beauftragen kann, insofern das Priestertum ein Gut aller ist, das gerade, weil es aller ist, auf „geordnete" Weise nur von einer Person, der das Mandat dazu von der ganzen Gemeinde erhalten hat, ausgeübt werden kann und muß; der Bischof agiert also nicht eigenständig, sondern als Vertreter der Gemeinde, ohne deren Einwilligung seine Aufgabe keinen Sinn ergibt.

Diese zentrale Rolle der Gemeinde, das heißt der Kirche, ist, meiner Meinung, nach zu betonen. Denn *de facto* befähigen die Taufe, das Evangelium und der Glaube dazu, einen Leib zu bilden und an ihm teil zu haben. Es handelt sich bei diesem Leib aber nicht um eine soziologische Realität, sondern um eine ontologisch definierte Institution, deren *Existenz* durch diese „notae" aufgewiesen wird. Aus diesem Grund gilt, daß alles, was die

---

[30] Vgl. An den christlichen Adel deutscher Nation: DDStA 3, 11 (WA 6,407).

Glieder des Leibes tun, sie immer als Glieder dieses Leibes tun und somit
nicht kraft einer Autonomie, durch die sie sich vom Leib trennen könnten, sondern sie teilen mit allen jenen Zustand, der sie zu Besitzern jener
Macht werden läßt.

Um noch mehr zu betonen und zu erläutern, daß die Gemeinde in
Form ihrer Glieder die Besitzerin der großen Gnade und Macht ist, die
von der Taufe und vom Christsein herrühren, führt Luther einen Extremfall als Beispiel an: Eine Gemeinde frommer Christen, die entführt wurde und an einen verlassenen Ort ohne einen geweihten Priester gebracht
wurde. In diesem Fall gilt, daß, wenn die Gemeinde einvernehmlich unter
ihren Gliedern eine Person wählen (und nicht jemand Außenstehenden)
und ihr die Aufgaben des Taufens, die Messe zu halten, die Absolution zu
erteilen und zu predigen (hier nennt Luther bereits die Aufgaben, von denen er später sagen wird, dass es die spezifischen Aufgaben des ordinationsgebundenen Amtes sind) übertragen würde, dann sei diese Person wahrhaftig ein Priester, ganz so, als sei er von einem Bischof geweiht worden;
demnach könnte im Falle der Notwendigkeit jeder taufen und wirksam die
Absolution erteilen (Luther fügt nicht hinzu, daß er auch die Messe halten könne). Insofern alle Priester sind, zwingt eine Notsituation dazu, die
gewöhnliche Form der auch äußerlichen Übertragung (mittels eines Ritus) der Aufgaben zu umgehen, ohne die Gültigkeit des ausgeübten Amtes zu gefährden, und dies kraft eines von Anfang an bestehenden Besitzes,
der aus der Taufe, dem Evangelium und dem Glauben entspringt, und das
Christsein für alle gleich sein läßt.

In jedem Fall konzentriert sich das Interesse Luthers in diesem Text
auf die Rolle des Mandats der Gemeinde, welches wirklich entscheidend
zu sein scheint, wenn es um die Ausübung des priesterlichen Amtes geht.
Gleich darauf bekräftigt Luther, daß, obgleich alle, die getauft wurden, sich
dessen rühmen können, bereits zu Priestern (Bischöfen und Päpsten) geweiht worden zu sein, kann das gleiche nicht für die *Ausübung* dieser Ämter behauptet werden; ganz im Gegenteil: „Denn weil wir alle gleichermaßen Priester sind, darf sich niemand selbst hervortun und sich anmaßen,
ohne unsere Einwilligung und Wahl das zu tun, wozu wir alle gleiche Vollmacht haben."[31] Die Gnade begründet keine Rechte, sondern bestimmt
die Zugehörigkeit zu einem Volk und einer Gemeinde, die ein einziger
Leib sind, der allein über die Ausübung der Ämter zum Nutzen der Gemeinde entscheiden kann, da allen das Amt kraft der gemeinsamen Würde der Taufe gehört. Gerade weil alle Priester sind, darf niemand das priesterliche Amt ohne die Zustimmung aller anderen, die die gleiche Gewalt
haben, ausüben.

---

[31] An den christlichen Adel deutscher Nation, DDStA, Bd. 3, 13 (WA 6,408,14–17).

Selbstverständlich gilt, daß, wenn die Ausübung des Amtes kraft eines Mandats durch die Gemeinde geschieht, die Gemeinde das Recht behält, dieses Mandat auch wieder zurücknehmen zu können; die Gemeinde überträgt das Amt und so ist sie auch die einzige, die den Amtsträger wieder absetzen kann, im Falle, daß die Ausübung des Amtes (der Dienst) sich in einen Missbrauch (Un-Dienst) verwandelt. Gerade weil das (ordinationsgebundene) Amt sich auf die Funktion und nicht auf die Würde der Person bezieht, gilt selbstverständlich, daß man bei einer Absetzung von diesem Amt nicht mehr Priester (im Sinne des Amtes) ist. Das Verbleiben in der allen gemeinsamen Würde auch nach der Beauftragung mit dem Amt, erinnert uns daran, daß es sich bei der auftragsgemäßen Innehabung und Ausübung des Amtes nicht um einen „character indelebilis" (ein „untilgbares Prägemal") handelt, das nicht rückgängig gemacht werden kann. Denn das Amt beschreibt eine Funktion und nicht eine ontologische Verfassung. Da wir es mit einer Funktion zu tun haben, steht dem nichts im Wege, daß der des Amtes Enthobene – wie Luther andernorts des Öfteren wiederholen wird –, wieder zum Amt zugelassen werden kann, sollte es die Gemeinde für angebracht erachten.

Der Zweck des Amtes ist der Dienst am Leib: den Anderen nützlich zu sein und so das Gute für den Leib voranzubringen. In diesem Dienst steht jedes Glied mit seiner spezifischen Funktion. Wir sind alle der Leib des Hauptes, welcher Jesus Christus ist, und jeder ist ein Glied des anderen, denn Christus ist ein Haupt und hat einen Leib, wie Luther betont. Folglich hat jedes Glied sein Amt oder Werk, welches immer von der allgemeinen Würde aus der Taufe herrührt, und jeder erfüllt sein Amt oder Werk wie eine Art von Dienst, „damit die so verschiedenen Werke alle auf eine Gemeinschaft gerichtet sind und Leib und Seele fördern, wie die Gliedmaßen des Körpers alle einander dienen".[32]

Dieser Dienst (Amt) besteht in der Erfüllung des Auftrags, das Wort Gottes und die Sakramente zu verwalten, und im Binden und Lösen der Sünden (Schlüsselgewalt), er hat aber rein gar nichts mit den Aufgaben zu tun, welche im Zusammenhang mit der Kompetenz der Schriftauslegung, der Lehre oder der Kirchenleitung stehen. Luther macht deutlich, daß die sogenannte Schlüsselgewalt die Vergebung der Sünden und nicht die Leitung betrifft, vor allem aber bleibt diese Gewalt immer im Besitz der ganzen Gemeinde (vgl. Mt 18,18), die sie an einige delegiert.

Mir scheint, daß bereits dieser erste Text von 1520 einige wesentliche Elemente des Verständnisses Luthers über das Amt aufzeigt. Weitere Präzisierungen finden wir in der weniger als einen Monat nach der Schrift „An den christlichen Adel deutscher Nation" verfaßten Schrift „Sermon

---

[32] A.a.O. 15 (WA 6,409,8–10).

vom Neuen Testament, das heißt: von der heiligen Messe". Insbesondere wird hier der Glaube als entscheidendes Element hervorgehoben, auch
mit Blick auf die Messe.

Der Glaube wird als der wahre priesterliche Dienst dargestellt, durch
welchen Christus als Opfer vor Gott dargeboten wird, einen Dienst, den
der Priester mit den äußeren Zeichen der Messe abbildet. Daher ist es der
Glaube, der alle gleichermaßen zu geistlichen Priestern vor Gott macht
und es ist kraft des Glaubens, daß alle Christen Priester sind, ohne Unterscheidungen durch das Geschlecht, das Alter, die soziale Stellung oder den
Bildungsgrad. Das einzige Unterscheidungsmerkmal ist der Glaube, denn
der Glaube ist das Einzige, was vor Gott Wohlgefallen findet; nur derjenige, der keinen Glauben hat, kann die Messe nicht halten. Und um diesen
Glauben zu nähren, hat Gott uns das Wort der Predigt und das materielle Zeichen des Sakraments gegeben, wenngleich das Wort bedeutender ist
als das Zeichen, denn der Glaube empfängt das Wort des Evangeliums, das
heißt „eine Verkündigung göttlicher Gnade und Vergebung aller Sünde,
die durch Christi Leiden uns gegeben ist".[33]

Die andere sehr wichtige Schrift von 1520 ist „De captivitate Babylonica ecclesiae", in welcher Luther die Weihe im Zusammenhang der Sakramente behandelt, um ihr den Status eines Sakramentes abzusprechen:

Für Luther ist ein Sakrament vor allem eine Verheißung, die mit Zeichen verbunden ist („promissa annexis signis"): die Verheißung allein reicht
nicht aus, sondern es bedarf des äußeren Zeichens. Bezüglich der Firmung
hatte Luther bereits geschrieben, daß es für ein Sakrament vor allem ein
Wort der göttlichen Verheißung bedarf, durch welches der Glaube geübt
werden soll („verbum divinae promissionis, quo fides exerceatur") und die
Apologie der CA (AC) schreibt, daß die Sakramente „Zeichen der Verheißung"[34] sind. Ohne das Wort der Verheißung gibt es kein Sakrament.
Deswegen müssen Sakramente, um als solche betrachtet zu werden, in der
Schrift bezeugt sein. Es muß also möglich sein, eine Stelle in der Schrift zu
finden, bei der Jesus sie in Form eines Befehls einsetzt. Aus diesem Grund
kennt die Kirche Christi das Sakrament der Weihe nicht, welches eine Erfindung der Kirche des Papstes ist; in der Tat gibt es weder eine Gnaden-
zusage noch ist eine Stelle im Neuen Testament auffindbar, die uns belegt,
daß die Weihe durch Gott als ein Sakrament eingesetzt wurde: Ohne „verbum promissionis"[35] gibt es kein Sakrament.

Die Weihe ist daher nur ein kirchlicher Brauch unter vielen anderen,
die durch die Kirchenväter eingeführt wurden, um auf bestimmte „officia"

---

[33] Sermon vom Neuen Testament, das heißt: von der heiligen Messe: DDStA 197
(WA 6,374,6f.).

[34] CA XIII, BSELK 516 (BSLK 295).

[35] Vgl. De captivitate Babylonica ecclesiae: LDStA 3, 342 (WA 6,560 und 561).

(Ämter) vorzubereiten; genauer gesagt, kann „das Sakrament der Weihe nichts anderes sein [...] als ein Brauch, durch den man einen zum Prediger in der Kirche wählt".[36] Luther antwortet denjenigen, die in 1 Kor 11,24 das Wort der Verheißung lesen, mit dem die Priester eingesetzt wurden, daß Christus mit diesen Worten nichts verheißen, sondern nur angeordnet habe, daß „dies zu seinem Gedächtnis geschehen soll".[37] Die Polemik gilt der Reduktion des Amtes darauf, die Stundengebete zu lesen, und die Messe als ein Opfer zu halten (die wahre Aufgabe des priesterlichen Amtes so verlierend). Ebenso gilt die Polemik der Erfindung des „untilgbaren Prägemals" der Ämter, nur um die Überlegenheit der Kleriker gegenüber den Laien zu rechtfertigen, eine Überlegenheit, die zur Tyrannei geworden sei.[38]

Gerade die Anprangerung dieser Lüge veranlaßt Luther dazu, noch einmal zu bekräftigen, daß alle Christen kraft der Taufe Priester sind und daß den Amtsträgern, die es in der Kirche trotz allem geben muß, ihre Aufgabe „durch unsere Einwilligung" anvertraut wurde:

„quare, omnes sumus sacerdotes, quotquot Christiani sumus. Sacerdotes vero quos vocamus, ministri sunt ex nobis electi, qui nostro nomine omnia faciant. Et sacerdotium aliud nihil est quam ministerium"[39], also ein Dienst (vgl. 1 Kor 4,1).

Daher geschieht der priesterliche Dienst – beziehungsweise die Ausübung der priesterlichen Würde – „nostro nomine" und nicht „proprio nomine". Alles wird im Auftrag der Gemeinde ausgeführt. Dies gilt ebenso bezüglich einer eventuellen Leitung der Gemeinde: „nisi quantum nos sponte nostra admitteremus"; denn das Priesteramt gehört allen gemeinsam. Luther bezieht sich an dieser Stelle erneut auf 1 Petr 2,9 (und fügt auch Ex 19,6 hinzu).

Aber das, was das Amt eigentlich ausmacht, ist der Dienst des Wortes, also das „praedicare verbum": wo es keine Predigt gibt, gibt es kein Amt. Luther wiederholt dies eindringlich:

---

[36] A.a.O. 351 (WA 6,564); dieser Gedanke wird Luther stets begleiten. In Contra XXXII articulos Lovaniensum theologistorum von 1545 lesen wir: „ordo non est sacramentum sed ministerium et vocatio ministeriorum" (WA 54,428). In einer Predigt vom 16. Oktober 1524 schreibt Luther: „Ordinare non est consecrare [...]. Damus in virtute verbi quod habemus, auctoritatem praedicandi verbum et dandi sacramenta; hoc est ordinare" (WA 15,720–721).

[37] A.a.O. 349 (WA 6,563).

[38] Vgl. a.a.O. 351 (WA 6,563,32–35): „[...] in der sie im Vertrauen auf die leibliche Salbung, durch die ihre Hände geweiht werden, sodann im Vertrauen auf Tonsur und Gewand, über die Laienchristen, die mit dem Heiligen Geist gesalbt sind, nicht nur sich erhaben glauben, sondern sie fast wie Hunde behandeln, die nicht würdig wären, mit ihnen zusammen zur Kirche gezählt zu werden".

[39] A.a.O. 350 (WA 6,564,11 ff.).

„Wer nicht Engel [Verkünder] des Herrn Zebaoth ist oder zu etwas anderem als zum Engeldienst (um es so zu sagen) berufen wird, der ist bestimmt kein Priester"; „Daher nennt man sie ja auch ‚Hirten', da sie ‚weiden', das heißt lehren"[40]; „sacerdotis munus est praedicare, quod nisi fecerit, sic est sacerdos, sicut homo pictus est homo. [...] Ministerium verbi facit sacerdotem et episcopum"[41]; „sacerdotium proprie esse non nisi ministerium verbi, verbi inquam, non legis sed Evangelii".[42]

So sehr ist der Predigtdienst des Wortes entscheidend, daß er das ordinationsgebundene Priestertum (das Amt) auf die Weise definiert, daß nicht nur derjenige, der das Evangelium nicht predigt weder ein Priester noch ein Bischof ist – wohl eher ist er eine „Pest" – sondern es gilt auch, daß derjenige, der Priester ist, einen einzigen Dienst zu leisten hat, nämlich das Predigen und nicht beispielsweise die Aufgabe, den Armen die Kirchengüter auszuteilen (vgl. Apg 6).

Ein Amt in der Kirche innezuhaben, ist die Art und Weise das eigene Priester-Sein zu leben, das von der Taufe herrührt, kraft der Berufung („vocatio"), die, indem sie von der Gemeinde kommt, auch von Gott kommt. Deswegen betont Luther, daß der Amtsträger in keinerlei Weise dem Laien seinem Stand nach überlegen ist, denn er hat nichts mehr an Würde gegenüber der Würde, die vom Christsein herrührt kraft der Taufe und des Glaubens, der das gepredigte Wort aufnimmt, nämlich das Evangelium des Heils. Faßt man dies anders auf und erkennt man eine andere Würde (wie sie durch ein „untilgbares Prägemal" ausgedrückt wird, das durch die Weihe mittels des Chrisams empfangen wird etc.), greift man die Gnade der Taufe an, insofern man zugibt, daß die Weihe „ein Mehr" zu jener Gnade hinzufügt; damit würde jedoch die Lehre des alleinigen Wirkens der Gnade und der evangelischen Gemeinschaft verletzt werden. Der Priester kann nichts an Mehr an Gnade zum Getauften haben und er tut nicht mehr als das, was ein Getaufter tun kann. Denn es gilt, daß die Christen ein priesterliches Volk „aequaliter" sind. Alle haben dieselbe Gewalt bezüglich des Wortes oder irgendeines Sakramentes; Trotzdem ändert dies nichts daran, daß es niemandem erlaubt ist, sich ihrer ohne Einwilligung der Gemeinde oder Berufung eines Ältesten zu bedienen, „quod enim omnium est communiter, nullus singulariter potest sibi arrogare donec vocatur".[43] Diese Berufung, die nicht einfach nur ein „Ernennungsdekret" ist, bedarf eines sichtbaren und äußeren Zeichens, nämlich des Ritus der Weihe.

Wenn auch die priesterliche Gnade, die die Gnade der Taufe ist, nicht zurückgenommen werden kann, so kann doch die Berufung zurückge-

---

[40] De captivitate Babylonica ecclesiae: „Inde enim et pastores dicuntur, quod pascere, id est, docere debeant." (LDStA 3, 351 [WA 6,564,23 f.]).

[41] A.a.O. 354 (WA 6,566,5–9).

[42] A.a.O. 356 (WA 6,566,32 f.).

[43] A.a.O. 356 (WA 6,566,29 f.).

nommen werden: die Kirche beruft („vocat"), die Kirche widerruft und ruft erneut („re-vocat"). Wenn wir alle Priester auf dieselbe Weise sind und jemanden einvernehmlich wählen, damit die Ausübung des Dienstes geordnet sei (und die Kirche kein Babylon werde), so bleibt der Dienst immer noch unserer (auch wenn wir ihn nicht ausüben). Deswegen kann der Auftrag zur Ausübung widerrufen werden, sollte es die Gemeinde für nötig erachten. Da die gesamte Kirche sich selbst regiert, hat sie die Macht, zu bestimmen, wer das Priesteramt ausüben soll und sollte sie eventuell meinen, daß der Priester dazu nicht mehr in der Lage sei, hat sie das Recht, eine Suspension oder gar eine dauerhafte Amtsenthebung einzuleiten.[44] Dieses Recht der Gemeinde erinnert uns daran, daß es die Funktion ist, die die Würde der Ausübenden ausmacht und daß es sich nicht um eine andere Würde (die mit dem Sakrament der Weihe verliehen wird) als die aus der Taufe herrührende Berufung handelt, die zur Ausübung des Dienstes befähigt; in anderen Worten: die Würde des Amtes liegt in seiner Ausübung des allgemeinen Priestertums für das Wohl der Gemeinde und sie ist nicht vorrangig zu oder unterscheidbar von der Würde, die bereits durch die Gnade der Taufe gegeben ist. Wenn sich hingegen das Amt durch die Würde (das Wesen) auszeichnen würde, dann wäre es nicht möglich, das Amt zu widerrufen. Aber, insofern wir alle gleich sind, besitzt jeder, der Christ ist, Christus und wer Christus besitzt, dem gehört alles, was Christus gehört. Die Ontologie des Christseins ist es, die das Priestersein aller Getauften bestimmt.

Um dies zu verdeutlichen, scheinen mir einige Stellen aus der Schrift „Tractatus de libertate christiana" wichtig, die ebenfalls aus dem Jahr 1520 stammt. Luther schreibt darin über die Gnade des Glaubens und notiert, daß die dritte unvergleichbare Gnade des Glaubens die Vereinigung der Seele mit Christus sei – eine Vereinigung wie die einer Braut mit ihrem Bräutigam. Indem sie in einer wahren Ehe zu einem Fleisch werden, werden ihnen alle Dinge gemeinsam, die guten wie die schlechten. So kann die Seele von ihnen Gebrauch machen, als wären alle Dinge, die Christus besitzt, ihre eigenen Dinge und umgekehrt gilt ebenfalls, daß sich Christus alles von der Seele auflädt, nämlich die Sünde, den Tod und die Hölle; der Ehering bewirkt, daß Christus an den Sünden, dem Tod und der Verdammnis der Braut teilnimmt und sie sich zu eigen macht. Und in seinem österlichen Geheimnis mit seiner Gerechtigkeit, die größer als alle Sünde ist und mit seinem Heil, das „unbesiegbarer" als jede Hölle ist, befreit er die Seele von aller Sünde, er bringt sie in Sicherheit vor dem Tod und vor der Hölle, er schenkt ihr ewige Gerechtigkeit, Leben und Heil. In dieser

---

[44] Vgl. De captivitate Babylonica ecclesiae: LDStA 3, 359 (WA 6,567).

königlichen Hochzeit erhält die Seele durch Christus, ihren Bräutigam, jene Gerechtigkeit, über die sie sich rühmen kann als wäre sie ihre eigene.

Um diese Gnade besser zu beschreiben und genauer zu betrachten, die der innere Mensch im Christusglauben, der ihn rechtfertigt, erhält, führt Luther ein wenig später im Text die Thematik des König- und Priestertums ein mit Bezug auf das alttestamentliche Erstgeburtsrecht: So wie Christus die zwei Hoheitstitel – der lateinische Text spricht von „dignitates" –, nämlich die des Priestertums und des Königtums (vgl. Gen 49,3), durch seine Erstgeburt erhält, so teilt er sie nun mit jedem, der an ihn glaubt aufgrund des Gesetzes der Ehe, nach welchem gilt, daß der Braut alles gehört, was des Bräutigams ist; aus diesem Grund „omnes in Christo sumus sacerdotes et reges quiqumque in Christum credimus".[45] Luther beschreibt das Priestertum Christi, indem er auch hier 1 Petr 2,9 zitiert, welches in seiner Fürbitte für uns vor Gott besteht wie auch in seiner Selbstaufopferung; des Weiteren: „Nicht nur, daß [Christus] für uns betet und für uns eintritt, er unterweist uns innerlich im Geiste durch die lebendigen Lehren seines Geistes. Und das sind die beiden eigentlichen Aufgaben des Priesters"[46], an denen die irdischen Priester teilhaben, wenn sie vor allen beten und predigen.

Königtum und Priestertum sind wie zwei *dignitates*, an denen Christus uns teilhaben lässt kraft unseres Glaubens an das Heil. Es sind also weniger zwei „Ämter" als vielmehr zwei Privilegien, die nicht die Aufgaben, sondern das innerste Wesen des Christseins ausdrücken; Luther präzisiert, daß das Priestersein in Ewigkeit etwas weitaus herrlicheres ist als das Königsein,

„da wir aufgrund des Priestertums würdig sind, vor Gott zu erscheinen, für andere zu beten und einander gegenseitig das zu lehren, was Gottes ist. Das nämlich sind die Aufgaben der Priester, die keineswegs einem Ungläubigen eingeräumt werden dürfen. So hat es Christus für uns durchgesetzt, daß wir, wenn wir an ihn glauben, nicht anders als seine Brüder, Miterben und Mitherrscher, auch seine Mitpriester sind und es wagen können, mit Zuversicht aus dem Geist des Glaubens vor Gott zu treten und zu rufen ‚Abba, Vater', füreinander zu beten und alles zu tun, von dem wir sehen, daß es im sichtbaren und körperlichen Amt der Priester gewirkt und zeichenhaft vollzogen wird".[47]

Das Priestertum der Gläubigen kann folglich nur als Teilhabe am Priestertum Christi begriffen werden, welches den Glaubenden mit einer einzigartigen Würde bekleidet. Meiner Meinung nach ist an dieser Stelle die Einfügung der Thematik des Priestertums in die Rechtfertigungslehre eindeutig.[48] Da diese priesterliche Würde alle Christen betrifft, die im Glauben

---

[45] De libertate christiana: LDStA 2, 140 (WA 7,56,37 f).
[46] A.a.O., 141 (WA 7,56,31–33).
[47] De libertate christiana; LDStA 2, 143 (WA 7,57,25–32).
[48] Vgl. A. Maffeis, Teologie della riforma, 70–71.

die mystische Ehe mit Christus eingehen und das von ihm gespendete Heil annehmen, kann sie selbstverständlich nicht nur einigen in der Kirche, wie den sogenannten „Geistlichen", gehören. Es gilt im Gegenteil, daß eine Unterscheidung zwangsläufig nur in der *Ausübung* des Priesteramtes bestehen kann (es geht ja um das Christsein und um die Gnade der Rechtfertigung): Auch wenn die *Ausübung* des Priesteramtes – nicht das Priester*sein* –, also der „Dienst des Wortes, um den Glauben an Christus und die Freiheit der Gläubigen zu lehren",[49] „de jure" allen gehört, betrifft sie „de facto" nur einige und zwar diejenigen, die die Gemeinde dazu beauftragt: „Nam etsi verum est, nos omnes aequaliter sacerdotes esse, non tamen possumus, nec si possemus, debemus omnes publice servire et docere".[50]

Der wiederholte Bezug auf 1 Petr 2,9 lädt uns dazu ein, zu betrachten, was Luther 1523 in seinem Kommentar zum ersten Petrusbrief schrieb. Luther nimmt hier das Bild der Ehe aus dem „Tractatus de libertate christiana" wieder auf. Für den Reformator wird in dem besagten Vers keine Unterscheidung zwischen Klerikern und Laien bezüglich des heiligen Priestertums vollzogen, da es alle betrifft, die Christen sind. Denn Christus ist der Bräutigam und wir sind die Braut und die Braut besitzt alles, was des Bräutigams ist, bis hin zu seinem Leib. Nun ist Christus der Hohepriester, der von Gott selbst gesalbt wurde und drei Dienste ausgeübt hat: er hat seinen Leib für uns geopfert (dies ist der größte priesterliche Dienst); er hat für uns am Kreuz gebetet; er hat das Evangelium verkündet und alle Menschen über Gott und ihn selbst unterrichtet. Diese drei Dienste hat er auch uns übertragen. Und weil

„er Priester ist, und wir seine Brüder sind, so habens alle Christen Macht und Befehl, und müssens tun, dass sie predigen und vor Gott treten, einer für den anderen bitten, und sich selbst Gott opfern. Und trotz das jemand anhebe das Wort Gottes zu predigen oder zu sagen, er sei denn ein Priester".[51]

Folglich besteht das wahre Priestertum im Darbieten geistlicher Opfer, im Beten für die Gemeinde und im Predigen; wer Priester ist, hat das Wort zu predigen, für die Gemeinde zu beten und sich selbst als Opfer vor Gott darzubieten. Etwas später im Text fügt Luther hinzu, daß ein Priester ein Bote Gottes sein soll und von Gott den Befehl erhalten haben muß, sein Wort zu verkünden, nämlich die wunderbaren Dinge, die Gott für uns getan hat, indem er uns aus der Dunkelheit ins Licht gerufen hat; wer pre-

---

[49] De libertate christiana: LDStA 2, 145 (WA 7,58,18 f).
[50] A.a.O. 144 (WA 7,58,19–21).
[51] Epistel S. Petri gepredigt und ausgelegt. Erste Bearbeitung (1523): WA 12,308,5–8; vgl. WA 12,317,318,18 f.: „,Ihr seid das königliche Priesterthum', ist eben so viel, als wenn er sagt: ,ihr seid Christen'".

digt, sollte uns von jener Macht Gottes erzählen, die das Böse, die Sünde und den Tod besiegt.[52]

Da dies für alle Christen gilt, ergebe es keinen Sinn, zwischen Priestern und allgemeinen Christen zu unterschieden oder die priesterlichen Dienste nur einigen zuzusprechen: „Aber alle sind wir Priester vor Gott, so wir Christen sind". Vor Gott gibt es keinen Unterschied, obgleich ein äußerlicher Unterschied durch den Ruf der Gemeinde besteht, die nur einige zum Amt der Predigt einsetzt, um es an Stelle und im Namen aller zu verwalten; aus diesem Grund sollte niemand von sich aus hervortreten, um zu predigen, sondern es muß jemand aus der Gemeinde gewählt werden, für das Amt beauftragt werden und, wenn nötig, auch wieder des Amtes enthoben werden. Trotzdem ist das, was zählt, nicht die Äußerlichkeit der Berufung, sondern, daß alle als Christen Priester vor Gott sind. Deswegen, so Luther, wäre es angebracht, das Wort Priester als eine allgemeine Bezeichnung für den „Christen" zu verwenden.[53] Wenn alle als Glieder des einen priesterlichen Volkes mit der gleichen Würde das Amt ausüben können, kann es keine Art von Einschränkungen geben. Sich auf 1 Kor 14,34 beziehend schreibt Luther, daß das Predigtamt im Normalfall nur Männern anvertraut werden soll. Allerdings kann es, gesetzt den Fall, daß nur Frauen und keine Männer anwesend sind, wie beispielsweise in Frauenklöstern, einer Frau erlaubt werden, zu predigen.[54]

An dieser Stelle gehen wir um zwei Jahre zurück, um uns einige Aussagen aus der Schrift „De abroganda missa privata Martini Lutheri sententia" von 1521 vor Augen zu führen. Ausgangspunkt ist die Bemerkung, daß es im Neuen Testament kein sichtbares Priestertum außer dem Priestertum Christi gibt, mittels welches sich Christus selbst für uns geopfert hat und wir alle mit ihm (vgl. 1 Petr 3,18 und Hebr 10,14): Christus bleibt der einzige Hohepriester und es bedarf keines anderen Mittlers (vgl. Hebr 5,1). Weil wir alle Priester sind, gehören das Gebet, der Zugang zu Gott und die Kenntnis Gottes – welche die Attribute des Priesters sind – allen. Das geistliche Priestertum (im Gegensatz zu einem vermeintlich äußerlich-sichtbaren) herrscht in allen gemeinsam allein durch den Geist (vgl. Gal 3,28); deswegen ist es allen Christen gemeinsam und das einzig wahre. Luther schreibt kategorisch: „sichtbare und von Laien unterschiedene Priester kann es im Neuen Testament nicht geben; diejenigen aber, die es gibt, gibt es weder aufgrund eines biblischen Fundaments noch aufgrund einer Berufung Gottes";[55] und die Kirche muß sich notwendigerweise an das hal-

---

[52] Vgl. a.a.O. 318.
[53] Vgl. Epistel S. Petri gepredigt und ausgelegt: WA 12,316 f.
[54] Vgl. a.a.O.: WA 12,309.
[55] De abroganda missa privata Martini Lutheri sententia: WA 8,419,7–9.

ten, was das Wort festlegt, denn das Wort schafft die Kirche, die nur als eine Schöpfung des Wortes existiert („creatura Verbi") und somit unter diesem Wort steht. Dieses Wort aber bezeugt Folgendes: a) daß die priesterliche Funktion allen gegeben ist; b) daß das Priester-Sein in der Darbringung des geistlichen Opfers besteht – also in der Selbsthingabe – und im Feiern eines geistlichen Gottesdienstes. Das heißt, sich selbst zu töten und sich selbst als geweihtes Opfer darzubieten (vgl. Röm 12,1; Hebr 9,11–12; 1 Petr 2,15, wie auch die zahlreichen Belege in den Psalmen).[56] Insofern das Priesteramt das Amt des Wortes ist, ist „Priester des Geistes derjenige, der das Wort der Gnade weitergibt" und er hat „das Recht und die Macht, ja sogar die Verpflichtung, die Gnade dessen zu verkünden, der ihn berufen hat";[57] hier scheint sich Luther auf einen unmittelbar göttlichen Ursprung – nicht mehr bloß gemeinschaftlichen – der Berufung zum Predigtamt zu beziehen.

Gerade, weil alle das Recht besitzen, zu reden (Gleichheit im Amt) sowie das Recht und die Funktion, zu unterrichten, ist eine Ordnung vonnöten. Denn das Recht aller „kann und darf nicht von jemand anderem ausgeübt werden als von demjenigen, der geeigneter ist als die anderen",[58] und für ihn müssen die anderen den Platz frei machen, um die Ordnung und den Anstand zu wahren. Um der Ordnung und des Anstands willen verbietet Paulus den Frauen, zu reden, aber nur, wenn Männer anwesend sind, weil diese geeigneter als die Frauen zum Reden seien; trotzdem ist der Vorrang der Männer nur eine Frage der „Ordnung und des Anstandes", um einen allen gehörenden Dienst, besser ausüben zu können. Sollten also keine Männer anwesend sein, haben die Frauen zu predigen, gerade aufgrund der Notwendigkeit der Predigt. Die Schlussfolgerung Luthers ist eindeutig:

„in der Kirche ist das Amt des Wortes nur eines, und es ist allen Christen gemein, denn alle können reden und urteilen und alle sind angehalten, zuzuhören".[59]

In diesem Text spricht Luther zum ersten Mal im Zusammenhang mit dem Priestertum auch über die Bischöfe. Seiner Meinung nach sind mit Tit 1,5–7 Bischöfe und Presbyter dasselbe; Bischöfe sind reifere Laien, „die ein aufrichtiges Leben führen" und von den benachbarten Bischöfen oder ihrem eigenen Volk zum Bischof gewählt werden.[60]

---

[56] Vgl. a.a.O. 420 f.
[57] A.a.O. 422,33–38.
[58] A.a.O. 424,25.
[59] A.a.O. 425,7–9.
[60] Vgl. a.a.O. 427. Dennoch betont Luther zur Vermeidung von Mißverständnissen, daß Bischöfe und Presbyter keine separate Gruppe von besonderer Würde kraft eines Zeichens (definiert als „Zeichen des Tieres") darstellen und daß das einzige Priestertum das christliche und geistliche ist, dessen Hoherpriester nur Christus ist und dessen Gesetz einzig der Glaube und dessen Aufgabe das Predigen des Glaubens ist.

3. Die fortschreitende Strukturierung in der Reflexion Luthers
in den entscheidenden Schriften von 1523

Wir kommen nun zur Analyse von zwei Schriften aus dem Jahr 1523. Es
handelt sich vermutlich um die entscheidenden Schriften bezüglich der
Frage des Amtes bei Luther. Beide wurden geschrieben, um in dramati-
schen und schwierigen Zeiten für die Kirche Stellung zu nehmen und die
Richtung zu weisen. Der erste Text, „De instituendis ministris Ecclesiae",
nimmt Bezug auf die Situation der böhmischen Utraquisten. Diese waren
überzeugt, daß es zur Ausübung des Amtes der Weihe eines Bischofs be-
dürfe und da sie von 1421 an keine Bischöfe mehr hatten, sandten sie ihre
Priesteramtskandidaten nach Italien, damit diese durch italienische Bischöfe geweiht würden mit dem Versprechen, daß sie, sobald sie in ihre Heimat
zurückkehren würden, das Abendmahl unter einer Gestalt feiern würden.
Ein Versprechen, das sie zu brechen und es feierlich in ihrem Land zurück-
zunehmen gezwungen waren. Die zweite Schrift mit dem Titel, „Daß eine
christliche Versammlung oder Gemeinde Recht und Macht habe, alle Lehre zu urteilen und Lehrer zu berufen, ein- und ab zu setzen, Grund und
Ursache aus der Schrift", entstand – obgleich die Umstände nie explizit
genannt werden – als Folge der Geschehnisse in der Stadt Leisnig, wo der
Abt, der Rom treu geblieben war, den Evangelischen das Recht absprach,
den eigenen Pfarrer zu wählen.

   In der ersten Schrift bot die absurde und demütigende Situation, in der
sich die böhmischen Brüder befanden, die Gelegenheit für Luther zu einer
Reihe von Überlegungen, bei denen er zwischen dem Vorgehen im Normalfall und dem in einer Notsituation unterschied. Gerade die Situation
der böhmischen Utraquisten brachte Luther dazu, zu behaupten, daß es
besser sei, auf die päpstliche Weihe zu verzichten als unwürdige und heillo-
se Priester zu haben und daß ein Hausgottesdienst besser und ausreichend
sei, bei dem der Hausvater zu Hause das Evangelium lese und seine Kinder taufe und auf diese Weise sich selbst und die Seinen gemäß der Lehre
Christi leite. Dies gelte auch, wenn sie ihr ganzes Leben lang nicht wagten
oder keine Möglichkeit hätten, die Eucharistie zu empfangen; in Ausnah-
mesituationen dürfe auf die Eucharistie verzichtet werden, „in dem Sinne, daß das Heil sonst in Gefahr wäre; es genügen nämlich das Evangelium
und die Taufe, weil allein der Glaube gerecht macht und allein die Liebe
ein gutes Leben führt".[61] Ein derartiger Gottesdienst würde in jedem Fall
die Präsenz Christi in der Familie sichern und sie so als Kirche begründen.

---

[61] De instituendis ministris Ecclesiae: LDStA 3, 581 (WA 12,171,21–23). Weiter unten bekräftigt Luther: Es ist „das lebensspendende Wort Gottes [...], welches die Seelen
erneuert und von Tod und Sünden erlöst, was unvergleichlich größer ist als Brot und

Wenn auch in Notsituationen die Regeln, die unter normalen Umständen gelten, nicht beachtet werden müssen, so ist für Luther dennoch die Idealsituation nicht der Hausgottesdienst, sondern die Gegenwart geweihter Amtsträger in der Kirche. Die Weihe zum Amt existiert zu einem grundlegenden und vorrangigen Zweck, nämlich um das Amt des Wortes willen. Ohne dieses kann es keine Kirche geben, denn die Existenz der Kirche hängt von diesem Dienst ab:

> „Denn diese Ordination ist doch durch die Autorität der Schrift, ferner durch das Beispiel und die Anordnungen der Apostel dazu eingerichtet, daß sie Diener des Wortes im Volke einsetzt. Das öffentliche Amt des Wortes, durch das die Geheimnisse Gottes ausgeteilt werden, soll – sage ich – durch die heilige Ordination eingesetzt werden als eine Sache, die über allem in der Kirche die höchste und größte ist, in der die ganze Kraft des kirchlichen Standes besteht. Denn ohne das Wort besteht nichts in der Kirche. Und allein durch das Wort besteht alles.“[62].

All dies ist den „papistischen" Priestern weder bewußt noch erkennen sie es an. Anstatt das Wort Gottes zu lehren und die Gemeinde zu leiten, beschränken sie sich darauf, Opfer durchzuführen und über die Sünden zu urteilen.[63] Die Notwendigkeit des Amtes und das falsche „papistische" Verständnis des Priestertums veranlassen Luther zur Reflexion über das Priestertum an sich (sein Wesen und seine Bedeutung), dann über die priesterlichen Aufgaben und zuletzt über die Auswahl und die Einsetzung der Amtsträger.

Luther beginnt mit einer grundlegenden Aussage: der einzige Hohepriester ist Christus, der mit dem Opfer seiner selbst ein für alle Mal die Sünden aller getilgt hat und alle jene ein für alle Mal vollkommen gemacht hat, die geheiligt sind, also von den Sünden befreit wurden ohne Verdienst noch Werk ihrerseits. Mit der Taufe und durch geistliche Geburt werden alle Christen zu Priestern[64], wie in der Schrift festgehalten: Ps 110,4; Ps 21,22; Ps 45,7; Röm 8,32. Wir, die wir in der Taufe neugeboren wurden, sind eins mit Christus, Priester wie er, Söhne wie er, Könige wie er. Nicht nur sind

---

Wein zu segnen, weil ja das das höchste Amt in der Kirche ist: das Wort Gottes zu verkündigen.", a.a.O. 607 (WA 12,181,27–30).

[62] De instituendis ministris Ecclesiae: LDStA 3, 585 (WA 12,172,35–173,1–6)

[63] Es bleibt zu fragen, wie der Ausdruck „die Gemeinde leiten" (vgl. a.a.O., 591 [WA 12,174]) hier ist und was er in diesem Zusammenhang bedeutet. Vor allem unter Berücksichtigung des Gedankens Luthers, daß die Kirche sich selbst leite und das Leiten nicht die eigentliche Aufgabe des geweihten Priesters zu sein scheint oder zumindest der priesterlichen Identität (im Unterschied zur Dimension des Amtes des Wortes oder auch zur königlichen Dimension, die beide dem Menschen als Gabe des Glaubens an Christus zuteilwerden). Meiner Meinung nach, jedenfalls, bezieht er sich auf die „episkopè" ohne ihr dabei die Rolle der „Leitung in der Lehre" zukommen zu lassen.

[64] A.a.O. 599 (WA 12,178,9 f.); „Sacerdotem non esse quod presbyterum vel ministrum; illum nasci, hunc fieri".

alle Christen Priester, sondern sie sind es auch auf die „gleiche Art und Weise"[65]. Niemand kann es aufgrund seines Wesens, der Salbung, der Tonsur
etc. substanziell mehr als ein anderer sein, wie uns die zwei grundlegenden
Schriftzitate 1 Petr 2,9 und Apk 5,10 verdeutlichen, auf die Luther sich wiederholt bezieht. Gerade, weil wir laut Luther alle Priester sind und es keine
zwei zu unterscheidenden Arten des Priestertums gibt, sondern nur zwei
unterschiedliche *Ausübungen* dieses Priestertums (die allen gemeine und die,
die einige im Auftrag und im Namen aller ausüben), sind diejenigen, die zur
Ausübung des priesterlichen Dienstes erwählt wurden, eher „*Amtsträger*" als
„Priester" zu nennen, um das Mißverständnis und die Annahme zu vermeiden, daß Priester nur die eingesetzten Amtsträger sind. Luther sagt deutlich,
daß alle priesterlichen und königlichen Aufgaben allen gehören kraft der einen Taufe, des einen Evangeliums und des einen Glaubens:

„Es gibt kein anderes Wort Gottes als das, dessen Verkündigung allen Christen auf-
getragen ist. Es gibt keine andere Taufe als die, welche jeder Christ spenden kann.
Es gibt kein anderes Gedächtnis mittels des Herrenmahls als das, in welchem jeder
Christ tun kann, was Christus zu tun eingesetzt hat. Es gibt keine andere Sünde als
die, welche jeder Christ binden und lösen soll. Es gibt kein anderes Opfer als das
Opfer des Leibes eines jeden Christen. Niemand kann beten als allein ein Christ.
Niemand darf über Lehren urteilen als ein Christ. Das aber sind die priesterlichen
und königlichen Ämter.".[66]

An dieser Stelle führt Luther eine Überlegung über die priesterlichen
Funktionen und die wesentlichen Aufgaben im Zusammenhang des Prie-
sterseins durch. Da die Kirche durch das Wort errichtet ist, versteht es sich
von selbst, daß sich alles um das Wort dreht. So schreibt er:

„Die priesterlichen Amtsaufgaben sind aber üblicherweise diese: lehren, predigen
und das Wort Gottes verkündigen, taufen, konsekrieren oder Abendmahl halten,
binden und lösen der Sünden, Fürbitte halten, opfern, urteilen über aller Leute Lehren und Geist. Das sind gewiss große und königliche Dinge: das Erste aber
und das Größte von allen, von dem alles andere abhängt, ist, das Wort Gottes zu
lehren. Denn durch das Wort lehren wir, segnen wir, binden und lösen wir, taufen
wir, opfern wir, durch das Wort urteilen wir über alles. Wem wir daher das Wort
zugestanden haben, dem können wir gewiß nichts absprechen, was zu einem Priester gehört."[67]

Die erste priesterliche Aufgabe ist das Amt des Wortes, die wichtigste Aufgabe in der Kirche, die allen gleichermaßen durch Christus anvertraut
wurde.[68] Der biblische Beleg dafür ist weiterhin 1 Petr 2,9. Luther nennt

---

[65] Vgl. a.a.O. 602 (WA 12,179,39).

[66] De instituendis ministris Ecclesiae: LDStA 3, 629 (WA 12,189,40–190,6).

[67] A.a.O. 603 (WA 12,180,1–9).

[68] Vgl. a.a.O. 607 (WA 12,181); vgl. auch a.a.O. 607 (WA 12,181,25 ff.): „daß alle
Christen und sie allein, auch die Frauen, ohne Schur und ohne bischöfliche Kennzeichnung Priester sind."

auch 1 Kor 11,24 und Lk 22,19 und interpretiert das „tut dies zu meinem Gedächtnis" sowohl als einen Befehl, der sich an alle Jünger wendet – das heißt an die Christen – (vgl. 1 Kor 14,26), als auch als einen Befehl, „nichts anderes als das Wort zu predigen", wie Paulus selbst in 1 Kor 11,26 erklärt; es handelt sich um das Vermächtnis des Herrn, um das Recht und die Pflicht aller, dies in der Öffentlichkeit auszuführen (eine private Feier ergebe keinen Sinn), mittels des Amtes des Wortes, um die Seelen derjenigen zu retten, die zuhören. Es ist zu betonen, daß jeder Christ das Wort Gottes besitzt und ein von Gott unterwiesener und gesalbter Priester ist und deshalb die Pflicht hat, jenes Wort zu bekennen, zu unterrichten und zu verkünden.[69]

Das Amt des Wortes umfaßt auch alle anderen priesterlichen Aufgaben; in der Tat,

> „[w]enn nun das Amt, das Wort zu lehren, jemandem übertragen wird, dann wird ihm zugleich alles übertragen, was in der Kirche durch das Wort geschieht, also die Ämter des Taufens, Segnens, Bindens und Lösens, Betens, Urteilens; denn das Amt der Verkündigung des Evangeliums ist das allerhöchste Amt, nämlich ein apostolisches Amt, welches das Fundament legt für alle anderen Ämter, die darauf aufbauen müssen".[70]

So wie es Luther in der anderen Schrift von 1523 wiederholt: Wem das Predigtamt anvertraut ist, dem ist das wichtigste Amt der Christenheit anvertraut, von dem alle anderen Ämter abgeleitet werden und ohne welches keines der anderen Ämter existieren würde, sodaß der Amtsträger sogar die Taufe und andere weniger wichtige Aufgaben anderen überlassen und sich einzig dem Predigen widmen kann. Die Predigt ist das höchste Amt; zumal Christus selbst nicht getauft, sondern einzig gepredigt hat und sich Paulus in 1 Kor 1,17 rühmt, nicht zum Taufen gesandt worden zu sein, sondern einzig zu predigen.[71]

In AC XIII findet sich neben der Aussage, daß die Priester die Berufung erhalten, um das Evangelium zu verkünden und die Sakramente dem Volk auszuteilen, auch die folgende Überlegung: „wenn man das Sakrament des Ordens also (als Beauftragung mit dem Predigtamt=Wortamt) verstehen wollte, so möchte man auch das Auflegen der Hände ein Sakrament nennen."[72] Denn das Wort beruht auf dem Befehl und den Verheißungen Gottes (die etwas zu einem Sakrament machen).

---

[69] Vgl. Daß eine christliche Versammlung oder Gemeinde Recht und Macht habe, alle Lehre zu urteilen und Lehrer zu berufen, ein- und ab zu setzen, Grund und Ursache aus der Schrift: DDStA 2, 393 (WA 11,411 f.).

[70] De instituendis ministris Ecclesiae: LDStA 3, 631 (WA 12,191,6–10).

[71] Vgl. Daß eine christliche Versammlung: DDStA 2, 401 (WA 11,415).

[72] AC XIII, BSELK 514 (BSLK 293).

Nachdem die absolute Vorrangigkeit und Notwendigkeit des Wortamtes festgehalten worden ist, welches alle anderen Ämter hervorbringt, untersucht Luther die anderen priesterlichen Aufgaben:

Deren zweite ist das Taufen. Bei der Taufe offenbart sich das lebenspendende Wort Gottes.

Die dritte Aufgabe ist das „Konsekrieren", das heißt das Verwalten des konsekrierten Brotes und Weines. Zu betonen ist aber, daß die herrlichsten aller Dienste nicht das Konsekrieren, sondern die Verkündigung des Wortes und das Taufen sind. Hier führt Luther einen sehr interessanten Gedanken durch, mit dem er noch einmal daran festhält, daß alle „konsekrieren" *können*, und zwar tut er dies ohne einen Bezug auf die Schrift, für den Fall, daß, wie er selbst sagt, „per absurdum" die Schrift an Autorität verlieren sollte. Denn – so argumentiert er –, wenn allen von Christus das Wichtigste zuteil wurde – nämlich das Wort und die Verwaltung des Wortes des Lebens (die Taufe) –, dann kann es nicht folgerichtig sein, daß das, was von geringerer Bedeutung ist, nämlich das Segnen des Weines und des Brotes, einigen verwehrt werde: „Wenn Gott das eine gibt, das Größere, um wieviel mehr wird er das Andere geben".[73]

An vierter Stelle steht die „Schlüsselgewalt", also das Binden und Lösen von Sünden, welche allen Christen gehört, so daß diese alle die Eigentümer dieser Gewalt sowie seiner Ausübung sind. Auch diese Aufgabe ist schlußendlich auf das Amt des Wortes zurückzuführen, weil das „Binden und Lösen [...] schlechterdings nichts anderes [ist] als das Evangelium predigen und anwenden".[74]

An fünfter Stelle steht das Opfern, wobei das einzige Opfer das geistliche ist, also die Hingabe unseres Leibes mittels der Kreuzigung (vgl. Röm 12,1).

An sechster Stelle steht das Beten für die Anderen: Weil Christus das Beten allen anvertraut hat, ist dies ein weiterer Beweis dafür, daß das Priestertum, zu dem das Beten gehört, allen gemein ist.

An letzter Stelle steht schließlich das Urteilen über die Lehre. Darauf beharrt Luther besonders in seiner Schrift „Daß eine christliche Versammlung oder Gemeinde Recht und Macht habe, alle Lehre zu urteilen und Lehrer zu berufen, ein- und ab zu setzen, Grund und Ursache aus der Schrift". Dem Diktat der Schrift und nicht dem der Menschen folgend, haben alle Christen und nicht nur die Bischöfe, Gelehrten und Konzilien das Recht, über die Lehre zu urteilen, also alle, die, wie in Joh 10,14.27 geschrieben steht, die Stimme des Herrn kennen. Aus diesem Grund ist auch der, der in der Kirche unterrichtet, dem Urteil der Schafe unterstellt, die

---

[73] De instituendis ministris Ecclesiae: 3, 611 (WA 12,183,12–14).
[74] A.a.O. 615 (WA 12,184,32 f.): „Was nämlich heißt Lösen, wenn nicht die Vergebung der Sünden vor Gott zu verkündigen?".

nicht nur das Recht und die Macht besitzen, über alles zu urteilen, was ihnen gepredigt wird, sondern auch die Pflicht haben, dies zu tun, wenn sie
nicht Gottes Ungnade hervorrufen wollen; eine Gemeinde hat kraft der
Taufe die Pflicht, der Autorität der ordinierten Prediger des Evangeliums
zu folgen wie auch die Pflicht, sie zu meiden und abzusetzen, sollten sie
das christliche Volk gegen Gott und sein Wort regieren.[75] Das Recht, über
die Lehre zu urteilen, gehört allen, die mit dem Glauben das Wort empfangen haben und gerechtfertigt wurden; es sind die Gläubigen, die Wahrheit und Lüge unterscheiden müssen, nicht die Gelehrten und Bischöfe
(vgl. 2 Thes 2,3; Mt 7,15; 1 Thes 5,21; Mt 24,4 etc.).

Wenn das Wort das konstitutive Element der christlichen Gemeinde
ist,[76] und wenn die christliche Gemeinde nicht ohne das Wort existieren
darf und kann, dann gilt, daß sie Prediger haben muß, die das Wort verkünden.[77]

Man könnte hier einwenden, daß – da alle Getauften Priester sind – gar
kein Problem besteht, denn alle können „de jure" das Wort verkünden. In
Wahrheit führt aber die Tatsache, daß alle kraft des allgemeinen Priestertums dieses Recht haben, zum einen dazu, daß die priesterlichen Aufgaben allen gehören, und zum anderen dazu, daß niemand den Anspruch zur
Ausübung dieser Aufgaben erheben kann, wenn er nicht von allen dazu
beauftragt wurde. Auch wenn die Taufe uns freilich zu Christen und Priestern macht, berechtigt sie uns nicht zur *Ausübung* des Amtes des Wortes.[78]
Luther kehrt zu einem Aspekt zurück, der aus seiner Perspektive äußerst
zentral und grundlegend ist: Gerade weil gewisse Aufgaben allen gemein
sind, kann niemand von sich aus und aus eigener Autorität das, was allen
gehört, in Anspruch nehmen, es sei denn, es sind diese „alle", die ihn dazu
beauftragen. Wenn es sich anders verhielte, gäbe es eine beschämende Unordnung im Gottesvolk und es würde ein neues Babylon geboren;[79] stattdessen braucht es Ordnung, was besagen will: Das Predigtamt „öffentlich
auszuüben ist nur mit Zustimmung der Gesamtheit beziehungsweise der

---

[75] Vgl. Daß eine christliche Versammlung: DDStA 2, 387 ff. (WA 11,409 ff.).

[76] Vgl. a.a.O. 387 (WA 11,408,8–10): „Man kann die christliche Gemeinde aber mit
Sicherheit daran erkennen, dass dort das reine Evangelium gepredigt wird".

[77] Vgl. a.a.O. 393 (WA 11,411).

[78] Vgl. Der 82. Psalm ausgelegt, 1530, WA 31/1,211: „Es ist wahr, alle Christen sind
Priester, aber nicht alle sind Pfarrer".

[79] Vgl. De instituendis ministris Ecclesiae: LDStA Bd. 3, 627 (WA 12,189,21–25):
„Aber die Gemeinsamkeit des Rechtes erzwingt, daß einer – oder wie viele eine Gemeinschaft für angemessen hält – ausgewählt oder angenommen werden, die anstatt
oder im Namen aller, die gleichen Rechtes sind, diese Ämter öffentlich ausüben, damit keine häßliche Verwirrung im Volke Gottes eintritt und aus der Kirche ein Babylon wird, sondern alles ehrbar und ordentlich vor sich geht, wie der Apostel es gelehrt
hat [1 Kor 14,40]."

Gemeinde erlaubt"[80]. Insofern der Amtsträger im Namen aller ein Recht ausübt, das allen gehört, gilt selbstverständlich, daß, wer ihn einsetzt, ihn auch wieder absetzen kann, im Falle, daß er die Amtstreue verletze, oder ihn auch wieder-einsetzen kann im Falle, daß er es verdiene oder es der Gemeinde so gefalle.

Weil das Amt eine heikle Angelegenheit ist, ist der provisorische Charakter seiner Ausübung beinahe notwendig als eine Art von Schutz, der verhindern soll, daß die Untreue des Amtsträgers die ewigen Güter zerstöre.[81] Gerade diese entscheidende Rolle der Gemeinde führt dazu, daß die Ausübung des Rechts und zugleich der Pflicht, das Wort zu predigen, durch die Gemeinde normiert werden muß, die das „sacerdotium" ordnet, indem es ihm „ministeria" zuweist. Da das Priestertum zur Ontologie gehört, kann es durch keine Gemeinde abgesprochen werden, jedoch hängt seine ordentliche *Ausübung* innerhalb der Gemeinde von der Gemeinde selbst ab, die ihm die Form des Amtes gibt, welches wiederum seinem Wesen nach „wi(e)derrufen" werden kann (sowohl im Sinne des „Wegnehmens" als auch des „erneuten Berufens"), insofern es nichts Existenziales, sondern etwas Existenzielles ist, nicht etwas Ontologisches ist, sondern etwas Ontisches.

In jedem Falle ist es einzig die Gemeinde, die im Normalfall über das Amt entscheidet, es ist die Gemeinde, die das Recht und die Pflicht hat, die Amtsträger einzusetzen. Diese Entscheidung der Gemeinde ist für die Amtsträger verbindlich, was bedeutet, daß derjenige, der vom Bischof erwählt wurde, ohne die Erwählung, den Willen und die Berufung durch die Gemeinde, das Amt nicht ausüben kann (von Notsituationen abgesehen), sondern er von der Gemeinde bestätigt werden muß.[82] Sich auf Apg 6 beziehend erinnert Luther daran, daß schon bei der Wahl eines geringeren Amtes (den Diakonen) die Apostel niemand einsetzen konnten ohne die Zustimmung der Gemeinde (geschweige denn in Unwissenheit der Gemeinde). Deswegen setzten weder Paulus noch Titus, noch Timotheus einen Priester ohne die Wahl und den Ruf der Gemeinde ein;[83] es ist in der

---

[80] A.a.O. 627 (WA 12,189,26f.).

[81] Vgl. a.a.O. 631 (WA 12,190).

[82] Vgl. Daß eine christliche Versammlung: DDStA 2, 397 (WA 11,414,1–14): „Selbst wenn sie rechtschaffene Bischöfe wären, die das Evangelium haben und rechtschaffene Prediger einsetzen wollten, können und sollen sie das nicht ohne Willen, Wahl und Berufung der Gemeinde tun, ausgenommen, wenn es die Not erzwingt [...]. Wenn aber keine solche Not da ist und es Menschen gibt, die Recht und Vollmacht und Begabung haben zu lehren, soll kein Bischof jemanden ohne Wahl, Willen und Berufung der Gemeinde einsetzen, sondern soll den von der Gemeinde Gewählten und Berufenen bestätigen."

[83] Vgl. a.a.O. 399 (WA 11,414,25–29): „Wenn nun die Apostel nicht einmal wagten, aus eigener Machtvollkommenheit jemanden in dieses Amt einzusetzen, das nur für die

Tat die Gemeinde, die darüber urteilt, ob ein Bruder geeignet und also untadelig ist (vgl. Tit 1,7 und 1 Tim 3,2).

Weil das geordnete Amt entscheidend und notwendig ist, führt dies dazu, daß im Normalfall (wenn keine Not besteht) die Amtsträger des Wortes einzusetzen sind, die aus der Herde Christi erwählt wurden. Und da die Kirche nicht ohne das Wort und seine Verkündigung bestehen kann, hat die Gemeinde, um zu verhindern, daß die Kirche vergeht, öffentlich („in einer Versammlung") und einstimmig („mit der Zustimmung aller") unter den Ihren einen oder mehrere zu wählen, die, je nach den Umständen, geeignet sind. Mit Gebeten und der Handauflegung sollen sie der Gemeinde anvertraut werden und als rechtmäßige Bischöfe und Diener des Wortes bestätigt und anerkannt werden.[84] Etwas vorher in „De instituendis ministris Ecclesiae" hatte Luther die Wichtigkeit betont, daß die Wahl der Priester nicht nur von der Autorität des Bischofs abhinge, sondern daß alles mit der Zustimmung und der Wahl des Volkes geschehe, für welches diese Priester entsandt werden. „[Da] es das Volk Gottes ist, [wäre es doch] außerordentlich wichtig, daß ihm nicht ohne seine Stimme jemand aufgedrückt wird; vielmehr sollte der Bischof denjenigen bestätigen, den sie selbst kennen und für tauglich befinden".[85]

Deswegen drängt Luther die böhmischen Brüder, weiterzumachen und deutet ihnen an, wie das geschehen sollte:

„Wenn dann diejenigen, deren Herzen Gott angerührt hat, damit sie mit euch eines Sinnes und einer Meinung seien, zusammengerufen und freiwillig zusammengekommen sind, dann verfahrt im Namen des Herrn und wählt aus, welchen und welche ihr wollt, die euch als würdig und geeignet erscheinen. Denn, indem die Vornehmeren unter euch ihnen die Hände auflegen, sollt ihr sie bestätigen und sie dem Volk und der Kirche bzw. der Gesamtheit anempfehlen; und nur hierdurch sollen sie eure Bischöfe, Diener oder Hirten sein. Amen. Denn was für Leute das sein müssen, die man wählen soll, lehrt Paulus zur genüge in Titus 1 und 1. Timotheus 3."[86]

Austeilung zeitlicher Versorgung zuständig ist, wie sollten sie so kühn gewesen sein, jemandem das höchste Amt, den Auftrag zu predigen, aus eigener Machtvollkommenheit und ohne Wissen, Willen und Berufung der Gemeinde zu übertragen."

[84] Vgl. De instituendis ministris Ecclesiae: LDStA 3, 633 (WA 12,191,32–37): „Wenn also die Übereinkunft von dreien oder zweien im Namen des Herrn alles vermag und Christus anerkennt, daß er der Urheber des Werkes ist, das diese vollbringen, um wie viel mehr muß man dann glauben, daß es mit seiner Billigung und Mitwirkung geschieht und geschehen sein wird, wenn wir in seinem Namen zusammenkommen, beten und Bischöfe sowie Diener des Wortes aus uns selbst wählen, zumal wir ja schon ohne derartige Wahl durch die Taufe zu solchem Dienst geboren und berufen sind.". Luther lädt die böhmischen Brüder dazu ein, sich nicht davor zu fürchten, etwas außerhalb der gewöhnlichen Gepflogenheiten zu tun.

[85] A.a.O. 585 (WA 12,172,24–27).

[86] De instituendis ministris Ecclesiae; LDStA Bd. 3, 639 (WA 12,193,36–194,3).

Luther beharrt auf der Notwendigkeit, daß niemals Prediger des Wortes und also Amtsträger in der Kirche fehlen dürfen. Dies tut er auch in der Schrift „Daß eine christliche Versammlung oder Gemeinde Recht und Macht habe, alle Lehre zu urteilen und Lehrer zu berufen, ein- und ab zu setzen, Grund und Ursache aus der Schrift", in der er sich auf eine Situation bezieht, in der es keine Prediger gibt, weil sie vom Papst nicht entsandt wurden. In dieser Situation, in welcher der dafür Zuständige (der Papst, die Bischöfe), nicht dafür sorgt, Prediger zu entsenden und einzusetzen, ist es die Aufgabe der Gemeinde, intern geeignete Personen für dieses Amt zu berufen und einzusetzen.[87] Luther scheint sagen zu wollen, daß die Berufung durch die Gemeinde die äußerlich-sichtbare (und notwendige) Bestätigung einer ursprünglicheren und inneren Berufung Gottes ist. Deswegen werden nicht alle berufen, sondern nur diejenigen, die Gott „im Geist erleuchtet und mit seinen Gaben bereichert hat",[88] obgleich es nur der Gemeinde zusteht, diese „göttliche Berufung" zu bestätigen.

Es bleibt dabei, daß theoretisch alle Christen gewählt und berufen werden können, daß alle Christen die Pflicht haben, das Wort zu bekennen, zu unterrichten und zu verkünden als eine Verantwortung gegenüber sich selbst (um die „eigene Seele nicht zu verlieren") und gegenüber Gott (um seine Ungnade nicht hervorzurufen).

In einer Notsituation gilt selbstverständlich, daß dies Prozedere übersprungen werden kann: im Brandfall kann ein jeder spontan die Rolle des Feuerwehrmanns übernehmen, um zu helfen und muß nicht darauf warten, daß jene kommen, die den Beruf des Feuerwehrmanns ausüben,[89] denn „Not bricht jedes Gesetz und kennt kein Gesetz".[90] Luther nennt zwei Beispiele für Notsituationen. Das erste Beispiel beschreibt einen Ort, an dem es keine Christen gibt; hier ist der Christ in der Pflicht, das Evangelium den Nichtchristen zu predigen und sie darin zu unterrichten, auch wenn kein Mensch ihn dazu berufen hat; in diesem Sinne handelten Stefan und der Diakon Philippus und Apollo. Das zweite Beispiel beschreibt einen Ort, an dem es Christen gibt, jedoch niemanden, der predigt und unterrichtet. Wie uns Paulus bezeugt (vgl. 1 Kor 14,20), hat jeder Christ in einer Notsituation die Erlaubnis, unter Christen zu unterrichten, ohne dazu berufen worden zu sein, sondern allein kraft des Wortes Gottes, das dazu befähigt, einander zu vertreten. Dennoch sollte man sich immer daran erinnern, daß die Notsituation die Ausnahme ist und nicht die Regel.

---

[87] Vgl. Daß eine christliche Versammlung: DDStA Bd. 2, 391 ff. (WA 11,411).

[88] Vgl. P. ALTHAUS, Die Theologie Martin Luthers; 284: „[W]er von Menschen in das Amt gerufen wird, [ist] durch Gott selbst berufen".

[89] Vgl. Daß eine christliche Versammlung: DDStA Bd. 2, 397 (WA 11,414).

[90] A.a.O. 395 (WA 11,412,27).

4. *Eine Schrift von 1533*

Zehn Jahre nach den beiden Schriften von 1523 bietet uns Luther in einer veränderten historischen Situation weitere Denkanstöße in der Schrift „Von der Winkelmesse und Pfaffenweihe". Im Zusammenhang einer vehementen Polemik gegen die Weihe mit dem „garstigen Chrisma" fragt er sich, was es bedeutet, ein Priester zu sein.[91] Seiner Meinung nach ist der Priester ein Diener der Kirche, der predigen und die Sakramente verwalten soll, ein Amtsträger, der öffentlich berufen wurde, die öffentliche Aufgabe des Predigens und des Gemeindedienstes auszuüben,[92] sodaß der Priester für die Gemeinde da ist und, wie seine Rolle nur innerhalb der Gemeinde Sinn ergibt, so ist es die Gemeinde, die ihn mittels der Weihe oder Ordination zum Amt beruft.

Es ist die größte Abscheulichkeit, zu meinen, daß kraft der Weihe mit dem Chrisma Personen mit einem höheren Stand als den der Taufe gemacht werden, nämlich mit einer besonderen, der Taufe überlegene Würde, die vom sogenannten „Prägemal" herrührt. Dies sei jedoch eine rein menschliche Erfindung, die durch keinerlei Anordnung oder Befehl Gottes gestützt würde,[93] wie Luther bereits in „De captivitate" mit weniger scharfen und polemischen Worten geschrieben hatte. „Es soll und kann im Grunde die Weihe nichts anderes sein, [...] denn eine Berufung oder ein Befehl zum Pfarramt oder Predigtamt",[94] präzisiert Luther. Solch eine Ordination wurde von den Aposteln durchgeführt durch die Handauflegung auf das Haupt und das Gebet für die zum Amt Berufenen oder Gesandten (vgl. Apg 13,3 und 1 Tim 5,22). Folglich ist die Weihe oder Ordination die Berufung, die zur öffentlichen Ausübung des Amtes befähigt,[95] aber im Wesentlichen nichts mehr gibt als die Taufe, welche uns als einzige zu Priestern macht. In diesem Sinne sind alle Getauften „geborene Pfaffen", die von ihrem Vater, welcher der Hohepriester ist, das Priestertum als Erbe erhalten haben (vgl. Ps 110,4 und v.a. 1 Petr 2.9).

„Sacerdos" ist der Name, der exklusiv den Getauften gegeben ist (vergleichbar mit einem Familiennamen) und unter den Getauften sind einige dazu berufen und erwählt, das Amt zugunsten aller auszuführen.

Um was für Ämter handelt es sich? Zuallererst ist das der Predigt zu nennen: das Amt des Wortes ist das wichtigste, weil das Wort Gottes die größte, notwendigste und erhabenste Sache des Christentums ist.[96] Die-

---

[91] Vgl. Von der Winkelmesse und Pfaffenweihe; WA 38,199 und 227.
[92] Vgl. a.a.O. 220.
[93] Vgl. a.a.O. 227 f.
[94] A.a.O. 228,27.
[95] Vgl. a.a.O. 238 und 256.
[96] Vgl. Von der Winkelmesse und Pfaffenweihe; WA 38,231.

ses Amt wird mittels der Erwählung und Sendung verliehen. Der Pfarrer und Prediger hat keine andere Aufgabe, als das Evangelium durch die Predigt darzureichen und zwar das Evangelium, das Jesus zu predigen befohlen hat.[97] Er hat nicht befohlen, das Evangelium zu „machen", sondern es „darzureichen", denn nichts in der Kirche gehört uns, sondern es gehört Christus, und seinem Befehl haben wir zu folgen, so daß erhalten bleibt, was *er* will. Das Pfarramt gehört nicht dem, der es ausübt, sondern es gehört Christus, und das Amt ist korrekt ausgeübt, wenn man das Evangelium rein predigt, wenn man sich bei der Taufe an die Anordnung Christi hält, wenn man bei der privaten oder öffentlichen Beichte die Absolution erteilt und wenn man die Messe so zelebriert, daß man die Anordnung und Einsetzung Christi beachtet.[98] Da, wo das Evangelium aufrichtig und rein gepredigt wird, dort gibt es auch die eine, heilige, christliche Kirche; und wo die Kirche ist, dort sind die Sakramente, Christus, der Geist und der ganze Rest. Wenn also die wesentlichen Dinge da sind (das Wort, Christus, der Geist, der Glaube), dann sind umso mehr die geringeren Dinge da, wie die Gewalt und das Recht, jemanden zum Amt zu berufen, um das Wort, die Taufe, das Abendmahl und die Vergebung als Dienst der Gemeinde zu verwalten. In Hinblick auf die Ordination verweist Luther auf die Worte Sankt Pauli in 2 Tim 2,2, wo einzig der Befehl steht, das Wort Gottes zu lehren, welches das höchste Amt ist.[99]

5. Schlussbemerkungen und Zusammenfassung

Mit dem Pfad, den ich eingeschlagen habe und bei dem ich im Wesentlichen diachronisch vorgegangen bin (auch wenn ich mit einem „abschließenden" Text begonnen habe), sind die zentralen Elemente in den Überlegungen Luthers über das ordinationsgebundene Amt aufgezeigt worden. Diese Elemente tauchen mit Beharrlichkeit wiederholt auf, ungeachtet der sich verändernden historischen Bedingungen und trotz der neuen und unterschiedlichen Akzente des reformatorischen Werkes im Laufe der Jahre.

Ich komme nun dazu, das Dargestellte zusammenzufassen, indem ich auf einige wichtige Aspekte hinweise, um die entscheidenden Aussagen Luthers über das Amt hervorzuheben.

    1. Die Kirche kann es nicht ohne Amt geben und wo das Amt ist, dort ist die Kirche Christi. Das Dienstamt ist von Gott eingesetzt (vgl. Eph 4,11),

---

[97] Vgl. a.a.O. 239 od. 238 f.
[98] Vgl. a.a.O. 243.
[99] Vgl. a.a.O. 253.

insofern Christus selbst Ämter eingesetzt hat und unter diesen auch das ordinationsgebundene.

2. Der einzige Hohepriester ist Christus[100] und wir alle sind mit der Taufe „aequaliter" Priester. Im Glauben vereint sich Christus mit der Seele – mit dem Gläubigen – und läßt ihn so teilhaben an aller Gnade, die er besitzt. Er rechtfertigt ihn und macht den Glaubenden zum König und Priester, wobei die „dignitas" des Priestertums höher ist als die des Königtums. Weil es sich um eine „dignitas" handelt und nicht um eine Funktion, kann sie nur einem jeden einzeln gegeben werden, denn es handelt sich um die Gnade und Gabe des Heils.

3. Das ordinationsgebundene Amt ergibt ohne das allgemeine Priestertum aller Getauften und ohne die Gnade der Taufe, die kraft der Annahme des Evangeliums im Glauben rechtfertigt und rettet, keinen Sinn. Folglich kann das Amt nur von der Taufe herrühren. Der neue ontologische Zustand durch die Gnade („dignitas"), die uns zu Königen und Priestern macht, wird ausgedrückt durch die ordentliche Ausübung des Amtes („ministerium"). Folglich bedeutet es kein Mehr gegenüber der Taufe, sondern die Ausübung des aus der Taufe herrührenden Priestertums. Zwischen *Amt* und *Stand* muß unterschieden werden: jenes erste führt nur auf der Grundlage eines bereits alle vereinenden Standes eine rein funktionale Unterscheidung ein.[101]

4. Die Ausübung des priesterlichen Dienstes nimmt verschiedene Formen an, je nachdem, ob er im privaten oder öffentlichen Raum ausgeübt wird. Im privaten Raum ist das priesterliche Amt der Verkündigung und Bezeugung des Evangeliums Aufgabe eines jeden Christen.[102] Was die Ausübung in der öffentlichen Versammlung der Gemeinde betrifft, ist es die Gemeinde, die die Befähigung zur Ausübung erteilt und regelt, indem sie den Auftrag dazu erteilt (mit der Berufung), aufgrund der Tatsache, daß das Amt allen Getauften gehört.[103] Das Amt kann nicht ohne Berufung und

---

[100] Vgl. De instituendis ministris Ecclesiae: LDStA 3, 591 (WA 12,175).

[101] Vgl. The apostolicity of the Church, 203–204.

[102] Vgl. VELKD (Hg.), Ordnungsgemäß berufen. Eine Empfehlung der Bischofskonferenz der Vereinigten Evangelisch-Lutherischen Kirche Deutschlands – zur Berufung zu Wortverkündigung und Sakramentsverwaltung nach evangelischem Verständnis, Nachrichten aus der velkd 136/2006, § 3.3.2.: „Dies geschieht in der persönlichen Frömmigkeit und im Gebet, in der Hausandacht und in der Katechese durch den Hausvater für die Familie und für die Gemeinschaft des Lebensumfeldes, in der gegenseitigen Seelsorge und Beichte sowie darin, dass auch bei der Wahrnehmung der alltäglichen Aufgaben zu Hause, im Beruf und im Gemeinwesen für den Glaubenden das Evangelium orientierende Bedeutung hat." Ich bin mir bewußt, daß dieses Dokument viele Reaktionen hervorgerufen hat und einige davon Abstand genommen haben; ich zitiere es hier dennoch, weil es mir einige Aspekte angemessen zu verdeutlichen scheint, ohne darauf eingehen zu wollen, ob die Schlußfolgerungen zu befürworten sind oder nicht.)

[103] Vgl. VELKD, Ordnungsgemäß berufen, 3.3.2: „Im Blick auf die öffentliche Verkün-

Ordination ausgeübt werden: die Ordination ist für die geordnete Ausübung des Priestertums nötig; ohne diesen „geordneten" Charakter würde die Kirche zu einem Babylon werden und sich also selbst zerstören.
Deswegen bekräftigt CA XIV, „dass niemand in der Kirche öffentlich lehren oder predigen oder die Sakramente reichen soll ohne ordnungsgemäße Berufung"[104].

5. Da das Amt weder die Übertragung einer neuen Würde noch ein
Mehr an Gnade ist, sondern einzig der Ort der übertragenen und geordneten Ausübung des Dienstes, zu dem die Gnade alle Getauften befähigt,
hängt der Auftrag von der Gemeinde ab, die dazu berufen kann, ihn entziehen kann oder auch erneut erteilen kann. Weil der Dienst von der Kirche abhängt, kann niemand ohne die Einwilligung der Gemeinde ordiniert
werden. Der Bischof oder, wer auch immer die Gemeinde leitet, hat nichts
anderes zu tun, als die Wahl der Gemeinde zu bestätigen; und das aus dem
soeben dargestellten theologischen Grund: die Gemeinde besitzt die „dignitas" (insofern die Kirche als Leib des Wortes begründet ist und nicht
nur als eine soziologisch erkennbare Institution und Struktur) und deshalb
„ordnet sie das Amt" wie sie auch „über das Amt verfügt".[105]

6. Es bedarf allerdings einer ordentlichen Berufung. Gott ruft die Getauften zum Amt entweder durch eine innere Berufung ohne Mittler (das
ist der Fall bei den Propheten des AT, bei den Aposteln und bei Paulus)
oder mittels einer indirekten Berufung, die durch andere Menschen vermittelt wird (wie im Falle des Timotheus und Titus, die durch die Apostel berufen wurden).[106] Während die erste Art der Berufung äußerer Zeichen als Garantie bedarf, tut dies die zweite nicht, weil die Annahme dieses
Amtes durch den Berufenen der Gemeinde ausreicht. Wer berufen worden ist, muß dies aufgrund des Liebesgebotes und aufgrund des Dienstes
zum Wohl des Leibes, der die Kirche ist, annehmen. Die Ordination, die

---

digung – Predigt und Sakramentsverwaltung – ist es erforderlich, daß das grundsätzlich
jedem Christenmenschen zukommende Priesterrecht hier nur von Personen wahrgenommen wird, die ordnungsgemäß berufen sind, dieses Recht im Namen aller und für
alle auszuüben (s. § 3.4.). Jedoch haben als Getaufte grundsätzlich alle Christenmenschen
die *Fähigkeit* zum priesterlichen Dienst. Ebenso ist es bleibende Aufgabe jedes Christenmenschen, sein Recht und seine Pflicht, die öffentlichen Lehre zu *beurteilen*."

[104] Vgl. a.a.O. § 3.4.: „Soll gewährleistet sein, dass jenes allgemeine Amt *öffentlich*
wahrgenommen wird, so muss es durch Einzelne ausgeübt werden, die dazu als Einzelne von allen berufen sind. Das geschieht in der ordnungsgemäßen Berufung nach CA
XIV. Die ordnungsgemäße Berufung ist also der Akt, in dem einem Christenmenschen –
unter Gebet und Handauflegung – die Rechte und Pflichten zur öffentlichen Verkündigung übertragen werden. Sie ist jedoch nicht die Verleihung einer besonderen geistlichen Fähigkeit, die über die aller Christen hinausginge."

[105] Vgl. B. Lohse, Luthers Theologie, 310 f.

[106] Vgl. Luthers Kommentar zu Gal 1,1 (WA 40/1,59,16–23), zitiert in: The apostolicity of the Church, 221.

durch die Handauflegung und das Gebet für die Berufenen erfolgt, ist somit die Aktualisierung und Bestätigung der Rechtmäßigkeit der Berufung zum Amt und ermächtigt zu seiner Ausübung. Dabei wird nichts übertragen, was nicht auch wieder zurückgenommen werden könnte.

7. Da alle Getauften Priester sind („geborene Pfaffen"[107]), können alle zu ernannten und eingesetzten Amtsträgern werden: Männer und Frauen, alle die integer, erwachsen und bei vollem Bewusstsein sind (ausgeschlossen sind Kinder und geistig Verwirrte).

8. Die Amtsfunktion besteht v. a. im Amt und Dienst des Wortes. So wie das Wort die wichtigste Sache ist (die Kirche kann im Notfall auch ohne die Sakramente bestehen, sie kann aber nicht ohne das Wort bestehen), so ist das Amt des Wortes das wichtigste Amt. Wenn die Kirche „creatura Verbi" ist, sie also durch die Predigt des Wortes und die Feier der Sakramente existiert, dann ist das Amt ein Verkündigungsamt. Deswegen gilt, daß, wo niemand predigt, es kein Amt gibt und auch keine Kirche.[108] Alle anderen Aufgaben sind dem nachgestellt und können, wenn nötig, auch jemand anderem als einem Amtsträger aufgetragen werden, während das Predigen niemals von Seiten des Amtsträgers delegierbar ist. Nebst dem Dienst des Wortes gibt es die Verwaltung der Sakramente (Taufe, Abendmahl), die Vergebung der Sünden, die Seelsorge und die Leitung der Gemeinde, aber nicht das exklusive Recht, über die Lehre zu urteilen, denn bei der Lehre sind es ohnehin die Gläubigen, die selbst über die Amtsträger urteilen.

9. Sich auf die Situation der Urkirche beziehend, sieht Luther keinen Unterschied zwischen einem Bischof und einem Pfarrer: Beide haben die gleichen Aufgaben, nur daß der Erste sie über ein größeres Gebiet ausübt. Es gibt weder in der Ordinationsgewalt noch in der Form der Ordination einen Unterschied.[109] Luther bezog sich dabei auf die scholastische Position, nach der die Bischofsweihe kein spezifisches Sakrament darstelle, das

---

[107] Vgl. Von der Winkelmesse und Pfaffenweihe, WA 38,229,19 ff.: „Wir wollen nicht gemachte, sondern geborene Pfaffen sein und heißen und unser Pfaffentum erblich durch unsere Geburt vom Vater und der Mutter her haben".

[108] Vgl. Daß eine christliche Versammlung, 393 (WA 11,411); vgl. auch VELKD, Ordnungsgemäß berufen, § 2: „Weil Gott seinen Glauben weckenden und Kirche schaffenden Geist nur durch die äußeren Zeichen von Predigt und Sakrament gibt, darum nimmt Gott auch stets *Menschen* in Anspruch, die sich in den Dienst der Wortverkündigung und Sakramentsfeier berufen lassen. Dieses Verkündigungsamt ist der Glaubensgemeinschaft von Gott gegeben, und zwar so, dass es *allen* Glaubenden aufgetragen ist und dass es zugleich der *Gemeinschaft* der Glaubenden als Aufgabe der öffentlichen Verkündigung aufgetragen ist. Für die öffentliche Verkündigung durch Predigt und Sakrament ist das Amt der öffentlichen Verkündigung notwendig."

[109] Vgl. B. LOHSE, Luthers Theologie, 315: „Die Aufgaben des Bischofs sind also im wesentlichen die gleichen, wie die des Pfarrers. […] Eine Besonderheit besteht lediglich insofern, als der Bischof auch die Pfarrer beaufsichtigen soll. Daraus ergibt sich allerdings nicht eine eigene Jurisdiktionsgewalt des Bischofs."

über der Priesterweihe stünde. Im Übrigen zählten die Sentenzen des Petrus Lombardus als höhere Weihegrade nur zwei sakramentale „ordines": das Diakonat und das Presbyterat.[110] Es war eine weitverbreitete Auffassung im Mittelalter, daß die Bischofsweihe keinen sakramentalen Charakter habe.[111]

(Übersetzung: *Fanny Askenasi*)

---

[110] Vgl. Sent. IV, dist. 24, c. 12.
[111] Vgl. The apostolicity of the Church, 215.

Protokoll der Diskussion

Eilert Herms

I. Zur Methode

1. Ausdrücklich reflektiert wurden die sachlichen Asymmetrien, unter denen – wie schon die Arbeit an den bisher behandelten Themen – auch die Arbeit am Thema „Amt und Ordination" steht.

Erste Asymmetrie: Alle Mitglieder der Forschungsgruppe sind entweder Priester oder in einer evangelisch-lutherischen Kirche zum Pfarramt ordiniert. Sie kennen also die Wirklichkeit der Amtsführung aus eigenem Erleben entweder in der römisch-katholischen Kirche, nicht aber in einer evangelischen, oder in einer evangelischen, nicht aber in der römisch-katholischen Kirche. Ihr Verständnis des ordinierten Amtes auf der jeweils anderen Seite kann somit nur auf deren kirchenordnungsmäßig verbindliche Texte, nicht aber auch auf eigene Erfahrung zurückgreifen. Die Arbeit lebt aber von dem Vertrauen, daß jede Seite bei sorgfältiger Beachtung von „dictum" und „intentio" der Texte der anderen Seite auch deren „res" zu Gesicht bekommt – natürlich nur jeweils im realen Horizont der eigenen Perspektive.

Zweite Asymmetrie: Die jüngsten kirchenordnungsmäßig verbindlichen Lehrtexte der römisch-katholischen Seite zum Thema „ordiniertes Amt" sind höchsten 60 Jahre alt (Dokumente des Zweiten Vaticanums), z. T. wesentlich jünger (päpstliche oder andere offizielle Interpretationen der Texte des Zweiten Vaticanums). Hingegen stammen die kirchenordnungsmäßig verbindlichen evangelisch-lutherischen Lehrtexte zu diesem Thema alle aus der ersten Hälfte des 16. Jahrhunderts; jüngere Texte haben nur den Charakter von theologischen Vorschlägen[1] oder kirchlichen „Emp-

---

[1] Etwa die kontroversen Vorschläge einerseits von Wilhelm Friedrich Höfling (1802–1853) (DERS., Grundsätze evangelisch-lutherischer Kirchenverfassung, 1850) (Vertreter der sog, „Delegationstheorie des Amtes") und andererseits von Friedrich Julius Stahl (1802–1861) (DERS., Die Kirchenverfassung nach Lehre und Recht der Protestanten, 1840) bzw. Wilhelm Löhe (1808–1872) (DERS., Drei Bücher von der Kirche, 1845) (Vertreter der sogenannten „Stiftungstheorie des Amtes").

fehlungen"[2] zu Verständnis und praktischer Umsetzung der Aussagen aus der Reformationszeit unter jeweils späteren geschichtlichen bzw. heutigen Bedingungen.

Die formale Intention der Texte beider Seiten ist zwar unbeschadet ihres unterschiedlichen Alters die gleiche, nämlich die ursprünglichen und situationsübergreifenden, also in Ursprung und Wesen der Kirche begründeten, Wesenszüge des ordinierten Amtes sprachlich zu beschreiben. Dabei sind sie jedoch in denkbar unterschiedliche geschichtliche Debattenzusammenhänge eingebettet und auf sie bezogen: die Aussagen der heute maßgeblichen römisch-katholischen Aussagen bewegen sich in den und bezogen auf die römisch-katholischen Debatten der Mitte des 20. Jahrhunderts, die ihrerseits vor dem Hintergrund der Diskussionen in der römisch-katholischen Theologie seit dem Tridentinum und durch die folgenden Jahrhunderte, das 17., 18. und 19. Jahrhundert, hindurch stehen, die Aussagen der reformatorischen Lehrtexte hingegen sind bedingt durch und bezogen auf die westkirchlichen theologischen Debatten des Spätmittelalters vor dem Tridentinum (während die späteren evangelischen Verlautbarungen vor dem Hintergrund der Debatten evangelischer Theologie in den Jahrhunderten nach der Reformation stehen, die fast alle abseits der gleichzeitigen römisch-katholischen Diskussion verliefen[3]). Alle Debatten in der evangelisch-lutherischen Theologie der Folgezeit haben *nicht* zu *kirchenordnungsmäßig verbindlichen* Neuformulierungen geführt.

Methodische Konsequenz: Unter heutigen Bedingungen kann die von den verbindlichen Lehrtexten beider Seiten jeweils intendierte „res" nur „lege artis" erhoben werden, wenn dieser Unterschied jeweils bewußt mitbedacht wird: also nur, wenn die neuesten römisch-katholischen Lehrtexte als Frucht der mit dem Tridentinum einsetzenden bewußten Absetzung nicht nur von – aus der Perspektive der tridentinischen Väter und somit nur mehr oder weniger angemessen „verstandener" – reformatorischer Theologie, sondern auch von erheblichen Segmenten der allgemeinen westkirchlichen theologischen Debatte des Spätmittelalters berücksichtigt wird; und nur, wenn die Intentionen der reformatorischen Texte unter Berücksichtigung von deren bleibendem Bedingtsein durch und Bezogensein auf die allgemeine spätmittelalterlich-vortridentinische theologische Diskussi-

---

[2] Etwa VEREINIGTE EVANGELISCH-LUTHERISCHE KIRCHE DEUTSCHLANDS (Hg.), „Ordnungsgemäß berufen". Eine Empfehlung der Bischofskonferenz der VELKD zur Berufung zu Wortverkündigung und Sakramentsverwaltung nach evangelischem Verständnis, 2006, in: Texte aus der velkd 136/2006.

[3] Zur ähnlich getrennt verlaufenen Diskussion um „Sakrament und Wort" vgl. den zweiten Berichtsband unserer Forschungsgruppe: E. HERMS/L. ŽAK (Hgg.), Sakrament und Wort im Grund und Gegenstand des Glaubens. Theologische Studien zur römisch-katholischen und evangelisch-lutherischen Lehre, 2011.

onslage in der Westkirche erfaßt werden, und dies vor dem Hintergrund ihrer abseits der nachtridentinischen römisch-katholischen Debatte verlaufenen innerevangelischen Rezeptionsgeschichte – die jedoch, wie gesagt, nicht zu kirchenordnungsmäßig verbindlichen Neuformulierungen geführt hat.

Dritte Asymmetrie: „Verbindlichkeit" der laut Kirchenordnung in Geltung stehenden Lehrtexte besagt zwar auf beiden Seiten „*rechtliches*", und zwar „*kirchen*rechtliches" in Geltung Stehen. Wobei aber damit zu rechnen ist, daß die auf der einen und der anderen Seite intendierte „res" der Rede von „Recht" und „Kirchenrecht" unterschiedlich bestimmt ist. Auf die Klärung dieses Unterschieds und des Verhältnisses zwischen beiden Auffassungen dient der letzte thematische Schritt unserer Forschungsgruppe, der samt seinem Ergebnis im zweiten Teil des vorliegenden Bandes dokumentiert ist.

2. Von *allen* römisch-katholisch-lutherischen Gesprächen über die beidseitige kirchliche Lehre unterscheidet sich die Arbeit unserer Forschungsgruppe dadurch, daß sie – und zwar nicht erst bei den in diesem Band dokumentierten Arbeitsschritten, sondern von Anfang an bei allen – diese Asymmetrien nicht unbeachtet gelassen, sondern ausdrücklich in Rechnung gestellt hat. Anders als alle Gesprächsansätze, deren programmatisch erklärtes Grundprinzip lautet, statt auf die Verschiedenheiten, vielmehr auf die Gemeinsamkeiten der beidseitigen Lehrformulierungen zu achten, setzt unsere Arbeit also bei der unübersehbaren Verschiedenheit von Inhalt und Selbstverständnis kirchenordnungsmäßig verbindlicher Lehre auf der römisch-katholischen und der evangelisch-lutherischen Seite an. Gerade von der Klärung der Verschiedenheit der vorliegenden jeweils verbindlichen Lehraussagen beider Seiten erhofft sie sich, zur Erkenntnis von Gründen und Motiven geleitet zu werden sowohl für eine Anerkennung der Wahrheitsmomente jeweils der anderen Seite als auch für eine (durch diese Erfassung der Wahrheitsmomente der anderen Seite angeregte) Konkretisierung der eigenen Lehrposition und -praxis.

Und diese Hoffnung hegt die Gruppe aus gutem Grund. Ihre Mitglieder lassen sich nämlich nicht von dem prima vista Eindruck irritieren, daß die Befassung mit der Verschiedenheit der Lehre en détail auch nur zur Wiederholung und Befestigung des Gegensatzes beider Seiten führen könne, sondern folgt der gerade von römisch-katholischer Seite prägnant – nämlich im Ökumenismusdekret des Zweiten Vaticanums (UR 11[4]) – ausge-

---

[4] „In comparandis doctrinis meminerint existere ordinem seu ‚hierarchiam' veritatum doctrinae catholicae, cum diversum sit earum nexus cum fundamento fidei christianae," – „Beim Vergleich der Lehren miteinander soll man nicht vergessen, daß es innerhalb der katholischen Lehre eine Rangordnung oder ‚Hierarchie' der Wahrheiten gibt,

sprochenen Einsicht, daß die authentische Sachintention aller Einzelaussagen der Lehre nur dann erfaßt werden kann, wenn sie alle als je ein
verschiedener Schritt zur Entfaltung einer einzigen Realität, eben des „fundamentum fidei", verstanden und in ihrem je unterschiedlichen Verhältnis
zu diesem einen und einzigen Grundsachverhalt durchschaut werden. Das
gilt nicht nur von der römisch-katholischen, sondern ebenso, und zwar zufolge schon ihres reformatorischen Selbstverständnisses, auch von der evangelisch-lutherischen Lehre. So daß sich *gerade* aber auch *erst* dann das Verhältnis zwischen der *Sach*intention römisch-katholischer und evangelisch-
lutherischer Lehre klären läßt, wenn nach der Sicht jeder der beiden Seiten
auf dieses eine „fundamentum fidei" geforscht und eben dieses dann in den
Blick gefaßt wird; wobei für beide Seiten erklärtermaßen dies eine „fundamentum" des Glaubens und der Glaubensgemeinschaft in nichts anderem besteht als in dem von den Texten des Neuen und Alten Testaments
bezeugten Geschehen des Offenbarwerdens der heilsamen, nämlich von
Sünde und Tod erlösenden, Wahrheit des Selbstzeugnisses Jesu als des eingeborenen Sohnes des Vaters durch den Geist eben dieser Wahrheit selber
(Joh 16,7). Erst indem der ökumenische Dialog in diese *fundamentaltheologische Perspektive* der Frage nach dem jeweiligen Verständnis dieses einen
und einheitlichen Grundgeschehens der den Glauben und die Glaubensgemeinschaft schaffenden und erhaltenden Selbstoffenbarung des Schöpfers
durch seinen inkarnierten Schöpferlogos in der Kraft seines Schöpfergeistes
und nach der jeweiligen Bezeugung dieses Geschehens durch Leben und
Lehre der Kirche gerückt wird, kann sich für jede beteiligte Seite zeigen,
ob und wieweit sie durch ihr in der Auseinandersetzung mit der angemessen verstandenen anderen Seite konkretisiertes Selbstverständnis dazu motiviert ist, Leben und Lehre der anderen Seite als sachgerechte Bezeugung
desselben Grundgeschehens anzuerkennen oder nicht. Erst in dieser fundamentaltheologischen, d.h. offenbarungstheologischen, Perspektive kann
jede Seite auch zu einer sachgemäßen Einschätzung und Würdigung des
auf der anderen Seite herrschenden Verständnisses von Amt und Ordination (und dann auch vom Rechtscharakter der kirchlichen Ordnung) gelangen – und die praktischen Entscheidungen treffen, die solcher Einsicht
entsprechen.

---

je nach der verschiedenen Art ihres Zusammenhangs mit dem Fundament des christlichen Glaubens."

II. Diskussion über die römisch-katholische Lehre von Amt und Ordination

Anhand der beiden (S. 1 ff. und 119 ff.) vorgelegten Darstellungen der römisch-katholischen Lehre wurden folgende formale und sachliche Aspekte der Lehre diskutiert:

1. Die Textgrundlage

Diese bilden: die einschlägigen Texte des Zweiten Vaticanum und der die Lehre des Zweiten Vartikanums zusammenfassende KKK (als bestätigende, vertiefte und verbesserte Darlegung der überlieferten Lehre zum vorliegenden Thema, nämlich der Lehre des IV. Lateranums, des Tridentinums, des Ersten Vaticanums).

Die jüngsten Texte dürfen also nirgends als Widerruf von „intentio" und „res" der älteren verstanden werden, sondern als Behauptung der Fortgeltung der wahren Sachanliegen der älteren in neuer, heute besser verständlicher Darstellungsform und in präzisiertem Gegenstandsbezug.

2. Die thematische Einbettung: in den Septenar und dessen Fundament

2.1. Die das Thema „Amt und Ordination" fundierenden Themen sind die Themen: Kirche, Christusgeschehen, Heilsgeschichte als Geschichte der Selbstoffenbarung des Schöpfers durch die Inkarnation des Schöpferlogos im Schöpfergeist, die heilsgeschichtliche Stellung der Kirche.

2.2. Das erlösende Wirken Christi wird heilsgeschichtlich perpetuiert durch das erlösende Wirken der Kirche: Das Christusgeschehen selber schafft und erhält die Kirche, d. h. die innergeschichtlich leibhafte Gemeinschaft des Christusglaubens, als Instrument *seiner* (d. h. des Christusgeschehens) erlösenden Wirkung in universalgeschichtlicher Weite.

2.3. Die drei Wesensaspekte des Wirkens (Amtes) des Erlösers sind sein Wirken als Prophet, Priester und Leiter. Dies sein dreifaches Wirken perpetuiert der Erlöser durch das Leben der Kirche und dessen erlösende Wirksamkeit in der Geschichte. Folglich weist auch diese letztgenannte die drei Wesensaspekte des prophetischen, erlösenden und herrschenden Wirkens auf. Das Leben der Gemeinschaft als ganzer ist *Teilhabe* am und *Fortsetzung* (genau: dauernde Selbstvergegenwärtigung) des prophetischen, priesterlichen herrscherlichen Amtes Christi. Folglich weist auch das *Amt* der Kirche diese drei *Wesensaspekte* auf.

2.4. Zwischen diesen drei gleichursprünglichen Aspekten – des Wirkens Christi, der Kirche und des kirchlichen Amtes – herrscht gleichwohl eine Asymmetrie:

Die zeigt sich zunächst als Asymmetrie zwischen den drei Aspekten im *Wirken Christi*: Weil gleichursprünglich sind die drei Aspekte jeweils wechselseitig durch die beiden anderen bedingt. Gleichwohl ist dieses Bedingungsverhältnis intern ein asymmetrisches: Das Wahrheit offenbarende prophetische Wirken Christi ist fundamental für das erlösende priesterliche Wirken Christi und beide sind fundmental für das herrscherliche Wirken Christi, das gewissermaßen die Spitze seines prophetischen und priesterlichen Wirkens bildet.

Dasselbe gilt auch für die Selbstperpetuierung des Wirkens Christi durch Schaffung und Erhaltung der *Kirche* und die drei Wesensaspekte von deren Wirken. Auch hier gilt unbeschadet der Gleichursprünglichkeit und gegenseitigen Wechselbedingtheit der Aspekte durcheinander, daß das herrscherliche Wirken, weil durch das prophetische (Wahrheit vergegenwärtigende) und priesterliche (Erlösung schaffende) begründet, die Spitze des Ganzen ist.

Aber: Gilt dasselbe auch für das *Amt* der Kirche? Jedenfalls gibt es Stimmen, denen zufolge hier aus der Natur der Sache heraus der Leitungsaspekt (also der herrscherliche Aspekt) der grundlegende sei.[5] Hierauf ist später noch einmal zurückzukommen (u. 3.6.).

2.5. Identität (Eigenart und Wesen) der Kirche gründen in ihrer auf Christus selbst zurückgehenden, durch ihn selbst geschaffenen und erhaltenen innergeschichtlich-leibhaften Struktur. Deren Spezifikum ist: *Innerhalb* dieser Gemeinschaft ist und bleibt deren *Grund innergeschichtlich gegenwärtig*, und zwar allen Gliedern der Glaubensgemeinschaft *gegenüber* und somit auch der Welt *gegenüber*.

Was ist dieser *Grund* der Gemeinschaft und was macht dessen Eigenart aus? Grund der Gemeinschaft ist nach Mt 16,16 ff. das Bekenntnis des Petrus zu Jesus als „Christus, Sohn des lebendigen Gottes", welches von Christus selbst, also von Gott selbst, bestätigt ist als Zeugnis derjenigen Offenbarung und Glaubensgewißheit, welche von Gott selber gewirkt sind.[6]

---

[5] Etwa: W. KASPER, Neue Akzente im dogmatischen Verständnis des priesterlichen Dienstes, in: Concilium (D) 5 (1969) 164–170.

[6] Mt 16,17: „Und Jesus antwortete und sprach zu ihm [Petrus]: ‚Selig bis du, Simon Jonas Sohn, denn Fleisch und Blut hat dir das nicht offenbart, sondern mein Vater im Himmel.'"

Der Grund der Glaubensgemeinschaft ist somit: das die Wahrheit von Jesu Selbstzeugnis [Mt 11,25 ff.] präsentierende, also Jesus als Christus präsentie-rende, geistgewirkte Offenbarungsgeschehen, das als solches (eben Wahr-heitsgeschehen) den Christusglauben und das Christusbekenntnis ermög-licht und verlangt.

Somit ist der Grund der Glaubensgemeinschaft (die Offenbarung) die Einheit eines *Wirkens* (des offenbarenden Geschehens: Mt 16,17) und des dadurch geschaffenen *Werkes* (des dadurch Offenbaren und Gewissen: Mt 16,16): Der Grund der Gemeinschaft (das dem Petrus Offenbare und Gewisse: Mt 16,16) ist also zugleich einerseits *Werk*, das durch das Offen-barungsgeschehen Gewirkte (Mt. 16,16), das aber nur durch das *Wirken* der Offenbarung real ist; der Grund der Gemeinschaft ist somit ein *Wirk-geschehen*: eben das Wirken des Offenbarungsgeschehens (Mt 16,17), das aber nie ohne das durch es *Gewirkte* (das dadurch Offenbarte und Gewis-se: Mt 16,16) real ist.

Für den Grund der Identität der Kirche und ihrer Struktur gilt also: Sie ist begründet, genau geschaffen und erhalten, durch die Selbstoffenbarung des Schöpfers in seinem inkarnierten Logos durch die Kraft seines Schöp-fergeistes in der *Einheit ihres Wirkens und ihres Werkes*.

Diese die Kirche schaffende und erhaltende Selbstoffenbarung des Schöpfers schließt ein: die Schaffung und Erhaltung der innergeschicht-lich-leibhaften Identitätsbedingung der Kirche und ihrer Struktur. Und diese Identitätsbedingung besteht nach DV 7 genau in dem den Aposteln von Christus selbst gegebenen *apostolischen Weitergabeamt*, das seinerseits die *Weitergabe des Weitergabeamtes* der Apostel durch diese selber an ihre Nachfolger einschließt: also die Einsetzung (Weihe) der Apostelnachfolger durch die Apostel. Wobei diese Weitergabe des Weitergabeamtes, also die Weihe – weil *Implikat* des den Aposteln *von Christus selbst* gegebenen Wei-tergabeamtes – als ebenfalls *von Christus selbst gegeben* gilt, also als *Sakrament*.

3. Das Apostelamt des Weitergebens
(apostolisches Weitergabeamt [ap. WGA])

3.0. In der Diskussion der vorgelegten Beiträge hatten die systematischen (genau: fundamentaltheologischen) Probleme Vorrang vor den historischen und exegetischen.

Aber: Damit ist keineswegs die Irrelevanz von historischen und exege-tischen Fragen und deren Beantwortung behauptet. Vielmehr: Weil die kirchliche Lehre geschichtlich Wirkliches – den Anfang und das Erhal-tenwerden des Glaubens und der Glaubensgemeinschaft durch die inner-weltlich-leibhafte Selbstoffenbarung des Schöpfers in seinem inkarnierten

Schöpferwort durch seinen Schöpfergeist – zum Gegenstand hat, muß die
Lehre dieser geschichtlichen Wirklichkeit, der Phänomenalität ihrer gegenwärtig erfahrbaren *Monumente* und *Manifestationen*, angemessen sein;
der Widerspruch der letzteren gegen die Lehre erweist jeweils einen Irrtum der letzteren.

Die *Monumente* sind: die in den Texten des NT gegenwärtigen Quellen
und Berichte über den Anfang des christlichen Kultus in Auftreten und
Geschick Jesu; die *Manifestation*: die gegenwärtigen *Institutionen* des kultuszentrierten christlichen Lebens (der kultuszentrierten christlichen Kultur).

3.1. Die Stiftung und Erhaltung der Gemeinschaft in ihrer spezifischen
Struktur beginnt vor Ostern und vollendet sich durch Ostern. Sie erfolgt
durch Christus selber, durch den vorösterlichen ebenso wie durch den
nachösterlichen.

Worin besteht das besondere Wesensmerkmal, der auf diese Weise gestifteten Struktur? Es besteht in der Gegenwart des die Gemeinschaft schaffenden und erhaltenden Grundes (des Stiftungsgeschehens, also des Christusgeschehens) *innerhalb* ihrer ihr *gegenüber* (und somit auch *in* der Welt der
Welt *gegenüber*) – und dies in der nachösterlichen Situation vermittelt durch
die Zwölf und ihre geweihten Nachfolger kraft des ihnen durch Christus
selbst verliehenen besonderen Beauftragt- und Befähigtseins.

Dieses von Christus selbst den Aposteln gegebene, sie auszeichnende
und ihn (Christus) innerhalb der Gemeinschaft ihr gegenüber vergegenwärtigende Weitergabeamt gründet auf vorösterlichen Ansätzen und auf
seiner definitiven nachösterliche Bestätigung (Mt 28,16–20; Mk 16,14–18;
Lk 24,36–49; Joh 20,19–23 [vorpfingstliche Geistgabe]).

Für die vorösterliche Begründung der Gemeinschaft und deren Struktur
gilt: Jesus macht einen Unterschied zwischen der Gesamtheit aller „Jünger" und dem engeren Kreis der „Zwölf", und im Blick auf den letzteren
wiederum einen Unterschied zwischen allen Mitgliedern des Zwölferkreises und der besonderen Stellung des Petrus. Die besondere Bedeutung
der Zwölf wird gestiftet schon durch das letzte Mahl, das Jesus genau und
nur mit ihnen, den Zwölfen, gefeiert hat. Die besondere Stellung des Petrus in diesem Kreis ergibt sich aus dem, was in Mt 16,16f., Lk 22,32 und
Joh 21,15–18 berichtet wird.

Nachösterlich wird das apostolische Weitergabeamt dieses so strukturierten Kreises dann vom Auferstandenen durch eine besondere nachösterliche
Geistgabe nicht nur bestätigt (Joh 20,19–23), sondern auch zum Leitungsamt – und zwar fundamental dem petrinischen – konkretisiert (Joh 21,15–
19).

3.2. Die *Stiftung der Gemeinschaft als ganzer* und die *Stiftung des Weitergabe-amtes der Apostel* sind *gleichursprünglich* eigenes Werk Christi selber, also auch *irreduzibel.*

Es fragt sich: Welche Konsequenz hat das für das *Verhältnis* von Gemeinschaft und apostolischem Weitergabeamt? Jedenfalls gilt: Die Gemeinschaft als ganze ist nicht *durch* das apostolische Weitergabeamt konstituiert, sondern ebenso wie dieses *durch Christus selber.* Zwischen beiden besteht somit ein irreduzibles *wechselseitiges* Gegenüber. Nicht nur ist das apostolische Weitergabeamt ein ursprüngliches Gegenüber zur Gemeinschaft als ganzer, sondern die Gemeinschaft als ganze ist auch ein ursprüngliches Gegenüber für das apostolische Weitergabeamt.

Das apostolische Weitergabeamt bedingt notwendig die prozessuale Identität der Gemeinschaft als Selbstvergegenwärtigung des Christusgeschehens.

Aber: zugleich ist das apostolische Weitergabeamt selber immer schon *notwendig bedingt* durch das Leben der Gemeinschaft als Selbstvergegenwärtigung des Christusgeschehens

3.3. Zum „Repräsentations-", genau: „Vergegenwärtigungscharakter" des apostolischen Weitergabeamtes:

Was wird vermittelst des apostolische Weitergabeamtes „repräsentiert" bzw. „vergegenwärtigt"? Christus? Die Gemeinschaft? Antwort: „repräsentiert" wird das sich selbst dauernd vergegenwärtigende Erlösungswirken Christi, also beides: sowohl der die Gemeinschaft, also Kirche, wirkende (schaffende und erhaltende) Christus als auch die von Christus gewirkte Kirche, sowohl das *Wirken* als auch das *Werk* Christi – aber in dieser Reihenfolge: vermöge der Selbstvergegenwärtigung des Christusgeschehens (der Offenbarung) dessen (deren) Wirken und kraft dessen auch dessen (deren) Werk (die Glaubensgemeinschaft).

Oder gilt nach römisch-katholischer Lehre auch das Umgekehrte? So daß auch gesagt werden muß: vermöge der Gegenwärtigkeit des *Werkes* der Christusoffenbarung (also der Kirche) ist auch das *Wirken* der Christusoffenbarung gegenwärtig? Müssen die einschlägigen Texte des Ersten und Zweiten Vatikanums (DS 3012–3014[7] und LG) in diesem Sinne verstanden werden?

---

[7] „Ut [...] officio veram fidem amplectendi in eaque constanter perseverandi satisfacere possemus, Deus per Filium suum unigenitum Ecclesiam instituit, suaeque institutionis manifestis notis instruxit, ut ea tamquam custos et magistra verbi revelati ab omnibus posset agnosci. Ad solam enim catholicam Ecclesiam ea pertinent omnia, quae ad evidentem fidei christianae credibilitatem tam multa et tam mira divinitus sunt disposita. Quin etiam Ecclesia per se ipsa, ob suam nempe admirabilem propagationem, eximiam sanctitatem et inexhaustam in omnibus bonis foecunditatem, ob catholicam unitatem

Allerdings: Dieser Punkt ist nicht explizit geklärt. Über ihn entscheidet die Antwort auf Frage: *Wie* geschieht die Vergegenwärtigung von Wirken und Werk der Offenbarung (also des Christusgeschehens und seines Effekts, der Glaubensgemeinschaft)?

Die Antwort hängt davon ab, *was* durch den Vollzug des Weitergabehandelns (also durch seinen Inhalt, die „tradenda", und seinen Vollzug, das „tradere") weitergegeben werden *kann* (und also auch weitergegeben *wird*) und was *nicht*.

Möglich ist eine solche Antwort aufgrund der Aussagen über den Grund (die Konstitution) des Amtes und über seinen dadurch konstituierten Charakter sowie anhand der Aussagen über das Sakrament des Weitergebens des Weitergabeamtes (also unter Vorgriff auf Ziffer 4 des Protokolls [u. S. 240]).

3.4. Charakter, Grund und Gegenstand des Amtes (Grundtext: DV 7; maßgeblich auch für das genaue Verständnis der einschlägigen Aussagen in LG 18–29):

Der allgemeine Charakter des den Aposteln gegebenen Amtes ist: die göttliche *Verpflichtung* und *Befähigung* der Apostel zur Erfüllung eines spezifischen Auftrags durch ihr *menschliches Handeln* (*des Weitergebens*).

3.4.1. Der *Grund* des apostolischen Weitergabeamtes ist: das dieses Amt schaffende *Beauftragungsgeschehen* (DV 7). Dessen Urheber ist: Christus – der vorösterliche und der erhöhte – selber, bzw. „der dreieinige Schöpfergott durch seinen Sohn im Heiligen Geist".[8] Also die mit Ostern begonnene dauernde Selbstvergegenwärtigung des Christusgeschehens durch Schaffung und Erhaltung der Kirche (s. o.).

3.4.2. Der das Amt begründende Auftrag begründet auch die besondere *Eigenart* und den *Gegenstand* des aufgetragenen Handelns: Weitergeben der „revelata" (nota bene: *als solcher*, eben offenbarter; was die Bezeugung des das *Werk* der Offenbarung schaffenden und erhaltenden *Wirkens* der Offenbarung einschließt: 2 Petr 1,15–19).

Die „revelata tradenda" (die weiterzugebenden offenbarten Sachverhalte) sind:

– das Bekenntnis „Jesus ist der Christus" (Mt 16,16), d. i. das Bekenntnis des Wahrseins des Lebens- und Selbstzeugnisses Jesu, das als dieses Be-

---

invictamque stabilitatem magnum quoddam et perpetuum est motivum credibilitatis et divinae suae legationis testimonium irrefragabile. Quo fit, ut ipsa veluti signum levatum in nationes et ad se invitet, qui nondum crediderunt, et filios suos certiores faciat, firmissimo niti fundamento fidem quam profitentur."

[8] So DV 8 letzter Satz: „Deus, qui olim locutus est, sine intermissione cum dilecti Filii sui Sponsa colloquitur, et Spiritus Sanctus, per quem viva vox Evangelii in Ecclesia, et per ipsam in mundo resonat, credentes in omnem veritatem inducit, verbumque Christi in eis abundanter inhabitare facit (vgl. Kol 3,16)".

kenntnis durch das von Gott selbst gewirkte Offenbarwerden der Wahrheit dieses Selbstzeugnisses ermöglicht und verlangt ist (Mt 16,17), also kurz: „das Evangelium" (LG 20, KKK 860),

– die Mahlfeier (1 Kor 11,17–26),

– das Leben (die Prozessualität) der Gemeinschaft als Permanentisierung des Offenbarungsgeschehens vermöge der Gegenwart des Grundes der Gemeinschaft durch das apostolische Weitergabeamt *innerhalb* der Gemeinschaft und ihr *gegenüber* (DV 7) sowie damit ipso facto auch *innerhalb* der noch ungläubigen Welt dieser *gegenüber*.

Diese drei Revelata sind *als solche*, eben als das durch das Offenbarungsgeschehen selbst gewirkte Offenbarte, weiterzugeben; sie sind im Zeugnis vom Offenbarungs*geschehen*, vom *Wirken* der Offenbarung (2 Petr 1,16 ff.; 2 Kor 4,6), als das von diesem *Gewirkte*, also als dessen *Werk*, zu bezeugen. Der das apostolische Weitergabeamt begründende Auftrag verlangt also: das *menschliche* Zeugnis für ein *göttliches* Handeln (eben für die Selbstoffenbarung des Schöpfers in seinem inkarnierten Schöpferwort durch seinen Schöpfergeist) *und* dessen *Effekt*.

3.4.3. Damit ist die Frage nach dem Verhältnis zwischen dem bezeugenden *Menschen*handeln und dem zu-bezeugenden *Gottes*handeln gestellt.

Bedingung der Auftrags- und Gegenstandsgemäßheit des menschlichen Zeugnishandelns ist jedenfalls: das Explizitmachen und Wahren der kategorialen Differenz zwischen ihm (als menschlichem Handeln) und seinem Grund und Gegenstand: dem Handeln Gottes (in seiner Selbstoffenbarung).

Wie aber ist der Modus (das „Wie": o. Ziffer 3.4.) des „Repräsentiertwerdens", bzw. „Vergegenwärtigtwerdens" des Christusgeschehens und seines Effekts (der Glaubensgemeinschaft) durch das apostolische Weitergabeamt genau zu bestimmen?

Logisch möglich sind zwei Antworten:

Entweder wird gesagt: Repräsentiert (vergegenwärtigt) wird das Christusgeschehen und sein Effekt durch ein menschliches Handeln, eben das Weitergabehandeln der Apostel, dessen Gegenstand das Christusgeschehen und sein Effekt ist; so daß dann gilt: die menschliche Weitergabetätigkeit der Apostel ist es, die das Christusgeschehen und seinen Effekt für die Adressaten dieses Weitergabehandelns gegenwärtig macht.

Oder es wird gesagt: Das Christusgeschehen und sein Effekt wird durch sich selber, also durch ein göttliches Handeln gegenwärtig, dessen Gegenstand ein bestimmtes menschliches Handeln, nämlich das Weitergabehandeln der Apostel, ist; so daß dann gilt: das Christusgeschehen und sein Effekt ist es, welches selbst sich selber vergegenwärtigt, *indem* es sich dazu in seiner eigenen Macht und Freiheit des von ihm selbst geschaffenen und erhaltenen Weitergabehandelns der Apostel bedient und somit dieses als sein Instrument offenbart.

Die erste Möglichkeit käme nur in Betracht, wenn nach römisch-katholischer Lehre gelten würde, daß der Gegenstand des den Aposteln befohlenen und ermöglichten Weitergabehandelns nicht nur die durch Christus selbst beglaubigten und geschaffenen Effekte seines vollmächtigen Wirkens (also die zu-tradierenden „revelata"), sondern die diese schaffende „revelatio" (das diese schaffende Offenbarungs*geschehen*) selber ist, also dasjenige konkrete einmalige und unwiderholbare *Wirken Christi*, das die Zwölf zu Aposteln macht und das somit ihre einzigartige, unverwechselbare Stellung in der Heilsgeschichte ausmacht.

Das aber verneint der KKK ausdrücklich:

„In Apostolorum munere, quaedam habetur ratio, quae transmitti non potest: esse scilicet resurrectionis Domini testes electos atque Ecclesiae fundamenta." (KKK 860)

Also bleibt faktisch nur die zweite Möglichkeit:

„Sed alia etiam permanens habetur ratio eorum muneris. *Christus* eis promisit *Se* cum illis usque ad finem temporum esse permansurum." (KKK 860)

Das heißt: *Christus selber* wird sich selber *durch ihr Amt* bleibend vergegenwärtigen bis zum Ende der Zeiten.

Wird diese Antwort konsequent im Unterschied zur erstgenannten Möglichkeit und unter deren explizitem Ausschluß vertreten?

Das wäre der Fall, wenn explizit und unmißverständlich gelehrt würde, daß Christus innerhalb der Gemeinschaft durch die Gaben des Mahles und ihr gegenüber im Leiter des Mahles, also in derjenigen Person, welcher das apostolische Weitergabeamt sakramental weitergegeben ist, nicht anders repräsentiert, also vergegenwärtigt, ist, als *ausschließlich* weil und indem er in der *Gemeinschaft der Glaubenden als ganzer*, in jedem Glaubenden und jedem Glaubenden gegenüber, *selbst sich selber* vergegenwärtigt, also der ganzen Gemeinschaft als Gemeinschaft der Glaubenden in und durch diese ihre Eigenart, eben ihr Fundiertsein im durch Christus selber gewirkten Glauben, selber durch sich selbst gegenwärtig ist und sie als Ganze mit unterschiedslos allen Gliedern gegenwärtig in ihm (in Christus); also erst und nur dann, wenn die von Christus selbst realisierte (geschaffene und erhaltene) reale Gegenwart Christi in der Gemeinschaft der Glaubenden in den *Gaben des Mahls* und in der dieses ordnungsgemäß leitenden *Person des Ministers* nicht mehr unterschieden werden kann und unterschieden wird *als eine andersartige* von seiner durch ihn selbst geschaffenen und erhaltenen realen Gegenwart für jeden Glaubenden (also für alle Feiernden, die ordnungsgemäß leitende Person eingeschlossen und für sie nicht anders als für alle). Darauf, daß das so sei, deuten tatsächlich viele Passagen in den Texten des Zweiten Vaticanums hin, welche von der Gegenwart (Präsenz) Christi keineswegs nur und ausschließlich im Amtsträger sprechen, sondern in der feiernden Gemeinde als ganzer.[9]

Aber ist tatsächlich dies die *Pointe* der römisch-katholischen Lehre?[10] Ist nicht ihr zufolge (siehe KKK 1547[11]) Christi Wirken und Werk in der das Mahl ordnungsgemäß (also nach Empfang des das apostolische Weiterga-beamt weitergebenden „sacramentum ordininis") leitenden Person und für diese in Wahrheit *anders* als für jeden Glaubenden gegenwärtig? Zwar wird diese Andersartigkeit der Gegenwart Christi im Amtsträger zunächst beschrieben als rein instrumental hingeordnet auf die Gegenwart Christi für den Glauben aller (KKK 1547[12]), näherhin wird dann aber diese In-strumentalität als eine solche beschrieben, die *begründet* ist in der objek-tiv realen – genau: „sichtbaren" (KKK 1549) – Gegenwart Christi in dem Amtsträger; dieser wird durch das Weihesakrament (und das ihm dadurch verliehene „unauslöschliche Siegel") dem Sein Christi ontologisch „kon-figuriert" (offizielle deutsche Übersetzung: „angeglichen");[13] und zwar so

---

[9] SC 7: „Praesens adest in verbo suo, siquidem ipse loquitur dum sacrae Scripturae in Ecclesia leguntur. Praesens adest denique dum supplicat et psallit Ecclesia, ipse qui promisit: ‚Ubi sunt duo vel tres congregati in nomine meo, ibi sum in medio eorum' (Mt 18,20)". – LG 4: „Spiritus in Ecclesia et in cordibus fidelium tamquam in templo habitat (cf. 1 Cor 3,16; 6,19), in eisque orat et testimonium adoptionis eorum reddit (cf. Gal 4,6; Rom 8,15–16 et 26)". – UR 2: „Spiritus Sanctus, qui credentes inhabitat to-tamque replet atque regit Ecclesiam, miram illam communionem fidelium efficit et tam intime omnes in Christo coniungit, ut Ecclesiae unitatis sit Principium. Ille divisiones gratiarum et ministrationum operatur, variis muneribus Ecclesiam Iesu Christi ditans ‚ad consummationem sanctorum in opus ministerii, in aedificationem corporis Christi' (Eph. 4, 12)". – LG 10: „Baptizati enim, per regenerationem et Spiritus Sancti unctio-nem consecrantur in domum spiritualem et sacerdotium sanctum […]. Sacerdotium au-tem commune fidelium et sacerdotium ministeriale seu hierarchicum […] ad invicem tamen ordinantur; unum enim et alterum suo peculiari modo de uno Christi sacerdotio participant". – AG 15: „Missionarii ergo, cooperatores Dei, tales suscitent fidelium con-gregationes quae, digne ambulantes vocatione qua vocatae sunt munera a Deo sibi con-credita exerceant sacerdotale, propheticum et regale. Hoc modo communitas christiana signum fit praesentiae Dei in mundo: ipsa enim sacrificio eucharistico incessanter cum Christo ad Patrem transit, verbo Dei sedulo enutrita testimonium Christi praebet,[86] in caritate denique ambulat spirituque apostolico fervet."

[10] Vgl. unten Anm. 14 Schlußbemerkung.

[11] „Episcoporum et presbyterorum sacerdotium ministeriale seu hierarchicum et commune omnium fidelium sacerdotium, quamquamn unum […] et alterum suo pecu-liari modo de uno Christi sacerdotio participant', differunt tamen essentia, quanquam ad invicem […] ordinantur' [LG 10]. Quonam sensu? Dum commune fidelium sacerdotium in rem deducitur per incrementum gratiae baptismalis, vitae fidei, spei et caritatis, vitae secundum Spiritum, sacerdotium ministeriale in servitium est sacerdotii communis, ad incrementum gratiae baptismalis omnium christianorum refertur."

[12] „[…] sacerdotium ministeriale in servitium est sacerdotii communi, ad incremen-tum gratiae baptismalis omnium christianorum refertur. *Unum* habetur ex *mediis* per quam Christus Suam Ecclesiam aedificare et ducere non desinit." (Kursivierung: E.H.).

[13] „Hoc sacramentum ordinandum Christo per gratiam Spiritus Sacnti specialem, *ut sit* [Kursivierung: E.H.] instrumentum Christi pro Eius Ecclesia".

angeglichen, daß „im kirchlichen Dienst des geweihten Priesters" „Christus selbst in seiner Kirche zugegen" ist „als Haupt seines Leibes, Hirt seiner Herde, Hoherpriester des Erlösungsopfers und Lehrer der Wahrheit" (KKK 1548); somit ist die Teilhabe des Amtsträgers am dreifachen Amt Christi die Innehabung einer „heiligen Vollmacht" („sacra potestas": KKK 1551), welche als die Vollmacht, „als Vertreter Christi des Hauptes in dessen dreifacher Funktion als Priester, Prophet und König zu handeln." (KKK 1548, 1581) keine andere Vollmacht ist „als diejenige Christi" selber (KKK 1551), mit der dieser selbst „seinen Leib auferbaut, heiligt und leitet" (KKK 1563). Und dies alles im *wesentlichen (spezifisch gearteten) Unterschied* zu der allen Glaubenden durch die wirksame Taufe verliehenen Teilhabe am dreifache Amt Christi. – Auf all dies ist unten in 4.2. noch einmal zurückzukommen.

3.5. An den drei Wesensaspekten des erlösenden Wirkens Christi und der durch ihn geschaffenen und erhaltenen Kirche (seinem [ihrem] prophetischen, priesterlichen und herrscherliche Aspekt) hat also nach römisch-katholischer Lehre auch das apostolische Weitergabeamt Teil.

Wie im Falle des Wirkens Christi und des Lebens der Kirche bilden die drei Wesensaspekte auch im Falle des apostolischen Weitergabeamtes in ihrer ursprünglichen, irreduziblen Unterschiedenheit zugleich eine Einheit, in der sie sich wechselseitig implizieren (jedes impliziert die beiden anderen).

Unbeschadet dessen ist aber die Asymmetrie zwischen den drei Aspekten zu beachten. Und diese Asymmetrie stellt sich – aufgrund des ontologischen Unterschiedes zwischen göttlichem und menschlichem Handeln – anders dar im Falle des göttlichen Handelns, das sich menschlichem Handeln zu bezeugen gibt, und dem menschlichen Handeln, welches das göttliche Handeln bezeugt:

Dem Gotteshandeln eignen die drei Aspekte als demjenigen, welches dem bezeugenden menschlichen Zeugnishandeln (Weitergabehandeln)[14]

---

[14] Beachte: Nach dem Zweiten Vatikanischen Konzil besteht die katholische Theologie zunehmend auf einer umfassenderen Konzeption der Weitergabe und der Vielzahl aktiver Subjekte der Weitergabe als dem *„modus essendi"* der Kirche (und der Getauften) insgesamt, was in Nummer 10 von Dei Verbum zum Ausdruck kommt: „Quod vero ab Apostolis traditum est, ea omnia complectitur quae ad Populi Dei vitam sancte ducendam fidemque augendam conferunt, sicque Ecclesia, in sua doctrina, vita et cultu, perpetuat cunctisque generationibus transmittit omne quod ipsa est, omne quod credit. Haec quae est ab Apostolis Traditio sub assistentia Spiritus Sancti in Ecclesia proficit: crescit enim tam rerum quam verborum traditorum perceptio, tum ex contemplatione et studio credentium, qui ea conferunt in corde suo (cf. Lc 2,19 et 51), tum ex intima spiritualium rerum quam experiuntur intelligentia, tum ex praeconio eorum qui cum episcopatus successione charisma veritatis certum acceperunt". Allerdings sollte nicht

verheißt, sich dieses menschlichen Handelns zu bedienen und ihm *dadurch* (also durch sein tatsächliches freies Ingebrauchgenommenwerden) die Autorität des wahren Zeugnisses für die Glaubenden zu verleihen. Für dieses Handeln ist also der „prophetische" Aspekt, der Aspekt der *Verheißung*, fundamental. Als der – durch den Schöpfergeist vermittelten – Inkarnation, Vergegenwärtigung und Offenbarung des ewigen Schöpferlogos eignet dem Christusgeschehen fundamental „prophetische", den uranfänglichen Schöpferwillen offenbarmachende Kraft, die als solche auch seine das Innerste des Menschen *erlösende* (priesterliche) und *beherrschende* (königliche) Kraft impliziert.

Hingegen eignen dem dieses Gotteshandeln bezeugenden Menschenhandeln die drei Aspekte nur, sofern es vom bezeugten Gotteshandeln zu seiner Selbstvergegenwärtigung geschaffen und erhalten, also gebraucht, wird. Somit ist für dieses Menschenhandeln, welches das Handeln Gottes, sein Wirken und sein Werk, bezeugt, also auch weitergibt, grundlegend (fundamental) der Aspekt des Gehorsams gegenüber dem erlittenen, sich selbst als weiter zu bezeugen gebenden Gotteshandeln, also der Aspekt der disziplinierten Erfüllung des rein passiv empfangenen Auftrags zum Weiterbezeugen des widerfahrnisartig Empfangenen (o. 3.4.2.). Somit ist für dieses menschliche Handeln der grundlegende Aspekt der des „Herrschens" im Sinne des Sorgens für die dem Aufgetragenen, dem Gebotenen, entsprechende, durch es disziplinierte Erfüllung des Gebotenen (eben des „tradere" des „tradendum"). Und diesem menschlichen „*Herrschen*", nämlich Sorgen-für-solche-Diszplin-des-Weiterbezeugens-des-Weiterzubezeugenden (des Weitergebens des Weiterzugebenden) – also diesem Sorgen für die ursprungstreue Feier des Gedächtnisses des Selbstopfers des inkarnierten Schöpferwortes, das die Wahrheit über den Tod, nämlich seinen nur relativen Charakter als eines definitiven Endes,[15] offenbarmacht –, ist als solchem zugleich erlösende (priesterliche) und aufklärende (prophetische) Valenz verheißen (und wird ihm kraft solcher Verheißung auch gegeben).

Achtet man darauf, daß die Teilhabe des apostolischen Weitergabehandelns an den drei Aspekten des Handelns Christi den ontologischen Unterschied zwischen diesem als göttlichem und jenem als einem menschlichen Handeln nicht zum Verschwinden bringt, kraft dessen das göttliche Handeln sich zum menschlichen als für dieses rein vorgängig und dieses zu jenem rein nachgängig verhält, so erklärt sich erstens, daß der Herr-

---

übersehen werden, daß diese Aussagen ein *Implikat* der Weitergabetätigkeit der *Apostel* zur Sprache bringen.

[15] Ein Ende ist der Tod nur „secundum quid", nämlich nur, sofern er das *vergängliche* Leben eines Menschen zu definitiver Ganzheit bringt; „secundum aliquid" ist er zugleich Anfang, nämlich Anfang des *unvergänglichen* Lebens des ganzgewordenen Menschen in Gottes ewigem Leben.

schaftsaspekt am göttlichen Handeln die in dessen prophetischem und priesterlichem Aspekt fundierte Spitze bildet, am menschlichen hingegen das Fundament. Zugleich wird aber auch die ontologische Differenz zwischen göttlichem Offenbarungshandeln und menschlichem Weitergeben des Offenbarten gerade am Unterschied des Herrschaftsaspekts des einen und des anderen deutlich: Das in seinem prophetischen und priesterlichen Handeln Christi fundierte königliche Wirken Christi ist seine effektiv befreiende Herrschaft über das *Innerste*, das Herz und das Gewissen, der Menschen – hingegen ist das für den priesterlichen und prophetischen Aspekt ihres Wirkens grundlegende Leitungshandeln der Apostel und ihrer Nachfolger Sorge für die *äußere* Ordnung für das Zeugnishandeln der Kirche als ganzer.

Werden diese Differenzen und ihre Konsequenzen in den einschlägigen römisch-katholischen Lehrtexten deutlich?

4. Die Weitergabe des apostolischen Weitergabeamtes

4.1. Der Akt der Weitergabe des apostolischen Weitergabeamtes hat seinerseits Sakramentscharakter, weil er *Implikat* des von Christus selbst (DV 7) geschaffenen apostolischen Weitergabeamtes ist.

Allerdings wird in DV 7 der Sakramentscharakter des apostolischen Weitergabeamtes nicht ausdrücklich erklärt, wohl aber dann im KKK der Sakramentsstatus von dessen Implikat: der Weitergabe des Weitergabeamtes:

> Das Weitergabeamt „ist eines der Mittel, durch die Christus seine Kirche unablässig aufbaut und leitet. Deshalb wird es durch ein eigenes *Sakrament* übertragen, durch das Sakrament der Weihe [kursiv: E.H.]." (KKK 1547)

Das ist verwunderlich. Ist nicht der *Sakramentsstatus des weiterzugebenden-Weitergabeamtes* der Sache nach grundlegend für den *Sakramentsstatus der Weitergabe-dieses-Amtes?* Oder gilt umgekehrt: Der *Sakramentsstatus der Weitergabe-des-Weitergabeamtes* begründet den Sakramentsstatus des Weitergabeamtes? Jedenfalls zeigt sich: Nach römisch-katholischer Lehre kommt auf den *Sakramentsstatus der Weitergabe-des-Weitergabeamtes* – also auf den *Sakramentsstatus der Weihe* – alles an.

4.2. Zu den *Empfängern* dieses Sakramentes: Als Empfänger des Sakraments kommen nur Männer, und zwar unverheiratete in Betracht.[16]

---

[16] Aber beachte: Hierbei handelt es sich um eine Besonderheit der „lateinischen Tradition" der Kirche von Rom. Diese Regel findet sich nicht in der östlichen Tradition (und im Kirchenrecht) der byzantinischen Kirchen. Und auch nicht bei den östlichen Kirchen, die Teil der Kirche von Rom sind.

Schon durch diese besonderen Empfangsbedingungen ist das Weihesakrament von allen anderen Sakramenten unterschieden. Und zwar unterschieden auch von den *Grund*sakramenten: von *Christus* und von der *Kirche*.

Der Leitgedanke für diese Einschränkung ist: Die Empfänger des Weihesakraments werden dadurch zu „in persona Christi" handelnden sichtbaren „*Repräsentanten*" Christi (KKK 1549). Folglich kommen als Empfänger dieses Sakramentes nur solche Personen in Betracht, welche die für diesen Repräsentantenstatus erforderlichen Eigenschaften aufweisen.

Dafür unabdingbare Eigenschaft ist jedenfalls das persönliche Ergriffensein vom Geist Jesu, vom „Geist der Wahrheit" (Mt 16,17; 1 Kor 15, 5–11; 2 Kor 4,6; 2 Petr 1,16). Der Unterschied dieser besonderen Geistbegabung durch das Weihesakrament zu derjenigen, die allen Christen durch die gültige Taufe zuteilwird, erklärt sich nach römisch-katholischer Lehre durch die Verschiedenheit der Charismen.

Über diesen geistlichen Status hinaus ist aber nach römisch-katholischer Lehre auch die Teilhabe an einigen soziophysischen Eigenschaften der Person Jesu wesentliche Bedingung für die Fähigkeit einer Person, Repräsentant Christi zu sein: ihre Männlichkeit und ihre Ehelosigkeit.[17] Seit längerem gibt es in der Öffentlichkeit der römisch-katholischen Kirche und in der römisch-katholischen Theologie eine Diskussion über die Frage, ob das Insistieren auf diesen soziophysischen Bedingungen für die „Repräsentation" des vermittelst-des-Schöpfergeistes-inkarnierten-Schöpferlogos innerhalb der Gemeinschaft der an ihn Glaubenden historisch (durch das biblische Zeugnis vom Ursprung der Kirche und des Apostolats in den Geschehnissen des Triduums[18]) und systematisch (durch die Logik der Sache) gerechtfertigt ist. Ob und wie das kirchliche Lehramt auf Dauer diese Infragestellung des sachlichen und historischen Rechts, die Erfüllung dieser beiden soziophysischen Eigenschaften der Person Jesu als notwendige Bedingung für die Eignung eines Menschen, „Repräsentant" Christi sein zu können, verarbeiten wird – etwa: ob diese Bedingung schlüssig aus der Logik der *Inkarnation* des Schöpferlogos in einem bestimmten Menschen erklärt und für richtig erklärt werden kann und erklärt werden wird – bleibt abzuwarten.

4.3. Zur *Wirkung* des Sakramentsempfangs. Diese ist eine zweifache:

4.3.1. Durch den Empfang des Weihesakraments wird das *Amt* der Apostel von diesen auf ihre Nachfolger übertragen, nicht hingegen ihr einzig-

---

[17] Dies betrifft nur den „lateinischen" Teil der Kirche von Rom. Vgl. CCEO, can. 373.

[18] Argumente gegen ihre biblische Begründbarkeit hat vorgetragen: W. HÄRLE, Von Christus beauftragt. Ein Biblisches Plädoyer für die Ordination und Priesterweihe von Frauen, 2017.

artiger, „unübertragbarer" *persönlichen Status* in der Heilsgeschichte als *erste* Auferstehungszeugen (KKK 860)

4.3.2. Vor allem aber: Das Sakrament vermittelt seinem Empfänger eine besondere Geistgabe, eine besondere Gnadengabe, die den Empfänger der Person Christi so annähert, daß ersterer dadurch geeignet ist, „in der Person" und mit der „heiligen Vollmacht" Christi – als Prophet, Priester und König – zu handeln und zu wirken (s. o. S. 104 f.; u. S. 252 f.). Diese Gabe wird als ein besonderes „Charisma" verstanden (das allgemeine Wesen der Charismen [KKK 799–801] schließt ein, daß ihr Unterschied gerade die unterschiedlichen Positionen des Dienstes in der Kirche und für sie begründet, also auch den „hierarchischen" Charakter des Gesamtgefüges [KKK 688, 951, 2003])[19.]

Allerdings gilt gleichzeitig auch, daß *alle* Sakramente, also auch die Sakramente der Initiation und der Heilung, jeweils ein „Charisma" verleihen (KKK 2003, 1127). Die Charismen differenzieren also nicht nur, sondern schaffen zunächst den allen Christen gemeinsamen Status des Befreit- und Geheiligtseins durch das beherrscht-Werden ihres Innersten vom „Geist Jesu", dem „Geist der Wahrheit".

Wie also verhalten sich diese besonderen Geist- bzw. Gnadengaben zu der fundamentalen, die den Glauben und die Glaubensgemeinschaft schafft und erhält? Antwort: Das durch die Sakramente verliehene Charisma (Gnadengabe) ist stets eine Befähigung und Verpflichtung zu einem *Dienst* an der Glaubensgemeinschaft und der Menschheit, und: dieses Dienen ist seiner Natur nach je ein besonderes. Dann fragt sich: Liegt im Grundcharakter des durch die sakramentale Gnadengabe ermöglichten Dienstes als Dienst-an-der-Glaubensgemeinschaft-und-an-der-Menschheit auch schon das Prinzip der *Differenzierung* solchen Dienens? Oder ergibt sich solche Differenzierung zufällig durch wechselnde Herausforderungen wechselnder Situationen? Und: Warum werden nur zwei solcher Dienstdifferenzen durch ein zusätzliches Sakrament begründet: Ehe und Ordo? Wie verhält sich diese durch das Weihesakrament verliehene *besondere* Gabe (dies besondere Charisma) zu allen übrigen *besonderen* Charismen? Ist sie ihnen gleichgestellt oder übergeordnet? Wenn das Letztere – warum?

Auffallend ist, daß die einschlägigen römisch-katholischen Lehrtexte für die Begründung der Unterschiede der Dienstfähigkeit und Dienstpflicht der Christen *gegenüber der Glaubensgemeinschaft* nirgend auf die *natürlichen* Unterschiede und Pflichten zurückgreifen, die den Christen wie

---

[19] Nach Abschluß unserer Arbeit ist die Diskussion dieses Themas weitergegangen. Vgl. dazu das Dokument des Dikasteriums für die Glaubenslehre „Iuvenescit Ecclesia" von 2016 (https://www.vatican.va/roman_curia/congregations/cfaith/documents/rc_c on_cfaith_doc_20160516_iuvenescit-ecclesia_ge.html).

allen Menschen als Geschöpfen eignen. Sind nicht auch diese selber schon relevant für den Dienst an der Gemeinschaft?

Offenkundig ist: Im Zusammenhang der Lehre des Zweiten Vatikanums gewinnt die beschriebene Wirkung des Weihesakraments, nämlich: daß ihrem Empfänger die „potestas",, „in persona Christi Capitis" zu wirken, verliehen wird, die Funktion einer Grundlegung für die (als solche schon alte) Lehre, daß das Weihesakrament seinen Empfänger in die Ordnung des *Priestertums* des Neuen Testaments versetzt (an diesem Priestertum Anteil gibt). Denn: Nach dem Zeugnis des Hebräerbriefes hat Christus als der Hohepriester des Neuen Bundes das Priestertum des Alten Bundes in der im Hebräerbrief beschriebene Weise (eben durch das ein für alle mal erbrachte Selbstopfer *dieses* Hohenpriesters [eben des inkarnierten Schöpferlogos selber]) überboten. Nun bewirkt das Weihesakrament die „sakramentale Einheit" seines Empfängers mit Christus (EdE 29), mit dem inkarnierten Schöpferlogos. Es bewirkt also, daß im Wirken des Empfängers des Weihesakraments das Wirken des inkarnierten Schöpferlogos selber gegenwärtig wirksam ist, so daß der Geweihte „in persona Christi Capitis" handelt und wirkt. Was insbesondere einschließt, daß er in „persona Christi Capitis", also in *sakramentaler Einheit mit dem inkarnierten Schöpferlogos*, auch *in dessen Funktion als Hoherpriester des Neuen Bundes* wirkt. So ist es das Weihesakrament, welches bewirkt, daß sich das Hohepriestertum des Neuen Bundes, das ist das Hohepriestertum Christi (des inkarnierten Schöpferlogos), im Empfänger des Weihesakraments und seinem Wirken *fortsetzt*. Nach römisch-katholischer Lehre gilt also: Das Hohepriestertum *Gottes selber* (nämlich des inkarnierten Schöpferlogos), von dem der Hebräerbrief zeugt, *abrogiert* nicht einfach das im Alten Bund wirkende Hohepriestertum von *Menschen*, sondern, indem es das Hohepriestertum des *inkarnierten* Gottes (des *inkarnierten* Schöpferlogos) ist, verwandelt es das alte in ein neues *Priestertum von Menschen*: nämlich in das *neue* Priestertum derjenigen Menschen, in deren Wirken sich vermöge des von ihnen empfangenen Weihesakraments *das Hohepriestertum des inkarnierten Schöpfergottes fortsetzt*.

4.3.3. Was bedeutet der Empfang des Weihesakramentes für das *Verhältnis* zwischen *Amt* und *Person* des Empfängers? Antwort: Das Weihesakrament verleiht der Person seines Empfängers ein „unauslöschliches Siegel", einen „character indelebilis".

Hebt dieser die Differenz zwischen Amt und Person auf? Nach römisch-katholischer Lehre: Nein. Er betrifft vielmehr die Amtsfähigkeit der Person über ihre persönlichen Eigenarten – und vor allem über ihre persönlichen Schwächen – hinaus (KKK 1584 mit 1128).

Streitet diese Differenz mit dem der Person verliehenen „character indelebilis"? Nach römisch-katholischer Lehre: Nein. Denn dieser Charakter betrifft nicht die persönliche Heiligkeit ihres Empfängers (steigert also nicht etwa die Taufgnade des Empfängers), sondern betrifft lediglich seine Fähigkeit, in Ausübung seines Amtes Repräsentant Christi (nota bene wirksamer Repräsentant) innerhalb der Gemeinde und für sie zu sein.

Wie ist diese Unterscheidung, die dennoch keine Trennung ist, zu verstehen? Dafür gibt es sachlogisch zwei Möglichkeiten.

Erste Möglichkeit: Weil der Amtsträger Empfänger des Taufsakraments und des Weihesakraments ist, wirken in seinem Innersten (Herz und Gewissen) *zwei verschiedene Geistgaben*: die durch die Taufe verliehene, die seine persönliche *Heiligkeit* (seinen persönlichen Gnadenstand) betrifft, und die durch das Weihesakrament verliehene, die seine persönliche *Amtsfähigkeit* betrifft – und zwar unabhängig von seiner persönlichen Heiligkeit. Wie ist das Verhältnis dieser unterschiedlichen Weisen der Wirksamkeit des Geistes in der Einheit der Innerlichkeit des Amtsträgers zu verstehen? Bezieht sich das Geistwirken jeweils auf unterschiedliche *Sektoren* im Innersten der Person? Das widerspräche der *Ganzheitlichkeit* des Geistwirkens in allen seinen Formen.

Zweite Möglichkeit: Taufgnade und durch die Weihe verliehene Amtsgnade betreffen jeweils zwei *verschiedene Gesamtaspekte der Existenz des Amtsträgers*: die Taufgnade betrifft die für die eigene Person des Amtsträgers jeweils real erreichte Heiligkeit; die durch das Weihesakrament empfangene Gnade hingegen die Instrumentalität des Amtsträgers als solchen (also in seinem Amtshandeln) für Christi eigenes Wirken (der auch durch schwache Christen, ja sogar Ungläubige und Sünder, Gutes [das Heil] zu wirken vermag). – Diese zweite Möglichkeit schließt auch eine spezifische Wirkung der Amtsgnade auf die Innerlichkeit des Amtsträgers ein: nämlich ihren Charakter als ihm innerlich präsente „*Verheißung*" der Heilsdienlichkeit seines Amtshandelns über Schwächen seines persönlichen Christenstandes hinaus.

Die Texte der römisch-katholischen Lehre lassen alle diese Fragen offen für die theologische Diskussion. Ist dieser ein Rahmen vorgegeben? Ja: Alle kohärenten Antworten müssen sich im Rahmen dessen halten, was die römisch-katholische Lehre über die geschöpfliche Konstitution und Bestimmung des Menschen als geschaffener Person (d.h. als geschaffenes Ebenbild der schaffenden Person: des Dreieinigen Gottes) aussagt.

4.3.4. Erneut stellt sich mit all dem die Frage nach der Stellung des Weihesakraments im Septenar, d.h. nach dem Verhältnis des Weihesakraments zu

– den Sakramenten der Initiation, Reifung und Heilung und zu
– dem Sakrament der Ehe.

Und zwar stellt sie sich nun konkret gefaßt als Frage nach dem Verhältnis des allgemeinen (bzw. „*gemeinsamen*") *Priestertums* zum besonderen *Amtspriestertum*. In dieser Hinsicht gilt:

Einerseits: Das Weihesakrament ist bedingt durch die Grundsakramente. Andererseits: Die Grundsakramente sind *sämtlich* bedingt durch das Weihesakrament.[20]

Dies umfassende Bedingtsein aller anderen Sakramente durch das Weihesakrament wird nicht dadurch beseitigt, daß die Taufe von jedermann gespendet werden kann und die Ehe von Laien gespendet wird, denn: die Taufe erreicht ihr Ziel erst durch die vom Bischof oder seinem Beauftragten gespendete Firmung,[21] durch Eucharistie, durch Buße und durch die Letzte Ölung; und bei den sich gegenseitig die Ehe spendenden Gatten handelt es sich um *gefirmte* Personen.

Die Wechselbedingung ist also asymmetrisch-einsinnig: In ihr herrscht der *Primat des Weihesakraments*. Grund: Dieses Sakrament ist das für die *Sakramentalität der Kirche* als der durch die dauernde Selbstvergegenwärtigung des Wirkens Christi geschaffenen Gemeinschaft *grundlegende und wesentliche Sakrament*. Damit aber ist die *Sakramentalität des Weihesakramentes* so fundamental für die Wirkung aller übrigen Sakramente wie die *Sakramentalität der Kirche* (diese gibt es gar nicht ohne die Sakramentalität des sakramentalen Amtes), ja wie die *Sakramentalität Christi selber.*

4.3.5. Das Zweite Vatikanum fixiert drei Stufen des Weihesakraments: Diakonat, Presbyterat, Episkopat (KKK 1554–1571). Erst in der letzten besitzt und entfaltet das Weihesakrament seine volle Wirkung, in den vorangehenden nur eine teilweise. Wie ist das zu verstehen?

4.3.5.1. *Lehrgeschichtlich* bedeutet dies die lehrmäßige Näherbestimmung der überlieferten, inhaltlich noch mehr oder weniger offenen Lehraussagen. Einschlägig sind zunächst die vortridentinischen Aussagen des IV. Laterankonzils (1215),[22] des II. Konzils von Lyon (1274)[23] und des „Decretum pro Armeniis (1439).[24] In diesen Texten kommt das „sacramentum

---

[20] Auf diesen Sachverhalt sind wir bereits bei der Behandlung des allgemeinen Sakramentsbegriffs gestoßen und dann wieder bei der Behandlung der Eucharistie: vgl. E. Herms/L. Žak (Hgg.), Sakrament und Wort im Grund und Gegenstand des Glaubens, 2011, 203–206; und: dies. (Hgg.), Taufe und Abendmahl im Grund und Gegenstand des Glaubens, 2017, 429 ff.

[21] Vgl. dazu E. Herms/L Žak (Hgg.), Taufe und Abendmahl im Grund und Gegenstand des Glaubens, 2017, 203 f., 327–330.

[22] „Et hoc utique sacramentum nemo potest conficere, nisi sacerdos, qui rite fuerit ordinatus, secundum claves Ecclesiae, quas ipse concessit Apostolis eorumque successoribus Jesus Christus." (DS 802).

[23] Das Weihesakrament wird einfach ohne weitere Erläuterungen als zu den Sieben Sakramenten hinzugehörig aufgezählt: „Tenet [...] et docet [...] sancta Romana Ecclesia, septem esse ecclesiatica saramenta, unum [...] baptisma [...], aliud est saramentum confirmationis [...] , aliud est paenitentia, aliud Eucharistia, aliud sacramentum ordinis, aliud est matrimonium, aliud extrema unctio[...]." (DS 860).

[24] „Novae Legis septem sunt sacramenta: videlicet baptismus, confirmatio, Eucharistia, paenitentia, extrema unctio, ordo et matrimonium, quae multum a sacramentis differunt

ordinis" explizit beschrieben nur als Mitteilung desjenigen „augmentum gratiae" zur Sprache, durch welches jemandem die „potestas" zum Vollzug des Eucharistischen Opfers verliehen wird, also diejenige „potestas", die ihn zum „geeigneten" („idoneus") Diener Christi macht. Ausdrücklich als durch das Ordosakrament verliehene Stufen einer niederen „potestas", die aber ebenfalls im Zusammenhang mit der Eucharistiefeier steht, werden „Diakonat" und „Subdiakonat" genannt. Als Bedingung der ordnungsgemäßen („rite") Spendung nennt schon das IV. Lateranum das Autorisiertsein durch die den Aposteln und ihren Nachfolgern von Christus verliehenen „claves Ecclesiae" und dementsprechend dann das „Decretum pro Armeniis" die Spendung durch den Bischof.[25]

Das Tridentinum versieht diese überlieferte kirchliche Lehre mit Näherbestimmungen, die anlaßbedingt allesamt einen antilutherischen Akzent besitzen.

– *Erstens*: Festgehalten und präzisiert wird die Qualität des durch die Ordination übertragenen Amtes als – das Opfer- und Reinigungspriestertum des Alten Bundes überbietendes – Opfer- und Reinigungspriestertum des Neuen Bundes. Was einschließt, daß als die durch die Ordination übertragene „potestas" wie bisher explizit nur die Vollmacht des Priesters zum Vollzug des eucharistischen Opfers benannt wird, erweitert um die Vollmacht zum Vollzug des Bußsakraments (DS 1764).

– *Zweitens*: Verteidigt und präzisiert wird die Bezugnahme auf die Stufen der zum Priestertum führenden Ordination, nämlich sieben, von denen freilich erst die fünfte, die des Subdiakonats hingeordnet ist auf die höheren Ordinationen, nämlich zum Diakonat und zum Priestertum (DS 1765).

– *Drittens* wird der *Sakraments*charakter der Ordination verteidigt; wozu jedoch signifikanter Weise nicht auf die Einsetzung durch Christus abgehoben wird, sondern auf den Effekt der Ordination als realer Mitteilung von Gnade (eben jenes „augmentum gratiae", von dem schon das Armenierdekret spricht) (DS 1766).

Antiquae Legis. Illa enim non causabunt gratiam, sed eam solum per passionem Christi dandam esse figurabant: haec vero nostra et continent gratiam, et ipsam digne suscipientibus conferunt. – Horum quinque prima ad spiritualem uniuscuiusque hominis in seipso perfectionem, duo ultima ad totius Ecclesiae regimen multiplicationemque ordinata sunt [...] Sextus est sacramentum ordinis, cuius *materia* est illud, per cuius traditionem confertur ordo: [...] presbyteratus traditur per calicis cum vino et patenae cum pane porrectionem; diaconus vero per libri Evangeliorum dationem, subdiaconatus vero per calicis vacui cum patena vacua superposita traditionem [...] *Forma* sacerdotii talis est: Accipe potestatem offerendi sacrificium in Ecclesia pro vivis et mortuis, in nomine Patris et Filii et Spiritus Sancti', Et sic de aliorum ordinum formis, prout in Pontificali Romano late continetur. Ordinarius *minister* huius sacramenti est episcopus. *Effectus* augmentum gratiae, ut quis sit idoneus Christi minister [Kursivierungen: E.H.]." (DS 1310f., 1326)

[25] In Kontinuität zur altkirchlich-nicänischen Regel: DS 218.

– *Viertens* wird – unter sachlogischem Rückgriff auf diesen Effekt der Ordination, verstanden als Sakrament, das auf der Linie von Taufe und Konfirmation einen geistlichen „character indelebilis" verleiht – die durch diese vermehrte („augmentierte" [s. o. Anm. 22–25]) Gnaden- und Geistgabe geschaffene Differenz des Geist- und Gnadenbesitzes der Geweihten gegenüber dem der Laien eingeschärft. Mit der doppelten Pointe, daß a) die Ordination nicht nur die Befugnis zur Ausübung einer Fähigkeit verleiht, die als Fähigkeit allen Getauften eignet, sondern durch Mitteilung eines vermehrten Gnaden- und Geistbesitzes diejenige *Fähigkeit*, welche auch Voraussetzung für die Befugnis zur Ausübung von Handlungen ist, zu denen kein Christ kraft bloß seines Getauftseins imstande ist; und daß b) diese „potestas" kraft ihres ontologischen Charakters als unwiderrufliche Geistgabe auch nicht mit dem Erlöschen (oder dem Entzug) der Befugnis zu ihrer Ausübung zunichte wird (DS 1767).

– *Fünftens* wird nun ausdrücklich festgehalten, daß „außer" („praeter") den Diakonen und Priestern auch – wie schon immer gelehrt und praktisch anerkannt – die Bischöfe mit ihrer „potestas" als „Obere der Priester" („prebyteris superiores"), als Spender der Konfirmation, als Spender der Ordination und als Inhaber der nur ihnen und niemandem sonst eigenen Vollmacht („potestas") für noch viele weitere Maßnahmen[26] unter Berufung auf Act 20,28[27] ebenfalls in diese hierarchische Ordnung aufgestufter Geist- und Gnadenstände hineingehören (DS 1767, 1768).

– *Sechstens* wird die Unabhängigkeit aller Ordinationen von weltlicher Zustimmung betont (1769).

Die „plena potestas" des römischen Bischofs über alle Bischöfe und die Gesamtkirche ist bei alldem unausdrücklich mit vorausgesetzt. *Explizit* festgestellt wird sie dann aus gegebenem Anlaß im Ersten Vatikanum. Und zwar so, daß zugleich der im Tridentinum nur allgemein angesprochene größere Umfang der bischöflichen Vollmacht („potestas") über die Vollmacht zu priesterlichem Handeln hinaus nun auch explizit als die bischöfliche Jurisdiktionsgewalt (DS 3059–3064) und Lehrgewalt (DS 3065–3074) einschließend behauptet wird; wobei den Primat dieser Jurisdiktions- und Lehrgewalt der Bischof von Rom innehat (DS 3053–3055), und zwar auf dauernde Weise (DS 3056–3058).

Das Zweite Vatikanum beschreibt dann die so sukzessive zu vollständiger Explizitheit gebrachte Lehre als die ursprüngliche, d. h. als die schon im und durch den Ursprung der Kirche, also im und durch das vor- und nachöster-

---

[26] „[…] atque alia pleraque peragere ipsos posse, quarum fundationum potestatem reliqui inferioris ordinis nullam habent." (DS 1768).

[27] „Gebt acht auf euch und auf die ganze Herde, in der euch der Heilige Geist zu Bischöfen bestellt hat, damit ihr als Hirten für die Kirche Gottes sorgt, die er sich durch das Blut seines eigenen Sohnes erworben hat" (Einheitsübersetzung).

lichen Christusgeschehen, fundierte und gegebene (LG zusammen mit DV). In dieser jüngsten Gestalt der Lehre wird das „sacramentum ordinis" als Ordination ursprünglich und vollständig nicht zum Priestertum bzw. Diakonat, sondern als Ordination zum *Bischofsamt* beschrieben (was vorher so nie gesagt worden war). Die Ordination zum Diakonat und zum Priestertum werden als Übertragung einer je spezifisch begrenzten Teilhabe an derjenigen geistlichen „potestas" beschrieben, die ursprünglich und vollständig in der „potestas" des in der Einheit mit dem Weltepiskopat unter dem Haupt des Bischofs von Rom ausgeübten Bischofsamtes gegeben ist.

4.3.5.2. In *sachsystematischer* Hinsicht ist zu beachten:

Offenbar sind die drei *Stufen* des empfangenen Weihesakramentes nicht identisch mit den drei *Wesensaspekten* des Amtes.

Wie bestimmt dann die Lehre das *Verhältnis* der drei *Stufen* zu den drei *Wesensaspekten* des Amtes? Antwort: Nur die höchste Stufe des Weihesakramentes verschafft seinem Empfänger – dem in der Einheit des Weltepiskopats unter dem Haupt des Bischofs von Rom amtierenden Bischof – die originäre „potestas" des Amtes mit all ihren drei Wesensaspekten als priesterliche Potestas, als Lehrpotestas und vor allem als Leitungspotestas. Die mittlere Stufe des Weihesakraments – die Weihe zum Priester – verleiht ihrem Empfänger nur eine *Teilhabe* an der Amtspotestas des Ortsbischofs und ihren drei wesentlichen Aspekten, also eine nicht originäre Teilhabe an der priesterlichen Potestas, der Lehr- und Leitungspotestas, die von der dreifachen Amtspotestas des Ortsbischofs abhängig, in ihr begründet und durch sie begrenzt ist. Die Ausgangsstufe des Weihesakraments, die Weihe zum Diakonat, gewährt ihren Empfängern lediglich eine abkünftige, nicht selbständige Teilhabe an der bischöflichen Potestas des *Lehrens*, nicht aber an der *priesterlichen* Potestas des Bischofs und nicht an der *Leitungs*potestas des bischöflichen Amtes.

Volle Anteilhabe am apostolischen Weitergabeamt verleiht also nur die *Bischofsweihe*. Sie allein ist das Sakrament, welches das apostolische Weitergabeamt *zur Gänze* weitergibt.[28]

---

[28] Hierzu ist jedoch folgendes zu beachten: 1. Der Begriff der Sakramentalität des Bischofsamtes (zu verstehen in dem Sinne, daß die Bischofsweihe den sakralen Charakter verleiht) wurde mit einer feierlichen Formulierung vom Zweiten Vatikanischen Konzil (LG 21) eingeführt, so daß das Thema in dieser Form („Docet autem Sancta Synodus episcopali consecratione plenitudinem conferri sacramenti Ordinis […]") in der früheren Lehre nicht vorkommt. – 2. Die dogmatische Lehre vor dem Zweiten Vatikanischen Konzil bestätigte als „sententia certa" die Idee, daß ein einfacher Priester ein außerordentlicher Spender des Subdiakonats sein kann. – 3. Die kirchliche Praxis, die von den drei Päpsten des Mittelalters gebilligt wurde, bezeugt die Existenz der Überzeugung, daß der einfache Priester ein außerordentlicher Spender des Diakonats und des Presbyteriums sein kann, wie er es auch bei der Firmung ist. Diesbezüglich sei verwiesen auf: LUDWIG OTT, Grundriß der katholischen Dogmatik, [11]2005, 621 f.

Alle Stufen verleihen jeweils einen „*character indelebilis*". Dieser ist (s. 4.3.3.) einerseits, eben als „character *indelebilis*", *formaliter* dem durch die Taufe verliehenen gleich, andererseits von diesem *materialiter* unterschieden. Formal gleich dem durch die Taufe verliehenen unverlierbaren Charakter ist der durch das Weihesakrament verliehene Charakter insofern, als es sich bei diesem ebenso wie bei jenem um die *unverlierbare* Gabe eines besonderen Charismas, einer besonderen Gnade handelt (wobei „Gnade" in beiden Fällen eine „gratia creata", nicht die „gratia increata" bzw. „creans" meint). Material verschieden ist der von Taufe und Weihesakrament verliehene Charakter insofern, als beide Sakramente ihren Empfängern jeweils ein besonderes, von anderen unterschiedenes Charisma verleihen. Wie (in welcher Weise) sind das vom einen und das vom anderen Sakrament verliehene Charisma verschieden? Keineswegs in der Weise, daß sie unverbunden nebeneinander stünden. Vielmehr besteht zwischen dem durch die Taufe verliehenen und dem durch das Weihesakrament verliehenen Charisma ein sachlicher Zusammenhang, genau: ein Grundlegungs- und Steigerungsverhältnis. Das durch die Taufe verliehene Charisma ist grundlegend für das durch die Weihe verliehene. Das durch die Weihe verliehene Charisma kommt zu dem durch die Taufe verliehene hinzu, „augmentiert"[29] also insofern den Gnadenstand des Empfängers:

– Verleiht die Taufe das Charisma, an der Feier der Eucharistie teilzunehmen, so verleiht erst das Weihesakrament (in seiner zweiten und dritten Stufe) das Charisma, die Eucharistiefeier auch zu leiten.

– Verleiht die Taufe, bestätigt durch die Firmung, das Charisma, das Christusereignis überhaupt zu *bezeugen*, so verleiht erst das Weihesakrament das Charisma des *garantiert wahren* Christuszeugnisses.

– Verleiht die Taufe, bestätigt durch die Firmung, das Charisma, die kirchlichen Disziplin zu *befolgen*, so verleiht erst das Weihesakrament (in seiner höchsten Stufe) das Charisma, die „leges", in deren Befolgung die kirchliche Disziplin besteht, auch zu *setzen*.

Daß nach römisch-katholischer Lehre dies asymmetrische Grundlegungs- und Steigerungsverhältnis zwischen dem durch die Taufe verliehenen und dem durch das Weihesakrament verliehenen Charisma besteht, ist ein Faktum. Fakt ist somit auch, daß nach römisch-katholischer Lehre das durch die Taufe verliehene Charisma ein solches ist, welches gegenüber dem durch das Weihesakrament verliehenen ein nur *begrenztes* ist. Wie verhält dieser Sachverhalt sich zu der klar bezeugten[30] Heilssuffizienz der

---

[29] S. o. Anm. 22–25.
[30] Vgl. E. HERMS/L. ŽAK (Hgg.), Taufe und Abendmahl im Grund und Gegenstand des Glaubens. Theologische Studien zur römisch-katholischen und evangelisch-lutherischen Lehre, 2017, 173 ff.

Taufe? Besteht diese unabhängig von Firmung, Absolution, Letzter Ölung, also auch unabhängig vom Wirken des geweihten Amtes? Die römisch-katholischen Lehrtexte schließen das nicht ausdrücklich aus, keinesfalls aber affirmieren sie es ausdrücklich.[31]

4.3.6. Zur *„Apostolischen Sukzession"*. – Diese stellt sicher, daß das weitergegebene Amt genau das von Christus selber den Aposteln aufgetragene Amt der Weitergabe der durch Christus selbst geschaffenen und erhaltenen „revelata tradenda" und als solches das mit dem „charisma veritatis" ausgestattete Amt ist. Die Identitätsbedingung dieses Amtes sind also: Nicht allein die weitergegebenen *„revelata tradenda"* (s. o. Nr. 3.4.2.) sondern auch deren leibhafte *traditio,* ihr leibhaftes Tradiert-, Weitergegebenwerden durch die Apostel selber an deren Nachfolger und von diesen jeweils an die ihren. Um diesen *Prozeß des Tradierens,* Weitergebens des Weitergabeamtes der Apostel durch diese selber und um die Identität dieses *Prozesses des Tradierens* geht es im Weihesakrament. Das Sakrament begründet die *Identität,* den *apostolischen* Charakter des *Weitergebens* des apostolischen Weitergabeamtes sicher (und erst damit die Identität des Weitergebens des Weiterzugebenden im weiterzugebenden Weitergabeamt).

Hier stellen sich mehrere Fragen.

4.3.6.1. Zunächst die Frage nach dem Verhältnis zwischen dem *apostolischen Weitergabeamt* und seiner Weitergabe einer- und andererseits dem *Weitergabeauftrag der Gemeinschaft als ganzer.* Der den Aposteln gegebene Auftrag zur Weitergabe der Revelata als solcher (eben: „offenbarter") ist derjenige, welcher auch dem Leben der Kirche (Gemeinschaft) als ganzer gegeben ist, sofern Christus sich diese als sein Instrument für seine dauernde Selbstvergegenwärtigung geschaffen hat. Klar ausgesprochen wird in der römisch-katholischen Lehre, daß die Gemeinschaft als ganze ihren Weitergabeauftrag nur erfüllen kann, weil und wenn der Weitergabeauftrag des apostolischen Amtes erfüllt wird. Nun ist aber nach römisch-katholischer Lehre die Gemeinschaft der Christgläubigen als ganze nicht *durch* die Gemeinschaft der Apostel begründet, sondern letztere innerhalb jener von Christus selbst gesetzten Gesamtgemeinschaft eingesetzt. Die Stiftung der Gemeinschaft der Christgläubigen als ganze ist also ebenso Stiftung Christi selber wie die Stiftung des apostolischen Weitergabeamtes. Beide sind somit insofern *gleichen Ursprungs,* als eben *beide* durch *Christus selbst* gestiftet sind. Beide sind zwei gleichursprüngliche Setzungen Christi. Diese Einsicht verlangt eine genaue Bestimmung der Wechselbedingung, die zwischen diesen beiden Seiten von Christi eigener Stiftung herrscht:

---

[31] Immerhin heißt es in KKK 1584: „Christus" „ultimo agit et *operatur salutem per ministrum ordinatum"* „Christus selbst" „handelt" „durch den geweihten Diener und *wirkt durch ihn das Heil"* (Kursivierungen Verf.).

– Genau zu beschreiben ist einerseits, daß und wie die Erfüllung des den Aposteln (und ihren Nachfolgern) gegebenen Weitergabeauftrags die notwendige Bedingung dafür ist, daß die Gemeinschaft der Christgläubigen als ganze ihren Weitergabeauftrag erfüllen kann. Diese genaue Beschreibung liefert das zweite Vatikanum durch seine dogmatischen Konstitutionen „Lumen Gentium" und „Dei Verbum".

– Andererseits ist aber auch genau zu beschreiben, daß und wie die Erfüllung des Weitergabeauftrags der Gemeinschaft der Christgläubigen eine notwendige Bedingung für die Erfüllung des Weitergabeauftrags der Apostel und ihrer Nachfolger ist, also eine Bedingung, die nicht einfach dadurch erfüllt wird, daß die Apostel ihren Weitergabeauftrag erfüllen, sondern deren Erfülltsein auch schon die Bedingung der Möglichkeit dafür ist, *daß* die Apostel und ihre Nachfolger ihren Weitergabauftrag überhaupt erfüllen *können*, von deren schon Erfülltsein also auch die Erfüllung des Weitergabeauftrags des apostolischen Amtes abhängig ist. Das *bischöfliche* Weitergabehandeln kann überhaupt nur innerhalb der *gesamtkirchlichen* Teilhabe an dem dreifachen Amt Christi ausgeübt werden und wird auch nur unter dieser ihm unhintergehbar vorgegebenen Bedingung ausgeübt.

Es müßte also genau beschrieben werden, daß und wie der Weitergabeauftrag der Apostel und ihrer Nachfolger nur dann erfüllt werden kann und wird, wenn er auch seiner eigenen Abhängigkeit von der Erfüllung des Weitergabeauftrags der Gemeinschaft der Christgläubigen Rechnung trägt. Wird diese Abhängigkeit der Weitergabetätigkeit der Apostel und ihrer Nachfolger von der Weitergabetätigkeit der Gemeinschaft als ganzer, also die Notwendigkeit, bei der Erfüllung des Weitergabeauftrags der Apostel und ihrer Nachfolger auf die Weitergabetätigkeit der Gemeinschaft als ganzer Rücksicht zu nehmen, in der römisch-katholischen Lehre ebenso klar beschrieben wie das umgekehrte Bedingungs- und Abhängigkeitsverhältnis? Die Einsicht in die Gleichursprünglichkeit von Gemeinschaft und apostolischem Weitergabeamt würde angetastet, wenn nur der Traditionsauftrag der Gemeinschaft als bedingt durch den Traditionsauftrag der Apostel, nicht aber auch dieser als bedingt durch den Traditionsauftrag der Gemeinschaft gesehen und klar beschrieben würde – bis in seinen praktischen Konsequenzen hinein.

4.3.6.2. Die entscheidende Frage ist jedoch: Wie muß der Akt des Tradierens, des Weitergebens, des apostolischen Weitergabeamtes beschaffen sein, wenn er, und erst er, die *Identität des Weitergegebenen, eben des apostolischen Weitergabeamtes*, sicherstellt?

Die Antwort wäre einfach, wenn dieser Akt des Weitergebens des apostolischen Weitergabeamtes selber zugleich der Akt wäre, welcher das apostolische Weitergabeamt *konstituiert*. So ist es aber nicht. Nach DV 7 ist es vielmehr Christus selber, der das Weitergabeamt konstituiert. Somit kann die spezifische Kraft, die Identität dieses von Christus selber gestifteten Amtes zu sichern, dem *apostolischen* Akt des Weitergebens des von *Christus* konstituierten Amtes nur unter der Bedingung zu eigen sein, daß auch in ihm dieselbe Kraft wirkt, wie in dem eigenen amtskonstituierenden Wirken Christi. Oder: Wenn der apostolische Akt der Weitergabe des apostolischen Weitergabeamtes an der Kraft des amtskonstituierenden Wirkens Christi selber teilhat, sich an ihm also dieses *eigene Wirken Christi* kontinuiert.

So ist es nach römisch-katholischer Lehre in der Tat: In allen drei Stufen besteht der *Ritus* des Weihesakramentes darin, „daß der Bischof [nota bene: der in der Gemeinschaft des Weltepiskopats unter dem römischen Bischof stehende Bischof und nur er: KKK 1576[32]][33] die Hände auf das Haupt des zu Weihenden legt [in alter Terminologie: „materia sacramenti"; vgl. KKK 699: die Hand als Zeichen des Heiligen Geistes] und im jeweiligen Weihegebet [in alter Terminologie: „forma sacramenti"] von Gott die Ausgießung des Heiligen Geistes und der besonderen Gnadengaben für den Dienst erfleht, zu dem der Kandidat geweiht wird." (KKK 1573). Und die *Wirkung* dieses Ritus ist der Empfang derjenigen „Gnade des Heiligen Geistes", mit der zugleich die „capacitas agendo tamquam Christi legatus, Capitis Ecclesiae, in Eius triplici munere sacerdotis, prophetae et regis" empfangen wird (KKK 1548; in der offiziellen deutschen Übersetzung: „Die Weihe *ermächtigt* [Kursivierung: E.H.] ihn [ihren Empfänger], als Vertreter Christi des Hauptes, in dessen dreifacher Funktion als Priester, Prophet und König zu handeln"). Was nichts anderes heißt als: Durch das Weihesakrament setzt sich diejenige Geistausgießung fort, die der auferstandene Christus den Aposteln, und nach römisch-katholischer Lehre *ausschließlich* ihnen, schon vor Pfingsten gewährt hat (Joh 20,19–23). Nun ist aber der Heilige Geist kein anderer als der Geist Christi selber (KKK 693), so daß Christus, indem er den Aposteln seinen Geist mitteilt, de facto sich selber mitteilt. Was wiederum nichts anderes heißt als daß er, Christus, den Empfänger durch diese Geistgabe sich („Christo") „configurat" (deutsche Übersetzung: „angleicht": KKK 1581 und 1585); was einschließt, daß das Handeln des Geweihten in Ausübung der ihm durch die Konfiguration mit Christus verliehenen „capacitas", als Christi „legatus" Christi eigenes Handeln als Priester, Prophet und König zu vollziehen (KKK 1581),

---

[32] KKK 1576: „Die gültig geweihten, das heißt die in der apostolischen Sukzession stehenden Bischöfe, sind die gültigen Spender der drei Stufen des Weihesakramentes."

[33] Beachte aber: Wie der Dogmatiker Ludwig Ott in einem vorkonziliaren Handbuch (das mit Ergänzungen auch nach dem Konzil nachgedruckt wurde) feststellt, kennt die Kirchengeschichte Fälle, in denen die Priester- und Diakonenweihe von Äbten, die keine Bischöfe waren, vorgenommen wurde. Sie wurden mit päpstlicher Erlaubnis zur Weihe ermächtigt. Diese Weihen wurden und werden als gültig angesehen (s. o. Anm. 28).

auch tatsächlich Christi eigenes Handeln als Priester, Prophet und König *ist* (KKK 1584), das er selber durch den ihm konfigurierten Geweihten als durch sein Instrument vollzieht.

Also: Die Weitergabe des Weitergabeamtes durch das Weihesakrament kontinuiert diejenige nachösterliche Geistgabe Christi an die Apostel (Joh 20,13–19), die das apostolische Weitergabeamt konstituiert. So daß die durch die sakramentale Weihe konstituierte „apostolische Sukzession" nichts anderes ist als die Perpetuierung von Christi eigener nachösterlichen Geistgabe an die Apostel, durch die er nach römisch-katholischer Lehre deren Empfänger so von den Empfängern aller anderen Sakramente unterscheidet und über diese hinaushebt, daß er das Weitergabehandeln der Empfänger dieses Sakraments, also der Apostel und derer, die durch den Empfang dieses Sakraments deren Nachfolger werden, durch *Konfiguration* mit Christi eigenem Handeln als Priester, Prophet und König auch zum *Instrument* von dessen eigenem Handeln als Priester, Prophet und König macht.

Frage: Welches *Verhältnis zwischen Christus und den Aposteln* (sowie deren Nachfolgern) wird durch die Konfiguration der letztgenannten mit Christus aufgrund der besonderen Geistgabe von Joh 20,13 ff. und deren Kontinuierung durch das Weihesakrament geschaffen?

Ausgeschlossen ist, daß eine *Identifikation* der *Person* des Sakramentsempfängers mit der *Person* Christi bewirkt wird. Denn die römisch-katholische Lehre hält ausdrücklich fest, daß der Empfang des Weihesakramentes die Person ihres Empfängers nicht davor schützt, persönlich des Amtes „unwürdig" („indignus") zu werden (KKK 1583 f.). Im selben Atemzug insistiert die römisch-katholische Lehre jedoch auf zweierlei: erstens darauf, daß auch dann, wenn einem Empfänger des Weihesakraments die Ausübung des Amtes wegen Unwürdigkeit untersagt wird, dadurch die Wirkung des Sakraments, nämlich die unauslöschliche Prägung der Person durch das empfangene Sakrament, nicht erlischt (KKK 1583); und zweitens (in Bekräftigung der alten antidonatistischen Entscheidungen) darauf, daß, solange einem de facto persönlich unwürdigen Geweihten die Ausübung des Amtes nicht untersagt ist, die heilsame Wirkung seines Handelns in Ausübung des dreifachen Amtes Christi als Priester, Prophet und König durch seine persönliche Unwürdigkeit nicht beeinträchtigt wird. Denn: Die persönliche Unwürdigkeit des Amtsträgers „kann Christus nicht am Handeln hindern", der „selbst durch den geweihten Diener handelt" und „durch ihn das Heil" „wirkt" (KKK 1584). Ist damit in einem Atemzug

– einerseits die Identifikation der Person des Empfängers des Weihesakraments mit der Person Christi ausgeschlossen, aber zugleich

– andererseits die Identität seines amtlichen Handelns mit dem eigenen Handeln Christi, der inkarnierten zweiten Person der Trinität, als Priester, Prophet und König behauptet?

Jedenfalls ist festzustellen, daß diese zuletzt genannte Meinung auch in den jüngsten Texten der römisch-katholischen Lehre nirgends explizit ausgeschlossen wird; offenkundig auch nicht durch die geläufige Beschreibung des Handelns der Geweihten als „Instrument" Christi.

Freilich: Legt man jene Annahme einer *Identität* des Handelns der Geweihten mit dem Handeln Christi, der inkarnierten zweiten Person der Trinität, zugrunde, so hat das eine weitreichende sachlogische Konsequenz: Die gesamte oben in Ziffer 3 in Betracht gezogene Unterscheidung (nota bene: nicht Trennung) zwischen dem menschlichen Handeln („opus hominum") der Erfüllung des Weitergabeauftrags und dem Gotteshandeln („opus Dei": dem Handeln der inkarnierten zweiten Person der Trinität), welches dieses menschliche Handeln ermöglicht, verlangt und als sein Instrument frei in Gebrauch zu nehmen verheißt, „ubi et quando visum est Deo", würde hinfällig. Es würde die Gleichung gelten: Das priesterliche (heiligende), prophetische (lehrende) und königliche (regierende) Handeln, zu dem der Empfänger der Weihesakramentes kraft der in diesem iterierten Geistausgießung Christi nach Joh 20,13 ff. und kraft der dadurch erfolgten „Angleichung" an („Konfiguration" mit) Christus „ermächtigt" ist, *ist* gleich dem Handeln Christi als Priester, Prophet und König Christi, das er durch die Ausgießung seines Geistes an die Jünger ausübt.

Für das genaue Verständnis dieser Gleichung muß dann aber auch der Charakter desjenigen priesterlichen, prophetischen und königlichen Handelns betrachtet werden, zu dem das Weihesakrament seine Empfänger „ermächtigt" (2), sowie der Charakter dieser „capacitas agendi", die mit dem Weihesakrament empfangen wird (1). Die römisch-katholische Auffassung von beidem ergibt sich aus dem Weihegebet, welches jeweils die „Form" des Weihesakramentes ausmacht.

Es lautet für das Priesteramt:

„Allmächtiger Vater, wir bitten dich, gib diesen deinen Dienern die Würde des Priestertums. Erneuere in ihnen den Geist der Heiligkeit. Das Amt, das sie aus deiner Hand, o Gott, empfangen, die Teilhabe am Priesterdienst, sei ihr Anteil für immer. So sei ihr Leben für alle Vorbild und Richtschnur."[34]

Und für das Bischofsamt lautet es:

„Gieße jetzt aus über deinen Diener, den du erwählt hast, die Kraft, die von dir ausgeht, den Geist der Leitung. Ihn hast du deinem geliebten Sohn Jesus Christus gegeben, und er hat ihn den Aposteln verliehen. Sie haben die Kirche an den ein-

---

[34] Beide nach der durch Dekret der Kongregation für die Liturgie vom 29.6.1989 geänderten Fassung.

zelnen Orten gegründet als dein Heiligtum, zur Ehre und zum unaufhörlichen Lob deines Namens."

Daraus ergibt sich

ad 1: Die verliehene „capacitas agendi" hat den Charakter einer Vollmacht, die stets beides zugleich umfaßt: nicht nur die *Befähigung* zum Handeln im priesterlichen, prophetischen und königlichen Amt Christi, sondern zugleich auch die *Befugnis* zu solchem Handeln unter bestimmten Bedingungen (Gemeinschaft mit dem Weltepiskopat unter dem römischen Bischof) und in bestimmten Grenzen. Und das heißt: Empfangen wird die Fähigkeit zu einem ordnungsgemäßen und kraft seiner Ordnungsgemäßheit auch wirksamen, eben „gültigen", Handeln. Ausgeschlossen ist damit, daß andere als dieser Ordnung gemäße Weihen wirksam, also „gültig", sein und in diesem Sinne in der „apostolischen Sukzession" stehen können. Bloß historische Kontinuität außerhalb dieser Ordnung reicht nicht für einen „wirksamen", eben „gültigen", Empfang der Ordination.[35]

ad 2: Das Handeln, zu dem der Empfang des Weihesakramentes ermächtigt, umfaßt das bischöfliche Leitungsamt (die bischöfliche Pflege der kirchlichen Ordnung [„Disziplin"]), das bischöfliche Lehramt und das bischöfliche Heiligungsamt.

Zufolge der in Erwägung gezogenen Gleichung wäre – kraft „Konfiguration" des Geweihten mit Christus – eben dieser Vollzug des bischöflichen Leitungs-, Lehr- und Heiligungsamtes Christi *eigenes* priesterliches, prophetisches und königliches Wirken, das er durch die Ausgießung seines Geistes nach Joh 20,13 ff. ausübt. Die oben in Ziffer 3 erwogene *Differenz* zwischen dem einheitlich durch Ausgießung seines Geistes geschehenden Wirken Christi als Priester, Prophet und dessen unmittelbarem geistlichen Herrschaftseffekt (Spitzenstellung des herrscherlichen Wirkens) auf der einen Seite und dem durch bevollmächtigte Weitergabe der „revelata tradenda" durch das menschliche Handeln der Apostel und ihrer Nachfolger (für das deren regimentliches Handeln basal ist) auf der anderen Seite rückt damit aus dem Blick. Die *Gleichung* läßt Christi Geistausgießung nach Joh 20,13 ff. selber schon als ein Wirken erscheinen, für welches das *herrscherliche* Handeln *als ordnungsstiftendes* Handeln *basal* ist.

Eine solche Sicht wirft historische und sachlogische Fragen auf, die nicht leicht zu beantworten sind.

Jedenfalls hat sie Konsequenzen für die Antwort auf die Frage nach der *Autorität* des durch seine sakramentale Weitergabe weitergegebenen apostolischen Weitergabeamtes und deren Lehr-, Heiligungs- und Leitungstätigkeit, welche die Glieder der Glaubensgemeinschaft *innerlich bindet* und

---

[35] Vgl. dazu die Entscheidungen betreffend die Gültigkeit der anglikanischen Weihen: DS 3315–3319.

dadurch den Charakter ihrer Gemeinschaft als Glaubens- und Gewißheitsgemeinschaft konstituiert. Diese Antwort kann alternativ auf zwei Linien
gegeben werden:

Erstens auf der Linie der Autorität des vermittelst der „revelata tradenda" selbst sich selber „ubi et quando visum est Deo" vergegenwärtigenden Offenbarungsgeschehens; also auf der Linie der ausschließlichen *Autorität der bezeugten Wahrheit und Gnade*, die selbst sich selber den Zeugnisadressaten vergegenwärtigt (und die den Zeugnisadressaten allein dadurch
die Wahrheit des Zeugnisses und der Zeugen offenbart und dadurch auch
diesen Autorität für die Glaubenden verschafft). – Im Horizont dieser Sicht
ist festzuhalten: der einsinnig asymmetrische Zusammenhang zwischen bezeugendem Menschenhandeln und dem bezeugtem Offenbarungshandeln
Gottes (der Selbstvergegenwärtigung der bezeugten Wahrheit Gottes); also
auch die Notwendigkeit, zwischen tradierten Weisen des menschlichen
Traditionshandelns („traditiones humanae") und den zu-tradierenden Werken des Wirkens der Offenbarung selber („testando tradenda revelata") zu
unterscheiden. Ferner ergibt sich im Horizont dieser Sicht hinsichtlich des
Verhältnisses des eigenen dreifachen Wirkens (Amtes) Christi die Fundamentalstellung seines prophetischen und die Spitzenstellung seines herrscherlichen Wirkens (seiner Herrschaft über das Innerste [Herz und Ge-
wissen] seiner Adressaten). Und schließlich stellt sich daher im Horizont
dieser Sicht die Gemeinschaft der Glaubenden als eine Gemeinschaft „sub
unica *veritatis testatae* auctoritate" dar.

Die zweite mögliche Antwort hebt ab auf die *Autorität derjenigen besonderen Zeugen*, die von Christus selbst als die *wahren* Zeugen eingesetzt sind,
nämlich der zwölf Apostel und ihrer Nachfolger, deren bevollmächtigtes
menschliches Zeugnishandeln die Wahrheit des Bezeugten verbürgt und
vergegenwärtigt. – Konsequenz: Preisgabe der einsinnigen Asymmetrie des
Zusammenhangs zwischen bezeugendem Menschenhandeln und zu-be-
zeugendem Gotteshandeln; also auch Preisgabe der Notwendigkeit, zwischen tradierten Weisen des menschlichen Traditionshandelns („traditiones humanae") und den zu-tradierenden Werken des Wirkens der Offenbarung selber („tradenda revelata") zu unterscheiden: alle tradierten *Weisen*
des menschlichen Traditionshandelns sind als solche auch selber „revelata
tradenda". Im Horizont dieser Sicht stellt sich die Gemeinschaft der Glaubenden als eine Gemeinschaft „sub unica *testium veritatis* auctoritate" dar.

Diese zweite Sicht ist in der römisch-katholischen Lehre nicht vermieden, sondern tritt dem Leser in vielen Texten dominant entgegen.

5. Das Verhältnis der Position des Zweiten Vatikanums zu den Entscheidungen des Tridentinums und des Ersten Vatikanums

Die Lehre des Zweiten Vatikanums über Amt- und Ordination versteht sich als „Aggiornamento" des mittelalterlichen und tridentinischen Erbes sowie des Ansatzes des Ersten Vatikanums.

Insofern ist für sie die in Trient erfolgte Abgrenzung gegenüber der Reformation konstitutiv und nicht aufgebbar.

Nun will aber das Zweite Vatikanum dieses Erbe *offenbarungstheologisch* systematisieren und vertiefen. Dieses Bemühen hat einen ambivalenten Effekt.

Einerseits: Erreicht wird für das „sacramentum ordinis" in seinem komplexen Gesamtcharakter als dreigestufte Weitergabe des dreidimensionierten Weitergabeamtes der Apostel an deren Nachfolger in apostolischer Sukzession die *Verankerung im Christusgeschehen*, d.h. in der Heilsgeschichte als Geschichte der Selbstoffenbarung des Schöpfers im inkarnierten Schöpferlogos durch den Schöpfergeist. Somit erfolgt die *Begründung der Autorität* des Weihesakramentes und des durch es weitergegeben apostolischen Weitergabeamtes durch ihren Aufweis als eines *Implikats der Christusoffenbarung selber.*

Andererseits wird dieser Nachweis aber zugleich auch zum Ausgangspunkt für diejenige *Neubestimmung des Wesens der Autorität* dieses durch das dreigestufte Weihesakrament weitergebenen dreidimensionierten apostolischen Weitergabeamtes, welche diesem eben als Implikat der Selbstoffenbarung des Schöpfers in seinem inkarnierten Schöpferwort durch seinen Schöpfergeist, also als Implikat des universellen, eben Welt-schaffenden, erhaltenden und vollendenden *Wahrheitsgeschehens*, eignet.

Das aber öffnet die Tür zu einer Neubestimmung dieses Wahrheitsgeschehens selber im Sinne der Einsicht in die Selbstvergegenwärtigung der Wahrheit Gottes, die im kirchlichen Christuszeugnis bezeugt wird. Besonders prägnant spricht sich diese Neubestimmung des Geschehens des innerlich bindenden Gegenwärtigwerdens von Wahrheit in der Konzilsdeklaration „Dignitatis humanae" aus:[36]

„[…] nec aliter veritatem sese imponere nisi vi ipsius veritatis, quae suaviter simul ac fortiter mentibus illabitur." (l. c. Ziffer 1 Abs 3)

---

[36] Dazu vgl. schon den ersten Berichtsband unserer Arbeitsgruppe: E. Herms/L. Žak (Hgg.), Grund und Gegenstand des Glaubens nach römisch-katholischer und evangelischer Lehre. Theologische Studien, 2008, bes. 3–50 und 163–182. – Dazu auch E. Herms, Gewissensbildung durch den Geist der Wahrheit. Die römisch-katholische Lehre von der Wahrheitsbindung des Gewissens. Fundamentalanthropologische Basis und Pointe, pastorale Konsequenzen und offene Fragen, in: Materialdienst des Konfessionskundlichen Instituts Bensheim 67 (2016) 23–31.

Wird die hier ausgesprochene Einsicht konsequent verfolgt, eröffnet sich auch innerhalb der römisch-katholischen Lehre die Möglichkeit, zwischen der Selbstvergegenwärtigung der göttlichen Wahrheit als unverfügbarem „opus Dei" und dem Zeugnishandeln der Apostel und ihrer Nachfolger als einem „opus hominum" ohne beides zu trennen dennoch klar zu unterscheiden. Was für die römisch-katholische Seite die Möglichkeit einer vertieften Würdigung eben dieses Anliegens der lutherischen Theologie – und seiner Konsequenzen – eröffnen könnte.

III. Diskussion über die evangelisch-lutherische Lehre von Amt und Ordination

1. Zu den Referaten

Die historische Rekonstruktion von Ausgangspunkt, Entwicklung und schließlichem Vollgehalt von Luthers Lehre vom Amt der Kirche und seiner Ordnung im Referat von V. Leppin bestätigt die Richtigkeit der systematischen Zusammenfassung des Gehalts dieser Lehre, mit dem das Referat von A. Sabetta schließt.

Beide Referate tragen zur Überwindung verbreiteter Mißverständnisse bei:

– einerseits der (nicht nur im römisch-katholischen, sondern auch im „neuprotestantischen" Bereich anzutreffenden) Ansicht, daß für Luthers Lehre von der Kirche seine Lehre vom Amt der Kirche, und zwar ihrem Amt der öffentlichen Evangeliumsverkündigung, als einer Einsetzung Christi und von der Verantwortung der Kirche für die Ordnung der Ausübung dieses Amtes-der-Kirche durch Einzelne im Namen und Auftrag der Kirche sowie für die ordentliche Berufung Einzelner in dieses Amt nicht wesentlich (unabdingbar) sei (es also auch nicht zu den „notae ecclesiae verae" gehöre),

– andererseits der Mißverständnisse, von denen die gegensätzlichen Interpretationen der Lutherschen Lehre vom Amt der Kirche und seiner Ordnung im evangelischen Bereich seit dem 19. Jahrhundert leben („Stiftungstheorie" vs. „Übertragungstheorie").

In der Diskussion wurden folgende Punkte berührt und verdeutlicht:

2. *Der heilsgeschichtlich-offenbarungstheologische Horizont der Lehre Luthers vom Amt der Kirche und ihrer Ordnung*

Seit dem Zweiten Vatikanum in den 60er Jahren des 20. Jahrhunderts präsentiert sich die römisch-katholische Lehre vom Amt der Kirche und ihrer Ordnung *explizit* heils- und offenbarungsgeschichtlich, also fundamentaltheologisch, fundiert. In einer solchen *expliziten* fundamentaltheologischen, heils- und offenbarungsgeschichtlichen, Fundiertheit präsentiert sich Luthers Lehre vom Amt der Kirche und ihrer Ordnung schon im zweiten bis fünften Jahrzehnt des 16. Jahrhunderts.[37]

Damit klärt sich ein wichtiger Aspekt der in der Einleitung dieses Protokolls konstatierten „Asymmetrie" zwischen römisch-katholischer und evangelisch-lutherischer Lehre: Diese Asymmetrie betrifft die geschichtlichen Wege, auf denen, sowie die Kontexte und Debattenzusammenhänge, von denen aus beide Seiten jeweils zur *expliziten* Artikulation ihrer Gesamtsicht der Kirche als Geschöpf und Werkzeug der erlösenden Selbstoffenbarung des dreieinigen Schöpfers in seinem inkarnierten Schöpferwort durch seinen Schöpfergeist gelangt sind. Gleichwohl ist erst durch und auf dem Boden dieser geschichtlich-genetischen Asymmetrie die völlige sachliche Vergleichbarkeit der explizit vorliegenden Lehre beider Seiten erreicht worden, die sich erst seit dem 24. November 1964 *beide* als eine fundamentaltheologische, nämlich in der jeweils seitenspezifischen Sicht des Christusgeschehens und der Heilsgeschichte (d. h. der mit der Weltschöpfung begonnenen heilsendzielstrebigen Offenbarungsgeschichte) präsentieren. Erst auf dem Boden dieser geschichtlichen – und damit auch sachlichen – Asymmetrie kann heute die Frage gestellt und zu beantworten versucht werden, ob und wieweit „intentio" und „res" beider Lehrgestalten in Richtung auf eine gemeinsame Sachintention konvergieren oder eben (noch) nicht.[38]

---

[37] Es ist ein unbestrittenes und nicht erfolgreich zu bestreitendes theologiegeschichtliches Faktum, daß die römisch-katholische Kirche zur *expliziten* Formulierung ihres christologisch fundierten Dogmas von der Kirche (also zur expliziten Gestalt ihres Selbstverständnisses) nicht vor der am 24. November 1964 feierlich verkündeten dogmatischen Konstitution „Lumen gentium" des Vaticanums II gelangt ist, die reformatorische sich hingegen von Anfang an mit einer *expliziten* Lehre von der trinitarisch/christologisch fundierten Gesamtwirklichkeit der Kirche innerhalb der westlichen Christenheit und ihrer Theologie positioniert hat (exemplarisch: das Fundiertsein von CA V ss. in CA I ss.). Das Nein des Tridentinums zu dieser reformatorischen Gesamtsicht ist weder in sich selber schon eine alternative explizite Gesamtsicht, noch kann man behaupten, daß es sich vor dem Hintergrund einer solchen expliziten Gesamtsicht vollzog. War die reformatorische Theologie damit der übrigen zeitgenössischen Theologie *voraus*, oder hat sich damit eine unbesonnene *Voreiligkeit* zu Schulden kommen lassen? Beide Interpretationen stellen das *Faktum* nicht in Frage.

[38] Diesem seit dem Zweiten Vaticanum herrschenden Verhältnis zwischen der *expliziten* Lehrgestalt beider Seiten entspricht die nach dem Reformationsjubiläum 2017 aus-

Was die ältere, also die reformatorische, theologische Sicht vom Amt der
Kirche und seiner Ordnung betrifft, so hat sie dies beides im Blick als das
wesentliche *Implikat* eines *christologisch* und damit *heils-und offenbarungsgeschichtlich* fundierten Verständnisses der *Ekklesia* (Kirche), des neuen Gottesvolkes, als der Gemeinschaft

– des *Geschaffen- und Erhaltenseins*, genau:

– des *Ergriffenseins*, von der Selbstoffenbarung des Schöpfers im inkarnierten Schöpferwort durch den Schöpfergeist und somit

– des *glaubenden Letztvertrauens* auf das auf die vollkommene Gemeinschaft des Schöpfers mit seinem geschaffenen Ebenbild (und des geschaffenen Ebenbildes des Schöpfers mit diesem) zielende, also heilsendzielstre-
bige Wollen und Wirken des Schöpfers.

3. Die heils- und offenbarungsgeschichtlich begründete Eigenart und spezifische Struktur kirchlicher Gemeinschaft: radikal asymmetrisches Zusammenspiel des trinitarischen Handelns Gottes mit dem durch es ermöglichtem und verlangten Traditionshandeln (Zeugnis- und Bekenntnishandeln) der glaubenden Menschen

Das Fundament der Gemeinschaft der Glaubenden (des neuen Gottesvolkes) – die Selbstoffenbarung des Schöpfers in seinem inkarnierten Schöp-

---

gesprochene Einsicht des Präsidenten des Päpstlichen Rates zur Förderung der Einheit
der Christen, Kurt Kardinal Koch, daß eine Verständigung über die beidseitige Gesamtsicht vom „Wesen der Kirche und ihrer Einheit" die Voraussetzung über eine beiderseits
akzeptable Zielbestimmung der ökumenischen Bewegung zwischen der römisch-katholischen Kirche und den Kirchen der Reformation sei (DERS., Erneuerung und Einheit.
Ein Plädoyer für mehr Ökumene, 2018, dort 177). Koch erwartet eine solche Verständigung von der älteren Gesprächsmethode des Suchens nach einem „differenzierten Konsens". Das kann aber nur erfolgreich sein, wenn auf den richtigen (nämlich in Wahrheit
alternativlosen) Ausgangspunkt bei den „dicta" der Lehre beider Seiten das – und zwar
geduldige – Achten auf deren „intentio" folgt, die mit den dicta nicht einfach zusammenfällt, sondern aus diesen erst „lege artis" zu erheben ist, und dann wiederum das geduldige Achten auf die „res" dieser „intentio", welche durch sich selber der Intention als
deren Möglichkeitsbedingung und Kriterium ihrer Sachgemäßheit („res"-Gemäßheit)
phänomenal vorgegeben (also keineswegs identisch mit der „intentio") ist und bleibt.
Zwar sind „dicta" nicht nur der alternativlose Ausgangspunkt einer Suche nach Sach-
konvergenz bzw. -divergenz von gegebenen Gestalten kirchlicher Lehre, sondern „dicta"
sind auch als Medium der Verständigung über das Verhältnis verschiedener Lehrgestalten altenativlos und das Ergebnis der Verständigung kann nicht an „dicta" vorbei artikuliert werden. Aber die angemessene Artikulation der angemessenen Intention derjenigen
„res", welche der reale, Gemeinschaft aller Menschen und aller Glaubenden schaffende
und erhaltende, Grund solcher Gemeinschaft ist, kann alles forschende und ergebnisfor-
mulierende Sprechen nur erreichen, wenn es sich durchgehend als variabel gegenüber
seiner Intention weiß und anerkennt, daß die Sachgemäßheit der letzteren uneinholbar
ausgeliefert ist an die Autorität des unverfügbaren Sich-zeigens („ophtenei") des in Wahrheit Wirklichen selber.

ferwort durch seinen Schöpfergeist, also die Christusoffenbarung, ihr Wirken und Werk – bedient sich dieser durch es geschaffenen und erhaltenen Gemeinschaft zu seiner dauernden Selbstvergegenwärtigung *in* der Welt ihr *gegenüber* und damit zugleich auch: *innerhalb* der Gemeinschaft und ihr *gegenüber.*

Das Geschaffen- und Erhaltenwerden der Glaubensgemeinschaft durch das Christusgeschehen als Werkzeug seiner kontinuierlichen Selbstvergegenwärtigung schließt für das neue Gottesvolk aus Juden und Griechen (=allen Nichtjuden) sein Befähigt- und unabweisbares Verpflichtetsein (also die unabweisbare Zumutung) einer bestimmten eigenen, also auch eigenverantwortlichen menschlichen Traditionstätigkeit (Zeugnis- und Bekenntnistätigkeit) ein.

Mit der Schaffung und Erhaltung des neuen Gottesvolkes wird also die in der Inkarnation des Schöpferlogos durch den Schöpfergeist (Lk 1,35) angefangene Einheit der radikal asymmetrischen Verbindung und Wechselwirkung von trinitarischer Selbstvergegenwärtigung des dreieinigen Schöpfers und dem ihr als Werkzeug dienenden menschlichen Leben, Tun und Lassen, auf innergeschichtliche Dauer gestellt – unter Wahrung der unüberholbaren Differenz und des unlöslichen asymmetrischen Zusammenhangs zwischen

– der *ausschließlich göttlichen* Initiative des Anfangs dieses Zusammenspiels und

– des unauflöslich *asymmetrisch-kooperativen* Charakters des durch diesen Anfang Angefangenen und Erhaltenen:

Die ausschließlich göttliche Initiative des Anfangs dieses Zusammenspiels, also die Christusoffenbarung (die Selbstvergegenwärtigung des Schöpfers in seinem inkarnierten Wort durch seinen Schöpfergeist) fängt das Zusammenspiel in der Weise schaffender Initiation ohne menschliche Beteiligung an, ist aber in sich selbst schon die Intention auf die damit angefangene asymmetrische Kooperation mit Menschen. Als neue Initiative des Schöpfers folgt die Gottestat der Christusoffenbarung damit dem Muster schon des Schöpfungshandeln Gottes.[39] Das ist deshalb so, weil Luthers Einsicht zufolge die Christusoffenbarung (die erlösende Selbstoffenbarung des Schöpfers in seinem inkarnierten Wort durch den Schöpfergeist) nichts anderes ist als die innergeschichtliche Erfüllung der Verheißung des innergeschichtlichen Erlösungsgeschehens (nämlich von der Macht des verführenden Trugs: Gen 3,15), die schon dem Schöpfungsgeschehen selber inhäriert.[40]

---

[39] WA XVIII 754,1–7: Gott hat uns ohne uns erschaffen, aber eben dazu, daß er mit uns und wir mit ihm kooperieren.

[40] Gott hat uns „*dazu* erschaffen, daß er uns erlösete": Erklärung des Glaubensbekenntnisses im Großen Katechismus (BSLK 660,32 f.).

Diese Parallele gilt für Luther auch insofern, als genauso wie das Wirken des Schöpfers sein Werk, das geschaffene Weltgeschehen, nicht verläßt, sondern ihm – es erhaltend (und kontinuierlich schaffend) – ewig gegenwärtig bleibt, genau so verläßt auch das Welt-erlösende Wirken des dreieinigen Schöpfers in seinem inkarnierten Schöpferwort (Christus) durch den Schöpfergeist nicht sein Werk, das neue Gottesvolk (das Werkzeug seines die geschaffene Welt-seines-geschaffenen Ebenbildes erlösenden Handelns), sondern auch dieses Wirken bleibt seinem Werk – es erhaltend (und kontinuierlich schaffend) – ewig gegenwärtig (Mt 28,19–20).

*4. Die Unterscheidung zwischen den durch das Christusgeschehen
gesetzten, also offenbarten, „tradenda" und den Gestalten des menschlichen
Tradierens dieser offenbarten „tradenda" („traditiones humanae")*

Die durch ihren Anfang gesetzte, also ursprüngliche und wesentliche, radikal asymmetrische Kooperationsstruktur des Lebens der Glaubensgemeinschaft (des neuen Gottesvolkes) schließt also ein: den kategorialen Unterschied zwischen dem *allein* durch seinen Anfang mit der erlösenden Selbstoffenbarung des Schöpfers in seinem inkarnierten Schöpferwort durch den Schöpfergeist, also durch den inkarnierten Schöpferlogos, Christus, selber Offenbaren und dem dieses Offenbarte tradierenden (weitergebenden) menschlichen Handeln der (selber durch das Wirken der Offenbarung begründeten und erhaltenen) Gemeinschaft der Glaubenden (des neuen Gottesvolkes) und den Vollzugsgestalten dieses menschlichen Handelns – den „traditiones humanae".

Bekanntlich ist diese Unterscheidung das Fundament von Luthers Attacke zur Befreiung der Christenheit aus dem, was er als ihre „Babylonische Gefangenschaft" sah. Denn Luther ist gewiß, diese Befreiung dadurch zu erreichen, daß er die durch das IV. Laterankonzil verabschiedete Lehre von der Siebenzahl der Sakramente eben jener Unterscheidung zwischen dem, was von Gott-in-Christus selbst als das bezeugend zu-Tradierende eingesetzt ist, und dem, was von der Glaubengemeinschaft als die Gestalt ihrer menschlichen Erfüllung dieses Traditionsauftrags (genau: Verkündigungsauftrags) der Gemeinschaft zu verantworten ist, unterwirft und an dieser Unterscheidung kritisch prüft. Dabei sieht er Taufe, Altarsakrament, Buße und Amt der Schlüssel auf die Seite des als offenbart (durch Christus selbst Gesetzten) Festzuhaltenden und zu-Tradierenden fallen, hingegen Firmung, Letzte Ölung und eben auch Ehe und Ordo auf die Seite der „traditiones humanae", also der von Menschen geordneten Gestalten der kirchlichen Traditionstätigkeit (genau: Verkündigungstätigkeit).

Diese Unterscheidung von „traditiones humanae" gegenüber dem, was allein durch das die Erlösung der Menschheit anfangende Gotteshandeln in Christus als unhintergehbar und unüberholbar gesetzt ist, unterliegt bis heute zwei bei Protestanten wie Katholiken verbreiteten Mißverständnissen mit weitreichenden negativen Folgen: nämlich a) dem Mißverständnis als würden diese „traditiones humanae" überhaupt nicht zum *Wesen* des von der erlösenden Christusoffenbarung angefangenen und von ihr ewig getragenen Lebens des neuen Gottesvolkes gehören; und b) dem Mißverständnis als seien Existenz und Gestalt dieser „traditiones humanae" menschlichem Belieben ausgeliefert.

ad a: Entgegen dem ersten Mißverständnis ist festzuhalten: Weil die Christusoffenbarung (die Selbstoffenbarung des Schöpfers in seinem inkarnierten Wort durch den Schöpfergeist) sich das neue Gottesvolk der Christgläubigen als das Werkzeug seiner perennen innergeschichtlichen Selbstvergegenwärtigung geschaffen hat und fort und fort schaffend erhält, damit aber auch ipso facto das radikal asymmetrische Zusammenspiel von Gottes Offenbarungshandeln und dem durch dieses selber ermöglichten und verlangten menschlichen Handeln des neuen Gottesvolkes und seiner Glieder, und dies letztere eben als das menschliche Handeln, welches das Offenbarte (das Werk des Wirkens der Offenbarung) als dieses allein durch Gott Gesetzte in eigener Verantwortung getreu weitergibt, deshalb gehört solches Tradieren kraft des Ursprungs des neuen Gottesvolkes auch zu seinem *Wesen*: das neue Gottesvolk kann nur sein und ist nur *einschließlich* dieses ihm durch die Christusoffenbarung (die Selbstoffenbarung des Schöpfers in seinem inkarnierten Wort durch den Schöpfergeist) ermöglichten und von ihm unabweisbar verlangten eigenverantwortlichen *Tradierens* (und d.h.: Verkündigens) des Christusevangeliums und *einschließlich* von dessen *menschlichen Gestalten* Werkzeug der dauernden Selbstvergegenwärtigung des erlösenden Offenbarungsgeschehens.[41]

ad b: Weil dieses Weitergabehandeln (Verkündigungshandeln) des neuen Gottesvolkes und aller seiner Glieder unbeschadet seines Charakters als eines in Eigenverantwortung vollzogenen *menschlichen* Handelns gleichwohl nicht nur ermöglicht, sondern auch unabweisbar verlangt ist durch das es schaffend anfangende und perenn erhaltende *Gottes*handeln der Christusoffenbarung (der Selbstoffenbarung des Schöpfers in seinem inkarnierten Wort durch den Schöpfergeist), deshalb ist auch sein *Was* und *Wie* keineswegs beliebig. Vielmehr ist durch die Gestalt dessen, was durch das Christusgeschehen selbst geschaffen und gesetzt ist, auch vorweg entschieden, *welche*

---

[41] Auch heute anerkennt das Luthertum *Tradition* als *Wesenszug* von Kirche. Vgl. D. Wendebourg/R. Brandt (Hgg [im Auftrag der Kirchenleitung der VELKD]), Traditionsaufbruch. Die Bedeutung christlicher Institutionen für Gewißheit, Freiheit und Orientierung, 2001.

Gegenstände das Weitergabehandeln (Zeugnishandelns) des neuen Gottesvolkes und seiner Glieder hat, und *wie* dieses Handeln beschaffen sein soll:

– Die offenbaren Gegenstände (das *Was*) des unabweisbar verlangten Weitergabehandelns der Gemeinschaft sind nach Mt 28,19 f. und
1 Kor 11,23 ff./parr., Joh 20,22 f., Mt 16,16–19, 1 Kor 15,1–11 vier: Taufe, Abendmahl, Amt der Schlüssel, Predigt des Evangeliums Christi (im
doppelten Sinne des gen. auctoris und obiectivus).

– Und für die Gestalt (das *Wie*) dieser vier wesentlichen Weitergabe- und
Zeugnisaktivitäten des neuen Gottesvolkes gilt, sie soll den ihnen vorgegebenen Gegenständen und ihrem Offenbarungscharakter gerecht werden:
Die erste Forderung wird erfüllt, wenn das die „revelata" weitergebende Zeugnishandeln sich an die eigenen Worte Christi (des inkarnierten
Schöpferlogos vor- und nach Ostern) und an die von diesem selbst eingesetzte Form hält, also „einsetzungsgemäß" ist; die zweite, wenn die Weitergabe die „revelata" nicht nur als *Werk* der Offenbarung, sondern auch
als *Werkzeug* ihrer Selbstvergegenwärtigung für den Tradenten selber bezeugt – damit aber auch die Tradentenexistenz-des-neuen-Gottesvolkes-
und-aller-seiner-Glieder *selber* – als *Werk* und *Werkzeug* der Offenbarung
bezeugt (Röm 1,17, 1 Kor 15,1 ff., 2 Petr 1,16, Eph 3,10). Und *auf Dauer* erfolgt das weitergebende Handeln des neuen Gottesvolkes und seiner
Glieder, das alle seine offenbaren Gegenstände in angemessener Weise bezeugt, ipso facto in einer *Ordnung* des Tradierens (Verkündigens), die *als solche* auch immer eine selbst *sich selber tradierende Ordnung* ist.

Luther war dieses Moment des Tradierens, der *Tradition*, als *Wesenszug* in
der Existenz des neuen Gottesvolkes so selbstverständlich, daß er es überhaupt für unstrittig hielt und deshalb auch nicht eigens betont und thematisiert hat. Wie selbstverständlich es für ihn war, zeigt sich daran, daß er
die Kindertaufe, die er klar als eine nicht von Christus selbst eingesetzte
sondern von Mensch zu verantwortende überlieferte Gestalt der Weitergabe des von Christus selbst eingesetzten Sakraments durchschaute, energisch beizubehalten empfahl, und zwar aus zwei Gründen: erstens weil
diese Gestalt des Taufvollzugs nicht nur der eingesetzten Form des Sakraments nicht widerspricht, sondern auch das radikal asymmetrische Verhältnis von Glauben ermöglichendem Gotteshandeln und Glauben er-
bringendem Menschenhandeln durch die eindeutige Vorgängigkeit des
Widerfahrnisses des Gotteshandelns im Sakrament gegenüber dem es er-
kennenden und empfangenden Glauben der Getauften unmißverständlich
zur Darstellung bringt;[42] und weil er zweitens diese kirchlich entstandene
und zu verantwortende und inzwischen ihrerseits tradierte Vollzugsgestalt

---

[42] So M. LUTHER, Ein Sermon von dem heiligen hochwürdigen Sakrament der
Taufe (1519), in: WA II 727–737; DERS.: De captivitate babylonica Ecclesiae praeludium (1520), in: WA VI 497–573, dort 526–543.

des Sakraments tatsächlich durch das erlösende (eben Glauben schaffende) Offenbarungshandeln als dessen eigenes Werk und Werkzeug ausgewiesen sah.[43] Für Luther gilt also:

– Die vom neuen Gottesvolk und allen seinen Gliedern selbst zu verantwortenden Vollzugsgestalten (Ordnungen) seines eigenen, also menschlichen Weitergabehandelns, welches durch den Anfang der erlösenden Selbstoffenbarung des Schöpfers in seinem inkarnierten Schöpferwort durch den Schöpfergeist als dauernde Wiederholung (Weitergabe) dessen ermöglicht und unabweisbar verlangt (unabweisbar zugemutet) ist, was durch diese das neue Gottesvolk anfangende (schaffende) und erhaltende Selbstoffenbarung des dreieinigen Schöpfers als leibhaft-innergeschichtliche Realität gewirkt und gesetzt ist, sind für die innergeschichtlich-leibhafte Wirklichkeit des neuen Gottesvolkes kraft ihres Ursprungs unvermeidbar, also wesentlich;

– und sie sind anzuerkennen und beizubehalten, sofern sie durchsichtig sind als geleitet (inspiriert) von dem (durch das das neue Gottesvolk anfangende [schaffende] und erhaltende Offenbarungsgeschehen selbst geschaffenen) Glauben und seiner Einsicht in das Wirken dieses Offenbarungsgeschehens und in die durch es gewirkten „revelata": d.h. in diejenigen *Institutionen*, deren Dauer (=perennes Wiederholtwerden) kraft ihres Ursprungs in der Christusoffenbarung auch unter der *untrüglichen Verheißung* steht, von dem göttlichen Offenbarungshandeln, durch das sie unabweisbar verlangt sind, auch als Werkzeug der permanenten Selbstvergegenwärtigung dieses Gotteshandelns in Gebrauch genommen zu werden.

Wobei diese Einsicht in die ursprüngliche Zugehörigkeit des (leibhaftinnerweltlichen) Traditionsgeschehens zum *Wesen* der geschichtlichen Existenz des neuen Gottesvolkes zugleich zwei weitere Einsichten einschließt:

– die Einsicht in das *Unterschiedensein* seiner angemessenem Vollzugsgestalten, welche die glaubenden *Menschen* eigenverantwortlich zu erkennen und durchzuhalten haben (1 Kor 11,17–31), von dem *göttlichen* Offenbarungshandeln, das diese Institutionen als Werkzeug seiner perennen Selbstvergegenwärtigung angefangen (geschaffen) hat und frei in Gebrauch nimmt; sowie

– die Einsicht in das unabweisbare Gebotensein der durchgehenden praktischen Beachtung dieses Unterschiedes, also des genauen *Unterscheidens* zwischen den beiden Seiten dieses unlöslichen, aber radikal asymmetrischen Zusammenspiels von göttlichem und menschlichem Handeln.

Wie aber konnte Luther zu der Einsicht gelangen, daß die Erkenntnis und praktische Beachtung besagten Unterschieds in dem für die innergeschichtlich-leibhafte Existenz des neuen Gottesvolkes ursprünglich wesent-

---

[43] Zu Luthers Traditionsbeweis für das Recht der Kindertaufe s. P. Althaus, Die Theologie Martin Luthers, [3]1972, 307–311 (breites Belegmaterial).

lichen Traditionsgeschehen auch innerhalb des neuen Gottesvolkes möglich sei, und zwar als eine allen Gliedern des neuen Gottesvolkes zugängliche und von allen zu beherzigende – und nicht etwa dem persönlichen Gutdünken der Einzelnen überlassene? Durch nichts anderes als durch seinen Rückgriff auf die Autorität der christlichen „Bibel" und ihre Sammlung von Schriften Alten und Neuen Testaments, deren Umfang im neuen Gottesvolk noch niemals explizit definiert worden war, deren Autorität aber dennoch allgemein als verbindlich anerkannt war – und zwar seit der Alten Kirche als Sammlung der für die gottesdienstliche Lesung und Verlesung zulässigen Schriften.[44]

Und was begründete für Luther die gesamtkirchliche Autorität und Verbindlichkeit dieser Schriftensammlung? Ausdrücklich: ihre *Theopneustie* (2 Tim 3,16[45]), ihr *Inspiriertsein durch den Schöpfergeist der Wahrheit*, der das Medium der Selbstoffenbarung des Schöpfers in seinem inkarnierten Wort ist. Dabei ist für Luther bekanntlich nicht das spätere orthodoxe Verständnis von Inspiration als *Verbal*inspiration,[46] sondern nur als *Personal*inspiration ihrer Verfasser, das sind im Alten Testament: Propheten, im Neuen Testament: Apostel bzw. Apostelschüler,[47] zu unterstellen; und die dadurch begründete Autorität ihrer Schriften auch keinesfalls als eine rein *formale*, sondern als eine *sachliche* (also der von diesen Schriften bezeugten Sachen, „res"), die sich dadurch zum Zuge, zur Wirkung und zur Anerkennung bringt, daß derselbe Geist, in dem diese Schriften geschrieben sind, auch ihren Rezipienten (Lesern/Hörern) den *Sachgehalt* dieser

---

[44] Hierzu vgl. HANS VON CAMPENHAUSEN, Die Entstehung der christlichen Bibel, 1968

[45] „Alle Schrift, von Gott eingegeben, ist nütze zur Lehre, zur Zurechtweisung, zur Besserung, zur Erziehung in der Gerechtigkeit" (Lutherübersetzung, Rev. 2017).

[46] Dazu vgl. etwa JOHANN-FRIEDRICH KÖNIG, Theologia positiva acroamatica (1664) § 86: „Principalis [causa efficiens scripturae sacrae] est deus unitrinus, inspirans non tantum res, sed ipsa etiam scripturae verba […] Nefas ergo sit dicere: barbarismos et coloedosos dari in ulla sacri codicis parte." (zitiert nach: C.H. RATSCHOW, Lutherische Dogmatik zwischen Reformation und Aufklärung, Teil I, 1964, 77).

[47] LUTHER über die Apostel: WA XXXIX/1 184,4–185,7: „Nulla auctoritas post Christum est Apostolis et Prophetis aequanda. Caeteri omnes successores tantum Discipuli illorum debent haberi. Apostoli certam (non in specie, sed individuo quoque) promissionem Spiritus sancti habuerunt. Ideo soli fundamentum Ecclesiae vocantur, qui articulos fidei tradere debebant. Nulli successores in individuo promissionem Spiritus sancti habuerunt. Quare non sequitur, Apostoli hoc potuerunt, Ergo idem possunt eorum successores. Sed quidquid volunt docere, debent auctoritatem Apostolorum sequi et afferre"; vgl. auch WA XXXIX/1 206,15; 207,4. – Zu LUTHERS rein inhaltlicher Definition des „Apostolischen" und seiner Autorität vgl. WADB VII 385,22 ff.: „[…] das Amt eines rechten Apostels ist, daß er von Christus' Leiden und Auferstehn und Amt predige, wie er selbst sagt Joh 15 [,37] [:] Ihr werdet von mir zeugen […] Was Christum nicht lehret, das ist noch nicht Apostolisch, wenn's gleich S. Petrus oder Paulus lehret, wiederum, was Christum predigt, das wäre Apostolisch, wenn's gleich Judas, Hannas, Pilatus und Herodes täte".

Schriften und dessen Charakter als Wahrheit über Ursprung, Wesen und
Ziel von Welt und Leben der Menschen erschließt, und zwar genau demjenigen Gebrauch dieser Schriften, für den sie geschrieben sind, nämlich
dem *Ge-*, genau: *Ver*lesenwerden dieser Schriften in den Gemeinden des
neuen Gottesvolkes und ihren *Versammlungen*, welche diejenigen Institutionen auftragsgemäß pflegen, die nach dem Ursprungszeugnis der neutestamentlichen Schriften durch den Anfang der erlösenden Selbstoffenbarung
des Schöpfers in seinem inkarnierten Wort durch den Schöpfergeist, also
durch Christus selbst, vor und nach Ostern eingesetzt sind: Taufe, Abendmahl, Übung des Amtes der Schlüssel, Predigt des Evangeliums-Christi.[48]
Luthers Rekurs auf die im neuen Gottesvolk für alle verbindliche Autorität der Bibel ist ausdrücklich nichts anderes als der Rekurs auf denjenigen „Kanon der Überlieferung",[49] welchen er durch das Traditionsgeschehen, das für das neue Gottesvolk wesentlich ist, selber gegeben fand als die
schriftliche Fixierung des ursprünglich mündlichen Christusevangeliums,
die, in antihäretischer Absicht unternommen, zum unverzichtbare Richt-
maß geworden war für die in allen Gemeinden nötige und durch Anwendung dieses Richtmaßes mögliche Unterscheidung zwischen ursprungsgemäßer Evangeliumsbezeugung in Sakrament und Wort und einer den Ursprung verfälschenden Lehre und Ordnung.[50]
Wenn also Luther sich für seine Unterscheidung zwischen den auf Einsetzung durch Christus selber vor und nach Ostern zurückgehenden Institutionen und den von glaubenden Menschen zu verantwortenden „traditiones humanae", auf der anderen Seite, d.h. zwischen den durch den
real-geschichtlichen Anfang der Christusoffenbarung durch dieses Gottes-

---

[48] Beachte: Auch die heutige römisch-katholische Gestalt kirchlicher Lehre insistiert
über eine rein formale Autorität kirchlicher Lehre für den Glauben hinaus auf der Autorität der von ihr bezeugten *Wahrheit*; vgl. Bd 1 unsere Arbeitsgruppe (o. Anm. 20).

[49] 1 Clem 7,2.

[50] Vgl. die Belege bei P. ALTHAUS (o. Anm. 25) 71 f. – Das Lutherische „sola scriptura" meint also nichts anderes, als daß *allein* der das urchristliche mündliche Christuszeugnis antihäretisch fixierende, also schützende, altkirchliche Kanon gottesdienstlicher Leseschriften als Kriterium für die Unterscheidung zwischen ursprungstreuer und ursprungsverfälschender Tradition in Betracht kommen kann; es schließt das mündlich tradierte
Christuszeugnis also keineswegs aus, sondern *dient* gerade diesem vor Verfälschung. Dieselbe Einsicht, daß a) ein Kanon zur Unterscheidung zwischen ursprungstreuer und ursprungsverfälschender Tradition unerläßlich ist und daß b) als dieser Kanon nichts anderes in Betracht kommt als der altkirchliche Kanon gottesdienstlicher Leseschrift, spricht
aus dem Kommentar zur Konstitution Dei Verbum, den JOSEPH RATZINGER 1966 zu
den die Konzilsdokumente bietenden und kommentierenden Ergänzungsbänden XII –
XIV der zweiten Auflage des LThK beigesteuert hat (LThK² XIII 498–528, 570–581).
Auch Luther hatte natürlich keineswegs einen vom Gottesdienst der Gemeinde getrennten Schriftgebrauch der Einzelnen vor Augen, also nicht die *Ersetzung* der Schriftlesung-
und-Schriftauslegung-im-Gottesdienst durch den privaten Umgang mit der Schrift, sondern nur deren *Ergänzung* durch diesen.

handeln selbst geschaffenen, also „offenbarten", Institutionen auf der einen Seite und den zur Sach-, also Ursprungsgemäßheit verpflichteten, aber auch zur Unsachgemäßheit verführbaren Gestalten des dauernden eigenverantwortlichen Vollzugs dieser Institutionen auf der anderen Seite – und eben damit auch für die Bestreitung der „Ordination" in jedem Sinne (sowie auch der Ehe, der Firmung und der letzten Ölung) als Stiftung Christi – auf das Zeugnis der „Bibel" beruft, so ist dies im Ansatz falsch verstanden, wenn es als Ersetzung der *formalen* Autorität des kirchlichen, schon damals de facto letztinstanzlich päpstlichen, Lehramts durch die *formale* Autorität des Bibelbuches, also eines „papierenen Papstes", verstanden wird. Vielmehr bedient sich Luther bei seiner Unterscheidung zwischen den auf Christus selber vor und nach Ostern als Mittel seiner Selbstvergegenwärtigung eingesetzten Institutionen und ihren von Menschen verantwortlich gepflegten Vollzugsgestalten, den „traditiones humanae", und damit bei seiner folgenreichen Ausgliederung der „Ordination" aus der Gruppe der ersteren und deren Eingliederung in die zweite, lediglich der seit der Alten Kirche anerkannten und bis in seine Gegenwart auch in der Westkirche nicht bestrittenen Würde und Autorität der Bibel als des dem für das Leben des neuen Gottesvolk wesentlichen Traditionsgeschehen eingestifteten *traditionskritischen* und damit Tradition keineswegs vergleichgültigenden sondern *traditionssteuernden* Maßstabs, durch den für die vom neuen Gottesvolk und seinen Gliedern, also von glaubenden *Menschen, menschlich* zu vollziehenden und zu verantwortenden Gestalten der Weitergabe und Pflege der durch das ursprünglich anfangende Gotteshandeln gesetzten Institutionen der Korridor festgelegt ist, in dem diese Institutionen (Einsetzungen) ihrem göttlichen Ursprung *gemäß* bleiben und durch dessen Grenzen sie gegen Verführung auf ursprungswidrige Abwege geschützt sind.

Dieses Verständnis der Autorität der Bibel und ihre dementsprechende Anwendung als „Kanon der Überlieferung" war sicherlich auch durch das kritische Grundanliegen des zeitgenössischen Humanismus „ad fontes" beeinflußt. Gleichwohl war sie in Luthers spezifisch *christlich-ekklesiologischem* Verständnis von *kirchlicher Tradition* fundiert und verstieß in keinem Punkt gegen irgendeine anderslautende *explizite* Gestalt christlicher Lehre (soweit eine solche überhaupt schon jenseits unterschiedlicher Schulpositionen und über sie hinaus als kirchoffizielle Lehre, also als „Dogma", formuliert war). Beweis: die erst *nach Luthers Tod* erfolgende explizite Festschreibung einer schulübergreifenden Verbindlichkeit beanspruchenden Gegenlehre im „Decretum de libris sacris et de traditionibus recipiendis" des Tridentinums vom 8. April 1546.

Nun muß man allerdings sehen und festhalten: Das für das neue Gottesvolk kraft seines Ursprungs wesentliche Traditionsgeschehen ist nicht nur hinsichtlich seiner *Gegenstände*, den auf Christus vor seiner Himmelfahrt vor- und nach Ostern selbst eingesetzten Institutionen, Werk des Wirkens der Offenbarung, sondern in einer gewissen und grundlegenden Hinsicht auch hinsichtlich seines *Vollzugs*; denn dieser ist ja ein Vollzug von Menschen, deren *Glaube seinerseits schon Effekt der Wirkung der Offenbarung* ist, so daß auch das durch diesen Glauben motivierte und orientierte Weitergabehandeln der Christen selber zu dem von der Offenbarung selber geschaffenen und erhaltenen Werkzeug ihrer Selbstvergegenwärtigung hinzugehört. Ein unverkürzter Begriff von Wirken und Werk der Christusoffenbarung muß somit festhalten, daß Christus vor und nach Ostern vor seiner Himmelfahrt die Institutionen seiner perennen Selbstvergegenwärtigung ipso facto *zum Tradiertwerden* durch die glaubenden Menschen eingesetzt hat. Wobei auch der unter dieser unabweisbaren Zumutung dieses Handelns stehende und zu deren Erfüllung fähige Glaube selber Effekt (Werk) des Wirkens der Offenbarung ist. So daß also im unverkürzten Begriff *beides* als gleichursprüngliche Effekte des Wirkens und Werks der Offenbarung festgehalten wird: *sowohl* die für das Tradiertwerden eingesetzten Institutionen (Einsetzungen Christi) *als zugleich auch* das sie tatsächlich weitergebende, sie kontinuierlich vollziehende Handeln der Glaubenden („traditiones humanae").

Ist dann aber nicht Luthers Kontraposition von Effekten der Christusoffenbarung auf der einen Seite und „traditiones humanae" auf der anderen einerseits eine falsche Reduktion der Effekte der Christusoffenbarung allein auf die zu tradierenden Institutionen und zugleich andererseits eine irrtümliche Verkennung des menschlichen Handelns des neuen Gottesvolkes als von der Christusoffenbarung selber geschaffenes Werk und Werkzeug seiner Selbstvergegenwärtigung? So daß das konkrete Verständnis von Wirken und Werk der Christusoffenbarung und ihrer Autorität nicht ausschließlich die Anerkennung der Autorität der von Christus selbst fürs Tradiertwerden eingesetzten Institutionen einschließt, sondern *gleichermaßen* auch die durch die Wahrheitserkenntnis des Glaubens inspirierten *Vollzugsformen des Tradierens*?

Diese Frage ist mit „Nein" zu beantworten, obwohl die voranstehenden Feststellungen alle zutreffend sind. Grund: Luthers Unterscheidung stellt nicht einfach das Wirken der Christusoffenbarung und ihre Effekte auf die eine Seite und ein von ihr unabhängiges, nicht durch sie selber allererst ermöglichtes und qualifiziertes menschliches Handeln auf die andere. Vielmehr trifft sie einen Unterschied *innerhalb des konkreten Ganzen von Wirken und Werk des Offenbarungshandelns des Schöpfers*: Dieses fängt an, schafft und erhält tatsächlich die ganze Einheit des Zusammenspiels von Einsetzung, also Anfang und Erhaltung, der fürs Tradiertwerden gegebenen Institutionen ausschließlich durchs göttliche Offenbarungshandeln und dem vom Offenbarungsgeschehen selber zu solcher Traditionstätigkeit befähigten und verpflichteten Handeln der glaubenden Menschen. Aber das Offen-

barungshandeln des Schöpfers fängt an und erhält dieses kooperative Zusammenspiel als ein ursprünglich und unüberholbar radikal *asymmetrisches*;
es fängt dieses kooperative Zusammenspiel an und erhält es als ein solches,
durch das selber die ontologische *Differenz* der kooperierenden Seiten *gesetzt und definitiv festgehalten* wird: Obwohl das Handeln der Glaubenden,
welches die Institutionen, die Christus selber zum-Tradieren gegeben hat,
tatsächlich tradiert, in der Tat durch das göttliche Offenbarungshandeln allererst geschaffen, nämlich ermöglicht und erhalten wird, also von diesem
umgriffen und getragen ist, bleibt darin das menschliche Handeln in an-
fänglicher und ewiger Weise ein *geschöpfliches*, vom schaffenden radikal ab-
hängiges und somit radikal unterschiedenes. Es ist und bleibt ursprünglich
und unüberholbar von allem *göttlichen* Handeln und dessen Effekten durch
dreierlei *unterschieden*:

a) Während das Handeln des Schöpfers (also auch sein Handeln in seiner Selbstoffenbarung im inkarnierten Schöpferwort durch den Schöpfergeist) alles von sich aus anfängt und durch sich selber erhält, bleibt das dadurch ermöglichte und erhaltene menschliche Handeln ewig geschöpfliches Handeln, das eben als solches gar nichts von sich aus anfängt, sondern
ausschließlich auf dem Boden von schon von anderwärts (nämlich dem
Schöpfergott) her gesetzten Anfängen operiert und sich auch niemals
durch sich selber zu erhalten vermag, sondern ausschließlich seine ihm
schon von anderwärts (nämlich vom Schöpfer) her gewährte Erhaltung
hinnehmen und ihr als gewährter nur entweder aktiv entsprechen oder aktiv widersprechen kann.

b) Somit ist und bleibt auch das geschöpfliche Handeln gegenüber seinem Grund und Gegenstand (dem Wirken und Werk des göttlichen Offenbarungshandeln) – im radikalen Unterschied zu diesem selber – seinerseits irritabel, also prinzipiell der Möglichkeit der Unangemessenheit ausgeliefert.[51]

c) Das geschöpfliche Handeln von Menschen (exemplarisch hier: ihr
gläubiges Tradieren und als-offenbart-Bezeugen der vom Offenbarer selber
eingesetzten Institutionen) kann zwar innerlich bindende Autorität für andere gewinnen, dies aber nie von sich aus und apriori, sondern immer nur
aposteriori und durch die ausschließlich durch sich selber bindende Autorität der Wahrheit des zu tradierenden und zu bezeugenden Offenbarten,
die sich von sich aus „ubi et quando visum est Deo revelanti" den Adressaten der Traditions- und Zeugnisaktivität der Glaubenden vergegenwärtigt und somit immer erst durch dieses Geschehen ihrer Selbstvergegen-

---

[51] Luther zur Unfehlbarkeit des Glaubens. Die Unfehlbarkeit des Glaubens schließt
aber die Verführbarkeit der Glaubenden zum Unglauben (Zweifeln) lebenslang nicht
aus (zum lebenslangen Kampf zwischen Gott und Trugmacht *um* den Menschen s. WA
XVIII 635,8–22).

wärtigung, also durch sich selber, den Tradenten und Zeugen der offenbarten Wahrheit für seine Adressaten die Autorität von wahren Zeugen der Wahrheit verleiht (und damit auch erhält – aber eben als eine solche, die nicht im eigenen *Sein* des Zeugen gründet, sondern ihm durch das Wirken der Offenbarung selber gewährt ist, die ihn als Werkzeug ihrer Selbstvergegenwärtigung für die Adressaten seines Zeugnisses in Gebrauch genommen hat).

> *5. Die drei Aspekte des erlösenden Wirkens (also: Amtes) des* Offenbarers *werden durch sein Wirken ipso facto auch die* Wesensaspekte des Amtes des *neuen Gottesvolkes, dessen Traditions- und Zeugnishandeln er sich als Werkzeug der Perpetuierung seines erlösenden Offenbarungswirkens geschaffen hat und erhält: prophetisches, priesterliches, leitendes Amt der Kirche*

5.1. Die Einsicht, daß Christi Wirken die drei Aspekte seines priesterlichen, prophetischen und königlichen Wirkens besitzt, prägt Luthers Schriften der Sache nach durchgehend (unbeschadet der Tatsache, daß erst Calvin diese Einsicht in einer Lehre „vom dreifachen Amt Christi" explizit zur Sprache gebracht hat[52]).

Wie verhalten diese drei Aspekte des Wirkens Christi sich zueinander? In Christi Wirken vollendet sich die Prophetie des alten Gottesvolkes und auch dessen Priestertum. Für beides ist, wie Luther sieht, die Inkarnation entscheidend: In der Prophetie Christi spricht direkt der dreieinige Schöpfer selber und im Priestertum Christi ist Autor, Gabe und Adressat des Opfers ein und dieselbe Instanz, nämlich wiederum der Schöpfer selber. Sein Königtum ist die Herrschaft Gottes über das Innerste (Herz und Gewissen) der Menschen und *damit* über die Welt der Menschen.[53]

---

[52] JOHANNES CALVIN, Institutio Christianae Religionis, tertia aetas 1559, II/15 (dt. JOHANNES CALVIN, Unterricht in der christlichen Religion, nach der letzten Ausgabe übersetzt von OTTO WEBER [1955], [4]1986, dort S. 307 ff). Für Calvin ist das „prophetische" Amt basal, auf dieses baut das „königliche" und darauf wiederum das „priesterliche" Amt auf.

[53] Vgl. BSLK 511,23 ff. (Erklärung des zweiten Glaubensartikels im Kleinen Katechismus): „Ich glaube, daß Jesus Christus, wahrhaftiger Gott vom Vater in Ewigkeit geboren, und auch wahrhaftiger Mensch, von der Jungfrau Maria geboren, sei mein HERR, der mich verlorenen und verdammten Menschen erlöset hat, erworben, gewonnen und von allen Sünden, vom Tode und von der Gewalt des Teufels, nicht mit Gold oder Silber, sondern mit seinem heiligen, teuren Blut und mit seinem unschuldigen Leiden und Sterben, auf daß ich sein eigen sei und in seinem Reich unter ihm lebe und ihm diene in ewiger Gerechtigkeit, Unschuld und Seligkeit, gleichwie er ist auferstanden vom Tode, lebet und regieret in Ewigkeit; das ist gewißlich wahr."

5.2. Auch für Luther gilt, daß das dreifache Amt der *Kirche* Teilhabe am dreifachen Amt (am dreifachen erlösenden Wirken und Werk) *Christi* ist.

5.2.1. *Die von Luther vorgefundene Gestalt des dreifachen Amtes der Kirche*: – Die von Luther vorgefundene Gestalt des dreifachen Amtes (Wirkens) der Kirche umfaßt das priesterliche Wirken (in den Sakramenten), das darin wurzelnde Lehramt und das Leitungsamt: Ausgeübt von Priestern (Sakramentsspendung vor Ort), Bischöfen (überregionale [diözesane] Regelung von kirchlicher Lehre und Ordnung) und dem Papst als Stellvertreter Christi (universale Regelung von kirchlicher Lehre und Ordnung)

Dabei gilt für das Letztgenannte: Unter den westkirchlichen Bedingungen des Corpus Christianum *beanspruchen* die päpstlichen *kirchlichen* Regelungen und Entscheidungen, auch der Rahmen für alle Regelungen der *weltlichen* Obrigkeiten zu sein und die weltlichen Obrigkeiten zu entsprechenden Maßnahmen zu verpflichten – ein Anspruch, der in dem Maße seines Bestrittenwerdens durch die weltlichen Obrigkeiten dennoch von Rom immer wieder und mit zunehmender Schärfe verteidigt und erhoben wurde, und dies nicht völlig erfolglos.[54] – Alle drei Ämter werden in relativer Unabhängigkeit voneinander ausgeübt. Grundlegend für die Praxis von Lehre und Sakramentsspendung: das päpstlich/bischöfliche Leitungsamt in Gestalt der Iurisdiktion über den rechten Vollzug (die rechte Ordnung) der Sakraments- und Lehrpraxis.

5.2.2. *Die von Luther vorgefundene Lehre vom Wirken der Sakramente*: – Thema dieser Lehre ist: Die Vermittlung derjenigen Gnade, welche dem Menschen dasjenige Leben in „Glaube, Hoffnung, und Liebe" ermöglicht, welches die Gebote Gottes erfüllt und dadurch den Menschen vor Gott gerecht und des Empfangs der Seligkeit würdig macht.

Das Thema „Rechtfertigung" ist für Luther ursprünglich, ganz selbstverständlich und unlöslich auf diese *Gnadenwirkung der Sakramente* (der Initiation und der Heilung: Taufe, Eucharistie, der Buße und der Letzten Ölung) bezogen. Es hat für ihn also ipso facto *sakramentstheologischen* Sinn – und (weil mit der vorgefundenen Sakramentslehre auch die Lehre von den Bedingungen einer wirksamen Spendung der Sakramente durch einen „geeigneten" Minister, d.h. von den Bedingungen seiner Fähigkeit und seiner Zuständigkeit unlöslich verbunden ist) *ipso facto* auch *amtstheologischen* Sinn.[55]

---

[54] Vgl. J. MIETHKE, Politische Scholastik – Spätmittelalterliche Theorien der Politik. Probleme, Traditionen, Positionen - Gesammelte Studien, 2021.

[55] Für jeden Kenner des unlöslichen Zusammenhangs dieser drei Themen, der für Luther als einen spätmittelalterlichen Christen völlig selbstverständlich war, ist es deshalb erstaunlich, daß der Versuch unternommen werden konnte, zu einer römisch-katholisch/lutherischen Konvergenzerklärung zum Thema „Rechtfertigung" unter ausdrücklicher Ausklammerung der Themen „Sakrament" und „Amt" zu gelangen, ein Versuch, der auch nicht ohne ein Ergebnis blieb (die GER), das freilich seinerseits ohne

Die Pointen der von Luther als maßgeblich vorgefundenen („modernen") Schullehre: Die *Würdigkeit*, das Heil zu empfangen, die durch die lebenslange Gebotserfüllung in aus dem Sakramentsempfang stammendem Glauben, Hoffen und Lieben zu *verdienen* ist, ist zwar die notwendige Bedingung für den tatsächlichen Heilsempfang; die hinreichende ist aber erst die daran keineswegs gebundene, sondern völlig freie Annahme („Akzeptation") der menschlichen erworbenen Würdigkeit durch Gott.[56]

5.2.3. *Luthers Kritik und Überwindung dieser Position*:

a) Die (erfahrungsgestützte) Kritik an dieser Position: Sie mutet dem Menschen zu, die Würdigkeit des Heils zu verdienen durch Erfüllung der Gebote beider Tafeln und dabei grundlegend des *ersten* Gebots, also des durch den Sakramentsempfang bedingten Glaubens, Hoffens und Liebens, läßt ihn aber nie zur Gewißheit kommen: nämlich erstens nicht zur Gewißheit der eigenen Heilswürdigkeit (weil nicht zur Gewißheit des dafür verlangten ausreichenden Ausmaßes der Erfüllung des Gebots von Glaube, Hoffnung und Liebe), zweitens aber (und vor allem) auch nicht zur Gewißheit der von Gott in absoluter Freiheit zu gewährenden oder zu verweigernden Annahme (Akzeptation) der eventuell auf Seiten des Menschen erworbenen Heilswürdigkeit (weil diese allein vom absolut freien und grundlosen Prädestinationswillen Gottes abhängt).

Im Horizont dieser Sicht bleibt die Relevanz des Sakramentsempfangs für die Erbringung des geforderten Glaubens, Hoffens und Liebens unklar. Der Sakramentsempfang wird opaker Teil des angestrengten Bemühens um seligkeitsrelevante (eben verdienstliche) „gute Werke", ohne Einfluß auf das Glauben, Hoffen und Lieben des menschlichen Herzens.

b) Diese Position überwindet Luther durch sein – *zugleich* kanons- und erfahrungstreues – Verständnis vom „heilsamen" Gebrauch der Sakramente. Dessen Pointe: Durch die Sakramente wird ihren Empfängern Anteil gegeben am Gnadenhandeln des Schöpfers in seinem inkarnierten Schöpferwort (b1) durch seinen Schöpfergeist (b2).

---

jede praktische Bedeutung blieb (und wegen des Absehens von den beiden Rahmenthemen auch bleiben mußte). Verständlich ist dieser Versuch nur, weil sich – in Folge bestimmter teils undurchschauter, teils explizit bejahter Konsequenzen von Pietismus und Aufklärung – im Gesamtgebiet des „Protestantismus" eine Beschäftigung mit den Wirkungen des „Glaubens" (als lebensdienliches individuelles Gottvertrauen der Einzelnen) vorherrschend gemacht hatte, welche den christlichen Gemeindegottesdienst als unverzichtbaren Entstehungs- und Vermittlungsort solchen Glaubens und damit als den Grund der Bestimmtheit solchen Glaubens als – nota bene: christlicher – „Gemeingeist" mehr und mehr aus den Augen verlor und sich daran gewöhnte, ihn zu verachten („klassisches" Beispiel: das rückblickende Selbstzeugnis J.W. Goethes in „Dichtung und Wahrheit", Buch VI).

[56] Zur Luther in Erfurt bekannt gewordenen (ockhamistischen) Rechtfertigungs- und Gnadenlehre vgl. O Scheel, Martin Luther. Vom Katholizismus zur Reformation, Bd. II, 1917, 89–104 (zur Akzeptationslehre: 99).

b1) Worin besteht das Gnadenhandeln des Schöpfers in seinem inkarnierten Schöpferwort?

Luthers Antwort erfolgt – auf dem Boden des in Luthers Augen kanonsgetreuen christologischen Dogmas von Chalcedon – auf der Linie des Hebräerbriefs (den Luther in das Ganze seines Paulusverständnisses einordnent) und lautet:

Das Gnadenhandeln des Schöpfers besteht darin, daß es die durch den Ungehorsam der Geschöpfe gegenüber ihrem Schöpfer akkumulierte „Schuld" gerichtswirksam vergibt (also den todeswürdigen Schuldner dennoch leben läßt). So von Anfang an (Gen 3; Gen 4). Und zwar durch die Gewährung wirksamer Opferriten.

So schon im alten Gottesvolk. Der ihm gewährte Opferritus ist der des Versöhnungstages: Der Hohepriester überträgt die angehäufte Last an Verschuldung des Volkes und seiner Glieder auf ein Tier, welches anschließend – samt der von ihm getragenen Verschuldungslast – aus der Gemeinschaft entfernt, nämlich in die Wüste (in den Tod) geschickt wird.

Dieser Opferritus ist effektiv *versöhnend*, weil vom Gläubiger, dem Schöpfer, selber gewährt, eingesetzt. Aber er ist nicht *erlösend*, weil er keinerlei Einfluß auf die Innerlichkeit, das „Herz", der Geschöpfe und ihre Fähigkeit hat, ihrerseits selber das dem Schöpfer Geschuldete (Erfüllung des ersten Gebots durch Glaube, Hoffnung und Liebe) zu erbringen und das Schuldigwerden vor ihm zu vermeiden. Der Vergebung bewirkende Ritus muß daher jährlich neu vollzogen werden. Insofern ist dies – durch Gewährung des Ritus des Versöhnungstages vollzogene – Vergebungshandeln des Schöpfers *vorläufig*.

Eben diese Vorläufigkeit überwindet das Gnadenhandeln des Schöpfers in seinem inkarnierten Schöpferwort: Mit der *Inkarnation* seines Wortes nimmt der Schöpfer selber die Schuldenlast der Menschheit auf sich; macht also nicht ein Geschöpf, sondern *sich selber* zum Träger aller menschlichen Schuld und läßt nicht mehr einen menschlichen Priester den Träger der Schuld in den Tod schicken, sondern fungiert auch *selber* als der Hohepriester, der den Träger aller Schuld aus der Gemeinschaft in die Wüste (in den Tod) jagt. Der Schöpfer macht sich selber zum Träger aller Schuld und sich selber auch zum Hohenpriester, der nun nicht etwas anderes als er selbst, sondern *selbst sich selber* opfert.

b2) An diesem Gnadenhandeln des Schöpfers durch sein inkarniertes Schöpferwort, an diesem *ent*schuldigenden Selbstopfer, gibt der Schöpfer allen „Betrachtern" dieses Geschehens (also allen, denen es übersprachlich – in Wort, Ritus und Bild – präsentiert wird) Anteil.[57] Nämlich dadurch, daß er ihnen seinen Schöpfergeist mitteilt, welcher bewirkt, daß sie auf die Er-

---

[57] Vgl. M. LUTHER, Ein Sermon von der Betrachtung des heiligen Leidens Christi (1519), in: WA II 136–142.

zählung dieses Geschehens mit der Reaktion antworten können: „Eia, vere sic est".[58] d.h.: dies Geschehen präsentiert sich mir in expliziter Evidenz als die uranfängliche und ewige Wahrheit einerseits über die radikale Ausgeliefertheit des Menschen, seines Lebens und seiner Welt, als Geschöpf an den Schöpfer, aber zugleich andererseits auch als das dieses Geschöpf und all seine Schwäche beabsichtigende, bejahende und es samt aller seiner Schuld selber tragende absolut zuverlässige (treue) Wollen und Wirken des Schöpfers. Diese Gabe des Schöpfergeistes angesichts des inkarnierten Schöpferwortes, das als göttlicher Hoherpriester sich selbst als Träger aller menschlicher Schuld opfert, „*wandelt*" das Innerste des Menschen, ihr Herz, „*wesentlich*".[59] Denn die Geistgabe dieser Wahrheitsgewißheit verschafft ihnen ipso facto eine neue Gewißheit ihrer selbst;[60] nämlich die Gewißheit, selber in der ewigen Wahrheit dieses Geschehens der ewigen Schuldvergebung durch das alle menschliche Schuld selber realiter auf sich nehmende Selbstopfer des Schöpfers zu existieren, in diesem Geschehen selber mitgetragen und mitgenommen zu sein: nämlich nun – mit ihm, diesem einzig wahren Priester, und von ihm getragen – auch selber direkten Zugang zu Gott zu haben, selber Gott im Gebet anreden zu dürfen und zu können, und selber das Gott wohlgefällige Opfer – nämlich das Selbstopfer der Preisgabe unseres Letztvertrauens auf uns selber zugunsten des Letztvertrauens ausschließlich auf ihn, welches allein das ist, was wir als Geschöpfe dem Schöpfer schuldig sind[61] – darbringen zu dürfen und zu sollen.

b3) *Dieses* Vergebungshandeln des Schöpfers in seinem inkarnierten Schöpferwort durch seinen Schöpfergeist ist nicht nur *versöhnend*, sondern auch *erlösend*: Indem es das von ihm ergriffene Geschöpf zu der Gewißheit befördert, selber innerhalb der versöhnenden Selbstopfers des inkarnierten (also alles Menschliche tragenden) Schöpferwortes zu existieren, von ihm getragen und in es hineingenommen zu sein, erlöst es dieses Geschöpf von dem Schicksal, vor dem Schöpfer immer wieder das geschuldete Selbstopfer des Glaubens schuldig bleiben zu müssen. Es erlöst die von ihm ergriffenen Menschen, indem es ihnen kraft der Gewißheit, vom ewigen Priestertum Christi getragen und mitgenommen zu sein, *selber die priesterliche*

---

[58] WA III 549,33 ff.: Nullus enim loquitur digne nec audit aliquam Scripturam, nisi conformiter ei sit affectus, ut intus sentiat, quod foris audit et loquitur, et dicat: ‚Eia, vere sic est'".

[59] WA II 139,14.

[60] Wahrheitsgewißheit ist ipso facto Gewißheit der eigenen Existenz (was auch für logische Wahrheit gilt: ist diese *gewiß* [was sie einer Rechenmaschine nicht sein kann und nicht ist], so ist sie *einer Person* gewiß, der mit dieser ihrer *eigenen Gewißheit* auch *ihre eigene Existenz* gewiß ist).

[61] Vgl. hierzu die Auslegung des Ersten Gebots (BSLK 507,40ff. sowie 560–567) und des Ersten Glaubensartikels (BSLK 510,32–511,8; 647,23–650,33) im Kleinen und Großen Katechismus. Das Erste Gebot ist für Luther die Summe der Forderung Gottes.

Vollmacht des Zutritts zu Gott und des Redens zu und mit ihm gewährt bekom-
men zu haben, und damit auch zum geschuldeten Opfer, nämlich dem Selbstopfer
des Glaubens, befreit zu sein.

Grund der erlösenden Kraft dieses die Schuld der Geschöpfe gegenüber dem Schöpfer gerichtsrelevant vergebenden Opfergeschehens ist also,
daß es als vom Schöpfer in seinem inkarnierten Schöpferwort durch seinen Schöpfergeist *selber* vollzogenes die von ihm ergriffenen Menschen in
ihrem Innersten, in ihrem Herzen und Gewissen, dieses verwandelnd, der
Wahrheit gewiß macht, selber in der alle menschliche Schuld tragenden,
sich selbst opfernden Hingabe des Schöpfers zu existieren und an ihm ihren geschaffenen Anteil zu haben, indem sie ihm glauben. Das aber heißt
nichts anderes als: Diese erlösende Kraft hat das hohepriesterliche Handeln
des inkarnierten Schöpferwortes durch den Schöpfergeist, weil es ein *ka-*
tegorial anderes als das priesterliche Handeln von Menschen im alten Gottesvolk ist: nämlich das Priestertum, welches der Schöpfer selber in seinem
inkarnierten Wort durch sein *Selbstopfer* vollzieht und welches von der Art
ist, daß es durch sich selber die Menschen ergreift und auch ihrerseits zum
priesterlichen Akt des *Selbstopfers* befreit.

Luther sieht: Das Neue Testament bezeugt, daß im neuen Gottesvolk
das Priestertum des alten Gottesvolkes nicht in modifizierter Form fortgesetzt wird, sondern *vollständig abrogiert*, nämlich durch eine nicht nur versöhnende, sondern auch erlösende Schuldbewältigung ersetzt ist, die von
kategorial anderer Art ist als die dem alten Gottesvolk gewährte – und daher auch nur noch in einem metaphorischen Sprachgebrauch „Priestertum" genannt werden kann, mit völlig veränderter Sachreferenz: nicht
mehr auf ein innerweltlich-leibliches Handeln von Geschöpfen, sondern
auf das weltumgreifend-ewige priesterliche Handeln des Schöpfers selber
durch seinen inkarnierten Logos in seinem Schöpfergeist.

5.2.4. Konsequenzen für Luthers – kanons- und erfahrungstreues – Verständnis des dreifachen Amtes (Wirken und Werk) der Kirche als Anteilhabe am dreifachen Amt Christi:

a) Die erste Konsequenz ist Luthers Verständnis der Weise des Anteil*ge-*
winnens und entsprechend auch der Anteil*habe* am Amt Christi. Dies geschieht durch das worthaltige Sakrament in der Kraft des Geistes: Es kommt
zur „transmutatio mentis"[62] seiner Empfänger (zu derjenigen neuen Selbst-
erfahrung, die auf das Wort vom Kreuz reagiert mit dem Gewißheitsbe-
kenntnis: „Eia vere sic est"). Die Teilhabe am prophetischen Wirken Christi manifestiert sich in dieser Gewißheit. Und diese schafft a) Teilhabe an
Christi Priestertum: eben den eigenen direkten Zugang zu Gott, die Fähig-

---

[62] WA I 526,2 f. (in Luthers Widmungsschreiben zu den „Resolutiones disputationum
de indulgentiarum virtute" (1518) an Staupitz).

keit zum Selbstopfer des Glaubens und die Freiheit zum eigenen Gebet, und b) Freiheit durch Einbezogensein in das „Reich Christi", also durch das Unterstelltsein unter die Herrschaft Christi über die Gewissen und Herzen der Menschen[63] und *damit* auch über die Welt der Menschen.[64]

b) Folglich: Das dreifache Amt der Kirche ist die sakramental – das heißt für Luther: durch die Selbstoffenbarung des Schöpfers in seinem inkarnierten Wort durch den Schöpfergeist – vermittelte Anteilhabe *aller ihrer Glieder am dreifachen Amt Christi.*

Das bedeutet ipso facto: Wegfall der Differenz zwischen Laien und Klerikern *als einer Differenz des geistlichen Standes.*

Keinesfalls aber entfällt die mit der öffentlichen Ordnung (der Sozialgestalt) des neuen Gottesvolkes gegebene Differenz zwischen allen Gliedern des Gottesvolkes und denjenigen, die innerhalb seiner ordnungsgemäß die Funktionen der Sakramentsdarreichung, der Lehre und der Leitung wahrnehmen (eben – wie von Luther vorgefunden – auf örtlicher [Pfarrer], regionaler [Bischöfe] und universaler Ebene [Konzil/Papst; für Luther in seinen Anfängen noch unentschieden]). Diese Differenzen sind für Luther nicht zufällig, sondern aus der Natur der Sache heraus unvermeidlich.

Aber: Diese Differenzen kommen für Luther nicht mehr als Differenz der sakramentalen, also geistlichen, Befähigung zur Ausübung der Funktionen (der Darreichung des Sakraments, der Lehre [der vollziehenden und der beurteilenden], sowie der Regelung von Ordnung und Lehre der Gemeinschaft) in Betracht, sondern nur noch als Differenzen innerhalb der notwendigen, von Menschen (den Christgläubigen) zu verantwortenden und zu pflegenden Ordnung des Lebens in der Glaubensgemeinschaft, die der Differenz zwischen den beiden wesentlichen, nämlich gleichursprünglichen Seiten des christlichen Lebens Rechnung zu tragen hat, dem Unterschied zwischen seiner individuellen (häuslichen, privaten) und der gemeinschaftlichen (öffentlichen) Gestalt.

Für die öffentliche Ausübung des Amtes gilt die Regel von CA XIV:[65] Sie steht nur Personen zu, die dazu – also zur Leitung der gemeinsamen

---

[63] Vgl. die Erläuterung zum Zweiten Glaubensartikel im Kleinen Katechismus: „[...] und an Jesum Christum, seinen einigen Sohn, unseren HERRN, der empfangen ist vom Heiligen Geist, geboren von der Jungfrau Maria, gelitten unter Pontio Pilato, gekreuziget, gestorben und begraben, niedergefahren zur Hellen, am dritten Tage auferstanden von den Toten, aufgefahren gen Himmel [...]. – Was ist das? Antwort. – Ich glaube, daß Jesus Christus, wahrhaftiger Gott vom Vater in Ewigkeit geborn und auch wahrhaftiger Mensch von der Jungfrau Maria geborn, sei mein HERR [...]" (BSLK 511,10–26).

[64] Das Reich Christi währt bis ins Jüngste Gericht, nach welchem der Sohn alles dem Vater übergibt, „auf daß Gott sei alles in allem" (1 Kor 15,28).

[65] Zum Begründetsein dieser Regel der CA in den eigenen Einsichten Luthers und zu deren Details vgl. H. GOERTZ, Allgemeines Priestertum und ordiniertes Amt bei Luther, 1997.

Sakramentsfeier und zur Lehre im Namen der Gemeinschaft – ausdrücklich „befugt" sind, nämlich „rite vocatus", „ordentlich berufen". Dieses
Erfordernis der „ordentlichen Berufung" ergibt sich nicht als Relativierung oder Einschränkung von Luthers Einsicht in die „Allgemeinheit" und
„Gleichheit" der Anteilhabe aller Getauften an Christi dreifachem Wirken,
sondern als sachlogische Konsequenz dieser Einsicht und besagt somit: Die
Teilhabe jedes und aller Getauften, also auch der Gemeinschaft der Getauften als ganzer, am dreifachen Amt Christi verlangt durch sich selber danach, nicht nur privat, sondern gemeinschaftlich ausgeübt zu werden, was
nur aufgrund einer Ordnung möglich ist, die zwischen zum öffentlichen
Vollzug der Sakramentsdarreichung und Lehre Befugten und Nichtbefugten unterscheidet; aber: dies so, daß dadurch das basale Faktum der völlig
gleichen Teilhabe der Gemeinschaft der Getauften, also aller und jedes Getauften, am dreifachen Wirken (Amt) Christi nicht angetastet wird.

Diese Bedingung wird nur in einer Ordnung erfüllt, welche den Unterschied zwischen dem Befugtsein und Nichtbefugtsein zur öffentlichen Sakramentsdarreichung und Lehre als einen solchen versteht und trifft, der auf
keinen Fall die Gleichmäßigkeit der *von Christus selbst* bewirkten Anteilhabe
aller Getauften (Christgläubigen) an *seinem* dreifachen Wirken antastet; was
offenkundig nur möglich ist, wenn die ordnungskonstitutive Unterscheidung zwischen Befugten und Nichtbefugten als eine Unterscheidung verstanden und gepflegt wird, die zwar durch das eigene, den Glauben und die
Glaubensgemeinschaft schaffende und erhaltende dreifache Wirken Christi unabweisbar *ermöglicht* und *verlangt* ist, aber eben nicht auch schon durch
Christi eigenes dreifaches Heil schaffendes Wirken *getroffen* wird, sondern
von den davon ergriffenen Menschen, den Glaubenden, selber eigenverantwortlich in Adäquanz zu dem, was durch Christi eigenes dreifaches Wirken
ermöglicht und verlangt ist, *allererst eigenverantwortlich zu-treffen* ist.

c) Dann ist die entscheidende Frage: Welche menschliche Instanz ist es,
der durch Christi eigenes dreifaches, Glauben schaffendes Wirken diese
Unterscheidung zwischen Befugtsein und Nichtbefugtsein zur öffentlichen
Sakramentsdarreichung und Lehre unabweisbar zugemutet wird?

c1) Zunächst stellte Luther die bestehenden Befugnisse nicht in Frage.

Exemplarisch: sein Vorgehen gegen Theorie und Praxis des Ablasses,
welche von demjenigen Verständnis der sakramentalen Gnadenvermittlung
inspiriert und geleitet ist, welches Luther als gewißheitsschädlich durchschaut hatte. Seine Erwartung war: Die de facto Befugten (Bischöfe und
Papst) sehen die Gewißheitsschädlichkeit der Ablaßpraxis und Theorie ein
und wehren ihr.

Diese Erwartung erfüllte sich nicht nur nicht, sondern die de facto Befugten ließen sich auf die Sachfrage nach der Heil, nämlich Gewißheit der
Gnade und Wahrheit des Schöpfers, wirkenden Kraft der Sakramente gar

nicht ein, sondern orientierten sich ausschließlich an den bestehenden Befugnissen zur Regelung von Lehre und Ordnung der Kirche und deren rein formalen Autorität (Gültigkeit).

Das aber heißt: sie handeln „antichristlich":[66] sie stellen ihre formale Autorität gegen die sachliche Autorität der von Christus durch Sakrament und Wort gewirkten Wahrheitsgewißheit über das von Gott für alle gewollte Heil.

c2) Der doppelte Effekt dieser Erfahrung war: einerseits die sachliche Delegitimierung der bestehenden Regelung für die Erteilung der Befugnis zur öffentlichen Ausübung des dreifachen Amtes der Kirche (das ihr kraft der ihr gewährten Teilhabe am dreifachen Amt Christi aufgegeben ist) und zugleich andererseits die Notwendigkeit, die davon unterschiedene sachgemäße Regelung für die Erteilung der Befugnis zur öffentlichen Ausübung des dreifachen Amtes der Kirche zu benennen und in Wirkung zu setzen.

6. Die angemessene Ordnung für die öffentliche Ausübung des dreifachen Amtes der Kirche

Luthers Sicht auf die angemessen Ordnung für die öffentliche Ausübung des dreifachen Amtes der Kirche ergibt sich aus dieser doppelten Erfahrung und findet ihren grundlegenden und programmatischen Ausdruck in der Adelsschrift vom Sommer 1520.[67] Sie vollzieht *einerseits* die „Schleifung der drei Mauern", welche von den bisher Befugten zur Aufrechterhaltung ihrer Alleinbefugnis sachwidrig aufgerichtet worden sind,[68] also

– erstens der *Sakramental begründeten* Statusunterscheidung (Fähigkeitsunterscheidung) des Klerus von Nichtklerikern als Grund der Gewalthabe der Ersten, der Kleriker (der Geistlichen), über die Zweiten (die Nichtkleriker, die Weltlichen),[69]

– zweitens des klerikalen (genau: päpstlichen) Schriftauslegungsmonopols[70] und

– drittens des Monopols der Konzilseinberufung.[71]

Andererseits greift Luther auf die urchristliche Sicht zurück, daß die Glaubensgemeinschaft als ganze dafür zuständig ist, die Befugnis zur öffentlichen

---

[66] Zum Urteil Luthers über den Papst als Antichrist und den dieses Urteil evozierenden Kontext vgl. oben S. 160 Anm. 19 sowie unten S. 506 Anm. 35.

[67] An den christlichen Adel deutscher Nation von des christlichen Standes Besserung: WA VI 404–463.

[68] l.c. 406,21 ff.

[69] l.c. 407,9 ff.

[70] l.c. 411,8 ff.

[71] l.c. 413,1 ff.

Ausübung ihres dreifachen Amtes geeigneten Personen zu übertragen (1), und auf die altkirchliche (und noch in der jüngeren Vergangenheit, nämlich 1417 in Konstanz geübte) Praxis, diese Zuständigkeit der Gemeinschaft als ganzer durch ihre „praecipua membra", nämlich die weltliche Obrigkeit (den Kaiser) durch Einberufung des allgemeinen Konzils auszuüben (2).[72]

6.1. In der ersten Hälfte des dritten Jahrzehnts des 16. Jahrhunderts vertritt Luther den Grundsatz, daß erforderlichen Falls – also dann, wenn die bisher Zuständigen ausfallen – die christliche Gemeinde als ganze für die Erteilung der Befugnis, im Namen der Kirche öffentlich zu lehren, zuständig sei. So exemplarisch in den Ratschlägen an die Gemeinde im sächsischen Leisning vom Sommer 1523[73] und kurz darauf an den Prager Rat.[74]

6.2. In der zweiten Hälfte des dritten Jahrzehnts des 16. Jahrhunderts – nämlich aufgrund des das „ius reformandi" vorläufig den einzelnen Reichsständen freistellenden Reichstagsabschlusses von 1526 und der daraufhin 1527 begonnenen Kirchenvisitation im gesamten Kurfürstentum Sachsen – stellte sich die Aufgabe, die Zuständigkeit für die Erteilung der Befugnis zur Ausübung des Amtes der Kirche nicht nur für eine *einzelne* Gemeinde sachgemäß zu regeln, sondern für die Gemeinden eines *ganzen Landes*. Auch angesichts dieser Aufgabe hielt Luther am Grundsatz der Zuständigkeit der Gesamtchristenheit, nun: der nicht nur *lokalen*, sondern *regionalen* Gesamtchristenheit, fest. Im Blick auf die praktische Ausübung dieser Zuständigkeit der Gesamtchristenheit sah er jedoch nur die Möglichkeit, die Wahrnehmung dieser Zuständigkeit der Gesamtheit deren „praecipuum membrum", also der jeweiligen christlichen Obrigkeit (dem christlichen Landesherrn oder Magistrat), zu überlassen. So in seiner wegweisenden „Vorrede" zu dem von Melanchthon verfaßten Leitfaden für die kursächsische Kirchenvisitation vom Frühjahr 1527.[75]

6.3. Diese Position des Jahres 1527 wurde 1530 in der CA[76] und 1539 von Luther selber im Blick auf das immer noch erhoffte allgemeine Konzil wiederholt[77] und hielt sich auch in den Jahrhunderten des sogenannten

---

[72] l.c. 413,11 ff.

[73] Daß eine christliche Versammlung oder Gemeine Recht und Macht habe, alle Lehre zu urteilen und Lehrer zu berufen, ein und abzusetzen, Grund und Ursach aus der Schrift: WA XI 408–410.

[74] De instituendis ministris Ecclesiae: WA XII 169–196.

[75] Unterricht der Vistatoren an die Pfarhern ym Kurfürstentum Sachssen. Vorrede: WA XXVI 195–201.

[76] Art. XIV.

[77] Von den Konziliis und Kirchen (1539): WA L 468–653, dort 632,35–633,11: „Zum fünften kennet man die Kirche eusserlich da bey, das sie Kirchendiener weihet oder be-

„Landesherrlichen Kirchenregiments". Wo dieses entfiel – in Deutschland seit 1918 – konnte die Zuständigkeit der *regionalen* Gesamtgemeinde für die Ordnung des öffentlichen Gottesdienstes und für die Übertragung der Befugnis zu öffentlicher Wortverkündigung und Sakramentsdarreichung übergehen auf die Repräsentation der regionalen Gesamtgemeinde in der jeweiligen *Landessynode*.

6.4. Erst damit ist die praktische Konsequenz aus Luthers Einsicht in die Teilhabe der Kirche am dreifachen Amt Christi und in die Weise der Ausübung dieses dreifachen Amtes der Kirche gezogen. Die wesentlichen inhaltlichen Momente dieser Einsicht sind:

6.4.1. Es ist Christi eigenes Wirken, das der von ihm geschaffenen *Gemeinschaft als ganzer* durch die von ihm eingesetzten Sakramente Anteil an seinem dreifachen (prophetischen, priesterlichen und königlichen Amt) gewährt. Das heißt: Die Anteilhabe am dreifachen Amt Christi wird der Kirche dadurch gewährt, daß Christus die der Gemeinschaft seiner Zeugen aufgetragene *menschliche* Zeugnistätigkeit in Wort und Sakrament als Werkzeug für die perenne Ausübung seines eigenen *göttlichen* Wirkens als Prophet, Priester und König in Gebrauch nimmt. Und dies so, daß er sich dabei an allen Gliedern der Gemeinschaft und allen ihren Adressaten gleichmäßig selber – „ubi et quando visum est ei" – als Prophet, Priester und König erweist und sie alle gleichmäßig für sein Wirken als Prophet, Priester und König in Anspruch nimmt und in dieses sein Wirken einbezieht.

6.4.2. Christus bezieht also die von ihm geschaffene Gemeinschaft und alle ihre Glieder in sein bis ans Ende der Tage dauerndes dreifaches göttliches Wirken als Prophet, Priester und König ein. Unbeschadet der un-

---

ruft oder empter hat, die sie bestellen sol. Denn man mus Bischove, Pfarrher oder Prediger haben, die öffentlich und sonderlich die obgenannten vier stück [mündliches Wort, Taufe, Abendmahl, Amt der Schlüssel] oder heilthum geben, reichen und uben, von wegen und im namen der Kirchen, viel mehr aber aus einsetzung Christi, wie S. Paulus Ephe. 4 sagt: ‚Dedit dona hominibus'. Er hat gegeben etlich zu Aposteln, Propheten, Evangelisten, Lerer, Regirer etc. Denn der hauffe gantz kann solchs nicht thun, sondern müssens einem befelhen oder lassen befolhen sein. Was wolt sonst werden, wenn ein iglicher reden oder reichen wolt, und keiner dem andern weichen. Es mus einem allein befolhen werden, und allein lassen predigen, Teuffen, Absolvirn und Sacrament reichen, die andern alle des zufrieden sein und drein willigen. Wo du nu solchs sihest, da sey gewis, das da Gottes Volck und das Christlich heilig Volck sey." – Den gleich im Anschluß an diese Passage erklärten Ausschluß der Amtsübertragung nicht nur an Kinder sondern auch an Frauen begründet Luther nicht unter Hinweis auf die Funktion der Kirchendiener, Christus zu „repräsentieren", sondern ausschließlich unter Berufung auf einen „Unterschied", den „die Natur und Gottes Creatur gibt," (l. c. 633,20). Inzwischen ist erkannt und eingestanden, daß Luther hier in einem traditionellen Verständnis befangen ist, das hinter dem gesamtbiblischen Zeugnis zurückbleibt (aktuelle Zusammenstellung aller einschlägigen biblischen Argumente für die Ordination von Frauen bei: W. HÄRLE [o. Anm. 18]).

löslichen Einheit dieses Wirkens Christi (welches das Leben der durch es geschaffenen Gemeinschaft und aller ihrer Glieder in sich einbezieht) verschwindet in dieser Einheit nicht die Differenz zwischen Christi eigenem göttlichen Wirken („opus Dei") und dem von ihm geschaffenen und in Dienst genommenen menschlichen Wirken der Gemeinschaft seiner Zeugen und aller ihrer Glieder („opus hominum")

6.4.3. Die durch Christi eigenes Wirken als Prophet, Priester und König erfolgte Befähigung seiner Zeugen zu auftragsgemäßer menschlicher Zeugnistätigkeit ist beides zugleich: ihre Befähigung zu *individueller* und zu *gemeinschaftlicher* Zeugnistätigkeit.

6.4.4. Die Befähigung zur *gemeinschaftlichen* Zeugnistätigkeit und der Vollzug ihrer gemeinschaftlichen Zeugnistätigkeit ist das Fundament ihrer Befähigung zu *individueller* Zeugnistätigkeit.

6.4.5. Die Befähigung zur und Beauftragung mit der gemeinschaftlichen Zeugnistätigkeit schließt die Befähigung zur und die Beauftragung mit der auftragsgemäßen Ordnung der gemeinschaftlichen Zeugnistätigkeit ein; also auch die Befähigung zur und die Beauftragung mit der *gemeinschaftlichen* Übertragung der Befugnis zum Dienst an der öffentlich-gemeinschaftlichen Zeugnistätigkeit der Gemeinschaft an *Einzelne*.

6.4.6. Die menschliche Zeugnistätigkeit der Gemeinschaft der Zeugen und aller ihrer Glieder in a) der Bezeugung der Wahrheit der Selbstverkündigung Christi, b) der Feier des Selbstopfers Christi und c) der ursprungs- und auftragsgemäßen Ordnung von beidem sind *Werkzeug* für Christi eigenes dreifaches Wirken als Prophet, Priester und König – aber *nicht* dieses dreifache Wirken *Christi selber*: Die menschliche Bezeugung der Wahrheit der Selbstverkündigung Christi ist Werkzeug für Christi eigenes Wirken als *Prophet*, aber nicht dieses selber. Die menschliche Feier des Selbstopfers Christi ist Werkzeug für Christi eigenes Wirken als *Priester* aber nicht dieses selber. Die menschliche Ordnung des gemeinschaftlichen Zeugnisses in Wort und Sakrament ist Werkzeug für Christi *herrschaftliches Wirken*, aber nicht dieses selber.

7. *Die Ordination*

Aus dem Vorstehenden ergibt sich das evangelisch-lutherische Verständnis der Ordination.

7.1. Die durch Ordination an Einzelne übertragene Befugnis zum öffentlichen Dienst an der Zeugnistätigkeit der Zeugnisgemeinschaft ist für diese Zeugnistätigkeit der Zeugengemeinschaft wesentlich, unverzichtbar. Das ordinationsgebundene Amt der öffentlichen Evangeliumsverkündigung – in ihrer übersprachlichen Konkretgestalt von Taufe, Abendmahl,

Amt der Schlüssel, Predigt des Evangeliums – gehört zu den „notae ecclesiae verae".

7.2. Autor dieser Übertragung ist die Glaubensgemeinschaft als ganze. Diese vollzieht die Übertragung durch ihre gewählten Repräsentanten.

7.3. Empfänger dieser Übertragung sind Mitglieder der Glaubensgemeinschaft, die sich durch eine entsprechende Ausbildung als für die professionelle Ausführung des Auftrags geeignet erwiesen haben.

7.4. Die Wirkung dieser Übertragung ist der Empfang der Befugnis zur *öffentlichen* Ausübung der der Kirche durch ihren Ursprung, also Gott selber (CA V), aufgetragenen Zeugnis- und Traditionstätigkeit, zu deren *privatem* Vollzug alle Getauften befähigt und verpflichtet sind.

8. Amt und Ordination als „Sakrament"? ApCA XIII

Die Apologie der CA räumt ein, daß man auch das „öffentliche Predigtamt" und die „Ordination" zum öffentlichen Predigtamt durch Handlauflegung und Gebet ein „Sakrament" „nennen" könne. Für das rechte Verständnis dieses Votums ist zu beachten:

Der Vorschlag betrifft zunächst das *Predigtamt*, das als Amt-der-Gesamtkirche, eben als das *Verkündigungsamt-der-Gesamtkirche*, von Christus selber eingesetzt und mit der Verheißung seiner Selbstgegenwart und Wirksamkeit versehen ist (Mt 28, 18–20; Jes 55,11) (so CA V). Insofern fällt es nicht nur selbstverständlich unter den in „De captivitate" programmatisch umrissenen reformatorischen Begriff des Sakraments, sondern wird es sogar als der übersprachliche Inbegriff aller Sakramente (also Taufe, Abendmahl, Amt der Schlüssel und gottesdienstliche Predigt einschließend) verstanden.[78]

Die ApCA geht aber noch einen Schritt weiter: Sie konzediert ausdrücklich auch die Möglichkeit, die Ordination Einzelner zur öffentlichen Ausübung des so (also kanonsgemäß verstandenen) gesamtkirchlichen Verkündigungsamtes in Auftrag und Namen der Gesamtkirche in der kanonsgemäßen Form durch Handauflegung und Gebet ein „Sakrament" zu „nennen".[79] „Intentio" und „res" dieser Aussage sind nur angemessen erfaßt, wenn zweierlei beachtet wird:

Erstens gilt dieses Zugeständnis der Vollzugsform der Berufung (Ordination) lediglich in abgeleiteter Weise, nämlich als Implikat des realen Sa-

---

[78] Vgl. die einschlägigen Belege im Referat von A. SABETTA: o. S. 203 f.
[79] BSLK 294,1–3: „Si ordo hoc modo intelligatur, neque impositionem manuum vocare saramentum gravemur."

kramentscharakters des Amts und Auftrags der Gesamtkirche zur Evangeliumsverkündigung.

Zweitens ist und bleibt dies Amt der Evangeliumsverkündigung Amt und Auftrag der *Gesamtkirche.* Diese ist es also auch, welche kraft der ihr und allen ihren Gliedern durch Christus selbst in freier Inbgebrauchnahme ihrer ursprungstreuen (einsetzugsgemäßen, kanonsgemäßen) Erfüllung ihres Verkündigungsauftrags unterschiedslos gewährten Anteilhabe am dreifachen Amt Christi (also auch an seinem Priestertum) als *ganze* in eigener Verantwortlichkeit Einzelne zur öffentlichen Ausübung des gesamtkirchlichen Verkündigunsauftrags im Namen der Gesamtkirche beruft und befugt. Dieser Akt der Gesamtkirche hat also die *Einheitlichkeit des geistlichen Standes*, den Christus selbst seiner Gemeinschaft und allen ihren Gliedern unterschiedslos durch den heilsamen Gebrauch von Sakrament und Wort gewährt, als den Grund seiner Möglichkeit und Gebotenheit zur Voraussetzung und tastet diese Einheitlichkeit auch nicht an. Im diametralen Gegensatz zur Ordination als Weihesakrament, das nach römisch-katholischer Lehre einen nicht nur quantitativen, sondern qualitativen geistlichen Unterschied eines engeren Kreises von Christen gegenüber allen anderen voraussetzt und perpetuiert.

Genau so urteilt Luther später in „Von den Konziliis und Kirchen": Das mündliche Wort, die „viva vox evanglii" ist für ihn das erste „Heiltum" (vor den drei weiteren: Taufe, Abendmahl, Absolution[80]) und grundlegende Kennzeichen der Kirche. Für den Akt der Übertragung der Befugnis zur öffentlichen Verkündigung und Sakramentsspendung im Namen der Kirche an Einzelne gebraucht er zwar noch die überkommene Bezeichnung „Weihe", interpretiert diesen aber (auf der Linie der schon in „De captivitate" erfolgten Einstufung[81] und de facto mit CA XIV) sofort als „Berufung".[82] Eben diese Sicht ist jüngst ausführlich wiederholt und bekräftigt worden.[83] Ein *Verständnis der Ordination als sakramentale Weihe, die eine besondere Geistgabe an einen engeren Kreis von Jügern voraussetzt und weitergibt,* ist lutherischerseits ausgeschlossen und kann auch nicht „stillschweigend" übernommen werden.[84]

---

[80] Damit erkennt Luther also ebenso wie Melanchthon der „viva vox evangelii", dem Verkündigungsamt der Gesamtkirche, denselben Status zu wie den drei folgenden „Sakramenten": also der Sache nach auch den Status eines „Sakraments".

[81] WA VI 560–567.

[82] Vgl. vorvorige Anm.

[83] KIRCHENAMT DER VELKD (Hg.), „Ordnungsgemäß berufen". Eine Empfehlung der Bischofskonferenz der VELKD zur Berufung zu Wortverkündigung und Sakramentsverwaltung nach evangelischem Verständnis, in: Texte aus der EKLD 136 (2006).

[84] Aus diesem Grunde sind Vorschläge einer Ko-Ordination, wie sie etwa gemacht werden in: GEMEINSAME RÖMISCH-KATHOLISCHE/EVANGELISCH-LUTHERISCHE KOMMISSION, Einheit vor uns, 1984, inakzeptabel.

IV. Wechselseitige Fragen

1. Von der römisch-katholischen an die evangelisch-lutherische Seite

Erstens: Wird das Schriftzeugnis von der Sonderstellung des Zwölferkreises und des Petrus – allgemein und kontinuierlich bezeugt durch die Schriften der apostolischen Väter und später der lateinischen und griechischen Väter bekräftigt – ernst genommen?

Zweitens: Trägt die lutherische Lehre dem biblischen Zeugnis von der Differenz der Gnadengaben angemessen Rechnung?

Drittens: Welches Licht wirft die faktische Variabilität, ja scheinbar beliebige Fluidität, von Lehre und Ordnung der Kirche im lutherischen Bereich auf die lutherische Lehre von Amt und Ordnung der Kirche?

2. Von der evangelisch-lutherischen an die römisch-katholische Seite

Erstens: Kommen die biblischen Aussagen über den Zwölferkreis und über Petrus als Beleg der Einsetzung der hierarchischen Struktur der Kirche – also von apostolischer Sukzession, des Bischofsamtes, des Primats Petri und seiner Nachfolger und des Weihesakraments mit ihren die Einheit des geistlichen Standes aller Glaubenden antastenden Konsequenzen – durch Christus selber in Betracht?

Zweitens: Trägt die römisch-katholische Lehre dem auch in ihr anerkannten Faktum *praktisch* ausreichend Rechnung, daß die Gemeinschaft der Glaubenden, weil von Christus nicht *durch* den Apostelkreis, sondern zugleich *mit* ihm von Christus selber geschaffen und erhalten, auch bleibend ein kritisches, zur Kooperation verpflichtendes *Gegenüber* zu den Aposteln und ihren Nachfolgern ist?

Drittens: Stellt die römisch-katholische Lehre in ausreichender Klarheit und praktischer Folgeträchtigkeit sicher, daß die Autorität der geweihten Amtsträger tatsächlich nicht mit der sich selbst vergegenwärtigenden Autorität Christi und der Wahrheit seines Lebenszeugnisses *gleichgesetzt* werden kann?

Viertens: Macht die römisch-katholische Lehre hinreichend klar, daß das Handeln glaubender Menschen menschliches Handeln ist und bleibt und daß dies Handeln von Menschen dadurch, daß es in Gottes Handeln als dessen Werkzeug einbezogen wird, keineswegs selbst zu *göttlichem* Handeln wird (sowenig die menschliche Natur Christi kraft „unio personalis" mit der göttlichen selbst vergöttlicht wird)?

Fundamentaltheologische Aspekte des Kirchenrechts nach römisch-katholischer Lehre

Eilert Herms

Gliederung

1. Die Notwendigkeit und die Schwierigkeit der Untersuchung des Kirchenrechts im Rahmen unseres Forschungsprojekts

1.1. Die Notwendigkeit einer Betrachtung des Kirchenrechts im Rahmen unseres Forschungsprojekts. – Die Aufgabenstellung unseres Forschungsprojekt folgt der Aufforderung, die das Ökumenismusdekret des Zweiten Vaticanums in Nr. 11 ausspricht:

„In comparandis doctrinis meminerint existere ordinem seu ‚hierarchiam' veritatum doctrinae catholicae, cum diversus sit earum nexus cum fundamento fidei christianae."

Das Projekt folgt dieser Aufforderung, weil alle Teilnehmer von der Wahrheit der Behauptung überzeugt sind, die dieser Aufforderung zugrundeliegt: Zwischen den in der kirchlichen Lehre – hier der ausdrücklich angesprochenen römisch-katholischen Lehre, aber ebenso auch der evangelisch-lutherischen Lehre – ausgesagten Sachwahrheiten besteht eine geordnete Abhängigkeit, weil diese Wahrheiten alle in sachdifferenter Weise bezogen sind auf und begründet in einem einzigen Fundament: dem „fundamentum fidei". Die verschiedenen Themen kirchlicher Lehre und die vielen wahren Aussagen zu ihnen, die in der kirchlichen Lehre enthalten sind, stehen nicht beziehungslos nebeneinander, sondern bilden eine sachlich zusammenhängende Einheit, die sich daraus ergibt und dadurch ihre einheitliche innere Struktur gewinnt, daß ihre vielen Elemente samt und sonders auf einen einzigen Grundsachverhalt bezogen sind, jeweils einen spezifischen Beitrag zu dessen differenzierter Beschreibung leisten und aufgrund dessen einerseits zu diesem Grundsachverhalt jeweils in einem Verhältnis größerer oder geringerer Nähe stehen und zugleich andererseits auch untereinander jeweils eine genau bestimmte Sachbeziehung aufweisen.

Diesen alles begründenden und zusammenhaltenden Grundsachverhalt bringt die Rede vom „fundamentum fidei" in der Einheit ihrer *beiden* möglichen Bedeutungen zutreffend zur Sprache: Als „genetivus explicativus" spricht sie den *Glauben* als das Fundament der kirchlichen Lehre an – grundlegend den nach neutestamentlichem Zeugnis (Mt 16,16) erstmals von Petrus bekannten Glauben. Als „genetivus objectivus" spricht sie von dem, was – ebenfalls nach neutestamentlichem Zeugnis: Mt 16,17 – das *Fundament für diesen Glauben* ist: Das Offenbarwerden des Vaters im Sohn durch den Geist-der-Wahrheit für die Adressaten des Sohnes. Ohne dieses – den Glauben ermöglichende und verlangende – Geschehen des geistgewirkten Evidentwerdens der Wahrheit des Selbstzeugnisses des Sohnes gibt es den Glauben nicht; er ist nichts als das Bekenntnis zur erinnerten Realität dieses Geschehens. Indem also die kirchliche Lehre den Glauben zu ihrem Fundament hat, hat sie ipso facto das vom Geschehen der Selbstoffenbarung des Schöpfers im inkarnierten Schöpferlogos durch den Schöpfergeist ermöglichte und verlangte *Bekenntnis* des Glaubens zu diesem Offenbarungsgeschehen (Mt 16,16), welches Grund und Gegenstand des Glaubens ist, zu ihrem Fundament und damit zuerst und zuletzt jenes Offenbarungsgeschehen selber (Mt 16,17). Die kirchliche Lehre ist in der Vielfalt ihrer Themen als ganze nichts anderes als die Explikation dieses Grundes und Gegenstandes des Glaubens und seines Bekenntnisses, der als Grund und Gegenstand des Bekenntnisses zugleich auch der *einzige* und *alles umfassende* Grund und Gegenstand der kirchlichen Lehre ist.

Auf dem Boden dieses Ausgangskonsenses hat unsere Gruppe ihre Arbeit damit begonnen,[1] daß sie

a) die Beschreibung des asymmetrischen Konstitutionszusammenhangs zwischen Offenbarung und Glaube in der römisch-katholischen und in der evangelisch-lutherischen Lehre betrachtet hat,[2] sodann

b) die von der einen und der anderen Seite jeweils gegebene Beschreibung des Geschehens von Offenbarung als Selbstvergegenwärtigung der Wahrheit des Lebenszeugnisses Jesu für die Welt als im Kommen (in Realisierung) begriffener Gottesherrschaft,[3] dann

c) die in diesen Beschreibungen des Offenbarungsgeschehens und der Glaubenskonstitution jeweils in Anspruch genommene Möglichkeitsbedin-

---

[1] Die Ergebnisse liegen vor in: E. HERMS/L. ŽAK (Hgg.), Grund und Gegenstand des Glaubens nach römisch-katholischer und evangelisch-lutherischer Lehre. Theologische Studien, 2008.

[2] l.c. 3–182.

[3] l.c. 183–304.

gung für beides: nämlich die geschaffene Verfaßtheit des Menschseins als
innerweltlich-leibhafter Person, die als solche darauf angewiesen ist, daß ihr
Wahrheit durch Offenbarung präsent wird,[4] sowie schließlich

d) den Effekt des Offenbarungsgeschehens: die Gemeinschaft des Glaubens, die Kirche als das Instrument, das sich die Christusoffenbarung als das
Instrument ihrer Permanenz und ihres Ausgreifens auf die gesamte Folge-
geschichte geschaffen hat.[5]

Damit waren alle Folgeschritte unserer Arbeit vorgezeichnet. Diese
Schritte konnten nur noch darin bestehen, daß wir die in den beiden
Gestalten der kirchlichen Lehre jeweils vorliegenden Beschreibungen der
Selbstkontinuierung des den Glauben schaffenden Offenbarungsgeschehens (des Offenbarwerdens der Wahrheit Gottes im Evangelium [Lebens-
zeugnis] des Sohnes durch den Geist der Wahrheit für Adressaten des Evangeliums) durch die Glaubensgemeinschaft, die Kirche, näher betrachteten.
Beide Gestalten kirchlicher Lehre sehen nun aber, daß die Kirche nur dadurch und insofern das Instrument für die Selbstkontinuierung des trinitarischen Geschehens der Selbstvergegenwärtigung der Wahrheit Gottes im
Evangelium des Sohnes durch den Geist der Wahrheit für Adressaten des
Evangeliums ist, als sie (die Kirche) die Gemeinschaft der glaubenden Feier und Bezeugung der Wahrheit des Evangeliums in Wort und Sakrament
ist. Aus der Sicht beider Gestalten kirchlicher Lehre kann also die Kirche
nur dann und dadurch als Instrument der Selbstkontinuierung des trinitarischen Geschehens der Selbstvergegenwärtigung der Wahrheit des Evangeliums (=Selbstvergegenwärtigung der Selbstoffenbarung des Schöpfers
in seinem inkarnierten Schöpferlogos durch seinen Schöpfergeist) für dessen Adressaten in den Blick kommen, wenn und indem eben die kirchliche Feier dieses Geschehens in Sakrament und Wort in den Blick gefaßt
wird. In den Blick zu fassen war somit die römisch-katholische Beschreibung und die evangelisch-lutherische Beschreibung der kirchlichen Sakra-
ments- und Verkündigungspraxis unter dem Gesichtspunkt, daß diese Praxis Geschöpf und Werkzeug der Selbstkontinuierung des trinitarischen Offenbarungsgeschehens (des Geschehens der Selbstvergegenwärtigung der
Wahrheit des Evangeliums des Sohnes durch den Geist der Wahrheit für
Adressaten des Evangeliums) ist.

Das verlangt jedenfalls, die römisch-katholische Lehre von den sieben
Sakramenten und die evangelisch-lutherische Lehre von Taufe, Konfirmation, Abendmahl, Buße, Ordination, Trauung und Krankenabendmahl unter dem Gesichtspunkt zu studieren, daß und wie diese auf der einen Seite
Manifestationen der Glaubensgemeinschaft sind und auf der anderen Seite

---

[4] l.c. 305–444.
[5] l.c. 449–605.

jeweils zugleich Geschöpf und Instrument der Selbstkontinuierung des die Glaubensgewißheit schaffenden trinitarischen Offenbarungsgeschehens.

Weil der Verdacht besteht, daß sich die römisch-katholische und die evangelisch-lutherische Beschreibung insofern widersprechen, als die eine die kirchliche Praxis, welche das Geschöpf und Werkzeug des trinitarischen Offenbarungsgeschehens ist, als *Sakraments*praxis, die andere diese Praxis hingegen als Verkündigungspraxis, also *Wort*geschehen, beschreibt, haben wir zunächst das generelle Verständnis von *Sakrament und Wort* in der einen und in der anderen Gestalt kirchlicher Lehre untersucht.[6] Dabei zeigte sich, daß an diesem Punkt theologiegeschichtlich zu erklärende terminologische Unterschiede bestehen, aber kein Gegensatz in der von jeder der beiden Seiten intendieren Sache („res"). Danach wurden dann die einzelnen Sakramente jeweils für sich unter fundamentaltheologischem, also heils- und das heißt, offenbarungsgeschichtlichem, Gesichtspunkt studiert, will sagen unter dem Gesichtspunkt, daß und wie die römisch-katholische Lehre einerseits und die evangelisch-lutherische Lehre andererseits sie jeweils als Geschöpf und Werkzeug der Selbstkontinuierung des trinitarischen Offenbarungsgeschehens (das heißt: der die Glaubensgewißheit schaffenden Selbstvergegenwärtigung der Wahrheit Gottes im Evangelium des Sohnes durch den Geist der Wahrheit für Adressaten des Evangeliums des Sohnes) beschreiben.[7]

Nun beansprucht aber jedenfalls die römisch-katholische Lehre nicht nur für Taufe, Firmung, Eucharistie, Buße und Krankensalbung, daß sie – also die *Sakramente der Initiation und der Versöhnung* – Geschöpf und Werkzeug der Selbstkontinuierung des trinitarischen Offenbarungsgeschehens (der die Glaubensgewißheit schaffenden Selbstvergegenwärtigung der Wahrheit Gottes im Evangelium des Sohnes durch den Geist der Wahrheit für Adressaten des Evangeliums) sind und ein ursprüngliches und unverzichtbares Element in diesem Gesamtgeschehen, sondern ebenso auch für die beiden *Sakramente der Sendung*: das Weihesakrament und das Ehesakrament. Auch diese gründen nach römisch-katholischer Lehre in der Christusoffenbarung, sind ihr Geschöpf und Werkzeug und somit *im* Gesamt-

---

[6] Die Ergebnisse liegen vor in: E. HERMS/L. ŽAK (Hgg.), Sakrament und Wort im Grund und Gegenstand des Glaubens. Theologische Studien zur römisch-katholischen und zur evangelisch-lutherischen Lehre, 2011.

[7] Der Band mit den Ergebnissen des Studiums von Taufe (Firmung und Konfirmation) und Abendmahl im fundamentum fidei (im Offenbarungsgeschehen, das Grund und Gegenstand des Glaubens ist) liegt vor: E. HERMS/L. ŽAK (Hgg.), Taufe und Abendmahl im Grund und Gegenstand des Glaubens. Theologische Studien zur römisch-katholischen und evangelisch-lutherischen Lehre, 2017. Zu unserer Untersuchung über die Buße und ihre Stellung im „fundamentum fidei" s. das Vorwort dieses Bandes, o. S. VII Anm. 4.

geschehen der Selbstkontinuierung der Christusoffenbarung und *für* dieses unverzichtbar.

Somit aber schließt die Aufgabenstellung unseres Projekts auch das Studium dieses Anspruchs ein. Zu klären und nachzuzeichnen ist der *fundamentaltheologische, das heißt: heils- und offenbarungsgeschichtliche Sinn, auch dieser beiden Sakramente*, also ihr Fundiertsein in der sich selbst kontinuierenden Christusoffenbarung sowie ihre spezifische unverzichtbare Funktion *in* diesem permanenten Offenbarungsgeschehen und *für* es. Und ebenso ist zu klären, *ob*, und gegebenenfalls nachzuzeichnen, *wie* auch die evangelisch-lutherische Lehre vom kirchlichen Dienstamt und seiner Übertragung durch ordentliche Berufung (Ordination) und von der Ehe diesen beiden Institutionen, auch wenn sie beide nicht „Sakrament" nennt, dennoch einen ursprünglichen und wesentlichen Platz im kontinuierlichen Geschehen der Glauben und damit Heil schaffenden Selbstvergegenwärtigung der Wahrheit des Evangeliums für dessen Adressaten zuspricht.[8]

Nun hat das Studium der römisch-katholischen Beschreibung des Weihesakramentes drei zentrale Ergebnisse erbracht:[9]

– Erstens: Der Effekt des Weihesakraments besteht nicht wie der der Sakramente der Initiation und der Heilung in einem Beitrag zur Begründung, Stärkung und Wiederherstellung der *persönlichen* Teilhabe an der gemeinsamen Glaubensgewißheit des Empfängers, sondern in der Befähigung seines Empfängers zu einem besonderen und unverzichtbaren *Dienst an der Glaubensgemeinschaft* und ihrer Sakramentspraxis als Geschöpf und

---

[8] Schon in der Planungsphase verzichtete die Arbeitsgruppe darauf, ebenso wie die Ordination auch die Ehe zum Gegenstand eines vergleichenden Studiums zu machen. Grund: Es ist klar, daß nach evangelisch-lutherischem Verständnis die „Ehe" ein „weltlich Ding" ist und somit auf keinen Fall als Sakrament in Betracht kommt. – Rückblickend bedaure ich diese Entscheidung. Denn vermutlich hätte sich bei der Betrachtung der Ehe genauso wie bei der der Ordination gezeigt, daß es in beiden Fällen um das Verhältnis der christlichen Sicht und Beschreibung des Verhältnisses zwischen menschlicher Sozialität unter rein geschöpflichen Bedingungen einerseits und menschlicher Sozialität unter den darüber hinausgehenden Bedingungen der Selbstoffenbarung des Schöpfers durch die Inkarnation des Schöpferwortes im Schöpfergeist geht und um die Unterschiedlichkeit der Sicht dieses Verhältnisses auf der einen (der römisch-katholischen) und der anderen (der evangelisch-lutherischen) Seite. Was zu der weiterführenden Frage hätte Anlaß geben können, ob aufgrund dieses Unterschieds nicht auch mit einem durchgehenden Unterschied in den Grundlagen der Sozialethik beider Seiten zu rechnen ist – also mit einem Unterschied in der Sicht des einheitlichen Verhältnisses zwischen den „zwei Regimenten Gottes" und damit auch mit einer Differenz in der Sicht der Geschichte als Heilsgeschichte (schon *innergeschichtliche* Versammlung der gesamten Menschheit in der Gemeinschaft des Glaubens, d.h. in der Gemeinschaft der Anerkennung der in Christus offenbaren Wahrheit über die Schöpfung [römisch-katholisch] – erst *eschatische* Versammlung aller Menschen in der Gemeinschaft des Glaubens, d.h. in der Gemeinschaft der Anerkennung der in Christus offenbaren Wahrheit über die Schöpfung [evangelisch-lutherisch]).

[9] Vgl. die Nummern 1–5 dieses Bandes.

Werkzeug der Selbstkontinuierung der Christusoffenbarung (der Selbst-vergegenwärtigung der Wahrheit Gottes im Evangelium des Sohnes durch den Geist der Wahrheit für die Adressaten des Evangeliums) – eben zur Erbringung des „apostolischen Dienstes".

– Zweitens: Dieser Dienst besteht nicht etwa darin, daß durch ihn die Glaubensgemeinschaft als Geschöpf und Werkzeug des trinitarischen Geschehens der Christusoffenbarung für seine geschichtliche Selbstperpetuierung *geschaffen* wird (das ist schon das unmittelbare, *ohne* den apostolischen Dienst vollbrachte Werk Christi selbst), sondern darin, daß der apostolische Dienst Christus als Instrument für die *Erhaltung* der Glaubensgemeinschaft dient, die Christus selbst sich als Instrument seiner permanenten Selbstvergegenwärtigung in der Geschichte geschaffen hat. Der Dienst, zu dem das Weihesakrament befähigt, dient Christus als das Instrument, durch das sich Christus selbst die Glaubensgemeinschaft *erhält*, die er sich selbst schon unmittelbar (ohne das Mittel des Dienstes, zu dem das Weihesakrament befähigt) als Werkzeug seiner permanenten offenbarenden und erlösenden Selbstvergegenwärtigung in der Geschichte *geschaffen* hat.

– Drittens: Die (durch das Weihesakrament verliehene) Fähigkeit zu diesem Dienst (also dazu, Christus zu dienen als sein [Christi] Instrument für die Erhaltung der Glaubensgemeinschaft, die Christus sich als Instrument seiner permanenten Selbstvergegenwärtigung in der Geschichte geschaffen hat) besteht nach römisch-katholischer Lehre darin, daß dem Empfänger des Weihesakramentes die Teilhabe am dreifachen Wirkamt Christi als Prophet, Priester und König, die Christus der Gemeinschaft, die er unmittelbar durch sein eigenes Wirken als Prophet, Priester und König *geschaffen* hat, dieser Gemeinschaft damit auch *unmittelbar als ganzer* verliehen hat, nun in derjenigen *besonderen* Weise zuteilwird, welche Christus als Instrument dafür dient, diese Gemeinschaft auch zu *erhalten*: Der Empfänger des Weihesakramentes wird dazu befähigt (und dazu verpflichtet), selber in derjenigen *besonderen* Weise an Christi eigenem Verkündigungswirken, Heiligungswirken und Leitungswirken teilzunehmen, die Christus als Instrument dafür dient, selber sich die Glaubensgemeinschaft als *ganze* als Werkzeug (Instrument) seiner kontinuierlichen Selbstvergegenwärtigung zu erhalten.

Sofern es sich bei dieser durch das Weihesakrament verliehenen Fähigkeit um die Fähigkeit zu der (für Christi kirchen*erhaltendes* Wirken erforderlichen) besonderen Teilhabe an Christi Verkündigungswirken handelt, wird sie in der römisch-katholischen Lehre als die durch das Weihesakrament seinem Empfänger mit *seinsverändernder* („ontologischer") Wirkung verliehene „*potestas magisterii*" (All.P.VI [s. u. S. 299]) angesprochen, die das *Charisma infallibilitatis* (verstehe: der Infallibilität in der Erklärung des von Petrus bekannten gemeinsamen Glaubens aller Christen) einschließt (DS 3071–3074). Die Fähigkeit zu der erforderlichen besonderen Teilhabe an Christi Heiligungshandeln wird angesprochen als „*potestas ordinis*" (All.P.VI), welche die „sakramentale Identität" des „in persona Christi" handelnden Dieners mit dem Erhöhten einschließt (EdE: 29[10]). Und die Fähigkeit zu der erforderlichen besonderen Teilhabe an Christi Leitungswirken wird angesprochen als „*potestas regiminis*", welche die Fähigkeit einschließt, die für die Glaubensgemeinschaft Gewissensgehorsam verlangenden *Gesetze* zu erlassen (LG 18 und 27). Während die „potestas ordinis" von allen Gliedern des Bischofskollegiums und den Gehilfen der Bischöfe, den Priestern, in gleicher Weise ausgeübt wird, erfolgt die Ausübung der „potestas magisterii" zwar auch durch alle Priester, aber nur als Teilhabe am Magisterium des jeweiligen Ortsbischofs, wobei sich die Ausübung des Lehramts jedes Bischofs nur im Rahmen der gemeinsamen Ausübungen dieser „potestas" durch das weltweite Kollegium der Bischöfe innerhalb der durch das Magisterium des römischen Bischofs gezogenen Grenzen vollzieht (also nie ohne *dieses* Magisterium: nie ohne dessen stillschweigende oder ausdrückliche Zustimmung und nie gegen es). Die Ausübungen der „potestas regiminis" erfolgt durch die Bischöfe und ihre Gehilfen ausschließlich im Rahmen und nach Maßgabe der Ausübung des Iurisdiktionsprimats des Bischofs von Rom, also im Rahmen und nach Maßgabe der *von diesem* erlassenen „leges".

Der Ausdruck „lex" bezeichnet dabei – hier wie überall und immer – eine Verhaltensvorschrift von spezifischer Art: nämlich eine solche, die nicht für einen einzelnen Entscheidungsfall gilt, sondern für alle möglichen Entscheidungsfälle in einer bestimmten – jeweils mehr oder weniger weiten – Klasse von Entscheidungssituationen. Daher hat jede „lex" die Form der Vorschrift einer allgemeinen Regel für alle Verhaltensakte in der angesprochenen Klasse (im angesprochenen Typ) von Interaktionssituationen, die von jedem einzelnen Verhaltensakt, der in einer derartigen Interaktionssituation möglich ist – sei dieser dem Interaktanten nun wiederum vorgeschrieben oder von ihm selbst gewählt –, befolgt werden und durch keinen solchen einzelnen Akt verletzt werden soll.

Die Gesamtheit der „leges" des Bischofs von Rom macht das Rahmenrecht der römisch-katholischen Kirche, also des Inbegriffs der in voller Einheit mit dem Bischof von Rom stehenden bischöflich geleiteten Ortskirchen aus. Sie sind gesammelt im Codex Iuris Canonici von 1983 sowie im Codex Canonum Ecclesiarum Orientalium von 1990. Ersterer enthält die

---

[10] JOHANNES PAUL II. führt hier aus: „Wie ich bei anderer Gelegenheit zu klären Anlaß hatte, ‚bedeutet *in persona Christi* mehr als nur „im Namen oder in Stellvertretung" Jesu Christi. „In persona", d.h. in der spezifischen sakramentalen Identifizierung mit dem ewigen Hohenpriester, der Urheber und hauptursächliches Subjekt dieses seines eigenen Opfers ist, bei dem er in Wahrheit von niemandem vertreten werden kann' [Zitat aus dem Apostolischen Schreiben Dominici Cenae (24.2.1980) 8, in: AAS 72 (19809 128 f.]".

für die lateinische Kirche geltenden „leges", letzterer die für die mit Rom unierten Ostkirchen geltenden „leges". Somit gilt: In der Unterhaltung der durch die „leges" dieser beiden Kodices geregelten kirchlichen Rechtspraxis manifestiert sich die *besondere* Teilhabe des kirchlichen Dienstamtes am Leitungsamt Christi (genau: der *Dienst* des apostolischen Amtes für das eigene Leitungswirken Christi) so, wie sich seine besondere Teilhabe am priesterlichen Versöhnungswirken (genau: sein *Dienst* für das eigene priesterliche Versöhnungswirken Christi) im liturgischen Handeln manifestiert, und so, wie sich seine besondere Teilhabe am prophetischen Lehrwirken Christi (genau: sein *Dienst* für das eigene Lehrwirken Christi) im Vollzug des Lehramtes manifestiert.

Die Promulgation des CCEO *nach* dem CIC und seine Existenz *neben* diesem bezeugt, daß die römisch-katholische Kirche nicht einfach mit der lateinischen zusammenfällt und nicht auf diese begrenzt ist. Trotz nicht unwichtiger materialer Unterschiede zwischen beiden Gesetzessammlungen manifestiert sich in formaler Hinsicht in beiden der vom Ersten Vaticanum im Juli 1870 zum Dogma erhobene Iurisdiktionsprimat des römischen Bischofs (DS 3053 ff.). Das macht es möglich, daß wir uns im Rahmen unseres Forschungsprojekts auf die durch den CIC geregelte kirchliche Rechtspraxis beschränken.

Es hat sich gezeigt, daß die fundamentaltheologische Bedeutung des *Weihesakramentes* (seine Stellung im trinitarischen Geschehen der die Glaubensgewißheit schaffenden Offenbarungsgeschichte, also seine heilsgeschichtliche Stellung) nicht erfaßt werden kann, wenn man nicht den fundamentaltheologischen (heilsgeschichtlichen, offenbarungsgeschichtlichen) Sinn des *dreifachen Dienstes* erfaßt, zu dem der Empfang dieses Sakramentes befähigt, also: den fundamentaltheologischen (heilsgeschichtlichen, offenbarungsgeschichtlichen) Sinn der Lehrtätigkeit der geweihten Diener, ihrer priesterlichen Tätigkeit und ihrer Leitungstätigkeit. So unverzichtbar wie die Erfassung des fundamentaltheologischen Sinnes der Lehrtätigkeit der geweihten Diener für die Lösung der Aufgabe unseres Forschungsprojektes ist, so unverzichtbar ist dafür auch die Erfassung des fundamentaltheologischen Sinnes der priesterlichen Tätigkeit der geweihten Diener und ebenso schließlich auch die Erfassung des fundamentaltheologischen Sinnes ihrer Leitungstätigkeit in Gestalt ihrer Rechtspraxis. Über die für das geweihte Dienstamt wesentliche Lehrtätigkeit und priesterliche Tätigkeit ist an früheren Stellen bereits Wesentliches gesagt (in den Untersuchungen über „Grund und Gegenstand des Glaubens nach römisch-katholischer und evangelisch-lutherischer Lehre",[11] in den Untersuchungen über „Sa-

---

[11] E. HERMS/L. ŽAK (Hgg.), Grund und Gegenstand des Glaubens nach römisch-katholischer und evangelisch-lutherischer Lehre. Theologische Studien, 2008.

krament und Wort",[12] in den Untersuchungen über „Taufe und Abendmahl"[13] und in der Untersuchung über das Weihesakrament[14]), hingegen
noch nicht über ihre Leitungstätigkeit und Rechtspraxis. Dieser Aufgabe
ist die vorliegende Untersuchung gewidmet.

Einerseits *ergänzt* die vorliegende Studie also die vorangegangenen: Wir
betrachten ein bisher noch nicht für sich studiertes Moment der besonderen Teilhabe der Empfänger des Weihesakraments an Christi eigenem
dreifachem Amt. Andererseits *vertieft* die vorliegende Studie das Bisherige
aber auch: Die durch das Weihesakrament verliehene besondere Teilhabe
am dreifachen Amt Christi ist ja nicht die Teilhabe an drei unverbunden
nebeneinanderstehenden Ämtern, sondern die Teilhabe an der *Einheit von
Christi eigenem Erhaltungshandeln gegenüber der Kirche als dem Instrument seiner
eigenen kontinuierlichen Selbstvergegenwärtigung.* Wie schon gezeigt, schließen
sich die drei Ämter Christi gegenseitig ein.[15] In der Triplizität der Wirkweisen Christi (an denen der Empfang des Weihesakraments besonderen
Anteil erhält) manifestiert sich das *einheitliche Wesen* des auf die Kirche gerichteten Erhaltungswirkens Christi. Somit verleiht also der Empfang des
Weihesakraments die besondere Teilhabe an dem *einheitlichen Ganzen* von
Christi Erhaltungswirken an der Kirche. Der Empfang verleiht auch diese Teilhabe als ein einheitliches Ganzes – nämlich als die Fähigkeit, zu einem Wirken, das als Ganzes auf das Fundament der *Zugehörigkeit zur Glaubensgemeinschaft* und auf das Fundament *dieser Gemeinschaft selbst* zielt und
auf dessen Stärkung, also auf den *Glauben* und die *Stärkung des Glaubens.*
Als das Eine und Ganze des so beschaffenen Wirkens der Empfänger des
Weihesakramentes hat es den Gesamtcharakter eines *behütenden und bewahrenden* Tuns, das auf die durch Christus geschaffene Gemeinschaft gerichtet ist, also den Gesamtcharakter des – metaphorisch geredet – „*Weidens*"
der Gemeinschaft, des „*pascere*", des „*Pastorierens*": Es ist römisch-katholisches Dogma, daß die dem Petrus – und zwar als dem Haupt des Apostelkollegiums und dadurch vermittelt auch allen Aposteln – von Christus
selbst gegebene Verheißung „ut non deficiat fides tua" (Lk 22,32) und die
ihm zuerkannte Fähigkeit, über Zugehörigkeit und Nichtzugehörigkeit
zur Glaubensgemeinschaft zu entscheiden (Mt. 16,16–19), den Petrus (und
durch ihn vermittelt alle Apostel) zur Erfüllung des ihm abschließend vom

---

[12] E. HERMS/L. ŽAK (Hgg.), Sakrament und Wort im Grund und Gegenstand des
Glaubens. Theologische Studien zur römisch-katholischen und evangelisch-lutherischen
Lehre, 2011.

[13] E. HERMS/L. ŽAK (Hgg.), Taufe und Abendmahl im Grund und Gegenstand des
Glaubens. Theologische Studien zur römisch-katholischen und evangelisch-lutherischen
Lehre, 2017.

[14] Nummern 1–5 des vorliegenden Bandes.

[15] Vgl. o. S. 30 f.; auch 87 ff.

Erhöhten gegebenen Gesamtauftrags befähigt: „Pasce agnos meos", „pasce oves meas" (Joh 21, 15–17) (DS 3053 mit 3070). Durch den Empfang des Weihesakraments wird die Befähigung zum apostolischen Weitergabedienst (DV 7)[16] als Befähigung zum Dienst des Weidens, des „pascere", des „pastor"-Seins verliehen. Der – das Sein seines Empfängers qualifizierende – Effekt des Empfangs des Weihesakraments, der im „Decretum pro Armeniis" schlicht darin gesehen wird, „ut quis sit idoneus Christi minister" (DS 1326), wird seit dem Ersten Vatikanum explizit als die Einsetzung ins *Pastorsein*, in die Befähigung zum *Weide*amt angesprochen, als die Befähigung zum *Leitungs*amt, zum *Gubernator*amt, die als solche „*potestas* gubernandi universam Ecclesiam" ist. Das Zweite Vaticanum spricht sie als „*potestas sacra*" an (LG 18 und 27) und Paul VI. kennzeichnet diese „*potestas*" klar als das *eine Wesen* der durch den Empfang des Weihesakraments verliehen besonderen Teilhabe am auf die Kirche gerichteten Erhaltungshandeln Christi. Das tut der Papst, indem er die drei Ausprägungen des apostolischen Dienstes als nichts anderes denn als drei Manifestationen dieser *einen* „*potestas*" anspricht, unter denen er die „*potestas regiminis*" als die erste und allumfassende anspricht:

„Hierarchia scilicet facultate pollet et officio devincitur Ecclesiam eiusque membra moderandi more vigilum pastorum ad quidem *potestate regiminis*, leges et iudicia ferendo eaque praestando, quae executionem respiciunt, *potestate magisterii*, populum Dei cum auctoritate docendo, *potestate ordinis*, divinae gratiae auxilia et subsidia administrando" (All.P.VI 5; alle Hervorhebungen: E.H.).

Nachdem bei früherer Gelegenheit gezeigt wurde, daß für die Trias der *Manifestationen des eigenen Kirche-gründenden und Kirche-erhaltenden Wirkens Christi* dessen Manifestation als Offenbarungswirken, also im *Lehramt*, grundlegend ist (vgl. die vorstehenden Studien über das Amt und Weihesakrament), zeichnet sich nun also bei der Betrachtung der drei *Manifestationen der durch das Weihesakrament verliehenen Teilhabe des apostolischen Dienstes an Christi Kirche-erhaltendem Handeln* ab, daß für diese die Teilhabe am *Weideamt* (*Leitungsamt*) grundlegend ist. Wir müssen hierauf bei der Beschreibung Weidedienstes des geweihten Amtes (unten Abschnitt 3) zurückkommen.

Jedenfalls gilt: Seine fundamentaltheologische (will sagen: heils- und offenbarungsgeschichtliche) Betrachtung *ergänzt* nicht nur die Betrachtung des apostolischen Dienstes, sondern *vertieft* sie auch. Somit ist sie von Ansatz und Ziel unseres Projekts her unverzichtbar und in diesem Sinne notwendig. Das ergibt sich aus Ansatz und Ziel unseres Projekts immanent.

Unverzichtbar ist aber die Frage nach der fundamentaltheologischen Bedeutung der römisch-katholischen Lehre über die Leitungstätigkeit und

---

[16] Hierzu vgl. das in den Studien des ersten Teiles dieses Bandes über das römisch-katholische Amtsverständnis Gesagte.

Rechtspraxis, zu der der Empfänger des Weihesakraments befähigt wird, auch deshalb, weil die reformatorische Kritik Luthers an der als *Rechtspraxis* ausgeprägten *Leitungs*praxis des geweihten Dienstamtes seiner Zeit die *Spitze* seiner Kritik am damaligen Selbstverständnis des geweihten Dienstamtes und seiner Ausübung in Lehrtätigkeit, Gottesdienstpraxis und Leitungspraxis war.

1.2. Die Schwierigkeit der Betrachtung des Kirchenrechts im Rahmen unseres Forschungsprojekts. – Allerdings stößt das Studium des fundamentaltheologischen Sinnes der Rechtspraxis des geweihten Dienstamtes, wenn es nach den methodischen Grundsätzen unseres Projektes vorgehen will, auf eine besondere Schwierigkeit: Unsere Gruppe studiert die römisch-katholische und die evangelisch-lutherische Lehre ausschließlich anhand von lehramtlichen Texten; diese und nicht theologische Auslegungen solcher Texte sowie auf derartige Auslegungen gestützte theologische Theorien sind die primären Quellen theologischer Erkenntnis. Dieser Grundsatz ist auch beim Studium der Rechtspraxis des geweihten Dienstamtes zu befolgen. Dann aber wird diese Arbeit durch das Faktum erschwert, daß sich unter den Texten des zentralen Lehramtes der römisch-katholischen Kirche Aussagen *über* die Leitungtätigkeit des geweihten Amtes nur in verhältnismäßig – verglichen mit den Aussagen über seine Lehrtätigkeit (magistrale Tätigkeit) und seine Versöhnungtätigkeit (priesterliche Tätigkeit) – kleiner Zahl finden, die zudem in ihrer Zerstreutheit nicht leicht zu finden sind. Der Referent hat – auch nach Befragung von ortsansässigen römisch-katholischen Experten für das Kirchenrecht[17] – die folgenden einschlägigen Texte gefunden, die unterschiedlicher Art sind. Es handelt sich um:
– Erstens die grundlegenden Aussagen in Konzilstexten; nämlich in der Dogmatischen Konstitution „Pastor aeternus" des Ersten Vatikanischen Konzils sowie dann weiterhin in den einschlägigen Texten des Zweiten Vatikanischen Konzils. Die grundlegenden Äußerungen finden sich in der Dogmatischen Konstitution „Lumen gentium". Dazu kommen Aussagen in der dogmatischen Konstitution über die Offenbarung „Dei Verbum", in der Pastoralkonstitution „Gaudium et Spes" sowie in dem Dekret über die Bischöfe „Christus Dominus". Dazu kommen die die Konzilslehre zusammenfassenden Aussagen im KKK.
– Zweitens die auf die Rechtspraxis des geweihten Amtes bezogenen Aussagen des zentralen Lehramtes. Solche liegen vor: in der apostolischen Konstitution „Providentissima Mater Ecclesiae" (zitiert als PME), mit der Benedict XV. den Codex von 1917 promulgierte, in den einschlägigen Passagen der Enzyklika „Mystici Corporis" von Pius XII. (zitiert als MC), in

---

[17] Mein Dank gebührt Herrn Kollegen Bernhard Sven Anuth.

der Ansprache Pauls VI. an die zur Revision des Kodex eingesetzte Kommission vom 20. November 1965 (AAS 57 (1965) 985–989; zitiert als: All.P.VI mit Nummer der Absatzes) sowie in der Apostolischen Konstitution „Sacrae Disciplinae Leges" (AAS 75/2 [1983] VII–XIV), mit der Johannes Paul II. am 25. Januar 1983 den revidierten Codex Iuris Canonici promulgierte (zitiert als SDL mit Nummer des Absatzes). Hinzu kommt die Apostolische Konstitution „Sacri Canones", mit der Johannes Paul II. am 18. Oktober 1990 den Codex Canonum Ecclesiarum Orientalium promulgierte (AAS 82 [1990] 1033–1044).

– Drittens die – von der ersten Bischofssynode nach dem Zweiten Vatikanischen Konzil im September 1967 gebilligten – „Principia quae Codicis Canonici Recognitionem dirigant", die im selben Jahr von der „Pontificia Commissio Codicis Canonici Recognoscendi" „sub secreto" herausgegeben wurden (zitiert als „Pr"; nicht in AAS; ein zusammenfassendes Referat über diese Prinzipien findet sich aber auch in der Vorrede des Codex von 1983, die mit dessen Text fest verbunden und somit auch Gegenstand der päpstlichen Promulgation vom 25. Januar 1983 ist). Die Veröffentlichung der Codex-Kommission von 1967 ergänzt den Text der „Principia" um den Bericht, mit dem der Präses dieser Kommission die „Principia" der Bischofssynode vorstellte, um die Antworten, die er auf Fragen der Synodenväter gab und um das Ergebnis der Abstimmung über die Principia in der Synode (zitiert als PrA mit Seitenzahl).

– Viertens: Für das genauere Verständnis der Rechtsvorschriften über die Ausübung des Lehramtes ist sachlich aufschlußreich die Instruktion der Glaubenskongregation „Donum Veritatis" vom 24. Mai 1990 (AAS 82 [1990] 1550–1570; zitiert als DoVer mit Absatzzahl).

– Fünftens kann und muß die offizielle Lehre *über* die Rechtspraxis des geweihten Amtes auch aus den Manifestationen ihres Vollzugs erhoben werden, und zwar in erster Linie aus dem Normensystem, das sie selber sich im neuen Codex gegeben hat.

Nach Durchsicht dieses Materials scheinen mir folgende Gesichtspunkte für das offizielle römisch-katholische Verständnis der Rechtspraxis, in der das geweihte Dienstamt seine Leitungtätigkeit ausübt, wesentlich zu sein:

– Erstens und grundlegend das Begründetsein des Charakters dieser Leitungtätigkeit als Rechtspraxis im fundamentaltheologischen, also heils- und offenbarungsgeschichtlichen, Charakter der Glaubensgemeinschaft, also der Kirche selbst, als „societas" und zwar einer „societas sui, nempe unici generis", einer besonders gearteten, ja einzigartigen (will sagen: in ihrer Art einzigen) Sozietät (1).[18]

---

[18] Die Wahl dieser sprachlichen Bezeichnung, die sich so in den Texten nicht findet, wird in Abschnitt 1 begründet.

– Zweitens somit die schöpfungstheologischen Voraussetzungen und Möglichkeitsbedingungen dieses heils- und offenbarungsgeschichtlichen Status der Kirche: also die geschaffene Wesensstruktur von menschlicher Sozietät *vor* dem Wirksamwerden der Inkarnation des Schöpferlogos durch den Schöpfergeist – einschließlich der dazu gehörigen Autorität menschlicher Leitung durch Gesetzgebung (2).

– Drittens dann die Wesensstruktur der durch das Wirksamwerden des Schöpferlogos durch den Schöpfergeist begründeten Glaubensgemeinschaft als der Perfektionsgestalt menschlicher Sozietät. Einschließlich der zu dieser Perfektionsgestalt menschlicher Sozietät gehörenden Autorität menschlicher Leitungstätigkeit durch Gesetzgebung (3).

– Viertens die durch das innergeschichtliche Wirken der Christusoffenbarung geschaffene und erhaltene Lage der asymmetrischen Wechselwirkung zwischen der *auf Perfektion hin existierenden geschaffenen* menschlichen Sozietät und der durch das Wirken der Christusoffenbarung geschaffenen und erhaltenen Sozietät, die dem Perfektwerden der geschöpflichen Sozietät *dient* und mit der deren Perfektwerden auch bereits *beginnt* – einschließlich der asymmetrischen Wechselwirkung zwischen der Leitungstätigkeit durch Gesetzgebung in der erstgenannten (*schöpfungsgemäßen*) Gestalt menschlicher Sozietät und der Leitungstätigkeit durch Gesetzgebung in der anderen (die schöpfungsgemäße *perfektierenden*) Gestalt menschlicher Sozietät (4).[19]

2. Der offenbarungsgeschichtliche Status der Kirche als Sozietät, die in ihrer Art einzig ist

Benedikt XV. schreibt zur Veröffentlichung des CIC von 1917:

Die „Providentissima Mater Ecclesiae hat – das Gebot des Herrn erfüllend – von ihren Anfängen an die Aufgabe in Angriff genommen, alle Völker [„omnes gentes"] zu lehren [„docere"] und zu regieren [„regere"], und sich nun daran gemacht, die Disziplin [„disciplinam"] sowohl der Männer des Weihestandes als auch des christlichen Volkes durch Gesetzesregeln [„datis legibus"] zu moderieren [„moderari"] und zu schützen [„tueri"]".

Die dabei vorausgesetzte Beschreibung der geschichtlichen Existenzweise der Mater Ecclesia lautet:

Sie ist „ita a Conditore Christo constituta, ut omnibus instructa esset notis quae *cuilibet perfectae societati* congruunt". (alles PME 1; Hervorhebung: E.H.).

---

[19] Man kann auch sagen: Die rein geschöpfliche Sozietät existiert unter den Bedingungen der menschlichen *Natur*, die durch Christus geschaffene hingegen unter der Bedingung der *Gnade*, welche die Natur perfektiert („gratia perficit naturam").

Diese Kennzeichnung der Kirche als einer „perfecta societas" liegt auf einer Linie, die bis ins 13. Jahrhundert zurückreicht (und deren damaliger Beginn vor dem Hintergrund der vorausgehenden Kämpfe um die „libertas ecclesiae" steht), dann von der frühneuzeitlichen Scholastik in ihrer gegenreformatorischen Verteidigung der römisch-katholischen Ekklesiologie fortgesetzt wurde und danach im 17., 18. und 19. Jahrhundert für die Selbstbehauptung der Kirche, ihrer Unabhängigkeit und Autonomie, gegenüber den Ansprüchen des absolutistischen Staates und dann des modernen Verfassungsstaates eine grundlegende Rolle spielte. Sie hielt sich über das Magisterium Pius IX., Leos XIII, Pius X., Benedikts XV., Pius XI. bis ins Magisterium Pius XII hinein durch. Erst das Zweite Vaticanum hat auf den Begriff der „perfecta societas" und die in ihm enthaltene Wesensbeschreibung dann in bemerkenswerter Konsequenz verzichtet.[20]

Das nachkonziliare päpstliche Lehramt stellt jedoch klar, daß dieser terminologische Verzicht das Wahrheitsmoment der alten Beschreibung festhält und nur dazu dienen soll, die (wie rückblickend aus römisch-katholischer Sicht zu behaupten ist) schon immer gemeinte Sache (entsprechend der vom Konzil selbst aufgestellten Forderung: UR 11) besser, genauer und konkreter, auszusagen. Dies festzuhaltende Wahrheitsmoment der alten Konzeptualisierung der Kirche als „societas perfecta" schlägt sich in der Beschreibung der Kirche durch Paul VI. nieder, in der die alte Begrifflichkeit mit unüberhörbarer Deutlichkeit durchklingt:

„Ecclesia, cuius mysterium a Concilio Oecumenico Vaticano Secundo in pleniorem luce est collocatum, *cum ex Conditoris sui voluntate sociale existat perfectumque Corpus* (Hervorhebung im Original) est necessario visibilis atque adeo legibus regatur oportet". (All. P. VI 2)

Die Wendung ist im Original hervorgehoben. Da das Zweite Vaticanum die alte Prädikation der Kirche als „*societas* perfecta [kursiv: E. H.]" konsequent, also mit Sachgründen, vermeidet und an der Konzilstreue des Magisteriums Pauls VI. nicht zu zweifeln ist, kann diese Wendung angemessenerweise nicht als lediglich terminologische Variation und damit faktische Fortsetzung der alten Prädikation der Kirche als „*societas* perfecta [kursiv: E. H.]" verstanden werden, sondern nur als bewußte Setzung eines sachlich *neuen* Akzents. Welches sachliche Motiv manifestiert sich in dieser *neuen* Akzentsetzung?

Dies Motiv kommt in den Blick, wenn man auf die sachlogische Pointe der alten Beschreibung in der von Benedict XV. in PME verwendete Form achtet. Denn diese macht zugleich die sachlogische Problematik des überlieferten Konzepts deutlich: PME nimmt für die Kirche in Anspruch, was für „*cuilibet* (eine jede) *societas perfecta*" (Hervorhebung: E. H.) gilt. „Socie-

---

[20] So mit S. Wiedenhofer, Art.: Societas perfecta, in: LThK[3] IX 681 f.

tas perfecta" ist in dieser Redeweise als Begriff einer Klasse von Sozialge-
bilden verwendet, in der es neben der Kirche noch *andere gleicher Art* gibt:
nämlich Staaten. Damit spiegelt die Wendung die Genese der Konzeption
der Kirche als „societas perfecta" genau wieder: nämlich die Übertragung
desjenigen Begriffs der antiken (aristotelischen) Sozialphilosophie auch auf
die Kirche, welcher das Wesen einer *jeden* Sozietät erfaßt, die nach außen
hin unabhängig, souverän, ist und nach innen als eine alle Lebensbereiche
umfassende und regelnde Ordnung existiert: eben das Wesen von „poleis",
„civitates", bzw. „Staaten".

Die sachlogische Pointe des Sprachgebrauchs von PME (Einordnung
der Kirche in die *Klasse* der „societates perfectae", nämlich der „civitates",
der „res publicae", der „Staaten"), erlaubt also einerseits, das Motiv genau nachzuvollziehen, das zur Aufnahme dieses Konzepts zur lehrmäßigen
Selbstbeschreibung der Kirche in ihrem alten und durchgehenden Kampf
für ihre Freiheit im und gegenüber dem bürgerlichen Gemeinwesen führte,
macht aber zugleich andererseits im – durch die Erfahrung der Real- und
Theologiegeschichte geschärften – Rückblick auch deutlich, daß das Konzept gleichwohl *hoch problematisch* ist. Denn: Die Einordnung der Kirche
in die *allgemeine Klasse* der „societates perfectae" als ein Fall neben anderen gleichartigen, rückt einerseits gerade dasjenige *nicht* in den Blick, was
den *Artunterschied* zwischen dem *Fundament* der kirchlichen Gemeinschaft
als in der *Christusoffenbarung* begründeter Glaubensgemeinschaft, und damit die unterscheidende, konstitutive *Eigenart der für sie wesentlichen Vergemeinschaftung* ausmacht, und sie tendiert andererseits zugleich sachlogisch
dazu, der Kirche alles das zuzusprechen, was *jedweder* „societas perfecta",
also jedweder „civitas", eignet – ohne Rücksicht darauf, ob dies alles auch
der Kirche zugesprochen werden *kann*, wenn man die *Eigenart ihres Gemeinschaftscharakters und seines Fundamentes* genau beachtet. Kurz gesagt: Im
real- und theologiegeschichtlich sensibilisierten und aufgeklärten Rückblick ist deutlich, daß die Prädikation der Kirche als „perfecta *societas*" genau genommen beides zugleich tut: von der Kirche einerseits *zuwenig* auszusagen, nämlich *nicht das*, was das *eigenartige*, ja *einzigartige* Fundament
und Wesen ihres Charakters als leibhafte Gemeinschaft ist, eben die durch
die Christusoffenbarung begründete leibhafte Gemeinschaft im Christusglauben zu sein, und *genau damit* andererseits (jedenfalls sachlogisch und
tendenziell) von der Kirche *zuviel* auszusagen, nämlich auch alles das, was
richtigerweise nur von „societates civiles" („civitates civiles", Staaten) aufgrund der Eigenart von Fundament und Wesen der bürgerlichen, staatlichen Gemeinschaft gesagt werden kann. Oder noch einmal anders gesagt:
Die Prädikation der Kirche als einer Gemeinschaft, der alle Dinge zukommen, „quae *cuilibet* societati perfectae congruunt", *erschwert die angemessene Unterscheidung* von *zwei fundamental, also konstitutiv verschiedenen Arten der*

Vergemeinschaftung, der kirchlichen einerseits, der civilen andererseits, und gibt *Anlaß für ihre unangemessene Vermischung*.

Die Umformulierung durch Paul VI. macht deutlich, was stattdessen erforderlich ist: Unter dem universalen *Oberbegriff* der *Klasse* von „perfekten sozialen *Körperschaften*" (a) zwei *konstitutiv verschiedene Arten* klar zu *unterscheiden*: die „Körperschaft" *Kirche* einer- und die *bürgerlichen, civilen* „Körperschaften" andererseits (b):

ad a: Der Klassenbegriff „perfekte soziale *Körperschaft*" hält fest, was für *beide* (fundamental und konstitutiv verschiedene) Arten von Vergemeinschaftung, der kirchlichen und der bürgerlichen, dennoch gemeinsam gilt:

– *erstens*, daß beide als Vergemeinschaftung von Menschen *leibhaft* und *sichtbar* sind;

– *zweitens*, daß sie beide den Status von – wie dann der CIC 1983 ausdrücklich festhält – „*moralischen Personen*" haben (CIC 113 § 1: Catholica Ecclesia et Apostolica Sedes, moralis personae rationem habent […]"). Sie sind nämlich – wie KKK 1880 festhält – jeweils eine „communitas", von der in *allen* ihren Arten gilt, daß sie ist:

„[…] personarum summa organice religatarum quodam unitatis principio quod unamquamque earum superat";

wobei für jede derartige „communitas" gilt:

„suo scopo definitur et consequenter regulis oboedit specificis […]" (KKK 1881).[21]

– *Drittens*: *Beide* Arten von „sozialen Körpern" sind in dem (herkömmlichen) Sinne „*perfekt*",[22] daß sie *gegeneinander autonom* sind, sich selbst bestimmen, und *alle Lebensbereiche umfassen*.

– Dazu kommt nach römisch-katholischer Lehre eine *vierte* Gemeinsamkeit, die nun für die fundamentaltheologische, also offenbarungsgeschichtliche, Gesamtsicht des Unterschieden- und Einanderzugeordnetseins der beiden artverschiedenen Gemeinschaftsgestalten grundlegend ist: *Beide* sind durch Gott, den Schöpfer aller Dinge, geschaffen. Von Gott geschaffen ist schon die bürgerliche Gemeinschaft. Das gilt nach katholischer Lehre, weil diese Gemeinschaft in der „*Natur*" des Menschen begründet ist, und zwar in seiner Natur als „*Person*":

---

[21] Die nachkonziliare Lehre verzichtet also nicht auf die Rede von „societates", verwendet den Ausdruck aber gleichbedeutend mit „communitates" und legt ihm niemals das Epitheton „perfecta" bei (vermeidet also konsequent die alte, aus der antiken *Staats*lehre stammende, fundamental unklare, nämlich entscheidende Differenzen verwischende, Rede von „societates perfectae").

[22] Beachte: PAUL VI prädiziert als „perfekt" ein „corpus sociale" und nicht eine „societas", vermeidet also die Wendung „societas perfecta".

„Persona humana sociali eget vita. Haec pro illa aliquid adventicium non constituit, sed eius naturae exigentiam." (KKK1879)

„Etenim principium, subiectum et finis omnium institutorum socialium est et esse debet humana persona, quippe quae, suapte natura, vita sociali omnino indigeat." (GS 25)

Das Personsein des Menschen ist jedoch Gottes Schöpfung (GS 12c; vgl. auch KKK 355–357) und zwar Gottes Schöpfung als ein ursprünglich und wesentlich auf Gemeinschaft hin angelegtes Personsein:

„At Deus non creavit hominem solum: nam inde primordiis ‚masculum et feminam creavit eos' (Gen 1,27), quorum consociatio primam formam efficit communionis personarum. Homo etenim ex intima sua natura ens sociale est, atque sine relationibus cum aliis nec vivere nec suas dotes expandere potest." (GS 12d; vgl auch KKK 371 f.)

Ebenso wie die bürgerliche Gestalt menschlicher Vergemeinschaftung hat aber auch die kirchliche Gestalt menschlicher Vergemeinschaftung ihr Fundament in Gottes eigenem Wirken, eben im Wirken Christi, wie die Konstitution LG ausführlich darlegt (grundlegend LG 1–8).

ad b: Diese *vierte* Gemeinsamkeit der bürgerlichen und der kirchlichen Gestalt von Vergemeinschaftung rückt nun aber durch sich selbst auch den *fundamentalen, konstitutiven Unterschied* zwischen beiden in den Blick: Dieser Unterschied ergibt sich eben aus den Unterschieden zwischen den Wirkweisen Gottes als *Schöpfer* und als *Versöhner*, die in der Einheit seines ursprünglichen Heilsratschlusses und dessen Realisierung zielstrebig, also *asymmetrisch*, aufeinander bezogen sind, nämlich so, daß das Werk des Schöpfers das Werk des Versöhners verlangt und dieses das Werk des Schöpfers voraussetzt. Das im ewigen Heilsratschluß des Schöpfers (KKK 50–67) und seiner Verwirklichung (KKK 302 ff.) liegende „Band" „zwischen Schöpfungs- und Erlösungsordnung" (DoVer 16) umfaßt beide, die zivile Gestalt der Vergemeinschaftung und die kirchliche, aber: in ihrer Unterschiedenheit. Diese Unterschiedenheit ist eine fundamentale und konstitutive. Denn: Sie hat ihren Grund in den beiden verschiedenen Wirkweisen Gottes selber, deren Unterschied und asymmetrisches, nämlich heilszielstrebiges, miteinander Verbundensein für das einheitliche Gesamtgeschehen der Realisierung des einen ewigen Planes Gottes wesentlich ist.

Das aber heißt: Der geschichtliche Status der Kirche als Glaubensgemeinschaft, von dem die das Leitungsamt ausübende Rechtspraxis ausgeht, auf den sie sich bezieht und dem sie gerecht zu werden hat (der also ihr Kriterium ist), wird nach gegenwärtig geltender, nämlich konziliarer und nachkonziliarer, römisch-katholischer Lehre nicht mehr in einem Konzept erfaßt, das wie das unklare und verunklarende, aus der antiken Staatsphilosophie übernommene Konzept der „societas perfecta" die *Rivalität* zwischen bürgerlicher und kirchlicher Gestalt und vor allem die Selbstbehauptung der letzteren gegen die erstere im Blick hat. Vielmehr wird dieser geschichtliche Status der Kirche, welcher der Boden, der Gegenstand und das Kriterium der das apostolische Leitungsamt ausübenden Rechtspraxis ist, heute erfaßt durch den Blick auf die Stellung, die der kirchlichen Gestalt von menschlicher Gemeinschaft kraft desjenigen eigenen Wirkens der Trinität zukommt, durch das diese ihren ewigen Heilsplan verwirklicht. Es wird gesehen, ausdrücklich gelehrt und beschrieben, daß und wie es das eigene Wirken des dreieinigen Gottes als des Schöpfers, Erlösers und Vollenders selber ist, durch das

– der Kirche als Gestalt menschlicher – also leibhafter und sichtbarer – Gemeinschaft ihre Stellung im Ganzen der Geschichte (von der der Glaube sieht, daß sie im ganzen Heilsgeschichte und Offenbarungsgeschichte ist [KKK 50–67]) zugewiesen und damit zugleich

– auch ihr wahres Verhältnis zur bürgerlichen Gestalt menschlicher Gemeinschaft gegeben wird.

Nur diese vom Konzil etablierte Sicht auf den realen geschichtliche Status der Kirche als auf ihren insgesamt heilsgeschichtlichen und offenbarungsgeschichtlichen Status, also nur seine fundamentaltheologische Betrachtung, erfaßt, daß und wie die beiden Gestalten menschlicher Gemeinschaft, die bürgerliche und die kirchliche, in der realen Geschichte koexistieren. Nämlich, wie durch diese Betrachtung sichtbar wird, *nicht in einem Verhältnis der Konkurrenz und Rivalität*, sondern in einem Verhältnis gegenseitiger *Wechselbedingung* – und zwar in einer *asymmetrischen* Wechselbedingung.

Diese Asymmetrie ist deshalb *unauflöslich* und *unüberholbar*, weil sie grade darin gründet, daß beide Gemeinschaftsgestalten ihr konstitutiven Fundamente in unterschiedlichen, aber heilszielstrebig aufeinander bezogenen Weisen und Effekten des einen heilszielstrebigen Offenbarungswirkens des Schöpfers haben, also in unterschiedlichen, aber heilszielstrebig aufeinander hin geordneten Gestalten menschlicher Lebens-, Selbst- und Weltgewißheit. Dieses Fundiertsein der beiden Gestalten menschlicher Vergemeinschaftung in den beiden verschiedenen Weisen von Gottes Offenbarungswirken – einerseits durch die Schöpfung selber (DV 3, KKK 54) und dann andererseits durch Christus (also durch die in seinem Schöpfergeist gewirkte und durch eben diesen Schöpfergeist wirkende Inkarnation seines Schöpferlogos), die aber in der Einheit des göttlichen Ratschlusses und durch dessen Realisierung verbunden sind (KKK 50–73) – ist es, welches für die konziliare und nachkonziliare römisch-katholische Lehre als der wahre Grund der *Unabhängigkeit* der kirchlichen Gemeinschaft von der bürgerlichen Gemeinschaft und ihrer *Autonomie* gegenüber dieser in den Blick kommt.

Der geschichtliche Status der Kirche wird also weiterhin (wie seit eh und je) als ein solcher gesehen, der ihre „*libertas*" gegenüber der bürgerlichen Gemeinschaft einschließt und diese „libertas" auch zu wahren und zu vertreten verlangt. Aber durch das Zweite vatikanische Konzil ist eine radikal vertiefte Sicht auf den *Grund dieser* – gegebenen und zur Behauptung aufgegebenen – *Freiheit* zum Durchbruch gelangt. Nämlich die Einsicht in ihr Begründetseins im *Ganzen des Offenbarungshandeln des dreieinigen Gottes*, in dem die verschiedenen Stufen dieses Offenbarungsgeschehens als *Schöpfungsoffenbarung* einer- und der eben sie voraussetzenden, aber – und zwar innerhalb ihrer – neuen, der Realisierung des Schöpfungsziels dienenden *Christusoffenbarung* andererseits eine heilszielstrebige Einheit bilden.

Kraft dieser Sicht auf den geschichtlichen, nämlich genau als heils- und offenbarungsgeschichtlich durchschauten, Status der in der Christusoffenbarung gründenden Glaubensgemeinschaft kann nun vermieden werden, was unter dem aus der antiken Staatsphilosophie übernommenen Konzept der „societas perfecta" schwer, wenn überhaupt vermeidbar war: nämlich von ihr zugleich einerseits zuwenig und andererseits zuviel auszusagen. Denn in dieser jetzt leitenden heils- und offenbarungsgeschichtlichen (also fundamentaltheologischen) Perspektive wird einerseits sichtbar, daß die Kirche innerhalb der einen universalen Sphäre der in der geschaffenen Welt (also kraft des Wollens und Wirkens des dreieinigen Schöpfers) überhaupt möglichen „perfekten sozialen Körperschaften" kraft ihres besonderen Ursprungs nicht einfach im Geschehen der Schöpfung sondern darüber hinaus im Christusgeschehen als eine hinsichtlich *ihres sie konstituierenden und tragenden Fundamentes eigene* und *dadurch* vom bürgerlichen Gemeinwesen (das in Gottes Schöpfungshandeln gründet) verschiedene Art von Vergemeinschaftung existiert. Ja, es wird sogar sichtbar, daß die Kirche kraft dieses ihres Ursprungs und bleibenden Fundaments – eben im Wirken des inkarnierten Schöpferlogos im Schöpfergeist, der das Ziel und Ende der Selbstoffenbarung des Schöpfers *in* der geschaffenen Welt ist – *einzig in ihrer Art* ist.

Und indem im Horizont einer solchen explizit offenbarungsgeschichtlichen Betrachtung (im Unterschied zum Konzept der „societas perfecta") *nicht weniger* von der Kirche gesagt wird als diese ihre Einzigartigkeit, die in ihrem Ursprung gründet, der sie konstituiert und trägt, kann zugleich vermieden werden, daß von ihr *mehr* gesagt wird und anderes als ihr kraft dieses ihres Ursprungs, der sie schafft und erhält, zukommt, nämlich solches, was nur und gerade wesentlich ist für die bürgerliche Gemeinschaft kraft deren spezifischem Ursprung und Fundament (ebenfalls in Gottes Wirken, nämlich seinem Wirken als Schöpfer). – Machen wir uns dies nun im Einzelnen klar.

3. Die Autorität menschlicher Leitung durch Gesetzgebung in der geschaffenen menschlichen Sozietät unter postlapsarischen Bedingungen vor dem Wirksamwerden der Christusoffenbarung

Schon beim Studium der römisch-katholischen Lehre von der Offenbarung,[23] dann beim Studium der römisch-katholischen Lehre des Wesens und der Wirkung von Sakramenten im allgemeinen[24] und besonders deutlich wiederum beim Studium der römisch-katholischen Lehre von der Buße[25] hatte sich gezeigt, daß das Auftreten des inkarnierten Schöpferlogos durch den Schöpfergeist, sein Wirken und alle seine Werke, ermöglicht und verlangt sind durch die geschaffenen Bedingungen des Menschseins:[26] Durch sein Wirken als Schöpfer setzt Gott die Welt des Menschen und mit ihr die bis ans Ende dieser Welt dauernden Bedingungen, die sein Versöhnungs- und Vollendungswirken am Menschen durch die in seinem Schöpfergeist begründete und wirksame Inkarnation seines Schöpferlogos möglich machen und verlangen. Das gesamte Auftreten und Wirken des inkarnierten Schöpferlogos, das durch den Schöpfergeist begründet und wirksam ist, ist real ausschließlich auf dem Boden und unter den Bedingungen der realen Wesensverfassung der geschaffenen Welt des Menschen und kann hinsichtlich seines eigenartigen Wesens auch nur innerhalb dieser geschaffenen Grundbedingungen des Menschseins angemessen aufgefaßt und durchsichtig gemacht werden. Das gilt auch für das Verständnis der Eigenart der im Geschehen der Christusoffenbarung begründeten und von ihm getragenen kirchlichen Gemeinschaft als Gemeinschaft im Christusglauben. Auch ihre Eigenart, die begründet und bestimmt ist durch das Fundamentalgeschehen der Christusoffenbarung, das sie geschaffen hat und erhält, ist real ausschließlich auf dem Boden der universalen geschaffenen Bedingungen des Menschseins und kann nur im Horizont dieser Bedingungen angemessen erfaßt werden; also erst dann, wenn Klarheit über die Eigenart derjenigen Vergemeinschaftung von Menschen erreicht ist, die sich allein auf dem Boden der geschaffenen Bedingungen des Menschseins bewegt, also über die Eigenart derjenigen Vergemeinschaftung, die sich in *jeder Art* menschlicher Sozietät schon vor und unabhängig vom Auftreten und Wirken Christi findet. Diese also haben wir zuerst zu betrachten. Dann zeigt sich Folgendes:

3.1. In *formaler* Hinsicht gilt: Die realen Bedingungen der Existenz von Menschen als Personen und ihres Gemeinschaftslebens sind unverstellt erst

---

[23] Vgl. unseren ersten Berichtsband (o. Anm. 11).
[24] Vgl. unseren zweiten Berichtsband (o. Anm. 12).
[25] Zu unserem Studium des Bußsakraments s. das Vorwort dieses Bandes, o. S. VII Anm. 4.
[26] Vgl. schon Bd. I (o. Anm. 11) 307 ff.

und nur durch die Christusoffenbarung zugänglich (GS 22). Erst die Christusoffenbarung erschließt die *geschöpflichen* Bedingungen ihrer eigenen *Möglichkeit* und zugleich auch *Unumgänglichkeit*.

3.2. Die *materialen* Bestimmungen der Situation des Menschseins und des menschlichen Zusammenlebens vor der Christusoffenbarung (also seiner „Natur"), die dem Glauben im Lichte der Christusoffenbarung präsent sind, sind die folgenden:

3.2.1. Das geschaffene Menschsein ist geschaffenes *Personsein*: Freisein zu vernünftiger Selbstbestimmung in Befolgung des Gewissens, das sich auf und durch Wahrheit (über sich und seine Welt, deren Ursprung und Ziel) verpflichtet und bewegt weiß und nach solcher verpflichtenden und bewegenden Wahrheit sucht. Allerdings findet die menschliche Person diese Wahrheit, nach der sie innerlich sucht, von sich aus nicht, sondern sie ist auf das Offenbarwerden dieser Wahrheit angewiesen ist (KKK 1701 ff., 1731 ff.)[27]

3.2.2. Diese geschaffene Natur des Menschen ist das ontologische Fundament, das die Eigenart des menschlichen Zusammenlebens begründet. Sie schließt die Angewiesenheit des Menschen auf Gemeinschaft mit seinesgleichen ein. Und in diese Gemeinschaft, auf die das menschliche Personsein angewiesen ist, ist es auch durch den Schöpfer selbst gesetzt. Das Menschsein ist als Personsein so geschaffen, daß es zugleich als *Gemeinschaft* des Personseins *geschaffen* ist, so daß die Gemeinschaftlichkeit des Personseins nicht etwas erst durch den Zusammentritt von Einzelnen zustande kommt (KKK 187 ff.). Diese – jeder Person mit ihrem Sein vorgegebene – Gemeinschaftlichkeit des menschlichen Personseins manifestiert sich: als familiale Gemeinschaft (Komp.[28] 209–254) und als politische Gemeinschaft (Komp. 384–392, bes. 385: Die politische Gemeinschaft „ist und muß sein die organische und organisatorische Einheit eines Volkes").

3.2.3. Jede Gemeinschaft ist ein zielorientiert geordnetes, also durch zieldienliche „*leges*" geregeltes Zusammenleben (KKK 1880 mit 1897 und 1902).

3.2.4. Das ist sie (wie schon Paulus sah: Röm 13,1 ff.) aufgrund ihrer geschaffenen Struktur als Relation zwischen einer Autorität (Obrigkeit), die Ordnung mit Gehorsamsanspruch setzt und (durch Wachen über der Erbringung dieses Gehorsams) erhält, und ihren Untertanen, die den beanspruchten Gehorsam, erbringen und dadurch Ordnung halten (KKK 1897).

---

[27] Vgl. Bd. 1 (o. Anm. 11) 20 ff., 58 ff.: Wahrheitsgewißheit wird nicht durch Argumente erzeugt, sondern durch den „Deus loquens": „Dei filius" (DS 3008 ff.).

[28] Sigel für: Päpstlicher Rat für Gerechtigkeit und Frieden: Kompendium der Soziallehre der Kirche (2004), dt. 2006.

Die Asymmetrie dieser Relation – Autorität der Regierenden/Gehorsamspflicht der Untertanen – ist perenn. Sie wird nicht dadurch beseitigt, daß alle Glieder des Zusammenlebens als Personen das Recht haben, darüber zu bestimmen, welche Person(en) die obrigkeitliche Position innehat (innehaben) und ob diese im obrigkeitlichen Amt verbleiben oder abgelöst werden sollen; die asymmetrische Relation Obrigkeit/Untertanen wird nicht dadurch beseitigt, daß die Souveränität – nota bene: *de facto* stets, nämlich kraft geschöpflicher Verfassung jedes menschlichen Zusammenlebens – beim Volke liegt (Komp. 395; vgl. auch KKK 1901).

3.2.5. Zu unterscheiden ist zwischen den Inhabern der obrigkeitlichen Autorität und dieser selbst.

„Subjekt der politischen Autorität ist das Volk, das in seiner Gesamtheit als Souverän betrachtet wird" (Komp 395).

Bei diesem liegt auch die Entscheidung über die Inhaber obrigkeitlicher Autorität (ebd; auch KKK 1901). Diese können wechseln. Kein solcher Wechsel berührt jedoch die Obrigkeit und ihre Autorität zur Erlassung von Gesetzen, welche die Untertanen zur Befolgung verspflichten.

3.2.6. Der Gehorsamsanspruch hat – schon als Anspruch – *in sich* selbst eine seine Adressaten im Gewissen bindende Kraft, sofern er *legitim* ist. Er ist legitim, wenn er für positive Gesetzes („leges positivae") des menschlichen Gesetzgebers (der menschlichen Autorität) erhoben wird, die ihrerseits der „lex divina naturalis und positiva" entsprechen.

Dabei ist vorausgesetzt: Die „lex divina" ist in ihren beiden Gestalten („naturalis" und „positiva") originär nicht ein Gesetz des *Sollens*, sondern originär ein Gesetz des *Seins*, dem das Geschehen der Welt des Menschen faktisch *unterliegt*, weil es ihm von seinem Schöpfer durch dessen weltschaffendes Wollen und Wirken selbst *eingestiftet* bzw. *auferlegt* ist. Als solches ist dieses Gesetz des Schaffens und Geschaffenwerdens Ausdruck des Zielwillens des Schöpfers, der den Charakter des gesamten Weltschöpfungsprojekt begründet, es prägt und regiert. Somit ist die „lex divina" *an sich* auch immer schon *in* der geschaffenen Natur des Weltgeschehens und des Personlebens in ihr manifest, eben als „lex divina *naturalis*". Darüber hinaus macht der Schöpfer diesen seinen die Welt des Menschen regierenden Schöpferwillen aber auch in der Welt selbst explizit offenbar: manifestiert ihn in der Welt als die „lex divina *positiva*" – exemplarisch im Dekalog.

Nun ist aber die „lex divina naturalis" das *Seins*gesetz der Schöpfung und Erhaltung der Welt-des-Menschen-als-*Person*. Das Gesetz *dieses* Seins – eben des geschaffenen *Personseins* – kann durch sich selber nicht anders, als dem durch es geschaffenen und beherrschten Personsein des Menschen *an sich* immer durch dieses geschaffene Personsein des Menschen selbst in dessen Innerem, eben in seinem Herzen und Gewissen, präsent und zugänglich zu sein. In seinem Innersten, Herz und Gewissen, ist dem Mensch die „lex divina naturalis" immer schon präsent und *an sich* zugänglich. Die „lex divina naturalis" ist, *weil und sofern sie diesen Status hat*, also weil und sofern sie der Inhalt dessen ist, was dem Menschen über sein *Sein* als Ausdruck des Zielwillens des Schöpfers in Herz und Gewissen als die in seinem Personsein selbst liegende Zumutung unmittelbar präsent ist, das den Menschen unausweichlich, nämlich durch sein faktisches geschaffene-Person-Sein auf dieses sein geschaffenes-Person-Sein *verpflichtende „natürliche Sittengesetz"* die „*lex naturalis*".

Eben dieses allen Menschen durch ihr geschaffenes Personsein vorgegebene, also nicht auf einen menschlichen Gesetzgebungsakt zurückgehende, überpositive, *natürliche Sittengesetz* verpflichtet nun aber auch dazu, daß durch Menschen *positive Gesetze* erlassen und befolgt werden, die einerseits dem natürlichen Sittengesetz entsprechen und zugleich andererseits in Zuspitzung auf die Erfordernisse von wechselnden konkreten innerweltlichen (innergeschichtlichen) Lagen, die innergeschichtliche geworden sind und im Werden verbleiben, also dem Wandel unterliegen, der Ordnung des Zusammenlebens dienen; und zwar seiner *guten* Ordnung, deren Güte darin besteht, daß durch sie situationstypbezogene Verhaltensweisen vorgeschrieben und befolgt werden, die dem in der Existenz des geschaffenen Personseins zum Ausdruck gekommenen Willen des Schöpfers hinsichtlich dieses Personseins, also dem durch das Wollen und Wirken des Schöpfers gesetzten *Ziel* bzw. der *Bestimmung* dieses Personseins entsprechen, also seine natürliche Würde achten und seine natürlichen Rechte wahren. Zu erlassen sind solche positiven Gesetze durch die Menschen im obrigkeitlichen Amt, zu befolgen sind sie durch die Menschen, die die Adressaten der Inhaber obrigkeitlicher Autorität und somit ihre Untertanen sind. Alle *positiven Gesetze* sind legitim, die dem *überpositiven natürlichen Sittengesetz* entsprechen.

Derart legitime positive Gesetze sind, wie gesagt, möglich und haben auch durch sich selbst verpflichtende (Befolgung verlangende und ermöglichende) Kraft. Warum? Weil beide – sowohl die Inhaber obrigkeitlicher Autorität (Obrigkeit), die das positive Gesetz erläßt, als auch ihre Adressaten, die Untertanen – geschaffene *Personen* sind, denen als solchen in ihrem Herzen und Gewissen *an sich* die „lex divina" als das natürliche Sittengesetz verpflichtend gegenwärtig ist; aufgrund dessen *vermögen* diese Personen (Inhaber obrigkeitlicher Autorität) legitime „leges" zu erlassen und sind sie dazu auch (eben als Inhaber obrigkeitlicher Autorität) verpflichtet; und aus demselben Grund (also weil das Seinsgesetz der „lex divina" im Gewissen der personalen Untertanen diesen mit ihrem eigenen [ursprünglich gemeinschaftsbezogenen] Personsein selber faktisch gegenwärtig ist) vermögen diese ihrerseits an sich, die Legitimität der von der Obrigkeit stammenden „leges positivae humanae" (deren Übereinstimmung mit dem Zielwillen des Schöpfers) so zu erkennen, daß sie aufgrund dieser Erkenntnis sich auch schon zur Befolgung der „leges positivae humanae" verbunden und motiviert finden.

Weil unter Menschen als Personen die Legitimität der „leges positivae humanae" auf Seiten der menschlichen Obrigkeit verlangt und an sich möglich ist, und weil diese verlangte und an sich mögliche Legitimität der obrigkeitlichen „leges positivae" auch ihren Adressaten an sich erkennbar ist, ermöglicht und verlangt diese Legitimität der positiven Gesetze also an sich durch sich selber das störungsfreie Zusammenspiel zwischen Regierenden und Regierten: Ist die *Legitimität* der „lex positiva humana" *gegeben,* so ist allein *dadurch* auch an sich schon ihre gehorsame Befolgung durch ihre Adressaten sichergestellt, und zwar ihre ungezwungene, spontane, freiwillentliche Befolgung kraft eigener Einsicht eben in die Legitimität der obrigkeitlichen „lex positiva humana" (ihrer Übereinstimmung mit dem natürlichen Sittengesetz, also mit dem Seinsgesetz [der zielstrebigen Geregeltheit des Weltgeschehens und des Personlebens in ihm], durch das die Untertanen ebenso wie die Inhaber obrigkeitlicher Positionen in Herz und Gewissen gebunden sind).

Dies alles schließt somit ein: Zuerst und zuletzt geht es im Zusammenspiel zwischen der Autorität der Gesetz gebenden Obrigkeit und dem Gehorsam der Untertanen um die eigene *Autorität Gottes, des Schöpfers selbst.* Indem Untertanen *legitimen* Gesetzen der obrigkeitlichen Autorität gehorsam sind, sind sie nicht diesen einzelnen menschlichen *Personen* als solchen gehorsam, sondern der von diesen innegehabten *Autorität,* legitime (also der den menschlichen Personen als natürliches Sittengesetz präsenten „lex divina") positive menschliche Gesetze zu erlassen und deren Befolgung durchzusetzen, und somit zuerst und zuletzt der *absoluten Autorität,* die dem Schöpfer selbst eignet und derjenigen „lex", die der Schöpfer für sein eigenes weltschaffendes Wollen und Wirken gewählt hat und unverbrüchlich befolgt, also der „lex divina naturalis" (wie sie allem menschlichen Personsein mit diesem selbst an sich in seinem Gewissen als natürliches Sittengesetz präsent ist). Und umgekehrt gilt: dieser *absoluten Autorität des Weltschöpfers* und *seinem absoluten Gebot* (das in Gestalt seines eigenen Schaffens und Gewährens des geschaffenen Personseins-in-seiner-Welt ergeht, das geschaffene Personsein also durch dessen eigene Existenz – also in Gestalt des natürlichen Sittengesetzes – erreicht und somit für dieses Personsein faktisch unabweisbar ist), kann das geschaffene Personsein nur gehorchen, *indem* es der Autorität des obrigkeitlichen Amtes und dessen kraft dieser seiner Autorität erlassenen positiven Gesetzen gehorcht. Denn diese Autorität des obrigkeitlichen Amtes zur Regelung der „Disziplin" – des vorgeschriebenen Regeln folgenden Interagierens[29] – seiner Untertanen durch „Gesetze" (situationstypbezogene Verhaltensvorschriften) ist ja als solche ebenfalls durch das das menschliche Personleben schaffende Wollen und Wirken des Schöpfers gesetzt und diesem Personleben innerlich gegenwärtig, also selbst ursprünglicher Inhalt des natürlichen Sittengesetzes.

3.2.7. Im Lichte der Christusoffenbarung (s. o. Ziffer 3.1) ist nun aber auch offenbar und gewiß, daß unter den real herrschenden *postlapsarischen* Bedingungen des Menschseins und des menschlichen Zusammenlebens dieses Zusammenspiel zwischen legitimer Gesetzgebung und ungezwungen spontaner Gesetzesbefolgung kraft Einsicht in ihre Legitimität nicht möglich ist. Denn: Durch den Einfluß der Trugmacht sind Herz und Gewissen der Menschen verdunkelt und nicht mehr imstande, das ihnen an sich gegenwärtige natürliche Sittengesetz ungetrübt zu erfassen und von seiner ungetrübt wirksamen Wahrheit innerlich gebunden und zu spontaner Befolgung bewegt zu werden.

Das hat – *wie im Lichte der Christusoffenbarung und aus ihrer Perspektive sichtbar ist* – weitreichende Implikationen:

3.2.7.1. Zunächst für die von der obrigkeitlichen Autorität erlassenen „leges humanae positivae":

Diese Autorität kann nur von Menschen ausgeübt werden, die so wie alle anderen unter postlapsarischen Bedingungen nicht mehr imstande sind, das natürliche Sittengesetzt (die in Herz und Gewissen gebietend präsente „lex divina") ganz und unverzerrt wahrzunehmen. Somit ist die reale Legitimität der „leges positivae" unter postlapsarichen Bedingungen nicht mehr sicher, sondern stets problematisch.

3.2.7.2. Aber auch für die Befolgung der obrigkeitlich erlassenen „leges positivae humanae" durch ihre Adressaten, die Untertanen, hat die postlapsarische Situation Implikationen: Die Befolgung der „leges positivae" kann nicht mehr durch ungetrübte Einsicht in deren Legitimität gesichert sein – erstens, weil diese Legitimität selbst nicht mehr sicher gegeben ist (s. o. 3.2.7.1.), und zugleich zweitens, weil ihre Legitimität, soweit diese denn gegeben sein möchte, auf Seiten der Untertanen nicht mehr sicher erkannt werden kann. Es kann also – auch das ist aus der Perspektive der Christusoffenbarung sichtbar – nicht mehr zuverlässig auf die einsichtsgestützte Freiwillentlichkeit und Spontaneität der Befolgung der von den Inhabern obrigkeitlicher Autorität erlassenen „leges humanae positivae" gerechnet werden. Es ist unvermeidlich, daß sie immer wieder und weithin von den Untertanen nicht in einsichtsgestützter Freiwillentlichkeit und Spontaneität erfüllt werden können und nur widerwillig erfüllt werden.

---

[29] Vgl. W. Aymans, Art.: Disziplin I (kirchliche), in: LThK[3] III 271; G. May, Art.: Disziplin II (in der kirchlichen Tradition), ebd. 271 f.

3.2.7.3. Keineswegs aber ist – wie der Christusglaube ebenfalls sieht – mit diesem prinzipiellen Unsicherwerden der Legitimität der „leges positivae humanae" und der unsicher werdenden einsichtsgestützten Freiwilligkeit und Spontaneität ihrer Befolgung auch der Boden der geschöpflichen Bedingungen des menschlichen Personlebens verlassen. Und das heißt dreierlei:

a) Die unter postlapsarischen Bedingungen durchgehende Unsicherheit des Zusammenspiels von Gehorsam verlangender Gesetzgebung durch die Inhaber obrigkeitlicher Autorität und Gehorsam erbringender Gesetzesbefolgung durch die Untertanen beseitigt keineswegs dieses Zusammenspiel. Vielmehr bleibt es als in der geschaffenen Natur des menschlichen Personseins begründetes und durch sie verlangtes auch unter postlapsarischen Bedingungen erhalten. Es wird durch sie nur unter tiefgreifend erschwerende und verunsichernde Bedingungen gestellt.

b) Auch die Verpflichtungskraft des – jeder Person mit ihrem eigenen Sein *an sich* im Gewissen gegenwärtigen – natürlichen Sittengesetzes wird durch die postlapsarische Verunmöglichung seiner gänzlichen und unverzerrten Erfassung und sicheren Befolgung keineswegs beseitigt. Auch unter postlapsarischen Bedingungen *bleibt* das natürliche Sittengesetz die wahre Norm für das Zusammenspiel von Gesetzgebung durch die obrigkeitliche Autorität und Gesetzesgehorsam der Untertanen.

c) Und wenn es auch unmöglich ist, diese Norm zur Gänze und unverzerrt zu erfassen, so bleiben doch Annäherungen möglich. Denn: Auch das durch das Wirken der Trugmacht verunsicherte geschaffene Personleben wird weiterhin *de facto* durch das heilszielstrebige Wollen und Wirken des Schöpfers, das der dafür von ihm selbst gewählten „lex divina" folgt, getragen und bestimmt. Aufgrund dessen bleibt es auch nach dem Fall dabei, daß es weiterhin Menschen „bonae voluntatis" gibt, die das absolute Bestimmtsein der menschlichen Person zur Erkenntnis und Respektierung der wahren Zielstrebigkeit ihres Lebens, ihres wahren Ursprungs und wahren Ziels spüren, und nach dieser Wahrheit suchen, wenn sie auch unter postlapsarischen Bedingungen diese Wahrheit allein und aus eigenen Kräften nicht mehr zu finden vermögen.

3.2.7.4. Damit bekommt der Glaube nun auch in den Blick, was für jede Ordnung des Zusammenlebens unter postlapsarischen Bedingungen wesentlich ist:

3.2.7.4.1. Auch jede dieser Ordnungen ergibt sich aus dem Zusammenspiel zwischen dem Erlaß von „leges humanae positivae" durch die Inhaber obrigkeitlicher Autorität und ihrer faktischen Befolgung durch die Untertanen. Keine kommt anders zustande. Es bleibt auch unter postlapsarischen Bedingung bei dem (schon von Paulus [Röm 13,1 ff.] als solches konstatierten) asymmetrischen Zusammenspiel von durch Gott gesetztem

Gehorsamsanspruch der Obrigkeit und Gehorsamspflicht der Untertanen. Freilich sind – wie der Glaube im Blick auf das ihm unverstellt zugängliche natürliche Sittengesetz sieht – beide durch die postlapsarische Unsicherheit in der Erfassung des natürlichen Sittengesetzes sowohl auf Seiten der Inhaber obrigkeitlicher Autorität als auch auf Seiten der Untertanen eingeschränkt.

3.2.7.4.2. Aus der Unsicherheit der Untertanen in der Erfassung des natürlichen Sittengesetzes ergeben sich folgende Züge einer postlapsarisch-vorchristlichen Ordnung des Zusammenlebens:

a) *Straf- und Zwangsbewehrung.* – Die Befolgung der „leges positivae humanae", die von Seiten der Obrigkeit für diese Ordnung erlassen werden, muß angesichts nicht mehr sicherer ungezwungen spontaner Befolgung auf Seiten der Untertanen von der Obrigkeit durch die glaubwürdige Androhung von Strafen – und das heißt letztlich auch durch Rückgriff auf Zwangsmittel – sichergestellt werden (Komp. 402–405). Dies – also die reale Möglichkeit der Erzwingung der Befolgung der mit obrigkeitlicher Autorität erlassenen „lex humana positiva" und die glaubwürdige Androhung der dafür erforderlichen Zwangsmittel – ist unter postlapsarischen Bedingungen wesentlich für die auch unter diesen Bedingungen unverzichtbare hinreichend sichere Erwartbarkeit des Befolgtwerdens dieser „lex" durch die ihr Unterworfenen. Das sieht der Glaube als durch das natürliche Sittengesetz im Blick auf die postlapsarische Situation selbst geboten. Unter postlapsarischen Bedingungen kann die obrigkeitliche Gesetzgebung ihren Dienst an der Ordnung des Zusammenlebens nur erbringen, wenn sie nicht verzichtet auf die reale Möglichkeit der zwangsweisen Durchsetzung des Gehorsams des Untertanen auch gegen deren Willen. Nur als „Inhaberin des Schwertes" kann die obrigkeitliche Autorität unter postlapsarischen Bedingungen die Befolgung der von ihr erlassenen „lex humana positiva" hinreichend sicher erwartbar machen (Röm 13).

b) *Beschränkung auf das forum externum.* – Gleichzeitig sieht der Glaube aber auch, daß auch unter postlapsarischen Bedingungen das Gewissen der Menschen durch nichts anderes bestimmt werden *kann*, als durch die Wahrheit über das menschliche Personsein (seinen Ursprung und sein Ziel, also seine ursprüngliche Bestimmung), die sich dem menschlichen Gewissen auch unter postlapsarischen Bedingungen durch sich selbst imponieren *kann* und auch tatsächlich (s. o. Ziffer 2.6.2. c) mehr oder weniger, wenn eben auch nicht zur Gänze und unverzerrt, imponiert (DH 1). Es wäre ein Verstoß gegen die Natur und Würde des Menschseins, durch die unter postlapsarischen Bedingungen unvermeidlich straf- und damit zwangsbewehrte „lex humana positiva" Einfluß auf die *Überzeugungen* nehmen zu wollen, die eine Person im Gewissen binden, oder sie durch die straf- und zwangsbewehrte „lex humana positiva" am Aussprechen und an der praktischen Befolgung ihrer Überzeugung schlechthin zu behindern. Dies darf – wiederum zufolge dem dem Glauben vor Augen stehenden natürlichen Sittengesetz – die bürgerliche Obrigkeit ihren Untertanen nur dann und soweit verbieten, als durch das Kundtun und Befolgen der Gewissensüberzeugung der einen Person eine andere am Kundtun und Befolgen ihrer Gewissenüberzeugung behindert wird (Forderung der Religions-Meinungs- und Wissenschaftsfreiheit). Konsequenz für die obrigkeitliche Autorität im postlapsarischen Zusammenleben: Die von ihr zu erlassende und durchzusetzende, also auch straf- und zwangsbewehrte, „lex human positiva" hat sich auf Regeln für denjenigen verantwortlichen Freiheitsgebrauch zu beschränken, der für das *„forum externum"* manifest ist und über dessen Legalität bzw. Illegalität (Übereinstimmung bzw. Nichtübereinstimmung mit der obrigkeitlich erlassenen „lex humana positiva") auch auf dem *„forum externum"* entschieden werden kann.

Soweit die normativen Implikationen für die Ordnung des postlapsarischen Zusammenlebens, die sich – und zwar wie der Glaube sieht: aus dem natürlichen Sittengesetz, also aus der Achtung der Würde des menschlichen Pesonseins – aus der postlapsarischen Unsicherheit der Untertanen in der Erfassung des natürlichen Sittengesetzes ergeben.

3.2.7.4.3. Auch aus der postlapsarischen Unsicherheit aller Inhaber obrigkeitlicher Autorität bei der Erfassung des natürlichen Sittengesetzes ergeben sich – und zwar wie der Glaube wiederum sieht: aus dem natürlichen Sittengesetz – normative Implikationen für die Ordnung des Zusammenlebens.

a) Die Legitimität der „leges positivae humanae" kann von Seiten der Untertanen nicht mehr einfach als gegeben angenommen werden. Es sind immer Lagen denkbar, in denen Untertanen unter Berufung auf das natürliche Sittengesetz, wie es ihnen in Herz und Gewissen präsent ist, gegen „leges positivae" der Obrigkeit Einspruch zu erheben haben (Komp. 399), bzw. in denen einer obrigkeitlichen Autorität, welche „die Grundsätze des Naturrechts schwerwiegend und wiederholt verletzt" Widerstand zu leisten ist – unter Umständen auch gewaltsam, wenn es denn aussichtsreich ist, daß durch den Einsatz von Gewalt eine Lage legitimer Gesetzgebung wenn auch nicht gänzlich erreicht, so doch angenähert werden kann und nicht zu befürchten ist, daß dadurch die Illegitimität der Verhältnisse, also ihre Unordnung (ihre faktische Verletzung des natürlichen Sittengesetzes), noch gesteigert wird (Komp. 400). Wobei freilich für den Glauben stets offen bleibt, ob unter postlapsarischen Verhältnissen die Illegitimität von obrigkeitlichen „leges positivae" überhaupt sicher erkannt werden kann (o. Ziffer 3.2.7.4.1.).

b) Der unter postlapsarischen Bedingungen stets möglichen mehr oder weniger schweren Illegitimität (Widerspruch gegen das natürliche Sitten-

gesetz) in der Ausübung obrigkeitlicher Autorität durch Erlaß und Durchsetzung von „leges humanae positivae" muß vorgebaut werden durch
ihre effektive Bindung an eine Verfassung, deren Regeln einerseits die il-
legitime Ausübung obrigkeitlicher Autorität und den dadurch bewirkten
Schaden in Grenzen halten und zugleich andererseits Widerspruch gegen als illegitim zu beurteilende Gesetzgebung und deren Korrektur er-
leichtern sowie auch den Austausch der Inhaber obrigkeitlicher Autorität durch Ausübung der Volkssouveränität. Aus der Sicht des Glaubens ist
aus den oben Ziffer 3.2.7.3. c genannten Gründen auch unter postlapsarischen Bedingungen die Erreichung einer solchen Verfassung und deren
Annäherung an die Erfordernisse des natürlichen Sittengesetzes möglich.
Unter den geschichtlich realisierten Verfassungsformen verdient die der
gewaltenteiligen rechtstaatlichen Demokratie als diejenige den Vorzug, welche den Forderungen des natürlichen Sittengesetzes am nächsten kommt
(Komp. 406–416).

4. Die Autorität menschlicher Leitung durch Gesetzgebung in der durch die Christusoffenbarung geschaffenen Sozietät Kirche

4.1. *Die Kirche als Geschöpf des dreieinigen Gottes.* – Ebenso wie die familiale,
civile, politische Gemeinschaft existiert auch die kirchliche Gemeinschaft
durch das sie schaffende und erhaltende Wirken des dreieinigen Gottes.

Dieses Wirken ist als ganzes *eines*, weil es nichts anderes ist als die sich
von Ewigkeit zu Ewigkeit vollziehende Realisierung des *einen* Heilsplans des dreieinigen Gottes (KKK 50–67) und seines Zieles: Teilhabe des
Menschen an der vollkommenen Seligkeit seines Schöpfers (LG 1; DV 2;
KKK 1, 1878) die in der vollendeten Gemeinschaft des geschaffenen Personseins des Menschen mit dem schaffenden Personsein Gottes in dessen
ewigem Leben erreicht wird. Wobei diese Gemeinschaft als *interpersonale* –
nämlich zwischen dem schaffenden *Personsein* Gottes und dem geschaffenen *Personsein* des Menschen – eine Gemeinschaft ist, die begründet ist in
vollkommener Erkenntnis des Wesens, nämlich des ewigen Ziels des Wollens
und Wirkens, Gottes und die vollzogen wird in der *erkenntnisgestützt-frei-
willigen Hingabe* des Menschen an dieses wesentlich (in sich selber) heilszielstrebige Wollen und Wirken Gottes (DH 1). Beides, vollkommene Erkenntnis von Wesen und Willen Gottes sowie freiwillig-spontane Ganzhingabe der Person an den erkannten Gotteswillen, macht die Gemeinschaft
zur Gemeinschaft des *Glaubens* an die Gnade und Wahrheit des Schöpfers (erkenntnisgestützte Ganzhingabe an sie: KKK 3) auf dem Boden und
im Licht von deren *Selbstoffenbarung*. Diese Gemeinschaft ist das Ziel, auf
das sich die Verwirklichung des göttlichen Ratschlusses richtet. Deshalb

schließt die Einheit dieses göttlichen Wollens und Wirkens das *asymmetrische*, d.h. *unumkehrbar heilszielstrebige* Aufeinanderbezogen- und Voneinanderunterschiedensein unterschiedlicher Wirkweisen des dreieinigen Gottes ein, die alle – freilich in verschiedener Weise – auf dies eine Ziel der Gemeinschaft Gottes mit den Menschen und der Menschen mit Gott gerichtet sind: Schon das Wirken des dreieinigen Gottes als des *Schöpfers* der Welt-des-Menschen hat diese Gemeinschaft zum Gegenstand, ebenso sein Wirken als *Erlöser* der Menschheit und sein Wirken als ihr *Vollender*. Das erstgenannte ist auf die beiden anderen hingeordnet (was es nur sein kann als trinitarisches), das zweite setzt das erste voraus und ist auf das dritte hingeordnet (ist also auch trinitarisch verfaßt), das dritte setzt die beiden vorangegangenen voraus (ist somit ebenfalls ein trinitarisches Wirken). Es gibt also *kein Wirken des dreieinigen Gottes, in dem nicht sein Wirken als Schöpfer in Anspruch genommen und festgehalten wäre.*

Somit kann es nicht anders sein, als daß auch die kirchliche Gemeinschaft, die durch das *erlösende* Wirken des dreieinigen Gottes im inkarnierten Schöpferlogos durch den Schöpfergeist geschaffen ist, die beiden Grundzüge jeder geschaffenen Gemeinschaft aufweist:

– Wie jede geschaffene Gemeinschaft von Menschen ein auf ein gemeinsames Ziel hin geordnetes Zusammenleben ist (KKK 1878 ff.), so auch sie (KKK 771; aufgenommen in CIC 113,1).

– Und wie in jeder geschaffenen menschlichen Gemeinschaft die zielgerichtete Ordnung des Zusammenlebens bestimmt ist durch das zieldienliche Zusammenspiel von Gehorsam erheischender legitimer (nämlich der „lex divina" und dem natürlichen Sittengesetz entsprechender) *Gesetzgebung* durch die Inhaber obrigkeitlicher *Autorität* und der diesen Gehorsam erbringenden *Gesetzesbefolgung* durch die Untertanen, so auch in der kirchlichen Gemeinschaft. Auch für die Ordnung der kirchlichen Gemeinschaft ist die Relation (Unterschied und asymmetrische Wechselbeziehung) Obrigkeit (Inhaber der gesetzgebenden Autorität)/Untertanen (Adressaten der gesetzgebenden Autorität) wesentlich. Diese Relation wird grundlegend gelehrt in LG, und zwar im gegenüber der Nummern 18–29 (Empfänger des Weihesakramentes) zu den Nummern 30–38 (Laien). Dementsprechend wird vom CIC im Blick auf das *eine* Volk Gottes, das als *ganzes* schon *vor* dem Tätigwerden seiner Glieder, auch der Amtsträger, durch Christus selbst als Gemeinschaft des Einbezogenseins in sein eigenes prophetisches, priesterliches und königliches Wirken begründet ist (durch das Kirche begründende Paschageschehen [KKK 758–766] und durch die in das Volk Gottes eingliedernde Taufe [CIC 204 § 1]) und dessen Glieder aufgrund dieses Kirche-gründenden Geschehens *sämtlich* mit allgemeinen Christenrechten und Christenpflichten ausgestattet sind (CIC 208–223: „De obligationibus et iuribus *omnium* [Kursivierung E.H.] Christifidelium), unterschieden zwischen den „Pflichten und Rechten" der Inhaber des geweihten Amtes als der Inhaber der gesetzgebend-leitenden Autorität („die es aufgrund göttlicher Einsetzung [nämlich durch Christus: E. H.] in der Kirche gibt": CIC 129 § 1, 232–293), der Kleriker, und den „Pflichten und Rechten" der an dieser Autorität nicht teilhabenden „Laien" (CIC 224–272). Wobei zu beachten ist:

a) daß – in völliger Parallele zu den Rechten und Pflichten jeder geschaffenen Person in der allgemeinen menschlichen Persongemeinschaft – die Pflichten und Rechte aller Gläubigen begründet sind im Kirche-gründenden Wirken Gottes, nämlich Christi, selber, also niemandem durch die Tätigkeit der Inhaber der Autorität verliehen sind, so daß die Ausübung dieser allgemeinen Christenpflichten und -rechte zwar durch die kirchliche Autorität „*geregelt*" (CIC 223 § 2), *nicht* aber durch einen ihrer Akt *entzogen* werden kann; sowie

b) daß diese im Kirche schaffenden Wirken Christi gründenden Rechte und Pflichten auch für die Inhaber der Autorität gelten; diese sind also auch in der Ausübung der von ihnen innegehabten Autorität an die durch Christus gesetzten allgemeinen Christenpflichten gebunden (dabei liegt es in der Natur der Sache, daß diese Bindungswirkung zunimmt mit einer zunehmend konkreten Benennung dieser *allen* Glaubenden, auch den Inhabern der Autorität, geltenden Pflichten).

Während nun aber die Grundstruktur der familialen und zivilen Gemeinschaft nur durch das Wirken Gottes als des die Welt-des-Menschen schaffenden *Schöpfers* bestimmt ist, ist die Grundstruktur der kirchlichen Gemeinschaft nun eben durch das über das Schöpferwirken Gottes hinausgehende *Erlöserwirken* Gottes bestimmt: nämlich durch die von Gott gewirkte Erlösung von der durch den Fall verursachten prinzipiellen Unsicherheit und Beschränktheit der Sicht auf die an sich schon im Geschaffenen selbst manifesten Schöpferwillen und sein Ziel (KKK 1, 74, 293 f., 319), also auf die „lex divina" (KKK 1950 ff.) und auf das natürliche Sittengesetz. Weil die kirchliche Gemeinschaft durch dieses Wirken des dreieinigen Gottes als Erlöser geschaffen und erhalten wird, sind also *alle* seine Glieder hinaus gehoben über die zuvor, unter postlapsarischen Bedingungen (KKK 385 ff.) in ihrem Innersten herrschende Unsicherheit und Beschränkung der Sicht auf die „lex divina" und das natürliche Sittengesetz (385 ff.). Das aber macht keineswegs den Unterschied von Inhabern obrigkeitlicher Autorität und Untertanen sowie das Zusammenspiel beider Positionen in der Weise von Gehorsam verlangender Gesetzgebung und diesen Gehorsam erbringender Gesetzesbefolgung hinfällig, wohl aber stellt es dieses Zusammenspiel unter neue Bedingungen. Macht man sich dies im Einzelnen klar (4.2), so wird damit auch die Eigenart von einerseits der *Gesetzgebung* (4.3) und andererseits dem *Gesetzesgehorsam* in dieser vom

Erlösungswirken Gottes geschaffenen Gemeinschaft deutlich (4.4.–4.6.) und damit dann auch der *Gesamtcharakter der in dieser Gemeinschaft herrschenden Rechtsordnung* (4.7.). Ist dieser erkannt, so kann dann abschließend – im letzten Kapitel dieser Studie – auch das Verhältnis dieser Rechtsordnung zur Rechtsordnung der bürgerlichen Gemeinschaft erkannt und beschrieben werden (5.).

4.2. *Die kirchliche Gemeinschaft als durch die geistgewirkte Autopräsenz der Wahrheit des Evangeliums begründete, geschaffene und erhaltene Gemeinschaft.* – Die Gemeinschaft, die im erlösenden Wirken des inkarnierten Schöpferlogos durch den Schöpfergeist, den Geist der Wahrheit, gründet, unterscheidet sich von der Gemeinschaft, die im Schöpferwirken des dreieinigen Gottes vor der Inkarnation seines Logos gründet, dadurch, daß (wie wir gesehen haben: vorige Studie über Amt und Weihesakrament) in ihrer Mitte ihr Grund – Jesus, der durch den Schöpfergeist inkarnierte und durch diesen Geist auch wirksame Schöpferlogos – leibhaft gegenwärtig ist, und zwar *in ihr allen ihren Gliedern gegenüber*. Als solche wird sie durch den inkarnierten Logos *geschaffen* (4.2.1.), und zwar als das Instrument seines *perennen* Wirkens in und an der Menschheit, also auch *erhalten* (4.2.2.); dieses Wirken Christi, durch das er die von ihm durch die Erschließung der Wahrheit seines Selbstzeugnisses geschaffene Gewißheits- und Hingabe-, also Glaubensgemeinschaft auch erhält, bewahrt und behütet, ist sein herrscherliches (königliches, messianisches, d.h. pastorales) Wirken, das als solches die *Spitze* seines dreifachen Wirkens ist. Umgekehrt ist die dadurch den Aposteln und ihren Nachfolgern gewährte *besondere*, nämlich *instrumentelle*, Teilhabe an Christi herrscherliches Hirtenamt das *Fundament* und der Rahmen ihrer instrumentellen Teilhabe auch an Christi prophetischem und priesterlichem Wirken (s.u. 4.2.3.). Auch für die durch die Einsetzung und instrumentelle Handhabung des Weitergabedienstes erhaltene Glaubensgemeinschaft ist also die Differenz zwischen Positionen der Ausübung von Autorität und des Gehorsams gegenüber der Autorität wesentlich (s.u. 4.2.4.). Freilich steht beides unter neuen Bedingungen. Denn auch für die von Christus durch das Instrument des apostolischen Weitergabedienstes *erhaltene* Gemeinschaft gilt bis ans Ende der Tage alles, was für die Struktur und den Charakter der vom inkarnierten Logos durch die Erschließung der Wahrheit seines Selbstzeugnisses *geschaffene* Gemeinschaft gilt: sie ist die durch die geistgewirkte Autopräsenz der Wahrheit des Evangeliums gewirkte Gemeinschaft des Glaubens, d.h. der Ganzhingabe an die geistgewirkte Autopräsenz der Wahrheit der tradierten „revelata": des Wortes des Evangeliums, der Feier des Evangeliums und – darin eingeschlossen – der Wahrheit der apostolischen Weitergabetätigkeit (s.u. 4.2.5.).

4.2.1. Der inkarnierte Logos schafft seine Gemeinschaft durch die seinen Adressaten durch seinen Geist gewährte Autopräsenz der Wahrheit seines Selbstzeugnisses und somit als Gemeinschaft des Glaubens, dessen Grund und Gegenstand diese durch sich selbst im Innersten der Glaubenden präsente Wahrheit ist. – Die Weise, in der der durch den Schöpfergeist inkarnierte und durch ihn auch wirksame Schöpferlogos, Jesus, die Gemeinschaft, in der er allen ihren Gliedern gegenüber leibhaft gegenwärtig ist, bewirkt, ist diese: Die *Wahrheit des Selbstzeugnisses Jesu*, die durch den Schöpfergeist (den Geist der Wahrheit) gewirkte Inkarnation des Schöpferlogos zu sein, der, indem er die volle Menschheit annimmt, Sünde und Tod auf sich nimmt (nota bene: nicht annimmt) und dadurch überwindet, also die Wahrheit dieses Selbstzeugnisses, das sich in Jesu Feier des letzten Mahles zusammenfaßt, und somit die *Wahrheit des Evangeliums*, wird selber durch den Schöpfergeist (den Geist der Wahrheit) für die Adressaten dieses Selbstzeugnisses (des Evangeliums) offenbar, vergegenwärtigt sich selber deren Innerstem, ergreift Besitz von ihm, wird Gegenstand ihres „Glaubens" (der restlosen Überantwortung ihres Personseins an diese Wahrheit: DV 5; DH 1; KKK 142–144).

Somit gilt von der so begründeten Gemeinschaft in *materialer Hinsicht*: sie ist diejenige Gemeinschaft *aller* ihrer Glieder untereinander und auch mit dem Schöpfer selber, welche gründet in der unverstellten Sicht auf und Ausrichtung an dem in Jesus leibhaft gegenwärtigen Schöpferwillen (also auf die das gesamte Weltgeschehen durchwaltende, es prägende und ausrichtende, „lex divina" und auf das mit ihr die Menschen in Herz und Gewissen adressierende natürliche Sittengesetz). Sie ist also die Gemeinschaft, die den unter postlapsarischen Bedingungen zuvor herrschenden Unsicherheiten und Beschränkungen in der Erkenntnis der „lex divina" und des natürlichen Sittengesetzes nicht mehr unterliegt und die nun das Welt schaffende Wollen und Wirken Gottes als Wollen und Wirken seiner Gnade und Wahrheit erkennt; die also die „lex divina" erkennt als Gesetz der auf Gemeinschaft und Versöhnung gerichteten Wollens und Wirkens der Liebe Gottes, damit aber auch das natürliche Sittengesetz erkennt als das dieser Liebe Gottes entsprechende Grundgebot der vertrauenden Liebe zu Gott und der vergebungsbereiten Liebe zum Nächsten.

In *formaler Hinsicht* aber gilt von dieser Gemeinschaft: Sie ist Gemeinschaft des Glaubens an (d. h. der gänzlichen Hingabe an) die Wahrheit des allen Gliedern dieser Gemeinschaft leibhaft begegneten Evangeliums (also an das Selbstzeugnis Jesu); also Gemeinschaft in einem Glauben (einer Lebenshingabe und -ausrichtung), der auf Seiten aller Glieder der Gemeinschaft keineswegs blind erfolgt, sondern gründet in der Autopräsenz der Wahrheit des im Selbstzeugnis Jesu leibhaft gegenwärtigen Evangeliums (die als diese Autopräsenz der Wahrheit durch den Geist der Wahrheit geschaffen ist, und nicht etwa durch Leistungen der Vernunft, etwa argumentativer Art: Dei filius[30]). Somit aber ist diese Gemeinschaft auch Gemeinschaft einer Hingabe an die selbstgegenwärtige Wahrheit des Evangeliums (also an die unverstellt sichtbare „lex divina") durch Gehorsam gegenüber dem natürlichen Sittengesetz, die – weil sie eben in der Autopräsenz der Wahrheit des leibhaft gegenwärtigen Evangeliums begründet ist – *einsichtsgestützte freiwillentlich-spontane Hingabe* an „die lex divina" ist, *einsichtsgestützter freiwillentlich-spontaner Gehorsam* gegenüber dem natürliche Sittengesetz; und zwar auf Seiten *aller* Glieder dieser Gemeinschaft.

Dieses die Glaubensgemeinschaft begründende Offenbarwerden (also auch Gewißwerden) der Wahrheit des Selbstzeugnisses Jesu für alle beginnt bereits zu Zeiten von Jesu Erdenwandel (Mt 16,16 ff.), vollendet sich aber erst durch das Paschageschehen, das Geschehen von Karfreitag und Ostern (KKK 763 ff.). Erst dieses Geschehen begründet die Glaubensgemeinschaft als diejenige, *in* der ihr Grund – der durch den Geist der Wahrheit gewirkte und durch den Geist der Wahrheit wirkende inkarnierte Schöpferlogos – allen ihren Gliedern *gegenüber* leibhaft gegenwärtig ist.

4.2.2. *Dies Geschaffenwerden der Glaubensgemeinschaft erfolgt so, daß es ihr Erhaltenwerden einschließt: ihr Erhaltenwerden durch den apostolischen Weitergabedienst, den Christus als das Instrument für seine eigene perenne wirksame Gegenwart in der Gemeinschaft allen ihren Gliedern gegenüber in Gebrauch nimmt.* – Durch die geistgewirkte Autopräsenz der Wahrheit seines Selbstzeugnisses begründet Christus die Gemeinschaft der Seinen als Gemeinschaft des Glaubens, der Hingabe an diese autopräsente Wahrheit so, daß er sie nicht nur *schafft*, sondern auch *erhält*, nämlich als das *Instrument für die perenne geistliche Wirksamkeit des inkarnierten Schöpferlogos* in der gefallenen Menschheit und an dieser.

Für dieses Wirken Christi sind zwei Aspekte wesentlich:

– Erstens: Durch das Offenbarwerden Jesu als des Christus wird die *Gemeinschaft* des Glaubens als *Instrument für das perenne geistliche Wirken Christi* geschaffen. Das heißt, sie wird als eine solche Gemeinschaft geschaffen, die als *ganze* und in *allen* ihren Gliedern am dreifachen Wirken Christi Anteil hat.[31] Also Anteil hat an seinem Wirken als Offenbarer der Liebe

---

[30] Vgl. zu dieser Einsicht schon des Vatikanums I Bd. I (o. Anm. 11).

[31] Die differenzierenden Aussagen des KKK über die Ausübung des dreifachen Amtes Christi durch den Klerus einerseits (KKK 888–896), die Laien andererseits (KKK 901–913) stehen unter dem Vorzeichen von KKK 783 („Jesus Christus wurde vom Vater mit dem Heiligen Geist gesalbt und zum ‚Priester, Propheten und König' bestellt [vgl.436]. Das ganze Volk Gottes hat an diesen drei Ämtern Christi teil und ist verantwortlich für die Sendung und den Dienst die sich daraus ergeben.") und KKK 871–873 („Gläubige sind jene, die durch die Taufe Christus eingegliedert, zum Volke Gottes gemacht und dadurch auf ihre Weise des priesterlichen, prophetischen und königlichen Amtes Christi teilhaft geworden sind": 871 Satz 1).

des Schöpfers (seines Gemeinschafts- und Versöhnungswillens), an seinem Wirken als versöhnender Vollzieher des göttlichen Versöhnungswillens und kraft dessen auch als Schöpfer und Erhalter der durch dies beides geschaffenen Gemeinschaft, also Anteil hat an seinem dreifachen Amt als Prophet, Priester und König (KKK 783–786) bzw. Hirte (KKK 754).[32]

– Zweitens: Die Gemeinschaft wird als dieses Instrument der perennen Wirkens Christi von ihm so *geschaffen*, daß er sie dadurch zugleich als dieses sein Geschöpf *erhält*. Das schließt ein: Christus läßt die Gemeinschaft auch in ihrer *ursprünglichen Struktur* dauern; er läßt sie in derjenigen Struktur dauern, welche für sie konstitutiv und wesentlich ist: nämlich als Gemeinschaft *in* der ihr Grund (eben der inkarnierte Schöpferlogos) allen ihren Gliedern *gegenüber* leibhaft gegenwärtig wirksam ist – und zwar über den Kreuzestod Jesu *hinaus* und *einschließlich* seines Kreuzestodes. Das *Schaffen* der Glaubensgemeinschaft durch den in ihr allen ihren Gliedern gegenüber leibhaft gegenwärtig wirksamen inkarnierten Logos hat nur dann zugleich auch *erhaltenden* Charakter, also: es *erhält* diese Gemeinschaft nur dann und dadurch, wenn und dadurch, daß es diese Gemeinschaft als eine solche schafft, in der es auch *ein dauerndes Instrument* dafür gibt, daß der inkarnierte Logos selbst – über seinen Kreuzestod hinaus und einschließlich seines Kreuzestodes – *in* dieser Gemeinschaft allen ihren Gliedern *gegenüber* gegenwärtig bleibt.

Schon in der Studie über Amt und Weihesakrament wurde gezeigt (unter Rückgriff auf DV 7), daß dieses Instrument der Weitergabedienst ist, den Christus anfangsweise schon vor Ostern, definitiv dann zu Ostern als der Erhöhte den Aposteln aufgetragen und mit der Verheißung versehen hat, eben durch den leibhaften Vollzug dieses apostolischen Weitergabedienstes sich selber vom Himmel (aus der Ewigkeit) her bis ans Ende der Tage *in* der Gemeinschaft allen ihren Gliedern *gegenüber* wirksam präsent zu erhalten (Mt 28,20b).

Es liegt in der Logik der Sache, daß dieser Weitergabedienst auch selber sich selber zur Weitergabe aufgegeben ist. Somit umfaßt die den Aposteln von Christus selbst befohlene Weitergabe alles, was sich ihnen Ostern im Blick auf das Gesamtgeschick Jesu als ein offenbar Wahres („revelatum verum") erwiesen hatte (und dessen Wahrheit Gegenstand ihres Glaubens war), also alle „revelata" (DV 7). Das sind: a) seine Worte, b) die leibhaften Vollzüge der Hingabe seines Lebens, die von ihm als ganze vorweggenommen wurde im letzten Mahl, aber eben auch c) der unter der Selbstvergegenwärtigungsverheißung stehende apostolische Weitergabedienst.

---

[32] Während sich das „Königtum" Christi auf die gesamte Menschheit bezieht (KKK 786) erstreckt sich sein „Hirte"-Sein auf die Kirche (KKK 754).

4.2.3. Die Einsetzung des apostolischen Weitergabedienstes durch Christus als des Instrumentes für seine perenne Selbstvergegenwärtigung in der Glaubensgemeinschaft und ihr gegenüber ist dasjenige eigene „pastorale" (leitende) Wirken Christi, durch welches er die von ihm geschaffene Gemeinschaft auch bewahrt und behütet. Als solches ist es die *Spitze seines* erlösenden Wirkens. Die dadurch den Aposteln und ihren Nachfolgern gewährte besondere instrumentelle Teilhabe an Christi „pastoralem" (leitendem) Wirken ist der *Grund und der Rahmen* ihrer besonderen instrumentellen Teilhabe auch an Christi prophetischem und priesterlichem Wirken.

Es ist genau die Einsetzung des (mit der Selbstvergegenwärtigungsverheißung verbundenen) apostolischen Weitergabedienstes, durch die der inkarnierte Logos der Gemeinschaft, in der er selbst allen ihren Gliedern gegenüber präsent ist, also der von ihm geschaffenen Glaubensgemeinschaft als *Instrument seines perennen gemeinschaftstiftenden Wirkens* diejenige Gestalt gibt, durch welche er dieses sein Geschöpf auch *erhält*.

Das aber heißt: Durch die Einsetzung des (mit der Selbstvergegenwärtigungsverheißung verbundenen) apostolischen Weitergabedienstes wirkt Christus messianisch, also als derjenige, welcher beides zugleich ist: *Begründer und Bewahrer (Hüter)* des von ihm geschaffenen Volkes, das er selbst als Werkzeug seines aufklärenden und versöhnenden Wirkens an der gesamten postlapsarischen Menschheit in Gebrauch nimmt.

Damit fällt zunächst einmal neues Licht auf das Verhältnis zwischen den drei Wirkweisen Christi:

Zwar ist in Christi Ämtertrias das prophetische Wirken *fundamental* (s. vorige Studie über Amt und Weihesakrament), aber ihre heilsgeschichtliche *Spitze* besitzt sie im *messianischen*, im die Glaubensgemeinschaft Gemeinschaft schaffenden und erhaltenden, *königlichen* oder *pastoralen*, also die Kirche *leitenden*, Wirken Christi.

Diese *Spitze* des eigenen Wirkens Christi bezieht den apostolischen Weitergabedienst ein in Christi eigenes Wirken als Hirte der von ihm geschaffenen Gemeinschaft und gewährt somit dem menschlichen Weitergabehandeln der Apostel und ihrer Nachfolger eine *besondere* Stellung in der Glaubensgemeinschaft: Die Inhaber des Weitergabedienstes haben in einer *besonderen* Weise am dreifachen Amt Christi teil – und dies keineswegs *auf Kosten* der Teilhabe der ganzen Gemeinschaft und aller ihrer Glieder am dreifachen Amt Christi, sondern ihr *zugute*. Denn indem Christus diesen von ihm den Aposteln befohlenen Weitergabedienst für die Erfüllung der Verheißung seiner Selbstgegenwart in der Gemeinschaft in Gebrauch nimmt, ist er weiterhin selbst leibhaft *inmitten* der Gemeinschaft allen ihren Gliedern *gegenüber* wirksam gegenwärtig. Eben dadurch erhält er die Gemeinschaft im ganzen als diejenige, als die er sie auch durch das Ganze seines irdischen Geschick geschaffen hat: als Gemeinschaft, *in* der er selbst allen ihren Gliedern *gegenüber* gegenwärtig ist und damit die Gemeinschaft als ganze und alle ihre Glieder einbezieht in seine Sendung und sein Wirken und der er damit an dieser seiner Sendung und seinem (dreifachen) Wirken auch selber instrumentellen Anteil gibt, nämlich die *instrumentelle* Teilhabe an Christi eigenen *Hirten-*, also *Leitungs*amt (KKK 754): seiner perennen Selbstvergegenwärtigung als Grund seiner Gemeinde *in* dieser und allen ihren Gliedern *gegenüber*.

Eben diese Leistung für die Gesamtgemeinde erbringt die Einsetzung des apostolischen Weitergabedienstes aber nur, indem sie zugleich auf Seiten derer (eben der Apostel und ihrer Nachfolger), die mit ihm beauftragt sind, gegenüber allen anderen Gliedern der Gemeinde eine *besondere instrumentelle Teilhabe am dreifachen Amt Christi*, an seinem prophetischen, priesterlichen Wirken, begründet.

Angesichts dessen fragt sich, wie sich *hier* die Elemente dieser Trias der besonderen *instrumentellen Teilhabe der Apostel* an den drei Ämtern Christi zueinander verhalten. Ist auch *hier* die Teilhabe am *messianischen*, also Gemeinschaft *schaffenden* und *behütenden*, Wirken Christi die *Spitze*?

Nein: Was in der Trias der *Ämter Christi selber* die *Spitze* ist (das Leiten), ist in der *Teilhabe der Apostel und ihrer Nachfolger* an dieser Ämtertrias das *Fundamentale* (a). Und was in der Trias der *Ämter Christi selber* das *Fundamentale* ist (das Lehren und Heiligen), ist in der *Teilhabe der Apostel und ihrer Nachfolger* an dieser Ämtertrias die *Spitze* (b).

ad a: In der Trias der Ämter Christi ist das königliche, leitende, bewahrende Amt die Spitze, das Wozu und Worumwillen seines fundamentalen prophetischen (lehrenden) und priesterlichen (heiligenden) Wirkens. *Indem* den Aposteln und ihren Nachfolgern das Weitergabeamt aufgegeben ist, werden diese direkt zu Instrumenten von *Christi eigenem messianischen*, eben Gemeinschaft schaffenden und behütenden, Wirken und in dieses einbezogen. Dadurch werden sie zu ihrer eigenen besonderen, und zwar rein *instrumentellen* Teilhabe an Christi eigenem *pastoralen – bewahrenden, behütenden, nährenden, leitenden –* Wirken an seiner Gemeinde befördert. Nur und erst dadurch aber bekommen sie einschlußweise ihren eigenen – wiederum rein instrumentellen – Anteil auch an Christi eigenem Versöhnungs- und Offenbarungswirken. Nur und erst durch Beauftragung mit dem Weitergabedienst ist ihnen auch das Weitergeben seiner Worte und der zusammenfassenden Gestalt seiner Lebenshingabe in der von ihm befohlenen Feier des letzten Mahles aufgetragen, also das Weitergeben der wahren „revelata", deren Wahrheit für die Adressaten der weitergegebenen „vera revelata" wiederum durch niemanden anderen als durch ihn selbst, eben durch seinen Geist der Wahrheit, gewirkt werden kann und gewirkt wird.

Für die besondere Teilhabe, die den Aposteln und ihren Nachfolgern am dreifachen Amt Christi gewährt ist, ist also in der Tat *die Teilhabe* – und zwar die *rein instrumentelle* Teilhabe – *an Christi königlichem Hirten- und Leitungsamt fundamental*. Die den Apostel und ihren Nachfolgern gewährte instrumentelle Teilhabe an Christi eigenem Hirtenamt ist das *Fundament, der Grund* und der *Rahmen*, ihrer instrumentellen Teilhabe auch an Christi prophetischem und priesterlichem Wirken. Den Aposteln und ihren Nachfolger ist nur *aufgrund* und *im Rahmen* der instrumentellen Teilhabe ihrer menschlichen Tätigkeit an Christi eigenem pastoralen (leitenden) Wirken, die ihnen durch Übertragung des Weitergabedienstes gewährt ist, auch instrumenteller Anteil ihres menschlichen Handelns als Lehrer und Priester an Christi eigenem offenbarendem und versöhnendem Wirken gewährt; und nur *indem* sie die ihnen mit der Übertragung des Weitergabedienstes gewährte instrumentelle Teilhabe ihres menschlichen Handelns an Christi eigenem pastoralem Wirken auch in ihrem menschlichen Handeln vollziehen, also *gesetzgebend* tätig sind, können sie auch ihr menschliches Handeln als Lehrer und Priester vollziehen, das Christus ihnen als Instrument seines eigenen kontinuierlichen prophetischen und priesterlichen Handelns (nämlich als Implikat des ihres Weitergabedienstes: DV 7) aufgetragen hat. Die *pastorale*, eben *gesetzgebende*, Tätigkeit der Apostel und ihrer Nachfolger ist die durchgehende *Form* ihres Weitergabedienstes, also auch die durchgehende Form, in der sie den Weitergabedienst in seiner inhaltlichen Bestimmtheit erfüllen können (eben als Weitergabe der „revelata vera“: der von Christus selbst gegebenen Worte des Evangeliums, der von ihm selbst gegebenen Feier des Evangeliums und des von ihm selbst eingesetzten Weitergabedienstes). Das *pastorale, leitende, regelgebende und -befolgende* Handeln der Apostel und ihrer Nachfolger kommt nicht als ein *anderes* zu ihrem Handeln als *Lehrer und Priester* hinzu, sondern es ist *die Form*, in der allein sie dieses beides ausüben können.

Und der Inbegriff der vorgegebenen Regeln, in deren Befolgung sich die Praxis dieses lehrenden und priesterlichen Handelns vollzieht, liegt vor im CIC. An ihm wird deutlich – nicht etwa, daß sich das lehrende und priesterliche Handeln der Apostel und ihrer Nachfolger nur nach den in ihm fixierten Regeln vollziehen *soll*, sondern daß es sich auch als sachgemäßes nur nach den in ihm fixierten Regeln vollziehen *kann* und tatsächlich *vollzieht*; und somit auch nur auf dem Boden eines Handelns, das eine vorgegebene Ordnung durch Befolgung vorgegebener Regeln einhält, und dies wiederum durch das dieser vorgegebenen Ordnung entsprechende Geben von Regeln, also Erlassen von Gesetzen. Und zwar von Regeln und Gesetzen für a) die geregelte Ordnung in der Gemeinschaft (Buch II: das Volk Gottes 204–746), b) den Verkündigungsdienst der Gemeinschaft (Buch III: 747–833) sowie c) für den Heiligungsdienst der Kirche (Buch IV: 834–1253), sowie für den Umgang mit den zeitlichen Gütern der Gemeinschaft (Buch V: 1254–1310).

ad b: Christus setzt den Weitergabedienst ein als Instrument der Kontinuierung dessen, was die Spitze seines dreifachen Wirkens ist, nämlich seines die Glaubensgemeinschaft schaffenden-und-erhaltenden Wirkens. Somit ist für den von Christus selbst eingesetzten Weitergabedienst *fundamental*, daß ihm Teilhabe an Christi königlichem Amt, seinem Erhaltungs- und Leitungshandeln gewährt ist.

Nun ist aber das königliche Wirken Christi seinerseits fundiert in seinem prophetischen (lehrenden) und priesterlichen (heiligenden) Wirken, schließt also dieses sein Fundament auch immer mit ein. Somit aber ist auch die durch die Einsetzung des apostolischen Weitergabedienstes den Aposteln und ihren Nachfolgern gewährte Teilhabe an seinem (Christi) Leitungs- und Erhaltungswirken gar nicht anders möglich als so, daß sie ipso facto auch Teilhabe an seinem (Christi) prophetischen (lehrenden) und priesterlichen (heiligenden) Amt (Wirken) einschließt. Und das heißt: Indem Christus in Ausübung und zwecks Perpetuierung seines königlichen Leitungs- und Erhaltungsamtes den apostolischen Weitergabedienst einsetzt, ihn also durch Teilhabegewährung an diesem seinem eigenen königlichen Leitungs- und Erhaltungsamt *fundiert*, gibt er ihm ipso facto auch Anteil an seinem prophetischen (lehrenden) und priesterlichen (heiligenden) Wirken. Weil nun dies letztgenannte sein königliches Leitungs- und Erhaltungshandeln *fundiert*, kann es nicht anders sein, als daß eben dadurch, daß die Einsetzung des apostolischen Weitergabedienstes dessen Inhabern Teilhabe am königlichen Leitungs- und Erhaltungshandeln Christi gewährt, den Inhabern dieses Weitergabedienstes ipso facto auch Teilhabe an Christi prophetischem (lehrendem) und priesterlichem (heiligendem) Wirken gewährt wird – nun allerdings nicht als das *Fundament* in der *ihnen gewährten Teilhabe an Christi Ämtertrias*, sondern als die *Spitze* innerhalb der ihnen, den Aposteln und ihren Nachfolgern, gewährten Teilhabe an Christi Ämtertrias:

Daß Christus lehrt (prophetisch wirkt) und heiligt (priesterlich wirkt) um *auf diese Weise* das von ihm geschaffene Volk auch zu erhalten, also auch königlich zu wirken, bestimmt somit auch das Ziel der den Inhabern des Weitegabedienstes gewährten Teilhabe an diesem königlichen (pastoralen, leitenden) Wirken Christi. Dies Ziel ist: daß dieser pastorale, leitende Dienst durch die Weitergabe der Revelata (also der als wahr erschlossenen Worte Christi und des von ihm eingesetzten Gedächtnisses seiner erlösenden Lebenshingabe) auch zum Instrument der Perpetuierung des prophetischen (lehrenden) und priesterlichen (heiligenden) Wirkens Christi wird, also instrumentelle Teilhabe auch an Christi Lehr- und Heiligungswirken gewinnt.

Fazit: Durch die Einsetzung des Weitergabedienstes gewährt Christus dessen Inhabern instrumentelle Teilhabe an seinem königlichen, die von ihm geschaffene Gemeinschaft auch erhaltenden, Wirken, *um* sie dadurch

auch zu Instrumenten der Perpetuierung seines prophetischen und priesterlichen Wirkens zu machen, welches sein eigenes Gemeinschaft-schaf-
fendes-und-erhaltendes Wirken fundiert. Die *Spitze* der durch Einsetzung
des Weitergabedienstes gewährten instrumentelle Anteilhabe an Christi *Leitungswirken* ist die dadurch gewährte instrumentelle Anteilhabe auch an seinem (Christi) *prophetischem und priesterlichem Wirken*, welches das *Fundament von Christi eigenem königlichen*, Gemeinschaft leitenden und erhaltenden, Wirken ist.

*4.2.4. Das aber heißt: Auch in der von Christus geschaffenen Gemeinschaft gibt es
die asymmetrische Relation zwischen Positionen der Gesetzgebung und der Gesetzesbefolgung.* – Durch die Einsetzung des Weitergabeamtes und durch die
damit erfolgende Einbeziehung des menschlichen Handelns seiner Inhaber
in Christi eigenes Hirtenhandeln hat Christus auch der von ihm geschaffenen Gemeinschaft, in der er selbst allen ihren Gliedern gegenüber gegenwärtig ist, ipso facto die Differenz zwischen einer Position menschlichen
Handeln eingestiftet, bzw. festgehalten, der die Autorität des *Erlassens* von
Gesetzen (Regeln) zukommt, und Positionen menschlichen Handelns, das
sich als gehorsame *Befolgung* dieser Regeln vollzieht: KKK 857 ff.

Die Apostel „übertrugen, damit die ihnen anvertraute Sendung nach ihrem Tod
fortgesetzt werde, ihren unmittelbaren Mitarbeitern gleichsam nach Art eines Testamentes die Aufgabe, das von ihnen begonnene Werk zu vollenden und zu festigen, wobei sie ihnen ans Herz legten, auf die gesamte Herde achtzuhaben, in die
sie der Heilige Geist hineinstellte, die Kirche Gottes zu weiden." (KKK 862; Zitat aus LG 20)

Offenkundig präsentiert sich in dieser innerkirchlichen Differenz zwischen
autoritativ gesetzgebenden und pflichtgemäß gesetzbefolgenden Positionen eine Parallele zu der gleichartigen Differenz in der bürgerlichen bzw.
politischen Gemeinschaft. In dieser ist die Differenz in der Sozialnatur des
menschlichen Personseins begründet, wie sie durch Gottes Schöpferhandeln konstituiert ist. Diese Bedingungen sind und bleiben auch der Boden,
auf dem die Glaubensgemeinschaft zustande kommt und existiert. Schon
aufgrund dieser Teilhabe auch der Glaubensgemeinschaft an den durch den
Schöpfer gesetzten Bedingungen des menschlichen Zusammenlebens ist
also damit zu rechnen, daß auch in ihr das Geordnetsein des Zusammenlebens sich aus der Tatsache erklärt, daß das menschliche Handeln auch innerhalb ihrer sich als Zusammenspiel des Handelns gesetzgebender Position und gesetzbefolgenden Positionen vollzieht.

Folglich ist die Annahme immer wieder naheliegend, daß diese Differenz auch innerhalb der Glaubensgemeinschaft *nichts anderes* ist als eine Variation der gleichartigen Differenz in allen geschaffenen menschlichen So-
zietäten. Exemplarisch für diese Sicht: die Interpretation der innerkirchli-

chen Differenz zwischen gesetzgebender Position und gesetzbefolgenden Positionen und die innerkirchliche Ordnung dieses Zusammenspiels als *kirchliche Adaption einer politischen Ordnung*, nämlich genau der des fürstlichen Absolutismus.[33]

Eine solche Interpretation verkennt aber – ganz abgesehen von der Frage, ob sie historisch haltbar ist – den in der römisch-katholischen Lehre namhaft gemachten *einzigartigen sachlichen Grund* sowohl der kirchlichen Gemeinschaft als ganzer als auch der in dieser bestehenden Differenz zwischen gesetzgebenden und gesetzbefolgenden Positionen: Der besondere sachliche Grund der kirchlichen Gemeinschaft als ganzer ist *nicht* bloß Gottes Schöpferhandeln, sondern das *Erlöserhandeln* des Schöpfers im inkarnierten Schöpferlogos durch den Schöpfergeist; und der sachliche Grund für die in der Glaubensgemeinschaft auftretende Differenz zwischen gesetzgebenden und gesetzbefolgenden Positionen ist, wie soeben gezeigt, die Einsetzung und Erhaltung des apostolischen Weitergabedienstes durch den erhöhten Christus selbst, die der Kontinuierung dieses Erlösungshandeln dient. Zwar bewegt sich dieses besondere Moment im Wirken Christi wie schon sein erlösendes Wirken im ganzen im Rahmen und unter den Bedingungen des geschaffenen Natur des Menschen und des menschlichen Zusammenlebens, so daß auch alle Effekte des erlösenden Wirkens Christi, also auch die dadurch geschaffene Glaubensgemeinschaft und ihre Struktur, sich im Rahmen der allgemeinen geschöpflichen Bedingungen bewegen und diesen nicht widersprechen, sondern mit ihnen konvergieren. Aber obwohl Gottes Erlösungswirken sein Wirken als Schöpfer voraussetzt und sich innerhalb der durch es gesetzten Konditionen bewegt, wiederholt dieses Gotteshandeln nicht einfach das Schöpferwirken, sondern setzt *darüber hinausgehende neue Bedingungen*. Es schafft eine von *grundauf neue*, von *allen* vor und außerhalb seiner realen Arten von Gemeinschaft strukturell unterschiedene Gemeinschaft und somit *in ihrer Art einzige* Gemeinschaft, die das Spezifikum ihrer neuen Art auch dem Zusammenleben in dieser Gemeinschaft, seiner Ordnung und dem dafür grundlegenden Zusammenspiel zwischen gesetzgebenden und gesetzbefolgenden Positionen mitteilt.

4.2.5. Die einzigartige Konstitution der Glaubensgemeinschaft durch das Wirken Christi, das ihre Glieder von den postlapsarischen Unsicherhei-

---

[33] Dazu vgl. J. H. POTTMEYER, Die Rolle des Papsttums im Dritten Jahrtausend [Quaestiones Disputatae 179], 1999. – De facto keinerlei Abweichung des Zweiten Vatikanums von der kirchenrechtlichen Position des Ersten kann feststellen: N. LÜDECKE *Der Codex Iuris Canonici von 1983: „Krönung" des II. Vatikanischen Konzils?*, in: HUBERT WOLF/CLAUS ARNOLD (Hgg.), Die deutschsprachigen Länder und das II. Vatikanum (= Programm und Wirkungsgeschichte des II. Vatikanums. Bd. 4) 2000, 209–237; DERS., Die Täuschung. Haben Katholiken die Kirche, die sie verdienen?, 2021.

ten und Beschränkungen der Gottes- und Selbsterkenntnis erlöst, macht diese zur Gemeinschaft vollendeter Sittlichkeit; freilich unter postlapsarischen Bedingungen (4.2.5.1.) und zwar anfänglich (4.2.5.2.) und dauernd (4.2.5.3.), und stellt damit das Zusammenspiel zwischen Positonen des Regelerlasses und der Regelbefolgung unter spezifische Bedingungen (4.2.5.4.), die grundlegend anders sind als als die Bedingungen in der zivilen Gemeinschaft (4.2.5.5.).

4.2.5.1. *Gemeinschaft vollendeter Sittlichkeit in der gefallenen Welt (unter postlapsarischen Bedingungen):*
Die Christusoffenbarung beseitigt die als Folge der Sünde eingetretenen Störungen in der Erkenntnis, Anerkennung und Befolgung des Wollens und Wirkens des Schöpfers, seines Zieles und seiner Zumutung an das personale Geschöpf. Für die Gemeinschaft, die Christus sich durch sein priesterliches, prophetisches und königliches Wirken als sein Instrument für die Perpetuierung dieses seines dreifachen Wirkens bis ans Ende der Zeiten geschaffen hat, gilt somit Zweierlei zu gleicher Zeit:

– Einerseits ist sie das „regnum Christi iam praesens in mysterio" (LG 3) innerhalb der Geschichte und somit der Raum, innerhalb dessen Christus den Seinen durch sein dreifaches (priesterliches, prophetisches und königliches) Wirken ein Leben in vollendeter Sittlichkeit möglich macht und auch unbedingt zumutet. Die Kirche ist also die Gemeinschaft, in der vollendete Sittlichkeit möglich und verlangt ist.

– Zugleich ist die Kirche dies jedoch in der heilsgeschichtlichen Situation *nach dem Fall*: unter postlapsarischen universal- und heilsgeschichtlichen Bedingungen; also nicht *außerhalb*, sondern *innerhalb* der gefallenen erlösungsbedürftigen Welt. Somit ist sie der Raum, in welchem die durch Christi priesterliches, prophetisches und königliches Wirken ermöglichte und verlangte vollkommene Sittlichkeit sich gegen die dauernde Anfechtung durch die Sünde kämpferisch zu behaupten hat – was nur gelingen kann, indem der Glaube sich dabei auf die Kraft der Sakramente der Heilung stützt: Buße (KKK 1420–1494) und Krankensalbung.[34]

Die Störung des Zusammenlebens in vollendeter Sittlichkeit betrifft, wie gezeigt, *beide* für es wesentliche Seiten: das gesetzgebende Handeln ebenso wie das gesetzbefolgende. Also betrifft auch das erlösende Wirken Christi als Priester, Prophet und König diese *beiden* Seiten des sittlichen Zusammenlebens: *Beiden*, dem gesetzbefolgenden ebenso wie dem gesetzgebenden Handeln, ist durch Christi dreifaches Wirken vollkommene Sittlichkeit ermöglicht und unbedingt zugemutet; *beide* sind unter postlapsarischen Bedingungen dauernd durch die Sünde angefochten, nicht nur das regelbefolgende, sondern auch das regelgebende Handeln; und *beide* sind auf die sündever-

---

[34] S. o. Anm. 24.

gebende Kraft der Sakramente der Heilung angewiesen. Jedenfalls dann und insofern, als die vom Vatikanum I (DS 3070) explizit in Erinnerung gebrachte Verheißung Christi für Petrus: „Ego rogavi pro te, ut non deficiat fides tua: et tu aliquando conversus confirma fratres tuos." (Lk 22,32) sich auf die besondere Stellung und Funktion des Petrus innerhalb des Kollegiums der mit dem Weitergabeamt beauftragten Apostel bezieht – ohne Petrus und seine Amtsnachfolger *persönlich* („… tu aliquando conversus …) aus dem Kreis der buß- und vergebungsbedürftigen Christen auszunehmen.

4.2.5.2. Zum *Anfang* der Gemeinschaft vollendeter Sittlichkeit unter postlapsarischen Bedingungen:

Die über alle Arten von Gemeinschaft vor und außerhalb der Glaubensgemeinschaft hinausgehende fundamental neue Art der Glaubensgemeinschaft ist *in ihrer Konstitution begründet*, in ihrer Konstitution durch das gemeinschaftsbildende Wirken des inkarnierten Schöpferlogos durch den Schöpfergeist *innerhalb* seiner Gemeinschaft und allen ihren Gliedern *gegenüber*.

Dieses gemeinschaftsbildende Wirken des inkarnierten Logos hat einen einzigartigen Charakter: Es schafft diese Gemeinschaft (in der der inkarnierte Logos allen ihren Gliedern gegenüber wirksam ist) dadurch, daß Adressaten des inkarnierten Logos die Wahrheit seines Selbstzeugnisses (also die Wahrheit des Evangeliums, daß Jesus als der inkarnierte Schöpferlogos diesen als weltschaffenden Versöhnungswillen, als weltschaffende Liebe, offenbart und vollzieht) durch den Schöpfergeist (den Geist der Wahrheit) erschlossen und ihnen *autopräsent* wird (DS 3008, 3026–3043 mit DH 1c).[35]

Darin (in dieser einzigartigen *Konstitution* dieser Gemeinschaft) gründet somit auch der einzigartige *Charakter* der auf diese Weise konstituierten Gemeinschaft, eben Gemeinschaft der *Glaubenden* zu sein: *Glaubens*gemeinschaft. Deren Einzigartigkeit besteht darin, daß alle ihre Glieder sich ganz und gar hingeben können und sollen an (also: „glauben an") die ihnen durch den Schöpfergeist (den Geist der Wahrheit [Joh 16,7.13], also Gott selbst [Mt 16, 17]) autopräsent gewordene *Wahrheit* des Selbstzeugnisses des inkarnierten Schöpferlogos und darin eingeschlossen auch an seine ihnen leibhaft-wirksam gegenwärtige Person (KKK 50, 144, 150). Sie können und sollen an Jesus „hängen", bei ihm bleiben, nicht weggehen, weil ihnen vermöge der geistgewirkten Autopräsenz des Wahrseins seines Selbstzeugnisses, der Offenbarer und Vollzieher des Wollens und Wirkens des Schöpfers als weltschaffender bedingungsloser Versöhnungswille

---

[35] Dazu Bd. I unserer Forschungsgruppe (o. Anm. 11). Zur jede Glaubens*begründung* ausschließenden, rein glaubens*explikativen* Funktion der „ratio" zuletzt die Enzyklika JOHANNES PAULS II. „Fides et Ratio" vom 14. September 1998.

zu sein, präsent und gewiß geworden ist: „Du hast Worte des ewigen Lebens" (Joh 6,68; vgl. auch Joh 6,63 sowie das entsprechende Selbstbewußtsein des inkarnierten Logos, des Sohnes, im Gespräch mit dem Vater: „Die Worte, die du mir gegeben hast, habe ich ihnen gegeben [...] dein Wort ist die Wahrheit" [Joh 17,8.17]).

Die konstitutive Einzigartigkeit der durch Jesus, den inkarnierten Logos, gewirkten Gemeinschaft-des-Glaubens-an-ihn besteht also in *formaler* Hinsicht darin, daß sie durch nichts anderes begründet und erhalten wird als durch die *Autopräsenz der Wahrheit des Selbstzeugnisses (des Evangeliums) Jesu*, die er selbst als das in dieser Gemeinschaft präsente Gegenüber zu allen ihren Gliedern durch die Gabe seines Geistes (des Schöpfergeistes, des Geistes der Wahrheit) wirkt. Glied dieser Gemeinschaft sind Menschen ausschließlich, weil und indem sie von der geistgewirkten Autopräsenz der Wahrheit des Selbstzeugnisses Jesu, des Sohnes, zu dieser Wahrheit seines Selbstzeugnisses und damit auch zu seiner Person, der Person des wahren Zeugen, „gezogen" (Joh 6,44) sind, sich also der ihnen autopräsent gewordenen Wahrheit des Selbstzeugnisses Jesu, und damit auch ihm selbst, ganz hingeben können und sollen, eben an sie (an die ihnen autopräsente Wahrheit des Zeugnisses und damit auch des Zeugen) „glauben".[36] Umgekehrt heißt das: Wer nicht durch diese ihm autopräsent gewordene Wahrheit des Zeugnisses und eben damit auch die offenbare Wahrheit des Zeugen zu ihm gezogen ist, sich ihm hingeben kann und soll, an ihn glauben kann und soll, ist in Wahrheit überhaupt kein Glied dieser Gemeinschaft, die als Gemeinschaft mit Jesus, dem inkarnierten Logos, und dadurch vermittelt mit allen Mitglaubenden in der Autopräsenz der Wahrheit des Selbstzeugnisses Jesu gründet.

Nun bestimmt aber diese Einzigartigkeit der Konstitution (des Zustandekommens und des Erhaltenwerdens) der Gemeinschaft der Christusgläubigen die Einzigartigkeit dieser Gemeinschaft nicht nur in dieser *formalen,*

---

[36] Der KKK erinnert zutreffend an die Feststellung schon des Ersten Vatikanums, daß der Glaube sich der Wahrheit des Evangeliums nicht aufgrund ihres rationalen Bewiesenseins, sondern aufgrund der Autorität ihrer Autopräsenz im Gewissen hingibt: „Der Beweggrund, zu glauben, liegt nicht darin, daß die geoffenbarten Wahrheiten im Licht unserer natürlichen Vernunft wahr und einleuchtend erscheinen. Wir glauben ‚wegen der Autorität des offenbarenden Gottes selbst, der weder sich täuschen noch täuschen kann' (1. Vatikanisches K., Dogm. Konst. ‚Dei Filius', K. 3: DS 3008)." (KKK 156). Schon weil der Glaube sich auf die Autorität der für den Glaubenden autopräsenten Wahrheit verläßt (DS 3008 zusammen mit Dh 1), ist er nicht ein „blinder Akt" – und keinesfalls erst aufgrund der Tatsache, daß „mit der inneren Hilfe des Heiligen Geistes äußere Beweise seiner Offenbarung verbunden werden (DS 3009)", wie der Text irreführender Weise fortfährt. Denn wenn auch solche „äußeren" Erscheinungen mit dem Autopräsentwerden der Wahrheit Gottes, seines Wollens und Wirkens, notwendig verbunden sind, so sind doch nicht sie es, die als äußere den Glauben unabweisbar machen, sondern allein die Tatsache, daß sich die behauptete Wahrheit selber dem Herzen vergegenwärtigt (Dh 1).

sondern auch, und zwar *zugleich,* in *materialer* Hinsicht. Denn die Wahrheit, deren geistgewirkte Autopräsenz die Glieder dieser Gemeinschaft ergriffenen hat, ist ja nicht die Wahrheit über irgendwelche einzelnen Vorkommnisse *innerhalb* der Welt, sondern die Wahrheit über Ursprung und Ziel *der* Welt selber und im ganzen im Willen ihres Schöpfers und damit die Wahrheit über diesen Schöpferwillen selbst: also die Wahrheit über diesen ewigen Willen und sein Ziel, wie er in seinem Wirken und Werk, dem Weltgeschehen selbst, an sich immer schon manifest ist, als weltschaffender Gemeinschafts- und Versöhnungswille – also die Wahrheit über die „*lex divina*": daß nämlich diese die an sich immer schon die auf restlose Versöhnung und selige Gemeinschaft des geschaffenen Ebenbildes Gottes mit Gott in Gottes ewigem Leben gerichtete „*lex caritatis* [sc. creatoris]" ist.

Das aber heißt nicht weniger als: Die *materiale* Einzigartigkeit der Glaubensgemeinschaft besteht darin, daß sie diejenige Gemeinschaft von Menschen ist, für deren Glieder die unter den postlapsarischen Bedingungen zuvor universal herrschende *Unsicherheit* und *Beschränktheit* in der Erkenntnis der Logik der Schöpfung, des Gesetzes der Schöpfung, der „lex divina", nun beseitigt ist. Den Gliedern dieser Gemeinschaft ist die „lex divina" und das natürliche Sittengesetz ohne jede Unsicherheit und völlig uneingeschränkt präsent, eben: autopräsent. Den Gliedern dieser Gemeinschaft – nur und erst ihnen – ist das naturgemäße Leben, das Leben „kata physin", nicht nur wie allen Geschöpfen unbedingt geboten, sondern auch möglich. Womit sich zeigt: Ihre Gemeinschaft ist als durch die Autopräsenz *dieser* Wahrheit, eben der Wahrheit des material bestimmten Selbstzeugnisses des inkarnierten Schöpferlogos über die „lex divina" und über das natürliche Sittengesetzt, Gemeinschaft, in der das Interagieren aller ihrer Glieder sich im Licht der Autopräsenz der Wahrheit über die „lex divina" als „lex caritatis [creatoris]" und über das natürliche Sittengesetz als Gebot der Gottes- und Nächstenliebe, und somit im *Angezogensein* von der Autopräsenz dieser Wahrheit selber und daher auch im *Gehorsam* ihr gegenüber (in der freiwillentlichen Hingabe an das Anziehende), also in *vollendeter Sittlichkeit* sich nicht nur vollziehen *soll,* sondern auch *kann.*

Dabei gilt freilich: Diese *materiale* Einzigartigkeit der Glaubensgemeinschaft *gründet* in ihrer *formalen* Einzigartigkeit. Sie gründet darin, daß Jesus, der inkarnierte Logos, der sein Selbstzeugnis *in* der Gemeinschaft, die er zu Menschen aufgenommen hat, *gegenüber* allen diesen Menschen leibhaft ablegt, selber für Adressaten dieses seines Selbstzeugnisses dessen Wahrheit durch die Gabe seines Geistes autopräsent macht und sie dadurch – also dadurch, daß er selbst ihnen die Autopräsenz der Wahrheit seines leibhaften Selbstzeugnisses gewährt – mit sich und untereinander zur Gemeinschaft des Angezogenseins von der autopräsenten, also absolut sicheren und uneingeschränkten, Wahrheit über die „lex divina" und das natürliche Sittengesetz macht. Womit er sie ipso facto auch zur Gemeinschaft macht, in der im Licht dieser autopräsenten Wahrheit Leben in gänzlicher Hingabe (also im „Glauben") an sie, nicht nur unbedingt verlangt, sondern auch möglich ist.

Freilich: eben dies nur *innerhalb* der postlapsarischen Welt. Also unter Bedingungen, in denen die mögliche Hingabe an die autopräente Wahrheit bleibend erschwert ist, weil sie nur als ständiger Kampf gegen die Dauerattacken der Sünde vollzogen wird, der nur gewonnen werden kann, wenn und indem Christus selber den Glaubenden auch über alle Niederlagen in diesem Kampf hinweghilft: durch die Gewährung der Möglichkeit von *Buße* und *Sündenvergebung*, also: durch die *Sakramente der Versöhnung*.

4.2.5.3. Das Dauern der Gemeinschaft vollendeter Sittlichkeit unter *postlapsarischen Bedingungen*:

Nun ist aber die einzigartige Konstitution dieser Gemeinschaft, die deren formale und materiale Einzigartigkeit begründet, durch den inkarnierten Logos (wie oben gesehen) *in der Weise* erfolgt, daß sein einzigartiges Wirken und Werk nicht auf seine Erdentage beschränkt bleibt, sondern bis ans Ende der Tage *dauert*. Die *geistlich wirksame leibhafte Gegenwart* des inkarnierten Logos inmitten der Seinen ihnen allen gegenüber – in der er für sie alle die Wahrheit seines Selbstzeugnisses, als Sohn des Vaters der Offenbarer und Vollzieher des weltschaffenden Versöhnungswillen des Vaters zu sein, autopräsent macht und eben damit für sie die postlapsarische Unsicherheit und Beschränktheit der Erkenntnis der „lex divina" und des natürlichen Sittengesetzes überwindet und sie in der Gemeinschaft zusammenschließt, in der vollendete Sittlichkeit nicht nur unbedingt verlangt sondern auch möglich ist – die all dies (priesterlich, prophetisch und königlich) bewirkende leibhafte Gegenwart des inkarnierten Logos soll über seine Erdentage hinaus *dauern* und vermöge dieses ihres Dauerns die in seiner geistlich dreifach wirksamen leibhaften Gegenwart gründende Gemeinschaft vollendeter Sittlichkeit bis ans Ende der Tage *erhalten*.

Für dieses Dauern seiner geistlich auf dreifache Weise wirksamen leibhaften Gegenwart für die Seinen, die deren Gemeinschaft als Raum nicht nur unbedingt verlangter, sondern auch möglicher vollendeter Sittlichkeit erhält, sorgt der inkarnierte Logos durch Einsetzung des Weitergabedienstes der Apostel, der als solcher inmitten der Seinen ihnen allen gegenüber gegenwärtig ist und dem er (der erhöhte Gekreuzigte) verheißt, daß er, der inkarnierte Logos, ihn als das Instrument benutzen wird, durch das *er selber sich selbst* vom Himmel her (aus der Ewigkeit heraus) inmitten der Seinen ihnen allen gegenüber leibhaft und geistlich wirksam präsent machen wird.

Warum und Wodurch ist der Weitergabedienst der Apostel geeignet, Instrument zu sein für dieses perenne sich-selbst-leibhaft-und-geistlich-wirksam-präsent-Erhalten des inkarnierten Logos inmitten der Seinen und ih-

nen allen gegenüber? Er ist es darum und dadurch, daß dieser Dienst in
nichts anderem bestehen und sich darauf beschränken soll, alles das weiterzugeben, was zu dem wahren Selbstzeugnis des inkarnierten Logos gehört,
das den Aposteln – und nota bene nicht nur ihnen, sondern *allen* Gliedern
der Gemeinschaft – durch den in seiner Gemeinschaft in leibhafter Gegenwärtigkeit wirksamen inkarnierten Logos als wahr erschlossen und als solches hinterlassen ist. Das sind (nach DV 7) wie gesagt: a) die Worte des inkarnierten Logos, b) die komprimierte übersprachliche Vorwegdarstellung
seiner Lebenshingabe in dem zu seinem bleibenden Gedächtnis eingesetzten letzten Mahl und c) der durch österlichen Befehl eingesetzte Weitergabedienst der Apostel selber.

Den apostolischen Dienst der Weitergabe dieser Revelata setzt der Erhöhte als das Instrument ein, durch das *er selber sich selbst* sich bis ans Ende
der Tage in der von ihm konstituierten Gemeinschaft allen ihren Gliedern
gegenüber präsent macht. Und zwar *wirksam* präsent: also so, daß er ebenso, wie er den Adressaten seines Selbstzeugnisses in seinen Erdentagen die
Wahrheit dieses Zeugnisses erschlossen und autopräsent gemacht hat, so
auch in aller Folgezeit denen, die leibhaft durch sein wahres Selbstzeugnis (durch die „vera revelata"), wie es ihnen von den Aposteln und deren
Nachfolgern als „revelatum", dessen Wahrsein ihnen (den Aposteln und ihren Nachfolgern) autopräsent ist,[37] weitergegeben wird, selber die Wahrheit dieses seines Selbstzeugnisses erschließen, ihnen diese Wahrheit autopräsent machen und sie dadurch zu Gliedern der durch dieses Geschehen
geschaffenen Gemeinschaft machen wird.

Somit – durch die *Einsetzung des Weitergabedienstes* der Apostel und ihrer
Nachfolger und die diesem gegebene unfehlbare Verheißung, diesen Weitergabedienst als Instrument seiner eigenen geistlichen Wirksamkeit zu verwenden, durch die er bis ans Ende der Tage den Adressaten seines ihnen
leibhaft gegenwärtigen Selbstzeugnisses dessen Wahrheit autopräsent machen wird – hat der inkarnierte Logos also die *anfängliche* Weise der Konstitution der Gemeinschaft der Seinen zur *dauernden* gemacht. Und somit
hat also auch die auf diese *anfängliche und dauernde* Weise konstituierte Gemeinschaft kraft dieser ihrer anfänglichen und dauernden Konstitution anfänglich und dauernd denselben Charakter. Sie ist *dauernd*, was sie *anfänglich*
ist: Gemeinschaft der nicht nur unbedingt verlangten, sondern auch möglichen Ganzhingabe an die autopräsent Wahrheit über den Schöpferwillen, also des nicht nur verlangten sondern auch möglichen „Glaubens", der
seinem Grund und Gegenstand (und das ist: die durch das geistlich wirksame leibhafte Gegenüber des Selbstzeugnisses des inkarnierten Schöpferlogos gewährte [geschaffene und erhaltene] Autopräsenz der Wahrheit die-

---

[37] Vgl. 2. Petr 1,16b.

ses Selbstzeugnisses) „gehorsam" ist, und zwar *ipso facto nicht blind*, sondern in vertrauensvoller Ganzhingabe an die ihn durch ihre Autopräsenz anziehende Wahrheit über den Schöpferwillen. Und somit ist sie eben auch anfänglich und dauernd nichts anderes als die durch dieses Geschehen der Selbstvergegenwärtigung der Wahrheit Gottes geschaffene und erhaltene Gemeinschaft, in der *vollendete Sittlichkeit* nicht nur unbedingt verlangt, sondern auch möglich ist.

Diesen Charakter hat die durch die perenne geistlich-wirksame leibhafte Gegenwart des Lebenszeugnisses des inkarnierten Schöpferlogos geschaffene Gemeinschaft genau und nur deshalb, weil für *alle* ihre Glieder die einzige maßgebliche Autorität (die „unica auctoritas") nichts anderes ist als die Wahrheit des Selbstzeugnisses des inkarnierten Schöpferlogos, die dieser ihnen allen im Gegenüber zur geistlich wirksamen leibhaften Gegenwart dieses seines Selbstzeugnisses erschlossen hat, zu sehen gegeben, eben autopräsent gemacht, hat, so daß der erleuchtende und motivierende Glanz dieser Wahrheit („Veritatis splendor"[38]) das Leben aller Glieder dieser Gemeinschaft ausrichtet und bewegt.

4.2.5.4. *Unterschied und Zusammenspiel zwischen Positionen des Regelerlasses und der Regelbefolgung* auch in der Gemeinschaft vollendeter Sittlichkeit unter postlapsarischen Bedingungen:

Dieses eigene Wirken des Erhöhten durch Indienstnahme der Weitergabetätigkeit des apostolischen Dienstes impliziert nun aber eine Konsequenz für das Verhältnis der Adressaten des weitergegebenen wahren Selbstzeugnisses Jesu nicht nur zu Jesus, sondern ebenso auch zu den Inhabern und Vollziehern des Weitergabedienstes (a); und es impliziert zugleich umgekehrt auch eine Konsequenz für das Verhältnis der Inhaber des Weitergabedienstes zu ihren Adressaten: zu denen, die schon Glieder der Glaubensgemeinschaft sind und zu denen, die es noch nicht sind (b).

ad a (*Verhältnis der Glieder der Glaubensgemeinschaft zu den Inhabern des Weitergabedienstes*): Wenn und indem der zur Rechten des Vaters erhöhte inkarnierte Logos selbst die Wahrheit seines vom apostolischen Dienst als wahr weitergegebenen Selbstzeugnisses für Adressaten dieses weitergegebenen Selbstzeugnisses erschließen und ihnen diese Wahrheit autopräsent machen wird, schließt das unweigerlich ein, daß er ihnen zugleich mit der *Wahrheit seines weitergegebenen Selbstzeugnisses* auch die *Wahrheit dieser Weitergabetätigkeit*, durch die sein Selbstzeugnis sie erreicht hat, erschließen wird. So wie die Erschließung und Autopräsenz der Wahrheit des Selbst-

---

[38] Dazu die gleichnamige Enzyklika vom 6. August 1993 (AAS 85 [1993] 1134–1228). Ihr Skopus: Der „Splendor" der von Christus erschlossenen „Veritatis" über den ewigen Schöpferwillen, und nur er, ermöglicht den sittlichen Gebrauch menschlicher Freiheit.

zeugnisses des inkarnierten Logos in dessen Erdentagen seinen Adressaten zugleich auch die Wahrheit des *Zeugen* (also Jesu) erschloss und zu ihm als demjenigen hinzog, der „Worte des ewigen Lebens" hat, so macht auch die Erschließung der Wahrheit des weitergegebenen Selbstzeugnisses des inkarnierten Logos für diejenigen, denen diese Erschließumg widerfährt, zugleich die *Wahrheit der apostolischen Weitergabetätigkeit* und ihres Anspruchs auf Wahrheit für das Weitergegebene offenbar und präsent, so daß ihnen gewiß ist: auch die Inhaber und Vollzieher des apostolischen Dienstes sind wahre Zeugen, haben „Worte des ewigen Lebens", nämlich: *nicht ihre eigenen Worte*, sondern das *Ganze des wahren Lebenszeugnisses des inkarnierten Logos*, das ihnen zur Weitergabe aufgegeben und von ihnen weitergegeben ist. Niemand ist in Wahrheit Glied der Glaubensgemeinschaft, die der inkarnierte Logos während seiner Erdentage durch die Erschließung der Wahrheit seines Selbstzeugnisses geschaffen hat und die er bis ans Ende der Tage durch Ingebrauchnahme des von ihm eingesetzten apostolischen Weitergabedienstes erhält, dem nicht die Wahrheit des Selbstzeugnisses Jesu autopräsent geworden wäre; und das heißt: nach („post") der Generation der Auferstehungszeugen ist niemand in Wahrheit Glied der Glaubensgemeinschaft, dem nicht zugleich mit der *Wahrheit des weitergegebenen Selbstzeugnisses Jesu* (des inkarnierten Logos) zugleich auch die *Wahrheit des Zeugnisses der Inhaber des apostolischen Weitergabedienstes* autopräsent geworden wäre.

Das aber heißt nicht weniger als dies: Das Erhaltenwerden der Gemeinschaft des Christusglaubens als der Gemeinschaft der sicheren und uneingeschränkten Erkenntnis von „lex divina" und natürlichem Sittengesetz sowie des Gehorsams ihm gegenüber, schließt wesentlich ein: auch die Autopräsenz des Wahrseins (der Zuverlässigkeit, Stichhaltigkeit des Wahrheitsanspruchs) der *Inhaber* des apostolischen Dienstes für ihre Weitergabetätigkeit, und zwar die Autopräsenz der Wahrheit aller drei Momente dieser befohlenen Weitergabetätigkeit:

– die Autopräsenz der Wahrheit ihrer Lehrtätigkeit (denn sie lehren nichts als das ihnen als wahr präsente Selbstzeugnis Jesu, sein ihnen als wahr präsentes Evangelium),

– die Autopräsenz der Wahrheit ihrer Feier des Versöhnungsgeschehens (denn sie tun dabei nichts, als der ihnen weitergegebenen [1 Kor 11,23] und durch sie weiterzugebenden Einsetzung des Herrn zu folgen), aber auch

– die Autopräsenz der Wahrheit ihrer Weitergabetätigkeit selber; denn die tut nichts, als das den Aposteln als wahr erschlossene Selbstzeugnis des inkarnierten Logos unverkürzt weiterzugeben, und ist damit das Instrument, das der Erhöhte gebraucht, um selbst sich selber bis ans Ende der Tage in der durch ihn geschaffenen Gemeinschaft allen ihren Gliedern gegenüber wirksam (selbst die Wahrheit seines weitergegebenen Selbstzeugnisses erschließend) präsent zu erhalten und dadurch diese Gemeinschaft selbst als die zu erhalten, als die er sie geschaffen hat: als die Gemeinschaft, in der er selbst allen ihren Gliedern gegenüber präsent ist.

Also: kein wahres Mitglied der Glaubensgemeinschaft, dem nicht die Wahrheit des apostolischen Weitergabedienstes autopräsent geworden wäre als Instrument von Christi eigener Hirtentätigkeit an seinem Geschöpf, der Kirche. Somit auch kein wahres Mitglied der Glaubensgemeinschaft, dem nicht die Wahrheit des Anspruchs der apostolischen Weitergabetätigkeit autopräsent geworden wäre, als Tätigkeit von Menschen instrumentellen Anteil zu haben an *Christi eigenem Hirten- und Leitungsamt.*

ad b (*Verhältnis der Inhaber des Weitergabedienstes zu ihren Adressaten*): Die österliche Einsetzung des Weitergabedienstes setzt voraus, daß seinen Empfängern, den Aposteln (Petrus und allen Zwölf) − so wie allen Gliedern der Glaubensgemeinschaft − die Wahrheit des Lebenszeugnisses Jesu, und zwar in allen seinen drei Elementen (den Worten Jesu, seiner Lebenshingabe, seinem verheißungsvollen Weitergabeauftrag) autopräsent geworden ist; und sie schließt die untrügliche Verheißung ein, daß der erhöhte Gekreuzigte die Weitergabetätigkeit der Apostel in Gebrauch nehmen wird, um die Wahrheit des in ihm Weitergegebenen, nämlich seines Selbstzeugnisses, auch für deren Adressaten autopräsent zu machen. Damit aber steht dann die Ausübung des Weitergabedienstes auch stets unter der Bedingung, daß eben diese Verheißung *erfüllt worden ist*: Die *Situation, in der er den Aposteln aufgetragen wird*, ist die Situation, in der der inmitten der Seinen ihnen gegenüber leibhaft präsente und geistlich wirksame inkarnierte Logos diese schon als *ganze* zur Glaubensgemeinschaft gemacht *hat*, in dieser Gesamtgemeinschaft den *engeren Kreis* der Zwölf gewählt *hat* und innerhalb dieser − den engeren Kreis einschließenden − *Gesamtgemeinschaft* den Petrus als denjenigen ausgezeichnet *hat*, welcher als erster den Glauben („fides quae") *aller*, seinen Grund und Gegenstand (die autopräsente [vom „Vater im Himmel" „offenbarte"] Wahrheit über Jesus als Sohn Gottes) *bekannte*, also den Glauben („fides quae"), auf dem die vom inkarnierten Logos geschaffene Gemeinschaft als Gemeinschaft derer, die an ihn *glauben*,[39] ruht als auf ihrem durch die geistliche Wirksamkeit des Selbstzeugnisses Jesu begründeten Fundament (Felsen) (KKK 153, 424, 442, 552). Petrus *schafft nicht* durch sein Bekenntnis die Gemeinschaft der an Jesus als den Sohn Gottes glaubenden, sondern in dieser schon durch Jesus, den Sohn Gottes geschaffenen Gemeinschaft der „Jünger", die an ihn als den Sohn Gottes glauben, spricht Petrus − auf die an alle gerichtete Frage[40] *stellvertretend antwortend*: − „Du bist Christus, der Sohn des lebendigen Gottes" (Mt.16,16);

---

[39] D.h. derer, die sich der ihnen autopräsent gewordenen, sie zu ihm hin „ziehenden" Wahrheit seines Selbstzeugnisses im vertrauenden Gehorsam ganz hingeben.

[40] Mt 16,15: „Was sagt denn *ihr* [Jünger: v. 13; kursiv: E.H.]), daß ich sei?"

womit er den Glauben (die „fides quae") ausspricht, der das schon vom Vater des Sohnes selbst gelegte Fundament der gesamten Glaubengemeinschaft ist, also der eine Glaube (die eine fides quae) *aller Jünger.*

Ganz ebenso ist auch die *Situation, in der die Inhaber des Weitergabedienstes diesen ausüben,* stets ihre Situation *innerhalb* derjenigen Gemeinschaft,
die Christus bereits durch seine *eigene* geistliche Wirksamkeit geschaffen
hat – eben indem er selbst den Adressaten seines Selbstzeugnisses dessen
Wahrheit autopräsent gemacht *hat,* sei es durch die Wirksamkeit seines irdischen Lebens und seines dieses vollendenden Endgeschicks, durch die er
diese Gemeinschaft anfänglich *geschaffen hat,* sei es durch die Erfüllung der
den Inhabern des apostolischen Weitergabedienstes gegebenen Verheißung,
durch die er die durch ihn geschaffene Gemeinschaft der an ihn Glaubenden auch *erhalten hat* als Gemeinschaft der an ihn Glaubenden (der von der
Autopräsenz der Wahrheit seines Lebenszeugnisses Angezogenen und ihr
ganz Hingegebenen).

Damit aber ist die Ausübung des apostolischen Weitergabedienstes auch
ursprünglich und bleibend an ein *spezifisches,* und zwar *einzigartiges Verhältnis seiner Inhaber zu ihren Adressaten* gebunden: Das in ihrem Weitergabedienst Weiterzugebende und Weitergegebene ist das Selbstzeugnis Jesu,
dessen Wahrheit ihnen so wie allen Glaubenden autopräsent geworden ist.
Und zwar als die Wahrheit, die diesem Selbstzeugnis *in und durch sich selbst
eignet,* also auch schon vor und unabhängig von deren Autopräsentwerden
für die Adressaten dieses Selbstzeugnisses und also auch weder erst aufgrund ihres für ihre Adressaten Autopräsentwerdens noch gar erst aufgrund
der Zustimmung und Anerkennung, die ihr kraft ihres Autopräsentwerdens für ihre Adressaten von diesen zuteilgeworden ist.[41] Die Inhaber des
Weitergabedienstes können also das in ihm Weiterzugebende gar nicht anders angemessen weitergeben als unter Erhebung des Anspruchs, daß dieses Selbstzeugnis *in und durch sich selbst wahr ist und dies aufgrund des Seins-
verfassung des Zeugen, also des inkarnierten Schöpferlogos, also Gottes selbst, der
die Wahrheit selber ist und weder täuschen noch getäuscht werden kann.* Die Inhaber des Weitergabedienstes können das in diesem ihrem Dienst Weiterzugebende also gar nicht anders angemessen weitergeben, als so, daß sie für
dieses den Anspruch erheben, das *in sich selbst wahre* Selbstzeugnis des inkarnierten Schöpferlogos zu sein, also das wahre Zeugnis Gottes über sich
selbst („haec dixit dominus"), dessen Wahrheit ihnen und allen Glaubenden schon autopräsent geworden und damit zur lebensbestimmenden Autorität geworden *ist* – und dessen Wahrheit für alle seine noch nicht glaubenden Adressaten autopräsent werden und zur lebensbestimmenden Au-

---

[41] Mit den Worten des Ersten Vatikanums: Die Wahrheit des Weitergegebenen eignet
diesem „ex sese, non autem ex consensu Ecclesiae" (DS 3074).

torität werden *wird*. Der *Vollzug* des Weitergabedienstes entspricht also der Einzigartigkeit dessen, *was* er weiterzugeben hat, nur dann, wenn er für dies in ihm Weiterzugebende und Weitergegebene die Autorität der Wahrheit geltend macht, die sich im Innersten *aller* Glaubenden bereits autopräsent gemacht und zur Wirkung gebracht *hat* und die durch sich selbst dazu bestimmt ist, durch sich selbst im Innersten *aller* Menschen autopräsent und zur Wirkung gebracht zu *werden*.

Und diesen Anspruch für das durch ihren Dienst *Weiterzugebende* können die Inhaber des Weitergabedienstes nicht erheben, ohne denselben Anspruch damit zugleich auch für *ihren Weitergabedienst* als Dienst der Weitergabe genau *dieses Weiterzugebenden und Weitergegebenen* zu erheben. Das *kann zwar nicht* der Anspruch sein, durch ihr menschliches Handeln, das den Weitergabedienst vollzieht, die Weitergabeaufgabe erfüllt, ihren Adressaten – seien es nun schon Glaubende oder noch nicht Glaubende – die *Autopräsenz* der Wahrheit des in diesem Dienst Weitergegebenen zu *verschaffen*, es *muß* aber der Anspruch sein, selber die *Weitergabe des in sich selbst Wahren* zu sein.[42]

4.2.5.5. Die *Besonderheit* des Zusammenspiels von regelsetzenden und regelbefolgenden Positionen in der Gemeinschaft vollendeter Sittlichkeit unter postlapsarischen Bedingungen:

Im Blick auf die vorstehenden Befunde muß also ein Doppeltes gesagt werden:

a) Weil die durch Christus geschaffene und durch verheißungsgemäße Ingebrauchnahme des von ihm eingesetzten Weitergabedienstes erhaltene Gemeinschaft überhaupt eine bestimmte dauernde Gemeinschaft von Menschen ist, steht sie unter den universalen Bedingungen, unter denen jede bestimmte dauernde Gemeinschaft von Menschen als Personen in der geschaffenen Welt unter postlapsarischen Bedingungen steht: Sie kann nicht anders als leibhaftes Zusammenleben in einer *Ordnung* zu sein, ein leibhaftes Zusammenleben in *Institutionen*, also ein Zusammenleben, das sich auf Seiten *aller* Beteiligten kontinuierlich als situationsgemäße Befolgung von situationsbezogenen Regeln, „Gesetzen", der personalen Interaktion vollzieht, in deren Vorgegebensein und dauerndem Befolgtwerden die *Ordnung* des leibhaften Zusammenlebens und damit die *Gemeinschaft* der Zusammenlebenden ihre *Realität* besitzt.

Im Fall einer Gemeinschaft von Personen kommt nun weder das Vorgegebensein von Gesetzen noch das Befolgtwerden von Gesetzen zustande *vorbei* an verantwortlicher Interaktion der beteiligten Personen: das Vorgegebensein von Gesetzen kommt nicht zustande vorbei an der verantwortlichen Interaktion der Inhaber von gesetzgebender Autorität untereinander

---

[42] Siehe vorige Anm.

und mit den Adressaten der Befolgung heischenden Gesetze, das Befolgtwerden der Gesetze kommt nicht zustande vorbei an der kontinuierlichen
eigenverantwortlichen situationsgerechten Befolgung der vorgegebenen
und dauernde Befolgung verlangenden Gesetze der Ordnung (statt ihrer
Mißachtung – sei es aus Unkenntnis oder Verachtung).

Jedenfalls (aber, wie wir gleich sehen werden, nicht nur) dies letztere,
die *eigenverantwortliche situationsgerechte Befolgung* der Ordnung der Gemeinschaft, also der Regeln („Gesetze") dieser Ordnung, manifestiert sich als die
„Disziplin" der Glieder der Gemeinschaft. In dieser *Disziplin der Regelbefolgung manifestiert sich*

– die Zugehörigkeit der Glieder einer Gemeinschaft zu dieser und damit zugleich auch

– die Gemeinschaft, zu der diese Glieder gehören, selber.

Aber auch im Blick auf die *gesetzgebende* Interaktion in der Gemeinschaft
wird man von „Disziplin" sprechen müssen, jedenfalls dann, wenn zu den
Gesetzen der Gemeinschaft auch solche gehören, die auch der *gesetzgebenden Interaktion* schon *vorgegeben* sind.

Weil die durch Christus geschaffene und erhaltene Gemeinschaft eine
Gemeinschaft von menschlichen Personen ist, weist auch sie diese Züge jeder Gemeinschaft auf: Auch sie ist real nur im Realsein ihrer Ordnung, ihrer Institutionen, also nur im dauernden Befolgtwerden der Regeln, „Gesetze", die ihre institutionelle Ordnung ausmachen. Auch sie ist real nur
als das Kontinuum der „Disziplin" aller ihrer Glieder, der gesetzgebenden
und gesetzbefolgenden, in der sich manifestiert

– einerseits die reale Zugehörigkeit der Glieder zu dieser Gemeinschaft
und zugleich

– andererseits die reale Existenz der Gemeinschaft, zu der die Glieder
gehören.

b) Nun ist jedoch die durch *Christus* geschaffene und erhaltene Gemeinschaft in der vorstehend beschriebenen *Weise* geschaffen und erhalten: Nämlich geschaffen und erhalten durch die Autopräsenz der Wahrheit
des Selbstzeugnisses Jesu als des inkarnierten Schöpferlogos, des Offenbarers und Vollziehers der „lex divina" als „lex caritatis" und damit des Offenbarers und Lehrers des natürlichen Sittengesetzes als Gottes- und Nächstenliebe; so daß die in der Autopräsenz dieser Wahrheit gründende Gemeinschaft konstituiert ist als die Gemeinschaft des Glaubens (der nicht nur
verlangten, sondern auch möglichen Ganzhingabe) an sie und somit der
vollendeten Sittlichkeit.

Kraft dieser einzigartigem Konstitution dieser Gemeinschaft und ihres
einzigartigen Charakters hat auch die „Disziplin", in der sich ihre Realität
manifestiert, einen von der „Disziplin" jeder anderen Gemeinschaft unterschiedenen Charakter: Sie ist *„sacra disciplina"*: nämlich Disziplin im *Be-*

folgen und, wie sich zeigen wird, auch im *Geben derjenigen* Gesetze, welche zur Ordnung dieser einzigartigen, eben durch das Wahrheitsgeschehen der Selbstoffenbarung des Schöpfers in seinem inkarnierten Schöpferwort durch seinen Schöpfergeist konstituierten, Gemeinschaft gehören und daher auch ihrerseits die entsprechende *formale* und *materiale* Einzigartigkeit aufweisen.

Was im CIC zusammengestellt ist, sind die „leges" dieser „sacra disciplina": die „Sacrae disciplinae Leges". Diese Eröffnung der Apostolischen Konstitution, durch die Johannes Paul II. den CIC am 25. Januar 1983 promulgierte,[43] faßt den wesentlichen Charakter der in diesem Codex enthaltenen Gesetze zusammen, und sie bestimmt diesen Charakter aus der formalen und materialen Einzigartigkeit der kirchlichen Gemeinschaft und Ordnung, die sich aus der formalen und materialen Einzigartigkeit ihrer Konstitution ergibt, aus ihrer Konstitution nicht schon (wie die Konstitution aller anderen menschlichen Gemeinschaften) durch das Handeln Gottes als *Schöpfer*, sondern erst aus seinem Handeln auch als *Erlöser* in Christus. Ebendieselbe Einzigartigkeit der Weise der Gemeinschaft, die auf dem Geschehen des Autopräsentwerdens der Wahrheit des Selbstzeugnisses Jesu für seine Adressaten aufruht und somit Gemeinschaft des Glaubens an (des vertrauenden sich-Verlassen auf) diese Wahrheit ist, bringt der CIC selber zum Ausdruck, indem die Kirche nicht eine „*juristische* Person" nennt, sondern eine „*moralische* Person" (can. 113 § 1): Juristische Personen werden durch einen menschlichen Rechtsakt konstituiert (can. 114), die Kirche als „moralische Person" ist hingegen konstituiert durch das Kirche-schaffende und -erhaltende Wirken Christi: „ex ipsa ordinatione divina" (can. 113 § 1).

Das hat Konsequenzen sowohl für die Gesetzgebung (4.3.) als auch für die Gesetzesbefolgung in dieser Gemeinschaft (4.4. –4.6.) und damit für die Ordnung dieser Gemeinschaft im ganzen (4.7.).

4.3. *Konsequenzen für die Gesetzgebung.* – Durch die Einsetzung des Weitergabedienstes der Apostel *erhält* Christus die durch ihn geschaffene Gemeinschaft. Erhalten werden Gemeinschaften durch die Erhaltung ihrer Ordnung. Somit ist grundlegend für den Vollzug des Weitergabedienst die Wei-

---

[43] Die Wendung dürfte von einer Wendung im Canon des vierten Kapitels der Konstitution „Pastor aeternus" des Ersten Vatikanums angeregt sein, die das Anathem über jeden ausspricht, der leugnet, daß der römische Bischof nicht die „plenam et supremam potestatem iurisdictionis in universam Ecclesiam" nicht nur in allen Fragen der Lehre und der Sitten, „sed etiam in iis, quae ad *disciplinam et regimen Ecclesiae* (Hervorhebung E. H.) […] pertinent" habe. Das ändert nichts daran, daß die an diese Sprache des Ersten Vatikanums angelehnte Gesamtkennzeichnung des Inhalts des CIC als „sacrae disciplinae leges" Ausdruck der klaren heils- und offenbarungsgeschichtlichen Fundierung der gesamten Ekklesiologie des Zweiten Vatikanums ist, die als solche (samt ihren Konsequenzen) in der Lehre des Ersten Vatikanums noch nicht *explizit* vorliegt.

tergabe der Ordnung, die Christus selbst seiner Gemeinschaft, eben durch die Einsetzung des Weitergabedienstes, gegeben hat. Weitergegeben wird eine Ordnung durch das Erlassen von allgemeinen Verhaltensregeln für bestimmte Situationstypen, also durch das Erlassen von Gesetzen („leges"). So auch die von Christus gesetzte und den Aposteln zur Weitergabe befohlene Ordnung der Glaubensgemeinschaft: Die Apostel und ihre Nachfolger geben sie weiter, indem sie die für die Erhaltung der Ordnung verlangten Gesetze erlassen – und dies in sachgemäßer Reaktion auf die Herausforderungen der sich wandelnden geschichtlichen Lage der Kirche in der Welt. Dies tun sie in Ausübung des ihnen übertragenen Weitergabedienstes, mit dessen Autorität und somit mit verpflichtender Wirkung für alle Glieder der Gemeinschaft. Insoweit resultiert die Gesetzgebung durch die Inhaber des apostolischen Dienstes in für alle Glieder der Gemeinschaft geltendem positivem, eben gesetztem „Recht". Und zwar in Recht, das aus *menschlichem* Handeln, eben der menschlichen Ausübung des von Christus eingesetzten Weitergabedienstes, resultiert, also in positivem menschlichen Recht („ius positivum humanum"). Darin kommt das in der Glaubensgemeinschaft für ihre Glieder gesetzte Recht *formal* mit dem Recht in der zivilen Gemeinschaft überein.

Sein Erlaß steht jedoch in der Glaubensgemeinschaft, d. h. in der durch den inkarnierten Schöpferlogos geschaffenen Gemeinschaft vollendeter Sittlichkeit, unter Bedingungen, die in der zivilen Gemeinschaft nicht gegeben sind. Sie betreffen den *Boden* der gesetzgebenden Tätigkeit des apostolischen Dienstes (a), seinen Adressatenkreis (b) und seinen inhaltlichen Umfang (c).

ad a: Die kirchliche Autorität folgt in ihrer Gesetzgebung allem, was sich ihr im Lichte der Christusoffenbarung als verpflichtende Setzung des dreieinigen Gottes präsentiert, also dem ihr kraft der Christusoffenbarung sicher und uneingeschränkt vor Augen stehenden „ius divinum" – *nur* ihm und ihm *ganz*.

– Das ist erstens das in der „lex divina", wie sie durch Christus als „lex caritatis" offenbar geworden ist, begründete natürliche Sittengesetz als Gesetz der Gottes- und Nächstenliebe, das das Gesetz der Achtung der geschaffenen Würde des Menschseins und die darin gründenden natürlichen Rechte des Menschseins einschließt.

– Es ist darüber hinaus zweitens das schon dem alten Gottesvolk durch prophetische Offenbarung gegebene „ius divinum positivum", soweit es nicht durch das dem neuen Gottesvolk vom inkarnierten Logos gegebene „ius divinum positivum" abrogiert worden ist.

– Und natürlich drittens das dem neuen Gottesvolk durch Christus, sei es schon vor oder auch nach seiner Erhöhung, gegebene „ius divinum positivum" des Weitergabedienstes und seiner Inhalte.

Dabei ist dieser apostolische Weitergabedienst in der Einheit seiner drei munera von dem durch Christus gegebenen „ius divinum positivum" umschlossen, für die das „munus pastorale seu regiminis" *grundlegend* und das „munus" des authentischen und unter bestimmten Bedingungen[44] unfehlbaren und damit irreformablen Lehrens *wesentlich* ist. Das schließt die Möglichkeit ein, daß der apostolische Dienst in Ausübung dieser „munera" auch zu irreformablen Lehrentscheidungen und auf deren Boden auch zu irreformablen Regelsetzungen gelangt. Und soweit diese Möglichkeit realisiert worden ist, nehmen auch die aus solchen Akten des apostolischen Dienstes stammenden und durch sie qualifizierten Regelsetzungen, obschon durch Menschen getroffen, dennoch vermöge der von Gott (Christus) dem *Amt*, in dem sie getroffen wurden, gegebenen Autorität an der Qualität des „ius divinum" teil. Sie sind *„ius divinum derivativum"* Wie weit es reicht, ist später zu erörtern.

Das „ius divinum" (auch das „ius divinum derivativum") enthält Regeln von universaler Reichweite, die für alle geschichtliche Zukunft gelten. Es ist zwar, soweit es „ius divinum positivum" ist, erst zu bestimmten Zeiten und unter bestimmten Umständen innerhalb der Geschichte gegeben worden (etwa durch Mose, durch Christus, durch definitive Entscheidungen des von ihm eingesetzten und bevollmächtigten apostolischen Dienstes), verändert sich aber als einmal so gegebenes in der Geschichte nicht, wird allenfalls heils- und offenbarungsgeschichtlich durch Gott, Christus, den apostolischen Dienst konkretisiert und damit als schon gegebenes nur bestätigt. Es ist für die menschliche Legislation der Inhaber der Autorität unantastbar und unverfügbar. Gleichwohl ist es als der Inbegriff der für alle möglichen geschichtlichen Situationen geltenden Normen im kontinuierlichen Wechsel der geschichtlichen Situationen kontinuierlich der erklärenden Verkündigung bedürftig und der sachlichen Entfaltung im Blick auf die Anforderungen dieser wechselnden Situationen (so ausdrücklich anerkannt in den Promulgationskonstitutionen PME und SDL).

ad b: Dieses Fundiertsein der Gesetzgebung des apostolischen Dienstes im „ius divinum naturale" oder „positivum" und ihr Geordnetsein durch dieses hat Konsequenzen für den *Adressatenkreis* dieser Gesetzgebung. Dieser Kreis ist grundsätzlich so weit wie der Adressatenkreis des „ius divinum". Dieses ist gerade dadurch, daß es aus der Christusoffenbarung stammt, durch die der wahre Charakter des Schöpfungsgesetzes, der „lex divina" als „lex caritatis", für die Glaubensgemeinschaft offenbar geworden ist, aus der Perspektive des Christusglaubens keineswegs nur an die geschichtlich reale Glaubensgemeinschaft und ihre Glieder gerichtet, son-

---

[44] Grundlegend beschrieben und festgelegt in cap. 4 der dogmatischen Konstitution „Pastor aeternus" (Sigel: Pae) des Ersten Vatikanums.

dern an alle, die *dazu bestimmt* sind, Glieder dieser Gemeinschaft zu werden, also an alle möglichen Glieder dieser Gemeinschaft, und das heißt an die gesamte Menschheit: Die Glaubensgemeinschaft, die Kirche, ist das Instrument der Trinität, durch das allen Menschen die erst durch Christus an den Tag gebrachte Wahrheit über die „lex divina", das Schöpfungsgesetz, und das natürliche Sittengesetz autopräsent werden soll und die daher auch dazu bestimmt ist, schließlich alle Menschen zu umfassen. So wiederholte Aussagen in Lumen Gentium:

> Der Aufgabe der Konstitution, Wesen und Sendung der Kirche zu verdeutlichen, wird durch die gegenwärtige Lage der Menschheit besondere Dringlichkeit gegeben; sie dient nämlich dem Zweck, „ut … homines cuncti, variis hodie vinculis socialibus, technicis, culturalibus arctius coniuncti, *plenam etiam unitatem in Christo consequantur.*" (LG 1; Hervorhebung E. H.). – Gott hat die Gemeinschaft derjenigen, welche die „in Iesum, salutis auctorem et unitatis pacisque principium credentes aspiciunt" zusammengerufen, „ut sit [sie, die Kirche] universis et singulis sacramentum visibile huius salutiferae unitatis." (LG 9) – Zur Universalität bzw. Katholizität des einen Gottesvolkes heißt es: „Hic universalitatis character, qui Populum Dei condecorat, ipsius Domini donum est, qui catholica Ecclesia efficaciter et perpetuo tendit ad recapitulandam totam humanitatem cum omnibus bonis eius, sub Capite Christo, in unitate Spiritus eius." (LG 13) – Die Bischöfe empfangen „missionem […] docendi omnes gentes et praedicandi Evangelium omni creaturae, ut homines universi, per fidem, baptismum et adimpletionem mandatorum salutem consequantur." (LG 24) – „Quia genus humanum hodie magis magisque in unitatem civilem, oeconomicam et socialem coalescit, eo magis oportet ut Sacerdotes, […] sub ductu Episcoporum et Summi Pontificis, omnem rationem dispersionis elidant, ut in unitatem familiae Dei totum genus humanum adducatur." (LG 28)

Folglich gehört es auch zur realen Bestimmung der „tria munera" des von Christus eingesetzten apostolischen Dienstes, daß diese „munera" schließlich über die einst ganz in die Einheit der Glaubensgemeinschaft eingegangene Menschheit überhaupt ausgeübt werden. So richtet sich auch schon jetzt die Lehrtätigkeit der Päpste nicht nur an die Glieder des Volkes Gottes, sondern an alle Menschen „bonae voluntatis", also an die gesamte Menschheit über die Grenzen der Kirche hinaus, die durch Gott dazu bestimmt ist, in die Kirche geführt zu werden.

Diese Universalität der Adressatenschaft der drei „munera" des apostolischen Dienstes, also auch des „munus pastorale seu regiminis", schließt nicht aus, daß in seiner Ausübung Differenzen gemacht und Grenzen gezogen werden, die den realen Unterschieden in der geschichtlichen Gegenwart Rechnung tragen. Vor allem dem Unterschied zwischen der Menschheit außerhalb der Kirche und der kirchlichen Gemeinschaft selbst. Somit werden die drei „munera" auf dem Boden eines unterschiedlichen Verhältnisses zu unterschiedlichen Adressatenkreisen ausgeübt.

Beide Verhältnisse unterscheiden sich von dem Verhältnis zu den Gesetzgebungsadressaten, in dem die weltliche Gesetzgebung ausgeübt wird.

Während diese im Blick auf alle ihre Adressaten zwar auf ein gewisses Maß an einsichtsgestützter freiwillentlicher Befolgung hoffen, dieser aber nicht sicher sein darf und daher die Befolgung ihrer Gesetze durch Sanktionsbewehrung sichern muß, muß die Gesetzgebung des apostolischen Dienstes im Blick auf die Menschheit außerhalb der Kirche auf sanktionsbewehrte Durchsetzung verzichten: So heißt es beispielsweise im § 1 des canon 748:

„Omnes homines veritatem in iis, quae Deum eiusque Ecclesiam respiciunt, querere tenentur eamque dignitam amplectendi ac servandi obligatione vi legis divinae adstringuntur et iure gaudent."

Dem wird aber in § 2 sofort hinzugefügt:

„Homines ad amplectendam fidem catholicam contra ipsorum conscientiam per coactionem adducere nemini umquam fas est."

Hingegen ist das Verhältnis der Gesetzgebung der Inhaber des apostolischen Dienstes zu den Gliedern der Glaubensgemeinschaft von der Art, daß sie diese Gruppe ihrer Adressaten, wenn es sich bei ihnen denn um wahre Glieder der Gemeinschaft handelt, im Ganzen und in jedem Einzelfall von derselben geistgewirkten Autopräsenz der Wahrheit des Evangeliums von der „lex divina" als „lex caritatis" und dem natürlichen Sittengesetz als Gesetz der Gottes- und Nächstenliebe beherrscht weiß, in der sie selbst ihre Gesetze erläßt, somit auch die prinzipielle Legitimität der Gesetze durchschaut und daher auch in einsichtsgestützter Freiwillentlichkeit in legalem Verhalten befolgt.

Lediglich das Faktum, daß auch das Leben der Christen und der christlichen Gemeinschaft „in via" durch die Nachwirkungen des Falls geschwächt ist, macht es erforderlich, daß auch Vorkehrungen für den Umgang mit Fehlern in der Ausübung der Gesetzgebung und in der Befolgung der Gesetze getroffen werden: eben durch Strafbestimmungen einerseits (CIC Buch VI) und Bestimmungen über den Austrag von Meinungsverschiedenheiten über die Legalität von einzelnen Akten vor Gerichten (CIC Buch VII) getroffen werden müssen. Grundsätzlich aber erlassen die Inhaber der gesetzgebenden Autorität ihre Gesetze in der unvermeidlichen Erwartung ihres einsichtsgestützten und freiwillig spontanen Befolgtwerdens durch die Adressaten der Gesetzgebung.

ad c: Diese beiden Bedingungen der Gesetzgebung haben Konsequenzen für den Umfang der Gesetzgebung, ihre Zuständigkeit.

Diese ist einerseits so weit wie die der weltlichen Gesetzgeber. Sie umfaßt alle Lebensgebiete, für die der weltliche Gesetzgeber ebenfalls zuständig ist, eben das ganze Leben der Menschen, derer, die schon Glieder der Glaubensgemeinschaft sind, und derer, die dies zu werden erst nur bestimmt sind. Ja, sie geht in zwei Hinsichten über die Zuständigkeit der weltlichen Gesetzgeber hinaus:

– Erstens beschränkt sie sich nicht auf Gesetze für das äußere Verhalten unter ausdrücklichem Verzicht auf Vorschriften für den Bereich der Überzeugungen, betrifft also keineswegs nur das Geschehen in „foro externo", sondern auch das in „foro interno" (can. 130)

– Zweitens erläßt sie auch Gesetze für den Umgang mit weltlichen Gesetzen, nämlich für die Beurteilung weltlicher Gesetze und sogar Verfassungen, sowie für die Reichweite der Pflicht, diese zu befolgen oder aber ihnen Widerstand zu leisten (can. 227 in Verbindung etwa mit Komp. 384–401 und 406–416).

Und dies deshalb, weil eben das pastoral-leitende, gesetzgebende, „munus" das „munus docendi" und das „munus sanctificandi" *einschließt.*

Diese universale sachliche Zuständigkeit der gesetzgebenden Tätigkeit des apostolischen Dienstes schließt nicht aus, sondern ein, daß sie selbst sich selber unter Ausklammerung anderer (solche werden z.B. in can. 1–3 genannt) auf einige Zuständigkeiten beschränken kann.

Den Kern der gesetzgebenden Zuständigkeit bildet derjenige Zug der von Christus gesetzten Ordnung der Glaubensgemeinschaft, der für die Erhaltung dieser Gemeinschaft unverzichtbar ist: eben die „leges" für die Disziplin im Umgang mit dem Weitergabedienst (nota bene auf Seiten seiner Inhaber *und* seiner Adressaten), den der erhöhte Gekreuzigte als das Instrument dafür gebrauchen will, daß er selbst bis ans Ende der Tage die Wahrheit seines Selbstzeugnis, das leibhaft inmitten der Seinen ihnen allen gegenüber präsent bleibt, seinen Adressaten autopräsent werden läßt. Die drei wesentlichen Elemente dieser durch Gesetzgebung zu erhaltenden Ordnung des Weitergabedienstes sind:

– Gesetze, die die den Umgang mit der gesetzgebenden Autorität des Weitergabedienstes innerhalb der Glaubensgemeinschaft betreffen,

– Gesetze, die den Umgang mit der Lehrtätigkeit in der Kirche betreffen,

– Gesetze, die die Christusfeier in der Kirche betreffen;

also Gesetze, die die Ordnung der Glaubensgemeinschaft als derjenigen betreffen, der als ganzer verheißen ist, von Christus selbst als das Instrument seiner heilsgeschichtlichen Sendung in Gebrauch genommen zu werden, indem er sie in seine eigene perenne Ausübungen seiner drei „munera" einbezieht und ihnen *auf diese Weise* instrumentellen Anteil an seinem eigenen Wirken als König, Prophet und Priester geben will.

Faktisch regeln diese „leges" stets die *Interaktion* zwischen den gesetzgebenden und gesetzbefolgenden Instanzen. Eben diese Interaktion steht in der Kirche als geordneter Gemeinschaft vollendeter Sittlichkeit unter den angedeuteten nur hier anzutreffenden Bedingungen. Das kommt besonders deutlich heraus, wenn wir die gesetzgebende (4.3.1.-4.3.3.) und dann die gesetzbefolgende (4.4.–4.6.) Seite jeweils für sich betrachten.

4.3.1. *Gesetzgebung für die Ausübung der gesetzgebenden Autorität des Weitergabedienstes innerhalb der Glaubensgemeinschaft.* – Die Principia halten fest, daß die im Codex versammelten Gesetze der heiligen Disziplin dieser letzteren die Gestalt der Praktizierung eines „ius publicum" geben sollen (Pr. [Vorrede Abs. 12 Ziffer 1]). Der Verzicht hierauf wäre mit dem Wesen der Glaubensgemeinschaft als Gemeinschaft vollkommener Sittlichkeit unvereinbar, weil für deren Ordnung das Ausgeschlossensein jeder Willkür in der Interaktion zwischen den Inhabern der leitenden Autorität („potestas regiminis") und ihren Adressaten wesentlich ist. Es liegt dann in der Natur der Sache, daß eine öffentliche Rechtspraxis sich nur im unlöslichen asymmetrischen Zusammenspiel der Funktionentrias Gesetzgebung („potestas legislativa"), Umsetzung der gesetzlichen Regel in der Interaktion („potestas executiva") und Beurteilung von Entscheidungen hinsichtlich ihrer Gesetzestreue („potestas iudiciale") vollziehen kann (can. 135).

Auf den ersten Blick scheint nun der CIC keine Gesetze zu bieten, die in der disziplinierten Ausübung der *pastoral-leitenden, legislativen* Tätigkeit zu beachten sind, sondern nur Gesetze, deren Beachtung in der disziplinierten Ausübung des *Lehramts* der Kirche und ihres *Heiligungsdienst*es verlangt wird. Dieser Eindruck schwindet aber, sobald man sich klar macht, daß die Bücher I, II, V, VI und VII CIC selber de facto nichts anderes bieten als einen Inbegriff allgemeiner Regeln eben für die Ausübung des pastoral-leitenden, *gesetzgebenden* Interaktion in der Kirche.

Diese Beobachtung weckt von vornherein Zweifel an der Meinung, die Ausübung von kirchenleitender Tätigkeit erfolge so, daß die gesetzgebende Autorität in Parallele zum politischen, also fürstlichen, Absolutismus „*legibus soluta*", in Freiheit von für sie geltenden Gesetzen, ausgeübt werde. Vielmehr ist für die Leitungspraxis in der Glaubensgemeinschaft grundlegend und wesentlich, was für keine absolutistische Regierung der bürgerlichen Gemeinschaft als solche konstitutiv und wesentlich, also immer und überall der Fall ist: nämlich ihre Legitimität: Leitungspraxis in der Kirche wird im Christusglauben ausgeübt. Und als Praxis des Glaubens ist sie wesentlich gebunden an (und orientiert durch) die dem Glauben autopräsente Wahrheit des Selbstzeugnisses Jesu und damit an die absolute Autorität seines die Glaubensgemeinschaft schaffenden und erhaltenden Wirkens als Prophet, Priester und König. Sein königliches Amt übt Christus gerade dadurch aus, daß er die von ihm geschaffene Glaubensgemeinschaft auch bis ans Ende der Tage erhält und dies dadurch, daß er den Weitergabedienst der Apostel und ihrer Nachfolger als das Instrument seines eigenen Erhaltungshandelns an der Kirche einsetzt und diesem schon durch seine

Einsetzung instrumentellen Anteil an seinem eigenen Kirche-erhaltenden Wirken gibt: Die *Spitze* des *göttlichen* Wirkens Christi legt (wie gezeigt) das *Fundament* des *menschlichen* Wirkens im von Christus eingesetzten Weitergabedienst der Apostel und ihrer Nachfolger: ihre Zuständigkeit für die Erhaltung der von Christus gegründeten Gemeinschaft, und das heiß: der von ihm stammenden *Ordnung der Gemeinschaft*. Diese Zuständigkeit können sie nicht anders wahrnehmen als durch Pflege dieser Ordnung durch Erlaß von Gesetzen, die der Erhaltung des disziplinierten Lebens in dieser Ordnung dienen. Ihnen – den von Christus selbst eingesetzten Inhabern des Weitergabedienstes – ist als fundamentales Element ihrer dreifachen instrumentellen Teilhabe an Christi eigenem Wirken als Prophet, Priester und König die Aufgabe eines Leitens der Kirche gegeben worden, das pastorierenden Charakter hat, also durch den Erlass von Gesetzen erfolgt, die das Leben der Gemeinschaft in wechselnden geschichtlichen Lagen in der ihr von Christus gesetzten, Ordnung, die für sie konstitutiv und wesentlich ist, erhält, nämlich in der Ordnung, die ihren Kern darin hat, daß das leibhafte Selbstzeugnis des inkarnierten Logos *inmitten* der Gemeinschaft allen ihren Gliedern *gegenüber* wirksam gegenwärtig bleibt. Daher spricht der CIC die – der Einsetzung des Weitergabedienstes der Apostel und seiner Weitergabe an ihre Nachfolger (im Weihesakrament) durch Christus selber entsprechende (also „iure divino" geltende) – Grundregel aus, daß das Amt der Leitung („munus regiminis") überhaupt nur von Empfängern des Weihesakraments ausgeübt werden kann (can. 129 § 1). Hinzugefügt wird:

„In exercitio eiusdem potentatis, christifideles laici ad normam iuris cooperari possunt." (can 129 § 2)

Das Gewicht dieser Aussage besteht darin, daß sie die ontologische Fähigkeit der Laien zur Mitwirkung („cooperatio") an der Ausübung der „potestas regiminis" ausspricht. Diese gründet in ihrem Status als Getaufte und Glaubende, also in der Orientiertheit auch ihres Handelns an der auch ihnen autopräsenten Wahrheit des Selbstzeugnisses Jesu und somit an der darin erschlossenen Wahrheit über die „lex divina" und das natürliche Sittengesetz. Mit der Realität der Fähigkeit zu einem bestimmten Wirken ist die Frage nach den Bedingungen der Ausübung dieser Fähigkeit in der Gemeinschaft und ihrer Ordnung noch nicht entschieden. Diese Entscheidung hat eben nach der Ordnung dieser Gemeinschaft zu erfolgen, und zwar von denen, denen die Grundzuständigkeit für die Einhaltung der Ordnung zukommt, also denen, die durch den Empfang der Weihe zur Teilhabe am Weitergabedienst der Apostel und ihrer Nachfolger befähigt worden sind. Das wird in dem Zusatz „ad normam iuris" in CIC 129 § 2 festgehalten: Die Entscheidung über die Bedingungen der Ausübung der Fähigkeit der Laien zur Mitwirkung in der Ausübung der „potestas regiminis" ist nach dem Recht zu fällen und das heißt von denen, die für alle *Entscheidungen über* die Ordnung der Glaubensgemeinschaft also ihr Recht zuständig sind: den Empfängern des Weihesakramentes.

Insoweit ist die Lage klar. Offen bleiben aber naheliegende Fragen: Ist es in das freie Belieben der Inhaber der „potestas regiminis" gestellt, ob sie überhaupt Laien an der Mitarbeit in der „exercitio" dieser „potestas" beteiligen? Wenn Ja: Worin gründet das Recht der Inhaber der „potestas regiminis" zu dieser freien Entscheidung über die Einbeziehung von Laien in die Ausübung dieser „potestas"? Wenn Nein: Warum nicht? Und welchen Umfang besitzt die unverzichtbare „cooperatio" der Laien in der „exercitio" dieser „potestas"? Der CIC sieht ausdrücklich vor, daß diese Kooperation von Laien in der Ausübung der Jurisdiktionsgewalt sich auf deren sämtliche Elemente (Legislative, Exekutive und Judikatur) jedenfalls in der Form der „Beratung" und der „Mithilfe" (can. 519) erstrecken *kann* und in der Exekutive (und neuerdings auch in Bereichen der Judikatur: Arbeitsgerichtsbarkeit) auch vom zuständigen Inhaber der „potestas regiminis" an Laien delegiert werden kann (dazu can. 135 ff.). Eine Antwort auf die offenen Fragen ist in diesen Aussagen jedoch nicht enthalten.

Bevor wir auf sie zurückkommen, zunächst zu den Regelungen über die Erlangung der *Fähigkeit* zur Ausübung der „potestas regiminis" und über die Erlangung des *Rechts* zu ihrer Ausübung selber.

Erlangt wird die *Fähigkeit* zur Ausübung der „potestas regiminis" durch den Empfang des Weihesakramentes von Priestern und Bischöfen (KKK 1581–1594; dementsprechend can. 129, 375, 519).

Das *Recht* zur Ausübung der „potestas regiminis" in jeweils determiniertem Umfang erhalten Priester durch die Übertragung eines solchen determinierten Rechtes durch den Bischof der Teilkirche, der sie inkardiniert sind, insbesondere durch die Einsetzung als Pfarrer einer oder mehrerer Pfarreien (can. 519 ff.).

Bischöfe erlangen durch die Bischofsweihe das Recht zur Ausübung der „potestas regiminis", freilich nur das Recht zu ihrer Ausübung in der „hierarchischen Gemeinschaft mit dem Haupt und allen Gliedern des Kollegiums" der Bischöfe (can. 375). In dieser Gemeinschaft ist auch jeweils der *Umfang* ihres Rechts zur Ausübung der „potestas regiminis" determiniert und zwar durch das Haupt des Collegiums, den römischen Bischof, sei es daß dieser einen Bischof als Autorität einer bestimmten Teilkirche einsetzt (can. 377 ff.), deren Umfang (und damit auch der Umfang des dem Diözesanbischof zustehenden eigenen Rechts zur Ausübung der „potestas regiminis") ebenfalls durch den Bischof von Rom determiniert ist.

Das uneingeschränkte Recht zur Ausübung der „potestas regiminis" *über* und auch *in* allen Teilkirchen besitzt allein der Bischof von Rom, der es erlangt durch seine Wahl und deren Annahme (can. 331 ff.). Diesen Regelungen liegen die einschlägigen Aussagen des Zweiten Vatikanischen Konzils (LG 18–23) zugrunde, so daß die Regelungen umgekehrt als verbindliche Interpretation der Aussagen von LG über das Kollegium der Bischöfe und sein Haupt und des KKK zu lesen sind. Alle diese Aussagen verstehen sich als bestätigende Entfaltung des Dogmas vom Jurisdiktionsprimat des Bischofs von Rom, wie es in der Konstitution „Pastor aeternus" des Ersten Vatikanischen Konzils formuliert ist (DS 3050–3075). Diese Entfaltung hat drei Pointen:

a) Erstens macht sie die Fundierung des Dogmas durch das Erste Vatikanum in der Beauftragung des Petrus durch Christus mit der Ausübung der Schlüsselgewalt (Mt 16,16ss. [DS 1822]) und des Hirtenamtes (Joh 21,15ss. [ebd.]) und seine darin nur erst implizite heils-und offenbarungsgeschichtliche Fundierung durch die explizite heils- und offenbarungsgeschichtliche Fundierung der gesamten Ekklesiologie explizit (LG 1–3; DV 1–7).

b) Zweitens entfaltet sie die schon von „Pastor aeternus" vertretene Lehre, daß der Jurisdiktionsprimat des Petrusnachfolgers nicht auf Kosten der „potestas" der Nachfolger der übrigen Apostel geht, sondern deren Stärkung dient (DS 1828), durch die Lehre von der Einheit des Apostelkollegiums, deren Haupt der Petrusnachfolger ist und dem eben nur in seiner Eigenschaft als Haupt dieses Kollegiums die „plena et suprema potestas regiminis" in der Universalkirche und somit über und in allen ihren Teilkirchen zukommt.

c) drittens stellt sie zugleich durch die „Nota praevia" fest, daß es einen unaufhebbaren Unterschied zwischen dem Haupt dieses Kollegiums und allen seine Gliedern gibt, die eben dem Haupt, und nur ihm, die *„plena et suprema* potestas regiminis" in der Universalkirche und damit *über* und *in* allen Teilkirchen gewährt; was einschließt: einerseits, daß die Rede vom Kollegium immer das Haupt mitmeint, also nie eine Größe, die dem Haupt gegenüber treten könnte, andererseits aber, daß das Haupt eben als solches eine „potestas" besitze, die den übrigen Gliedern nicht zukommt (Nota praevia Nr. 3). Was der CIC in der Regel festhält:

„Romanus Pontifex, in munere supremi Ecclesiae Pastoris (Leiter, Regent) explendo, communione cum ceteris Episcopis immo et universa Ecclesia semper est coniunctus, ipsi ius tamen est, iuxta Ecclesiae necessitates, determinare modum, *sive personalem sive collegialem* (Hervorhebung E.H.) huius muneris exercendi." (can. 333 § 2)

Auf die in diesem Sinne „kollegiale" Ausübung ihrer vollen und höchsten universalkirchlichen „potestas regiminis" haben die nachkonziliaren Päpste demonstrativen Wert gelegt. So hat Johannes Paul II. den *kollegialen* Charakter der Erarbeitung des CIC stark unterstrichen (unbeschadet der von ihm *persönlich* vorgenommenen Endredaktion). Als reguläres Instrument der kollegialen Ausübung des Primats steht die Bischofssynode zur

Verfügung (can. 342–348) – deren Einberufung, Zusammensetzung und Tagesordnung freilich ebenfalls allein vom römischen Bischof vorgenommen wird.

Immerhin steht nach römisch-katholischer Lehre fest, daß der Bischof von Rom so, wie Petrus das Haupt des Apostelkollegiums *ist*, auch seinerseits Haupt des Bischofskollegiums *ist* und daher seine universalkirchliche höchste Vollgewalt gar nicht anders denn als dieses Haupt ausüben kann und ausübt – „modo personali" oder „modo collegiali" –, also nie anders als in faktischer Einheit mit allen Bischöfen. Und dies eben deshalb, weil nur die *Determination* des Rechts zur Ausübung der „potestas regiminis" durch ihn erfolgt, nicht aber die Begabung der Apostelnachfolger mit der „potestas regiminis" und ihre Einsetzung ins Hirtenamt. Diese Autorität des Amtes jedes Bischofs gründet nicht in Verleihung durch den Papst, sondern in der Einsetzung Christi (LG 19, 20, 21). Das wird auch für das Leitungsamt ausdrücklich festgehalten:

„Haec potestas, qua nomine Christi personaliter funguntur, est propria, ordinaria et immediata, licet a suprema Ecclesiae auctoritate exercitium eiusdem ultimatim regatur et certis limitibus, intuitu utilitatis Ecclesiae vel fidelium, circumscribi possit." (LG 27)

Durch das eigene, die Gesamtkirche, das Gottesvolk im ganzen, gründende Wirken Christi ist also die Kollegialität des Apostelamtes begründet, die ausschließt, daß der Petrusnachfolger anders als in Gemeinschaft mit allen Apostelnachfolgern die „potestas regiminis" ausüben kann. Und zwar ist diese Lage durch dasjenige eigene Wirken Christi geschaffen, welches eben die Gesamtkirche, das neue Gottesvolk selber direkt geschaffen hat: es also geschaffen hat nicht durch die Einsetzung der Zwölf und nicht vermittelst ihres menschlichen Wirkens, sondern das ganze Volk Gottes *einschließlich* der Einsetzung der Zwölf und damit schon vor ihrem Wirken unmittelbar durch sein eigenes Wirken.

Diese Einsicht römisch-katholischer Lehre gibt Anlaß, noch einmal zu der offen gebliebenen Frage zurückzukehren, ob die ontologisch mögliche Beteiligung von Laien an dem „exercitium" der „potestas regiminis" „ad libitum" oder verpflichtend zu realisieren ist, unterbleiben kann oder nicht unterbleiben darf (und worauf sie sich zu erstrecken hat).

Entscheiden kann man diese Frage nur durch Rekurs auf eben den Grund, durch den auch entschieden ist, daß das Weitergabeamt nur vom Kollegium der Apostel als ganzem auszuüben ist, und zwar in bei allen gleicher – von Christus selbst stammender und durch das Weihesakrament zu übertragender – „potestas": nämlich durch Rekurs auf das eigene die Gesamtkirche gründende Wirken Christi.

Diesbezüglich haben wir gesehen, daß Christus die Gesamtkirche als diejenige Gemeinschaft gegründet hat, *in der er gegenüber allen ihren Gliedern* mit seinem wahren Selbstzeugnis leibhaft wirksam gegenwärtig ist; weiter, daß er sie *so gegründet* hat, daß er sie auch über seine Erdentage hinaus perenn als eben diese so strukturierte Gemeinschaft *erhält*; und weiter: daß er eben dies letztere dadurch getan hat, daß er den Aposteln den Weitergabedienst von allem, was durch sein Leben und Wirken gesetzt ist, befohlen hat, und zwar als das Instrument, durch das bis ans Ende der Tage *er selber allen ihren Gliedern gegenüber* mit seinem wahren Selbstzeugnis leibhaft wirksam gegenwärtig sein wird. Der Weitergabedienst der Apostel ist also von Christus geschaffen als sein Instrument, durch das er über seine Erdentage hinaus vom Himmel her sein wahres Selbstzeugnis, also alles, was durch es gesetzt ist, das ganze „depositum relevatum", *in seiner Gemeinschaft allen ihren Gliedern gegenüber* leibhaft wirksam gegenwärtig halten will.

Dann fragt sich, ob die eigene, von Christus selbst vom Himmel her bewirkte wirksame Gegenwärtigkeit seines durch den apostolischen Dienst weitergegeben wahren Selbstzeugnisses inmitten der Seinen ihnen *allen* gegenüber einschließt, daß es auch den Inhabern des Weitergabedienstes und dessen Vollzug *gegenüber* steht, oder nicht. Das Erstere muß bejaht werden: Zu *allen* Gliedern der Gemeinschaft gehören auch diejenigen Glieder, die mit dem Weitergabedienst beauftragt sind und ihn ausüben. Anders wäre die Lage nur, wenn man annehmen wollte, dürfte oder müßte, daß die Weitergabetätigkeit, die Christus selbst als Instrument für sein eigenes Selbstvergegenwärtigungswirken eingesetzt hat, *nicht* ein Handeln der dazu einsetzungsgemäß berufenen Menschen wäre, die wie alle anderen getaufte und glaubende Glieder seiner Gemeinschaft sind, denen er ebenso wie allen andern auch durch sein weitergegebenes wahres Selbstzeugnis gegenüber wirksam gegenwärtig sein will und ist. Anders wäre die Lage nur, wenn man sagen wollte, dürfte oder müßte, daß die Beauftragung mit dem Weitergabedienst durch die Weihe und der Vollzug dieses Dienstes diese Menschen aus der Gesamtheit derer herausnehmen (sie für *exemt* erklären) würde, denen *gegenüber* der Herr selbst in seinem treu weitergegebenen wahren Selbstzeugnis geistlich, also vom Himmel her wirksam leibhaft gegenwärtig sein will und ist. Ich sehe nicht, daß die römisch-katholische Lehre derartiges sagen will, zu sagen erlaubt und zu sagen verlangt. Vielmehr, auch nach katholischer Lehre gilt: Der Herr selber ist einsetzungs- und verheißungsgemäß selber vom Himmel her in seinem treu weitergegeben Selbstzeugnis wirklich inmitten der Seinen ihnen *allen* gegenüber leibhaft wirksam gegenwärtig – auch denen *gegenüber*, denen die treue Weitergabe seines Selbstzeugnisses befohlen ist und die diesen Dienst treu vollziehen.[45]

---

[45] J. RATZINGER bedauert in einem Kommentar zu DV Kap I und II, daß dieser normative (kanonische) Status des Traditions*gegenstands* – eben der im Kanon der Heiligen

Dann gilt: Durch das die Kirche als ganze gründende und erhaltende Wirken Christi ist der Weitergabedienst als ein solcher eingesetzt, dessen Inhaber und dessen Vollzug ihn, den Herrn und sein leibhaftes Selbstzeugnis selbst so, wie er selbst vom Himmel her durch das treu weitergegebene Selbstzeugnis gegenwärtig ist, zu ihrem *Gegenüber* haben, das sie als dieses *Gegenüber* zu ihrem Dienst ermächtigt und verpflichtet und sie so wie alle Glieder der Gemeinschaft zur Anerkennung und Ehrung dieses Dienstes verpflichtet. Ich sehe nicht, daß dies „contra doctrinam catholicam" ist.

Dann aber stellt sich die weitere Frage: Was *umfaßt* das treu weitergege-bene Selbstzeugnis des Herrn durch das er selbst geistlich wirksam leibhaft gegenwärtig ist inmitten der Seinen und ihnen allen, auch den Inhabern des Weitergabedienstes, *gegenüber*? Was *gehört hinein* in dieses treu weiter-gegebene und vom Himmel her zur Wirksamkeit gebrachte Selbstzeug-nis des Herrn? Antwort: Jedenfalls die Worte des Herrn, durch das er die „graphe" des alten Gottesvolkes auslegt; aber nicht nur sie, sondern vor al-lem die von ihm angeordnete Feier des Selbstzeugnisses seines am Kreuz vollendeten Lebens, innerhalb deren er der Summe seines Wortes („Mein Leib für Euch gegeben", „Mein Blut für Euch vergossen") ihren bleiben-den Platz angewiesen hat. Aber diese Feier wiederum nur als der gegenwär-tige Lebensvollzug der ganzen Gemeinschaft, in dem diese in der Ordnung gegenwärtig ist, in der der Herr sie geschaffen hat und in der er sie ver-heißungsgemäß erhalten hat. Von diesem gegenwärtigen Leben der gan-zen Gemeinschaft gilt:

– Es ist real gegenwärtig als das Leben der *ganzen* Glaubensgemein-schaft, die er als diese *ganze* Gemeinschaft der Glaubenden unmittelbar sel-ber dadurch *geschaffen*, daß er selber *allen* ihren Gliedern die Autopräsenz

---

Schrift enthaltenen „revelata" – *gegenüber* der Traditions*tätigkeit* nicht deutlicher heraus-gearbeitet sei, so LThK[2] XIII 504–528, bes. 519 f.: „Schon Trient hatte sich nicht dazu durchringen können, die Traditionskritik [...] positiv auszusagen"; das „Kriterium gül-tiger Tradition" „fand man" „in der gesamtkirchlichen Rezeption – nur die kirchlich re-zipierte Überlieferungen wurden als für den Glauben belangvoll gekennzeichnet. Dazu kam als zweites Kriterium die Apostolizität, die nun ihrerseits auch das gemeinkirchlich Gelebte noch einmal in wirkliche und bloß tatsächliche Überlieferung scheiden sollte. Faktisch wurde jedoch die kirchliche Rezeption als Kriterium der Apostolizität verstan-den und so dieses als eigener Maßstab weitgehend ausgeschaltet"; man hatte „versucht, eine Unterscheidung innerhalb der Überlieferung zu finden, die freilich ungenügend war, insofern eine Kritik der kirchlichen Rezeption kaum möglich blieb. Das Vaticanum II hat in diesem Punkt bedauerlicherweise keinen Fortschritt gebracht, sondern das tra-ditionskritische Moment so gut wie völlig übergangen. Es hat sich damit einer wichti-gen Chance des ökumenischen Gesprächs begeben; in der Tat wäre die Herausarbeitung einer positiven Möglichkeit und Notwendigkeit innerkirchlicher Traditionskritik öku-menisch fruchtbarer gewesen als der durchaus fiktiv zu nennende Streit um die quanti-tative Vollständigkeit der Schrift."

der Wahrheit seines Selbstzeugnisses gewährt hat, die Petrus als erster explizit bekannt hat;

– es ist real gegenwärtig in seinem Grundvollzug (der Feier des Mahles: EdE), zu dem er es geschaffen hat; und zwar in seinem Grundvollzug, welcher eben der Ordnung folgt, die er selbst ihm bei seiner Einsetzung gegeben hat und die entsprechend seiner Anordnung vermittelst des apostolischen Dienstes treu bewahrt wurde;

– und es ist real gegenwärtig nur kraft des eigenen verheißungsgemäßen Erhaltungswirkens des Herrn vom Himmel her, der diesen die Wahrheit seines Selbstzeugnisses feiernden und verkündigenden Grundlebensvollzug der Gemeinschaft als Instrument seiner Selbstvergegenwärtigung in Gebrauch genommen hat und weiter in Gebrauch nehmen wird.

Das gegenwärtige Leben der *ganzen* Gemeinschaft, von dem dies alles gilt, *das* ist das konkrete Selbstzeugnis des Herrn, in welchem er kraft seines eigenen Selbstvergegenwärtigungswirkens inmitten aller Glaubenden ihnen *allen* gegenüber gegenwärtig ist. So ausdrücklich DV 8:

„Quod vero ab Apostolis traditum est, ea omnia complectitur quae ad Populi Dei vitam sancte ducendam idemque augendam conferunt, sicque Ecclesia, in sua doctrina, vita et cultu, perpetuat cunctisque generationibus transmittit *omne quod ipsa est, omne quod credit* (Hervorhebung E. H.).“[46]

Dieses gegenwärtige Leben der *ganzen* Gemeinschaft, das der Herr verheißungsgemäß selber als Instrument seiner Selbstvergegenwärtigung in Gebrauch genommen hat und weiterhin in Gebrauch zu nehmen verheißt, ist die *Konkretgestalt* des wahren Selbstzeugnisses des Herrn, das er dem apostolischen Dienst treu zu bewahren aufgegeben hat.

Was heißt es dann, diese Konkretgestalt des gegenwärtigen Lebens der *ganzen* Glaubensgemeinschaft zu bewahren? Es heißt jedenfalls, das Leben der Gemeinschaft als einer solchen zu bewahren,

– deren wahre Glieder sämtlich und ausnahmslos an Jesus als Christus Glaubende sind, also solche,

---

[46] Zu der – Traditionskritik erschwerenden, bzw. unmöglich machenden – Unterbestimmtheit der kursiv gesetzten Wendung vgl. J. RATZINGER (am vorige Anm. bezeichneten Ort): Der us-amerikanische Kardinal Meyer hatte darauf hingewiesen, „Tradition müsse […] nicht nur affirmativ, sondern auch kritisch betrachtet werden; für die unerläßliche Traditionskritik stehe als Maßstab die Heilige Schrift zur Verfügung, auf die daher Tradition immer wieder zurück zu beziehen und an der sie zu messen sei. – Auf diese Einwendung hin wurde von der ursprünglich dreigliedrigen Formel „in der Tradition gibt die Kirche weiter ‚omne […] quod ipsa est, omne quod habet, omne quod credit'“ – das Mittelglied (omne quod habet) gestrichen“, um deutlich zu machen, „daß aus der apostolischen Überlieferung alles und nur das hervorkommt, ‚quae substantia sunt Ecclesiae […]‘. Man wird diese Konzession, auf die im jetzigen Text nichts mehr hindeutet, als ungenügend bezeichnen und es bedauern müssen, daß auf die Anregung des amerikanischen Kardinals nicht positiv eingegangen wurde.“

– die sämtlich und ausnahmslos existieren im Licht der Autopräsenz der Wahrheit des Selbstzeugnisses Jesu und ihr ganz hingegeben,

– die also auch sämtlich das wahre Selbstzeugnis Jesu als das treu zu bewahrende kennen, und

– die sich somit auch alle selbst zum treuen Bewahren dieses ihnen allen als wahr gewissen Selbstzeugnisses Jesu befähigt und verpflichtet wissen.

Es kann nur heißen, die Gemeinschaft in dieser durch Christus selbst unmittelbar geschaffenen Verfaßtheit (eben in ihrer Verfaßtheit als Gemeinschaft der *Glaubenden*, die alle als solche, eben Glaubende, im Licht der ihnen gewährten Autopräsenz der Wahrheit des Evangeliums leben, dieser autopräsenten Wahrheit ganz hingegeben und somit sämtlich zum Bewahren des zu bewahrenden konkreten Selbstzeugnisses Christi [eben des durch Christus selbst geschaffenen, geordneten und in dieser Ordnung erhaltenen Lebens der Glaubensgemeinschaft] fähig und bereit) zu bewahren. Und das wiederum kann nur heißen: sie in dieser ihrer ihr von Christus selbst gegebenen Gesamtverfaßtheit zu bewahren – und dies zunächst durch ein Handeln der Inhaber des apostolischen Dienstes, das als Ausübung der „potestas regiminis" die in dieser von Christus selbst geschaffenen Gesamtverfaßtheit der Gemeinschaft implizierte Ordnung zum Gegenstand hat. Der apostolische Dienst übt also seine „potestas regiminis" angemessen, d.h. als Bewahrung der von Christus selbst gesetzten Ordnung, aus, indem er eben diese fundamentale und unveränderliche und die Gesamtgemeinschaft absolut verpflichtende Ordnung der Gemeinschaft *inmitten* der Gemeinschaft und *für* sie explizit präsent erhält. Durch die explizite Präsenterhaltung dieses von Christus selbst stammenden Grundgesetzes sorgt der apostolische Dienst dafür, daß die Gemeinschaft *als ganze*, also auch unter Beteiligung *aller* ihrer Glieder „ad normam iuris", und zwar: „salvo munere apsotolorum eorumque successorum" (also: „ad normam iuris divini positivi etiam humani positivi"), diejenigen „leges" ihrer Disziplin finden und erlassen kann, die für die Bewahrung ihrer *unveränderlichen Grundordnung* in den konkreten innergeschichtlichen Lagen des Gottesvolkes und ihrem Wechsel erforderlich sind.

Wenn dies alles zutreffend beobachtet ist, ist auch die Antwort auf die Frage nach der Verzichtbarkeit oder der Unverzichtbarkeit der Beteiligung von Laien an der „exercitio" der „potestas regiminis" der Apostel und ihrer Nachfolger gefunden. Mir scheint, man muß sagen: Die Beteiligung von Laien an der Ausübung der rechtsförmigen Leitungstätigkeit in der Kirche durch legislatives, exekutives und judikatives Handeln, die ontologisch *möglich* ist, ist auch kraft der *Konkretgestalt* des überlieferten und zu bewahrenden Selbstzeugnisses des Herrn (eben: der von ihm selbst geschaffenen und erhaltenen Gemeinschaft der Christgläubigen) *unverzichtbar*. Durch das „ius divinum" (die auf Christus selbst zurückgehende Grundverfaßtheit der

Kirche als Gemeinschaft von Glaubenden, d.h. von solchen Personen, die
als Glaubende alle in der ihnen von Christus gewährten Autopräsenz der
Wahrheit seines wahren Selbstzeugnisses und dieser autopräsenten Wahrheit ganz hingegeben existieren) sind *solche* „leges" positiven menschlichen
Rechts für die Ausübung der Leitungsgewalt zu erlassen, welche eine Kooperation von Laien *verbindlich vorschreiben*, und zwar jeweils in einer den
verschiedenen Gebieten, auf denen Leitungsgewalt auszuüben ist (als da
sind: das Gebiet der Lehrtätigkeit der Kirche, die Heiligungstätigkeit der
Kirche, die Verwaltung des zeitlichen Gutes der Kirche) angemessenen
Weise und jeweils „salvo munere apostolico".

Gleichartige Überlegungen vermögen dann auch die Frage zu beantworten, welcher Art und *wie weitgehend* die unverzichtbare Beteiligung der
Beteiligung von Laien in der Ausübung von Leitungsgewalt im legislativen,
exekutiven und judikativen Modus zu sein hat.

Wenn die vorstehenden Überlegungen richtig sind, scheint mir kein Fall
denkbar, in dem die pastoralen Verhältnisse (das sind die Leitungsverhält-
nisse) in Diözesen und Pfarreien es *nicht* nahelegen, Pastoralräte zu bilden,
die unter Wahrung der undelegierbaren Verantwortung des „munus apo-
stolicum" bei der Ausübung von Leitungsgewalt mitwirken (can. 511ff.,
536). Für „Vermögensverwaltungsräte" ist die Unverzichtbarkeit bereits
positiv ausgesprochen (can. 537). Ferner spricht für die vorgetragene Sicht
der römisch-katholischen Position, daß auch die „leges" für die Lehrtätigkeit und für die Heiligungstätigkeit der Kirche die Unverzichtbarkeit einer – die Zuständigkeiten des apostolischen Dienstes wahrenden – *unverzichtbaren* Beteiligung von Laien anerkennen.

4.3.2. *Gesetzgebung für die Ausübung der Lehrtätigkeit.* – Die Ausübung der
Leitungstätigkeit verlangt nicht nur, Gesetze für die Ausübung der Leitungsgewalt selbst vorzulegen (und zwar sowohl solche, die „iure divino"
gelten, als auch solche, die „iure humano" gelten), sondern auch Gesetze
für die *Lehrtätigkeit* in der Kirche. Ihr Grundcharakter ist die an „omnes
gentes" gerichtete Verkündigung „des Evangeliums", die, weil sie Verkündigung des wahren Selbstzeugnisses Jesu als Offenbarer und Vollzieher der
„lex divina" als „lex caritatis" und als Lehrer der Wahrheit über das natürliche Sittengesetz ist, auch die Verkündigung der Grundsätze der Sittlichkeit („principia moralia") und der sozialen Ordnung einschließt (can.
747 § 1 und 2). Diese Grundform ist in unterschiedlichen Lebenszusam-
menhängen und Gestalten zu vollziehen: Innerhalb der Kirche als „Dienst
am Wort Gottes" („ministerium divini verbi") (can. 756–761), der sich in
zwei Gestalten manifestiert: als „Verbi Dei Praedicatio" (can. 762–72) und
als „catechetica institutio" (can. 773–776); in seiner Richtung nach außen
an die Welt als Missionstätigkeit („actio eclesiae missionalis") (can. 781–

792); dann aber auch nach innen in den Institutionen der „katholischen Erziehung" („educatio catholica") (can. 793–821) als da sind: Schulen (can. 796–806), katholische Universitäten („catholicae universitates") (can. 807–814), kirchliche Universitäten und Fakultäten („universitates et facultates ecclesiales") (can. 815–821); und schließlich durch alle sozialen Kommunikationsmittel („instrumenta communicationis socialis"), insbesondere Bücher (can. 822–832).

Auch für diesen Bereich des kirchlichen Rechts bewegen sich alle Gesetze von der Art positiven menschlichen Rechts auf dem Boden und in dem Korridor des gebietsspezifischen „ius divinum".

Dieses fußt auf den Dogmen des Ersten Vatikanums über Offenbarung und Glaube („Dei Filius" [24.4.1870]) sowie über die Unfehlbarkeit des päpstlichen Lehramtes („Pastor aeternus" [18.7.1870]), wie sie durch die einschlägigen dogmatischen Konstitutionen (LG [21.11.1964] und DV [18.11.1965]) des Zweiten Vatikanums entfaltet sowie auch näherbestimmt und vor allem durch das Magisterium Johannes Pauls II. umfassend interpretiert worden sind (VS [6.8.1993], UU [25.5.1995], FR [14.9.1998]). Dem Magisterium dieses Papstes ist auch die durch ihn approbierte Instruktion der Kongregation für die Glaubenslehre „über die kirchliche Berufung des Theologen" „Donum veritatis" vom 24.5.1990 zuzurechnen.

Im weiten Sinne umfaßt das „munus docendi" die ursprüngliche (schon durch ihren Ursprung gesetzte) Pflicht und das ursprüngliche Recht („officium et ius nativum") der *gesamten Kirche* – der das „depositum fidei" von Christus zu dem Zweck anvertraut ist, „ut […] veritatem revelatam sancte custodiret, intimius perscrutaretur, fideliter annuntiaret atque exponeret" – unter Benutzung aller sozialen Kommunikationsmittel das Evangelium (einschließlich der schon in ihm enthaltenen Prinzipien der Moral und der sozialen Ordnung) allen Völkern zu verkündigen (can. 747). „officium et ius nativum" der gesamten Kirche ist dies, weil es ihr schon durch ihren Gründer, Christus, aufgetragen ist (Mt 28,19 f.). Dieser Auftrag gilt also „iure divino" – und zwar *der Kirche als ganzer.*

Als Instrument für deren Erhaltung hat der Herr den Weitergabedienst der Apostel und ihrer Nachfolger eingesetzt. Somit ist die Grundform, der Dienst am Wort, sofern er universalkirchlich wahrgenommen wird, dem Kollegium der Apostelnachfolger unter seinem Haupt, dem Petrusnachfolger, anvertraut (can. 756 § 1), sofern er partikularkirchlich wahrgenommen wird, den Bischöfen und Priestern (can. 756 § 2). Auch hier wird wieder den Laien die ontologische Fähigkeit zur Kooperation bei dieser Tätigkeit attestiert:

„vocari possunt ut in exercitio ministerii verbi cum Episcopo et presbyteris cooperentur" (can. 759).

In gewisser Weise sind sie auch immer schon, also wesentlich, an der Erfüllung der Pflicht und des Rechts der Kirche zur weltweiten Evangeliumsverkündigung beteiligt, weil sie kraft ihres Status als Glaubende, nämlich Getaufte und Gefirmte, durch ihr christliches Leben in Wort und Beispiel („verbo et exemplo") Zeugen der Wahrheit des Evangeliums sind (can. 759). Diese Beteiligung durch den Apostolat der Laien (can.225) ist wesentlich, in der auf Christus zurückgehenden Verfaßtheit der Kirche begründet, also „iure divino", und somit jedenfalls unverzichtbar:

> „Laici, quippe qui uti omnes christifideles ad apostolatum a Deo per baptismum et confirmationem deputentur, generali obligatione tenentur et iure gaudent, sive singuli sive in consociationibus coniuncti, allaborandi ut divinum salutis nuntium ab universis hominibus ubique terrarum cognoscatur et accipiatur; quae obligatio eo vel magis urget iis in adiunctis, in quibus nonisi per ipsos Evangelium audire et Christum cognoscere homines possunt. – Hoc etiam peculiari adstringuntur officio, unusquisqe quidem secundum propriam condicionem, ut rerum temporalium ordinem spiritu evangelico imbuant atque perficiant, et ita specialiter in iisdem rebus gerendis atque in muneribus saecularibus exercendis Christi testimonium reddant."

Die Aussagen lassen zunächst offen, wie sich diese „iure divino" verlangte Beteiligung der Laien am „munus docendi" der Kirche zum „munus docendi" der Bischöfe verhält. Insgesamt bleibt, wie wir sehen werden, außer Zweifel, daß diese Beteiligung der Laien sich in Abhängigkeit von der Ausübung des „munus docendi" der Bischöfe und letztlich des Papstes zu vollziehen hat. Nun *können* aber Papst und Bischöfe ihr Lehramt nur *in* der Kirche und somit auch nur im Kontext der Ausübung dieses *undelegierbaren* Apostolats der Laien ihr Lehramt vollziehen. Somit scheint es in der Natur der Sache zu liegen, daß auch umgekehrt die Wahrnehmung des Apostolats durch die Laien *eine bedingende Wirkung auf die Ausübung des Lehramts von Papst und Bischöfen* hat. Es bleibt zu prüfen, ob und wie die römisch-katholische Lehre diesem Sachverhalt explizit Rechnung trägt.

Eine unverzichtbare, nämlich ebenfalls „iure divino" bestehende, und undelegierbare Beteiligung von Laien am „munus docendi" der Kirche ist auf Seiten der Eltern gegeben:

> „Qui in statu coniugali vivunt, iuxta propriam vocationem, peculiari officio tenentur per matrimonium et familiam ad aedificationem populi Dei allaborandi. – Parentes, cum vitam filiis contulerint, gravissima obligatione tenentur et iure gaudent eos educandi; ideo parentum christianorum imprimis est christianam filiorum educationem secundum doctrinam ab Ecclesia traditam curare." (can. 226).

Unverzichtbar ist eine selbständige Beteiligung der Eltern am „munus docendi Ecclesiae" daher im Gesamtbereich der Katechese (can. 774 § 2) und Erziehung (can. 793). Offenkundig konkurrieren diese „leges" für die unverzichtbare selbständige Beteiligung von Laien am Lehramt der Kirche nicht mit den „iure divino" geltenden „leges" für seine Wahrnehmung durch die Bischöfe und den Papst, sondern sind „iure divino" an den durch deren Lehramt gezogenen Rahmen gebunden und dadurch bedingt. Gleichwohl ist auch hier wieder mit einem *reziproken Bedingungsverhältnis* zu rechnen, und zu fragen bleibt, ob die römisch-katholische Lehre dem irgendwie explizit Rechnung trägt.

In allen übrigen Bereichen − Dienst am Wort (can. 759), Predigt des Wortes Gottes (can. 766), Katechese (can. 776), Mission (can. 785), Fakultäten (can. 229 § 2 und 3) − gilt wieder, daß Laien kraft ihres Status als Getaufte und Glaubende am „munus docendi" beteiligt werden können, ohne daß dies unverzichtbar wäre. Eine faktisch weitgehende (aber eben wiederum nicht prinzipielle) Unverzichtbarkeit für die Beteiligung von Laien besteht in Schulen (can. 796 ff.).

„Iure divino" geboten ist den Inhabern des apostolischen Weitergabedienstes − entsprechend den Vorgaben aus „Pastor aeternus" (Kap. 4), Lumen Gentium (25) und Dei Verbum (7 ff.) − das „custodire", „intimius perscrutari", „fideliter anuntiare" und „exponere" der „veritas revelata" (can. 747 § 1). Die „veritas revelata" umfaßt alles, was nach DV 7 den Aposteln von Christus zur Weitergabe übergeben worden ist: seine Worte, seine Einsetzungen, das von ihm eingesetzte Weitergabeamt selbst. Also „veritas revelata": gleichbedeutend mit „vera revelata". Die den Apostelnachfolgern befohlene Aufgabe ist somit nichts anderes als eine Erfüllung des ihnen von Christus gegebenen Auftrags zur Weitergabe der von Christus empfangenen „revelata".

Dieser *Gegenstand* ihrer Weitergabetätigkeit ist selber der Grund dafür, daß der *Vollzug* der ihnen befohlenen Weitergabe eben dieses Gegenstandes, der „revelata", „Spiritu Sancto assistente" (can. 747)[47] erfolgt. Denn: Wie exemplarisch an Petrus selbst deutlich ist (Mt 16,16 ff., Lk. 24,34) hat ja die Beauftragung mit dem Weitergabedienst durch Christus zur Voraussetzung, daß Christus den Empfängern dieses Auftrags die Wahrheit seines Selbstzeugnisses durch die Gabe seines Geistes der Wahrheit autopräsent gemacht hat. Sie vollziehen die ihnen gebotene Weitergabe dieser „revelata" im Licht der Ihnen gewährten Autopräsenz von deren Wahrheit, also im Lichte der ihnen gewährten Autopräsenz der Wahrheit des ihnen zur Weitergabe gegebenen Selbstzeugnisses Jesu. Und das heißt: Sie vollziehen die Weitergabe des in sich selbst wahren Selbstzeugnisses Jesu auf dem Boden einer Wirkung des Geistes der Wahrheit an ihrer Person, die dies in sich wahre Selbstzeugnis Jesu zur Weitergabe empfängt, einer Geistwirkung, die darin besteht, daß die dem Selbstzeugnis Jesu *selber inhärente* Wahrheit auch *ihnen* autopräsent wird. Sie werden zu Empfängern einer geist-

---

[47] Vgl. hierzu schon, was in der Studie über das Amt zur Geistgabe an die Empfänger des Weihesakraments gesagt wurde: o. S. 103 f.

lichen Gabe, eines Charismas: eben des „Charismas der Wahrheit" (PA e: DS 3071; DV 8 c), will sagen der ihnen persönlich vom Geist der Wahrheit, also von Gott, gewährten Autopräsenz der Wahrheit des Selbstzeugnisses Jesu (vgl. schon Mt 16, 17b). Dadurch werden sie zum Glauben (zur Hingabe) an diese ihnen autopräsente Wahrheit des Selbstzeugnisses Jesu befähigt, und dieser Glaube schließt ein, daß der Weitergabeauftrag für sie unabweisbar ist: der Weitergabeauftrag ist für seine Empfänger unabweisbar, er ist von seinen Empfängern im Gehorsam des ihnen gewährten – und von ihnen bekannten (Mt 16,16 ff.) – Glaubens, also der Ganzhingabe, an die ihnen durch den Geist der Wahrheit autopräsent gemachten Wahrheit des Selbstzeugnisses Jesu zu übernehmen und auszuführen.

Diese Geistgabe qualifiziert nun aber ipso facto auch ihren Vollzug des Weitergebens: Sie können das zum Weitergeben Empfangene, eben das wahre Selbstzeugnis Jesu, nicht mehr bloß als ein solches weitergeben, von dem ihnen nur dessen *Anspruch* auf Wahrheit präsent ist, sondern sie müssen es nun als eine solches weitergeben, dessen *tatsächliches Wahrsein* ihnen autopräsent geworden ist. Somit schließt ihre Weitergabe und Bewahrung dieser „tradenda", eben weil sie auf dem Boden und im Licht des Charismas der ihnen autopräsent gewordenen Wahrheit des Weiterzugebenden geschieht, auch ein, daß *sie selbst*, die Tradenten, gegenüber ihren Adressaten Wahrheit für das, was sie weitergeben, beanspruchen.

Dies sind nach römisch-katholischer Lehre jedenfalls die Implikationen für die grundlegende Erteilung und Annahme des Weitergabeauftrags durch Jesus selbst an die Apostel. Nun zielt aber – wie gezeigt – die Erteilung des Weitergabeauftrags auf die perenne Erhaltung der vom Inkarnierten geschaffenen Glaubensgemeinschaft als perennes Instrument für die Verwirklichung seiner Heilssendung. Somit schließt die Erteilung des Weitergabeauftrags auch die Weitergabe dieses Weitergabeauftrags durch das Weihesakrament ein. Sind die Implikationen aller dieser auf die erste und grundlegende Erteilung und Annahme des Weitergabeauftrags folgenden Erteilungen und Annahmen des Weitergabeauftrags durch die Spendung und den Empfang des Weihesakraments einfach dieselben wie die der ersten und grundlegenden?

Die römisch-katholische Lehre hat hierauf eine klare Antwort. Erstens sieht sie, daß es in der Natur der Sache – nämlich der Annahme und Erfüllung des von Christus empfangenen Weitergabeauftrags durch die Apostel – liegt, daß die Apostel ihn nur erfüllen können, indem sie das weiterzugebende wahre Selbstzeugnis Jesu als dasjenige weitergeben, dessen Wahrheit ihnen selbst autopräsent geworden ist (vgl. 2 Ptr 1,17–19), also nur so, daß sie selber für das weitergegebene Evangelium (Selbstzeugnis Jesu) dessen Wahrsein beanspruchen, und zwar als das ihnen selbst autopräsent gewordene Wahrsein des Evangeliums Christi. Das aber können sie nur, indem sie auch weitergeben *was* ihnen als die Wahrheit des Evangeliums vom Geist der Wahrheit selbst autopräsent gemacht wurde, also nur einschließlich ihres eigenen Nachdenkens über die ihnen autopräsent gemachte Wahrheit sowie ihrer eigenen (ipso facto im Lichte der autopräsenten Wahrheit des Empfangenen geschehenden, also inspirierten) Darstellung, Entfaltung und Erklärung der ihnen geistlich präsent gemachten Wahrheit des Evangeliums. Das aber hat dann Konsequenzen für das, was in allen Situationen der Weitergabe des Weitergabeauftrags durch das Weihesakrament von dessen Empfängern zur Weitergabe empfangen wird. Das ist unvermeidlich das von den Aposteln *weitergegebene* wahre Selbstzeugnis Jesu: also das wahre Selbstzeugnis Jesu, das von ihnen, den Aposteln, weitergegeben wird – einschließlich des von ihnen selber für dieses Weitergegebene erhobenen Anspruchs für dessen Wahrsein als eines solchen, das ihnen, den Tradenten, selbst autopräsent geworden ist und das sie in ihrer Weitergabe bezeugen, darstellen, entfalten und erklären. Die Empfänger des Weihesakraments können das wahre Selbstzeugnis Jesu ausschließlich als ein solches empfangen, für das nicht nur Jesus den Anspruch auf Wahrheit erhebt, sondern für das auch alle Apostel und Apostelnachfolger den Anspruch seines Wahrseins erheben, und zwar den Anspruch seines für sie selbst autopräsent gewordenen, und daher auch von ihnen bezeugten, dargestellten, entfalteten und erklärten Wahrseins; alle Empfänger des Weihesakramentes können das wahre Selbstzeugnis nur zur Weitergabe empfangen *einschließlich* aller durch und in seinem Tradiertwerden von seinen Tradenten erhobenen Wahrheitsansprüche. Nun ist die Autopräsenz der Wahrheit des Selbstzeugnisses Jesu für *einen* Empfänger nicht einfach identisch mit der Autopräsenz der Wahrheit des Selbstzeugnisses Jesu für einen *anderen* Empfänger. Das hält die römisch-katholische Lehre dadurch ausdrücklich fest, daß sie die *österliche* Autopräsenz der Wahrheit von Jesu Selbstzeugnis für *nicht weitergebbar* erklärt.[48] Weitergegeben werden kann und muß lediglich der *Anspruch*, daß das Weitergegebene wahr ist, und zwar dieser Anspruch als ein solcher, der sich auf die Autopräsenz der vom Tradenten behaupteten Wahrheit für ihn selber und nicht etwa bloß für einen Dritten gründet. Treue der Weitergabe erschöpft sich nicht in Zitat und Wiederholung, sondern schließt das Zeugnis der Tradenten für die ihnen autopräsente Wahrheit des von ihnen Empfangenen ein, ihre Darstellung und Entfaltung, und das zur Weitergabe Empfangene ist daher stets das wahre Selbstzeugnis Jesu *einschließlich seiner jeweiligen Traditionsgestalt*, die sich über allen ihr vorangegangenen aufbaut (DV 8 ff.).

Wird in dieser Aufeinanderfolge seiner aufeinander aufbauenden und sich überlagernden Traditionsgestalten das wahre Selbstzeugnis Jesu un-

---

[48] Vgl. die Studie über das Amt: o. S. 24.

kenntlich? Geht es gar verloren?[49] Das ist nach römisch-katholischer Lehre deshalb nicht der Fall, weil erstens alle Traditionsgestalten das Zitat, die Wiederholung des wahren Selbstzeugnisses Jesu einschließen und weil zweitens es immer derselbe Geist der Wahrheit seines Selbstzeugnisses ist, durch den der erhöhte Gekreuzigte vom Himmel her den Empfängern aller wahren Traditionsgestalten seines Selbstzeugnisses deren Wahrheit und darin eingeschlossen auch die Wahrheit des Selbstzeugnisses Jesu selbst autopräsent macht und damit ihren Glauben ermöglicht und verlangt.

So gilt nach römisch-katholischer Lehre:

– Zwar ist der Empfang des weiterzugebenden wahren Selbstzeugnisses Jesu durch das Weihesakrament von seinem Empfang auf Seiten der Apostel durch Christus selbst dadurch unterschieden, daß er immer nur der Empfang der jeweiligen wahren *Traditions*gestalt des wahren Selbstzeugnisses Jesu sein kann und ist,

– aber weil jede dieser Traditionsgestalten mit allen ihr vorangegangenen und folgenden darin übereinkommt, daß sie selbst die *Wahrheit* beanspruchende Darstellung, denkende Erfassung, Entfaltung und Erklärung der dem Tradenten selbst präsent gewordenen *Wahrheit* des in seinem Zeugnis durch Zitat und Wiederholung präsenten wahren Selbstzeugnisses Jesu ist,

– und weil eine solche für sich selbst Wahrheit beanspruchende Traditionsgestalt des wahren Selbstzeugnisses Jesu von den Empfängern des Weihesakramentes nur unter der Bedingung zur verantwortlichen Weitergabe angenommen werden kann, daß ihm das *Wahrsein* dieser Traditionsgestalt selbst durch den *Geist der Wahrheit autopräsent gemacht* ist,

– deshalb kommen sie auch alle darin überein, daß sie alle in der *vom erhöhten Gekreuzigten selbst durch den Geist der Wahrheit gewirkten* Autopräsenz des Wahrseins des wahren Selbstzeugnisses Jesu, die Glauben ermöglicht und verlangt, begründet sind, und also kraft dieses ihres Begründetseins in der Autopräsenz des Wahrseins des Evangeliums auch im Licht der geistgewirkten Autopräsenz des Wahrseins des Evangeliums weitergegeben und empfangen werden.

Das aber schließt wiederum ipso facto zweierlei ein:

– Die geistgewirkte Autopräsenz des Wahrseins des Evangeliums für die Apostel ist Werk des erhöhten Gekreuzigten vom Himmel her. Wer also den Anspruch des Wahrseins der von ihm weitergebenen Traditionsgestalt des Evangeliums unter Rückgriff auf die ihm durch Christus selbst vom Himmel her gewährte Autopräsenz des Wahrseins des Evangeliums vollzieht, kann das und tut das nicht anders als durch Rückgriff auf die Autorität Christi selbst, also unter Inanspruchnahme der *Autorität Christi und seiner Wahrheit*.

---

[49] Vgl. hierzu oben Anm. 43 u. 44.

– Diese Autorität Christi ist keine andere als die *Autorität der Wahrheit* seines Selbstzeugnisses, und Christus bringt sie nicht anders zur Wirkung als dadurch, daß er sie seinen Adressaten durch den Geist der Wahrheit *autopräsent* macht. Dadurch ermöglicht und verlangt er Glauben. Was heißt: *Christus bringt seine Autorität nicht anders zur Wirkung als so, daß er selber Glauben ermöglicht und verlangt.*

Indem also die Bischöfe im Weihesakrament den von Christus eingesetzte Weitergabedienst im Licht der ihnen autopräsent gewordenen Wahrheit des Evangeliums empfangen und spenden, empfangen und übertragen sie einen Dienst, der nur in dieser Autopräsenz der Wahrheit des Evangeliums getan werden *kann*: und das heißt, nur unter Rückgriff auf die Autorität Christi selbst aus Glauben und auf Glauben hin. Das bringt LG 25 prägnant zur Sprache.

„Episcopi [...] sunt fidei praecones, qui novos discipulos ad Christum adducunt, et doctores authentici seu auctoritate Christi praediti, qui populo sibi commisso fidem credendam et moribus applicandam praedicant, et sub lumine Sancti Spiritus illustrant, ex thesauro Revelationis nova et vetera proferentes (cf. Matth. 13,52), eam fructificare faciunt erroresque gregi suo impendentes vigilanter arcent (cf. 2 Tim 4,1–4).“

Die im Weihesakrament weitergegebenen und empfangenen Traditionsgestalten des Evangeliums gründen im Licht der den Spendern und Empfängern der Weihe durch den Geist der Wahrheit gewährten Autopräsenz des Wahrseins des Evangeliums, und d.h. sie werden von ihnen *im Glauben* weitergegeben und empfangen. Nun existiert aber der Glaube nur im Licht der geistgewirkten Autopräsenz des Wahrseins des Evangeliums als die Ganzhingabe der Person an sie. Insofern ist der Glaube *infallibel.* Und das heißt: Weil die Weitergabe einer wahren Traditionsgestalt des Evangeliums an ihre Empfänger *im Glauben* geschieht, ist auch diese Weitergabetätigkeit (also die Erhebung, Darstellung, Entfaltung und Erklärung des für sie vom Tradenten selbst erhobenen Wahrheitsanspruchs für diese von ihm weitergegebene Traditionsgestalt des Evangeliums) infallibel. Oder – wie seit dem Ersten Vatikanum klargestellt ist –: Weil die Apostel und ihre Nachfolger ihre Weitergabetätigkeit im Licht des „*Charismas veritatis*" (im Licht der ihnen durch den Geist der Wahrheit gewährten Autopräsenz des wahren Selbstzeugnisses Jesu) (DS 3071), also im Glauben und als Glaubenstätigkeit vollziehen, deshalb ist sie auch ipso facto *infallibel* (DS 3074). Das hält das Zweite Vatikanum fest (zum „Charisma veritatis" etwa DV 8 c; zum „Charisma infallibilitatis": LG 25 c; KKK 889 ff.).

Dies alles schließt ein, daß die Bischöfe nicht anders können, als die Autorität der ihnen autopräsenten Wahrheit des Evangeliums und die ihnen *darin* autopräsente, Glauben ermöglichende und verlangende Autorität Christi, auf deren Boden sie ihren Weitergabedienst empfangen, weitergeben und ausüben, nun auch gegenüber den Adressaten ihres Dienstes geltend zu machen, hier in der Ausübung ihres „munus docendi".

Eben dies schärft der CIC in den ersten canones seines Zweiten Buches als die für alle Vollzugsarten des „munus docendi" zu befolgende Grundregel ein (can. 747–755): Zunächst rekapitulieren die drei Paragraphen von can. 749 genau unter welchen Bedingungen das Lehramt des Papstes (§ 1) und das der Bischöfe (§ 2) unfehlbar ist. § 3 hält fest, daß *nicht alle* Lehre unfehlbar ist:

„Infallibiliter definita nulla intelligitur doctrina, nisi id manifesto constiterit".

Insofern stimmt der CIC mit Pae (3074) überein, schränkt aber Unfehlbarkeit keineswegs auf den dort genannten Fall einer ex-cathedra-Definition ein, sondern weitet sie auf alle Lehren über Glauben und Sitten aus, die in einem „actus definitivus" des Papstes oder des Bischofskollegiums vorgelegt werden. Unfehlbar ist eine Lehrvorlage also mit Sicherheit *nur dann nicht*, wenn offenkundig ist, daß sie *nicht definitiv* ist. Ob sie „manifesto" definitiv ist, kann Gegenstand vieler Fragen werden. Es besteht eine Tendenz, vorsichtshalber manifeste Definitivität anzunehmen, soweit das nicht gegen jeden Zweifel sicher ausgeschlossen ist.[50]

Den oben beschriebenen offenbarungstheologischen Konditionen des Vollzugs des apostolischen Weitergabedienstes entspricht sodann im Blick auf das „munus docendi" das Gesetz, daß die Vorlagen des kirchlichen Lehramts in jedem Fall mit einer verbindlichen Anerkennungs- und Befolgungszumutung verbunden sind:

Als „fide divina et catholica" „credendum" wird durch das kirchliche Lehramt vorgelegt:

„ea omnia […] quae verbo Dei scripto vel tradito, uno scilicet fidei deposito Ecclesiae comisso, continentur, et insimul ut divinitus revelata proponuntur […]." (can. 750)

Die Wendung bezeichnet – entgegen dem ersten Augenschein – eine einheitliche Menge von Aussagen: nämlich nur das, was vom Lehramt als „divinitus revelatum" vorgelegt wird. Alle Inhalte der Heiligen Schrift und der Tradition sind *ausschließlich in der Weise Gegenstand des Glaubens, in der sie durch das kirchliche Lehramt vorgelegt werden*. Die Ganzhingabe des Glaubens ist für nichts zu verlangen, was nicht vom Lehramt der Kirche vorgelegt wird, und unter diesem nur für das, was als „von Gott offenbart vorgelegt wird"; und zwar nicht nur vom feierlichen außerordentlichen, sondern auch vom „ordentlichen allgemeinen" Lehramt (can. 750). Folgendes sind die Pointen dieses Gesetzes:

---

[50] So Norbert Lüdecke (o. Anm. 32).

a) Als Gegenstand des Glaubens ausgeschlossen ist der bloße *Buchstabe* sowohl der Heiligen Schrift als auch der Tradition.[51]

b) Als Gegenstand des *Glaubens* kommt nur das in Betracht, was das Lehramt als *divinitus revelatum* vorlegt.

Der genaue Sinn dieses Gesetzes ergibt sich aus dem, was nach den aktuellen lehramtlichen Texten einerseits mit der Rede von „Offenbarung" und „Offenbartsein" und andererseits mit der Rede von „Glauben" gemeint ist. Eben dies ergibt sich aus den einschlägigen Passagen von LG, DV und KKK. Dann steht fest,

a) daß „Glaube" die Ganzhingabe der Person an die ihr durch den Geist selber ins Herz gelegte Wahrheit des Offenbarungszeugnisses, also an die ihr durch den Geist der Wahrheit autopräsent gemachte Wahrheit ist, und

b), daß als „offenbart" das bezeichnet wird, was das Fundament für den Empfang, die Weitergabe und die Ausübung des apostolischen Weitergabedienstes ist: nämlich zunächst die dem Petrus und dann allen Aposteln durch den Geist der Wahrheit autopräsent gemachte Wahrheit des Selbstzeugnisses Jesu, Offenbarer und Vollzieher der wahren „lex divina" und des wahren natürlichen Sittengesetzes zu sein, und seitdem die allen ihren Nachfolgern durch denselben Geist der Wahrheit autopräsent gemachte Wahrheit des Selbstzeugnisses ihrer Vorgänger, wahre Zeugen des wahren Selbstzeugnisses Jesu zu sein. Dabei ist entscheidend, nicht zu übersehen, daß der zuerst von Petrus *bekannte* offenbarungsbegründete (also der autopräsenten Wahrheit des Selbstzeugnisses Jesu hingegebene) Glaube, auf den die Kirche gegründet ist, der Glaube *aller* wahren Glieder der von Christus selbst unmittelbar um sich gescharten Gemeinschaft von Jüngern (Glaubenden) ist.

Die Gesetzesformulierung von can. 750 besagt also im Rahmen der für sie maßgeblichen Aussagen von LG, DV und KKK: In der Ausübung ihres „munus docendi" – in seinen beiden Formen – haben die Inhaber des Weitergabeamtes den Gliedern der Glaubensgemeinschaft *alles und nur das* als „geoffenbart" vorzulegen, was Grund und Gegenstand ihres eigenen Glaubens ist, und zwar ihres eigenen Glaubens, den sie – wie schon Petrus – mit allen wahren Gliedern der von Christus selbst unmittelbar geschaffenen Gemeinschaft der Christgläubigen teilen. Das ist alles und nur das, was ihnen durch Christus selbst und seinen Geist der Wahrheit vom Himmel her autopräsent geworden ist als die Wahrheit des Bekenntnisses ihrer Vorgänger – grundlegend als die Wahrheit des Bekenntnisses des Petrus – zu

---

[51] Man könnten dies als ein Insistieren auf dem primär, ursprünglich und unüberholbar, mündlichen und nicht schriftlichen Charakter des Glaubenszeugnisses auffassen, das erst sekundär auch zur Schriftform gelangt, die ihrerseits jedoch stets der wiederum mündlichen Proposition und Erklärung bedarf.

der jeweils diesen (und wiederum grundlegend dem Petrus) durch Christus selbst und seinen Geist der Wahrheit autopräsent gewordenen Wahrheit des Selbstzeugnisses Jesu als Offenbarer und Vollzieher der Wahrheit über die „lex divina" und das natürliche Sittengesetzes.

Alles dies und nur dies haben sie mit der Autorität Christi selbst vorzulegen, also in der *ausgesprochenen Gewißheit*, daß dies das „divinitus revelatum" ist, nämlich die allen Glaubenden als solchen autopräsent gewordene Wahrheit des Selbstzeugnisses Jesu und des Bekenntnisses des Petrus zu ihr, und deshalb auch mit der *ausgesprochenen Erwartung*, daß dieses auch Gegenstand des Glaubens aller Glieder der Gemeinschaft ist, dem diese in Ganzhingabe leben.

Ausgeschlossen ist mit alldem auch, daß die definitive Lehre vom außerordentlichen und ordentlichen Lehramt in der Erwartung vorzulegen ist, daß der für sie zu erwartende Glaube ein Akt *blinden* Gehorsams sein könnte. Das schließt schon Pae (DS 3010) aus und wird durch die Lehre von Offenbarung und Glaube des Zweiten Vatikanums genauer und tiefer dargelegt.[52]

c) Die Lehre ist von den Bischöfen daher auch in der Erwartung vorzulegen, daß sich die unverzichtbare Beteiligung der Laien am Lehramt (s. o.) im Rahmen der diesen kraft ihres eigenen Glaubens selbst präsenten Wahrheit der Vorlagen des Lehramtes hält.

d) Ausgeschlossen ist damit auch, daß vom Lehramt irgendetwas dem Glauben als „divinitus revelatum" vorgelegt wird, was nicht inkludiert ist in Grund und Gegenstand des Glaubens aller Glieder der Gemeinschaft, die Christus selbst um sich geschart hat und erhält, den Petrus zuerst bekannt hat, und also auch alles, was nicht inkludiert ist in der dem Petrus von Gott gewährten Autopräsenz der Wahrheit des Selbstzeugnisses Jesu und der allen seinen Apostelkollegen und deren Nachfolgern von Gott gewährten Autopräsenz der Wahrheit seines Bekenntnisses. Ausgeschlossen ist durch dieses Gesetz also die Möglichkeit, daß vom Lehramt der Apostel und ihrer Nachfolger *irgendein neues Dogma* als „divinitus revelatum" vorgelegt wird. Was vorgelegt wird, kann nur Implikation dessen sein, was *schon immer* Grund und Gegenstand des Christusglaubens war und bleiben wird: die „nicht von Fleisch und Blut" gewährte Autopräsenz der Wahrheit des Selbstzeugnisses Jesu und des wahren Glaubensbekenntnisses zu ihm.

e) Ausgeschlossen ist durch dieses Gesetz auch, daß Vorlagen des Lehramtes *in der beschriebenen Gewißheit und Erwartung* eine andere Adresse haben könnten als Glieder der Glaubensgemeinschaft: eben *Getaufte*, die als solche *Glaubende* sind.

---

[52] Vgl. den ersten Berichtsband der Arbeitsgruppe (o. Anm. 11).

Das heißt nicht, daß der auf der Autopräsenz der Wahrheit des Selbstzeugnisses Jesu für den Glauben beruhende Anspruch der Wahrheit des Bekenntnisses zu ihm – sei es das des Petrus und seiner Apostelkollegen oder irgendeines ihrer Nachfolger – *gegenüber nichtglaubenden Adressaten* aufgegeben werden müßte. Denn es gilt: Die dem Selbstzeugnis Jesu sowie dem Bekenntnis des Petrus (und aller Apostel und Apostelnachfolger) zur Wahrheit des Selbstzeugnisses Jesu eigene Wahrheit eignet dem Selbstzeugnis Jesu und dem Bekenntnis des Petrus (und aller Apostel und Apostelnachfolger) *nicht erst dadurch*, daß diese Wahrheit den Adressaten des Selbstzeugnisses Jesu bzw. den Adressaten des Bekenntnisses des Glaubens autopräsent wird und erst recht *nicht erst dadurch*, daß ihr Zustimmung zuteil wird (also auch nicht „*ex* consensu Ecclesiae" DS 3074), sondern schon zuvor dem Selbstzeugnis Jesu und dem Bekenntnis des Glaubens *in sich selbst* (was gerade durch das Autopräsentwerden der Wahrheit des Selbstzeugnisses Jesu und des Bekenntnisses des Glaubens für ihre Adressaten offenkundig wird).

Ebensowenig ist auf das wahre Bekenntnis des Glaubens des Petrus und aller seiner Nachfolger gegenüber nichtglaubenden Adressaten zu verzichten. Im Gegenteil, die der Kirche gebotene Mission (can. 781–792) besteht gerade darin, es an die nach Wahrheit suchende Menschheit (can. 748 § 1) zu richten. Aber es ist nicht damit zu rechnen, daß die Wahrheit des wahren Bekenntnisses (der wahren Vorlagen des Lehramts) diesen noch nicht glaubenden Adressaten auf anderem Wege präsent wird, als dadurch daß sie selber sich ihnen innerlich autopräsent macht (Dh 1). Niemand hat das Recht, Menschen durch Zwang zur „Annahme des katholischen Glaubens" zu bewegen (CIC 748 § 2) – und war deshalb nicht (der CIC fügt diese Begründung leider nicht hinzu), weil das nach römisch-katholischer Lehre *gar nicht möglich ist*.[53]

f) Nicht alles, was das außerordentliche und ordentliche Lehramt vorlegt, ist „definitiv". Aber auch für das Nichtdefinitive ist „religiosum […] intellectus et voluntatis obsequium" zu erwarten (can. 752). Wichtig hieran: Daß der Glaube jedenfalls etwas anderes und mehr ist als „religiöser Gehorsam des Intellekts und des Willens" – wenn auch nicht weniger.

g) Schließlich ist besonders wichtig: Das Gesetz über die Ausübung des „munus docendi" spricht Erwartungen aus, die für seine Ausübung unverzichtbar sind, und dies aufgrund der Natur der Sache. Folge: die Erfüllung dieses Gesetzes ist weniger zu *fordern* als eben aus der Natur der Sache heraus immer schon enttäuschungsfest zu *erwarten*. Besonders deutlich im Schluß von can. 750:

---

[53] Diese Einsicht führt ipso facto zu weitestreichenden kritischen Fragen an die *reale* Missionsgeschichte seit dem frühesten Mittelalter bis in die jüngste Neuzeit.

Nach Nennung der für alle Vorlagen der „divinitus revelata" (also des von Gott
Offenbarten, eben der Wahrheit des Selbstzeugnisses Jesu, des Evangeliums) durch
das Lehramt zu erwartenden Erfassung durch den sich dieser Wahrheit ganzhin-
gebenden Glauben, wird hinzugefügt: „quod quidem communi adhaesione [ver-
stehe an das von Gott Offenbarte: E. H.] christifidelium sub ductu sacri magisterii manifestatur".

Diese Feststellung ist wichtig, weil sie die Feststellung des Ersten Vatikanums am Ende von Pae vor einem Mißverständnis schützt. Dort heißt es
bekanntlich:

„[…] docemus et divinitus revelatum dogma esse definimus: Romanum Pontificem,
cum ex cathedra loquitur […] per assistentiam divinam ipsi in beato Petro promis-
sam, ea infallibilitate pollere, qua divinus Redempror Ecclesiam suam in definien-
da doctrina de fide vel moribus instructam esse voluit; ideoque eiusmodi Romani Pontificis definitiones ex sese, non autem ex consensu Ecclesiae, irreformabiles
esse." (DS 3074)

Aufgrund der Bedingungen, unter denen der apostolische Weitergabedienst
empfangen, weitergegeben und ausgeübt wird (in der Studie des Referenten über Amt und Ordination und auch in der vorliegenden Studie oben
beschrieben) muß nicht nur, wie hier, für die feierlichen Definitionen der
dem Glauben autopräsenten Wahrheit des tradierten Selbstzeugnisses Jesu
(also des Evangeliums), sondern re vera eben für alle Vorlagen auch des ordentlichen Lehramts (das ja gar nichts anderes vorzulegen [zu lehren und
zu bekennen] hat als die „vera revelata") festgestellt werden, daß sie „ex
sese, non autem ex consensu Ecclesiae" wahr sind. Eben dies ist ja die *Möglichkeitsbedingung* dafür, daß ihr Wahrsein durch das Wirken des Geistes der
Wahrheit auch ihren Adressaten autopräsent werden und so die Ganzhingabe ihres Glaubens ermöglichen und verlangen *kann*; somit ist es sachlich
ausgeschlossen daß sie etwa nicht „*ex sese*", also nicht *in sich selbst* objektiv
wahr wären, schon *vor* dem Autopräsentwerden dieses ihres Wahrseins für
ihre Adressaten und deren dadurch ermöglichter und verlangter Glaubens-
hingabe an sie, sondern erst *durch* dieses Autopräsentwerden ihres Wahrseins und *kraft* („*ex*") der Hingegebenheit des Glaubens an diese ihm autopräsente Wahrheit selbst wahr *würden*. Die Dinge liegen hier, beim Verhältnis Wort/Glaube, ganz genauso wie beim Verhältnis Sakrament/Glaube.[54]
   Aber dies heißt eben *nicht*, daß die Gemeinschaft der Glaubenden, innerhalb deren Christus mit seinem leibhaften Selbstzeugnis *allen* ihren Gliedern gegenüber wirksam präsent ist und durch Ingebrauchnahme des apostolischen Weitergabedienstes bleiben will und wird, *erst durch die Vorlagen
des apostolischen Dienstes geschaffen würde*. Vielmehr durch ihn und seine Vorlagen *erhält* Christus die Gemeinschaft der Seinen, die *er schon zuvor unmit-*

---

[54] Vgl. Bd. II und III der Forschungsgruppe (o. Anm. 12 u. 13).

telbar selber geschaffen hat, ohne sich schon dafür des apostolischen Dienstes zu bedienen, sondern zugleich mit seiner ganzen Gemeinschaft auch diesen Dienst allererst schaffend. Somit *gibt* es den apostolischen Dienst überhaupt nirgendwo anders als *inmitten* der Gemeinschaft aller Glaubenden, *die Christus selbst schon geschaffen hat* und zwar genau *dadurch, daß er ihnen, den Glaubenden, allen durch Mitteilung seines Geistes der Wahrheit die Wahrheit seines Selbstzeugnisses hat autopräsent werden lassen.* Es *gibt* ebensowenig wie den *Pastorendienst* (Leitungsdienst) auch den *Wortdienst* der Apostel und ihrer Nachfolger außerhalb der Herde, in der *jedes Schaf* selber die eigene Stimme seines Herrn kennt (Joh 10,3.4.27), also an die ihm von Christus selbst autopräsent gemachte Wahrheit seines Selbstzeugnisses ganz hingegeben lebt, also „glaubt". Und somit gibt es das in sich selbst wahre Bekennen und Lehren der Wahrheit des Evangeliums durch die Apostel, das allerdings *in sich selbst* wahr ist und keineswegs „*ex* consensu fidelium, i. e. Ecclesiae", dennoch *nie und nirgends sine consensu fidelium, i. e. Ecclesiae.* Genau dies hält die zitierte Wendung aus can. 750 in treffender Ergänzung der Feststellung aus Pae und in pointierter Zusammenfassung aller Aussagen über den „sensus fidei" in LG 12, und KKK 91–93 fest.

„Fide divina et catholica ea omnia credenda sunt quae verbo Dei scripto vel tradito, uno scilicet fidei deposito Ecclesiae comisso, continentur, et simul ut divinitus revelata proponunter sive ab Ecclesiae magisterio solemni, sive ab eius magisterio ordinario et universali, *quod quidem communi adhaesione christifidelium sub ductu sacri magisterii manifestatur;* tenentur igitur omnes quaecumque devitare doctrinas iisdem contrarias" (can 750; Kursivierung E. H.)

Dieser „sensus fidei" ist zufolge aller seiner Beschreibungen in LG 12 und dann KKK 91–93, 250, 785 und 889 stets affirmativ auf die Vorlagen des Lehramts gerichtet, ja, er folgt dem Lehramt. Das kann nicht anders sein, weil Christus nach seiner Himmelfahrt die von ihm geschaffene Gemeinschaft erhält, indem er den von ihm eingesetzten Weitergabedienst der Apostel als das Instrument benutzt, selber sein wahres Selbstzeugnis (das Evangelium) auf Dauer inmitten der Seinen ihnen allen gegenüber leibhaft gegenwärtig und wirksam zu erhalten – was einschließt, daß auch der Glaubenssinn nur *vermittelst* des „munus docendi" der Apostelnachfolger erhalten werden kann (auch wenn er keineswegs *von* dem apostolischen Dienst erhalten wird [davon spricht kein Konzilstext und auch nicht der KKK], sondern eben *vermittelst* des apostolischen Dienstes durch den Herrn selbst und sein geistliches Wirken vom Himmel her). Insofern *bedingt* also die Lehrtätigkeit den sensus fidei aller Glieder der Gemeinschaft.

Ebenso wird jedoch gesehen und klingt gelegentlich das umgekehrte an: daß nämlich auch der vom Herrn selbst vermittelst des apostolischen Lehramts gewirkte „sensus fidei" der Glaubenden eine *Bedingung* für das Wirken des Lehramts ist:

a) Ohne den „sensus fidei" aller Glaubenden, den der Herr selbst vom Himmel her *vermittelst* des von ihm eingesetzten apostolischen Lehramts wirkt und dessen Anhänglichkeit gegenüber den „ex sese" wahren Vorlagen des Lehramts *er, der Herr selber*, dem Lehramt gewährt, kann die Kirche als ganze – also auch der apostolische Dienst – seine weltgeschichtliche Mission nicht erfüllen (LG 12; daran anschließend KKK 93, 785, 889);

b) in der alten Kirche wurden die zum katholischen Dogma führenden Konzilsentscheidungen nicht nur befördert („adiuvare") durch den „labor theologicus" der „Patres Ecclesiae", sondern auch gestützt („fulcire") durch den „sensus fidei" „populi christiani" (KKK 250).

Was ist mit Letzterem konkret gesagt? Jedenfalls das, was immer über den „sensus fidei" der Glaubenden und sein Verhältnis zum apostolischen Lehramt gesagt wird, daß er nämlich den von diesem vorgelegten „ex sese" wahren Verlautbarungen zustimmt und anhängt. Freilich stellt das altkirchliche Beispiel besonders deutlich die Frage nach dem Motiv und Grund dieser Anhänglichkeit und Zuneigung des „sensus fidei" zu den Vorlagen des Lehramts als den „ex sese" wahren. Als dieses Motiv kommt aus der Natur der Sache heraus nur zweierlei in Betracht:

– Entweder neigt sich der „sensus fidei" der Glaubenden den Vorlagen des Lehramts als wahren Vorlagen deshalb zu, weil die Vorlagen von Inhabern des apostolischen Weitergabedienstes, also von Bischöfen, vorgelegt werden,

– oder er neigt sich den Vorlagen als wahren deshalb zu, weil ihm die Vorlagen selber als wahr durchsichtig sind.

Für die betrachtete altkirchliche Situation scheidet das erste Motiv aus, weil die Bischöfe bekanntlich bis zu den Konzilsentscheidungen unterschiedlich lehrten. Somit kann die Anhänglichkeit des „sensus fidei" der Glaubenden, mit dem sie das wahre Dogma unterstützten ihren Grund nur darin haben, daß die Glaubenden vermöge des ihnen vom Herrn selbst geschenkten „sensus fidei" angesichts verschiedener bischöflicher Vorlagen die wahren selbst zu erkennen und zu unterstützen vermochten. Das aber heißt nicht weniger als: *dem sensus fidelium kommt selbst die Fähigkeit und das Recht zu, Lehre zu unterscheiden und zu beurteilen.*

Gerade die „leges" des CIC für den Vollzug des kirchlichen Lehramts setzen offenkundig diese Fähigkeit der Glaubenden zum eigenen Urteil über die Lehre voraus und verlangen von den Glaubenden, von dieser Urteilsfähigkeit ihres Glaubens auch Gebrauch zu machen:

a) Vorausgesetzt und verlangt wird die Unterscheidungs- und Urteilsfähigkeit aller Glaubenden insofern, als von ihnen verlangt wird, alle Lehren zu meiden, die den Vorlagen des „heiligen Lehramts" entgegenstehen, womit ihnen zugemutet wird, daß sie *selber* beide unterscheiden können und müssen (can. 750). Woran orientiert sich diese Unterscheidung? Daran, *wer* eine Lehre vorträgt? Dann wären alle Lehren inakzeptabel, die nicht von Bischöfen oder von diesen irgendwie autorisierten Personen vorgetragen werden. Das ist definitiv nicht römisch-katholische Lehre; denn die sieht vor (vgl. o.), daß alle Laien in irgendeiner Weise eigenverantwortlich am Verkündigungsdienst der Kirche teilnehmen, auch ohne *besondere* bischöfliche Beauftragung. Die Zumutung des CIC besagt, daß alle den bischöflichen Vorlagen zuwiderlaufende Lehre *gemieden werden soll*, also auch *erkannt werden kann* und zwar offenkundig nicht allein an ihrem *Urheber*, sondern auch an ihrem *Sachgehalt*. Das gilt erst recht insofern, als die Glaubenden nicht nur innerhalb der Kirche sondern auch in der Öffentlichkeit glaubensrelevanten Lehren begegnen, also auch diese selbstständig zu beurteilen haben hinsichtlich ihrer sachlichen Kompatibilität oder Nichtvereinbarkeit mit der kirchlichen Lehre.

b) Im CIC manifestiert sich die auch sonst offenkundige Tendenz, die Infallibilität des „munus docendi" der Apostelnachfolger nicht – wie es das Erste Vatikanum zu tun scheint – auf dessen außerordentliche Wahrnehmung zu beschränken, sondern auf seine ordentlichen Vollzüge auszudehnen, jedenfalls sofern diese „Definitives" vorlegen. Das ist im Blick auf die Bedingungen, unter denen der apostolische Dienst empfangen, weitergegeben und ausgeübt wird (s. o.) völlig konsequent. Allerdings schließt diese Ausweitung nun die an alle Glaubenden gerichtet Zumutung ein, zu unterscheiden zwischen solchen Vorlagen, von denen feststeht, daß sie Definitives beinhalten, und anderen bei denen dieses nicht der Fall ist (can. 752).

Fazit:

– Zwar schärft der CIC konsequent und lückenlos ein, daß die vom apostolischen Lehramt, und zwar zuerst und zuletzt dem päpstlichen, vorgelegte Lehre „ex sese" (und d.h. aufgrund der Bedingungen unter denen der apostolische Dienst empfangen, weitergegeben und ausgeübt wird) wahr ist, daß für sie daher zu erwarten ist, daß ihr die Anhänglichkeit des Glaubens der Getauften zuteil wird, und daß die Glaubenden jedenfalls verpflichtet sind, in ihrer eigenen Beteiligung am kirchlichen Verkündigungsdienst der bischöflich vorgelegten wahren Lehre nicht zu widersprechen oder sie in Zweifel zu ziehen, ja – sofern eine autorisierte Beteiligung an der Ausübung des Lehramtes vorgesehen ist, setzt sie die ausdrückliche Verpflichtung der betreffenden Personen auf die autoritative Lehre durch Einforderung und Ablegung des Glaubensbekenntnisses voraus (can. 833);

– aber in keinem Fall wird dabei erwartet und zugemutet, daß die Anhänglichkeit des Glaubens (die Ganzhingabe der Person) dabei *allein* der formalen *Autorität des Amtes* und seiner Inhaber gilt, sondern stets auch, und zwar grundlegend, der *Autorität der objektiven Wahrheit* des – in der von ihm selbst eingesetzten Weise tradierten (!) – Selbstzeugnisses Jesu, die den bischöflichen Lehrern autopräsent (Grund und Gegenstand ihres

Glaubens) ist, ebenso allen von den Bischöfen autorisierten Lehrern, und die ebenso allen Glaubenden durch das eigene geistliche Wirken Christi vom Himmel her als Grund und Gegenstand ihres Glaubens autopräsent ist. Und

– eben dies schließt die Anerkennung ein, daß alle Glaubenden als solche die Fähigkeit, das Recht, ja die Pflicht haben, alle Lehre zu urteilen.

Nur diese Fähigkeit aller Glaubenden zur Beurteilung aller Lehre ist es auch, die die Kirche – unbeschadet der besonderen Verantwortung der Hirten – als Ganze dazu befähigt, ihren Auftrag zum Bekenntnis der Wahrheit des Evangeliums (des Selbstzeugnisses Jesu als Offenbarer und Vollzieher der Wahrheit über die „lex divina" als „lex caritatis" und über das natürliche Sittengesetz) in der Auseinandersetzung mit den vielfältigen anderen Weltanschauungen und Religionen in der heutigen Gesellschaft zu erfüllen.

4.3.3. *Gesetzgebung für die Ausübung des Heiligungsdienstes.* – Wir kommen zu der Gesetzgebung des CIC für den „Heiligungsdienst" der Kirche, also für die Christusfeier in der Feier der Liturgie und der Sakramente.

Alle diesbezüglichen „leges" besagen, daß alle Glieder der Kirche – Inhaber des geweihten Amtes und Laien – in der Feier der Liturgie und aller Sakramente das zu befolgen haben, was die in den Dokumenten des Zweiten Vatikanums und dann im KKK beschriebene Natur, der Liturgie und (das Wesen) jedes Sakramentes verlangt.

Die Natur (das Wesen) der Sakramente ist ihr Eingesetzt- und Befohlensein durch Christus als Instrumente seines eigenen Heiligungswirkens an ihren Empfängern. Die Sakramente sind also in sich selbst „ius divinum". Sie sind, was sie sind, und wirken, was sie wirken, wenn sie in Befolgung derjenigen von Menschen gesetzten „leges" gefeiert werden, die dem mit ihrer Einsetzung gegebenen „ius divinum" angemessen sind. Man könnte an 1 Kor 11,17–34 denken als an das schon im Neuen Testament gegebene Muster einer solchen menschlichen „Regelung" für die Durchführung des von Christus selbst befohlenen, also als „ius divinum" vorliegenden, Gedächtnismahles.

Diese – den Vollzug des „ius divinum" regelnden – „leges" sind in den drei Teilen von Buch IV enthalten. *Nur, wenn und indem* die hier gebotenen „leges" befolgt werden, werden die Sakramente „gültig" gefeiert. Und nur wenn „gültig" gefeiert, *sind* die Sakramente, was sie sind, und *wirken* sie, was ihnen zu wirken verheißen ist. Das gilt für *alle* Sakramente und ist insbesondere im Blick auf Eucharistie (can. 897 ff.)[55] und Bußsakrament (can.

---

[55] Vgl. die einschlägigen Studien in Bd. III der Forschungsgruppe (o. Anm. 13).

959 ff.)[56] zu beachten. Der *legale* Vollzug der Sakramente, und nur er, ist der *wahre*. Es gibt überhaupt keinen wahren Sakramentsvollzug, außerhalb der für ihn geltenden „leges", so daß der in diesem Sinne „wahre" Vollzug aller Sakramente mit seiner *Legalität*, seiner *kirchlichen Ordentlichkeit*, steht und fällt. Seine kirchliche Ordentlichkeit ist notwendige Bedingung seiner *Gültigkeit*, und diese die notwendige Bedingung seiner *Wahrheit*.

Mir scheint: Das kann – wie schon 1 Kor 11,17 ff. zeigt – aus der Natur der Sache heraus gar nicht anders sein. Denn das „ius divinum" der *göttlichen* Stiftung (Einsetzung, Beauftragung) vollzieht sich ja *nicht durch sich selbst*, sondern verlangt vielmehr von sich aus, durch Menschen in verantwortlicher Einsetzungs- und Auftragsgemäßheit vollzogen zu werden, um als so vollzogenes durch Gott selber im Gebrauch genommen und zur Wirkung gebracht zu werden. Der unbedingt erforderliche menschliche Vollzug aber ist seinerseits gar nicht anders möglich als in einer *Ordnung*, die durch die zum Vollzug verpflichteten Menschen verantwortlich zu etablieren und zu unterhalten ist und die ihrerseits vor der Alternative steht, entweder dem „ius divinum" der göttlichen Stiftung (des göttlichen Auftrags) gemäß zu sein oder nicht. Es ist also aus sachlogischen Gründen unmöglich, an der Realität der Sakramente die *göttliche* Stiftung gegen die *menschliche* Vollzugsform auszuspielen und letztere als gegenüber der ersteren irrelevant zu behaupten; so sehr zwischen beiden wesentlich zusammengehörigen Seiten unbedingt zu *unterscheiden* ist (denn der menschliche Vollzug *kann* unangemessen sein, die göttliche Stiftung nicht).

Real ist das Sakrament, *nur* wenn es auch *gültig* ist; also wenn es nach von der menschlichen Vollzugsinstanz zu unterhaltenden Regeln gefeiert wird, die ihrerseits der göttlichen Stiftung (dem göttlichen Auftrag) *gerecht* werden, *entsprechen, angemessen* sind.

Dann fragt sich: Wann und wodurch ist diese Angemessenheit der „leges" der Sakramentspraxis garantiert? Antwort: Dies ist dann und dadurch garantiert, daß diese „leges" von demjenigen *menschlichen Gesetzgeber* stammen, dessen Tätigkeit unter Bedingungen steht, die *diese Angemessenheit garantieren*. Und eben diese Bedingung ist nach römisch-katholischer Lehre für die *Nachfolger des Petrus und der übrigen Apostel* erfüllt, denen der Dienst der Weitergabe der „vera revelata" durch Christus selbst befohlen ist und die diesen Dienst, getreu diesem von Christus selbst stammenden Weitergabeauftrag, durch das Weihesakrament ihren Nachfolgern weitergegeben haben.

Damit zeigt sich erstens an den „leges" der Sakramentspraxis der Kirche mit besonderer Deutlichkeit, was de facto auch schon für das „leges" der Verkündigungspraxis gilt: daß nämlich die „leges humanae", welche

---

[56] Dazu o. Anm. 25.

die Befolgung des „ius divinum" regeln, selbst „ius divinum derivatum"
(s. o.) sind – und dies genau dann und deshalb, weil die Leitungstätigkeit,
die Rechtspraxis, durch die (als „*potestas legislativa*") diese „leges" gegeben
werden, durch die (als „*potestas exekutiva*") zu ihrer Befolgung angeleitet
und durch die (als „*potestas iudicativa*") über ihr Befolgtsein geurteilt wird,
von *niemand anderem als den Empfängern des Weihesakramentes ausgeübt wird.*

Zweitens zeigt sich damit zugleich: Das „ius divinum originale" und
das „ius divinum derivativum" (die den „gültigen" Vollzug des „ius divinum" bestimmenden „leges" des kirchlichen Legislators) *des Weihesakramentes liegt de facto dem* „ius divinum originale" und „derivativum" *aller
anderen Sakramente zugrunde, durchzieht dies alles und umfängt es. Das* „ius divinum originale" und „derivativum" *des Weihesakraments ist der alles umfassende Boden für das* „ius divinum originale" und „derivativum" *der gesamten liturgischen Praxis der Kirche und ihrer Verkündigungspraxis.*

Dem scheint das Faktum zu widersprechen, daß nach römisch-katholischer Lehre die Taufe gültig gespendet und empfangen wird auch ohne
Beteiligung eines geweihten Amtsträgers.[57] In ihr ist Christus selber wirksam auch ohne, daß er sich des Instrumentes des apostolischen Dienstes
bedient. Aber auch bei diesem Handeln bedient Christus sich der von ihm
geschaffenen Kirche, denn das Taufhandeln eines jeden Menschen, sogar
eines nicht glaubenden, ist gültig, wenn es in der *Intention* geschieht, das
zu *tun*, was die *Kirche* tut (KKK 1256). Die von Christus geschaffene Kirche ist aber auch die von ihm *erhaltene* Kirche, und zwar die *durch das von
ihm gebrauchte Instrument des apostolischen Dienstes erhaltene* Kirche. Das Bedingtsein und Hingeordnetsein jeder Taufe auf die in *dieser Weise erhaltene*
Kirche schließt also die Feststellung ein, daß der „*ordentliche Spender*" der
Taufe der Bischof bzw. der von ihm beauftragte Priester oder Diakon ist
(KKK 1256). Dieser Grundsatz steht auch im Zentrum der canones für
den Taufvollzug:

„Minister ordinarius baptismi est Episcopus, presbyter et diaconus […]. Absente
aut impedito ministro ordinario, licite baptismum confert catechista aliusve ad hoc
munus ab Ordinario loci deputatus, immo in casu necessitatis, quilibet homo debita intentione motus […]" (can. 861 §§ 1 und 2).

Ausschließlich im Notfall wird die Taufe nicht von Geweihten oder vom
Bischof vollzogen. Jedoch stellen die „leges" für den *Umgang* mit der Taufe in der römisch-katholischen Kirche außer Zweifel, daß der „ordentliche" Spender der Taufe allein „der Bischof, der Priester und der Diakon",
also jedenfalls ein geweihter Amtsträger, ist, daß gegebenenfalls auch ein
„Katechist oder jemand anderer, der vom Ortsbischof für diese Aufgabe

---

[57] Vgl. Bd. III der Forschungsgruppe (o. Anm. 13).

bestimmt ist," „erlaubtermaßen" die Taufe zu spenden vermag und nur im „Notfall" „sogar jeder von der nötigen Intention (nämlich, zu *tun*, was die Kirche tut) geleitete Mensch". Worin eingeschlossen ist, daß dies alles außer im Notfall nicht erlaubt ist, ebensowenig wie das Taufen in einem fremden Gebiet ohne die nötige Erlaubnis (can. 861–862). Das Vorzeichen für alles, was can. 850–878 über den einsetzungsgemäßen Vollzug der Taufe gesagt wird, ist die Feststellung von can. 842 § 2, daß nämlich die Taufe durch ihren Ursprung und ihrem Wesen nach auf Firmung und Erstkommunion hingeordnet ist, die für die volle Initiation (die ihrerseits Voraussetzung für die „plena communio" mit der katholischen Kirche „durch die Bande des Glaubensbekenntnisses, der Sakramente und der kirchlichen Leitung" [ca. 205] ist) erforderlich sind:

„Sacramenta baptismi, confirmationis et sanctissimae Eucharistiae ita inter se coalescent, ut ad plenam initiationem chrstianam requirantur". (can. 842 § 2).

Somit kann aus römisch-katholischer Sicht zwar anerkannt werden, daß auch die Taufe durch irgendeinen Menschen mit der nötigen Intention legal, also gültig ist, etwa wenn sie von einem Glied einer nicht in Gemeinschaft mit dem Bischof von Rom stehenden christlichen Gemeinschaft vorgenommen wird. Wobei diese Anerkennung sich jedoch im Horizont eines Taufverständnisses bewegt, für das alle derartigen Taufen *Nottaufen* sind.

Das gilt auch für die Taufe in christlichen Gemeinschaften die nicht in Einheit mit dem römischen Bischof stehen. Zwar bereitet es aus römisch-katholischer Sicht keine Schwierigkeit, die Gültigkeit der dort vollzogenen Taufen anzuerkennen. Aber diese Anerkennung geschieht im Horizont eines Verständnisses dieser Taufen als Nottaufen – also im Horizont eines Verständnisses der Taufe, das *nicht* das Verständnis der Taufe in den Gemeinschaften ist, in denen die Taufe vollzogen wird. Das zeigt sich insbesondere daran, daß nach römisch-katholischer Lehre die Taufe in sich selbst nicht die Kraft zur vollen Eingliederung des Getauften in den Leib Christi besitzt, sondern dies nur in Einheit mit der bischöflich gespendeten Firmung und mit der bischöflich geleiteten Erstkommunion, auf die sie in sich selbst hingeordnet ist (s. den soeben zitierten can. 842 § 2).

Diese Anerkennung von gültigen Nottaufen ändert also nichts an der Stellung des Weihesakraments als des umfassenden Bodens der Praxis aller Sakramente, sondern unterstreicht diese Stellung eher. Dasselbe gilt für die sakramentale Ehe, die zustandekommt nur durch Ehekonsens (can. 1057, 1095–1107) und -vollzug (can. 1061) von *Getauften* (can. 1055).

Somit ist eine genaue Betrachtung von „ius divinum originale" und „derivativum" des Weihesakramentes für eine genaue Erfassung des Zusammenspiels beider in allen Bereichen des Heiligungs- und Verkündigungsdienstes erforderlich:

Zum „ius divinum" des Weihesakramentes gehören jedenfalls die canones 1008, 1012 und 1013, deren Bestimmungen sich direkt aus dem Dogma der Übergabe des Weitergabedienstes durch Christus an Petrus und die Apostel und dessen Weitergabe an ihre Nachfolger ergeben (LG 19f., DV 7).

„Sacramento ordinis ex divina institutione inter christifideles quidam character indelebili quo signantur, constituuntur sacri minstri, qui nempe consecrantur et deputantur ut, pro suo quisque gradu, in persona Christi Capitis munera docendi, sanctificandi et regendi adimplentes, Dei populum pascant." – „Sacrae ordinnationis minister est Episcopus consecratus." – „Nulli Episcopo licet quemquam consecrare Episcopum, nisi prius constet de pontificio mandato."

Diese letzte Vorschrift kann zwar keineswegs auf die Einsetzung Christi selbst zurückgeführt werden (die Apostel sind nicht durch Petrus bestimmt, sondern durch Christus selbst), bietet aber eine Regelung, die der Realisierung des durch das Erste Vatikanum dogmatisierten Jurisdiktionsprimat des römischen Bischofs dient, der die Ungleichheit zwischen dem Haupt des Bischofskollegiums und seinen übrigen Gliedern begründet, die in der authentischen Auslegung von LG 22 durch die Nota praevia von Pauls VI. festgehalten und unterstrichen wird. Insofern ist diese Regelung wenigstens als „ius divinum derivativum" einzustufen und damit unabänderlich.

Derselbe Status dürfte den Gesetzen zukommen, die sicherstellen, daß die Weihegewalt der Bischöfe grundsätzlich auf ihren ihnen vorgegebenen – und zwar durch die höchste, eben römische, Autorität vorgegebenen (can. 373) – Zuständigkeitsbereich beschränkt ist (can. 1017–1023). Denn auch diese Regeln ergeben sich direkt aus der dogmatisierten Asymmetrie zwischen dem Haupt des Apostelkollegiums und seinen übrigen Gliedern, also aus dem Primat des ersteren über die letzteren.

Nicht nur als „ius divinum derivativum" sondern „originale", also als direkte Einsetzung Christi selbst, ist hingegen mit Rücksicht auf die Tatsache, daß Christus in den Zwölferkreis nur Männer berufen hat, mit Sicherheit unzweifelhaft can. 1024 einzustufen – ebenfalls mit der Konsequenz der Unabänderlichkeit:

„Sacram ordinationem valide recipit solus *vir* baptizatus [Kursivierung E.H.]."

Der *Weitergabedienst und dessen Weitergabe durch das Weihesakrament* als solche sind nach römisch-katholischer Lehre Einsetzungen Christi, also „ius divinum". Die Regeln für dessen Vollzug garantieren die Gültigkeit der Realität des Sakraments, sofern sie der Stiftung angemessen sind. Das sind sie nach römisch-katholischer Lehre, sofern sie von den durch die göttliche Stiftung selbst vorgesehenen Gesetzgebern, den Aposteln und ihren Nachfolgern, erlassen sind.

Das hat Konsequenzen für den *gestuften Vollzug* des Weihesakramentes (LG 28, KKK 1554 ff.). Denn die der integralen Gestalt des Weihesakraments, der Weihe zum Episkopat, vorangehenden *Weihestufen* des Diakonats und des Presbyterats (can. 1009) sind zwar nicht in der göttlichen Stiftung begründet, sind aber dennoch dieser göttlichen Stiftung angemessene Regeln für die Praktizierung des Weihesakraments, weil sie eben durch diejenigen Gesetzgeber erlassen sind, die nach römisch-katholischer Lehre solche Angemessenheit *garantieren*: eben durch die Apostel und ihre Nachfolger. Denn diese abgestuften Weihegrade gehen nach LG 28 auf eine Tätigkeit eben dieses Pesonenkreises, der Apostel und ihrer Nachfolger, zurück, die Teile ihrer durch den Empfang des Weihesakramentes empfangenen Kompetenz, ihres Amtes („munus ministerii sui"), an ihnen Untergebene („variis subiectis") weitergeben; was ausdrücklich als „legitime" eingestuft wird, also als eine Maßnahme der Apostelnachfolger (und zwar nicht einzelner, sondern aller in Einheit mit dem Papst), die im Einklang mit dem „ius divinum" steht und damit – wegen der Unfehlbarkeit von Entscheidungen des Apostelkollegiums in Einheit mit dem Papst – jedenfalls den Status von „ius divinum derivatum" besitzt, also ebenfalls unabänderlich ist.

Auch Gesetze, die die Bedingungen für den Empfang der Weihe auf Seiten der sich darum Bewerbenden betreffen, sind nach römisch-katholischer Lehre zum Teil „ius divinum" und zwar „ius divinum originale", so etwa can. 1026, der sich direkt ergibt aus dem mit der geschaffenen Natur des Menschen gegebenen Gewissen, das allein der selbst sich selber jedem einzelnen Menschen präsentierenden Wahrheit – hier des Evangeliums und der eigenen Berufung – verpflichtet ist:

> „Ut quis ordinetur debita libertate gaudeat oportet; nefas est quemquam, quovis modo, ob quamlibet causam ad ordines recipiendos cogere, vel canonice idoneum ab iisdem recipiendis avertere."

Die übrigen Gesetze über die Bedingungen des Weiheempfangs auf Seiten der Bewerber ergeben sich teils aus der Natur der Sache, wie etwa die Vorschrift bestimmter Nachweise (des förmlichen Aufgenommenseins in den zuständigkeitsspezifischen Kandidatenkreis [can. 1034] – was den Nachweis der Kirchenmitgliedschaft [des Getauft- und Gefirmtseins: can. 1050 Nr. 3] und der Eignungsprüfung durch die diözesane Autorität [can. 1029] einschließt –, des erfolgreichen Abschlusses der Ausbildung [can. 1050 mit 1032; zu den dafür zuständigen Institutionen vgl. can. 232–264] sowie des durchgeführten Skrutiniums [can. 1052]) und sind insofern unabänderlich, betreffen aber z. T. zeitbedingte Formen der Erfüllung dieser Bedingungen und sind insoweit durch die zuständige Autorität (im Rahmen der obersten auch der diözesanen) nach Bedarf veränderbar. Dasselbe dürfte für die „Irregularitäten" und „Hindernisse" gelten (can. 1040–1049).

Zu den Voraussetzungen der Weihespendung gehört auch die „ritu praescripto publice coram Deo et Ecclesia" Annahme der „obligatio caelibatus" (can. 1037). In das auf Christus selbst zurückgehende „ius divinum originale" gehört dieses Gesetz nicht. Wenn man es jedoch als eine „definitive" Vorschrift durch die ordentliche kirchliche Leitungsgewalt betrachten muß, gehört es zum „ius divinum derivativum". Muß man es als eine solche betrachten? Das wird sich „definitiv" daran entscheiden, ob dieses Gesetz aufgehoben wird oder nicht, und diese Entscheidung ist nach römisch-katholischer Lehre allein im Kreis der Inhaber der vollen Leitungsgewalt in der Kirche und über die Kirche zu treffen.

Die gesetzliche Regelung des Effekts des Weiheempfangs findet sich bereits in can. 129: Der Empfang der Weihe *befähigt* zur Ausübung von Leitungsgewalt in der Kirche. Diese *Fähigkeit* schwankt je nach Weihegrad. *Ausgeübt* werden kann aber diese Fähigkeit nur in dem durch das kirchliche Gesetz terminierten Umfang. Und dies in *jedem* Fall, also nicht nur von Diakonen und Priestern, sondern auch von Bischöfen. Ebenso wie das Recht zur Ausübung der Fähigkeit in einem von der Weihe unabhängigen Akt verliehen wird, kann es auch – und zwar ohne daß davon die Fähigkeit zur Ausübung betroffen wäre – entzogen werden, jeweils von der zuständigen Autorität. Das ist im Blick auf Diakone und Priester der zuständige Bischof (im Rahmen seines ausschließlich vom römischen Bischof festgelegten Zuständigkeitsbereichs), im Blick auf Bischöfe der Papst. In dessen Amt, und nur in ihm, ist das *Recht* zur Ausübung der *Fähigkeit* zur Ausübung der Leitungsgewalt – die schon mit der Bischofsweihe erlangt wurde (weshalb für den durch die Lehre der Kirche nicht ausgeschlossenen Fall, daß ein Nichtgeweihter das Papstamt rechtmäßig erlangt, diesem das „sacramentum ordinis" zu spenden ist, und zwar nach dem Gesetz vom Dekan des Kardinalskollegiums: can. 332 mit 355 § 1) – uneingeschränkt gegeben:

„Ecclesiae Romanae Episcopus, in quo permanet munus a Domino singulariter Petro, primo Apsotolorum, concessum et successoribus eius transmittendum, Collegii Epicoporum est caput, Vicarius Christi atque universae Ecclesiae his in terris Pastor; qui ideo vi muneris sui suprema, plena, immediata et universali in Ecclesia gaudet ordinaria potestate, quam semper libere exercere valet." (can.331)

Dieses Gesetz wiederholt die dogmatischen Aussagen des Ersten Vatikanums (Pae) und des Zweiten (LG mit Nota praevia) über den Primat des Papstes und seine in der Einsetzung durch Christus selbst gründende Überlegenheit als Haupt des Bischofskollegiums. Der Papst ist im Verhältnis zu den übrigen Bischöfen nicht „primus inter pares" wie beispielsweise der Dekan des Kardinalskollegiums, der als solcher, eben „primus inter *pares*", „nulla in ceteros [...] gaudet potestate regiminis", sondern für den Papst gilt genau dies, daß er eine „potestas regiminis" auch über alle Bischöfe hat, und zwar in allen drei Wesensformen ihrer Ausübung als „potestas legislativa", „executiva" und „iudicativa". Dies ergibt sich nach römisch-katholischer Lehre aus der auf Christus zurückgehenden Auszeichnung („praerogativa": DS 3072) des Petrus. Diese Auszeichnung ist nach Pae „*uni* Simoni Petro" gegeben (unter Berufung auf das Wort des Auferstandenen an *Petrus*: Joh 21,15 ff.).

Diese lateinische Wendung könnte besagen: „einzig dem Petrus". Das steht in Spannung mit der Einheit der durch das Weihesakrament allen Bischöfen gegebenen „sacra potestas", die sich u. a. darin äußert, daß die Übertragung des Amtes des Bischofs von Rom diesem ohne eine neue spezifische (noch höhere) Weihe zur *Ausübung* der universalen Leitungs-gewalt berechtigt, also gar nicht die *Fähigkeit* zur Ausübung der Leitungs-gewalt betrifft, sondern nur das Recht zur *Ausübung* dieser durch keine Macht auf Erden beschränkten „potestas". Um diesem durch den Wort-laut von Pae nicht ausgeschlossenen Mißverständnis entgegenzutreten for-muliert CIC 331: „singulariter Petro": „Petrus als einzelnem". Dadurch wird klargestellt, daß der römische Bischof sich zu den Bischöfen nicht so verhält wie der Bischof zu den Priestern: Letzterer, der Bischof, gibt den Priestern (und Diakonen) einen – begrenzten – Anteil an *seiner Fähigkeit* zur Ausübung von Leitungsgewalt. Nicht so der Papst: Seine *Fähigkeit* zur Ausübung von Leitungsgewalt stammt so unmittelbar von Christus wie die eines jeden Bischofs,[58] bleibt aber dadurch von der Fähigkeit jedes ande-ren Bischofs unterschieden, daß *einzig sie* immer auch schon das *Recht ein-schließt*, diese Leitungsfähigkeit auch völlig unbegrenzt *auszuüben*.

Allerdings: Dieses Recht ist nach römisch-katholischer Lehre dem Petrus ebenfalls durch *Christus selbst* verliehen worden; keinesfalls ist Petrus durch die Wahl der übrigen als Haupt ihres Kollegiums eingesetzt worden. Eben das erklärt m. E. auch das ausdrückliche Festhalten an der Tradition der aus-schließlichen Zuständigkeit („competere") des Kardinalskollegiums für die Wahl des Papstes (CIC 349; „ad normam peculiaris" [heute die apostolische Konstitution „Universi dominici gregis" vom 22.2.1996]), und zwar ge-gen Bestrebungen, die Bischöfe an der Papstwahl zu beteiligen.[59] Die Wahl des Papstes ausschließlich durch das Kardinalskollegium, das wiederum al-lein vom Papst selbst unabhängig von den Bischöfen zusammengestellt ist, *hält institutionell die Christusunmittelbarkeit nicht nur der Fähigkeit, sondern auch des Rechts des Papstes zur unbeschränkten Ausübung seiner Leitungsfähigkeit fest.*

---

[58] Unter Berufung auf Joh 20,21–23: Bericht über die Geistgabe und die Vollmacht Sünden zu vergeben und zu behalten an alle „Jünger". – Die authentische Schriftausle-gung des Lehramts setzt hier „Jünger" gleich mit „Apostel" – im Unterschied zur lehr-amtlichen Auffassung von „Jünger" als Bezeichnung des über den Zwölferkreis hinaus-gehenden Ganzen der von Jesus um sich gescharten Gemeinschaft, in deren Mitte die Zwölf, bzw. nach dem Ausscheiden des Judas die Elf, lebten, in KKK 542, 725, 787, 645, 647).

[59] Vgl. Peter Krämer, Art.: Papstwahl II: geltendes Recht, LThK³ VII 1353 f.

Gleichzeitig macht dieses Gesetz deutlich, daß nach römisch-katholischer Lehre eine geistlich begründete *Fähigkeit* nur die notwendige, hingegen erst das von Christus dem Papst und von diesem den Bischöfen und von diesen den Priestern und mit diesen zusammen allen Glaubenden gegebene *Recht* die hinreichende Bedingung für die *Ausübung* einer geistlichen Fähigkeit ist. So auch im Falle der Lehre: Fähig sind alle Getauften und Gefirmten, zur Ausübung dieser Fähigkeit, *berechtigt* zur *Ausübung* dieser Fähigkeit sind sie aber nur in den vom päpstlichen Lehramt gesteckten Grenzen.

Ist der römische Bischof aufgrund seines Rechts zur unbeschränkten Ausübungen seiner Leitungsfähigkeit – in allen drei Formen und über alle Gläubigen, auch über die Bischöfe – also wie ein absolutistischer Herrscher „lege absolutus"? Nein.[60] Vielmehr ist er strikt gebunden an das Gesetz Christi, dessen Wahrheit ihm durch den Geist der Wahrheit autopräsent ist – ebenso wie allen Bischöfen und allen Gläubigen. Daß die dem *Petrus und seinen Nachfolgern* gewährte Autopräsenz der Wahrheit der Setzungen Christi die *allen* gewährte Autopräsenz der Wahrheit der Setzungen Christi ist, daß also der von *Petrus* bekannte Glaube der Glaube *aller* wahren Christen ist, das ist der Grund dafür, daß alle ihm folgen und daß gesetzlich festzuhalten ist, daß es Institutionen zur Überprüfung päpstlicher Entscheidungen nicht etwa kraft päpstlichen *Machtspruchs* nicht geben *soll*, sondern aus der Natur der Sache heraus, weil er eben ein „*Wahrspruch*" ist, „*nicht gibt*" und daher auch *nicht geben darf*.

„contra sententiam vel decretum Romani Pontificis non *datur* (Hervorhebung E.H.) apellatio neque recursus" (can. 333 § 3).

Die Lehre der römisch-katholischen Kirche beansprucht also für sich als die einzige Gemeinschaft, in der die von Christus gegründete Gemeinschaft subsistiert, die Gemeinschaft zu sein, in der die absolute Wahrheit herrscht; also diejenige Gemeinschaft, in der die Disziplin des Zusammenlebens ihrer Glieder den Gesetzen („leges") Gottes, der absoluten Wahrheit, unterworfen und somit eben „*sacra* disciplina" ist.

Soweit die im CIC vorgelegten „leges" für die Ausübung des apostolischen Heiligungsdienstes.

Im Blick auf sie kehrt eine Frage wieder, die sich auch schon im Blick auf die „leges" für die Ausübung des apostolischen Leitungsdienstes (o. Ziffer 3.3.1.) und für die Ausübung des apostolischen Verkündigungsdienstes (o. Ziffer 3.3.2.) stellte: Tragen sie der Tatsache Rechnung, daß Christus durch Einsetzung des apostolischen Weitergabedienstes seine Kirche

---

[60] Auch gegen Stimmen in der römisch-katholisch Kirchenrechtswissenschaft, etwa: Norbert Lüdecke (s. o. Anm. 33).

nicht *schafft*, sondern sie nur innerhalb der als ganzer von ihm selbst geschaffenen Gemeinschaft als ein Instrument zur *Erhaltung* des durch ihn
selber Geschaffenen eingesetzt hat – und daß diese *Erhaltung* des *allein
durch ihn* geschaffenen ebenfalls *allein durch ihn* geschieht, völlig unbeschadet der Tatsache, daß er sich des Instituts des apostolischen Weitergabedienstes dabei als des Instruments bedient, dessen Wirksamkeit allein
in seiner Hand verbleibt und von ihm in souveräner Freiheit bestimmt
wird? Das nämlich schließt ein, daß die Erhaltung der Gesamtgemeinschaft, die von Christus nicht etwa *durch* den Apostelkreis *geschaffen* wurde, sondern ausschließlich durch *Christus selber*, zwar *notwendig*, aber keineswegs *ausschließlich* und *hinreichend* durch die Anteilhabe des apostolischen Weitergabedienstes an Christi dreifachem Wirken bedingt sein *kann*
und *ist*, sondern daß die Teilhabe des apostolischen Weitergabedienstes
an Christi dreifachem Wirken auch ihrerseits *notwendig bedingt* ist durch
die von Christus der Gesamtgemeinschaft gewährten Teilhabe an seinem
dreifachen Amt. Daher fragte sich in Ziffer 3.3.1., ob die „leges" für den
*Leitungs*dienst des apostolischen Weitergabeamtes in hinreichender Weise dessen Bedingtsein durch die Teilhabe auch der Laien an Christi eigenem Leitungswirken bedenkt und explizit klar stellt; ebenso in Ziffer
3.3.2., ob die „leges" für das *Lehr*amt der Apostelnachfolger die Teilhabe aller Laien an Christi eigenem prophetischen Wirken in hinreichender Weise bedenkt und explizit klarstellt. Und genauso stellt sich nun am
Schluß dieser Ziffer (3.3.3.) die Frage, ob bei den „leges" für den Heiligungsdienst der Apostelnachfolger (für die ihnen obliegende Darreichung
der Sakramente) hinreichend bedacht und in Rechnung gestellt ist, daß
und wie dieser ihr Dienst notwendig bedingt ist durch die allen Gliedern
der Christusgemeinschaft gewährte Anteilhabe auch am Heiligungswirken Christi. Im Klartext: Ist

– mit dem nicht bestreitbaren Grundsatz, daß für die Gültigkeit (und somit für die Realität) der Sakramente ihr legaler Vollzug unabdingbar ist, und

– mit dem Grundsatz, daß in jeder angemessenen Regelung für den Vollzug des göttlich gestifteten Mahles festzuhalten ist, daß der Spender der Gaben ipso facto „in persona Christi capitis" agiert, sowie

– mit der unbestreitbaren Feststellung, daß die „in persona Christi Capitis" handelnde menschliche Person Christus *keinesfalls „vertritt"* („Christus kann nicht vertreten werden"), sondern in „sakramentaler Identifikation mit dem höchsten und ewigen Hohenpriester, welcher der Autor
und das prinzipale Subjekt dieses seines eigenen Opfers ist, in dem er in
Wahrheit von niemandem vertreten werden kann" (Johannes Paul II. in
EdE 29), sowie

– mit dem unvermeidbaren Zugeständnis, daß auch *Christus selbst* der
Autor dieser „sakramentalen Identifikation" seiner selbst mit dem aktuel-

len Spender der Eucharistie ist (das ist eine sachlogische Implikation der soeben zitierten Feststellung Johannes Pauls II.),

– auch schon entschieden, daß Christus diese Identifikation dem aktuellen Sakramentsspender *nur deshalb* verheißt, weil er das Weihesakrament empfangen hat und nicht *primär deshalb*, weil er in *jedem* dem „ius divinum" der göttlichen Stiftung gemäßen Sakraments*vollzug* schon *ipso facto, also iure divino, in persona Christi capitis* handelt (eben durch die die Gaben mit dem für alle hingegebenen Leben Christi identifizierenden „verba ipsissima" und durch die Austeilung der Gaben)? Ist aber dies letztere der Fall – und es scheint mir nicht absehbar, mit welchen Argumenten dies innerhalb der römisch-katholischen Lehre konsistent bestritten werden könnte –, dann ist m.E. auch nicht absehbar, daß es mit der im Empfang des Weihesakramentes begründeten besonderen Kompetenz der Apostelnachfolger unvereinbar wäre, wenn sie (als die legitimen Geber aller dem „ius divinum" der Sakramente entsprechenden Regeln für den Vollzug der Sakramente), wo für das Heil der Seelen erforderlich (CIC can. 1752), auch Gliedern des Volkes Gottes, die das Weihesakrament nicht empfangen haben, explizit (etwa pro loco et tempore) das Recht einräumen, in der Feier der Eucharistie den Vorsitz zu übernehmen. Eine solche Eucharistiefeier würde nur dann der „iure divino" wesentlichen „sakramentalen Identifikation" Christi mit dem aktuellen Leiter der Feier entgegenstehen, wenn diese Identifikation nicht „iure divino" (also vermöge der Struktur der göttlichen Stiftung) *primär* und *unverlierbar* dem *jeweiligen aktuellen* Inhaber des Vorsitzes beim Mahl verheißen wäre, sondern – und zwar von Christus selbst – erst und ausschließlich solchen Spendern, die das Weihesakrament (zumindest im Umfang des Presbyterats) empfangen haben. Gibt es dafür ein innerhalb der römisch-katholischen Lehre konsistentes Argument? Die Annahme, daß das Mahl schon Kraft seiner Einsetzung *nur primär die Stiftung von Gemeinschaft Christi mit den Zwölfen* gewesen sei, wie EdE 21 b und c insinuieren (und somit erst aufgrund dessen auch Gemeinschaft mit allen Jüngern), ist unvereinbar mit der Einsicht, daß das *ganze* Volk Gottes – *einschließlich* des Weitergabedienstes der Apostel – durch Christus *selber* geschaffen sei (also nicht etwa von Christus durch dem Weitergabedienst), also auch die leibhafte Gemeinschaft mit Jesus durch den Genuß der mit seinem für alle hingegeben Leben identifizierten Mahlgaben allen Gliedern des Gottesvolkes gewährt.

4.4. *Konsequenzen für die Gesetzesbefolgung in der Kirche.* – Bisher haben wir die in dieser besonderen Gemeinschaft realen Bedingungen der *Gesetzgebung* betrachtet. Nun noch ein kurzer Blick auf die besonderen Bedingungen der *Gesetzesbefolgung* in dieser Gemeinschaft. Dazu ist ein Dreifaches festzuhalten:

Erstens: *Alle* Glieder dieser Gemeinschaft sind zum Gesetzesgehorsam verpflichtet. Keineswegs nur die Laien, sondern auch *alle* Kleriker: nicht nur Diakone und Priester gegenüber dem, was durch die Leitungsgewalt der Bischöfe gesetzt ist, sondern auch Bischöfe gegenüber dem, was durch die auch für sie verbindliche Leitungsgewalt des Papstes gesetzt ist; ja auch der Papst selbst gegenüber dem, was durch die Leitungsgewalt Christi selbst gesetzt ist. Sein Gehorsam gegenüber dem von Christus selbst stammenden „ius divinum" (das ist: das wahre natürliche Sittengesetz: das Gesetz der Liebe zu Gott [zu seinem Handeln als Schöpfer der Welt, der zugleich ihr Erlöser und Vollender ist] und zum Nächsten) garantiert, daß auch der seinen Gesetzen geltende Gehorsam von Klerikern und Laien ipso facto nichts anderes ist als Gehorsam gegenüber der von Christus offenbarten Wahrheit über das natürliche Sittengesetz.

Zweitens: Während in der Kirche *niemand ohne Gehorsam* gegenüber dem „ius divinum originale" oder „derivativum" oder gegenüber dem „ius humanum positivum" in der Kirche lebt, leben in ihr die meisten *ausschließlich im Gehorsam* – sowohl gegenüber dem „ius divinum originale" als auch gegenüber dem „ius divinum derivativum" als auch gegenüber dem kirchlichen „ius humanum positvum", nämlich *alle Laien*.

Drittens: Diesen Gehorsam erbringen alle Glaubenden – vom Papst bis zu den Laien – keineswegs gezwungen, sondern in spontaner Freiwillentlichkeit, orientiert und motiviert durch nichts als die Wahrheit selber, die selbst sich selber in ihrem Innersten durch das Wirken des Geiste der Wahrheit zur Wirkung bringt.

4.5. *Die Bedeutung der „sacra potestas regiminis" für das Weihesakrament, den Septenar, die Kirche, das Erlösungswerk Christi.* – Wir hatten die Untersuchung des Kirchenrechts als des Effekts (des Werks) der Ausübung eines der drei „munera", zu deren Ausübung der Empfang des Weihesakraments *befähigt*, in der Absicht und Erwartung begonnen, dadurch nicht nur eine *Ergänzung*, sondern auch eine *Vertiefung* des Verständnisses der Lehre vom Weihesakrament zu erreichen. Im Rückblick auf den bisherigen Weg der Untersuchung zeigt sich nun, worin diese Vertiefung besteht (3.5.1.), nämlich in einer Sicht der Kirche als Gemeinschaft des Glaubensgehorsams, die Anlaß gibt zur Rückbesinnung auf das Wesen des Glaubens und seines Grundes und Gegenstands, des Offenbarwerdens der Wahrheit des Selbstzeugnisses Jesu für dessen Adressaten (3.5.2.).

4.5.1. *Erst der Blick auf das „munus regiminis" und seines Effekts, das ist: das Ganze der im CIC gesammelten „sacrae disciplinae leges", erfaßt die grundlegende und umfassende Bedeutung des Weihesakraments: für alle Sakramente, für die Kirche als solche und für Christi Wirken.* – Die genaue Untersuchung des

„munus regiminis" und des Effekts seiner Ausübung, des CIC, ergibt, daß
diese Untersuchung nicht nur das Studium des geweihten Amtes und des
Weihesakramentes *ergänzt*, sondern überhaupt erst das Wesen dieses Sakramentes *vollständig* an den Tag bringt und seine *Bedeutung für das Ganze* des
römisch-katholischen Verständnisses *aller* Sakramente, der Kirche und des
Erlösungswerkes Christi:

Das Wesen dieses Sakramentes besteht darin, daß es die notwendige Bedingung für die Erhaltung der Kirche in der Geschichte, die notwendige
und hinreichende Bedingung für die geschichtliche Identität der Kirche ist.
Dies ist es als die Weitergabe der *Fähigkeit*, den Weitergabe- und Leitungsdienst auszuüben, den Christus den Aposteln aufgetragen hat, um ihn selber
als das Instrument für die Erhaltung der von ihm geschaffenen Kirche frei in
Gebrauch zu nehmen. Durch das Weihesakrament wird diese *Fähigkeit* zur
Ausübung des Weitergabedienstes allen Nachfolgern der Apostel gegeben.

Dies jedoch in genau derjenigen *Asymmetrie*, welche im Apostelkollegium
von Anfang an, also schon durch seine Einsetzung durch Christus, herrscht
und somit für dieses selbst *konstitutiv* ist: Schon kraft der auf die Einsetzung
durch Christus selbst zurückgehenden asymmetrischen Struktur des Apostelkollegiums ist in diesem jene *Fähigkeit* zur Ausübung des Weitergabe-
und Leitungsdienst *in einer radikal verschiedenen Weise verteilt*: *Allein* Petrus und
seine Nachfolger besitzen diese *Fähigkeit* als eine *solche*, die zugleich, und
zwar kraft Anordnung des Herrn selbst (Joh 21,15–17), das *Recht* zur *Ausübung* dieser Fähigkeit, und zwar zur *unbeschränkten Ausübung* dieser Fähigkeit einschließt, während den Nachfolgern aller anderen Apostel *ihr Recht
zur Ausübung dieser Fähigkeit*, die, bloß als Fähigkeit, auch ihnen durch Empfang des Weihesakramentes zugeeignet ist, allererst durch den Petrusnachfolger verliehen wird, und zwar jeweils als ein durch den Petrusnachfolger
auch verliehenes Recht zur *begrenzten* – und zwar ebenfalls durch den Petrusnachfolger begrenzten – *Ausübung* dieses Amtes. Das Weihesakrament ist

– nicht einfach dadurch die von Christus selbst eingesetzte notwendige Bedingung für die Erhaltung der Kirche in der Geschichte, also für ihre
geschichtliche Identität, daß durch es die *Fähigkeit* zur Ausübung des von
Christus gewollten Weitergabe- und Leitungsdienstes verliehen wird,

– sondern genau und erst dadurch, daß diese Fähigkeit den Gliedern ei-
nes ursprünglich, also schon von Christus selbst, *radikal ungleich* verfaßten
Kollegiums, weitergegeben wird, nämlich radikal ungleich hinsichtlich des
Rechts zur *Ausübung* dieser Fähigkeit.

Dieses *Recht* ist nur auf Seiten der Nachfolger *einer* Position, der Petrus-
position, direkt mit der *Fähigkeit* verbunden; auf Seiten der Nachfolger aller anderen Positionen besteht diese Verbindung nirgends. Sie alle sind auf
die Verleihung des *Rechts zur Ausübung* ihrer Fähigkeit durch den jeweiligen Inhaber der Position des Petrusnachfolgers angewiesen. Dieser be-

sitzt dieses Recht aufgrund der Auszeichnung seiner Position durch Christus selbst unbeschränkt, und somit besitzt er es auch als das unbeschränkte Recht, den Inhabern aller anderer Positionen dieses Recht – und zwar als ein *durch ihn verliehenes* und damit auch ipso facto *begrenztes* – zu erteilen.

Nun ist aber die notwendige Bedingung für das Erhaltenwerden der Kirche in der Geschichte nicht schon das Weitergegebenwerden der *Fähigkeit* zur Ausübung des Weitergabe- und Leitungsdienstes, sondern diese notwendige Bedingung ist erst das *Ausgeübtwerden* dieser Fähigkeit, und zwar nicht ihr Ausgeübtwerden auf beliebige Weise, sondern aufgrund des von Christus selbst gesetzten *Rechtes* zur Ausübung jener Fähigkeit. Christus schafft sich durch die Einsetzung des Weitergabe- und Leitungsdienstes und seiner Weitergabe durch das Weihesakrament genau und nur deshalb das *Instrument für die Erhaltung der Kirche* in der Geschichte, weil er mit dieser Einsetzung zugleich das *Recht* setzt, nach dem die Apostel das Amt *auszuüben* haben, zu dem er sie durch Übergabe der „vera revelata" *befähigt*.

Nun ist aber Christi Instrument zur Erhaltung der Kirche nicht etwa die den Aposteln und ihren Nachfolgern durch den Empfang des Weihesakramentes verliehene *Fähigkeit* für den Vollzug des Weitergabeamtes, sondern erst, genau und nur, die *Ausübung* dieses Amtes nach den von diesem Amt kraft der ihm von Christus selbst gegebenen „potestas regiminis" gesetzten *Regeln*. Wobei die von Christus selbst gewährte Anteilhabe an seinem Leitungsamt (an seiner „potestas regiminis"), welche die Angemessenheit der erlassenen Regeln für die Ausübung des Amtes garantiert, allein dem Petrusnachfolger *unbegrenzt* gegeben ist, einschließlich der „potestas", über die Grenzen der „potestas regiminis" aller anderen Apostelnachfolger zu entscheiden.

Diese – nach römisch-katholischer Lehre – durch Christus selbst gesetzte *Rechtsordnung* ist sein Werkzeug zur Erhaltung seiner Kirche; diese *heilige Rechtsordnung ist das Fundament der geschichtlichen Identität der Kirche*. Und um sie, diese *Rechts*ordnung, geht es im Weihesakrament: Es ist das Wesen dieses Sakramentes, die Ausübung der Fähigkeit zum Gesetzgeben, zum Lehren und zum Spenden der Sakramente *nach denjenigen Rechtsregeln* zu perpetuieren, welche sich derjenigen „potestas regiminis" und deren Ausübung verdanken, die gerade und nur dem Petrus im Unterschied zu allen anderen Aposteln („singulariter") *unbeschränkt* gewährt ist.

Erst damit zeigt sich auch, was nach römisch-katholischer Lehre der konkrete Charakter aller Lebensvollzüge der Kirche ist:

– der Vollzug aller ihrer Sakramente ist der Vollzug dieser petrinischen *Rechts*praxis; alle Sakramente, die durch Empfänger des Weihesakraments gespendet werden bzw. auf diese Amtsträger hingeordnet sind, sind, was sie sind und wirken, als vom Petrusnachfolger *berechtigte* und den Gesetzen seines *Rechts* gehorchende Vollzüge; und ebenso ist

– der Vollzug aller Verkündigung und Lehre in der Kirche der Vollzug einer Praxis, die dem *Recht*, das dem Petrusnachfolger, und ihm „singulariter", durch Christus selbst verliehen ist, folgt und *darin* – in dieser seiner *Rechtsform* – *den Beweis, die Garantie, seiner Sachgemäßheit besitzt.*

Ja, die Kirche selber wird von Christus zur Erhaltung seiner eigenen Wirksamkeit in der Geschichte erhalten, als die *Rechtsgemeinschaft*, die den Gesetzen gehorcht, *die der Petrusnachfolger in Ausübung desjenigen Rechts erläßt, das ihm von Christus selbst gegeben ist.* In der Begründung dieses Rechts des Petrusnachfolgers im und über das Kollegium aller Apostelnachfolger und damit in der Kirche und über sie perpetuiert Christus selbst seine heilsgeschichtliche Mission, die keine andere ist als die des neuen Gesetzgebers, des Offenbarers und Vollziehers des „neuen Gesetzes", des „Gesetzes des Evangeliums", das seinerseits kein anderes ist als das natürliche Sittengesetz (KKK 1968-1974).

Christus ist der Erlöser, indem er der neue Gesetzgeber ist. Die durch ihn gegründete Gemeinschaft ist die Gemeinschaft der vollendeten Sittlichkeit, in der der „*Pastor* aeternus" (und d. h. der ewige *Leiter* und *Gesetzgeber*) selbst durch das von ihm gebrauchte geweihte Amt, also durch das Amt, das durch die Weihe zu der von Christus selbst gewollten und rechtlich geregelten Leitungspraxis nicht nur befähigt, sondern berechtigt ist, *leitend* (und zwar zugleich *legislativ, exekutiv und judikativ*) wirkt. Das Weihesakrament ist das Sakrament der Weitergabe der *Fähigkeit* („potestas") zur Leitungstätigkeit, die von Christus selbst als *ausschließlich in Petrus, durch und mit ihm auch zur Ausübung berechtigte* konstituiert ist. Damit ist die Ausübung des Weihesakraments der Grundvollzug des Lebens der Kirche überhaupt – denn alle anderen Vollzüge des kirchlichen Lebens, die Praxis der Verkündigung ebenso wie der Vollzug aller anderen Sakramente[61] sind Vollzüge der durch das Weihesakrament weitergegebenen Rechtsordnung und in diesem Sinne *Implikate* des Weihesakraments.

Christus hat die Wahrheit seines Selbstzeugnisses – nämlich der Offenbarer und Vollzieher der „lex divina" als „lex caritas" zu sein, damit zugleich aber auch der Offenbarer der Wahrheit über das natürliche Sittengesetz und eben damit der Offenbarer und Vollzieher des „Gesetzes des Evangeliums" – selber allen Glaubenden durch seinen Geist der Wahrheit innerlich präsent gemacht, aber die Ausformulierung dieses von Christus gegebenen „Gesetzes des Evangeliums" und die Bewahrung seiner ausformulierten Gestalt „singulariter" dem Petrus übergeben. Beides zusammen konstituiert eine Lage, in der alle Glieder der Glaubensgemeinschaft zur spontanen und freiwillentlichen Befolgung des neuen Gesetzes Christi

---

[61] Auch des Ehesakraments. Die Auffassung auch der Ehe *als Sakrament* hat ja ihre Pointe darin, daß die Ehe damit in die Ordnung des Christusrechts einbezogen wird.

aus dem Munde seines Stellvertreters, des Petrusnachfolgers, nicht nur befähigt und verpflichtet sind, sondern sofern sie wahre Glaubende sind, in
dieser spontanen und freiwillentlichen Befolgung auch immer schon begriffen sind. Die Glaubensgemeinschaft ist die Gemeinschaft, in der vollkommene *Sittlichkeit* nicht nur verlangt, sondern auch möglich und wirklich ist, indem sie die Gemeinschaft der Befolgung des dem natürlichen
Sittengesetz vollkommen enstprechenden *Rechts*, eben des *Christusrechts*, ist.

4.5.2. *Konsequenzen für das Verständnis des Glaubens und seines Grundes und
Gegenstandes.* – Angesichts dieser Konstitution der Glaubensgemeinschaft
als Gemeinschaft der Befolgung des Christusrechts, dessen Ausformulierung und Bewahrung dem Petrus anvertraut ist, ist klar: *Es gibt den Glauben,
die Ganzhingabe der Person, an Gott* (die Wahrheit selber) nur als den *Gehorsam des Glaubens gegenüber dem Gottesrecht aus dem Munde des Petrusnachfolgers und der allein durch ihn berechtigten anderen Apostelnachfolger.* Hingabe an
Gott, der die Wahrheit ist, gibt es nur in der Gestalt der Hingabe an das
im Nachfolger Petri und in den Nachfolgern der anderen Apostel gegenwärtige Gottesrecht. Anerkennung der Autorität Gottes, der „unica veritatis auctoritas", gibt es nicht anders als in der Weise der Anerkennung der
„suprema Ecclesiae auctoritas", wie sie sich geschichtlich manifestiert im
Ausgeübtwerden des Papstamtes durch seinen jeweiligen Inhaber. Hingegebene, gehorsame Glaubensgemeinschaft mit Gott gibt es nicht anders als
in der Gestalt hingegebener gehorsamer Glaubensgemeinschaft mit Christus, die es ihrerseits nicht anders gibt als in der Gestalt hingegebener, gehorsamer Glaubensgemeinschaft mit dem Papst.

Das weckt die Frage: Was ist für die Realität dieser Glaubensgemeinschaft
konstitutiv? Zwei Antworten sind möglich. Entweder:

a) Der Glaubensgehorsam gegenüber den „leges" des Bischofs von Rom,
also: gegenüber seinen „leges" betreffend Leitung, Lehre und Gottesdienst
der Kirche, schließt ein und begründet damit ipso facto auch die gehorsame Ganzhingabe der Person an die Wahrheit des Evangeliums Jesu von
der „lex divina" als „lex caritatis". Oder:

b) Die gehorsame Ganzhingabe der Person an die ihr im eigenen Innersten autopräsente Wahrheit des Evangeliums Jesu von der „lex divina" als
„lex caritatis" schließt ein und begründet damit ipso facto auch den Glaubensgehorsam gegenüber den das Gottes- und Christusrecht ausformulie-
renden „leges" des Bischofs von Rom.

Die Entscheidung dieser Alternative ist nach allem, was das bisherige
Studium der römisch-katholischen Lehre über deren Sicht der Glaubenskonstitution durch den Grund und Gegenstand des Glaubens ergeben hat,[62]

---

[62] Vgl. Bd. I der Forschungsgruppe (o. Anm. 11).

klar: Nur die an zweiter Stelle genannte Antwort ist mit der römisch-katholischen Lehre vom „fundamentum fidei", vom Grund und Gegenstand des Glauben, vereinbar. Der Glaube hat zu seinem Grund und Gegenstand nicht das Amt des Papstes, sondern die *Wahrheit* der Vorlagen dieses Amtes (KKK 150, 243), die dem Innersten jedes Glaubenden durch den Geist der Wahrheit – zur spontan-freiwillentlichen Hingabe an sie bewegend – autopräsent gemacht worden sind. Dieses geistgewirkte persönliche Ergriffensein von der dem Glaubenden offenbaren (also – nota bene – nicht durch Vernunft bewiesenen, sondern nur durch Vernunft zu erfassenden und zu explizierenden: Dei filius [DS 3008]) Wahrheit der Vorlagen des Petrusamtes (und des durch es berechtigten und nach seinem Recht verfahrenden Bischofsamtes) ist es, das seinerseits die Gewißheit der Autorität des diese Wahrheit zur Sprache bringenden Amtes einschließt, begründet und trägt.

Referent war vor seiner Teilnahme an der Forschungsarbeit dieser Gruppe der Ansicht, daß die erste Antwort die der römisch-katholischen Lehre sei.[63] Die so verstandene römisch-katholische Lehre sah er in einem fundamentalen Widerspruch zur reformatorischen Sicht von Grund und Gegenstand des Glaubens. Ihm ist von kompetenter römisch-katholischer Seite entgegengehalten worden, daß diese seine Sicht der römisch-katholischen Lehre vom Grund und Gegenstand des Glaubens (also von der Glauben begründenden Offenbarung) nicht zutreffend sei. Die hinter uns liegende Forschungsarbeit hat ihm vor Augen geführt, daß und inwiefern dieser Widerspruch berechtigt ist: Nach römisch-katholischer Lehre hat der Glaube zu seinem Grund und Gegenstand die Autopräsenz der *Wahrheit* der Vorlagen des apostolischen Amtes und darin eingeschlossen auch der Wahrheit der apostolischen Weitergabe- und Zeugnistätigkeit.

Offen bleiben dabei drei Fragen:

Erstens: Wie ist nach römisch-katholischer Lehre das Verhältnis zwischen der nie ohne einander realen Autopräsenz (also auch innerlich bindenden Autorität) der Wahrheit des Bezeugten einer- und der Wahrheit (also auch innerlich bindenden Autorität) des Zeugen andererseits beschaffen? Mögliche Antwort a: Die Autopräsenz (also auch innerlich bindende Autorität) der Wahrheit des Bezeugten vermittelt die Autopräsenz (also innerlich bindende Autorität) des Zeugen. Mögliche Antwort b: Die Autopräsenz (also auch innerlich bindende Autorität) des Zeugen vermittelt ihrerseits die Autopräsenz (also innerlich bindende Autorität) des Bezeugten. Die Entscheidung dieser Alternative hat eine weitreichende Konsequenz für das Selbstverstädis der Zeugen: Gilt Antwort a, darf der Zeuge sich und seine

---

[63] Vgl. E. HERMS, Einheit der Christen in der Gemeinschaft der Kirchen. Die ökumenische Bewegung der römischen Kirche im Lichte der reformatorischen Theologie, 1984, bes. 71–82 und 104f.

Zeugnistätikeit nur als die *notwendige* Bedingung für das Autopräsentwerden der Wahrheit (also auch innerlich bindenden Autorität) des Bezeugten verstehen; gilt Antwort b, darf der Zeuge sich und seine Zeugnistätigkeit auch als die *hinreichende* Bedingung für das Autopräsentwerden der Wahrheit (also auch innerlich bindenden Autorität) verstehen. Und diese Alternative im Selbstverständnis der Zeugen hat ihrerseits wiederum weitreichende Konsequenzen für das Verständnis des Zustandekommens und der Reichweite der geistlichen Gemeinschaft, die den Zeugen mit seinen Adressaten verbindet.

Zweitens: Wird im Blick auf den Weitergabedienst und seine drei „munera" (als priesterliche Tätigkeit, als Lehrtätigkeit und als Leitungstätigkeit), den Christus eingesetzt hat, um durch dessen freie Ingebrauchnahme als sein Instrument die durch ihn selber geschaffenen Gemeinschaft auch selber zu erhalten, in sachgemäßer Konsequenz unterschieden zwischen den menschlichen Vollzügen aller drei „munera" (also der menschlichen priesterlichen Tätigkeiten, der menschlichen Lehrtätigkeit und der menschlichen Gesetzgebungstätigkeit) einerseits und dem göttlichen Wirken andererseits, das von diesen menschlichen Tätigkeiten freien Gebrauch macht, um durch sie seine spezifischen geistlichen Effekte zu bewirken? Wird durch diese Unterscheidung verhindert oder zumindest erschwert, daß das dem Handeln Christi als Instrument dienende menschliche Handeln nicht nur als dieses Instrument Christi in Ehren gehalten, sondern *als sein eigenes Handeln* verehrt wird? Wird durch die Unterscheidung verhindert, daß die Ganzhingabe, die dem geistlichen Wirken Christi durch das ihm als Instrument dienende menschliche Handeln gebührt, sich nicht auf dieses menschliche Handeln richtet? Insbesondere: Wird die gesetzgeberische menschliche Tätigkeit, die dem geistlichen Regiment Christi dient, von diesem so klar unterschieden, daß auch der Glaubensgehorsam, welcher allein der geistlichen Herrschaft Christi gebührt, von dem Befolgungsgehorsam unterschieden bleibt, den die menschlichen „leges" erheischen, welche der geistlichen Herrschaft Christi im Herzen als Instrument dienen?

Drittens: Sind die Konsequenzen der Einsicht, daß der Glaube an die Vorlagen des apostolischen Amtes seinen Grund und Gegenstand nicht in den Tätigkeiten des Amtes hat, sondern in der dem Glauben „ubi et quando visum est Dei" autopräsent gewordenen Wahrheit der Vorlagen des Amtes, des von ihm als wahr Weitergegebenen, gesehen und gezogen? Insbesondere: Ist gesehen und praktisch ernst genommen, daß die vom „Geist der Wahrheit" in schöpferischer Souveränität und Freiheit präsentgemachte Wahrheit des Evangeliums (des Selbst- und Lebenszeugnisses) Jesu Christi *selber* das *ganze* neue Volk Gottes – einschließlich des engeren Kreises der Zwölf – *geschaffen* hat und auch *selber* dies *ganze* Volk einschließlich des engeren Kreises der Zwölf und ihrer Nachfolger *erhält* durch freie Ingebrauchnahme des Weitergabedienstes der Apostel und Apostelnachfolger? Daß also Christus selber durch die Vergegenwärtigung der Wahrheit seines Evangeliums (seines Selbst- und Lebenszeugnisses) sein Volk selber *schafft* und *erhält* als die Wechselbedingung zweier gleichursprünglicher Seiten:

– einerseits der ganzen Gemeinschaft der an Jesus als Christus Glaubenden, die der von Jesus vermittelte Geist der Wahrheit (Joh 16,7) durch Präsentmachung der Wahrheit des Evangeliums (des Lebenszeugnisses) Jesu geschaffen hat, und

– andererseits des dieser Gemeinschaft eingestifteten Amtes der Weitergabe des als wahr erfahrenen und zu bezeugenden Evangeliums (Lebenszeugnisses) Jesu, durch dessen Ingebrauchnahme er, der Erhöhte, das vom Geist der Wahrheit gewirkte Autopräsentwerden der Wahrheit seines Evangeliums auf Dauer stellen und dadurch die von ihm geschaffene Gemeinschaft auch bis ans Ende der Tage erhält?

Die römisch-katholische Lehre arbeitet nachhaltig das Bedingtsein der Erhaltung der ganzen Gemeinschaft durch den apostolischen Weitergabedienst aus. Jedoch nicht mit gleicher Gründlichkeit und Konsequenz auch das immer schon Bedingtsein des apostolischen Weitergabedienstes selber durch die Gemeinschaft der ans Evangelium Jesu Christi (an sein Lebenszeugnis) Glaubenden, die der von diesem Zeugnis ausgehende Geist der Wahrheit selber geschaffen hat und erhält, indem er den Adressaten des Bezeugten dessen Wahrheit als Grund und Gegenstand ihres Glaubens präsent macht.

Wie im Blick auf die drei „munera" des Weitergabedienstes (o. Ziffer 4.3.1. bis 4.3.3.) stellt sich diese Frage zugespitzt im Blick auf die Konzentration der gesamten Teilhabe an Christi königlichen Amt in der Position des Petrusnachfolgers: Ist ebenso deutlich wie das Bedingtsein der Teilhabe aller Apostelnachfolger an den drei Wirkweisen Christi durch die Teilhabe des *Petrusnachfolgers* an diesen auch das Bedingtsein von dessen Teilhabe an der Teilhabe *aller Apostelnachfolger* an den drei Ämtern Christi? Wenn die bischöfliche Ausübung der drei „munera" durch die päpstliche begrenzt wird, wie begrenzt dann umgekehrt die bischöfliche Ausübung der drei „munera" die päpstliche? Und wie bedingt nicht nur *die bischöfliche Ausübung* der drei „munera" die Teilhabe der Laien an ihnen, sondern wie trägt umgekehrt die bischöfliche Ausübung der drei „munera" auch der Tatsache Rechnung, daß sie selbst durch die den Laien von Christus selbst gewährte Anteilhabe an seinen drei „munera" und durch deren aktive *Ausübung auf Seiten der Laien bedingt* ist?

4.6. *Gesetze über Strafen für Verstöße gegen die „sacrae disciplinae leges".* – Die von Christus gegründete Gemeinschaft ist die heilige Gemeinschaft der ausschließlich wahrheitsorientierten Gesetzgebung und des ausschließlich wahrheitsorientierten Gesetzesgehorsams. Als solche ist sie über die Bedingungen des Lebens unter der Sünde hinaus.

Allerdings nicht ganz: Die Nachwirkungen des Falls bewirken, daß der spontane freiwillentliche Gehorsam gegenüber der durch den Geist der Wahrheit gewährten Autopräsenz des Wahrheit des Selbstzeugnisses Christi für die „lex divina" als „lex caritatis" und für das natürliche Sittengesetz als Gesetz der Gottes- und der Nächstenliebe dauernd *im Kampf* gegen die Versuchung erbracht werden muß und deshalb nicht nur dauernd schwerfällt, sondern immer wieder gar nicht gelingt. Auch unter getauften Glaubenden kommt es immer wieder zu Verstößen gegen das natürliche Sittengesetz (den von Christus ausgelegten Dekalog: KKK 2052–2527), aber auch zu Verstößen gegen das kirchliche Recht – nämlich zu „Delicta contra Religionem et Ecclesiae Unitatem" (can. 1363ss.), zu „Delicta contra ecclesiasticas auctoritates et Ecclesiae libertatem" (can. 1370ss.), zur „Munerum ecclesiasticorum usurpatio et delicta in iis exercendis" (can. 1378ss.), zum „Crimen falsi" (can. 1390ss.), zu „Delicta contra speciales obligationes", verstehe: von Klerikern (can. 1392ss.: Nebenerwerbsverbot für Kleriker, Einhaltung des 6. Gebots [in der Auslegung von KKK 2331–2400] Ehelosigkeitsgebot für Kleriker, Residenzpflicht).

Es liegt in der Natur der Einheit der Kirche als Einheit im Glaubensgehorsam, daß alle diese Verstöße diese Einheit verletzen und die Gemeinschaft mit Gott und der Kirche beschädigen. Sie ist daher der Wiederherstellung bedürftig. Diese Wiederherstellung oder Wahrung der kirchlichen Gemeinschaft als Gemeinschaft im Glaubensgehorsam geschieht entsprechend dem Unterschied der Verstöße auf unterschiedliche Weise:

4.6.1. *Verletzungen der Einheit durch Verstöße gegen das natürliche Sittengesetz.* – Verletzungen der Einheit durch Verstöße gegen das natürliche Sittengesetz können durch Spendung und Empfang des Bußsakramentes geheilt werden (soweit nicht das kirchliche Recht darüberhinausgehende Konsequenzen vorsieht: so etwa can. 1397, der Tötungsdelikte betrifft). Im Bußsakrament fungiert der Spender stets nicht nur als Arzt, sondern auch als Richter (can. 978 § 1). Ist er nicht Bischof, kann er das Bußsakrament daher nur spenden, wenn und soweit er dazu die bischöfliche Befugnis besitzt (can. 967–976). Die Absolution ist mit der Auferlegung einer Buße verbunden, die der Pönitent persönlich zu verrichten hat (can. 981; der Sinn der Bußen ist durch den KKK bestimmt; das Gesetz, das bei der Auferlegung von Bußen zu beachten ist, spricht can. 1340 § 3 aus).

4.6.2. *Andere Verstöße gegen die „sacrae disciplinae leges".* – Auf andere, in can. 1364–1399 genannte, Verstöße gegen die „sacrae disciplinae leges" ist hingegen mit der Verhängung „gerechter Strafen" zu reagieren. Der CIC be-

stimmt sie nicht im Einzelnen, unterscheidet aber drei *Arten* von Strafen: „Censurae" („Beugestrafen") (can. 1331–1335), „Poenae expiatoriae"
(can. 1336–1338) sowie „Remedia poenalia et Paenitentiae" (1339–1340).

Die Beugestrafen umfassen Exkommunikation (can. 1331), Interdikt
(can. 1332) und Suspension (can. 1333–1335). Letztgenannte kann nur
Kleriker treffen, die beiden ersten können hingegen Kleriker und Laien
treffen – und zwar so, daß den von diesen Strafen Betroffenen der Empfang der Sakramente, also auch des Bußsakraments, verwehrt ist (can. 1331
Nr. 2 und can. 1332). Verstöße gegen die „sacra disciplina", auf die durch
Verhängung dieser Strafen zu reagieren ist, sind dadurch als solche qualifiziert, die – weil auf sie mit Entziehung des Bußsakraments zu reagieren
ist – nicht vergeben werden *können*.[64]

Die Strafe der Exkommunikation oder des Interdikts *kann* verhängt werden über katholische Eltern oder deren Vertreter, die nicht für die katholische Erziehung ihrer Kinder sorgen (can. 1366). Sie *soll* verhängt werden
über jeden, der sich „gegen eine Maßnahme des Papstes an ein Ökumenisches Konzil oder das Bischofskollegium wendet (also gegen can. 333 § 3
verstößt: E. H.)" (can. 1372).

Mit dem Interdikt *kann* bestraft werden, wer Streit und Widerwillen
(„odia") bezogen auf Maßnahmen der kirchlichen Gewalt verursacht oder
Untergebene zum Ungehorsam provoziert (can. 1373), es *soll* mit ihm be-
straft werden, wer eine „Vereinigung fördert oder leitet", „die gegen die
Kirche Machenschaften betreibt" (can. 1374). Die Exkommunikation als
Tatstrafe („poena latae sententiae": can. 1314) zieht sich zu: „Apostata a
fide, haereticus vel schismaticus" (can. 1364). Definiert werden diese drei
„Delikte gegen die Religion und die Einheit der Kirche" in can. 751:

> „Dicitur haeresis, pertinax, post receptum baptismum, alicuius veritatis fide divina
> et catholica credendae denegatio, aut de eadem pertinax dubitatio; apostasia, fidei
> christianae ex toto repudiatio; schisma, subiectionis Summo Pontifici aut commu-
> nionis cum Ecclessiae membris eidem subditis detrectatio."

Hinsichtlich dieser Delikte gegen die Einheit der Kirche ist zu unterscheiden zwischen dem *Verhängtsein* („esse irrogata") der auf sie folgenden Strafe der Exkommunikation und deren *Festgestelltsein* („esse declarata") (can.
1331 § 2). Da die Strafe „lata sententia" verhängt wird, also mit dem Delikt selber real wird, ist sie über einen Getauften verhängt nicht erst, wenn
auf seiner Seite der Glaube, die persönliche Ganzhingabe, an die Wahrheit
aller definitiven Vorlagen des außerordentlichen und ordentlichen Lehramts ausbleibt, also geleugnet wird, sondern schon durch das Auftreten
hartnäckiger Zweifel an der Wahrheit aller derartigen Vorlagen. Das ist je-

---

[64] Oder auch umgekehrt: denen, weil sie nicht vergeben werden können, die Absolution zu verweigern ist?

denfalls Sünde (KKK 817). Ihrer Natur nach existieren diese Defizite im Wahrheitsbewußtsein einer Person, in ihrem Inneren. Vollzogen werden kann und muß die mit ihnen „lata sententia" verbundene Strafe der Exkommunikation also zunächst nur von demjenigen, dem das Delikt als sein eigenes bekannt ist; von anderen erst dann, wenn das Delikt auch ihnen bekannt ist, also der hartnäckige Unglaube oder Zweifel *öffentlich* ist. Das schließt ein, daß das Beichten *dieser* Sünden, also schon des hartnäckigen Zweifels, die Voraussetzung dafür ist, daß sie für den Beichtiger offenbar werden, von ihm festzustellen sind und somit nicht vergeben werden können (weil eben ein *de facto* [„lata sententia"] Exkommunizierter vom Sakramentsempfang – auch vom Empfang des Bußsakraments – ausgeschlossen ist). *Die Beichte der Sünde des hartnäckigen Zweifels macht ihr Vergebenwerden im Bußsakrament unmöglich.*

Es ist allerdings zu fragen, ob das auch für den „unfreiwilligen Zweifel" gilt, den KKK 2088 im Blick hat – wenn dieser denn vom freiwilligen unterschieden werden kann. Das ist deshalb nicht selbstverständlich, weil jede Person kraft ihres für ihr Personsein konstitutiven Freiseins auch durch den unfreiwilligen Zweifel vor die Alternative gestellt ist, diesen unfreiwilligen Zweifel als solchen freiwillig anzuerkennen oder nicht (so daß sich fragt, ob dann also auch der unfreiwillige Zweifel, dem die freiwillentliche Anerkennung als einem solchen versagt wird, vergebbar ist; dem kann hier nicht weiter nachgegangen werden).

Einfacher liegen die Dinge vielleicht, wenn im öffentlichen Glaubensdiskurs in der Kirche – etwa im Zuge der wissenschaftlichen Beschäftigung mit dem Glauben in der Theologie, aber auch im öffentlichen Verkündigungsdienst, etwa in Predigten oder im Religionsunterricht – Interpretationen von Stücken des geschriebenen oder nicht geschriebenen Wortes Gottes (also des vom bischöflichen Lehramt *überlieferten* wahren Selbstzeugnisses Jesu) auftreten, die vom Lehramt als nicht übereinstimmend mit der amtlichen Lehre beurteilt werden. Dann kann im geregelten Dialog mit der bischöflichen Autorität, sei es der diözesanen oder der weltkirchlichen, die beanstandete Lehre in der erforderlichen Weise präzisiert oder widerrufen werden. Vom Ausgang dieser Verfahren hängt dann ab, ob das Verhängtsein der Strafe der Exkommunikation „lata sententia" amtlich festgestellt werden muß – mit den in can.1331 § 2 genannten Folgen.

In diesem Fall ist allerdings nie auszuschließen, daß die *Feststellung* des Exkommuniziertseins durch die zuständige Autorität im Widerspruch zur Gewißheit des Exkommunizierten steht, der ihm erschlossenen Wahrheit des tradierten Selbstzeugnisses Jesu ganz hingegeben zu sein, so daß in diesem Fall der Betroffene sich zwar nicht durch Zwang zum Glauben gedrungen, wohl aber durch Zwang von der Gemeinschaft des Glaubens ausgeschlossen findet. Diese Lage vermeidet das Lehramt, wenn es Wege findet, den von ihm definitiv nicht mit seinen Vorlagen sachlich übereinstimmenden Gestalten der Lehre ihre *Autorität zu entziehen*, ohne zugleich dem Vertreter dieser definitiv als häretisch beurteilten Lehre *die kirchliche Gemeinschaft zu verweigern* (oder im Fall des Betroffenseins von Priestern über diese das Interdikt zu verhängen).[65]

Wie immer mit diesen Situationen sachgemäß umzugehen ist: Auf jeden Fall ist der Grundsatz der Nichtvergebbarkeit des Delikts der Häresie – also ihr Bestraftsein mit der Exkommunikation – dann und insofern im Zusammenhang der römisch-katholischen Lehre konsequent, als sie im Zusammenhang dieser Lehre nur von Getauften (und Gefirmten?) begangen werden kann, für die nach römisch-katholischer Lehre der Geist der Wahrheit die Wahrheit der Vorlagen des Lehramts autopräsent gemacht hat, so daß diesen Menschen der Glaube, d.h. die Ganzhingabe der Person an die ihr offenbare Wahrheit des Vorgelegten, möglich und Pflicht ist, somit also das Ausbleiben dieser Ganzhingabe an die offenbare Wahrheit der Vorlage die nicht vergebbare Sünde gegen den Heiligen Geist ist (KKK 1864), oder eben: die Sünde der Glaubenslosigkeit, die als solche nicht vergeben werden kann, weil sie ipso facto aus der Kirche ausschließt.

4.7. *Der Gesamtcharakter der Rechtsordnung der Glaubensgemeinschaft nach römisch-katholischer Lehre.* – Der Gesamtcharakter der Rechtsordnung der Glaubensgemeinschaft, läßt sich somit wie folgt bestimmen:

4.7.1. Der wirksame und hinreichende Grund für die Gemeinschaft der Glaubenden mit Christus und untereinander ist das von Gott selbst gewirkte Autopräsentwerden der Wahrheit des Selbstzeugnisses Jesu für dessen Adressaten, durch das sie zu Jesus, in die Gemeinschaft mit ihm „gezogen" werden; das Selbstzeugnis Jesu bloß als solches bewirkt hingegen diese Autopräsenz der Wahrheit seines Selbstzeugnisses und die durch sie begründete Gemeinschaft mit Jesus nicht (Joh 6,66). Erst recht gilt also: Nicht die Evangeliumsverkündigung durch die von Christus eingesetzten Inhaber des apostolischen Weitergabedienstes bloß als solche schafft den ihr gebührenden Glauben und damit ihre Glaubensgemeinschaft mit den Verkündigern und mit allen Glaubensgeschwistern, sondern den „nicht blinden" Akt des Glaubens ermöglicht erst und allein das geistgewirkte Autopräsentwerden der Wahrheit des Zeugnisses (DS 3008, 3010).[66]

4.7.2. Weil die Glaubensgemeinschaft durch das Autopräsentwerden der Wahrheit des Selbstzeugnisses Jesu für alle ihre Glieder begründet ist und

---

[65] Typischer Fall: Der Entzug der Lehrerlaubnis für einen akademischen Theologen, ohne ihn zu exkommunizieren (oder – falls er auch Priester ist – ihm die Zelebration der Eucharistie zu untersagen).

[66] Hierzu vgl. Bd. I der Forschungsgruppe (o. Anm. 11).

weil sie eben deshalb die Gemeinschaft vollendeter Sittlichkeit ist, ist in dieser Gemeinschaft die Interaktion zwischen Inhabern der leitenden Autorität und ihren Adressaten von all den Beschränkungen frei, die diese Interaktion in der bürgerlichen Gemeinschaft belasten. Es entfallen alle in der bürgerlichen Gemeinschaft geltenden Unsicherheiten hinsichtlich der Legitimität der Gesetzgebung und der spontanen Befolgung legitimer Gesetze. In der Glaubensgemeinschaft sind kraft des Fundamentes dieser Gemeinschaft – der geistgewirkten Autopräsenz der Wahrheit des Selbstzeugnisses Jesu für alle Glaubenden, also für alle Glieder der Gemeinschaft – alle Glieder im Stande die Legitimität der Gesetzgebung zu erkennen und ipso facto auch zur freiwillentlichen Befolgung der Regeln motiviert.

4.7.3. Das ist deshalb so, weil alle wahren Glieder dieser Gemeinschaft eben Glaubende sind. Dies sind sie kraft ihres Glaubens, dessen Grund und Gegenstand die ihnen vom Geist (also Gott selbst) gewährte Autopräsenz der Wahrheit des Selbstzeugnisses Jesu ist. Für diesen Glauben gilt daher ipso facto: „fidei est non falli".

Die Infallibilität von Entscheidungen des bischöflichen (päpstlichen) Lehramts über das „depositum revelationis" hat kein anderes Fundament als eben diese Infallibität, die für den Glauben selbst kraft seines Grundes und Gegenstandes wesentlich ist, wo immer er real ist und daher der Kirche, der Gemeinschaft der Glaubenden, als ganzer eignet. Nichts anderes als eben diese Unfehlbarkeit des wahren Glaubens aller und damit der auf ihn gebauten Glaubensgemeinschaft ist auch in den unfehlbaren Entscheidungen des kirchlichen Lehramtes wirksam (DS 3074).

Somit gilt: Der Anspruch des bischöflichen Lehramtes der Unfehlbarkeit der ganzen Kirche für bestimmte seiner Entscheidungen beansprucht nicht, in solchen Fällen *allein* unfehlbar zu sein, läuft also nicht auf die Bestreitung der Unfehlbarkeit des Glaubens im *allgemeinen*, wo immer er real ist, hinaus, sondern bestätigt gerade diese Unfehlbarkeit.

Diese Unfehlbarkeit des Glaubens, wo immer er real ist, also am Ort aller wahren Glaubenden, ist das Fundament des „sensus fidelium" für die Legitimität der Entscheidungen der Autorität und des damit ipso facto verbundenen Urteils über die Entscheidungen des Weitergabeamtes. Die Glaubenden als solche haben – eben vermöge ihres eigenen Glaubens und seiner Infallibilität – ein Urteil über die Weitergabedienst der Autoritäten, und zwar stets ein positives.

4.7.4. Das schließt Strafbewehrung von Gesetzen nicht aus. Führt aber zu einer anderen Logik des Strafens als im bürgerlichen Bereich: Ziel des Strafens ist nicht Durchsetzung der Befolgung der Leges (eben aus Furcht vor Strafe), sondern Schutz der von den Glaubenden als solchen schon praktizierten Disziplin vor solchen, die diese Disziplin stören. Diese Schutzmaßnahmen implizieren von sich aus also keineswegs ipso facto den Ausschluß

aus der Gemeinschaft des Glaubens, suspendieren aber das Recht zur Teilnahme an den Vollzügen der „sacra disciplina".

4.7.5. Jedenfalls ist die Leitung der Glaubensgemeinschaft in legislativer,
exkutiver und judikativer Tätigkeit von der des bürgerlichen Gemeinswe-
sens unabhängig.

Freilich existiert die Glaubensgemeinschaft nicht in einer anderen Welt
als das bürgerliche Gemeinwesen, sondern mit diesem zusammen in der
gemeinsamen Welt – eben in dieser vom dreieinigen Gott geschaffenen
Welt. Dies ist im offenbarungs- und heilsgeschichtlichen Selbstverständnis der Glaubensgemeinschaft selber präsent und ausdrücklich anerkannt.
Das schließt auch eine eigene Sicht des Verhältnisses zwischen dem Recht
der Glaubensgemeinschaft und dem Recht des bürgerlichen Gemeinwesens ein.

5. Die asymmetrische Wechselwirkung zwischen „societas civilis" und der Sozietät Kirche, zwischen der Autorität der gesetzgebenden Leitung in der einen und in der anderen

Wir werfen einen abschließenden Blick auf die römisch-katholische Lehre über die asymmetrische Wechselwirkung zwischen ziviler und kirchlicher Gemeinschaft und über das Verhältnis zwischen der Leitungsautorität in der zivilen Gemeinschaft und der Leitungsautorität in der kirchlichen Gemeinschaft.

Die umgekehrte Betrachtung des Verhältnisses – d.h. seine Betrachtung im Horizont und aus der Perspektive des Selbstverständnisses der
zivilen Gemeinschaft – verließe unsere Fragestellung. Sie wäre auch gar
nicht möglich, wenn gilt, daß eben das Zusammenleben in der zivilen Gesellschaft das Zusammenleben im Streit der Weltanschauungen ist, es also
für die zivile Gemeinschaft wesentlich ist, daß in ihr *nicht ein einheitliches
Selbstverständnis* existieren muß, sondern viele verschiedene neben einander
herrschen können, auch tatsächlich weithin herrschen – und dies jedenfalls
in allen Gemeinwesen der europäischen Moderne (Symptom dieser Lage:
das Eingeständnis der Rechtswissenschaft, daß sie als solche nicht über ein
allseits akzeptiertes Verständnis vom Wesen des Rechts verfügt; ihre Arbeit
orientiert sich an *unterschiedlichen* „rechtsphilosophischen" Konzeptionen).

5.1. *Offenbarungs- und heilsgeschichtliche Begründung des Verhältnisses zwischen
kirchlicher und ziviler Gemeinschaft.* – Die Lehrdokumente über diesen Sachverhalt sind: a) die Skizzen des offenbarungs- und heilsgeschichtlichen Ge-
samthorizonts in LG und DV, b) die Pastoralkonstitution „über die Kirche

in der Welt von heute", „Gaudium et Spes", sowie c) die im „Kompendi-um der Soziallehre der Kirche" zusammengestellten Aussagen des zentra-len Lehramts zur „katholischen Soziallehre".

Aus diesen Texten geht hervor, daß ebenso wie das Selbstverständnis der Kirche durch das Zweite Vatikanum auch das römisch-katholische Ver-ständnis des *Verhältnisses* zwischen kirchlicher und ziviler Gemeinschaft ex-plizit heils- und offenbarungsgeschichtlich gerahmt und fundiert wurde. In dieser Perspektive zeigt sich:

Beide Gemeinschaften existieren aufgrund der Einheit des göttlichen Ratschlusses und seiner Realisierung in den heilszielstrebig aufeinander auf-bauenden Schritten des Handelns Gottes als Schöpfer, als Erlöser und als Vollender der Welt des Menschen (seines geschaffenen Ebenbildes):

Die zivile Gesellschaft existiert durch das Handeln Gottes als Schöp-fer, das als solches zwar bereits hingeordnet ist auf Gottes Handeln als Er-löser und Vollender, aber nicht schon dieses selber ist. In der zivilen Ge-meinschaft wird unter den Bedingungen des geschaffenen Personseins die Wahrheit über die alles geschaffene Geschehen beherrschende „lex divi-na" und die Wahrheit über das dieser entsprechende natürliche Sittenge-setz gesucht, sie ist hier aber nirgends sicher gefunden. Vielmehr ist un-ter diesen Bedingungen das Verständnis der geschaffenen Natur (der Welt des Menschen und seines Lebens in dieser), ihres Ursprungs und ihrer ur-sprünglichen Ziels, und damit auch das Verständnis der im Sein von Welt und Mensch liegenden Zumutungen (also das Verständnis des natürlichen Sittengesetzes) durch den Einfluß der Sünde behindert und verzerrt – mit negativen Auswirkungen auf die Ordnung des positiven Rechts, die wegen ihres entweder gar nicht oder nur dunkel bzw. verzerrt erkannten Natur-rechtsfundaments unvollkommen bleibt.

Die kirchliche Gemeinschaft existiert auf dem Boden der geschaffenen Bedingungen des Menschseins als Personsein im Kontext der zivilen Ge-meinschaft – allerdings von dieser dadurch unterschieden, daß sie als die Gemeinschaft der Christusgläubigen dadurch konstituiert ist, daß ihren Gliedern die Wahrheit des Selbstzeugnisses Jesu, der Offenbarer und Voll-zieher der „lex divina" als „lex caritatis" und damit auch der Lehrer der Wahrheit über das natürliche Sittengesetz durch die Gabe des Geistes der Wahrheit zu sein, in ihrem Herzen erschlossen worden ist. Kraft ihres Ur-sprungs in diesem Offenbarungswirken Christi existiert die Kirche als Ge-meinschaft der Christgläubigen, das heißt derer, die der durch Christus of-fenbaren Wahrheit (über die „lex divina" und) über das natürliche Sitten-gesetz anhängen und ihr in den Regeln des Umgangs miteinander folgen, also als Gemeinschaft in vollendeter Sittlichkeit (als heilige Gemeinschaft der Heiligen). Als Werk des Offenbarers ist sie dessen Instrument für die Erfüllung von dessen weltgeschichtlicher (also heils- und offenbarungsge-

schichtlicher) Mission: die Macht der Sünde in der Menschenwelt zu brechen, die in der ganzen Menschenwelt gesuchte Wahrheit über Ursprung
und Bestimmung der Welt und des Lebens der Menschen und über das
darin gründende natürliche Sittengesetz zu bezeugen und durch seinen
Geist auch den Menschen autopräsent zu machen, also sie alle zum Glauben, zum Zusammenleben im Glauben und damit in vollkommener Sittlichkeit zu befähigen.[67] Dieses Erlösungswirken des Schöpfers überspringt
nicht die geschaffenen Bedingungen des Menschseins, sondern vollzieht
sich auf ihrem Boden und an ihnen, also auch unter der Bedingung des
Mächtigseins der Sünde und an dieser, nämlich gegen sie als ihre Ent-
mächtigung.

Die geschaffenen Bedingungen menschlicher Gemeinschaft werden also
durch die von Christus bewirkten Bedingungen des Zusammenlebens im
Glauben nicht beseitigt, sondern das Zusammenleben wird lediglich unter
das Vorzeichen einer Wahrheitserkenntnis gestellt, die in der zivilen Gemeinschaft nur gesucht, aber nach dem Fall nicht gefunden werden kann.

Zu den geschaffenen Bedingungen menschlicher Gemeinschaft, die in
der Gemeinschaft der Christgläubigen, die durch das geistgewirkte Autopräsentwerden der Wahrheit des Selbstzeugnisses Jesu geschaffen ist, festgehalten werden, gehören nach römisch-katholischer Lehre auch gewisse in
der geschaffenen Natur des Menschen liegende Ungleichheiten unter den
Menschen: so insbesondere die bleibende Ungleichheit zwischen den Geschlechtern, aber auch die bleibende Differenz zwischen Positionen, deren
Inhaber Autorität ausüben, und Positionen, deren Inhaber Autorität anerkennen (was Positionen nicht ausschließt, die zugleich in gewisser Hinsicht
Autorität ausüben, in anderer anerkennen) (KKK 1897).

Diese letztgenannte Differenz ist der Grund dafür, daß nach römisch-
katholischer Lehre sowohl in der zivilen Gemeinschaft als auch in der Gemeinschaft der an Jesus Christus (aufgrund der ihnen autopräsent gewor-
nen Wahrheit des Selbstzeugnisses Jesu) Glaubenden das Zusammenleben
ein solches ist, welches die Form des *Rechts* hat, nämlich: die Form der Befolgung von *Gesetzen*, die durch die Autorität ausübenden Positionen bestimmt und von den Autorität anerkennenden Positionen befolgt werden.

5.2. *Formale Univozität des Rechtsbegriff.* – Aus dieser Annahme ergibt sich
für die römisch-katholische Lehre eine univoke Rede von „Recht": Das
Recht ist jeweils der Inbegriff aller von Menschen in einer gegebenen geschichtlichen Lage erlassenen positiven Gesetze, deren Maßstab und Beur-

---

[67] Die universale *heils*geschichtliche Rolle der Kirche, wie sie LG klar artikuliert, wird
auf ihre universale *sittlichkeits*geschichtliche Rolle zugespitzt in Johannes Pauls II. Enzyklika „Veritatis Splendor" vom 6. August 1993.

teilungskriterium das in der geschaffenen Natur des Menschen implizierte Naturrecht ist, das gleichursprünglich die in der Natur des Menschen als geschaffener, innerweltlich-leibhafter, Person begründeten Rechte des Menschen und die Zumutungen (Pflichten), unter denen er existiert, also das vom Schöpfer den Menschen vorgegebene natürliche Sittengesetz, umfaßt. Letzteres, das natürliche Sittengesetz, ist als Teil des durch den Schöpfer gesetzten Rechts, des „*ius divinum naturale*", jedem Menschen ins Herz geschrieben, aber – weil vom Menschen unter dem Einfluß der Sünde dort nicht klar erkennbar und orientierungskräftig – den Menschen auch äußerlich in offenbarter Gestalt explizit vor Augen gestellt; in dieser Gestalt ist es „*ius divinum positivum*". Recht unter Menschen – „*ius humanum positivum*" – ist somit der Inbegriff aller Gesetze (und fallbezogenen Gesetzesauslegungen bzw. -anwendungen) von denen zweierlei gilt:

a) sie wurden von der Position aus, die in der Gemeinschaft Autorität ausübt, in einer geschichtlichen Lage erlassen und sind von den in der Gemeinschaft Autorität anerkennenden Positionen zu befolgen (Komp. 396 f.; KKK 1897 ff.);

b) sie stehen unter der Alternative, mit dem natürlichen Sittengesetz (dem „*ius divinum naturale*" bzw. „*positivum*") in Einklang zu stehen oder nicht; nur im zuerst genannten Fall sind sie (sittlich) wahres Recht, im zweiten sind sie dies nicht (Komp. 398).

Formal gilt dieser Begriff von Recht nach römisch-katholischer Lehre sowohl für das Zusammenleben in der zivilen Gemeinschaft als auch in der Gemeinschaft der Glaubenden.[68]

5.3. *Die materiale Differenz zwischen kirchlichem und weltlichem Recht.* – *Material* unterscheidet sich jedoch das Recht in der zivilen Gemeinschaft von dem in der Gemeinschaft der Christgläubigen grundlegend:

Weil das natürliche Sittengesetz die in der geschaffenen Natur des Menschen begründeten Rechte und Pflichten des Menschen umfaßt, ist es an sich *material* bestimmt. Alle in einer menschlichen Gemeinschaft erlassenen und zu befolgenden Gesetze, also das gesamte „*ius humanum positivum*", ist wahres Recht, wenn sein *Inhalt* dieser vorgegebenen *materialen* Bestimmtheit des natürlichen Sittengesetzes entspricht (Komp. 398).

Eben dies wird schon in der zivilen Gemeinschaft angestrebt, ist aber in ihr vermöge des ungebrochenen Wirkens der Sünde nicht erreichbar. Erreichbar sind nur Annäherungen der materialen Bestimmtheit des „*ius hu-

---

[68] Die fundamentalen Annahmen der römisch-katholischen Lehre über die Natur des Rechts und die dazu gehörige Leitungsautorität sind bis heute grundlegend durch die Sichtweise des Thomas von Aquin bestimmt, insbesondere durch den lex-Traktat der STh (I/II 90–106) und Thomas' Schrift „De regimine principis ad regem Cypri".

manum positivum" an die wahre materiale Bestimmtheit des natürlichen Sittengesetzes – wenn darauf nicht unter Rückzug auf eine bloß *formale* Bestimmung des natürlichen Sittengesetzes verzichtet wird. Aus diesem Grunde ist auch im politischen Gemeinwesen Teilung der Gewalten (der legislativen, exekutiven und der judizialen) wünschenswert (Komp. 408).

Anders in der Gemeinschaft der Christgläubigen. *Allen* Gliedern dieser Gemeinschaft ist die Wahrheit des Selbstzeugnisses Jesu, der Offenbarer und Vollzieher der „lex divina" als „lex caritatis" zu sein und als solcher auch der Lehrer der Wahrheit über das natürliche Sittengesetz, durch den Geist der Wahrheit in ihrem Innersten autopräsent. Daher ist in dieser Gemeinschaft – wie oben gezeigt – den Inhabern der Autorität ausübenden Positionen innerhalb dieser Gemeinschaft eine gesetzgebende Leitungspraxis möglich, die in allen drei Formen (als legislative, exekutive und judiziale) der definitiven Gestalt des natürlichen Sittengesetzes, der „lex Evangelii", voll entspricht, und den Inhabern von Autorität anerkennenden Positionen die einsichtsgestützte spontan-freiwillige Erfüllung nicht nur der „lex Evangelii" ermöglicht sondern auch aller legitimen Gesetze, die von Seiten der Autorität ausübenden Position vorgelegt werden. Somit ist *für die kirchliche Rechtsordnung Gewaltenteilung kein Thema* – vielmehr fallen im Leitungsamt in der Kirche, fundiert und zusammengefaßt im Iurisdiktionsprimat des Papstes, alle drei Funktionen in einer Hand zusammen.

In der kirchlichen Gemeinschaft herrschen also dank der Christusoffenbarung Bedingungen der Ausübung und Befolgung von Autorität, die denen in der zivilen Gemeinschaft vor und jenseits der Christusoffenbarung überlegen sind. Daher vollzieht sich beides – die Ausübung und Befolgung von Autorität – in der kirchlichen Gemeinschaft unter prinzipiell anderen Bedingungen als in der zivilen Gesellschaft, von der Ausübung und Befolgung von Autorität in der zivilen Gemeinschaft unabhängig und ihr gegenüber frei. Das Recht der Kirche, das in der Kirche von der Kirche für sie gesetzt wird, ist unabhängig und frei vom Recht der zivilen Gemeinschaft, das in dieser für sie gesetzt wird. Und dies obwohl die kirchliche Gemeinschaft in derselben Welt wie die zivile Gemeinschaft existiert und ihre Glieder auch Glieder der zivilen Gemeinschaft bleiben (Komp. 424).

5.4. *Anerkennung der Vorgegebenheit der zivilen Gemeinschaft (und ihres Rechts) als notwendiger Bedingung für die Existenz und Wirksamkeit der kirchlichen Gemeinschaft (und ihres Rechts).* – Keineswegs verkennt also die kirchliche Gemeinschaft, daß sie auf dem Boden der zivilen Gemeinschaft existiert. Diese ist ihr vorgegeben als der Inbegriff der notwendigen Bedingungen für ihr Zustandegekommensein durch das Wirken Christi, für ihr Erhaltenwerden durch das Wirken Christi und für das Wirken Christi durch sie an der geschaffenen Welt. Vorgegeben ist der kirchlichen Gemeinschaft damit auch das Recht der zivilen Gemeinschaft – ja dieses bleibt, obwohl das Recht der Kirche für sie selbst von diesem Recht der zivilen Gemeinschaft unabhängig ist, dennoch der Rahmen innerhalb dessen das Recht der Kirche allein gelebt werden kann.

Manifest wird das daran, daß die zivile Gemeinschaft nicht nur der *Kontext* für die kirchliche Gemeinschaft ist, von dem letztere zwar umgeben aber doch auch durch eine Grenze getrennt und seinen Bedingungen entnommen (exemt) wäre, sondern der vorgegebene Boden, dessen Bedingungen selber auch Bedingungen für das Leben der Glaubensgemeinschaft und in dieser bleiben: Alle Glieder der kirchlichen Gemeinschaft können dies, eben Glieder der Glaubensgemeinschaft, nur sein, indem sie *zugleich* Glieder der zivilen Gemeinschaft sind und deren Recht unterworfen und für seine Ordnung mitverantwortlich (Komp. 565–570); und ebenso können die Institutionen der kirchlichen Gemeinschaft nur auf dem Boden der zivilen Gemeinschaft existieren – entweder als von deren Recht behindert und bedroht oder als von deren Recht berechtigt (und zwar einschließlich der Freiheit und Unabhängigkeit ihres Rechts) (Komp. 426).

Dies alles liegt in dem natürlichen, also gottgewollten, Status der kirchlichen Gemeinschaft in der Welt. Es findet seinen Ausdruck in der Anerkennung des vom Schöpfer gegebenen und erhaltenen Status der Ausübung und Befolgung von Leitungsautorität in der zivilen Gemeinschaft und damit auch des natürlichen, also göttlichen, Rechts der zivilen Autoritäten (Röm 13,1 ff.).

5.5. *Die Plastizität des Rechts der zivilen Gemeinschaft und die Pflicht, es – als Recht der zivilen und nicht der kirchlichen Gemeinschaft – am Maßstab der durch Christus erschlossenen Wahrheit des natürlichen Sittengesetzes zu beurteilen und mitzugestalten, (Komp. 465–470).* – Die durch Christus eröffnete Einsicht in den Status von ziviler Gemeinschaft als eines in Gottes Schöpferhandeln begründeten Status schließt zwar dessen Anerkennung durch den Glauben ein und damit auch die Anerkennung der Autorität in der zivilen Gemeinschaft und der Rechtsordnung, die durch die zivile Autorität gesetzt und unterhalten wird. Dieser Status eignet der Autorität in der zivilen Gemeinschaft direkt durch das Schöpferhandeln Gottes, er wird ihr keineswegs erst durch Christus (und dann die Kirche) verliehen (KKK 1897–1904).[69] Aber diese Anerkennung wird ihr eben aus der Perspektive der kirchlichen Gemeinschaft, aus der Perspektive der durch Christus eröffneten Einsicht des Glaubens in Ursprung und Bestimmung der geschaffenen Welt im Ge-

---

[69] Soweit die Zweischwertertheorie (DS 873) dies besagen wollte oder sollte, ist sie nicht (mehr?) Inhalt römisch-katholischer Lehre.

meinschafts- und Versöhnungswillen, also auch im Erlösungs- und Vollendungswillen, des Schöpfers gezollt. Und eben das schließt die Einsicht ein, daß die zivile Gemeinschaft dauernd *auf der Suche* nach dem wahren Recht ist und somit in ihrer jeweils erreichten Rechtsordnung plastisch bleibt – abhängig von zunehmender oder abnehmender Angemessenheit des „ius humanum positivum" gegenüber dem „ius divinum naturale" und „positivum" des natürlichen Sittengesetzes.

Eben dieses ist nun aber der kirchlichen Gemeinschaft bekannt. Daher kommt den Inhabern der Autorität in der kirchlichen Gemeinschaft zweierlei zu:

a) die Vorzeichnung der Prinzipien einer Rechtsordnung der zivilen Gemeinschaft als solcher, eben als ziviler, die der Natur und Bestimmung des Menschen, also dem natürlichen Sittengesetz entspricht, und

b) die Beurteilung der jeweils erreichten Rechtsordnung der zivilen Gemeinschaft unter dem Gesichtspunkt ihrer Übereinstimmung oder Nichtübereinstimmung mit dem durch Christus offenbaren natürlichen Sittengesetz, also mit der Wahrheit über Ursprung und Bestimmung des Menschseins und mit den wahren Rechten und Pflichten des Menschseins (Komp, 69–71).

Den Laien hingegen kommt es zu, in ihrer Eigenschaft als Glieder der zivilen Gemeinschaft die Plastizität der Rechtsordnung der zivilen Gemeinschaft zu ergreifen und durch Engagement für die Mitgestaltung der zivilen Rechtsordnung für deren fortgehende Annäherung an die ihr aus der Sicht des Glaubens bekannte Normgestalt zu sorgen (KKK 1913–1917). Diese Normgestalt ist nach gegenwärtiger römisch-katholischer Lehre die Demokratie (Komp. 406–416).

5.6. *Innergeschichtliche Wahrung der Differenz zwischen ziviler und kirchlicher Gemeinschaft. Die innergeschichtliche Perspektive der kirchlichen Gemeinschaft. –* In dem allen drückt sich nicht nur die Anerkennung aus, daß in der geschaffenen Natur des Menschen das Gottgewolltsein der Autorität in der zivilen Gemeinschaft liegt, sondern auch das Gottgewolltsein der zivilen Gemeinschaft selbst. Denn eben für deren Erhaltung und Verbesserung setzt sich die kirchliche Gemeinschaft *in* der zivilen Gemeinschaft ein.

Darin ist die Perspektive auf die innergeschichtliche Zukunft der Kirche eingeschlossen. Für diese ist zweierlei wesentlich:

– Nicht ausgeschlossen ist die Aussicht auf eine Situation, in der alle dann lebenden Menschen Glied der kirchlichen Gemeinschaft sein werden.

– Aber sehr wohl ausgeschlossen zu sein scheint mir – jedenfalls nach gegenwärtiger römisch-katholischer Lehre – daß die kirchliche Gemeinschaft „in via", also in der Geschichte, jemals die zivile Gemeinschaft und das kirchliche Recht jemals das zivile ersetzen wird.

Schluß

1. Zusammenfassung. – Das Zweite Vatikanum sichtet und beschreibt das Sein der Kirche konsequent in seiner heils- und d.h. offenbarungsgeschichtlichen Konstitution. Damit wird auch das Recht in der Kirche in den Horizont dieses Kirche-konstituierenden Offenbarungsgeschehens gerückt. Das Recht der Kirche ist der Inbegriff der Gesetze („leges") derjenigen Gemeinschaft, die als Gemeinschaft durch den Glauben an die geistlich *autopräsent gewordene Wahrheit des Selbstzeugnisses Jesu* und aufgrund dessen zugleich auch an *ihn* selbst konstituiert ist als *Gemeinschaft mit ihm* und vermöge dessen auch als *Gemeinschaft aller ihrer Glieder untereinander.* Wie die Kirche bis ans Ende der Tage der sie konstituierenden und erhaltenden Dynamik des radikal asymmetrischen Zusammenspiels von Christusoffenbarung und Christusglaube unterworfen bleibt, so auch ihr Recht: der Inbegriff ihrer „leges". Diese „leges" haben genau insoweit den Status des „ius divinum", wie sie die unveränderlichen *institutionellen,* also ipso facto auch *sozialen, Bedingungen* für das innergeschichtliche Geschehen der Christusoffenbarung, die durch diese selbst (also durch das im Triduum gipfelnde Offenbarungswirken Jesu) geschaffen und vom erhöhten Gekreuzigten vom Himmel her erhalten werden (das heißt – nota bene –: solche *institutionellen* Bedingungen sind für das innergeschichtliche *Geschehen der Christusoffenbarung* selbst *wesentlich*!); und sie sind genau insoweit „ius humanum positivum", als sie die von den dazu berufenen Gliedern der Kirche (also Menschen) lagebezogen gesetzten Regeln sind, die vom „ius divinum" für dasjenige Handeln der Glaubenden verlangt werden, welches „iure divino" vom erhöhten Gekreuzigten als Instrument seines perennen weltweiten Wirkens verlangt und in Gebrauch genommen wird. In der Einheit von „leges iure divino" und „leges iure humano" umfaßt das Recht der Kirche das eine Ganze der „Sacrae disciplinae leges".

Kraft der erlösungsgeschichtlichen Konstitution der Glaubensgemeinschaft ist diese die Gemeinschaft vollkommener Sittlichkeit und sind ihre „leges" die Gesetze der Interaktion in vollkommener Sittlichkeit.

Insofern existiert sie unter bestimmungsreicheren Bedingungen als das allein unter schöpfungsgeschichtlich konstituierten Bedingungen existierende Zusammenleben aller Menschen. Diese Bedingungen unterscheiden auch die „leges" des „Rechts" der Glaubensgemeinschaft von den „leges" des im Zusammenleben aller Menschen herrschenden, also staatlichen, Rechts.

Unbeschadet dessen verbleibt auch die Kirche, ihre Ordnung und ihr Recht „in via" innerhalb der schöpfungsgeschichtlich konstituierten Bedingungen des Zusammenlebens aller Menschen. Wie das Zusammenleben aller Menschen nach dem Fall durch das Widersittliche angefochten wird, so auch das Leben in der Glaubensgemeinschaft. In dieser ist zwar das Zusammenleben in vollkommener Sittlichkeit *möglich* und *real*, aber *nicht unangefochten und ungestört.*

Das anerkennt die Kirche, indem ihr Insistieren auf der Unabhängigkeit ihrer Ordnung, also auch ihres Rechts, vom weltlichen Recht *nicht* darauf zielt, durch ihr Recht das weltliche Recht zu ersetzen und sich selbst diesem gegenüber als exemt zu positionieren, sondern

– erstens für sich selbst und alle Glieder die Anerkennung der eigenen Würde des weltlichen Rechts – seiner Würde, die im Willen und Wirken des Schöpfers gründet – einschließt und

– zweitens auch Elemente der Schutzfunktion des weltlichen Rechts in ihr eigenes Recht übernimmt (nämlich in der Strafbewehrung gewisser „leges", bei der einerseits darauf zu achten ist, daß sie mit dem Recht der im unverfügbaren Offenbarungsgeschehen fundierten Gemeinschaft des Glaubens kompatibel ist, und zugleich andererseits darauf, daß sie das weltliche Recht nicht außer Kraft setzen).

Diese Selbsteinordnung der Glaubensgemeinschaft „in via", ihrer Ordnung und ihres Rechtes, in die Gemeinschaft aller Geschöpfe wird *faktisch* anerkannt. Und ansatzweise auch *programmatisch* (insbesondere: KKK 1897–1904); wenngleich die detaillierte Klärung der Frage, ob und wieweit staatliches Recht auch als Grenze kirchlichen Rechts anzuerkennen ist – etwa im Falle der auch aus kirchlicher Sicht wünschenswerten Demokratie und ihrer Rechtsordnung (Komp. 406 ff.) – noch aussteht.[70]

Keineswegs geschmälert würde dadurch das Recht und die Pflicht, die Grundsätze des sittlichen, d. h. natur- und bestimmungsgemäßen, Zusammenlebens aller Menschen, die der Kirche und den Christen gewiß sind, als Kriterium der Güte auch der Ordnung des Zusammenlebens aller Menschen als Personen zu handhaben – als Kriterium, an dem sie ihre eigene Beteiligung an der Pflege und Weiterentwicklung der Ordnung des Zusammenlebens aller orientiert und zu dessen Anerkennung sie alle einlädt.

Diese Sicht auf das Wesen des kirchlichen Rechts und auf sein Verhältnis zum weltlichen Recht unterscheidet sich grundlegend von der mittelalterlichen (vorreformatorischen). Die Veränderung hat sich über lange

---

[70] Entsprechende Bestimmungen darüber, ob und unter welchen Bedingungen kirchliches Recht nur innerhalb der Schranken des allgemeinen staatlichen Rechts gilt (wie es das GG der Bundesrepublik Deutschland explizit vorsieht: GG Art. 140 [dort WRV Art. 137 Abs 3 Satz 1: „Jede Religionsgesellschaft ordnet und verwaltet ihr Angelegenheiten selbständig *innerhalb der Schranken des für alle geltenden Gesetzes.*" Kursivierung E. H.]), finden sich jedenfalls im CIC nirgends. Sie wären m. E. jedoch durchaus möglich – und zwar ohne das Recht auf Einspruch und zum Widerstand (Komp. 399 f.) gegen solches staatliches Recht anzutasten, welches im Lichte des christlichen Gewissens als unsittlich zu beurteilen ist.

Zeiträume hin angebahnt und nun durch die explizite heils- und offenbarungsgeschichtliche Grundlegung der Ekklesiologie und damit auch des Kirchenrechts durch das Zweite Vatikanum und das Magisterium der nachkonziliaren Päpste klares Profil gewonnen. Sie scheint mir ein glänzendes Beispiel für die Wahrheit der römisch-katholischen Lehre zu sein, daß die Kirche „Deo providente" in ihrer Geschichte durch den Geist der Wahrheit und durch von ihm geleitete konstruktive Verarbeitung widriger Erfahrungen (etwa der Wittenberger Reformation und der französischen Revolution) zu immer tieferer und besserer Erfassung der Wahrheit des Evangeliums geführt wird (DV 5).[71]

2. Fragen. – Abschließend notiere ich einige Fragen, die m. E. der Diskussion und Klärung bedürfen.

1. Wie ist die Einheit des asymmetrischen Zusammenhangs der Ämter Christi genau zu bestimmen? Ist in Wahrheit das prophetische grundlegend (wie in der Amtsstudie angenommen)? Oder nicht vielmehr doch das priesterliche? Bei dieser Sicht der Dinge wäre im priesterlichen das prophetische eingeschlossen und in seiner Eigenart festgehalten (Christus tritt nicht – wie ein „Weiser", „Philosoph" oder irgendetwas derartiges – mit einer „*Lehre*" in die Weltgeschichte ein, sondern mit seinem *Leben* und in *diesem* ist seine Botschaft, seine „Lehre", enthalten) und schließlich auch in der (im priesterlichen Wirken fundierten) asymmetrischen Einheit seines prophetischen Wirkens als Priester sein Gemeinschaft konstituierendes „königliches" Wirken: nämlich überhaupt nicht als „Herrschaft", sondern nur als „Dienst" (Mt 20,25.28).

Für die grundlegende Stellung des priesterlichen Wirkens spricht immerhin Johannes Pauls II. Enzyklika EdE.

2. Wie genau kommt die Anteilgewinnung der von Christus gegründeten und erhaltenen Gemeinschaft an seinem dreifachen Wirken zustande? Und welchen Charakter hat damit diese so konstituierte Anteilhabe der Kirche am dreifachen Wirken Christi?

3. Wie ist in dieser Anteilhabe der Glaubensgemeinschaft und ihrer Glieder die asymmetrische Einheit der drei Wirkweisen genau zu bestimmen. Ist ausgeschlossen, daß auch hier die Anteilhabe am priesterlichen Wir-

---

[71] Johannes-Paul II. hat gelegentlich darauf hingewiesen, daß die Ideale der französischen Revolution „Freiheit, Gleichheit und Brüderlichkeit" christliche Ideale waren. In ähnlicher Weise konnte Benedikt der XVI. in seiner Zeit als Präfekt der Glaubenskongregation das Faktum anerkennen, daß aus der Erfahrung der Reformation unverzichtbare Anregungen für die römisch-katholische Kirche und die Klarheit ihres aktuellen Selbstverständnisses stammen (J. Ratzinger, Zum Fortgang der Ökumene. Brief an den Moderator dieses Heftes [Max Seckler], in: Tübinger Theologische Quartalsschrift 166 [1986] 243–248).

ken Christi das Grundlegende ist? Keineswegs. Jedenfalls wenn wiederum den einschlägigen Anregungen Johannes-Pauls II. und Benedikts XVI. gefolgt wird.

4. Wie verhalten sich vermöge der ursprünglichen Konstitution der Anteilhabe des *ganzen Volkes* Gottes an den drei Ämtern Christi zueinander: einerseits die Anteilhabe jedes Christen an allen drei Ämtern Christi und andererseits die Anteilhabe der *Empfänger des Weihesakramentes* am dreifachen Amt Christi? Gilt nur: Die Anteilhabe aller Christen an den drei Ämtern Christi ist ursprünglich und bleibend bedingt durch die Anteilhabe der Apostel und ihrer Nachfolger an den drei Ämtern Christi? Oder gilt ebenso auch: Die Anteilhabe der Apostel und ihrer Nachfolger an den drei Ämtern Christi ist ursprünglich und bleibend bedingt durch die Anteilhabe des ganzen Volkes Gottes und aller Christen an den drei Ämtern Christi, die dieser der ganzen Kirche gewährt? Und was hieße dies für die ursprungsgemäße (offenbarungsgemäße) Regelung der Ausübung des kirchlichen Leitungsamts, des kirchlichen Lehramts und des kirchlichen Heiligungsdienstes?

5. Was muß vermieden werden, um den für die römisch-katholische Lehre entscheidenden *instrumentellen* Charakter des durch das Weihesakrament weitergegebenen apostolischen Dienstes – seiner Teilhabe am Leitungs-, Lehr- und Heiligungsamt der Kirche – *unmißverständlich* auszusagen?

6. Für die römisch-katholische Lehre ist die heils- und offenbarungsgeschichtliche Begründung des Verhältnisses zwischen ziviler Gemeinschaft und Glaubensgemeinschaft wesentlich: also die heils- und offenbarungsgeschichtlich begründete Differenz in der Konstitution der zivilen Gemeinschaft und der Gemeinschaft der Glaubenden bei Wahrung der zwischen ihnen heilszielstrebig durchgehaltenen asymmetrischen Wechselwirkung. Diese Perspektive schließt auch eine genaue Sicht des Verhältnisses zwischen der von Menschen auszuübenden und zu befolgenden „Autorität" in der einen und in der anderen Gemeinschaft ein und ebenso eine hinreichend genaue Sicht des Verhältnisses zwischen „ius humanum positivum" im einen und im anderen Fall. Kommt dies in der römisch-katholischen Lehre schon in hinreichender Klarheit zum Ausdruck?[72]

---

[72] Dazu vgl. E. Herms, Gewissensbildung durch den Geist der Wahrheit. Die römisch-katholische Lehre von der Wahrheitsbindung des Gewissens: fundamentalanthropologische Basis und Pointe, pastorale Konsequenzen und offene Fragen, in: Materialdienst des Konfessionskundlichen Instituts Bensheim 67 (2016) 23–31.

Fundamentaltheologische Aspekte des kanonischen Rechts nach römisch-katholischer Lehre

Paolo Gherri

1. Vorbemerkungen

1.1. *Kanonisches Recht und katholische Lehre.* – Eine Untersuchung des kanonischen Rechts der römischen Kirche aus einer fundamentaltheologischen Perspektive bedarf einiger *epistemologischer und methodologischer Vorbemerkungen,* um das Untersuchungsfeld und den zu behandelnden Gegenstand (die „*res*") präzise festzulegen. Auf diese Weise wird es möglich sein, die geeignete Methode anzuwenden, die die Untersuchungsarbeit kennzeichnet und unterstützt.

Zunächst hat man sich bewußt zu machen, daß der eigentliche Bereich für die Untersuchung des Rechts der römischen Kirche *allein* der „interne" juristisch-kirchliche Bereich ist (d.h.: das kanonische Recht im engeren Sinne, wie es vor allem in den aktuellen kanonischen Kodizes zum Ausdruck kommt – *C. I. C.* und *C. C. E. O.* – und wie es in der apostolischen Konstitution „*Sacræ Disciplinæ Leges*"[1] dargestellt wird). Hingegen sind die lehramtlichen Themen von vornherein auszuschließen, die nicht ausdrücklich die *interne Funktionsweise* der katholischen Kirche und die Beziehungen zwischen den Institutionen in ihrem Inneren betreffen; insbesondere sind die Fragen bezüglich der sogenannten „Soziallehre der Kirche"[2] auszuklammern. Die Unterscheidung, welche einen ausdrücklich epistemologischen Wert und eine eindeutig epistemologische Dimension hat ist deutlich: die „Regeln" zur internen Funktionsweise *der Kirche* haben die Ekklesiologie als ihren konstitutiven Bezugspunkt, während die „Prinzipien", die gemäß dem katholischen Lehramt die Funktionsweise *der zivilen Gesellschaften* (seien es staatliche oder nicht-staatliche) lenken sollen, in

---

[1] Vgl. Ioannes Paulus II., Constitutio apostolica „Sacræ Disciplinæ Leges", in AAS LXXV (1983, Pars II) VII–XIV.
[2] Vgl. Pontificio Consiglio per la Giustizia e la Pace, Compendio della dottrina sociale della Chiesa, Città del Vaticano, 2004.

der Sozialmoral ihren Referenzpunkt haben, zumindest nach katholischer Theologie. Wenngleich in beiden Bereichen (dem kanonischen und dem sozialen) institutionelle Elemente präsent sind und Themen behandelt werden, die Strukturen und Dynamiken betreffen, die mit der Ausübung von (legislativen, exekutiven und judikativen) Leitungsfunktionen verbunden sind, handelt es sich dennoch keineswegs um vergleichbare Thematiken. Auch der Bezug auf „Gesellschaft", der die juristisch-kirchliche Thematik in den Jahrhunderten, die auf die Reformation folgten, oft begleitet hat, soll als einfaches „*dictum*" betrachtet werden: ein Begriff, der je nach Kontext, mehrere „*intenta*" haben kann, der aber zur Definition der „*res*" vollkommen ungeeignet ist. Man muß sich dazu nur vor Augen führen, wie die „*societas*" des Kardinals Bellarmin[3] rundum verschieden war von der der Würzburger Schule und dem „*Ius publicum ecclesiasticum*" des XIX. Jahrhunderts:[4] Denn die erste bezog sich auf die „Sichtbarkeit" der Kirche als solche (gegen die lutherische zwei Reichelehre),[5] die zweite hingegen auf ihre „Unabhängigkeit" (gegenüber den modernen Staaten); bei der ersten handelte es sich um eine *theologische* Instanz, bei der zweiten um eine *politische*.

Um das Verhältnis und den Unterschied zwischen dem kanonischen Recht und der (römisch-katholischen) Sozialmoral besser zu verstehen, kann man es mit dem Verhältnis und den Dynamiken der internen Regeln eines Krankenhauses mit den Regeln vergleichen, die das alltägliche Leben aller Bürger betreffen, einschließlich der Kranken und Ärzte (also mit dem Zivilrecht): Gewiß ist und bleibt derjenige, der ein Krankenhaus betritt und dort arbeitet, ein „Bürger" und hat als solcher die Gesetze des Staates zu befolgen. Im Inneren des Krankenhauses hat dies jedoch praktisch keine Bedeutung, denn, was das Unterscheidungsmerkmal innerhalb dieses extrem technischen und fachspezifischen Bereiches ausmacht, so sind das die Kompetenzen, die Rollen, die Funktionen sowie der Gesundheitszustand und der Grund jedes Einzelnen für seine Anwesenheit in der Klinik.

Diese Präzisierung ist sehr wichtig, um sich dem Thema des Rechts in der römischen Kirche (= kanonisches Recht)[6] mit Hilfe der Dokumente

---

[3] „Ecclesia enim est cœtus hominum ita visibilis et palpabilis, ut est cœtus populi romani, vel Regnum Galliæ, aut respublica Venetorum": R. BELLARMINUS, De controversiis christianæ fidei adversus huius temporis hæreticos, 1615, 44.

[4] Vgl. C.M. PETTINATO, I „maestri di Würzburg" e la costruzione del Jus publicum ecclesiasticum nel secolo XVIII, 2011; M. NACCI, Origini, sviluppi e caratteri del Jus publicum ecclesiasticum, in: Coll. Corona lateranensis, n. 40, 2010.

[5] Vgl. N. REALI, Lutero e il Diritto. Certezza della fede e Istituzioni ecclesiali, 2017, 33; ausführlicher: A. MAFFEIS, Vangelo e società. La dottrina dei due regni nel dibattito teologico della prima metà del XX secolo, in: G. CANOBBI u.a. (Hgg.), Chiesa e politica, 2000, 75–127.

[6] Radikal zu unterscheiden vom *Kirchenrecht*, dem der Großteil der Aufmerksamkeit von reformatorischer Seite zugewandt wurde und so auch die katholisch kanonistischen

ihres Lehramtes zu nähern. Denn die Lehrtexte, die dies ausdrücklich und vorsätzlich behandeln sind recht wenige und – als solche – erlauben sie es nicht, den gesamten theoretischen Rahmen der Thematik aufzuzeigen.

Dies bereitet denjenigen wahre Schwierigkeiten, die diesen Sachbereich in einer Weise behandeln wollen, die sich in der Forschung bereits als für die anderen üblichen Lehramtsthemen geeignet erwiesen hat. Der Grund für diese Situation ist relativ einfach: die Kirche des ersten Millenniums und später die römische Kirche haben das Recht immer als wirksames praktisches Werkzeug verwendet, ohne sich auf theoretisch Weise mit ihm auseinanderzusetzen. Die (römische) Kirche und das kanonische Recht sind gemeinsam gewachsen, wie ein Körper, der mit seinem Skelett gemeinsam wächst, welches den Körper stützt: man kann sie *unterscheiden* aber nicht *voneinander trennen*. Denn, das kanonische Recht ist in seinem tiefsten Kern ein (internes) Skelett und nicht eine (externe) Rüstung der Kirche.[7] Auf diese Weise hat die Nicht-Beachtung des Problems der Existenz und der Rolle des kanonischen Rechts in der Kirche sozusagen eine grundsätzliche lehramtliche „Stille" um es herum erzeugt. Diese Stille bekundet nicht die Bedeutungslosigkeit des *Themas*, sondern seine *Selbstverständlichkeit:* Weil es zwar ein *Thema* ist, nicht aber ein *Problem*, hat sich das Lehramt fast nie ausdrücklich damit beschäftigt.

Die „Aphasie" (oder die Stille) des katholischen Lehramtes bezüglich des kanonischen Rechts spiegelt sich unmittelbar auf methodischer Ebene wider, gerade bei der notwendigen Unterscheidung zwischen „*dictum*", „*intentum*" und „*res*". Diese Unterscheidung ist deswegen einerseits besonders notwendig, jedoch eben wegen der Knappheit der in Betracht zu ziehenden lehramtlichen Texte schwieriger als sonst zu treffen: Es ist nicht leicht, Text („*dictum*") und Absicht („*intentum*") richtig zu unterscheiden, um dann die tatsächliche Referenz der Aussage (= „*res*") wiederzugeben.

Aus einer methodologischen und fundamentaltheologischen Perspektive ist des Weiteren die Notwendigkeit hervorzuheben, die „*res*" unter Rückgriff auf eine ihr eigentümliche und gleichsam wesentliche historische Entwicklung zu beschreiben und auf diese Weise die wahre Identität und das wahre Konzept des kanonischen Rechts zu berücksichten – über eine zu einfache, rein begriffliche und theoretische „Definition" des kanonischen Rechts hinaus. Das „*intentum*" ist de facto über die Jahrhunderte hinweg immer wieder ein anderes geworden, während die „*dicta*" oft die gleichen geblieben sind, auch aufgrund einer gewissen Trägheit der Sprache, die die Veränderung der Ideen (die „*intenta*") nicht zu fassen vermochte.

Überlegungen in deutscher Sprache des 19. Jh. beeinflußt hat, wie K. Mörsdorf demonstriert, indem er die beiden Begriffe („*dicta*") bedeutungsgleich („*intenta*") verwendet.

[7] Dies stellt einen der zentralen Unterschiede zum traditionellen Gedanken der reformatorischen Kirchen dar.

Zudem besteht auch die – rein theologische – Notwendigkeit, ausfindig zu machen, welcher unter den für das göttliche Handeln als wesentlich erachteten Bereiche (Schöpfung oder Erlösung) derjenige ist, auf den das kanonische Recht zurückzuführen ist. In anderen Worten: Gehört das kanonische Recht aus theologischer Sicht der Schöpfung oder der Erlösung an? Weiter ist zu fragen: Ist das kanonische Recht eine göttliche oder eine menschliche „Handlung"?

1.2. *Kirchenrecht versus Kanonisches Recht.*

– Diese Frage ist außerhalb der katholischen Kirche äußerst problematisch, weil nicht geleugnet werden kann, daß das kanonische Recht nicht mit dem Recht an sich und für sich *tout court* übereinstimmt. Deswegen sind die „grundlegenden" Fragen über das kanonische Recht *radikal verschieden* zu denen über das Recht als solches. Eine Tatsache, aufgrund derer sich die interkonfessionellen Überlegungen, vor allem die theologischen, als ziemlich komplex erweisen, wie uns die (wenig bekannten) Auseinandersetzungen des 20. Jh. in Deutschland über die *Rechtstheologie* deutlich gezeigt haben, mit denen – aufgrund mangelnden Differenzbewußtseins – die Auseinandersetzungen über die *Theologie des Kirchenrechts* im katholischem Milieu in Verbindung gebracht worden sind.[8]

Es wird hier nicht möglich sein, die komplexe und ausführliche Debatte innerhalb der sogenannten *politischen Theologie,* die über ein Jahrhundert geführt wurde, von R. Sohm (1841–1917) bis J. B. Metz (1928–2019), und die den Rahmen für viele Überlegungen K. Barths (1886–1968) über die Rechtstheologie bildete, angefangen bei der „Barmer Erklärung" im Mai 1934[9], in Kürze darzustellen. Jedenfalls aber darf man nicht übersehen, daß die Kontexte, in denen sich die katholischen und reformatorischen Überlegungen zum Thema Recht und Kirche – und Recht *in* der Kirche – entwickelt haben, zum größten Teil vollkommen verschieden sind und dies gerade aufgrund des unterschiedlichen Verständnisses von Kirche (der unterschiedlichen Ekklesiologie), von dem sie ausgehen.

Wo nämlich, wie in der Reformation, die Ekklesiologie vordergründig geistlich aufgefaßt wird und der institutionelle Aspekt lediglich funktional ist, gibt es keinen wirklichen Grund für das Existieren eines Rechts innerhalb der Kirche (= ein Recht der Kirche an und für sich). Dabei können die wenigen Fragen, die auf sozial-organisatorischer Ebene notwendigerweise zu regeln sind,[10] dem Gesetzgeber der zivilen Gesellschaft im Zu-

---

[8] Vgl. P. Gherri, Primi appunti per una storia delle origini della Teologia del Diritto (canonico), in: Ius Canonicum, L (2010), 229–261.

[9] Vgl. Barmer theologische Erklärung (https://www.ekd.de/glauben/grundlagen/b armer_theologische_erklaerung.html, abgerufen am 08.05.2016).

[10] Die Bräuche der Kirche, die Ernennung der Pfarrer, etc.

sammenhang mit dem Schutz des Gemeinwohls anvertraut werden (dem Fürsten bei Luther oder später dem [post]modernen Staat). Es handelt sich dabei um das, was als *Staatskirchenrecht*[11] bezeichnet wird.

In der römischen Kirche erweist sich das institutionelle Element hingegen als unverzichtbar, v. a. aufgrund der Präsenz des Weihesakraments, und mit ihm auch das Recht als physiologisches institutionelles Instrument v. a. um die Ordnung selbst zu „verwalten"; deswegen gibt sich die Kirche selbst die Regeln, die sie braucht, um die eigene Identität zu bewahren und die eigene Mission weiterzuführen: also das, was das *Kanonische Recht* genannt wird, ein Begriff, der bezeichnenderweise in der neueren deutschen Sprache immer weniger gebraucht wird.

Die ursprüngliche Gegenüberstellung der beiden Herangehensweisen ist vor dem Hintergrund der *einen* europäischen *Christianitas* des Mittelalters zu verstehen, d. h. vor dem Hintergrund der ständigen Spannung zwischen den zwei Mächten (den zwei „Schwertern"), die über sie herrschten (die päpstliche und die kaiserliche), zwischen den zwei „Seelen", die sie bildeten (die lateinische und die germanische) und zwischen den zwei Rechtsordnungen, die sie regelten[12]: die „*iura regalia*"[13] und die „*iura pontificia*" („*Litteræ decretales*").

Gerade in diesem Zusammenhang entwickelte das zukünftige *kanonische Recht* seine Form und wurde im Wesentlichen zu einem päpstlichen Recht statt zu einem „*ordo Ecclesiæ*". Auf diese Weise wurde es direkt in die Reformation[14] mit hineingezogen, zwar nicht als solches, aber als Werkzeug und Symbol des angeblichen – und verabscheuten – „*imperium Papæ*".[15]

---

[11] D. h.: Das Recht des Staates bezüglich der Gottesdienste und Religionsgemeinschaften, das, was neu-lateinisch als „Kirchenrecht (des Staates)" bezeichnet wird.

[12] Wenngleich innerhalb eines einzigen juristischen Rahmens: das „Ius commune".

[13] Gerade vor dem Hintergrund des Investiturstreites und dem strukturellen Bruch zwischen dem germanischen Reich und dem Papsttum kann man es nicht als die *direkte* kaiserliche Übernahme des Justinianischen Rechts (des „Corpus Iuris Civilis") erachten, so daß diese Übernahme die entschiedene Unabhängigkeitserklärung des Kaisers gegenüber dem Papst sein wollte, indem sie der Vorstellung Papst Leos III. widersprach, der, als er Karl den Großen krönte, das aufkommende „Heilige Römische Reich" der Macht des Pontifikats unterstellen wollte; ein politisches Vorgehen, das auf dem „Constitutum Constantini" gestützt wurde, welches dem Papst die „potestas imperialis in Parte occidentis" zuschrieb (vgl. J. HALLER [Hg.], Die Quellen zur Geschichte der Entstehung des Kirchenstaates, Mit einer Karte von Mittelitalien, 1907, 248–249). Im Grunde gilt: Wenn die „iura regalia" unmittelbar von Kaiser zu Kaiser übergehen, dann hätte der Papst damit nichts mehr zu tun und v. a. hätte er dann vor dem Kaiser nichts mehr von seinen „Rechten" und Privilegien beanspruchen können.

[14] Nicht zufällig verbrannte Luther zusammen mit der Bannandrohungsbulle auch das „Corpus Iuris Canonici".

[15] Die funktionale historische Analyse, die R. Sohm während des *Kulturkampfes* vornahm, ist unbestritten.

Es handelte sich übrigens dabei nicht um einen ausschließlich „protestantischen" Einwand, sondern er hatte auch im (mehr oder weniger) katholischen Lager Befürworter: Über die Jahrhunderte hinweg sind unter
anderem Marsilius von Padova (1275–1342) oder Johann Nikolaus von
Hontheim (1701–1790)[16] zu nennen.

Auf der anderen Seite war das Mittelalter beinahe nie in der Lage gewesen, die *Zivilgesellschaft* von der *kirchlichen Gemeinschaft* zu unterscheiden:
Die *Christianitas* und *das Imperium* gehörten zusammen und auch die „*societas*" war „*una sola*", auf parallele Weise – und oft auch auf konkurrierende – geleitet durch die beiden „*supremæ Auctoritates*": Papst und Kaiser, innerhalb eines Kontextes, in welchem das Recht nicht auf ein „*corpus sociale*" als solches zurückzuführen war,[17] sondern einzig auf dessen „*caput*" als
Besitzer der „*potestas*" bzw. des „*imperium*".

Dies ist der prinzipielle Grund für die Unmöglichkeit einer Scheidung
zwischen „zivilem" und „kanonischem" Recht, die bis zu den Anfängen
der Renaissance und der Reformation unter dem Namen „*utrumque Ius*"
oder auch „*Ius commune*" *zusammen* bestanden.

Auch wenn sie ständig verwendet wurden, bezeichneten weder die „*dicta*" noch die „*intenta*" des „*Ius civile*" und des „*Ius canonicum*" die „*res*", auf
die sie heute in der Zeit nach der Moderne referieren.

Außerdem darf nicht vergessen werden, daß der gesamte europäische
kirchliche Apparat bereits seit der ottonischen Zeit durch das „Lehnswe-
sen" gekennzeichnet war, welches aufgrund seiner privatrechtlichen Natur eher im „zivilen" als im „kirchlichen" Bereich seinen Schwerpunkt
hatte und somit die päpstlichen oder bischöflichen Einmischungen in Bezug auf die einzigen (wie wohl sehr zahlreichen) Lehen aus dem (privaten)
kirchlichen Eigentum begrenzte, welches jene aber „*ratione dominii Ecclesiæ*" verwalteten und nicht „*ratione ministerii Ecclesiæ*" und daher mit zivil-
rechtlichen Mitteln.

Daß das kirchliche Wesen fern von Rom gar nicht wahrgenommen wurde, erstaunt keinesfalls, wie es ebenso nicht verwundert, daß vor allem in
Deutschland fast ausschließlich alles in kaiserlicher Hand war.[18] Dies auch,

---

[16] Besser bekannt unter dem Namen „Febronius" (daher „Febronianismus"), Hilfs-
bischof von Trier und wichtiger Repräsentant des Jurisdiktionalismus des Staates über
die Kirche.

[17] Im Unterschied zu dem, was heute angenommen wird; s. genauer: P. GROSSI, Società, Diritto, Stato. Per un recupero del Diritto, Sp. Per la storia del pensiero giuridico
moderno, Nr. 70, 2006.

[18] Dies war wiederum das Ende des Investiturstreites des 12. Jahrhunderts: das Worm-
ser Konkordat (1122) hatte nämlich beschlossen, daß in Deutschland die Vergabe der
„Laienrechte" (also der feudalen Rechte) der bischöflichen (pontifikalen) Investitur vorangehen sollte. Zugleich gab es bis ins 18. Jh. in Deutschland „Fürstbistümer" (echte Für-
stentümer) wie das von Würzburg, wo Friedrich Karl von Schönbuch-Buchheim (1674–

weil im Unterschied zu Italien der Großteil der transalpinischen Lehen weltliches und nicht kirchliches Eigentum waren, so daß hier das *Officium* dem *Beneficium* auf direkte Weise untergeordnet war.

Man muß sich vor Augen führen, daß die Pfarrei, wie wir sie heute kennen, sich erst nach dem Konzil von Trient etablierte, während davor mindestens sieben Jahrhunderte lang die Bezugsgröße, die sogenannte „Eigenkirche" war, bei der ihr „Gründer" (Person oder Institution) ein Kaplansamt einrichtete, das sich um die Durchführung der Gottesdienste kümmerte.[19]

In diesem Zusammenhang darf ebenso nicht unterschätzt werden, wie die sogenannte goldene Zeit des kanonischen Rechts (die post-tridentinische Zeit – *sic*) vollkommen durch die päpstlichen Konstitutionen und Dekretalien beherrscht wurde, so daß das bedeutendste kanonistische Werk am Ende des 19. Jh. mit „*Ius Decretalium*" betitelt wurde[20] und der Großteil der Vorschläge für die Lehre aus derselben Zeit im Titel das Adjektiv „*pontificium*" enthielten[21], bis hin zu den Vorschlägen für die kanonische Kodifizierung.[22]

Diese aufs Kürzeste reduzierten Ausführungen erlauben bereits, den Großteil der Dyskrasien ausfindig zu machen, die die vollkommen unterschiedlichen und unflexiblen „*dicta*", „*intenta*" und „*res*" im kirchlich-juristischen Bereich in Europa verursacht haben, und dies über fünf Jahrhunderte hinweg, v. a. in den *römischen* und *germanischen* Gebieten.

1.3. *Das Kanonische Recht und das Recht.* – Die Frage nach dem Recht im Allgemeinen hingegen bleibt bei dieser Thematik – für welche das *Kirche-Sein* zentral ist – außen vor. Die Frage nach dem Recht also, nach dem die Menschen sich auf sozialer Ebene zu richten haben und für welches sich die katholische Kirche in ihrer „Soziallehre" interessiert. Dabei benutzte sie auch des Öfteren die „*dicta*" der „Grundrechte des Menschen",[23] obgleich man bei gewissen „*intenta*" vorsichtiger sein sollte.[24] Eine Präzi-

---

1746) – bereits Baron, später Graf des Heiligen Römischen Reichs – der Fürstbischof (und zwar zugleich von Bamberg) sowie der Kanzler des Reiches war.

[19] Vgl. Z. DA SAN MAURO, Art.: Legato pio, in: Enciclopedia cattolica, 1951, Sp. 1028–1029. – Hinzufügung d. Hgg.: Aus der deutschsprachigen Literatur wäre hier als Klassiker zu nennen: U. STUTZ, Geschichte des kirchlichen Benefizialwesens von seinen Anfängen bis auf die Zeit Alexanders III, 2. Auflage, 1961.

[20] Vgl. F. X. WERNZ, Ius Decretalium, 6 Bde., 1904–1914.

[21] Vgl. G. P. LANCELOTTI, Institutiones Iuris canonici: quibus Ius pontificium singulari methodo libris quatuor comprehenditur, 1606.

[22] Vgl. E. COLOMIATTI, Codex Iuris pontificii seu canonici, 1888.

[23] Vgl. UNITED NATIONS. GENERAL ASSEMBLY, Universal declaration of human rights (New York, 10 December 1948), (http://www.un.org/en/documents/udhr/).

[24] Man beachte jedoch, daß jenes lehramtliche Interesse an den (Menschen-) Rechten nicht den kirchlichen Bedürfnissen zuzuschreiben ist, sondern dem Wunsch und dem

sierung aufgrund der radikalen *epistemologischen Differenz* zwischen dem „Recht" *tout-court* und dem „kanonischen Recht" könnte nützlich sein. Dies vor allem aufgrund des *fundamentaltheologischen Kontextes*, innerhalb dessen die dargestellten Überlegungen stattfinden: ein Kontext, der insbesondere die richtige „Einordnung" der Realität („*res*") klären will, von der im Zusammenhang der *göttlichen Handlungen* die Rede ist, denen man sich hauptsächlich mit den Begriffen der *Schöpfung und Erlösung* annähert.

1.3.1. Recht und „*ordo creationis*". Die Frage, ob das Recht als solches vor dem Menschen war (und so dem „*ordo creationis*" angehört) oder auf den Menschen folgt, fand in der abendländischen Geistesgeschichte keine eindeutige oder univoke Antwort, weder in der philosophischen Metaphysik noch in der Theologie. Die Mehrzahl der Juristen spricht sich mittlerweile – nicht mehr durch den kantisch-hegelianischen Idealismus geblendet, auf den die Idee des ethischen Staates zurückgeht – für die volle „Menschlichkeit" des Rechts aus.[25] Denn, obgleich es angesehene römisch-katholische Kanonisten gibt, die behaupten, daß das Recht konstitutiv zum „geschaffenen und erlösten Menschen in Christus" gehört,[26] wurde es bereits in der klassischen Philosophie als bloße „Relation" und folglich als kontingentes (und nicht essenzielles) Element der Realität betrachtet.[27] Denn das Recht ist ein *Modus* des Menschen als sozialen Wesens und nicht transzendental in Bezug auf seine Realität.[28] Es handelt sich nicht um etwas Absolutes, das dem Menschen vorangeht, sondern es ist ein „Produkt" des sozialen Zusammenlebens der Menschen, wenn auch nicht in allen seinen Formen. Denn zur Entstehung des Rechts bedarf es spezifischer Bedingungen.[29] Das Recht an sich ist nicht ein „Wert", sondern eine „Ordnung",

---

Bewußtsein, die Menschheit zur Verwirklichung einer authentischeren Lebensweise innerhalb der Geschichte zu führen.

[25] Die institutionelle Perspektive die von Santi Romano vor einem Jahrhundert vorgeschlagen wurde und von Paolo Grossi in den letzten Jahrzehnten vorangetrieben wurde, läßt diesbezüglich keine Ungewissheit zu (vgl. S. Romano, L'Ordinamento giuridico, 1.Aufl., 1918; P. Grossi, L'Europa del Diritto, 2007; ders., L'ordine giuridico medievale, 1997).

[26] Vgl. G. Ghirlanda, Ius gratiæ – Ius communionis. Corso di Teologia del Diritto ecclesiale, neue Aufl. zum Gebrauch für die Studenten, 1977 (Neudruck 2000), 4.

[27] Vgl. R. di Ceglie, Il Diritto come „relazione": per un'analisi metafisica, in: P. Gherri (Hg.), Categorialità e trascendentalità del Diritto. Atti della Giornata canonistica interdisciplinare, 2007, 77–95.

[28] S. ausführlicher zu dem Thema den gesamten Band: P. Gherri (Hg.), Categorialità e trascendentalità del Diritto (vorige Anm.).

[29] Der *notwendige Kontext* für das Entstehen des Rechts ist die „Anzahl", die „*societas*": „So ist eine *einzige* dritte Person nicht ausreichend, um den juristischen Bezug herzustellen: das Recht als solches. Denn, wenn der Unbekannte, der Beziehungslose (auch der Einzelne und Einsame) einen geeigneten Referenten für den moralischen Bereich darstellt – weil z.B. das ‚du sollst töten!' für alle gilt –, benötigt hingegen die juristische Dynamik *große Zahlen*: Zahlen, die jedes einzelne ‚Ich' ‚wiederaufnehmen' können, welches

eine Regelung der sozialen Beziehungen; es ist eine Reglementierung des kollektiven Handelns aus der Perspektive heraus, daß die *Ordnung* Vorrang gegenüber dem *Imperativ* hat, wie die Krise des juristischen Positivismus Kelsenscher Natur[30] nunmehr ausreichend bewiesen hat.

Gerade deshalb ist es aus methodologischer Sicht nicht richtig, in der biblischen Offenbarung nach „Informationen" „*ex parte Dei*" über das Recht zu suchen, weder im Zusammenhang mit der Schöpfung noch der Erlösung.

Dahingegen wird es Aufgabe der Fundamentaltheologie sein, den tatsächlichen Wert des Rechts für das menschliche Leben zu erkennen, über den Wert, den es für die Gott-Mensch-Beziehung haben kann, hinaus,[31] indem man dem Beispiel der „Sprache" folgt, die fundamental die Art und Weise gekennzeichnet und gestaltet hat, mit welcher sich Gott durch die biblische Erfahrung der Menschheit zugewandt hat.

1.3.2. Das Recht und der „*ordo peccati*". − Nachdem in einem ersten Schritt erkannt ist, daß das Recht als „menschliches Phänomen" der Schöpfung *folgt*, muß die Frage gestellt werden, ob es vor oder nach dem Sündenfall einzuordnen ist. Die Antwort bieten die juristischen Dynamiken, die unweigerlich auf die Rückführbarkeit des Rechts auf den „*postlapsarischen*" Zustand der menschlichen Existenz verweisen: eine Art „Gürtel", um die Blöße des Menschen zu bedecken (vgl. *Gen* 3,7) und vor dem dominierenden und gierigen „Blick" des anderen zu verteidigen, der die Person im *postlapsarischen* Zustand „verobjektiviert", um sie schlussendlich zu verneinen:[32]

„Nach deinem Mann hast du Verlangen und er wird über dich herrschen." (*Gen* 3,16b) Das Recht ist also wie ein erster, wenn auch gro-

---

sich wiederum innerhalb der Beziehungslosigkeit der *anonymen* Masse verliert und so auch selbst ‚unpersönlich' und ‚anonym' wird […] wie der „Untertan" oder „Bürger", an den das Gesetz sich wendet, welches für alle gleich ist: auch er ist eine einfache ‚dritte Person' […], ‚derjenige', von dem das Gesetz spricht! […] Es ist gerade die ‚Anzahl' der (bedeutenden) Beziehungen, der wirklichen oder der möglichen, die dem ‚Ich' das Problem des konkreten In-Beziehung-Seins vor Augen führt: Denn, wie ist es möglich eine positive Beziehung mit *demjenigen* zu führen, der kein ‚Du', sondern ein einfaches ‚Er/Sie' ist? Nicht eine *Person*, sondern ein einfach ein menschliches Wesen?": P. GHERRI, Persone, accoglienza e Diritto, in: Apollinaris, LXXXIX [2016], 180−181 (Übers. d. Übers.).

[30] Dies bezieht sich auf die „reine Rechtslehre" (vgl. H. KELSEN, Reine Rechtslehre, 1934), mit welcher Hans Kelsen in der ersten Hälfte des 20.Jh. versuchte − idealer Weise −, das Recht unabhängig von jeglicher anderen Realität zu begründen und zu rechtfertigen, indem er es zu einem reinen Ausdruck von Autorität machte „kein Imperativ ohne Imperator" (H. KELSEN, Rechtswissenschaft oder Rechtstheologie?, in: Österreichische Zeitschrift für öffentliches Recht, XVI [1966] 242), innerhalb eines idealistischen Kontextes, der auch von „römisch"-katholischer Seite geteilt wurde.

[31] Man denke beispielsweise an das − typische und ganz und gar juristische − Konzept des „Bundes", das die ganze Bibel durchzieht.

[32] Vgl. J.-P. SARTRE, Huis clos, 1944, passim.

ber „Schritt" gegen den Verfall der zwischenmenschlichen Beziehungen, ein wahres anthropologisches „*remedium concupiscentiæ*",[33] welches erlaubt – oder auch verpflichtet – dem „dritten" Unbekannten und Anonymen (die dritte Person = er/sie) das zuzuschreiben, was normalerweise dem „Du" zugesprochen wird.[34] Im Kap. 4 der Genesis, nach der Sünde Kains, kommt dies gut zum Ausdruck:

> „Siehe, du hast mich heute vom Erdboden vertrieben und ich muss mich vor deinem Angesicht verbergen; rastlos und ruhelos werde ich auf der Erde sein und jeder, der mich findet, wird mich töten. Der HERR aber sprach zu ihm: Darum soll jeder, der Kain tötet, siebenfacher Rache verfallen. Darauf machte der HERR dem Kain ein Zeichen, damit ihn keiner erschlage, der ihn finde." (*Gen* 4,14–15)

Ähnlich ist dies im Lamechlied wiederzufinden: „Ja, einen Mann erschlage ich für meine Wunde und ein Kind für meine Strieme. Wird Kain siebenfach gerächt, dann Lamech siebenundsiebzigfach." (*Gen* 4,23–24). Hier wird die ganze Unverhältnismäßigkeit, die die Sünde in die menschlichen Beziehungen hineingetragen hat, deutlich.

Es zeigt sich, daß das Recht nicht mit Gott,[35] sondern mit dem Menschen zu tun hat: es ist der Mensch – als der durch die Sünde gekennzeichnete – der der Stütze des Rechts bedarf, um sich nicht unter Unbekannten allein wiederzufinden. Der biblische Gott benutzt das Recht von seiner Seite aus als ein eigenes „hermeneutisches" Mittel, um mit dem Menschen in Beziehung zu treten.[36] *In primis* tut er dies mit Hilfe der Logik (und des juristischen Mittels) des *Bundes* in seinen unterschiedlichen Entwicklungen: Die menschliche Erfahrung mit dem Recht erklärt und begründet also das Handeln Gottes gegenüber dem Menschen. Das Zeugnis des Paulus über diese *hermeneutische Funktion* des erfahrenen Rechts ist aufschlußreich, wenn er das geltende Recht seiner Zeit verwendet, um die Abfolge der Bündnisse zu erklären: das mosaische und das neue Bündnis in Christus (vgl. *Gal* 3,15–17) und so auch, um die Adoption als Hermeneutik der neuen Sohnschaft in Christus zu erklären (*Eph* 1,5).

Das Recht als *Heilmittel* gegen die Sünde und gegen die Unfügsamkeit gegenüber dem Geist kann man auch in den ersten Gemeinden der Jünger Jesu beobachten, gerade *dann* und *wo* die „Diskontinuität" im „*ordo caritatis*" und die Übertretungen gegen diesen (vgl. 1 *Kor* 11,21–22) dazu zwangen, geeignete und wirksame Maßnahmen zu ergreifen: „*in primis*" das sogenannte „Konzil zu Jerusalem" (vgl. *Apg* 15,29), aber ebenso die vielen „paulinischen" Anweisungen für seine Gemeinden, wie z.B. bezüglich der Wiederheirat von jüngeren Witwen (vgl. 1 *Tim* 5,11–15).

---

[33] Und nicht moralisch, wie St. Augustin meinte.
[34] Vgl. P. GHERRI, Persone (o. Anm. 29), 179.
[35] Vgl. P. GHERRI, Teologia del Diritto canonico. Lezioni introduttive, 2020, 150–151.
[36] Vgl. P. GHERRI, Lezioni (o. Anm. 35), 150.

Und so ist es möglich, auch das „*kanonische Recht*" der postlapsarischen Dimension zuzuordnen, denn es betrifft die *menschliche Grunddynamik*, die durch das Recht konstituiert ist.

Was hingegen die Identität der Gemeinde betrifft, die zugleich Quelle und Adressatin dieses Rechts ist, so muß mit Sicherheit auf die Erlösung verwiesen werden, handelt es sich doch um die Kirche und ihr Sein in der Geschichte. Die Entwicklungen in den Pastoralbriefen des NT, zusammen mit einigen Schriften aus der nach-apostolischen Zeit (vor allem Ignatius von Antiochien) legen ein breites und kohärentes Zeugnis von der Entwicklung eines Prozesses ab, der ohne eine endgültige Lösung hervorzubringen der Erfahrung (auch disziplinarischen) der ersten Konzilien vorangeht. Ebenso gilt, daß selbst die reformatorischen Gemeinden − nach dem Moment der anfänglichen „Anarchie" (der Bauernkrieg etc.) − es als unabdingbar erachteten, eine gewisse Anzahl an Normen für das kirchliche Leben aufzunehmen. Viele dieser wurden gerade aus dem juristischen Gedankengut der römischen Kirche, und zwar auch des zweiten Jahrtausends, übernommen.[37]

In Kap. 15 der Apostelgeschichte des Lukas, wo es darum geht, daß die Beschneidung für das Christsein nicht notwendig ist, zeigt sich die Dynamik des normativen Vorgehens der apostolischen Kirche in aller Deutlichkeit, die das Modell für die folgenden Jahrhunderte wurde. Dies ist der *typos* der kirchlichen Legislative, die „Regeln" („*canones*") statt „Gesetze" („*nomoi*") festlegt.

Die tiefe sozio-politische Krise des 5. Jahrhunderts im westlichen Teil des römischen Imperiums, sein endgültiger Untergang und die zwangsläufige Hervorhebung der Figur des römischen Pontifex haben schlußendlich die Aufgaben und den Bereich seiner Tätigkeit „geformt". Seine Aktivität wurde immer *umfangreicher* (was die zu behandelnden Themen betrifft) und *persönlicher* (was die ausgeübte Macht betrifft). Gregor der Große, Leo III., Gregor VII. und Bonifaz VIII. sind in gewisser Weise typische Beispiele dafür und sie stellen einen irreversiblen Punkt dar − eher in einem *praktischen* („*res*") als in einem *konzeptionellen* („*intentum*") Sinne. Diese formten die Wahrnehmung und die Auffassung des Rechts der römischen Kirche

---

[37] „Zum Ende der 20er und zum Beginn der 30er Jahre des 16. Jh.s erkannte man die Undurchführbarkeit des ehrgeizigen Projektes, das kanonische Recht aus der Kirche und der zivilen Gesellschaft endgültig auszuschließen, sowohl auf Seiten der Kirchen der Reformation als auch auf der der deutschen Staaten" (N. REALI, Lutero [o. Anm. 5], 81), bis zu dem Punkt, daß „das verhaßte kanonische Recht vom Protestantismus als wertvolle Quelle des Rechts und der Unparteilichkeit für die Kirche, für den Staat und für die ganze Gesellschaft angesehen wurde" (a.a.O. 71). Melanchthon „war wahrlich ein Meister in der Aufwertung und Verbreitung des Decretum Gratiani […], welches sogleich eine heranzuziehende Primärquelle für die zu befolgende Ordnung zur Strukturierung der Kirchen Deutschlands und Skandinaviens wurde" (a.a.O. 81). [Übers. d. Übers.].

im Rahmen eines immer stärker werdenden *pontifikalen* und nicht mehr so sehr *kirchlichen* Bezugs, v.a. nach dem orientalischen Schisma.

2. Die Römische Lehre über das kanonische Recht – ius vetus

2.1. *Für einen „theologischen" Ansatz.* – Um die römisch-katholische Lehre des kanonischen Rechts zu untersuchen, muß man sich vor allem daran erinnern, daß für die Fundamentaltheologie einzig die (offiziellen) „Quellen" heranzuziehen sind und nicht die sogenannte Lehre (der Autoren): Es handelt sich eben um „positive" und nicht um „systematische" Theologie. In diesem Zusammenhang erhält die methodologische Korrektheit („*obiectum formale quo*") auch *epistemologische* Bedeutung, insofern sie verdeutlicht, um was es geht: das „*obiectum formale quod*". Hierbei muß deutlich gemacht werden, daß es nicht darum geht, die juristisch-kanonischen Dynamiken innerhalb der römischen Kirche und ihrer juristischen Aktivität zu analysieren, indem der „technischen Bedeutung"[38] der Aktivität der Dokumente oder der einzelnen Normen besondere Beachtung beigemessen wird. Vielmehr geht es darum, zu verstehen „warum" – und auf welchem theologischen, also konstitutiven Fundament – jene Aktivität realisiert wurde: Welches die „*res*" und was das „*intentum*" ist. Auch im zivilen Bereich ist man sich darüber einig, daß sich die Gründe für das Entstehen eines Gesetzes von seiner tatsächlichen Anwendung stark unterscheiden können, ja sogar das komplette Gegenteil darstellen können: Denn jede Norm – ist sie erst einmal innerhalb der Rechtsordnung „in Kraft getreten" – entwickelt eine „Eigendynamik" sowohl in der Anwendung als auch in der Theorie, die der eigentlichen, bewußten Intention des Autors nicht selten vollkommen fremd ist.[39]

Auf diesem Bewußtsein gründet sich die hier getroffene Wahl, nicht die *technische Entwicklung* des kanonischen Rechts der römisch-katholischen Kirche[40] zu untersuchen, sondern die *wenigen* wirklich bedeutsamen Dokumente, um den „Gedanken" (das „*intentum*") der römisch-katholischen Kirche über das kanonische Recht kennenzulernen, welches sie selbst in *ihrem Innern* und zu *ihrem eigenen Gebrauch* hervorgebracht hat.

---

[38] Was es also bedeutet und was mit einer solchen Aktivität einhergeht, wie mit derjenigen der Promulgation eines bestimmten Gesetzes, wie es beispielsweise ein Codex des kanonischen Rechts sein kann.

[39] Man denke beispielsweise an die ursprünglichen Regelungen zum politischen Asyl, die heute hingegen in Bezug auf die Phänomene von Massenmigration angewendet werden.

[40] Wie es normalerweise in den Veranstaltungen zur Geschichte der Institutionen und der Quellen des kanonischen Rechts geschieht.

Auf dieser nicht-technisch-juridischen Ebene wird das Hauptaugenmerk auf den Bullen und den apostolischen Konstitutionen liegen, die von höchster Bedeutung innerhalb des römischen Katholizismus sind als Verbreiter der normativen Mittel,[41] als da sind: das „*Liber Extra*" von Gregor IX. (1234)[42], das „*Liber Sextus*" von Bonifaz VIII. (1298)[43], die „*Constitutiones Clementinae*" von Johannes XXII. (1314)[44] (was die Quellen für das „klassische" kanonische Recht[45] betrifft) sowie dann die Promulgationen der drei kanonischen *Codices* aus dem 20. Jh. durch Benedikt XV. (1917) und Johannes Paul II. (1983 und 1990), was die aktuelle juristische „Phase" der römisch-katholischen Kirche betrifft.

Es bleibt einem in gewisser Weise gar nichts anderes übrig als diese Wahl zu treffen, denn auch wenn die römisch-katholische Literatur (oder Lehre) über das kanonische Recht sehr weit reicht, so besitzen doch *nur* diese Dokumente die notwendigen Eigenschaften, um eine *offizielle Referenz* (Lehre) aus ihnen machen zu können, sowohl innerhalb der römisch-katholischen Kirche als auch für denjenigen, der von außen ihren wahren diesbezüglichen Gedanken kennenlernen möchte. Es sind drei bestimmende Elemente, die diese „Quellen" ausmachen:

1. Es handelt sich um ausdrückliche „juristische" und „offizielle" Dokumente: Apostolische Konstitutionen (der höchste Ausdruck von Autorität innerhalb der katholischen Kirche);

2. Es handelt sich um „thematische" Dokumente, die das kanonische Recht als „*res de qua agere*" ausdrücklich und unmittelbar behandeln;

3. Es handelt sich um Dokumente „allgemeiner Rechtsvorschriften", denn durch sie wurden die Normen formell „geschaffen", die das Gebäude der gesamten noch heute gültigen Rechtsordnung der Kirche bilden.

Manch einer mag zu diesen Dokumenten die päpstlichen Ansprachen an die römische Rota[46] hinzufügen wollen. Dokumente, die jedoch fast aus-

---

[41] Ursprünglich dem orientalischen Katholizismus fremd, welcher nur einzelne Elemente davon auf indirekte Weise übernommen hat innerhalb „unionistischer" Dynamiken. Für die römisch-orientalischen Kirchen sind die „Quellen" des kanonischen Rechts ganz andere als die lateinischen, auch wenn sie diesen nicht widersprechen.

[42] Vgl. M. BERTRAM, „Decretales de Gregorio IX", in: J. OTADUY/A. VIANA/J. SEDANO (Hgg.), Diccionario general de Derecho canónico, II, 2012, 916–923 (fortan abgekürzt: DGDC).

[43] Vgl. T. SCHMIDT, Art.: Liber Sextus, in: DGDC V 128–131.

[44] Vgl. J.M. VIEJO-XIMÉNEZ, Art.: Decretales Clementinas, in: DGDC II 912–916.

[45] Dies sind die kanonischen päpstlichen Sammlungen, die das Herz des „Corpus Iuris Canonici" – und auch dessen einzigen ursprünglich „offiziellen" Teil – ausmachen, zusammen mit dem sogenannten Decretum Gratiani (welches keine eigentliche Rechtsquelle ist, sondern ein juristisch methodologischer Text) und den „Constitutiones extravagantes".

[46] Man siehe Kumulativ (und chronologisch bescheiden): G. ERLEBACH, Le Allocuzioni dei Sommi Pontefici alla Rota Romana (1939–2003), 2004.

schließlich die gerichtliche Tätigkeit in Bezug auf die Ehenichtigkeit betreffen und die von daher für die hier ausgeführten Untersuchungen über das kanonische Recht nicht von Nutzen sind. Ebenso wird oft auf einzelne Ansprachen Pauls VI., während der Zeit der Überarbeitung des Codex des kanonischen Rechts, verwiesen[47]: aber auch in diesem Falle gibt es für die Einordnung derartiger Texte in die Hierarchie der lehramtlichen und vor allem juristische Quellen (*Nuntia vs. Constitutiones*) keine ausreichenden Garantien für Referenzialität von primärem und grundlegendem Wert.

2.2. *Das Corpus Iuris Canonici (XIII.–XVI. Jahrhundert).*[48] – Auch wenn wir hier notgedrungen die Geschichte des kanonischen Rechts[49] auslassen müssen, wollen wir trotzdem daran erinnern, daß es ab dem Moment, an dem Ivo von Chartres (XI.-XII.)[50] und v.a. Gratian (XII. Jh.)[51] begannen, über die „Quellen" des kanonischen Rechts, ihre Qualität und vor allem ihre konkrete Anwendbarkeit[52] Überlegungen anzustellen, erforderlich wurde, sich auch auf institutioneller Ebene dabei zu beteiligen. So begannen die Päpste den Universitäten – als aller erster der Universität Bologna – ihre „authentischen Sammlungen" der Konstitutionen und Dekretalien[53] zu schicken, zu dem Zweck, daß diese als „das" geltende kanonische Recht bekannt und studiert würden. Dabei dürfen wir im 3. Jahrtausend nicht vergessen, daß es zu jener Zeit nicht um die Promulgation des „einen Ge-

---

[47] Vgl. PAULUS VI., Allocutio: Iuris peritis, qui interfuerunt Cœtui decimo internationali de Iure Pœnarum, Romæ habito, 4 oct. 1969, in: AAS LXI (1969) 709–713; DERS., Allocutio: ad clarissimum virum romanæ studiorum Universitatis Rectorem ceterosque Iuris Canonici peritos, qui Cœtui internationali interfuerunt Romæ habito, in: AAS LXII (1970) 106–111; DERS., Allocutio: De vi, momento notisque propriis Iuris canonici recte hodie in Ecclesia perpendendis contra nonnullas oppositas reiciendas doctrinas, in: AAS LXIV (1972) 781; DERS., Allocutio: Ad participes Congressus internationalis Iuris Canonici penes Universitatem catholicam a S. Corde Mediolani habiti, in: Communicationes, AAS LXV (1973) 123–131.

[48] Vgl. K. PENNINGTON, Art.: Corpus Iuris Canonici, in: DGDC II 757–765.

[49] Vgl. B.E. FERME, Introduzione alla storia del Diritto canonico. I: Il Diritto antico fino al decretum di Graziano, 1998.

[50] Vgl. IVO CARNOTENSIS EP., Panormia, in: J.P. MIGNE (Hg.), Patrologiæ cursus completus, Series Latina CLXI, 1855, Sp. 1037–1344 (vgl. M. BRETT, Art.: Panormia, in: DGDC V 890–892); IVO CARNOTENSIS EP., Decretum, in: J.P. MIGNE (Hg.), Patrologiæ cursus completus. Series Latina CLXI, 1855, 47–1022.

[51] Vgl. GRATIANUS, Concordia discordantium Canonum, in Æ. FRIEDBERG (Hg.), Corpus Iuris canonici, I, editio lipsiensis secunda, (rist. anast.), 1959.

[52] Beim Werk des Bologneser Magisters handelt es sich nicht um eine „Sammlung" von Normen, für das es jedoch erachtet und verwendet wurde, sondern um ein juristisch-kanonisches methodologisches Lehrbuch (vgl. P. GHERRI, Note metodologiche sui rapporti tra Teologia e Diritto canonico nell'Alta Scolastica e loro riflessi sull'attuale Teologia del Diritto canonico, in: Ius Canonicum XLIV [2004] 539–589).

[53] Der erste war Honorius III., der 1226 (oder 1227) eine Sammlung seiner Dekretale unter dem Titel „Compilatio V" promulgierte.

setzes" ging, das für alle gleich sei (wie es im 20. Jahrhundert für die kanonischen Kodizes der Fall sein würde),[54] sondern darum, die normativen *Quellen* für das Studium (und für die daraus möglicherweise folgende gerichtliche Tätigkeit) festzulegen. Damit wollte man vor allem der Notwendigkeit begegnen, die Entscheidungen (*Constitutiones, Decretales, Decreta*) zu „kennen", die ein rechtmäßiges und einstimmiges kirchlich-juristisches Vorgehen lenken sollten. Es ist weiterhin zu bedenken, daß der Grund dieser Initiative nicht die Frage nach der *Existenz*, dem *Fundament* oder nach dem *Warum* des kanonischen Rechts war. Man fragte stattdessen allein nach den Elementen und den *technischen Faktoren* bezüglich seiner Funktionsweise und vor allem nach seiner *Kenntnis* und *Gewißheit*. Diese normativen Initiativen entsprachen ganz und gar den juristischen Dynamiken der damaligen Zeit,[55] die von der Notwendigkeit und dem Willen geleitet waren, das geltende Recht in der Kirche „zu kennen" und seine Quellen umfassend zu sammeln. Dabei war es auch wichtig, die „authentischen" von den „nicht-authentischen"[56] Quellen zu unterscheiden. Auf diese Weise nahm eine Dynamik des Sammelns und Veröffentlichens, insbesondere von päpstlichen Dekretalien[57] ihren Lauf, die von selbst den „Weg" für das kanonische Recht ebnete. Die Päpste[58] selbst leisteten hierfür einen eigenen spezifischen Beitrag, der nicht nur *dokumentarisch*, sondern auch *anordnend* war. Es wäre an dieser Stelle gut, sich daran zu erinnern, daß das *Corpus Iuris Canonici*[59] nicht in Folge einer offizielle Initiative der katholischen Kirche entstand, wie dies hingegen im 20. Jahrhundert für die Kodizes des kanonischen Rechts der Fall war, sondern sich im Wesentlichen als eine „Gegebenheit" darstellte: Es war eine Initiative eines privaten Verlegers (J. Chappuis, Paris, 1500), die nur im Nachhinein als offizielles Mittel der katholischen Kirche aufgenommen und anerkannt wurde. Es war Papst Gregor XIII., der nach dem Konzil von Trient das *Decretum Gratiani* a posteriori „aufnahm" und 1580 die zwei Sammlungen der „*Extravagantes*" für authentisch erklärte, nachdem er das gesamte *Corpus* durch die „*Correctores*

---

[54] Nach dem Modell der im Europa der Moderne entstandenen zivilen: des „Code Napoleon" von 1804, des österreichischen zivilen Kodex (ABGB) von 1811, des deutschen zivilen Kodex (BGB) von 1896.

[55] Ohne eine wirkliche Unterscheidung und Gegenüberstellung von kanonischem und zivilem Recht innerhalb des „unum Imperium" und der „una Christianitas" des 12.-14. Jh., in welchem das sogenannte „Ius commune" galt.

[56] Zum Phänomen der Fälschung der kanonischen Quellen s.: B. E. FERME, Introduzione (o. Anm. 49), 130–137.

[57] Vgl. Æ. FRIEDBERG (Hg.), Quinque compilationes antiquæ nec non Collectio Canonum lipsiensis, 1882 (reprografischer Neudruck 1956).

[58] Diese hatten zum Teil in Bologna studiert.

[59] Bestehend aus: Decretum Gratiani, Liber Extra, Liber Sextus, Decretales Clementinæ, Extravagantes Ioannis XXII., Extravagantes communes.

Romani" verbessern ließ und so die sogenannte „*editio romana*" von 1582 schuf, die der juristische Referenzpunkt der römisch-katholischen Kirche bis zum Kodex des kanonischen Rechts von 1917 wurde.

2.3. *Der Liber Extra.* – Der „*Liber Extra*" von Gregor IX. (1234) war das erste wahre, auf gewisse Weise allgemein gültige[60] Instrument, das eigens vom Pontifex mit dem Bewußtsein und dem Willen erschaffen wurde, ein Recht in der römischen Kirche „festzulegen". Auch wenn, aus einer strikt technisch-innerkirchlichen Sicht, der Beitrag Gregors IX. einen Meilenstein der Evolution der legislativen Funktion des Papstes[61] darstellt (nebst der Funktion des „*princeps analogarum*", die der Papst bis heute ausübt), bietet dies dennoch keinerlei Beitrag zur römisch-katholischen *Auffassung* des kanonischen Rechts an und für sich, die uns hier interessiert. Deshalb sollen hier die Überlegungen von technischer Natur[62] (für dieses wie für alle anderen zu untersuchenden Rechtsinstrumente) ausgelassen werden. Stattdessen soll der Blick einzig auf den Text der Bulle zur Promulgation gerichtet sein: auf die „*Rex Pacificus*"[63] als Ausdruck des päpstlichen „*intentum*".

Der kurze Text, den Gregor IX. der Sammlung seiner eigenen Konstitutionen und Dekretalien und der seiner Vorgänger hinzugefügt hat und der durch Raimund von Penyafort maßgeblich verändert und ergänzt wurde, bestätigt die bereits zu Beginn indirekt hervorgehobenen Elemente:

– Daß es auch in der Kirche ein Recht gibt, ist der Notwendigkeit geschuldet, den *Streitigkeiten* und *Ungerechtigkeiten*, die dem Willen Christi (des „friedvollen Königs")[64] widersprechen, ein Ende zu bereiten;

---

[60] Zusammengestellt aus fünf Büchern (Iudex, Iudicium, Clerus, Connubium, Crimen), in welchen jegliches rechtliches kanonisches Material nach einem später klassisch gewordenen Aufbau geordnet war, so daß der nachfolgende Beitrag Bonifaz' VIII. (s. u.) sich ausdrücklich in Kontinuität als „sechstes Buch" einordnete, obgleich es selbst nach den fünf Büchern des Liber Extra strukturiert war.

[61] Mit diesem veröffentlichte der Papst nicht nur die Dekretalen und Konstitutionen (wie es Honorius III. getan hatte), sondern er schnitt, nähte, fügte ein und entfernte („resecatis superfluis providimus redigendas, adiicientes Constitutiones nostras et decretales Epistolas" s. u., Fußnote 66) und kreierte somit das, was technisch gesprochen ein wahres „Gesetz" ist und somit dem promulgierten Text einen neuen intrinsisch autoreferenziellen Wert verlieh. Im Unterschied zu dem, was mit den bloßen „Sammlungen" geschah (und im Folgenden weiterhin geschehen würde).

[62] Siehe dazu: A. M. STICKLER, Historia Iuris canonici latini. Institutiones Academicæ I: Historia fontium, 1950, 237–251.

[63] Vgl. GREGORIUS IX., Bulla: Rex Pacificus, in: Æ. FRIEDBERG (cur.), Corpus Iuris Canonici, editio lipsiensis secunda, II, (ND) 1959, Sp. 1–4.

[64] „Sed effrenata cupiditas, sui prodiga, pacis æmula, mater litium, materia iurgiorum, tot quotidie nova litigia generat, ut, nisi iustitia conatus eius sua virtute reprimeret, et quæstiones ipsius implicitas explicaret, Ius humani fœderis litigatorum abusus exstingueret, et dato libello repudii concordia extra mundi terminos exsularet. Ideoque Lex

– Die Promulgation des „juristischen" Textes hat einen rein *funktionalen* Grund, und hat mit der Zerstreuung, der Widersprüchlichkeit, der Weitschweifigkeit und der Unsicherheit der existierenden kanonischen Quellen, vor allem der päpstlichen, zu tun.[65] Man mache sich bewußt, daß zu jener Zeit der Buchdruck noch nicht erfunden worden war und jede Kopie per Hand geschrieben werden mußte.

Abgesehen von den spezifischen Inhalten und Absichten, die die Promulgation der kanonischen Sammlung veranlaßt haben, ist zu beobachten, daß sie nicht an die *Kirchen*, sondern an die *Universitäten* und *Richter* adressiert war: dies zeigt, daß es sich – zumindest ursprünglich – um ein Vorgehen der „Formalisierung" einer *bestimmten Kenntnis* handelt, die genau genommen nicht „legislativ" war (wie sie später aus einem technischen Gesichtspunkt heraus verstanden werden würde); es ging also darum, die Quellen des kanonischen Rechts festzuhalten, indem man aus ihnen etwas *Offizielles, Zuverlässiges* und wirklich *Nutzbares* machte.

Die Sache wird noch deutlicher, bedenkt man, daß die verwendete Sprache („*dicta*") keinerlei Emphase der Jurisdiktion oder Potestas des römischen Pontifex enthält und die einzige Formel, die sich auf die „Autorität" des Papstes bezieht, eine negative ist: „*ne quis præsumat aliam facere absque auctoritate Sedis apostolicæ speciali*", mit einer Betonung, die eher auf dem „*Apostolischen Stuhl*" als auf dem *Papst* selbst liegt.

2.4. *Der Liber Sextus.* – In der Bulle, die die Sendung der neuen Sammlung der päpstlichen Konstitutionen und Dekretalien an die Universität Bologna[66] begleitete, entfernt sich Bonifaz VIII., der Papst, der vier Jahre später die Promulgation der berühmten Bulle „*Unam Sanctam*" (1302) über die Fülle der päpstlichen Macht veranlassen würde[67] (ungeachtet der aufgeblasenen Rhetorik der Zeit[68]), nicht von der bereits durch Gregor

---

proditur, ut appetitus noxius sub Iuris regula limitetur, per quam genus humanum, ut honeste vivat, alterum non lædat, ius suum unicuique tribuat, informatur". A.a.O. 1–2.

[65] „Sane diversas Constitutiones et decretales Epistolas prædecessorum nostrorum, in diversa dispersas volumina, quarum aliquæ propter nimiam similitudinem, et quædam propter contrarietatem, nonnullæ etiam propter sui prolixitatem, confusionem inducere videbantur, aliquæ vero vagabantur extra volumina supradicta, quæ tanquam incertæ frequenter in Iudiciis vacillabant, ad communem, et maxime studentium, utilitatem […] illas in unum volumen resectatis superfluis providimus redigendas, adiicientes Constitutiones nostras et decretales Epistolas, per quas nonnulla, quæ in prioribus erant dubia, declarantur". A.a.O. 1–4.

[66] Vgl. Bonifacius VIII., Bulla: Sacrosanctæ Romanæ Ecclesiæ, in Æ. Friedberg (Hg.), Corpus Iuris canonici, II, (ND) 1959, Sp. 933–936.

[67] Vgl. Bonifacius VIII., Bulla: Unam Sanctam, in Æ. Friedberg (Hg.), Corpus Iuris canonici, II, (ND) 1959, Sp. 1245–1246 (Extrav. Comm. 1.8.1).

[68] „Quam imperscrutabilis divinæ providentiæ altitudo universis dispositione incommutabili prætulit ecclesiis et totius orbis præcipuum obtinere voluit magistratum, regi-

IX. angedeuteten Erläuterung über den allgemeinen Zweck der Redaktion und Promulgation der neuen kanonischen Sammlung, sondern er präzisierte den spezifischen juristischen Zweck im Zusammenhang mit der *Rechtssicherheit.*

Einige Bemerkungen über den Text mögen hier wertvoll sein, um die Bedeutung bezüglich des *Wesens* und der *Funktion* des kanonischen Rechts in der römischen Kirche „gemäß" ihrer Lehre besser einschätzen zu können:

– Zunächst einmal ist festzuhalten, daß die Bulle sich gleich zu Beginn nicht als „*päpstlich*", sondern als *kirchlich* ausgibt; der Bezugspunkt des Schreibens ist die römische Kirche und alle Kirchen.[69]

– Die ausdrückliche Pflicht des Papstes ist es, dasjenige „auszuteilen" („*dispensatio*"), was seinen „Untertanen" und ihrem Wohlergehen nutzen kann.[70]

– Die Absicht des anordnenden Einschreitens ist es, „soweit es geht" die Skandale und Streitigkeiten, die die menschliche Natur tagtäglich und in immer neuen Formen „aufbaut" (*aedere*), „zu unterdrücken".[71] Diesem Zweck widmete sich auch das neue „Buch", das verfaßt wurde, um „die Sitten der Untertanen zu korrigieren" und ihnen einen heilsamen Frieden und üppige Früchte anzubieten.[72]

– Grund für das päpstliche Einschreiten sind die *Ambivalenzen* und *Unsicherheiten* in den Verweisen auf die (päpstlichen) Dekretalien – von denen sowohl die Richter als auch die Lehrer in ihrer Tätigkeit Gebrauch machten – bis zu dem Punkt, daß sogar ihre Existenz selbst fraglich wurde.[73]

– Die technische Schlußfolgerung ist nichts anderes als eine Wiederaufnahme der alten Frage bezüglich der juristischen „Zitate", die bereits im Zivilrecht im „Gesetz über die Zitate" (von Theodosius II. und Valenti-

---

mini præsidentes [...] quantum nobis ex alto concessum fuerit" „ad apicem summi pontificatus superna dispositione vocati".

[69] „Sacrosanctæ Romanæ Ecclesiæ, quam imperscrutabilis divinæ providentiæ altitudo universis dispositione incommutabili prætulit Ecclesiis et totius orbis præcipuum obtinere voluit Magistratum".

[70] „Iuxta creditæ nobis dispensationis officium subditorum commodis, in quorum prosperitate utique prosperamur".

[71] „Ut scandala removeamus ab ipsis, et, quas humana natura, novas semper deproperans edere formas, lites quotidie invenire conatur, nunc antiquorum declaratione, nunc vero novorum editione Iurium, prout nobis est possibile, reprimamus".

[72] „Ad correctionem morum subditorumque quietem multa statuuntur salubria, fructus uberes Deo propitio in domo Domini allatura".

[73] „Super diversis dicerentur articulis editæ Decretales, de quarum aliquibus, an Decretales exsisterent, earumque auctoribus dubitabatur sollicite in Iudiciis et in scholis [...] super hoc cum instantia requisiti a multis, ambiguitatem et incertitudinem huiusmodi, dispendium pluribus afferentem, omnino tollere, ac elucidare, quæ de Decretalibus ipsis teneri, quæve deberent in posterum refutari".

nian III. im Jahr 426[74]) angegangen worden war und festlegte, daß all das, was nicht in den sechs Bänden (die fünf des *Liber Extra* plus das *Liber Sextus*) veröffentlicht worden sei, nicht mehr als juristisch kanonische Quelle verwendet werden könne.[75] Es handelte sich hierbei im Grunde um das, was bereits durch Gregor IX. ähnlich betrieben worden war, nun in Übernahme des Modells des *Corpus Iuris Civilis* von Justinian (527–565), der die „*Leges*" (die kaiserlichen; Jahr 529) und die „*Iura*" (das „Digest" der römisch-antiken Jurisprudenz im Jahr 533) „offiziell" promulgieren ließ und sie so als einzige verwendbare Quellen für die Rechtsprechung festlegte.

2.5. *Die Clementinæ.* – Dieselbe Linie verfolgte auch Johannes XXII. von Avignon im Jahr 1314, um das angefangene, aber nicht vollendete Werk seines Vorgängers Clemens V.[76] (des Namensgebers für die Sammlung) zum Abschluß zu bringen. Die Sprache („*dicta*") der neuen Bulle ist im Wesentlichen die gleiche, wie die der vorhergehenden, so wie auch die Begründung, der Zweck und die Adressaten („*intenta*"):
– Die Korrektur des fehlerhaften Verhaltens und der Sitten,[77]
– die Festlegung der zu verwendenden juristischen Quellen,[78]
– die Universitäten, die das kanonische Recht lehrten und die Richter.[79]
In Bezug auf die Adressaten der päpstlichen Tätigkeit ist es wichtig, das Verständnis des römischen Pontifex über seine eigene Tätigkeit hervorzuheben: die Konstitutionen und Dekretalien des Vorgängers „weiterzugeben",[80] was bestätigte, daß jene autoritäre Handlung nicht das beanspruch-

---

[74] Vgl. CTh., 1, 4, De resp. prud. 3. Diesbezüglich hatte auch schon Konstantin 321 mit einer Konstitution eingegriffen, mit der er die Glossen des Paulus, Ulpians und Papinians abschaffte (vgl. CTh., 9, 43, De sent. Pass. 1).

[75] „Eo utamini de cetero in Iudiciis et in scholis, nullas alias præter illas, quæ inseruntur aut specialiter reservantur in eo, decretales aut constitutiones, a quibuscumque nostris prædecessoribus romanis Pontificibus post editionem dicti voluminis promulgatas, recepturi ulterius aut pro decretalibus habituri".

[76] „Suum in hac parte propositum non implevit". IOANNES XXII., Proœmium: Quoniam Nulla Iuris, in Æ. FRIEDBERG (Hg.), Corpus Iuris Canonici, editio lipsiensis secunda, II, (ND) 1959, Sp. 1129–1132.

[77] „Quoniam nulla Iuris sanctio […] ad humanæ naturæ varietatem et machinationes eius inopinales sufficit […] quia etiam ab adolescentia viri proclivis ad malum sensualitas humana declinat, per quod morum subversio in clero et populo frequenter obrepit. […] Clemens Papa V prædecessor noster prudenter attendens, et provide cupiens deformatorum reformationi prospicere, solvere difficilia, ac sanctiones quæstionibus et negotiis imminentibus consonas promulgare, dudum nedum in Concilio Viennensi, quin etiam ante et post ipsum Concilium Constitutiones plurimas edidit, in quibus multa utilia statuit atque salubria, et nonnulla dubia in Iudiciis et extra frequentata decidit".

[78] „Necessaria est superioris auctoritas, ut tam per determinationis opportunæ suffragium tollat ambigua, lites auferat, altercationes dirimat et obscura succidat".

[79] „Dilectis filiis doctoribus et scholaribus universis Bononiæ commorantibus […] Universitati vestræ per apostolica scripta mandantes".

[80] „Illas vobis sub Bulla nostra transmittimus".

te, was erst und nur die späte Moderne dem Legislator und seiner Tätigkeit zugestehen wollen würde (s. u. über das C. I. C. von 1917). Nicht weniger gilt Folgendes: 1) der Zweck ist dabei nicht die *Anwendung* der Normen durch die, die regieren (die Bischöfe), sondern ihre *Kenntnis* und ihr Studium, damit sie „bei den Urteilen und in den Schulen verwendet werden können"[81]; 2) die Haltung der Adressaten ist nicht „Unterordnung" unter die legislative Macht des Papstes, sondern „freudige Entgegennahme".[82]

2.6. Das Ziel. – Die Ereignisse um die Reformation und das Konzil von Trient brachten Papst Gregor XIII. dazu, mit der Bulle „*Cum pro Munere Pastorali*" von 1580[83] und mit dem Brief „*Emendationem Decretorum*" von 1582[84], dem kanonischen Recht – nach mehr als 250 Jahren – erneut Beachtung zu schenken, indem er das, was bereits in den Jahrhunderten des späten Mittelalters erarbeitet worden war, bestätigte und ihm eine zusammenhängende Struktur verlieh.[85] Dieses Einschreiten des Papstes gab der römischen Kirche erneut einen *sicheren und formellen* juristischen Bezugspunkt, der von der kanonischen Tradition empfangen worden war. Der Umstand war bezeichnend, denn mit der Bulle von 1580 wurden die Teile des Corpus Iuris Canonici, die es noch nicht waren, de facto „offiziell" (der Begriff ist mit Vorsicht zu verwenden). Dies geschah mittels eines Unterfangens von großer juristisch-technischer Bedeutung,[86] wenn auch von schmaler theologisch-konzeptioneller Bedeutung.

Es handelte sich um ein komplexes Unterfangen, das hauptsächlich die zwei Sammlungen der Konstitutionen und der Dekretalien betraf, welche noch als „Extravagantes" zum „Liber Extra" und „Liber Sextus" geblieben waren: nämlich die „Extravagantes communes" und die „Extravagan-

---

[81] „Eis, sic vobis manifestatis et cognitis, usuri de cetero in Iudiciis et in scholis".

[82] „Eas prompto affectu suscipiatis".

[83] Vgl. GREGORIUS XIII., Constitutio: Quum pro Munere Pastorali, in Æ. FRIEDBERG (Hg.), Corpus Iuris Canonici, editio lipsiensis secunda, I, (ND) 1959, Sp. LXXIX–LXXXII.

[84] Vgl. GREGORIUS XIII., Littera inspecturis: Emendationem Decretorum, in Æ. FRIEDBERG (Hg.), Corpus Iuris Canonici, editio lipsiensis secunda, I, (ND) 1959, Sp. LXXIX–LXXX.

[85] „Ut […] omnes Christi fideles his præsertim tam gravibus calamitosisque temporibus, in recta et catholica fide continere curemus, ac propterea id in primis nobis agendum et providendum sit ut omnem omnibus aberrandi ab ea occasionem subtrahamus": GREGORIUS XIII., Quum (o. Anm. 83), LXXIX–LXXX.

[86] Die Aufnahme des Decretum Gratiani als offizielle Quelle des kanonischen Rechts bedeutete de facto nicht, daß eine Sammlung von sich widersprechenden „Canones" zu einem „Gesetz" verwandelt wurde – gemäß der „vulgata traditio"–, sondern es wurde – wie es bereits Justinian mit den Digesten getan hatte – nicht viel mehr gemacht, als den Bezugstext für die kirchlichen juristischen Aktivitäten zu einem „Gesetz" zu erklären: und zwar den Text und seine spezifische Fassung, die von den Correctores Romani korrigiert und verbessert worden war.

tes" von Johannes XXII. (päpstliche Dokumente von autonomer und ursprünglicher normativer Bedeutung, die [nur] auf diese Weise in das normative *Corpus* der katholischen Kirche organisch und endgültig Eingang fanden).

Ganz anders verhielt es sich hingegen mit dem „*Decretum Gratiani*", das mittlerweile die Basis des „Corpus Iuris Canonici" und seinen substantiellen „Kern" bildete,[87] aber dennoch ganz ohne normativen Wert war aufgrund seines „akademischen" Ursprungs und seines Gebrauchs in dialektischen Auseinandersetzungen. Bei dieser Gelegenheit wurde das „*Decretum Gratiani nuncupatum*" „*absque glossis*" „*adiuncto aliquorum doctrina et pietate insignium virorum studio*" gereinigt, nämlich von den zahlreichen Eingriffen und Manipulationen, durch die es vier Jahrhunderte lang schwer „angegriffen" worden war, und dies auch durch Einfügungen von Elementen „*catholicae veritati contraria*".[88]

Obgleich die für die Zeit typische Emphase („*dicta*") dem „Corpus Iuris Canonici" eine gewisse amtliche Bedeutung zu verleihen scheint,[89] rückte man in Wahrheit nicht von der Position („*intenta*") der Vorgänger ab. Zumal – auf wahrhaft zwanghafte Weise – der Großteil des Textes der Bulle (über Dreiviertel)[90] die spezifische Frage des Drucks des Textes und vor allem die Frage nach seiner Verwahrung umfaßt (sogar mit Exkommunikationen und Geldstrafen für die Übertreter[91]) und mit der Festlegung, daß sie für 10 Jahre an keinem anderen Ort als in Rom in einer bestimmten Druckerei gedruckt werden dürfe (ebd.). Es handelte sich um eine vollkommen neue Angelegenheit, die eine zuvor nicht notwendige Beachtung verlangte (wie bereits für das „*Liber Extra*" angedeutet).[92]

---

[87] Man erinnere sich daran, daß das Liber Extra gerade als „extra" in Bezug auf das Decretum konzipiert und definiert worden war.

[88] „Verum etiam cum his, quæ ab impiis scriptoribus, tam extra in marginibus quam etiam intra aspersa fuerant catholicæ veritati contraria, revidendi, corrigendi et expurgandi curam demandavimus": GREGORIUS XIII., Quum (o. Anm. 83), LXXIX–LXXX.

[89] „Motu proprio et ex certa nostra scientia, ac de apostolicæ potestatis plenitudine omnibus et singulis in nostro et sanctæ romanæ Ecclesiæ dominio": GREGORIUS XIII., Quum (o. Anm. 83), LXXIX–LXXX.

[90] Von den 1.173 Wörtern des gesamten Textes gehören 811 zur Promulgation „Motu proprio et ex certa nostra scientia" und reguliert den Druck.

[91] „Sub Excommunicationis maioris latæ Sententiæ, et quoad nunc et pro tempore in dicto nostro et romanæ Ecclesiæ dominio mediate vel immediate subiecto commorantes, etiam ultra præmissa sub amissionum librorum, ac mille ducatorum auri de Camera, pro una videlicet officio Inquisitionis hæreticæ pravitatis, et pro alia accusatori, et pro reliqua tertiis partibus Iudici exsecutori irremissibiliter applicandorum, aliisque arbitrii nostri Pœnis eo ipso si et quoties contrafactum fuerit, et per quemlibet contravenientem incurrendis". GREGORIUS XIII., Quum (o. Anm. 83), LXXXI–LXXXII.

[92] Die Sorge hatte offensichtlich mit dem Aufkommen des Buchdrucks zu tun, der es erlaubte, überall eine große Zahl an Kopien eines Textes herzustellen; genau dies gab den

3. *Die römische Lehre über das kanonische Recht – ius novum*

3.1. *Die Kodizes des kanonischen Rechts (XX. Jahrhundert).* – Die drei Jahrhunderte, die auf die tridentinische Reform folgten, erlebten ein immenses Anwachsen an normativen Maßnahmen, vor allem von Seiten der päpstlichen Kurie, auch wenn es nicht an Päpsten mangelte, die sich persönlich sehr aktiv an der Erweiterung und Organisierung der römischen Institution beteiligten, wie Benedikt XIV. (Rolando Bandinelli, Kanonist[93]).[94] Das Erste Vatikanische Konzil hob dann noch einmal die mittlerweile äußerste Notwendigkeit hervor, die normativen und kanonischen Quellen neu zu systematisieren und forderte auf deutliche Weise die Verfassung eines „Codex" oder „Breviarium Iuris canonici", nach dem Modell der bereits existierenden zivilen Kodizes (das waren zu jener Zeit der französische und österreichische).[95]

Es war Papst Pius X., der dann 1904[96] noch einmal eine *Vereinfachung* der Quellen des kanonischen Rechts vornahm,[97] um es bekannter und folglich anwendbarer für eine gute Verwaltung der Kirche zu machen: dies war de facto beinahe seine *einzige* Sorge.[98] Dieses Unternehmen blieb trotz seiner großen Bedeutung für die katholische „Kirchenpolitik" (zur Stärkung des antistaatlichen und antimodernistischen „Bollwerks" der Kirche) *fast ausschließlich technisch* und funktional, ohne an der *Bedeutung* des kanonischen Rechts etwas zu verändern. Auf diese Weise stellte es sich in Kontinuität, mit dem, was schon Gregor IX. fast sieben Jahrhunderte zuvor gewirkt hatte, denn das Werk, das dem Kardinal Pietro Gasparri anvertraut wurde,

---

Anstoß für die „Verfassung" jenes „Corpus", das Jean Chappuis in Paris im Jahre 1500 aus eigener Initiative, unabhängig von päpstlichem Zutun, verfaßte.

[93] Sic!

[94] Autor juristischer Werke von großer Bedeutung und technischem Gewicht, sowie auch von bestimmten Normen, die das Leben der Kirche grundlegend beeinflusst haben, wie z.B. die Einrichtung des Konkurses, um Priester zu werden (vgl. BENEDICTUS XV., Constitutio apostolica: Cum Illud,14 decembris 1742, in AAS, IX [1917, II] 495–505).

[95] Vgl. P. CIPROTTI, „Codex Iuris Canonici", in: Enciclopedia del Diritto VII (1960) 228. Dieser Umstand wird ebenfalls in der Bulle zur Promulgation des C.I.C. von 1917 erwähnt werden (s. u.).

[96] Vgl. PIUS X., Motu proprio de Ecclesiæ Legibus in unum redigendis: Arduum Sane Munus, in: ASS XXXVI (1903–1904), 549–551.

[97] Allein schon der Vergleich mit dem Umfang des Kodex des kanonischen Rechts von 1917 mit seinen 2414 Canones und seinen acht Bänden an „Quellen" (plus einem Registerband), die durch Kardinal Gasparri und Serédi bearbeitet wurden, gibt eine treffende Anschauung der Unverhältnismäßigkeit, zu der man gelangt war (vgl. P. GASPARRI/J. SERÉDI [Hgg.], Codicis Iuris Canonici Fontes, 9 Bd., 1923–1939).

[98] Vgl. P. GHERRI, Canonistica, Codificazione e metodo, 2007, 69–71; R. MERRY DEL VAL, Pio X (Impressioni e ricordi), 1925, 92; C. FALCONI, I Papi del ventesimo secolo, 1967, 42.

hatte die Werke des Tribonianus und Raymond von Penyafort[99] funktional, politisch und methodologisch fortzuführen: „consolidatio Iuris et Iurisprudentiæ" oder, wenn man will, „Legum et Iurium".[100]

Aus theologischer Sicht bedeutender ist hingegen die Überarbeitung des pio-benediktinischen Kodex, die nach Vatikan II vorgenommen wurde mit dem spezifischen Ziel, in der Kirche, in ihren Strukturen, bei der Leitung und der Funktionalität dasjenige „anzuwenden", was auf dem Konzil beschlossen worden war. Bei dieser Gelegenheit (wie wir später noch sehen werden) wurden viele der mittlerweile standardisierten Elemente („*dicta*" et „*intenta*") des „klassischen" kanonischen Rechts verändert. Vor allem aufgrund der von katholischer Seite ganz neuen Notwendigkeit, seine Existenz und seinen Nutzen innerhalb der postkonziliarischen Kirche zu „legitimieren", die schwer erschüttert worden war durch eine tiefverwurzelte antijuridische Empfindung, die sich gerade von den sechziger Jahren an etabliert hatte.[101]

3.2. Der „*Codex Iuris Canonici*" von 1917.

– Der „Codex Iuris Canonici" (C. I. C.) wurde 1904 von Pius X. begonnen und durch Benedikt XV. 1917 mit der Bulle „Providentissima Mater Ecclesia"[102] abgeschlossen und promulgiert.

Auch für die Kodizes werden wir die rein juristisch-technischen Anmerkungen und Überlegungen auslassen, wie wir es bereits für die vorhergehenden Rechtsschriften getan haben. Die Aufmerksamkeit wird dabei ebenfalls auf den Text der Bulle der Promulgation gerichtet sein, um durch diesen („dictum") das zugrunde liegende Konzept des kanonischen Rechts der römischen Kirche („intentum") zu erfassen.

Das erste Element, auf das wir uns konzentrieren wollen, ist die außerordentliche Ähnlichkeit – und wesentliche Homogenität – der Bulle „*Providentissima Mater Ecclesia*" mit den früheren Bullen. Dies bestätigt die *Kon-*

---

[99] „Antiquiores prætereuntes, commemorandum heic ducimus Gratianum […]. Post ipsum Innocentius III, Honorius III, Gregorius IX, Bonifacius VIII, Clemens V cum Ioanne XXII, decessores nostri, iustinianeum opus imitati pro Iure romano, Collectiones authenticas Decretalium confecerunt ac promulgarunt": Pius X., Arduum sane munus (o. Anm. 96), 549–550.

[100] Zum Thema der Konsolidierung statt der Kodifizierung des kanonischen Rechts siehe: P. Gherri, Il primo Codice di diritto canonico: fu vera codificazione?, in: Apollinaris, LXXVII (2003) 827–898 (auch in: P. Gherri, Canonistica, Codificazione e metodo, 2007, 17–97); ders., Codificazione canonica tra tecnica e sistema, in: Eastern Canon Law II (2013) I, 19–130.

[101] Siehe diesbezüglich: A. M. Punzi Nicolò, Il compito dei canonisti e la lotta per il Diritto (a proposito di una recente pubblicazione), in: Il Diritto Ecclesiastico CVI (1995) 209.

[102] Benedictus XV., Constitutio apostolica: Providentissima Mater Ecclesia, in AAS IX (1917) pars II, 5–8.

tinuität der kirchlichen Voraussetzung und daher der Auffassung des kanonischen Rechts, obgleich in einen „Codex"[103] *verwandelt.* Zur leichteren Untersuchung der Bulle wird sie hier in vier thematische Abschnitte unterteilt: Grund, Ziel, Erarbeitung und Promulgation stimmen mit der Struktur der vorangehenden Bullen zum „Corpus" ganz überein.

a) Die für die fundamentaltheologische Reflexion interessantesten Beobachtungen sind die über den *Grund* für das neue legislative Mittel. Denn dieser verweist auf die wesentlichen inhaltlichen Punkte. Zugleich mahnte die starke Betonung der „Umstände" zu höchster Vorsicht – wie sie auch später für die Kodizes von 1983 und 1990 wird angewendet werden müssen – bei der Lektüre und der Interpretation der Inhalte, die de facto eine eindeutig außerkirchliche Tendenz aufweisen. Der Referenzrahmen und die theoretische „Verortung" des ersten Kodex des kanonischen Rechts ist deutlich: man befindet sich (immer noch) innerhalb des „Ius publicum ecclesiasticum", das die vorangehenden zwei Jahrhunderte geprägt hatte, und dabei insbesondere innerhalb der (staatlichen) anti-jurisdiktionalistischen Polemik, die schon seine Verfassung hervorgerufen hatte.[104] Auch wenn die ersten Zeilen der Bulle gewollt stark theologische Bezüge beanspruchen („dicta"), sind sie eindeutig *apologetisch* verfasst. Allerdings nicht so sehr gegenüber der katholischen Kirche, sondern eher gegenüber der „äußeren juristischen Welt"[105], die daran *erinnert* werden soll, daß die Kirche bereits von der Spätantike an quasi die „Mutter" des europäischen Rechts gewesen sei, weit vor der Zeit also, in der die staatlichen Gesetzgeber der (säkularisierten und antiklerikalen) Moderne „ihre" Gesetze, die häufig gegen die Kirche sind, erlassen haben.[106] Der Ton dieser *Polemik* wird in den expliziten Verweisen auf die „Herrschaft aller Völker" deutlich, auf das „eigene

---

[103] Dies verwundert nicht, auch nicht aus einer technischen und allgemein theoretischen Sicht. Denn es ist ausreichend bewiesen worden, daß der „Codex" in Wirklichkeit nur die rein äußerliche *Form* einer unveränderlichen Substanz darstellt (s.u.: Fußnote 102).

[104] Für einen Überblick über die gesamte Thematik siehe: M. NACCI, Origini (o. Anm. 4).

[105] Man erinnere sich an den (geheimen) Londoner Vertrag vom 26. April 1915, mit welchem Italien sich verpflichtete, in den Krieg gegen Österreich-Ungarn einzutreten; im Artikel 15 verpflichteten sich Frankreich, Großbritannien und Rußland, Italien bei jeglicher Opposition gegen die Teilnahme des Heiligen Stuhls „an jedweder Friedensverhandlung oder anderweitiger Verhandlung zur Einigung bei den durch den Krieg hervorgerufenen Fragen" [Übers. d. Übers.] zu unterstützen. Ein wiederkehrender Umstand, denn bereits 1899 war der Heilige Stuhl von der Haager Friedenskonferenz ausgeschlossen worden, ebenfalls auf Wunsch Italiens (vgl. G. BARBERINI, Russia zarista, Unione Sovietica comunista e Santa Sede, in: Stato, Chiese e pluralismo confessionale. Elektronische Zeitschrift (www.statoechiese.it), November 2010 (http://www.statoech iese.it/images/uploads/articoli_pdf/barberini_russiam.pdf, aufgerufen am 28.07.2017).

[106] Der Hinweis zu Beginn auf die „libertas Ecclesiæ" sollte nicht vernachlässigt werden.

natürliche Recht, Gesetze einzuführen", auf die „Herrschaft des christlichen Volkes" und nicht nur der des Klerus, auf den „Beitrag zum bewundernswerten zivilen und kulturellen Fortschritt der Gesellschaft" und auf die „Disziplinierung der öffentlichen und privaten Sitten", bis hin auf den Verweis, daß sie „weitreichend zu Bildung der [zivilen] Gesetze beigetragen habe".[107]

Die Verweise auf die „von dem Herrn der Kirche zugewiesene Aufgabe, alle Völker zu unterrichten und sie zu leiten" und auf die „Hilfe durch das göttliche Licht" haben offenkundig keine theologische, sondern eine rein politische Natur. Unter anderem werden sie als textliche Einfügungen aufgeführt. Auch der anfängliche Verweis auf den Status der „*societas perfecta*", die „Christus, ihr Gründer" für die Kirche gewollt hätte, muß eher als ein „Theologumenon" (unter anderem von philosophischer Natur) betrachtet werden und nicht so sehr als ein wirklich theologisches Fundament und kann deswegen kein strukturelles Element der römisch-katholischen Auffassung des kanonischen Rechts sein. Ja, gerade dieser spezifische Interpretationsschlüssel öffnet die Türen zum bereits angedeuteten Paradigma des „*Ius publicum ecclesiasticum*", das nichts mit der theologischen Vision der Kirche zu tun hat. Im Vergleich zu den Bullen der vorhergehenden Jahrhunderte, die *ad intra Ecclesiae* gerichtet waren, sticht die Preisgabe der „moralischen" (die Korrektur der Sitten etc.) zugunsten der „politischen" Perspektive (= das Recht der Kirche, ein eigenes Recht zu haben, das umfangreicher als das staatliche ist) hervor.[108]

b) In den zwei Abschnitten zum *Ziel* und zur *Promulgation* taucht nichts grundlegend Neues auf, außer der Wiederholung der mittlerweile strukturellen Gründe der Zerstreuung, Unkenntlichkeit, Zusammenhangslosigkeit etc. der Quellen. Dies aber unbeschadet der Tatsache, daß sich das neue legislative Werk (es ist das erste richtige „allgemeine Gesetz" [im modernen Sinne in der Rechtsgeschichte] der Kirche[109]) ausdrücklich als „neuer Codex des gesamten kanonischen Rechts" präsentiert.

---

[107] Andererseits gilt: So sehr die Geschichte als „Zeugin" für diese Geschehnisse aufgerufen wird, bleibt der *ideologische* Tenor der Aussagen offensichtlich, denn weder das „Corpus Iuris Civilis" von Justinian noch die verschiedenen karolinischen „Capitularia", die de facto die zentralen Elemente zur „Christianisierung" der europäischen Zivilgesellschaft waren, sind auf eine ausdrücklich „legislative" Tätigkeit der Kirche zurückzuführen, welche – und zwar nur sie (sic!) – im Westen die Anwendung des römischen Rechts vom Ende des 5. Jh. bis zur Mitte des 11. Jh. bewahrt hatte.

[108] Man beachte gerade aus dieser Sicht das Aufeinanderstoßen des *kanonischen Rechts* und *des Kirchenrechts* auf deutschem Gebiet, welches mit dem *Kulturkampf* begann und bei welchem R. Sohm eine sehr wichtige Rolle spielte.

[109] Der Begriff „Gesetz" (dictum) taucht neunmal im Dokument auf: es ist gewiß nicht das erste Mal, das er in der Geschichte des kanonischen Rechts verwendet wird, aber sein Gebrauch („intentum") in dieser Situation ist nicht vergleichbar mit dem vor-

c) Hingegen weckt der Abschnitt zur Erarbeitung des Kodex einiges an theologischem Interesse aufgrund des grundlegend Neuem, das hier eingeführt wird, nicht nur in Bezug auf die Beteiligung von Mitarbeitern bei der Redaktion (aufgelistet, wie zuvor), sondern darüber hinaus auch in Bezug auf die *Beteiligung* des gesamten katholischen *Episkopats*. Dies ist etwas wahrhaft Neues gegenüber der Vergangenheit: eine Neuheit, die strukturell werden wird, auch für die Erarbeitung der nachfolgenden kanonischen Kodizes. Denn, wenngleich die Promulgation der Kodizes, wie die der Dekretalien, eine formell *päpstliche* Handlung ist – und daher Primatscharakter hat – („*motu prorio*, mit sicherem Wissen und in der Fülle er apostolischen Amtsgewalt, in die wir eingesetzt sind"[110]), war dennoch das Episkopat bei der gesamten Erarbeitung in Wirklichkeit mehrmals beteiligt, sei es im Formulieren von „*desiderata*" im Voraus, als auch von nachträglichen „*animadversiones*" bezüglich der zu erlassenden Normen.

Auch wenn nichts über das ausdrücklich grundlegende Profil ausgesagt wird, kann dieses Vorgehen als ein authentisches „theologisches Faktum" betrachtet werden, nicht nur weil es „Lehreinhalte" („dicta") ausdrückt, sondern weil es dogmatische Inhalte („intenta") festlegt.[111] Dieser Umstand erhält dadurch noch größere Bedeutung, daß es sich beim Kodex um die Formulierung eines „universalen" Gesetzes mit immerwährender Gültigkeit für die gesamte *Kirche* handelt, das insbesondere an die bischöfliche Leitung der Kirche adressiert war. Während in der Vergangenheit der Papst hingegen den *Universitäten* seine *eigenen* Verfassungen, Dekrete und Dekretalien „zusandte" (zusammen mit denen, einiger Vorgänger).

3.3. *Der Codex Iuris Canonici von 1983.* – Der Codex von 1983 wurde am 25. Januar 1959 von Papst Johannes XXIII.[112] zusammen mit dem Projekt des Zweiten Vatikanischen Konzils angekündigt und erst 24 Jahre später von Johannes Paul II. mit der apostolischen Konstitution „Sacrae Discipli-

---

angegangenen: Im klassischen Recht war nämlich der Begriff „Lex" im Wesentlichen ein Synonym für „Constitutio" gewesen.

[110] Eine beinahe identische Formel zu derjenigen, die Gregor XIII. für das „*Corpus*" verwendet hatte: „Motu proprio et ex certa nostra scientia, ac de apostolicæ potestatis plenitudine": GREGORIUS XIII, Quum (o. Anm. 83) LXXIX–LXXX.

[111] In Übereinstimmung mit der Erzählung von Apg 11, in der Petrus erzählt, wie und vor allem *warum* er den Heiden Cornelius und seine Familie getauft habe. Es habe sich dabei nicht um eine persönliche Initiative gehandelt, die durch die eigene Überzeugung angetrieben worden war, sondern um ein notwendiges Vorgehen. „Wenn nun Gott ihnen die gleiche Gabe verliehen hat wie uns, als wir zum Glauben an Jesus Christus, den Herrn, gekommen sind: Wer bin ich, daß ich Gott hindern könnte?" (Apg 11,17).

[112] Vgl. IOANNES XXIII., Sollemnis allocutio ad em.os Patres Cardinales in Urbe præsentes habita, die XXV ianuarii anno MXMLIX, in cœnobio monachorum benedictinorum ad S. Pauli extra mœnia, post missarum sollemnia, quibus beatissimus Pater in patriarchali basilica ostiensi interfuerat, in AAS, LI (1959) 68–69.

nae Leges"[113] promulgiert. Dieses Dokument weist bedeutungsvolle Abweichungen zu den bis hierher untersuchten Dokumenten auf: 1) die Länge des Dokuments, die die Bezeichnung „Bulle" nicht mehr ohne Weiteres zulässt[114]; 2) auch die Struktur des Textes weist Unterschiede zu denen der Vergangenheit auf sowie eine merkbare Verschiebung der Inhalte aus einem Abschnitt zu einem anderen.

Um der Einheitlichkeit der Untersuchung willen, werden wir damit fortfahren, auf die bereits für die Bulle „Providentissima Mater" verwendeten Abschnitte Bezug zu nehmen[115]. Es ist dabei von Anfang an die starke Verdichtung und grundlegende Vereinheitlichung der Abschnitte über den *Grund* und das *Ziel* festzustellen, während der Abschnitt zur *Promulgation* so sehr erweitert wurde, dass er einen eigenen neuen *Abschnitt* zur *Lehre* beinhaltet.

3.3.1. *Gründe, Ziele und Erarbeitung.* – Was die *Gründe* und die *Ziele* des neuen Kodex des kanonischen Rechts betrifft, so verweist die Konstitution ausdrücklich auf den Willen Johannes XXIII., der es zusammen mit dem Konzil angekündigt hatte. Der neue Kodex vollendet also das, was bereits begonnen worden war und stellt in gewisser Weise einen notwendigen kirchlichen Akt dar.[116]

Der Unterschied zur Promulgation des Kodex von 1917 und anderen Promulgationen während des zweiten Jahrtausends ist deutlich erkennbar: es handelt sich nicht mehr darum, aus technischer Sicht die Quellen der kanonischen Disziplin „zu ordnen" und „festzulegen", sondern eine *eigene, wahre Reform* in Gang zu bringen, die „vom Konzil selbst, das der Kirche die meiste Aufmerksamkeit gewidmet hatte, durchaus gewollt und sogar gefordert war". Eine Reform, die mit dem Konzil „nur dem einen Vorsatz entsprungen ist, nämlich, das christliche Leben zu erneuern". Eine „Erneuerung" die jedoch eher *institutionell* (= juristisch) und weniger *indivi-*

---

[113] Vgl. IOANNES PAULUS II., Constitutio apostolica: Sacræ Disciplinæ Leges, in AAS, LXXV (1983, pars II) VII–XIV.

[114] Obgleich eine „Bulle" aus substanzieller und aus diplomatischer Sicht eine apostolische Konstitution ist. Ein rein oberflächlicher Vergleich zwischen den italienischen Texten der beiden Konstitutionen zur Promulgation der Kodizes, zeigt die Erweiterung der „Sacrae Disciplinae Leges" mit rund 2300 Wörtern auf, während die „Providentissima Mater Ecclesia" nur rund 1120 Wörter zählte (nur wenig mehr als 48 Prozent der späteren „Sacrae Disciplinae Leges").

[115] Grund, Ziel, Entstehung, Promulgation.

[116] Diesbezüglich ist es interessant, daß derselbe Johannes XXIII. auch der formale Initiator der Überarbeitung des Kodex des kanonischen Rechts gewesen ist, insofern er es war, der am 28. März 1963, am Ende der ersten Konzilssitzung, die für die Überarbeitung zuständige Kommission einsetzte, wohl im Bewußtsein, daß diese während des Konzils nicht wirklich arbeiten könne (vgl. Diarium Romanæ Curiæ, in AAS LV [1963] 363–364); die Tatsache aber, daß sie eingesetzt worden war, machte ihre Tätigkeit zu etwas Unumkehrbaren.

duell (= moralisch) war: sie war also eher dem Funktionieren der Kirche gewidmet als der Moral, wie es stattdessen bei den mittelalterlichen Bullen der Fall gewesen war mit ihrem vorrangigen Interesse für die *Sitten* des Volkes und des Klerus.

Der Abschnitt zur *Erarbeitung* des kanonischen Kodex enthält neben den üblichen Danksagungen an die Hauptbeteiligten, Akteure und Verantwortlichen einen ausführlichen Hinweis auf die „Kollegialität" im Erarbeitungsprozess. Dies wird, wie bereits in der „Providentissima Mater", besonders hervorgehoben. Denn der „ausgesprochen kollegiale Geist, der den Entstehungsprozeß deutlich auszeichnet" wird nicht nur mit aller Klarheit betont, sondern dieser wird auch *theologisch gerechtfertigt*: Denn er „entspricht vollkommen der Lehre und dem Charakter des Zweiten Vatikanischen Konzils", durch das die Kirche „als Volk Gottes dargestellt wird und ihr hierarchisches Gefüge auf das Kollegium der Bischöfe zusammen mit ihrem Haupt gegründet erscheint". Auf diese Weise erweisen sich die Beteiligung und die Mitwirkung des Episkopats nicht bloß als schlichte *Tatsachen*, wie es beim Kodex von 1917 der Fall gewesen war, sondern als eine wirkliche *theologische Notwendigkeit*. Dies festzuhalten ist wichtig, denn es handelt sich hierbei um eine *echte Neuerung* bezüglich des „substantiellen Gesetzgebers" der römischen Kirche[117], indem es neue Perspektiven eröffnet auch bezüglich der Dynamiken zwischen der bischöflichen Kollegialität und dem päpstlichen Primat (s. u.).

3.3.2. Die Promulgation und die Elemente der Lehre. – Der Abschnitt zur *Promulgation* weist allerdings sogleich eine eindeutige *Diskontinuität* gerade zu diesem Thema auf. Denn in diesem Abschnitt wird die Promulgation des neuen kanonischen Kodex explizit als „Ausdruck [der] päpstlichen Autorität" erklärt. Obgleich „[sein] objektiver Inhalt die kollegiale Sorge aller meiner Brüder im Bischofsamt um die Kirche widerspiegelt" und „als Frucht der kollegialen Zusammenarbeit angesehen" werden muß, hat er dennoch „Primatscharakter". Die fehlende Linearität zwischen diesen beiden Aussagen muß zur Kenntnis genommen werden: Eine fehlende Linearität, die die Komplexität[118] des Verhältnisses zwischen Papstprimat

---

[117] Es handelt sich um eine technische Formel, die aus der nunmehr gefestigten legislativen Struktur der westlichen Welt herrührt, welche bei der Erstellung eines Gesetze zwischen einem substantiellen oder auch materiellen Gesetzgeber (= das Parlament) und einem formellen Gesetzgeber (= Staatsoberhaupt) unterscheidet.

[118] Zu verstehen in seiner aktuellen, wissenschaftlichen Bedeutung der Koexistenz der Elemente, Faktoren und der Funktionalität, was sich als konträr erweist zu den traditionellen Prinzipien des „Satzes vom Widerspruch" und des „ausgeschlossenen Dritten". Aber de facto befinden sie sich nicht im Konflikt zueinander, sondern bieten stattdessen eine der konkret erfahrbaren Wirklichkeit näherkommende Wahrnehmung und notwendige Konzeptualisierung der Phänome.

und Bischofsamt widerspiegelt, wie es in „Lumen Gentium" und in seiner „Notae explicativa praevia"[119] dargestellt wird, in welchen von einer einzigen höchsten Autorität in der Kirche die Rede ist (auch in Bezug auf die Legislative), die jedoch in ihrem inneren in zwei „Instanzen" aufzuteilen ist, die nicht leicht unterschieden werden können: 1) Das bischöfliche Kollegium, niemals ohne sein Haupt und 2) Das Haupt des Kollegiums selbst und u. U. alleine.

Der Abschnitt widmet sich jedoch nicht einzig dieser Problematik, die eher erläutert wird als daß Lösungen vorgeschlagen werden, sondern es wird auch einem Abschnitt über die Lehre viel Raum zugestanden (circa die Hälfte der gesamten Konstitution). Dieser hat einen moderat-*apologetischen* Charakter mit dem Zweck, die *Existenz* des neuen Kodex, innerhalb eines radikal veränderten Kontextes im Vergleich zu den kirchlich-juristischen Texten der vorangehenden Jahrhunderte, zu rechtfertigen. Gerade dieser „neue" Kontext, und zwar genau insofern, als er das Innere der kirchlichen Dynamik[120] betrifft, bot endlich die Gelegenheit und das Material, um explizit etwas darüber auszusagen, wie die römische Kirche das kanonische Recht „theoretisch" versteht.

Es wurde bereits erwähnt, wie der Kontext, in welchem die Überarbeitung des Kodex des Kanonischen Rechts vorgenommen wurde (die 60er und 70er Jahre des 20. Jh.), von starken anti-juridischen innerkirchlichen Strömungen gekennzeichnet war. Diese forderten im Namen der Wiederentdeckung der *spirituellen* und *mystischen* Dimension der Kirche (vgl. LG 1–7) die Befreiung von dem juristischen „Korsett", das vor allem nach der tridentinischen Reform angelegt worden war: eine „Kirche der Liebe" und nicht „des Rechts", so lautete einer der verbreiteten Slogans der Zeit.[121] Die Wiederentdeckung der volkstümlich-pneumatologischen Dimension der Kirche im – angeblichen – Gegensatz zur bisherigen monarchisch-christologischen Auffassung von tridentinischem Schlag, hatte viele und darunter vor allem auch Theologen dazu gebracht, den gesamten juristischen Apparat der vorangehenden „societas perfecta" für nutzlos zu erklären. Sie forderten die Aussetzung dieses Apparats mit nicht unähnlichen Argumenten – es sei mir erlaubt, diesen Gedanken hier auszuspre-

---

[119] Vgl. SECRETARIUS GENERALIS Ss. CONCILII, Notificatio: Nota explicativa prævia, 16 novembris 1964, in AAS, LVII (1965) 72–75.

[120] Während für den Codex von 1919 gerade sein „juristisch allgemein verständlicher Charakter" „ad extra" unterstrichen wurde.

[121] Vgl. L. DE ECHEVERRIA, Teologia del Diritto canonico, in: Concilium III (1967), Nr. 8, 22; M. VISIOLI, Il Diritto canonico nella vita della Chiesa, in: G.I.D.D.C. (Hg.), Corso istituzionale di Diritto canonico, Milano, 2005, 16; 38; P. ERDÖ, Teologia del Diritto canonico, un approccio storico–istituzionale, 1996, 25; A.G. URRU, Introduzione generale al Diritto canonico, 3. Ausg. 1999, 16.

chen – wie die der deutschen Reformatoren des 16.Jh.s.[122] Mit der Absicht,
auf diese kritischen Stimmen zu „reagieren", begab sich der Papst – zum
ersten Mal in diesem Umfang – in die Rolle desjenigen, der der Kirche
„erklären" will und muß, *was* der Kodex des kanonischen Rechts sei und
wofür er in der katholischen Kirche (nicht nur der „römischen") existiere.
Die päpstliche Schrift hat eine umso größere *dogmatische Bedeutung*, weil
sie die tiefen – auch institutionellen – Veränderungen rechtfertigen mußte (in diesem Fall gegenüber den konservativeren Kreisen), die das Zweite
Vatikanische Konzil in die katholische Kirche hineingetragen hatte. Zumal
zu bedenken ist, daß es nach dem Konzil von Trient keine eigentlichen institutionellen Reformen in der katholischen Kirche mehr gegeben hatte.[123]
    Der große dogmatische Teil der apostolischen Konstitution kann in drei
unterschiedliche Ansätze unterteilt werden, die nichts „Neues begründen",
sondern eher rechtfertigen: der in gewisser Weise *biblische*, der *ekklesiologische* und der *funktionale* Ansatz, die einzig auf die „Frage nach dem Wesen
des Kodex des kanonischen Rechts" antworten wollen.
    Erstens: Der biblische Ansatz. – Er konkretisiert sich in einigen Verweisen,
die aus theologischer Sicht ziemlich haltlos sind (eher evozieren als begründen), auf „jenes ferne Rechtserbe [...], das in den Büchern des Alten und
des Neuen Testaments enthalten ist und in dem die gesamte juridisch-ge-
setzgeberische Überlieferung der Kirche gleichsam als erster Quelle ihren
Ursprung hat". Ein ausdrücklicher Bezug zu Mt 5,17 möchte den Eingang der alttestamentlichen Erfahrung in das Erbe des Neuen Testaments
rein textlich und „nominalistisch" rechtfertigen mit der Begründung der
christologischen „Erfüllung" des „reiche[n] Erbe[s] des Gesetzes und der
Propheten". Nichtsdestotrotz manifestiert sich die theologische *Inkonsi-
stenz* des vorgebrachten Arguments gleich danach mit der Erkenntnis, daß
die paulinische Lehre – wenigstens aus soteriologischer Perspektive – eine
ganz andere Sichtweise eröffnet hat, indem sie besagt, daß „die Rechtfertigung nicht durch die Werke des Gesetzes, sondern durch den Glauben erfolgt"; die zwei angeführten Zitate aus Röm 3,28 und Gal 2,16 lassen aus
theologischer Sicht keinen Zweifel daran. Der Argumentationsgang („*dic-*

---

[122] Vgl. G. SARACENI, Riflessioni preliminari a una costituzione giuridica della Chiesa
in quanto comunione, in: Il Diritto Ecclesiastico, CII (1991) 68.
    [123] „Für Gasparri ist weniger die persönliche Berufung als die Ideologie und die
Überzeugung, die auf dieser Ideologie beruht, von Bedeutung [...]. Die Ideologie Gas-
parris – welcher am Ende des 19.Jh. seine „Tractatus" schrieb – ist wahrhaft tridentinisch, wie auch er selbst tridentinisch und wie auch die Chiffre zum Verständnis des Kanonisten, des Rechtspolitikers und des zukünftigen Gesetzgebers tridentinisch ist. [...]
Sich der hitzigen Debatte hingebend, erwiese es sich nicht als inkorrekt, Gasparri anachronistisch als letzten der tridentinischen Väter zu bezeichnen. [Übers. d. Übers.]":
P. GROSSI, Storia della Canonistica moderna e storia della codificazione canonica, in:
Quaderni fiorentini per la storia del pensiero giuridico moderno, 14 (1985) 594–595.

tum") endet mit der irenischen Aussage, daß Paulus weder „die verpflichtende Kraft des Dekalogs [ausschließt], noch leugnet er die Bedeutung der Disziplin in der Kirche Gottes". Es wird dazu ausdrücklich auf Röm 13,8–10, Gal 5,13.25; 6,2 und insbesondere auf 1 Kor 5–6 verwiesen. Die apostolische Konstitution schreibt:

„So lassen uns die Schriften des Neuen Testament noch viel besser die eigentliche Bedeutung der Disziplin begreifen und [lassen] uns besser verstehen, daß sie aufs engste mit dem Heilscharakter des Evangeliums verbunden ist".

Somit stützt sich der Kodex des kanonischen Rechts „auf das juridische und gesetzgeberische Erbe der Offenbarung und der Überlieferung".

Daß das hier summarisch Vorgetragene der katholisch-kanonistischen „vulgata traditio" entspricht[124] und die Lehre der frühen Autoren des 20. Jahrhunderts aufnimmt, muß nicht extra bewiesen werden; daß eine derartige Perspektive zugleich durch eine „theologische" Überprüfung nicht bestätigt werden kann (weder dogmatisch noch epistemologisch), scheint ebenso unzweifelhaft. Andererseits war aber genau dies eine der problematischsten Behauptungen der Kirchenrechts-Theologie, die durch K. Mörsdorf (1909–1989) und der sogenannten kanonistischen Münchner Schule vorangetrieben worden war. Diese war in der Nachkriegszeit von Mörsdorf gegründet worden und beherrschte die europäisch-kontinentale und italienische postkonziliarische Kanonistik. Es handelt sich dabei um eine „Theologisierung" des kanonischen Rechts[125], die, statt darauf aus zu sein, die strukturellen Verbindungen des kanonischen Rechts mit der Theologie wiederzuentdecken – wie es der berühmte „Leitartikel des *Concilium*" von 1965[126] vorschlug –, versuchte, das kanonische Recht in der *theologischen Dimension* (besser noch: in der „göttlichen")[127] zu begründen und aus ihm sogar einen strukturellen „Bestandteil" des Glaubens zu machen.[128] Bis heute bleibt diese Angelegenheit in der katholischen Leh-

---

[124] Man siehe beispielhaft: G. Renard, Contributo allo studio dei rapporti tra Diritto e Teologia, in: Rivista Internazionale di Filosofia del Diritto, XVI (1936) 477–521, und die jüngste Neuauflage von: D. Composta, La Chiesa visibile. La realtà teologica del Diritto ecclesiale (G. Sciacca, Hg.), 2011.

[125] Vgl. M. Zimmermann, Théologie du Droit ou perversion du Droit? In: Revue de Droit Canonique, XXXIX (1989) 55–63.

[126] Vgl. N. Edelby / P. Huizing / T. I. Jiménez-Urresti, Editoriale, in: Concilium (franz. Ausg.) I (1965) 7–9.

[127] „Der Herr hat die göttlichen Gebote so konzipiert, dass der Empfänger zur Gehorsamkeit nicht nur deshalb gezwungen ist, weil er von der inneren Kraft des Wortes überzeugt ist, sondern auch aus dem formellen Grund, dass das Wort vom Sohn Gottes verkündigt worden ist [Übers. d. Übers.]": K. Mörsdorf, Fondamenti del Diritto canonico, (S. Tests Bappenheim Hg.), coll. Mongrafie Nr. 3, 2008, 184.

[128] „Das Problem der Existenz des „*Ius canonicum*" ist ein grundlegend theologisches Problem: es gehört zu den zentralen Inhalten der Theologie, weil es zu den grundlegen-

re umstritten, weil die „Theologie des kanonischen Rechts"[129] noch keine eigene epistemologische Konsistenz erlangt hat und ein Großteil der Autoren sich weiterhin einer methodologischen Orientierung[130] verweigert, welche es erlauben würde, die Verbindung zwischen kanonischem Recht und Heiliger Schrift auf korrekte Weise aufzufassen,[131] zumindest insofern man dadurch die „*Torah*" von der „*Lex*"[132] unterscheiden könnte und nicht bloß die Moral (= der Dekalog, das Heil) vom kanonischen Recht (= Disziplin in der Kirche).[133]

Trotz der textuellen („dicta") und konzeptionellen („intenta") Trägheit des Textes, ist es dennoch möglich, eine entscheidende „Wiederholung" in ihm zu erkennen: „die Wichtigkeit der *Disziplin*" in der Kirche Gottes (zweimal wiederholt)[134]; es ist nämlich notwendig,

„der kirchlichen Gesellschaft eine Ordnung zu geben, die der Liebe, der Gnade und dem Charisma den Vorrang einräumt und *zugleich* [kursiv: Hgg.] ihren geordneten Fortschritt im Leben der kirchlichen Gesellschaft wie der einzelnen Menschen, die ihr angehören, erleichtert".

Diese Aussage will der Furcht begegnen, daß der Kodex auf irgendeine Weise „im Leben der Kirche den Glauben, die Gnade, die Charismen und vor allem die Liebe […] ersetzen" wolle (oder könne).

Sieht man einmal von dem unplausiblen – und in keinerlei Weise aussagekräftigen – Schriftbezug ab, so verweist der Text auf die Notwendigkeit, „die erforderliche Ordnung" der Kirche zu sichern, indem „einige Regeln und Verhaltensnormen" definiert werden und zwar insbesondere

---

den Inhalten des Glaubens gehört [Übers. d. Übers.]":A.M. Rouco Varela/E. Corecco, Sacramento e Diritto: antinomia nella Chiesa? Riflessioni per una Teologia del Diritto canonico, 1971, 52); vgl. E. Corecco, *Ordinatio rationis* o *ordinatio fidei?* Appunti sulla definizione della Legge canonica, in: Communio VI (1977) Nr. 36, 51.

[129] Vgl. P. Gherri, Teologia del Diritto canonico: elementi per una fondazione epistemologica, in: Apollinaris LXXVII (2004) 679–696; ders., Teologia del Diritto canonico: note per individuare la nuova Disciplina accademica, in: Ius Canonicum XLV (2005) 693–754.

[130] Vgl. M. Visioli, L'insegnamento della „Teologia del Diritto" negli studi di Diritto canonico, in: Ephemerides Iuris canonici – n. s. LII (2012) 211–234.

[131] Vgl. P. Gherri, Lezioni (o. Anm. 35), 149–168.

[132] Vgl. P. Gherri, Linguaggi, concetti e Diritto, in: P. Gherri (Hg.), Linguaggi e concetti nel Diritto. Atti della VII Giornata canonistica interdisciplinare, 2013, 519–525.

[133] Diesbezüglich erweist sich die Aussage Coreccos, nach welcher „die kanonische Ordnung grundsätzlich die einzelnen disziplinären Normen als heilsnotwendig erachtet" [Übers. d. Übers.] als eine der extremsten (und theologisch inakzeptablen) Auffassungen dieser Position: E. Corecco, Il valore della Norma canonica in rapporto alla salvezza. Prolusione per il conferimento della Laurea „honoris causa" (Università Cattolica di Lublino, 23 maggio 1994), in: E. Corecco, Ius et Communio. Scritti di Diritto canonico, (G. Borgonovo/A. Cattaneo Hgg.) I, 1997, 64.

[134] Der Begriff „Disziplin" taucht in Wahrheit viermal im Text der Konstitution auf, bereits im „incipit".

die „wichtigsten Normen zur Ausübung des dreifachen der Kirche übertragenen Dienstamtes" sowie die „fundamentalen Elemente der hierarchischen und organischen Struktur der Kirche". In Bezug auf die „von ihrem göttlichen Stifter eingesetzten und auf der apostolischen oder einer
anderen ganz alten Überlieferung fußenden Elementen" erscheint hier ein
Element von besonderem Interesse: Diese Formulierung *lockert* schrittwei-
se die *Verbindung* – auf die gerade erst hingewiesen wurde (*sic*) – zwischen
kanonischem Recht und der Person Christi auf, indem sie erst die apostolische Tradition durchquert, um dann zu dem zu gelangen, was einfach
„ganz alt" ist. Altes und Neues Testament bilden somit den Horizont für
eine bewährte (= ganz alte) kirchliche Praxis, die in erster Linie am *Funktionieren* des kirchlichen Gebäudes interessiert ist.

 Zweitens: Der rechtfertigende (apologetische) Ansatz des Kodex. – Dieser Ansatz Kodex erweist sich in jeder Hinsicht als der fundierteste und über-
zeugendste: Es handelt sich um sein Verhältnis zum Zweiten Vatikanischen
Konzil oder – wenn man möchte – zu seinem *ekklesiologischen* Fundament.
Die erste Aussage ist dabei die wichtigste:

„Das Instrument, das der Kodex ist, entspricht voll dem Wesen der Kirche, wie es
vom Lehramt des Zweiten Vatikanischen Konzils ganz allgemein und besonders in
seiner Ekklesiologie dargestellt wird", die in *Lumen Gentium* und *Gaudium et Spes*
ausgeführt wird. Der „Kodex kann gewissermaßen als ein großes Bemühen aufgefaßt werden, die Ekklesiologie des Konzils in die Sprache des Kirchenrechts zu
übersetzen" und das dank jenes Wesensmerkmals, „aufgrund dessen der Kodex als
Vervollständigung der vom Zweiten Vatikanischen Konzil vorgestellten Lehre angesehen wird".

Ein besonderer Schwerpunkt liegt dabei auf 1) der „Kirche als Volk Gottes" und auf der „hierarchischen Autorität als Dienst"; 2) der Kirche als
„communio" zwischen den „Teilkirchen und der Universalkirche", „zwischen Kollegialität und Primat"; 3) dem dreifachen christologischen „munus" aller Gläubigen, insbesondere in ihren Rechten und Pflichten ausgedrückt; 4) dem „Einsatz für den Ökumenismus".

 Drittens: Der funktionale Ansatz. – Dieser fügt in Wahrheit nicht viel
Neues zu dem bereits Gesagten hinzu: „der Kodex des kanonischen Rechts
wird in der Tat von der Kirche dringend benötigt";

„Denn weil auch sie [die Kirche] nach Art eines sozialen und sichtbaren Gefüges
gestaltet ist, braucht sie Normen, Gesetze, damit ihre hierarchische und organische
Struktur sichtbar wird; damit die Ausübung der ihr von Gott übertragenen Ämter
und Aufgaben, insbesondere die der kirchlichen Gewalt und der Verwaltung der
Sakramente, ordnungsgemäß wahrgenommen wird; damit die gegenseitigen Beziehungen der Gläubigen in einer auf Liebe fußenden Gerechtigkeit gestaltet werden,
wobei die Rechte der einzelnen gewährleistet und festgesetzt sind; damit schließlich die gemeinsamen Initiativen, die unternommen werden, um das christliche Le-

ben immer vollkommener zu führen, durch die kanonischen Bestimmungen unterstützt, gestärkt und gefördert werden." (XII–XIII)

Der letztendliche Zweck des Kodex ist es, „sich als wirksames Instrument [zu erweisen], mit dessen Hilfe die Kirche sich selbst entsprechend dem Geist des Zweiten Vatikanischen Konzils vervollkommnen kann und sich als immer geeigneter für die Erfüllung ihres Heilsauftrages in dieser Welt erweist." (Ebd.)

Alles in allem deckt die Untersuchung über die Inhalte der Konstitution „Sacrae Disciplinae Leges" – nebst der großen konzeptionellen Unterschiede zu den vorangehenden päpstlichen Bullen – wieder einmal eine deutliche *Insuffizienz* auf, das *Konzept des kanonischen Rechts* der römischen Kirche *aus theologischer Sicht auszudrücken*. So hat sich gezeigt, daß der Gegenstand der Konstitution nicht das kanonische Recht an sich ist (nur ein einziges Mal wird dieses im Text mit Namen genannt), sondern *einzig* der Kodex des kanonischen Rechts, auf das sich alle direkten und indirekten (zwölf) Aussagen beziehen. Diesbezüglich kann es zwei mögliche Interpretationsschlüssel geben: 1) die Überzeugung (die in Wahrheit auch noch heute im Katholizismus weit verbreitet ist), daß der Codex mit dem gesamten kanonischen Recht übereinstimme.[135] Daher gilt das, was von der Konstitution über den Codex ausgesagt wird, zugleich auch für das Recht; 2) die Überzeugung, daß das kanonische Recht weiterhin kein zu thematisierendes Problem in der römischen Kirche sei. Daher gibt es keinerlei Notwendigkeit, sich um die Darstellung seines Konzeptes und Fundamentes zu bemühen.

Da bereits 35 Jahre seit der Promulgation des C. I. C. vergangen sind, wäre es eigentlich wichtig, sich bewußt zu machen, daß viele der Problematiken, auf die die Konstitution „*Sacrae Disciplinae Leges*" reagieren wollte, *rein den Umständen* geschuldet waren und sind. Sie sind zu einem bedeutenden Teil mit den Lehren ihrer „Urheber" verknüpft und spiegeln die Unsicherheit jener Jahre bezüglich der „Lektüre" des Zweiten Vatikanischen Konzils wider, vor allem aus institutioneller Sicht. Dies zeigt sich besonders an der Spannung zwischen „Volk Gottes" und „communio", welche dazu führte, daß die Bischofssynode von 1985 (also 20 Jahre nach dem Konzil) als hermeneutischen Schlüssel von Vatikan II nicht die ursprünglich biblische Kategorie („*Volk Gottes*"), die vom Konzil selbst hervorgehoben worden war, gewählt hat, sondern die theoretische, die von der (damals) mehrheitlichen Partei, die die nachkonziliare Lehre vertrat, befürwortet wurde[136]: nämlich die „*communio*".[137] Es war und es ist gerade die Voraussetzung der Katego-

---

[135] Gemäß der in der „Providentissima Mater" verwendeten Formel, die von dem „Codex des gesamten kanonischen Rechts" spricht.

[136] Vgl. S. Pié-Ninot, Introduzione alla Ecclesiologia, 1994, 31 u. 116.

[137] „Die Ekklesiologie der Gemeinschaft [„communio"] ist die zentrale und maß-

rie der „communio", die das Bedürfnis der „Rechtfertigung" und „Theologisierung" des kanonischen Rechts aufkommen ließ, wie sie der päpstliche Gesetzgeber in „Sacrae Disziplinae Leges" aussprach; die Kategorie der „Kirche als Volk Gottes" hätte hingegen theoretische Anstrengungen erfordert, die zu verschieden zu den mittlerweile traditionell gewordenen gewesen wären.

3.4. *Der Codex Canonum Ecclesiarum Orientalium von 1990.* – Die Promulgation des *Codex* für die lateinische Kirche von 1917 hatte auch in der katholisch-orientalischen Kirche großes, vorwiegend *technisches* Interesse geweckt, insbesondere aufgrund des Zustandes ihrer juristischen Quellen, die noch viel komplexer und umfangreicher als die lateinischen sind.[138] Es war derselbe Kardinal Gasparri, der bereits 1929 die Vorbereitung für eine mögliche Kodifizierung auch des orientalischen kanonischen Rechts eingeleitet hatte.[139] Die Arbeiten daran gingen für einige Jahrzehnte voran und führten über vier legislative Eingriffe von Pius XII. zur schrittweisen (und unvollständigen) Promulgation des sogenannten „Codex Iuris Canonici Orientalis" (C. I. C. O.).[140] Die Arbeit wurde 1959 aufgrund der Anberaumung des Zweiten Vatikanischen Konzils unterbrochen und nach seiner Beendigung wieder aufgenommen. Sie wurde dann 1990 mit der Promulgation des „Codex Canonum Ecclesiarum Orientalium" (C. C. E. O.) zu ihrem Abschluß geführt.

Die apostolische Konstitution „Sacri Canones"[141], mit der Johannes Paul II. den C. C. E. O. promulgierte, fällt durch ihren Umfang auf (31 % ausführlicher als „Sacræ Disciplinæ Leges": 2.560 Wörter zu 1.760, zählt man die

---

[138] Hierzu genügt es, die acht Bände (der IX. Band beinhaltet das Inhaltsverzeichnis) der von Gasparri gesammelten „Fontes" für das C.I.C. (vgl. P. GASPARRI/J. SERÉDI [Hgg.], Codicis etc.) mit den 18 Bänden (oft in mehreren Büchern) der „Fontes" zu vergleichen, die durch die vorbereitende Kommission für den orientalischen Codex gesammelt wurden (vgl. CONGREGATIO PRO ECCLESIA ORIENTALI, Codificazione canonica orientale. Fonti, 18 Bd., Roma, 1935–1946).

[139] Vgl. PIUS XI., Notificatio: Cum Quamplurimi, in: *AAS* XXI (1929) 669.

[140] Vgl. PIUS XII., Litteræ apostolicæ motu proprio datæ, de disciplina Sacramenti Matrimonii pro Ecclesia orientali: Crebræ Allatæ, in: AAS XLI (1949) 89–117; DERS., Motu proprio de Iudiciis pro Ecclesia orientali: Sollicitudinem nostram, in: AAS XLII (1950) 5–120; DERS., Motu proprio de religiosis, de bonis Ecclesiæ temporalibus et de verborum significatione pro Ecclesiis orientalibus: Postquam Apostolicis Litteris, Codex Iuris Canonici Orientalis, in: AAS XLIV (1952) 65–152; DERS., Litteræ apostolicæ motu proprio datæ, de Ritibus orientalibus, de personis pro Ecclesiis orientalibus: Cleri Sanctitati, in: AAS IL (1957) 433–603.

[141] Vgl. IOANNES PAULUS II., Constitutio apostolica de promulgatione Codicis Canonum Ecclesiarum Orientalium: Sacri Canones, in: AAS LXXXII (1990) 1033–1044.

Und gebliche Idee in den Dokumenten des Zweiten Vatikanischen Konzils": SYNODUS EPISCOPORUM, Relatio finalis: Ecclesia sub verbo Die mysteria Christi celebrans pro salute mundi, 1985, C1.

lateinischen Texte mit). Dies unterscheidet die Konstitution in bedeutender Weise sowohl von den mittelalterlichen Bullen als auch von der Bulle „*Providentissima Mater*" von 1917. Auch diese Konstitution hat, wie die
vorhergehende in Bezug auf den lateinischen Kodex, einen starken Fokus
auf ein spezifisches Element: die *Erarbeitung* des orientalischen Codex, während *Grund* und *Ziel* komplett in einer ausführlichen Einleitung behandelt
werden, die als historisch-spirituell definiert werden könnte.

Der dogmatische Abschnitt, der für die *Sacræ Disciplinæ Leges* so bezeichnend gewesen war, fehlt hingegen beinahe vollkommen: Eine Tatsache,
die – obgleich sie den konzeptionellen und vor allem theologischen Zugang erschwert – auf indirekte Weise weiterhin bestätigt einerseits, daß es
für die römische Kirche nicht notwendig ist, grundlegende Aussagen über
das kanonische Recht zu machen, und andererseits zugleich ebenso die
oben dargestellte Hypothese über die Bedeutung des Kontextes hervorhebt, der den dogmatischen Abschnitt der *Sacræ Disciplinæ Leges*[142] beeinflußt und gekennzeichnet hatte, und somit dessen konzeptionelle Unbe-
deutsamkeit wiederholt.

a) Was die *Struktur* der Konstitution angeht, so zahlt sie den Preis dafür,
daß sie das Instrument der Promulgation des ersten wahren kanonischen
„Kodex" der orientalischen Kirchen ist. Sie begab sich also in die Position, vor der gesamten kirchlichen „Welt" – kulturell sehr fern von der lateinischen – die Existenz eines derartigen *neuen* Instrumentes[143] rechtfertigen zu müssen. Die Nennung der „Canones" gleich im Titel kann dabei nicht ausreichend die Tatsache ausgleichen, daß es sich vor allem um
einen „Codex" handelt[144]. Aus funktionaler Sicht haben wir es mit ähnlichen Umständen zu tun wie bei der bereits dargestellten Promulgation des
C.I.C. von 1983, die dazu zwangen, das neue juristische (und päpstliche)
Geschöpf vor den Adressaten zu „rechtfertigen".[145] Genau in dieser Absicht

---

[142] Erneut ein „äußerer" Umstand in Bezug auf den Codex und ebenso in Bezug auf
das kanonische Recht als Ganzes, wenngleich innerhalb der katholischen Kirche entstanden, da es sich um das Aufeinanderstoßen der beiden extremen Pole bezüglich der
Rezeption von Vatikan II handelt: Kontinuität (also „*nichts Neues*") oder Diskontinuität
(„*Es muss sich alles ändern*").

[143] In der Tat sind die vier „Teile" des C.I.C.O., die von Pius XII. promulgiert wurden, aus konzeptioneller Sicht nicht zu vergleichen mit der Promulgation des C.I.C.
von 1917 für die lateinische Kirche.

[144] Im Laufe des Textes taucht der Begriff „Corpus" auf, der wahrscheinlich geeigneter gewesen wäre: Man bemerke auch, daß der Titel für lange Zeit offenstand, gerade aufgrund seiner intrinsischen Problematik. Ebenso ist zu bemerken, daß bereits die
erste Gruppe der in Nicäa erwähnten Canones „Codex" genannt wurde: ein Begriff
aus dem (zivilen) justinianischen Recht und nicht weit entfernt von der antiken byzan-
tischen Mentalität.

[145] Obgleich der Kodex von 1917 im Can. 1 schreibt „Licet in Codice Iuris canonici
Ecclesiæ quoque orientalis disciplina sæpe referatur", fuhr er präzisiernd fort, daß „ipse

entfaltet sich der gesamte erste Teil des Textes, der sich mittels zahlreicher Zitate, auch aus dem Zweiten Vatikanum, bemüht, das neue generelle, allgemeine und einheitliche juristische Instrument in die lange und artikulierte orientalische kanonische Rechtsgeschichte einzuordnen, die schon immer auf den durch die ersten großen orientalischen Konzilien festgelegten und *anerkannten „sacri Canones"* basierte: ausdrücklich genannt werden Chalkedon (451), Konstantinopel (691) und Nicäa (787). Hierbei ist einerseits auf das Fehlen konkreter biblischer Bezüge hinzuweisen und andererseits auf die Betonung dessen, was in den orientalischen Kirchen als „apostolisch" und „ganz alt" gilt (obgleich dieser Begriff nicht ausdrücklich verwendet wird),[146] in dem offenkundigen Bemühen, sich in eine Kontinuität mit der altkirchlichen Praxis und der dogmatisch-ekklesiologischen Sicht zu stellen. Spezifisch theologische Elemente scheinen beinahe ganz zu fehlen, abgesehen von den Verweisen auf die legitime „Vielfalt" der Riten[147], die die Katholizität der Kirche zum Ausdruck bringt und ihren Reichtum ausmacht.

Auf einer anderen nicht weniger bedeutenden Ebene wendet sich die Aufmerksamkeit der Ökumene zu, angesichts der Tatsache, daß die Konstitution *„sacri Canones"* – konzentriert im 1. christlichen Jahrtausend – gemeinsames Erbe aller Ostkirchen sind. Dies verdeutlicht, daß „der neue Kodex kein Hindernis, sondern von großem Nutzen" für die Ökumene ist.

b) Der Abschnitt, der dem langen *Erarbeitungsprozeß* des orientalischen Kodex (1929–1990) gewidmet ist, bietet keine bedeutenden theologischen Denkanstöße außer einem Element, das bereits, wenn auch auf andere Weise, für den lateinischen Kodex von 1983 aufgetaucht ist: „diesen Kodex ‚haben *die Orientalen verfaßt'"*, obwohl er sich dessen ungeachtet durch seine Promulgation als *primatial* erwies (auch wenn dies möglicherweise aus ökumenischen Gründen nicht ausdrücklich gesagt wird; der eigentliche Gesetzgeber scheint auch in diesem Fall ein *anderer* als der formelle zu sein).

Die doppelte Gegebenheit (C.I.C. und C.C.E.O.) ist für die vorliegende Untersuchung von besonderer Wichtigkeit; denn die drei kanonischen Kodizes des 20.Jahrhunderts – *„cauta forma promulgationis"*– können nicht mehr als *päpstliches Recht* identifiziert werden, sondern es handelt sich tat-

---

tamen unam respicit latinam Ecclesiam, neque orientalem obligat, nisi de iis agatur, quae ex ipsa rei natura etiam orientalem afficiunt", was im Wesentlichen den orientalischen Kirchen fremd blieb – abgesehen von dem, was das Verhältnis zum Heiligen Stuhl betraf.

[146] Wie es hingegen in Sacræ Disciplinæ Leges der Fall gewesen war.

[147] Im eigentlichen Sinne zu verstehen als „liturgisches, theologisches, spirituelles und disziplinäres Erbe der einzelnen Kirchen, die ihre Ursprünge in den ehrwürdigen alexandrinischen antiochenischen, armenischen, chaldäischen und konstantinopolitanischen Traditionen haben".

sächlich um *kirchliches Recht.* Umso mehr gilt dies bei dem orientalischen Kodex, bei dem die Bedeutung der Konstitutionen und der päpstlichen Dekretalien (= das „Corpus Iuris Canonici") als Quellen nur eine marginale Rolle spielt. Parallel dazu ist auch der Gebrauch der Begriffe „anerkennen/Anerkennung" zu beachten, um auf die Aktivität der höheren Autorität gegenüber den Kanones hinzuweisen, die in gewisser Weise autonom aufgrund der kirchlichen Dynamiken „existieren" und nur deshalb als autoritativ „anerkannt" werden.

c) Immer noch aus einer *theologischen Sicht* ist zu beobachten, daß im Abschnitt zur Promulgation explizit auf die *kollegiale Zuneigung* verwiesen wird, in der die Patriarchen, Erzbischöfe und Bischöfe mit den römischen Instanzen zur Verfassung des Kodex „zusammen gearbeitet haben": Dies bekräftigt, was wir gerade eben bereits betont haben, indem es das Verhältnis von Kollegialität und Primat zusätzlich ins Gleichgewicht bringt. Tatsächlich wurde auch während der Erarbeitung die „Kollegialität" bei der Arbeit betont. Auf diese Weise wird die für die Promulgation des Kodex verwendete päpstliche Autorität *darauf reduziert,* einem langen Weg abschließend *zuzustimmen*[148]. Es handelt sich dabei sowohl um einen kirchlichen (die orientalischen Traditionen) als auch um einen kollegialen (der Beitrag der einzelnen Hierarchien) Weg, der im Papst weder seine *„causa causans"* noch seine *„sola/principalis virtus"* hat.

Zusammenfassend gilt, daß es trotz des Mangels an spezifischen Elementen von innerem theologischen Wert dennoch möglich ist, einige Elemente zu identifizieren, die für den hier zu untersuchenden konzeptionellen Ansatz von Wert sind. Vor allem aus terminologischer Sicht lohnt es sich, die Bedeutung des Begriffs „Disziplin" (kommt sechsmal vor) und „disziplinieren" (kommt dreimal vor) hervorzuheben; auch der Begriff „Ordnung" wird mehrmals verwendet (viermal), so wie auch „Verordnung" (dreimal). Da dieselben Begriffe auch in der Konstitution „Sacrae Disciplinae Leges" verwendet werden, sind sie anscheinend nicht nur als *häufig auftretend* zu betrachten, sondern auch als *strukturierende Elemente* des römischen Gedankens über das kanonische Recht (der in den Kodizes ausgedrückt wird). Dieses ist zu allererst als *Disziplin* und *ordo/ordinatio* zu verstehen und nicht als *Ius, Lex* oder *potestas.* Ebenso ist die Aussage über die Gleichwertigkeit der lateinischen Gesetze und den orientalischen Kanones nicht zu unterschätzen: auch dieser Faktor, erweitert die Auffassung über die kanonischen Normen über ihre technische Bezeichnung hinaus, und letztendlich besteht auch der lateinische Kodex aus Kanones.

---

[148] Es handelt sich um die bereits erwähnte „formelle Anerkennung".

4. Abschließende Bemerkungen

Die bis hierhin aus fundamentaltheologischer Sicht vorgenommene Untersuchung der lehramtlichen und juristischen Dokumente ersten Ranges für die römische Kirche über das *Wesen* (besser noch: die Identität), und über die *Grundlagen* des kanonischen Rechts, hat einige Elemente ans Licht gebracht, die zum Großteil für diejenigen überraschend sein mögen, die den *epistemologischen Verhältnissen* zwischen kanonischem Recht und Theologie keine besondere Aufmerksamkeit geschenkt haben.

Zwei formale Beobachtungen scheinen von großer Bedeutung zu sein:

– In den wesentlichen Dokumenten („Constitutiones"), also jenen, auf denen die institutionelle und juristische Wirklichkeit der römisch-katholischen Kirche „erbaut" ist, wird praktisch nie von dem kanonischen Recht als solchem gesprochen; die Thematik erscheint als grundsätzlich irrelevant und ihr wird keine besondere Bedeutung, außer *indirekt* in der Promulgation des C.I.C. von 1983, zuerkannt;

– Es besteht ein beachtliches Ungleichgewicht zwischen der offiziellen, sehr limitierten Lehre des Lehramts und der sehr ausgedehnten Lehre von theologischen Autoren über das behandelte Thema. Das kanonische Recht wurde in der Tat im Laufe der Jahrhunderte sehr ausgiebig interdisziplinär behandelt. Allerdings spiegelt sich dies wenig auf fundamental-theoretischer Ebene des Lehramtes wider.[149]

Auf der substantiellen Ebene zeichnen sich dennoch einige Elemente von großer Bedeutung und großem Wert ab, gerade für die Fundamentaltheologie:

1) Das kanonische Recht erscheint in der kirchlichen Praxis der ersten fünfzehn Jahrhunderte (also bis zum „Corpus Iuris Canonici") als eine „Gegebenheit", die man einfach zu pflegen, zu verwalten, hatte;

2) Der Interessensbereich des kanonischen Rechts betrifft in erster Linie das Leben der Kleriker, dann das der Geweihten (Mönche und Ordensbrüder) und ganz zuletzt auch das der Laien;

3) Aufgabe des kanonischen Rechts ist die Regelung und Verwaltung der Verhaltensweisen, welche die größte Auswirkung auf das Leben und die Mission der Kirche haben, vor allem auf der Ebene der Leitung („Litteræ decretales") und des Richteramtes;

4) Das kanonische Recht ist für das Leben der Kirche notwendig aufgrund der bestehenden und unausweichlichen Tendenz der Menschen zum Streit, zur Ungerechtigkeit und zur Untreue (post-lapsarischer Zustand auch der Getauften);

---

[149] Welches sich „ad intra Ecclesiæ" fast ausschließlich auf das, was den Glauben und die Bräuche betrifft, konzentriert (vgl. Cann. 749; 750; 752).

5) Über das kanonische Recht spricht man tendenziell nicht mit den Begriffen „Ius" oder „Lex," sondern „disciplina" und „ordo";

6) Irgendeine spezifische und unmittelbare göttliche „Ableitung" des kanonischen Rechts taucht praktisch nie mit grundlegenden Begriffen auf, *obgleich das sogenannte göttliche Recht „ius divinum" ohne Zweifel die wahren Grenzen der kirchlichen Normativität aufzeigt.*[150]

Es handelt sich um wenige Elemente, die dennoch von großem Interesse sind und weiterentwickelt werden können, sei es aus einer ausdrücklich *theologischen* sei es aus einer *ökumenischen* Sicht. Wenn also das kanonische Recht ganz zur kirchlichen „Praxis" gehören kann – und muß –, dann ist seine *faktische* Präsenz und Bedeutung für das Leben der Gemeinde der Jünger Christi ganz und gar funktional und ergänzend: wie es *faktisch* („res") immer schon gewesen ist, abgesehen von spezifischen Betonungen einzelner Umstände („dicta"), die sich der Kirche oft von außen aufgedrängt haben (Häresien, Schismen, Verfolgungen, *libertas Ecclesiæ* etc.).

Die Sache wird umso deutlicher, wenn man das kanonische Recht mit dem zivilen Recht vergleicht, welches an denselben Orten und Zeiten in der Geschichte Gültigkeit hatte. Der Orient erlaubt hierzu eine bessere Lesbarkeit, was eine Hilfe zum angemessenen und unideologischen Verständnis einiger bedeutender Fragen des Okzidents sein könnte:

– Die soziale und politische Einheit des römischen und dann byzantinischen Reiches im Osten führte dazu, daß es insbesondere seit Justinian (6. Jh.) das Zivilrecht war, das sich um einen Großteil der Fragen bezüglich der Organisation und der Funktion der kirchlichen Strukturen kümmerte. Auf diese Weise bot es – im Besonderen der byzantinischen Kirche – eine verwaltungsmäßige und funktionale *Unterstützung* (neben der juristischen und strafrechtlichen). Dies verhielt sich ausdrücklich ergänzend zu dem, was die Kirche bereits (mehr oder weniger) selbständig in den „sacri Canones" festgelegt hatte, die von den verschiedenen Konzilien und lokalen Synoden übernommen worden waren. Gerade die sozio-politische Christianisierung des Reiches und die zunehmenden Eingriffe des zivilen Gesetzgebers in Fragen bezüglich des öffentlichen Gottesdienstes, des „status" der Kleriker und der Mönche, des Schutzes der kirchlichen Güter etc. führten zur Erschaffung einer weitreichenden kaiserlichen Gesetzgebung für die kirchlichen Angelegenheiten: ein wahrhaftiges (*Staats-*) *Kirchenrecht*, aufgrund dessen es beinahe für die Gesamtheit der orientalischen Kirchen bereits ab dem 1. Jahrtausend an (und noch mehr nach dem Schisma des 11. Jh.) keinerlei Notwendigkeit gab, die „*sacri Canones*", die von der Tra-

---

[150] Vgl. P. GHERRI, „Ius divinum": in adeguatezza di una formula, in: J. I. ARRIETA (Hg.), Ius divinum. Atti del XIII congresso internazionale di Diritto canonico (Venezia, 17–21 settembre 2008), 2010, 488.

dition überliefert worden waren, zu erweitern, um den neuen Problemen, die das alltägliche Leben weiterhin mit sich brachte, zu begegnen. Bei der späteren „Nationalisierung" des Großteils der orientalischen Kirchen wurde diese Rechtsstruktur ohne große Probleme beibehalten und erweitertet, zumindest bis zum 19. Jahrhundert. An sich stellte man sich im Orient praktisch nie die Fragen des sogenannten Jurisdiktionalismus, noch befaßte man sich mit den entsprechenden Antworten bezüglich: „libertas Ecclesiæ" und „Ius publicum ecclesiasticum".

– Die Parallele zu dem, was in Zentraleuropa als Folge der Reformation des 16. Jh.s geschehen war, ist leicht erkennbar. Umso mehr, weil die eingetretene Abwesenheit der Kleriker, der Mönche und der Ordensbrüder, wie auch die Reduktion der Sakramente – vor allem der komplexeren, auch in ihrer praktischen Durchführung (Weihe und Ehe) – dazu führte, daß die „säkularen" Normen (*Staatskirchenrecht*) mehr als ausreichend waren für die funktionellen Bedürfnisse derer, die auch im Okzident in Folge des Prinzips „cuius Regio eius religio" (Augsburger Religionsfrieden, 1555), zu wahren „Staatskirchen" wurden und noch heute sind.

– Anders verhielt es sich hingegen im römischen Okzident. Der Untergang des weströmischen Reiches im Zusammenhang mit der *Völkerwanderung* und der Wiederbevölkerung durch hauptsächlich germanische und slawische Völker führte zu einer für viele Jahrhunderte lang gewissermaßen entgegengesetzten Situation. Hier war es die römische Kirche – insbesondere der Papst – die in Italien auch viele öffentliche säkulare Funktionen übernahm. Diese blieben über die Zeit des Mittelalters hinaus in seinen Händen und in denen der Bischöfe, zumindest bis zum Entstehen der ersten Nationalstaaten. Es zeichnete sich so eine Situation ab, in der statt eines *Staatskirchenrechts* ein wahres *Kirchenstaatsrecht* entstand, das dazu neigte, auch die politische Gesellschaft mittels eines *Papststaatsrechts* zu lenken: Gerade das also, was die mitteleuropäische Reformation radikal infrage gestellt hatte bis hin zu dem Punkt, die normative päpstliche und kirchliche Macht (zumindest die transalpine) zu bestreiten. In diesem Sinne – einzig die Dimension und Gegenüberstellung der Macht beachtend – sind die Aussagen von R. Sohm über die Unvereinbarkeit des *Kirchenrechts* mit dem Wesen der Kirche zu lesen und zu verstehen.[151]

Das Bild ist aber komplexer. Denn von einem bestimmten Punkt an bemerkte die deutsche evangelische Kirche, wie wir es bereits bezüglich der *Barmer theologischen Erklärung* von 1934 erwähnten, daß sich die Umstände im Vergleich zu den vorhergehenden Jahrhunderten radikal verändert hatten. Man konnte nicht mehr akzeptieren, daß ein „ethischer", anti-evan-

---

[151] Vgl. R. Sohm, Kirchenrecht I. Die geschichtlichen Grundlagen, Leipzig, 1892, 700.

gelischer Staat die Normen für die Organisation und das Funktionieren der Kirche vorgab. Der Kontext hierzu war die Annahme des sogenannten „Arierparagraphens" von Seiten der ersten Synode der „Deutschen Evangelischen Kirche" (DEK) im September 1933 entsprechend der Rassengesetzte des Dritten *Reiches*[152].

Mit dem kirchlich normativen „Kurzschluss", der in der Deutschen Evangelischen Kirche somit erzeugt wurde, entstand die Notwendigkeit, die Frage nach der Identität und der Funktion des Rechts als solchen (gegen die Rassengesetze) als auch des Rechts zur Organisation der Kirche auf ganz neue Weise zu stellen. Daraus entstand in der Nachkriegszeit die *Rechtstheologie* und die *Kirchenrechtstheologie*, um das nicht-menschliche, das nicht-philosophische und das nicht-politische „Fundament" sowohl des *Staatsrechts* als auch des *Kirchenrechts* zu untersuchen und zur Geltung zu bringen. Für diese suchte man stattdessen nach einem ausdrücklich „theologischen"[153] Fundament und folglich auch nach einem eigenen theologischen Konzept. Die intensive Aktivität, die sich auf deutsch-evangelischer Seite entwickelte, steckte auch einige katholische Kanonisten an – „*in primis*" K. Mörsdorf – und stellte viele der römisch-katholischen Konsultoren, die an der nachkonziliaren Überarbeitung des Kodex von 1917 arbeiteten vor die Frage des „theologischen Fundaments" des kanonischen Rechts: eine Frage, die dann in die Konstitution „*Sacræ Disciplinæ Leges*" von 1983 miteinfloss, wie bereits oben aufgezeigt.

Die bis hierhin unternommene Untersuchung, die aus einer ausdrücklich theologischen Perspektive anhand der Prüfung der bedeutendsten normativen Quellen der römisch-katholischen Kirche geschah und nach dem – möglicherweise theologischen – Konzept des kanonischen Rechts suchte, hat ohne Zweifel das unterstrichen, was bereits zu einer ähnlichen Gelegenheit zum Ende der 60er Jahre deutlich gesagt worden war:

„Doch wie steht es mit einer eigenständigen katholischne Rechtstheologie? Sie ist nicht nur faktisch kaum vorhanden, ihre Berechtigung wird sogar prinzipiell bestritten. [...] denn das Recht gehört zum Wesen des Menschen, also in die Zuständigkeit der Philosophie; demnach nicht der Theologie"[154];

und weiter:

---

[152] Vgl. P. GHERRI, Primi appunti (o. Anm. 8), 232–233.

[153] „Keine menschliche Metaphysik – weder die Platons, noch die des Aristoteles noch die Hegels – ist fähig, zu sagen, was der Staat und das Recht sei. Die Wahrheit kann nur durch den Glauben gekannt werden, und nicht durch die Philosophie, weshalb die *analogia entis* durch die *analogia fidei* zu ersetzen ist". E. CORECCO, Art.: „Diritto", in: Dizionario teologico interdisciplinare, I 1977 139.

[154] W. STEINMÜLLER, Evangelische Rechtstheologie, 1968, 7.

„die Rechtstheologie – so wie sie in der protestantischen Theologie verstanden wird, als Überlegung über das theologische Fundament des Rechts – ist eine Disziplin, zu der es keinerlei Entsprechung in der katholischen Theologie gibt."[155].

Wenn dies der Fall ist und wir die Annahme überwinden, daß die Auffassung der römisch-katholischen Kirche über das kanonische Recht mit der reformatorischen Theologie *theologisch unvereinbar* sei, dann gibt es keine wirklichen „grundlegenden" Faktoren und Elemente, die den ökumenischen Weg bezüglich des kanonischen Rechts behindern könnten, das – wie immer von römischer Seite – im Wesentlichen als „regula, disciplina, ordo, in vita Ecclesiae" zu verstehen ist.

Ganz und gar offen bleibt dagegen eine andere Frage – eine Frage, die unter anderen Aspekten eine „grundlegende" Frage ist, nämlich unter Aspekten, die immer noch theologisch sind, aber nicht fundamentaltheologisch „stricto sensu". Denn diese Aspekte rühren aus den spezifischen *Inhalten* her, die das katholische kanonische Recht (und zum Großteil auch das orientalisch-orthodoxe) konkret regeln: die kirchliche Struktur und Funktionalität der Kirche (die Thematik der Hierarchie) und besonders die Sakramente, was beides (und zwar uimfassend) mit dem Weihesakrament verbunden ist.

(Übersetzung: *Fanny Askani*)

---

[155] I. Hoffmann, Droit canonique et Théologie du Droit, in: Revue de Droit canonique XX (1970) 289.

Die doktrinalen Debatten in der katholischen Kirche über die Grundlagen des kanonischen Rechts

Überlegungen eines Kanonisten

PATRICK VALDRINI

Die Organisation moderner staatlicher Gesellschaften in der zweiten Hälfte des zweiten Jahrtausends hat innerhalb der katholischen Kirche Diskussionen über das Grundwesen der „congregatio fidelium" angefacht, die auf eine Vorstellung zurückgegriffen haben, die sich entwickelt hatte ausgehend von dem Gedanken Sankt Augustins über die *„Ecclesia"* als Leib Christi, d.h. als eine universale Gemeinde, welche sich weltweit erstreckt, deren Haupt Christus ist und die „eine organische Wirklichkeit [ist] [...], in der sie [die Päpste], als die Nachfolger Petri, den Platz des sichtbaren Hauptes einnehmen, und zwar so, daß das Leben des Leibes ganz von ihnen abhängt."[1] Diese Diskussionen waren das Thema der Auseinandersetzungen, die die Kirche zum einen gegen die aus der Reformation hervorgegangenen Ekklesiologien geführt hat, welche die hierarchische Verfassung und die Mittlerrolle der Kirche in der Heilsordnung infrage stellten, und zum anderen gegen die regalistischen und gallikanischen Thesen, die die Ausübung der kirchlichen Rechtshoheit über nationale Territorien anfochten. Der Codex des kanonischen Rechts von 1917, der erste Codex der Quellengeschichte des kanonischen Rechts, wurde von diesen Auseinandersetzungen beeinflußt. In den zwei dem Codex vorangehenden Jahrhunderten diente den Kanonisten die Bezeichnung der Kirche als *„Ecclesia societas iuridice perfecta"* als konzeptioneller Bezug zur Errichtung einer eigenen Gesellschaftsordnung mit unübersehbarer Originalität.[2] Dieser Bezug verfolgte einen doppelten apologetischen Schutzzweck. Zunächst mußte

---

[1] Y. CONGAR, L'Église. De Saint-Augustin à l'époque moderne, 1970, 30 (Histoire des dogmes, Tome III, Christologie-Sotériologie-Mariologie, Fascicule 3); dort S. 12–23. (dt. Fassung: Y. CONGAR, Die Lehre von der Kirche. Von Augustinus bis zum Abendländischen Schisma, 1971, 15 [= Handbuch der Dogmengeschichte. Bd. 3, Christologie – Soteriologie – Ekklesiologie – Mariologie – Gnadenlehre, Faszikel 3c]).

[2] R. MINNERATH, Le droit de l'Église à la liberté. Du Syllabus à Vatican II, 1982 (Le point théologique: 39).

vermieden werden, daß die katholische Kirche an Gesellschaften angeglichen würde, deren Organisation auf dem soziopolitischen und juristischen Konzept der Freiheit und Autonomie des Individuums gründete, welches die Staaten in der Weise des Denkens oder bei der Beteiligung an den Institutionen des politischen Regiments fördern und sichern müssen. Sodann wollte man an dem Grundsatz der hierarchischen Struktur festhalten, der dieser Lehre gemäß aus dem Willen Christi selbst hervorgeht und der erfordert, daß die Gläubigen die Jurisdiktion der ordinierten Priester in der Lehr- und Regierungsordnung und deren wesentliche Rolle bei der Erlangung der Gnade durch die Sakramente akzeptieren. Folglich besaß die Kirche ein eingeborenes oder sozusagen souveränes Recht, sich selbst zu regieren und als eine Gesellschaft zu handeln, die nach eigenen, „*ex ipsa ordinatione divina*"[3] erworbenen Prinzipien[4] organisiert ist. Als eine „im juristischen Sinne vollkommene" Institution mußte und konnte sie (gemäß der Pflichten und Rechte göttlichen Ursprungs) ihren Mitgliedern alle Heilsmittel durch Vermittlung derjenigen verschaffen, die mit der Leitung der gesamten gegründeten Gemeinschaft beauftragt sind. Die in dieser Ordnung hervorgehobene einzigartige und exklusive Rolle der kirchlichen Hierarchie als Herz der Organisation der Kirche führte im Codex des kanonischen Rechts von 1917 zu einem Ungleichgewicht bei der Darstellung der Pflichten und Rechte der Kleriker, Ordensmitglieder und Laien. Dies erklärt, warum das Organisationsrecht der Kirche in dem den Klerikern gewidmeten Abschnitt behandelt wird, die allein die kirchlichen Ämter bekleiden konnten, und dies erklärt auch, warum die synodale Aktivität an den Rand gedrängt wurde.[5] Die im kanonischen Recht aufgenommene Ekklesiologie hatte somit einen juristischen Charakter. Die Lehre der „*Ecclesia iuridice perfecta*" hatte den ekklesiologischen Gedanken ausgedörrt, indem sie ihn auf die Behandlung von Themen reduzierte, die ihrerseits die Wichtigkeit derjenigen Inhalte minderten oder verdrängten, die vom traditionellen Nachdenken der Kirche über ihr eigenes Wesen bisher entwickelt worden waren.[6] Um überzeugend zu sein, stützte sich die Lehre auf

---

[3] Can. 100 CIC 1917.

[4] A. DE LA HERA/C. MUNIER, Le droit public à travers ses définitions, in: Revue de droit canonique 14 (1964) 32–63.

[5] J. BEYER, Laïcat ou Peuple de Dieu, in: Atti del Congresso internazionale di diritto canonico. La Chiesa dopo il Concilio, Roma, 14–19. Januar, 1972, 237. Siehe hierzu P. VALDRINI (mit EMILE KOUVEGLO), Leçons de droit canonique. Communautés, personnes, gouvernement, 2017, 372–374.

[6] Für R. MINNERATH, Le droit, op. cit, 23: „Ohne Zweifel liegt der Ursprung der Lehre der ‚société parfaite' in dem durch die Reformation verursachten Bruch der Einheit der ‚Res publica christiana'. Das gleichzeitige Aufkommen der konfessionellen Pluralität und des Staates im modernen Sinne zwang dazu, das Problem des Verhältnisses zwischen den Kirchen und den weltlichen Mächten zu überdenken. Der springende Punkt war,

eine gesellschaftspolitische Überlegung, die in einem engen Syllogismus enthalten ist: Im Major fing dieser Syllogismus mit der Beschreibung der Elemente an, die notwendig sind, damit eine Gesellschaft juristisch gesehen vollkommen ist. Im Minor zeigte er auf, daß die Kirche diese Eigenschaften besitzt, und in der Konklusion sagte er aus, daß die Kirche folglich wahrhaftig eine „*societas iuridice perfecta*" ist, frei, unabhängig und autonom in ihrer Ordnung, gleich den Staaten, die ihre Existenz und ihre Notwendigkeit anerkennen müssen. Der Codex des kanonischen Rechts war eine Art inneres und äußeres öffentliches Recht, zumal das kirchliche „ordinamento" durch sich selbst und in gewisser Weise für sich selbst existierte.[7]

Das Ende des Zweiten Vatikanischen Konzils abzuwarten, um mit der Überarbeitung des Codex von 1917 zu beginnen, war eine symbolträchtige Entscheidung. Johannes XXIII. verkündigte diese Entscheidung an dem Tag, an dem er auch die bevorstehende Einberufung aller Bischöfe der Welt nach Rom ankündigte.[8] Man wußte, daß das Konzil die ekklesiologischen Fragen in Übereinstimmung mit den vorangehenden Positionen des Lehramtes der Päpste angehen würde und man erahnte, daß die Überarbeitung der Gesetzestexte zusammen mit dem „aggiornamento" erfolgen mußte, welches in Vorbereitung war. So zeigte sich, daß der Verlust des Interesses für das Kanonische Recht von 1917 und der Anti-Legalismus, den viele anprangerten, sich eher mit der veralteten Form der Belege erklären ließ, aus denen sich der Codex aufbaute, als mit der Haltung der Menschen gegenüber dem Recht als solchem: Nach dem Zweiten Weltkrieg hatte die 1917 promulgierte Gesetzgebung die ihr bis dahin noch beigemessene Bedeutung verloren. Einige westliche katholische Länder wie Frankreich wurden aufgrund einer fortgeschritten Entchristianisierung mit pastoralen Problemen konfrontiert. Man konnte diese nicht mit juristischen Kategorien und Institutionen des kanonischen Rechts lösen, die trotz allem immer noch von den Lehrern in den Seminaren und Universitäten vermittelt wurden. Die innerkirchliche, anti-legalistische Stimmung, die aus dieser Erfahrung erwuchs, und der Wille, die rigiden Instrumente zu beseitigen, denen man sich beugen mußte, lassen sich zum Teil durch diese im Bereich des kanonischen Denkens vorherrschende Ignoranz der reellen Probleme erklären und auch durch die seit dem Gebrauch der Kodifizierung aufgekommene Gewohnheit, ausschließlich vom positiven Recht auszugehen, um einen rechtlichen Rahmen für das Leben und die Aktivitäten der Gemeinden vorzuschlagen. Verstärkt wurde eine der-

---

daß der traditionelle Dualismus der beiden Mächte, deren Trennlinie immer schwankend war, zum Vorteil der Allmacht des Staates zu verschwinden tendierte". [Übers. d. Übers. aus dem Französischen].

[7] Für den Syllogismus siehe R. MINNERATH, a.a.O. 88–93.

[8] AAS 51 (1959) 65–69.

artige Haltung durch die Reduzierung der Rolle des Kanonisten zu der eines Kommentators[9] und durch die Zentralisierung der Orte, an denen das Recht produziert wurde, d. h. durch das Fehlen von Synodalität bei der Ausübung der obersten Autorität. Folglich war der Rückgang des Interesses für das kanonische Recht vor allem der Entwicklung der Ekklesiologie in der katholischen Welt selbst geschuldet.[10] Jedoch wurde seit dem Ende des 19. Jh. durch Möhler und die Tübinger Schule eine Lehre von der Kirche ausgearbeitet, die sich im folgenden Jahrhundert in bis dahin vernachlässigten Forschungsbereichen ausbreitete: in der Theologie, in der Schriftforschung, in der Patristik und in der Geschichte. Ab der Mitte des letzten Jahrhunderts gab es auch eine beachtenswerte missionarische Tätigkeit und einen Wechsel der Perspektive, der die Beteiligung der Gläubigen hervorhob, ihre individuelle und kollektive Beteiligung. Diese Beteiligung war Ausdruck ihres Status als Getaufte, welcher sie in die Pflicht stellt und ihnen das Recht gibt, an den Lehr-, Heiligungs- und Regierungsfunktionen der Kirche mitzuwirken und ihren Platz in den Gemeinden einzunehmen, deren Status man ebenfalls wiederzuentdecken begann. Diese Bewegung entwickelte sich später zusammen mit der Wiederentdeckung der synodalen Dimension der Ausübung der kirchlichen Ämter. Die Gesetzgebung von 1917 war für eine kirchliche Gemeinschaft verfaßt worden, deren eigenes Bild von sich selber – ebenso wie das vom päpstlichen Lehramt – sich sehr stark gewandelt hatte. Die Gemeinden wollten den Widerstand gegen die Ideen der Beteiligung des Individuums bei der Suche nach dem Gemeinwohl und beim Finden der die Gemeinden selber betreffenden Entscheidungen nicht mehr dulden. Diese Veränderungen zusammenfassend, hat Yves Congar beschrieben, wie der aus dem letzten Jahrhundert stammende Ansatz wiederauflebte, der inspiriert war von

„der Einsicht in das Mysterium der Kirche als Fülle im Rahmen des Planes Gottes, der Heilsgeschichte, d. h. einer Geschichte, die in Kontinuität mit Israel steht, deren Mitte Christus, deren Ziel die eschatologische Vollendung ist [...]. Der Begriff [juristisch perfekte] ‚Gesellschaft' erwies sich als ungenügend, um den Reichtum des Mysteriums auszusagen. Man konnte sogar die Möglichkeit, die Kirche zu *definieren*, in Zweifel ziehen."[11]

---

[9] P. VALDRINI, Le travail du canoniste dans les facultés de droit canonique, in: Revue de droit canonique 1997, 111–126.

[10] Diese Situation wurde oft und wiederholt in den katholischen Kreisen mit der Erinnerung an die Äußerungen Rudolfs Sohms über die Unvereinbarkeit von Gesetz und Evangelium dargestellt.

[11] Y. CONGAR, Die Lehre von der Kirche, Vom Abendländischen Schisma bis zur Gegenwart, 1971, 115 f. (= Handbuch der Dogmengeschichte, Band III, Christologie – Soteriologie – Ekklesiologie – Mariologie – Gnadenlehre, Faszikel 3d).

Die Zeit um das Zweite Vatikanische Konzil war somit für das kanonische Recht hinsichtlich seiner doktrinalen Reflexion eine Zeit einmaliger Intensität: Die Veränderungen in der ekklesiologischen Perspektive und die neuen Ansätze zu sehr strittigen und von ideologischen Verhärtungen geprägten Themen, die die katholische Kirche in Konflikt mit der Denkweise moderner Gesellschaften getrieben hatten, ihr Verhältnis zu Staaten und ganzen Gemeinschaften, vor allem zu den getrennten Brüdern, den Juden, den Nicht-Christen – dies alles hat auf Seiten der Kanonisten den Willen geweckt, nicht nur das Recht an die neuen ekklesiologischen Debatten anzupassen, wie es dann die Promulgation eines neuen Codex 1983 zeigen würde, sondern darüber hinaus auch, sich mit Fragen zu befassen, die die Grundlage für die Existenz von Recht in der Kirche sowie die von ihm verwendeten Methoden betreffen. Also: Inwiefern war das kanonische Recht notwendig? Und wenn ja, worin bestand dann seine Besonderheit hinsichtlich der Ekklesiologie? Und worin seine Besonderheit hinsichtlich der Gestalten von Recht in den anderen Gesellschaften?

Dies zeigt, wie sehr sich die Beschäftigung mit dem Kanonische Recht innerhalb der katholischen Welt von derjenigen unterschied, die in den protestantischen Kirchen des 20. Jh. stattfand. Diese machten sich zuallererst über die Rolle des Rechts als solches Gedanken und dann über ein mögliches eigenes kanonisches Recht. Und hierfür griffen sie auf ihr von den Reformatoren geerbtes und empfangenes Gedankengut zurück, vor allem über das Verhältnis zwischen Gesetz und Evangelium.

Während seit dem Beginn des ersten Jahrtausends und mehr noch mit dem „ius publicum ecclesiasticum" das kanonische Recht als ein Recht konzipiert worden war, das – mit eigenen spezifischen Elementen für die Kirche – dem gesellschafts-organisierenden Recht entsprach, stellte sich nun die Frage, ob man jetzt, nachdem mit dem Zweiten Vatikanische Konzil eine überarbeitete Ekklesiologie neu in Kraft getreten war, noch akzeptieren konnte, daß die Kirche eine Vorstellung des kanonischen Rechts angenommen hatte, welche nicht aus ihrem eigenen Erbe, ihrer eigenen Denktradition und im Blick auf gewisse Lehren nicht aus ihrem Glauben hervorgegangen war. Gewiß hat es in der katholischen Kirche schon immer ein Nachdenken über die Existenz des Rechts und des Gesetzes gegeben, jedoch versuchte dieses stets, die Besonderheit der organisierenden Kategorien des kanonischen Rechts durch Vergleich zu anderen Rechtsordnungen aufzuzeigen, wie dem römischen Recht und dem Staatsrecht.[12]

---

[12] Siehe M. d'Arienzo, Kodification und Ius vetus, in: Archiv für katholisches Kirchenrecht, 186 (2017) 454–464. Zur Zeit der Verfassung des Codex des kanonischen Rechts von 1917, der der erste Codex in der Geschichte der Rechtsquellen war, waren die Fragen ganz andere. Man fragte sich, wie eine zweitausendjährige Tradition der Rechtsproduktion und ihre eigenen Themen erhalten werden konnte, die im Begriff war,

Vor dem Vatikanischen Konzil gab es – trotz des Einflusses insbesondere der Enzyklika *Mystici corporis* (29. Juni 1943) von Pius XII. – nur wenige Versuche, über die Grundlagen des kanonischen Rechts nachzudenken. Die Professoren des kanonischen Rechts an den staatlichen Universitäten Italiens hatten das Interesse, für die Gesetzgebung nach dem „ordidamento canonico" den Beweis zu führen, daß sie wahres Recht war, nur mit Kategorien, die auf ein bestimmtes Ziel verwiesen. Während das Denken dieser Autoren sich immer noch innerhalb der Vorstellung des kanonischen Rechts als eines „ius publicum ecclesiasticum" bewegte,[13] ging es jedoch im Wahrheit darum, an den Universitäten gegenüber einer nicht-kanonistischen juristischen Denkweise die das kanonische Recht vernachlässigte, auf die Eigenart und die Wichtigkeit dieser Disziplin hinzuweisen.

Auch nach dem Konzil schien zunächst die Überarbeitung des Codex von 1917 keine spezifischen Überlegungen über die Grundlage des kanonischen Rechts anzuregen. So erwähnte etwa die Bischofssynode, welche über die Kriterien zu entscheiden hatte, an welche sich die Verfasser des überarbeiteten Codex halten sollten, diese Fragen nicht. Die Bischofssynode ging nicht über eine Aussage zur Methode hinaus:

„Wir wollen, dass die Arbeit der Kommission keine *einfache* Überarbeitung, sondern eine tiefgreifende Reform des Codex ist, so daß er dadurch äußerlich die rein juristische Erscheinung des Bürgerlichen Gesetzbuches verliert und eine andere Gestalt annehme, welche die übernatürlichen Prinzipien der Institutionen [sc. die er behandelt] offen erkennbar macht".[14]

Einschlägige Überlegungen ergaben sich jedoch anläßlich des (schließlich mißglückten) Versuchs, eine „*Lex Ecclesiae fundamentalis*" auszuarbeiten, welche die grundlegendsten Elemente für die Strukturierung der Kirche hätte enthalten sollen, und zwar – ganz wie in den Verfassungsrechten der modernen Staaten – im Ausgang von einer Hierarchie der Rechtsebenen. Der Versuch einer solchen *Lex* führte nämlich einen Aufbau ein, der – inspiriert von den großen Texten des Zweiten Vatikanums – von dem des Codex von 1917 abwich, und eine mehr theologische Sprache – was zu zahlreichen Debatten führte. Als dann später Johannes Paul II. den Ent-

---

in einer bis dahin unbekannten Form zu einer „ius vetus" zu werden in einer Zeit, in der Staaten entstanden, die eine voluntaristische Auffassung des Rechts hatten und eine Rechtssicherheit wollten, während die Rechtsquellen der Kirche unterschiedliche und verstreute waren. Wobei dies Problem aber nicht um den Preis eines Verlustes der traditionellen Flexibilität des Rechts und seines Gerechtigkeitsgefühls gelöst werden sollte.

[13] M. Miele (Hg.), Gli insegnamenti del Diritto Canonico e del Diritto Ecclesiastico dopo l'unità d'Italia (= Religione e Società. Studi, testi, ricerche di diritto e storia raccolti da Francesco Margiotta Broglio, 37), 2015, 714.

[14] Principia quae codicis iuris canonici recognitionem dirigant, in: Communicationes 2 (1969) 78–79. [Übers. d. Übers. aus dem Französischen].

wurf zu einer solchen Lex zurückrief, weil sich die Lösung dieser Aufgabe wegen gegensätzlicher Lehren, die zu grundlegenden Fragen aufgekommen waren, als nicht möglich erwies,[15] führte das dazu, die bereits vorbereiteten Canones für die „Lex Ecclesiae fundamentalis" in den zukünftigen Codex aufzunehmen. Dadurch wurde dem schließlich 1983 promulgierten Text ein mehr theologischer Charakter verliehen. Dieser war jedoch nur dem Anschein nach theologischer, weil zwecks Bewahrung der Canones des Codex von 1917[16] und um Begriffe für die präzise Anwendung von Kategorien einzufügen,[17] die (ausführlich zitierten) Texte des Zweiten Vatikanischen Konzils diesen Zwecken angeglichen werden mußten.

Im Verlauf dieser Debatten haben sich Schulen und dogmatische Strömungen herausgebildet und einander gegenüber gestanden, deren Unterscheidungsmerkmal vor allem ein unterschiedlicher epistemologischer Zugang zum Begriff des kanonischen Rechts war. Es wäre an dieser Stelle zu viel, diese Schulen und Strömungen mit allen Aspekten und Kategorien, auf denen sie gründen, darzustellen. Jedenfalls war es das Verhältnis zwischen dem kanonischen Recht und der Theologie, das die Meinungsverschiedenheit der entgegengesetzten Positionen ausmachte, die entweder ein Programm der Enttheologisierung des kanonischen Rechts vorschlugen, oder im Gegenteil den Vorschlag machten, eine Theologie des kanonischen Rechts zu schaffen.[18] Die Folge ist, daß eine Kluft in Lehrfragen folgende Gruppen trennt:

---

[15] G. ALBERIGO, Fede, istituzione et „Lex fundamentalis" nella tradizione cristiana, in: Legge e Vangelo, Discussione su una legge fondamentale per la Chiesa, 1972, 15–37.

[16] Wie die beiden Kanones 96 und 204 des CIC 1983.

[17] Zum Beispiel an den can. 208 CIC 1983: P. VALDRINI, Fedele, uguaglianza e organizzazione della Chiesa nel CIC del 1983, in: Ambula per nomine et pervenies ad Deum. Studi in onore di S.E. Mons. Ignazio Sanna, 2012, 513–531.

[18] Man findet eine Darstellung der zur Zeit des Konzils entstandenen unterschiedlichen, Strömungen und Schulen und eine sehr umfangreiche Bibliografie, auch für die orthodoxe und die protestantische Theologie, in E. CORECCO, Teologia del diritto canonico in Nuovo dizionario di teologia (a cura di G. Barbaglio e S. Danich), 1988, 1711–1753. Übersetzung in: Theologie des Kirchenrechts. Methologische Ansätze, 1980, 116 S. (canonistica, 4). Diese Darstellung ist zwar nicht neutral, denn sie zielt darauf, die Position von A. Rouco-Varela darzulegen, aber sie ist ziemlich vollständig und erlaubt, die Themen der Debatte zu verstehen. – S. auch C.R.M. REDAELLI, Il concetto di diritto nella Chiesa nella riflessione canonistica tra Concilio e Codice, 1991, 325, und A. JACOBS, Théologie et droit canon- Théologie du droit canon, in: Revue théologique de Louvain, 25 (1994) 204–226. Als repräsentative Autoren sind unter anderen zu nennen N. EDELBY/T.I. JIMENEZ-URRESTI/P. HUIZING, Droit canonique et théologie, in: Concilium 8 (1965) 7–9, 13–22, 91–117. P. VILADRICH, Hacia una teoria fundamental del derecho canonico, in: Ius canonicum 13, 26 (1973) 171–258. P. LOMBARDIA, La norma nel diritto canonico, in: Studi cattolici 20 (1976) 651–661; A DE LA HERA, El ius divinum como criterio de autenticidad en el derecho della Iglesia, in: Ius canonicum 16 (1976)

– Zunächst diejenigen, die z.B. die Kirche wie jede Gesellschaft als ein kanonisches *„ordinamento"* verstehen mit einem eigenen System, welches aus dem Heilszweck der Kirche herrührt (*„salus animarum"*), aus ihrem göttlichen Recht (*„ius divinum"*) und aus den kircheneigenen Vorstellungen über die kanonische Gleichheit (*„aequitas canonica"*) und über die Verbindung zwischen Gerechtigkeit und Liebe (*„iustitia et caritas"*).

– Dann diejenigen, die sich, ausgehend von der Vorstellung des Gottesvolkes und des Rechts als institutionelles und zwischenmenschliches Instrument der Justiz, an der Definition und dem Schutz der Grundrechte der Gläubigen festhalten.

– Sodann diejenigen, die den gesellschaftlichen Aspekt, die Sozialität, der Kirche in ihrem *„Mysterium"* verwurzelt sehen, indem sie auf das Verhältnis Körper-Seele hinweisen.

– Und weiterhin diejenigen, die sich von der Christologie inspirieren lassen, um dem Recht einen Beitrag zuzuschreiben für die historische Stellung der Kirche in ihrer gesellschaftlichen Gestalt als einem – die Inkarnation weiterführenden – Ort der Vermittlung Christi.

Die Frage, *in welchem Sinne* auf die Redewendung „ubi societas, ibi ius" Bezug genommen, also auf ein philosophisches, soziologisches oder rein logisches Modell zurückgegriffen wird, entscheidet darüber, ob die Redewendung zum Teil zu übernehmen oder von ihr Abstand zu nehmen ist.

Dieser Fragenkreis wurde sichtbar, als die Forderung nach einer radikalen Erneuerung des theologischen Denkens über das Kanonische Recht aufkam, die sich auf die Arbeiten Klaus Mörsdorfs von der Universität München[19] stützte und diese weiterentwickelte, und an dem Echo, das diese in der kanonistischen Schule fand. Es kam zum theoretischen Entwurf einer Rechtstheologie, die bezüglich der Natur des kanonischen Rechts auf kein philosophisches System und auf nichts außerhalb der kirchlichen Reflexion zurückgreifen wollte. Sie wollte sich radikal vom *„ius publicum ecclesiasticum"* trennen. Sie entwickelte ein eigenes Konzept, das auf den grundlegenden Elementen der Kirche selbst gründete: dem Wort und den Sakramenten.[20]

91–144; LADISLAS ORSY, Theology and Canon Law: New Horizons for Legislation and Interpretation, 1992, 211 S; P. GHERRI, Teologia del Diritto canonico: elementi per una fondazione epistemologica, in: Apollinaris 76 (2004) 679–696; DERS., Teologia del Diritto canonico. Lezioni introduttive, 2020.

[19] K. MÖRSDORF, Zur Grundlegung des Rechts in der Kirche, in: Münchener Theologische Zeitschrift 3 (1952) 329–348; DERS., Wort und Sakrament als Bauelement der Kirchenverfassung, in: Archiv für katholisches Kirchenrecht 134 (1965) 72–79.

[20] A. ROUCO-VARELA, Grundfragen einer katholischen Theologie des Kirchenrechts. Überlegungen zum Aufbau einer katholischen Theologie des Kirchenrechts, in: Archiv für katholisches Kirchenrecht, 148 (1979) 341–352. V. SOBANSKI, Parole et sacrements, facteurs de formation du droit canonique, in: Nouvelle Revue théologique, 95 (1973)

Hinsichtlich aller aufgeführten Denkansätze genügt hier der Hinweis, daß die Autoren

– entweder für die kirchliche Institution Konzepte – und zwar oft widersprüchliche – vorschlugen, die sich jeweils auf bereitwillig übernommene nicht-kanonische Theorien stützten und sich so in die geschichtliche Realität der Gesellschaften und ihrer Rechtssysteme einfügten,

– oder im Gegenteil, sie zeigten den ausdrücklichen Willen, ein eigenes Konzept der Institution zu schaffen, vollkommen losgelöst von der geschichtlichen Wirklichkeit des gesellschaftlichen Zusammenlebens, um innerhalb des „ordo theologicus" eine eigene juristische Disziplin mit einer ihr eigenen Methode zu erarbeiten. Diese Konzepte standen sich in dogmatischen Diskussionen gegenüber, als sich der von Johannes-Paul II. 1983 promulgierte Codex nach 20 Jahren Arbeit für keine dieser Begründungstheorien aussprach.

Diese doktrinale Diskussion und Arbeit ist jedoch gerechtfertigt angesichts der Existenz des kanonischen Rechts und des Gewichts, das es im Leben und in den Tätigkeiten der Kirche hat. Daher kann jeder Kanoniker seine eigene Theorie über die Grundlagen des kanonischen Rechts erarbeiten und eine eigene Methode der Interpretation übernehmen. Papst Paul VI., der sich zu diesem Thema geäußert hatte, ebnete den Weg, indem er ein Konzept des Kirchenrechts als eines an die Theologie gebundenen Ortes entwickelte, an dem juristische Institutionen und Institute die Intuitionen und Lehr-Aussagen des Zweiten Vatikanischen Konzils in einer angemessenen Einstellung (also in einer Einstellung der Gerechtigkeit und Barmherzigkeit im Dienste des Heils der Menschen) übernehmen.[21] Papst Johannes-Paul II. griff ebenfalls in die Debatte ein und betonte die Wichtigkeit des Begriffes der Gemeinschaft („communio"). Hierfür stütze er sich auf den Ansatz des Konzils von Kirche als Sakrament der Einheit.[22] Diese beiden Päpste, die trotz allem versucht haben, über die rein techni-

---

515–526. Für Frankreich siehe den Artikel von J. Hoffman, Grâce et institution selon H. Dombois, in: Revue des sciences philosophiques et théologiques 52 (1968) 645–676.

[21] Paul VI., Ad clarissimum Virum Romanae Studiorum Universitatis Rectorem ceterosque Iuris Canonici peritos, qui Coetui internationali interfuerunt Romae habito, in: AAS 62 (1970) 109: „Nicht wie sonst fast immer in der Geschichte des Rechts die großen juristischen Sammlungen hauptsächlich für einen praktischen Zweck entstanden sind ‚ad comunem et maxime studentium utilitatem [vor allem zugunsten all jener, die studieren]' oder, wie Dante es Justinian sagen lässt ‚d'entro le leggi trassi il troppo e il vano [aus den Gesetzen habe ich das Überflüssige und das Unnötige entfernt]', sondern um das kanonische Recht aus der Essenz selbst der Kirche Gottes herzuleiten, kraft deren das neue und originelle Gesetz, d.h. das evangelische Gesetz, die Liebe ist, die ‚gratia Spiritus Sancti, quae datur per fidem Christi [die Gnade des Heiligen Geistes, die durch den Glauben an Christus gegeben wird'." [Übers. d. Übers. aus dem Französischen]

[22] Papst Johannes-Paul II. bezeichnete den lange als „Frucht des Konzils" erwarteten neuen Kodex als „das letzte Konzilsdokument" in: L'osservatore romano, 9. April 1983.

sche und legale Auffassung des kanonischen Rechts hinauszugehen, haben niemals eine der Schulen mehr als eine andere gefördert. Dagegen sind sie gute Beispiele, wie, auf die Texte des Konzils gestützt, eine Grundlagentheorie erarbeitet werden kann.

Das Zweite Vatikanische Konzil hat zur Frage der Grundlagen des kanonischen Rechts keine Erklärung abgegeben.[23] Es hat aber – von jeder Schule auf ihre Weise genutzte – Bezugspunkte hervorgebracht, indem es einen dynamischen Zugang zur dogmatischen Konstitution über die Kirche eingeführt hat, der den geschichtlich-gesellschaftlichen Aspekt der Kirche nicht abstreitet, sondern darin das spezifische Wesen der Kirche und ihre spirituelle Natur zur Geltung bringt. Dadurch geht es über die Konzeption des „*Ius publicum ecclesiasticum*" mit seinem trennenden Prinzip hinaus, ohne die Vorstellung einer Kirche als Gesellschaft „*sui generis*" abzulehnen:

„Der einzige Mittler Christus hat seine heilige Kirche, die Gemeinschaft des Glaubens, der Hoffnung und der Liebe, hier auf Erden als sichtbares Gefüge verfaßt und trägt sie als solches unablässig; so gießt er durch sie Wahrheit und Gnade auf alle aus. Die mit hierarchischen Organen ausgestattete Gesellschaft und der geheimnisvolle Leib Christi, die sichtbare Versammlung und die geistliche Gemeinschaft, die irdische Kirche und die mit himmlischen Gaben beschenkte Kirche sind nicht als zwei verschiedene Größen zu betrachten, sondern bilden eine einzige komplexe Wirklichkeit, die aus menschlichem und göttlichem Element zusammenwächst. Deshalb ist sie in einer nicht unbedeutenden Analogie dem Mysterium des fleischgewordenen Wortes ähnlich."[24]

Diese Erklärung kann als Grundlage des kanonischen Rechts betrachtet werden, denn sie erkennt den Rang des gesellschaftlichen Aspektes der Kirche an, an welchen eine spezifische Organisation gebunden ist, die ihren Existenzgrund nicht in der simplen Notwendigkeit der Organisation hat, sondern in der Notwendigkeit, ein Abbild der menschlichen und göttlichen Natur desjenigen Organismus zu sein, in welchem der Heilige Geist wirkt, um diesen Organismus zu stärken und wachsen zu lassen. Das heißt, wenn die Bejahung der „*societas iuridice perfecta*" nicht mehr gültig ist, dann hat das Thema der Spezifität, welches darauf hinweist, daß die Kirche eine Gesellschaft „*sui generis*" ist, eine *identifizierende* und nicht eine *trennende* Begriffswirkung. Dies hat dazu geführt, daß man vom kanonischen Recht als einem Recht „*sui generis*" spricht, welches manchmal im selben Sinne einfach *Kirchenrecht* genannt wird.

Zu dieser doktrinalen Sicht vom *Wesen* der Kirche, die sich auf das Wesen des Kirche-organisierenden-Rechts auswirkt, kommt eine Überlegung

---

[23] In Dekret Optatam totius 16 wird die Ausbildung im kanonischen Recht erwähnt, welche im Blick auf das Mysterium der Kirche durchgeführt werden muß.

[24] Lumen gentium 8.

über die Finalität der Kirche hinzu, die ebenfalls Einfluß auf das Kanonische Recht ausübt. Die dogmatische Konstitution „Lumen gentium" hat die Kirche als ein „messianisches Volk" dargestellt, das „obwohl es tatsächlich nicht alle Menschen umfaßt und gar oft als kleine Herde erscheint, für das ganze Menschengeschlecht die unzerstörbare Keimzelle der Einheit, der Hoffnung und des Heils (ist)."[25] Dies ist eine Vorstellung, die den Anfang derselben Konstitution wiederaufnimmt: „daß nämlich alle Menschen, die heute durch vielfältige soziale, technische und kulturelle Bande enger miteinander verbunden sind, auch die volle Einheit in Christus erlangen (müssen)."[26]. Was die traditionelle Idee des „*Ius publicum ecclesiasticum*" betrifft, so ist wichtig, daß das Konzil die *gesellschaftliche* Natur der Kirche in eine *eschatologische Perspektive* einfügt. Diese Perspektive erlaubt es ihr, zugleich mit der Hervorhebung des Gemeinschaftscharakters der Kirche, in welchem sich ihre wahre Natur als Ort der Zusammenkunft aller zur Verkündigung des Gesamtsinns der Geschichte zeigt, zugleich auch das Beste der früheren kirchlichen Tradition wiederaufzunehmen.[27] Die Kirche ist eine Gemeinschaft, die das Antlitz Christi verkörpert, dessen Leib sie ist. Ihre Existenz rührt also nicht nur von der Tatsache her, daß sie eine „*congregatio fidelium*" ist, wie es Ockham wollte, eine soziale Realität, die diejenigen zusammenführt und zusammenfaßt, die sich in Christus erkennen, sondern eine *Realität,* die *geschaffen* wurde, um bis zum Ende der Zeiten die von Gott gewollte neue Gemeinschaft zu werden.[28] Die missionarische Dimension, die das Zweite Vatikanische Konzil wieder hervorgehoben hat, findet ihre Grundlage in der Berufung der Kirche, als einer historischen Gruppe von Personen, welche – in der Kontinuität mit dem dem Volk Israel gegebenen Auftrag – die zukünftige Einheit verkünden und symbolisch realisieren, um die noch nicht in der neuen Menschheit vereinten Menschen zusammenzubringen.

Das Kanonische Recht ist das Recht dieser neuen Gemeinschaft. Und seine Hauptkategorien lassen sich folgendermaßen erklären: Der Ort der einzelnen Kirchen ist der ekklesiologische Ort, in welchem und von dem ausgehend die Kirche als Ganze existiert. Und zwar die Gesamtkirche, als Modell aller organisierten Gemeinden mit einem Pfarrer, der ein Teil der Hierarchie der Kirche ist. Dazu kommt die Verpflichtung:
– die Aufgaben synodal auszuüben,
– die unterschiedlichen Status der Gläubigen gemäß ihrer Beziehung zur kirchlichen Gemeinschaft zu verstehen sowie

---

[25] Lumen gentium 9.
[26] A.a.O. 1.
[27] W. Kasper, La théologie et l'Eglise, 1990, 345–351.
[28] Y. Congar, L'Église (o. Anm. 1), 291.

– die Notwendigkeit, die eucharistische Versammlungen als Ort der Erfüllung der Mission der Kirche zu verstehen usw.

In der Tat ist folglich die *Finalität* der kirchlichen Gesellschaft und somit auch ihr *Ursprung*, der das Wesentliche ihrer Natur bestimmt, das grundlegende Element, *der Punkt der Einheit unter allen Schulen.*

Die entscheidenden Punkte, hinsichtlich deren sich die kanonistischen Schulen (Lehrer und Schüler) unterscheiden, sind:

– der juristische Aspekt, der allen Gesellschaften eigen ist,

– der Platz, den man einem dynamischen „*ius divinum*" einräumen muß, welcher in die Geschichte eingeschrieben ist,

– die Rolle der Vorbilder bei der Erarbeitung kanonischer Kategorien,

– das Verhältnis zum kirchlichen Lehramt,

– das Verhältnis zwischen dem Status der Einzelnen als Glied der kirchlichen Gemeinschaft und seinem obligatorischen Status als Bürger,

– der Platz, den man den Traditionen des alten Rechts einräumen muß, das aber aufgrund seiner Aufhebung nicht mehr verpflichtend ist und

– die intellektuelle Auseinandersetzung mit den Konzeptionen anderer Kirchen und religiösen Gemeinschaften.

(Übersetzung: *Fanny Askani*)

Das *Mysterium* der Präsenz des kanonischen Rechts in der evangelischen Kirche, d.h. die Frage nach der Sakramentalität der Kirche

Nicola Reali[1]

„Das Kirchenrecht steht mit dem Wesen der Kirche in Widerspruch". „Das Wesen der Kirche ist geistlich; das Wesen des Rechts ist weltlich"[2]. Diese Thesen des berühmten lutherischen Juristen Rudolf Sohm haben sowohl in der Kanonistik der evangelischen Kirchen als auch der römisch-katholischen Kirche eine Diskussion über die Identität und die Rolle des kanonischen Rechts in der Kirche angefacht. Die Diskussion konzentrierte sich dabei auf den Vergleich zwischen dem, was weltlich und dem, was geistlich ist, sowie auf die Zugehörigkeit des Rechts zum Weltlichen und der Kirche zum Geistlichen.

Auf diese Weise stand die Frage nach dem Wesen, der Legitimität und den Grenzen des kanonischen Rechts im Vordergrund.

Um das kanonische Recht zu begründen, ist es sicherlich nicht ausreichend, darauf hinzuweisen, daß eine jede Gemeinschaft von Menschen Regeln braucht. Denn einerseits ist zunächst zu klären, was man unter dem Begriff „Kirche" versteht und ob dieser vergleichbar ist mit dem anderer „Sozialverbände" oder nicht. Andererseits bedarf es einer Auseinandersetzung über den Begriff des „Rechts". Kann es eine Auffassung des Rechts geben, die zum *Wesen* der Kirche in einem harmonischen Verhältnis steht? Im Falle, daß die Antwort positiv ausfällt, muß man fragen, welche Funktion, welchen Wert und welche Legitimation man aus Sicht der evangelischen Kirche dem Recht im Allgemeinen und im Besonderen dem kanonischen Recht einräumen kann. Weiter muß man fragen, in welchem Verhältnis das kanonische Recht zu dem steht, was die evangelischen Kirchen

---

[1] Das in diesem Referat Entwickelte wird ausführlicher dargestellt in: N. Reali, Lutero e il diritto. Certezza della fede e istituzioni ecclesiali, mit einem Vorwort von E. Herms, 2017.

[2] R. Sohm, Kirchenrecht, Bd. I, 1892, 1 und 700. Vgl. diesbezüglich auch Ders., Wesen und Ursprung des Katholizismus, 1909.

charakterisiert im Vergleich zu den anderen Kirchen und was sie von ihnen trennt – das evangelische Bekenntnis.

Das sind alles Fragen, die reformatorische Theologen und Liebhaber des „ius ecclesiasticum protestantinum"[3] in der evangelischen Kirche beschäftigt haben (und bis heute beschäftigen). Diese haben über die Jahre, vor allem im Laufe des 20. Jahrhunderts, versucht, eine befriedigende Antwort auf jene Fragen zu finden. Aus all den dabei entstandenen Antworten wird deutlich, daß die von Sohm hervorgerufene Frage hinsichtlich des Verhältnisses zwischen dem Geistlichem und dem Weltlichem zweifellos zentral ist. Dies nicht nur, weil sie die Frage nach dem Wesen der Kirche ausdrücklich zum Thema macht, sondern insbesondere, weil sie als theologische Diskussion über ein unabweisbares Thema klärt, um was es dabei der Sache nach geht, und zwar letztlich, indem sie auf das „mysterium incarnationis" verweist, um die sakramentale Struktur des christlichen Glaubens und der Glaubensgemeinschaft.

Die *Unterscheidung* zwischen dem Geistlichen und dem Weltlichem stellt nämlich das *ursprüngliche Zusammenspiel* der beiden Extreme ins Zentrum, innerhalb derer sich die Menschwerdung des Wortes abspielt. Dies zeigt, daß sich die Überlegungen über die Kirche nicht von denen unterscheiden (und dies auch nicht dürfen), welche über die endgültige und eschatologische Begegnung zwischen Gott und der Welt angestellt werden müssen, die sich zu Bethlehem ereignet hat. Eine „Begegnung des nichtweltlichen Gottes mit der Welt, […] des Schöpfers mit dem Geschöpf"[4], kann zurecht *geheimnisvoll* genannt werden (und daher sakramental), liest man es auf der Basis des neutestamentlichen Konzeptes des „mystérion": ein Ereignis, das in der Welt geschieht, aber keinesfalls aus der Welt hergeleitet werden kann.

Wie dieses Ereignis geschieht und wie es zu verstehen ist, ist die Frage, die auch einem angemessenen „*intellectus fidei*" der Kirche zugrunde liegt, welche hierbei als eine geistliche Gemeinschaft zu verstehen ist und dies nicht einfach im Sinne eines radikalen Gegensatzes zwischen Geistlichem und Weltlichem, der die Kirche auf eine „*civitas platonica*" im Himmel reduzieren würde. Der geistliche Charakter der Kirche setzt ganz im Gegenteil voraus, daß ihre Essenz in der Welt Form annimmt und daher erfahrbar wird in ihrer leiblichen und sogar in ihrer geschichtlichen Gestalt. Ein Leib und eine historische Realität, die dennoch nur dann rechtmäßige Zeugnisse des geistlichen Wesens der Kirche genannt werden können,

---

[3] Unter diesen erinnern wir besonders an Erik Wolf (Ordnung der Kirche. Lehr- und Handbuch des Kirchenrechts auf ökumenischer Basis, 1961), Hans Dombois (Das Recht der Gnade. Ökumenisches Kirchenrecht I, 1961) und Johannes Heckel (Lex caritatis. Eine juristische Untersuchung übe das Recht in der Theologie Martin Luthers, 1953).

[4] E. Jüngel, Ganz werden, in: Theologische Erörterungen V, 2003, 275.

wenn die „mysteriöse" Natur dieses Leibes und dieser historischen Realität deutlich sind. Die *Leibhaftigkeit* der Kirche als *geistlicher* Gemeinschaft
erlaubt es ihr, in der Geschichte wandeln zu können. Denn dies ist nicht
etwas, was aus der weltlichen Realität hergeleitet werden kann oder von
den Möglichkeiten der Welt aus erklärt werden kann. Es handelt sich um
„das Zur-Welt-Kommen Gottes",[5] das mit der barmherzigen Kraft seiner
Gnade das weltliche Element umwandelt, um es auf *geheimnisvolle* Weise dafür brauchbar zu machen, daß das Werk Gottes, das „die Welt nicht
empfangen kann, weil sie ihn nicht sieht und nicht kennt" (Joh 14,17),
offenbar werde.

Das Recht fügt sich dabei auf der folgenden Ebene in das Leben der
Kirche ein: Wenn das, was bis hierhin gesagt wurde wahr (oder zumindest plausibel) ist, ist es offensichtlich, daß das Recht als etwas Weltliches –
wenn wir weiterhin die Worte Sohms verwenden wollen – mit dem Werk
Gottes radikal im Widerspruch steht. Wie kann ein kirchliches Gesetz (ein
Gesetz also, das von Menschen erlassen wird) den Einlaß ins Reich Gottes
sicherstellen? Wäre es hierzu fähig, müßte es zugleich auch die Gerechtigkeit Gottes zusichern können. Aber dies ist ausgeschlossen. Die Welt
ist endgültig am Kreuz gerichtet worden, und so mit ihr auch die ganze menschliche Gerechtigkeit, welche als Folge davon keinen Wert mehr
besitzt und gegenüber der göttlichen Gerechtigkeit immer ungerecht ist:
„Alle unsere Gerechtigkeit ist wie ein beflecktes Kleid" (Jes 64,5). Zugleich ist es ebenfalls offensichtlich, daß in der Kirche die Möglichkeit
eines Rechts besteht, wenn dieses analog zum Wasser der Taufe durch das
Wort Gottes innerlich verwandelt wird, damit es in der Weise eines „Mysteriums" notwendiges Element zur körperlichen und geschichtlichen Offenbarung der kirchlichen Gemeinschaft wird. Innerhalb des Mysteriums
des Leibes und der historischen Realität der Kirche kann sich zeigen, daß
das Recht die Art eines *Mysteriums* aufweist, wenn die Kraft des Wortes
Gottes es von innen heraus verwandelt, um es zu befähigen, das Gesetz
Christi offenbar zu machen, welches von keiner weltlichen Gesetzesord-
nung ableitbar ist: eine Verwandlung, die nicht geschieht, weil sie als solche *behauptet* wird, sondern allein, weil sie *geglaubt* wird – „non quia di-
citur, sed quia creditur".

Die Frage nach der Legitimität des Rechts in der Kirche, ist, indem sie
auf das Mysterium der Inkarnation des Wortes verweist, daher eine radikal theologische und steht und fällt mit der Prämisse des *mysteriösen,* sakramentalen, Charakters, welcher dem Recht zuerkannt werden kann. Man
könnte in anderen Worten sagen, daß es sich hier um eine grundlegende
und in gewisser Weise einfache Frage handelt: Wie kann es sein, daß ein

---

[5] A.a.O. 276.

Recht zur Richtlinie für das Leben einer Gemeinschaft wird, welche, wenn sie auch im Wesentlichen *geistlich* ist, dennoch *leibliche* und geschichtliche Formen annimmt?

Die einzige Antwort darauf findet man, wenn man die Art und Weise betrachtet, wie jene geistliche Gemeinschaft, in ihrer leiblichen und geschichtlichen Form erfahrbar wird. Eine andere Art und Weise wäre undenkbar.

Ist dies wahr, ist ebenso anzunehmen, daß all dies einzig unter der Voraussetzung geschieht, daß Gott selbst jenen Übergang vom Geistlichen zum Weltlichen vollzieht, welcher die Identität der Kirche ausmacht. Denn diese hängt ganz und gar von der Offenbarung des Geheimnisses des ewigen Gottes ab, die Christus in der Kraft des Heiligen Geistes vollzogen hat: Als Sohn Gottes offenbart sich Christus als „Ikone (*eikon*) des unsichtbaren Gottes" (Kol 1,15). Eine Ikone, also etwas in der Welt Sichtbares; eine Ikone Gottes, also des unsichtbaren Geistes: ein ewiges sich Ausdrücken des geistlich Unsichtbaren im weltlich Sichtbaren. Der Verweis auf die Inkarnation bestimmt also ganz und gar die Identität der Kirche, die sich – mehr noch als eine perfekte Gemeinschaft, sei sie auch die der Kinder des Geistes – in der Welt als der einzige Ort erweist, an dem sich das verwirklichen kann, was sonst in der Welt an sich in keinerlei Weise möglich ist: nämlich das Sichtbar- und Erfahrbarwerden des Werkes und der Herrlichkeit Gottes nach dem letzten und radikalsten apokalyptischen Prinzip, nach welchem gilt: „Es ist aber nichts verdeckt, das nicht aufgedeckt werden wird, und nichts verborgen, das nicht bekannt werden wird" (Lk 12,2).

Es sollte niemanden verwundern, daß dies alles mit dem Sakrament zu tun hat, schon allein aus dem einfachen Grund, weil das Sakrament schlechthin den Ort darstellt, an dem jener Übergang vom Geistlichen zum Weltlichen geschieht. Daß Wasser, Brot und Wein mehr als einfach nur ihre reine und einfache weltliche Materie darstellen, hängt damit zusammen, daß sie dem menschlichen Bewußtsein, kraft der Autorität Christi, mehr als nur ihre Materie schenken. Dieses „Mehr" autorisiert sie, die geistliche Handlung Gottes, von welcher die Sakramente herrühren und von welcher sie ihre einzige Legitimität empfangen, zu einer sichtbaren Erscheinung, zu einem Phänomen zu machen und zu vergegenwärtigen. Es ist immer der eine Gott Jesu Christi, der handelt und den Übergang vom Geistlichen zum Weltlichen bewirkt, in den Sakramenten, in der Kirche – einschließlich des Rechts – und in all dem, was den Menschen dargeboten wird, um ihnen zu helfen, das Bundeswort Gottes zu vernehmen und darauf zu antworten.

Letzteres, das Recht, erhält seine Legitimität in der Kirche nämlich allein dadurch, daß es hilft, die Ohren und die Herzen zum Wort Gottes hinzuwenden. Würde das Recht den Menschen in eine Situation versetzen, daß die Predigt des Wortes für ihn überflüssig würde, hätte es keinen Nutzen mehr und würde sich somit selbst abschaffen. Stattdessen hat es die Aufgabe, den Menschen in die Lage zu versetzen, dem göttlichen Ruf antworten zu können: den Menschen also in die Lage zu versetzen, im weltlichen Element des Rechts den geistlichen Ruf Gottes zu erkennen, um an jener „Civitas Dei", teilzuhaben, in welcher „diesze leutt [...] keyns weltlichen schwerdts noch rechts" „duerffen"[6].

Nach dem theologischen Fundament des kanonischen Rechts zu fragen, bedeutet folglich, nach jenem göttlichen Übergang vom Geistlichen zum Weltlichen zu fragen, welcher das sakramentale Wesen der Offenbarung Gottes ausmacht. Kann man vom „Mysterium" der Gegenwart des Rechts in der Kirche sprechen?

Jeder kann erkennen, daß eine positive Antwort nur auf der Basis eines Verständnisses der Kirche selbst als „Mysterium" gegeben werden kann und daß also die Antwort auf diese Frage bedeutet, sich gleichzeitig die Frage nach der *Sakramentalität* der Kirche zu stellen.[7] Wir werden versuchen, dies anzugehen, indem wir in den Schriften Luthers die wichtigsten Gedanken ausfindig machen, mit welchen überprüft werden kann, ob und wie die Frage nach dem Recht angemessen in einen sakramentalen Kontext eingeordnet werden kann, beruhend auf dem Urteil „daß das Motiv, das Luthers theologische Arbeit von Anfang an in Bewegung setzte und in Bewegung hielt, die Frage nach dem ‚heilsamen Gebrauch' der kirchlichen Gnadenmittel und hier zentral der Sakramente war".[8]

---

[6] Von weltlicher Obrigkeit, 1523, WA 11,249,36.

[7] Man muß nicht viele Worte über die Wichtigkeit der Thematik aus ökumenischer Perspektive verlieren. Dazu reicht es, das jüngst erschienene Dokument der evangelischen Kirche in Deutschland („Kirchengemeinschaft nach evangelischem Verständnis") in Erinnerung zu rufen, in welchem Folgendes vermerkt wird: „In diesem Zusammenhang ist auch festzustellen, dass die Notwendigkeit und Gestalt des ‚Petrusamtes' und damit des Primats des Papstes, das Verständnis der apostolischen Sukzession, die Nichtzulassung von Frauen zum ordinierten Amt und nicht zuletzt der Rang des Kirchenrechts in der römisch-katholischen Kirche Sachverhalte sind, denen evangelischerseits widersprochen werden muss" (EKD, Kirchengemeinschaft nach evangelischem Verständnis. Ein Votum zum geordneten Miteinander bekenntnisverschiedener Kirchen, III. Von der Gemeinschaft christlicher Kirchen zur Kirchengemeinschaft, 2.3., in: EKD-Texte 69 (2001) 13 [auch aufrufbar unter: http://www.ekd.de/EKD-Texte/6423.html, aufgerufen am: 24.10.2019]).

[8] E. Herms, Sakrament und Wort in der reformatorischen Theologie Luthers, in: E. Herms/L. Žak (Hgg.), Sakrament und Wort im Grund und Gegenstand des Glaubens, 2011, 1–49, hier 5.

1. Juristen: böse Christen

„Juristen: böse Christen"[9], ist einer der bekanntesten Aphorismen Luthers
über das Recht. Er ist einer unter vielen abschätzigen Kommentaren über
die Juristen: „Jeder Jurist ist Christi Feind";[10] „Wir haben keine ergere
Feinde, den die Juristen, wir *theologi*"[11]; „*Jeder Jurist ist ein Nichtsnutz oder
ein Sachverständiger über nichts*. Und wenn ein Jurist davon disputieren will,
so sag ihm: Hörst Du Gesell, ein Jurist soll hier nicht eher reden, es farze denn eine Sau"[12].Und man könnte noch manch Anderes aufzählen. All
dies – zusammen mit dem berühmten Vorfall vom 10. Dezember 1520 –
hat zum Ruf Luthers beigetragen, in Bezug auf die Struktur und das Wirken der Kirche gegen jeglichen Einfluss des Rechts zu sein; freilich einem
Ruf, dem von den protestantischen Historikern des „ius ecclesiasticum pro-
testantium" minuziös widersprochen wurde. Dank dieser Historiker konnte das populäre Schlagwort vom „antijuristischen Luther" endgültig der
Legende zugeordnet werden.

   Gleichzeitig muß zwangsläufig an die Verbrennung der kanonischen
Bücher und an die bereits veröffentlichten Hauptwerke erinnert werden,[13]
um die Gedanken des Reformators über das kanonische Recht zu verstehen. Dies zeigt uns deutlich, daß Luther ein zutiefst negatives Urteil über
die kanonischen Gesetze hatte, welche sich seiner Meinung nach für höher
hielten als die göttlichen Gesetze in der Heiligen Schrift. Das kanonische
Recht stellte das wirksamste und umfassendste Instrument dar, mit dem der
Papst über normative, juristische und administrative Gewalt verfügte, die
niemand – nicht einmal ein ökumenisches Konzil – kontrollieren und der
sich niemand widersetzen konnte.[14] Die Kanonisten waren also „des Papsts
Diener"[15], die einzig die zeitlichen Interessen der Kirche schützten. Sie waren dem Bischof von Rom unterworfen, welcher der unanfechtbare kano-

---

   [9] „Iuris studium est plane odium artificium, et nisi crumenam impleret, nemo huic
studio operam daret. *Juristen, böse christen*": WA TR 3, n. 2809b, 5,2–4.
   [10] „Omnis iurista est inimicus Christi […]": WA TR 1, n. 1217, 605,27; „Omnis iurista est hostis et inimicus Christi […]": WA TR 3, n. 2817, 6,26–27.
   [11] „Wir haben keine ergere Feinde, denn die Juristen, wir *theologi*": WA TR 5, n. 5663,
306,26; „Es ist ein ewiger Hader und Kampf zwischen den Juristen und Theologen":
WA TR 6, n. 7029, 344,5–6.
   [12] „*Omnis iurista aut est nequista aut ignorista* [kursiv: Reali] Und wenn ein Jurist davon disputieren will, so sag ihm: Hörst Du Gesell, ein Jurist soll hier nicht eher reden,
es farze denn eine Sau […] Sie sollen uns nicht lehren, was *ecclesia* heißt. Es ist ein altes Sprichwort: Ein Jurist, ein böser Christ. Und ist wahr": WA TR 5, n. 5663, 307,4–9.
   [13] „An den christlichen Adel deutscher Nation", „De captivitate Babylonica" (Von
der babylonischen Gefangenschaft der Kirche) und „Von der Freiheit eines Christenmenschen".
   [14] „Von dem Papstthum zu Rom", 1520, WA 6,293,4f.
   [15] WA TR 6, n. 7011, 325,19–20.

nische Legislator der universalen Kirche war, sich aber zugleich im Sinne eines absoluten Herrschers als säkularer Legislator behauptete, in direkter Konkurrenz mit der Handlungsweise aller anderen Fürsten. Für Luther waren diese hingegen die einzigen Vertreter Gottes, die dazu berufen waren, das göttliche Recht in der menschlichen Gesellschaft zu verwalten und anzuwenden. Der Papst, die Bischöfe und der Klerus sollten einzig das Wort Gottes predigen um bei den Menschen das Bewußtsein ihrer Sünden zu wecken und die Heilsakramente zu verwalten. Wobei es unerläßlich ist, sich zu erinnern, daß für Luther die den Vollzug der Sakramente regelnde rechtliche Disziplin, *das* größte Mißverständnis des Evangeliums war, das die römische Kirche hervorgebracht hatte.

Es ist bekannt, dass diese Gedanken Luthers später von der lutherischen Kirche (noch zu Luthers Lebzeiten) überwunden wurden und daß das verhaßte kanonische Recht folglich vom Protestantismus als gültige Quelle der Gerechtigkeit und Unparteilichkeit für die Kirche, für den Staat und die gesamte Gesellschaft betrachtet wurde.[16] Es wäre aber interessant, zu untersuchen, wie sehr und auf welche Weise jene zunehmende protestantische Rezeption des kanonischen Rechts nicht allein durch die historischen Geschehnisse der Reformation bedingt war, sondern auch ihre spezifisch theologischen Gründe hatte. Während die historischen Gründe für diese Umkehr durchaus bekannt sind (der Bauernkrieg als ein entscheidender Wendepunkt), ist der Beitrag der Theologie Luthers, ein Bewußtsein für die Möglichkeit eines kanonischen Rechts in der reformatorischen Kirche zu schaffen, weitaus weniger bekannt und untersucht. Mit anderen Worten: Zwar besteht kein Zweifel, daß die „evangelische Konversion des kanonischen Rechts"[17] – wie Johannes Bugenhagen (Freund, Kollege und Beichtvater Luthers) sie nannte – im Rahmen eines komplexen Geflechts von Bündnissen, aber auch Rivalitäten mit den weltlichen Herrschaften durch das zunehmende Bewußtsein begünstigt wurde, daß die mit betonter Klarheit vollzogene Entgegensetzung von Gesetz und Evangelium das „Deutschland" der ersten Jahrzehnte des 16. Jh.s in eine soziale, politische und kirchliche Unordnung geführt hatte. Gleichzeitig greift es dennoch zu kurz, die Konversion einzig mit der Kontingenz der Geschichte zu begründen. Wäre es so, müßte man jenen zustimmen, die in diesem Prozess noch mehr sehen wollten als eine „evangelische Konversion des kanonischen Rechts", nämlich den Austritt Luthers und des Protestantismus aus der katholischen Kirche mit „dem kanonischen Recht in der Hand".[18] Ohne der

---

[16] J. Witte, Recht und Protestantismus. Die Rechtslehre der lutherischen Reformation, (aus dem Amerikanischen übertragen von Dagmar Kelle), 2014.

[17] A.a.O. 100.

[18] Vgl. diesbezüglich W. Maurer, Reste des Kanonischen Rechtes im Frühprotestan-

historischen Argumentation ihre Berechtigung nehmen zu wollen, ist hier der theologische Aspekt, der aus der tiefgründigen theologischen Intuition stammt, die die Reformation Luthers angeregt hatte, von Interesse, um untersuchen zu können, inwiefern diese theologische Intuition

– einerseits die anfängliche Opposition gegen das kanonische Recht bewirkt hatte und dann aber auch

– andererseits dazu beigetragen hatte, die entschiedene Distanzierung des Rechts zu überwinden.

Die Frage nach dem kanonischen Recht, welche sich Luther stellte und auf die er anfangs mit dem Urteil antwortete, es sei für das Leben der Kirche total unangemessen, und demgegenüber dann die spätere Fixierung derjenigen juristischen Mittel, die zu bewahren seien, führt unvermeidlich weiter zu der theologische Frage nach denjenigen Formen des kirchlichen Lebens, welche am geeignetsten sind, die Predigt des Evangeliums der Rechtfertigung so wirksam wie möglich zu gestalten.

Diesbezüglich kann es hilfreich sein, auf den amerikanischen Historiker Jaroslaw Pelikan zu verweisen, der betonte, wie die anfängliche Opposition Luthers gegen das kanonische Recht sich darauf bezog, daß dieses eine vollkommene Identität von Geist und Struktur unterstellte, die Luther für äußerst schädlich hielt – sowohl in Bezug auf den Geist als auch im Blick auf die Struktur.[19] In seinem interessanten Kommentar zu „De captivitate Babylonica" hebt Pelikan hervor, daß Luther, wenn er von Strukturen spricht, sich nicht auf eine spezifische kirchliche Institution bezieht, sondern auf die theologischen Argumente, die diese oder jene kirchliche Institution verteidigten und stützen. Zugleich darf auch der Begriff „Geist" nicht einfach für das, was der Institution entgegengesetzt ist, verwendet werden. Denn Luther war sich durchaus bewußt, daß die Kirche unter der Leitung des Heiligen Geistes steht und daher das, was von ihr beschlossen wurde, nicht weniger Autorität besitzt, als das, was von Gott bestimmt ist. Luther war also bereit, anzuerkennen, daß die Kirche mit Hilfe der Erleuchtung des Geistes über Lehren und Vorschriften urteilen und ihnen zustimmen könne. Nicht aber war er dazu bereit, einer Identität „tout court" zwischen Geist und Struktur zuzustimmen, bzw. anzuerkennen, daß die Kirche als Institution *theologisch* für sich die Prärogative beanspruchen könne, automatisch unter der Eingebung des Heiligen Geistes zu handeln. Die institutionellen Strukturen der Kirche können irren und können deswegen nicht beanspruchen, *jenen Geist umfassend zu besitzen*, der der kirchli-

---

tismus, in: Zeitschrift der Savigny-Stiftung für Rechtsgeschichte. Kanonistische Abteilung 51 (1965), 190–253; J. WITTE, Recht und Protestantismus (vorige Anm.).

[19] J. PELIKAN, Spirit Versus Structure. Luther and the Institutions of the Church, 1968, 20–24.

chen Gemeinschaft versprochen worden ist; denn in Wahrheit *besitzt dieser Geist die Kirche*. Aus diesem Grund ist die Gleichsetzung und Gleichstellung von Geist und Struktur schädlich, sowohl für den Geist als auch auf für die Strukturen: Die Gleichsetzung von Geist und Struktur hält den Geist für in der Struktur eingefangen und verstellt die Wirklichkeit, daß er Geist *selber* durch die Strukturen wirkt, denen er verheißen ist.[20]

Folglich verwundert der Angriff Luthers auf das kanonische Recht nicht, hielt er es doch für eine Hypostasierung des Gleichseins von Geist und Struktur, die zu der Gleichsetzung des Gesetzes der Kirche mit dem Gesetz Gottes geführt hatte und dazu, daß die von dem Klerus verabschiedeten Gesetze die gleiche Autorität beanspruchten wie die Gebote Gottes.

Deswegen ist die Lösung Luthers eine drastische: eine radikale Unterscheidung zwischen den Geboten Gottes und denen, die von den Menschen der Kirche erfunden wurden, bis zu dem Punkt, daß er die Fähigkeit eines jeden *menschlichen* Rechts als solchen in Frage stellte, seinen Zweck zu erfüllen (wobei er gleichzeitig die Autorität und Verbindlichkeit des *göttlichen* und *natürlichen* Rechts niemals in Frage stellte).

Der Gegensatz Sohms zwischen dem Geistlichen und Weltlichen tritt auf diese Weise wieder deutlich hervor. Aber wichtiger ist: Auch die sakramentale Frage kommt wieder in den Blick. Wenn wir also das soeben referierte Urteil Pelikans für gut begründet halten, daß der Gegenstand von Luthers Ablehnung nicht die institutionelle Gestalt der Kirche selber sei (mit der sich der Geist niemals *identifizieren* könne), sondern daß es bestimmte theologische Theorien gewesen seien, die für die Institution den Anspruch erhoben, automatisch über den Geist verfügen zu können, dann versteht sich von selbst, daß Luthers Gründe für die Ablehnung des kanonischen Rechts nicht von denen getrennt werden können, die den Reformator dazu bewegten, sich von der katholischen Sakramentenlehre zu distanzieren. Auf dieser Ebene muß man also nach den tieferen Gründen der Position Luthers fragen. Und dies umso mehr, wenn man bedenkt, daß sich ein großer Teil von „De captivitate Babylonica" explizit dem widmet, was Luther für die deutlichste Form der Unterordnung des Geistes unter die Strukturen hielt und was nicht zufällig das ganze Corpus Juridicum der römischen Kirche durchdrang: das komplexe System von Normen, die die Sakramente regelten. Ohne Zweifel war folglich einer der Gründe (möglicherweise der Hauptgrund) für die vehemente Opposition Luthers gegen das kanonische Recht die Tatsache, daß dieses Recht dem Klerus die Vollmacht zugesprochen hatte, ein sakramentales System (oder: eine sakramentale Struktur) aufzubauen, das (die) für sich in Anspruch nahm, eine Heilswirksamkeit auch für Zeichen behaupten zu können, denen sie nicht

---

[20] A.a.O. 6–11.

ausdrücklich von Gott selber verheißen war. Luthers Opposition galt – anders ausgedrückt – der Tatsache, daß Menschen für eine Institution (für ein durch Menschen ‚eingesetztes' Zeichen) eine Eigenschaft behaupteten, die diese Institution in Wahrheit gar nicht besitzen kann, nämlich die Eigenschaft, als Institution *automatisch* den Geist zu besitzen.

Aus diesem Grund, kann es hilfreich sein, die theologischen Gründe für Luthers Zurückweisung des kanonischen Rechts in seiner Kritik an dem vorgefundenen System der Sakramente zu suchen. Also mit der Erinnerung daran zu beginnen, daß Luther es – immer noch in „De captivitate Babylonica" – für geboten hielt, den Begriff „Sakrament" nur von Christus auszuzusagen und die sakramentalen Handlungen der Kirche stattdessen „signa sacramentalia" zu nennen.[21] Freilich ist, wie Eberhard Jüngel in Erinnerung ruft, die ausschließlich christologische Verwendung des Begriffs „Sakrament" nicht zu trennen von der ausgesprochenen Hochschätzung Luthers gegenüber dem, was im eigentlichen Sinne verdient, „Sakrament" genannt zu werden.[22] In einem Brief von 1524 an die Christen in Straßburg gibt der Reformator zu, daß er es noch vor fünf Jahre für ein gutes Werk gehalten hätte, hätte man ihn davon überzeugen können, daß „[…] ym Sacrament nichts denn brod und weyn were […] Ich hab wol so hartte anfechtunge da erlitten und mich gerungen und gewunden, das ich gerne eraus gewesen were, weyl ich wol sahe, das ich damit dem Bapstum hette den groessisten puff kund geben".[23] „Doch offensichtlich ist es die in der schöpferischen Kraft seines Verheißungswortes vollzogene, Glauben provozierende und Glauben stärkende *Selbstvergegenwärtigung Jesu Christi* in Brot und Wein, die Luther im Sakrament so hoch schätzte, daß er den „Puff" gegen das Papsttum anders als durch eine Herabsetzung des Sakramentes zu einem bloßen Zeichen anzubringen für nötig erachtete".[24] Anders gesagt, es scheint, daß Luther mit seinem Willen, die Kirche von all dem zu befreien, was, obwohl es eine Erfindung des Menschen ist, beansprucht, im Besitz des Geistes zu sein (den in Wahrheit nicht sie, sondern der in Wahrheit sie besitzt), sogar daran gedacht hatte, jedes Sakrament außer Christus selber auszuschließen. Für ihn ist die Tatsache entscheidend, daß es im Sakrament der barmherzige *Gott selber ist, der wirkt.* Daraus ergibt sich für ihn, daß einzig in der Menschheit des Heilands jene perfek-

---

[21] „[…] quanquam, si usu scriptura eloqui velim, non nisi unum sacramentum habeam et tria signa sacramentalia […]": „De captivitate Babylonica", 1520, WA 6,501,37–38. Vgl. Diesbezüglich auch „Disputatio de fide infusa et acquisita", 1520, WA 6,86,18: „Unum solum habent sacrae literae sacramentum, quod est ipse Christus Dominus".

[22] Vgl. E. JÜNGEL, Die Kirche als Sakrament?, in: ZThK 80 (1983) 432–457.

[23] „Ein Brief an die Christen zu Straßburg wider den Schwärmergeist", 1524, WA 15,394,12–17.

[24] JÜNGEL, Die Kirche als Sakrament?, 438 f.

te Entsprechung und Einheit zwischen dem Wort und dem Element (Zeichen) besteht, die das Zeichen legitimiert, die Gegenwart der Tat Gottes in der Welt zu bezeugen. Außerhalb Christi bestehe immer das Risiko, daß die natürliche und weltliche „Struktur" des „signum", eine menschliche Einsetzung zu sein scheint, die als solche (menschliche Einsetzung) die Tat Gottes beherrschen will, indem sie den „Geist" einsperrt.[25]

Wie jeder weiß, ist dies nicht die endgültige Position Luthers über die Sakramente. Denn diese Gefahr besteht keineswegs für die bewußte, gut strukturierte und durchdachte Behauptung der faktischen Sakramentalität von Taufe und Abendmahl angesichts der hier unbezweifelbar auf Gott (Christus) selbst zurückgehenden Verbindung zwischen Zeichen und Verheißungswort.[26] Aber diese Garantie, die die göttliche Einsetzung bietet, erübrigt niemals das nötige Mißtrauen gegenüber Menschen, die „tantum in signo et usu signi herentes et [nos]ex fide in opus, ex verbo in signum nos rapientes"[27] sind oder sein könnten. Auch verbunden mit dem Verheißungswort ist das Zeichen zu doppeldeutig, zu „natürlich", zu weltlich, als daß es die Gegenwart und das Wirken Gottes *garantieren* könnte. Deswegen ist der Glaube unverzichtbar. Nur dieser – weil vom Geist gewirkt – kann die göttlich eingesetzte Verbindung zwischen „verbum" und „elementum" als heilsam wirkliche wahrnehmen. So ist er es, der nicht nur verhindert, daß die göttliche Verheißung willkürlich irgendeinem Zeichen zugewiesen wird, sondern der sich auch gegen die zweifelhafte Überzeugung wehrt, daß das sakramentale Zeichen das Heil *einzig aus dem Grund bewirke, daß es gemäß dieser oder jener rituellen Norm zelebriert und bestätigt wurde.*

Wir sind damit beim Kerngedanken Luthers über die Sakramente angelangt, bei welchem das Binom „solo verbo – sola fide" im Zentrum steht.[28] Auf dem Boden dieses Verhältnisses entfällt der zu tadelnde Unsinn, mit dem die Katholiken Sakramente erfinden. Ebenso gibt es keine Möglichkeit mehr, auf der Bühne der römischen Liturgie zu inszenieren, wie der Mensch den durch die Sünde herbeigeführten Tod überlebt. Das sakramentale Zeichen wird als Werk Gottes erkannt, wenn das „verbum promis-

---

[25] Diesbezüglich sei daran erinnert, daß – gerade auf der Grundlage der alleinigen Sakramentalität Christi – sich für den Reformator die Tatsache erklärte, daß „sicut olim in Eremo sancti patres, in multis annis non communicaverut ulla specie sacramenti": De captivitate Babylonica, 1520, WA 6,507,18–20.

[26] „Proprie tamen ea sacrame(n)ta vocari visum est, quae annexis signis promissa sunt […] Quo fit, ut si rigide loqui volumus, tantum duo sunt in Ecclesia dei sacramenta, Baptismus (et) panis, cum in his solis, (et) institutu(m) divinitus signum (et) promissione(m) remissionis peccatoru(m) videamus": A.a.O. 572,10–15. Vgl. auch die Definition der Taufe als „[…] aqua cum verbo dei mit seim befehl geordnet": Predigt vom 18. Januar 1534, WA 37,262,18.

[27] „De captivitate Babylonica", 1520, WA 6,533,26–27.

[28] Vgl. JÜNGEL, Die Kirche als Sakrament?, 439.

sionis" Christi im geistgewirkten Glauben gehört und angenommen wird. Indem der geistgewirkte Glaube sich auf *dieses Wort* richtet, es hört und annimmt, hat er definitiv die Ausrichtung auf das Wirken von Menschen überwunden, das nur Träger von Scheitern und Lüge ist:

„Die wortt leren dich achten unnd trachten, warum Christus das sey, und werden dich machen, das du deyner werck vergissest unnd nur auff seyne warttest. Denn sacrament ist eyn *glawbengeschefft,* da eyttel gottis werck ynnen sollen gehen und geschehen durch seyn wort [...]. Brott und weyn odder der leyb und blutt Christi on die wortt angesehen weren dich leren achten und trachten auff deyne werck und werden dich treyben von gottis werck und warumb er da sey, das du fast sorgest, wie du yhm viel thust und dyr nichts thun lassest, und wirt alßo auß dem sacrament eyn lautter *werckgeschefft.*"[29]

Ohne den Gedanken Luthers zu sehr vereinfachen zu wollen, kann man dennoch die Sorgen Luthers aus dieser Zeit über die Sakramente in zwei entscheidenden Punkten zusammenfassen: a) Es soll jede unrechtmäßige und willkürliche Zuteilung eines „verbum promissionis" zu einem natürlichen Element (zu einem Zeichen) verhindert werden, dem es nicht *von Gott selber* zugesprochen wurde. Denn nur *dieses* „verbum", das eigene Wort Gottes, ist die Instanz, die es vermag, ein Element zur *„materia sacramenti"* werden zu lassen b) Es ist vehement zu verneinen, daß Gottes eigenes Handeln in den Sakramenten automatisch dann eintritt, wenn sie zum Inhalt des Handelns eines Menschen werden, der ausführt und ausspricht, was ihm die Liturgie vorschreibt. Denn die Wirksamkeit der Sakramente erfolgt nicht durch ihr Vollzogenwerden, sondern nur durch die vom Geist gewirkte Erfüllung der Verheißung, den Heilsglauben zu wirken („sacramenta non implentur, dum fiunt, sed dum [virtute Spiritus Sancti] creduntur"[30]).

Vor diesem Hintergrund erscheint das kanonische Recht und Diskussionen über es in den Augen des Reformators offenkundig als eine problematische Sache. Denn das Recht trägt das ebenerwähnte doppelte Mißverständnis des Sakramentalen in sich und hält die Türen für eine Kirche offen, bei der es sich als Institution zugleich um die *Identität* des Menschen mit Gott handelt. Denn indem der Klerus die Rechtssätze der Kirche mit den Geboten Gottes gleichsetzte, sprach er einerseits dem im kirchlichen Gesetz benannten Element (dem Zeichen) eine göttliche Heilsverheißung zu, die ihm bloß als *solchem* (im kirchlichen Gesetz benannten) nicht zukommt. Andererseits hatte der Klerus die Gläubigen zugleich davon überzeugt, daß der einfache formale Gehorsam gegenüber dem kirchlichen Gesetz für die

---

[29] „Von Anbeten des Sakraments des heiligen Leichnams Christi", 1523, WA 11,448, 27–449,7 [kursiv vom Autor].
[30] „De captivitate Babylonica", 1520, WA 6,533,12–13.

Erlangung des Heils ausreiche; womit deutlich war, daß die Zugehörigkeit zur Kirche, der Glaubengemeinschaft, die Erfüllung ihres Rechts ist und somit einzig ein *werckgeschefft* und nicht ein *glawbengeschefft*. In anderen Worten, die mehr unserer als Luthers Zeit entsprechen, könnte man auch sagen: Das kanonische Recht erschien Luther als die Manifestation des sakramentalen Verständnisses der Kirche par excellence. Die Kirche verstand sich als ein Sakrament und erhob deswegen den Anspruch, die geschichtliche Verkörperung – man könnte es auch die symbolisch-reale nennen – des Heils Gottes zu sein. Folglich war für Luther, um diesem Irrtum gegenüber die Zentralität des unverfügbaren Geschehens der göttlichen Gnade in Christus zu bewahren, welches in keinerlei Weise von der Welt aus erklärt und ebenso wenig durch eine menschliche Handlung vergegenwärtigt werden kann, das kanonische Recht abzulehnen

Luther veranlasste also den „Puff" gegen das Papsttum, von dem er in dem oben erwähnten Brief an die Christen Straßburgs sprach, indem er zwar nicht das Sakrament, aber das kirchliche Recht (und vielleicht die Kirche selbst?) zu einem simplen Zeichen reduzierte. Dadurch machte er deutlich, daß sich sein Protest nicht gegen das kanonische Recht an sich wendete, sondern dagegen, daß die Handlungen der Kirche, einschließlich ihrer legislativen Handlungen und ihrer unanfechtbaren Legitimität, etwas anderes sein könnten als lediglich das *Empfangen* der göttlichen Güter. Für Luther ist das „menschliche [und das kirchliche] Handeln grundlegend *empfangendes*, durch kreative *Passivität* charakterisiertes Handeln, mithin *Glauben* ist gerade nicht ein der Wohltat Gottes unmittelbar entsprechendes *gutes Werk*, durch das der Mensch Gott etwas Gutes tun will."[31] Die Kirche kann gute Gesetze zugunsten des Nächsten machen und kann dies auch auf dem Fundament des Glaubens tun, aber nicht zugunsten Gottes. Das kanonische Recht mit seinen Normen, die das Leben der Kirche regeln, kann und muß ein Instrument zur Erbauung der Brüder im Glauben sein. Aber seine legislativen Handlungen dürfen niemals beanspruchen, das gesetzgebende Handeln Gottes selber zu sein, es sich unterzuordnen oder an seine Stelle zu treten.

Dies verbietet es als unmöglich, das Recht als ein Sakrament zu erachten. Man könnte sogar sagen: Es verbietet es vor allem als unmöglich, die Kirche selbst als ein Sakrament zu erachten. Denn das einzige Sakrament ist Christus, der mit seinem Leiden und dem Kreuz, indem er die Verlassenheit des Sünders erlitt, das Heil für den Sünder erworben hat – „extra nos, illic et tunc".

---

[31] Jüngel, Die Kirche als Sakrament?, 445.

2. Die Juristen sind gar nicht so böse Christen

Es ist bereits hervorgehoben worden, wie am Ende der 20er und am Anfang der 30er Jahre des 16.Jh.s, das ehrgeizige Projekt, das kanonische
Recht endgültig aus dem Leben der Kirche und der zivilen Gesellschaft
zu verbannen, sich als nicht realisierbar erwies, sowohl für die Kirchen der
Reformation, als auch für die deutschen Staaten. Deshalb hatten ab 1530
Theologen und Juristen der Reformation einen „evangelischen Kompro-
miß" erreicht bezüglich des Verhältnisses zwischen kanonischem und zivilem Recht sowie zwischen kirchlicher und politischer Autorität.[32]

Dabei handelt es sich nicht um Rhetorik. Das kanonische Recht wurde
schon bald von der evangelischen Kirche mehr mit Wohlwollen betrachtet, da das „Corpus iuris canonici" eine ganze Anzahl mehr oder minder
direkter Bezüge zu den Apostolischen Kanones, den Kirchenvätern und
den Beschlüssen der ersten ökumenischen Konzile enthielt. Dies machte es weniger „römisch" und daher nützlich, so daß es sich erübrigte, sich
radikal jeglicher juristischen Untersuchung allein unter Hinweis auf die
Macht des Papstes zu widersetzen. Gleichzeitig war es geeignet, den ent-
stehenden evangelischen Gemeinden, eine institutionelle Ordnung zu geben. Hier war der „*Praeceptor Germaniae*", Philipp Melanchthon, ein wahrer Meister, vor allem in der Aufwertung und Verbreitung des „Decretum
Gratiani" (das erste Buch des „Corpus iuris canonici"), welches von Anfang an eine Quelle ersten Ranges für die zu befolgende Ordnung bei der
Strukturierung der Kirchen in Deutschland und in Skandinavien wurde.[33]
Das beste Beispiel für diese Aufwertung des kanonischen Rechts in der Kirche der Reformation war ein Text von Lazarus Spengler aus Nürnberg, ein
Schüler Melanchthons, mit dem aussagekräftigen Titel: „Eyn kurtzer Ausszug auss den bebstlichen Rechten der Decret vnd Decretalen: in den Artickeln, die vngeverlich Gottes wort vnd Euangelio Gemess sein oder zum
wenigsten nicht wiederstreben."[34] Auf diese Weise war die Kirche der Reformation bemüht, sich mit einem eindeutigen juristischen Profil zu präsentieren, um auf der einen Seite zu zeigen, daß das eigene Leben eine Verfassung besitzt, die in perfekter Konformität mit dem Kanon der Tradition steht; und auf der anderen Seite, nachzuweisen, daß sich die Theologie

---

[32] Vgl. WITTE, Recht und Protestantismus, 100–116.

[33] Ebd.

[34] L. SPENGLER, Eyn kurtzer Ausszug auss den bebstlichen Rechten der Decret vnd
Decretalen: in den Artickeln, die vngeverlich Gottes wort vnd Euangelio Gemess sein
oder zum wenigsten nicht wiederstreben, Nürnberg 1530. Luther war so begeistert von
der Abhandlung Spenglers, daß er es in Wittenberg erneut drucken ließ und seinen Gebrauch an der Universität empfahl: Vorrede zu Spenglers Auszug aus den päpstlichen
Rechten, 1530, WA 30/II, 219.

Luthers nicht im Elfenbeinturm oder mitten in den Wolken bewegte, sondern auch unter juristischen Gesichtspunkten identifizierbar, interpretierbar und beschreibbar sei.

Es verwundert nicht, daß Luther nur 10 Jahre nach der Bücherverbrennung in Wittenberg bei Überlegungen zur Ehe abgesehen von der Bibel und dem zivilen Recht auch die „alten Canones und die besten stuck des geistlichen rechts [i.e. das kanonische Recht]" zitiert, wenn auch widerwillig.[35] Ebenso verwundert es nicht, daß in denselben Jahren die Formulierungen des kanonischen Rechts in der „Apologie der Confessio Augustana" Melanchtons alles andere als eine zweitrangige Rolle gespielt haben: es gibt mindestens 13 eindeutige Zitate, bei welchen das kanonische Recht als wesentlicher Teil des Argumentationsgangs der *„Apologie"* aufgerufen wird.[36] Von diesen befinden sich mehr als die Hälfte im Artikel XII „*Von der Buße*", und im Artikel VII *„Von der Kirche"* wird das „Decretum Gratiani" als Autorität herangezogen, um die lutherische Auffassung zu rechtfertigen, daß die Kirche nicht so ist, wie der Papst behauptet:

> „ein ander eusserlich Politey an dieses odder jhenes land, Königreich odder stand gebunden, […] sondern das gewis war bleibt, das der hauff und die menschen die rechte Kirche sein, wilche hin und widder inn der welt von auffgang der sonnen bis zum nidergang an Christum warlich gleuben, wilche denn ein Evangelium, einen Christum, einerley Tauff und Sacrament haben, durch einen heiligen geist regiret werden, ob sie wol ungleiche Ceremonien haben. Denn auch im Decret Gratiani sagt klar die glosse, das dis wort ‚Kirche', large zu nennen, begreift böse und gute, Item, das die bösen allein mit dem namen inn der Kirchen sein, nicht mit dem wercke, die guten aber sind beide mit namen und wercken darinne."[37]

Das kluge Zitat des „Praeceptor Germaniae" über das am meisten verachtete unter den Strukturmomenten der katholischen Kirche verdeutlicht das Bemühen in der lutherischen Kirche, der Möglichkeit einer Gesetzgebung Raum zu geben, die im Einklang mit dem Geist der von Luther initiierten Reformation stehen könnte, bis hin zu der Behauptung – a propos „Von den menschlichen Satzungen in der Kirche" –, daß „wir die alten Canones und ‚mentem legis' mehr, reiner und fleissiger denn die

---

[35] „Von Ehesachen", 1530, WA 30/III, 208,1–2.

[36] J. Pelikan, „Verius servamus canones: Church Law and Divine Law in the Apology of the Ausburg Confession", in: Studia Gratiani 11 (1967/1) 367–388.

[37] „Et catholicam ecclesiam dicit, ne intelligamus, ecclesiam esse politiam externam certarum gentium, sed magis homines sparsos per totum orbem, qui de evangelio consentiunt et habent eundem Christum, eundem spiritum sanctum et eadem sacramenta sive habeant easdem traditiones humanas sive dissimiles. Et in decretis inquit glossa, ecclesiam large dictam complecti bonos et malos; item malos nomine tantum in ecclesia esse, non re, bonos vero re et nomine": Apologia confessionis augustanae, Art. VII, BSELK 402 f. (BSLK, 235–236). Der Text, der vom Decretum Gratiani zitiert wird, ist: Decr. Grat. II. C. 33. q. 3. d. 1. de poen. c. 70.

widdersacher"[38] halten. Eine sehr starke Behauptung, bedenkt man den anfänglichen Widerstand Luthers gegen die kodifizierte kirchliche Ordnung im kanonischen Recht. Aber eine Behauptung, die gleichfalls den Wunsch bezeugt, dasjenige innerhalb der kirchlichen Institution auszumachen, was als gültig erachtet werden kann, weil es nicht dem Risiko aufläuft, die Tat Gottes beherrschen zu wollen, indem es den Geist gefangen hält. Der Weg ist damit eröffnet, um auch die Gemeinschaft der Glaubenden, die Kirche (also dasjenige, was der ehemalige Mönch Luther das *mutuum colloquium et consolatio fratrum* nennt), als an den von Gott eingesetzten „Gnadenmitteln" teilhabend anzuerkennen.[39]

Es muß dabei vor dem Hintergrund seiner Sakramentenlehre nachvollzogen werden, wie und unter welchen Bedingungen sich dies ereignet.

Wenn das zuvor bezüglich der konstitutiven Elemente des Sakraments Herausgearbeitete die Notwendigkeit verdeutlicht hat, die Beziehung „solo verbo – sola fide" ins Zentrum der sakramentalen Frage zu stellen, dann wird offenkundig, daß Luther unweigerlich dazu gebracht worden ist, die Bedeutung des sakramentalen Zeichens zu mindern – vor allem vor dem Hintergrund des „solo verbo". Tatsächlich hat das Privileg, das dem „verbum promissionis" zugesprochen wird, unvermeidlich zur Folge, daß einzig ein mit einer Verheißung verbundenes Zeichen als *sakramentales* Zeichen verstanden wird. Deshalb würde Luther auf die Frage, welche Bedingung erfüllt sein muß, damit ein Zeichen ein Sakrament genannt werden kann, antworten, daß nur jenes Zeichen rechtmäßig ein Sakrament genannt werden kann, in welchem die göttliche Allmacht wirkt. Und dieser Wille des Allmächtigen wirkt allein dank der Macht Gottes, die ein weltliches Element zum Zeichen seiner Gegenwart macht. Aus diesem Grund kann für Luther streng genommen nur „ex institutione Christi" ein Zeichen Sakrament genannt werden. Und da es keinen Zweifel daran gibt, daß in der Schrift einzig das Abendmahl und die Taufe dieses Privileg genießen, können auch nur diese „Sakramente des Neuen Bundes" genannt werden, aufgrund der absoluten und unabhängigen Macht, die Sakramente einzusetzen, die Christus als Gott zusteht, und die Thomas von Aquin als „*potestas auctoritatis*" definiert hatte.[40] Es gibt also keine Notwendigkeit, ja es wäre sogar gotteslästerlich, nach anderen Zeichen zu suchen, außer denen, die Gott ausgesucht und eingesetzt hat „ex verbo locuto".

---

[38] „[…] verius servamus canones quam adversarii": a.a.O., Art. XV, BSELK 536 f. (BSLK, 304).

[39] „Denn Gott ist reich in seiner Gnade: Erstens durchs mündliche Wort […], zum andern durch die Taufe, zum dritten durchs Heilige Sakrament des Altars; zum vierten durch die Kraft der Schlüssel und auch per mutuum colloquium et consolationem fratrum […]": „Die Schmalkaldischen Artikel", 1537, Teil III, art. IV.

[40] „Et ideo, sicut Christus, in quantum Deus, habet potestatem auctoritatis in sacramentis […]": STh III q. 64, a. 3, corpus.

Die Relativierung und die Entwertung des Zeichens geschieht für alle sichtbar, da das „signum" nicht von sich aus Eigenschaften besitzen muß, um die Würde des Sakraments zu erlangen, außer die, von Gott in Christus erwählt worden zu sein, der ein natürliches, anstelle irgendeines anderen Elements als Zeichen der Gnade wählt. Im Gegensatz zu einer gewissen mittelalterlichen Tradition, die, indem sie die Lehre Augustins aufnahm, nach welcher gilt, daß, „wenn die Sakramente keine gewisse Ähnlichkeit mit den *res* der Sakramente aufweisen könnten, wären sie überhaupt keine Sakramente"[41], der „similitudo" zwischen „signum" und „res significata" einen Wert beigemessen hatte („bonum significatum"),[42] unterstreicht Luther einzig die Tatsache, daß das sakramentale Zeichen „signum visibile et divinitus institutum" ist.

Eine weitere Folge ist die, daß die „res significata" auf diese Weise einzig durch eine der Natur des „signum" extrinsische Instanz an das „signum" gebunden wird: Eine Instanz also, die nicht zum Zeichen an sich gehört. Deswegen ist es gewissermaßen notwendig, die Wahrheit des Zeichens von der Wahrheit, auf die das Zeichen verweist, zu unterscheiden und sie sogar zu trennen, da es keinerlei innere Verbindung zwischen „*signum*" und „*res*" gibt, also zwischen dem Sichtbaren und dem Unsichtbaren. Das „bonum significatum" bleibt außerhalb des Zeichens und verbindet sich mit dem Zeichen allein aufgrund des Wortes des Erlösers: Es bleibt nichts anderes übrig, als hinter dem Willen Gottes zu stehen, als Sakrament einzig die von ihm eingesetzten Zeichen anzuerkennen und „die Augen zu öffnen und [zu] lernen [...] mehr Acht zu haben auf das Wort als auf das Zeichen, mehr auf den Glauben als auf das Werk oder den Gebrauch des Zeichens".[43]

Es ist zugleich ebenso offensichtlich, daß die Bedeutung der Einsetzung des sakramentalen Zeichens für Luther funktional ist zur Bekräftigung der Notwendigkeit des Glaubens. Zu behaupten, daß das Werk Gottes sich mittels der durch Christus eingesetzten Zeichen verwirklicht, bedeutet, zu

---

[41] „Si enim sacramenta quandam similitudinem earum rerum quarum sacramenta sunt non haberent, omnino sacramenta non essent", Epistula, 98,9.

[42] Vgl. J. DE GHELLINCK, Un chapitre dans l'histoire de la définition des sacrements au XIIᵉ siècle", in Mélanges Mandonnet. Études d'histoire littéraire et doctrinale du Moyen âge, II, 1930, 79–96; D. VAN DEN EYNDE, Les définitions des sacrements pendant la première période scolastique, 1950; H. WEISWEILER, Sakrament als Symbol und Teilhabe. Der Einfluß des Ps.-Dionysius auf die allgemeine Sakramentenlehre Hugos von St. Viktor, in Scholastik 27 (1952) 321–343; N. REALI, „Né mero segno né solo simbolo. Una rilettura della categoria di sacramento nella teologia di Ugo di san Vittore", in: Vivens Homo XXI (2010) 267–291.

[43] „Nos ergo aperientes oculum discamus magis verbum quam signum, magis fidem quam opus seu usum signi observare": „De captivitate Babylonica", 1520, LDStA 3, 271 (WA 6,533,29–30).

erkennen, daß dort, wo das Zeichen Christi ist, Christus selbst gegenwärtig ist und wirkt. Aber diese Behauptung steht und fällt mit der Bedeutung, die man dem Verb „*erkennen*" beimisst. Wie kann der Mensch dieses
Verhältnis erkennen? Gibt es vielleicht irgendeine Analogie oder Ähnlichkeit zwischen „signum" und „res significata"? Offenbar nicht! Dann gibt
es also nur eine einzige Weise, um zu *erkennen* und eine einzige Kenntnis,
die tatsächlich fähig ist, zu erkennen: der Glaube.

In den Mittelpunkt der sakramentalen Frage rückt damit noch stärker
das Verhältnis „solo verbo – sola fide", welches deutlich macht, daß Luther
so unweigerlich dazu geführt worden ist – diesmal auf der Basis des „sola
fide" –, die Bedeutung des sakramentalen Zeichens noch weiter zu verrin-
gern. Würde man Luther fragen, welche Bedingung erfüllt sein müsse, damit ein Zeichen ein Sakrament werden kann, so würde er antworten, daß
nur jenes Zeichen ein Sakrament genannt werden kann, in welchem die
einsetzende göttliche Allmacht wirkt. Würde man ihn fragen, unter welcher
Bedingung ein göttlich eingesetztes Zeichen als ein Sakrament erkannt
werden könne, so würde er ohne Zweifel auf den Glauben des Christen
verweisen, der in dem Zeichen die göttliche Wohltat *erkennt*. Das Binom
„solo verbo – sola fide" verleiht somit einem Verständnis des Sakraments
Gewicht, welches sowohl in Bezug auf das „verbum" als auch auf die „fides" zum selben Ergebnis gelangt. Denn das Primat, das dem „verbum"
zuerkannt wird, führt dazu, daß nur von oben herab, bedingungslos und
mittels einer Offenbarung die wahre Bedeutung der sakramentalen Zeichen empfangen werden kann, ohne daß dazu im Zeichen irgendeine Analogie zwischen der sichtbaren und unsichtbaren Wahrheit gesucht werden
müsse. Gleichzeitig gilt, daß je größer die Kluft zwischen dem Sichtbaren und Unsichtbaren ist, desto mehr muß sich die menschliche Kenntnis
vom göttlichen Licht reinigen und beleuchten lassen, das den Glauben im
menschlichen Geist (umsonst) entfacht als die Fähigkeit, das Unsichtbare
jenseits des Sichtbaren zu erkennen. Das „solo verbo" kann also nicht ohne
das „sola fide" stehen. Man könnte sogar sagen, daß das Eine die Bedingung der Möglichkeit des Anderen ist: Der Weg der Umkehr der menschlichen Kenntnis, die über den Schein des Sichtbaren des „signum" hinaus-
blicken muß, um das „bonum significatum" erfassen zu können, wäre nicht
möglich, wenn sich jenes „*bonum significatum*" nicht zwischen den Zeilen
des „*signum*" sozusagen verstecken würde. Zugleich wäre dieses „Verstek-
ken" aber funktionsloser Selbstzweck, wenn man es von dem Weg der Umkehr („epistrophé") des menschlichen Blicks trennen würde, der – bei den
Zeichen beginnend, durch die Zeichen hindurch, und vor allem über die
Zeichen hinweg – die versteckte Wahrheit unter den Schleiern des Zeichens wiederfindet. Nur so hat Gott „*all das den Weisen und Klugen verborgen, den Unmündigen aber offenbaren*" (Lk 10,21) können.

Man könnte sagen, daß das Sakrament weder *allein* auf der Basis des „solo verbo" noch *allein* auf der Basis der „sola fide" existieren kann. Anders gesagt bedeutet das, zu erkennen, daß es weder ein Sakrament und seine Verheißung geben kann, von dem einzig gilt, daß es eingesetzt und ausgesprochen, aber nicht erfüllt, eben geglaubt wird („verbum sine fide"), noch ein Sakrament, das nur geglaubt wird, aber nicht als Verheißung eingesetzt und erfüllt wird („fides sine verbo").

„Jeder kann doch leicht verstehen, daß dieses beides zugleich notwendig ist: die Verheißung und der Glaube. Ohne Verheißung nämlich kann man an nichts glauben. Ohne den Glauben [als vom Geist gewirkte Erfüllung der Verheißung] aber ist die Verheißung nutzlos, denn durch ihn wird sie kräftig und *erfüllt (impleatur)*."[44]

Deswegen ist für Luther dasjenige, was in der katholischen Sakramentenlehre tatsächlich zu reformieren ist, gerade jene Trennung zwischen „verbum" und „fides", die es erlaubt, sowohl an ein nichteingesetztes Zeichen zu glauben (wenn Sakramente „erfunden" werden) als auch zu denken, daß ein eingesetztes Zeichen unabhängig vom Glauben wirken könne (*ex opere operato*).[45] Sobald die zentrale Stellung des Paares „solo verbo – sola fide" feststeht, ist es praktisch unmöglich, nicht nur eine „fides sine verbo", sondern auch (und vor allem) ein „verbum sine fide" anzunehmen.

Ist dies wahr, dann lohnt es sich, die darauf folgenden zwei äußerst wichtigen Konsequenzen näher zu beleuchten: a) dort, wo es Glauben gibt, gibt es immer ein (wirksames) „verbum promissionis" und so gibt es auch immer „irgendwie" ein Sakrament; b) der Glaube selbst besitzt ein sakramentales Wesen („sacramentum fidei").

Was die erste Konsequenz betrifft, so müßte, was wir bis hier hervorgehoben haben, ausreichen, sie als wahrheitsgemäß anzuerkennen. Denn es reicht, sich vor Augen zu führen, daß

„[w]o nämlich das Wort des verheißenden Gottes ist, da braucht es den Glauben eines Menschen, der die Verheißung annimmt. So daß klar hervortritt, daß der Anfang unserer Seligkeit der Glaube ist, der am Wort des verheißenden Gottes hängt"[46].

---

[44] „Quilibet enim facile intelligit, quod haec duo sunt simul necessaria, promissio (et) fides, sine promissione enim credi nihil potest, sine fide autem promissio inutilis est, cum per fidem stabiliatur (et) *impleatur* [kursiv: Reali]": „De captivitate Babylonica", 1520, LDStA 3, 225 ff. (WA 6,517,8–10). Vgl. auch: „[…] verbum et fides necessario simul sunt […]": Acta Augustana, 1518, WA 2,13,20.

[45] Vgl. „Daß diese Wort Christi ‚Das ist mein leib' noch festen stehen", 1527, WA 23,189,25–26.

[46] „Ubi enim est uerbum promittentis dei, ibi necessaria est fides acceptantis hominis, ut clarum sit, initium salutis nostrae esse fidem, quae pendeat in verbo promittentis dei": „De captivitate Babylonica", 1520, LDStA 3, 218 f. (WA 6,514,15–16).

Auch wenn dies unbestreitbar ist, ist dennoch zu fragen, ob Luther damit versucht, die sakramentale Dimension des Lebens der Kirche von der Verbindung *fides/verbum* ausgehend zu erreichen, oder ob nicht gerade das eigentliche Fundament der Verbindung *fides/verbum* jene sakramentale Realität ist, die es erlaubt, die kirchliche Gemeinschaft als ein *Gnadenmittel* aufzufassen. Mit anderen Worten: es ist notwendig, zu klären, ob der tiefere Ursprung des theologischen Interesses Luthers an den Sakramenten der Übertragung seiner unabhängigen Überlegung über das Verhältnis *fides/verbum* auf die kirchliche Ebene geschuldet ist oder ob gerade seine Überlegungen über die *kirchliche* Feier der Sakramente dem Binom Wort/Glaube seine Bedeutung verliehen haben, so daß dieses folglich von Luther betont wird, um den von Gott eingesetzten und *von der Glaubensgemeinschaft* gefeierten Sakramenten auf den Grund zu kommen.

„Entgegen der Annahme, daß Luther seine Sakramentslehre seinem reformatorischen Verständnis des Verhältnisses Wort und Glaube eingeordnet habe, gilt also umgekehrt: Luther ist zu seinem Verständnis von Wort und Glaube gelangt im Horizont seines Fragens nach dem heilswirksamen Gebrauch der Sakramente"[47]

Ist es so, dann könnte man die Behauptung „wo der Glaube ist, ist immer auch ein „verbum promissinis", folgendermaßen präzisieren, daß „da, wo der Glaube ist, immer auch ein verbum promissionis ist und daher *auf irgendeine Weise* auch immer ein Sakrament vorliegt". Wenn wir also festhalten, daß es kein eingesetztes, aber nicht geglaubtes Sakrament geben kann („verbum sine fide"), dann wird der Glaube nicht nur die Bedingung der Möglichkeit für die tatsächliche Sakramentalität des göttlich eingesetzten „signum" (an welches die Verheißung Christi gebunden ist), sondern auch für die effektive Erfüllung („impletio") jeder Verheißung. Dies auch im Falle, daß es sich nicht um das göttliche „verbum promissionis" im Munde *Christi* handeln sollte, sondern um ein solches *verbum promissionis* im Munde der Apostel und somit ein solches *verbum promissionis* im Munde der Kirche:

„dem Apostel [steht es nicht zu], in eigener Autorität ein Sakrament einzusetzen, das heißt, ein dem göttlichen Verheißen zugehöriges Zeichen zu stiften; das war nämlich allein Christi Sache. [...] insofern bestreiten wir auch nicht, dass die ‚Letzte Ölung' Vergebung spenden kann und Frieden – nicht etwa, weil sie ein von Gott gestiftetes Sakrament wäre, sondern weil der Empfänger glaubt, daß es ihm so geschieht. Der Glaube des Empfängers irrt nämlich nicht [...] Für den Empfänger der Salbung ist es nämlich genug, das Wort (der göttlichen Verheißung) zu hören und zu glauben. Denn was auch immer wir glauben, dass wir es empfangen wer-

---

[47] HERMS, Sakrament und Wort in der reformatorischen Theologie Luthers (o. Anm. 8), 23. Vgl. auch: „Man könnte zeigen, daß alle großen Leit- und Summenformeln, die Luther in seiner Theologie entwickelt hat [...] Implikationen einer Theologie sind, die von Anfang bis Ende in keiner anderen als in dieser Grundperspektive auf den rechten, heilsamen Gebrauch der kirchlichen Gnadenmittel steht": a.a.O. 6.

den, das empfangen wir tatsächlich […] Denn der Satz Christi steht fest: ‚Alle Dinge sind möglich dem, der da glaubt' [Mk 9,23]“[48].

Um die Wohltaten Gottes zu erhalten, genügt es also, sein „verbum promissionis" im Glauben zu empfangen. Wenn dieses „verbum" von Christus an die Einsetzung eines Zeichens gebunden ist, dann handelt es sich um ein Sakrament; wenn hingegen, das *verbum* nicht aus dem Munde Christi kommt, dann handelt es sich um ein anderes Mittel, das Gott nutzt, um seine Gnade auszuteilen. Und zwar um ein Mittel, welches, auch wenn es nicht im *engen Sinne Sakrament* genannt werden kann, dennoch an derselben *sakramentalen Logik* teilhat. Es reicht also nicht aus, einzig auf das durch das Wort Christi eingesetzte Element zu verweisen, sondern es bleibt zu fragen, wie dieses Wort mit dem Glauben zusammenpaßt und was es bedeutet, da „alles möglich ist, dem, der glaubt". Die Antwort kann sich für Luther einzig aus der Unmöglichkeit ergeben, das „verbum" von der „fides" zu trennen: ohne die „fides" gäbe es nur „verba promissionis" (ganz gleich, ob sie von Christus, den Aposteln oder der Kirche stammen), die riskieren reine „flatus voci" zu bleiben. Im Glauben offenbart ein „verbum" dagegen nicht ein Sakrament im strengen Sinne, wie Luther oft bemüht ist, zu erklären, sondern *das „verbum" (sc. der göttlichen Verheißung) offenbart eine sakramentale Logik, die weit über die eingesetzten Zeichen hinausreicht.*

Niemandem dürfte die Wichtigkeit dieser Dinge für unsere Thematik entgehen. Denn die einzige Möglichkeit, ein Wort der Kirche, als ein Medium, durch das Gott wirkt, anzunehmen, ist an die Voraussetzung gebunden, an jenes Wort *zu glauben, so wie man an die Sakramente glaubt.*

Gilt dies auch für ein Wort in Form eines Rechts? Es scheint sich am Horizont bereits anzudeuten, wie bei Luther über die Ablehnung der Anerkennung der Kirche und folglich auch des kanonischen Rechts als eines *Sakraments* (was der theologische Grund seiner antijuristischen *verve* ist) hinaus schließlich eine mögliche Bejahung des Rechts auf der Basis einer (über die Sakramente im strikten Sinne hinaus gültigen) *sakramentalen Logik des Glaubens* folgt.

Diese Frage ist alles andere als zweitrangig und kann näher mit Hilfe einer Reflexion über die zweite vorher angedeutete Konsequenz, die

---

[48] „[…] non licere Apostolum sua autoritate sacramentu(m) instituere, id est, divina(m) promissionem cum adiuncto signo dare. Hoc enim ad Christum solu(m) pertinebat […] Ita no(n) negamus per extrema(m) unctionem dari remissionem (et) pacem. No(n), quia sacramentu(m) sit divinitus institutu(m), sed quia suscipiens ita credit sibi fieri. Fides enim suscipientis non errat […] Sufficit enim uncto verbu(m) audire (et) credere, quic quid enim credimus nos accepturos esse […] Stat enim Christi sententia, Credenti omnia possibilia sunt": De captivitate Babylonica, 1520, LDStA 3, 360 f. (WA 6,568,12–14); LDStA 3, 367 ff. (WA 570,38–571,1–2); LDStA 3, 368 f. (WA 571,8–11).

Anerkennung eines „*sacramentum fidei*" (gen. explicationis d. h. also: des „*Glaubens als Sakrament*") beleuchtet werden.

Selbstverständlich muß dabei zunächst die Plausibilität geprüft werden, überhaupt über ein „sacramentum fidei" bei Luther zu reden, wenn man das folgende Axiom: „non sacramentum fidei, sed fides sacramenti iustificat"[49] bedenkt. Daß dieses „dictum" eine Variante der augustinischen Maxime „non sacramentum, sed fides sacramenti iustificat" darstellt, ist bekannt. Luther zitiert es in verschiedenen Texten und nennt es ein „Spruch" Augustins,[50] obgleich es in den Schriften des Bischofs von Hippo so nicht zu finden ist. Aus diesen verschiedenen Zitaten entnimmt man sehr leicht, daß Luther, indem er das augustinische „proverbium" zitiert, vor allem die Ablehnung eines sakramentalen Verständnisses im Blick hat, das sich einzig auf die Ausführung des Ritus stützt, unabhängig von der notwendigen Zustimmung durch den Glauben des Menschen. Die einprägsame Formel „id est, non quia fit, sed quia creditur", die von Luther in der Thesenreihe „*Pro veritate inquirenda*" (1518) hinzugefügt wurde, ist in dieser Hinsicht aufschlußreich. Deshalb ist die Variante des augustinischen Zitats ‚*non sacramentum fidei*' (anstelle des einfachen ‚*non sacramentum*') vor dem Hintergrund des „klassischeren" lutherischen Verständnisses des Sakraments zu verstehen und kann auch helfen, andere Aspekte des Gedankens des Reformators zu verstehen.

Der Ausdruck „sacramentum fidei" kann auf der Grundlage des bisher Gesagten sowohl so verstanden werden, daß die Sakramente eben Sakramente *des Glaubens* sind, weil es der Glaube ist, der über das natürliche Zeichen hinaus die in ihm versteckte Wahrheit *erkennt*, als auch so, daß die Sakramente im Glauben *empfangen* werden. Erkennen und Empfangen sind also zwei zu unterscheidende Momente derselben Aktion, die die „Teilnahme" des Menschen am Werk Gottes ausdrücken, welche durch das barmherzige Werk Gottes gegeben und bestimmt wird. Von dem Glauben als Sakrament reden zu können, hebt die Möglichkeit hervor (und vielleicht auch die Notwendigkeit), über das Wirken Gottes hinaus auch ein Wirken des Menschen zu behaupten. Wobei gleichwohl die Unterschei-

---

[49] Acta Augustana, 1518, WA 2,15,32.

[50] „Inde proverbium illud, Non sacramentum, sed fides sacramenti iustificat": De captivitate Babylonica, 1520, WA 6,532,29; „Nicht das Sakrament, sondern der Glaube, der das Sakrament glaubt, legt die Sünde ab": „Ein Sermon von dem Sakrament der Buße", 1519, WA 7,66,34–36. Auf die gleiche Weise gibt auch der „Sermo de poenitentia" von 1518 (WA 1,324,16–17) dasselbe „dictum" wieder, verbunden mit dem augustinischen Zitat „abluit sacramentum, non quia fit, sed quia creditur" (WA 1,324,17–18). Analoge Verwendung findet sich in der zehnten These des Pro veritate inquirenda: „Verum est enim, quod non sacramentum fidei, sed fides sacramenti (id est, non quia fit, sed quia creditur) iustificat" (WA 1,631,7–8) und in den Resolutiones von 1518 „[...] non sacramentum, sed fides sacramenti iustificat" (WA 1,544,40–41).

dung des Wirkens Gottes und das des Menschen aufrecht erhalten werden muß. Auf keinen Fall dürfen sie verwechselt werden. Das (verdienstvolle) Werk Jesu Christ ist ein für alle Mal mit seinem Leiden und seinem Tod vollbracht worden. Der Mensch kann es nur empfangen, ja er ist sogar dazu aufgerufen, es zu empfangen, indem er den ihm zugewiesenen Platz einnimmt, nämlich den des Glaubens. Dem Glaubenden ist also ein Wort versprochen worden, das fähig ist, ihn zu verwandeln und ihn auf zwar mysteriöse, aber wahrhafte Weise zu einem Zeichen der Gegenwart Christi in der Welt zu machen, da das Werk Gottes ihn dazu befähigt, an dem „teilzunehmen", was einzig Gott vollbringen kann. Wenn auch der Gedanke unangebracht und sogar unanständig erscheint, daß die Menschlichkeit und das Handeln des Menschen das Mysterium Christi auf angemessene Weise repräsentieren, wird es dennoch zulässig, zu erwägen, daß der Christ (der Mensch des Glaubens) ein *„alter Christus"* sein kann und muss.[51]

Luther interessiert einzig, die Möglichkeit der Veränderung festzuhalten, die das Handeln Gottes im glaubenden Menschen bewirkt. Nicht nur, um die fatale Tragik des sündhaften Ausgangs der menschlichen Hybris hervorzuheben, sondern auch, um ein neues und geheiltes menschliches Handeln zu begründen. Ein Handeln, das man sakramental nennen kann, gerade, weil allein die Sakramente (und die sakramentale Logik, die aus ihnen hervorgeht) auf das notwendige Handeln des Menschen hinweisen, ohne dabei etwas von der Vorrangstellung des Handeln Gottes wegnehmen zu müssen. Denn es gilt „[…] so auch in allen andern sacramenten […]" daß das, was der Mensch bewirkt „[…] nit ein werck sey, sondern ein ubung des glaubens allein".[52] Der Mensch hat so – *bei der Ausübung des eigenen Glaubens* – die Aufgabe, den anderen Menschen das Wirken Gottes darzustellen, so daß das, was dem Menschen in den Sakramenten gespendet wird (wenn sie „laut des Evangelii gereicht werden"[53]) zugleich auch durch das tugendhafte Handeln des Glaubenden gespendet wird, wenn er Gott *in Übereinstimmung mit dem göttlichen Wort* bezeugt und auf diese Weise von ihm spricht. Diese Eigenschaft, die schon auf den ersten Blick dem Sakrament angehört, setzt eine Entschlossenheit im Handeln des Menschen in Gang, welche vom Empfangen des Werkes Gottes im Glauben herrührt. Dieses bedarf zwar keiner Hinzufügung, denn es ist bereits ein für alle Mal geschehen, dennoch zeigt es sich gerade in seiner ganzen Fülle, wenn es das Leben des Glaubenden in Gang setzt. Folglich bedeutet

---

[51] „[…] dum credimus in eum, et in vicem mutuo qui sumus alter alterius Christus facientes proximis": De libertate christiana, 1520, WA 7,66,34–36.

[52] „Ein Sermon von dem neuen Testament, das ist von der heiligen Messe", 1520, WA 6,364,27–31.

[53] „recte [laut des Evangelii] administrantur sacramenta": CA Art. VII, BSELK 102 f. (BSLK, 61).

die Vollendung des „opus Dei" in Christus alles andere als die Aufhebung menschlichen Handelns. Es unterstützt es sogar, indem es ihm eine außergewöhnliche Haltung verleiht. Es geht nicht darum, auf das Tätig-Sein zu verzichten, sondern das zu vollbringen, was als solches einzig aufgrund eines göttlichen Privilegs jede menschliche Handlung übersteigt.[54] „Alles ist vollbracht" (Joh 19,30): Beim Passahmahl und beim blutigen Opfer am Kreuz wird die Befreiung des Menschen von der Sünde bewirkt, die im Glauben empfangen wird und die ihn zu einem eschatologischen Pilger in der Menschheitsgeschichte macht.

In diesem Sinne öffnet sich nun ein Raum (der einzige Raum), um an die kirchlichen Handlungen als solche zu denken (welche menschliche Handlungen sind und bleiben), die weder dem Werk Gottes widersprechen, noch es ersetzen, sondern von ihm nicht nur ermöglicht, sondern auch verlangt werden.

3. Kirchenrecht als geistliches Geschehen

Das im vorhergehenden Kapitel Ausgeführte dürfte nun ausreichen, um zu behaupten, daß die *kirchlichen Handlungen* – werden sie *in einer sakramentalen Logik verstanden* – in der Theologie Luthers nicht in der Gefahr stehen, an die Stelle des Werkes Gottes zu treten. Luther findet in den Sakramen-

---

[54] „Non efficimur iusti iusta operando, sed iusti facti, operamur iusta": Disputatio contra scholasticum theologiam, 1517, WA 1,226,40. In diesem Zusammenhang wäre es interessant, die Verbindung zwischen „fides" und „caritas" zu vertiefen, um festzustellen ob die „caritas" bei Luther tatsächlich von dem Glauben getrennt sei. Die Frage hat eine besondere Relevanz für den ökumenischen Dialog. Traditionell wird sie von der katholischen Seite (für alle vgl. J. RATZINGER, Chiesa, ecumenismo e politica, 1987, 106–112), von dem Kommentar Luthers über den Galaterbrief ausgehend, behandelt. Und im Besonderen von der berühmten Schimpftirade aus „Maledicta sit charitas [...]" („In epistolam S. Pauli ad Galatas Commentarius", [1531]1535, WA 40/II, 47,26–27). Ohne mir anmaßen zu wollen, diese Frage zu lösen, sei darauf hingewiesen, daß für Luther die Rechtfertigung durch den Glauben einhergeht mit der Behauptung der „caritas" als Mittel, das den Glauben wirksam mache, insofern sie „fructus fidei" ist (Die Zirkulardisputation de veste nuptiali, 1537, WA 39/I, 318,30). Deshalb „weist Luther energisch jede Sicherheit des Menschen zurück, die sich auf den Menschen selbst, seinen Glauben oder seine Werken stützt (aber er schließt nicht die Notwendigkeit aus, daß der Glaube sich in den Werken verwirkliche)" (J. ALFARO, Speranza cristiana e liberazione dell'uomo, ²1973, 87) und deshalb in der „caritas". Was die Hauptschriften betrifft, in denen Luther diese Thematik behandelt, abgesehen vom Kommentar über den Galaterbrief (Galatervorlesung, 1531, WA 40/I e 40/II, 1–184), vgl.: „Ecce haec est vere Christiana vita, hic vere fides efficax est per dilectionem, hoc est, cum gaudio et dilectione prodit in opus servitutis liberrimae, qua alteri et sponte servi, ipsa abunde satura fidei suae plenitudine et opulentia" („Tractatus de libertate christiana", 1520, WA 7,34–37); die bereits zitierte Zirkulardisputation „de veste nuptiali" (WA 39/I, 265–333) und das Vorwort zum Römerbrief (WA DB 7,10,9–13).

ten und in der sakramentalen Logik, die von diesen herrührt, die wahren *Strukturen* des Geistes wieder, die Kirche mit eingeschlossen – um die am Anfang erwähnte Provokation Pelikans wieder aufzunehmen:

> „die wahre Kirche ist die, die betet und zwar ernsthaft im Glauben betet: ‚Vergib uns unsere Schuld, wie auch wir vergeben unseren Schuldigern' (Mt 6,12). Jene Kirche, die Tag für Tag fortschreitet und sich Tag für Tag mit dem neuen Menschen kleidet und den alten ablegt. Jene Kirche, die die ‚Erstlingsgabe des Geistes' erhält, nicht den Zehnten und noch weniger die Fülle in diesem Leben. […] Wenn man also über die Kirche urteilen möchte, sollte man nicht einfach dorthin blicken, wo es weder Mängel noch Skandale gibt, sondern dorthin, wo das reine Wort gegenwärtig ist, wo die reine Verwaltung der Sakramente ist und wo es Menschen gibt, die das Wort lieben und es vor der Welt bezeugen."[55]

Luther ist sich also bewußt, daß es in der Kirche „vitia et scandala" gibt. Folglich weiß er genau, daß es nicht möglich ist, jedes Wort und jede Handlung der Kirche unter dem falschen Anspruch, daß die Kirche eine Gemeinschaft perfekter Heiliger ist, gutzuheißen.[56] Zugleich zweifelt er aber nicht daran, daß die Sakramente Teil jener Kirche sind, die, trotz ihrer Fehler und Skandale, „die Erstlingsgabe des Geistes" erhalten hat und selbst das Resultat der Gnadenmittel („die Tochter des Wortes"[57]), die Spenderin genau dieser Gnadenmittel sowie selber ein Gnadenmittel ist.

Deswegen folgt aus Luthers Ablehnung eines sakramentalen Systems, das auf der Trennung des Wortes Gottes und des Wortes der Kirche basiert, keine strenge ekklesiologische Vision, die einzig die Verkündigung des Wortes und die Verwaltung der Sakramente in den Handlungen der Kirche zuläßt. Ja, es gilt vielleicht sogar das Gegenteil, weil – sobald man einmal geklärt hat, daß man keine Heilsmittel über die vom Heiland vorgesehenen hinaus „erfinden" kann – der Handlungsraum der Kirche deutlicher und nachvollziehbarer wird: Sie ist ein Werk von Sündern, denen dennoch die Erstlingsgaben des Geistes verheißen worden sind. Der Geist handelt fortdauernd durch die Kirche (die sich demnach Mittlerin der göttlichen Gnade nennen darf), er wird aber niemals in einem Wort, einer Handlung oder einer Struktur der Kirche gefangen sein. Für Luther gibt es keinerlei Al-

---

[55] „Nam Ecclesia vera est, quae orat et ex fide ac serio Dimitte nobis debita nostra, sicut nos dimittimus debitoribus nostris". Ecclesia est, quae de die in diem proficit, quae de die in diem induitur novum hominem et exuit veterem. Ecclesia est quae primicias spiritus, non decimas, multo minus plenitudinem in hac vita accipit […] Quare cum de Ecclesia iudicare voles, non respiciendum simpliciter eo est, ubi nulla vitia et scandala nulla sint, sed ubi est verbum purum, ubi est administratio sacramentorum pura, ubi sunt homines amantes verbi et confitentes verbum coram mundo": „Enarratio Psalmi XC", 1534/35[1541], WA 40/III, 506,18–31.

[56] „Non est tam magna peccatrix ut Christiana ecclesia": Predigt am Ostersonntag, 9. April 1531, WA 34/I, 276,7.

[57] „Ecclesia enim est filia, nata ex verbo, non est mater verbi": Vorlesungen über 1 Mose,1535–45, WA 42,334,12.

ternativen zu dieser Ekklesiologie. Denn entweder bekundet man, daß es jenseits der Gnadenmittel, die ausdrücklich vom Heiland vorgesehen worden sind, keinen Raum für kirchliche Handlungen gibt (weil sie immer ungerecht wären) oder man müßte dem Werk der Sünder eine Heilswirkung zuschreiben, die der unseres Herrn gleich ist (was dem Evangelium widersprechen würde).

In diesem Sinne kann Luther zurecht vor seinen Gegnern eine größere Treue zum sakramentalen System beanspruchen als die, die ihm von seinen Gegnern abgesprochen wird: nicht nur, weil, wer ihm widerspricht, nicht versteht, daß ein sakramentales System nicht auf einem anderen Kriterium aufgebaut werden kann als auf dem einsetzenden Wort Christi, sondern auch, weil seine Gegner unfähig sind, eine Sakramentalität anzuerkennen, die *nicht in einer Struktur gefangen ist*. Die Denkanstöße Pelikans erneut aufnehmend kann man mit anderen Worten auch sagen, daß Luther nicht daran interessiert ist, zu verstehen, *ob* Gott das Heil spendet, sondern *wie* und *wo* er es spendet. Deshalb geht sein existenzieller und theologischer Weg „nicht von dem Geist zu den Strukturen, sondern von den Strukturen zum Geist".[58] Denn wenn das bis hierher Gesagte wahr oder zumindest naheliegend ist, dann ist das Grundanliegen Luthers, sich den vielfältigen kirchlichen Handlungen anzunähern, indem er auf der einen Seite versucht, diejenigen zu benennen, die durch die Verheißung Christi zugesichert sind, und auf der anderen Seite ein theologisches Prinzip im Handeln der Kirche erkennt, das aber nicht auf dieses Handeln der Kirche reduzierbar ist: der Heilige Geist. Aus diesem Grund geht das theologische Interesse einzig darauf, die Art und Weise zu verstehen, in welcher der Geist sich inmitten der Komplexität des kirchlichen Lebens offenbart. Dabei ist die Möglichkeit offen zu lassen, daß dies auch in jenen „Strukturen" geschehen kann, die nicht ausdrücklich durch das einsetzende Wort Christi zugesichert sind. Das heißt, daß der Glaubende, anstatt zu interpretieren – also sich zu fragen, ob diese oder jene kirchliche Struktur den Geist besitzt – die Rolle des Hörers annehmen muß, der auf das hört, was der Geist sagen und machen will. Der Geist Jesu aber kann und will seiner Kirche nichts anderes spenden, als den Geist Christi selbst.

Einmal festgelegt, daß einzig die „*ex verbo locuto*" eingesetzten Gnadenmittel wirksam sind und dies einzig *so, daß* sie im Glauben angenommen werden, gibt es keine Notwendigkeit mehr für gelehrte theologische Abhandlungen, um die Präsenz oder Nicht-Präsenz des Geistes in den kirchlichen Institutionen festzustellen: Dies wäre Blasphemie, denn der Geist kann nicht *innerhalb* der von dem lasterhaften und sündhaften Menschen errichteten Strukturen eingegrenzt werden. Es geht also nicht darum, „von

---

[58] Vgl. PELIKAN, Spirit Versus Structure (o. Anm. 19), 137.

dem Geist zu den Strukturen" zu gelangen, indem man irgendein theologisches Kriterium ausfindig zu machen versucht, mit dem man die Gegenwart des Geistes in den Worten und den Handlungen der Kirche interpretieren und darüber urteilen kann, vielmehr ist es nötig, „von den Strukturen aus dem Geist *entgegenzugehen*", darauf vertrauend, daß das theologische Kriterium (der Geist) von sich aus das spirituelle Wesen des kirchlichen Lebens offenbart. So als wolle man betonen, daß die einzige wirklich spirituelle *Praxis* die ist, welche von einer Selbstgabe und Selbstoffenbarung des Geistes innerhalb der Gesamtheit des kirchlichen Lebens herrührt. Jeglicher andere Parameter wäre Ausdruck eines „menschlichen Willens", der die Phänomenalisierung desjenigen vornehmen möchte, der sich nur selbst phänomenalisieren kann – nämlich der Geist.

Pelikan erinnert daran, daß Luther Folgendes gesagt haben soll: „Während ich Bier trank, reformierte Gott die Kirche"[59]. Man weiß nicht, ob dies wirklich Luthers Worte sind, zumal Pelikan keine Quelle angibt.[60] Dennoch ist diese Behauptung aussagekräftig, weil sie das Bewußtsein über den Primat der Selbstoffenbarung des Geistes verdeutlicht, das darauf zielt, die Souveränität der Handlung des Geistes hervorzuheben, die allen menschlichen Worten vorangeht. Daß Gott handelte, während Luther Bier trank, bedeutet nicht nur, daß es „Gott ist, der alles wirkt", sondern auch, daß das reformatorische Wirken Luthers eine menschliche Handlung gleich allen anderen menschlichen Handlungen war. Folglich sollte man nicht in den Worten und Gesten *Luthers* (als Strukturen gedacht) das Werk Gottes suchen, sondern in jenem *Geist*, der in allem wirkte, was er gesagt und getan hat, (auch dann, als er sich darauf beschränkte, Bier zu trinken): Luther hat keine andere Institution neben der des Papsttums gegründet (er war und wollte niemals der „Papst Wittenbergs" sein), und erst recht wollte er nicht die Handlungen des Geistes beschränken, indem er ihm sein Wirken in den Institutionen absprach.

„*Wie und wo* spendet also Gott die Gnade?" Immer und überall einzig in Christus und niemals und nirgendwo (der Geist entscheidet darüber, nicht der Mensch) anders als in Christus, in dem das göttliche Werk immer und überall erkennbar wird:

---

[59] A.a.O. 136.

[60] Mit großer Wahrscheinlichkeit bezieht sich Pelikan auf den folgenden Abschnitt der Invokavit predigten: „Ich bin dem ablas und allen papisten entgegen gewesen, aber mit keyner gewalt, ich hab allein gotteswort getrieben, gepredigt und geschrieben, sonst hab ich nichts gethan. Das hat, wenn ich geschlafen han, wenn ich wittenbergisch bier mit meynem Philipo und Amßdorff getruncken hab, also vil gethan, das das Bapstum also schwach worden ist, das im noch nye keyn Fürst noch Keyser so vil abgebrochen hat. Ich hab nichts gethan, das wort hatt es alles gehandelt und außgericht": Predigten, 1522, WA 10/III, 18,13–19,3.

„Gleich als ich von der rechten Gotts sage: wie wol die selbige allenthalben ist, wie wir nicht leucken mugen, Noch weil sie auch nirgent ist, wie gesagt ist, kanstu sie werlich nirgend ergreiffen, sie binde sich denn dir zu gut und bescheide dich an einen ort. Das thut sie aber, da sie sich ynn die menscheit Christi begibt und wonet, Da findestu sie gewis, sonst soltu wol alle Creatur durch und durch lauffen, hie tappen und da tappen und dennoch nymer mehr nicht finden, ob sie gleich da ist warhafftig Denn sie ist dir nicht da."[61]

Das Werke Gottes wird man also nie erkennen können, selbst wenn man es direkt vor Augen hätte, außer man erkennt es in Christus. Dies ist der Kern der Frage, die mit dem kirchlichen Handeln zu tun hat, weil damit deutlich ausgedrückt wird, daß die Kirche nichts anders zur Aufgabe hat, als den Menschen die Gnadenmittel, die Christus selbst eingesetzt hat, erneut darzubieten, welches die einzige Art und Weise ist, mit der der Mensch das Werk Gottes, welches er *immer und überall* ausführt, erkennen kann. Um es noch deutlicher zu sagen: Die Kirche hat einzig die Aufgabe, die Menschen in Christus zusammen zu rufen und ihnen die Mittel darzubieten, die Christus selbst eingesetzt hat, um seine Gnade zu spenden. Dies realisiert sie mittels der Verkündigung des Evangeliums, der rechten Verwaltung der Sakramente und der Nächstenliebe. Alles Übrige ist nur nützlich, wenn es diesem Ziel dient, und es kann sich ein durch den Heiligen Geist inspiriertes Handeln nennen, wenn es dazu dienen will, daß die Menschen sich zu Christus wenden. Deshalb gibt es *scheinbar* kein *a priori*, das offenbaren könnte, wann diese oder jene kirchlichen Handlungen (außer den durch Christus eingesetzten) von dem Heiligen Geist bewegt sind oder auch nicht. Theoretisch könnte das bei jeder Handlung der Fall sein – auch beim Bier trinken.

Auf jeden Fall läßt das bis hierhin über das Handeln der Kirche Ausgeführte das reformatorische Verständnis des *Kirchenrechts als geistliches Geschehen* schlüssig erscheinen.

Es handelt sich dabei um ein Geschehen, das sich vor allem in der Verkündigung des Evangeliums, in der rechten Sakramentsverwaltung und in der Ausübung der Schlüsselgewalt („potestas clavium") realisiert.

Auf dieser Ebene, und nur auf dieser Ebene, ist Folgendes erkennbar:

„Christus (und ohne irdischen Stellvertreter) ist das geistliche Haupt der Kirche, der sie durch sein geistliches Regiment der Predigt, Sakramentsverwaltung und Schlüsselgewalt ohne weltliche Herrschaft (‚sine vi, sed verbo') erhält".[62]

---

[61] „Daß diese Wort Christi ‚Das ist mein leib' noch feste stehen", 1527, WA 23,151, 17–24. Bezeichnenderweise weist diese Stelle Ähnlichkeiten mit der Rede des Paulus auf dem Aeropag auf (Apg 17,27).

[62] M. HECKEL, „Luther und das Recht", in: Neue Juristische Wochenschrift (1983), 25–23.

Das kirchliche Recht hat somit die fundamentale Aufgabe, in allen Dingen der geistlichen Essenz der Kirche zu entsprechen. Diese verhält sich wahrhaftig und auf *mysteriöse Weise* zur Welt: „als ein Licht, das an einem dunklen Ort scheint" (2 Petr 1,19). Auf diese Weise ist das kanonische Recht nichts mehr als die verbindliche Ordnung des kirchlichen Handelns, welches, wie jedes andere Recht, auf die Koordinierung der Handlungen und auf die Regelung von Konflikten zielt. Vor allem aber neigt es dazu, die Aufgabe der kirchlichen Gemeinde zu realisieren und aufzuzeigen. Diese Aufgabe ist es, das Handeln Gottes in Christus durch seinen Geist in seiner ursprünglichen Weise darzustellen, welches das einzige Handeln ist, das wirklich unser Heil bewirkt, so daß „das geschehe, was Gott durch den Auftrag der Kirche am Menschen geschehen lassen will".[63]

Jede Norm und jede Regel, die sich die Kirche selbst gibt, muß deshalb auf dieses Ziel hin ausgerichtet sein, ohne daß irgendetwas einen Schatten darauf werfen oder Zweifel daran wecken darf. Folglich steht und fällt das „evangelische" Profil der *geistlichen Kirchenleitung*, die durch das kanonische Recht geregelt wird, mit dieser Voraussetzung. Dies verdeutlicht, daß das Wirken des Geistes jeglichem Handeln von Menschen stets vorausgeht, wie ein Horizont, der immer schon im Voraus bereit ist, die Fortschritte dieses Handelns aufzunehmen. Dieses Vorausgehen aber, das wir auch *transzendental* nennen können, bestimmt die Bedingung der *Möglichkeit* für jede Regel, die sich die Kirche geben kann, die letztendlich mit der *Unmöglichkeit* zusammenfällt, das Werk des Geistes Christi adäquat darzustellen. Deshalb muß man diese Notwendigkeit der Bedingung *a priori* eingestehen, die paradoxerweise nicht den Rückzug ins Unbestimmte bedeutet. Denn gerade als ein Horizont drängt sich das göttliche Handeln in vollkommen legitimer Weise dem menschlichen Handeln auf als die *wahrhaftigste* aller Handlungen. Gerade als transzendentale Bedingung des kirchlichen Handelns übertrifft das Handeln Gottes dieses immer. Daher deckt sich die Unmöglichkeit der Kirche, das Handeln des Geistes adäquat darzustellen, mit seiner perfekten Klarheit und unvergleichlichen Wahrheit.

Wenn dies also wahr oder zumindest der Wahrheit nahekommend ist, führt es zu einer paradoxen Folge, die dem Handeln der Kirche (auch dem juristischen) ein unerschütterliches Fundament bietet: der *formale Grund, der die Präsenz eines Rechts in der Kirche theologisch legitimiert*, besteht gerade in der *Unmöglichkeit*, es als ein *Sakrament* aufzufassen. Denn *jene Unmöglichkeit* definiert nicht nur die Grenzen des Handelns der Kirche (die keine anderen Sakramente als die von Christus gewollten einsetzen kann), son-

---

[63] H. DOMBOIS, „Die Apostolische Sukzession als rechtsgeschichtliches Problem", in: DERS., Ordnung und Unordnung der Kirche. Kirchenrechtliche Abhandlungen und Vorträge, 1957, 45–75 (52).

dern sie *legt auch fest, wie die Einzigartigkeit des Handelns Christi das Handeln der Kirche* formell *miteinschließt,* so daß letzteres an der *sakramentalen Logik* des ersteren teilnehmen kann.

Luther stellt die verschiedenen Weisen dar, die am geeignetsten sind, im Menschen das Bewußtsein über die eigene Sünde hervorzurufen und ihn so zur Umkehr zu veranlassen. Er pocht dabei vor allem auf das Wort und die von Christus eingesetzten Sakramente (Taufe und Sakrament des Altars). Die Wahl, die Luther auf diese Weise zwischen den verschiedenen Gnadenmitteln vornimmt, indem er einige als wirksamer und nützlicher einstuft, andere als schädlich und zu vermeiden, entspricht der grundlegenden Suche nach dem, was dem Menschen *wirklich* erlaubt, die Gnade Gottes zu erkennen und sich ihr vertrauensvoll hinzugeben. Der entscheidende Punkt liegt aber im Bemühen, ein *Maß an Gewißheit* zu schaffen, dem eine gewisse quantitative *Einschränkung* zugrunde liegt, trotz der uneingeschränkten Möglichkeiten, die zum Handeln des Geistes Gottes gehören. Das Kriterium, das das Wort und die eingesetzten Sakramente hervorhebt, verweist letztendlich auf den Gedanken, daß sich einzig in Christus und in seinem Wort mit *Gewißheit* das Handeln Gottes für den Menschen befindet und die Kirche deshalb nichts anderes zur Aufgabe hat, als den Menschen die vom Heiland gewollten Gnadenmittel erneut darzureichen. Obgleich Luther dies unterstreicht, möchte er dennoch nicht jede andere Form kirchlichen Handelns als menschliches Werk, das dem göttlichen *entgegengesetzt* ist, einordnen. Denn wenn es das Ergebnis kirchlichen Handelns ist, daß der Mensch dazu gebracht wird, die eigenen Sünden anzuerkennen und sich der Barmherzigkeit Gottes zuzuwenden, dann hindert nichts daran, dieses Handeln – eben ein Handeln der Kirche! – selber als Gnadenmittel zu erleben und anzuerkennen.

Wir befinden uns also jenseits einer rigiden ekklesiologischen Vision. Paradoxerweise scheint es sogar, keine *sichtbare* Grenze mehr zu geben. Nichtsdestotrotz wird diese undefinierte Öffnung stets auf die Probe gestellt durch die notwendige – einzig *a posteriori* mögliche – Überprüfung, ob das kirchliche Handeln von Gott oder den Menschen ist. Nur diese Prüfung *a posteriori* bringt die *Gewißheit,* daß es sich um Gottes Werk handelt. Dies gilt für das Recht wie für zahlreiche andere Aspekte des Lebens der Kirche. Denn das, was Luther theologisch für unbedingt notwendig hält, um die Legitimität jeglicher kirchlichen Handlung festzustellen, ist dies, daß das Heil in keinerlei Weise von einer menschlichen Handlung abhängig sein kann.

Es scheint sich also um eine gewisse zirkuläre Bewegung zu handeln, die immer wieder zum Anfang zurückkehrt: eine Reise, deren Ziel man nicht kennt, aber, ist man einmal am Ziel angelangt, befindet man sich am Anfangspunkt wieder. Der Weg des Menschen zu Gott, der seinen Anfang im Werk Gottes für die Menschen hat, kann auf unendlich vielen Wegen begangen werden. Das Ziel wird aber nur dann *gewiß* erreicht, wenn man auf genau den Wegen geht, von denen man entdeckt, daß sie von Gott für das Heil des Menschen angelegt wurden. Ist der *Anfang* erst deutlich, geht es nicht mehr darum, einen Weg anstelle eines anderen zu wählen, sondern sich daran zu erinnern, daß Gott uns versprochen hat, uns auf *seinen* Wegen zu leiten. Es handelt sich immer um ein „opus Dei" und nicht um ein „opus hominum". Die Reise nach einem anderen Kriterium zu planen, würde letztendlich bedeuten, sich dem „monstrum incertitudinis"[64] hinzugeben, einer Katastrophe entgegenzugehen, hin zu einer totalen Katastrophe jeglicher menschlichen Wahl, sogar der scheinbar frömmsten und hingebungsvollsten, die an die Stelle der verlorenen Gewißheit der Verheißung Gottes tritt. Sich also zu fragen, unter welchen Bedingungen, kirchliche Handlungen (außer den „eingesetzten") mit Gewißheit als Handlungen Gottes erlebt und anerkannt werden können, bedeutet für Luther, die Wahrhaftigkeit der göttlichen Verheißungen, ohne zu zögern, zu bejahen:

> „Deswegen ist unsere Theologie gewiss, weil sie uns außerhalb unserer selbst stellt: ich muss mich nicht auf mein eigenes Gewissen, meine sinnliche Person oder auf mein Werk stützen, sondern auf die göttliche Verheißung und auf die Wahrheit, die nicht täuschen kann".[65]

Man könnte auch sagen – eine Sprache verwendend, die Luther selbst so niemals benutzt hätte –, daß der Mensch dazu aufgerufen ist, ständig aus sich selbst hinauszugehen, um sich in die richtige Position zu begeben, die sein Tun als ein mit *Gewißheit* durch die göttliche Transzendenz erlaubtes und verfügtes Handeln charakterisiert. Die Gewißheit beruht somit ganz auf der Objektivität der Verheißung und zugleich ist sie von dem anthropologischen Standpunkt nicht zu trennen, von dem aus man fähig ist, diese Objektivität zu erkennen. In anderen Worten: Es scheint, als ob Luther in seinem Bestreben, zu vermeiden, daß das Heil von irgendeiner menschlichen „securitas" abhinge, ausschließlich dem göttlichen Werk Wert zuschreibt und dabei zugleich die menschliche Haltung aufzuzeigen versucht, die diesem unbestrittenen göttlichen Primat entspricht. Daher ist die Tatsache, „daß unser Heil außerhalb unserer eigenen Kräfte und Absichten vom Werk Gottes allein abhängt"[66] für Luther die wirksamste Weise, um auf der

---

[64] „monstrum incertitudinis": „In epistolam S. Pauli ad Galatas Commentarius", [1531]1535, WA 40/II, 588,8. Vgl. dazu auch: „Quid enim incertitudine miserius?": „De servo arbitrio", 1525, WA 18,604,33.

[65] „Ideo nostra theologia est certa, quia ponit nos extra nos: non debeo niti in conscientia mea, sensuali persona, opere, sed in promissione divina, veritate, quae non potest fallere": „In epistolam S. Pauli ad Galatas Commentarius", [1531]1535, WA 40/II, 589,8–10 (deutsche Version: Übersetzerin).

[66] „[…] extra vires et consilia nostra in solius opere Dei pendere salutem nostram": LDStA 1, 288 f. (WA 18,634,16–17).

einen Seite die Absolutheit des göttlichen Handelns zu unterstreichen, und auf der anderen Seite zu betonen, daß eine solche Absolutheit das menschliche Subjekt definiert, das sich so an dem für ihn von Gott vorgesehenen Ort wiederfinden kann, an dem er das Werk Gottes als das konstitutive Element seines eigenen Verhältnisses zum Göttlichen empfangen kann.

Belegen kann man dies anhand der Schrift „De servo arbitrio" von 1525, in der Luther mehr noch als an anderer Stelle das Thema der „certitudo" behandelt. In diesem Werk, welches bekanntermaßen gegen die Argumentation der „Diatribē" des Erasmus von Rotterdam über den freien Willen polemisiert, begründet Luther die Gewißheit des Christen mit dem Wirken des Heiligen Geistes.[67] Denn es ist der Geist, der dem Menschen die „claritas interna" spendet, die unerläßlich ist, um sich die Wahrheit des Wortes Gottes zu eigen zu machen.[68] Ein entscheidender Aspekt, mit dessen Hilfe Luther diesen Gedankengang ausführt, befindet sich in dem Ansatz des Reformators bezüglich der Frage des göttlichen Vorhersehung, über das er folgert, „daß Gott nichts zufällig vorherweiß, sondern daß er alles mit unwandelbarem, ewigem und unfehlbarem Willen vorhersieht, beschließt und ausführt."[69] Die unmittelbare Folge davon ist für Luther die Verneinung des freien menschlichen Willens. Dieser wird einzig Gott zugeschrieben.[70] Wenn man sich dabei aber nicht nur strikt an die Frage der Unbegrenztheit des göttlichen Willens hält, dann erhält der Gedanke der Notwendigkeit von allem, was geschieht, eine Bedeutung, die für den Menschen nicht unbedingt einschränkend sein muß. Denn den freien Willen zu verneinen, bedeutet für Luther, die Gewißheit des Glaubens aufzuzeigen:

„Wenn man dies nämlich nicht kennt, dann können weder der Glaube noch irgendeine Verehrung Gottes bestehen bleiben. [...] Wenn du nämlich zweifelst oder ablehnst zu wissen, dass Gott alles nicht zufällig, sondern notwendigerweise und unveränderlich vorherweiß und will – wie kannst du dann seinen Zusagen glauben, gewiss darauf vertrauen und dich darauf stützen? Wenn er nämlich zusagt, musst du gewiss sein, dass er zu erfüllen weiß, vermag und will, was er zusagt. Sonst wirst du

---

[67] „Spiritus sanctus non est Scepticus, nec dubia aut opiniones in cordibus nostris scripsit, sed assertiones ipsa vita et omni experientia certiores et firmiores": a.a.O., 233 (WA 18,605,32–34).

[68] Vgl. diesbezüglich CHR. SCHWÖBEL, „Offenbarung, Glaube und Gewißheit in der reformatorischen Theologie", in: E. HERMS/L. ŽAK (Hgg.), Grund und Gegenstand des Glaubens nach römisch-katholischer und evangelisch-lutherischer Lehre, 2008, 217 f.

[69] „[...]quod Deus nihil praescit contingenter, sed quod omnia incommutabili et aeterna infallibilique voluntate et praevidet et proponit et facit": „De servo arbitrio", 1525, LDStA 1, 251 (WA 18,615,12–14).

[70] „Sequitur nunc, liberum arbitrium esse planem divinum nomen, nec ulli posse competere quam soli divinae maiestati": a.a.O., 294 (WA 18,636,27–29). Vgl. diesbezüglich weiterhin Chr. SCHWÖBEL, „Offenbarung, Glaube und Gewißheit in der reformatorischen Theologie" (o. Anm. 68), 214–234.

ihn nicht für wahrhaftig, nicht für vertrauenswürdig halten, und das ist Unglaube, höchste Gottlosigkeit und Leugnung des höchsten Gottes. Aber wie wirst du gewiss und sicher sein, wenn du ihn nicht als einen solchen kennst, der gewiss und unfehlbar und unwandelbar und notwendigerweise weiß und will und tun wird, was er zusagt?"[71]

Wie man aus diesem langen Zitat entnehmen kann, ist das für Luther Entscheidende bei der Behauptung der Notwendigkeit des Vorherwissens Gottes gerade die Möglichkeit, auf ihr die Gewißheit des Glaubens errichten zu können. Dies ist ein Motiv, das in der Lehre des Reformators ständig wiederzufinden ist: Bei der Gewißheit des Glaubens handelt es sich nicht um ein Spiel, einen Konflikt oder einen Ausdruck der Psyche, der Gefühle oder der Leidenschaften, sondern die Gewißheit ist das, was sich allein in dem Moment realisiert, in dem die Kraft Gottes mit seiner Wahrhaftigkeit eins wird. Der Glaube ist also die menschliche Haltung, die die Gewißheit genießt, weil allein das *gewiß* existiert, was Gott vollbringt und verspricht.

Es kann zu großen Fehlurteilen und schweren Mißverständnissen führen, wenn man sich anmaßt, die Gewißheit des Glaubens mit psychologischen Termini, mit der Analyse der Gefühle und der inneren Vorgänge zu beurteilen und zu beschreiben. Denn es ist nicht der Glaube als menschliche Haltung, der gewiß ist, sondern gewiß ist das, was Gott will, vollbringt und verspricht. Was wirklich im Glauben zählt, ist allein seine Fähigkeit, zu begreifen, daß Gott nichts vortäuscht, sondern daß alles geschieht „*ubi et quando visum est Deo*"[72]. Folglich ist die Idee, daß Gottes Verheißen unfehlbar und notwendig ist, das, was jegliche Ambiguität des Glaubens aufhebt. Der Glaube für sich allein wäre vollkommen unfähig, sich der Wahrheit dessen, an den er glaubt, zu versichern: „Denn es kompt, ia es gehet also zu mit dem glauben, das offt der, so da meinet, er glewbe, nichts uberall glewbe, und widderumb, der da meinet, er glewbe nichts [...] am aller meisten glewbe".[73] Die Gewißheit des Glaubens ist also nicht als innere Überzeugung des Glaubenden zu beschreiben, bei der die Realität der göttlichen Offenbarung eine Überzeugung der Psyche des einzelnen Glaubenden ist. Es geht vielmehr darum, daß man im Glauben die stets unsichere Art und Weise erkennt, mit der man vor demjenigen steht, der seinen Ver-

---

[71] „His enim ignoratis neque fides neque ullus Dei cultus consistere potest. [...] Si enim dubitas aut contemnis nosse, quod Deus omnia non contingenter sed necessario et immutabiliter praesciat et velit, quo modo poteris eius promissionibus credere, certo fidere et niti? Cum enim promittit, certum oportet te esse, quod sciat, possit et velit praestare, quod promittit. Alioque eum non veracem nec fidelem aestimabis, quae est incredulitas et summa impietas et negatio Dei altissimi. At quo modo certus et securus eris? nisi scieris illum, certo et infallibiliter et immutabiliter ac necessario scire et velle et facturum esse, quod promittit": „De servo arbitrio", 1525, LDStA 1, 257 (WA 18,618,21–619,8).
[72] CA V, BSELK 101 [BLSK, 58].
[73] „Von der Widertaufe an zwei Pfarrherrn", 1528, WA 26,155,18–21.

sprechen treu bleibt, und dessen Wahrhaftigkeit nicht auf etwas anderes zurückgeführt werden kann als auf seinen freien Willen, *der über alles verfügt, das sich ereignet,* „wo und wann er will".[74]

Die Beziehung des Glaubenden zu Gott ist nicht vorrangig an dem interessiert, was der Glaubende in seinem Herzen von Gott wahrnimmt oder fühlt. Sie steht im Gegenteil unter dem Schutz der Allmacht Gottes und erkennt in ihr den unverzichtbaren Faktor, der es dem menschlichen Willen ermöglicht, dem richtigen Herrn zu *dienen.* Denn entweder glaubt man und dient Gott oder man dient einem Götzen. In beiden Fällen ist der Glaube notwendig. Der entscheidende Punkt dabei ist, das eigene existenzielle Vertrauen auf dem Fundament eines Glaubens aufzubauen, der sich allein *gewiß* nennen kann, wenn er auf den Geboten und der Verheißung dessen beruht, der nicht lügen kann, indem er aufhört, auf menschlichen Gefühlen zu schweben. Das Pfand der Verheißung liegt für Luther im eingesetzten Zeichen, niemals aber im Glauben des Menschen. So hat Gott seit dem alten Bund den Menschen Zeichen geben wollen, um ihnen zu versichern, daß sein Bund niemals aufhören würde. Aber auf keinen Fall hat er diese Garantie auf den Glauben des Menschen ausgeweitet:

„Gleich wie er mit Abraham und seinem samen einen bund machet, ihr Gott zu sein, und zum zeichen des bundes die beschneitung gab [Gen 17,7; 11]. Hie stehet unser gewisser grund [...] Hie kann ich nicht feilen, Denn Gottes gebot kann nicht triegen, Er hat aber niemand von meinem glawben etwas gesagt, geboten noch befohlen."[75]

Die Gottesgewißheit kommt also einzig aus der *Objektivität seiner Verheißung,* die an die von ihm eingesetzten Zeichen gebunden ist. Sie kann nicht von dem abhängig gemacht werden, was der Mensch auf subjektive Weise von Gott wahrnimmt. Deswegen ist Luther weniger daran interessiert, die Identität des Glaubenden zu bestimmen als vielmehr, den Ort auszumachen, an welchem dem Menschen die Möglichkeit gegeben ist, sich als Glaubender wiederzufinden: Wo „sich das Wort mit dem Element verbindet", dort ist Gott gewiß anwesend und ebenso gewiß kann der Mensch dort in eine wahre Beziehung mit dem Höchsten treten.

Niemandem entgeht, daß auf diese Weise die sakramentale Frage wieder aufkommt, die von Anfang an den Versuch begleitet hat, den Raum zu markieren, innerhalb welchem die legislativen Handlungen der Kirche als

---

[74] „Der einzige und ausreichende Grund für die Infallibilität des Glaubens ist in Luthers Augen, daß es für den Glauben [...] wesentlich ist, daß sein einziger Gegenstand Gott selbst ist [...], wie er selbst durch sich selbst und durch nichts sonst sich dem Glauben vorgegeben und diesen dadurch auf sich bezogen hat": E. HERMS, „Gewißheit in Martin Luthers ,De servo arbitrio'", in: Lutherjahrbuch 67 (2000), 26 (neuerdings auch in: DERS., Phänomene des Glaubens, 2006, 56–80, dort 58 f.).

[75] „Von der Widertaufe an zwei Pfarrherrn", 1528, WA 26,155,30–32; 37–38.

zulässig betrachtet werden können. Dabei ist es wiederum entscheidend, zu verstehen, daß die Sakramente – als Ort, an dem das Werk Gottes unumstritten ersichtlich ist – die Glaubensgewißheit über das, was Gott „immer und überall" vollbringt, hervorbringen.

Folgendes ist bereits mehrere Male hervorgehoben worden, aber es lohnt sich, es zu wiederholen: Die Gewißheit des Handelns Gottes auf die eingesetzten Zeichen zu begrenzen, bedeutet nicht, daß dem göttlichen Werk eine klare und *sichtbare* Grenze zugewiesen wird. Wenn überhaupt soll damit einzig verhindert werden, daß der *Mensch* ihm Grenzen setzt. Die Begrenzung auf die eingesetzten Zeichen geht einher mit einer unbegrenzten Erweiterung, die dazu führt, die Grenzen des Wirken Gottes für den Menschen *unsichtbar* zu machen. Diese Erweiterung des Raumes ist aber immer Werk des Geistes Gottes, der den eingesetzten Ort der Gegenwart Gottes inmitten der Menschen festlegt. Es ist, als ob die Gewißheit, die aus der Verbindung des Zeichens mit der Verheißung herrührt auch über die eingesetzten Zeichen hinaus wirke und die gesamte Existenz des Glaubenden berühre und belebe, die so endlich in die richtige Position gerückt wird, um zu glauben, daß Gott alles verfügt, was geschieht, wie und wann er will. Auf dem *festen Felsen dieses Glaubens* ist es nicht absurd, zu sagen, daß eine jede *Sache* der Kanal, oder das Mittel (das Sakrament?) sein kann, durch welches die Wahrheit des Evangeliums sich dem Menschen auf heilbringende Weise auftut.

Um sich mit den Begriffen der traditionellen Sakramentenlehre auszudrücken, könnte man sagen, daß Luther den Gegensatz zwischen „sacramentum" und „res sacramenti" aufnimmt. Überwunden wird dieser Gegensatz einerseits sowohl in der Inkarnation des Sohnes (der als einziger als Sakrament bezeichnet werden kann) als auch in der christologischen Einsetzung der Taufe und des Abendmahls; andererseits wird er durch das geistgewirkte Bewußtsein seiner anhaltenden Gültigkeit und Aktualität überwunden. Das Maß an Ungewißheit, das jedem Zeichen innewohnt, ist vor allem durch den Akt der Selbstoffenbarung Gottes im Menschen Jesu von Nazareth aufgehoben, welcher eine vollkommene und unüberbietbare Identität zwischen „*sacramentum*" und „*res sacramenti*" verkörpert. Da die Worte Jesu nicht von Jesus getrennt werden können, können auch die von ihm ausdrücklich angenommenen Zeichen „ex verbo locuto" im sakramentalen Sinne verstanden werden. Aber die Singularität dieser ursprünglichen Figuren des göttlichen Handelns bedeutet nicht das Ende der *sakramentalen Logik*, nach welcher die „res sacramenti" dasjenige ist, was der Glaubende erkennen und aufnehmen können muß und das sich stets untrennbar als „res et sacramentum" darbietet. Deshalb kann man sagen, daß die Sakramentalität Christi, seines Wortes und der eingesetzten Sakramente den Status des *a priori* besitzen: Sie bestimmen die Transzendentalität der

sakramentalen Form jeder Handlung Gottes für den Menschen, welcher
in der geschuldeten und notwendigen Zustimmung des Glaubens zu den
„Zeichen Christi" die Bedingung der Möglichkeit findet, Gott *immer und
überall* zu erkennen und zu lieben. Hier versteht man, wie die Gewißheit
über das barmherzigen Handeln Gottes für den Menschen, die der Glaube an die „Zeichen Christi" im Glaubenden hervorruft, sich auf *jede* Erfahrung des Glaubenden übertragen kann. Auch beim „Bier trinken" kann
man sich ganz und gar Gott hingeben und sich des Werkes Gottes bewußt
werden. Dies ist nicht von geringer Bedeutung. Dennoch kann all dies, anders als bei den „Zeichen Christi", nur *a posteriori* geschehen. Denn, wo es
keine ausdrückliche Verheißung Christi gibt, kann nicht einmal der eigene
Glaube *a priori* die Gewißheit erzeugen, daß Gott am Wirken ist.

Man hat es also mit einem Verständnis zu tun, das ganz mit dem Grundsatz der lutherischen Theologie übereinstimmt, die darauf aus ist, zu unterstreichen, daß die Handlung Gottes entscheidend ist. Dies geht Hand
in Hand mit der Behauptung, daß es für den Menschen unmöglich sei bezüglich der eigenen Sicherheit, sich auf sich selbst, auf seine Werke und
sogar auf seinen Glauben zu stützen. Es handelt sich dabei um eine Überzeugung, die – es wäre gar nicht nötig, es zu wiederholen – den Ursprung
des lutherischen Mißtrauens gegenüber dem kanonischen Recht darstellt
und noch allgemeiner gegenüber dem institutionellen Charakter der Kirche: *Die Kirche ist nur dort gegenwärtig, wo das Evangelium verkündet wird und
die Sakramente richtig verwaltet werden.* Alles andere zählt letzten Endes nicht:
weder das Verständnis vom Evangelium (Theologie), noch die Gewänder,
die zu seiner Verkündigung getragen werden (liturgische Riten), noch die
Art und Weise, in der sich die Gemeinde organisiert, um es zu predigen
(Institution der Kirche) und auch nicht die Reinheit der Lehre (Orthodoxie). Über das Evangelium und die Sakramente hinaus gibt es nichts anderes, das es verdient, in Erwägung gezogen zu werden, und wehe, es wird
versucht, dem Wirken des Geistes Gottes Hindernisse zu bereiten.

Aber, wenn Luther nicht zögert von der Kirche als Mutter zu reden, die
ihre Kinder hervorbringt und erhält (BSLK 655,3 ff.) und wenn er sein
ganzes Leben lang daran festgehalten hat, daß die Kirche immer existiert
hat, auch unter dem Papsttum, kann man dann dem zustimmen, daß über
das Evangelium und die Sakramente hinaus wirklich nichts anderes gilt?
Wenn die Reformation Luthers sich geweigert hat, den *Schwärmern* darin
zu folgen, jede geschichtliche Form der Kirche als eine rein menschliche
Institution zu verstehen,[76] wäre es dann nicht ebenso folgerichtig, anzunehmen, daß die ultra-protestantische Ekklesiologie, die soeben beschrie-

---

[76] J. PELIKAN, Obedient Rebels. Catholic Substance and Protestant Principle in
Luther's Reformation, 1964, 27–41.

ben wurde, dahin korrigiert werden müßte, der institutionellen Seite der Kirche ein größeres Gewicht beizumessen?

Muß man dann (oder etwa nicht?) mit der Behauptung übereinstimmen, daß Luther – um das Wirken des Geistes nicht einzuschränken – den institutionellen Bereich der Kirche bis zu dem Punkt reduziert habe, daß er die Autorität dieser Institutionen durch die des Geistes ersetzte, statt sie vom Geist in seine Autorität einbezogen sein zu lassen? Wie viele andere offensichtliche Aussagen, ist auch diese wahr und falsch zugleich. Sie ist wahr, bedenkt man einzig die kontinuierliche Ablehnung des römisch-katholischen Institutionalismus durch Luther und die Reformation, die diesem Institutionalismus auf nachdrückliche Weise eine „spiritualistische" Idee der Kirche entgegenstellten. Hingegen wird sie „weniger wahr", bedenkt man, daß die lutherische Reformation nicht unabhängig von dem verstanden werden kann, was Pelikan, Paul Tillich aufnehmend, immer die *katholische Substanz* der Reformation nennt: „[…] der Körper aus Tradition, Liturgie, Dogma, kirchlichem Amt, der von der antiken Kirche entworfen worden war und in der römisch-katholischen Kirche seiner Zeit mit eingeschlossen war (wenn auch nicht vollständig)"[77].

Luther ist eine nicht unerhebliche Zeit seines Lebens katholisch gewesen und deshalb ist es nicht verwunderlich, wenn man aus seiner Reformation eine *katholische Substanz* herauslesen kann. Dennoch ist diese katholische Substanz nicht nur auf die Biographie Luthers zurückzuführen, sondern es ist ebenso zu bedenken, daß „die Reformation als eine kirchliche Bewegung zu betrachten [ist], die im Namen der einzigen, heiligen und apostolischen Kirche angestoßen wurde."[78] Es handelt sich um eine Art „katholische Kritik am römischen Katholizismus",[79] im Namen des Evangeliums geführt und mit der Autorität der Bibel. Diese Kritik verfolgt das Ziel, die kirchliche Gemeinschaft und den einzelnen Christen *von der Anmaßung einer institutionellen Objektivität zu befreien*. Zugleich aber ist diese Kritik stets dazu bereit, in jeder Struktur der Kirche den Ort zu erkennen, wo die Bedingungen erfüllt werden, um das Wort Gottes und den aus ihm folgenden Ruf in die *Nachfolge Christi*, zu empfangen. Was auch immer die Kirche bewirkt, steht ausschließlich unter dem christologischen Paradigma. Daher kann sich nur von der *Sakramentalität Christi* her die *konkrete Modalität* erklären, *durch welche die Gemeinschaft der Glaubenden ihre geschichtliche Form annimmt, die für die Aufgabe der Verkündigung des Evangeliums geeignet ist.*

Bedenkt man, daß man allein in der Verheißung Christi der Tat Gottes gewiß sein kann, so ist das einzige Element der Kirche, das niemals fehlen

---

[77] A.a.O. 13.
[78] A.a.O. 14.
[79] Ebd.

darf, die Wiederdarreichung der vom Heiland eingesetzten Gnadenmittel. Bei allen anderen Elementen kann es sich entweder um eine menschliche Struktur handeln, die den Geist gefangen hält oder um ein Werkzeug des Geistes. Im ersten Falle wäre diese Struktur zu vermeiden, im zweiten Falle wäre sie mehr als wesentlich.

Auf jeden Fall ist die *Kirche notwendig*, denn allein *sie* bewahrt, indem *sie* den Gnadenmitteln Gottes treu bleibt, jenes Moment der *Gewißheit*, ohne welches es nicht einmal Hoffnung geben würde für all das, was durch die göttliche Einsetzung nicht zugesichert ist.

Als die Anabaptisten Luther beschuldigten, immer noch der Kirche zu Rom anzuhängen, war sich Luther durchaus bewußt, daß die *Kindertaufe* eine Struktur des Papsttums war, aber zugleich war er gewiß, einem *Werkzeug des Geistes* gegenüber zu stehen. Daher waren weder der Spiritualismus des Cochläus noch der Institutionalismus eines Eck geeignet, die lutherische Hochachtung gegenüber einer auf der Gewißheit der Verheißung Christi erbauten Kirche auszudrücken. Eine Kirche, die fähig ist, die Glaubenden dahin zu führen, daß sie erkennen können, daß der Geist Gottes wirkt, auch beim „Bier trinken" und ebenso – warum auch nicht – in den kirchlichen Institutionen. In jedem Fall, handelt es sich immer, um „eyn frey ergeben und frolich wagen auff *sein* [*Gottes*] unempfundne, unvorsuchte, unerkante gute".[80]

(Übersetzung: *Fanny Askenasi*)

---

[80] Predigten des Jahres 1522, WA 10/III, 239,20–21. Vgl. auch die Predigt am vierzehnten Sonntag nach Pfingsten, 1521, WA 8,357,28–30.

Grundlegung des Kirchenrechts in der Reformation

Volker Leppin

„Luthers Rechtslehre ist ein Stück seiner Theologie und also eine theologische Rechtslehre" – so hat es in seiner berühmten Abhandlung über die „Lex charitatis" 1953 Johannes Heckel formuliert.[1] Dieser Satz verstand sich als Antwort auf die Deutung des Verhältnisses von Kirche und Recht, die um die Jahrhundertwende äußerst wirksam Rudolph Sohm vorgelegt hatte. Indem dieser einen Widerspruch zwischen dem Wesen der Kirche im lutherischen Sinne und dem Recht konstruierte, war die Frage nach der Stellung des Rechts gerade in der Bestreitung des theologischen Charakters des letzteren zu einer eminent konfessionsrelevanten Frage geworden. Eine theologisch begründete Rechtsorganisation der Kirche, so schien es, war ein römisch-katholisches Merkmal, die Deutung des Rechts als einer bloß menschlichen Struktur hingegen galt als lutherisch. Wenn dieser Frage nachgegangen werden soll, so kann dies nur im Horizont des Hekkelschen Diktums geschehen: Es ist also nach dem theologischen Ort des Rechts in Luthers Denken unter Berücksichtigung der jeweils gegebenen historischen Umstände zu fragen.

1. Die Debatte um die Rolle des Kirchenrechts im 19. Jahrhundert

Den massivsten Ausdruck protestantischer Kritik am Kirchenrecht findet man in Rudolph Sohms berühmtem Satz: „Kirchenrecht steht mit dem Wesen der Kirche im Widerspruch"[2]. Durch den hiermit verbundenen An-

---

[1] Johannes Heckel, Lex charitatis. Eine juristische Untersuchung über das Recht in der Theologie Martin Luthers, 1953 (Abhandlungen der Bayerischen Akademie der Wissenschaften. Phil.-hist. Klasse. NF 36), 19.

[2] Rudolph Sohm, Wesen und Ursprung des Katholizismus, ²1912, 27; vgl. bereits die erste Auflage: Rudolph Sohm, Wesen und Ursprung des Katholizismus, 1909 (Abhandlungen der philologisch-historischen Klasse der Königl.-Sächsischen Gesellschaft der Wissenschaften 27/10), 24 f. (im Folgenden wird die Abhandlung, wenn nicht anders gekennzeichnet, nach der leichter zugänglichen zweiten Auflage zitiert). Im gelehrten Zusammenhang der Prolegomena eines Lehrbuches hat Rudolph Sohm, Kirchen-

spruch, daß diese Erkenntnis eine genuin reformatorisch-protestantische sei, exponierte er die Frage des Kirchenrechts als konfessionelles Problem. Nach seinen Ausführungen ergab sich der nicht-theologische Charakter des Kirchenrechts aus der ekklesiologischen Fundamentalbestimmung der Unterscheidung von verborgener und sichtbarer Kirche. Diese Unterscheidung faßte er in seiner erstmals 1909 erschienenen Akademieabhandlung über „Wesen und Ursprung des Katholizismus" als Gegenüber von „Kirche Christi, der Kirche im religiösen Sinn", und „Kirche als rechtlich verfaßte Größe (Kirche im Rechtssinn)".[3] Beide unterschieden sich hiernach durch ihre Entstehung: Während erstere eine „Schöpfung des Gottesgeistes" sei, sei letztere „eine menschliche Hervorbringung".[4] Diese Unterscheidung setzte Sohm für „heute als selbstverständlich, für alle Zeiten gültig" voraus.[5] Wie die spätere Kritik Adolf von Harnacks zeigen sollte, war dies eine Setzung, die nicht allein den römischen Katholizismus seiner Zeit ignorierte, sondern auch andere protestantische Wahrnehmungen der eigenen Zeit. Leitend für sie war eine Unterscheidung von zwischenmenschlichem bürgerlichem Leben und einer hiervon zu abstrahierenden Vorstellung von Religion.[6] Historisch knüpfte Sohm besonders an Luthers Schrift gegen Alveldt von 1520 an[7] und versuchte die Reflexion seiner Zeit hier-

---

recht. Bd. 2: Katholisches Kirchenrecht, 1923, 146 f, den Grundgedanken konfessionell zugespitzt: „In der Geltung des kanonischen Rechts kommt das Wesen des Katholizismus, die Gleichsetzung der sichtbaren Kirche mit der Kirche Gottes, die Gleichsetzung des Gehorsams gegen die sichtbare Kirche mit dem Gehorsam gegen Gott zum Ausdruck. Gerade so spricht das Wesen des Protestantismus in der Nichtgeltung, in der Unmöglichkeit kanonischen Rechts sich aus" (vgl. wörtlich ebenso bereits DERS., Weltliches und geistliches Rech, 1914, 64); zu den wissenschaftsgeschichtlichen Hintergründen von Sohms Position in den Debatten Mitte des 19. Jahrhunderts s. HECKEL, Lex charitatis 12 f. In der Darlegung Sohms konzentrierte ich mich im Folgenden auf seine bis heute immer wieder zitierte, außerordentlich wirksame Bestreitung des Kirchenrechts. RALF DREIER, Der Rechtsbegriff des Kirchenrechts in juristisch-rechtstheoretischer Sicht, in: GERHARD RAU u. a. (Hgg.), Das Recht der Kirche. Bd. 1: Zur Theorie des Kirchenrechts, 1997 (Forschungen und Berichte der Evangelischen Studiengemeinschaft 49), 171–198, 172–175, hat auf eine nötige Differenzierung hingewiesen. Gegenüber den Positionen aus dem ersten Band des Kirchenrechts von 1892 hat Sohm sich vor allem seit der Abhandlung „Weltliches und geistliches Recht" von 1914, zunehmend „im Zeichen einer zunehmenden Faszination durch das ‚altkatholische' Kirchenrecht" bewegt (a.a.O. 173) und letztlich eine Position entwickelt, die eine modifizierte Akzeptanz des Kirchenrechts ermöglichte (vgl. hierzu auch: VOLKER MANTEY, Kirche ohne Recht? Rudolph Sohms Verständnis von Kirche und Recht und Martin Luthers Zwei-Reiche-Lehre, in: Zeitschrift für evangelisches Kirchenrecht 49 (2004) 718–738, 723).

[3] SOHM, Wesen und Ursprung (2. Aufl.), 8; vgl. dass. (1. Aufl.), 9.

[4] SOHM, Wesen und Ursprung (2. Aufl.), 8; vgl. dass. (1. Aufl.), 9.

[5] SOHM, Wesen und Ursprung (2. Aufl.), 9; vgl. dass. (1. Aufl.), 9.

[6] SOHM, Wesen und Ursprung (2. Aufl.), 8.

[7] SOHM, Wesen und Ursprung (2. Aufl.), 9; s. insbesondere den Gegensatz von „leyplich vorsamlung" und „vorsamlung der hertzen in einem glauben" bei LUTHER, Von dem Papstthum zu Rom (WA 6,293,4 f). Zum Gesamtumfang von Sohms Lutherre-

auf zurückzulenken. Diese sei nämlich unter dem Eindruck von Calvinismus und Aufklärung zu einem stärker harmonisierenden Verständnis von Recht und Kirche gelangt.[8] Kirche im Rechtssinn erscheine hiernach zwar als „ein besonderes, vom Staat sich abhebendes, aber doch in den Bereich des Staats gehörendes rechtliches Gebilde",[9] und eben dieses Verständnis sei Grundlage des Staatskirchenrechts.[10] Auch hierfür reklamierte Sohm den Anschein von Ewigkeit und Allgemeingültigkeit.[11] Seine Aufgabe sah er in der Destruktion eben dieser Vorstellung, genauer: in der Destruktion der Annahme, daß sich auch schon das Urchristentum als Religionsgesellschaft im Sinne der Aufklärung verstanden habe.[12] Die Folgen dieser Unterscheidung für das Kirchenrecht waren so naheliegend wie erheblich:

> „Das Kirchenrecht betrifft nur den rechtlichen Verband, nicht das Evangelium (die Kirche Christi). Darum ist das Kirchenrecht der freien menschlichen Entwickelung anheimgegeben."[13]

Sohm schreibt dies im Indikativ, versteht es aber als Referat der herrschenden Meinung, so wie auch die Hinweise, daß sich das Recht durchaus mit dem Evangelium verbinden, ja, ihm dienen könne, wenn auch nur im Modus der Selbstunterscheidung vom Evangelium.[14]

Dieser auf Ausgleich zwischen Rechtsform und Kirche des Evangeliums bedachten Mehrheitsmeinung hielt er den Rekurs auf Luther, so wie er ihn angesichts der Schrift gegen Alveldt verstand, entgegen,[15] die er mit systematischen Überlegungen verband: Gegenstand des Glaubens könne keine sichtbare Kirche sein, sondern nur jene unsichtbare Kirche Christi, die in einer besonderen, auf CA VII rekurrierenden Wendung „für den Gläubi-

---

zeption s. Mantey, Kirche ohne Recht? (o. Anm. 2), 725: „Sohm benutzte die Erlanger und die Weimarer Ausgabe der Werke Luthers. Einunddreißig Schriften des Reformators, zehn Predigten und ein Dutzend Briefe kommen zu Wort." Hermeneutischer Schlüssel für Sohm war die Verbrennung des Kirchenrechts im Dezember 1520 (ebd.)

[8] Sohm, Wesen und Ursprung (2. Aufl.), 9; vgl. hierzu Patrick Mähling, „Weide meine Schafe!" Das Papsttum in der Auseinandersetzung zwischen Augustin von Alveldt und Martin Luther, in: Ders. (Hg.), Orientierung für das Leben. Kirchliche Bildung und Politik in Spätmittelalter, Reformation und Neuzeit. FS Manfred Schulze, 2010, 115–139.

[9] Sohm, Wesen und Ursprung (2. Aufl.), 9; vgl. dass. (1. Aufl.) ,10.

[10] Sohm, Wesen und Ursprung (2. Aufl.), 9.

[11] Sohm, Wesen und Ursprung (2. Aufl.), 9.

[12] Sohm, Wesen und Ursprung (2. Aufl.), 10.

[13] Sohm, Wesen und Ursprung (2. Aufl.), 10; vgl. dass. (1. Aufl.), 10.

[14] Sohm, Wesen und Ursprung (2. Aufl.), 10. Nur gelegentlich streut Sohm in dieses indikativische Referat Bemerkungen wie „nach der allgemein verbreiteten Auffassung" ein, die deutlich machen, daß er sich von der hier wiedergegebenen Position distanziert.

[15] Etwas polemisch spricht Mantey, Kirche ohne Recht? (o. Anm. 2), 721, von einem „Dreiklang Urgemeinde – Luther – Sohm"; zu Sohms problematisch heroisierendem Lutherbild s. ebd. 722.

gen sichtbar (in Wort und Sakrament), aber ebenso notwendig für die Welt (das Recht) unsichtbar" ist.[16] Die so verstandene Kirche Christi sei „mit Notwendigkeit dem Gebiet der Rechtsordnung" „entrückt",[17] ja, sie stehe jenseits jeder Rechtsordnung.

Hieraus folgte für Sohm, daß die rechtlich verfaßte Kirche Christi „niemals im Namen der Kirche Christi sprechen" und ihre Ordnungen „nie […] als die Ordnung des Lebens der Christenheit mit Gott zur Geltung bringen" könne.[18] Luther „war der erste, dem der Gegensatz der Kirche Christi zu der rechtlich verfaßten Kirche zur religiösen Gewißheit wurde".[19] Und eben darin, in der Lösung von einer autoritativen, sakramental das Heil vermittelnden Kirche, sah Sohm „die protestantische Idee" im Gegensatz zum Katholizismus,[20] dessen Wesen nach Sohm gerade darin bestand, die Kirche Christi mit der Kirche im Rechtssinn zu identifizieren[21] – ein Fehler, der allerdings schon im unzureichenden Sprachgebrauch der Urchristenheit begonnen habe.[22]

Insbesondere für diese Einsicht berief Sohm sich ausdrücklich auf Harnack, den er nicht nur zu seinem Kronzeugen machte, sondern geradezu zu einem Anhänger seiner Thesen, indem er erklärte, daß Harnacks Studie zu kirchlicher Verfassung und kirchlichem Recht im 1. und 2. Jahrhundert sich „in sehr wesentlichen Stücken" auf den Boden seiner, Sohms, Darstellung des Kirchenrechts stellte.[23] Zugleich aber distanzierte Sohm sich dergestalt von Harnack, daß er erklärte, zwar habe die Urchristenheit nur

---

[16] SOHM, Wesen und Ursprung (2.Aufl.), 11; dass. (1.Aufl.), 12; MANTEY, Kirche ohne Recht? (o. Anm. 2), 720 f, arbeitet heraus, daß Sohm mit dieser Position wiederum quer zu den zeitgenössischen Debatten um den Charakter des kirchlichen Amtes als Stiftung oder als Folge eines gemeindlichen Beschlusses steht.

[17] SOHM, Wesen und Ursprung (2.Aufl.), 12; dass. (1.Aufl.), 12.

[18] SOHM, Wesen und Ursprung (2.Aufl.), 12; dass. (1.Aufl.), 12.

[19] SOHM, Wesen und Ursprung (2.Aufl.), 12; dass. (1.Aufl.), 12.

[20] SOHM, Wesen und Ursprung (2.Aufl.), 13; dass. (1.Aufl.), 13.

[21] SOHM, Wesen und Ursprung (2.Aufl.), 13 f.

[22] SOHM, Wesen und Ursprung (2.Aufl.), 28 f.

[23] SOHM, Wesen und Ursprung (2.Aufl.), 37. Tatsächlich zollte Harnack bei aller erkennbaren Distanz Sohm höchsten Respekt: „Unter den verschiedenen kritischen Auffassungen der Entwicklungsgeschichte der kirchlichen Verfassung und des kirchlichen Rechts, welche im letzten Jahrhundert vorgetragen worden sind, ragt die von Sohm durch die richtige Wahl des Ausgangspunkts und durch Konsequenz hervor" (ADOLF HARNACK, Art. Verfassung, kirchliche, 508–546, in: RE³ 20, 1908, 509), setzt aber hinzu: „Ob sie haltbar ist, wird die folgende Darstellung […] zeigen" (ebd. 510). Bei aller Differenzierung kam er zu dem Ergebnis: „Prinzipiell hat Sohm Recht: die Negation der Welt, die Überweltlichkeit, die brüderliche Gleichheit und das Bewußtsein charismatischer Leitung duldeten eigentlich überhaupt keine Rechtsbildung" (a.a.O. 541); Letztere leitete Harnack vorwiegend aus dem Gegenüber zum Staat ab (a.a.O. 540–542). Vor diesem Hintergrund ist Sohms Erstaunen über die harschen Attacken Harnacks durchaus nachvollziehbar.

einen Begriff von Ekklesia gehabt und diesen daher auch auf die „äußerlich sichtbare Christenheit" angewandt,[24] der Sache nach aber sei sie eine „charismatische Organisation" gewesen, in welcher Gott selbst die Aufgaben durch seinen Geist unterschieden und gegliedert habe,[25]

Zu einem rechten Verständnis Sohms müßte man seine Aussagen durch einen Vergleich mit Ernst Troeltsch und auch dem frühen Karl Holl kontextualisieren, die beide auf je ihre Weise die enge Bindung der lutherischen Kirche an Staat und Gesellschaft kritisierten[26] und somit wie Sohm freikirchliche Elemente des Kirchenverständnisses in der frühen Reformation wiederfanden. Ihre Ansätze waren aber insgesamt breiter und vor allem auch weniger auf das Verhältnis zum Urchristentum fixiert.

Daß Sohm sich eben hierauf bezogen und sich dabei auf Harnack berufen hatte, führte zu rascher, lang anhaltender Kritik. Angesichts der hervorgehobenen Zitation konnte Harnack kaum anders als zu reagieren – und distanzierte sich scharf von Sohm: Er brachte den RE-Artikel, auf welchen dieser sich bezogen hatte, in einer erweiterten Fassung heraus und ergänzte diese um eine kritische Auseinandersetzung mit Sohm.[27] Die bei diesem zu findende Entgegensetzung von Religion und Recht erklärte Harnack für dem zeitgenössischen Bewußtsein naheliegend, der Sache nach aber unterkomplex.[28] Die wohl wichtigste Differenzierung, die Harnack hier einführte, war die von „formale[m] Recht" und „Rechtsgesinnung".[29] Seine historische Widerlegung bezog sich dann vor allem auf die Zeit des Urchristentums, wobei er Sohm einen Selbstwiderspruch vorwarf: Eben jene von Sohm angeführte Überlegung, wonach die Kirche schon bei Paulus nur einen solchen Begriff von Ekklesia gehabt habe, der auch die äuße-

---

[24] Sohm, Wesen und Ursprung (2. Aufl.), 50.

[25] Sohm, Wesen und Ursprung (2. Aufl.), 50.

[26] Vgl. die scharfe Kritik von Ernst Troeltsch, Die Soziallehren der christlichen Kirchen und Gruppen, 1912, 985, daß „die geschichtlichen Hauptformen der christlichen Gesellschaftslehre und -gestaltung gegenüber den bestehenden Aufgaben aus verschiedenen Gründen heute versagen", sowie Holls kritischen Aufsatz von 1911: Karl Holl, Luther und das landesherrliche Kirchenregiment, in: ders., Gesammelte Aufsätze zur Kirchengeschichte. Bd. 1: Luther, Tübingen ⁶1932, 326–380, mit der Pointe, daß nach Luther „die Tätigkeit des Kurfürsten nur als vorübergehende gelten könne und daß das eigentlich Erstrebenswerte ein Besuchsamt wirklicher Bischöfe wäre" (375); zur Kritik Sohms an Troeltsch s. Mantey, Kirche ohne Recht? (o. Anm. 2) 724.

[27] Zur Entstehung s. Adolf Harnack, Entstehung und Entwickelung der Kirchenverfassung und des Kirchenrechts in den zwei ersten Jahrhunderten nebst einer Kritik der Abhandlung R. Sohms: „Wesen und Ursprung des Katholizismus" und Untersuchungen über „Evangelium", „Wort Gottes" und das trinitarische Bekenntnis, 1910, VII.

[28] Harnack, Entstehung 143 f.

[29] Harnack, Entstehung 144; bei Heckel, Lex charitatis 143, aufgenommen in der Formulierung „Rechtssinn".

re Form einschloß, bedeutete nach Harnack, „daß das Kirchenrecht, und zwar als göttliches Kirchenrecht, immer da war".[30]

Sohm beharrte demgegenüber darauf, daß die Entwicklung des Kirchenrechts erst mit dem Ersten Clemensbrief und den Ignatianen zu greifen war[31] – und daß mithin „das Urchristentum nicht katholisch gewesen ist".[32] Die genetische Frage nach dem Urchristentum sollte so also die konfessionell gewendete Wesensfrage klären[33] – und dies anhand der Frage nach dem Kirchenrecht. War für Harnack eben diese Frage nach dem Urchristentum von besonderem Interesse, so ist für die konfessionelle Bestimmtheit Sohms seine reformationsgeschichtliche Argumentation besonders bedeutsam.

Deren eigentliches Problem liegt nun darin, daß Sohm zum hermeneutischen Schlüssel für sein Lutherverständnis die oben erwähnte Schrift gegen Alveldt von 1520 macht. Diese aber entspringt einem eher konkreten Streitzusammenhang[34]: Luther spricht hier über das Papsttum im Gegensatz zu Christus, das heißt: Er will deutlich machen, inwieweit jene Papstkirche, die er in etwa der Zeit der Abfassung der Schrift gegen Alveldt mit Sicherheit mit dem Antichrist zu identifizieren begann,[35] Christus entgegenstand. Hierzu griff er zu sehr allgemeinen Äußerungen, in denen er den Gegensatz von Geist und Äußerlichem hervorhob. Aber diese stehen in einem agonalen Zusammenhang, dessen Wirkung auf das Kirchenverständnis sich später angesichts der Verantwortung kirchengestaltend tätig zu werden, grundlegend verschob. Will man also das reformatorische Verständnis von Kirchenrecht nachzeichnen, muß man den gesamten Weg von der Auseinandersetzung mit dem mittelalterlichen Kirchenrecht bis hin zum Neubau reformatorischer Kirchlichkeit nachzeichnen.

---

[30] HARNACK, Entstehung 158.

[31] SOHM, Wesen und Ursprung (2. Aufl), XXIXf.

[32] SOHM, Wesen und Ursprung (2. Aufl), XXXIII; zu dieser antikatholischen Ausrichtung der Theorie s. MANTEY, Kirche ohne Recht? (o. Anm. 2) 721.

[33] HARNACK, Entstehung 162, warf Sohm geradezu vor, in seinen Studien in das Urchristentum „den Kirchenbegriff Luthers" hineinzuprojizieren.

[34] Insofern ist es unangemessen, wenn EDWARD CRANZ, An Essay on the Development of Luther's Thought on Justice, Law, and Society (Harvard Theological Studies 19), 1959, 133, meint, man dürfe nicht „too much emphasis to the polemic and anti-papal character of Von dem Papsttum zu Rom" legen. Nur durch deren Beachtung kann man die Äußerungen Luthers angemessen einordnen.

[35] S. zur Entwicklung von Luthers Antichristbegriff VOLKER LEPPIN, Luthers Antichristverständnis vor dem Hintergrund der mittelalterlichen Konzeptionen, in: DERS., Transformationen. Studien zu den Wandlungsprozessen in Theologie und Frömmigkeit zwischen Spätmittelalter und Reformation, ²2018 (Spätmittelalter, Humanismus, Reformation 86), 471–486, 472–474.

2. Die Berufung auf das Kirchenrecht in den reformatorischen Auseinandersetzungen

Kritik am mittelalterlichen Kirchenrecht[36] stand keineswegs am Anfang der reformatorischen Bewegung, sondern entwickelte sich erst in deren Verlauf.[37] Ja, man kann sogar an manchen entscheidenden Stellen beobachten, daß Martin Luther sich angesichts der sich anbahnenden rechtlich kritischen Situation, in die er durch seine Äußerungen geriet, des mittelalterlichen Kirchenrechts bediente, um seine Position zu unterstreichen. Dies zeigt etwa seine Reaktion auf den Spitzensatz des *Dialogus* des Silvester Prierias:

„Quicunque non innititur doctrine Romane ecclesie, ac Romani pontificis, tanquam regule fidei infallibili, a qua etiam sacra scriptura robur trahit et auctoritatem, hereticus est"[38]

Diese Auffassung, die Prierias als „Magister sacri Palatii" im Zuge des Prozesses gegen Luther vorbrachte, entsprach keineswegs einem Konsens spätmittelalterlicher Theologie, und das machte Luther in seiner Antwort deutlich:

„Secundum est illud B. Augustini ad Hieronymum: Ego solis eis libris, qui Canonici appellantur, hunc honorem deferre didici, ut nullum scriptorem eorum errasse firmissime credam. Caeteros autem, quantalibet doctrina sanctitateque polleant, non ideo verum esse credo, quia illi sic senserunt etc"[39].

Tatsächlich stammt dieses Zitat, wie Luther anführt, aus Augustins Epistola 82 an Hieronymus.[40] Es war aber auch Bestandteil des mittelalterlichen „Corpus iuris canonici." Dort fand es sich in D. 9 c. 5[41], und in c. 8 zog

---

[36] S. hierzu CHRISTOPH STROHM, ius divinum und ius humanum. Reformatorische Begründung des Kirchenrechts, in: GERHARD RAU u.a. (Hgg.), Das Recht der Kirche. Bd. 2: Zur Geschichte des Kirchenrechts (Forschungen und Berichte der Evangelischen Studiengemeinschaft 50), 1997, 115–173, dort 127 f. 130–136.

[37] Zur Rechtssituation um 1500 insgesamt vgl. WILHELM RÜTTEN, Das Recht im Spätmittelalter und in der Frühen Neuzeit, in: ATHINA LEXUTT (Hg.), Relationen – Studien zum Übergang vom Spätmittelalter zur Reformation. FS Karl-Heinz Zur Mühlen (Arbeiten zur historischen und systematischen Theologie 1), 2000, 30–42; speziell zur kirchlichen Gerichtsbarkeit, die „vor allem – nicht ausschließlich – das kanonische Recht" anwandte, ebd. 33.

[38] Dokumente zur Causa Lutheri (1517–1521). Bd. 1, hg. v. P. FABISCH und E. ISERLOH, 1988, 55.

[39] LUTHER, Ad dialogum Silvestri Prierati (WA 1,647,22–25).

[40] AUGUSTIN, Epistola 82 (CSEL 6, 354)

[41] Corpus Iuris Canonici. Bd. 1, hg. v. E. FRIEDBERG, 1879, 17; das Zitat aus einem Schreiben Augustins an Hieronymus (Epistola 82 [CSEL 6, 354]); auf dieses Zitat als Hintergrund für Luthers Schriftprinzip verweist auch MARTIN OHST, Luthers „Schriftprinzip", in: Luther als Schriftausleger. Luthers Schriftprinzip in seiner Bedeutung für

das „Decretum Gratiani" hieraus, als rhetorische Frage ebenfalls in ein Augustinzitat gekleidet, die Folgerung:

„Quis nesciat sanctam scripturam canonicam, tam veteris quam novi testamenti [...] posterioribus omnibus episcoporum litteris ita praeponi, ut de illa omnino dubitari et disceptari non possit, utrum verum vel utrum rectum sit, quicquid in ea scriptum constiterit esse?"[42]

In dieser Zitatenkombination gab das „Decretum" selbst also Luther eine Hinterfragung der kirchlichen Tradition an die Hand, und er bediente sich dieser rechtlichen Überlieferung, um seine eigene Position zu untermauern.

Dieser Nutzung des Kirchenrechts reichte über das Dekret hinaus bis in die Dekretalistik hinein: Ebenfalls in Auseinandersetzung mit Silvester Prierias erklärte Luther 1518:

„Nec satis ibi esse credo etiam factura ecclesiae (quanquam hic non sit factum ecclesiae), quia tam Papa quam concilium potest errare, ut habes Panormitanum egregie haec tractantem li. i. de const. c. significasti."[43]

Luther bezog sich hiermit auf den Kommentar des Nikolaus von Tudeschis (Panormitanus),[44] zum „Liber Extra", der in der Tat die Irrtumsfähigkeit eines Konzils behauptet hatte.[45] Zweifellos sind diese Rekurse Luthers auf das Kirchenrecht primär defensiv-apologetischer Art, zumal sie einer Zeit entstammen, in welcher Luther sich angesichts einer drohenden Häresieanklage der Entsprechung zur geltenden Lehre versichern musste.

Es gab aber auch Aussagen des Kirchenrechts, die Luther seinem Denken dauerhaft amalgamiert hat. Die wichtigste hierunter ist wohl die in D. 95

---

die Ökumene (Veröffentlichungen der Luther-Akademie Sondershausen-Ratzeburg 7), 2010, 21–39, dort 21.

[42] Corpus Iuris Canonici [Ed. FRIEDBERG] 1, 18 f; vgl. mit kleinen Abweichungen AUGUSTIN, De baptismo l. s c. 3 [CSEL 51, 178,11–16]),

[43] WA 1,656,30–33. Darauf, daß diese Bemerkung „bloß nebenbei" erfolgte und keine grundsätzlichen Zweifel am Konzil schüren sollte, verweist K.-V. SELGE, Normen der Christenheit im Streit um Ablaß und Kirchenautorität 1518–1521, (Habil. Heidelberg, 1968), 63. Insofern ist die Meinung von B. LOHSE, Luther und Huß (in: ders., Evangelium in der Geschichte. Studien zu Luther und der Reformation, 1988, 65–79), 72, Luther habe in Leipzig erstmals die Unfehlbarkeit des Konzils geleugnet, zwar literal nicht ganz richtig, trifft aber doch den argumentativen Duktus und vor allem das Gewicht der Erkenntnis.

[44] HERBERT KALB, Art. Nicolaus de Tudeschis, in: LThK[3] 7 (1998) 869.

[45] NICOLAUS DE TUDESCHIS, Lectura ([unpag.; in http://dfg-viewer.de/show/?set[image]=188&set[zoom]=default&set[debug]=0&set[double]=0&set[mets]=http%3A%2F%2Fdaten.digitale-sammlungen.de%2F~db%2Fmets%2Fbsb00035290_mets.xml; Zugriff am 31.3.2013 gezählt als f. 92ʳ); vgl. KNUT WOLFGANG NÖRR, Kirche und Konzil bei Nicolaus de Tudeschis (Panormitanus) (Forschungen zur kirchlichen Rechtsgeschichte und zum Kirchenrecht 4), 1964, 104–106].; vgl. hierzu Chr. VOIGT-GOY, „dictum unius privati". Zu Luthers Verwendung des Kommentars der Dekretale Significasti von Nicolaus de Tudeschis, in: *Patrik Mähling* (Hg.), Orientierung für das Leben, 2010, 93–114.

c. 5 überlieferte Aussage des Hieronymus über die grundsätzliche Entsprechung von Bischof und Presbyter:

„olim idem presbiter, qui et episcopus, et antequam diaboli instinctu studia in religione fierent, et dicerentur in populis: ‚Ego sum Pauli, ego sum Apollo, ego autem Cephae,‘ comuni presbiterorum consilio ecclesiae gubernabantur.“[46]

Ihr entsprach eine weitere, in D. 93 c. 24 zu findende Aussage des Hieronymus, wonach erst nach und nach durch Wahl aus dem Kreis der Presbyter je ein einzelner Vorsteher gewählt worden sei.[47] Luther machte von diesem Zitat wiederholt Gebrauch,[48] und der damit überlieferte Inhalt ging sogar in die Schmalkaldischen Artikel ein:

„Wie S. Hierony. schreibt, das die Priester zu Alexandria semptlich und inn gemein die Kirchen regieren, wie die Apostel auch gethan und hernach alle Bisschove inn der gantzen Christenheit, bis der Bapst seinen Kopff uber alle erhub.“[49]

Mit solchen Zitationen und Allusionen hat Luther sich das mittelalterliche Kirchenrecht nicht zu eigen gemacht, vor allem hat er ihm keinen positiven theologischen Status zugesprochen, zumal die Zitation in der Regel nicht als genuin kirchenrechtliche erfolgt, sondern das Kirchenrecht lediglich als Quelle für Kirchenväterzitate nutzt. So erhält es in seiner Argumentation eine funktionale Bedeutung zur Festigung anderweitig begründeter Argumentation. Die Leitlinie für seine theologische Einordnung war eine andere.

3. Die fundamentaltheologische Grundunterscheidung: „ius divinum“ und „ius humanum“

Die Leipziger Disputation wird üblicherweise als entscheidende Weichenstellung für das Schriftverständnis Martin Luthers und für seine Ablehnung konziliarer Autoritäten interpretiert.[50] In der Tat ist dies auch der Aspekt, unter dem sie von besonderer Bedeutung für die Entwicklung der refor-

---

[46] Decretum Gratiani D. 95 c. 5 (Corpus iuris canonici [Ed. Friedberg] I, 332f)

[47] Decretum Gratiani D. 93 c. 24 (Corpus iuris canonici [Ed. Friedberg] I, 327–329), s. insbesondere Sp. 328: „Quod autem postea unus electus est, qui ceteris preponeretur, in scismatis remedium factum est, ne unusquisque ad se trahens Christi ecclesiam rumperet. Nam et Alexandriae a Marco euangelista usque ad Eraclem et Dionisium episcopos, presbiteri ex se semper unum eligebant et in excelsiori gradu colllocabant“.

[48] Vgl. Leipziger Disputation (WA 59,439,217–440,218); Luther, Adelsschrift (WA 6, 440,26–28); Luther, Auf das Buch Bocks Emsers (WA 7,631,11ff).

[49] Luther, Schmalkaldische Artikel (BSELK 742,25–28).

[50] S. hierzu Volker Leppin, Die Genese des reformatorischen Schriftprinzips. Beobachtungen zu Luthers Auseinandersetzung mit Johannes Eck bis zur Leipziger Disputation, in: ders., Transformationen. Studien zu den Wandlungsprozessen in Theologie und

matorischen Theologie wurde. Dabei tritt in den Hintergrund, daß diese
Disputation auch entscheidend für die Formierung von Luthers Rechtsverständnis war. Denn einer der Leitgegensätze zwischen Luther und Eck war
der zwischen „ius humanum" und „ius divinum", wobei Luther letzteres
klar mit dem durch die Heilige Schrift Belegten identifizierte:[51]

> „Satis miror, egregium dominum doctorem instituisse probare ius divinum, et us-
> que hodie ne unam syllabam quidem scripturae inducit, sed tantum dicta et facta
> patrum eademque sibi ipsis repugnantia"[52]

Die von Luther hiermit angeschlagene Tradition war ihrerseits kanoni-
stisch begründet: Gratian hatte freilich in etwas anderer Weise unterschieden. Nach D. 1 c. 1 waren „leges divinae" und „leges humanae" zu unterscheiden. Erstere seien im „ius naturale" gegeben, letztere in den „mo-
res"[53]. Doch blieb es nicht bei dieser naturrechtlichen Definition des „ius
divinum": In D. 8 c. 1 nahm Gratian auch die Aussage Augustins auf, wonach galt: „Diuinum ius in scripturis diuinis habemus, humanum in legibus regum"[54]. Gratian kannte also durchaus bereits den von Luther for-
ciert in Leipzig vorgetragenen Gedanken, daß göttliches Recht allein das in
der Schrift enthaltene sei – was in der systematischen Konsequenz mit sich
bringen müßte, daß alles Kirchenrecht, das seinerseits nicht in der Schrift
begründet ist, den Anspruch des göttlichen Rechts nicht erheben könnte.
Eben diese Identifikation von göttlichem Recht und Heiliger Schrift war
um 1500 so verbreiteter Konsens, daß Johannes Cochlaeus in seinem „Vo-
cabulorum Collectaneum" von 1515 ganz selbstverständlich das „ius divinum" als „götlich recht" vom „ius pontificum" als „geistlich recht" unterscheiden konnte.[55]

Luther bewegte sich also in einem vorgeprägten Rahmen, als er begann,
immer stärker „ius divinum" und „ius humanum" zu unterscheiden.[56]
Schon in einer jedenfalls vor 1518 gehaltenen Predigt über die Zachäus-

---

Frömmigkeit zwischen Spätmittelalter und Reformation (Spätmittelalter, Humanismus,
Reformation 86), [2]2018, 355–397.

[51] Insofern ist die Rede von HARNACK, Entstehung (o. Anm. 27) 158., von einem
„göttlichen Kirchenrecht" aus der Sicht der reformatorischen Theologie außerordentlich mißverständlich. Versteh- und anwendbar ist sie in dem strengen Sinne, daß die
Ordnung der Kirche, wie unten darzulegen sein wird, auch nach reformatorischem Verständnis biblischen Grundlagen folgt.

[52] WA 59,463,960–962; vgl. zur klaren Schriftzentrierung auch WA 59,437,146–155.

[53] Gratian, Decretum Gratiani D. 1 c. 1 (Corpus iuris canonici [Ed. FRIEDBERG] 1,1).

[54] Gratian, Decretum Gratiani D. 8 c. 1 (Corpus iuris canonici [Ed. FRIEDBERG] 1,13).

[55] VOCABVLORVM IN IO|annis Coclei Grammaticam Colle|ctaneum: ille
enim clausulae: quae spar|sim carminum orationisque solutae sen|tentijs (…) | ad/|
iunctae sunt & exempli|ficatae: presenti enu|cleantur opu|sculo. (…), Straßburg: Jo-
hann Prüß 1515, f. 59[r].

[56] Vgl. zum Folgenden LEPPIN, Genese (o. Anm. 50), 388–396.

Perikope Lk 19,8 ff[57] erscheint der Begriff „ius divinum": Luther führte hier als Beleg für sein zu diesem Zeitpunkt schon entwickeltes Verständnis von Buße als einer das ganze Leben umfassenden Haltung des Menschen[58] Lk 3,8 an und verlangte von den „Iuristae", ihm ein Zeugnis „de iure divino" vorzulegen, nach welchem auch Privatbeichte und Satisfaktion vorgeschrieben seien.[59] Schon zu diesem Zeitpunkt – wohl im Mai 1517 – hatte demnach das „ius divinum" für Luther die klare Bedeutung als Schriftzeugnis,[60] womit anderes – insbesondere das kirchliche – Recht in einen sekundären, dem göttlichen gegenüber defizienten Status verwiesen wurde. Diese Entgegensetzung durchzog die weiteren Streitigkeiten. Im Zusammenhang des Augsburger Verhörs durch Kardinal Cajetan verwies Luther bei der Debatte über den römischen Primat auf die Notwendigkeit eines „divinum iudicium".[61] Der Begriff des „ius divinum" erscheint dann kurze Zeit darauf in der am 28. November vorgenommen Appellation an ein Konzil, freilich noch unspezifiziert in einer Reihe mit „ius naturale" und „humanum".[62]

---

[57] Die Datierung dieser Predigt ist nicht gesichert: Löscher hat sie auf 1517 datiert, die WA hingegen geht unter Verweis auf eine Erwähnung in Luthers Auslegung des Vaterunsers von 1517 auf den 31. Oktober 1517 (WA 1,94 Anm. 2). Der Tag ergibt sich dabei aus der Angabe „pridie Dedicationis" (WA 1,94,6), also am Vortag des Kirchweihfestes. Allerdings ist die bei Löscher wie in der WA leitende Annahme, daß es sich hierbei um das Kirchweihfest der Schloßkirche handeln müsse, keineswegs zwingend: Denkbar sind auch der 17. Januar für die Allerheiligenkirche oder der 31. Mai für die Stadtkirche (s. Norbert Flörken, Ein Beitrag zur Datierung von Luthers Sermo de indulgentiis pridie Dedicationis, in: ZKG 82 [1971] 344–350, 349; Flörken selbst votiert ebd. im Ergebnis für den 30. Mai 1517), wobei wegen Luthers Predigerstelle an eben dieser Kirche, wohl der letztgenannte Termin der wahrscheinlichste ist. Martin Brecht argumentiert unter Verweis auf die Vaterunserauslegung für einen Termin im März 1517 (Martin Brecht, Martin Luther. Bd. 1: sein Weg zur Reformation 1483–1521, 183; ihm folgt Lothar Vogel, Zwischen Universität und Seelsorge. Martin Luthers Beweggründe im Ablaßstreit, in: ZKG 118 [2007] 187–212, 194). Hierfür muß allerdings konjiziert werden, daß sich der Kirchweihtermin auf die Augustinerkirche bezieht und deren unbekannter Kirchweihtermin im Frühjahr lag (so zu eschließen aus Brecht, a.a.O. 478 Anm. 12). Diese Konstruktion ist jedoch deswegen unnötig, weil sich der Verweis auf die Zachäuspredigt erst in der von Johann Agricola bereiteten Druckausgabe findet, also 1518 (WA 9,133,8) – und übrigens nicht in der von Luther selbst erstellten Druckausgabe 1519 (WA 2,80–130). Damit wäre die von Löscher vorgetragene Datierung auf den 31. Oktober 1517 möglich, wegen des Bezuges auf Luthers Predigerstelle aber wohl eher mit dem 30. Mai desselben Jahres zu rechnen.

[58] Zu dieser Entwicklung s. Volker Leppin, „omnem vitam fidelium penitentiam esse voluit". Zur Aufnahme mystischer Traditionen in Luthers erster Ablaßthese, in: *ders.,* Transformationen. Studien zu den Wandlungsprozessen in Theologie und Frömmigkeit zwischen Spätmittelalter und Reformation, ²2018, 261–279.

[59] WA 1,98,31–36.

[60] Vgl. die Parallelformulierung zur Rede vom „ius divinum": „De privata nescio ubi Scriptura loquitur" WA 1,98,31.

[61] WA 2,18,3.

[62] WA 2,36,31 f.

Eine weitere Schärfung erfuhr der Begriff des „ius divinum" in der „Resolutio super propositione sua decima tertia de potestate papae", mit welcher Luther auf Johannes Ecks gegen ihn und Karlstadt gerichtete Thesenreihe reagierte. Als Gegenüber zum „ius divinum" werden hier allgemein „decreta hominum" benannt.[63] Mit diesem Argument unterschied Luther das „ius divinum" auch von den päpstlichen Dekreten,[64] mithin von dem, was traditionell den Kern des Kirchenrechts ausmachte. Damit wird das Kirchenrecht im Grundsatz als menschlich und der Schrift gegenüber defizient bestimmt.

Auf einer polemischen Ebene bildet dies den Hintergrund dafür, daß vor allem der späte Luther die Dekrete des Papstes verballhornend als „Drecket und Dreckental und sonst unzeliche Buecher vol, von eitel newen fuendlin, da die alte Kirche nichts von gewust noch die Apostel"[65] schmähen konnte. In dieser Äußerung aus „Wider Hans Worst" wird der Gedanke der mangelnden biblischen Bindung des Kirchenrechts fortgeführt.

Der theologisch tiefergehende Anstoß aber, den Luther am mittelalterlichen Kirchenrecht nahm, war die Propagierung von Werkgerechtigkeit, welche er in ihm sah: Diese Kritik verdichtete sich in der Schrift „Wider den falsch genannten geistlichen Stand des Papsts und der Bischöfe" von 1522:

> „Sso ist nü geystlich diesser Abgott nichts anders denn das heylig geystlich recht: des Bapsts vnnd der papisten lere ynn der christenheytt: Denn sie ist eyn vnuorschampt bild der geystlichen unkeüscheytt. daran die seelen lernen auff werck bauwen"[66]

Luther verband in dieser Aussage die Auslegung von Num 25,2[67] und Mt 24,5[68] zu einer apokalyptisch grundierten Kritik am Papst und seinem „Abgott", eben dem Kirchenrecht. Die klare theologische Qualifizierung der Werkgerechtigkeit macht dabei zugleich die Tiefe und die Grenze dieser Kritik am Kirchenrecht aus: Es ist dann und jedenfalls soweit aus zwingenden Gründen abzulehnen, als es menschliche Vorschriften als heilskonstitutiv behauptet.[69]

---

[63] LUTHER, Resolutio super propostione XIII (WA 2,200,38 f).

[64] Entsprechend hatte LUTHER schon am 20. Februar 1519 an Willibald Pirckheimer geschrieben: „Res vergit, ut vides, in sacros canones, id est prophanas sacrarum literarum corruptelas" (WA.B 1,348,14 f [Nr. 154]; vgl. L. GRANE, Martinus Noster. M. Luther in the German Reformation 1518–1521, 1994, 50 f).

[65] LUTHER, Wider Hans Worst (WA 51,498,17 f).

[66] LUTHER, Wider den falsch genannten geistlichen Stand (WA 10/2,122,19–24).

[67] LUTHER, Wider den falsch genannten geistlichen Stand (WA 10/2,120,19).

[68] LUTHER, Wider den falsch genannten geistlichen Stand (WA 10/2,119,23 f).

[69] Vgl. ARMIN WENZ, Die Begründung des Kirchenrechts, in: Lutherische Beiträge 13 (2008) 176–191, 181.

Vor diesem Hintergrund sind auch die von Sohm herangezogenen Aussagen aus der Schrift gegen Alveldt zu verstehen. Diese zeigt die Prägung Luthers von der Gestalt innerlicher Frömmigkeit, wie sie schon im späten Mittelalter äußerlichen Frömmigkeitsformen gegenüberstand.[70] Wenn Luther hier etwa Kirche als „leyplich vorsamlung" von der „vorsamlung der hertzen in einem glauben" unterscheidet und allein in letzterer die Kirche des Glaubensbekenntnisses sieht,[71] so drückt dies eben jenen Gegensatz aus – wendet ihn aber nicht allgemein als ekklesiologischen Grundsatz an, sondern sehr speziell auf die päpstliche Verfassungsstruktur der Zeit. Die Schrift gegen Alveldt ist noch von der Leipziger Disputation und der Frage nach einem „ius divinum" des Papsttums geprägt.[72] Der Horizont, in dem man sich hiermit bewegt, ist der der Kritik an der gegebenen Kirche und ihrem Kirchenrecht, wie Luther es sah und verstand – und diese kritische Haltung gipfelte dann in der berühmten Verbrennung des „Corpus iuris canonici" am Elstertor vor Wittenberg am 10. Dezember 1520[73]. Hiervon zu unterscheiden ist die positive Begründung für Kirchenrecht, wie sie Luther in den folgenden Jahren gab.

4. Vollzug von Kirchenordnung in den frühen zwanziger Jahren

Johannes Heckel hat in seiner Auseinandersetzung mit Sohm und den Folgen mit guten Gründen Luthers Zwei-Reiche- bzw. Zwei-Regimente-Lehre zum Ausgangspunkt seiner Deutung gemacht.[74] Allerdings findet sich diese in einer einigermaßen ausgereiften Form erst in der Schrift „Von weltlicher Obrigkeit" von 1523.[75] Sie zum systematischen Angelpunkt sei-

---

[70] S. hierzu VOLKER LEPPIN, Die Wittenberger Reformation und der Prozess der Transformation kultureller zu institutionellen Polaritäten (2008), in: DERS., Transformationen. Studien zu den Wandlungsprozessen in Theologie und Frömmigkeit zwischen Spätmittelalter und Reformation (Spätmittelalter, Humanismus, Reformation 86), ²2018, 31–68.

[71] LUTHER, Von dem Papstthum zu Rom (WA 6,293,4f).

[72] S. die Exposition der Fragestellung in LUTHER, Von dem Papstthum zu Rom (WA 6, 2876,35–287,2): „Nemlich ist die sach, ob das Bapstum zu Rom, wie es in berugiger besytzung der gewalt ist uber die gantz Christenheit, wie sie sagen, herkummen sey von gotlicher odder menschlicher ordnung".

[73] Vgl. hierzu KLAUS SCHLAICH, Martin Luther und das Recht, in: DERS., Gesammelte Aufsätze. Kirche und Staat von der Reformation bis zum Grundgesetz, hg. v. MARTIN HECKEL u. WERNER HEUN, 1997, 3–23, 6f.

[74] HECKEL, Lex charitatis (o. Anm. 1) 31.

[75] LUTHER, Von weltlicher Obrigkeit (WA 11,245–280); s. aus der überbordenden Literatur hierzu JOHANNES HECKEL, Im Irrgarten der Zwei-Reiche-Lehre. Zwei Abhandlungen zum Reichs- und Kirchenbegriff Martin Luthers (TEH 55), 1957; HEINZ-HORST SCHREY (Hg.), Reich Gottes und Welt. Die Lehre Luthers von den zwei Reichen (WdF 107), 1969; ULRICH DUCHROW, Christenheit und Weltverantwortung. Traditionsgeschichte und systematische Struktur der Zwei-Reiche-Lehre, ²1983; VOLKER MANTEY,

nes Rechtsverständnisses zu machen, verkürzt daher zum einen die genetischen Aspekte in der Analyse von Luthers Denken, ist aber zum andern
auch systematisch in der Gefahr, den Rahmen der Zwei-Reiche-Lehre
überzustrapazieren und hiervon unabhängige Akzentsetzungen Luthers zu
übersehen.

Die Entwicklung der Zwei-Reiche-Lehre traf in eine Zeit, in der allmählich die freie Umsetzung der Reformation *ohne Rechtsakte*[76] in eine
rechtsförmige Gestalt überging, ohne daß hierfür bereits die weltlichen Obrigkeiten herangezogen worden wären: Luther hat bekanntlich schon 1523
die Leisniger Kastenordnung begrüßt und als „new ordnung gottis diensts"
qualifiziert[77]. Tatsächlich regelt die Ordnung mehr als nur die wirtschaft-
liche Umverteilung, die den Gemeinen Kasten begründete: Der erste Abschnitt gilt der Bestellung des Pfarramtes.[78] Bedeutsamer für ein Verständnis des sich neu gründenden Kirchenrechts sind aber die Leitbegriffe, die
die Ordnung tragen: Die Autoren der Ordnung berufen sich auf die „of-
fenbarunge Christlicher Evangelischer schrifft",[79] nennen als Ziel die „ehre
gottes und liebe des nechsten eben Christen menschen",[80] handeln ihrem
Selbstverständnis nach „nach ordenunge und auffsatzung gotlicher war-
heit"[81] und setzen dabei als Norm für die Handelnden die Verpflichtung
„aus Christlicher liebe".[82]

Diese Leitbegriffe erscheinen in Luthers Vorwort in leicht modifizierter
Form wieder: Er sieht die Autoren der Ordnung als erleuchtet durch Jesus
Christus an[83] und nimmt auch die christliche Liebe zum Maßstab des ord-
nenden Handelns[84] – eben diese begründet auch die Bezeichnung des gan-

---

Zwei Schwerter – Zwei Reiche. Martin Luthers Zwei-Reiche-Lehre vor ihrem spätmit-
telalterlichen Hintergrund (Spätmittelalter und Reformation 26), 2005; VOLKER LEPPIN,
Das Gewaltmonopol der Obrigkeit: Luthers sogenannte Zwei-Reiche-Lehre und der
Kampf zwischen Gott und Teufel, in: ANDREAS HOLZEM (Hg.), Krieg und Christentum.
Religiöse Gewalttheorien in der Kriegserfahrung des Westens (Krieg in der Geschich-
te 50), 2009, 403–414.

[76] S. zu diesem anfänglichen Charakter der Reformation MARTIN HECKEL, Die zwie-
spältigen Rechtswirkungen der lutherischen Reformation durch das Wort, in: ZThK
108 (2011) 202–224, 206 f.

[77] LUTHER, Vorrede zur Ordnung eines gemeinen Kastens (WA 12,11,12).

[78] Ordnung eines gemeinen Kastens (WA 12,16,16–26).

[79] Ordnung eines gemeinen Kastens (WA 12,16,5).

[80] Ordnung eines gemeinen Kastens (WA 12,16,8).

[81] Ordnung eines gemeinen Kastens (WA 12,16,9).

[82] Ordnung eines gemeinen Kastens (WA 12,17,1).

[83] LUTHER, Vorrede zur Ordnung eines gemeinen Kastens (WA 12,11,9).

[84] LUTHER, Vorrede zur Ordnung eines gemeinen Kastens (WA 12,13,21 f); vgl
auch DERS., Deutsche Messe (WA 19,113,8 f): „denn die ordnung sollen zu fodderung
des glaubens und der liebe dienen und nicht zu nachteyl des glaubens"; vgl. MARTIN
HECKEL, Martin Luthers Reformation und das Recht. Die Entwicklung der Theologie
Luthers und ihre Auswirkung auf das Recht unter den Rahmenbedingungen der Reichs-

zen Werks als Ordnung des Gottesdienstes, denn, entsprechend Röm 12,1 f, versteht Luther die christliche Liebe als den höchsten Gottesdienst.[85] Freilich schreibt Luther damit seinem Rechtsverständnis zugleich eine innere Spannung ein: So sehr er die Leisniger Ordnung wegen ihrer Entsprechung zur christlichen Liebe lobt, so sehr gilt doch auch, „das Christliche liebe mus hier richten und handeln, mit gesetzen und artickeln kann mans nicht fassen, ich schreybe auch dießen radt nur nach Christlicher liebe für die Christen".[86] Die Rechtsform also, der er folgen will, ist nicht die zwingende des Gesetzes, sondern die des Ratschlags und des Exempels[87] – man kann hierin durchaus Harnacks Unterscheidung von formalem Recht und Rechtsgesinnung wiederfinden. Der Rat ist dabei freilich nicht ad libitum gestellt, sondern Luther drückt auch klar aus, daß diejenigen, die dem Ratschlag gestalteter christlicher Liebe nicht folgen, sich im Bereich des Satans bewegen.[88] Was er als rechtleitende Norm setzt, ist frei, aber nicht beliebig. Er folgt der Überzeugung göttlicher Wahrheit, deren rechtliche Gestaltwerdung aber nicht durch Zwangsmittel denkbar ist.[89] Recht muß akzeptiertes Recht sein, als solches inhaltlich geleitet durch göttliche Grundlegung und Gestaltwerdung christlicher Liebe. Diese Verbindung aus bestimmter und bestimmender Vorgabe prägt auch Luthers Regelungen für den Gottesdienst im engeren Sinne, die im selben Jahr 1523 einsetzten. Für die Grundlegung der Rechtsvorstellung charakteristisch ist hierbei die kleine Schrift „Von ordenung gottis diensts ynn der gemeyne", in der Luther zum einen forderte, alle Mißbräuche des bisherigen Gottesdienstes, insbesondere die Deutung als Werk, abzustellen[90], zum andern aber ein Kriterium in den Vordergrund stellte:

„ist auffs erst tzu wissen, das die Christlich gemeyne nymer soll zu samen komen, es werde denn da selbs Gottis wort gepredigt und gebett, es sey auch auffs kurtzist. Wie Psalm. 101 ,Wenn die konige und das volck tzu samen kompt gott tzu dienen, sollen sie Gottis namen und lob verkundigen'. Und Paulus 1. Corin. 14. spricht, das ynn der gemeyne soll geweyssagt, gelert und ermanet werden. Darumb wo nicht gotts wort predigt wirt, ists besser, das man widder singe noch leße, noch zu samen kome."[91]

Gottesdiensttheologisch bemerkenswert ist die Einschärfung der Notwendigkeit, daß das biblische Wort immer auch durch die Predigt ausgelegtes

---

reform und der Territorialstaatsbildung im Kampf mit Rom und den „Schwärmern", 2016, 160 f.

[85] LUTHER, Vorrede zur Ordnung eines gemeinen Kastens (WA 12,13,26 f).
[86] Vorrede zur Ordnung eines gemeinen Kastens (WA 12,14,7 f).
[87] Vorrede zur Ordnung eines gemeinen Kastens (WA 12,15,26–31,15 f).
[88] Vorrede zur Ordnung eines gemeinen Kastens (WA 12,11,12).
[89] Vgl. HECKEL, Reformation und Recht (o. Anm. 84), 161.
[90] LUTHER, Von Ordnung Gottesdiensts (WA 12,35,10–18).
[91] LUTHER, Von Ordnung Gottesdiensts (WA 12,35,19–25).

Wort sein muß,[92] für den Zusammenhang von Theologie und Recht bemerkenswerter ist die Verbindung aus klarer biblischer Normierung und Freiheit in der Durchführung. Das brachte es mit sich, daß Luther binnen kurzer Zeit – im Sinne der genannten Exempelstruktur des Rechts – die Deutsche Messe in den Druck geben konnte[93] und Matthäus Alber in Reutlingen eine Bestätigung seiner nach dem oberdeutschen Predigtgottesdienst entworfenen Gottesdienstordnung zusenden konnte. Angesichts dieser Struktur von theologischer Grundlegung und Freiheit in der Durchführung konnte in diesen frühen Jahren auch die Frage nach der rechtsetzenden Instanz in den Hintergrund treten: Rechtsetzend war die Einsicht in die christliche Wahrheit, die in besonderer Weise durch Theologen wie Luther ermöglicht werden konnte, auf der einen Seite, die gemeindliche Akzeptanz auf der anderen Seite. Die Einzeichnung dieser Grundüberzeugungen in die Übertragung bischöflicher Aufgaben an die Landesherren stellte eine Transformation dieses Vorgangs dar und keine grundlegende Neuerung.

5. Grundlegung von Kirchenordnung in der christlichen Aufgabe der Landesherren

Die zuvor entwickelten Maßstäbe der Kirchenordnung blieben grundsätzlich auch erhalten, als Luther explizit die Obrigkeit mit der Aufgabe betraut sah, ordnungsetzend zu wirken. Ausdrücklich und programmatisch geschah dies im Zusammenhang der Veröffentlichung des „Unterrichts der Visitatoren", welcher ein komplexes Gemeinschaftswerk von Wittenberger Theologen und sächsischen Politikern darstellte.[94] Daß Fürst Johann hier den Auftrag zur Kirchengestaltung erhielt, war präzise gesprochen nicht Ausdruck der der Obrigkeit in der Lehre von den zwei Regimenten zu-

---

[92] LUTHER, Von Ordnung Gottesdiensts (WA 12,35,32–36,2); zu Luthers Betonung der Predigt des Wortes in der Kirchenordnung vgl. CRANZ, Essay (o. Anm. 34), 121.

[93] LUTHER, Deutsche Messe und Ordnung Gottesdiensts (WA 19,44–113).

[94] S. hierzu STEFAN MICHEL, Der „Unterricht der Visitatoren" (1528) – die erste Kirchenordnung der von Wittenberg ausgehenden Reformation? Beobachtungen zur Entstehung und Funktion eines Wittenberger Gruppentextes, in: IRENE DINGEL/ARMIN KOHNLE (Hg.), Gute Ordnung. Ordnungsmodelle und Ordnungsvorstellungen in der Reformationszeit (Leucorea-Studien zur Geschichte der Reformation und der Lutherischen Orthodoxie 25), 2014, 153–167, dort 154–160. Die Wiedererrichtung von Recht bedeutete material auch eine Anküpfung an das tradierte Recht, denn „By the late 1520s and early 1530s, Luther's radical goal of a complete eradication of the canon law began to prove unworkable both for the Evangelical churches and for the German states" (JOHN WITTE, Law and Protestantism. The Legal Teachings of the Lutheran Reformation, 2002, 65).

gesprochenen Funktion. Diese hatte Luther maßgeblich in der Obrigkeits-
schrift von 1523 entwickelt.[95] Das denkerische Problem, das Luther hier zu
lösen hatte, ergab sich aus der konstitutiven Gegebenheit von Sündigkeit in
der menschlichen Existenz. In Auslegung Augustins faßte Luther dies in die
Vorstellung einer Zweiteilung der Menschheit in zwei Reiche, das Reich
Gottes und das Reich der Welt'.[96] Da beide ungeschieden ineinander liegen, ist es nötig, die Sünde zu kontrollieren, und eben hierzu ist das Gesetz
gegeben, das in seinem politischen Gebrauch von der Obrigkeit gehandhabt wird. Das heißt aber auch ausdrücklich, daß die Obrigkeit, sofern sie
qua Obrigkeit handelt, allein Gesetze umsetzt, die sich auf Äußeres, auf den
Leib und Hab und Gut beziehen[97] – das Evangelium taugt ausdrücklich
nicht, die Welt zu regieren.[98] Die Unterscheidung der beiden Regimen-
te entspricht also der Zuordnung von Gesetz im theologischen Gebrauch
und Evangelium einerseits zum geistlichen Regiment, der Zuordnung des
Gesetzes im politischen Gebrauch andererseits zum weltlichen Regiment.

Demgegenüber vollzieht Luther in der Vorrede zum Unterricht der Visitatoren eine klar andere Gedankenführung. Er spricht Kurfürst Johann
als „unser gewisse Oberkeit von Gott verordenet" an,[99] aber die mit der
Visitationspflicht verbundene kirchenrechtsetzende Aufgabe ist ausdrücklich „umb Gotts willen dem Euangelio zu gut" bestimmt.[100] Sie orientiert
sich, getreu den zuvor entwickelten Rechtsnormen an der christlichen Liebe,[101] und Luther selbst gibt gewissermaßen den hermeneutischen Schlüssel zum Verständnis seiner Grundlegung der kirchenrechtbegründenden

---

[95] Daher hält M. Moxter, Die Kirche und ihr Recht. Perspektiven einer theologischen Annäherung an den Rechtspositivismus, in: ZevKR 56 (2011) 113–139, 124, zu
Recht fest, daß Luthers Verweis auf die Fürsten nicht einfach als Ausdruck von Autori-
tätsbezogenheit zu verstehen ist, sondern „auch den Keim einer verfahrenstheoretischen
Orientierung" enthält.

[96] Luther, Von weltlicher Obrigkeit (WA 11,249.24–27).

[97] Von weltlicher Obrigkeit (WA 11,262,7–9).

[98] Von weltlicher Obrigkeit (WA 11,251,22–25).

[99] Luther, Unterricht der Visitatoren. Vorrede (WA 26,197,25).

[100] Unterricht der Visitatoren. Vorrede (WA 26,197,27). Luthers Begrifflichkeit des
Bischofs changiert im „Unterricht der Visitatoren. Einerseits setzt er sie mit den Pfarrern gleich (ebd. 196,5–8), andererseits rezipiert er die spätmittelalterliche Realität des
überregionalen Bischofsamtes (ebd. Z. 10 f). Daß der Bischof „hier für Luther wiederum der Ortspfarrer" sei (Elisabeth Rosenfeld, Debatten um die Organisation der
Kirchenleitung im Umfeld der Wittenberger Reformation, in: Johannes Wischmeyer,
[Hg.], Zwischen Ekklesiologie und Administration. Modelle territorialer Kirchenleitung
und Religionsverwaltung im Jahrhundert der europäischen Reformationen [VIEG. Beih.
100], 2013, 23–39, 27), ist mithin eine theologische Verkürzung. Diese Bedeutung gilt
für Luther theologisch „eigentlich" (a.a.O. Z. 5) und der historischen Genese nach, für
seine eigene Zeit aber kennt er eine andere Realität des Begriffs – sonst wäre der Vorschlag, daß die Fürsten „dasselbige recht Bischoflich und besucheampt" übernehmen
(a.a.O. 197,15) widersinnig.

[101] Unterricht der Visitatoren. Vorrede (WA 26,197,26).

Funktion der Obrigkeit an, wenn er im Blick auf diese erläutert: „Denn sie
nach weltlicher Oberkeit nicht schuldig sind".[102] Zu einem rechten Verständnis der reformatorischen Haltung zum Kirchenrecht wird man sich
klar machen müssen, daß die Territorialtheorie, welche das landesherrliche Kirchenregiment in der Zeit des Absolutismus zu erklären suchte, eine
prinzipielle Verschiebung der Begründung der kirchenleitenden Funktion
der Landesherren mit sich brachte:[103] Indem das „ius circa sacra" als Aus-
fluss der Regierungsfunktion, ja, als herausragendes Regelungsinstrument
der Obrigkeit gesehen wurde,[104] wurde sie *wesentlich* an dieselbe und damit an die Funktion der Obrigkeit gebunden. Bei Luther hingegen üb-
ten die Fürsten, indem sie kirchenleitende Aufgaben übernahmen, nur in
besonderer Weise „der liebe ampt (welches allen Christen gemein und
gepoten)" aus.[105] Hierzu waren sie durch ihre administrativen Möglichkeiten in besonderer Weise befähigt, aber im Grundsatz nicht als Obrigkeit in besonderer Weise befugt. Erst wenn man sich diese – im faktischen
politischen Vollzug schwer nachzuvollziehende – Unterscheidung deutlich macht, wird klar, daß die Grundlegung des Kirchenrechts bei Luther
theologisch orientiert bleibt und trotz des weiten Gestaltungsraumes nicht
menschlichem Belieben anheim steht.[106]

---

[102] Unterricht der Visitatoren. Vorrede (WA 26,197,26). Auf den Umstand, daß der
Fürst hier „ausdrücklich nicht als Landesherr, sondern als Christ in Anspruch genommen" wird, weist auch MARTIN BRECHT, Die Visitation – Abdeckung eines Teilbereichs
kirchenleitender Aufgaben, in: DERS. (Hg.), Martin Luther und das Bischofsamt, 1990,
101–104, 102, hin. BERND CHRISTIAN SCHNEIDER, Ius Reformandi. Die Entwicklung
eines Staatskirchenrechts von seinen Anfängen bis zum Ende des Alten Reiches (jus Ecclesiasticum 68), 2001, 70, hebt zu Recht hervor, daß Luther klarer als Melanchthon
„zwischen Christen- und Fürstenpflichten" unterscheidet und die Rechtsdeutung von
Johannes Heckels diese Unterscheidung eher verunklart hat.

[103] Treffend fasst JOBST SCHÖNE, Kirchenleitung und Kirchenordnung nach lutherischem Verständnis, in: Lutherische Beiträge 13 (2008) 100–109, dort 103, diese Entwicklung zusammen: „Dieses landesherrliche Kirchenregiment, anfangs von einem ak-
tiven Kirchenmitglied, eben dem Fürsten, ausgeübt, entwickelt sich zum reinen Staatskirchentum"; allerdings ist die Vorstellung von der Staatskirche verkürzend: Faktisch
haben gerade die zunehmenden staatlichen Eingriffe in kirchliche Belange zur Verselb-
ständigung der kirchlichen Organisation beigetragen (s. hierzu CHRISTOPH LINK, Rechts-
theologische Grundlagen des Kirchenrechts, in: Zeitschrift für evangelisches Kirchenrecht 45 [2000] 73–87, 77). Neben diesen Entwicklungen ist ohnehin auch der wichtige Gesichtspunkt zu beachten, auf den JOHANNES WISCHMEYER, Einleitung, in: DERS.
(Hg.), Zwischen Ekklesiologie und Administration (o. Anm. 100), 12 verweist: „Bereits
der materielle Umfang der ‚Kirchensachen' (‚res sacrae') blieb notorisch umstritten".

[104] KLAUS SCHLAICH, Der rationale Territorialismus. Die Kirche unter dem staats-
rechtlichen Absolutismus um die Wende vom 17. zum 18.Jahrhundert, in: DERS., Gesammelte Aufsätze. Kirche und Staat von der Reformation bis zum Grundgesetz, hg.v.
MARTIN HECKEL u. WERNER HEUN, 1997,204–266, 208.

[105] LUTHER, Unterricht der Visitatoren. Vorrede (WA 26,197,20 f).

[106] Das Verhältnis von Kirchenrecht und Evangelium unter die Leitmetapher der
„Antwort" zu setzen (KLAUS SCHLAICH, Kirchenrecht und Kirche. Grundfragen einer

Die theologische Begründung betrifft dabei auch den Gestaltungsraum des Kirchenrechts. Auch wenn der „Unterricht der Visitatoren" eine Bestimmung „Von Ehesachen" enthält,[107] so gilt doch gerade für diesen Bereich Luthers berühmter Satz, daß „die ehe ein eusserlich weltlich ding ist",[108] nämlich „wie kleider und speise, haus und hoff, weltlicher oberkeit unterworffen".[109] Der theologische Grund hierfür liegt darin, daß die Ehe als Schöpfungsordnung ihre Aufgabe genau im primären Bereich der Wehrung der Sünde hat.[110] Schon 1519 erklärte Luther im „Sermon vom ehelichen Stand", die Ehe sei ein „spitall der siechen [...], auff das sie nit yn schwerer sund fallen"[111] und nannte sie 1523 in der Korintherauslegung eine „ertzney" gegen das Brennen des Fleisches.[112] Rechtlich also fiel sie genau in den klassischen Bereich der Obrigkeit, den politischen Gebrauch des Gesetzes.

Im strengen Sinne kirchenrechtlicher Regelungsbedarf muß sich hiernach auf die Predigt von Gesetz und Evangelium und die Sakramentenverwaltung sowie deren Umfeld beziehen. Freilich gilt auch hier wiederum, daß eine gesetzliche Engführung unangemessen wäre: So wie in den frühen Ausführungen zur Gottesdienstordnung die Konzentration auf das Wort einen Grundmaßstab einführte, der nicht zerstörbar, aber in mancher Hinsicht erweiterbar war, sind auch die kirchenbestimmenden „notae" Maßstab jeglicher Kirchenordnung,[113] nicht aber zwingend ihr einziger Inhalt. Gleichwohl stellen sie im Dienst am Evangelium einen theologisch klar umrissenen Kern des Kirchenrechts dar, der dieses der Beliebigkeit enthebt und ihm eine theologische Dienstfunktion überträgt, für deren konkrete Ausführung die christliche Liebe der eine entscheidende Maßstab ist: Die Stellung der Christenheit unter dem Kreuz ist, so hat Johannes Heckel diesen Sachverhalt ausgedrückt, „Aufforderung, es [das Kirchenrecht; V.L.] im

---

Verhältnisbestimmung heute, in: ders., Gesammelte Aufsätze [vorige Anm.], 288–321, dort 304f), scheint mir allerdings eine Überhöhung der Verhältnisse darzustellen. Kirchenrecht wird man in denjenigen Bereichen, in welchen es unmittelbar auf das Evangelium bezogen ist, als anwendendes Auslegungsgeschehen zu interpretieren haben, in den weiteren Bereichen stellt es lediglich Regulierungsmechanismen zur Verfügung.

[107] LUTHER, Unterricht der Visitatoren (WA 26,225,9–30).

[108] LUTHER, Von Ehesachen (WA 30/3,205,12).

[109] Von Ehesachen (WA 30/3,205,13).

[110] Den komplexen Zusammenhang zwischen Ehe als Schöpfungsordnung und den möglichen positiv-rechtlichen Regelungen zeichnet HECKEL, Lex charitatis (o. Anm. 1) 103–108, nach.

[111] WA 2,168,3.

[112] WA 12,114,11 f.

[113] Vgl. in diesem Sinne auch WOLFGANG BOCK, Der Begriff der Kirche in juristischer Sicht, in: GERHARD RAU u.a. (Hgg.), Das Recht der Kirche. Bd. 1 (o. Anm. 2), 126–168, 127: „Das Recht ist – soweit dies angesichts der Formbestimmtheit des Rechts möglich ist – den theologischen Anforderungen anzupassen."

Geist christlicher Bruderliebe nach den wahren, geistlichen Erfordernissen des kirchlichen Gemeinliebens zu berichtigen".[114]

Diese Überlegungen stellen auch den Hintergrund für das Verständnis der Regelungen der Bekenntnisschriften dar: CA XV spricht ausdrücklich „Von kirchen ordenung, von menschen gemacht" und betont, daß diese so weit zu halten seien, wie dies ohne Sünde möglich sei, sie aber nicht mit „Gottes dienst" verwechselt werden dürften.[115] Letztgenannter Begriff macht deutlich, daß der hier genannte Bereich der Kirchenordnung tatsächlich etwas anderes bedeutet als die von Luther seit der Leisniger Kastenordnung in den Blick gefaßten grundlegenden Normen rechtlicher Regelungen, die den Rahmen für jede menschliche Kirchenordnung bilden. Auf eben diese rekurriert die CA an einer anderen Stelle, nämlich in CA 28.[116] Hier wird die „Jurisdictio" der Bischöfe definiert,[117] und zwar eine solche,

---

[114] HECKEL, Lex charitatis (o. Anm. 1), 140.

[115] CA 15 (Die Bekenntnisschriften der Evangelisch-Lutherischen Kirche. Vollständige Neuedition, hg. v. IRENE DINGEL, [BSELK], 2014, 108,16–22). Interessant ist die Bemerkung von ARMIN WENZ, Die Begründung des Kirchenrechts (o. Anm. 69), 179, daß die CA durchgängig rechtsförmige Sprache verwendet. Allerdings ist das gewählte Beispiel „approbieren" unglücklich gewählt, da es so lediglich in einer nicht affirmierten Form erscheint (CA 22 [BSELK 133,24]. Eher ist also auf die ebenfalls von Wenz genannte Damnationsformel zu verweisen (CA 1 [BSELK 95,7] u. ö.), die allerdings dann doch wohl im strengen Sinne des göttlichen Rechts zu verstehen ist. An dieser Stelle besteht also noch ein gewisser Forschungsbedarf.

[116] Charakteristischerweise rechnet HANS DOMBOIS, Das Recht der Gnade. Ökumenisches Kirchenrecht II: Grundlagen und Grundfragen der Kirchenverfassung in ihrer Geschichte, 1974, 131 f., unter die einschlägig für seine Betonung der „Transzendentalität" des Kirchenrechts im Luthertum in Frage kommenden Stellen in der CA den Artikel 28 nicht. Zu deren Verständnis und Einordnung ist allerdings zu bedenken, daß Melanchthon noch im März 1530 an einer Stellungnahme beteiligt war, die erklärte: „Derhalben kann man nicht Inn Ir Oberkait vnnd Jurisdictio dermassen willigen" (KARL EDUARD FÖRSTEMANN [Hg.], Urkundenbuch zu der Geschichte des Reichstages zu Augsburg im Jahre 1530, Halle 1833, 79). Als Gründe hierfür nannte der Text, daß 1. die geistliche Jurisdiktion ohnehin schon bei der Bevölkerung keine Akzeptanz mehr besessen habe, 2. die Bischöfe „das furnembst stuckh gaistlicher Jurisdiction", die Bestrafung falscher Lehre, nicht recht gehandhabt, sondern falsche Predigt zugelassen hätten, 3. ihr Vorgehen gegen verheiratete Priester vom Landes- und Patronatsherren nicht unterstützt werden müßte und 4. die Ehegerichtsbarkeit gänzlich ins Unrecht geraten sei; vgl. hierzu WILHELM MAURER, Erwägungen und Verhandlungen über die geistliche Jurisdiktion der Bischöfe vor und während des Augsburger Reichstags von 1530, in: DERS., Die Kirche und ihr Recht. Gesammelte Aufsätze zum evangelischen Kirchenrecht, hg. v. GERHARD MÜLLER und GOTTFRIED SEEBASS, 1976, 208–253, 212 f. Maurer vermutet allerdings ebd. 214, daß Melanchthon zu diesem Zeitpunkt schon einen Kompromiss im Auge gehabt habe, der auch die Jurisdiktion einschloss.

[117] CA 28 (BSELK 194,1). Der Begriff fehlt in Melanchthons Entwurf vom Mai 1530 (s. MAURER, Jurisdiktion [vorige Anm.], 224), in der Marburger Handschrift (BSELK 195) wie auch in der Nürnberger Übersetzung der lateinischen Fassung im Vorfeld der Einreichung (Die Bekenntnisschriften der Evangelisch-Lutherischen Kirche. Quellen und Materialien. Bd. 1: Von den altkirchlichen Symbolen bis zu den Katechismen Martin

die nach dem lateinischen Text „secundum Evangelium, seu ut loquntur de iure divino",[118] nach dem deutschen „aus Göttlichem rechten und dem Evangelio"[119] gilt. Dieses göttliche Recht nun begründet eine eng umrissene, nicht wie die Kirchenordnung der menschlichen Befugnis unterliegende Rechtsvollmacht der Bischöfe, nämlich: Sündenvergebung, Verwerfung falscher Lehre, Exkommunikation wegen schwerer Sünde.[120] Sei-

---

Luthers, hg. v. IRENE DINGEL, Göttingen 2014 [BSELK.QuM 1], 68 f; zu der Handschrift s. VOLKER LEPPIN, Einleitung, ebd., 47). In seinem ausführlichen Referat von Passagen aus CA 28, geht SOHM, Kirchenrecht (o. Anm. 2), 147–149 Anm. 19, allein auf die negativen Aussage zur Begrenzung der bischöflichen Macht ein, verzichtet aber auf eine ausführliche Auseinandersetzung mit dem Gedanken einer zugestandenen „iurisdictio".

[118] CA 28 (BSELK 195,4–6); auf die Bedeutung dieser Stelle für eine Begründung evangelischen Kirchenrechts, das dann auch kirchengestaltende Funktion hat, weist auch WENZ, Kirchenrecht (o. Anm. 69) 186, hin. Diese Existenz eines „ius divinum" im reformatorischen Verständnis begrenzt allerdings die Analogie zwischen Recht und Sprache, die EILERT HERMS, Das Kirchenrecht als Thema der theologischen Ethik, in: Zeitschrift für evangelisches Kirchenrecht 28 [1983] 199–277, 249 u. ö., aufmacht, um beide als Phänomene kirchlicher Partizipation an gesamtgesellschaftlichen Verständigungsformen zu interpretieren. Diese gilt nur, insofern und insoweit das Kirchenrecht als „opus hominis credentis" betrachtet wird (ebd. 256 im Plural ebd. 273); wenn „iurisdictio" aber durch das „ius divinum" definiert ist, ist eine nicht unwesentliche Grundlage des Kirchenrechts gerade nicht als Menschenwerk zu betrachten – ungeachtet dessen, daß mit Herms a.a.O. 270, eine positivistische Auslegung der Offenbarung und mit ihr des „ius divinum", wie man sie bei Wolf finden kann, zu vermeiden ist. Die Auffassung von Herms a.a.O. 274: „Die Selbstgewißheit des christlichen Glaubens schließt [...] den Begriff und die Sache des ius divinum positivum notwendig aus", wäre also, soll sie inhaltlich aufrechterhalten werden, in ein kritisches Verhältnis nicht nur, wie a.a.O. Anm. 134 geschehen, zu den rechtstheologischen Entwürfen von Wolf und J. Heckel zu setzen, sondern auch zu CA 28.

[119] CA 28 (BSELK 194,4); vgl. auch die Ansbacher Handschrift (Nü 2), die davon spricht, die Leitungsbefugnis der Bischöfe gelte „nach gotlichen rechten", allerdings dabei den Begriff der „iurisdictio" vermeidet (BSELK.QuM 102,39). Insofern befindet sich die grundsätzliche Bestreitung einer Rede von göttlichem Recht bei HANS-RICHARD REUTER, Der Rechtsbegriff des Kirchenrechts in systematisch-theologischer Sicht, in: Rau u. a. (Hgg.), Recht der Kirche I (o. Anm. 2), 236–286, 270, jedenfalls nicht im Einklang mit diesen Formulierungen der CA. Von einer „Preisgabe der herkömmlichen Unterscheidung zwischen göttlichem und menschlichem Recht [...] durch Luther und die Hauptvertreter der reformierten Tradition" (JOACHIM MEHLHAUSEN, Schrift und Bekenntnis, in: RAU u. a. [Hgg.], Recht der Kirche 1 [o. Anm. 2], 417–447, 417, wird man daher nur sprechen können, wenn man Luther und die CA beziehungsweise Luther und Melanchthon sehr scharf voneinander trennt. Eine systematische Entgegensetzung von Kirchenrecht und göttlichem Recht, wie sie etwa SCHLAICH, Die Grundlagendiskussion zum evangelischen Kirchenrecht, in: DERS., Gesammelte Aufsätze (o. Anm. 104), 269–287, 272, vornimmt, wird diesem komplexen Gefüge nicht ganz gerecht.

[120] CA 28 (BSELK 194,5–7). Die Einschränkung des „ius divinum" auf Joh 21,16 f (JOBST SCHÖNE, Kirchenleitung und Kirchenordnung nach lutherischem Verständnis, in: Lutherische Beiträge 13 [2008] 100–109, 100) ist dieser Bestimmung gegenüber entschärfend und verunklarend.

ne Grundlage ist die Heilige Schrift.[121] Dieser Jurisdiktionsgewalt eignet, weil sie eigentlich nicht aus eigener Autorität erfolgt, sondern sich allein als Vollzugsorgan des göttlichen Willens zu verstehen hat,[122] zwar keine zwingende leibliche Gewalt[123], sondern sie wird durch das Wort vollzogen. Aber es handelt sich hier um eine bischöfliche Befugnis, die von der genuin predigtamtlichen Aufgabe des Bischofs, in Entsprechung zu CA V zu predigen und die Sakramente zu verwalten[124] unterschieden ist, die rechtlichen

---

[121] Daß das göttliche Recht „sich unmittelbar auf den normativen Gehalt von Schrift und Bekenntnis" berufe (DREIER, Rechtsbegriff [o. Anm. 2]), ist, versteht man es im Sinne der Abstufung zwischen „norma nromans" und „norma normata", für das sich später entwickelnde Luthertum zutreffend. Für die CA in ihrem Entstehungszusammenhang gibt es die Vorstellung von Bekenntnisschriften in dieser normierenden Weise noch nicht.

[122] Vgl. WENZ, Kirchenrecht (o. Anm. 69) 187.

[123] CA 28 (BSELK 194,7). Allerdings lenkten die reformatorischen Maßnahmen durchaus auf entsprechende Sanktionierungen hin: Wenn MEHLHAUSEN, Schrift und Bekenntnis (o. Anm. 119) 420, betont, daß die Unterwerfung unter die Visitation nach Luthers Vorrede zum Unterricht der Visitatoren „on zwanck, nach der liebe art" (LUTHER, Vorrede zum Unterricht der Visitatoren [WA 26,200,28 f]) erfolgen solle, ist doch darauf hinzuweisen, daß Luther unmittelbar anschließt: „Wo aber ettliche sich mutwilliglich da widder setzen wuerden und on guten grund ein sonderlichs wolten machen, wie man denn findet wilde koepffe, die aus lauter bosheit nicht konnen etwas gemeins odder gleichs tragen, sondern ungleich und eigensynnig sein ist yhr hertz und leben, muessen wir die selbigen sich lassen von uns wie die sprew von der tennen soendern und umb yhren willen unser gleichs nicht lassen." (WA 26,200,22–27): Im sich formierenden landesherrlichen Kirchenregiment war eine solche Drohung ebenso rechtlich wie ökonomisch unterfüttert und bedeutete sehr wohl eine von außen herangetragene Ordnungsmaßnahme; insofern gilt auch für diesen Zusammenhang, daß das Kirchenrecht wenigstens faktisch schon in der Reformationszeit „am Recht als Institutionalisierung von Gewalt" partizipierte (EILERT HERMS, Kirchenrecht [wie Anm. 118], 249).

[124] Vgl. die Bestimmung CA 28 (BSELK 194,3 f.) mit CA V (ebd. 100,2). Dabei läßt die Formulierung in CA 28 zwar eine Deutung der Gleichsetzung von Bischöfen und Pfarrern offen, wie sie ERICH FOERSTER (DERS., Rudolph Sohms Kritik des Kirchenrechts. Zur 100ten Wiederkehr seines Geburtstags 29. Oktober 1841 untersucht, 1942, 99) im Anschluss an Sohm verficht. Der Duktus des Artikels aber, der auf das herkömmliche Bischofamt reflektiert, macht deutlich, daß bei der Jurisdiktion an ein spezielles überregionales Bischofamt gedacht ist (vgl. VOLKER LEPPIN, Zwischen Notfall und theologischem Prinzip. Apostolizität und Amtsfrage in der Wittenberger Reformation, in: GUNTHER WENZ / THEO SCHNEIDER [Hgg.], Das kirchliche Amt in apostolischer Nachfolge. Bd 1: Grundlagen und Grundfragen, 2004, 376–400, 395), womit dann doch auch justitiabel operationalisierbare Vorgänge gemeint sein dürften, die im Blick auf die Exkommunikation nicht ganz von der Anwendung von Gewalt zu unterscheiden sind (hier scheint mir HECKEL, Reformation und Recht [o. Anm. 84] 315 f., zu glatt den Formulierungen der CA zu folgen, ohne die historische Konkretion zu bedenken). Hiervon unbenommen bleibt, daß selbstverständlich, insofern das göttliche Recht in der Schrift enthalten ist, die Predigt in besonderer Weise dem „ius divinum" verpflichtet ist (s. STROHM, Ius divinum [o. Anm. 36] 144).

Charakter hat, dabei aber nicht menschlicher Verfügung unterstellt ist.[125] Ihre Begründung ist zugleich ihr Maßstab: die Entsprechung zum Evangelium. Wo diese fehlt, entfällt eo ipso die Gewalt der Bischöfe.[126] Hierfür gilt nun auch, bei aller faktischen Verschränkung von Kirchenrecht und anderem Recht,[127] mit Wolfgang Bock: „Kirchenrecht als kirchliche Ordnung hat einen anderen Geltungsgrund als staatliches oder sonstiges Recht."[128]

Diese strikte Zuordnung zum „ius divinum"[129] gilt aber nach der CA nur für einen eng umrissenen Bereich:[130] Fragen des Eherechts oder auch

---

[125] Insofern kann man mit HANS MARTIN MÜLLER, Das Recht der Kirche in interdisziplinärer Sicht. Zur kirchenrechtlichen Arbeit der evangelischen Studiengemeinschaft, in: Evangelische Theologie 59 (1999) 74–83, 76 f, anerkennen, daß die lutherische Zustimmung zur dritten Barmer These, in welcher auch der Ordnung der Kirche Zeugnischarakter zugesprochen wird, nicht allein den Zeitumständen folgte, sondern einen sachlichen Grund schon in der eigenen Bekenntnisbildung besaß; auch zeitgeschichtlich interessant sind die Ausführungen von WILHELM MAURER (DERS., Bekenntnis und Kirchenrecht, in: ders., Die Kirche und ihr Recht. Gesammelte Aufsätze [o. Anm. 116]), 1–9) hierzu.

[126] CA 28 (BSELK 194,10–196,5).

[127] S. DREIER, Rechtsbegriff (o. Anm. 2), 189: „Blickt man aus juristischer Sicht auf die Masse des positiven Kirchenrechts [....] so unterliegt es keinem Zweifel, daß das kirchliche Recht in seiner äußeren Erscheinungsform dem weltlichen weitgehend gleicht."

[128] BOCK, Kirchenbegriff (o. Anm. 113), 130. Entsprechend akzentuiert DREIER, Rechtsbegriff (o. Anm. 2), 194 f., auch aus juristischer Sicht, daß dem Kirchenrecht aufgrund seiner Orientierung an der Kirche eine „Eigenart oder Eigengeartetheit" zukommt. Die sehr weitreichende Auffassung von ERIK WOLF, Ordnung der Kirche. Lehr- und Handbuch des Kirchenrechts auf ökumenischer Basis, 1961, 4 f., daß erst durch das Kirchenrecht her „Einblicke in das Wesen des Rechts und seiner Bestimmung" möglich seien und es daher „beispielgebend […] für jede Form menschlicher Rechtsordnung" sein müsse, versucht allerdings aus der notwendigen Zuordnung des Kirchenrechts abzuleiten, die so den Verhältnissen schwerlich gerecht werden dürfte; das gilt bei aller von ihm formulierten Kritik an Wolf auch für den Anspruch von WOLFHART PANNENBERG, Zur Theologie des Rechts, in: DERS., Ethik und Ekklesiologie. Gesammelte Aufsätze, 1977, 11–40, 32, daß generell Recht seine Bindekraft allein aus dem Gottesbezug erhalte. Eine Auseinandersetzung mit Pannenbergs geistreicher Einordnung seiner Rechtstheologie in sein Offenbarungs- und Geschichtsverständnis kann hier nicht erfolgen.

[129] Allerdings verweist CHRISTOPH STROHM, ius divinum und ius humanum. Reformatorische Begründung des Kirchenrechts (o. Anm. 36), 148, zu Recht auf eine besondere Problematik: In ApolCA werden, im Zusammenhang des Eherechts „ius divinum" und „ius naturale" miteinander identifiziert: „Porro Ius naturale vere est Ius divinum" (BSELK 595,4 f). Hierdurch entsteht ein Verständnis des göttlichen Rechts, das den kirchlichen Bereich überschreitet und auf den weltlichen Bereich ausstrahlt. Mit einer solchen naturrechtlichen Definition des „ius divinum" würde demnach letztlich auch für das weltliche Recht eine Struktur eingezogen, die dieses konstitutiv auf eine außerhalb ihrer selbst gesetzte Vorgabe bezöge.

[130] Dessen Definierbarkeit bleibt freilich schwierig. Selbst die Unterscheidung, daß „eine rechtliche Regulierung des eigentlichen Verkündigungshandelns" ausgeschlossen sei (HENDRIK MUNSONIUS, Evangelisches Kirchenrecht. Grundlagen und Grundzüge, 2015, 20), unterstellt eine reine Unterscheidbarkeit eines Verkündigungshandelns, die so nicht gegeben ist, insofern auch Lebensordnungen (anders als etwa das Vermögensrecht; s. hierzu HERMS, Kirchenrecht [o. Anm. 118], 273) in einem Zusammenhang mit

Probleme des Kirchenguts gehören, sofern sie der Jurisdiktion der Bischöfe zugerechnet werden, ganz konsistent in den Bereich menschlichen Rechts,[131] ebenso unter der hervorgehobenen Maßgabe, daß hieraus nicht ein werkgerechtes Verständnis folgen darf, Ordnungen von Feiertagen und Gebräuchen im Gottesdienst,[132] sind gestalt- und wandelbar. Die CA unterscheidet also, ganz auf der Linie der von Luther entwickelten Prinzipien, grundlegendes, auf göttlichem Recht beruhendes und in der Heiligen Schrift tradiertes Recht in der Kirche[133] von den gestaltbaren Kirchenordnungen.[134] Treffend hat Jobst Schöne dies exemplifiziert:

„Göttlichen Rechtes (juris divini) ist der Auftrag: ,Weide meine Schafe' (Joh. 21,16f). Nach welchen Regeln und Ordnungen das geschieht, ist weithin nicht mehr göttlichen Rechtes, sondern steht in der Freiheit der Kirche, die festlegen kann, was sinnvoll ist und gelten soll, wenn es denn dem Weideauftrag (der Ausrichtung von Wort und Sakrament) nicht entgegensteht."[135]

Schon im Zusammenhang der reformatorischen Bewegung selbst war es allerdings strittig, wie in einer solchen Situation überhaupt kirchliche Ordnungen begründet werden konnten. Noch von Augsburg aus benannte

---

Verkündigungsinhalten stehen. Auch ist zu bedenken, ob tatsächlich eine solche Nichtregulierbarkeit gegeben ist, ob also gültige Lehre in der evangelischen Kirche nicht auch rechtlich sanktionierbar von bekenntniswidriger unterschieden werden kann, wie es etwa in Lehrbeanstandungsordnungen durchaus der Fall ist (s. hierzu SCHLAICH, Grundlagendiskussion [s. o. Anm. 119], 285; HÄRLE, Reformation und Recht [nächste Anm.], 283–285 – letzterer mit dem Hinweis, daß es hier „nicht um ein angemaßtes Urteil über den echten bzw. falschen Glauben eines oder einer betroffenen Geistlichen, sondern lediglich um eine Entscheidung über die Vereinbarkeit oder Unvereinbarkeit der von einer bzw. einem Ordinierten öffentlich vertretenen Lehre mit der in seiner bzw. ihrer Kirche gültigen Lehre" geht).

[131] CA 28 (BSELK 196,6–12) – hier wiederum sind sie dann dem Naturrecht zugeordnet (s. ApolCA 23 [BSELK 595,3f]). Vor diesem Hintergrund ist es durchaus plausibel, die Unterscheidungen der Zwei-Regimenten-Lehre auch innerkirchlich anzuwenden (s. den entsprechenden Vorschlag bei WILFRIED HÄRLE, Kirche, Religion und Recht in reformatorischer Sicht, in: IRENE DINGEL u.a. [Hgg.], Reformation und Recht. FS Seebaß, Gütersloh 2002, 270–287, 282).

[132] CA 28 (BSELK 208,6–13). Angesichts dessen ist die Aussage von ARMIN WENZ, Die Begründung des Kirchenrechts (o. Anm. 69), 177, zu einengend und starr: „Dort, wo allein schon das faktische Vorhandensein einer (neuen) Lehre als Rechtfertigungsgrund für Veränderungen oder Neuerungen in der Liturgie behauptet wird, befindet man sich auf einem Irrweg". Die CA selbst nennt eine durchaus maßgebliche, aber keineswegs unmittelbar aus der Bibel begründete Änderung, nämlich die Einführung deutscher Gesänge, „das volck damit zuleren und zu uben" (CA 24 [BSELK 142,2f.]; vgl. zu diesem Passus als Beispiel von Kirchenordnung MAURER, Historischer Kommentar zur Confessio Augustana. Bd. 1: Einleitung und Ordnungsfragen, ²1979, 228.

[133] Insofern gehört die Lehre vom „ius divinum" in der Tat in eine „Theorie kirchenrechtlicher Prinzipien" (DREIER, Rechtsbegriff [o. Anm. 2], 193).

[134] S. WILHELM MAURER, Kommentar (vorige Anm.), 225.

[135] JOBST SCHÖNE, Kirchenleitung und Kirchenordnung nach lutherischem Verständnis, in: Lutherische Beiträge 13 (2008) 100–109, 100.

Melanchthon fünf mögliche Begründungen für „traditiones ecclesiasticae", von denen er die letzten drei für im reformatorischen Sinne akzeptabel hielt[136]:

1) als Werke, die Gott gefallen – eine Variante, die gemessen an der Rechtfertigungslehre klar ausscheiden musste.

2) als notwendiger „cultus" – dies schied aus demselben Grunde aus

3) um der guten Ordnung („bonus ordo") Willen

4) um der Erziehung („paedagogia") Willen

5) als ein dem Glauben folgender „cultus".

Luther fertigte diese Einteilung wenig später als unangemessen ab und wollte die Leitung der Kirche, nach dem Urteil des Paulus, dem Heiligen Geist beziehungsweise unmittelbar Gott selbst anheim geben.[137] Bei einer solchen Position konnte es angesichts des notwendigen Aufbaus von Kirche nicht bleiben, und so hat Luther seinerseits in „Von den Konziliis und Kirchen" 1539 Grundregeln des der Bibel folgenden Rechtes der Kirche entworfen. Im Rahmen seiner Bemühung, das Konzil als richterliche Instanz zugleich zu begrenzen und zu etablieren, erklärte er, dieses habe zu urteilen „nach des Reiches recht, das ist nach der heiligen Schrifft […] welchs der heiligen Kirchen recht ist."[138] Auf Grundlage dieses Rechtes ist es nicht erlaubt, neue Glaubensartikel zu begründen, sondern nur neue, unbiblische Lehren zu verwerfen,[139] also anhand des biblischen Maßstabes Häresie festzustellen. Im Sinne engerer Rechtsreglungen war das konzilsgebundene Recht auf den rein geistlichen Bereich begrenzt, durfte sich nicht ins Weltliche mengen, weswegen Luther meinte, die päpstlichen Dekretalen durchweg verwerfen zu müssen.[140] Die eigentliche Aufgabe der Kirchenordnung lag hiernach in einem eng begrenzten Bereich:

„Zum zehenden, Hat ein Concilium macht, etliche Ceremonie zu setzen, mit solchem unterscheid, Erstlich, das sie nicht der Bisschove Tyranney stercken. Zum andern, das sie dem Volck von noeten und nuetzlich seien und ein feine oerdentliche zucht und wesen geben, als, Es ist von noeten etliche tage zu haben, auch oerte, da

---

[136] MELANCHTHON an Luther, 14.7.1530 (WA.B 5,476f [Nr. 1646,31–56]); vgl. hierzu MAURER, Kommentar (o. Anm. 132), 251.

[137] LUTHER an Melanchthon, 15.8.1530 (WA.B 5,548 [Nr. 1685,16–24]; MAURER, Kommentar 1 (o. Anm. 132), 252, überspitzt die Deutung allerdings, indem er sie mit direkten Bezügen und Vorstellungen von Kausalitäten auffüllt. Die Antwort von Luther ist vor allem vom Ärger über das Scheitern anhand der „Sophistae" der anderen Seite geprägt – und läßt auch noch die scharfen Auseinandersetzungen mit Melanchthon in der Coburgzeit nachklingen (s. hierzu VOLKER LEPPIN, Text, Kontext und Subtext. Eine Lektüre von Luthers Coburgbriefen, in Dietrich Korsch/Volker Leppin [Hg.], Martin Luther – Biographie und Theologie [Spätmittelalter, Humanismus, Reformation 53], 2010, 169–181).

[138] LUTHER, Von den Konziliis und Kirchen (WA 50,616,3–5).

[139] Von den Konziliis und Kirchen (WA 50,607,7–17).

[140] Von den Konziliis und Kirchen (WA 50,613,27–36).

man zusamen komen koenne, desgleichen bestimpte stunde, zu predigen und oeffentlich die Sacrament zu reichen und zu beten, singen, Gott loben und dancken
&c. Wie S. Paulus sagt .1. Cor. 14: ‚Last alles oerdenlich und ehrlich zugehen.‘ Mit
solchen stuecken wird nicht der Bisschove Tyranney, sondern blos des Volcks not,
nutz und ordnung gesucht, Und summa, man mus es haben und kans nicht empe-
ren, sol anders die Kirche bleiben.“[141]

Kern und eigentliche Aufgabe des Kirchenrechts ist hiernach der zeremo-
nielle Bereich, das heißt, die Regulierung des Gottesdienstes als des Kern-
bereiches von Kirche nach evangelischem Verständnis, die die „versamlung
aller gleubigen, bey welchen das Evangelium rein gepredigt und die heiligen Sacramentii laut des Evangelii gereicht werden“, darstellt[142].

Das evangelische Verständnis von Kirchenrecht geht freilich nicht nur
aus diesen in einem spezifischen Kontext, der Auseinandersetzung um die
Macht des Konzils, erfolgten normativen Aussagen hervor, sondern zeigt
sich auch in der gesetzgebenden Energie des Luthertums.[143] Diese ging
bald über den so bezeichneten engen Bereich weit hinaus. Sie hat sich in
den folgenden Jahrzehnten und Jahrhunderten vor allem im Gebiet der
Kirchenordnungen entfaltet und hier sogar eine eigene rechtliche Gestalt –
eben die „Kirchenordnung“ begründet,[144] so daß, wie Martin Heckel zu-
sammengefasst hat, „drei divergente Rechtskreise“ entstanden: „Das Kirchenrecht der Evangelischen trennte sich kraft seiner Sinnbestimmung und
Ausformung im evangelischen Bekenntnis vom kanonischen Recht. Und
beide Kirchenrechtssysteme unterschieden sich wesentlich vom Reichskir-
chenrecht, als dieses die konfessionellen Differenzen mit Geltungsvorrang
politisch zu neutralisieren suchte.“[145] Dieser Vorgang aber sollte den Blick
auf diese theologisch fundamentale Unterscheidung nicht verstellen.[146]

---

[141] Von den Konziliis und Kirchen (WA 50,614,8–12).

[142] CA VII (BSELK 1, 102,8–10).

[143] Angesichts der kurschlüssigen Kritik von HANS-RICHARD REUTER, Der Rechtsbegriff des Kirchenrechts in systematisch-theologischer Sicht (o. Anm. 119), 245 f., an der
lutherischen Unterscheidung von Gesetz und Evangelium im rechtstheologischen Zusammenhang muß doch daran erinnert werden, daß der hier verwendete Begriff vom
Gesetz als einer menschlichen Ordnung ein ganz anderer als der letztlich dem „ius divinum“ zuzuordnende Begriff vom Gesetz Gottes als einer Gestalt des Wortes Gottes ist.

[144] S. hierzu SABINE AREND/GERALD DÖRNER (Hgg.), Ordnungen für die Kirche –
Wirkungen auf die Welt. Evangelische Kirchenordnungen des 16. Jahrhunderts (Spät-
mittelalter, Humanismus, Reformation 84), 2015. Die allgemeine Aussage von A. WENZ,
Kirchenrecht (o. Anm. 69), 188, daß die lutherischen Kirchenordnungen sich stets an der
Ordnung des Neuen Testaments ausgerichtet haben, wäre im Einzelnen zu überprüfen.
JOHN WITTE, Law and Protestantism (o. Anm. 94), 16, benennt als Hauptthemen der Kirchenordnungen: „(1) religious dogma, liturgy and worship; (2) public religious morali-
ty; (3) sex, marriage, and family life; (4) education and public schools; and (5) poor relief
and other forms of social welfare.“

[145] HECKEL, Rechtswirkungen (o. Anm. 76), 209.

[146] Gerade angesichts dieser Unterscheidung *kann* es sein, daß sich der spezifisch

Schlussüberlegungen

Die von Rudolph Sohm begründete Auffassung, lutherische Ekklesiologie und Recht schlössen einander aus, beruht auf einer einseitigen Auswahl und Lektüre der reformatorischen Schriften: Sohm stützt sich auf die frühen, kritisch gegen die mittelalterliche Kirche gerichteten Traktate, ignoriert aber die vollzogene Weiterentwicklung zu einer Theorie positiver Rechtsetzung. Diese entwickelte Luther in den frühen zwanziger Jahren in einem Beziehungsgeflecht aus biblischer Grundlegung und Orientierung an christlicher Liebe. Beides eröffnet ein hohes Maß an Gestaltungsfreiheit, aber keine Willkür.[147] Wer jeweils als rechtsetzende Instanz auftritt, kann gesellschaftlichen Wandlungen unterliegen, so wie generell gilt: Entscheidend für die Rechtsform evangelischer Kirche ist die innere Orientierung an den grundlegenden Normen des christlichen Ethos, rechtliche Regelungen können ihr im gelingenden Fall Ausdruck geben.

---

lutherische Charakter einer Kirchenordnung in ihrer Konzentration auf das Predigtamt zeigt, wie es CHRISTOPH STROHM, Lutherische und reformierte Kirchenordnungen im Vergleich, in: AREND/DÖRNER, Ordnungen für die Kirche (o. Anm. 144), 1–28, 25, anhand der Casimirianischen Kirchenordnung und ihrer Prägung durch Johann Gerhard aufzeigt, theologisch *zwingend* ist dies nicht. Die Unterscheidung bestimmter Rechtskreise übersieht MICHAEL MOXTER, Die Kirche und ihr Recht. Perspektiven einer theologischen Annäherung an den Rechtspositivismus, in: ZevKR 56 (2011) 113–139, 118, wenn er pauschal erklärt, eine theologische Kirchenrechtsbegründung schwäche „die Ambivalenz- und Ambiguitätstoleranz". Dies gälte nur dann, wenn die theologische Begründung von Wesensmerkmalen des Kirchenrechts die menschliche Gestaltung der hieraus folgenden Regelungen ausschlösse. Im Sinne der lutherischen Auffassung sind aber eben diese Aspekte menschlicher Gestaltung inkludiert. Daß er die Formel einer kirchlichen Rechtskompetenz, welche sich „sine vi humana, sed verbo" vollzieht, aus CA 28 zitiert (BSELK 195,15), ohne zu erwähnen, daß sich eben dies nicht auf rein menschliche Regelungen, sondern auf das „ius divinum" bezieht (ebd. Z. 16; vgl. BSLK 124,9f), stellt allerdings eine selektive Quellennutzung dar (vgl. auch die nicht minder pauschale Rede vom „Verweis der Reformatoren auf die Menschlichkeit allen Rechts" a.a.O. 123). Treffender benennt den Zusammenhang WENZ, Kirchenrecht (69), 190: „So setzt das ‚göttliche Recht' (,ius divinum') gleichsam aus sich heraus notwendigerweise das ihm wiederum dienend zugeordnete ‚menschliche Recht' (,ius humanium'), begründet und umschließt es."

[147] So auch HECKEL, Reformation und Recht (o. Anm. 84), 161.

Protokoll der Diskussion

EILERT HERMS

I. Diskussion zum römisch-katholischen Kirchenrecht

Zur Methode

Die vorgelegten Referate zum römisch-katholischen Verständnis des Kirchenrechts ergänzen sich: Das erste spürt der inneren Sachlogik in den einschlägigen Dokumenten der gegenwärtig gültigen Gestalt der Lehre nach, die beiden anderen verorten diese gegenwärtige Lehrgestalt in der geschichtlichen Abfolge und den Veränderungen in der römisch-katholischen Sicht auf das kanonische Recht als kirchliches Recht (Recht der Kirche). Im Kontext des Arbeitsprogramms unserer Forschungsgruppe dienen die historischen Beobachtungen der zuverlässigen Erfassung von Intention („intentio") und Sache („res") des Wortlauts („dictum") der gegenwärtig gültigen Lehrtexte – und zwar (in Befolgung der methodischen Regel von UR 11[1]) der Erfassung ihrer *einheitlichen*, sachlogisch gegliederten und kohärenten Intention von deren Sache („res"), die ihrerseits schon in sich selbst eine *einheitliche*, sachlogisch gegliederte und kohärente ist.

In dieser unterschiedlichen Zielrichtung haben die vorgelegten Referate keinen Anlaß zu sachlichen Korrekturen geboten. Die Diskussion konnte sich also auf die in der referierten Situation enthaltenen Sachprobleme konzentrieren. Sichtbar wurden die folgend umrissenen Probleme.

---

[1] Dort wird die Notwendigkeit eingeschärft, beim interkonfessionellen Lehrvergleich die Hierarchie der Wahrheiten zu beachten: „In comparandis doctrinis meminerint existere ordinem seu ‚hierarchiam' veritatum doctrinae catholicae cum diversus sit earum nexus cum fundamento fidei christianae."

1. Der Neuansatz der römisch-katholischen Lehre vom
kirchlichen Recht nach dem Zweiten Vatikanum

1.1. Ein nicht (erfolgreich) bestreitbares Faktum ist die Wendung von der seit dem Hochmittelalter *rechtspraktisch* motivierten *Sammlung* der geltenden päpstlichen „leges" (letztmalig CIC 1917) zur *theologisch begründeten Gesamtdarstellung* des kirchlichen Rechts (CIC 1983); ebenso der dabei inzwischen schon vollzogene Fortschritt von der zunächst *ekklesiologischen* Begründung (Ansatz Vatikanum I) zur – tieferen – *offenbarungs-* und *geschichts-*, also *schöpfungstheologisch-ontotheologischen* und darin eingeschlossen auch *fundamentalanthropologischen* – Begründung (Vaticanum II).

Somit besitzt die Lehre auch ipso facto Relevanz für das, was Rechts*philosophie* ist (Beschreibung des Wesens, des ontologischen Status, von „Recht" überhaupt). Sie bietet entschlossene und nachhaltige Ansätze zur Überwindung von rein positivistischen Zugängen zum Recht zugunsten eines ontotheologisch, genau personontologisch (fundamentalanthropologisch) – und darin eingeschlossen auch handlungstheoretisch/ethisch – fundierten Verständnisses von Recht.

1.2. In der römisch-katholischen Kanonistik jedoch umstritten ist:

– ob ein Verständnis von Recht *in seiner wesentlichen Positivität* überhaupt überboten werden kann durch ein Verständnis von Recht *aus den Bedingungen seiner Möglichkeit und Notwendigkeit* (beides scheinen zwei ganz verschiedene Dinge zu sein). Die negative Antwort in diesem Streit sieht sich gestützt durch den zweiten Streitpunkt:

– die konkurrierende Pluralität der philosophischen und theologischen Antworten auf die Frage nach den Bedingungen der Möglichkeit und Notwendigkeit von Recht bei gleichzeitiger Offenheit der Frage nach der Entscheidbarkeit dieser Konkurrenz, was den Rückzug auf die Positivität des Rechts als Bedingung der Erträglichkeit dieser offenen Konkurrenz (Insistenz auf der Differenz zwischen Legalität und Moralität von Handlungen) nahelegt.

1.3. Relativierung dieser Argumentation unter römisch-katholischen Bedingungen:

– Die zwischen den kanonistischen Schulen herrschende Differenz in der Interpretation der kirchlichen Lehre ist anerkannt als eine solche, deren Überwindung aktuell nicht absehbar ist,

– jedoch nur als eine Differenz innerhalb der lehramtlich umrissenen Einheit der Glaubenswahrheit (der „veritas, quae creditur").

1.4. Die inhaltliche Eigenart dieser „veritas, quae creditur" verlangt, ausnahmslos das Ganze des menschlichen Zusammenlebens in ihrem Zusammenhang, dem Zusammenhang der „veritas, quae creditur", zu begreifen und zu beurteilen – also auch das Recht in seiner Positivität. Denn:

Die „veritas, quae creditur" ist die Wahrheit über Ursprung allen Weltgeschehens im Wollen und Wirken des dreieinigen Schöpfers, dessen Ziel die in völliger Erkenntnis und Anerkenntnis des Schöpfers durch sein geschaffenes Ebenbild gründende eschatische Gemeinschaft des letzteren mit seinem Schöpfer ist. Somit ist sie auch die Wahrheit über die im Schöpfungshandeln Gottes gesetzten *Möglichkeitsbedingungen* des menschlichen Zusammenlebens und dessen *Bestimmung*, wie sie durch das Erlösungs- und Versöhnungshandeln des Schöpfers in Christus über den „Fall" des Menschen hinaus realisiert wird.

Wie alle Aspekte des menschlichen Zusammenlebens kann der Glaube auch das Recht nur im Horizont dieser „veritas, quae creditur" begreifen, also nur aus den in dieser „veritas" erfaßten Bedingungen seiner Möglichkeit und seiner funktionalen Unvermeidbarkeit heraus; und zwar das Recht nicht *abgesehen* von seiner ihm wesentlich eignenden Positivität, sondern *einschließlich* dieser – so daß im Lichte dieses Begriffs von den universalen, in der geschaffenen Natur und Bestimmung des Menschen gegebenen, Möglichkeits- und Funktionsbedingungen positiven Rechts immer auch zugleich über dessen Güte (Bestimmungsgemäßheit) oder Mangelhaftigkeit (Bestimmungswidrigkeit) geurteilt werden kann und muß.

Also: Die einschlägigen päpstlichen Texte entscheiden nicht über Unterschiede in den Auffassungen der kanonistischen Schulen, platzieren aber diese alle im Rahmen der durch das Vatikanum II amtlich fixierten Einheit der „veritas, quae creditur". D. h. sie begreifen das kirchliche Recht (den Inbegriff der „sacrae disciplinae leges") als ermöglicht und verlangt durch das Wesen der Kirche in der Welt, beschrieben in den faktisch unlöslich zusammengehörigen Konstitutionen LG und GS (sowie DV), wie es seinerseits begründet ist in dem durch Christus definitiv und allumfassend offenbar gewordenen (GS 22) Charakter des Schöpfungsgeschehens als Offenbarungs- und Heilsgeschehen.

Insofern verlangt also die gültige röm.-kath. Lehre selber, entsprechend dem Programm unserer Forschungsgruppe auch das Kirchenrecht einer „fundamentaltheologisch" – also ontologisch, nämlich offenbarungs- und heilsgeschichtlich – orientierten Betrachtung zu unterziehen.

2. Die durch die Christusoffenbarung eröffnete Perspektive auf das Zusammensein von Kirche und Welt in der Einheit des Weltgeschehens als vom dreieinigen Gott gewolltem und gewirktem endzielstrebigem Offenbarungs- und Heilsgeschehen

2.1. Das Vaticanum II versteht sich als zeitgemäße Fortschreibung der Anliegen des Vaticanums I. Schon dieses manifestiert das klare Bewußtsein

der Differenz der Wahrheit über Ursprung und Ziel der Welt des Menschen, die dem Glauben durch Christus erschlossen ist, gegenüber anderen in der zeitgenössischen Gesellschaft verbreiteten nichtchristlichen ontologischen, epistemologischen, kosmologischen und fundamentalanthropologischen Überzeugungen und die Entschlossenheit, diese christliche
Wirklichkeitssicht im Kontext der nichtchristlichen und ihnen gegenüber
zur Geltung zu bringen (in der dogmatischen Konstitution „Dei filius"
vom 24. April 1870 über Gott, den Schöpfer aller Dinge, über die Offenbarung, über den Glauben und über das Verhältnis von Glaube und Vernunft: DS 3000–3043). Diesen Ansatz des Ersten Vaticanums hat das Zweite Vaticanum fortgeführt, indem es die Christusoffenbarung einerseits als
die Schaffung der Christusgemeinschaft, der Kirche, beschreibt (in LG zusammen mit DV und AG) und zugleich andererseits als die Eröffnung der
dem Glauben präsenten Wahrheit über die Gesamtsituation der Welt, in
deren Kontext die Kirche existiert und ihre Mission zu erfüllen hat (in GS).

2.2. Beide existieren in der *Einheit* des sie unterscheidenden und aufeinander beziehenden Verhältnisses. Es müssen also begriffliche und terminologische Mittel gefunden werden, um sowohl die in der Einheit dieses
Verhältnisses gegebene ontologische Gleichheit beider Seiten als auch ihre
relative Verschiedenheit zu kommunizieren. Und zwar begriffliche und
terminologische Mittel, welche die durch die Christusoffenbarung eröffnete Sicht auf dieses Verhältnis unmißverständlich als inhaltlich eigenartig
und verschieden von anderen, nichtchristlichen, Perspektiven auf dieses
Verhältnis ausdrücken.

2.2.1. Dementsprechend lautet eine erste Forderung: Vermeidung einer
Terminologie, welche

– entweder den konstitutiven Unterschied zwischen vorchristlicher Vergemeinschaftung und der durch die Christusoffenbarung geschaffenen Gemeinschaft überhaupt nicht unmißverständlich zum Ausdruck bringt und
somit dazu tendiert, der Glaubensgemeinschaft einerseits zu wenig zu at-
tribuieren (nämlich nicht ihr Konstituiertsein durch die den gemeinsamen
Glauben schaffende Offenbarung) und andererseits zu viel (nämlich auch
solches, was genau besehen nur dem nicht auf gemeinsamem Glauben aus
Offenbarung fußenden staatlichen Gemeinwesen zukommt)

– oder nicht die spezifisch christliche, der Christusoffenbarung verdankte (GS 22), Sicht auf die Existenz der Kirche innerhalb der Existenz des
weltlichen Gemeinwesens klar artikuliert und ebensowenig die Sicht auf
die Einheit des Verhältnisses zwischen beiden.

Diese Unschärfe samt all ihrer bedenklichen Konsequenzen zu vermeiden, dürfte das Motiv sein für die auffallende Vermeidung der Apostrophie-
rung der Kirche als „societas perfecta" (bzw. „societas juridice perfecta"),
die noch in der den CIC von 1917 promulgierenden Bulle „Providentis-

sima Mater Ecclesia"[2] und bis hinein ins Magisterium Pius XII. gebraucht wird, aber seit dem Zweiten Vaticanum nicht mehr als Bezeichnung der Kirche begegnet.

2.2.2. Gefunden werden muß vielmehr eine Terminologie, welche einerseits die ontologische, nämlich in dem allumfassenden heilszielstrebigen Offenbarungswirken des dreieinigen Schöpfers gründende, *Gleichartigkeit* aller menschlichen Zusammenlebens (jeder menschlichen Gemeinschaft), sowohl des in der Christusoffenbarung gründenden als auch des noch nicht in ihr gründenden, trifft, aber zugleich andererseits auch die Möglichkeit und die Realität desjenigen *Unterschieds* zur Sprache bringt, welcher de facto zwischen Kirche und weltlichem Gemeinwesen besteht.

Als dafür geeignet erscheint zwar gelegentlich noch die Rede von „societas" (KKK 1880, 1886, 1897; SDL Abs. 11: „ecclesialis societas"), wird dann aber zunächst (von Paul VI.) die Rede von „corpus" aufgegriffen und schon seit GS (etwa 24, 73 ff.) die Rede von „communio" (GS 23) bzw. „communitas" geläufig (GS Kap. II: Überschrift: „De hominum communitate; KKK Teil III Sect. I Kap. II Überschrift: „Communitas humana"). Letztere hält die antireformatorische Spitze der Rede von „corpus", nämlich dessen „Sichtbarkeit", fest, zeigt aber ihrerseits erst das *interpersonalkommunikative* Wesen des geschichtlichen Phänomens unmißverständlich an.

„Corpus", „communitas" ersetzt tatsächlich „societas [juridice] perfecta" als Oberbegriff für „quislibet" Weise und Gestalt menschlichen Zusammenlebens. Als Oberbegriff für „quislibet" Gestalt des Zusammenlebens von Menschen wird nicht mehr – wie noch von Benedikt XV. der Ausdruck „societas [juridice] perfecta" verwendet, der als solcher dann auch für die Kirche gilt, sondern eben „corpus", „communitas", „societas", „communio". Unter diese Oberbegrifflichkeit fallen seit dem Vatikanum II sowohl die Kirche („ecclesialis societas" SGL Abs. 11) als auch das weltliche Gemeinwesen (GS 23; KKK 1880 f.).

Was sich in dieser Terminologie Ausdruck verschafft, ist die gerade und erst der Christusoffenbarung verdankte Einsicht in das *geschöpfliche* Wesen und in die *geschöpfliche* Bestimmung des menschlichen Lebens und Zusammenlebens in der Welt überhaupt (GS 22). Dies ist somit eine Einsicht, die sich nicht den außertheologischen Gesellschaftswissenschaften verdankt und sich nicht an den dort zu Ansehen gelangten Kategorien (etwa der Unterscheidung von „Gesellschaft und Gemeinschaft") orientiert.

Aus dieser, durch die Christusoffenbarung erschlossenen Perspektive ist für *jede mögliche Art* von geschaffener menschlicher Kommunität („Gemeinschaft", „communio") wesentlich,

---

[2] AAS IX (1917) 5–8.

– erstens, daß sie nicht erst durch Zusammentritt von individuellen Personen zustande kommt, sondern daß sie bereits ein in gemeinsamen Bedingungen wurzelnder gemeinsamer Lebenszusammenhang ist, dessen Teilnehmer nur *innerhalb* dieses Zusammenlebens und durch es bedingt Individuen mit unverwechselbarer Identität sein können und sind;

– zweitens, daß sie eine zielorientiert geregelte Ordnung des Interagierens ist; somit

– drittens, daß sie nur im Zusammenspiel von *Regelsetzung* durch eine dazu fähige und befugte Autorität und *Regelbefolgung* durch alle dieser Autorität Untergebenen existiert – unbeschadet der Tatsache, daß die Gemeinschaft (das Volk) als ganze über ihre Ziele und über das zieldienliche Zusammenspiel von Regelsetzung und -befolgung entscheidet und unbeschadet aller Variationen, die dieses Zusammenspiel annehmen kann; und last but not least,

– viertens, daß das Zusammenspiel von Regelsetzung und Regelbefolgung vor der Alternative steht, entweder auf beiden Seiten in unverkürzter und ungestörter Erkenntnis des allen Personen im Gewissen präsenten Schöpferwillens („ius divinum") zu gründen, oder nicht. Für die erstgenannte Situation – und nur für sie – ist es wesentlich, daß einerseits alle gesetzten Regeln der Autorität, also alles „ius positivum humanum", „*legitim*" ist, das heißt: nichts anderes als Entfaltung dieses „ius divinum", und andererseits die Regelbefolgung kraft ungestörter Erkenntnis dieser Legitimität spontan erfolgt, ohne Zögern und Widerstand. Andernfalls bleibt die Legitimität des „ius positivum humanum" innerhalb der Gemeinschaft umstritten, so daß auch nicht auf umfassende spontane Befolgung der Regeln des positiven Rechts gerechnet werden kann, wie sie ja nur aufgrund allseitiger Einsicht in seine Legitimität möglich wäre.

2.2.3. Diese Alternative ist der Ansatzpunkt für den möglichen und realen Unterschied zwischen weltlicher und kirchlicher Kommunität. Die Alternative als solche ist *geschaffen*, gesetzt durch den dreieinigen Gott; *negativ entschieden* ist sie durch des *Menschen* (Adams) Fall. Die *Möglichkeit der positiven Entscheidung wird wiedergewonnen allein vom Schöpfer* durch das erlösende und versöhnende Christusgeschehen, welches diese seine erlösende und versöhnende Wirkung in der postlapsarischen Welt bis ans Ende der Tage dauern läßt vermittelst der durch Christus geschaffenen und erhaltenen Gemeinschaft des (nota bene: ebenfalls postlapsarischen) Lebens im Christusglauben (also vermittelst der Kirche).

3. Autorität und Gehorsam in der „kirchlichen Kommunität" (in der durch die Christuoffenbarung [Mt 16,17b] begründeten Kommunität im Christusglauben)

3.1. Auch die ekklesiale Gemeinschaft (durch die Christusoffenbarung begründete Gemeinschaft im Glauben an Jesus als den Christus) existiert unter den universalen geschaffenen (und durch den Fall beeinträchtigten) Bedingungen des Menschseins. Somit existiert auch sie im Zusammenspiel zwischen Positionen der regelgebenden Autorität und Positionen des regelbefolgenden Gehorsams.

In dieser Hinsicht gilt für sie aber:
– Die Position der regelgebenden Autorität hat *allein* Christus inne;
– *alle* Glieder der Gemeinschaft *ohne Ausnahme* leben in der Position des Glaubensgehorsams gegenüber den von Christus gesetzten Regeln.

3.2. Grund der *alleinigen* Autorität Christi in der Glaubensgemeinschaft (Gemeinschaft im Glauben an Christus): der Schöpfergott selber. Er und niemand sonst eröffnet durch das dreifache Wirken seines inkarnierten Wortes/Sohnes als göttlicher Priester, Prophet und Herrscher innerhalb der gefallenen Welt und für diese erneut die Möglichkeit, den von Anfang an verlangten Gehorsam des geschaffenen Ebenbildes des Schöpfers gegenüber dessen Schöpfer auch zu erbringen (welcher Gehorsam anfangs – vermöge der über die geschaffene *Natur* hinaus gewährten *Gnade* – schon möglich war, aber durch anfänglichen Ungehorsam [den Fall] und den damit verbundenen Verlust der Gnade unmöglich geworden ist). Eben dies Werk – *am* Ganzen der postlapsarischen Welt, *in* ihr und *für* sie – vollbringt der Schöpfer, indem er durch die Einheit des dreigestaltigen Wirkens seines inkarnierten Sohnes als göttlicher Priester, Prophet und Herrscher in der gefallenen Welt und ihr gegenüber die Gemeinschaft derjenigen Menschen *nicht nur schafft, sondern auch erhält* bis ans Weltende, die von diesem dreigestaltigen erlösenden und versöhnenden, nämlich priesterlichen, prophetischen und herrscherlichen Wirken des Schöpfers durch seinen inkarnierten Sohn ergriffen und zum Bezeugen und Bekennen dieses erlösenden und versöhnenden Wirkens Gottes in der und an der Welt durch Christus befähigt und unbedingt verpflichtet sind (Lk 24,24; Act 1,8).

Der Schöpfer schafft und erhält sich also diese Gemeinschaft der Bekenner und Zeugen des Christusgeschehens durch das Christusgeschehen als das Instrument seines erlösenden und versöhnenden Handelns *in* der und *an* der gefallenen Welt.

Frage: *Wie* schafft und *wie* erhält er diese Gemeinschaft als Instrument seines erlösenden und versöhnenden Wirkens in und an der Welt? Antwort:

Beides eben durch die Einheit des dreigestaltigen Wirkens des inkarnierten Logos als göttlicher Priester, Prophet und Herrscher.

3.2.1. Jesus Christus, der inkarnierte Schöpferlogos, *schafft* die Gemeinschaft der Seinen (der Zeugen und Bekenner seines Wirkens) durch die *Einheit seines erlösenden und versöhnenden göttlichen Wirkens als Priester (in den seine Sendung vollendenden Geschehnissen des Pasach-Triduums), Prophet (seiner Lehre: seines durch sein Geschick als wahr bestätigten Selbst- und Gotteszeugnisses) und Regierer (Setzer der internen Struktur und Ordnung seiner Gemeinde: Er mit alleiniger Autorität inmitten seiner Gemeinde und allen ihren Gliedern gegenüber).* Er schafft sie als Gemeinschaft dadurch, daß er *in* dieser Gemeinschaft kraft und mit absoluter Autorität leibhaft gegenwärtig wirkt als göttlicher Priester, Prophet und Herrscher, und zwar *allen* ihren Gliedern *gegenüber.* Dies „Gegenüber" gilt uneingeschränkt. Es wird durch die Sammlung des engeren Kreises der „Zwölf" (KKK 858) keineswegs für diesen und seine Glieder außer Kraft gesetzt. Gerade während des mit ihnen gefeierten Abschlußmahles ist Christus *inmitten* ihres Kreises ihnen allen *gegenüber* mit seiner göttlichen Autorität wirksam.

3.2.2. Christus, der inkarnierte Schöpferlogos, *erhält* diese Gemeinschaft der Zeugen und Bekenner seines erlösenden Wirkens als göttlicher Priester, Prophet und Herrscher,

– indem er selbst sie vom Himmel her bis zum Ende der Tage als Instrument seines eigenen göttlichen Priester-, Propheten- und Herrscherwirkens gebraucht, also selbst sie selber *einbezieht* in sein eigenes göttliches Wirken als Priester, Prophet und Herrscher und *damit* selbst ihr selber auch *Anteil gibt* an seinem dreigestaltigen Wirken; und eben dies,

– indem er den Seinen durch die Sendung seines Geistes der Wahrheit (Joh 16,7) sein dreigestaltiges priesterliches, prophetisches und herrscherliches Wirken offenbart und sie eben damit als die Gemeinschaft der Zeugen und Bekenner dieses seines dreigestaltigen Heilswirkens konstituiert, *für* die und *in* der *er selber* das *Amt des Weitergebens* des durch ihn Gewirkten und ihnen durch ihn selbst zur Weitergabe Hinterlassenen einsetzt (DV 7): eben des Weitergebens a) des Gedächtnismahles seines priesterlichen Wirkens, b) der Worte seines als wahr offenbaren Selbst-, Gottes- und Schöpfungszeugnisses und c) der Struktur seiner Gemeinschaft mit ihnen als derjenigen, *in* der er ihnen allen *gegenüber* gegenwärtig ist.

Gott *schafft* nur, indem er das Geschaffene auch *erhält.* Und die notwendige Bedingung für diese *Erhaltung* der Gemeinschaft des Bezeugens und Bekennens des Christusgeschehens, durch deren Einbeziehung in sein göttliches Erlösungswirken vom Himmel her Christus (der inkarnierte Schöpferlogos) selber sein eigenes Erlösungswirken bis ans Ende der Tage perpetuiert, ist eben die *Einsetzung des Weitergabeamtes* in der und für diese Gemeinschaft.

3.2.3. Es ist die Kirche, das Volk Gottes als *Ganzes*, das mit seinem ihm als Ganzem eingestifteten Weitergabeamt *einbezogen* wird in die Selbstvergegenwärtigung des dreigestaltigen priesterlichen, prophetischen und herrscherlichen Erlösungswirkens des inkarnierten Schöpferlogos und somit auch selber an diesem dreigestaltigen Wirken Christi *beteiligt* wird. Beides wird in der römisch-katholischen Lehre nachdrücklich herausgearbeitet und durchgehend unterstrichen.

3.2.4. Aber die *Einziehung* des kirchlichen Weitergabedienstes in die Selbstvergegenwärtigung des priesterlichen, prophetischen und herrscherlichen Wirkens Christi und die dadurch begründete *Teilnahme* des kirchlichen Weitergabedienstes am priesterlichen, prophetischen und herrscherlichen Wirken Christi beseitigt keineswegs die *bleibende ontologische Differenz* zwischen dem vom Himmel her kontinuierten priesterlichen, prophetischen und herrscherlichen Wirken *Christi* (des inkarnierten *Schöpferlogos*) einer- und dem priesterlichen, prophetischen und herrscherlichen Aspekt des zum Einbezogenwerden in das göttliche Handeln Christi bestimmten kirchlichen Weitergabedienst als einem *menschlichen Handeln* andererseits.

3.2.4.1 Diese Differenz manifestiert sich u. a. darin, daß das sachlogische Verhältnis zwischen den drei Aspekten des Wirkens des Erlösers sich anders darstellt als das sachlogische Verhältnis zwischen den entsprechenden drei Aspekten des kirchlichen Weitergabedienstes (der zum Einbezogenwerden in das eigene Wirken des Erlösers bestimmt ist):

Für das – die Kirche *schaffende und erhaltende* – eigene Heilswirken des Erlösers ist der priesterliche Aspekt (das Selbstopfer) das Fundament, und zwar das Fundament gerade auch für die Eigenart des prophetischen Aspekts (nämlich für dessen Gestalt nicht als intellektuell vermittelte objektive Lehre, sondern als durch den Geist der Wahrheit kommuniziertes Selbst- und Lebenszeugnis), während die durch die Sendung des Geistes der Wahrheit etablierte geistliche Herrschaft Christi in Herz und Gewissen der Glaubenden die auf jenem Fundament aufruhende Spitze ist.

Hingegen für den – zum Einbezogenwerden in die perenne Selbstvergegenwärtigung Christi und seines dreigestaltigen Erlösungswirkens bestimmten – menschlichen Vollzug des kirchlichen Weitergabedienstes liegen die Dinge anders: Er ist die von Christus selbst befohlene und ermöglichte notwendige Bedingung für die *Erhaltung* der Glaubensgemeinschaft durch den, der sie auch geschaffen hat: durch Christus selber. Dieser Weitergabedienst nimmt am *priesterlichen* Wirken Christi durch die ursprungsgemäße Feier des Mahles teil, am *prophetischen* Wirken Christi durch die affirmative Weitergabe der „verba ipsissima" Christi im Rahmen des Mahles (also auch durch Predigt und Unterweisung) und am *herrscherlichen* Aspekt des Wirkens Christi durch Wahrung der Struktur der von Christus geschaffenen Gemeinschaft als derjenigen, *in* welcher er – der inkarnierte Schöpferlogos – leibhaft gegenwärtig ist *allen* ihren Gliedern *gegenüber*. Nun ist sachlogisch klar, daß die ursprungsgemäße Mahlfeier und in ihrem Rahmen die affirmative Weitergabe der „ipsissima vox Christi" nur möglich sind, unter der Voraussetzung, daß die von Christus selbst geschaffene *Struktur der Gemeinschaft* (als derjenigen, in welcher er selbst leibhaft präsent ist allen ihren Gliedern gegenüber) weitergegeben, also *gewahrt* wird. Somit ist dieser *regelsetzende* Aspekt des von Christus befohlenen und zur Einbeziehung in seine Selbstvergegenwärtigung bestimmten, von Menschen zu vollziehenden kirchlichen Weitergabedienstes *grundlegend* für den priesterlich und prophetischen Aspekt dieses *menschlichen* Handelns – während der, den prophetischen Aspekt einschließende, *priesterliche* Aspekt die *Spitze* dieses menschlichen Handelns ist. Nämlich die Spitze, die kraft ihres Einbezogenwerdens in die perenne Selbstvergegenwärtigung des Wirkens des Erlösers wiederum zum *fundamentalen* Aspekt der eigenen Wirksamkeit *Christi* an den Adressaten des kirchlichen Weitergabedienstes wird, deren *Ziel* ihr *herrscherlicher* Aspekt ist: die *geistliche* Herrschaft Christi in Herz und Gewissen der Glaubenden.

3.2.5. Die sich so manifestierende ontologische *Unterschiedenheit* (*nicht*: *Getrenntheit*) zwischen dem Kirche schaffenden und erhaltenden eigenen Handeln *Gottes* in und durch Christus einer- und dem von Christus als notwendige Bedingung des Erhaltenwerdens der Kirche eingesetzten (befohlenen) und zur Einbeziehung in seine Selbstvergegenwärtigung bestimmten *menschlichen* Weitergabedienst andererseits begründet die für die „kirchliche Kommunität" spezifische, nämlich schlechterdings *einzigartige Regelung (Disziplin) des Zusammenspiels von regelsetzender Autorität und regelbefolgendem Gehorsam*:

Regelgebende *Autorität* kommt ausschließlich *Christus* – und das heißt: *Gott* – selber zu, nämlich:

– dem von ihm als weiterzugebendes Hinterlassenen (das ist: a) das Mahl, b) die verba ipsissima, c) die Struktur der Gemeinde) und

– dessen Weitergabe (1 Kor 11,23; 15,3), welche von Christus zum Instrument seiner Selbstvergegenwärtigung (also zum Einbezogenwerden in seine Selbstvergegenwärtigung) bestimmt ist.

Durch die der Weitergabe („tradere") dieses Weiterzugebenden („tradendum") verheißene und deshalb auch gewiß erfolgende Selbstvergegenwärtigung ist Christus selbst perenn leibhaft in seiner Gemeinde gegenwärtig, und zwar allen ihren Gliedern gegenüber.

Die Position des *regelbefolgenden Gehorsams* auf der anderen Seite ist diejenige, in der sich die Gemeinde, das Volk Gottes als *Ganzes* befindet und *ausnahmslos alle* seine Glieder.

3.2.6. *Regelgebende Autorität* kommt also in der „kirchlichen Sozietät" allein und ausschließlich dem Vollzug des von Christus befohlenen kirch-

lichen Weitergabeamtes zu, d.h. der affirmativen Weitergabe des Weiterzugebenden (das ist: a) die Mahlfeier, b) die Worte Christi, c) die von ihm
gesetzte Struktur der Gemeinschaft[3] mit ihm). Und dies deshalb, weil dem
Weitergabedienst der Kirche, die untrügliche Verheißung gilt, daß der erhöhte Herr selbst diesen Dienst selber als *Instrument* seiner Selbstvergegenwärtigung gebrauchen, also selbst ihn selber in seine souveräne und freie
Selbstvergegenwärtigung für dessen Adressaten *einbeziehen* wird.

Damit stellt sich nun eine Frage, deren Beantwortung weitestreichende
Folgen hat: Wem genau gilt die Verheißung der „sakramentalen Identifikation" (Johannes Paul II.[4]) des Erhöhten, also die Verheißung der Autopräsenz des Erhöhten, für Adressaten des Weitergabedienstes? Darauf sind
sachlogisch zwei Antworten möglich:

– Entweder: Die Verheißung der „sakramentalen Identifikation" mit
dem Erhöhten, also der Autopräsenz Christi, gilt nichts anderem als dem
auftrags-, eben einsetzungsgemäßen (also: *kirchlichen* [gemeindlichen]) *Vollzug* der treuen, affirmativen Weitergabe des als-wahr-Weiterzugebenden
(des von Gott in Christus selbst Hinterlassenen: Mahl, „verba ipssima",
Struktur der Gemeinde).

– Oder: Die „sakramentale Identifikation" mit dem Erhöhten, seine Autopräsenz ist der jeweiligen *Person* verheißen, welche die (*kirchliche*) Weitergabe des Weiterzugebenden vollzieht. Und dies nun wiederum entweder
so, daß sie *jedem* die (kirchliche) Weitergabe vollziehenden Glied der Gemeinde verheißen ist, oder *ausschließlich bestimmten* Personen, nämlich nur
den Gliedern eines von Christus selber eingesetzten *begrenzten* Kreises von
Tradenten (nämlich dem Kreis der „Zwölf" bzw. der „Apostel" und deren
von ihnen jeweils *persönlich eingesetzten*, zu ihnen also in einen leibhaften
Sukzessionsverhältnis stehenden Nachfolgern).

Prima vista scheint zwischen diesen zwei, bzw. drei Antworten letztlich
keine Differenz zu bestehen. Denn unbestreitbar schließt auch die erste
Antwort ein, daß die Erfüllung der Verheißung von Christi „sakramentaler
Identifikation" mit dem (kirchlichen) Vollzug des Weitergabedienstes (bzw.
der Autopräsenz Christi im Vollzug des Dienstes) ipso facto auch eine Konsequenz für die den Weitergabeakt vollziehende(n) Person(en) hat. Denn
indem Christus sich im Vollzug des Weitergabedienstes mit diesem „sakramental identifiziert", will sagen: im Vollzogenwerden des Weitergabedienstes für *dessen* Adressaten (also für die Adressaten des Weitergabedienstes) autopräsent wird, ist *damit* und *infolge dessen* für die Letztgenannten
ipso facto auch die den kirchlichen Weitergabedienst vollziehende *Person*

---

[3] Er *inmitten* der Gemeinschaft allen ihren Gliedern *gegenüber*.
[4] Enzyklika „Ekklesia de Eucharistia" (EdE) vom 17. April 2003, Nr. 2 Satz 2.

als *wahrer Zeuge der Wahrheit* präsent und als mit der Autorität eines solchen bekleidet anzuerkennen und zu ehren.

Es zeigt sich also, daß in diesem Fall der Vollzug des Dienstes nicht zu *trennen* ist von der Person, die ihn vollzieht; und offenbar ebenso wenig in den an zweiter und dritter Stelle genannten Fällen. Wohl aber sind beide zu *unterscheiden*.

Genau besehen – also unter Beachtung des *Unterschieds* zwischen *Vollzug* und der ihn vollziehenden *Person* – zeigt sich dann: Die erste Antwort unterscheidet sich von der zweiten (und dritten) durch das *Vermittlungsverhältnis* zwischen dem *Status des Vollzugs* des Weitergabedienstes und dem *Status der Person*, die ihn vollzieht: In dieser ersten Sicht ist es nämlich der *Status des Vollzugs* des Weitergabedienstes, der darin besteht, als *Vollzug* mit dem Erhöhten „sakramental identifiziert" zu sein (bzw. Begegnung der Autopräsenz des Erhöhten zu sein), welcher der den Dienst *vollziehenden Person ihren Status*, nämlich wahrer Zeuge der Wahrheit zu sein, allererst *vermittelt*. Wenn und weil Christus im kirchlichen *Vollzug* des Weitergabedienstes autopräsent ist, ist er es also für den Adressaten dieses Dienstes und für die den Dienst vollziehende Person *zugleich* und *auf völlig gleiche Weise* (nämlich auch für die den Dienst vollziehende Person ist Christus nur autopräsent als für eine *Adressatin* des tradierten Tradendums). Eben dies aber ist bei der an zweiter und dritter Stelle genannten Antwort diametral anders:

Zufolge der zweiten Antwort ist es der durch die Erfüllung von Christi Verheißung der „sakramentalen Identifikation" mit dem (bzw. seiner Autopräsenz im) Weitergabedienst ausgezeichnete *Status der Person*, die den Dienst vollzieht, nämlich mit Christus „sakramental identisch", also Ort der Autopräsenz des Erhöhten zu sein, welcher *dem Vollzug* des Weitergabedienstes *seinen Status – eben den Status als wahre Weitergabe des weiterzugebenden Wahren – vermittelt*. Damit wird die Autopräsenz Christi für Adressaten des Weitergabedienstes einerseits und für die ihn vollziehende(n) Person(en) andererseits asymmetrisch: Zwar ist Christus *auch* für die den Dienst vollziehende Person autopräsent als für eine Adressatin der Weitergabe, aber *darüber hinaus* – im realen Unterschied zu allen übrigen Adressaten der Weitergabe – noch in einer *anderen* Weise, eben in der Weise der „sakramentalen Identifikation" des erhöhten Christus ausschließlich und gerade mit *ihr*, der den Weitergabedienst vollziehenden *Person*.

Damit stellt sich in jedem Fall die schwer zu beantwortende Frage, wie diese zwei unterschiedlichen Weisen der Autopräsenz Christi – nämlich diejenige Weise seiner Autopräsenz für Adressaten des Weitergabedienstes, welche den Adressaten des Dienstes und der den Dienst vollziehenden Person *gemeinsam* ist, und die (gemäß der zweiten Antwort) dafür grundlegende „sakramentale Identifikation" Christi *ausschließlich mit der den Dienst vollziehenden Person* – sich zueinander verhalten.

3.2.7. Diese Asymmetrie verschärft sich mit der dritten Antwort, die besagt: Die „sakramentale Identifikation" mit Christus, seine Autopräsenz, ist verheißen nicht nur *jeder* Person aus der Gemeinde (jedem Glied der Gemeinde), welche die (kirchliche) Weitergabe vollzieht, sondern *ausschließlich bestimmten* Personen, nämlich nur den Gliedern eines begrenzten – eben von Christus selbst eingesetzten – Kreises von Tradenten (den „Zwölf" bzw. der „Apostel") und deren Nachfolgern, die zu ihnen im von ihnen jeweils leibhaft (nämlich durch Handauflegung) vermittelten Sukzessionsverhältnis stehen.

Die Frage, welche der betrachteten drei sachlogischen Antworten die sachgemäße ist, muß auch *historisch*, also im Blick auf das biblische und altkirchliche Ursprungszeugnis der Kirche, gestellt und beantwortet werden. Tatsächlich wurde und wird sie breit diskutiert.[5] Diese Diskussionen liegen jedoch außerhalb der Grenzen des Arbeitsprogramms unserer Gruppe. In Beachtung dieser Grenzen stellen wir nur fest, daß eben diese dritte, zuletzt angesprochene, Antwort *die der heutigen offiziellen römisch-katholischen Lehre ist.* Hiervon ausgehend fragen wir nach den sachlogischen Implikationen dieser Lehrgestalt, also nach der von ihr intendierten „res" und danach, ob ihre Beschreibung der Einheit dieser „res" gerecht wird, also in sich sachlogisch kohärent ist.

3.3. Man muß also im Auge behalten: Es ist
– die römisch-katholische Antwort auf die Frage, wem die Verheißung der „sakramentalen Identifikation" (Johannes Paul II.) des Erhöhten, also der Autopräsenz des Erhöhten für Adressaten des Weitergabedienstes gelte, nämlich: nicht einfach dem (kirchlichen) *Vollzug* dieses Dienstes, sondern der ihn vollziehenden *Person*, und zwar *nicht jedem Glied der Gemeinschaft*

---

[5] Zu solchen Diskussionen vgl. u.a. Th. Schneider/G. Wenz (Hgg.), Das kirchliche Amt in apostolischer Nachfolge I. Grundlagen und Grundfragen (= Dialog der Kirchen 12), 2004; D. Sattler/G. Wenz (Hgg.), Das kirchliche Amt in apostolischer Nachfolge. II. Ursprünge und Wandlungen (= Dialog der Kirchen 13). 2006; vgl. auch: D. Sattler/G. Wenz (Hgg.), Das kirchliche Amt in apostolischer Nachfolge. III. Verständigungen und Differenzen (= Dialog der Kirchen 14), 2008. – Beachte: Es sind lediglich Gründe der in unserem Arbeitsprogramm begründeten Methode, die uns veranlassen, die Frage nach der wahren geschichtlichen Erfassung und Respektierung des geschichtlich wahren Ursprungs der Kirche und ihrer ursprungsgemäßen Ordnung hier nicht weiterzuverfolgen. Die Gruppe hält diese Frage keineswegs für irrelevant, vielmehr ist sie der Überzeugung, daß eine angemessene Beschreibung des Wesens der Kirche und ihrer Ordnung auch die geschichtlich wahre Beschreibung ihres wahren geschichtlichen Ursprungs einschließen muß. Ebenso herrscht freilich in der Gruppe die Überzeugung, daß die Glaubensgemeinschaft die geschichtliche Wahrheit über ihren geschichtlichen Ursprung nur zu gewinnen vermag im Lichte des ihr durch diesen Ursprung vermittelten kategorialen, und d.h. eben „dogmatischen", Verständnisses von geschichtlicher Wirklichkeit überhaupt als Werk des trinitarischen Wirkens ihres trinitarischen Schöpfers (s. 2 Kor 4,6).

der Christen, sondern *ausschließlich einem begrenzten, und zwar von Christus selbst bestimmten Kreis von Gliedern der Gemeinschaft,* nämlich den „Zwölfen" bzw. den „Aposteln" und deren von ihnen jeweils *persönlich eingesetzten,* somit zu ihnen in einem *leibhaften Sukzessionsverhältnis* stehenden, *Nachfolgern,*
– welche *einschließt* und *begründet,* daß auch *das Weihesakrament von Christus selber eingesetzt* ist. Und zwar eingesetzt als das Instrument *der geschichtlichen Perpetuierung* der von ihm selbst angeordneten *Begrenzung* desjenigen Kreises von Gemeindegliedern, denen bei *ihrem* Vollzug des Weitergabedienstes die „sakramentale Identifikation" ihres Status mit dem Erhöhten (dessen Autopräsenz) zuverlässig verheißen ist:

Das Weihesakrament stellt sicher, daß genau seine Empfänger und niemand sonst in Wahrheit zu demjenigen von Christus selbst eingesetzten begrenzten Kreis von Tradenten (den zwölf Aposteln und allen ihren zu ihnen in leibhaft vermittelter Sukzession stehenden Nachfolgern) gehören, denen allein und unter Ausschluß aller anderen er zuverlässig verheißt, in *ihrem* Vollzug des Weitergabedienstes mit ihnen „sakramental identifiziert", also „autopräsent" zu sein. Was wiederum heißt: *Nur* sie, aber: auch sie *alle,* sind kraft der ihnen als Empfängern des Weihesakraments geltenden zuverlässigen Verheißung der „sakramentalen Identifikation" des Erhöhten mit *ihnen* als den Vollziehern des Weitergabedienstes dazu *befähigt,* den Weitergabedienst in *derjenigen Qualität,* also *so* zu vollziehen,
– daß dadurch *innerhalb* der Gemeinschaft und allen ihren Gliedern *gegenüber* der Erhöhte mit der exklusiven Autorität seiner Wahrheit gegenwärtig ist und
– daß kraft der *auf diese Weise* vermittelten Selbstgegenwart der Autorität der Wahrheit Christi (und d. h.: des Schöpfers) innerhalb der Gemeinschaft und ihr gegenüber in den Empfängern des Weihesakramentes, die alle Glieder der Gemeinschaft zum gelebten Gehorsam ihr gegenüber verpflichtet und befreit, die Gemeinschaft, die schon allein durch diese Autopräsenz der Autorität der Wahrheit Gottes *geschaffen* ist, auch durch diese Autorität, und nur durch sie, *erhalten* wird als Instrument des Erlösungswirkens der Autorität der autopräsenten Wahrheit Christi (d. h.: des Schöpfers) am Ganzen der gefallenen Welt bis ans Ende der Tage.

3.3.1. Diese Beschreibung der römisch-katholischen Lehre ist richtig, aber noch unterbestimmt. Die Lehre ist erst dadurch sachlich präzise und scharf pointiert, daß sie auch zwischen zwei Aspekten des Empfangs des Weihesakramentes und seiner Wirkung scharfsichtig unterscheidet: zwischen der allein dadurch begründeten *Befähigung* zum wirksamen (die Autopräsenz der Autorität der Wahrheit Gottes vermittelnden) Vollzug des Weihesakramentes und dem *Recht,* also der *Befugnis,* die so erlangte Fähigkeit auch *auszuüben.*

Angesichts dieses Unterschieds – der real ist, obwohl die unterschiedenen Seiten nicht getrennt existieren – stellen sich zwei Fragen:

– Werden diese beiden Aspekte der Wirkung des Weihesakraments stets zu gleicher Zeit, also mit dem und durch den Empfang dieses Sakraments, verwirklicht oder nicht? Und:

– Wenn nicht, welche Bedeutung hat dann die Rechtmäßigkeit bzw. Unrechtmäßigkeit der *Ausübung* (also die befugte oder die unbefugte Ausübung) der durchs Sakrament verliehenen *Fähigkeit* zur wirksamen Ausübung des Weitergabedienstes für die *tatsächliche Wirksamkeit* dieser Ausübung? Ist die Ausübung des Weitergabedienstes durch eine zur wirksamen Ausübung dieses Dienstes real *fähige* Person *nur dann* tatsächlich wirksam ("gültig"), wenn sie auch *rechtmäßig* (also *befugt*) vollzogen wird, oder *auch dann*, wenn sie unrechtmäßig (unbefugt) vollzogen wird?

3.3.1.1. Auf die erste Frage gibt die römisch-katholische Lehre eine klare Antwort. Und zwar durch die – schon während des Zweiten Vatikanums ausdrücklich gegen jedes „Mißverständnis" der eigentlichen Meinung der Konzilslehre eingeschärfte – Feststellung[6] über die *ontologische Struktur* (die spezifische Weise der Existenz) des begrenzten Kreises der zwölf Apostel als des von Christus selbst eingesetzten Kollegiums derer, denen Christus das für die Erhaltung seiner Gemeinschaft in der Geschichte notwendige Weitergabeamt übertragen hat. Für die ontologische Struktur dieses Kollegiums gilt: Es existiert nur in der Weise, daß die Autorität Christi und seiner Wahrheit (also die Autorität der Wahrheit des Schöpfers) innerhalb seiner und ihm gegenüber gegenwärtig ist im von Christus selbst eingesetzten Haupt des Kollegiums nämlich Petrus, und in dessen zu ihm in leibhaft vermittelter Sukzession stehenden Nachfolgern, den Bischöfen von Rom. Dies Kollegium ist, was es ist, nur so, daß mit Petrus und seinen Nachfolgern auf dem römischen Bischofsstuhl innerhalb dieses Kollegiums, also als einer von ihnen, zugleich dessen „Haupt" enthalten ist, welches eben kraft Einsetzung in diese Position des Hauptes des Kollegiums durch Christus selber zugleich von allen anderen Gliedern des Kollegiums ontologisch unterschieden ist. Was sachlogisch einschließt: Einerseits ist der Status Petri als Haupt des Kollegiums nicht von der Art, daß erst durch ihn (und seine realen [geweihten] Nachfolger das Kollegium *geschaffen* und *erhalten* würde; vielmehr *geschaffen* ist es und *erhalten* wird es durch Christus selber; so daß jedenfalls gilt: der Status Petri und seiner Nachfolger ist einerseits nur ein Status *innerhalb* dieses Kollegiums und somit immer schon *bedingt* durch die Existenz des Kollegiums; andererseits ist aber ebenso auch der Status

---

[6] Maßgeblicher Text: Nota explicativa praevia zu den Ausführungen von Kapitel 3 der Konstitution Lumen Gentium (in: LThK² XII 350–359; ebendort der hochbedeutsame Kommentar J. RATZINGERS [damals noch in Münster lehrend]).

jedes Apostels und seiner realen (geweihten) Nachfolger als Glied dieses
von Christus eingesetzten Kollegiums der Inhaber des kirchlichen Weitergabedienstes *bedingt* durch die von Christus selbst eingesetzte Sonderstellung Petri und seiner realen (geweihten) Nachfolger als Haupt des Kollegiums, also *bedingt* durch die reale Suprematie dieses Hauptes des Kollegiums gegenüber jedem anderen seiner Mitglieder. Diese Suprematie besagt:

> „Da [...] der Papst das Haupt des Kollegiums ist, kann er allein manche Handlun-
> gen vollziehen, die den Bischöfen in keiner Weise zustehen, z.B. das Kollegium
> einberufen und leiten, die Richtlinien für das Verfahren approbieren usw. [...] Dem
> Urteil des Papstes, dem die Sorge für die ganze Herde Christi anvertraut ist, unter-
> liegt es, je nach den im Laufe der Zeit wechselnden Erfordernissen der Kirche die
> Weise festzulegen, wie diese Sorge tunlich ins Werk gesetzt wird, sei es persönlich,
> sei es kollegial. Der Bischof von Rom geht bei der Leitung, Förderung und Billi-
> gung der kollegialen Betätigung in Ausrichtung auf das Wohl der Kirche nach ei-
> genem Urteil vor" (Nota praevia zu LG, in: LThK ²1966 XII, 353).[7]

Somit fragt sich, worin diese Suprematie des Hauptes sich *real manifestiert*.
Die hierauf in dogmatischer Explizitheit erstmals gegebene Antwort des
Ersten Vatikanums, die das Zweite Vatikanum uneingeschränkt festhält,
lautet: Die Suprematie manifestiert sich im *Jurisdiktionsprimat* des römischen Bischofs (DS 3050–3075). Dieser besagt: Einzig in der Position Petri und seiner realen (geweihten) Nachfolger fallen ursprünglich und bleibend zusammen: die durch den Empfang der Weihe begründete *Fähigkeit*
zum qua verheißener Autopräsenz der Autorität Christi (d.h. der Autorität der Wahrheit des Schöpfers) wirksamen Vollzug des Weitergabeamtes
und die *Befugnis* zu solchem Vollzug. Hier und nur hier schließt die *Fähigkeit* zur Ausübung des Weitergabeamtes auch schon das *Recht zur Ausübung* dieser Fähigkeit ein, und zwar das *zeitlich und räumlich unbegrenzte
Recht* zu ihrer Ausübung. Im Falle aller anderen Bischöfe ist das Recht zur
Ausübung der Fähigkeit zum wirksamen Vollzug des Weitergabedienstes
ein beschränktes, und zwar beschränkt auf diejenigen bestimmten Grenzen, die dem Bischof jeweils durch die unbegrenzt berechtigte Ausübung
des Weitergabedienstes durch das Haupt des Kollegiums, den Bischof von
Rom, vorgegeben werden.

Damit aber zeigt sich auch eine *faktische Differenz* zwischen der Einsetzung zum Bischof von Rom und der Einsetzung in jedes andere Bischofs-

---

[7] „Quia vero Summus Pontifex est *Caput* Collegii, ipse solus quosdam actus facere potest, qui Episcopis nullo modo competunt, e. gr. Collegium convocare et dirigere,
normas actionis approbare, etc. [...] Ad iudicium Summi Pontificis, cui cura totius gregis Christi commissa est, spectat, secundum necessitates Ecclesiae decursu temporum va-
riantes, determinare modum quo haec cura actuari conveniat, sive modo personali, sive
modo collegiali. Romanus Pontifex ad collegiale exercitium ordinandum, promoven-
dum, approbandum, intuitu boni Ecclesiae, secundum propriam discretionem procedit."

amt: Mit keinem anderen Bischofsamt, sondern ausschließlich mit dem des Bischofs von Rom ist das *unbegrenzte* Recht zur Ausübung des Weitergabedienstes verbunden, das als solches (unbegrenztes) auch „primäres", genau „primatiales", Recht zur Bestimmung der Grenzen der rechtmäßigen Ausübung der durch das Weihesakrament empfangenen Fähigkeit zum wirksamen Vollzug des Weitergabedienstes in allen anderen Fällen ist. Diese faktische Differenz ist nach römisch-katholischer Lehre in der besonderen Einsetzung Petri und seiner Nachfolger zum Haupt des Kollegiums *durch Christus selber* begründet.

Ebendeshalb kann die Einsetzung ins Petrusamt auch nicht *durch das Kollegium aller Bischöfe* erfolgen (etwa durch Wahl des Hauptes durch das universale Kollegium), sondern nur durch einen Wahlakt, der in der Christusunmittelbarkeit des Petrusdienstes begründet ist: nämlich als Wahl des Petrusnachfolgers durch *das ausschließlich vom jeweiligen Petrusnachfolger selber beschickte* Wahlgremium der *Kardinäle*.

Zwar ist die durch das (von Christus eingesetzte) Weihesakrament verliehene Fähigkeit zur wirksamen Ausübung des Weitergabedienstes auch im Falle des Bischofs von Rom keine andere als die jedes anderen Empfängers dieses Sakramentes; dennoch ist seine Position von der jedes anderen Bischofs durch den nur dem Petrusnachfolger eignenden Jurisdiktionsprimat unterschieden, der nach römisch-katholischer Lehre ebenfalls durch Christus selber, also mit göttlicher Autorität, eingesetzt ist[8] und damit ipso facto auch eingesetzt als ein menschliches Handeln im Weitergabedienst, das in *einzigartiger* Weise einbezogen ist in die und Teil hat an der wirksamen Autopräsenz der Autorität der Wahrheit Christi/Gottes selber, sofern diese immer auch „Recht" verlangende und ermöglichende Autorität ist: nämlich die Autorität des im Gewissen bindenden „ius *divinum* naturale" und „positivum", das als solches auch ein „ius *humanum* positivum" verlangt, und zwar ein *legitimes* (eben dem „ius divinum [naturale und positivum]" gerecht werdendes) verlangt und sogar unter postlapsarischen Bedingungen – nämlich genau und nur: im Lichte der postlapsarischen Autopräsenz Christi und damit der Wahrheit des Schöpfers selber – auch ermöglicht.

---

[8] Weil die Position des Petrusnachfolgers eine durch eine Einsetzung Christi selber über das – ebenfalls von Christus selber – eingesetzte allgemeine Apostelamt hinaus *ausgezeichnete* ist, kann die Meinung verständlich werden, daß aus dem Entfallen der Rechte des römischen Bischofsamtes keineswegs der Rückfall auf den allgemeinen Bischofsstatus resultiert, sondern nur der Rückfall auf den besonderen Status eines auf Ausübung seines Amtes verzichtenden Bischofs von Rom, wenn denn jede besondere Einsetzung und Beauftragung Christi selber der Person dessen, dem sie gilt einen entsprechenden indeleblen Status verleiht.

Die römisch-katholische Lehre über die Einsetzung der *Struktur* des Apostelkollegiums durch Christus vollzieht also noch einmal einen solchen Schritt, wie ihn schon die Lehre über die Einsetzung des *Apostelkollegiums als Träger* des kirchlichen Weitergabeamtes vollzog: Zufolge dieser letztgenannten Lehre schränkt Christus selber die Fähigkeit zur wirksamen Ausübung des kirchlichen Weitergabeamtes (das die notwendige Bedingung für die Erhaltung der Kirche als Instrument des Erlösungswirkens Christi in und an der postlapsarischen Welt ist) ein auf einen von ihm bestimmten begrenzten Kreis von Gemeindegliedern. Und wiederum Christus selber schränkt dann zufolge der Lehre von der *Struktur* dieses engeren Kreises die *Identität* von *Fähigkeit* und *Recht* zur Ausübung des Weitergabeamtes (die ebenfalls eine notwendige Bedingung für die Erhaltung der Kirche als Instrument für Christi eigenes Wirken in und an der postlapsarischen Welt ist) *noch einmal* ein, nämlich einzig und allein auf die Position des *Hauptes* dieses Kreises: auf die Position Petri und seiner Nachfolger.

3.3.1.2. Die Antwort auf die zweite Frage fällt nicht ganz eindeutig aus.

Einerseits wird im Blick auf bestimmte Konstellationen von unrechtmäßigen Vollzügen Un*gültigkeit* im Sinne von Un*wirksamkeit* ausgesagt. Das gilt insbesondere – wie wir gesehen haben[9] – für Ausübungen des Weitergabedienstes (seines magistralen, seines liturgisch-sacerdotalen Aspekts und seines kirchenordnend-jurisdiktionalen Aspekts), die von Personen vollzogen werden, die nicht das Weihesakrament empfangen haben. In diesen Fällen handeln Personen, die nicht nur zu solchen Vollzügen nicht *berechtigt* sind, sondern zuvor auch schon *unfähig*. Unrechtmäßigkeit und Unwirksamkeit fallen bei solchen Vollzügen also zusammen, sie sind „ungültig" und „unwirksam".

Andererseits – vornehmlich im Blick auf das Handeln von Empfängern des Weihesakramentes – wird unterschiedlich geurteilt. Was zunächst deren nicht vom römischen Bischof für rechtens erklärte Spendung des Weihesakraments betrifft, so werden einige solcher Fälle als ungültig und unwirksam behandelt. So vor allem die Übertragung des Bischofsamtes in reformatorischen Kirchen, die – etwa in einigen skandinavischen und in der anglikanischen Kirche – zwar von in der apostolischen Sukzession stehenden Bischöfen vollzogen wurden und weiter vollzogen werden, aber von Anfang an ohne Berechtigung durch den römischen Bischof; hier wird *Unrechtmäßigkeit* als faktische Absenz auch von *Fähigkeit* zur Spendung des Weihesakraments behandelt (und somit insgesamt als Grund von Ungültigkeit und Unwirksamkeit).

Hingegen werden die ebenfalls nicht in den Grenzen einer durch den römischen Stuhl erteilten Berechtigung erteilten Bischofsweihen in den

---

[9] S.o. S. 63f., 373, 543.

autokephalen Ostkirchen unbeschadet dessen gleichwohl als gültig behandelt. Ja sogar Spendungen des Weihesakramentes, die von Bischöfen der lateinischen Kirche vollzogen werden im klaren Bewußtsein ihres Nichtberechtigtseins durch den römischen Bischof, sind in prominenten Fällen als gleichwohl nicht unwirksam behandelt worden.[10] In diesen Fällen, besonders den zuletzt genannten, beseitigt also Unrechtmäßigkeit nicht ipso facto auch die Fähigkeit zur wirksamen Spendung des Weihesakraments.

Obwohl diese Unterschiede sich zum Teil dadurch erklären, daß nicht jedes unrechtmäßige Handeln im geweihten Amt auch schon das Exkommuniziertsein des Täters voraussetzt und nur das letztere die Amtsvollzüge einer Amtspersonen ipso facto „ungültig" macht (CIC can 1331 § 2 Nr. 2[11]), bedarf dieser Fragenkreis dennoch weiterer theologischer Klärung.[12]

3.3.2. Der kirchliche Weitergabedienst umfaßt *ausnahmslos alle* ursprünglichen und wesentlichen Aspekte des Weitergabedienstes gleichzeitig: den *sacerdotalen* Aspekt (Feier des Gedächtnisses des Selbstopfers Christi), den *magistralen* Aspekt (affirmative Weitergabe der dicta [der Lehre] Christi) und den *legislativen* Aspekt (Wahrung der von Christus selbst gesetzten Struktur der Gemeinschaft [als einer solchen, innerhalb deren der Erhöhte allen ihren Gliedern gegenüber präsent ist] durch Erlaß der diesem „ius divinum" entsprechenden „leges sacrae disciplinae).

Wobei (wie bereits gesehen und festgehalten: o. Ziffer 3.2.4.1.) das, was die *Spitze* des dreigestaltigen Kirche-*schaffenden* Wirkens Christi selber ist – eben das in seinem priesterlichen und prophetischen Wirken begründete geistliche *Herrschen* Christi in und über seine Gemeinde durch die Autorität seiner autopräsenten Wahrheit (und d.h. durch die Autorität der autopräsenten Wahrheit Gottes) in Herz und Gewissen der Gläubigen –, nun im Zusammenhang des menschlichen Vollzugs des Weitergabedienstes, der für die *Erhaltung* der Kirche in der Geschichte notwendig und zum Einbezogenwerden in das die Kirche-erhaltende Selbstvergegenwärtigungshandeln (und somit zur instrumentellen Teilhabe an diesem Gotteshandeln) Christi bestimmt ist, zum *Fundament* wird: die Setzung und Durchsetzung der Regeln („leges") der „sacra disciplina", welche dem „ius divinum" der von Christus selber gesetzten Gemeindestruktur (CIC Buch I) entspricht.

---

[10] Prominentester Fall: Der Umgang mit Erzbischof Marcel Lefèbvre, dessen Bischofsweihen von 1988 obschon illegitim, dennoch als sakramental gültig behandelt wurden.

[11] „Wenn […] die Exkommunikation verhängt oder festgestellt worden ist […], setzt der Täter ungültige Akte der Leitungsgewalt, die gemäß § 1 n. 3 unerlaubt ausgeübt wird."

[12] Solchen Klärungsbedarf anerkennt auch die Nota explicativa praevia vom 16. September 1964.

Diese Recht *setzende* und Recht *durchsetzende* Aktivität richtet sich auf *alle* Aspekte des Weitergabehandelns, also nicht nur auf
– die Regeln („leges") für die Ausübung *des magistralen Aspekts* des Weitergabeedienstes: CIC Buch III, sondern auch auf
– die Regeln für die Ausübung *des sacerdotalen Aspekts* des Weitergabedienstes: CIC Buch IV, und schließlich auch auf
– die Regeln für die Ausübung es *jurisdiktionellen Aspekts* des Weitergabedienstes selber.

Diese letztgenannten finden sich in CIC 1983 Buch II can. 232–293 (behandelnd die Kleriker als Teil des Gottesvolkes; ihre Pflichten und Rechte) als Fundament für CIC Buch 1983 II can. 330–572 (behandelnd die hierarchische Struktur der Kirche). Die *faktische* Grundregel für die Ausübung des Leitungsaspekts des Weitergabedienstes lautet:

„Zur Übernahme von Leitungsgewalt, die es aufgrund göttlicher Einsetzung in der Kirche gibt und die auch Jurisdiktionsgewalt genannt wird, sind nach Maßgabe der Rechtsvorschriften diejenigen befähigt, die die heilige Weihe empfangen haben." (can.129 § 1)

Ihre entscheidende Näherbestimmung erfolgt durch can. 274 § 1 und besagt:

„Allein Kleriker können Ämter erhalten, zu deren Ausübung Weihegewalt oder kirchliche Leitungsgewalt erforderlich ist."

Die so präzisierte Grundnorm wird dann durch die ausführliche Beschreibung der *hierarchisch gestuften Befugnis* zu ihrer Ausübung in can. 330–572 gegeben.

Dieser Sachverhalt (daß der Vollzug des Weitergabedienstes stets dessen drei Aspekte *zugleich* umfaßt) schafft zusammen mit dem in Ziffer 3.3.1. behandelten Sachverhalt (daß es nach römisch-katholischer Lehre kraft Christi eigener Einsetzung nur die Apostel und deren kraft Empfang des Weihesakraments realen Nachfolger sind, denen Christus dies menschliche Weitergabehandeln übergeben hat als notwendige Bedingung seiner Autopräsenz innerhalb der Gemeinde und allen ihren Gliedern gegenüber und somit der geschichtlichen Erhaltung Kirche) eine Gesamtkonstellation, welche das *Weihesakrament* zum *Fundament* des Befähigtseins *und* Berechtigtseins für den zum Einbezogenwerden in das eigene Erhaltungshandeln Christi und zum Beteiligtwerden an ihm bestimmten menschlichen Vollzug des Weitergabedienstes in ausnahmslos allen seinen Aspekten macht und damit den befähigten und berechtigten Vollzug selber auf die Empfänger des Weihesakraments – und innerhalb dieses Kreises wiederum auf den Bischof von Rom – konzentriert. Was heißt:

Das Weihesakrament wird zum Metasakrament, dessen Spendung und Empfang der Grund, die notwendige und hinreichende Bedingung, für dasjenige Gespendet- und Empfangenwerden *aller* Sakramente (mit alleiniger Ausnahme des Ehesakraments[13]) ist,[14] welches von Christus selber zum Einbezogenwerden in sein Selbstvergegenwärtigungshandeln und in diesem Sinne auch zur Teilhabe an ihm bestimmt, also „gültiger" Träger der Verheißung seiner Selbstvergegenwärtigung und somit „wirksam" ist.[15]

3.3.3. Eben dies schließt mehrere faktische Konsequenzen ein.

3.3.3.1. Die erste betrifft die Sakramente der Initiation, genau: des Christwerdens und Christbleibens (Taufe, Firmung und Eucharistie [Erstkommunion]), und der Heilung (Buße, Krankensalbung):

– Weil die Gültigkeit des Gespendet- und Empfangenwerdens dieser Sakramente abhängig ist vom Status ihres Spenders als eines Empfängers des Weihesakramentes, und

– weil nach römisch-katholischer Lehre Christus das kirchliche Weitergabeamt mit seinen drei Wesensaspekten, die von ihm für das Einbezogenwerden in seine Selbstvergegenwärtigung und für ihr instrumentelles Beteiligtwerden an diesem vorgesehen und bestimmt sind, primär und uneingeschränkt dem von ihm selber bestimmten und begrenzten Kreis der Apostel und ihrer (kraft Empfang des Weihesakraments realen) Nachfolger gegeben ist,

– deshalb ist die Wirkung von Taufe, Firmung, Kommunion, Buße und Krankensalbung auch von der Wirkung des Weihesakramentes *verschieden*, nämlich dieser gegenüber genau *begrenzt*:

Zwar bewirkt schon der Empfang dieser Sakramente (der Initiation und der Heilung),

– daß ihre Empfänger in die von Christus zur Erhaltung seines dreifachen Heilswirkens in der und an der postlapsarischen Welt geschaffene Gemeinschaft seiner Bekenner und Zeugen eingegliedert werden und

– daß sie somit also auch ipso facto Anteil an dem dreigestaltigen Weitergabedienst erhalten, den Christus dieser als Instrument der Kontinuierung seines Wirkens *geschaffenen* Gemeinschaft als die Bedingung ihres ebenfalls durch ihn selber *Erhaltenwerdens* gegeben und dazu bestimmt hat, daß dieser Dienst in Christi Selbstvergegenwärtigung einbezogen werden und an dieser einen instrumentellen Anteil haben soll.

Gleichwohl ist aber dieser Anteil ein durch den apostolischen Weitergabedienst der Geweihten *bedingter* und somit auch *begrenzter*:

---

[13] Das Ehesakrament spenden die Eheleute sich gegenseitig: KKK 1623 – unbeschadet der Pflicht zur „kirchlichen" (von Priester oder Diakon assistierten) „Form" der Eheschließung: KKK 1631.

[14] Zur Taufe vgl. oben S. 115, 245.

[15] Vgl. hierzu schon E. HERMS / L. ŽAK (Hgg.), Sakrament und Wort im Grund und Gegenstand des Glaubens, 2011, 203–206; sowie DIES., (Hgg.), Taufe und Abendmahl im Grund und Gegenstand des Glaubens, 2017, 429–432.

– am *regimentlichen* Leitungsdienst können sie „mitwirken" („cooperari") (can 129 § 2), ohne jedoch selber ein Amt mit Leitungsgewalt erhalten zu können („obtinere"); womit ihre Mitwirkung auf Beratung oder Exekution von Leitungsentscheidungen begrenzt ist, deren Umfang und Art variabel und jeweils allein von geweihten Inhabern der Leitungsgewalt zu bestimmen sind;

– am *magistralen* Aspekt des Weitergabedienstes haben sie als Eltern und Lehrer Anteil, auch am Urteilen über die Lehre; jedoch nur am Urteil über die Übereinstimmung bzw. Nichtübereinstimmung einer Lehräußerung mit den Vorlagen des bischöflich/päpstlichen Lehramts und keineswegs über diese Vorlagen und deren Übereinstimmung mit den von Christus selbst gegebenen Tradenda;

– am *sacerdotalen* Aspekt des Weitergabedienstes haben sie Anteil durch Mitfeier des Mahls und Übertragung bestimmter Elemente des liturgischen Geschehens, aber unter striktem Ausschluß aller Vollzüge „in persona Christi capitis"; zu diesen können auch die Bischöfe nur solche Personen zulassen, welche die Weihe zum Priester empfangen haben und die Bedingungen des Standes der Geweihten in genere (can. 232–289) und der Priester im Besonderen (1010–1054) erfüllen.

3.3.3.2. Die zweite Konsequenz betrifft den Ort des Präsentwerdens der Autorität Christi (der Wahrheit und Gnade des Schöpfers) für die Empfänger der Sakramente der Initiation und Heilung und für die Hörer des Wortes (der Lehre):

Weil der gültige (und nur aufgrund dessen wirksame) Empfang von Sakrament und Wort vom Geweihtsein des Spenders abhängt (dadurch bedingt und begründet ist), deshalb

– begegnet den Empfängern der Sakramente und Hörern des Wortes die Autorität der Wahrheit und Gnade des Schöpfers primär bzw. direkt *in der Person des geweihten Ministers* und nur dadurch vermittelt auch im Hören des Worts und Empfangen des Sakraments, und

– nicht mehr vergegenwärtigt sich den Empfängern und Hörern von Sakrament und Wort die Autorität der Wahrheit und Gnade Gottes primär bzw. direkt in diesem ihrem Empfangen und Hören des Sakraments und des Wortes, so daß die *darin* für Empfänger und Hörer autopräsent gewordene Autorität der Wahrheit und Gnade Gottes selber ipso facto auch den Minister präsent macht *als* deren wahren Zeugen, also durch das Autopräsentwerden ihrer eigenen Autorität auch dem Minister die Autorität ihres wahren Zeugen verleiht. Vielmehr, die Autorität der Wahrheit und Gnade des Schöpfers begegnet den Empfängern und Hörern von Sakrament und Wort *primär* in der *Wahrheit des Zeugen* und *nicht primär* in der *bezeugten Wahrheit*.

Konsequenz für die durch die Autopräsenz der Autorität der Wahrheit und Gnade Gottes gestifteten Gemeinschaft des Glaubens mit Gott:

– Wenn und weil die Autorität der Wahrheit und Gnade Gottes dem Glauben *primär* als die Autorität des wahren Zeugen begegnet und *nicht primär* als die Autorität der bezeugten Wahrheit der Tradenda,

– dann und deshalb ist die *Gemeinschaft des Glaubens mit Gott vermittelt* durch die *Gemeinschaft des Glaubens mit dem wahren Zeugen* und nicht die *Gemeinschaft des Glaubens mit dem wahren Zeugen vermittelt durch die Gemeinschaft mit Gott.*

Wenn und weil die Dinge so liegen, wird es allerdings – zumindest – schwer, die Einsichten des altkirchlichen Antidonatismus durchzuhalten: Die Wahrnehmung von Schwächen an der Person des Ministers, welche die Autorität *seiner Person* mindern, tendieren dazu, zugleich die Autorität seines *Amtes* und der von ihm bezeugten *Sache* für deren Adressaten zu mindern – wie aktuelle Erfahrungen[16] exemplarisch lehren.

3.4. Obwohl also die notwendige Bedingung für die *Erhaltung* der Zeugnisgemeinschaft der dreigestaltige Weitergabedienst der Apostel und ihrer Nachfolger ist, bleibt es doch dabei, daß die Zeugnisgemeinschaft (das „Volk Gottes") als Ganzes von Christus selber *geschaffen* ist *einschließlich* des Kreises der Apostel[17] und eben keineswegs *vermittelst* dieses Kreises. Und vom gestorbenen und auferstandenen Christus selber *geschaffen* ist die Kirche, indem dieser durch die „communicatio" „seines Geistes" „seine Brüder, die er aus allen Völkern zusammenrief, in geheimnisvoller Weise gleichsam zu seinem Leib gemacht" hat und in diesem Leib „sein Leben auf die Gläubigen überströmen läßt", indem er sie durch die Sakramente der Initiation seinem Leib inkorporiert (LG 7; auch 11). *Konstitutiv* für die Existenz der Kirche als Zeugnisgemeinschaft (LG 11 und 12) ist also das *eigene Wirken Christi* durch die Sakramente der Initiation und Heilung, deren Empfang auch die notwendige Bedingung für den Empfang des Weihesakramentes bleibt.

Das aber schließt ein: Unbeschadet der Tatsache, daß die Erhaltung des Ganzen des neuen Volkes Gottes notwendig bedingt ist durch das den Aposteln und ihren Nachfolgern (den Empfängern des Weihesakramentes) von Christus selber übergebene Weitergabeamt und dessen Bedeutung für das Weitergabeamt der Kirche als ganzer,[18] ist dennoch zugleich auch umgekehrt der apostolische Weitergabedienst seinerseits bleibend *bedingt* durch das und *abhängig* von dem *Ganzen* des neuen Volkes Gottes aus Juden und

---

[16] Etwa mit der Mißbrauchsproblematik.

[17] Im von Christus selber geschaffenen Volk Gottes ist der Kreis der Apostel eingeschlossen: LG 7 c und entsprechend CIC Buch II Titel III (can. 232 ff.).

[18] LG 17: „Diesen feierlichen Auftrag Christi zur Verkündigung der Heilswahrheit hat die Kirche von den Aposteln erhalten […]."

Heiden, das nicht *durch* den Weitergabedienst *geschaffenen* ist, sondern *diesem durch Christus selbst vorgegeben*.

Diese Bedingtheit und Abhängigkeit des dreigestaltigen apostolischen Weitergabedienstes durch das ihm von Christus selbst vorgegebene Ganze des neuen Gottesvolkes ist in der römisch-katholischen Lehre als ein Faktum anerkannt.

Das spiegelt sich auch im CIC 1983:

– Dessen Zweites Buch umfaßt in seinem Ersten Teil die Rechte und Pflichten „aller Gläubigen" (can. 204–223) und dann gesondert auch „der Laien" (can. 224–231). Hier wird ausdrücklich festgehalten:

Alle Gläubige sind al solche „durch die Taufe Christus eingegliedert, zum Volk Gottes gemacht und dadurch auf ihre Weise des priesterlichen, prophetischen und königlichen Amtes Christi teilhaft geworden [...]; sie sind gemäß ihrer je eigenen Stellung zur Ausübung der Sendung berufen, die Gott der Kirche zur Erfüllung in der Welt anvertraut hat" (can. 204; [Kursivierung: E. H.]).

Was dann speziell für die Laien heißt: Sie sind

„wie alle Gläubigen zum Apostolat von Gott durch die Taufe und die Firmung bestimmt", was die „allgemeine Pflicht und das Recht" einschließt, „mitzuhelfen" im Verkündigungsdienst der Kirche, sowie „die besondere Pflicht", an je ihrem sozialen Ort „die Ordnung der zeitlichen Dinge im Geiste des Evangeliums zu gestalten und zur Vollendung zu bringen." (can. 225 §§ 1 und 2)

Gleichwohl bietet der CIC 1983 in überwältigender Mehrzahl Regeln über den Status der geweihten Amtsträger (can. 232–293), ihre Amtswaltung in der hierarchischen Struktur der Kirche (can. 330–572), also in Ausübung ihres Leitungsamtes, und dann auch im Verkündigungs- (Buch III, can. 747–833) und Heiligungsdienst (Buch IV, can. 840–1253).

– Die lehrmäßige Beschreibung und rechtliche Regelung der Teilhabe aller Glieder des Volkes Gottes am dreigestaltigen Wirken Christi und am dreigestaltigen Dienst der Weitergabe seines Werkes durch die Apostel und ihre geweihten Nachfolger erfaßt also die Teilhabe zwar in ihrer Abhängigkeit vom Wirken der Empfänger des Weihesakraments und in ihrer Beschränktheit diesem gegenüber (o. Ziffer 3.3.3.1.), nicht aber so, daß auch die gleichursprüngliche Bedingtheit der drei Wesensgestalten des apostolischen Weitergabedienstes durch das Ganze des Volkes Gottes und durch die Teilhabe aller seiner Glieder am dreifachen Amt Chrtsiti durchsichtig wird und die darin liegende unabweisbare Zumutung an den apostolischen Weitergabedienst, diese seine eigene Bedingtheit ernstzunehmen – und zwar praktisch durch eine Ergänzung der Regeln kirchlicher Disziplin, welche dieser Bedingtheit Rechnung trägt und den Laien die Teilnahme an den drei Gestalten des kirchlichen Weitergabedienstes über die heute noch bestehenden Grenzen hinaus eröffnen.

– Die durch das anerkannte Faktum, daß der dreigestaltigen Weitergabedienstes der Apostel und ihrer Nachfolger durch das ihm unhintergehbar und unübersteigbar durch Christus selbst vorgegebene Ganze des neuen Gottesvolkes bedingt und von dieser Vorgegebenheit abhängig ist, legen eine neue Beschäftigung mit dem Thema „Synodalität der Kirche" nahe.[19]

3.5. Der *Gehorsam*, der den Vorgaben des apostolischen Dienstes – grundlegend seines Leitungs-, aufgrund dessen aber auch seines Lehr- und Heiligungsamtes – zuteilwird, ist der Gehorsam des *Glaubens*, der motiviert ist durch die Selbstvergegenwärtigung der Wahrheit Christi und ihrer Autorität durch den kirchlichen Weitergabedienst. Die bleibende Abhängigkeit dieses Dienstes vom Ganzen des neuen Gottesvolkes, das durch die Sendung des Christusgeistes, der sich allen Gliedern dieses Volkes durch die Sakramente der Initiation und Heilung mitteilt, geschaffen ist, ist in dieser Eigenart des Gehorsams, der für die Vorgaben des apostolischen Dienstes zu erwarten ist, unübersehbar manifest: Denn dieser Gehorsam erfolgt ausschließlich aufgrund der sich vermittelst des kirchlichen Weitergabedienstes in souveräner Freiheit selbst sich selber für dessen Adressaten autopräsent machenden Autorität der Wahrheit und Gnade des Schöpfers in Christus, die den Glauben, die gehorsame Ganzhingabe der Person, nicht nur verlangt, sondern auch möglich, ja unwiderstehlich macht (Dh 1c). Der Gehorsam ihr gegenüber *kann nicht und darf nicht erzwungen* werden.

Das hat Folgen für die Eigenart des in der kirchlichen Gemeinschaft möglichen und notwendigen *Strafhandelns*:

3.5.1. Ein solches Strafhandeln ist unvermeidlich, weil auch die kirchliche Gemeinschaft unter postlapsarischen Bedingungen existiert, ihre Glieder durch die Sünde attackiert werden und dies immer wieder auch erfolgreich.

3.5.2. Allerdings verfolgt das Strafhandeln in der kirchlichen Gemeinschaft einen anderen Zweck als in der zivilen Gemeinschaft. Dort ist sein

---

[19] Dieses hat inzwischen auch lehramtliche Aufmerksamkeit gefunden, einsetzend mit Papst Franziskus' Apostolischer Konstitution „Episcopalis communio" vom 15. September 2018, und zur Forderung geführt, daß der „Synodalität von oben nach unten" eine „von unten nach oben" vorangehen müsse. Die von Papst Franziskus empfohlene Förderung solcher Synodalität „von unten nach oben" hält diese aber strikt in den durch die heute geltende Lehre gesetzten Grenzen der Teilhabe von Nichtgeweihten an den drei Gestalten des Weitergabedienstes gegenüber den Empfängern des Weihesakraments: „Synodalität von unten nach oben, das bedeutet die Pflicht, für die Existenz und die ordnungsgemäßen Funktionsvorgänge der Diözese, der Räte, der Pfarrgemeinden, für die Beteiligung der Laien Sorge zu tragen [...] (vgl. cann. 469–494 CIC), angefangen bei der Diözese. So ist es nicht möglich eine große Synode zu halten, ohne die Basis in Betracht zu ziehen [...] Dann erst kommt die Synodalität von oben nach unten", die es erlaubt, in spezifischer und besonderer Weise die kollegiale Dimension des bischöflichen Dienstes und des Kirche-Seins zu leben." (Papst Franziskus, Brief an die deutschen Katholiken vom 29. Juni 2019, Nr. 3).

Zweck, durch glaubwürdige Androhung von Strafen leibhaften Regelge-
horsam wenigstens aus Angst vor solchen Strafen sicherzustellen. Dieser
Zweck scheidet in der kirchlichen Gemeinschaft aus. Ihr Strafhandeln dient
lediglich dazu, die für die kirchliche Gemeinschaft immer schon als gegeben unterstellte, im Gehorsam des Glaubens gelebte „sacra disciplina" gegen Behinderungen und Störungen (CIC 1364–1399) zu schützen. Ihr
wesentliches Mittel ist somit die Suspendierung von Rechten für hartnäk-
kige Störer der kirchlichen Ordnung (CIC Buch VI can. 1311–1363). Dabei vermag keine Strafe das durch Sakramentsempfang (Taufe und Weihe) begründete „unauslöschliche Siegel" zu zerstören, also auch nicht den
Christenstand der (etwa durch „Interdikt" oder auch „Exkommunikation") Bestraften.

3.5.3. Die Durchsetzung von Strafen gegen Laien stößt an deutliche
Grenzen, gegen Kleriker ist sie jedoch sicher.

4. Das Verhältnis von Autorität und Gehorsam in der „ecclesialis societas" zu Autorität und Gehorsam in der bürgerlichen (zivilen) Gemeinschaft

Aufgrund des Zusammenseins von Kirche und Welt in der Einheit des vom
Schöpfer heilsendzielstrebig gewollten und gewirkten Weltgeschehens bestehen gesetzgebende Autorität und Gesetzesgehorsam in der kirchlichen
Gemeinschaft und in der zivilen Gemeinschaft gleichzeitig. Für das Verhältnis zwischen ihnen gilt aus römisch-katholischer Sicht:

4.1. Die *Einheit des Verhältnisses* sowie dessen *beide* Relate werden in
der durch die Christusoffenbarung erschlossenen schöpfungs-, offenba-
rungs- und heilsgeschichtlichen Perspektive auf das Weltgeschehen gesehen und begriffen. Maßgeblich auch für das christliche Verständnis der zivilen Rechtsordnung und deren Beurteilung ist nicht deren außerchrist-
liches Selbstverständnis sondern ausschließlich das christliche Verständnis
von Notwendigkeit und Bestimmung des zivilen Gemeinwesens in der
postlapsarischen Welt.

4.2. Das hat Konsequenzen für das römisch-katholische Verständnis des
Rechts der zivilen Gemeinschaft und seines Verhältnisses zum Recht der
kirchlichen Gemeinschaft.

4.2.1. Die römisch-katholische Rede von „Recht" („ius") ist *univok*:
nicht nur die Rede vom „ius ecclesiale", sondern auch die Rede vom „ius
civile" referiert auf den Inbegriff des „ius humanum positivum" mit der
Fülle seiner interaktionstypenspezifischen „leges", die „legitim" sind, sofern sie nicht dem „ius divinum naturale [bzw. positivum]" widersprechen, von dem gilt: erstens, es ist seinerseits inhaltlich in der „lex aeterna" von
Gottes eigenem Handeln begründet, welches die Welt-der-Menschen als

Welt-der-zum-Ebenbild-Gottes-geschaffenen-und-zur-ewigen-Seligkeit-bestimmten-Personen schafft und erhält, und zweitens, es ist allen Menschen eingeboren und ihnen an sich in ihrem Gewissen präsent.

Dieses Verständnis von „Recht" folgt der Systematik, die Thomas im lex-Traktat seiner Summa entworfen hat.[20] Hier wird „Recht" unter dem Gesichtspunkt seiner „Legitimität" betrachtet, und d. h. unter dem Aspekt desjenigen *Inhalts*, welcher es vom Unrecht unterscheidet (das ist: seine inhaltliche Übereinstimmung mit Wesen und Bestimmung des Menschen, die in dem durch das der „lex aeterna" folgende Handeln des Schöpfers gesetzt sind und erhalten werden).

Nicht im Blick dieser thomasischen Systematik steht der *formale* Aspekt von „Recht", welcher die *Durchsetzbarkeit* seiner Normen betrifft. Solche Durchsetzbarkeit eignet dem Recht als Inbegriff von Interaktionsregeln, die von der jeweils legitimen Obrigkeit gesetzt sind aufgrund ihrer Pflicht, ihrer Fähigkeit und ihrer Entschlossenheit, die Befolgung dieser Normen unter Rückgriff auf ihre (bei ihr zu monopolisierende) Zwangsgewalt auch durchzusetzen (nämlich einerseits durch glaubwürdige Androhung der Bestrafung von Normverletzungen, aber anderseits auch durch den tatsächlichen Einsatz von Gewalt zur Verhinderung bzw. Beendigung von Normverletzungen) und dadurch die geregelte Interaktion gegen Störungen durch normverletzende Übergriffe zu schützen. Schon Paulus verweist Röm 13,1 ff. auf diese Schutzfunktion des Rechts, die in der gewaltgestützten (genau: „schwert"gestützten) Fähigkeit und Befugnis der Obrigkeit zur Durchsetzung seiner Normen gründet.

Die Berücksichtigung dieses *formalen* Aspekts von „Recht" schließt dessen gleichzeitige *inhaltliche* Orientierung und Beurteilung an einer das Gute vom Schlechten unterscheidenden Obernorm (etwa an der Obernorm des der „lex aeterna" des Schöpfers gehorchenden „ius divinum naturale") keineswegs aus. Wenn aber ein Verständnis von „Recht" diesen formalen Aspekt seiner Durchsetzbarkeit ausklammert, wird sein Unterschied gegenüber einem „Ethos", oder einer „Sitte", als einem Inbegriff von inhaltlich am Guten orientierten informellen Verhaltensregeln unklar.

Wie steht es unter diesem Gesichtspunkt mit dem CIC von 1983? Inwieweit bietet er Regeln eines „Ethos" und inwieweit Regeln des „Rechts" mit ihrer spezifischen Funktion des (kraft *Durchsetzbarkeit* der Regeln) *effektiven* Schutzes der Ordnung der Gemeinschaft?

4.2.2. Aufgrund der postlapsarischen Situation der geschaffenen Welt-der-Menschen ist die Unterhaltung und Anerkennung auch des „ius civile" – und zwar einschließlich seiner soeben betonten Schutzfunktion – nicht nur berechtigt, sondern unabweisbar geboten.

---

[20] STh I/II q 90–96.

4.2.3. Die Differenz zwischen dem „ius ecclesiale" und dem „ius civile" besteht nach römisch-katholischer Lehre darin, daß die „Legitimität" des „ius civile" stets gefährdet und unsicher ist, nicht hingegen die des „ius ecclesiale".

4.2.4. Somit sieht sich die Kirche nicht nur berechtigt, sondern auch verpflichtet, anhand ihres Maßstabs von inhaltlich legitimem Recht (eben der in der „lex aeterna" gründenden ewigen Bestimmung des Menschen, des geschaffenen Ebenbildes des Schöpfers, als unbedingt anzuerkennender und im positiven Recht zu befolgender Erst- und Letztnorm) die jeweils erreichten Gestalten des „ius civile" zu beurteilen und die normativen Bedingungen für seine volle Legitimität zu benennen. Schon das Erste Vatikanum formuliert diesen Anspruch ausdrücklich, indem es die päpstliche „doctrina de fide *vel moribus* [Kursivierung E. H.]" für „irreformabel" erklärt, soweit sie „ex-cathedra" formuliert ist (DS 3074). Seit Leo XIII. wird dieser Anspruch umgesetzt durch Entwicklung der Soziallehre der römisch-katholischen Kirche, deren in den Dokumenten des Zweiten Vatikanums (insbesondere GS und Dh) enthaltene Gestalt neuerdings im „Kompendium der Soziallehre der Kirche" zusammengefaßt vorliegt (zur „politischen Gemeinschaft" vgl. dort Ziffer 377–427). Prominente Bedingung einer dem „ius divinum naturale" gerecht werdenden, „legitimen" zivilen Rechtsordnung ist mit dem – schon durch die spanische Scholastik des 16. Jahrhunderts benannten[21] – Grundsatz der Volkssouveränität und der unbedingt zu achtenden Würde des Menschen auch die „Freiheit der Religion".

4.2.5. Der letztgenannte Grundsatz schließt ein, daß eine legitime zivile Rechtsordnung auch die „Freiheit der Kirche und ihrer Rechtsordnung" anzuerkennen hat. Was erstens bedeutet, daß das in der Kirche geltende Recht durch niemanden gesetzt wird als durch die Kirche selber, und zweitens, daß über die Legitimität des kirchlichen Rechts auch niemand zu urteilen hat als die Kirche selber, also auch keine zivile Instanz.[22]

4.2.6. Ist es innerhalb dieses römisch-katholischen Verständnisses von „Recht" möglich, den Anspruch einer zivilen Rechtsordnung anzuerkennen, sich selber als „Schranke" von Religionsfreiheit und kirchlicher Selbstbestimmung zu behaupten (exemplarisch WRV Art. 137 Abs. 3 Satz 1: „Jede Religionsgemeinschaft ordnet und verwaltet ihre Angelegenheiten

---

[21] Vgl. hierzu: U. Matz, Vitoria (1483–1546), in: Hans Maier/Heinz Rausch/Horst Denzer (Hgg.), Klassiker des Politischen Denkens, Erster Band. Von Plato bis Hobbes, 1968, 216–228.

[22] Detailliert ist diese Position schon im Syllabus Pius IX vertreten worden: DS 2919–2955. In der scharfen Klarheit wie hier ist sie zwar später nicht wieder vorgetragen worden – aber auch nie widerrufen.

selbständig *innerhalb der Schranken des für alle geltenden Gesetzes* [Kursivierung Hg.]." [Bestandteil des GG der BRD nach dessen Art 140])?

Die Antwort dürfte davon abhängen, wie das römisch-katholische Urteil über die Legitimität (die inhaltliche Qualität) der jeweiligen zivilen Rechtsordnung ausfällt.

Dann dürfte erstens gelten: Soweit eine zivile Rechtsordnung aus römisch-katholischer Sicht legitim ist – also fundiert in der Anerkennung des „ius divinum naturale" und seiner Grundnorm der Anerkennung der Unantastbarkeit der Würde und Bestimmung des Menschen als zum Ebenbild Gottes geschaffener Person – und soweit die Rechtsordnung diese Grundnorm umsetzt, kann und muß dieser Schrankenvorbehalt anerkannt werden. Insoweit kann der Schrankenvorbehalt aber auch nicht zu einer *tatsächlichen* Einschränkung der kirchlichen Gesetzgebung führen; diese setzt ja selber die Anerkennung von Recht und Notwendigkeit einer legitimen zivilen Rechtsordnung voraus (o. Ziffer 4.2.2.). In diesem Fall wird der Schrankenvorbehalt lediglich gegenüber Religionsgemeinschaften wirksam, die das in der Würde des Menschseins als des Seins geschaffener Personen gründende Recht der Religionsfreiheit nicht – bzw. nur deutlich eingeschränkt – kennen und anerkennen. Ihnen gegenüber ist der Schrankenvorbehalt auch aus römisch-katholischer Sicht zu fordern und zu bejahen.

Und zweitens: Schranken, die eine nicht legitime (nicht auf der Unantastbarkeit der Würde und Bestimmung des Menschen als zum Ebenbild Gottes geschaffener Person und auf ihrer Achtung als „ius divinum naturale", also als Erst- und Letztnorm für alles positive Recht, gründende) zivile Rechtsordnung der kirchlichen Selbstbestimmung durch kirchliches Recht setzt, sind in einer Haltung des Widerstands zu ertragen, der auf die schließliche Überwindung der Mängel dieser Rechtsordnung zielt.

4.2.7. Das Verhältnis zwischen dem Recht der „ekklesialen Gemeinschaft" und dem Recht der „zivilen Gemeinschaft" begegnet in exemplarischer Gestalt in dem Verhältnis des CIC 1983 zum Recht des Vatikanstaats als „ziviler Gemeinschaft". Die Souveränität des Vatikanstaates als einer zivilen Gemeinschaft verbietet, daß er das Recht der zivilen Gemeinschaft des italienischen Staates automatisch als sein eigenes Recht übernimmt. Damit aber eröffnet sich sachlogisch eine Alternative: Entweder wird auch im Blick auf den Vatikan selber zwischen ziviler und kirchlicher Gemeinschaft unterschieden; dann müßten die Einsichten der römisch-katholischen Soziallehre in die vorzügliche Form des zivilen Regiments, das ist die gewaltenteilige Demokratie, auch auf den Vatikanstaat als zivile Gemeinschaft angewendet werden (oder zumindest begründet werden, warum sie im Blick auf ihn nicht anzuwenden sind). Oder es wird im Blick auf den Vatikan die Unterscheidung zwischen ekklesialer und ziviler Gemeinschaft faktisch eingezogen. Aber heißt das nicht: diese Unterscheidung wird behauptet und behandelt als eine *nicht prinzipielle, sondern als bestimmt zum ge-schichtlichen Überholtwerden durch den Zusammenfall beider, welcher mit der Ein-ziehung der Differenz im Falle des Vatikanstaates schon antizipiert wird?* Womit sich fragt: Muß „Lumen Gentium" also – über die in „Gaudium et Spes" vorgelegte Diagnose bloß der damals *heutigen,* also in der Mitte des 20. Jahr-hunderts herrschenden, Faktenlage hinaus – als Ausblick auf das innerge-schichtliche *Eschaton einer christlichen (genau römisch-katholischen) Weltgesell-schaft* verstanden werden?[23]

II. Diskussion zum evangelisch-lutherischen Kirchenrecht

Zur Methode

Die vorgelegten Studien manifestieren wiederum die Komplementari-tät und wechselseitige Abhängigkeit eines überwiegend „systematischen" und eines überwiegend „historischen" Zugangs zu Texten aus früheren geschichtlichen Lagen: Die systematische Entfaltung von „intentio" und „res" der „dicta" setzt die historische Erfassung von deren realem Entste-hungskontext voraus, und umgekehrt kann dieser nicht verstanden wer-den vorbei an einer systematischen Erfassung von „intentio" und „res" der in ihrer dialogischen Entstehungssituation aufeinander Bezug nehmenden „dicta".

1. Die Wittenberger Reformation (und ihre schweizerischen, französischen und englischen Parallelen) als Vorgang innerhalb der Westkirche (der römisch-katholischen Kirche) des späten Mittelalters

Wie bei den früheren Arbeitsschritten ist besonders beim vorliegenden Thema zu beachten: Die Sachanliegen der Wittenberger Reformation, ihre textliche Artikulation (ihre „dicta") und deren „intentio" und „res", kön-nen angemessen nur verstanden werden, wenn ernst genommen wird, daß diese Bewegung, ihr Anlaß und ihre Absichten, *innerhalb* der Westkirche (also der römisch-katholischen Kirche) und ihrer spätmittelalterlichen Ver-fassung und Lage entstanden sind – im klaren Unterschied zur heutigen Verfassung und Lage der römisch-katholischen Kirche unter den Bedin-

---

[23] Die lutherische Sicht der Differenz der zwei – eine asymmetrisch dynamische, nämlich einsinnig-zielstrebige Einheit bildenden – Regierweisen Gottes als Schöpfer und als Erlöser schließt eine solche Sicht aus.

gungen der Spätmoderne und 500 Jahre nach Beginn der konfessionellen Spaltung der lateinischen Christenheit.

Diese Differenz zwischen der damaligen und der heutigen Gesamtlage des westlichen Christentums begründet keineswegs die Irrelevanz der damaligen Sachdebatten für die Orientierung des christlichen Lebens heute. Allerdings: Nur wenn diese Differenz beachtet und ernst genommen wird, kann man diejenigen Einsichten erfassen, die unbeschadet ihrer Entstehung, Artikulation und Umsetzung in den Auseinandersetzungen der damaligen Situation gleichwohl wegen ihrer sachlichen Reichweite als Grundeinsichten in die universale, nämlich geschöpfliche, Verfassung von Welt und Leben der Menschen dauernde, also auch gegenwärtig aktuelle, Orientierungskraft besitzen – analog zu den ebenso unvermindert orientierungskräftigen Einsichten in den noch viel älteren biblischen Texten.

2. Das Verstehen selbsterfahrener geschichtlicher Lebensgegenwart im Horizont der christlichen Sicht auf das universale Wesen von Geschichte als Schöpfungs-, Offenbarungs- und Heilsgeschichte

Heute ist vielen nicht mehr bewußt, daß jedes Verstehen der Eigenart von selbsterfahrener geschichtlicher Gegenwart sich faktisch im Horizont (oder: vor dem profilierenden Hintergrund) von (auch und weithin nicht reflexiv bewußten und unbefragten) Vorannahmen über das *universale* Wesen von geschichtlicher Gegenwart *überhaupt* bewegt, in bzw. vor dem die jeweiligen besonderen Züge des aktuellen Erlebens der gegenwärtigen Lage gegenüber denjenigen von früher oder später erlebten Lagen allererst erfaßbar hervortreten. Und soweit dies dennoch auch heute noch gewußt wird, ist dem unübersehbaren Faktum standzuhalten, daß von den heute öffentlich diskutierten Auffassungen von der universalen Verfassung von geschichtlicher Gegenwart keine mehr „allgemeine", will sagen: so gut wie konkurrenzlose, öffentliche Anerkennung genießt.

Das war in der spätmittelalterlichen Gesamtlage der Westkirche anders: Ihre (also die kirchliche) Öffentlichkeit war noch in allen Regionen Europas faktisch umfangsgleich mit der Öffentlichkeit des zivilen Gemeinwesens. Und in dieser Gesamtöffentlichkeit bewegte sich – von marginalen Ausnahmen abgesehen – jedes Verstehen der Gegenwart von Welt und Kirche und somit auch des eigenen Lebens in beiden im Horizont desjenigen Verständnisses von geschichtlicher Wirklichkeit überhaupt als teleologischem Schöpfungs-, Offenbarungs- und Heilsgeschehen, welches im Wortlaut des gemeinchristlichen Glaubensbekenntnisses (des Apostolikums [des Taufbekenntnisses]) zusammengefaßt zur Sprache kam, im Gottesdienst im Kirchenjahr *kultisch* kommuniziert wurde und auf verschiede-

ne Weise und mit unterschiedlich akzentuierten Ergebnissen in den Schul-
theologien durchreflektiert war und wurde.

Das gilt auch für Luther und die Wittenberger Reformation. Was immer
sie im Blick auf die Gegenwart von Welt und Kirche gesichtet, zur Sprache gebracht, gelehrt und verfochten hat, bewegt sich im Gesamthorizont
dieser christlichen Sicht von Geschichte überhaupt als teleologischem Geschehen, genau: als aus seinem ewigen Ursprung auf sein ewiges Ziel hin-
strebendem Schöpfungs-, Offenbarungs- und Heilsgeschehen. Was immer
hier über das christliche Leben in Kirche und Welt gesagt wird, muß verstanden werden als im Horizont dieser Gesamtsicht gesagt und vertreten.
Das gilt auch für *alle hier begegnenden Aussagen über das Recht, wie es für das
Leben in Kirche und Welt wesentlich ist.* Nur in ihrem fundamentaltheologischen Horizont sind „intentio" und „res" auch dieser Aussagen angemessen zu erfassen. Alle Aussagen Luthers über die Gegenwart der Kirche und
die Ordnung ihres Lebens stehen im Horizont seines christlichen Verständnisses von Geschichte überhaupt als des von Gott gewollten und gewirkten
Geschehens von (Gericht und) Heil, das sich als die Selbstmitteilung und
Selbstoffenbarung des Schöpfers an dasjenige Geschöpf vollzieht, welches
zum Ebenbild des Schöpfers, und somit auch zur Kenntnis und Anerkenntnis des Schöpfers, geschaffen, erhalten und vom Schöpfer selber progres-
siv zu seiner Vollendungsgestalt im ewigen Leben gebildet wird.[24] Für die
„res", die Luthers Rede von „Kirche" und „Recht" intendiert, gilt somit:

2.1. Die *Kirche* existiert, weil Gott durch sie den entscheidenden Schritt
zur Erreichung des Ziels der Erschaffung der *Welt*-der-zum-Ebenbild-des-
Schöpfers-geschaffenen-Menschen tut: Dies Ziel, auf das das Weltgeschehen, Gottes Schaffen, von Anfang an aus ist, ist das ewige Leben der Menschen als geschaffenes Ebenbild des Schöpfers in vollendeter Gemeinschaft
mit seinem Schöpfer. Erreicht wird dies Ziel nur, wenn die ihm entgegen-
stehende geschöpfliche Schwäche des Menschen, seine von ihm aus eigener Kraft („ihm selbst überlassen") nicht überwindbare Gemeinschaftun-
willigkeit, wie sie postlapsarisch offenkundig ist, von Gott selber gerichtet,
d. h. überwunden wird. Das geschieht durch Gottes erlösendes Handeln
in Christus, der sich die Kirche als Instrument für die Selbstperpetuierung
seines heilsnotwendigen richtenden Erlösungswirkens geschaffen hat und
erhält. Wie das Christusgeschehen auf dem Boden des – nota bene – postlapsarischen Schöpfungsgeschehens steht, nicht aus diesem herausführt,
sondern *innerhalb* seiner die Bedingungen für die Erreichung von dessen
uranfänglichem Heilsziel schafft, so steht also auch die durch die Selbstvergegenwärtigung des Christusgeschehens erhaltene Kirche auf dem Bo-

---

[24] Dazu vgl. E. Herms, Luthers Ontologie des Werdens. Verwirklichung des Escha-
tons durchs Schöpferwort im Schöpfergeist. Trinitarischer Panentheismus, 2023.

den des postlapsarischen Lebens in der Welt, führt nicht aus ihm heraus, sondern verhilft diesem postlapsarischen Leben zur Erreichung seines uranfänglichen Ziels.

2.2. Das leibhafte Zusammenleben in der postlapsarischen Welt ist von Störungen durch gewaltsame Übergriffe (Gen 4,3–16) bedroht und bedarf des Schutzes gegen sie durch die „das Schwert" – im Singular (!) – führende Obrigkeit (Röm. 13,1–7), die ihr Gewaltmonopol zur Aufrechterhaltung einer Ordnung des Rechts und rechtlicher Regeln für das Zusammenleben einsetzt und dadurch eine gewaltfreie Lösung von Konflikten auf Seiten aller Rechtsuntertanen nicht nur ermöglicht, sondern auch mit hinreichender Zuverlässigkeit erzwingt.

2.3. Für Luther und die von ihm inspirierte reformatorische Bewegung ist also der Charakter der Ordnung des postlapsarischen Zusammenlebens in der zivilen *und* in der kirchlichen Gemeinschaft von Anfang an und durchgehend erkannt und anerkannt als Charakter einer Ordnung *durchsetzbaren Rechts*. Das ist für Luther schon in seinen frühen Texten selbstverständlich und wurde von ihm nie in Frage gestellt.[25]

2.4. Anlaß und Horizont aller *expliziten* Reflektionen Luthers auf den Rechtscharakter der Ordnung der kirchlichen und dann auch der zivilen Ordnung war sein seelsorgerliches Engagement für eine Sakramentsfeier und Evangeliumsverkündigung, die in Wahrheit dem Heil der Seelen dienen.[26] Dieses seelsorgerliche Engagement führte zunächst zu einer Fundamentalkritik einer *bestimmten* Auffassung und Praxis des Rechts in der Kirche, nämlich der damaligen *päpstlichen Praxis* (3). Und dann folgerichtig zur expliziten Besinnung auf die *von deren Schäden befreite* Praktizierung von *Recht in der Kirche für die Kirche* in der Einheit der postlapsarischen Welt (4).

3. Der seelsorgerliche Anlaß und Horizont von Luthers kritischer Beschäftigung mit dem Recht in der Kirche

3.1. Luthers persönliche Erfahrungen und theologische Reflexionen auf den heilsamen, zur befreienden Gewissenserfahrung führenden Gebrauch des Bußsakraments bis 1517/18 betrafen sachlich das *Ganze* eines Sakramentsgebrauchs und einer Evangeliumsverkündigung, die dem Seelenheil dienen. Somit ist auch Luthers öffentliche Kritik an Praxis und Theorie des Ablasses seit Herbst 1517 – veranlaßt durch die vom Auftreten des

---

[25] Nur diese Überzeugung des Gewalt*monopols* der Obrigkeit spricht sich exemplarisch aus in seinen Stellungnahmen im und zum Bauernkrieg.

[26] Die letzten Worte des CIC von 1983 klingen wie ein Echo auf dieses Engagement der Reformation: „[…] prae oculis habita salute animarum, quae in Ecclesia suprema semper lex esse debet" (can. 1752).

Ablaßhändlers Johann Tetzel (1460/65–1519) verursachte Störung der Seelsorgearbeit Luthers vor Ort – de facto die an einem pastoralpraktischen Einzelfall durchgeführte Gesamtkritik an einer nach Luthers (erfahrungsgestützter) Einsicht im Ansatz irreführenden, der Seele schadenden Darreichung und Verkündigung der Sakramente und des Evangeliums. Luthers Vorgehen in dieser Sache (Einsatz mit der Information der zuständigen Bischöfe) bewegte sich ganz selbstverständlich im Rahmen der gegebenen rechtlichen Ordnung des kirchlichen Lebens und erfolgte in der Erwartung, daß die gemeinsame Wahrheitssuche innerhalb der allseits befolgten kirchlichen Rechtsordnung auch der Autorität der Wahrheit zum Zuge verhelfen und eine öffentliche Klärung und konsensuelle Überwindung der angeschnittenen Probleme von Theorie und Praxis des Ablasses herbeiführen würde.

In dieser Erwartung fand Luther sich zunehmend enttäuscht: Zunächst durch die Reaktion der angesprochenen Bischöfe: statt Eingehen auf die in den Ablaßthesen angesprochenen Sachthemen vielmehr Weitergabe an die römische Kurie; dann durch die dortige Reaktion: Feststellung einer Abweichung von Luthers Sicht von der diskussionslos für richtig und maßgeblich gehaltenen römischen Position; weiter durch die von Cajetan (1469–1534) wiederholte Insistenz auf der formalen Autorität des Papstes als überlegen sowohl den Konzilen als auch den orthodoxen Vätern und der Schrift; sodann durch Johann Ecks (1486–1524) Reaktion auf Luthers Leipziger Nachweis, daß Päpste und Konzile irren können, mit dem Betreiben der Bannandrohung in Rom; und schließlich durch die am 15. Juli 1520 ausgefertigte und am 10. Oktober desselben Jahres in Wittenberg eingetroffenen Bannandrohungsbulle. Auf diese reagierte Luther, indem er sie am Tage des Ablaufs der in ihr festgesetzten Widerrufsfrist, am 10. Dezember 1520, samt einem Exemplar des Corpus-Iuris-Canonici dem Feuer übergab.

Aus den Schriften Luthers, die diesen Schritt vorbereiteten und dann kommentierten,[27] geht klar hervor, welchen Sinn Luther ihm beimaß: Der Papst ist „Antichrist" in dem präzisen Sinne, daß er

a) (exemplarisch in puncto Ablaß) eine Lehre vertritt, die am Zeugnis der Schrift und der orthodoxen Väter nicht ausgewiesen ist und auch nicht übereinstimmt mit der von diesen bezeugten Wahrheit des Evan-

---

[27] M. LUTHER, Adversus execrabilem Antichristi Bullam/Wider die Bulle des Endechrists (WA VI 597–612/614–629); Warum des Babsts und seyner Jungern bucher von Doct. Martin Luther vorbrannt seynn/Quare Pontificis Romani et discipulorum eius Libir a D. Martino Luthero combusti sint (WA VII 161–182); Assertio omnium articulorum M. Lutheri per Bullam Leonis X. novissimam damnatorum (WA VII 94–151)/ Grund und Ursach aller Artikel, so durch Romische Bulle unrechtlich verdammt sind (WA VII 308–457).

geliums, die, indem *sie selbst sich selber vergegenwärtigt, durch sich selber* die den Glauben ermöglichende und verlangende Gewißheit von der Wahrheit des Evangeliums, die als solche ipso facto Heilsgewißheit ist, schafft; daß er (der Papst)

b) seine Lehre nicht der am Zeugnis der Schrift und den orthodoxen Vätern orientierten methodisch disziplinierten öffentlichen Wahrheitssuche unterwirft und

c) demensprechend Luther und jedermann gegenüber auch *seine Amtsautorität* über die von Luther erkannte und diesen *im Gewissen bindende Autorität der erfahrenen und erkannten Wahrheit des Evangeliums Christi* stellt.

Antichrist ist der Papst, weil er die von ihm für die Inhaber des geweihten Amts, und zwar grundlegend den Papst selber, beanspruchte besondere geistliche Vollmacht zur direkten, ersten und letzten, Autorität für den Glauben und die Theologie, erklärt, statt auch diese der Letztautorität der Wahrheit Christi und seines Evangeliums zu unterwerfen, die durch ihre Selbstvergegenwärtigung im Innersten (dem Herzen) jedes betroffenen Menschen diejenige Gewißheit der Gnade Gottes schafft, die den zur Seligkeit führenden Glauben ermöglicht und verlangt.

3.2. Der *real-geschichtliche Rahmen, innerhalb* dessen sich dieser Konflikt aufbaute und schließlich zur Absage Luthers an den päpstlichen Anspruch auf Letztautorität in der Kirche für Glauben und Theologie führte, war die *institutionelle Triade* der wesentlichen Vollzüge des Lebens der Glaubensgemeinschaft: ihre Sakramentsfeier, ihre Verkündigungs- und Lehrtätigkeit und die Wahrung ihrer Ordnung als einer Gemeinschaft, innerhalb deren ihr sie schaffender und erhaltender Grund, Christus, selber als erste und letzte Autorität allen ihren Gliedern gegenüber präsent ist. Diesen realen institutionellen Rahmen der drei ursprünglichen und wesentlichen Lebensvollzüge der Gemeinschaft des Christusglaubens konnte weder der Anlaß des Konflikts, noch sein Verlauf noch auch sein Enden in der definitiven Absage Luthers an die römischen Letztautoritätsansprüche verlassen. All dies vollzog sich vielmehr und verblieb innerhalb des *realgeschichtlich gegebenen Institutionengefüges* – warf nun allerdings *innerhalb der geschichtlichen Realität dieses Gefüges* die Frage auf, wie sich die konstitutive Eigenart (das Wesen) der Glaubensgemeinschaft als einer solchen, innerhalb deren ihr sie schaffender und erhaltender Grund allen ihren Gliedern gegenüber als Letztautorität präsent bleibt, geschichtlich realisiert; und zwar wie sie sich in *derjenigen Weise und Gestalt* geschichtlich realisiert, welche durch den *Ursprung, das Christusgeschehen,* selber *gesetzt* und *verlangt* ist:

– ob also, wie römischerseits seit langem angenommen und mit zunehmendem Nachdruck vertreten wurde, im irdischen Stellvertreter („vicarius") Christi, nämlich in dem nach Joh 21,15 f. von Christus selbst mit letzter Leitungsgewalt ausgestatteten jeweiligen Inhaber des Petrusamtes, oder

– ob, wie Luther klar geworden war, durch Christus selber, der durch keine menschliche Instanz vertreten werden kann und vertreten wird,[28] sondern der selber sich und die Wahrheit seines Evangeliums als Letztautorität in der Gemeinschaft seiner Gläubigen allen ihren Gliedern gegenüber präsent erhält, indem er die Zeugnisgemeinschaft, die er selber sich als Instrument der Perennierung seiner erlösenden Tätigkeit geschaffen hat, auch selber als dieses Instrument der souveränen Vergegenwärtigung seiner Selbst und seiner Wahrheit vom Himmel her für die Adressaten des Zeugnisses in Brauch nimmt.

3.3. In den Auseinandersetzungen zwischen Herbst 1517 und Herbst 1521 hat Luther gegen den päpstlichen Letztautoritätsanspruch durchgehend den Letztautoritätsanspruch der Heiligen Schrift ausgespielt: gegen die päpstlicherseits als „iure divino" bestehend behauptete päpstliche Letztautorität das in der Schrift zugängliche, von Christus selbst stammende „ius divinum positivum" der von Christus selbst stammenden „tradenda" (Sakramente, Herrenwort, Struktur der Gemeinschaft) im Unterschied zu menschlichen Satzungen („ius humanum positivum"), die an den Einsetzungen Christi (dem „ius divinum positivum") ihre bindende Obernorm haben.

Hat Luther damit die Autorität der Bibel der für den Papst beanspruchten *formalen* Autorität als eine ebenfalls *formale* Autorität entgegengestellt?

So *scheint* es und ist es weithin *gesehen* worden (so in der Rede von der Bibel als „papierenem Papst"). So *ist* es jedoch „re vera" nicht. Vielmehr muß Luthers Insistieren auf der Letztautorität der Schrift im Horizont seiner schon lange vor dem Ablaßstreit gefestigten Einsicht in die *geschichtliche Wirkweise* der Schrift *innerhalb* des geschichtlichen Lebens der Glaubensgemeinschaft gesehen werden, das sich real als dreidimensionaler *Traditionsprozeß* in den drei gleichursprünglichen Dimensionen von Sakramentsfeier, Evangeliumsverkündigung und der ursprünglichen Stellung Christi *in der Gemeinschaft allen ihren Gliedern gegenüber* vollzieht und dem innerhalb seiner (also innerhalb dieses Traditionsprozesses) die schriftliche Fixierung des *Ursprungs* und *Wesens* dieses Traditionsprozesses in der Sammlung der gottesdienstlichen Leseschriften als sein „Kanon" eingestiftet ist. Innerhalb des geschichtlich realen Ganzen dieses dreidimensionalen Traditionsgeschehens ist die Schrift für Luther *sekundär*. Nämlich nichts anderes als die in antihäretischer Absicht vollzogene Fixierung des – *ursprünglich und wesentlich* – *mündlichen* Zeugnisses über das Christusgeschehen als den

---

[28] Eben dies hat zumindest im Blick auf die Eucharistie knapp 500 Jahre später Papst Johannes Paul II. ausdrücklich betont: „,Der ewige Hohepriester' ist Urheber und hauptsächliches Subjekt dieses seines eigenen Opfers, bei dem er in Wahrheit von niemandem ersetzt werden kann.": EdE 29.

Ursprung der Kirche, der sie geschaffen hat und erhält.[29] Sie ist der in der Tradition zum Selbstschutz der Tradition fixierte *Kanon der Tradition*.[30] Als solcher wirkt sie, wenn man ihre Texte unter Beachtung der hermeneutischen Differenz zwischen „dictum", „intentio" und „res" liest. Denn dann ergibt sich ein doppelter Befund: Erstens ist vermöge der „objektiven" Leistungskraft von Sprache überhaupt eine universale Verständigung möglich über die Intention ihrer Verfasser und über das Reale, auf das diese ihre Intention gerichtet ist. Zweitens aber: Eine Verständigung über die Wahrheit der Texte – also über die „res"-Angemessenheit der Intention und Artikulationswahl der Verfasser der Texte – ist allein unter der Voraussetzung möglich, daß sich die von den Verfassern intendierte „res" auch *selber* deren Adressaten als reale „res" zeigt – was stets möglich, aber nie garantiert ist, sondern dasjenige unverfügbare Ereignis bleibt, welches, wenn es eintritt, Autor und Adressaten verbindet und sie als eine *Gemeinschaft von* – man muß sagen: – *„Sachverständigen"* konstituiert und erhält. Die Texte *müssen* nicht nur, sondern *können* nun auch in demjenigen Geist verstanden werden, in welchem sie schon verfaßt sind.[31] Diese Wirkbedingungen der Texte der „Schrift" gelten schon für die Wirkbedingungen des Ursprungs der Christusgemeinschaft: für das Lebens- und Selbstzeugnis Christi sowie für Sakrament und mündliche Verkündigung als die elementaren Vollzüge seiner Tradition. Auch sie verbinden sich mit ihren Adressaten zu der durch sie geschaffenen Gemeinschaft von „Sachverständigen" nur unter der Bedingung, daß sich die durch Jesu Lebenszeugnis intendierte „res", die gegenwärtig kommende Gottesherrschaft (Lk 17, 21), und die von der Gemeinde bezeugte „Herrlichkeit Gottes auf dem Antlitz des Gekreuzigten" (2 Kor 4,6) auch ihren Adressaten zeigt. Der Ursprung, der die kirchliche Traditionsbewegung schafft und erhält, und die Tradition die den Ursprung bezeugt, unterliegen also denselben hermeneutischen Bedingungen wie die Texte, in denen die Tradition sich durch Fixierung ihres Ursprungs gegen ursprungswidrige Entwicklungen schützt. Eben deshalb vermögen

---

[29] Vgl. die Darstellung dieses Sachverhalts bei P. ALTHAUS, Die Theologie Martin Luthers, [3]1972, 71 ff.

[30] Die Formel ist nicht als gen. explicationis, sondern gen. objectivus zu nehmen. Sie besagt nicht, daß der Kanon die Tradition sei, sondern daß es einen Kanon *für* die Tradition gibt: nämlich den *innerhalb* der altkirchlichen Traditionsbewegung zur Geltung gelangten Kanon der gottesdienstlichen Leseschriften, der als solcher zugleich das schriftlich fixierte Zeugnis von Ursprung und Wesen der Gemeinschaft des Christusglaubens und damit das Kriterium, der Maßstab, der Kanon der ursprungstreuen Tradition (bzw. der Tradition des Ursprünglichen und Wesentlichen) ist. Vgl. dazu immer noch H. v. CAMPENHAUSEN, Die Entstehung der christlichen Bibel, 1968.

[31] Luthers in „De servo arbitrio" entfaltete Einsicht in die doppelte (nämlich grammatische und sachliche) Klarheit der Schrift leitet faktisch schon seine exegetische Arbeit vor dem Ablaßstreit – etwa in der Auslegung der Sieben Bußpsalmen von 1517 (WA I 154–220).

diese Texte der Heiligen Schrift zum Kanon des geschichtlichen Lebens der Kirche als des Prozesses der Tradition ihres Ursprungs, des Evangeliums Jesu Christi, zu werden, dessen sich dieser Ursprung selber zu seiner perennen Selbstvergegenwärtigung bedient.[32] Nur was sie als zum Ursprung und Gegenstand des Glaubens hinzugehörig bezeugen, kann in der nicht irregehenden Tradition als Glaubensgegenstand („articulus fidei") gelten.[33]

Für Luther ist es also das radikal asymmetrische Zusammenspiel von Äußerlichkeit (Körperlichkeit) und Innerlichkeit im Menschsein als Sein leibhafter Personen, das vom inkarnierten Schöpferwort (Christus) in Gebrauch genommen wird bei der Schaffung und Erhaltung seiner Zeugnisgemeinschaft als Instrument der Perennierung seines Erlösungswirkens und seiner kontinuierlichen Selbstvergegenwärtigung *in* der postlapsarischen Welt und *in* der Zeugnisgemeinschaft *gegenüber* allen ihren Gliedern: Durch die Sendung seines „Geistes der Wahrheit" (Joh 16,7–14) vergegenwärtigt der zur Rechten des Vaters erhöhte inkarnierte Schöpferlogos sich seinen leibhaften Adressaten in deren Innerlichkeit (ihrer „kardia": Kor 4,6) und verbindet sie, diese seine so von ihm ergriffenen Adressaten, sich damit als die leibhafte Gemeinschaft seiner Zeugen, durch deren leibhaft-sichtba-

---

[32] Luthers Grundsatz „certa et pura nobis sint omnia, clarisque scripturis firmata, quae pro articulis fidei iactamus", besagt also nicht, daß die Texte der Schrift selber Glaubensgegenstand wären, sondern nur, daß nichts als Gegenstand des Glaubens in Betracht kommen kann, was nicht von der Schrift bezeugt wird als von Gott in Christus selber gegebener Glaubensgegenstand.

[33] Luthers prinzipielle Vorordnung des mündlichen vor dem schriftlichen Wort schließt also ein, daß für ihn die Schrift nur *innerhalb und keinesfalls unter Ausschluß der Tradition* als *Kanon der Tradition*, also als Maßstab für die Unterscheidung ursprungstreuer (sein Beispiel: Kindertaufe) von ursprungsverfälschender Tradition (sein Beispiel: Ordination als Sakrament), in Betracht kommt. Das Tridentinum hat hingegen Luthers Betonung der Autorität der Bibel als Kanon der ursprungstreuen Tradition als Behauptung der Irrelevanz der Tradition überhaupt mißverstanden – unter gleichzeitiger Verkennung der Entstehung, des Wesens und der *Unverzichtbarkeit* der Heiligen Schrift als Kanon für diese Unterscheidung. Niemand anderer als Joseph Ratzinger, nachmals Papst Benedikt XVI., hat in seinem 1966 verfaßten Kommentar zur Konstitution „Dei Verbum" (LThK² XIII 498–528, 571–58; dort bes. 519b, 520a, 524 und 527, 572, 576579a [Kommentar zu DV 24]) mit Nachdruck bedauert, daß diese Unverzichtbarkeit eines in der urchristlichen Tradition selbst verankerten Kriteriums („Kanons") für die Unterscheidung von ursprungstreuer und ursprungsverfälschender Tradition, für die keine andere Instanz als eben der altkirchliche Schriftenkanon in Betracht kommen könne, nicht nur im Tridentinum verkannt, sondern auch weder im Ersten noch im Zweiten Vatikanum unmißverständlich anerkannt und herausgestellt worden sei. Womit er sich de facto für genau diejenige einzigartige Autorität des geschriebenen Wortes Gottes aussprach, die schon Luther in Anspruch genommen hatte: „Im ökumenischen Gespräch war – zusammen mit unbestreitbaren Einsichten der historischen Forschung – der positive Sinn des Sola Scriptura immer mehr aufgegangen: daß [nämlich] im Gebiet der Kriterienfrage die Schrift das einzige konkrete Gegenüber zum Lehramt darstellen kann und daß sie den einzigen eindeutigen und sicheren Ort wirklich apostolischer Tradition bedeute." (l. c. 598a Z. 63–598b Z. 6).

res Zeugnis er selbst sich wiederum dessen Adressaten „ubi et quando visum est ei" in deren Innerlichkleit präsentiert, damit auch sie zu leibhaften Zeugen machend und auch sie der Zeugnisgemeinschaft inkorporierend. Durch denselben Geist der Wahrheit, durch welchen das leibhafte Zeugnis inspiriert ist, wird es auch dessen Adressaten verständlich und von ihnen verstanden. Auf dieses Zusammenspiel der beiden irreduzibel verschiedenen Aspekte des leibhaften Personseins der Menschen hat Luther in wichtigen Texten aus der Zeit des Ablaßstreites ausdrücklich Bezug genommen. Vier aussagekräftige Beispiele:

a) In der an Leo X. gerichteten Freiheitsschrift nimmt Luther für den „inneren" Menschen das durch Christus selbst bewirkte Befreitsein von jeglicher Untertanenschaft in Anspruch, das jedoch seinerseits zugleich der Grund für das jedermann Untertan- und Dienstbarsein des „äußeren" Menschen ist. Indem Christus selber jeden Menschen innerlich frei macht, macht er ihn zugleich zum äußeren Diener von jedermann. Damit präsentiert Luther Rom den Dreh- und Angelpunkt seiner Position im Ablaßstreit: *Äußerlich* gebührt dem Christen gerade und nur darum Gehorsam gegenüber den ordentlichen Autoritäten, *weil* die *Innerlichkeit* des Menschen der Autorität Christi selber, und ausschließlich ihr gehorcht und jeder menschlichen Autorität (auch der des Papstes und aller Inhaber von Ämtern in der Christenheit) *entzogen* ist.[34]

b) Schon in dem 1519 gehaltenen, 1520 gedruckten „Sermon von dem Bann"[35] stellt Luther klar, daß der Bann als eine Maßnahme äußerer Kirchenzucht zwar die Spielräume des Gebannten innerhalb der äußeren Ordnung der Kirche einschränkt (und zwar keineswegs immer zu Unrecht, sondern unter Umständen auch zu Recht), jedoch als menschliche Maßnahme niemals die durch die Gegenwart Christi bestimmte Innerlichkeit des Menschen betrifft, welch letztere konstitutiv ist für das Heil des Menschen und für seine reale Gliedschaft an der (nota bene:) *leibhaften* Zeugnisgemeinschaft (weshalb gerade ein als ungerecht durchschauter Bann, von den Betroffenen geduldig ertragen werden kann).

c) In der Schrift „Von dem Papsttum zu Rom wider den hochberühmten Romanisten [Augustin Alfeld] zu Leipzig"[36] stellt Luther klar, daß die

---

[34] 1 Kor 9,19 („Ich bin frei in allen Dingen und hab mich eines jedermanns Knecht gemacht") und Ro 13,8 („Ihr sollt niemand [zu] etwas verpflichtet sein, denn daß ihr euch untereinander liebet") faßt Luther in der Doppelthese zusammen: „Ein Christenmensch ist ein freier Herr über alle Dinge und niemandem untertan"/„Ein Christenmensch ist ein dienstbarer Knecht aller Dinge und jedermann untertan" – was beides zusammen gilt, nämlich ersteres für den inneren Menschen, letzteres für den äußeren (WA VII 21,1–16).

[35] WA VI 285–324.

[36] In Zusammenfassung der Unterscheidung der beiden unterschiedlichen Referenzen der Rede von „Kirche" bez. „Christenheit" (der Referenz auf ihre innere und ihre

Rede von „Kirche", d.h. „Christenheit" stets auf zweierlei klar *Unterschiedenes*, wenn auch *nie Getrenntes* referiert: Auf die *leibhafte* Gemeinschaft als
auf eine Gemeinschaft im Glauben, also als eine solche, welche durch die
geistliche Selbstvergegenwärtigung des inkarnierten Schöpferwortes für die
Innerlichkeit der Adressaten seines Lebenszeugnisses (seines Evangeliums)
geschaffen ist und erhalten wird, diese (nota bene: als innerweltlich-leibhafte Personen) mit ihm und untereinander zur universalen, weltweiten (also
ebenfalls innerweltlich-leibhaften, und darum auch sichtbaren) Gemeinschaft der an ihn Glaubenden verbindend; und auf die *leibhafte* Gemeinschaft als eine solche, in der alle Glieder *äußerlich* aufeinander bezogen sind
und verstreut an verschiedenen Orten zusammenleben. Für dieses äußerliche Zusammenleben gelten die im „geistlichen [d.h. genau: „kirchlichen"]
Recht" fixierten Regeln für das Zusammenleben von Laien und Amtsinha-
bern, also auch für die dort, im „geistlichen" Recht, geregelten Kompetenzen des römischen Bischofs. Aber diese Ordnung des äußeren Zusammenlebens ist *nicht konstitutiv* für die Christenheit. Was die real-geschichtliche
(und als solche auch immer – sei es ursprungsgemäß oder -widrig – geordnete) Christenheit *schafft und erhält*, ist allein die Selbstvergegenwärtigung der Wahrheit Christi und des *äußeren* Worts seines Evangeliums vermöge der vom inkarnierten Schöpferlogos selbst eingesetzten und mit der
Verheißung seiner Heil-schaffenden Selbstvergegenwärtigung ausgestatteten Heilszeichen (Sakramente).[37] Der zur Rechten des Vaters erhöhte inkarnierte Schöpferlogos, der sich durch Sakrament und Wort selbst bis ans
Ende der Tage den leibhaften Adressaten seines leibhaften Lebenszeugnisses vergegenwärtigt, also *Christus selber*, ist das die Christenheit schaffende

---

äußere Seite) heißt es dann (l.c. 296,37–297,17): „Drumb um mehres vorstands und der
kurtz willenn wollen wir die zwo kirchen nennen mit unterscheydlichen namen. Die
erste. Die naturlich, grundtlich, wesentlich unnd warhaftig ist, wollenn wir heyssen die
geystliche, ynnerliche Christenheit, die andere, die gemacht und euszerlich ist, wollen
wir heyssen ein leypliche, euszerlich Christenheit, *nit das wir sie voneinander scheyden wollen* [kursiv: E.H.] sondern gleich als wen ich von einem menschen rede und yhn nach
der seelen ein geystlichen, nach dem leyp ein leyplichen Menschen nenne, oder wie der
Apostel pflegt ynnerlichen und euszerlichen menschen zunennen, also auch die Christlich vorsammlung [„kahal", „ekklesia"], nach der seelen eine gemeyne in einem glauben eintrechtig, wie wol nach dem leyb sie nit mag an einem ort forsamlet werdenn,
doch ein iglicher hauff an seinem ort vorsamlet wirt. Disze [letztgenannte, äußerliche
Christenheit] wirt durchs geistlich recht und prelaten in der Christenheit regirt: hyrein
gehoren alle Bepste, Cardinell, Bischoff, prelaten, priester, Monnich, Nonnen unnd alle,
die ym euszerlichen wesen fur Christen gehaltenwerden, sie sein warhafftig, grundlich
Christen odder nicht. Dan ob wol disse [äuszerliche] gemeyne nit macht einen waren
Christen [...], szo bleybet sie doch nymer on etlich, die auch [...] warhaftige Christen
sein, gleich wie der leyp macht nicht, das die seele lebt, doch lebt wol die seele ym lei-
be, und auch wol [schließlich] an [ohne] den leyp."
[37] Dazu die ebenfalls aus 1520 stammende Schrift „De captivitate Babylonica Ecclesiae praeludium" (WA VII 484–574).

und erhaltende und somit auch sie durch das von ihm hinterlassenen „ius divinum positivum", die leibhaften Zeichen von Sakrament und Wort, regierende *Haupt* der Christenheit, das als solches von keiner menschlichen Instanz vertreten werden kann und wird.[38] Die Regeln des „geistlichen Rechts" und die durch sie festgelegten Rechte und Pflichten von Amtsträgern und Laien sind nicht imstande, Herz und Gewissen zu beherrschen, sondern sind menschliche Regelungen des äußerlichen Umgangs der Gemeindeglieder mit einander, die der eigenen Herrschaft Christi durch das von diesem hinterlassene „ius divinum positivum" zu dienen haben und an dieser ihrer Aufgabe zu messen sind (vgl. 1 Kor 11,17–34).

d) Die Schrift „De captivitate Babylonica Ecclesiae praeludium"[39] führt die Unterscheidung zwischen dem vom inkarnierten Schöpferlogos hinterlassenen „ius divinum positivum" in Gestalt der von ihm selbst eingesetzten und mit der Verheißung seiner heilschaffenden Gegenwart verbundenen Sakramente (Mahl, Taufe, Amt der Schlüssel) einer- und tradierten menschlichen Institutionen andererseits (Konfirmation, Letzte Ölung, Ehe und Ordo) „in concreto" durch. Dabei hebt sie das *innerliche* Wirken der leibhaft, also *äußerlich*, begegnenden Sakramente nachdrücklich hervor. Dies jedoch so, daß dieses innerliche Wirken als solches in den Blick kommt, welches das *Ganze* des leibhaften Personseins bestimmt – also auch von sich aus alles „Äußerliche" *einschließt*. So besonders drastisch am Beispiel der Taufe: Diese bewirkt den Beginn des lebenslangen Sterbens des alten und Aufstehens des neuen Menschen, und zwar so, daß sich dadurch der reale, und d. h. nicht nur *spirituelle*, sondern auch *körperliche* („coporalis") „transitus ex hoc mundo ad patrem" vollzieht.[40]

Um die asymmetrische Dynamik des Zusammenspiels von „Innerlichem" und „Äußerlichem" angemessen zu beschreiben, müssen diese beiden Relate klar unterschieden werden. Luthers Handhabung dieser Unterscheidung in den soeben unter b) und c) angeführten Texten ist vielfach und wird bis heute immer wieder als Beleg dafür angeführt, daß in Luthers

---

[38] l. c. (vorvorige Anm.) 298, 27–36: „Weitter folget, das Christus in disser kirchen [als Glaubensgemeinschaft] mag keinen Vicarien haben, drumb ist der babs noch Bischoff nymer mehr, mag auch nit werden Christus vicarius oder stathalter in disser kirchen. Das bewert sich also: dan ein stathalter, szo ehr seinem herren gehorsam ist, wirkt, treybt und einfleusset eben das selb werck in den unterthanen, das der her selb einfleusset, wie wir das sehen im weltlichen regiment, das ein will und meynunmg ist des herren, statthalter und unterthanen. Aber der Babst mag nit Christus seines herren werck (das ist glaub, hoffnung und lieb, unnd alle gnade mit tugent) einfliessen oder machen in einem Christen menschen, wen er gleich heiliger weer dan sanct Peter."

[39] S. vorvorige Anm.

[40] WA VI 534,35–39: „Morimur, inquam, non tantum affectu et spiritualiter, quo peccatis et vanitatibus mundi renunciamus, sed revera vitam hanc corporalem incipimus relinquere et futuram vitam apprehendere, ut sit realis, quod dicant, et corporalis quoque transitus ex hoc mundo ad patrem."

Augen die vom inkarnierten Schöpferlogos durch Mitteilung seines Geistes der Wahrheit geschaffene Glaubensgemeinschaft eine „unsichtbare" sei.[41] Aber schon die Schrift gegen Alfeld hält ausdrücklich fest, daß die notwendige Unterscheidung niemals Trennung bedeutet. Und der Sermon über den Bann setzt mit dessen Realität auch die Äußerlichkeit und damit Sichtbarkeit als real für das Zusammenleben der Glaubenden als leibhafter Personen voraus. Daß diese Äußerlichkeit und Sichtbarkeit nicht nur *real*, sondern für die geschichtliche Existenz der Glaubensgemeinschaft *wesentlich* ist, geht aus den unter a) und d) genannten Texten hervor: Die Herrschaft (d.h. befreiende Letzautorität) Christi über die *Innerlichkeit* des Menschen schafft, begründet und bewirkt, ein durch sie bestimmtes und sie bezeugendes *äußeres* Verhalten (Beispiel a); denn sie umfaßt als Herrschaft des *Schöpfers* über das *Geschaffene* dieses, d.h. das *leibhafte* Zusammenleben von Menschen als *leibhafter* Personen, als *Ganzes* und nimmt es *samt* seiner Äußerlichkeit mit hinein in ihr Ziel.

Die Luthers Protest gegen Lehre und Praxis des Ablasses als Perversion des Bußsakraments (für ihn exemplarisch für eine die Seelen in die Irre führende Praxis von Sakrament und Wort überhaupt) leitende spezifische Einsicht in die asymmetrische Dynamik des Verhältnisses zwischen Äußerlichkeit und Innerlichkeit im Zusammenleben der Menschen als leibhafter Personen rückte für ihn also niemals das Faktum aus dem Blick, daß sich die Lebens- und Traditionsbewegung der Glaubensgemeinschaft auch dann, wenn sie sich strikt am biblischen Kanon-der-Tradition orientiert und insofern ursprungstreu ist, nicht anders vollziehen kann als *innerhalb einer rechtsförmigen Ordnung*; also nicht anders als unter der Voraussetzung des *menschlichen* Gesetzt- und Befolgtwerdens von Regeln für denjenigen äußeren Umgang der Glaubenden mit dem von Gott/Christus selbst gegebenen „ius divinum positivum", der diesem und damit der Selbstherrschaft Christi *über* und *in* seiner von ihm geschaffenen Gemeinschaft durch die Sakramente entspricht, welche er selber als *Instrumente* seiner Selbstherrschaft eingesetzt und mit der *Verheißung* seiner heilsamen Selbstvergegenwärtigung ausgestattet hat.

Auch für Luther waren damit durchgehend die beiden wohl zu unterscheidenden Fragen gestellt: erstens, wer in der Glaubensgemeinschaft zum

---

[41] Zur Herkunft der Annahme der „Unsichtbarkeit" der Kirche nicht aus der lutherischen, sondern aus der zwinglischen Reformation vgl. W. HÄRLE, Art.: Kirche, Dogmatisch, in: TRE XVIII (1989) 277–317. Dort auch die Klarstellung, daß Luthers Feststellung „latent sancti" („die Heiligen sind verborgen": WA XVIII 652,23) keineswegs den Unsinn behauptet, Heilige seien unsichtbar (was sie als leibhafte Personen gar nicht sein *können*), sondern lediglich, daß ihre Heiligkeit sich menschlichem, und auch kirchlichem, Zugriff und Urteil entzieht.

Erlaß von geltenden Regeln *fähig*, und dann auch, wer zur Ausübung dieser Fähigkeit *berechtigt* (*befugt*) sei.

Die erste Frage konnte von ihm aufgrund seiner Einsicht in die Selbstherrschaft Christi über die und in der von ihm geschaffenen und erhaltenen Gemeinschaft ausschließlich durch die von diesem selbst als Instrument seiner Selbstvergegenwärtigung eingesetzten Sakramente nur lauten: *alle Getauften.* Die Lehre von der Einschränkung dieser *allgemeinen* geistlichen *Fähigkeit* aller Christen auf den *engeren* Kreis der Empfänger eines zusätzlichen Sakraments, eben des Ordo, mußte zurückgewiesen werden.[42]

Womit aber keineswegs auch schon die Frage nach dem *Berechtigt und Befugtsein* zur Ausübung dieser Fähigkeit beantwortet war: Vielmehr hat Luther dies Berechtigt- und Befugtsein *einiger* zur Ausübung dessen, wozu *alle* Getauften geistlich fähig sind, schon in der Phase des Ablaßstreits und seiner Folgen darin begründet gesehen, daß es – nach dem Vorbild der alten Kirche (Cyprian) – von der Gesamtheit einigen als im Auftrag und Namen des Ganzen auszuübendes und ihm Rechenschaft schuldig bleibendes Berechtigt- und Befugtsein übertragen wird: durch eine „Ordination", deren Geregeltheit durch kirchliches, also menschliches, Recht („ius ecclesiasticum positivum humanum") dem durch Christus gesetzten Recht (dem „ius divinum positivum") dient.[43]

Cajetan hatte nach dem Zusammentreffen mit Luther den Eindruck, diesem gehe es letztlich um eine „neue Kirche".[44] So war es aber keineswegs: Luther stritt auf dem Boden des geschichtlichen Lebens- und Traditionsprozesses der einen christlichen Glaubensgemeinschaft unter den für ihn gegenwärtigen „lateinischen", westkirchlichen, Bedingungen und er stritt für eben diese *eine* geschichtlich reale Glaubensgemeinschaft, deren Eigenart es ist, daß ihr Schöpfer, der inkarnierte Schöpferlogos, auch selber *in* ihr allen ihren Gliedern *gegenüber* gegenwärtig bleibt. Er focht lediglich gegen eine Sicht dieses Gegenwärtigseins des Schöpfers und Erhalters der Glaubensgemeinschaft *in* ihr allen ihren Gliedern *gegenüber*, welche die inzwischen herrschende war und besagte, daß Christus in seiner Kirche allen ihren Gliedern gegenüber präsent ist in Gestalt seines „vicarius", des Bischofs von Rom (als Haupt des gesamten „Ordo" geweihter Amtsträger), eine Sicht, die er im Widerspruch zum Kanon der Tradition stehen sah, für die mit diesem Kanon der Tradition, dem biblischen Zeugnis vom österlichen Ursprung der kirchlichen Lebens- und Traditionsbewegung, übereinstimmende Sicht, welche besagt: Christus ist in der Glaubensgemein-

---

[42] So programmatisch in der Adelsschrift.

[43] Zum „ordo" vgl. den Abschnitt „De Ordine" in: M. LUTHER, „De captivitate Babylonica ecclesiae praeludium" (1520) (WA VI 560–567).

[44] So Cajetans Vermutung: Vgl. M BRECHT, Martin Luther. Sein Weg zur Reformation 1483–1521, 1981, 241.

schaft allen ihren Gliedern gegenüber als Letztautorität präsent, indem er die Lebens- und Traditionsbewegung der Glaubens und Zeugnisgemeinschaft, die er sich als das Instrument seiner Selbstvergegenwärtigung geschaffen und erhalten hat, auch selber als eben dieses Instrument gebraucht, durch welches er selbst in souveräner Freiheit sich selber der Innerlichkeit (der „kardia") aller ihrer Glieder gegenwärtig macht.

So ist es nicht verwunderlich, daß sich für Luther an der institutionellen Dreidimensionalität der Lebens- und Traditionsbewegung der Glaubensgemeinschaft – Sakramentsfeier (a) und Wortverkündigung (b) in der durch diese Setzungen Gottes selbst verlangten Ordnung (c) – nichts ändert. _Keine_ dieser Dimensionen gerät aus dem Blick. Es bleibt auch dabei, daß diese Lebens- und Traditionsbewegung, indem und weil sie von Christus selber als das Instrument der Vergegenwärtigung seiner Erlösungstätigkeit und ihrer drei Dimensionen, der priesterlichen, der prophetischen und der herrscherlichen,[45] in Gebrauch genommen wird, selber Anteil an diesem dreigestaltigen Erlösungswirken erhält. Nämlich: _instrumentellen_ Anteil. Womit allerdings die _Unterschiedenheit_ (nicht: _Getrenntheit_) zwischen dem menschlichen Handeln und dem Handeln Gottes, das dieses menschliche Handeln in souveräner Freiheit als sein Instrument benutzt, unmißverständlich gewahrt bleibt; und zwar einschließlich seiner eigenen ihm von Christus gebotenen Dreidimensionalität: Sakramentsfeier und Wortverkündigung in Wahrung der durch diese Setzungen Christi selbst gebotenen Ordnung. Dieser aufgrund ihres göttlichen Ursprungs und ihrer göttlichen Bestimmung dreidimensionalen Lebens- und Traditionsbewegung der Kirche, ihrer Sakramentsfeier und Wortverkündigung in Wahrung der durch diese göttlichen Einsetzungen selber gebotenen Ordnung, wird durch Christus _selber_ „ubi et quando visum est ei" Anteil an seinem sich vermittelst dieser Praxis vergegenwärtigenden priesterlichen, prophetischen und herrscherlichen Erlösungswirken verliehen – und zwar _ohne_ daß dadurch der kategoriale Unterschied zwischen Christi eigenem Erlösungswirken und der von ihm als Instrument benutzten (also auch von ihm nicht getrennten) menschlichen (kirchlichen) Praxis verunklart würde.

Diese bleibende Unterschiedenheit manifestiert sich wiederum[46] insbesondere darin, daß, während im göttlichen Erlösungswirken Christi dessen priesterlicher und prophetischer Charakter grundlegend sind, sein Ziel und seine Spitze aber das dadurch bewirkte Herrsein des Erlösers (in Herz und Gewissen der Erlösten und damit über ihr ganzes Leben) ist, hingegen in dem dadurch als Mittel seiner Selbstvergegenwärtigung verlangten und

---

[45] Schon bei Luther im Blick, wenn auch erst durch J. CALVIN explizit als dreifaches Wirken Christi beschrieben, s. DERS., Institutio Christianae Religionis, ed. 1559, Buch II Kap. 15.

[46] Vgl. o. Ziffer 3.2.4.

ermöglichten menschlichen Zeugnishandeln das „regierende", Regel-set-
zende, nämlich die Regeln der Ordnung für die angemessene Gestalt von
Sakramentsfeier und Wortverkündigung setzende, Handeln, die erste und
grundlegende Stellung einnimmt. Denn damit präsentiert sich das Verhältnis zwischen dem regierenden Aspekt des göttlichen Erlösungswirken, der
die Spitze des letztgenannten ist, und dem regierenden Aspekt des menschlichen Zeugnishandelns, der dessen Fundament ist, als ein Verhältnis ka-
tegorialer Unterschiedenheit und gleichzeitig einer unauflöslichen asymmetrischen Wechselwirkung: Während der herrscherliche, Regel-gebende,
Aspekt des *menschlichen* Zeugnishandelns in der Setzung von durchsetzba-
rem, zwangsbewehrten Recht („ius humanum positivum") *bestehen muß*,
ist für den herrscherlichen Aspekt des *göttlichen* Erlösungswirkens, für die
Herrschaft der Wahrheit in Herz und Gewissen der Erlösten, gerade jeder
Zwang *ausgeschlossen*. Obwohl die Wahrheit Christi ohne jeden Zwang in
Herz und Gewissen herrscht, verlangt sie dennoch ein durchsetzbares Recht
setzendes menschliches Handeln, d.h. die Setzung desjenigen Rechts, welches die Ursprungstreue der leibhaften Vollzugsweise von Sakramentsfeier und Wortverkündigung wahrt und vor gewaltsamen Übergriffen wirksam schützt.

Dieses Woher des Auftrags zur Setzung von Recht in der Kirche weist
aber zugleich auch dieser Recht setzenden und Recht pflegenden Praxis in
der Kirche ihr *Ziel* und damit ihre spezifische *Grenze*:

– Ihr *Ziel* ist, der Sakramentsfeier und der Wortverkündigung ihre durch
Christus selbst gegebene Ursprungsgestalt zu wahren, welcher verheißen
ist, durch ihn selbst zum Instrument des priesterlichen und prophetischen
und schließlich in Herz und Gewissen herrschenden Wirkens Christi zu
werden;

– ihre *Grenze* ist: Beschränkung auf diesen Regelungsgegenstand und ihr
Verzicht auf den Anspruch, selber mit der in Herz und Gewissen heilsam
herrschenden Wahrheit des Evangeliums gleichgeachtet zu werden.

Diese zuletzt genannte Kautele führt dann freilich zu der Frage: Verhält sich der Glaube als Vertrauen auf die in Herz und Gewissen präsente
und herrschende Wahrheit Christi und seines Evangeliums *indifferent* zur
Ordnung der kirchlichen Zeugnispraxis und ihrem unvermeidlich recht-
lichem Charakter?

Das kann schon deshalb nicht der Fall sein, weil sich ja die Wahrheit
Christi und seines Evangeliums nur dadurch selber zur Herrschaft in Herz
und Gewissen gebracht hat und bringt, daß sie die ursprungstreu geordnete
Zeugnispraxis der Kirche, *einschließlich ihres Rechtscharakters*, selber als Instrument ihrer Selbstvergegenwärtigung in Gebrauch genommen hat. Damit
aber verleiht die Letztautorität der Wahrheit Christi und seines Evangeliums von sich aus und durch sich selber ipso facto auch der menschli-

chen Zeugnisgemeinschaft und deren rechtlich geordneter Zeugnispraxis (Sakramentsfeier und Wortverkündigung) die *abgeleitete, aber reale, Autorität der wahrhaftigen Zeugin* der Wahrheit Christi und seines Evangeliums.

Offenkundig ist diese Autorität der Zeugnisgemeinschaft und ihrer rechtlich ursprungstreu geordneten Zeugnispraxis eine gegenüber der Autorität der sich durch Selbstvergegenwärtigung in Herz und Gewissen zur Herrschaft bringenden Wahrheit Christi und seines Evangeliums *sekundäre*, von dieser *abgeleitet* und somit ursprünglich und bleibend von jener *primären* und ursprünglichen Autorität *unterschieden*; freilich ohne deshalb als abgeleitete Autorität ihre spezifische, eben abgeleitete, *Autorität* für den Glauben überhaupt zu verlieren. Weil die sich durch die rechtlich ursprungsgetreu geordnete Zeugnispraxis der Kirche selbst vergegenwärtigende Wahrheit Christi und seines Evangeliums selber der von ihr als ihr Instrument gebrauchten rechtlich ursprungsgetreu geordneten Zeugnispraxis der Kirche die Autorität ihrer wahrhaften Zeugin verleiht, macht sie nicht etwa sich selber unter Absehen von dieser ihrer wahrhaften Zeugin, sondern nur *unter ausdrücklicher Miteinbeziehung dieser ihrer wahrhaften – und zwar sichtbaren und als solche auch rechtlich geordneten – Zeugin zum Grund und Gegenstand des Glaubens. In diesem Sinne* stehen also auch für die lutherische Lehre – wie der Titel dieses unseres Berichtbandes es festhält – *ebenso wie das ordinierte Amt auch das kirchliche Recht innerhalb von Grund und Gegenstand des Glaubens*. Die in Herz und Gewissen herrschende Autorität der Wahrheit Christi und seines Evangeliums verleiht ipso facto auch der *rechtlich ursprungstreu geordneten* Zeugnispraxis der Kirche ihre spezifische Autorität für den Glauben: ihre Autorität als – durch die in Herz und Gewissen präsente Wahrheit Christi und seines Evangeliums bewahrheitete – wahrhaftige Zeugin der Wahrheit Christi und seines Evangeliums.

Damit aber wird der *Unterschied* zwischen der *primären* Autorität der Wahrheit Christi und seines Evangeliums und der dadurch begründeten *sekundären* Autorität der Kirche als wahrhafter Zeugin Christi und seiner Wahrheit *nicht etwa beseitigt*, sondern als ein ursprünglicher und *dauernder konstituiert*. Deshalb kann dann aber auch der Glaube sich *nicht in derselben Weise* auf die Autorität der ihm in Herz und Gewissen präsenten Wahrheit Christi *und* auf die ihm erst dadurch vermittelte Autorität der Kirche als wahrhafter Zeugin Christi beziehen: Im ersten Fall bezieht er sich auf die unfehlbare Wahrheit *Gottes* selber, im anderen Fall auf ein *menschliches* Handeln, das zwar als Mittel der Selbstvergegenwärtigung der Wahrheit Gottes ausgezeichnet ist, dadurch jedoch keineswegs seines *menschlichen* und nicht göttlichen, also auch fehlbaren und nicht unfehlbaren, Charakters enthoben ist. Deswegen fällt letztgenannte auch für Luther zwar keineswegs aus dem Grund und Gegenstand des *Glaubens* heraus, sie bleibt wesentlicher Teil dessen, was er als Gotteswerk an der Welt bekennt (im dritten Glaubensartikel); aber der Glaube bezieht sich auf sie in anderer Weise als auf die autopräsente Wahrheit Gottes selber: *dieser* gibt sich der Glaube als dem Grund seines ewigen Seligkeit *restlos* hin, nicht hingegen der Kirche; gleichwohl kann der *Glaube* nicht anders als sie, die Kirche zu „*lieben*": „sie ist mir lieb, die werte Magd".[47] „Liebe" ist für Luther die im Glauben als restlosem Vertrauen auf den Schöpfer begründete Grundeinstellung des Glaubens zum Geschaffenen – und zwar als *solchem*: eben *Geschaffenem (nicht Göttlichem, nicht Absolutem)*. Die im Glauben gründende *Liebe* zum Geschaffenen vergöttlicht dieses nicht, sondern liebt es *in* seiner Nichtgöttlichkeit, nämlich in seiner als geschöpfliche Schwäche und Hinfälligkeit manifesten radikalen Abhängigkeit vom Wollen und Wirken des Schöpfers, *seiner* „Gnade und Wahrheit". So verhält sich auch der Glaube zur rechtlich ursprungsgetreu geordneten Zeugnispraxis der Kirche als wesentlichem Moment innerhalb dessen, was ihm mit der autopräsenten Wahrheit Christi als sein Grund und Gegenstand gegeben ist: er *liebt* sie – in ihrer Menschlichkeit, Schwäche, Angefochtenheit und Fehlbarkeit, aber auch in ihrem samt alldem Ge- und Erhaltensein durch ihren Schöpfer. Und dies aufgrund und umwillen der sich vermittelst ihrer autopräsent gemacht habenden und weiterhin machenden Wahrheit Gottes in Christus. Daß er sie liebt, schließt ein, daß er nicht anders kann als sich für sie auch zu *engagieren*. Dafür grundlegend ist das Engagement für eine dem kanonischen Ursprungszeugnis entsprechende rechtliche Ordnung des kirchlichen Zeugnishandelns: der Sakramentsfeier und der Wortverkündigung, und für die Sicherung ihres materiellen Unterhalts.

4. Der Aufbau eines ursprungsgemäßen und heilsdienlichen (der cura animarum verpflichteten) rechtlichen Ordnung des kirchlichen Lebens

4.1. Die Erledigung der „causa Lutheri" im Sinne Roms scheiterte daran, daß ein erheblicher Teil der weltlichen Obrigkeiten, Magistrate und Fürsten, im Reich, in der Eidgenossenschaft und in weiten Teilen Nordwest- und Nordeuropas (aus nicht einheitlichen aber doch ähnlichen religions- und souveränitätspolitischen Motiven) sich erfolgreich weigerte, den römischen Bann Luthers und der Seinen sowie die dem Bann 1521 folgende Acht zu exekutieren, also daran, daß diese Obrigkeiten als „brachium saeculare" der Kirche ausfielen. Die unterschiedlichen Politiken dieser Obrigkeiten führten in deren jeweiligen Herrschaftsbereichen zu unterschiedlichen Verläufen der Reformation, deren Folgen bis heute in un-

---

[47] M. LUTHER, Ein Lied von der Heiligen Christlichen Kirchen, aus dem XII capitel Apocalypsis (1524): WA XXXV 462 f.

terschiedlichen Ordnungsgestalten der von Rom unabhängigen Kirchen „des Westens" (also einschließlich insbesondere Nordamerikas, aber auch des angelsächsisch geprägten Australiens und Neuseelands) manifest sind. Die Diskussion der Forschungsgruppe konzentrierte sich auf die zentraleuropäischen, genau: deutschen, Verhältnisse.

Schon in der ersten Hälfte der zwanziger Jahre des 16. Jhdts. und definitiv nach dem Abschied des Ersten Speyrer Reichstags von 1526[48] wurde die Aufgabe unabweisbar, die real geschichtlich gegebene institutionelle Ordnung der dreidimensionalen Lebens- und Traditionsbewegung der Kirche in eine Gestalt zu überführen, die dem kanonischen Zeugnis von der Letztautorität Christi selber und seiner Gegenwart in seiner Gemeinde allen ihren Gliedern gegenüber entspricht. Dieselben Einsichten und Erfahrungen, die Luther zur Bestreitung des Ablasses, dann zur Verneinung des für den Papst als „vicarius" Christi erhobenen Anspruchs auf Letztautorität in der Kirche und schließlich zur Absage an das *päpstliche* Recht in der Kirche geführt hatten, sind nun auch der leitende Horizont für die Umsetzung dieses Transformationsprozesses, der ipso facto auch ein Prozeß der Etablierung von kirchlichem *Recht* (Recht *in der Kirche* und *für die Kirche*) werden mußte.

4.2. Sofort zeigte sich: Um in der Gemeinschaft der Getauften zu einer kanonsgemäßen Sakramentsfeier und Evangeliumsverkündigung zu gelangen, mußte auf die *Grundfrage* nach der kanonsgemäßen Ausübung der *Leitungsgewalt* in der Kirche[49] eine Antwort gefunden werden, *die in der gegebenen Lage praktikabel war.* Luther hatte es zunächst für möglich und auch wünschenswert gehalten, daß die nach bisherigem kirchlichem Recht zur Ausübung der Leitungsgewalt berechtigten Instanzen: Bischöfe, ja, auch der Papst, die erforderlichen Maßnahmen zur Einführung von kanonsgemäßer Sakramentspraxis und Evangeliumsverkündigung, und das hieß vor allem: die Bestallung von zu einer solchen Sakramentspraxis und Evangeliumsverkündigung fähigen und auf sie verpflichteten „Ministern", ergreifen und durchführen würden; und zwar auf dem Boden und unter Anerkennung der kanonsgemäßen Basis solcher Berechtigung, also

– nicht auf der Basis des Weihesakramentes, welches allererst die geistliche *Fähigkeit* zur Ausübung von Leitungsaufgaben zu schaffen und insofern ipso facto die geistliche Kraft der Taufe einzuschränken und zu überbieten beansprucht,

---

[48] Erlaubnis von Reforminitiativen durch die Reichsstände, soweit diese sich solche Reformen später vor Kaiser und Reich zu verantworten getrauten (vgl. FRANZ LAU/ ERNST BIZER, Reformationsgeschichte Deutschlands, 1964, 60).

[49] Zur Fundamentalstellung von Leitung in der Trias der Institutionen der kirchlichen Lebens- und Traditionsbewegung vgl. o. Ziffer 3.2.4.

– sondern auf der Basis des ihnen *von der Gesamtkirche übertragenen Leitungsauftrags,* für dessen Erfüllung die beauftragten „minister" auch der Gesamtkirche Rechenschaft schuldig bleiben.

Die Grundsätze einer solchen *Selbstregierung des ganzen Volkes Gottes durch förmliche Übertragung von Leitungsrechten und deren Ausübung aufgrund solcher Übertragung* hatte Luther aus gegebenem Anlaß schon im Sommer 1523 in den beiden Schriften „Daß eine christliche Versammlung oder Gemeine Recht und Macht habe, alle Lehre zu urteilen und Lehrer zu berufen, ein und abzusetzen, Grund und Ursach aus der Schrift"[50] und „De instituendis ministris ecclesiae, ad clarissimum senatum Pragensem Bohemiae"[51] formuliert. Diese Grundsätze mußten zur Anwendung kommen, sobald sich zeigte, daß weder Papst noch Bischöfe zu einer solchen kanonsgemäßen, die gleichmäßige geistliche Befähigung aller Getauften anerkennenden und daher nicht mehr an die einschränkende Bedingung der sakramentalen Weihe bindenden Ausübung des Leitungsamtes bereit waren.

Eine nicht auf einzelne Orte beschränkte Durchführung dieses Programms hätte ein jeweils landesweites *synodales (konziliares) Vorgehen* verlangt. Dieses war in der gegebenen Lage praktisch unmöglich. Gleichwohl war für eine kanonsgemäße Ordnung der Grundsatz eines die gleichmäßige geistliche *Befähigung* aller Getauften respektierenden, also *weiheunabhängigen Berechtigtwerdens und -seins* zur Ausübung der Leitungsaufgaben zu wahren. Als diese vom Kanon verlangte Alternative zum Leitungsmonopol für Geweihte kam somit unter den gegebenen geschichtlichen Umständen nur der – an frühere Präzedenzfälle angelehnte[52] – Rückgriff auf diejenigen getauften Glieder des Gottesvolkes in Betracht, für welche aufgrund ihrer sozialen Stellung eine solche leitende, Regel-gebende, Tätigkeit überhaupt möglich und naheliegend war: schon 1520 der Adel, 1523 die Magistrate, 1527 dann die Magistrate und Landesfürsten – und zwar, wie Luther in der Vorrede zum „Unterricht der Visitatoren" von 1527 festhielt,[53] gerade *nicht* in ihrer Eigenschaft als zivile Obrigkeit, sondern, ausdrücklich *nur* in ihrer Eigenschaft als *Christen,* nämlich als „praecipua membra ecclesiae". So daß die von ihnen in dieser Eigenschaft inaugurierte und geleitete Regelgebung für die kirchliche Gemeinschaft die Eigenständigkeit des kirchlichen gegenüber dem zivilen Recht *wahrte.*[54]

---

[50] WA XI 408–416.

[51] WA XII 169–196.

[52] Prominent: Vor allem die kaiserlich einberufenen Ökumenischen Konzile der Alten Kirche; dann die Beendigung des großen Schismas durch das nach kaiserlicher Geschäftsordnung verfahrende Konzil von Konstanz (Wahl von Papst Martin V. am 11.November 1517). Vgl. o. in diesem Band S. 280.

[53] WA XXVI 195–201.

[54] Richtig so schon KARL MÜLLER, Kirche, Gemeinde und Obrigkeit nach Luther,

4.3. Folge: Nebeneinander existieren nun die drei Rechtskreise[55] des zivilen Rechts, des Rechts der reformatorisch-evangelisch geordneten kirchlichen Gemeinschaft sowie das „kanonische Recht" der nach römischen Grundsätzen geordneten kirchlichen Gemeinschaft.

Wie stellt sich das Nebeneinander dieser drei Rechtskreise dar – und zwar nicht aus einer angenommenen objektiv übergeschichtlich neutralen Perspektive, sondern aus der innergeschichtlichen Perspektive der Wittenberger Reformation, also Luthers und des seine Grundeinsichten teilenden Teils der westlichen Christenheit? Für *dieses* – also für das *reformatorische* – Verständnis dieses „Nebeneinanders" ist viererlei festzuhalten:

a) Die Univozität der Rede von „Recht" bleibt gewahrt. Für Luther war nie zweifelhaft, daß auch die kanonsgemäße Weise der Leitung und Ordnung der kirchlichen Gemeinschaft – wie schon die päpstliche – eine *rechtsförmige* zu sein hätte; worunter Luther nicht nur eine *inhaltlich* dem „ius divinum" („naturale" und „positivum")[56] entsprechende Ordnung mensch-

---

1910. – Dies ist zu beachten gerade angesichts der Tatsache, daß die Differenz später im sogenannten „Territorialsystem" nicht mehr beachtet wurde.

[55] M. Heckel, Martin Luthers Reformation und das Recht,2016, 7 ff.

[56] Das „ius divinum naturale" ist – traditionsgemäß – auch für Luther die „lex aeterna" des Wollens und Wirkens des Schöpfers, samt den darin enthaltenen, dem, Menschen als Ebenbild des Schöpfers de facto ins Herz geschriebenen und für ihn unabweisbaren Zumutungen (also: Mandaten [Th. Bonnhoeffer]) für das verantwortliche Zusammenleben der Menschen in den „Ordnungen" („ordines") der Ekklesia, Ökonomia und Politia. Dieses für die Menschen de facto unabweisbare „ius divinum naturale" wird für sie *explizit* im „ius divinum positivum", das für Luther und die ihm folgende Reformation (ebenfalls traditionsgemäß) in zwei Gestalten existiert. Einerseits in einer Gestalt, die das *universale faktische Schöpfergebot explizit* macht; das Exemplar dafür ist der Dekalog, der für Luther und die lutherische Jurisprudenz der Folgezeit (vor allem des 17. Jahrhunderts: vgl. M Heckel, Martin Luthers Reformation und das Recht, 2016, 406 ff.) das Exemplar des christlich verstandenen (d. h. als „Schöpferecht" verstandenen) „Naturrechts" war. Andererseits existiert das „ius divinum positivum" zugleich in einer zweiten Gestalt, welche die Gebote für die schon vom universalen Schöpferwillen selbst verlangte und ihm entsprechende *Gottesverehrung* (nach Gen 2,17) explizit macht; dafür ist das Exemplar das jüdische Zeremonialgesetz, das für die Wittenberger Reformation jedoch (ebenfalls traditionsgemäß) durch das für die Christenheit und ihre Ordnung des Gottesdienstes geltende „ius divinum positivum", abrogiert und ersetzt ist, nämlich durch die – im „Kanon der Tradition", also biblisch, bezeugten – gottesdienstlichen Einsetzungen Jesu Christi, des inkarnierten Schöpferwillens. Luther hat gesehen und anerkannt, daß es außerhalb des durch Christus für die Christenheit gegebenen „ius divinum positivum ceremoniale, i. s ecclesiale" viele andere Gestalten des „ius divinum positivum ceremoniale" (Exemplar: das jüdische Zeremonialgesetz) gegeben hat und gibt mit entsprechendem „ius humanum positivum ceremoniale" (Großer Katechismus: BSLK 563,37–42; Promotionsdisputation H. Schmedestede: WA XXXIX/2 187,4–188,6), die jedoch alle teleologisch auf das christliche „ius divinum positivum" für die Glaubensgemeinschaft und das ihm entsprechende „ius humanum positivum ecclesiale" hingeordnet sind. Sie alle sind aus lutherischer Sicht bezogen auf und eingebettet in das ältere und umfassendere „ius divinum naturale" und „positivum" und das diesem jeweils mehr oder weniger entsprechende „ius humanum positivum civile".

lichen positiven Rechts verstand, sondern immer auch eine Ordnung aus Regeln meinte, die unter den für die kirchliche ebenso wie für die zivile Gemeinschaft geltenden postlapsarischen Bedingungen in formaler Hinsicht auch gegen Widerstand durchsetzbar, also (mit Röm 13,1–7) zwangsbewehrt ist – in der kirchlichen nicht weniger als in der zivilen Gemeinschaft. Eine *formale* Eigenart des kirchlichen Rechts gegenüber dem zivilen kam also nicht in Betracht. Denn:

Für Luther stand alle menschliche Weltgestaltung unter der Alternative, entweder aus Glauben oder Unglauben zu erfolgen, erfolgte aber, wenn aus Glauben, in *allen Bereichen* aus der im Glauben gründenden „Lust und Liebe" zu Gottes Gebot. Daß also für Luther das christliche Motiv der Rechtspflege „Liebe" ist, gilt keineswegs nur für den kirchlichen, sondern ebenso für jede christlich motivierte[57] Pflege von Recht für den zivilen Bereich.[58] Ebenso gilt aber aus lutherischer Perspektive nicht nur für den zivilen, sondern ebenso für den kirchlichen Bereich die Unterscheidung zwischen des *Schöpfers eigenem Setzen*,[59] *Befolgen*[60] und *Durchsetzen*[61] von Recht (dem „ius divinum") und dem *Setzen, Befolgen und Durchsetzen von Recht* durch *Menschen* (dem „ius humanum") das seinerseits – nach gemeinchristlicher, auch von der lutherischen Reformation nicht preisgegebener Überzeugung – allein durch das göttliche ermöglicht, verlangt, zum diesem Entsprechen verpflichtet und somit auch durch dieses orientiert ist. Aus lutherischer Perspektive *soll* dies menschliche positive Recht sowohl im Bereich der zivilen Gemeinschaft als auch im Bereich der Glaubensgemeinschaft (also sowohl das „ius humanum positivum civile" als auch das „ius humanum positivum ecclesiale") dem „ius divinum positivum" (also

---

[57] Daß wie alles Handeln von Menschen so auch die von Menschen betriebene Pflege von Recht (in ihren legislativen, exekutiven und jurisdiktionellen Aspekte) de facto durch irgendwelche weltanschaulich-ethische Leitüberzeugungen motiviert ist, also im Falle von Christenmenschen durch die Lebens-, Welt- und Gottesgewißheit des christlichen Glaubens, wird im professionellen Selbstbewußtsein von Juristen heute weithin nicht mehr bedacht und ernstgenommen.

[58] Gegen ein Mißverständnis des Rechts in der Kirche, das durch dessen auf JOHANNES HECKEL (1889–1963) zurückgehende Beschreibung als „Lex charitatis" (DERS., Lex charitatis. Eine juristische Untersuchung über das Recht in der Theologie Martin Luthers, 1953) veranlaßt werden kann.

[59] Realisiert durch das Schöpferhandeln selber.

[60] Realisiert durch die Treue des Schöpfers zu sich selbst und seinem Wirken und Werk als Schöpfer.

[61] Dies realisiert der Schöpfer durch das Richten des Wollens und Wirkens seines geschaffenen Ebenbildes, indem er letztgenanntes behaftet bei seinem Charakter als entweder das Ziel des Wollens und Wirken des Schöpfers mißachtendes und ihm widersprechendes und somit an ihm scheiterndes, oder es achtendes und ihm entsprechendes und somit durch das Wollen und Wirken des Schöpfers bestätigt werdendes.

einerseits dem als Exemplar des Naturrechts verstandenen Dekalog und andererseits den biblisch bezeugten Einsetzungen Jesu Christi) entsprechen; aber in beiden Bereichen, nicht nur im zivilen, auch im kirchlichen, ist es *möglich*, daß das „ius humanum positivum" nicht dem „ius divinum positivum" entspricht und vor allem, daß das dem „ius divinum positivum" entsprechende „ius humanum positivum" nicht befolgt wird und gegen Nichtbefolger durchgesetzt werden muß.[62]

Charakteristisch für diese Univozität der Rede von „Recht" im zivilen wie im kirchlichen Bereich ist also die in der Lutherschen Version des christlichen Verständnisses der Menschwelt als Schöpfung begründete Sicht des – nota bene in beiden Bereichen, dem zivilen wie dem ekklesialen Bereich – unlöslichen, aber radikal asymmetrischen Zusammenspiels von „ius divinum naturale resp. positivum" und „ius humanum positivum": In beiden Bereichen gibt es das „ius divinum" nicht ohne das ihm immer nur mehr oder weniger entsprechende „ius humanum positivum", wobei letzteres in ersterem seinen *Möglichkeitsgrund* und das *Kriterium seiner Richtigkeit* hat.[63]

b) Selbstverständlich blieb zunächst freilich ebenso: Die rechtsförmige Ordnung der kirchlichen Gemeinschaft fällt nicht einfach zusammen mit der der zivilen Gemeinschaft, sondern ist der letzteren gegenüber unabhängig und „frei", eben eine rechtsförmige Ordnung der Kirche selber für sich selber, von der zivilen durch zweierlei unterschieden: durch ihren Regelungsbereich (die kirchliche statt der zivilen Gemeinschaft, aber innerhalb der letzgenannten) und ihren Gesetzgeber (die kirchliche statt der zivilen Obrigkeit,[64] ohne aber die erstere für gegenüber der zweiten „exemt" zu erklären).

c) Grund dieser Differenz: Die *zivile* Gemeinschaft ist das Zusammenleben von Menschen aufgrund der ihnen unbezweifelbar gewissen Faktizität ihrer universalen geschöpflichen Natur als leibhafter Personen, die im Lichte wachsender praktischer Selbst- und Weltgewißheit ihr Leben in verantwortlicher Selbst- und Weltgestaltung selbst zu führen haben. Die *kirchliche* Gemeinschaft ist das Zusammenleben leibhafter Personen aufgrund nicht nur der unbezweifelbar gewissen Faktizität ihrer universalen geschöpflichen Natur als leibhafter Personen, sondern darüber hinaus aufgrund der ihnen durch das Wirken Christi erlösend erschlossenen proto- und eschatologischen Gewißheit über Ursprung und Ziel aller Welt und ihres Daseins im Gemeinschafts- und Versöhnungswillen des Schöpfers (seiner „Gnade und Wahrheit"). Diese Glaubensgemeinschaft ist also von der zivilen unter-

---

[62] Vgl. hierzu in diesem Band S. 524, Anm. 131.
[63] Vgl. hierzu o. S. 521, Anm. 118 und S. 523, Anm. 129.
[64] Was den Zusammenfall beider in Personalunion nicht ausschließt und ausschloß.

schieden, weil sie in einer von ihren Gliedern geteilten praktischen Selbst-
und Weltgewißheit fundiert ist, welche über die in der zivilen Gemeinschaft von allen deren Gliedern geteilten und diese zivile Gemeinschaft
fundierenden Gewißheit hinausführt (nota bene: auf dem Boden und unter Festhalten jener in der zivilen Gemeinschaft geteilten Selbst- und Weltgewißheit). Gleichwohl kommen beide Gemeinschaften darin überein,
daß sie nicht durch die willkürliche Vereinigung von isolierten Individu-
en zustande kommen, sondern daß die Einzelnen sich in ihnen vorfinden
aufgrund eines vorgängigen Geschicks (aus der Sicht des Glaubens: eines
Gotteshandelns), also vorfinden in einem immer schon vorgängig, passiv,
geschickhaft konstituierten Zusammensein, innerhalb dessen allererst Individualität als solche (sei es als Individualität des Bürgers unter Bürgern, sei
es als Individualität des Christen unter Christen) möglich ist.[65]

d) Weil die zivile Gemeinschaft älter ist als die kirchliche, die kirchliche Gemeinschaft also auch nur auf dem Boden und unter den Bedingungen der zivilen zustandekommt und Bestand hat, gilt aus lutherischer
Sicht jedenfalls auch das eigene Recht der kirchlichen Gemeinschaft nur
auf dem Boden und unter den Bedingungen, also „in den Schranken" des
für alle (nicht nur für die Getauften) geltenden Rechts.[66] Dabei ist freilich
aus lutherischer Perspektive vorausgesetzt, daß auch die ältere zivile Gemeinschaft in der Einheit der geschaffenen Welt de facto unter der „lex aeterna" und den in dieser enthaltenen faktischen Zumutungen (Mandaten)
für das Zusammenleben der Menschen in den Ordnungen einer Ekklesia,
Ökomia und Politia existieren, und damit auch unter der Bedingung einer anerkannten positiven Explizitgestalt dieses Schöpfungs- bzw. Natur-
gesetzes, die – wiederum traditionsgemäß – für die lutherische Reformation im Dekalog gegeben ist. Aus gemeinchristlicher, also auch lutherischer,
Sicht gilt also, daß auch die ältere zivile Gemeinschaft, in der alle Menschen zusammenleben, de facto unter dem als Schöpferrecht verstandenen
Naturrecht („ius divinum naturale und positivum") existiert und diesem
in seinem „ius humanum positivum" zu entsprechen hat. So daß ein dieser
Forderung nicht genügendes „ius humanum positivum civile" nach Möglichkeit durch ein ihr genügendes mit politischen Mitteln zu überwinden
ist. Nicht ausgeschlossen ist also, daß gegen ein ziviles Recht, das aus christ-

---

[65] Gegen das seit dem 18. Jahrhundert um sich greifende „kollegialistische" Verständnis der Glaubensgemeinschaft. Vgl. K. SCHLAICH, Kollegialtheorie (Jus Ecclesiasticum 8),
1969; CHR. LINK, Art.: Kollegialismus, in: RGG⁴ IV 1482 f.

[66] In dem damals schon jahrhundertealten Rangstreit zwischen „Sacerdotium" und
„Imperium" nahm die Wittenberger Reformation also unmißverständlich Partei für das
ältere und somit grundlegende Recht des „Imperiums" – allerdings: *innerhalb* des dem
Glauben gewissen einen und einheitlichen Charakters der Weltwirklichkeit als Schöpfung des dreieinigen Gottes und somit auch von diesem *übergriffen*.

licher Sicht dem Schöpferwillen, und somit der Natur und Bestimmung des Menschen als geschaffenes Ebenbild Gottes widerspricht, Widerstand zu leisten ist (Act 5,29: „Man soll Gott mehr georchen als den Menschen").

4.4. Auf den Spuren der seit 1527 laufenden Reformpraxis in Kursachsen bewegten sich dann alle im 16. Jhdt. unter Leitung der „principua membra ecclesiae" angestrebten und erreichten kanonsgemäßen Ordnungen des kirchlichen Lebens im lutherischen Bereich. Ihre typischen Merkmale:

– Die im bisherigen Kirchenrecht fixierten Leitungsrechte und Aufsichtsrechte der Bischöfe werden den „praecipua membra ecclesiae" als „*Notbischöfen*" übertragen;[67]

– Der Gesamtkomplex von Leitungsaufgaben und -befugnissen wird unterschieden in „*iura circa sacra*", betreffend die Organisationsstruktur einer Diözese (Landeskirche) mit mehreren lokalen Gemeinden und das Verhältnis zwischen diesen untereinander und zur Landeskirche sowie die Ordnung und Sicherstellung ihrer zeitlichen Güter, also der materiellen Mittel ihres Unterhalts, und in „*iura in sacra*", betreffend die kanonsgemäße Sakramentspraxis (Gottesdienstpraxis) und Evangeliumsverkündigung (Lehrtätigkeit der Kirche).

– Die „iura circa sacra" werden (vorläufig) vom, „principuum membrum" durch von ihm bestellte rechtskundige Getaufte wahrgenommen, die „iura in sacra" von ebenfalls durch das „principuum membrum" bestellten Theologen, die dafür zu sorgen haben, daß vor Ort kanonsgemäß Gottesdienst gefeiert und gepredigt (gelehrt) wird. Was auch die Sorge für geeignetes Pfarrpersonal und die Aufsicht über deren Dienst einschließt (Episkopé, Superintendentur). Dieser Aufsichtsdienst ist zu führen „sine vi sed verbo"[68].

– Die maßgebliche Orientierung beider Seiten der Leitungstätigkeit ist der biblische Kanon: verstanden eben als Zeugnis der ursprungstreuen, dem durch Christus selbst gesetzten „ius divinum positivum" treuen, Gestalt der Lebens- und Traditionsbewegung der Zeugnisgemeinschaft aller Getauften. Die von Luther inaugurierte Wittenberger Sicht dieses kanonischen Zeugnisses von der ursprungstreuen Gestalt der Lebens- und Traditionsbewegung der Glaubensgemeinschaft mit ihren drei wesentlichen institutionellen Aspekten Sakramentsfeier, Evangeliumsverkündigung, Ordnung der Gemeinschaft war öffentlich expliziert, vertreten und verteidigt worden durch das Augsburger Bekenntnis vom 25. Juni 1530. Die in der

---

[67] Daher der Name „Episkopalsystem" für diese früheste Gestalt für die kanonsgemäße Wahrnehmung der Aufgaben der Kirchenleitung nach Grundsätzen der Wittenberger Reformation. Vgl. M. HECKEL, Staat und Kirche nach den Lehren der evangelischen Deutschlands in der ersten Hälfte des 17. Jahrhunderts, 1968, bes. 79–177; CHR. LINK, Art.: Episkopalsystem I. Protestantismus, in: RGG4 II 1375 f.

[68] CA XXVIII.

Mitte des 16. Jhdts. geführten innerlutherischen Diskussionen über einzelne Punkte des Augsburger Bekenntnisses wurden bis 1577 zu einem einvernehmlichen Ergebnis gebracht, das in der Konkordienformel fixiert wurde, einem Dokument, das sich zurecht als konsentierte Kommentierung und Erklärung der CA versteht. Diese konsentierten Explikationen des kanonischen Zeugnisses über das vom inkarnierten Schöpferlogos gesetzte „ius divinum positivum" der Ursprungs- und Wesensgestalt der von ihm selber als Instrument der Perennierung seiner Erlösungstätigkeit geschaffenen und erhaltenen Glaubens- und Zeugnisgemeinschaft wurden zusammen mit den ebenfalls anerkannten altkirchlichen Explikationen des Schriftzeugnisses (Apostolikum, Nicänum, Athanasianum) und mit Luthers Katechismen, seinen Schmalkaldischen Artikeln und zwei einschlägigen Kommentaren Melanchthons zur CA (Apologie der CA und Traktat über die Gewalt des Papstes) zum „Corpus doctrinae" des Konkordienbuches von 1580 zusammengefaßt, das folgends den Ordnungen der lutherischen Kirchen vorangestellt wurde als Darstellung des Selbstverständnisses dieser Kirchen als solcher, welche in ihrer Lebens- und Traditionsbewegung dem biblischen Kanon-der-Tradition, und *nur ihm*,[69] zu folgen entschlossen sind.

– Das die Kirchenordnung fundierende und orientierende „corpus doctrinae" enthält auch die christliche Sicht der Differenz und Zuordnung von ziviler und kirchlicher Gemeinschaft, wie beides in deren unterschiedlicher Stellung innerhalb der zielstrebigen Einheit der Verwirklichung des Schöpferwillens, also in der Schöpfungs-, Offenbarungs- und Heilsgeschichte, begründet ist.[70] Diese Differenz gründet zufolge der konsentierten Lehre in der heilsökonomischen Differenz zwischen Gottes Handeln „zur Linken" als Schöpfer, das auf Erlösung zielt, und „zur Rechten" als Erlöser, das von der Schöpfung ermöglicht und verlangt ist. Somit aber hält die konsentierte Lehre auch beide Gemeinschaften als solche fest, die nicht wie ein „Verein" durch den willentlichen Zusammentritt von Einzelpersonen konstituiert sind, sondern jeweils durch ein allem individuellen Handeln von Menschen vorangehendes und solches erst ermöglichendes Gotteshandeln – nicht nur die zivile, sondern ebenso auch und gerade die kirchliche.

– Weil dieses im „Corpus doctrinae" konsentiert formulierte Selbstverständnis der Kirchen beide Bereiche von Kirchenleitungsbefugnissen orientiert, erstreckt sich die Aufsichtsfunktion der Theologen auch auf die Ausübungen der „iura circa sacra" durch die sich selbst noch zum Chri-

---

[69] Vgl. FC Einleitung: „Von dem summarischen Begriff, Grund, Regel und Richtschnur, wie alle Lehr nach Gottes Wirt geurteilt und die eingefallene Irrungen christlich erkläret und entscheiden werden sollen" (BSLK 767–769; 833–839).
[70] Exemplarisch: CA XV und XVI

stentum bekennende weltliche Obrigkeit und die von ihr beauftragten Juristen. Ausgeübt werden sollte es und wurde es auch etwa im beratenden, aber auch mahnenden Amt des „Hofpredigers".[71]

4.5. Allerdings stand die Wahrnehmung dieser „iura in sacra", also die Ausübung der Aufsicht über kanonsgemäße Sakramentsfeier und Evangeliumsverkündigung von Anfang an unter dämpfenden Vorzeichen, und dies aus einem inhaltlichen (a) und einen formalen (b) Grund.

ad a: Nach Luthers Tod zeigte sich in einer bis ins letzte Drittel des 18. Jahrhunderts zunehmend deutlicher werdenden Weise, daß zwei Kernpunkte seiner erfahrungsgestützten theologischen Einsicht *nicht angemessen* in Theologie und Frömmigkeit des anschließenden Luthertums rezipiert und tradiert wurden.

Erster Punkt: Luthers Einsicht in das asymmetrisch-einsinnige, unumkehrbare und unauflösliche Zusammenspiel von Äußerlichkeit und Innerlichkeit des leibhaften Personseins der Menschen, seine darauf fußende Einsicht in den de facto *über*sprachlichen, also *kultus-* und *sakraments*fundierten, Charakter der Lebens- und Traditionsbewegung auch der christlichen Gemeinschaft und somit dann auch die Funktion der Bibel als „Kanon der (nota bene: *über*sprachlichen) *Tradition.*" Stattdessen machte die Verbalinspirationslehre[72] die Bibel und ihre Texte zur unanstastbaren *formalen* Letztautorität für den Glauben (faktische Gleichsetzung von „Wort Gottes" mit dem Bibeltext). Weswegen der „historisch-kritische" Zugang zur biblischen Schriftensammlung, der sie beschrieb als das der frühesten Gemeinde verdankte Zeugnis über ihren sie schaffenden und erhaltenden Ursprung, d.h. über die „erlösende" Wirkung des inkarnierten Wortes Gottes und seiner über sein irdisches Dasein hinausreichenden Selbstvergegenwärtigung vermittelst der durch ihn selbst geschaffenen Zeugnisgemeinschaft und ihrer dreidimensionalen institutionellen Gestalt (Sakramentsfeier, Wortverkündigung, Fundiertsein der Gemeinschaft durch die Gegenwart ihres Schöpfers in ihr allen ihren Gliedern gegenüber),[73] als

---

[71] Ebenfalls eine schon vorreformatorische Institution in Gestalt des „Hofkaplans" (in den Entscheidungsjahren der Reformation Luthers Generationsgenosse Georg Spalatin [1484–1545]). Vgl. WOLFGANG SOMMER, Gottesfurcht und Fürstenherrschaft, 1988, bes. 275–336; WIEBKE KÖHLER, Art.: Hofprediger, in: RGG4 III 1831 f.

[72] Exemplarische Formulierung: „Causa efficiens scripturae est vel principialis vel ministerialis. Principialis est deus unitriunus, insprans non tantum res, sed ipsa etiam, scripturae verba, 2 Petr 1,21; 2 Tim 3,6. Nefas ergo sit dicere, barbarismos et coloecismos dari ulla sacri codicis parte. Ministralis sunt Prophetae, Evangelistae et Apostoli in ipso scribendi actu ob divinam, eamque immnediatam ellampsin errare prorsus nescii.": JOHANN FRIEDRICH KÖNIG, Theologia positiva acroamatica (1664/1669), §§ 85–87 (zitiert nach: C. H. RATSCHOW, Lutherische Dogmatik zwischen Reformation und Aufklärung, Teil I, 1964, 77).

[73] Bahnbrechend der Katholik RICHARD SIMON (1638–1712 in seinem Werk: Histoire *critique* du Vieux Testament (Erstauflage 1678; auf Betreiben Bossuets konfisziert), [2]1685.

Angriff auf die Autorität der Heiligen Schrift zur sogenannten „Krise des [protestantischen] Schriftprinzips"[74] zu führen schien, während er in Wahrheit gerade die real geschichtliche Stellung und Funktion des altkirchlichen Kanons gottesdienstlicher Leseschriften aufdeckte: eben der *innerhalb* der anhebenden Traditionsbewegung der Kirche und *durch* sie „antihäretisch" fixierte „Kanon der [sc. *für* die ursprungstreue] Tradition" zu sein. Es ist also richtig verstanden nicht die „Krise des-[im-Horizont-der-Verbalinspriationslehre-gedachten]-Schriftprinzips", die zur Erschütterung der sozialen Stellung der Reformationskirchen beitrug, sondern umgekehrt: Es ist die Luthers Schriftverständnis radikal verzeichnende Verbalinspirationslehre der Schulorthodoxie selber, welche den lutherischen Kirchen die an sich unnötige „Krise" ihres sie erschütternden Konflikts mit dem geschichtlichen Denken von Humanismus und Aufklärung bescherte.

Zweiter Punkt: Verkennung von Luthers *positiver* Sicht auf die in ihrer durchschauten Unfreiheit (nämlich in dem Beherrschtsein durch unbeherrschbare Attraktionen) manifeste geschöpfliche Schwäche des Menschen als gleichwohl bleibende *Trägerin der untrüglichen göttlichen Verheißung* derjenigen erlösenden Umbildung des menschlichen Wollens durch Gott selber (nämlich durch das befreiende Wirken des Jesus inkarnierten Schöpferwillens) zu seiner Reifegestalt zu sein, in der sie den Menschen der Letztattraktion durch das „höchste Gut" unterwirft (nämlich durch das auf die ewige Gemeinschaft mit seinem geschaffenen Ebenbild zielende eigene Wollen und Wirken des Schöpfers) und ihm die ewige Seligkeit zugänglich macht. Statt dieser *radikal positiven* Sicht des Menschseins als unter der *Verheißung dieser Bildungs- und Vollendungsgeschichte stehend* dominiert seit der Konkordienformel[75] in Verkündigung und Lehre des Luthertums die *negative* Sicht des menschlichen Wesens unter postlapsarischen Bedingungen als „natura corrupta", die nur durch die Anerkennung des fremden Verdienstes Christi selig werden kann.

Beides zusammen bewirkte das Zurücktreten des Sakramentsgottesdienstes[76] gegenüber dem Wort einer Predigt, die sich der allgemeinen Lebenserfahrung und dem „sensus communis" langsam aber sicher entfremdete und an öffentlicher Prägekraft verlor.[77]

---

[74] Vgl. den gleichnamigen Aufsatz W. PANNENBERGS, in: DERS., Grundfragen Systematischer Theologie, 1967, 11–21.

[75] FC I „Von der Erbsünde" (BSLK 770–776; 843–866).

[76] Vgl. dazu P. GRAFF, Geschichte der Auflösung der alten gottesdienstlichen Formen in der evangelischen Kirche Deutschlands bis zum Eintritt der Aufklärung und des Rationalismus, 2 Bde., 1921/1939.

[77] Klassisches Zeugnis eines Zeitzeugen: J.W. v. GOETHE, Dichtung und Wahrheit, Teil II, Buch VII (Artemis-Gedenkausgabe Bd. 23, 1962, 71–77).

ad b: Gedämpft, und zwar in diesem Falle heilsam gedämpft, wurde die öffentliche Prägekraft von Kultus und Lehre des Luthertums auch durch den – in Luthers eigener Erfahrung mit der westkirchlichen Episkopé begründeten und daher dann auch explizit in CA 28 eingeschärften – *formalen* Grundsatz, daß die Ausübung der Aufsicht über kanonsgemäßen Gottesdienst und Unterricht strikt „sine vi sed verbo" zu erfolgen habe. Das unvergängliche Wahrheitsmoment dieses Grundsatzes bestand in dem konsequenten Verzicht darauf, die Zustimmung zum Zeugnis der Kirche durch formelle oder auch nur informelle Mittel zu erzwingen. Institutionelle Kontrolle der innerlichen Aneignungsgestalt, also des Glaubens, der Einzelnen blieb, sofern nicht programmatisch auf sie verzichtet wurde, jedenfalls prinzipiell systemwidrig. Eben dies erleichterte innerhalb der kirchlichen Gemeinschaft die Ausdifferenzierung und Tolerierung unterschiedlicher individueller Überzeugungs- und Praxisprofile des Glaubens und innerhalb der zivilen Gemeinschaft das Aufkommen und die öffentliche Duldung von anderen als christlichen Lebensorientierungen (Weltanschauungen und Ethosgestalten). Der konsequente Verzicht auf Sicherung der Teilnahme am christlichen Kultus und der Anerkennung christlicher Überzeugungen durch informelle oder auch formelle Zwangsmittel trug wesentlich dazu bei, daß sich in der zivilen Gemeinschaft der deutschen Territorien, anders als etwa in der zivilen Gemeinschaft Frankreichs, kein prinzipieller Haß auf Christentum und Kirche aufbaute und daß hier „Aufklärung" christentumsfreundlich, in erheblichen Segmenten sogar selber christlich inspiriert, verlief.

4.6. Nur in der beschriebenen Gedämpftheit kam auch die Ausübung der „iura in sacra" durch Theologen gegenüber der Ausübung der „iura circa sacra" durch die „principua membra ecclesiae" (die christlichen Obrigkeiten und ihre Juristen) zur Wirkung. Schon im Übergang vom 16. zum 17. Jhdt. nahm die wirksame Ausübung der Beratungs- und Ermahnungsfunktion der Hofpredigeramtes ab. Bereits damals vollzog sich die folgenreiche Wende der Ordnung der Kirchen der lutherischen Reformation vom „Episkopal-" zum „Territorialsystem": Die „iura circa sacra" wurden von den Obrigkeiten, insbesondere den territorialfürstlichen, als Teil ihrer zivilen Souveränität angesehen und behandelt. Es begann die Einordnung des gesamten Institutionengefüges der kirchlichen Gemeinschaft, ihrer Lebens- und Traditionsbewegung (Sakramentsfeier, Evangeliumsverkündigung, Episkopé) in das Institutionengefüge der zivilen Gemeinschaft. Die Entwicklung gipfelte im Staatskirchentum des (aufgeklärten) Absolutismus: Die weltliche Obrigkeit sah in der christlichen Gemeinschaft und ihrer Institutionentrias einfach das Institutionengefüge der Zivilreligion ihres Landes und behandelte dementsprechend alle rechtlichen Regelungen für die diözesane (landeskirchliche) Organisationsstruktur der kirchlichen

Gemeinschaft, für ihren Gottesdienst und ihre Lehre und für die Regelung der Aufsicht darüber, als Teil ihrer staatlichen Rechtsordnung; exemplarisch: die Einordnung des gesamten Rechts für die Kirche in das „Allgemeine Landrecht des Königreichs Preußens".[78] Rudolf Sohms These, daß Recht *wesentlich weltlich*, also *staatlich* und dem *Wesen der Kirche als geistlicher Gemeinschaft fremd* ist, steht in dieser Tradition. Zusätzlich rechtfertigt sie diese Sicht als nach Meinung Sohms übereinstimmend mit Luthers eigenem Verständnis der christlichen Gemeinschaft als *rein geistlicher* Gemeinschaft und somit *unsichtbarer* Gemeinschaft– ein Fehlurteil, das nicht einmal durch die von Sohm in Anspruch genommenen Schriften Luthers aus dem Jahre 1520 (zum Bann und gegen Alfeld) bestätigt wird und insgesamt an Luthers Kirchenverständnis und an seiner für dieses grundlegenden Einsicht in die Dynamik des asymmetrisch-einsinnigen, unumkehrbaren und unlöslichen Zusammenspiel von Äußerlichkeit und Innerlichkeit des menschlichen Personseins vorbeigeht.

Unter diesen staatskirchlichen Bedingungen tritt die Überprüfung der Wahrnehmung der „iura circa sacra" durch die Inhaber der „iura in sacra" am Maßstab des konsentierten Bekenntnisses der Kirche fast vollständig zurück. Stattdessen kommt es in Ausübung der fürstlichen Kirchengewalt (also der „iura circa sacra") auch zu Entscheidungen über die Reichweite des konsentierten Bekenntnisses selber:[79] In Gefolge des Vordringens eines Selbstverständnisses des Staates im Horizont des vernünftigen Naturrechts[80] kommt es zu entsprechenden Interpretationen der Lebens- und Traditionsbewegung der kirchlichen Gemeinschaft, ihres Kultus und ihrer Verkündigung; zu Uminterpretationen, denen die staatlich bestallten Inhaber der „iura in sacra", also des geistlichen Aufsichtsamtes, durchaus Vorschub leisten.[81] Die völlige Preisgabe des konsentierten Bekenntnisses bleibt zwar ein Gedankenspiel,[82] demgegenüber das Verpflichtetsein der Pfarrpersonen auf Achtung des Bekenntnisses in ihrer Amtswaltung im relativen Unterschied von ihrer privaten religiösen Überzeu-

---

[78] Ausgabe: Allgemeines Landrecht für die preußischen Staaten. Von 1794 [2. Auflage, Berlin 1794, 2 Teile und Register in 3 Bänden]. Mit einer Einführung von Hans Hattenhauer und einer Bibliographie von Günther Bernert, ³1996.

[79] Exemplarisch: Kurfürsten Friedrich Wilhelm von Brandenburg (1620–1688) verbietet 1663 im Interesse seiner staatlichen Religionspolitik, die auf Ausgleich zwischen den calvinistisch-reformierten und lutherischen Gemeinden zielt, den Lutheranern die öffentliche Vertretung der gegen die Reformierten gerichteten Positionen der FC und untersagt das Theologiestudium an der lutherischen Universität Wittenberg.

[80] Im Unterschied zum christlich verstandenen Naturrecht – etwa Luthers selber.

[81] Etwa in Gestalt der neologisch gesonnenen Preußischen Konsistorialräte F. A. Sack (1703–1786) (auch Hofprediger), Johann Joachim Spalding (1714–1804), Friedrich Samuel Gottfried Sack (1738–1817 (auch Hofprediger).

[82] Exemplarisch angestellt vom preußischen Feldprediger und Diakon an St. Nicolai in Berlin F. G. Lüdge in seiner Schrift: Vom falschen Religionseifer, 1767.

gung eingeschärft wird;[83] aber das Motiv dieser Maßnahmen ist vor allem der Schutz des Christentums als öffentlicher Zivilreligion vor willkürlichen individuellen Meinungen, nicht aber die Anerkennung des im konsentierten Bekenntnis ausgesprochenen Selbstverständnisses der christlichen Gemeinschaft. Vielmehr bleibt das im konsentierten Bekenntnis niedergelegte Selbstverständnis der kirchlichen Gemeinschaft als durch Gottes Handeln in Christus geschaffen und erhalten für das staatliche Kirchenrecht außer Betracht und wird hier ersetzt durch die aus naturrechtlicher Tradition übernommene Auffassung von der Konstitution auch der kirchlichen wie aller Gemeinschaft durch den Zusammentritt gleich überzeugter Einzelner, über die und deren Recht, wie über alle derartigen Vereinigungen („collegia"), dem Staat die Aufsicht obliegt.[84] Zwar meldet sich seit den letzten Jahrzehnten des 18. Jahrhunderts eine von der Erinnerung an den Ursprung von positiver Religion, also auch des Christentums, in geschichtlichen Erschließungsereignissen („Offenbarungs"ereignissen) getragene Einsicht in die Andersartigkeit des Ursprungs der christlichen Gemeinschaft gegenüber dem der zivilen[85] und damit auch nach der Erforderlichkeit einer eigenen kirchlichen Verfassung, also auch eines Rechts *aus* der Kirche *für* die Kirche,[86] die das ganze 19. Jahrhundert hindurch nachklingen. Aber ihr definitives Ende fand die staatskirchliche Vereinnahmung der Reformationskirchen in Deutschland erst 1918.

5. Das evangelische Verständnis von Recht in der Kirche heute

5.1. Das tiefeingewurzelte Verständnis der Kirche und ihres Institutionengefüges als Institutionengefüge der staatlichen Zivilreligion verschwand mit dem Ende des landesherrlichen Kirchenregiments nicht über Nacht, sondern wirkt vermöge einflußreicher Sympathisanten und Multiplikatoren bis heute in der deutschen Gesellschaft nach, einschließlich des Verständnisses der Kirche als kollegialistisch-konstituierter „Religionsgemeinschaft" unter und neben anderen Weltanschauungs- und Religionsgemeinschaften.

---

[83] Dagegen besonders J. S. Semmler (1725–1791) mit seinem Insistieren auf dem Unterschied, zwischen „öffentlicher" und „privater" Religion (ders., Über historische, gesellschaftliche und moralische Religion der Christen, 1786); dann offiziell das Religionsedikt Friedrich Wilhelms II. vom 9. Juli 1788 (inhaltlich geprägt vom neuernannten Staatsminister Johann Christoph v. Wöllner [1732–1800]).

[84] So im Preußischen Landrecht von 1794. Vgl. U. Scheuner, Art.: Kollegialismus, in: RGG³ III 1720 f.

[85] Hierfür stehen vor allem zwei Namen: Herder und Schleiermacher.

[86] Exemplarisch: Der Kampf F. D. E. Schleiermachers für eine vom staatlichen Recht unabhängige eigene Ordnung der Kirche. Vgl. ders., Kirchenpolitische Schriften, KGA I/9, 2000.

Gleichwohl war mit dem Wegfall der Möglichkeit einer Kontinuierung nicht nur des staatskirchlichen *Verständnisses* der evangelischen Kirchen, sondern auch ihrer staatskirchlichen *Ordnung* die praktische Notwendigkeit gegeben, diese Ordnung neu zu verstehen und zu beschreiben auf dem Boden und im Horizont eines hinreichend prägnanten Verständnisses der geschichtlichen Realität der kirchlichen Gemeinschaft in ihrer staatsunabhängigen und staatenübergreifenden Eigenständigkeit. In dieser Situation konnte nicht nur, sondern mußte nun auch die schon seit dem späten 18. Jahrhundert einsetzende und das gesamte 19. Jahrhundert hindurch lebendig gebliebene programmatische Rückbesinnung auf das in den konsentierten Bekenntnissen des 16. Jahrhunderts vorliegende Verständnis der staatsunabhängigen und staatenübergreifenden Eigenständigkeit der Kirche, die in dem geschichtlichen Ursprung und Fundament ihrer Institutionentrias (Gottesdienst, Lehre, ordnungsgemäße Leitung) gründet, Früchte tragen. Die während der 1920er Jahren entstandenen Kirchenordnungen greifen sämtlich in der einen oder anderen Weise auf die Bekenntnisse des 16. Jahrhunderts als konsentiertes Selbstverständnis der evangelischen Kirchen zurück. Nachdem sich dann dieser Rückgriff als die entscheidende Bedingung der Möglichkeit eines selbstbewußten, organisierten Widerstandes gegen die nationalsozialistischen Gleichschaltungsversuche erwiesen und bewährt hatte, wurde der damit eingeschlagene Weg nach 1945 entschlossen fortgesetzt: Alle Gliedkirchen der EKD und auch diese selber stellen das reformatorische Bekenntnis des 16. Jahrhunderts als die verbindliche Formulierung des Verständnisses ihrer kraft Ursprung und Fundament eigenständigen staatsunabhängigen und staatenübergreifenden Existenz[87] ihrer jeweiligen Grundordnung (Verfassung) als den für diese maßgeblichen Boden und Horizont voran.

5.2. Fakt ist also, daß die Reformationskirchen – jedenfalls, aber nicht nur – in Deutschland erst mit vierhundertjähriger Verspätung in der Lage, aber auch dazu genötigt sind, diejenige „Reformation" der Ordnung der kirchlichen Gemeinschaft konsequent durchzuführen, welche sich nicht an der römisch-katholischen und von Luther als nicht dem biblischen Kanon entsprechend zurückgewiesenen Sicht der Gegenwart der Letztautorität Christi *in* der von ihm geschaffenen und erhaltenen Zeugnisgemeinschaft allen ihren Gliedern *gegenüber* orientiert, sondern an der von Luther als diesem Kanon entsprechend entdeckten und vertretenen Sicht.

---

[87] Dieses wesentliche Moment des kirchlichen Selbstbewußtseins kommt in dem Bekenntnis zur weltweiten christlichen Ökumene zum Ausdruck, das in der Präambel aller Grundordnungen der Gliedkirchen der EKD und in der Präambel von deren eigener Grundordnung explizit ausgesprochen wird.

Nicht verwunderlich ist daher, daß sich über den gewaltigen Unterschied der sozialgeschichtlichen Umstände hinweg, dasjenige Problem erneut mit sachlicher Hartnäckigkeit stellt und nach Lösung verlangt, welches schon damals das grundlegende war (o. Ziffer 4.2.): das Problem einer kanonsgemäßen *Leitung* der kirchlichen Gemeinschaft. Wie ist die Ausübung der „iura circa sacra" kanonsgemäß so zu gestalten, daß diese Ausübung auch die kanonsgemäße Ausübung der „iura in sacra" sicherstellt?

Kanonsgemäß ist, wie gezeigt, Luthers Einsicht zufolge diejenige Leitung der Gemeinschaft, die dem kanonischen Zeugnis von Ursprung und Wesen der Gemeinschaft als derjenigen entspricht, in der die Letztautorität Christi, ihres Schöpfers und Erhalters, allen ihren Gliedern gegenüber in der Weise wirksam ist, daß sie selbst sich selber vergegenwärtigt; und dies dadurch, daß Christus die von ihm zu diesem Zweck geschaffenen und erhaltenen Institutionen auch selber zu diesem Zweck in Gebrauch nimmt „ubi et quando visum est ei." Eben diese Ordnung, die Christus selbst geschaffen und erhalten hat, ist durch die kanonsgemäße Leitung dieser Ordnung, also Regelgebung für sie, sicherzustellen. Wahrzunehmen ist sie durch Personen, die dazu nicht nur geistlich *fähig*, sondern auch *berechtigt* sind. Daß dieses vom Befähigtsein wohlunterschiedene Berechtigtsein durch ein besonderes zusätzliches *geistliches* Befähigtsein einiger weniger, die durch Weihe am Befähigtsein eines einzigen Glaubenden, nämlich Petri und seines jeweiligen Nachfolgers, als Vicarius Christi zu wirken, teilhaben, scheidet auf der Linie der reformatorischen Einsicht als nicht kanonsgemäß aus. Somit kann das Berechtigtsein seinen Grund lediglich in einem *Akt der Gemeinschaft aller Getauften* haben, der Einzelne damit beauftragt, die „iura (Berechtigungen) *circa* sacra" – und aufgrund dessen dann auch die „iura (Berechtigungen) *in* sacra" – auszuüben im Auftrag und Namen der Gemeinschaft aller Getauften; wobei festgehalten ist, daß diese „iura" („circa sacra" und „in sacra") nicht etwa mit der absoluten und unfehlbaren Vollmacht eines „vicarius Christi" ausgeübt werden können und werden, sondern von Christenmenschen unter Einsatz ihrer menschlichen, also immer auch begrenzten, insbesondere fehlbaren, Kräfte – allerdings in der von allen Gliedern der Gemeinschaft, den Beauftragten und den Nichtbeauftragten, geteilten Glaubenszuversicht, daß Christus getreu seiner Verheißung diese der ursprungstreuen Ordnung der Kirche entsprechende Amtswaltung der Beauftragten (einschließlich ihrer Schwäche) zu seiner Selbstvergegenwärtigung in Gebrauch nehmen wird. Der Begründung der *Rechte* (der „iura"), „circa sacra" und „in sacra" zu wirken, durch einen realen Beauftragungsakt der Gemeinschaft aller Getauften, die Luther schon 1523 als kanonsgemäß erkannt und empfohlen hatte, steht also anders als damals heute nichts mehr im Wege.

Tatsächlich sehen denn auch alle heutigen Ordnungen evangelischer Kirchen deren Leitung, sofern sie in Ausübung der „iura circa sacra" besteht, durch Synoden vor, die das Gemeindeganze repräsentieren, also „Laien"[88] und ordentlich beauftragte Hauptamtliche umfassen. Die Legislative in der kirchlichen Gemeinschaft und für sie liegt bei solchen Synoden. Ihnen fällt auch die Regelgebung für die Ausübung der „iura in sacra" (also für den Vollzug von Gottesdienst und Lehre) zu, und zwar vor allem die Fixierung der Regeln für den Vollzug der Übertragung dieser Rechte an bestimmte Personen, für die Bestimmung der Bedingungen, deren Erfülltsein auf Seiten der Kandidaten Voraussetzung der Beauftragung ist, und ebenso für den Vollzug der Aufsicht über die Ausübung der übertragenen „iura in sacra".[89]

5.3. Im Unterschied zur Leitung der zivilen Gemeinschaft, sei es unter vordemokratischen oder auch demokratischen Bedingungen, gilt für die Leitung der kirchlichen Gemeinschaft auch dann, wenn sie durch das Ganze repräsentierende Synoden erfolgt, der Grundsatz „sine vi sed verbo". Das Gelingen dieses Programms hängt allerdings – wie sich zeigt, sobald seine Umsetzung real geschichtlich möglich ist – an der Erfüllung von hochkomplexen und nicht leicht zu erbringenden Bedingungen der Suche nach, der Findung von und der Feststellung von *Konsens* über das Kanonsgemäße:

– Erste Bedingung: Mit Luther und gegen das hochorthodoxe Mißverständnis der Schrift als *verbal*inspiriert muß die Geschichtlichkeit des Kanons, und damit seine *Sach*inspiriertheit erkannt und anerkannt sein wie die Geschichtlichkeit und *Sach*inspiriertheit der real-existierenden christlichen Gemeinschaft selber und im Ganzen. Möglich ist der erforderliche Konsens also nur auf dem Boden und im Horizont einer *Besinnung der Mahl-feiernden Gemeinschaft auf ihre eigene Geschichtlichkeit*, d. h. auf das sie in der realen Geschichte schaffende und erhaltende Ursprungsgeschehen. Solche Selbstbesinnung der Gemeinschaft auf ihre Geschichtlichkeit und Sachinspiriertheit erfolgt aber nur dann in der ihrer Sache, eben der Geschichtlichkeit und Sachinspriertheit der Existenz der Gemeinschaft, angemessenen Weise und konsequent, wenn sie auch die *Geschichtlichkeit dieser ihrer Selbstbesinnung auf ihre geschichtlich-sachinspirierte Existenz* selber ernst nimmt; also ernst nimmt, daß diese Selbstbesinnung auf ihre Geschichte

---

[88] Der Ausdruck referiert im reformatorischen Bereich nicht auf Glieder der Kirche, die einer bestimmten Gnadengabe (nämlich der durch Weihe vermittelten Amtsgnade) ermangeln, sondern nur auf Glieder der Kirche ohne professionell auszuübendes Hauptamt in der Kirche.

[89] Hierzu vgl. Kirchenamt der VELKD (Hg.), „Ordnungsgemäß berufen". Eine Empfehlung der Bischofskonferenz der VELKD zur Berufung zu Wortverkündigung und Sakramentsverwaltung nach evangelischem Verständnis (vom 13. 10. 2006), in: Texte aus der VELKD Nr. 136 (2006).

sich nur auf dem Boden und im Horizont derjenigen Sicht der Realität von Geschichte vollzieht, die ihr durch ihren Ursprung, das Christusgeschehen, erschlossen wird und die in ihrem feiernden Gedächtnis dieses Ursprungs, dem Mahl, kommuniziert wird (1 Kor 11,17–26) und die Paulus (zufolge des Berichts der Apostelgeschichte) auf der Agora von Athen kurz und genau als die Realität des allumfassenden heilsendzielstrebigen Schöpfungsgeschehens aus Gott, in Gott und auf ihn hin beschrieben hat.[90] Womit sich zeigt: Die Gemeinschaft der Getauften muß als die unabdingbare Voraussetzung für den erforderlichen Konsens, der für die Übertragung und die Ausübung der „iura" „circa und in sacra" durch die Gemeinschaft aller „sine vi sed verbo" erforderlich ist, Institutionen einer form- und überlieferungsgeschichtlich disziplinierten Besinnung auf die geschichtlich-kontingente Realität ihrer eigenen Lebens- und Traditionsbewegung unterhalten. Dafür sind unverzichtbar die Institutionen einer *kirchlichen* Theologie, die zugleich im Zusammenhang aller sachbezogen-disziplinierten (und in diesem Sinne „*wissenschaftlichen*") Bemühungen um Erfassung der realen Geschichtlichkeit von menschlichem Zusammenleben arbeitet.

– So wird die erste Bedingung des erforderlichen Konsenses erfüllt: der Konsens über das *Verfahren*, das zum Konsens der Gemeinschaft über die kanonsgemäß gemeinschaftliche Übertragung und Ausübung der „iura" „circa und in sacra" führt. Das war schon im 16. Jahrhundert von Martin Chemnitz (1522–1586)[91] klar erkannt worden: In Erinnerung an die Erfahrungen aus Luthers Auseinandersetzung mit Rom hielt er gegen das Tridentinum fest, daß es nicht zuerst und zuletzt darum gehe, *wer* entscheidet, was kanonsgemäß ist, sondern *wie* die Einsicht in das Kanonsgemäße gewonnen wird. Aus diesem Votum sprach die Zuversicht, daß die evangelischen Kirchen über solche Verfahren geschichtlicher Selbstbestimmung verfügen und sie als Institution pflegen.[92]

– Allerdings, für die kanonsgemäße Übertragung der „iura circa sacra et in sacra" sowie ihre Ausübung durch die Gemeinschaft im Konsens („sine vi sed verbo") sind Institutionen der Suche nach Konsens über das Kanonsgemäße nur *eine* notwendige Bedingung. Eine *zweite* ebenso notwendige Bedingung ist damit noch nicht erfüllt: nämlich die – ebenfalls konsensuelle („sine vi sed verbo" erfolgende) – *Feststellung des Konsenses über*

---

[90] Gegen einen inkonsequenten „Historismus", der die die soziokommunikative Konstitution seines eigenen perspektivischen Verständnisses der Realität von Geschichte nicht mitbedenk, sondern einen davon unberührten Zugang zur perspektivenfreien Objektivität von Geschichte meint finden zu können.

[91] DERS., Examen decretorum Concilii Tridentini (1566–73), dt. von R. BENDIXEN und CH. E. LUTHARDT, 1884.

[92] M. CHEMNITZ, op. cit. 65–69. Vgl. E. HERMS, Erfahrbare Kirche. Beiträge zur Ekklesiologie, 1990, dort 152–156.

die Ergebnisse der disziplinierten Suche nach dem Konsens. Nur wenn auch die hierfür erforderlichen Entscheidungsprozeduren konsensuell geklärt sind, ist das reformatorische Programm der Selbstordnung der Gemeinschaft der Getauften realisierbar. Die fortgeschrittenste rechtliche Regelung solcher Konsensfeststellung besteht heute im Institut des Rechts des Landesbischofs (ggf. im Konsens mit den übrigen Superintendenten der Landeskirche), gegen Synodenbeschlüsse Widerspruch einzulegen, der durch auf Bibel und Bekenntnis gestützte Bedenken begründet ist und gegen den die Synode nicht beschließen kann.[93]

5.4. In materialer Hinsicht erstreckt sich die Regelungstätigkeit von Kirchenleitung nach evangelischen Grundsätzen also überwiegend als verpflichtende Regelung der Wahrnehmung der „iura circa" und „in sacra". Zu setzen sind „in primis" Regelungen, welche die Ausübung dieser durch die Gemeinschaft übertragenen Rechte so ordnen, daß dadurch der Gemeinschaft aller Getauften gedient und den Rechten alter Getauften kein Abbruch geschieht. Verpflichtende Regeln (Rechtspflichten) für Nichtamtsträger konzentrieren sich auf die Leistungen zum materiellen Unterhalt der kirchlichen Institutionen.[94]

5.5. In formaler Hinsicht gilt: Die Fixierung der Kirchenleitung auf den Grundsatz „sine vi sed verbo" schließt nicht aus, daß die unter Beachtung dieses Grundsatzes erlassenen Regeln Rechtscharakter besitzen, also auch durchsetzbar und durchzusetzen sind. Das Exemplar dafür ist die rechtliche Regelung von Lehrbeanstandungsverfahren in der VELKD.[95]

5.6. Die Anerkennung der Schranken des „für alle geltende Gesetzes" durch die kirchlichen Gesetze ist für das Selbstverständnis kirchlichen Rechts *insofern* nicht nur kein Problem, sondern selbstverständlich, als sie sich aus dem vom Kanon bezeugten geschichtlichen (schöpfungs-, offenbarungs- und heilsgeschichtlichen) Verhältnis von (geschichtlich älterer) ziviler Gemeinschaft und (geschichtlich jüngerer) kirchlicher Gemeinschaft ergibt. Widerspruch und Widerstand gegen ziviles Recht, das gegen die Würde und Bestimmung des Menschen als geschaffenes Ebenbild Gottes verstößt, ist dadurch nicht ausgeschlossen – ebensowenig wie das Festhalten am Selbstverständnis der kirchlichen Gemeinschaft als einer solchen,

---

[93] Exemplarisch: Verfassung der Evangelischen Kirche in Mitteldeutschland vom 5. Juli 2008, Art 70 Abs. 4.

[94] Lebensordnungen sind nicht verpflichtend; darüber, *wie* die Zumutungen der ersten und zweiten Teufel erfüllt werden, entscheidet letzlich jede Einzelperon.

[95] Lehrordnung der Vereinigten Evangelisch-Lutherischen Kirche Deutschlands vom 16. Juni 1956 (in der Fassung vom 3. Januar 1983), in: W. Härle/H. Leipold (Hgg.), Lehrfreiheit und Lehrbeanstandung, Bd. 2: Kirchenrechtliche Dokumente, 1985, 147–153. – Dazu vgl. auch den Einführungsvortrag von: G. Hoffman, Die Lehrordnung der Vereinigten Evangelisch-Lutherischen Kirche Deutschlands (gehalten am 26.4.1955), ebd.133–146.

die sich ebenso wie die zivile Gemeinschaft einer vorgängigen Initiative Gottes, des Schöpfers, verdankt und nicht erst durch Zusammentritt von Individuen konstituiert ist (gegen das „kollegialistische" Mißverständnis der kirchlichen Gemeinschaft, das sich ins Recht der zivilen Gemeinschaft eingeschlichen hat und dort immer noch favorisiert wird [ebenso wie von manchen Getauften, die auch nach 1918 noch dem Verständnis des Christentums als Zivilreligion anhängen]).

III. Ähnlichkeiten und Unterschiede

1. Ähnlichkeiten

Fünf Fakten sind durch die Diskusssion unübersehbar deutlich geworden:

1.1. Das römisch-katholische ebenso wie auch das evangelisch-lutherische Verständnis von kirchlichem Recht verdanken sich beide der innerkirchlichen Selbstbesinnung auf ein und dieselbe geschichtliche Realität: auf die geschichtliche Lebens- und Traditionsbewegung der christlichen Glaubensgemeinschaft in derjenigen triadischen Institutionalität, die für sie durch ihren Ursprung im Endgeschick Jesu grundlegend, unhintergehbar und unübersteigbar ist: eben als Einheit von ursprungstreuer Feier des Gottesdienstes, ursprungstreuer Bezeugung des Evangeliums Jesu und ursprungstreuer Selbstordnung der Gemeinschaft, also als ursprungstreu geordnete Gottesdienst- und Verkündigungsgemeinschaft. Dies Faktum ist in den Diskussionen unübersehbar hervorgetreten.

1.2. In der Trias der Aspekte der real-geschichtlichen Lebens- und Traditionsbewegung der Kirche kommt dem Aspekt der Selbstordnung der Kirche und der dafür erforderlichen Etablierung und Pflege von Leitungsautorität die grundlegende Rolle zu. Die Lösung dieser Aufgabe bedingt in jedem Fall die Lösung der beiden anderen Aufgaben: den ursprungstreuen Gottesdienst der Gemeinschaft und ihre ursprungstreue Lehre.

1.3. Die Lösung dieser grundlegenden Aufgabe einer ursprungstreuen Selbstordnung ist in jedem Fall, nicht nur für die römisch-katholische, sondern ebenso für die evangelisch-lutherische Seite, nur möglich, wenn die Übertragung der Befugnis zur Ausübung von Leitungsaufgaben, der Befugnis zur Ausübung der Leitung des öffentlichen (im Namen der Gemeinschaft vollzogenen) Gottesdienstes und der Befugnis zur öffentlichen (im Namen der Gemeinschaft vollzogenen) Evangeliumsverkündigung sowie dann auch die berechtigte Ausübung dieser drei Tätigkeiten nach für alle verbindlichen Regeln verläuft, die deshalb den ursprungstreuen Vollzug dieser drei Tätigkeiten vor Störungen schützen, weil sie auch gegen mögliche und erwartbare Widerstände durchsetzbar sind, also den *formalen* Charakter von Regeln des *Rechts* (und nicht nur einer „*Sitte*") besitzen.

1.4. Diese Rechtsregeln schützen die Ursprungstreue der Selbstordnungstätigkeit, der Gottesdienstpraxis und der Lehrtätigkeit der Glaubensgemeinschaft nur dann, wenn die inhaltliche Norm dieser Regeln diejenigen Vorgaben sind, welche in dem göttlichen Schöpfungshandeln enthalten sind, dem die kirchliche Gemeinschaft ihre Entstehung und Erhaltung innerhalb der zivilen verdankt: dem österlichen Offenbarwerden der Wahrheit des am Kreuz vollendeten Selbst-, Welt- und Gotteszeugnisses Jesu von Nazareth.

1.5. Weil das Verständnis von kirchlichem Recht sich im römisch-katholischen ebenso wie im evangelisch-lutherischen Bereich der Besinnung auf die vorgegebene Realität der geschichtlichen Lebens- und Traditionsbewegung der Glaubensgemeinschaft als einer solchen verdankt, die durch ihren Ursprung im erlösenden Handeln des Schöpfers durch sein inkarniertes Schöpferwort geschaffen und erhalten wird, deshalb

– bewegt sich auch auf beiden Seiten das Verständnis von kirchlichem Recht de facto in dem auf jeder Seite jeweils herrschenden Verständnis des Kirche gründenden und Kirche erhaltenden Christusgeschehens als derjenigen eigenen Tat des Schöpfers Himmels und der Erden, durch die dieser sein uranfänglich verfolgtes Heilsziel für die Menschenwelt in dieser erlösend offenbart und erst dadurch auch verwirklicht; und deshalb

– kann auch das Verständnis der einen und der anderen Seite von kirchlichem Recht nur durchsichtig werden, wenn es betrachtet wird in dem auf jeder Seite jeweils leitenden schöpfungs- und offenbarungstheologischen, und das heißt eben christologischen und theologischen Horizont – also auf beiden Seiten nur in *fundamentaltheologischer* Perspektive.

2. Unterschiede

2.1. Besinnung auf den Rechtscharakter der Ordnung der Kirche und Besinnung auf den Grund der geschichtlichen Existenz der Kirche, auf die Selbstoffenbarung des Schöpfers Himmels und der Erden im Auftreten und Wirken seines inkarnierten Schöpferwortes, gehören also auf beiden Seiten unlösbar zusammen. Der reale Übergang der Reflexion vom einen Thema zum anderen vollzog sich aber auf beiden Seiten auf spiegelbildlich entgegengesetzte Weise.

Luther ging aus von seiner aus seinem sach- und erfahrungsorientierten Kanonstudium resultierenden Sicht des Geschehens der Selbstvergegenwärtigung des Schöpfers Himmels und der Erden als schaffende Wahrheit und Gnade durch die sakramentsvermittelte Selbstvergegenwärtigung seines inkarnierten Sohnes in Herz und Gewissen von dessen Adressaten, durch das diese zur Gemeinschaft des Glaubens und des Glaubenszeugnisses verbunden werden, die sich das erlösende Offenbarungsgeschehen, das sie schafft, auch erhält als das Werkzeug seiner Selbstperennierung bis ans Ende der Tage. Im Lichte dieser Sicht des vom Kanon bezeugten Ursprungsgeschehens, das Kirche schafft und erhält, erlebte und erkannte Luther die zu seiner Zeit bestehende rechtliche Ordnung der Kirche als nicht nur nicht an diesem kanonisch bezeugten Ursprungsgeschehen ausgewiesen, sondern dieses und seine Dynamik direkt verleugnend und unterdrückend – also als zu überwinden und durch ein ursprungsgemäßes Kirchenrecht zu ersetzen. Herkommend von seiner konkretisierten, kanonsgemäßen Sicht des Ursprungs der Kirche in der sie schaffenden und erhaltenden Selbstoffenbarung des Schöpfers sucht und findet Luther die diesem Ursprung gemäße rechtliche Ordnung der Kirche – deren konsequente Verwirklichung aber erst 400 Jahre später unter tiefgreifend veränderten soziohistorischen Bedingungen möglich wurde.

Formal umgekehrt verlief die Reflexion im römisch-katholischen Bereich während dieser 400 Jahre: Die zu Beginn des 16. Jahrhunderts erreichte reale Gestalt von Ordnung und Recht der Kirche wurde als durch Luther zu Unrecht angegriffen angesehen und gegen ihn und die Reformation verteidigt. Erst durch die Herausforderungen der in der nach der Kirchenspaltung um sich greifenden weltanschaulichen und sozialen Umformungsprozesse in den europäischen Gesellschaften sah sich die römische Seite zur *dogmatischen* Explikation und Fixierung[96] ihres eigenen Verständnisses von sich selber und ihrer rechtlichen Ordnung genötigt[97] und somit auch genötigt, den *dogmatischen* Nachweis des Begründetseins von beidem im Geschehen der Welt und Kirche schaffenden Selbstoffenbarung des dreieinigen Schöpfers in seinem inkarnierten Sohn vorzutragen.[98]

2.2. Die Reflexion der Doppelthematik verlief nicht nur *formal* gegensätzlich, sondern auch *inhaltlich* different: Von seinem am Schriftkanon orientierten und präzisierten Verständnis der Welt und Kirche schaffenden

---

[96] Der Vorgang beginnt mit dem Ersten und kommt ins Ziel mit dem Zweiten Vatikanum. – Demgegenüber war die Wittenberger Reformation schon im ersten Drittel des 16. Jahrhunderts durch den Zwang zu ihrer öffentlichen Selbstrechtfertigung auch vor die Aufgabe gestellt, einen im Geschehen der Welt- und Kirche schaffenden Selbstoffenbarung des Dreieinigen Gottes fundierten Begriff vom Wesen der Kirche und ihrer rechtlichen Ordnung zu entwickeln und öffentlich zu vertreten, und sie löste diese Aufgabe in der CA: Art. 1–4: die Welt- und Kirche-schaffende Selbstoffenbarung des Dreieinigen Gottes, Art. 5–13: die Kirche; Art. 14 ff. die rechtförmige Ordnung der Kirche in der Welt.

[97] Hierzu thematisch zusammengehörig: „Pastor Aeternus" (18.7.1870), „Lumen Gentium" (21.11.1964), „Gaudium et Spes" (7.12.1965).

[98] Hierzu thematisch zusammengehörig: „Dei Filius" (24.4.1870), „Dei Verbum" (18.11.1965).

Selbstoffenbarung des Dreieinigen Gottes ausgehend, kam Luther zu einer Sicht von der diesem ihrem Ursprung entsprechenden Ordnung und Recht der Kirche, die deutlich unterschieden ist von der gegen die Reformation verteidigten und im Ersten und Zweiten Vatikanum reaffirmierten römisch-katholischen Sicht von ursprungsgemäßer Ordnung und Recht der Kirche. Und die von der tridentinischen Reaffirmation dieser Sicht des hierarchischen Charakters der Ordnung und des Rechts der Kirche ausgehende römisch-katholische Rückbesinnung auf deren Fundiertsein im Ursprung der Kirche, also in der Welt und Kirche schaffenden Selbstoffenbarung Gottes in Christus, gelangt zu einer Sicht dieses vom Kanon bezeugten Geschehens, die keineswegs mit der reformatorischen Sicht dieses die Kirche schaffenden und erhaltenden Offenbarungsgeschehens übereinstimmt. Womit sich zeigt: In der

– Differenz der Sicht von Ordnung und Recht der Kirche auf römisch-katholischer und auf evangelisch-lutherischer Seite andererseits manifestiert sich als deren Grund eine

– Differenz der Sicht auf das die Kirche schaffende und erhaltende Geschehen der Selbstoffenbarung des Schöpfers in seinem inkarnierten Logos und auf die kanonische Bezeugung dieses die Kirche gründenden Geschehens.

2.3. Die zuerst genannte Differenz impliziert vermöge ihres sachlichen Begründetseins in der zuletztgenannten eine praktische *Kernkonsequenz*, die nach Einsicht der Forschungsgruppe in Folgendem besteht:

Beide Seiten sehen, daß die Kirche vermöge ihres Geschaffen- und Erhaltenwerdens durch die Selbsterschließung der Gnade und Wahrheit des Schöpfers in Jesus Christus, dem inkarnierten Schöpferwort, diejenige in der Welt einzigartige Gemeinschaft ist, *innerhalb* deren ihr sie schaffender und erhaltender Grund – eben die sich in Christus selbstvergegenwärtigende Wahrheit und Gnade des Schöpfers mit der ihr eigenen *unbedingten* Autorität, die Gewißheit schafft und dadurch Glauben ermöglicht und verlangt – auch *präsent ist und bleibt*, und zwar allen Gliedern *gegenüber*.

Beide Seiten differieren aber in ihrer Auffassung der *Art und Weise* der Selbstvergegenwärtigung der erlösenden (befreienden) Autorität der Wahrheit Gottes *in* der Glaubensgemeinschaft allen ihren Gliedern *gegenüber*, wie sie vom biblischen Kanon bezeugt wird als durch Gott in Christus selbst begründet und gewährt:

Lutherische Sicht: Der Kanon bezeugt, daß Christus die Kirche geschaffen hat durch die Sendung seines Geistes der Wahrheit (Joh 16,7 ff.), durch die für die Adressaten von Jesu Lebenszeugnis (für die Gegenwart von Welt und Leben als im Kommen begriffener „Gottesherrschaft" [Herrschaft des Schöpfers über alles Geschaffene]) dessen Wahrheit mit ihrer ipso facto Gewißheit schaffenden und Glauben ermöglichenden und verlangenden, also befreienden, Autorität autopräsent wurde. Indem aber Christus die Kirche durch dieses *Autopräsentwerden* der Wahrheit seines Evangelium schafft, schafft er sie sich zugleich als das Instrument zur Perennierung der befreienden Selbstvergegenwärtigung der Wahrheit seines Evangeliums. Denn durch das Autopräsentwerden der Wahrheit seines Evangeliums werden die davon Ergriffenen ipso facto zur Gemeinschaft derer verbunden, die diese Wahrheit des Lebenszeugnisses Jesu bekennen, indem sie die in seinem Lebenszeugnis gründenden, es zusammenfassenden Sakramente feiern (a), sein Wort, sein Evangelium, als ihnen evident gewordene Wahrheit bezeugen (b) und beides in der von beidem selber verlangten Ordnung (c). *In* dieser durch das Autopräsentwerden der Wahrheit des Evangeliums geschaffenen und erhaltenen dreidimensionierten *Lebens-* und *Traditionsgemeinschaft selber und als ganzer* ist ihr Grund, eben die befreiende Autorität der autopräsenten Wahrheit Christi und seines Evangeliums, allen ihren Gliedern *gegenüber* präsent; und zwar als die untrügliche Verheißung, sich diese durch die Selbstvergegenwärtigung der Autorität der Wahrheit geschaffenen Gemeinschaft, ihrer Lebens- und Traditonsbewegung, auch bis ans Ende der Zeiten als Instrument der Selbstvergergenwärtigung der befreienden Wahrheit Christi und seines Evangeliums zu erhalten. Die die Gewissen bindende und befreiende *Autorität* der sichtbaren Kirche als Glaubens- und Zeugnisgemeinschaft und ihrer Amtsträger ist *begründet und vermittelt durch die Autopräsenz der Wahrheit des von ihnen verkündeten Evangeliums.*

Römisch-katholische Sicht: Der Kanon bezeugt, daß Christus die Kirche geschaffen hat durch die Sendung des Geistes der Wahrheit, der die Wahrheit des Lebenszeugnisses Jesu (für die Gegenwart von Welt und Leben als Verwirklichung der Gottesherrschaft) mit ihrer Gewißheit schaffenden und Glauben ermöglichenden und verlangenden, also befreienden Autorität autopräsent macht. Dies Autopräsentwerden der Wahrheit des Evangeliums Christi mit ihrer befreienden Autorität verbindet die davon Ergriffenen zur Gemeinschaft derer, die diese Wahrheit des Lebenszeugnisses Jesu bekennen, indem sie die in seinem Lebenszeugnis gründenden, es zusammenfassenden Sakramente feiern (a), sein Wort, sein Evangelium als ihnen evident gewordene Wahrheit bezeugen (b) und beides in der von beidem selber verlangten Ordnung (c). *In* der dergestalt dreidimensionierten Lebens- und Traditionsbewegung dieser Gemeinschaft ist ihr Grund, das Lebenszeugnis Jesu und seine autopräsentgewordene Wahrheit, auch selber präsent und zwar allen ihren Gliedern *gegenüber.* Der Kanon bezeugt aber auch, daß Christus für diese Autopräsenz der Autorität seiner Wahrheit in der Gemeinschaft allen ihren Gliedern gegenüber selber einen Ort innerhalb der Gemeinschaft vorgesehen hat, indem er sie an einen von ihm selbst vorgesehenen engeren Kreis von Gliedern der Gemeinschaft gebunden hat: an die zwölf Apostel und an deren von ihnen selbst persönlich bestimmte und eingesetzte Nachfolger. Der Kanon selbst bezeugt in römisch-katholischer Sicht: Die *Autopräsenz* der Wahrheit Christi und seines Evangeliums mit ihrer unbedingten Autorität in der Gemeinschaft des Glaubens und allen ihren Gliedern gegenüber ist *gebunden an und vermittelt durch die Autorität der Glieder dieses engeren Kreises, des Kreises der Apostel und ihrer geweihten Nachfolger,* und zwar unter ihrem *Haupt,*[99] dem Apostel Petrus und seinem Nachfolger, dem Bischof von Rom.

Diese Differenz in der Sicht des kanonischen Ursprungszeugnisses ist bis heute manifest in der Differenz des römisch-katholischen Verständnis von Mit 16,15–19 und Joh 21,15–19 einerseits zum lutherischen Verständnis dieser Texte[100] andererseits.

IV. Fazit

Die Forschungsgruppe ist auf den unlöslichen Sachzusammenhang zwischen *Fundamentaltheologie* und *Theorie des Rechts und der Ordnung der Kirche* gestoßen.

Sie findet es bemerkenswert, daß im bisherigen römisch-katholischen/ evangelisch-lutherischen ökumenischen Gespräch *beide Themen keine Beachtung gefunden* haben. Und das, obwohl nicht absehbar ist, wie eine Überwindung der seit dem 16. Jahrhundert bestehenden Spaltung der westlichen Christenheit vorbei an einer Verständigung über diese beiden Themen möglich sein sollte: also vorbei am Unterschied in Recht und Ordnung der Kirche (synodale Gesetzgebung hier, päpstliche dort) und vorbei an dem dafür grundlegenden Unterschied in der Sicht des Verhältnisses zwischen der im Gewissen bindenden und Gemeinschaft stiftenden Autorität der bezeugten Wahrheit und der Autorität ihres Zeugen (Vermittlung der Autorität der Zeugen der Wahrheit durch die Autorität der von ihnen bezeugten Wahrheit hier, Vermittlung der Autorität der bezeugten Wahrheit durch die Autorität ihrer Zeugen dort).

Die Gruppe sieht, daß ihr methodisches Programm – gemeinsame Besinnung auf die fundamentaltheologischen Fundamente einer jeden der beiden Lehrtraditionen – zunächst vor allem ein klares Bild der zwischen beiden Seiten trotz *formaler* Parallelen bestehenden *materialen* Differenz erbracht hat.

Eben darin sieht sie aber auch ihren Beitrag zur ökumenischen Verständigung. Deren Fortschritt kann ja nicht im Dissimulieren oder Beseitigen

---

[99] Zum vollen Verständnis der Position des Petrusnachfolgers als „Haupt" des Kollegiums der Bischöfe (Apostelnachfolger) vgl. o. S. 543–546.

[100] Zuerst vorgetragen (wie später durchgehend wiederholt) in M. LUTHER, Resolutio Lutheriana super propositione sua decima tertia de potestate papae (per autorem locupleta) (1519), in: WA II 180–240.

dieser Differenz bestehen sondern nur in einem Umgang jeder Seite mit der anderen, der von einem zunehmend guten Verständnis der Fundamente der eigenen Position *und derjenigen der Partnerseite* geleitet ist.

Einerseits erlaubt die Vertiefung der Position der Partner zugleich mit der Entdeckung von deren relativen Stärken auch die Anerkennung von Verbesserungsmöglichkeiten und -erfordernissen auf der eigenen Seite. Zugleich darf es andererseits nicht als ausgeschlossen angesehen werden, daß mit dem Fortschritt eines gründlichen Selbst- und Fremdverstehens die Fähigkeit und Bereitschaft auf beiden Seiten zunimmt, aus guten römisch-katholischen Gründen auch Evangelischen die Teilnahme am Leben römisch-katholischer Gemeinden zu eröffnen und aus guten evangelischen Gründen die Teilnahme von Katholiken am Leben evangelischer Gemeinden.

Sachregister

- Identität der Kirche gründend in ihrer: Struktur (Grund der Gemeinschaft *in* der Gemeinschaft *gegenwärtig* ihr gegenüber) 230 f., 322
- Innergeschichtliches Ziel der Selbstoffenbarung d. Schöpfers 7–14, 229, 534
- Instrument (als *Ganze*) der Permanenz des Wirkens Christi 17, 27–29, 73–76, 229 f., 290, 319, 320 f., 534
— Teilhabe aller an Christi dreifachen Amt 42 f. (am Lehramt), 77 f., 229 f., 319, 321
— Teilhabe an der eschatologischen Sendung Christi 16 f.
- „Säule und Fundament d. Wahrheit" 44
- „universales Sakrament d. Heils" 59 ff.
— Leibhaftigkeit (Sichtbarkeit) 303, 408
— „moralische Person" 303
- Verhältnis zum Staat (s. Kirchenrecht) 306 („libertas"), 408, 554

Kirchenordnung (s. Kirche, Kirchenrecht, Ordination)
- Fundament: jeweiliges Verständnis des „fundamentum fidei" (Autopräsenz d. Autorität d. Wahrheit Christi [d. Evangeliums]) XX
- ev.-luth.: 277 (kein geistl. Standesunterschied zw. Laien und Klerikern, dito 279), 516 ff., 524 (menschlich, im Unterschied zum biblischen „ius divinum"), 525 f.
- Kirchenordnung fundiert im „corpus doctrinae" 583 f.
- röm.-kath.: s. Kirchenrecht röm.-kath.
- staatsunabhängig 588 (86)

Kirchenrecht (Ähnlichkeiten zwischen ev.-lutherischem und röm.-katholischem) 594 f.

Kirchenrecht (ev.-luth.) (s. Kirche, Staat [Staatskirchenrecht]) 463–500, 501–527, 558–600
- allgemeiner schöpfungs-, offenbarungsund heilsgeschichtlicher Rahmen 560, 583 f. (Kirchenordnung fundiert im „corpus doctrinae"), 595
— darin eingeschlossen: der ekklesiologische Rahmen 563–570
— nicht Zwei-Reiche Lehre 513 f., 517
— Rechtsförmigkeit des leibhaftsichtbaren Lebens der Glaubensgemeinschaft wesentlich 570, 577

— Recht, kirchliches (Recht der Kirche in der Kirche und für die Kirche) 576
— „Recht", kirchliches und weltliches, univok verstanden 560 (schöpfungstheologischer Rahmen), 561 (durchsetzbar) , 578–580
- Anerkennung der kirchenrechtlichen Tradition in reformatorischen Auseinandersetzungen 507–509, 562
- Ausgangspunkt historisch: Luthers Kritik an der als Rechtspraxis ausgestalteten päpstlichen Leitungspraxis als Spitze seiner Kritik an deren damaliger Ausübung als Lehrpraxis, Gottesdienstpraxis (Sakramentspraxis) und Weidepraxis (Leitungspraxis) 298, 468, 563
— Antichrist 159, 279, 506, 562 f.
— Luthers Sicht d. Verhältnisses geistliche/weltl. Obrigkeit 469, 561, 579
- Ausganspunkt sachsystematisch: sakramental-inkarnatorische Konstitution der Gottes- und Heilsgewißheit 463–467, 472 (*Selbstvergegenwärtigung* Christi in Brot und Wein), 561 (sakramentstheologischer), 595
— Basis, theologische, für *Kritik* und *Rezeption* des (kanonischen) Rechts 469 f., 561–563, 576
- Kritik 468 ff., 561–575
— Ablaß als Perversion des Bußsakraments 570
— Fähigkeit und Befugnis zur Legislation 570 f., 577
— — fähig alle Getauften 571, 577
— — befugt durch Ordination (Beauftragung durch die Gesamtgemeinde) 577
— ius divinum (nur biblisch)/ ius humanum („pontificum", „ecclesiaticum": 510 ff.), 509–513
— Menschenwerk (äußerliches), welches das (innerliche) Wirken Gottes für den Glauben verdunkelt 512 (69), 513
— Ablehnung eines *falschen Verständnisses* von leibhaft-sichtbaren Institutionen (Strukturen) 470
— bindende Autorität des Papstes vs. bindende Autorität der autopräsenten Wahrheit des Evangeliums 563
— Strukturen besitzen nicht den Geist 470, 471 f., 488, 498